Hoffnung für alle

Das Neue Testament und die Psalmen mit Lebensberichten und Frauenthemen

FÜR FRAUEN VON HEUTE

Herausgeberin: Barbara Jakob

W0277295

Brunnen Verlag · Basel und Gießen

Copyright Bibeltext © 1983, 1991 by International Bible Society, Colorado Springs.

Alle Rechte, insbesondere des Nachdrucks, der auszugsweisen Wiedergabe größerer Texte, der Übersetzung, der Speicherung auf Datenträger beziehungsweise der Einspeisung in öffentliche und nichtöffentliche Datennetze in jeglicher Form, der Funksendung, der Mikroverfilmung oder der Vervielfältigung auf anderen Wegen sind ausdrücklich vorbehalten.

«Hoffnung für alle» wurde übersetzt und herausgegeben durch: Brunnen Verlag Basel und Gießen.

Herausgeberin der Ausgabe «Für Frauen von heute»: Barbara Jakob, Forch

Alle Lebensberichte, Fotos und Thementexte:
Copyright © 1999 by Brunnen Verlag Basel
Jegliche Wiedergabe nur mit ausdrücklicher Genehmigung des Brunnen Verlags Basel.

Das Gedicht auf Seite 80 ist, mit freundlicher Genehmigung der Autorin, dem Buch «Kleinod der Liebe» entnommen.
© 1983 by Martl Lang-Sommer, Überkingen-Oberböhringen

Umschlag: Pia Maurer, Dietikon
Satz Bibeltext: Clausen & Bosse, Leck
Satz Vor- und Nachspann: Bertschi & Messmer AG, Basel
Druck: Clausen & Bosse, Leck

Printed in Germany

ISBN 3-7655-6029-4

Willkommen, liebe Leserin!

Sie halten eine ganz besondere Ausgabe des Buches der Bücher in der Hand. Vielleicht haben Sie diese Bibel selbst gekauft, vielleicht ist sie Ihnen von einer Freundin oder Bekannten geschenkt worden. Wie auch immer, dieses Neue Testament und die Psalmen sind «für Frauen von heute» – also für Sie gedacht!

Als ich vom Brunnen Verlag angefragt wurde, ob ich für den Vor- und Nachspann verantwortlich zeichnen wolle, freute ich mich sehr über diese besondere Herausforderung. Bei ihren Überlegungen hatten die Leute im Lektorat an mich gedacht, weil ich als Gründerin der «Frühstücks-Treffen für Frauen», die in unzähligen Städten Europas veranstaltet werden, doch viele Frauen kennen würde und sicherlich wüßte, was hilfreich für sie sei. Und da ich ein Team-Mensch bin (in einer fünfköpfigen Familie lernt man das unweigerlich), habe ich einige Frauen gefragt, ob sie bereit wären, den Leserinnen Wichtiges aus ihrem Leben zu erzählen.

Ich war begeistert über die positive Resonanz, denn es braucht bestimmt einige Überwindung, sich zu öffnen und persönlich und ehrlich über Erlebnisse und Erfahrungen zu berichten, die unser Innerstes betreffen. Aber weil diese «Frauen von heute» die Kraft des Glaubens entdeckt haben, wollten sie Sie gerne an ihren Erfahrungen teilhaben lassen und Ihnen Mut machen, sich an die Bibel heranzuwagen. – Herzlichen Dank an dieser Stelle allen, die ihre Berichte zur Verfügung gestellt haben!

Ob es Sie interessiert, welche Einstellung Jesus gegenüber Frauen hatte? Haben Sie schon einmal überlegt, woher Ihr Gottesbild stammt? Glauben Sie, daß das Neue Testament uns Frauen zur Frage nach unserem Selbstwertgefühl oder zum Umgang mit unseren Ängsten etwas zu sagen hat? – Zu diesen und anderen Themen, die uns in den Herausforderungen des Lebens umtreiben können, habe ich für Sie hilfreiche Beiträge zusammengestellt. Sehr dankbar bin ich dabei der Besatzung des Brunnen-Lektorats, die mit mir zusammen die Ideen für die Artikel entwickelt und verfeinert hat.

Natürlich hoffe ich, daß die Bibel bald eines Ihrer Lieblingsbücher wird und nicht als «Bestseller ohne Leser» irgendwo im Regal verstaubt. Um das zu vermeiden, haben wir eine der aktuellsten Bibelübersetzungen ins heutige Deutsch gewählt: «Hoffnung für alle». Sie liest sich stellenweise fast so flüssig wie ein Roman und macht auch schwierige Texte sprachlich leichter zugänglich. Sie wird Ihnen deshalb kein Buch mit sieben Siegeln bleiben ... Nein, sie kann für Sie zur unentbehrlichen Quelle der Ermutigung, Freude und Kraft werden. Und wer braucht heute nicht so eine Tankstelle?

Von Herzen wünsche ich Ihnen viel Freude beim Entdecken von Wahrheiten, die Ihr Leben verändern können!

Herzlichst,

Barbara Jakob

Barbara Jakob gründete 1983 in der Schweiz die «Frühstücks-Treffen für Frauen», die heute in über 250 Städten in ganz Europa veranstaltet werden. Zusammen mit ihrem Mann Ben war sie in der kirchlichen Erwachsenenbildung tätig. Die Mutter von drei erwachsenen Kindern ist heute als Autorin und Referentin tätig. Sie lebt mit ihrem Mann in der Nähe von Zürich/Schweiz.

Die Frühstücks-Treffen für Frauen sind ein Forum, in dem Frauen miteinander über Lebens- und Glaubensfragen ins Gespräch kommen können. In über 250 Städten und Orten des deutschsprachigen Raumes treffen sich jeweils 100 bis 800 Frauen zum Frühstück. Musik, Erfahrungsberichte und ein Referat sind feste Bestandteile einer jeden Veranstaltung und regen die Besucherinnen zum Nachdenken und zum Austausch an.

Zusätzlich bieten die Frühstücks-Treffen für Frauen Gesprächsmöglichkeiten in kleinen Gruppen an. Die Treffen sind überkonfessionell, unverbindlich und in keiner Weise verpflichtend.

Wenn Sie Interesse an den Frühstücks-Treffen haben, können Sie sich gerne an eine der untenstehenden Adressen wenden und sich ein Terminblatt zusenden lassen. Darauf sind alle Veranstaltungsorte aufgeführt, die aktuellen Daten der Treffen und zusätzlich eine Kontaktadresse, bei der Sie eine Einladung anfordern können.

Deutschland
Frühstücks-Treffen für
Frauen in Deutschland e.V.
Margarethe Behrens
Kirchenweg 6
D-27419 Sittensen

Schweiz
Frühstücks-Treffen
von Frauen für Frauen
Sekretariat
Oberalpstrasse 35
CH-7000 Chur

Österreich
Frühstücks-Treffen
von Frauen für Frauen
Sekretariat
Schloß Klaus
A-4564 Klaus

Pia Maurer

Die Künstlerin und ihre Gedanken zur Gestaltung des Buchcovers

Es ist etwas vom Schönsten in meinem Leben, daß sich in mir Räume aufgetan haben, in denen ich die tiefe Liebe Gottes spüre. Schon immer hatte ich ein starkes Verlangen nach etwas, was ich als ein wirkliches inneres Zuhause würde bezeichnen können; etwas, was keiner Vergänglichkeit unterliegt und einfach immer ist. Ich sehnte mich nach einem Felsen, der jedem Sturm gewachsen ist, nach einer Liebe, die nie aufhört. Diese tiefe Liebe wollte ich in mir haben. Ohne sie schien mir das Leben nicht lebenswert.

Meine Ausbildung und meine berufliche Laufbahn begannen im Bereich der Werbung. Das war eine spannende und lehrreiche Zeit. Doch dann kam ich an den Punkt, an dem ich alles losließ. Das hieß für mich auch, mich von meinem Sicherheitsdenken zu lösen. Dieses Loslassen war für mich notwendig, damit ich meinem langgehegten Traum nachgehen konnte, nämlich Gott tiefer zu verstehen und einfach zu malen und an meinen Objekten zu arbeiten. Dadurch entdeckte ich einen Frieden und eine Nähe zu Gott und zu mir selbst, wie ich das bis dahin in dieser Weise nicht gekannt hatte.

Das künstlerische Arbeiten war für mich außerdem eine Form, die mir half, mit bestimmten Ereignissen umzugehen. Als ich zum Beispiel in jener Zeit in den Nachrichten von den Massenvergewaltigungen kroatischer Frauen hörte, traf mich das tief. Die Trauer, die ich empfand, begann mich zu lähmen. Ich habe dann ein Bild für diese Frauen gemalt. Ich betete, daß ihr Schmerz in Jesus Erlösung finden würde und daß sie dadurch die Kraft bekommen könnten, sich zu versöhnen: mit den Kindern, die durch die Vergewaltigungen empfangen wurden, mit sich selbst und ihren Körpern, mit ihren Vergewaltigern und deren Volk. Ich bin überzeugt, daß nur Vergebung den Teufelskreis von Gewalt und Gegengewalt aufheben kann.

Als ich gefragt wurde, ob ich das Buchcover zu dieser besonderen Ausgabe des Neuen Testaments und der Psalmen gestalten könnte, kamen mir einige meiner Bilder in den Sinn. Der Verlag entschied sich dann für eines, auf dem die Kreuzigung Jesu als Leben und Hoffnung dargestellt ist.

Von diesem Bild ist auf dem Cover in Ihrer Hand nur ein Ausschnitt zu sehen. Ich möchte es Ihnen dennoch in seiner Vollständigkeit beschreiben, damit Sie es sich besser vorstellen können. Das ganze Bild stellt einen Raum dar, der aus zwei Teilen besteht. Ein Teil (hier nicht abgebildet) ist mit Kunstharzfarbe gemalt, hat keine Tiefe und wirkt synthetisch, künstlich, wie Plastik. Der andere Teil (den Sie auf der Vorderseite dieses Buches sehen) ist Schicht für Schicht mit Acrylfarbe (Wasserfarbe) gemalt. Er stellt den Raum dar, in welchen ich Ebene für Ebene tiefer dringen kann.

Zwei rote Punkte im Originalbild stehen für die Wundmale an den Händen von Jesus. (Rechts auf dem Cover sehen Sie einen davon.) Diese Punkte stellen gleichzeitig Signale dar, die mich zur Wachsamkeit rufen sollen.

Sie sind auf Feigenblätter gemalt. An einem Blatt können wir die Jahreszeit erkennen, und in der Bibel spricht Jesus an einer Stelle anhand eines Feigenblattes über den Stand des Welt- und Endzeitgeschehens (Matthäus 24,32).

Feigenblätter spielen schon im Alten Testament eine wichtige Rolle: Nach dem Sündenfall versteckten die ersten Menschen mit Schurzen aus Feigenblättern ihre Blöße vor Gott.

Zu meiner Darstellung von einem Raum mit zwei Teilen hat mich zusätzlich ein Bibelvers aus dem Alten Testament stark inspiriert. «Himmel und Erde sind meine Zeugen», heißt es da, «daß ich euch heute vor die Wahl gestellt habe zwischen Leben und Tod, zwischen Segen und Fluch. Wählt das Leben, damit ihr und eure Kinder nicht umkommt! Liebt den Herrn, euren Gott ... !» (5. Mose 30,9–20).

Diese Worte bedeuten für mich unter anderem folgendes: In unserem Leben befinden wir uns vielleicht in Räumen, in Situationen oder in gesellschaftlichen Welten und Zusammenhängen, die nach außen hin zwar bunt funkeln, die aber in Wirklichkeit stinken, sich eiskalt anfühlen und von purem Egoismus beherrscht sind – und uns dadurch das Leben rauben.

Und mittendrin bietet Gott uns an, daß wir trotzdem das Leben wählen können. Aber wie können wir das Leben wählen? Ich finde es einfach umwerfend, daß Jesus mit seinem Tod und seiner Auferstehung jeden Preis für die Dinge, die uns von Gott trennen, bezahlt hat und dadurch auch jeden Fluch überwunden hat. Damit hat er das (Feigen)Blatt gewendet, und wir können wieder in eine nahe persönliche Beziehung mit Gott kommen. Ich bin überzeugt, daß jeder, der das für sich persönlich annimmt, diesen Segen, von dem im Bibelvers die Rede ist, ernten wird.

Dieses Überwinden der Dunkelheit und des Todes, diese Hoffnung sollen in meinem Bild zum Ausdruck kommen. Wir können in einen warmen, hellen Lebensraum eintreten. Unsere Herzen können wieder pochen; Neues kann geboren werden und aufblühen. Und unser Dasein ist mit der Farbe der Unvergänglichkeit beschriftet: mit Gold.

Das alles ist sehr real. Gott ist Liebe. Liebe kann nur Liebe sein, wenn man sich freiwillig dafür entscheiden kann. Ich glaube, darin liegt auch der Grund dafür, daß es diese zwei Arten von Räumen gibt, von denen bisher die Rede war: die toten und die lebendigen.

Wie ich dies in meinem Leben erfahren habe, möchte ich Ihnen kurz erzählen. Mit vierzehn verlor ich meine Mutter durch einen Arztfehler. Das geschah von einem Tag auf den andern und war natürlich extrem schmerzhaft, da ich sie sehr liebte.

Doch die Konfrontation mit dem Tod ließ in mir immer mehr die Frage nach dem laut werden, was über allem steht. Fast jeden Tag verbrachte ich viel Zeit damit, meine Gedanken aufzuschreiben. So versuchte ich, das Leben, Gott, die Liebe, Vergänglichkeit, Sturm, Vergebung, Licht und Schönheit zu verstehen. Zum einen war ich mir der Realität einer geistlichen Welt bewußt. Zum anderen spürte ich aber auch einen Schatten auf mir. Manchmal, wenn die Umstände mir eigentlich allen Grund zur Freude gegeben hätten, empfand ich einfach eine Gebundenheit.

Ich spürte einen Schatten auf mir und empfand eine Gebundenheit.

In allen möglichen spirituellen und intellektuellen Richtungen suchte ich nach Antworten. Ich probierte es mit Philosophie und Kunstgeschichte, mit Parapsychologie, Astrologie, Schamanismus, ägyptischer Magie und anderen esoterischen Angeboten. Vieles fand ich sehr spannend, aber nichts davon machte mich wirklich frei.

Gegen Ende meiner Ausbildung arbeitete ich mit jemandem zusammen, der mir von Jesus erzählte und davon, wie er durch ihn frei geworden sei. Er erklärte mir, daß Jesus am Kreuz den Preis für unsere Erlösung bezahlt habe und daß er auferstanden sei. Er habe uns den Heiligen Geist gegeben, damit wir in eine Beziehung mit Gott kommen können.

Im Gebet habe ich die Erlösung für mich in Anspruch genommen.

Natürlich interessierte mich das sehr. Ich begann auch zu begreifen, daß man nur durch dieses Geschenk von Jesus zu Gott findet, niemals aber aus eigener Leistung – damit *alle* Menschen vor Gott die gleichen Voraussetzungen haben. Im Gebet habe ich diese Erlösung alsbald für mich in Anspruch genommen.

Jenen Moment werde ich nie vergessen. Es war, als ob sich tief innen in mir ein neuer Raum aufgetan hätte. Darin fand ich mein langersehntes inneres Zuhause, eine tiefe geistliche Geborgenheit, die auch dann noch da ist, wenn mir meine Lebensumstände keinen Grund zur Zuversicht geben wollen. Ein ganz neues Lebensgefühl erfüllt mich seitdem. Wo mir früher meine Ängste sagten: «Wenn du dich nicht im Griff hast, gehst du unter», da konnte ich nun langsam den Zuspruch annehmen: «Wer Gott liebt, dem dient alles, aber auch wirklich alles zu seinem Heil; denn dazu hat Gott selbst ihn erwählt und berufen» (Römer 8,28). Ich fing an, viel in der Bibel zu lesen, und etliche Gedanken- und Seelenmuster haben sich Schritt für Schritt verändert. Ich entdecke, daß im Leben einfach viel mehr möglich ist, als ich früher jemals gedacht hätte. Ja, Glauben versetzt Berge!

Es war, als ob sich tief innen in mir ein neuer Raum aufgetan hätte.

Pia Maurer arbeitet als freie Künstlerin und Gestalterin in der Nähe von Zürich/Schweiz.

Vikki Langer

Wir wurden zur Bibelgesprächsrunde der Golf-Profis eingeladen ...

Im Alter von vier Jahren wurde ich Waise. Meine Mutter hatte Krebs, und als sie bereits todkrank war, verließ uns mein Vater und nahm das älteste Kind der Familie, einen Jungen, mit. In der Folge mußte es meine Mutter alleine schaffen, vor ihrem Tod sieben Kinder unterzubringen. Wir waren damals zwölf, zehn, acht, sechs, vier und zwei Jahre alt. Schließlich erklärte sich das Kinderheim einer evangelisch-methodistischen Kirchengemeinde bereit, uns alle in Obhut zu nehmen, obwohl dort eigentlich keine Vorschulkinder aufgenommen wurden. Sechs Jahre lang lebte ich dann in einem kleinen Haus in Ruston, Louisiana, in dem noch zwanzig andere Mädchen untergebracht waren. Meine Schwestern und Brüder lebten in anderen Häusern, und ich hatte kaum Kontakt mit ihnen.

Die Leitung des Waisenhauses sorgte dafür, daß wir jeden Sonntag zur Kirche gingen. Das gehörte einfach zum Leben. Ich genoß den Gottesdienst, und ich erinnere mich an den Frieden, den ich dort empfand. In der Kirche lernte ich natürlich einiges über Gott und Jesus, aber ich begriff während jener Zeit nie, daß es nötig war, Jesus als meinen Retter in mein Leben aufzunehmen. Das geschah dann erst viele Jahre später.

Als meine ältere Schwester Georgiana achtzehn Jahre alt war, heiratete sie. Sie und ihr Ehemann Don, damals zweiundzwanzig, entschieden sich kurz nach ihrer Hochzeit, meinen achtjährigen kleinen Bruder und mich zu sich zu nehmen. Ich war mittlerweile zehn. Das war herrlich für uns! Georgiana liebte mich durch die schwierigen Phasen meiner Teenagerjahre hindurch. Ich wohnte bei meiner Schwester und ihrem Mann, bis ich achtzehn war und dann aufs College ging.

Nach meiner Collegeausbildung arbeitete ich fünf Jahre bei einer Fluggesellschaft. Dann, im Jahr 1984, begegnete ich einem wunderbaren Deutschen namens Bernhard Langer, der schließlich mein Mann wurde. Gemeinsam reisten wir durch die ganze Welt, da Bernhard als professioneller Golfer auf der «European Tour» und der «American Tour» spielte.

1985 errang Bernhard auf der «American Tour» beim US-Masters seinen bis dahin größten Sieg. Eine Woche später wurden wir beide eingeladen, an einer Bibel-Gesprächsrunde teilzunehmen, die regelmäßig für die Teilnehmer der US-Tour angeboten wurde.

Dieser Gesprächskreis bereicherte uns enorm. Larry Moody, der den Abend leitete, sprach über das dritte Kapitel des Johannesevangeliums. Darin heißt es: «Wer nicht neu geboren wird, kann nicht in Gottes Reich kommen» (Vers 3). Larry erläuterte, daß wir Menschen nicht nur physisch, sondern auch geistlich geboren werden müssen. So war ich wohl in die Lopes-Familie hineingeboren worden, aber um für immer mit Gott leben und bei ihm sein zu dürfen, mußte ich auch in die Familie Gottes hineingeboren werden.

Ich begriff: Um für immer bei Gott zu sein, mußte ich in die Familie Gottes hineingeboren werden.

An den weiteren Treffen begann ich allmählich zu begreifen, was die Bibel aussagt: Jesus, der eigentlich Gott ist, ist am Kreuz für meine Schuld gestorben. Nach und nach wurde mir bewußt, daß ich Christus als meinen persönlichen Retter annehmen mußte. Also bat ich Jesus im Gebet, mir meine Sünden zu vergeben und mich als sein Kind anzunehmen. Auch Bernhard traf diese Entscheidung.

In der folgenden Zeit lernten wir sehr viel über Gott und wuchsen in unserem Glauben an ihn. So wurden Bernhard und ich uns auch einig in unserem Wunsch, daß wir getauft werden wollten. Die Wassertaufe ist ja ein äußeres Symbol dafür, daß Gott uns innerlich rein macht, wenn wir unser Vertrauen auf Jesus Christus setzen. Unsere Tochter Jackie hatte ihr Leben ebenfalls Jesus anvertraut, und so wurden wir zu dritt in unserem Swimmingpool getauft. Für mich war das ein ganz besonderer Moment, weil wir uns damit als Familie öffentlich zu Christus bekannten.

Ich hatte unglaublich starken Hunger und Durst danach, Jesus Christus besser kennenzulernen.

Ich hatte unglaublich starken Hunger und Durst danach, Jesus Christus besser kennenzulernen. Manchmal stand ich sogar mitten in der Nacht auf, um in der Bibel zu lesen und sie so lange zu studieren, bis unsere Kinder aufwachten. Ich konnte einfach nicht genug bekommen von dem, was Gott mir durch dieses Buch zu sagen hatte!

Heute lese ich, wenn irgend möglich, immer noch täglich in der Bibel. Ich arbeite bei «Bible Study Fellowship» mit, einer internationalen Bibelstudienbewegung für Frauen. Mir ist es wichtig, daß ich Menschen um mich habe, mit denen ich als Christin verantwortlich lebe. Die Hausaufgaben, die wir für unsere Studientreffen machen, aber auch die Gemeinschaft mit den anderen Frauen sind für mich eine unschätzbare Hilfe, um mein Leben beständig auf Christus ausrichten zu können.

Manchmal stand ich sogar mitten in der Nacht auf, um in der Bibel zu lesen.

Obwohl mein irdischer Vater und meine Mutter beide nicht für mich da waren, als ich aufwuchs, weiß ich doch heute, daß mein himmlischer Vater ganz sicher immer bei mir war! Wenn ich auf mein bisheriges Leben zurückblicke, dann sehe ich die Hand Gottes über allem. Zum Beispiel war es am Anfang ganz schön schwierig für mich, die Ehefrau und Mutter zu sein, die ich gerne sein wollte. Ich hatte ja nicht das Vorrecht gehabt, meine Eltern als Vorbilder zu erleben. Aber Gott hat mir geholfen zu lernen, eine gute Ehefrau und Mutter zu sein. Ich liebe die Verheißungen Gottes, daß er uns all das lehren will, was wir nicht wissen, und daß er uns niemals verlassen oder fallenlassen wird (Hebräer 13,6).

Nur Gott allein kann die Bedürfnisse stillen, die Sie in Ihrem Leben empfinden. Wenn Sie Christus die Führung über Ihr Leben anvertrauen, werden Sie ein Kind in der ewigen Familie Gottes sein (Johannes 1,12). Und wenn Sie diesen Schritt getan haben, dann ermutige ich Sie, sich jeden Tag an Jesus Christus zu wenden, indem Sie beten und die Bibel lesen. Mein Gebet ist, daß Sie, die Sie diese Zeilen lesen, den Frieden erfahren, den ich in meinem himmlischen Vater gefunden habe.

Vikki Langer war fünf Jahre lang Flight Attendant und lebt heute mit ihrem Mann Bernhard und den drei Kindern in Florida/USA.

Barbara Jakob

Die Bibel – heute noch aktuell?

«Glaubst du wirklich, was in diesem Buch steht?!» Die junge Frau schaute mich an, wie wenn ich vom Mond käme. «Das ist doch alles überholt. Und wenn ich will, kann ich mich damit immer noch beschäftigen, wenn ich mal alt bin!»

Viele Menschen verbinden mit Bibel und Kirche Begriffe wie altmodisch, gesetzlich, moralisierend und längst passé. Von der Bibel wissen sie nur, daß angeblich vieles verboten ist, was Spaß macht, und daß die Frauen den Männern untertan sein sollten ... Nehmen wir noch die negativen Erfahrungen von laaangweiligem kirchlichem Unterricht und ebensolchen Gottesdiensten hinzu und mixen die Erinnerungen an einige Pfarrer und Priester hinein, die irgendwann irgendwie versagt haben, so ist der Cocktail völlig ungenießbar: er kann nur noch ausgeschüttet werden. «Mit solchem Zeugs kann ich nichts mehr anfangen!» heißt's dann. – Finden Sie sich wieder? Oder könnte es sein, daß Sie sich noch gar nie Gedanken über Gott und die Bibel gemacht haben?

Viele Menschen wissen von der Bibel nur, daß angeblich das meiste verboten ist, was Spaß macht.

Ist aber damit unser Bedürfnis nach dem Übernatürlichen, Unsichtbaren auch gleich gestorben? Aus vielen Gesprächen mit Frauen weiß ich das Gegenteil: Die Sehnsucht nach einem Halt für unser Leben ist größer denn je. Weshalb? Mit großem Tempo scheint die Welt in unlösbare Probleme zu driften – sie fangen bei uns persönlich und in den Familien an. Die Scheidungsrate klettert in schwindelerregende Höhen. Vielen Frauen bereitet es große Sorgen, daß eine ganze Generation von Kindern heranwächst, die keine festen Beziehungen erlebt hat. Durch die zunehmende Beziehungsunfähigkeit schlittert unsere Gesellschaft in große soziale Probleme hinein. Die Zunahme der psychischen und psychosomatischen Krankheiten, die Süchte und Selbstmordraten reden ein ernstes Wort.

Vielleicht macht Ihnen die fast bedrohliche Globalisierung auch manchmal angst, ganz abgesehen von den persönlichen Ängsten, die wir mit uns tragen. Weil viele Menschen nicht mehr wissen, wie sie damit umgehen sollen, ziehen sie sich mehr und mehr zurück. Die Vereinsamung nimmt zu. In den großen Städten sind inzwischen mehr als die Hälfte der Haushalte von Singles bewohnt. Auch die Arbeitsmarktsituation ist seit Jahren angespannt.

Ganz zu schweigen von den Weltproblemen. Ich war echt erschrocken, als ich Ende 1998 in einem Nachrichtensender hörte, daß es in jenem Jahr *mehr* große Katastrophen in Form von Vulkanausbrüchen, Erdbeben und Wirbelstürmen gegeben habe als während aller vorangegangenen Jahre des Jahrzehnts zusammen!

Dazu kommen die ethnischen Konflikte, von denen wir fast täglich hören. Vielleicht fühlen Sie sich auch so ohnmächtig, weil wir einfach zuschauen müssen und kaum etwas dagegen tun können. Aber wußten Sie, daß Jesus Christus vieles bereits vor 2000 Jahren vorausgesagt hat? Sie können dies im Matthäusevangelium (Kapitel 24; Seite 42–45) selbst nachlesen.

Wohin wird das alles führen? Machen Sie sich Gedanken über das Weltgeschehen, oder neigen Sie dazu, die Augen zu verschließen? Wenn Sie und ich ehrlich sind, dann müssen wir zugeben: Sicherheit ist nicht mehr gewährleistet – weder in Beziehungen noch am Arbeitsplatz. Auch sonst wissen wir nicht, was auf uns zukommen wird. Vieles ist im Umbruch. Je größer aber die Ungewißheiten in unserem Leben, desto größer die Sehnsucht nach einer *bleibenden* Sicherheit und Geborgenheit.

Gehören Sie auch zu den Menschen in unserem christlichen Abendland, die die Kraft des Christentums in den Kirchen nie erlebt haben? Haben Sie deshalb vielleicht die Schlußfolgerung gezogen, daß der Gott der Bibel nicht mehr aktuell sei? Haben Sie Ihre tiefsten Fragen verdrängt? Oder haben Sie sich aufgemacht, in östlichen Religionen oder neuerwachten Naturreligionen Antworten zu suchen?

Ich war ziemlich erschüttert, als ich herausfand, wie normal unter Frauen der Gang zur Wahrsagerin geworden ist oder wie schnell sie von Versprechungen «ganzheitlicher Heilung», von esoterischen Angeboten oder gar von okkulten Praktiken Hilfe erwarten. Auch bin ich immer wieder erstaunt, wie leicht es sich heute viele Menschen machen, indem sie sich ihren eigenen Glauben aus allen möglichen Anteilen von Religionen und Philosophien zurechtlegen. Eigentlich finde ich es traurig, daß die wenigsten die Bibel wirklich einmal gründlich und vorurteilslos gelesen haben.

Wie denken Sie darüber? Ich möchte Sie herausfordern (egal, wo Sie in Ihren Überlegungen stehen), Gott richtig zu «testen», indem Sie sich sagen: «Jetzt will ich aber wissen, ob das stimmt, was da steht!» Haben Sie ihn schon einmal «beim Wort» genommen? Wenn nicht, dann ist dies eine Einladung dazu: Die Bibel ist Gottes *Liebesbrief* an Sie!

Ein Liebesbrief bringt aber nur etwas, wenn er auch von der oder dem Geliebten gelesen wird. Und Sie sind eine von Gott Geliebte! Er sehnt sich danach, mit

Sagen Sie sich einmal: «Jetzt will ich aber wissen, ob das stimmt, was in der Bibel steht!»

Ihnen in Verbindung zu treten. In all den Unsicherheiten der heutigen Zeit will der Gott der Bibel Ihnen einen so starken und tragfähigen Grund für Ihr Leben geben, wie Sie ihn nirgendwo sonst finden können. Wenn wir Gott begegnen und ihn kennenlernen, schenkt er uns eine *innere* Sicherheit und Geborgenheit. Er hilft uns, die Angst zu überwinden, weil er uns durch Jesus Christus verspricht: «Ihr dürft sicher sein: Ich bin immer und überall bei euch, bis an das Ende dieser Welt!» (Matthäus 28,20; Seite 55). Er will uns in persönlichen Problemen und Nöten beistehen. Er will uns helfen, und er will immer bei uns sein – wenn wir ihn bloß lassen. Deshalb meine Frage:

Jesus redete Klartext mit den Menschen und liebte sie trotzdem.

Darf ich Ihnen vorstellen? – Jesus Christus.

Ein so einmaliger Mensch wie er hat nie vorher und nie nachher wieder auf Erden gelebt. Der Historiker Philip Schaff schrieb: «Jesus von Nazareth siegte ohne Geld und Waffen über mehr Millionen von Menschen als Alexander der Große, Cäsar, Mohammed und Napoleon. Ohne Wissenschaft und Lernen erleuchtete er mehr menschliche und heilige Dinge als alle Philosophen und Lehrer zusammen. Ohne die Beredsamkeit der Schule sprach er Worte des Lebens, wie sie vorher und nachher nie mehr gesprochen wurden. Ohne daß Jesus eine einzige Zeile schrieb, setzte er doch mehr Federn in Bewegung, lieferte mehr Stoff für Predigten, Reden, Diskussionen, Kunstwerke, Lehrbücher und Lieder als die ganze Armee Gelehrter des Altertums und der modernen Zeit.» Soweit Philip Schaff.

Ich möchte Ihnen nun meinerseits einige Gründe nennen, warum mich dieser Jesus immer neu begeistert, wenn ich von ihm lese. Ihm kann ich nachleben, weil er mir so vieles vorgelebt hat. Er besaß all das, was wir für unsere Lebensbewältigung brauchen. Und damit Sie dies selbst nachprüfen können, habe ich Ihnen einige Bibelstellen aus dem Matthäusevangelium herausgesucht. Ich bin sicher: Jesus Christus überzeugt auch Sie!

- Er hatte ein klares Ziel und hatte klare Prioritäten für sein Leben (Kapitel 11,25–30; Seite 19 und Kapitel 20,28; Seite 35–36).
- Er hatte keine Angst vor Menschen (Kapitel 12,1–21; Seite 19–20 und Kapitel 23,1–12; Seite 40–41).
- Er redete Klartext mit den Menschen und liebte sie trotzdem (Kapitel 20, 16–26; Seite 35).
- Er hatte tiefes Mitgefühl und Erbarmen mit Kranken und Armen (Kapitel 8,1–17; Seite 12–13).
- Er behielt immer Ruhe in schwierigen Situationen, war furchtlos und total geborgen in Gott (Kapitel 8,24–27; Seite 13).

- Er ließ sich nicht von dem verunsichern, was Menschen über ihn sagten oder über ihn dachten (Kapitel 21, 23–27; Seite 37).

Gewiß finden Sie noch zusätzliche Aspekte im Leben Jesu, die Sie ganz persönlich ansprechen, wenn Sie anfangen, die Berichte über Jesus zu lesen. Ein Gedanke, der mich immer neu fasziniert, ist die Tatsache, daß ich nicht nur an eine höhere Macht glauben muß, sondern einem Gott vertrauen darf, der sich um mich ganz persönlich kümmert. Und das Großartige dabei: Dieser Gott kennt mich – längst bevor ich ihn kenne! «Herr, du durchschaust mich, du kennst mich durch und durch!» steht in Psalm 139 (Seite 618–619). Er sucht mich – längst bevor ich beginne, ihn zu suchen: «Wenn ein Mann hundert Schafe hat und eins läuft ihm davon; was wird er tun? Läßt er nicht die neunundneunzig zurück, um das verirrte Schaf zu suchen?» beschreibt Jesus die Haltung Gottes in Matthäus 18, 11–14 (Seite 31–32). Er liebt uns, längst bevor wir ihn lieben: «Wir wollen lieben, weil Gott uns zuerst geliebt hat» (1. Johannes 4,19; Seite 427). Und noch nicht genug: Gott nimmt uns an, so wie wir sind. Deshalb können wir uns selbst und andere annehmen lernen. «Nehmt euch gegenseitig an, so wie ihr seid, denn auch Christus hat euch ohne Vorbehalte angenommen» (Römer 15,7; Seite 271).

Haben Sie Lust bekommen, diesen Jesus kennenzulernen und seinen Liebesbrief zu lesen? Es ist die vollkommenste «Love-Story», die je geschrieben wurde. Wenn wir beginnen, dieses Buch mit offenem Herzen zu entdecken, werden wir merken, wie Gott auch heute noch ganz persönlich zu uns sprechen kann.

Die Bibel – heute noch aktuell? Die Frage ist gestellt. Machen Sie sich auf Entdeckungsreise!

Wer die Bibel mit offenem Herzen liest, wird merken, wie Gott auch heute noch ganz persönlich zu uns sprechen kann.

Irischer Reisesegen

Der Herr sei vor dir,
um dir den rechten Weg zu zeigen.
Der Herr sei neben dir,
um dich in die Arme zu schließen
und dich zu schützen.
Der Herr sei hinter dir,
um dich zu bewahren
vor der Heimtücke böser Menschen.
Der Herr sei unter dir,
um dich aufzufangen, wenn du fällst,
und dich aus der Schlinge zu ziehen.

Der Herr sei in dir,
um dich zu trösten, wenn du traurig bist.
Der Herr sei um dich herum,
um dich zu verteidigen,
wenn andere über dich herfallen.
Der Herr sei über dir, um dich zu segnen.
So segne dich der gütige Gott.

Prinzessin Margaretha von Liechtenstein

Gott sagt immer ja zum Leben

Ich denke oft an den Satz aus dem Neuen Testament: «Ihr seid der Tempel Gottes.» Das bedeutet, daß wir mit diesem «Haus Gottes» nicht einfach tun können, was uns beliebt, ohne Auswirkungen im körperlichen und vor allem auch im seelischen Bereich zu gewärtigen.

Es ist unbestritten, daß die Forschung der Menschheit zu großem Fortschritt verholfen hat. Aber leider sind wir Menschen im geistlichen Bereich unterentwickelt geblieben, und die Diskrepanz wird immer deutlicher. Die Folge davon

ist, daß immer mehr Menschen den Anforderungen des täglichen Lebens kaum mehr gewachsen sind und immer schwächer und verletzlicher werden.

Ich lernte diese Diskrepanz durch meine eigene Erfahrung besser verstehen, und ich möchte durch meine persönliche Geschichte die besondere Achtung vor dem Leben unterstreichen. Gott schenkte mir viele Segnungen, und eine davon möchte ich mit Ihnen teilen:

Einige Monate nach unserer Hochzeit hatte ich eine Fehlgeburt. Dies war zwar – wie für jede Frau, die zum ersten Mal schwanger ist – eine sehr traumatische Erfahrung. Sie können sich aber sicher meine und meines Mannes Freude vorstellen, als ich einige Monate später wiederum ein Kind erwartete.

Die Schwangerschaft verlief zu Beginn ganz normal, bis eine Ultraschalluntersuchung im vierten Monat eine Anomalie im Nervensystem unseres Kindes an den Tag brachte. Die Ärzte erkannten es sofort: Der vordere Teil des Gehirns unseres Babys hatte sich nicht normal entwickelt.

Es war ein Schock, wie ein Dolchstoß mitten ins Herz!

Es war ein Schock, wie ein Dolchstoß mitten ins Herz! Die weiteren Tests zeigten, daß das Baby die Geburt nicht überleben würde, oder falls doch, dann nur für einige Tage. Die Ärzte diskutierten gleichzeitig eine «therapeutische Abtreibung» und baten uns um eine rasche Entscheidung, da der Fötus schon weit entwickelt sei.

Wir waren total verwirrt und fühlten uns verloren. Als wir zu Hause ankamen, eilten wir gleich in die Kapelle und weinten unseren Kummer vor dem Altar Gottes aus. Wir flehten ihn um Führung und Stärkung an. Einige Stunden später hatten wir das Glück, einen Bischof zu treffen, der ein guter Freund unserer Familie war. Ihm erzählten wir von unserem Leid und fragten ihn um Rat. Ohne eine Sekunde zu zögern, antwortete er: «Habt keine Angst, das Kind zu behalten. Alles ist in Gottes Händen!» Augenblicklich erfüllte uns Friede, und Friede ist immer ein Zeichen, daß wir in Gottes Willen sind. Dasselbe gilt für die Freude, und ich erinnere mich noch genau an die Freude, die mein Herz erfüllte, als wir in die Kapelle zurückgingen und von ganzem Herzen unser Ja zu Gottes Willen bekundeten. Ich muß sagen, daß ich noch nie so eine Gnade in meinem Herzen empfunden habe wie in dem Augenblick, als ich eins wurde mit Jesus am Kreuz.

«Habt keine Angst, das Kind zu behalten. Alles ist in Gottes Händen!»

Das Leiden war zwar immer noch da, trotz allem aber auch die Freude.

Das Leiden war zwar immer noch da, trotz allem aber auch die Freude. Dieser Friede und die Freude halfen uns durch bis zum Tag der Geburt. Es übersteigt das menschliche Verstehen. Ich erlebte, was Paulus in seinem Brief an die Philipper schreibt: «Gott wird euch seinen Frieden schenken, den Frieden, der all unser Verstehen, all unsere Vernunft übersteigt, der unsere Herzen und Gedanken im Glauben an Jesus Christus bewahrt» (Philipper 4,7).

Dennoch möchten wir Gott in gewissen Umständen bitten, uns ein «greifbares» Zeichen zu senden, um uns in unserem schwachen, zerbrechlichen Glauben zu stärken. Um so ein Licht bat ich ihn damals. Als ich aufs Geratewohl die Bibel aufschlug, erfüllte Gott meine Bitte. Die Stelle, die ich las, traf mich so tief, daß ich dies gerne erzählen möchte. Sie befand sich im «Buch der Weisheit», im vierten Kapitel. [Anmerkung der Herausgeberin: Dieses Buch gehört zu den apokryphen Schriften, die nicht in jeder Gesamtausgabe der Bibel enthalten sind. Das folgende Zitat ist aus der Lutherbibel.]

Der Titel lautete: «Der frühe Heimgang der Gerechten». «Wenn aber der Gerechte zu frühzeitig stirbt», so lautet der Text, «so ist er doch in der Ruhe. Denn ein ehrenvolles Alter muß nicht lange währen und wird nicht an der Zahl der Jahre gemessen ... Der Gott wohlgefiel, wurde ihm lieb, und weil er unter Sündern lebte, wurde er hinweggenommen ... Denn seine Seele gefiel dem Herrn; darum eilte sie fort von den bösen Menschen. Aber die Leute, die es sahen, beachteten es nicht und nahmen's nicht zu Herzen, daß Gnade und Barmherzigkeit bei seinen Auserwählten wohnt und daß er seine Heiligen gnädig heimsucht.»

Nach dieser direkten Antwort auf mein Gebet begann ich auf neue Weise zu verstehen, was Gott von uns wollte. Ich spürte mehr und mehr, daß Gott diese Erfahrung mit unserem Sohn nicht nur zu unserem Besten dienen lassen würde, sondern vor allem auch dazu, daß wir als Zeugen für das Leben einstehen sollten, weil Leben Gottes Wille ist.

Die Schwangerschaft und Geburt verliefen den Umständen entsprechend gut, und nachdem wir unser Kind auf den Namen Leopold getauft hatten, ging er als kleiner Heiliger in den Himmel ein.

Nach unserer Erfahrung wurde mir deutlich bewußt, daß wir Christen uns selbst nur dann wirklich treu sind, wenn wir ehrlich glauben, daß jedes menschliche Leben einen unbezahlbaren Wert hat in Gottes Augen. Jesus sagte uns: «Was ihr für einen meiner geringsten Brüder getan habt, das habt ihr für mich getan» (Matthäus 25,40). Jedes Leben hat einen Sinn und einen Auftrag zu erfüllen, und nur Gott kennt seine geheime Dimension und seine Bedeutung. Es steht dem Menschen nicht zu, sich das Recht zu nehmen, das Leben von jemandem zu unterbrechen, der zum Beispiel schwer erkrankt ist, oder zu entscheiden, ob Kinder auf der Welt willkommen sind oder nicht. Das Leben gehört nicht uns, es wurde uns nur geliehen. Etwas Schwieriges oder Falsches einfach mit einem anderen Übel kurieren zu wollen, geht einfach nicht.

Jedes Leben hat einen Sinn, und nur Gott kennt seine geheime Dimension.

In einer Zeit, in der wir von der Wissenschaft her immer mehr über das Leben wissen, müßten wir eigentlich das unvergleichliche Wunder der Entstehung menschlichen Lebens um so mehr achten. Aber leider sind wir daran derartig gewöhnt – es ist für uns so selbstverständlich geworden –, daß wir das Leben nicht mehr richtig zu schätzen wissen. Wir sind vom technischen

Fortschritt so geblendet, daß wir darüber ganz vergessen, was unsere Hauptaufgabe ist: die Fürsorge für den Menschen.

Es ist keine Lösung, Krankheit und Leiden beiseite zu schieben. Wenn wir dies tun, wird unsere Gesellschaft nur noch egoistischer werden. Viele andere und ich selbst auch haben erfahren, daß man durch Geben reich beschenkt wird. Wenn wir unsere Zeit, unsere Geduld und Liebe den Benachteiligten geben, werden wir tausendfach belohnt. Die Freude liegt oft im Herzen des Leidens – für diejenigen, die geben, aber auch für diejenigen, die beschenkt werden. Ich glaube, es war Claudel, der den wunderbaren Satz schrieb: «Gott ist nicht gekommen, um uns das Leiden zu erklären. Gott ist nicht gekommen, das Leiden abzuschaffen. Gott ist gekommen, um die Herzen der Leidenden mit seiner Anwesenheit zu erfüllen.»

Ich möchte Ihnen sagen, daß wir durch unser «Ja», das wir Jesus Christus am Fuß des Kreuzes gegeben haben, letztlich reich beschenkt worden sind. Dieses Ja ließ mich reifer werden und hat mir neue Horizonte von Gottes Liebe und seiner unermeßlichen Zärtlichkeit eröffnet.

Das Leiden ist ein Geheimnis, das unser Verstehen übersteigt, und ich möchte niemanden verurteilen, weil ich weiß, was es heißt, durch Qualen und Pein zu gehen. Aber ich danke unserem Herrn, daß er unsere Hand in jedem Moment des Lebens gehalten hat und immer noch hält. Schließen möchte ich mit einem wertvollen Satz von Kardinal Suenens: «Glücklich sind die Menschen, die träumen und bereit sind, den Preis zu bezahlen, um diese Träume wahr werden zu lassen.»

Prinzessin Margaretha von Liechtenstein, geb. Prinzessin von Luxemburg, ist die Nichte des verstorbenen belgischen Königs Baudoin und die Ehefrau von Prinz Nikolaus von Liechtenstein. Sie lebt mit ihrer Familie in Brüssel/Belgien.

Yolanda Tavoli

Der Tüchtige hilft sich selbst ...?

«Mein Leben *vor* Jesus» war geprägt durch mein Streben nach Unabhängigkeit und nach totaler Kontrolle meiner eigenen Lebensführung und der anderer Leute. Ich kannte weder Aberglauben, noch interessierten mich esoterische Ansichten. Meine Devise lautete, kurz auf den Punkt gebracht: «Der – beziehungsweise die – Tüchtige hilft sich selbst.»

Kein Wunder, daß es mich zu risikoreichen Sportarten wie Reiten und Autorennen zog. Durch die Beherrschung von einer oder, noch lieber, von mehreren Pferdestärken konnte ich mich ja beweisen ... Und sollte es mir im Sport nicht gelingen, all meine Persönlichkeitsstrukturen so zu verwirklichen, wie es mir vorschwebte, so blieb ja noch das Showbusiness. Als Schönheitskönigin und Schauspielerin (u.a. in den Sendungen «Traumschiff» und «SOKO») konnte ich meine hochgesteckten Ziele (Hauptsache: anders und besser sein als die Norm!) ja durchaus auch so erreichen.

Parallel dazu lief (so sehr ich mich auch ständig in Gleichgültigkeit gegenüber Gott übte) mein geistliches Leben ab. Im Rückblick weiß ich heute, daß Gott mich schon früher, als ich noch ein rebellischer Teenager war, behutsam auf das vorbereitete, was sich dann später in meinem 38. Lebensjahr anbahnen sollte. 1987 bekehrte sich zum Beispiel meine überdurchschnittlich gut aussehende Mutter zu Jesus Christus. Das geschah unter dem Einfluß meines Großvaters, der reformierter Pfarrer gewesen war; ganz kurz vor seinem Tod. Die Umkehr meiner Mutter war mir ein bißchen unheimlich, da für mich Gläubige eher unscheinbarer körperlicher Natur waren und der

Glaube ihnen in meinen Augen doch nur dazu diente, ihre entsprechenden äußerlichen Nachteile zu kompensieren ...

Ich dachte, der Glaube diene dazu, äußerliche Nachteile zu kompensieren.

Nun aber verfolgte meine Mutter unermüdlich das Ziel, ihre Familie von dem so wichtigen Schritt zu überzeugen, Jesus als persönlichen Erretter anzunehmen. Ich hätte sicher als letzte geglaubt, daß es mich als erste «packen» würde! Aber Gott mußte wohl einen Plan mit mir haben; einen Plan, der keinen großen Aufschub erlaubte.

Einige Zeit nach meiner Heirat kam unser geliebtes Wunschkind Gregory zur Welt. Mit seiner Geburt vollzog sich ein Wandel in allen meinen Lebensbereichen. Meine Liebe zu dem Neugeborenen ließ mich jegliches Karrieredenken ablegen. Nicht, daß mein kleiner Junge mich so in Anspruch genommen hätte (er ist ein besonders unkompliziertes Kind). Nein, es traf mich vielmehr die Erkenntnis wie ein Blitz, daß da ein hilfloses Wesen meiner vollen Zuneigung bedurfte – und sie auch erwiderte! Und noch etwas wurde mir plötzlich so klar und deutlich bewußt, wie es mir vorher noch nie bewußt gewesen war: Ich hatte panische Angst, dieses kleine Wunderwesen wieder zu verlieren. Niemand konnte mir diese Angst ausreden, bis, ja, bis Jesus in meiner Welt Einzug hielt.

Niemand konnte mir meine Angst ausreden – bis Jesus Einzug in meine Welt hielt.

Gregory mag einige Wochen alt gewesen sein, als ich mich eines Morgens mit ihm in unserem geräumigen Elternhaus aufhielt. Ich erzählte meiner Mutter einen Traum, den ich in diesem Haus als Mädchen gehabt hatte und der mich nie mehr auf dem Rücken hatte schlafen lassen. Damals war mir eines Nachts gewesen, als ob Hände unter meiner Matratze hervorschießen würden mit der Absicht, mich zu erwürgen. Alles war so real gewesen, als ob ich wachgelegen hätte.

Es gelang mir zwar damals, das Wirken von eventuellen finsteren Mächten zu negieren und schließlich sogar wieder einzuschlafen. Aber dieses Ereignis hatte eben die Wirkung, daß ich seither nie mehr auf dem Rücken schlafen konnte.

Meine Mutter nahm dieses «Geständnis» als willkommenen Anlaß, um zum x-ten Mal von Jesus zu sprechen und mich zu ermahnen, falls ich wieder mal von einer solchen Vision heimgesucht werden sollte, Jesus um Beistand zu bitten.

In der kommenden Nacht wachte ich gegen drei Uhr früh auf, weil jemand ins Zimmer trat. Es war mein Vater im Pyjama. Er hielt kurz mitten im Zimmer inne, sagte: «Ich habe dich lieb», und schloß die Tür wieder hinter sich. In diesem Moment wurde ich zweier finsterer, verhüllter Gestalten gewahr, die sich meinem Bett in feindlicher Absicht näherten. Als ich wie schützend die Hand vor mir ausstreckte, biß mich die eine Gestalt, die aussah wie ein Dämon auf dem Dach von Notre-Dame-de-Paris, in die Hand. Gelassener, als ich es je für möglich gehalten hätte, sprach ich die Worte aus: «Jesus, hilf mir!» Und der Spuk war weg.

Ich sagte: «Jesus, hilf mir!» Und der Spuk war weg.

Aber warum trat mein Vater überhaupt mitten in der Nacht (was er noch nie getan hatte) in mein Zimmer? Darauf angesprochen, antwortete er höchst erstaunt: «Bin ich doch gar nicht – du hast geträumt!» Hatte ich wirklich geträumt? Nein, es war für mich eine reale Erfahrung gewesen, und ich kam dadurch zum Glauben an die Allmacht Jesu Christi. Seither kann ich auch wieder auf dem Rücken schlafen.

Unterdessen ist einige Zeit vergangen, und unser kleiner Gebetskreis (meine Mutter und ich) hat sich um ein Mitglied, meine jüngere Schwester, vergrößert. Aber nochmals zurück zu meinem früheren Lebensprinzip: «Der Tüchtige hilft sich selbst.» Dazu lese ich in der Bibel, im 2. Korintherbrief (Kapitel 3, Verse 4 und 5; Luther): «Solches Vertrauen aber haben wir durch Christus zu Gott. Nicht daß wir tüchtig sind von uns selber, uns etwas zuzurechnen als von uns selber; sondern daß wir tüchtig sind, ist von Gott.»

Heute weiß ich dank der Verheißungen Gottes, daß derjenige, der Jesus sein Leben übergeben hat, nicht *mehr* und nicht stärker geprüft wird, als er es ertragen kann. Und daß «denen, die Gott lieben, alle Dinge *(auch solche, die uns alles andere als angenehm sind)* zum Besten dienen» (Römer 8,28; Luther). Und ich weiß, daß Gott seine schützende Hand über meinen Mann und mich und auch über meinen geliebten Sohn Gregory hält!

Meinen Sohn zu verlieren wäre das absolut Schlimmste, was mir passieren könnte. Und nun stellen Sie sich vor: So sehr hat Gott uns Menschen geliebt, daß er seinen einzigen Sohn für uns hergab, damit jeder, der an ihn glaubt, nicht verlorengehen wird, sondern das ewige Leben hat (Johannes 3,16). Nehmen wir sein Geschenk doch an!

Yolanda Tavoli, ehemalige Autorennfahrerin, arbeitet weiterhin zeitweise als Auto-Instruktorin, außerdem als Moderatorin bei verschiedenen Anlässen wie Modeschauen und Show-Veranstaltungen. Sie ist verheiratet, hat inzwischen zwei Kinder und lebt in Luzern/Schweiz.

Conny Scheuten

Als Sicherheitsbeamtin bei der Münchner U-Bahn

Heute ist ein neuer Tag, und wie jeder Tag ist auch dieser wieder eine Herausforderung. Ich mache mich auf den Weg und gehe zum Dienst. Ziehe meine Uniform an, schnalle mein Koppel um, lade meine Waffe, stecke sie ins Holster und gehe mit meinem Kollegen auf Streife. Ich tauche ein in eine andere Welt. Man scherzt, lacht oder spricht über vergangene Ereignisse: über die letzte Schlägerei, über den letzten Junkie, der in der öffentlichen Toilette an einer Überdosis gestorben ist, oder über den, der vorgestern vor die U-Bahn sprang. Normaler Alltag in meinem Job. Es ist ein Job, der mein Leben nachhaltig verändert hat. Der mir auch ein Stück weit eine besondere Stellung verschafft. Jeder hört gerne, was ich zu erzählen habe, denn es ist aufregend, und manchmal ist es auch gefährlich …

Lange machte ich mir keine Gedanken darüber, warum ich diesen Beruf eigentlich ausübte. Bis mich jemand danach fragte. Ich brauchte eine Weile, bis ich mir eine ehrliche Antwort darauf geben konnte: Es hatte einen gewissen Reiz, Macht über andere Menschen zu haben, bestimmen zu können, Chef zu sein. Mit meinem Abzeichen gab man mir diese Macht. Mir, die ich selber immer Schwierigkeiten hatte, Autorität in meinem Leben anzuerkennen!...

Es hatte für mich einen gewissen Reiz, Macht über andere Menschen auszuüben.

Irgendwann bemerkte ich auch, daß meine Arbeit nicht nur mein Leben verändert hatte, sondern auch mich selbst, meine Persönlichkeit. Ich wurde zunehmend aggressiver, ging jedes nur erdenkliche Risiko ein und suchte ganz bewußt die Gefahr, was sich zwangsläufig auch auf mein Privatleben übertrug. Schnell hatte ich mir einen gewissen Ruf erworben. Ich gehörte zu den Besten! Dieses Ziel zu erreichen, als Frau im Sicherheitsdienst zu bestehen, war mir ungeheuer wichtig. Ich hatte es geschafft! Oder hatte es mich geschafft?

«Fürchte dich nicht, ich befreie dich! Ich habe dich bei deinem Namen gerufen – du gehörst mir» (Jesaja 43,1b; Gute Nachricht). Warum nur geht mir immer wieder dieser Vers durch den Kopf? Dieser Vers hat mich in der Vergangenheit herausgerufen aus meinem alten Leben. Es war ein Leben, das sich in dem Rahmen, in dem Milieu abspielte, in dem ich heute als Sicherheitsbeamtin arbeite: Ich hatte keine besonders schöne Kindheit und Jugend. Die wenigste Zeit verbrachte ich bei meiner Mutter. Schon als Säugling kam ich in ein Heim, dann wurde ich in der Familie herumgereicht und wuchs schließlich bei verschiedenen Pflegefamilien auf. Mit dreizehn Jahren rutschte ich in die Alkohol- und Tablettenabhängigkeit ab. Beinahe acht Jahre brauchte ich, um mich anschließend für das Leben zu entscheiden. Und danach besaß ich die Arroganz und Überheblichkeit, über Menschen aus genau diesem Milieu zu richten und sie zu verurteilen!

Ich brauchte noch einige zusätzliche Jahre, um aus dem Chaos herauszukommen und ein sinnvolles Leben aufzubauen. Immer wieder hat Gott mir Menschen zur Seite gestellt, die mich ertragen und geliebt haben. Ich konnte mir jedoch lange nicht vorstellen, daß Gott jemanden wie mich tatsächlich erwählt! Mit all meinen Fehlern und Unzulänglichkeiten ... Ich hatte die Vorstellung: Man muß ein guter Mensch sein, um von Gott angenommen zu werden, weil mir mein Leben bis dahin gezeigt hatte, daß nur gute Kinder geliebt wurden ...

Ich konnte mir lange nicht vorstellen, daß Gott jemanden wie mich erwählt.

So versuchte ich alles aus mir selbst heraus zu schaffen und mußte doch bald erkennen: Meine Kräfte reichten nicht aus. Wenn ich nicht wieder untergehen wollte, mußte ich etwas verändern! Und dadurch, daß ich mich auf Gott eingelassen habe, *habe* ich mich auch wirklich verändert.

Seit ich mich auf Gott eingelassen habe, habe ich mich wirklich verändert.

Wie arbeite und lebe ich heute? Ich bin immer noch in diesem Beruf, in diesem Milieu. Aber jeder Tag, den ich im Bewußtsein beginne: «Gott ist bei mir!», jeder solche Tag ist ein guter Tag. Natürlich brauchte ich Unterstützung, um mich zu verändern. Seit Jesus nun einen festen Platz in meinem Leben eingenommen hat, haben sich meine Beziehungen zu meinen Mitmenschen positiv verändert. Ich suche heute das Gespräch und habe die Erfahrung gemacht, wie wohltuend Vergebung sein kann. Ich habe gesehen, was für Wege sich durch Versöhnung auftun. Aber dennoch, auch heute gerate ich gelegentlich noch in Sackgassen und will mit dem Kopf durch die Wand. Habe ich mir schließlich genügend Beulen geholt und mir dann endlich eingestanden, trotz all meines Versuchens und Kämpfens keine rechte Lösung zu haben, kann Gott eingreifen. Und siehe da, oft öffnet sich dann die Tür, die ich zuvor nicht gesehen habe!

Ich habe erfahren, wie wohltuend Vergebung sein kann.

Heute gilt in meinem Alltag vor allem das, was im Neuen Testament im 3. Kapitel des Titusbriefs steht (Verse 4–5):

«Aber dann haben wir Gottes Liebe und Güte erfahren durch unseren Erlöser und Retter Jesus Christus. Nicht, weil wir etwas geleistet hätten, womit wir diese Liebe verdienen, nein, seine Barmherzigkeit war es, die uns durch eine neue Geburt zu einem neuen Menschen gemacht hat. Das war ein Werk des Heiligen Geistes.»

Conny Scheuten war Elektronikerin und arbeitet heute im Sicherheitsdienst der U-Bahn. Sie wohnt in der Nähe von München.

Sonja Dengler

Der Glaube an Jesus Christus – nichts für starke Frauen?

«Wer an Gott glaubt, sonntags in die Kirche rennt und betet, ist ein lebensunfähiger Schwächling, der selbst nichts auf die Beine stellen kann und nichts darüber weiß, wie es außerhalb seines religiösen Ghettos im wirklichen Leben zugeht!» Das war über einen Zeitraum von rund dreißig Jahren mein Urteil über Christen. Ich kannte zwar überhaupt keinen engagierten Christen persönlich, aber die Gesichter sonntäglicher Kirchgänger ließen aus meiner Sicht nur diesen einen Schluß zu ...

Mir genügte es derweil, ein guter Mensch zu sein und, wo notwendig, auch mal für andere einzustehen oder eine Lanze für die feministische Bewegung zu brechen («Frauen müssen gegen die Männerwelt zusammenhalten!»). Begriffen hatte ich auch, daß das Leben kein Zuckerschlecken ist, und dies bedeutete vor allem, daß ich viel Geld verdienen mußte, wenn ich wer sein wollte. Ich stimmte der Formel «Immer mehr Arbeit bringt immer mehr Geld» zu und war als erfolgreiche Werbekauffrau voll ausgelastet. Es gab keine (sogenannte) Frauenfrage, in der ich nicht fit war.

In die Bibel hatte ich trotz Taufe und Konfirmation in dieser ganzen Zeit nicht ein einziges Mal geschaut. Meinen eingerahmten Konfirmandenspruch hatte ich schon bei meinem Auszug aus dem Elternhaus als lächerlichen Ballast in die Mülltonne vor dem Haus geworfen.

In den unpassendsten Momenten erkannte ich etwas Seltsames: Es gab zwei Sonjas!

Etwas aber begann mich zu beunruhigen. In den unpassendsten Momenten erkannte ich immer häufiger etwas sehr Seltsames: Es gab zwei Sonjas! Die eine war die emanzipiert-unabhängige, die es liebte, in verbalen Auseinandersetzungen immer recht zu behalten. Wenn sie Lust dazu hatte, bot sie jedermann ihre starke Schulter zum Ausruhen, und wenn sie eben keine Lust dazu hatte, verhielt sie sich herrisch-abweisend. Diese Sonja gefiel mir sehr gut, sie war stark und entschlußfreudig.

Die andere war nicht so vorlaut und schnell. Sie war viel langsamer, wollte weibliche Dinge tun und mahnte häufiger zu mehr Vorsicht im Umgang mit sich selbst. Sie war kein bißchen herrisch, sondern sehnte sich nach so etwas Undefinierbarem wie «einfachem Luxus» und vor allem nach einer starken Schulter, an der sie sich anlehnen und heulen konnte (warum, war mir allerdings nicht klar ...). Diese Sonja gefiel mir gar nicht, ich mochte sie nicht und behandelte sie entsprechend schlecht. Und sobald sie sich zu Wort meldete, brachte ich sie brutal zum Schweigen. Als mir das nicht mehr so gut gelang, beruhigte ich sie mit dem Zugeständnis, kochen zu lernen! Das gestaltete sich jedoch schwieriger als erwartet, weil ich diese Tätigkeit eigentlich zutiefst verabscheute. Ich assoziierte damit viel zu sehr das dümmliche Hausfrauen-Image.

Eines Abends, ich hatte etwa zwanzig Gäste eingeladen, geschah etwas scheinbar Nebensächliches: Das Gesprächsthema waren meine (!) Kochkünste, wobei ich mich sehr bemühte, nicht wie eine gestreßte Gastgeberin zu wirken, sondern auf Nachfragen leichthin zu antworten: «Ach, das entsteht von ganz alleine!» Ich hatte das noch nicht ganz ausgesprochen, als sich in meinem Kopf die bohrende Frage festsetzte: «Warum habe ich jetzt gerade eigentlich gelogen? Warum sage ich denen nicht, wieviel Mühe es mich gekostet hat und wie anstrengend das alles war?»

Ich fuhr in eine andere Stadt, um mir unerkannt eine Bibel zu kaufen. Es war mir furchtbar peinlich.

In jener Nacht ließ ich die andere, die mir unangenehme Sonja aus dem Grab auferstehen. Ich wog hin und her, was denn schlimmstenfalls passieren könnte, wenn ich sie am Leben erhalten würde – und konnte mich dann doch nicht für sie entscheiden. Sie war mir einfach zu erbärmlich.

Erstaunlicherweise machte sie sich aber dennoch in meinem Leben immer breiter. So fuhr ich zum Beispiel in eine andere Stadt, um mir unerkannt eine Bibel zu kaufen. Es war mir furchtbar peinlich, und ich mochte mich nicht von einer Verkäuferin nach meinen Wünschen fragen lassen. Entsprechend lange suchte ich herum, um erschrocken festzustellen, wie viele unterschiedliche Bibelausgaben angeboten wurden. Schließlich entschloß ich mich, eine weiße mit blauem Rand zu nehmen. Die machte auf mich den freundlichsten Eindruck ...

Draußen im Auto schlug ich sie auf und las und las und las. Bis ich an einer Stelle im Buch des Propheten Jesaja hängenblieb: «Fürchte dich nicht, ich habe dich bei deinem Namen gerufen, du bist mein!» Meine Gefühle schwankten zwischen Empörung («Ich gehöre nur mir allein!») und Neugierde («Ist das der Anfang vom Ende?»). Die Kapitulation der «guten» Sonja vor der erbärmlichen Sonja ging dann ganz still und leise vor sich: Insgesamt siebenmal begegnete mir diese Bibelstelle noch, bevor ich schließlich die Kraft und den Willen aufbrachte, mein ganzes Leben zu verändern, indem ich beschloß, Gott mehr zu gehorchen als der «guten» Sonja.

Heute stecke ich mittendrin in der Abtreibungsfrage, weil ich einen Verein für Schwangerschafts-Konfliktberatung leite. Diese Frage hatte mich schon zu meinen feministischen Zeiten beunruhigt. Sie entwickelt sich inzwischen gesellschaftlich zusehends zu *der* feministischen Frage schlechthin. Meine These ist, daß eine Frau, die ihr eigenes Kind abtreibt, dadurch nicht beweist, wie emanzipiert sie ist, sondern wie weit ihre Versklavung bereits fortgeschritten ist.

Der «guten» Sonja war klar, daß ich mich mit meinem neuen Beruf endgültig zwischen alle Stühle setzen würde. Und siehe da: In sehr kritischen Situationen ist es die Erbärmliche in mir, die sich als die wahrhaft Starke erweist!

«Bist du eigentlich jetzt glücklicher?» hat mich vor einiger Zeit kopfschüttelnd eine Bekannte aus alten Zeiten gefragt. «Nein», sagte ich, «ich bin nicht glücklicher, ich bin glücklich! Aber das zu erklären oder gar aufzuschreiben würde etwas ergeben, was nicht zwischen zwei simple Buchdeckel paßt.»

Wir brauchen noch jede Menge schwacher starker Frauen ...

Das muß jeder Mensch für sich allein entdecken. Wie wäre es mit Ihnen? Wir brauchen noch jede Menge schwacher starker Frauen ...

Sonja Dengler ist Gründerin und Leiterin einer freien Schwangerschafts-Konfliktberatung. Sie ist verheiratet, hat zwei erwachsene Kinder und lebt in Heidelberg. Oft ist sie als Referentin gefragt.

Barbara Jakob

Die offenkundige Wertschätzung – Jesus und die Frauen

Jesus und seine Mutter

Wie würden Sie reagieren, wenn Ihnen ein Engel erschiene, der Ihnen sagt, daß Sie ein Kind bekommen – ohne Vater? Und wie würden Sie diese Neuigkeit dann Ihrem Verlobten und Ihren Eltern «verklickern»?

In dieser Situation steckte Maria, nachdem ihr ein Engel jene unglaubliche Mitteilung machte. Nicht einfach! Wenn ich mir vorstelle, meine Tochter käme eines Tages zu mir und erzählte mir diese Geschichte ... Ich muß gestehen, ich würde sagen, sie sei wohl leicht übergeschnappt, und würde dann sofort den Arzt anrufen. Und als Verlobter? Ich würde mir denken: «Na, jetzt will sie mir ihren Seitensprung aber ganz toll verkaufen!»

Und wirklich, so reagiert Josef auch. Nach jüdischem Recht hätte er sogar auf einer Steinigung von Maria beharren können. Doch weil er sie liebt, denkt er an heimlichen Rückzug. Schließlich weiß er ja, daß das Kind nicht von ihm ist. Aber da interveniert Gott. In einem Traum bestätigt er Josef, daß dieses Kind durchaus kein «normales» Kind ist, sondern der langersehnte Messias, der Retter der Welt. Daraufhin nimmt Josef Maria als seine Frau zu sich.

Wenn ich mir das alles überlege, komme ich zu der Überzeugung, daß Maria ein wirklich außergewöhnliches Mädchen mit einer tiefen Gottesbeziehung gewesen sein muß. Sonst hätte sie dem Engel nicht geglaubt. Als Jesus dann geboren wird, ist Maria die erste Frau in seinem Leben. Über die Jugendzeit von Jesus wissen wir nur eine Geschichte: Der zwölfjährige Jesus begleitet seine Eltern nach Jerusalem zu einem Fest und geht unter den vielen Leuten verloren (Lukas 2,41–52; Seite 96). Drei Tage lang suchen ihn seine Eltern verzweifelt, bis sie ihn im Tempel unter den Gelehrten finden. «Wie konntest du uns nur so etwas antun? Wir haben dich überall gesucht!»

Wer selbst Teenager hat oder gehabt hat, erinnert sich an solche Gefühle und Ausrufe. Die abgemachte Zeit zum Heimkommen ist längst überschritten. Beunruhigt wartet man, und dann taucht der oder die Jugendliche endlich auf und meint mit ganz ahnungsloser Miene: «Aber ich hab' doch gar nicht gemerkt, daß es schon so spät ist!» Da könnte man dann ... All die schlaflosen Stunden, die Angst, die man ausgestanden hat, die schlimmsten Gedanken, die einem durch den Kopf rasen – und nun diese sagenhafte Unbeschwertheit!

Maria, trotz ihrer ungewöhnlichen Erfahrungen eine ganz normale Mutter, mußte lernen, den erwachsenen Jesus loszulassen – eine sehr wichtige Aufgabe für alle Mütter der Welt. Wie Jesus beginnt, sich von ihr abzugrenzen, wird an einer Hochzeit deutlich. Maria als umsichtige Hausfrau merkt auf dem Fest als erste, daß der Wein langsam zur Neige geht. Sie weiß im Innersten, daß Jesus etwas dagegen tun könnte, und schildert ihm die Situation. Aber er meint, vielleicht etwas schroff: «Was kommst du mit solchen Dingen zu mir! Die Zeit zu helfen ist für mich noch nicht gekommen!» Aber anstatt beleidigt zu sein, gibt Maria den Dienern den Auftrag: «Was immer er euch aufträgt, das tut!» (Johannes 2,1–11; Seite 151–152).

Wenn ich aus diesen Begebenheiten praktischen Nutzen für den Alltag ziehen will, heißt das für mich als Mutter ganz einfach: Gib deinen erwachsenen Kindern nicht zu schnell zu viele Anweisungen! Sie sollten inzwischen groß genug sein, um Dinge selbst wahrnehmen und dann richtig entscheiden zu können. Und wenn ich doch mal zuviel gesagt habe, dann hilft beleidigtes Zurückziehen eigentlich so gut wie nie. Es macht Beziehungen nur schwierig. Maria ihrerseits hält die Kommunikation offen. Auch Jesus zeigt später sehr deutlich, daß Unabhängigwerden nichts damit zu tun hat, daß man sich nicht mehr umeinander kümmert. Als er im Todeskampf am Kreuz hängt, bittet er seinen Jünger Johannes, sich in Zukunft seiner Mutter anzunehmen (Johannes 19,25–27; Seite 188).

Jesus hält sich nicht an die Regeln

Ein kurzer Blick in die damalige Geschichte: Die Frauen galten zu Jesu Zeiten in der Gesellschaftsordnung nicht viel. Ein Mädchen hatte zum Beispiel keine freie Gattenwahl, sondern wurde vom Vater oder nach dessen Tod von den männlichen Angehörigen verheiratet. Nur der Mann hatte die Scheidungsmöglichkeit. Eine verstoßene Frau mußte zu ihrer Familie zurückkehren, und der Vater oder andere Männer in der Familie konnten über sie entscheiden.

Im Klartext heißt das: Eine Frau war nur als Ehefrau, Mutter oder Hausfrau anerkannt. Als wesentliche weibliche Qualitäten galten Zurückhaltung, Schamhaftigkeit, Sanftheit und Mutterschaft. Die Frauen waren also in erster Linie zum Kinderkriegen da; am öffentlichen Leben teilzunehmen, das war den Männern vorbehalten. Männern war es verboten, eine Frau zu grüßen. Und für Gelehrtenschüler galt es als Schande, mit einer Frau auf der Straße zu sprechen. Zudem verbot das jüdische Gesetz den Frauen die Teilnahme am Unterricht.

Und wie verhält sich Jesus in so einer Gesellschaft unter den Argusaugen der Gelehrten, die ihn überaus kritisch beobachteten? Jesus handelt viel mehr nach seinem Herzen als nach dem Gesetz. Das heißt: Ihm war der Mensch wichtiger als die Regeln, welche die Gesetzeslehrer entworfen hatten. Dies ist ein Prinzip, das wir in allen Begegnungen von Jesus feststellen können.

Also spricht er auch mit Frauen in der Öffentlichkeit. So eine Frau trifft er am Mittag an einem Brunnen in Samarien (Johannes 4,1–42; Seite 154–156). Er spricht sie an. Sie, die zudem noch Nichtjüdin ist. Er tut also etwas doppelt Verpöntes.

Jesus tut etwas doppelt Verpöntes, als er die Frau am Brunnen anspricht.

Aber Jesus weiß, daß diese Frau von ihrer Herzenshaltung her bereit ist, auf ihn zu hören. Er bittet sie um Wasser zum Trinken und bietet ihr dann *sein Wasser* an, das Lebenswasser, das uns nie mehr durstig werden läßt. Und dann spricht Jesus mit ihr über ein äußerst heikles Thema. Er sagt ihr auf den Kopf zu, daß sie insgesamt fünf Ehemänner hatte. Und er spricht auch darüber, daß sie jetzt mit einem zusammenlebt, der nicht ihr Mann ist.

Die Frau ist verblüfft, daß Jesus dies alles von ihr weiß, obwohl er sie noch nie gesehen hat. Offenbar wirken seine offenen Worte auch in keiner Weise entwürdigend auf sie. Die Frau, die so sehr an Verachtung und wahrscheinlich auch an Mißbrauch gewöhnt ist, ahnt, wer hier mit ihr spricht: der Messias, der versprochene Retter.

Überwältigt von dieser Begegnung, läßt sie alles stehen und liegen. Sie läuft ins Dorf zurück, berichtet überall, was sie erlebt hat, und fordert die Leute auf, Jesus unbedingt kennenzulernen. Und auf das Bitten der Dorfbewohner hin bleibt Jesus zwei Tage bei ihnen.

Jesus solidarisiert sich mit Frauen

In einer männerdominierten Gesellschaft, in der die Frauen in vieler Hinsicht der Willkür der Männer ausgeliefert sind, setzt Jesus klare Zeichen in eine andere Richtung. Einmal, so berichtet das Johannesevangelium, schleppen die Schriftgelehrten und Pharisäer eine Frau zu ihm, die sie beim Ehebruch ertappt haben. Was für eine günstige Gelegenheit! Jetzt soll Jesus beweisen, was er vom Gesetz hält. «Dieses Flittchen muß gesteinigt werden! Wir haben sie erwischt! Was sagst du dazu?» So ähnlich wird es geklungen haben.

Jesus sagt erst gar nichts. Aber die Männer lassen nicht locker. Schließlich antwortet Jesus: «Nun, dann steinigt sie! Aber den ersten Stein soll der werfen, der noch nie gesündigt hat!» (Johannes 8,7). Nach und nach schleichen sich die Männer davon. Jesus ermahnt zum Schluß die Frau, nicht mehr zu sündigen. Dankbar geht sie von ihm weg (Johannes 8,1–11; Seite 165–166).

Eine Geschichte muß unbedingt noch erwähnt werden (Lukas 7,36–50; Seite 107–108). Jesus ist von einem Pharisäer zum Essen eingeladen. Als alle in diesem «gehobenen» Hause am Tisch sitzen, kommt eine Dirne herein, geht direkt zu Jesus, kniet sich vor ihn nieder und weint so sehr, daß die Füße von Jesus davon naß werden. Dann trocknet sie diese mit ihren Haaren ab. Die Frau muß aber ordentlich Tränen vergossen haben ... Nun reibt sie mit teurem Öl auch noch seine Füße ein. Eine Szene ohne Worte – ein Skandal! Daß eine solche Frau es wagt, in eine Männergesellschaft einzudringen, sich dann noch traut, Jesus zu berühren ... Die Reaktion des Pharisäers ist menschlich sehr normal. Er denkt sich seinen Teil – und der ist nicht sehr schmeichelhaft: «Wenn dieser Jesus ein echter Prophet wäre, dann müßte er eigentlich wissen, wer ihn da berührt und verunreinigt.»

Ich glaube, daß Jesus heute noch von der Not vieler Mütter berührt ist.

Jesus läßt das Verhalten dieser Frau aber zu, weil er ihr in Liebe begegnet und in ihr Herz sieht. Und mit ihrer Herzenshaltung ist sie besser dran als der Gastgeber: Sie weiß, daß sie Erlösung braucht. Der Pharisäer hingegen hält sich offenbar selbst für gut genug. Solchen Menschen kann Jesus nicht helfen. «Deine Sünden sind dir vergeben», sagt Jesus zu der Prostituierten. «Dein Glaube hat dich gerettet! Geh in Frieden.» Wir können uns kaum vorstellen, was diese Worte für die Frau bedeutet haben müssen.

«Deine Sünden sind dir vergeben», sagt Jesus zu der Prostituierten.

Wenn Frauen ein typisches Frauenschicksal trifft, solidarisiert sich Jesus in ganz besonderer Weise mit ihnen. Die Witwe, die ihren einzigen Sohn zu Grabe trägt, ist in einer sehr hoffnungslosen Situation. Ihr Versorger ist tot, sie hat dadurch keine Zukunftsperspektive mehr. Jesus ist im tiefsten bewegt von der Not dieser Mutter. Und dann darf die seelisch gebrochene, trauernde Frau eines der schönsten Zeichen der Liebe Jesu erleben. Vor ihren Augen geschieht das Unbegreifliche und Wunderbare: Jesus weckt ihren Sohn von den Toten auf (Lukas 7,11–17; Seite 106).

Ich glaube, daß Jesus auch heute noch von der Not vieler Mütter berührt ist, wenn sie anfangen, für ihre Kinder zu beten. Und Gebet brauchen die Kinder und Jugendlichen heute mehr denn je! Wir dürfen zu Jesus kommen mit unseren Erziehungsnöten, gerade wenn wir manchmal für uns und unsere Kinder keine Perspektiven mehr sehen und uns hilflos fühlen. Er kann und will eingreifen und uns helfen, ruhig zu werden und wieder Vertrauen zu fassen. Mütter (und Väter!) können nichts Wichtigeres tun, als für ihre Kinder zu beten.

Szenenwechsel: Ein großes Gedränge um Jesus. Er ist auf dem Weg zu einem schwerkranken Mädchen (also wieder mal im Einsatz für ein gesellschaftlich ziemlich unwichtiges Wesen). Da dreht er sich plötzlich um und fragt: «Wer hat mich angefaßt?» Lächerlich! *Alle* Leute schubsen ihn. Ängstlich «outet» sich endlich eine Frau, die weiß, daß sie allein dadurch geheilt worden ist, daß sie Jesus heimlich im Schutz der Menge berührt hat. Seit zwölf Jahren ist sie in gesellschaftlicher Isolierung, weil sie wegen ihrer ständigen Blutungen als unrein gilt (wir kennen solche Krankheiten auch heute noch). Ihr ganzes Geld hat sie ausgegeben, aber niemand konnte sie heilen. Jesus aber lobt ihren Glauben und segnet sie (Markus 5, 21–43; Seite 64–65).

Für mein Leben sagen mir diese Geschichten, daß ich *immer* zu Jesus kommen kann. Ich brauche nicht irgendwelche Voraussetzungen mitzubringen. Er schickt mich nicht fort, auch wenn andere mich «steinigen» möchten. Er sieht mein Mutterherz, das manchmal leidet. Zu ihm darf ich auch kommen, wenn ich mich für nicht gut genug halte. Und zu ihm darf ich kommen, wenn mich etwas plagt, bei dem mir niemand sonst helfen kann, oder wenn mich etwas gesellschaftlich isoliert. Dann ist Jesus erst recht die richtige Anlaufstelle! Er schaut nur auf mein Herz, und wenn ich ihm dieses Herz hinhalte, dann will er mich heilen durch seine Annahme und seine Vergebung.

Jesus schickt mich nicht fort, auch wenn andere mich «steinigen» möchten.

Jesus und die Gleichberechtigung

Zu diesem Thema eine Begebenheit aus dem Lukasevangelium, die damals ungeheuer brisant gewesen sein muß (Kapitel 10,38–42; Seite 116). Zwei Schwestern: Maria und Martha. Jesus kehrt bei ihnen ein, und Martha, die tüchtige Hausfrau, sorgt geschäftig für das Essen, während sich Maria zu Jesu Füßen setzt und ihm zuhört. Martha empört sich über ihre «faule» Schwester, worauf Jesus aber Maria in Schutz nimmt, indem er meint: «Martha, du machst dir viel Sorgen und mühst dich um Dinge, die im Grunde gar nicht so wichtig sind. Wichtig ist nur eins! Das hat Maria verstanden, und davon werde ich sie nicht abbringen.»

Hat Jesus damit die Hausfrauenarbeit abgewertet? Nein, sicher nicht. Er warnt mit seiner Aussage nur vor übertriebenen Mühen und Sorgen, in die wir Frauen oft zu schnell und gern verfallen, weil wir es allen recht machen wollen. Ich kann mich mit Martha in der Tat *sehr gut* identifizieren ...

Und Maria? Unterwürfig zu den Füßen des Mannes? Nein, nein. Maria übernimmt eine für die damalige Zeit typisch männliche Rolle: Sie sitzt zu den

Maria übernimmt eine für die damalige Zeit typisch männliche Rolle.

Füßen des Rabbi, des Lehrers, so wie Rabbinenschüler zu jener Zeit als «Theologiestudenten» zu Füßen ihres Meisters saßen. Und Jesus läßt das nicht nur zu, sondern er lobt Maria sogar ausdrücklich dafür, daß sie hören und lernen will (und deshalb gewagt hat, das Rollendenken ihrer Zeit zu durchbrechen). Indem Jesus Maria den Platz der Schülerin einnehmen läßt, zeigt er, daß für ihn die Frauen gleichberechtigt sind.

Der auferstandene Jesus gibt den Frauen ein Zeichen enormer Wertschätzung.

Während Jesus durch die Lande zieht, begleiten ihn auch einige Frauen. Wir wissen von Maria aus Magdala, die durch Jesus von Dämonen befreit wurde, von Johanna, der Frau eines hohen Beamten, von Susanna und noch vielen anderen (Lukas 8,1–3; Seite 108). Auch das war in der Tat ungewöhnlich für die damalige Zeit.

Jesus und die Frauen nach seiner Auferstehung

Frauen sind Jesus bis zu seiner Kreuzigung nachgefolgt. Das bedeutet, daß sie offenbar weniger Angst hatten als die Jünger, von denen die meisten sich verdrückten ... Auch am Ostermorgen sind es die Frauen, die wieder zur Stelle sind, diesmal am Grab. Sie wollen Jesus einbalsamieren. Erschreckt sehen sie das offene Grab und den Engel, der ihnen ausdrücklich befiehlt, den Jüngern die Botschaft von der Auferstehung Jesu zu bringen. Und kurze Zeit später, in einer ergreifenden Szene, begegnet ihnen Jesus selbst. Er ist also tatsächlich auferstanden! Auch er trägt ihnen auf, seine Worte an die Jünger weiterzugeben. (Nachzulesen ist dies in allen vier Berichten der Evangelien.)

Wissen Sie eigentlich, warum sich Jesus zuerst den Frauen gezeigt hat? Damit es sich schneller herumspricht! – Doch Spaß beiseite: Es ist wiederum Zeichen einer enormen *Wertschätzung und Bestätigung* der Frau. Nach der damaligen Tradition war die Zeugenaussage einer Frau wertlos. Und so kam es dann auch, daß die Jünger den Frauen wirklich nicht glaubten, was sie erzählten (Lukas 24,11; Seite 146). Deshalb ist es bemerkenswert, daß Jesus, der doch um die Geringschätzung weiblicher Worte wußte, sich dennoch als erstes den Frauen am Grab zeigte und gerade sie auserwählte, als Zeuginnen aufzutreten.

Jesus und die Frauen von heute

Der Tenor ist klar: Wir Frauen sind Anerkannte, von Jesus Geachtete. Er hat sich für uns eingesetzt. Während seines Erdenlebens gab er keine gesonderten Anweisungen, wie Frauen sich zu verhalten, was sie zu tun oder zu lassen hätten. Seine Lehren galten Männern und Frauen gleichermaßen. Vor Gott sind wir gleich und werden einmal mit den gleichen Maßstäben beurteilt.

Jesus hat weder Gesetzesreformen noch Feminismus gepredigt, sondern ein neues Verständnis von Gott und seiner Haltung zu uns. Mehr noch, er hat eine «Revolution der Herzen» gepredigt, weil er weiß, daß *allein* eine Veränderung der Gesinnung, eine Veränderung des Denkens und Fühlens dazu führen kann, daß ein einzelner Mensch, daß Familienbeziehungen oder auch eine ganze Gesellschaft sich zum Guten wandeln können.

Jesus zeigt uns, daß jeder einzelne Mensch etwas ganz Besonderes ist. Er will uns ja als seine Töchter «adoptieren». Und wenn ich in diese Adoption einwillige, übergebe ich ihm die Regie meines Lebens. Dadurch kann ich eine ganz neue Bestätigung in meinem Frausein erleben, in meinem Denken und Fühlen, in meinen Begabungen und Fähigkeiten.

Dies bedeutet auch, daß in den zwischenmenschlichen Beziehungen, vor allem in Ehe und Partnerschaft, wieder das «Schöpfungsmodell» zum Tragen kommen kann, wo nicht Hierarchie, sondern göttliche Gleichberechtigung herrscht. Da sind Mann und Frau nicht gleich*artig*, aber gleich*wertig* vor Gott; sie sollten einander zugewandt leben als Gefährte und Gefährtin, die zueinander passen (vergleiche 1. Mose 2,18; Hoffnung für alle). Um in der Ehe schöpfungsgemäß zusammenzuleben, ist gute Kommunikation nötig, die auf der Grundlage gegenseitiger Achtung, Annahme und Liebe wachsen kann. Denn Gott will uns das Verständnis füreinander immer wieder neu schenken.

Jesus als Freund zu haben ist für uns Frauen die beste Lebensgrundlage, um zur vollen Entfaltung unseres Potentials zu kommen.

Marianne Leyk-Reblin

Die Worte der Bibel halfen mir, als mein Mann so plötzlich starb

Im Sommer 1991 starb mein Mann sehr plötzlich, innerhalb von wenigen Minuten. Das war nach 27jähriger Ehe – es waren gute und glückliche Jahre – ein erschreckendes Geschehen. In der folgenden Zeit fühlte ich mich wie ein Baum, der durch seine gesamte Mitte hindurch vom Blitz getroffen war. Physisch und psychisch angeschlagen, betäubt und betroffen, bis ins Innerste verletzt und verwundet, war ich kaum mehr fähig, den einzelnen Tag durchzustehen.

Ich fühlte mich wie ein Baum, dessen gesamte Mitte vom Blitz getroffen war.

Das einzige, was mir doch immer wieder ins Bewußtsein kam, war das Wort aus den Losungen der Herrnhuter Brüdergemeine, das für den Tag galt, als mein Mann starb. Es war ein Vers aus dem Alten Testament: «Fürchte dich nicht vor plötzlichem Schrecken, denn der Herr ist deine Zuversicht» (Sprüche 3,25–26; Luther). An diesen Bibelvers klammerte ich mich. Diesem Gott, der meine Zuversicht, meine Hoffnung sein wollte, sagte ich all meine Klagen, meine Fragen, Sorgen und Ängste. Immer und immer wieder.

Dabei erlebte ich, wie auch weitere Worte der Bibel zum Trost für mich wurden, zum Beispiel aus Psalm 94: «Sooft ich dachte: ‹Jetzt ist alles aus!›, halfst du mir in Liebe wieder auf. Als quälende Sorgen mir Angst machten, hast du mich beruhigt und getröstet.» Immer wieder habe ich mich auch auf das Wort aus Römer 8,26 verlassen, wenn ich selbst keine Worte mehr finden konnte: «Dabei hilft uns der Heilige Geist in all unseren Schwächen und Nöten. Wissen wir doch nicht einmal, wie wir beten sollen, damit Gott uns erhören kann. Deshalb hilft uns der Heilige Geist und betet für uns auf eine Weise, wie wir es mit unseren Worten nie könnten.» Diesen Trost erlebte ich oft ganz real – entgegen jeder greifbaren Wirklichkeit, entgegen meinem verstandesmäßigen Denken. Zwar kamen und gingen der Schmerz und die Wellen der Trauer, wie sie gerade wollten, und ich hatte es nicht in der Hand, ihren Weg, ihre Dauer und Intensität zu bestimmen. Und doch gab es in diesen Zeiten der Dunkelheit und der Tränen Augenblicke, in denen ich etwas von einer tiefen Geborgenheit, einem großen Frieden und neuer Kraft fürs Leben verspürte.

Ich erlebte ganz realen Trost aus Worten der Bibel – oft entgegen jeder greifbaren Wirklichkeit.

Damals hatte ich ja keine Ahnung, wie sich mein Weg weiterentwickeln sollte. Ich hatte nur die Zusage: «Gott, der Herr, ist deine Zuversicht!» In dieser Gewißheit aber ging ich mutig die nächsten Schritte und erlebte Gottes gnädigen Beistand in all den Veränderungen meines Lebens.

Nun auf einmal auf mich allein gestellt, übernahm ich die verschiedensten Aufgaben und Arbeiten, die mich dann aber doch zeitweise fast überforderten. Ausgiebige Ferien sollten mir die notwendige Erholung bringen. Der Beginn einer Rundreise zu Freunden und Verwandten war mit einer Tagung verbunden, die unter dem Thema stand: «Du hast meine Klage verwandelt in einen Reigen» (Psalm 30,12; Luther).

Daß dieses Wort so bald Wirklichkeit werden sollte in meinem Leben, das ahnte ich damals noch nicht. Nach mehreren Stationen quer durch Deutschland traf ich schließlich auch mit dem Mann meiner verstorbenen Freundin zusammen. Wir kannten uns seit vielen Jahren und wußten um die glücklichen und traurigen Zeiten in unseren Familien. Erstaunt stellten wir plötzlich fest, daß unser beider Leben in einen gemeinsamen Weg zu münden schien.

Nun, inzwischen sind wir darüber sehr froh geworden und haben geheiratet. «Der Herr denkt an uns und wird uns segnen. Sein Segen gilt allen, die ihn achten, ganz gleich, ob unbedeutend oder einflußreich!» (Psalm 115,12–13). So lautete unser Trauspruch, und dankbar erleben wir unsere zweite Ehe. Die sechs Kinder aus unseren beiden Ehen freuen sich auch über die neue Verbindung, und inzwischen sind wir stolze Großeltern von drei Enkelkindern.

Marianne Leyk-Reblin arbeitete jahrelang als Diplom-Sozialpädagogin im Schulbereich und lebt heute mit ihrem Mann in der Nähe von Singen.

Uta Ehemann

Wenn eine Ehe zerbricht ...

Ich bin als jüngstes von vier Kindern in einem christlichen Elternhaus aufgewachsen. Mein Vater starb jedoch, als ich vier Jahre alt war. Der Glaube war für meine Mutter der Halt in dieser schwierigen Zeit. Deshalb bekam ich als Kind schon recht viel vom christlichen Glauben mit, konnte aber persönlich nichts damit anfangen, so daß er keine Auswirkungen auf mein Leben hatte.

Mit fünfzehn begann ich eine Beziehung, die bald zum Mittelpunkt meines Lebens wurde.

Im Alter von 15 Jahren begann ich eine Freundschaft mit einem jungen Mann, der schon bald zum Mittelpunkt meines Lebens werden sollte. Ich ließ andere Interessen und Freundschaften hinter mir und distanzierte mich auch ein Stück weit von meiner Familie, die diese so früh eingegangene Beziehung nicht guthieß. So ging ich ganz bewußt meinen eigenen Weg.

Nach dem ersten Verliebtsein wurde die Beziehung zusehends schwierig, da mein Freund und ich im Hinblick auf Kommunikation, Freizeitgestaltung und Gemeinschaft mit anderen Menschen sehr unterschiedliche Bedürfnisse hatten. Es klaffte vieles auseinander, aber ich wollte nicht aufgeben, da ich meinen Freund sehr gern hatte. So versuchte ich, mich mit seiner Art von Lebensstil zurechtzufinden. Die Ratschläge meiner Mutter und der Geschwister, diese Freundschaft zu beenden, wollte ich nicht hören und hielt statt dessen nur noch mehr an dieser Beziehung fest.

Mit 23 Jahren heiratete ich meinen Freund, auch wenn sich in jener Zeit bereits abzeichnete, daß wir keine gute gemeinsame Basis hatten. Damals hatte ich das Gefühl, daß es bei meinem Engagement für unsere Beziehung nur noch ein Vorwärts gab – sprich Heiraten, weil ich ein Ende der Beziehung, wie ich meinte, niemals verkraftet hätte.

In den nächsten Jahren mußte ich aber feststellen, daß mir die Situation immer mehr aus der Hand glitt und sich unsere Ehe nicht so entwickelte, wie ich mir das zuvor erhofft hatte. Ich kam in einen Sog der Hoffnungslosigkeit und der Frustration hinein und fühlte mich wie unter einer Käseglocke. Ich nahm zwar am Leben teil, war aber doch wie gefangen. Uns fehlten eine gemeinsame Perspektive und ein Ziel, das wir miteinander hätten anstreben können. Und von Glauben und Gott wollten wir beide nicht viel wissen.

Uns fehlte ein Ziel, das wir miteinander hätten anstreben können.

Zu dieser Zeit war ich als Bauzeichnerin berufstätig, und weil mein Mann in einer anderen Stadt studierte, führten wir eine Wochenend-Ehe, was die Situation noch zusätzlich erschwerte. Ich freute mich immer riesig auf die Wochenenden mit ihm. Aber oftmals überforderte ich ihn wohl mit meinen Erwartungen und Bedürfnissen nach gemeinsamen Unternehmungen und nach Austausch. Er zog sich unaufhaltsam immer mehr von mir zurück.

Als ich erfuhr, daß er schon einige Zeit eine Beziehung zu einer Studienkollegin hatte, brach für mich eine Welt zusammen. Alles war so verletzend, daß ich einfach nicht mehr konnte! Nun war das eingetroffen, wovor ich immer so große Angst gehabt hatte: Die Beziehung war am Ende und ich auch, und irgendwie mußte ich dies nun verkraften!

Nun war das eingetroffen, wovor ich immer Angst gehabt hatte.

In dieser Zeit wurde mir klar, daß ich etwas tun mußte und wohl nur noch mit Jesus Christus eine Chance hatte. Dringend brauchte ich jemanden, dem ich vertrauen konnte und der mir wieder Hoffnung für mein Leben gab. Es fiel mir nicht leicht, den großen Schritt zu wagen, an Jesus zu glauben und ihm zu vertrauen. Aber dank meiner Schwester, die mich sehr dazu ermutigte, entschied ich mich für ein Leben mit Jesus. Ich hatte ja nichts mehr zu verlieren.

Dadurch waren nun aber meine Probleme noch keineswegs weg und auch nicht kleiner geworden. Aber ich kann sagen: Jesus half mir durch diese notvolle Phase hindurch. Es gab durch die anstehende Scheidung viel zu besprechen und zu klären, aber Jesus war wirklich bei mir, er stand mir bei; und ich konnte die Gespräche und Gerichtstermine ohne schlimmen Streit und ohne Haß durchstehen. Für mich war dies ein echtes Wunder, ein Geschenk von Gott, da sonst bei Scheidungen doch meistens Feindschaft und Aggression herrschen.

Ich konnte die Gerichtstermine ohne schlimmen Streit und Haß durchstehen.

Den bald folgenden Schmerz und das Traurigsein zu überwinden war nicht leicht. Es dauerte ein gutes Jahr, bis ich innerlich Abstand von meinem Mann hatte. Aber ich denke, es war wichtig, ihm und auch seiner damaligen Freundin immer wieder zu verzeihen, wenn die Wut und der Ärger hochstiegen. Ich sehe dies als Schlüssel für meine «Freiheit» an und bin überzeugt, daß nur so meine inneren Wunden geheilt werden konnten.

Eine Bibelstelle, die mir jemand während der Trennungsphase gegeben hat, ist mir sehr wichtig geworden. Ich habe sie oft gelesen, wenn mich Traurigkeit und Angst vor der neuen Zukunft überkamen. Sie steht in Jesaja 43,18–19: «Bleibt nicht bei der Vergangenheit stehen! Schaut nach vorne, denn ich will etwas Neues tun! Es hat schon begonnen, habt ihr es noch nicht gemerkt? Durch die Wüste will ich eine Straße bauen, Flüsse sollen in der öden Gegend fließen.»

Nun lebe ich seit einiger Zeit als berufstätige Single-Frau, aber mein Leben hat Perspektive und Ausrichtung bekommen. Gott ist heute für mich ein treuer Freund, dem ich immer und ganz vertrauen kann. Er kennt mich, und weil er mich liebt, ist er bis hierher schon so manchen Umweg mit mir gegangen.

Uta Ehemann arbeitet als Bauzeichnerin, lebt in der Nähe von Waldshut und ist teilzeitlich als Mitarbeiterin in einer christlichen Gemeinde tätig.

Anne-Christine Lenhard-Engeli

Ich war die Außenseiterin und wurde deshalb oft geschlagen

Schon als Kleinkind, noch lange bevor ich lesen oder reden konnte, galt meine Begeisterung und mein ganz besonderes Interesse Büchern. Und ich übte mich schon früh im Entziffern der geheimnisvollen Zeichen, die der Welt der Erwachsenen angehörten. Später, als ich das Lesen erlernt hatte, wurde ich zu einer Leseratte und las in der Abgeschiedenheit meiner Dachkammer, ohne Erlaubnis meiner ahnungslosen Eltern, noch oft bis in die späte Nacht hinein. Meine Eltern hatten in meinem Dachzimmer viele Klassiker der deutschen Literatur gelagert, und ich durchstöberte Werke von Frisch, Böll und Dürrenmatt, oft ohne sie genau zu verstehen. Dabei entwickelte sich bei mir eine besondere Vorliebe für «wahre Geschichten».

Auch wenn meine Eltern uns kaum Texte aus der Bibel vorlasen oder biblische Geschichten erzählten, war der Glaube ein ganz natürlicher, erfahrbarer Bestandteil unseres Familienlebens. Und so begann ich mich auch für die Bibel zu interessieren.

Meine ganz persönliche Auseinandersetzung mit der Bibel begann kurz vor meinem siebten oder achten Geburtstag. Meine Patentante nahm mich in ein christliches Büchergeschäft mit, und ich durfte mir ein Buch aussuchen. Ich wählte die Geschichte vom barmherzigen Samariter. Das Bilderbuch war mit einfachen, farbigen Bildern illustriert und mit wenig Text versehen. Ganz besonders beeindruckte mich der Schluß der Geschichte. Ich las ihn immer wieder: «Der Samariter gab dem

Wirt zwei Silbermünzen und sagte: Pflege ihn; und wenn du mehr ausgibst, will ich dir's bezahlen, wenn ich wiederkomme.» Auf dem Bild sah man durch das Fenster des Gasthofs den verletzten Mann in einem warmen Bett liegen.

Heute denke ich, daß gerade dieses Gleichnis aus der Bibel, in dem es um Gefahr, Gewalt und Hilfe geht, mich besonders ansprach, weil ich genau diese Erfahrungen in meiner Schulklasse machte. Ich war eine Außenseiterin, weil ich als Ausländerin galt (meine Mutter ist Französin), und so wurde ich auf dem Nachhauseweg von der Schule oft von Mitschülern bedroht und auch zusammengeschlagen.

In diesen Situationen fühlte ich mich hilflos und machte schon früh die Erfahrung, daß auch meine Eltern mich nicht vor diesen Übergriffen schützen konnten. In der Einsamkeit, die diese Erlebnisse und diese schmerzliche Einsicht nach sich zogen, machte ich mich auf die Suche nach dem Gott, der seinen Jüngern nicht nur auftrug, Verletzte zu pflegen, sondern selbst den vollen Preis dafür bezahlt hatte, daß ich gesund werden konnte.

Ich erfuhr schon früh, daß meine Eltern mich nicht immer schützen konnten.

An der Existenz Gottes habe ich nie gezweifelt. Im Leben meiner Eltern konnte ich immer wieder sehen, daß der Glaube eine erfahrbare Realität ist. Aber Gott schien mir unendlich weit entfernt, und ich hatte den Eindruck, außerhalb dieser Realität zu stehen. Mit etwa zehn Jahren begann ich in der Bibel zu lesen, um Antworten auf meine Fragen zu suchen. Dabei machte ich die Entdeckung, daß ich in der Bibel endlich *der* wirklich «wahren Geschichte» meines eigenen Lebens, aber auch der ganzen Menschheit auf die Spur gekommen war.

In der Bibel kam ich der Geschichte meines eigenen Lebens auf die Spur.

Die schonungslose Beschreibung der Situation, in der sich der Mensch befindet, wenn er von Gott getrennt lebt, beeindruckte mich einerseits, weil ich mich darin sofort wiederfand. Andererseits machte sie mich auch tief betroffen. Ich begann zu verstehen, daß Jesus selbst, als Sohn Gottes, durch seinen Tod diese Entfremdung des Menschen von Gott überwunden hat. Eine Entfremdung, die ich in meinem eigenen Leben immer so stark empfunden hatte. Dabei wurde mir aber auch schmerzlich klar, daß mir der tiefe Glaube meiner Eltern hier nicht weiterhelfen konnte, sondern daß ich mich selbst für ein Leben mit Jesus entscheiden mußte. Gott hat eben keine Großkinder, sondern nur Töchter und Söhne.

Diese Entscheidung liegt nun schon viele Jahre zurück. Bereut habe ich sie nie. Heute kann ich mir gar nicht mehr vorstellen, wie mein Leben ohne die

Realität des Glaubens aussehen würde. Ich denke kaum, daß ich die bisherigen Lebenshürden ohne die Kraft, die ich tagtäglich aus dieser Beziehung schöpfen kann, bewältigt hätte.

Genau wie in jeder zwischenmenschlichen Beziehung habe ich auch in der Beziehung zu Gott meine Höhen und Tiefen erlebt. Zeiten, in denen die Gegenwart Gottes zum Greifen spürbar war, und andere, in denen ich mich von Jesus verlassen und vergessen fühlte. Gerade in diesen dunklen und schweren Zeiten wurden jedoch die Zusagen der Bibel für mich zum rettenden Anker, der mir die Wahrheiten Gottes in Erinnerung rief und mir die Vergänglichkeit meiner Gefühle vor Augen führte. Mir wurde klar: Glaube basiert nicht auf wackligen Gefühlen. So lernte ich meine jeweiligen momentanen Gefühlsschwankungen von den letztendlichen, unumstößlichen Wahrheiten Gottes zu unterscheiden. Und ich habe mich entschieden, mein Leben auf diese unumstößliche Treue zu bauen.

Mein tiefster Kindheitswunsch ist in Erfüllung gegangen.

Wenn ich nun auf diese langjährige Freundschaft mit Gott zurückblicke, so erfüllt mich eine starke innere Gewißheit, daß Jesus immer zu mir stehen wird, was ich auch tue. Mein tiefster Kindheitswunsch ist in Erfüllung gegangen: Ich werde nie mehr allein sein.

Anne-Christine Lenhard-Engeli ist als Diplom-Sozialarbeiterin tätig und lebt mit ihrem Mann in Bonn.

Natalie Stangl

Irgendwie packte mich dann doch die Neugierde ...

Mein erstes Erlebnis mit Gott und der Bibel hat mein Leben verändert. Es war zwar nicht das erste Mal, daß ich in der Bibel las, aber es war zu einem Zeitpunkt, an dem ich gar nichts Bestimmtes erwartete oder suchte. Damals war ich auf dem Nullpunkt angelangt, mein Leben lief nur noch so an mir vorbei, alles erschien mir sinnlos, hoffnungslos. Mein ganzer Glaube an das «Positive Denken» und an eine gute Lebensphilosophie half mir nicht mehr, meine riesigen Probleme zu lösen.

Mein ganzer Glaube an das «Positive Denken» half mir nicht mehr.

Eines Tages legte mir ein Freund einen Brief und eine Bibel in den Briefkasten. Ich wußte, daß er Christ geworden war, und fand das «gut für ihn». Was meine Person betraf, so war mir klar: Das ist nichts für mich! Wenn überhaupt, dann vielleicht einmal, wenn ich alt bin.

Ich erinnerte mich derweil an verschiedene Eindrücke, die ich als Kind von Gott gesammelt hatte. (Was ich in jener Situation noch nicht erkannte, war die Tatsache, daß dies eben nicht Eindrücke von Gott waren, sondern von unfreien religiösen Menschen.) Aus diesen Erfahrungen heraus glaubte ich, ohne Gott sei man im Leben besser dran. Ich sah Gott als jemanden, der die Menschen zu langweiligen, leblosen Kreaturen verändert, sobald sie sich für ihn entscheiden. Für mich war sonnenklar: So will ich nie werden! Christen hatten mich seit längerem abgestoßen, und ich war nicht bereit, meine frohe Natur, meine Kreativität und Jugend zu opfern, um so zu werden wie sie. Damals war ich allerdings selbst auch nicht mehr so besonders fröhlich, und irgendwie ging ja nun wirklich alles bergab ... Wie Gott in all das auch noch hineinpassen sollte, konnte ich mir nicht vorstellen.

Irgendwie packte mich dann aber doch die Neugierde, fast eher aus Langeweile, soweit ich mich an jenen Tag zurückerinnere. Da saß ich also in meiner Küche und schlug die Bibel auf. Irgendwo. Ich las den ersten Satz, der mir gerade vor die Augen kam, und der hieß: «Es ist weder für den Acker noch für den Mist zu gebrauchen, sondern man wird's wegwerfen. Wer Ohren hat zu hören, der höre!» (Lukas 14,35; Luther).

Ich war wie elektrisiert. Ich wußte genau, was das für mich hieß! (Inzwischen weiß ich, daß Gott zu jedem Menschen in der Art redet, die dieser verstehen kann.) Ich verstand diese Sprache und war entsetzt. Sofort schloß ich die Bibel, lief in meiner Wohnung umher und redete mit Gott. Ich sagte ihm, wie gemein ich es fände, wenn er von mir verlangen wolle, daß ich die Dinge, an denen ich so hing, wegwerfen solle, eben weil sie «nicht zu gebrauchen» seien ... Mir war schon klar, was gemeint war: Zigaretten, meine Fernsehsucht, diffuse Traumdeutungsbücher und auch andere esoterische Literatur, okkulte Musik und Verschiedenes, das zu meinem Image als Punk gehörte.

Ich war wie elektrisiert, als ich diesen Satz in der Bibel gelesen hatte.

Ich redete und redete, nahm mir eine Zigarette, stellte den Fernseher auf den englischen Musikkanal MTV ein und versuchte krampfhaft, mich abzulenken. Aber es gelang mir nicht. Nach einigen Minuten stand ich wieder auf, ging in die Küche, schlug die Bibel nochmals auf und las: «Ihr seid das Salz der Erde. Wenn nun das Salz nicht mehr salzt, womit soll man salzen? Es ist zu nichts mehr nütze, als daß man es wegschüttet und läßt es von den Leuten zertreten» (Matthäus 5,13; Luther).

Das ging nicht mehr mit richtigen Dingen zu. Ich war so schockiert! Dasselbe zweimal hintereinander, so deutlich, so klar, an zwei ganz verschiedenen Stellen! Wieder schlug ich die Bibel zu und lief aus der Küche. Ich war tief bewegt. Einerseits wollte ich diesem Gott, der so klar spricht, Folge leisten. Andererseits sprach ich aus: «Aber Gott, du weißt doch um meine Pläne. Ich will wieder in die USA. Ich will das Leben genießen, Spaß haben, tun und lassen, was ich will ... Ich will jetzt nicht alles aufgeben, laß mich noch ein paar Jahre so leben!»

Ich kämpfte und rang um das, was *ich* wollte. Aber das Reden Gottes war stärker. Ich kapitulierte und fing an, Gott mein Herz auszuschütten. Ich bat Jesus, mir meine Schuld zu vergeben. Ich bekannte ihm meine Selbstsucht und alles, was ich gegen seinen Willen getan hatte. Ich übergab ihm die Regie meines Lebens und vertraute mich ihm an. Bewußt entschied ich mich, den Weg der Wahrheit zu gehen, getreu nach Gottes Wort. Tränenüberströmt, aber mit dem tiefsten Frieden im Herzen, stand ich auf. Am liebsten hätte ich die ganze Welt umarmt. Obwohl ich allein war, sagte ich laut zu mir selbst: «Jetzt hast du den wichtigsten Schritt deines Lebens getan!»

Ich kapitulierte und fing an, Gott mein Herz auszuschütten.

Am gleichen Tag noch füllte ich einen Kehrichtsack mit meinem «persönlichen Müll». Das Erstaunliche war: Es tat so gut! Endlich wurde ich dieses Zeugs los. Es war echt befreiend.

Seit dieser Erfahrung sind inzwischen dreizehn Jahre vergangen, und ich bin froh, jenen Schritt getan zu haben! Gott ist so gut, und sein Plan für unser Leben ist zweifellos der beste. Er hat mir nie etwas weggenommen, ohne mir etwas viel Besseres zu geben. Er hat mir meine Lebensfreude vervielfacht, ich habe mehr Spaß als je zuvor und genieße das Leben in der Freiheit, die Gott mir gibt. Und ich hatte gemeint, so vieles «aufgeben zu müssen»! Vielfach hat Gott meine tiefsten Wünsche erfüllt. Er hat mir einen wunderbaren Mann gegeben, ich konnte in den letzten Jahren einige Länder bereisen, ich freue mich an der Arbeit, die ich ausübe, und an den guten Freundschaften, die daraus entstanden sind.

Gott hat mich verändert – und er ist immer noch daran. Ich bin dabei, den Vers aus Johannes 15,5 immer besser verstehen zu lernen: «Ich bin der Weinstock, und ihr seid die Reben. Wer bei mir bleibt, in dem bleibt mein Leben, und er wird viel Frucht tragen. Wer sich aber von mir trennt, kann nichts ausrichten.»

Natalie Stangl war als Geschäftsfrau in der Handelsbranche tätig und arbeitet heute hauptberuflich in der Seelsorge- und Lebensberatung. Sie ist verheiratet und lebt in der Nähe von Baden/Schweiz.

Barbara Jakob

Die Bibel entdecken und dabei Gott kennenlernen

Vorab ein wenig Hintergrundinformation über den Teil der Bibel, den Sie mit dieser Ausgabe vorliegen haben:

Das Neue Testament beginnt mit vier **Berichten über Jesus**, die auch Evangelien genannt werden. Jeder der vier Autoren hebt einen etwas anderen Aspekt des Lebens von Jesus hervor, weil er für eine jeweils andere Zielgruppe schreibt.

Matthäus (der Verfasser des ersten Evangeliums) war zu Lebzeiten Jesu ein Zolleinnehmer, der im Auftrag der römischen Besatzungsmacht in Kapernaum Steuern und Zölle einzog. Er war gar nicht beliebt unter seinen Landsleuten. Die Begegnung mit Jesus veränderte sein Leben so sehr, daß er alles stehen- und liegenließ und ein treuer Jünger wurde. Matthäus will den Lesern in erster Linie deutlich machen, daß Jesus der versprochene Retter ist. Deshalb zitiert er immer wieder Stellen aus dem Alten Testament.

Markus hieß eigentlich Johannes Markus und war ein Mitarbeiter des Apostels Paulus. Sein Buch entstand wahrscheinlich, als er sich mit Petrus, einem Jünger von Jesus, in Rom aufhielt. Dieser erzählte Markus von seinen Erlebnissen mit Jesus, und Markus schrieb sie auf. Er wollte vor allem zeigen, daß Jesus Christus der Sohn Gottes ist, der Macht besitzt über Leiden, Krankheit und Tod.

Lukas ging journalistisch vor. Er befragte viele Augenzeugen.

Lukas war Arzt und Reisegefährte des Apostels Paulus. Seine Berichte über das Leben Jesu schrieb er für einen gebildeten Griechen auf, um diesem zu zeigen, wer Jesus war und was er getan hatte. Lukas ging dabei journalistisch vor, befragte viele Augenzeugen und erforschte alle vorhandenen schriftlichen Berichte über Jesus.

Johannes wiederum war ein Jünger Jesu. Zu Anfang seines Berichtes spricht er davon, daß Jesus Christus das ewige Wort Gottes ist. Damit will er aussagen, daß Jesus bei Gott lebte, bevor er auf die Erde kam. Somit war Jesus nicht nur «ein bedeutender Mensch» (wie viele meinen), sondern eben auch Gottes Sohn. Johannes wählte aus den Reden von Jesus vor allem diejenigen aus, in denen Jesus bildhaft über sich selbst spricht und etwa von sich sagt, er sei das Licht der Welt, der gute Hirte, das Brot des Lebens, der wahre Weinstock. Johannes' erklärtes Ziel war es, den einzelnen Menschen zu ermutigen, diesem Jesus Glauben zu schenken. «Die hier aufgezeichneten Berichte wurden geschrieben, damit ihr glaubt, daß Jesus Christus der Sohn Gottes ist» (Johannes 20,31; Seite 191).

Nach den Evangelien folgt die **Apostelgeschichte**, in der Lukas die damaligen Ereignisse aufschreibt, die nach der Auferstehung Jesu geschahen. Eigentlich ist sie eine Fortsetzung des Lukasevangeliums, weil er wieder für seinen griechischen Freund schreibt. Ausführlich berichtet Lukas zum Beispiel über die erstaunliche Sinnesänderung von Saulus, dem Christenverfolger, der zu einem der wichtigsten Christusnachfolger wurde (Apostelgeschichte 9, 1–9; Seite 208). Von dieser Geschichte kommt auch das bekannte Sprichwort: «Er ist vom Saulus zum Paulus geworden.» Lukas beschreibt dann, wie Paulus auf ausgedehnten Reisen im damaligen römischen Reich die christliche Botschaft verkündete.

Mit der Offenbarung will Gott uns in schwierigen Zeiten Mut machen.

Im Anschluß an die Apostelgeschichte folgen 21 **Briefe**. Dreizehn davon stammen von Paulus. Es sind Briefe, die er an junge christliche Gemeinden schickte, welche er zum Teil auf seinen Reisen gegründet hatte. Daran anschließend finden wir Briefe von fünf weiteren Verfassern, darunter Petrus und Johannes.

Das letzte Buch des Neuen Testaments ist die **Offenbarung des Johannes**. Der Jünger Jesu war während der Christenverfolgung des damaligen Kaisers auf die Insel Patmos verbannt worden. Dort empfing er von Gott eine Botschaft, die aus sieben Briefen an Gemeinden sowie einer Reihe von Visionen besteht. Mit diesem Buch will Gott uns in schwierigen Zeiten der Angriffe und der Verfolgung Mut machen. Johannes weist aber auch auf zukünftige Ereignisse hin, die geschehen werden, bevor Jesus Christus einst als Sieger und König aller Könige wiederkommen wird.

Die **Psalmen** sind zur Zeit des Alten Testaments entstanden. Sie sind **Lieder und Gebete** an Gott und enthalten ein weites Spektrum menschlichen Fühlens und Empfindens. Im Buch der Psalmen werden Sie eine schier unerschöpfliche Quelle an Inspiration finden, aber auch Hilfe und Ermutigung in schwierigen Lebenslagen.

Vielleicht interessiert es Sie, mehr über die einzelnen Verfasser des Neuen Testaments und der Psalmen oder auch über den geschichtlichen Hintergrund jener Zeit zu erfahren. Zu all diesen Themen finden Sie in jeder christlichen Buchhandlung eine ganze Anzahl informativer und anschaulicher Bücher. Lassen Sie sich beraten!

Die Bibel – eine «Betriebsanleitung» für den Menschen

Haben Sie schon einmal ein neues Gerät gekauft? In der Verpackung ist normalerweise eine ausführliche Betriebsanleitung zu finden, und schlaue Leute lesen sie erst durch, bevor sie die neue Errungenschaft in Betrieb nehmen. Ich muß gestehen, ich gehöre leider zu der Sorte Menschen, die zuerst alles andere ausprobieren und erst als letzte Möglichkeit noch die Betriebsanleitung in die Hand nehmen. Dabei ist, wen wundert's, schon öfter einiges schiefgelaufen ...

Die Bibel ist eine Art Betriebsanleitung. Wir müssen sie kennen!

Die Bibel ist vergleichbar mit einer Art Betriebsanleitung – von Gott dem Schöpfer für sein Geschöpf, den Menschen. Sie will uns zeigen, wer Gott ist, wie wir Menschen sind und wie wir uns verhalten und miteinander umgehen sollten. Deshalb müssen wir sie also dringend kennen.

Vieles in der Bibel können wir selbst lesen und verstehen, aber wir brauchen auch (um im obigen Bild zu bleiben) den Kundendienst, der uns helfen kann, wenn wir mit der Betriebsanleitung nicht klarkommen. Darum ist es wichtig, daß wir uns mit anderen treffen, die die Bibel auch besser kennenlernen wollen und uns Textabschnitte erklären können, die wir nicht verstehen. Ebenso wichtig ist es, einen Gottesdienst zu besuchen, um mit anderen Gläubigen zu feiern und im Verständnis der Bibel weiterzukommen.

Markieren Sie Textstellen, die Sie persönlich ansprechen, mit Leuchtmarker.

Unser Leben als Christ sollte immer auf zwei Schienen laufen: persönliche Zeit mit der Bibel (weil Gott ja durch dieses Buch zu uns reden will), aber auch Zeit mit anderen zusammen, die Gott kennenlernen wollen oder ihn bereits kennen. So lebte auch Jesus. Immer wieder zog er sich zurück, so wird berichtet, weil er mit seinem Vater allein sein wollte, um auf ihn hören zu können. Sehr viel Zeit verbrachte er aber auch mit den Jüngern und mit anderen Menschen.

Einige Tips zum Bibellesen

Im folgenden geht es insbesondere um Ihre **persönliche Zeit mit Gott**. Ich möchte Ihnen hier einige Anregungen weitergeben, wie Sie die Bibel mit Gewinn lesen und studieren können:

- Lesen Sie die Evangelien, also die Berichte über das Leben von Jesus Christus, zuerst.
- Suchen Sie sich einen ruhigen Ort, wählen Sie eine ruhige Zeit. Versuchen Sie, wenn immer möglich, den Tag mit einer kurzen Stille zu beginnen. Wenn wir uns angewöhnen, als erstes Gott für den neuen Tag zu danken, und wenn wir ihn bitten, uns zu führen und zu leiten, dann fängt *jeder* Tag schon gut an!
- Halten Sie einen Kugelschreiber und einen Leuchtmarker bereit, damit Sie

Textstellen, die Sie persönlich ansprechen, markieren können. Betrachten Sie Ihre Bibel als ein Arbeitsbuch, mit dem Sie leben. Sie muß nicht «schön» bleiben! Oft schreibe ich ein Datum und ein persönliches Stichwort neben einen Textabschnitt oder einen einzelnen Vers. Das hilft mir, nicht zu vergessen, wann und wie Gott mich konkret durch die Bibel angesprochen hat. Ich benötige alle paar Jahre eine neue Bibel, weil mein jeweiliges Exemplar nach geraumer Zeit so zerlesen und beschriftet ist.

- Bevor Sie mit Lesen beginnen, bitten Sie Gott, Ihnen zu helfen, den Abschnitt zu verstehen. Lesen Sie den Text durch (halblautes oder mehrmaliges Lesen hilft zur Konzentration und zum Verstehen), und fragen Sie sich:
  - Welcher Vers spricht mich heute besonders an?
  - Was lerne ich über über Gott den Vater, über Jesus Christus und über den Heiligen Geist?
  - Was kann ich für mich und meinen Alltag praktisch umsetzen?
- Eine sehr große Hilfe ist das Führen eines geistlichen Tagebuches. Hier können Sie Ihre Gedanken zum Gelesenen, Ihre Erfahrungen mit Gott oder auch Verse aufschreiben, durch die Gott besonders zu Ihnen gesprochen hat. Ich notiere unter einer besonderen Rubrik auch immer, wofür oder für wen ich bete. So kann ich später sehen, wie Gott diese Gebete beantwortet. Das ist wirklich spannend! Man erlebt dann sehr greifbar, wie der Glaube im Alltag Gestalt annimmt. Auch Erkenntnisse, die Sie unbedingt in die Tat umsetzen wollen, können Sie dort notieren – und damit werden sie dann auch viel eher zur Tat!

Eine sehr große Hilfe ist das Führen eines geistlichen Tagebuches.

- Reden Sie nun mit Gott. Danken Sie ihm zuerst für alles Gute in Ihrem Leben. Danken Sie ihm für das, was er Ihnen im Bibeltext gezeigt hat. Bitten Sie ihn anschließend um Schutz und Bewahrung für Ihre Familie und für Menschen, die Ihnen nahestehen. Erzählen Sie Gott auch, was Sie bedrückt. Seien es Menschen oder Situationen, die schwierig sind, seien es Probleme, für die Sie eine Lösung suchen – Sie dürfen Gott alles anvertrauen. Reden Sie mit ihm wie mit Ihrer Freundin oder Ihrem Partner. Wir brauchen keine besonderen Worte zu suchen. Gott kennt uns ja durch und durch, und es ist ihm am liebsten, wenn wir ehrlich und aufrichtig zu ihm kommen.
- Vielleicht hilft es Ihnen auch, wenn Sie Ihre Gebete aufschreiben und damit Ihre ganz persönlichen Psalmen verfassen. Oder lassen Sie sich beim Lesen der Berichte von Jesus zum Malen inspirieren. Probieren Sie aus, wie Sie ihre Beziehung zu Gott in Bildern darstellen würden.

In welcher Weise auch immer Sie Gott suchen: Erwarten Sie, daß er redet! Lernen Sie, auf seine Stimme zu hören, als erstes durch die Bibel, durch Ihre Gedanken, durch andere Menschen, durch die Schöpfung. Aber Gott kann auch durch Umstände und Situationen, in die Sie gestellt werden, mit Ihnen sprechen. Denken Sie immer daran: Sie sind zu zweit, denn Jesus Christus lebt in Ihnen. Und so sind Sie stärker als alles, was Ihnen begegnet. «Vertrau dich dem Herrn an und sorge dich nicht um deine Zukunft! Überlaß sie Gott, er wird es richtig machen» (Psalm 37,5; Seite 500).

Ich wünsche Ihnen viele erfüllte Zeiten, um die Bibel kennenzulernen und Gott zu begegnen!

Notizen

Hoffnung für alle

Das Neue Testament
und die Psalmen

Brunnen-Verlag · Basel und Gießen

Hoffnung für alle

Die Bibel ist das meistgelesene Buch der Welt. Ihre verschiedenartigen Texte sind Zeugnisse vielfältiger Begegnungen mit Gott und seinem Handeln in der Welt. Weil die Verfasser der Texte in dieser Begegnung das entscheidende Ereignis ihres Lebens erkannten, berichten sie von dem Gott, der die Menschen sucht und ihnen in Jesus Christus nahegekommen ist. Obwohl von Menschen geschrieben und über Jahrhunderte hinweg entstanden, ist die Bibel kein Buch wie jedes andere. Sie birgt ein Geheimnis, denn durch dieses Buch hat Gott zu allen Zeiten geredet und will es auch heute tun.

Die biblischen Texte sind ursprünglich in hebräischer (Altes Testament) und griechischer Sprache (Neues Testament) verfaßt worden. Sie müssen für uns heute übersetzt werden. Die Schwierigkeit einer solchen Übersetzung besteht in den großen Unterschieden zwischen den Ausgangssprachen und der Zielsprache. Nicht nur die Wörter sind verschieden – jede Sprache hat auch ihren eigenen Stil, eigene Redewendungen und einen typischen Satzbau. Dazu kommt, daß uns die Welt des Alten und Neuen Testaments fremd ist. Der große zeitliche Abstand bewirkt, daß wir manche Ausdrücke und Eigenheiten der Ausgangssprachen nicht unmittelbar verstehen. Wie also kann eine gute Übersetzung gelingen? Wie können die alten und doch bedeutsamen Texte für uns heute verständlich und lebendig werden?

«Man muß den Leuten aufs Maul schauen!» – so hat Martin Luther seinerzeit anschaulich beschrieben, wie er bei seiner Bibelübersetzung vorging. Bis heute ist sein Motto für jede gute Übersetzung wegweisend geblieben. Eine gelungene Übersetzung soll nicht nur die Botschaft des Originaltextes genau wiedergeben, sie muß auch verständlich sein, natürlich und lebendig klingen – so wie wir uns in unserer Sprache ausdrücken. Kurzum: Sie soll auf ihre Leser möglichst die gleiche Wirkung haben, wie sie das Original auf die damaligen Leser hatte!

Hoffnung für alle will genau dies erreichen und folgt daher modernen sprachwissenschaftlichen Erkenntnissen und Übersetzungsmethoden. Dabei stehen zwei Ziele im Vordergrund: Textgenauigkeit und Verständlichkeit; Qualitäten, die aufgrund des völlig anderen Aufbaus der alten Sprachen nicht leicht miteinander zu vereinbaren sind. Bei einer guten Übersetzung geht es folglich darum, beides gleichermaßen zu berücksichtigen: Sie muß sowohl genau als auch verständlich sein.

Da sich nun die hebräische und die griechische Sprache in Satzbau und Redewendungen sehr von der deutschen Sprache unterscheiden, kann man diese Ziele nicht dadurch erreichen, daß man den Ausgangstext Wort für Wort übersetzt. Dann würden die Sätze im Deutschen unnatürlich, schwierig und kaum verständlich. Auch kann ein Wort oder eine Redewendung der Ausgangssprache nicht in allen Fällen mit demselben Wort oder derselben Redewendung in der Zielsprache wiedergegeben werden. Ein solches Vorgehen würde bisweilen sogar den Sinn entstellen. Ein Beispiel kann das verdeutlichen: Im Hebräischen gibt es den Ausdruck «jemandem das Herz stehlen». Wenn man diese Redewendung wörtlich ins Deutsche übersetzt, erhält sie einen völlig falschen Sinn. Denn während wir damit verbinden, daß jemand die Zuneigung eines anderen Menschen gewinnen will, bedeutet der Ausdruck im Hebräischen soviel wie «betrügen, täuschen».

Man sieht: Der Sinn eines Wortes erschließt sich häufig erst durch den Zusammenhang, in dem das Wort gebraucht wird. Darum bestand die Aufgabe der Übersetzerinnen und Übersetzer darin, den Sinn des hebräischen bzw. griechischen Grundtextes genau zu erfassen und ihn dann in verständlicher deutscher Sprache wiederzugeben. Dies erforderte manchmal Um- und Neuformulierungen. Genauigkeit und Verständlichkeit der Übersetzung sollen also dadurch gewährleistet werden, daß man sich so eng wie möglich an den Sinn des Ausgangstextes hält, sich aber in Grammatik, Satzbau und Redewendungen der in unserer Sprache üblichen Ausdrucksweise bedient.

Der Übersetzung der Psalmen liegt der sowohl für die jüdische Glaubensgemeinschaft als auch für die christliche Kirche gültige hebräische Text zugrunde, der sogenannte «Masoretische Text». An einzelnen Stellen wurden die im 3. Jahrhundert v. Chr. entstandene griechische Übersetzung und andere alte Übersetzungen mit herangezogen, die in diesen Fällen wahrscheinlich eine ursprünglichere Fassung des hebräischen Textes als Vorlage hatten. Dies wird jeweils mit einer Fußnote gekennzeichnet. An Stellen, die zwei gleichwertige, aber sinnverschiedene Übersetzungsmöglichkeiten zulassen, wird dies ebenfalls durch eine Fußnote («Oder: ...») zum Ausdruck gebracht.

Der Übersetzung des Neuen Testaments liegt der griechische Text in der Bearbeitung von Nestle-Aland zugrunde.

Wenn sich die deutsche Übersetzung zugunsten der Verständlichkeit weit von der wörtlichen Fassung des hebräischen oder griechischen Textes entfernt hat, wird die wörtliche Version ebenfalls in einer Fußnote wiedergegeben.

Die Arbeit an einer Bibelübersetzung kann nie als endgültig abgeschlossen betrachtet werden. Den Herausgebern sind Vorschläge im Blick auf die Textgenauigkeit und verständliche Formulierungen immer willkommen. Deshalb sei allen gedankt, die Verbesserungsvorschläge gemacht haben. Viele dieser Anregungen sind in dieser Auflage berücksichtigt.

Hoffnung für alle möchte dem Leser die biblischen Texte gut verständlich machen. Dann aber möchte diese Übersetzung Hoffnung für alle Menschen bringen. Der Leser soll selbst erleben, was nach dem Bericht des Johannes (Johannes 4,42) jene Dorfbewohner in die Worte faßten: «Jetzt glauben wir nicht nur deshalb an Jesus, weil du uns von ihm erzählt hast. Wir haben ihn jetzt selbst gehört und wissen: Er ist wirklich der Retter der Welt!»

Die Herausgeber

Basel und Gießen, im September 1997

Die Bücher des Neuen Testaments

Die Bücher des Neuen Testaments

Matthäus berichtet von Jesus

Die Vorfahren Jesu
(Luk. 3,23–38)

1 Dieses Buch berichtet die Ge-
schichte von Jesus Christus. Er ist
Davids und Abrahams Nachkomme,
und das sind seine Vorfahren:
2 Abraham – Isaak – Jakob (der Vater
Judas und dessen Brüder)
3 Juda – Perez und Serach (Tamar war
ihre Mutter) – Hezron
4 Ram – Amminadab – Nachschon
5 Salma – Boas (Sohn der Rahab) –
Obed (Sohn der Ruth) – Jesse
6 König David – Salomo (seine Mutter
war Urias Frau)
7 Rehabeam – Abia – Asa
8 Josaphat – Joram – Usia
9 Jotham – Ahas – Hiskia
10 Manasse – Amon – Josia
11 Jojachin und seine Brüder (zur Zeit
der Verbannung in Babylon)
12 Sealthiel – Serubabel (nach der ba-
bylonischen Gefangenschaft)
13 Abiud – Eliakim – Asor
14 Zadok – Achim – Eliud
15 Eleasar – Matthan – Jakob.
16 Jakob war der Vater Josephs. Jo-
seph war der Mann Marias. Sie war
die Mutter Jesu Christi, des Sohnes
Gottes.

17 Von Abraham bis zu König Da-
vid sind es also vierzehn Generatio-
nen. Auch von David bis zur Verban-
nung in Babylon sind es vierzehn Ge-
nerationen, und von dieser Zeit bis zu
Christus noch einmal vierzehn.

Gott wird Mensch
(Luk. 1,26–2,20)

18 Und so wurde der Sohn Gottes
Mensch:[a] Seine Mutter Maria war mit
Joseph verlobt. Noch ehe sie verhei-
ratet waren, erwartete Maria ein
Kind, das Gottes Geist in ihr geschaf-
fen hatte. 19 Joseph sah keinen ande-
ren Ausweg, als die Verlobung still-
schweigend aufzulösen. Er wollte
nach Gottes Geboten handeln, aber
auch Maria nicht bloßstellen. 20 Er
grübelte noch darüber nach, wie er
sein Problem lösen sollte, als ihm im
Traum ein Engel Gottes erschien, der
zu ihm sagte: «Joseph, du Sohn Da-
vids, zögere nicht, Maria als deine
Frau zu dir zu nehmen! Denn das
Kind, das sie erwartet, ist vom Heili-
gen Geist. 21 Sie wird einen Sohn be-
kommen, den sollst du Jesus nennen,
das heißt ‹Retter›. Denn er wird sein
Volk von den Sünden befreien.»

22 Damit erfüllte sich, was Gott
durch seinen Propheten vorhergesagt
hatte: 23 «Eine Jungfrau wird schwan-
ger werden und einen Sohn bekom-
men. Den wird man Immanuel nen-
nen. Das bedeutet: ‹Gott ist mit
uns!›»[b]

24 Als Joseph erwachte, tat er, was
ihm der Engel befohlen hatte, und
nahm Maria als seine Frau zu sich.
25 Sie blieb aber Jungfrau bis zur Ge-
burt ihres Sohnes. Joseph gab ihm
den Namen Jesus.

a) Wörtlich: Mit der Geburt Jesu Christi verhielt es sich so:
b) Jesaja 7,14

Gelehrte suchen den neuen König

2 Jesus wurde in Bethlehem gebo-
ren, einer kleinen Stadt in Judäa.
Herodes war damals König. In dieser
Zeit kamen einige Sternforscher aus
dem Orient nach Jerusalem und er-
kundigten sich: 2 «Wo ist der neuge-
borene König der Juden? Wir haben
seinen Stern aufgehen sehen und sind
hierher gekommen, um ihn anzube-
ten.»
3 König Herodes war bestürzt, und
nicht nur er, sondern alle Einwohner
Jerusalems. 4 Er rief die führenden
Priester und Schriftgelehrten zusam-
men und fragte sie: «Wo soll dieser
neue König geboren werden?» 5 Sie
antworteten ihm: «Im Buch des Pro-
pheten Micha heißt es: 6 ‹Bethlehem,
du bist keineswegs die unbedeutend-
ste Stadt im Land Judäa. Denn aus dir
kommt der Mann, der mein Volk Is-
rael führen wird.›»[a]
7 Da rief Herodes die Sternforscher
heimlich zu sich und fragte sie, wann
sie zum ersten Mal den Stern gesehen
hätten. Anschließend schickte er sie
mit diesem Befehl nach Bethlehem:
8 «Sucht nach dem Kind, und gebt mir
Nachricht, wenn ihr es gefunden
habt. Ich will dann auch hingehen
und ihm Ehre erweisen.»
9 Nach diesem Gespräch gingen die
Sternforscher nach Bethlehem. Und
das Unglaubliche geschah: Der Stern,
den sie im Osten gesehen hatten, führ-
te sie. Er blieb über dem Haus stehen,
in dem das Kind war. 10 Da kannte ihre
Freude keine Grenzen. 11 Sie gingen in
das Haus, wo sie das Kind mit seiner
Mutter Maria fanden, knieten vor ihm
nieder und beteten es an. Dann pack-
ten sie ihre Schätze aus und beschenk-
ten das Kind mit Gold, Weihrauch
und Myrrhe.
12 Im Traum befahl ihnen Gott,
nicht mehr zu Herodes zurückzuge-
hen. Deshalb wählten sie für ihre
Heimreise einen anderen Weg.

Flucht nach Ägypten

13 In der folgenden Nacht erschien
dem Joseph im Traum ein Engel Got-
tes, der ihn aufforderte: «Steh schnell
auf und fliehe mit dem Kind und sei-
ner Mutter nach Ägypten! Bleibt so
lange dort, bis ich euch zurückrufe,
denn Herodes will das Kind umbrin-
gen.» 14 Da zog Joseph noch in der
Nacht mit Maria und dem Kind nach
Ägypten. 15 Dort blieben sie bis zum
Tode von Herodes. So erfüllte sich
das Wort des Propheten, durch das
Gott gesagt hatte: «Ich habe meinen
Sohn aus Ägypten gerufen.»[b]

Jesus soll getötet werden

16 Herodes war außer sich vor Zorn, als
er merkte, daß ihn die Sternforscher
hintergangen hatten. Er ließ alle Jun-
gen unter zwei Jahren in Bethlehem
und in der Umgebung dieser Stadt um-
bringen. Das Alter des Kindes hatte er
nach den Angaben der Sternforscher
errechnet. 17 Mit diesem grausamen
Mord erfüllte sich die Vorhersage des
Propheten Jeremia: 18 «Schreie der
Angst hört man in der Stadt Rama,
das Klagen nimmt kein Ende. Rahel
beweint ihre Kinder und ist untröst-
lich. Denn sie sind alle tot.»[c]

a) Micha 5,1
b) Hosea 11,1
c) Jeremia 31,15

Rückkehr aus Ägypten

19 Als Herodes gestorben war, er-
schien dem Joseph in Ägypten wie-
der ein Engel Gottes im Traum und
sagte zu ihm: 20 «Stehe auf, nimm das
Kind und seine Mutter und kehre
heim in das Land Israel! Die Leute,
die das Kind töten wollten, sind ge-
storben.»

21 Da ging Joseph mit Maria und
dem Kind nach Israel zurück.

22 Als er aber erfuhr, daß Arche-
laus, der Sohn des Herodes, König
von Judäa geworden war, bekam er
Angst. Gott gab ihm im Traum die
Anweisung, in die Provinz Galiläa zu
ziehen. 23 So kamen sie nach Nazareth
und ließen sich dort nieder. Dadurch
erfüllte sich das Wort der Propheten
über Christus: «Man wird ihn den
Nazarener nennen.»

Ändert euch, Gottes Herrschaft kommt!

(Mark. 1,2–8; Luk. 3,1–18;
Joh. 1,19–28)

3 In dieser Zeit fing Johannes der
Täufer an, in der judäischen Wü-
ste zu predigen. Sein Hauptthema
war: 2 «Ändert euch von Grund auf!
Kehrt um zu Gott! Denn jetzt beginnt
die Herrschaft Gottes.» 3 Der Prophet
Jesaja hatte die Aufgabe des Jo-
hannes vorausschauend so beschrie-
ben: «Ich höre jemand in der Wüste
rufen: ‹Macht den Weg frei für den
Herrn! Räumt alle Hindernisse hin-
weg!›»[a]

4 Johannes trug einen aus Kamel-
haar gewebten Umhang, der von
einem Lederriemen zusammengehal-
ten wurde. Er ernährte sich von
Heuschrecken und Honig, den er
draußen fand. 5 Viele Menschen aus
Jerusalem, aus dem Jordantal und
aus allen Gegenden Judäas kamen zu
Johannes. 6 Sie bekannten ihre Sün-
den, und Johannes taufte sie im
Jordan.

7 Als er aber sah, daß auch viele
Pharisäer und Sadduzäer kamen, um
sich taufen zu lassen, wies er sie ab:
«Ihr Teufelspack! Wie könnt ihr
glauben, daß ihr dem kommenden
Gericht Gottes entrinnen werdet?
8 Beweist erst einmal durch Taten,
daß ihr euch wirklich ändern wollt!
9 Bildet euch nur nicht ein, daß ihr
euch damit herausreden könnt:
‹Abraham ist unser Vater!› Das wird
euch gar nichts helfen! Gott kann
selbst aus diesen Steinen hier Nach-
kommen Abrahams machen.

10 Schon ist die Axt erhoben, um die
Bäume an der Wurzel abzuschlagen.
Jeder Baum, der keine guten Früchte
bringt, wird umgehauen und ins
Feuer geworfen. 11 Wer umkehrt zu
Gott, den taufe ich mit Wasser. Nach
mir wird aber einer kommen, der ist
größer als ich. Ich bin nicht einmal
würdig, ihn zu bedienen.[b] Er wird
euch mit dem Heiligen Geist und mit
Feuer taufen. 12 Er hat schon die
Schaufel in seiner Hand, mit der er
die Spreu vom Weizen trennt. Die
Spreu wird er mit Feuer verbrennen,
das niemand löschen kann, aber den
Weizen wird er in seine Scheunen
bringen.»

a) Jesaja 40,3
b) Wörtlich: ihm die Schuhe nachzutragen.

Gott bekennt sich zu seinem Sohn

(Mark. 1,9–11; Luk. 3,21–22;
Joh. 1,32–34)

13 Auch Jesus kam aus seiner Heimat
in Galiläa an den Jordan, um sich von
Johannes taufen zu lassen. 14 Aber Jo-
hannes versuchte, ihn davon abzu-
bringen: «Ich müßte eigentlich von
dir getauft werden, und du kommst
zu mir?» 15 Jesus erwiderte: «Laß es
so geschehen, denn wir müssen alles
tun, was Gott will.»[a] Da wurde Jesus
von Johannes getauft.

16 Als Jesus wieder aus dem Wasser
stieg, öffnete sich der Himmel über
ihm, und er sah den Geist Gottes wie
eine Taube herabschweben und auf
sich kommen. 17 Gleichzeitig sprach
eine Stimme vom Himmel: «Dies ist
mein geliebter Sohn, an dem ich
Freude habe! Ihn habe ich erwählt.»

Wenn du Gottes Sohn bist, beweise es!

(Mark. 1,12–13; Luk. 4,1–13)

4 Danach wurde Jesus vom Geist
Gottes in die Wüste geführt, wo
ihn der Teufel versuchen sollte.
2 Vierzig Tage und Nächte lang aß er
nichts. Der Hunger quälte ihn. 3 Da
kam der Teufel zu ihm und forderte
ihn heraus: «Wenn du Gottes Sohn
bist, dann mach aus diesen Steinen
Brot!» 4 Jesus antwortete: «Nein,
denn es steht in der Heiligen Schrift:
‹Der Mensch lebt nicht allein von
Brot, sondern von allem, was der
Herr ihm zusagt!›»[b]
5 Da nahm ihn der Teufel mit nach
Jerusalem und stellte ihn an den Rand
der Tempelmauer. 6 «Spring hinun-
ter!» forderte er Jesus auf. «Du bist
doch Gottes Sohn! Und es steht ge-
schrieben: ‹Gott wird seine Engel
schicken. Sie werden dich auf Händen
tragen, und du wirst dich nicht einmal
an einem Stein verletzen!›»[c] 7 Jesus
entgegnete ihm: «Es steht aber auch
geschrieben: ‹Du sollst Gott, deinen
Herrn, nicht herausfordern!›»[d]

8 Nun führte ihn der Teufel auf einen
hohen Berg und zeigte ihm alle Reiche
der Welt und ihre Herrlichkeit. 9 «Das
alles gebe ich dir, wenn du vor mir nie-
derkniest und mich anbetest», sagte
er. 10 Aber Jesus wies ihn ab: «Weg mit
dir, Satan, denn es steht geschrieben:
‹Bete allein Gott, deinen Herrn, an
und gehorche ihm!›»[e] 11 Da gab der
Teufel auf und verließ ihn. Und die
Engel Gottes kamen und sorgten für
Jesus.

Hoffnung für alle, die von Gott nichts wissen

(Mark. 1,14–15; Luk. 4,14–15)

12 Als Jesus hörte, daß man Johannes
verhaftet hatte, zog er sich nach Gali-
läa zurück. 13 Er verließ Nazareth und
wohnte in Kapernaum am See Gene-
zareth, im Gebiet von Sebulon und
Naphtali. 14 Damit erfüllte sich das
Wort Jesajas: 15 «Du Land Sebulon
und Naphtali, Land am See und jen-
seits des Jordan, du gottloses Galiläa,
höre zu! 16 Das Volk, das in der Fin-
sternis wohnt, sieht ein großes Licht.

a) Wörtlich: denn so ist es für uns richtig, alle Gerechtigkeit zu erfüllen.
b) 5. Mose 8,3
c) Psalm 91,11–12
d) 5. Mose 6,16
e) 5. Mose 6,13

Hell strahlt es auf über denen, die im Schatten des Todes leben und ohne Hoffnung sind.»[a]

17 Von da an begann Jesus zu predigen: «Ändert euch von Grund auf! Kehrt um zu Gott! Denn die Herrschaft Gottes bricht jetzt an!»

Vier Fischer folgen Jesus

(Mark. 1,16–20; Luk. 5,1–11; Joh. 1,35–51)

18 Am See Genezareth sah Jesus zwei Brüder: Simon, der später Petrus genannt wurde, und seinen Bruder Andreas. Sie waren Fischer und warfen gerade ihre Netze aus. 19 Jesus rief ihnen zu: «Kommt mit mir! Ich will euch zeigen, wie ihr Menschen für Gott gewinnen könnt.»[b] 20 Da ließen sie ihre Netze liegen und folgten ihm.

21 Etwas später sah er am Strand zwei andere Fischer, die Brüder Jakobus und Johannes. Sie saßen mit ihrem Vater Zebedäus im Boot und flickten Netze. Auch sie rief Jesus zu sich. 22 Sofort verließen sie das Boot und ihren Vater und gingen mit Jesus.

Jesus wirkt durch Wort und Tat

23 Jesus wanderte durch das Land Galiläa, predigte in den Synagogen und verkündete überall die Heilsbotschaft vom Reich Gottes. Er heilte alle Arten von Krankheiten und Leiden. 24 Bald wurde überall von ihm gesprochen, selbst in Syrien. Man brachte viele Kranke zu ihm, die unter großen Schmerzen litten: Besessene, Belastete und körperlich Behinderte.[c] Und er heilte sie alle. 25 Eine gewaltige Menschenmenge folgte Jesus, wohin er auch ging. Leute aus Galiläa, aus dem Gebiet der Zehn-Städte, aus Jerusalem und dem ganzen Gebiet von Judäa liefen ihm nach. Selbst vom gegenüberliegenden Jordanufer kamen sie.

Die Bergpredigt – Maßstäbe, die herausfordern

(Luk. 6,20–23)

5 Als Jesus die Menschenmenge sah, stieg er auf einen Berg. Nachdem er sich gesetzt hatte, traten seine Jünger zu ihm. 2 Da redete er zu ihnen und begann, sie zu unterweisen:

Wen Jesus glücklich nennt

3 «Glücklich[d] sind, die erkennen, wie arm sie vor Gott sind, denn Gottes Herrschaft und Herrlichkeit gehört ihnen.

4 Glücklich sind die Traurigen, denn Gott wird sie trösten.

5 Glücklich sind, die auf Gewalt verzichten, denn sie werden die ganze Erde besitzen.

6 Glücklich sind, die sich nach Gottes Gerechtigkeit sehnen, denn Gott wird ihre Sehnsucht stillen.

7 Glücklich sind die Barmherzigen, denn Gott wird auch mit ihnen barmherzig sein.

8 Glücklich sind, die ein reines Herz haben, denn sie werden Gott sehen.

a) Jesaja 8,23–9,1
b) Wörtlich: Her, hinter mich! Ich werde euch zu Menschenfischern machen.
c) Wörtlich: Und sie brachten alle, die mit verschiedenen Krankheiten übel dran und von Qualen beherrscht waren: Besessene und Mondsüchtige und Gelähmte.
d) Wörtlich: Glückselig, glücklich zu preisen.

9 Glücklich sind, die Frieden stif-
ten, denn Gott wird sie seine Kinder
nennen.
10 Glücklich sind, die deshalb ver-
folgt werden, weil sie Gottes Willen
tun. Sie werden mit Gott in seinem
Reich leben.
11 Wenn ihr verachtet, verfolgt und
zu Unrecht verleumdet werdet, weil
ihr mir nachfolgt, dann könnt ihr dar-
über glücklich sein. 12 Ja, freut euch,
denn im Himmel werdet ihr dafür be-
lohnt werden. Genauso haben sie die
Propheten früher auch verfolgt.»

Salz und Licht: die Funktion der Christen in der Welt

(Mark. 4,21; 9,50;
Luk. 8,16; 11,33; 14,34–35)

13 «Ihr seid das Salz, das die Welt vor
dem Verderben bewahrt. Aber so,
wie das Salz nutzlos ist, wenn es seine
Kraft verliert, so seid auch ihr nutz-
los, und man wird über euch hinweg-
gehen, wenn ihr eure Aufgabe in der
Welt nicht erfüllt.[a]
14 Ihr seid das Licht, das die Welt
erhellt.[b] Eine Stadt, die hoch auf dem
Berg liegt, kann nicht verborgen blei-
ben. 15 Man zündet ja auch keine
Lampe an und deckt sie dann zu. Im
Gegenteil: Man stellt sie so auf, daß
sie allen im Haus Licht gibt. 16 Genau-
so soll euer Licht vor allen Menschen
leuchten. An euren Taten sollen sie
euren Vater im Himmel erkennen
und ihn auch ehren.»[c]

Gottes Wort gilt

(Luk. 16,17)

17 «Meint nur nicht, ich bin gekom-
men, das Gesetz und das, was Gott
durch die Propheten gesagt hat, auf-
zuheben. Im Gegenteil, ich werde
beides voll zur Geltung bringen und
erfüllen.
18 Denn das sage ich euch: Auch der
kleinste Buchstabe im Gesetz Gottes
behält seine Gültigkeit, solange die
Erde besteht. 19 Wenn jemand auch
nur den geringsten Befehl Gottes für
ungültig erklärt oder andere dazu
verleitet, der wird in Gottes Reich
keine Rolle spielen. Wer aber ande-
ren Gottes Gebote weitersagt und
sich selbst danach richtet, der wird im
Reich Gottes viel bedeuten.»

Die neue Gerechtigkeit

(Luk. 12,57–59)

20 «Aber ich warne euch: Wenn ihr
nicht mehr aufweisen könnt als die
Pharisäer und Schriftgelehrten,[d]
kommt ihr nicht in Gottes Reich.
21 Ihr habt gehört, daß es im Gesetz
des Mose heißt: ‹Du sollst nicht tö-
ten! Wer aber einen Mord begeht,
muß vor ein Gericht.›[e] 22 Doch ich sa-
ge euch: Schon wer auf seinen Bruder
zornig ist, den erwartet das Gericht.
Wer zu seinem Bruder ‹Du Idiot!›
sagt, der wird vom Obersten Gericht
abgeurteilt werden, und wer ihn ver-

a) Wörtlich: Ihr seid das Salz der Erde. Wenn aber das Salz fade geworden ist, womit soll man es salzen? Es taugt zu nichts mehr, als hinausgeworfen und von den Leuten zertreten zu werden.
b) Wörtlich: Ihr seid das Licht der Welt.
c) Wörtlich: ... daß sie eure guten Werke sehen und euren Vater, der in den Himmeln ist, verherrlichen.
d) Wörtlich: Wenn eure Gerechtigkeit nicht weit über die der Pharisäer und Schriftgelehrten hinausgeht.
e) 2. Mose 20,13; 21,12

flucht, dem ist das Feuer der Hölle sicher.

[23] Wenn du während des Gottesdienstes ein Opfer bringen willst und dir fällt plötzlich ein, daß dein Bruder etwas gegen dich hat, [24] dann laß dein Opfer liegen, gehe zu deinem Bruder und versöhne dich mit ihm. Erst danach bringe Gott dein Opfer. [25] Setze alles daran, dich noch auf dem Weg zum Gericht mit deinem Gegner zu einigen. Du könntest sonst verurteilt werden und in das Gefängnis kommen. [26] Von dort wirst du nicht eher wieder herauskommen, bis du auch den letzten Pfennig deiner Schuld bezahlt hast.»

Kampf gegen die Sünde
(Matth. 18,8–9; Mark. 9,43–48)

[27] «Wie ihr wißt, heißt es im Gesetz: ‹Du sollst nicht die Ehe brechen!›[a] [28] Ich sage euch aber: Schon wer eine Frau mit begehrlichen Blicken ansieht, der hat im Herzen mit ihr die Ehe gebrochen.

[29] Wenn dich also dein rechtes Auge verführt, dann reiß es heraus und wirf es weg! Besser, du verlierst eins deiner Glieder, als daß du heil und unversehrt in die Hölle geworfen wirst. [30] Und wenn dich deine rechte Hand verführt, Böses zu tun, so hack sie ab und wirf sie weg! Es ist besser, ein Krüppel zu sein, als mit Haut und Haaren in die Hölle geworfen zu werden.»

Ehescheidung
(Matth. 19,9; Mark. 10,11–12; Luk. 16,18)

[31] «Bisher hieß es: ‹Wenn sich jemand von seiner Frau trennen will, soll er ihr eine Scheidungsurkunde geben.›[b] [32] Ich sage euch aber: Wenn ein Mann sich von seiner Frau trennt, obwohl sie ihn nicht mit einem anderen Mann betrogen hat, so treibt er sie zum Ehebruch. Und wer eine geschiedene Frau heiratet, der begeht auch Ehebruch.»

Wahrheit auch in kleinen Dingen

[33] «Ihr kennt auch diese Anweisung des Gesetzes: ‹Du sollst keinen Meineid schwören, sondern das halten, was du vor Gott versprochen hast.›[c] [34] Ich sage euch aber: Schwört überhaupt nicht! Wenn jemand sagt: ‹Der Himmel ist mein Zeuge!›, so mißbraucht er Gottes himmlischen Thron für seine weltlichen Geschäfte. [35] Und wenn du dich auf Dinge dieser Welt berufst, so mißbrauchst du Gott auch damit, denn die Erde ist sein Eigentum. Berufe dich nicht auf Jerusalem, denn sie ist die Stadt Gottes.[d] [36] Verbürge dich auch nicht mit deinem Kopf für etwas, denn du kannst ja nicht einmal ein einziges deiner Haare weiß oder schwarz wachsen lassen. [37] Sage einfach ‹Ja› oder ‹Nein›. Alle anderen Beteuerungen zeigen nur, daß du dich vom Bösen bestimmen läßt.»

a) 2. Mose 20,14
b) 5. Mose 24,1
c) 3. Mose 19,12; 4. Mose 30,3
d) Wörtlich: des großen Königs Stadt.

Vergeltung durch Liebe
(Luk. 6,27–30.32–36)

38 «Es heißt auch: ‹Wer einem anderen ein Auge ausschlägt, muß dafür mit seinem eigenen Auge büßen. Wer einem anderen einen Zahn ausschlägt, dem soll das gleiche geschehen.›[a] 39 Ich sage euch aber: Wehrt euch nicht, wenn euch Böses geschieht! Wenn man dir eine Ohrfeige gibt, dann halte die andere Wange auch noch hin! 40 Wenn einer dir dein Hemd nehmen will, so gib ihm auch noch den Mantel! 41 Wenn einer von dir verlangt, eine Meile mit ihm zu gehen, dann gehe zwei Meilen mit ihm! 42 Gib dem, der dich um etwas bittet, und auch dem, der etwas von dir leihen will.

43 Es heißt bei euch: ‹Liebt eure Freunde und haßt eure Feinde!›[b] 44 Ich sage aber: Liebt eure Feinde und betet für alle, die euch hassen und verfolgen! 45 Auf diese Weise handelt ihr nämlich als Kinder eures Vaters im Himmel. Denn er läßt seine Sonne für die Bösen wie für die Guten scheinen, und er läßt es regnen für Fromme und Gottlose. 46 Wollt ihr etwa noch dafür belohnt werden, wenn ihr die liebt, die euch auch lieben? Das tun sogar die, die Gott verachten! 47 Wenn ihr nur euren Freunden liebevoll begegnet, ist das etwas Besonderes? Das tun auch die, die von Gott nichts wissen. 48 Ihr aber sollt so vollkommen sein wie euer Vater im Himmel.»

Wertloser Gottesdienst

6 «Hütet euch davor, nur deshalb Gutes zu tun, damit die Leute euch bewundern.[c] So könnt ihr von eurem Vater im Himmel keinen Lohn mehr erwarten. 2 Wenn du einem Armen etwas gibst, mach kein großes Gerede davon, wie es die Heuchler tun. Sie reden davon in allen Gottesdiensten und an jeder Straßenecke. Sie wollen wegen ihrer Wohltätigkeit von allen gelobt werden. Das sage ich euch: Diese Leute haben ihren Lohn schon selbst einkassiert.[d] 3 Wenn du aber jemandem hilfst, dann soll deine linke Hand nicht wissen, was deine rechte tut; niemand soll davon erfahren. 4 Dein Vater, der alles sieht, wird dich dafür belohnen.»

Wie man beten soll
(Mark. 11,25–26; Luk. 11,2–4)

5 «Betet nicht wie die Heuchler! Sie bleiben gern in den Synagogen und an den Straßenecken stehen, um zu beten. Jeder soll es sehen. Ich sage euch: Sie haben von Gott nichts zu erwarten.[d] 6 Wenn du beten willst, gehe in dein Zimmer, schließe die Tür hinter dir zu, und bete zu deinem Vater. Und dein Vater, der selbst deine geheimsten Gedanken kennt, wird dich erhören.

7/8 Leiere deine Gebete nicht herunter wie Leute, die Gott nicht kennen. Sie meinen, Gott würde schon

a) Wörtlich: Auge um Auge, Zahn um Zahn. 2. Mose 21,24
b) 3. Mose 19,18
c) Wörtlich: ... daß ihr eure Gerechtigkeit nicht so vor den Menschen tut, um von ihnen gesehen zu werden.
d) Wörtlich: Ihr Lohn ist schon ausbezahlt (Verse 2.5).

antworten, wenn sie nur viele Worte
machen. Nein, euer Vater weiß ge-
nau, was ihr braucht, noch ehe ihr ihn
um etwas bittet.
[9] Ihr sollt deshalb so beten:
‹Unser Vater im Himmel! Dein
heiliger Name soll geehrt werden.
[10] Richte bald deine Herrschaft bei
uns auf. Laß deinen Willen hier auf
der Erde geschehen, wie er im Him-
mel geschieht. [11] Gib uns auch heute
wieder, was wir zum Leben brauchen.
[12] Vergib uns unsere Schuld, wie wir
denen vergeben, die uns Unrecht ge-
tan haben. [13] Bewahre uns davor, daß
wir dir untreu werden,[a] und befreie
uns vom Bösen. Denn dir gehören
Herrschaft, Macht und Ehre für alle
Zeiten. Amen!›
[14/15] Euer Vater im Himmel wird
euch vergeben, wenn ihr den Men-
schen vergebt, die euch Unrecht ge-
tan haben. Wenn ihr ihnen aber nicht
vergeben wollt, dann wird euch Gott
eure Schuld auch nicht vergeben.»

Verzichten, um zu gewinnen

[16] «Fastet nicht wie die Heuchler! Sie
setzen eine wehleidige Miene auf, da-
mit jeder merkt, was ihnen ihr Glau-
be wert ist. Das ist dann auch der ein-
zige Lohn, den sie je bekommen wer-
den.[b] [17] Wenn du fastest, dann pflege
dein Äußeres so, [18] daß keiner etwas
von deinem Verzicht merkt außer
deinem Vater im Himmel. Dein Va-
ter, der jedes Geheimnis kennt, wird
dich belohnen.»

Reichtum, der seinen Wert nicht verliert
(Luk. 12,33–34)

[19] «Häuft in dieser Welt keine Reich-
tümer an! Sie verlieren schnell ihren
Wert oder werden gestohlen. [20] Sam-
melt euch vielmehr Schätze im Him-
mel, die nie ihren Wert verlieren und
die kein Dieb mitnehmen kann. [21] Wo
nämlich eure Schätze sind, da zieht es
euch hin.»[c]

Licht und Finsternis
(Luk. 11,34–36)

[22] «Das Auge gibt dir Licht. Wenn
deine Augen klar sehen, wirst du dich
überall sicher bewegen können.
[23] Wenn du nun schlecht siehst, tappst
du unsicher herum. Hast du aber Gott
aus den Augen verloren, wie schreck-
lich wird dann deine Finsternis sein!»[d]

Gott gehört der erste Platz
(Luk. 12,22–31; 16,13)

[24] «Niemand kann gleichzeitig zwei
Herren dienen. Wer dem einen rich-
tig dienen will, wird sich um die Wün-
sche des andern nicht kümmern kön-
nen. Genausowenig könnt ihr zur sel-
ben Zeit für Gott und das Geld leben.
[25] Darum sage ich euch: Sorgt euch
nicht um euren Lebensunterhalt, um
Essen, Trinken und Kleidung. Leben
bedeutet mehr als nur Essen und
Trinken, und der Mensch ist mehr als
seine Kleidung. [26] Seht euch die Vögel
an! Sie säen nichts, sie ernten nichts

a) Wörtlich: Und führe uns nicht in eine Versuchung.
b) Wörtlich: Ihr Lohn ist schon ausbezahlt.
c) Wörtlich: Denn wo dein Schatz ist, dort wird auch dein Herz sein.
d) Verse 22–23 wörtlich: Das Licht des Leibes ist das Auge. Wenn nun dein Auge einfältig ist, wird dein ganzer Leib hell sein. Wenn aber dein Auge böse ist, wird dein ganzer Leib verfinstert sein. Wenn nun das Licht, das in dir ist, Finsternis ist, wie groß (ist dann) die Finsternis!

und sammeln auch keine Vorräte. Euer Vater im Himmel versorgt sie. Meint ihr nicht, daß er sich um euch noch viel mehr kümmert? [27] Und wenn ihr euch noch so viel sorgt, könnt ihr doch euer Leben auch nicht um einen Augenblick verlängern.

[28] Weshalb macht ihr euch so viele Sorgen um eure Kleidung? Seht euch die Blumen auf den Wiesen an! Sie arbeiten nicht und kümmern sich auch nicht um ihre Kleidung. [29] Doch selbst König Salomo in seiner ganzen Herrlichkeit war lange nicht so prächtig gekleidet wie irgendeine dieser Blumen. [30] Wenn aber Gott sogar das Gras so schön wachsen läßt, das heute auf der Wiese grünt und morgen vielleicht schon verbrannt wird, meint ihr, daß er euch dann vergessen würde? Vertraut ihr Gott so wenig?

[31] Hört also auf, voller Sorgen zu denken: ‹Werden wir genug zu essen haben? Und was werden wir trinken? Was sollen wir anziehen?› [32] Wollt ihr denn leben wie die Menschen, die Gott nicht kennen und sich nur mit diesen Dingen beschäftigen? Euer Vater im Himmel weiß ganz genau, daß ihr das alles braucht. [33] Gebt nur Gott und seiner Sache den ersten Platz in eurem Leben, so wird er euch auch alles geben, was ihr nötig habt.[a] [34] Deshalb habt keine Angst vor der Zukunft! Es ist doch genug, wenn jeder Tag seine eigenen Lasten hat. Gott wird auch morgen für euch sorgen.»

Kritik und Selbstkritik
(Luk. 6,37–38. 41–42)

7 «Urteilt nicht über andere, damit Gott euch nicht verurteilt. [2] Denn so wie ihr jetzt andere verurteilt, werdet auch ihr verurteilt werden. Und mit dem Maßstab, den ihr an andere legt, wird man euch selber messen.

[3] Du regst dich auf über die kleinen Schwächen deines Bruders und erkennst nicht deine eigene, viel größere Schuld. [4] Du sagst: ‹Mein Freund, komm her! Ich will dir die Augen für deine Fehler öffnen!› Dabei bist du blind für deine eigene Schuld. [5] Du Heuchler! Kümmere dich zuerst um deine Fehler, dann versuche, deinem Bruder zu helfen.[b]

[6] Gebt das, was euch heilig ist, nicht Menschen preis, die es nicht achten. Und was euch kostbar ist, verschleudert nicht an solche, die seinen Wert nicht erkennen. Sie werden sonst euern Glauben in den Dreck zerren und euch hinterher auch noch angreifen.»[c]

Beten hilft!
(Luk. 11,5–13)

[7] «Bittet Gott, und er wird euch geben! Sucht, und ihr werdet finden! Klopft an, dann wird euch die Tür geöffnet! [8] Denn wer bittet, der wird bekommen. Wer sucht, der findet. Und wer anklopft, dem wird geöffnet.

a) Wörtlich: Sucht zuerst die Königsherrschaft Gottes und seine Gerechtigkeit, so wird euch dies alles hinzugegeben werden.

b) Verse 3–5 wörtlich: Was aber siehst du den Splitter im Auge deines Bruders, den Balken in deinem Auge aber nimmst du nicht wahr? Oder wie wirst du zu deinem Bruder sagen: Erlaube, ich will den Splitter aus deinem Auge ziehen; und siehe, der Balken ist in deinem Auge? Heuchler, entferne zuerst den Balken aus deinem Auge. Dann wirst du klar sehen und kannst den Splitter aus dem Auge deines Bruders ziehen.

c) Wörtlich: Gebt das Heilige nicht den Hunden, und werft eure Perlen nicht vor die Schweine. Sonst zertreten sie sie mit ihren Füßen und machen dann kehrt und zerreißen euch.

[9]Wenn ein Kind seinen Vater um ein Stück Brot bittet, wird er ihm dann einen Stein geben? [10]Wenn es um einen Fisch bittet, wird er ihm etwa eine giftige Schlange anbieten? [11]Wenn schon ihr hartherzigen, sündigen Menschen euern Kindern Gutes gebt, wieviel mehr wird euer Vater im Himmel denen gute Gaben schenken, die ihn darum bitten!

[12]So wie ihr von den Menschen behandelt werden möchtet, so behandelt sie auch. Das ist – kurz zusammengefaßt – der Inhalt der ganzen Heiligen Schrift.»

Nur zwei Wege
(Luk. 13,24)

[13]«Nur durch eine sehr enge Tür könnt ihr in das Reich Gottes kommen. Der Weg zur Hölle dagegen ist breit und hat ein weites Tor. Viele entscheiden sich für diesen scheinbar bequemen Weg. [14]Aber die Tür, die zum Leben führt, ist eng, und der Weg dorthin ist schmal. Deshalb gehen ihn nur wenige.»

Das Erkennungszeichen
(Luk. 6,43–45)

[15]«Nehmt euch in acht vor denen, die falsche Lehren verbreiten! Sie tarnen sich als sanfte Schafe, aber in Wirklichkeit sind sie reißende Wölfe. [16]Wie man einen Baum an seiner Frucht erkennt, so erkennt man auch sie an ihrem Tun und Treiben. Weintrauben kann man nicht von Dornbüschen und Feigen nicht von Disteln ernten.

[17]Ein guter Baum bringt gute Früchte und ein kranker Baum schlechte. [18]Ein guter Baum wird keine schlechten Früchte tragen, genausowenig wie ein kranker Baum gute Früchte hervorbringt. [19]Jeder Baum, der keine guten Früchte bringt, wird umgehauen und verbrannt. [20]Ebenso werdet ihr auch einen Menschen an seinen Taten erkennen.»

Fromme Schwätzer
(Luk. 6,46; 13,26–27)

[21]«Nicht, wer mich dauernd ‹Herr› nennt, wird in Gottes Reich kommen, sondern wer den Willen meines Vaters im Himmel tut. [22]Am Tag des Gerichts werden zwar viele sagen: ‹Aber Herr, wir haben doch deine Wahrheiten gepredigt! Wir haben doch in deinem Namen Dämonen ausgetrieben und mächtige Taten vollbracht!› [23]Aber ich werde ihnen antworten: ‹Ihr habt nie wirklich zu mir gehört. Was ihr getan habt, das habt ihr ohne mich getan. Geht mir aus den Augen!›»[a]

Feste Fundamente
(Luk. 6,47–49)

[24]«Wer meine Worte hört und danach handelt, der ist klug. Man kann ihn mit einem Mann vergleichen, der sein Haus auf felsigen Grund baut. [25]Wenn ein Wolkenbruch niedergeht, das Hochwasser steigt und der Sturm am Haus rüttelt, wird es trotzdem nicht einstürzen, weil es auf Felsengrund gebaut ist. [26]Wer sich meine Worte nur anhört, aber nicht danach lebt, der ist so unvernünftig wie einer, der sein Haus auf Sand baut. [27]Denn wenn ein Wolkenbruch kommt, die Flut das Land überschwemmt und der

a) Wörtlich: Geht weg von mir, die ihr die Gesetzlosigkeit tut.

Sturm um das Haus tobt, wird es mit großem Krachen einstürzen.»

Wirkung der Bergpredigt

28 Als Jesus seine Rede beendet hatte, waren die Zuhörer tief betroffen. 29 Denn was er gesagt hatte, waren nicht leere Worte wie bei ihren Schriftgelehrten. Sie merkten, daß Gott selbst durch Jesus zu ihnen gesprochen hatte.

Jesus heilt einen Leprakranken
(Mark. 1,40–45; Luk. 5,12–16)

8 Eine große Menschenmenge folgte Jesus, als er vom Berg herabstieg. 2 Da kam ein Leprakranker und fiel vor Jesus nieder: «Herr, wenn du willst, kannst du mich heilen!»

3 Jesus berührte den Mann und sagte: «Ich will's tun! Sei gesund!» Im selben Augenblick war der Mann von seiner Krankheit geheilt. 4 Da befahl ihm Jesus: «Sprich mit niemandem über deine Heilung, sondern gehe sofort zum Priester, damit er dich untersucht. Nimm auch das Opfer mit, so wie es Mose im Gesetz verlangt, damit jeder sieht, daß Gott dich geheilt hat.»[a]

Der Glaube des römischen Offiziers: «Dein Wort genügt!»
(Luk. 7,1–10; 13,28–30; Joh. 4,46–53)

5 Als Jesus in Kapernaum eintraf, kam ein Offizier der römischen Garnison zu ihm 6 und sagte: «Herr, heile meinen Diener! Er liegt gelähmt im Bett und leidet entsetzlich.» 7 Jesus antwortete: «Ich will mitkommen und ihn heilen.» 8 Der Offizier erwiderte: «Herr, ich bin nicht wert, dich in meinem Haus zu empfangen. Wenn du nur ein einziges Wort sagst, wird mein Diener gesund. 9 Auch ich habe Vorgesetzte, und ich erteile selbst Befehle an Untergebene. Wenn ich zu dem einen sage: ‹Geh!›, dann geht er. Wenn ich einem andern befehle: ‹Komm!›, dann kommt er. Und wenn ich zu meinem Diener sage: ‹Tu das!›, dann führt er meinen Auftrag aus.»

10 Als Jesus das hörte, wunderte er sich sehr. Und zur Volksmenge gewandt, sagte er: «Das ist sicher: Solch einen Glauben habe ich in Israel bisher nicht gefunden. 11 Eins aber will ich euch sagen: Viele Menschen aus aller Welt werden kommen und mit Abraham, Isaak und Jakob im Himmel das Freudenfest feiern. 12 Aber die ursprünglich für das Reich Gottes bestimmt waren, werden in die tiefste Finsternis hinausgestoßen, wo niemand ihr Heulen und ohnmächtiges Jammern hören wird.»

13 Dann sagte Jesus zu dem Offizier: «Du kannst gehen! Was du geglaubt hast, ist Wirklichkeit geworden.» Und zur selben Zeit wurde der Diener gesund.

Viele werden geheilt
(Mark. 1,29–34; Luk. 4,38–41)

14 Als Jesus in das Haus des Petrus kam, lag dessen Schwiegermutter mit hohem Fieber im Bett. 15 Jesus ergriff ihre Hand, da verschwand das Fieber. Sie konnte sogar aufstehen und ihre Gäste versorgen.

16 Am selben Abend wurden viele von bösen Geistern beherrschte Menschen zu Jesus gebracht. Er brauchte

a) Wörtlich: Und opfere die Gabe, die Mose angeordnet hat, ihnen zum Zeugnis.

nur ein Wort zu sagen, und die Besessenen wurden frei und alle Kranken geheilt. [17] So erfüllte sich die Vorhersage des Propheten Jesaja: «Er nahm unsere Leiden auf sich und heilte unsere Krankheiten.»[a]

Kosten der Nachfolge

(Luk. 9,57–62)

[18] Als Jesus merkte, daß die Menschenmenge um ihn immer größer wurde, ließ er sich von seinen Jüngern über den See an das andere Ufer rudern. [19] Da kam ein Schriftgelehrter zu ihm und sagte: «Meister, ich will mit dir gehen, ganz gleich wohin!» [20] Jesus antwortete ihm: «Die Füchse haben ihren Bau, und die Vögel haben ihre Nester; aber der Menschensohn hat keinen Platz, an dem er ausruhen kann.»

[21] Ein anderer bat Jesus: «Herr, ich will erst noch meinen Vater beerdigen, aber dann will ich für immer bei dir bleiben.» [22] Doch Jesus erwiderte: «Komm jetzt mit mir, und überlaß es denen, ihre Toten zu begraben, die ohne Gott leben!»[b] [23] Danach stieg er in ein Boot und fuhr mit seinen Jüngern weg.

Sturm auf dem See

(Mark. 4,35–41; Luk. 8,22–25)

[24] Mitten auf dem See brach plötzlich ein gewaltiger Sturm los, so daß die Wellen ins Boot schlugen. Aber Jesus schlief. [25] Da weckten ihn die Jünger und riefen voller Angst: «Herr, hilf uns, wir gehen unter!» [26] Jesus antwortete: «Warum habt ihr Angst? Habt doch mehr Vertrauen zu mir!» Dann stand er auf und bedrohte den Wind und die Wellen. Sofort legte sich der Sturm, und der See lag still da.

[27] Alle fragten sich voller Staunen: «Was ist das für ein Mensch? Selbst Wind und Wellen gehorchen ihm!»

Belastete werden frei

(Mark. 5,1–20; Luk. 8,26–39)

[28] Als Jesus mit seinen Jüngern am anderen Seeufer das Land von Gadara erreichte, liefen ihnen zwei Männer entgegen, die von Dämonen beherrscht wurden. Sie hausten in Grabhöhlen und waren so gefährlich, daß sich niemand in ihre Nähe wagte. [29] Sie fingen an zu schreien: «Was willst du von uns, du Sohn Gottes? Sollen wir schon jetzt gequält werden?»

[30] In einiger Entfernung weidete gerade eine Schweineherde. [31] Die Dämonen baten ihn: «Wenn du uns schon austreibst, dann laß uns wenigstens in diese Schweineherde fahren!»

[32] Jesus befahl ihnen: «Fort mit euch!» Da ließen die Dämonen die Männer frei, bemächtigten sich der Schweine, und die ganze Herde stürzte den Abhang hinunter und ertrank im See.

[33] Entsetzt flohen die Hirten in die Stadt und erzählten, wie es bei der Befreiung der Besessenen zugegangen war. [34] Nun liefen alle Leute aus der Stadt Jesus entgegen. Sie baten ihn dringend, ihre Gegend wieder zu verlassen.

a) Jesaja 53,4
b) Wörtlich: Laß die Toten ihre Toten begraben.

Ein Gelähmter wird gesund
(Mark. 2,1–12; Luk. 5,17–26)

9 Jesus stieg in ein Boot und fuhr über den See zurück nach Kapernaum, wo er wohnte[a]. 2 Dort brachten sie auf einer Tragbahre einen Gelähmten zu ihm. Als Jesus ihren Glauben sah, sagte er zu dem Kranken: «Habe keine Angst! Deine Sünden sind dir vergeben.»

3 «Dieser Gotteslästerer!» entsetzten sich einige Schriftgelehrte. 4 Jesus durchschaute sie und fragte: «Warum habt ihr so böse Gedanken? 5 Was ist leichter – zu sagen: ‹Deine Sünden sind dir vergeben!› oder diesen Mann zu heilen? 6 Aber ich will euch zeigen, daß der Menschensohn die Macht hat, schon jetzt[b] Sünden zu vergeben!» Und er sagte zu dem Gelähmten: «Steh auf, nimm deine Tragbahre und geh nach Hause!» 7 Da stand der Kranke auf und ging nach Hause. 8 Die Menschen erschraken, als sie das sahen. Sie lobten Gott, der einem Menschen so große Macht gegeben hatte.

Der Zolleinnehmer Matthäus
(Mark. 2,13–17; Luk. 5,27–32)

9 Als Jesus durch die Stadt ging, sah er den Zolleinnehmer Matthäus am Zoll sitzen. Jesus forderte ihn auf: «Komm, geh mit mir!» Sofort stand Matthäus auf und folgte ihm.

10 Später war Jesus mit seinen Jüngern bei Matthäus zu Gast. Matthäus lud viele seiner Kollegen ein und andere Leute, die ebenso verrufen waren. 11 «Weshalb gibt sich euer Lehrer mit solchem Gesindel ab?» empörten sich die Pharisäer. 12 Jesus hörte das und antwortete: «Die Gesunden brauchen keinen Arzt, sondern die Kranken!» 13 Und er fügte hinzu: «Begreift doch endlich, was Gott meint, wenn er sagt: ‹Nicht auf eure Opfer oder Gaben kommt es mir an, sondern darauf, daß ihr barmherzig seid.›[c] Meine Aufgabe ist es, Sünder in die Gemeinschaft mit Gott zu rufen und nicht solche, die ihn schon kennen.»

Neue Formen für das neue Leben
(Mark. 2,18–22; Luk. 5,33–39)

14 Eines Tages kamen die Jünger des Johannes zu Jesus und erkundigten sich: «Warum fasten deine Jünger eigentlich nicht wie wir und die Pharisäer?» 15 «Sollen die Hochzeitsgäste denn traurig sein, solange der Bräutigam noch bei ihnen ist?» fragte Jesus. «Die Zeit kommt früh genug, daß ich nicht mehr bei meinen Jüngern bin. Dann werden sie fasten.

16 Niemand flickt ein altes Kleid mit neuem Stoff. Der alte Stoff würde an der Flickstelle doch wieder reißen, und das Loch würde nur noch größer. 17 Ebenso füllt niemand jungen, gärenden Wein in alte, brüchige Schläuche. Sonst platzen sie, der Wein läuft aus, und die Schläuche sind unbrauchbar.[d] So verlangt das neue Leben nach neuen Ordnungen.»

a) Wörtlich: in seine Stadt.
b) Wörtlich: auf der Erde.
c) Hosea 6,6
d) Wörtlich: Junger Wein gehört in neue Schläuche, damit beide erhalten bleiben.

Macht über Krankheit und Tod
(Mark. 5,21–43; Luk. 8,40–56)

18 Als Jesus noch mit ihnen redete,
kam ein Vorsteher der jüdischen Ge-
meinde zu ihm, warf sich vor ihm nie-
der und sagte: «Meine Tochter ist ge-
rade gestorben. Aber du kannst sie
wieder lebendig machen. Komm
doch und lege deine Hände auf sie!»

19 Während Jesus mit seinen Jün-
gern zum Haus des Mannes ging,
20 berührte eine Frau, die seit zwölf
Jahren an schweren Blutungen litt,
von hinten heimlich ein Stück seines
Mantels. 21 Denn sie dachte: «Wenn
ich ihn nur berühre, werde ich be-
stimmt gesund.» 22 Jesus drehte sich
um, sah sie an und sagte: «Sei unbe-
sorgt! Dein Glaube hat dich geheilt.»

Im selben Augenblick war die Frau
gesund.

23 Jesus kam zum Haus des Synago-
genvorstehers. Als er den Tumult der
Leute sah und die Trauermusik hör-
te, sagte er: 24 «Geht alle hinaus! Das
Mädchen ist nicht tot, es schläft nur.»
Da lachten sie ihn aus. 25 Als die Leu-
te endlich hinausgetrieben waren,
trat Jesus in das Zimmer des Mäd-
chens und nahm die Hand des Kin-
des. Da stand das Mädchen auf und
war gesund. 26 Die Nachricht von
diesem Geschehen verbreitete sich
wie ein Lauffeuer in der ganzen Ge-
gend.

Blinde sehen

27 Als Jesus weiterging, liefen ihm
zwei Blinde nach und schrien: «Du
Sohn Davids! Hilf uns doch!» 28 Sie
folgten ihm bis in das Haus, in dem er
wohnte. Jesus fragte sie: «Glaubt ihr
denn, daß ich euch helfen kann?»
«Ja, Herr!» antworteten sie. 29 Da be-
rührte er ihre Augen und sagte: «Was
ihr mir zutraut, das soll sich erfüllen.»
30 Sofort konnten sie sehen. Jesus
aber befahl ihnen: «Niemand darf
von eurer Heilung erfahren.»
31 Trotzdem gingen sie in die Stadt
und erzählten überall von Jesus.

Jesus heilt: Der Widerstand wächst

32 Als die beiden gegangen waren,
brachte man einen Stummen zu ihm,
der von einem bösen Geist beherrscht
wurde. 33 Jesus trieb diesen Dämon
aus, und sofort konnte der Mann re-
den. Darüber wunderten sich die
Leute sehr und riefen: «So etwas ha-
ben wir noch nie erlebt!»

34 Aber die Pharisäer redeten ihnen
ein: «Er hat seine Macht vom Ober-
sten aller Dämonen bekommen, dar-
um kann er die Menschen von bösen
Geistern befreien.»

Hilflose Menschen – Gottes Ernte
(Mark. 6,34; Luk. 10,2)

35 Danach zog Jesus in viele Städte
und Dörfer. Er sprach in den Synago-
gen und verkündigte überall im Land
die Heilsbotschaft vom Reich Gottes.
Wohin er auch kam, heilte er alle
Krankheiten und Leiden. 36 Als er die
vielen Menschen sah, die ihm nach-
liefen, hatte er großes Mitleid mit ih-
nen. Sie waren hilflos und veräng-
stigt, ohne Ziel und ohne Hoffnung.
Sie waren wie Schafe ohne ihren Hir-
ten.

37 «Die Ernte ist so groß, aber es
gibt nur wenige Arbeiter», sagte Je-
sus zu seinen Jüngern. 38 «Bittet dar-
um den Herrn, daß er noch mehr Ar-
beiter schickt, die seine Ernte ein-
bringen!»

Die zwölf Jünger Jesu
(Mark. 3,13–19; Luk. 6,13–16;
Apg. 1,13)

10 In dieser Zeit rief Jesus seine
zwölf Jünger zu sich und gab
ihnen Vollmacht, böse Geister auszu-
treiben, die Kranken und Leidenden
zu heilen.

2 Das sind die Namen der zwölf
Apostel: Simon, den man auch Pe-
trus nannte, und sein Bruder An-
dreas; Jakobus, der Sohn des Zebe-
däus, und sein Bruder Johannes;
3 Philippus und Bartholomäus; Tho-
mas und Matthäus, der ehemalige
Zolleinnehmer; Jakobus, der Sohn
des Alphäus, und Thaddäus; 4 Simon,
der ehemalige Freiheitskämpfer, und
Judas Ischariot, der Jesus später ver-
riet.

Der Auftrag an die Jünger
(Mark. 6,7–11; Luk. 9,1–6; 10,3–12)

5 Diese Zwölf sandte Jesus aus und
gab ihnen folgenden Auftrag: «Geht
nicht zu den Heiden oder in die Städ-
te der Samariter, 6 sondern geht nur
zu den Menschen aus dem Volk Isra-
el, die sich von Gott entfernt haben.
7 Ihnen sollt ihr diese Nachricht brin-
gen: ‹Die Gottesherrschaft bricht
jetzt an!› 8 Heilt, weckt Tote auf,
macht Leprakranke gesund und treibt
Dämonen aus!

Tut alles, ohne etwas dafür zu ver-
langen, denn ihr habt auch die Kraft
dazu umsonst bekommen. 9 Nehmt
kein Geld mit auf die Reise, 10 auch
keine Tasche mit Kleidern, keine
Schuhe und keinen Wanderstock.
Denn Gott wird für euch sorgen.[a]

11 Wenn ihr in eine Stadt oder in ein
Dorf kommt, dann sucht jemand, der
euch gern aufnimmt. Dort bleibt, bis
ihr weiterzieht. 12 Wenn ihr in ein
Haus eintretet, dann segnet es und
sagt: ‹Friede sei mit euch!› 13 Nimmt
man euch auf, so wird der Friede, den
ihr bringt, in diesem Haus bleiben.
Nimmt man euch nicht auf, so wird
Gottes Friede nicht bei ihnen sein.

14 Wenn ihr in einer Stadt oder in
einem Haus nicht willkommen seid
und man eure Botschaft nicht hören
will, so geht fort und kümmert euch
nicht mehr um diese Leute! Schüttelt
vielmehr den Staub von euren Füßen
als Zeichen dafür, daß Gott diese
Stadt strafen wird. 15 Aber das sage
ich euch: Die Einwohner der Städte
Sodom und Gomorrha werden am
Gerichtstag besser wegkommen als
die Menschen einer solchen Stadt.»

Jünger müssen mit Widerstand rechnen
(Mark. 13,9–13;
Luk. 12,11–12; 21,12–19)

16 «Ich sende euch wie Schafe unter
die Wölfe. Seid klug wie Schlangen,
aber ohne Verschlagenheit wie Tau-
ben. 17 Nehmt euch in acht vor den
Menschen! Sie werden euch vor Ge-
richt bringen, und in den Synagogen
wird man euch auspeitschen. 18 Um
meinetwillen werdet ihr vor Macht-
habern und Königen verhört werden.
Dort werdet ihr meine Botschaft be-
zeugen, denn alle Völker müssen von
mir erfahren.

19 Wenn ihr verhört werdet, sollt ihr
euch nicht darum sorgen, was ihr zu
sagen habt! Denn zur rechten Zeit
wird Gott euch das rechte Wort ge-
ben. 20 Nicht ihr werdet es sein, die

a) Wörtlich: Denn der Arbeiter ist seiner Ernährung wert.

Rede und Antwort stehen, sondern
der Geist eures Vaters im Himmel
wird durch euch sprechen.
21 Ein Bruder wird den anderen dem
Henker ausliefern. Väter werden ihre
eigenen Kinder anzeigen. Kinder wer-
den gegen ihre Eltern vorgehen und
deren Hinrichtung veranlassen. 22 Al-
le Welt wird euch hassen, weil ihr euch
zu mir bekennt. Aber wer bis zuletzt
durchhält, der wird gerettet.
23 Wenn man euch in der einen Stadt
verfolgt, dann flieht in eine andere.
Ich versichere euch: Noch ehe ihr mei-
nen Auftrag in allen Städten Israels
ausgeführt habt, wird der Menschen-
sohn wiederkommen. 24 Der Schüler
steht nicht über seinem Lehrer, und
ein Diener hat es nicht besser als sein
Herr. 25 Sie können zufrieden sein,
wenn es ihnen genauso geht wie ihren
Lehrern und Herren. Wenn sie aber
den Herrn des Hauses schon ‹Teufel›
genannt haben, was werden sie erst zu
seinen Angehörigen sagen?»

(Luk. 12,2–9; Mark. 8,38)

26 «Darum fürchtet euch nicht vor de-
nen, die euch bedrohen. Denn jetzt
kommt bald die Zeit, in der die Wahr-
heit ans Licht kommt und die geheim-
sten Pläne bekannt werden. 27 Was ich
euch im Dunkeln sage, das ruft am
hellichten Tag laut hinaus! Was ich
euch ins Ohr flüstere, das sagt aller
Welt weiter! 28 Habt keine Angst vor
denen, die nur den Körper, aber nicht
eure Seele töten können! Fürchtet
euch vor Gott, der Leib und Seele in
der Hölle verderben kann.
29 Welchen Wert hat schon ein
Spatz auf dem Dach! Trotzdem fällt
keiner tot zur Erde, wenn es euer Va-
ter nicht will. 30 Selbst die Haare auf
eurem Kopf sind alle gezählt. 31 Dar-
um habt keine Angst! Ihr seid Gott
mehr wert als ein ganzer Spatzen-
schwarm.
32 Wer sich öffentlich zu mir be-
kennt, für den werde ich auch vor mei-
nem Vater im Himmel eintreten.
33 Wer aber vor den Menschen nicht zu
mir steht, für den werde ich auch vor
meinem Vater im Himmel nicht ein-
treten.»

Konsequenzen der Nachfolge

(Luk. 12,51–53; 14,26–27;
Mark. 8,34–35; Joh. 12,25)

34 «Meint nur nicht, daß ich gekom-
men bin, um Frieden auf die Erde zu
bringen. Nein, ich bringe Kampf!
35 Ich werde Vater und Sohn, Mutter
und Tochter, Schwiegertochter und
Schwiegermutter gegeneinander auf-
bringen. 36 Die schlimmsten Feinde
werden in der eigenen Familie sein.
37 Wer seinen Vater oder seine Mut-
ter, seinen Sohn oder seine Tochter
mehr liebt als mich, der ist es nicht
wert, daß ich für ihn da bin. 38 Und wer
nicht bereit ist, diese Lasten auf sich zu
nehmen und mir nachzufolgen, der
kann nicht zu mir gehören. 39 Wer sich
an sein Leben klammert, der wird es
endgültig verlieren. Wer es aber für
mich einsetzt, der wird ewig leben.»

Nichts bleibt ohne Lohn

(Mark. 9,41; Luk. 10,16; Joh. 13,20)

40 «Wer euch aufnimmt, der nimmt
mich auf, und wer mich aufnimmt,
der nimmt Gott auf, der mich gesandt
hat. 41 Wer einen von Gott gesandten
Verkündiger der Heilsbotschaft auf-
nimmt, der wird wie dieser Gottesbo-
te belohnt werden. Und wer einen
frommen Menschen aufnimmt, weil
dieser mit Gott lebt, der wird densel-
ben Lohn empfangen. 42 Wer einen
meiner unbedeutendsten Nachfolger

auch nur mit einem Schluck Wasser
erfrischt, weil er zu mir gehört, der
wird seinen Lohn erhalten. Darauf
könnt ihr euch verlassen!»

11 Nachdem Jesus seinen zwölf
Jüngern diese Anweisungen
gegeben hatte, zog er weiter, um in
den Städten des Landes die Heilsbot-
schaft zu verkündigen[a].

Jesus und Johannes der Täufer
(Luk. 7,18–30)

2 Johannes der Täufer war zu der Zeit
im Gefängnis und hörte dort von den
Taten Jesu Christi. Er schickte seine
Jünger mit der Frage zu Jesus: 3 «Bist
du wirklich der Retter, der kommen
soll, oder müssen wir auf einen an-
dern warten?»
4 Jesus antwortete: «Geht zu Jo-
hannes zurück und erzählt ihm, was
ihr miterlebt habt: 5 Blinde sehen,
Gelähmte gehen, Leprakranke wer-
den geheilt, Taube hören, Tote wer-
den wieder lebendig, und den Armen
wird die frohe Botschaft verkündet.
6 Sagt ihm außerdem: Glücklich ist je-
der, der nicht an mir zweifelt.»
7 Als die Jünger des Johannes ge-
gangen waren, wandte sich Jesus an
die Menschenmenge, die ihn umgab,
und fragte: «Was habt ihr von Jo-
hannes erwartet, als ihr zu ihm in die
Wüste hinausgezogen seid? Wolltet
ihr ein Schilfrohr sehen, das von je-
dem Windhauch hin- und herbewegt
wird? 8 Oder wolltet ihr einen Mann
in vornehmer Kleidung sehen? Dazu
hättet ihr in die Königspaläste gehen
müssen! 9 Oder wolltet ihr einem Pro-
pheten begegnen? Ja, Johannes ist
ein Prophet und mehr als das.
10 Johannes ist der Mann, von dem
geschrieben steht: ‹Ich schicke mei-
nen Boten voraus, der dein Kommen
ankündigt und die Menschen darauf
vorbereitet.›[b] 11 Das eine versichere
ich euch: Von allen Menschen, die je
geboren wurden, ist keiner bedeuten-
der als Johannes der Täufer. Trotz-
dem werden die Geringsten im Reich
Gottes größer sein als er. 12 Seit Jo-
hannes der Täufer da ist, richtet Gott
seine Herrschaft auf, wenn auch Ge-
walttätige versuchen, es zu verhin-
dern.[c] 13 Das ganze Gesetz und die
Propheten bis hin zu Johannes haben
darauf hingewiesen. 14 Wenn ihr es
begreifen könnt: Er ist Elia, von dem
die Propheten sagten, daß er kom-
men wird, wenn Gottes Königreich
beginnt. 15 Hört auf meine Worte und
handelt danach.»

Jesu Urteil über seine Zeitgenossen
(Luk. 7,31–35; 10,13–15)

16 «Wie soll ich die Menschen von
heute beschreiben? Sie sind wie spie-
lende Kinder auf der Straße, die zu
ihren Freunden sagen: 17 ‹Wir haben
Musik gemacht, und ihr habt nicht ge-
tanzt. Danach haben wir Beerdigung
gespielt, und ihr seid nicht traurig ge-
wesen.› 18 Johannes fastete oft und
trank keinen Wein. Da habt ihr ge-
sagt: ‹Der ist ja von einem bösen
Geist besessen!› 19 Nun ist der Men-
schensohn gekommen, ißt und trinkt

a) Wörtlich: zu lehren und zu verkündigen.
b) Maleachi 3,1
c) Hier sind verschiedene Übersetzungen möglich. Wörtlich: ... wird der Königsherrschaft der Himmel Gewalt angetan, und Gewalttätige rauben sie (reißen sie an sich). Vgl. Matth. 23,13.

wie jeder andere, und ihr beschuldigt
ihn: ‹Er ißt unmäßig und trinkt wie
ein Säufer; und zwielichtige Gestal-
ten sind seine Freunde.› Doch wie
recht die Weisheit Gottes hat, erweist
sich in dem, was sie bewirkt.»[a]
[20]Dann drohte Jesus den Städten,
in denen er die meisten Wunder getan
hatte, ohne daß sie sich zu Gott be-
kehrt hätten: [21]«Weh euch, ihr Ein-
wohner von Chorazin und Bethsaida!
Wenn die Wunder, die ich bei euch
getan habe, in den lasterhaften Ha-
fenstädten Tyrus oder Sidon gesche-
hen wären, ihre Einwohner hätten
längst ihre Schuld erkannt und ihr Le-
ben geändert. [22]Am Tage des Ge-
richts wird es Tyrus und Sidon besser
ergehen als euch! [23]Und du, hoch ge-
rühmtes Kapernaum, zur Hölle wirst
du fahren! Wenn die Taten, die du er-
lebt hast, in Sodom geschehen wären,
die Stadt würde noch heute stehen.
[24]Darauf kannst du dich verlassen: Es
wird Sodom am Gerichtstag besser
ergehen als dir!»

Die neue Lebensordnung
(Luk. 10,21–22)

[25]Und Jesus betete: «Mein Vater,
Herr über Himmel und Erde, ich dan-
ke dir, daß du die Wahrheit vor denen
verbirgst, die sich für klug halten; aber
den Unwissenden hast du sie enthüllt.
[26]Ja, Vater, so entspricht es deinem
Willen. [27]Mein Vater hat mir alle
Macht gegeben. Nur der Vater kennt
den Sohn. Und kein Mensch außer
dem Sohn kennt den Vater – es sei
denn, der Sohn zeigt ihm den Vater.»
[28]«Kommt alle her zu mir, die ihr
euch abmüht und unter eurer Last lei-
det! Ich werde euch Frieden geben.
[29]Nehmt meine Herrschaft an und
lebt darin! Lernt von mir! Ich komme
nicht mit Gewalt und Überheblich-
keit. Bei mir findet ihr, was euerm
Leben Sinn und Ruhe gibt. [30]Ich mei-
ne es gut mit euch und bürde euch
keine unerträgliche Last auf.»

Gesetzlichkeit oder Liebe?
(Mark. 2,23–28; Luk. 6,1–11)

12 Eines Tages wanderte Jesus
mit seinen Jüngern am Sabbat
durch die Getreidefelder. Die Jünger
waren hungrig und rissen einzelne
Weizenähren ab, um die Körner zu
essen. [2]Als das die Pharisäer sahen,
beklagten sie sich bei Jesus: «Deine
Jünger brechen Gottes Gebote! Sie
ernten am Sabbat Getreide!»
[3]Jesus antwortete ihnen darauf:
«Habt ihr nicht die Geschichte von
König David und seinen Freunden
gelesen? Als sie hungrig waren, [4]gin-
gen sie in das Gotteshaus und aßen
vom Opferbrot, das doch nur die
Priester essen durften.[b] [5]Habt ihr
nicht außerdem im Gesetz gelesen,
daß die Priester den Sabbat durch ih-
re Arbeit im Tempel entweihen?
Trotzdem sind sie schuldlos. [6]Ich will
euch nur das eine sagen: Hier ist
einer, der ist mehr als der Tempel.
[7]Wenn ihr verstanden hättet, was das
bedeutet: ‹Barmherzigkeit ist mir lie-
ber als Opfer!›,[c] dann würdet ihr
nicht Unschuldige verurteilen. [8]Denn
der Menschensohn hat das Recht zu
entscheiden, was am Sabbat erlaubt
ist und was nicht.»

a) Wörtlich: Und die Weisheit ist durch ihre Werke gerechtfertigt worden.
b) 1. Samuel 21,7
c) Hosea 6,6

[9]Nach diesen Worten ging er weiter und kam in ihre Synagoge. [10]Dort bemerkte er einen Mann mit einer verkrüppelten Hand. Die Pharisäer fragten ihn: «Erlaubt das Gesetz Gottes, am Sabbat zu heilen?» Sie suchten damit einen Vorwand, um ihn anzuzeigen. [11]Jesus antwortete: «Wenn jemand von euch nur ein einziges Schaf besitzt, und das fällt am Sabbat in den Brunnen, wird er es nicht sofort herausholen? [12]Aber ein Mensch ist doch viel mehr wert als ein Schaf! Also ist es erlaubt, am Sabbat Gutes zu tun.» [13]Dann forderte er den Mann auf: «Strecke deine Hand aus!» Der Mann gehorchte, und seine Hand war gesund.

Jesus erfüllt das Alte Testament

[14]Nach diesem Ereignis berieten die Pharisäer, was sie tun könnten, um Jesus zu töten. [15]Jesus wußte aber, was sie vorhatten, und ging weg. Viele folgten ihm, und er heilte alle Kranken. [16]Er verbot ihnen jedoch, darüber zu reden.

[17]Damit erfüllte sich, was der Prophet Jesaja einst vorausgesagt hatte:

[18]«Dies ist mein Knecht, den ich erwählt habe. Ich liebe ihn, und an ihm habe ich meine Freude. Ich werde ihm meinen Geist geben, und er wird die Völker vor die Entscheidung stellen. [19]Er kämpft und streitet nicht. Seine Stimme wird auf der Straße nicht zu hören sein. [20]Das geknickte Schilfrohr wird er nicht abbrechen und den glimmenden Docht nicht auslöschen. Er wird das Recht zum Sieg führen. [21]Deshalb ist er die Hoffnung der ganzen Welt.»[a]

Jesus warnt vor dem Widerstand gegen Gott

(Mark. 3,20–30; Luk. 11,14–23)

[22]Danach brachte man einen Mann zu ihm, der blind und stumm war, weil ein böser Geist ihn beherrschte. Jesus heilte ihn, und er konnte wieder reden und sehen. [23]In großer Aufregung riefen da die Menschen: «Ist dieser Jesus vielleicht doch der verheißene Retter, der Sohn Davids?» [24]Als die Pharisäer das hörten, sagten sie: «Er treibt die Dämonen aus, weil ihm Satan, der Oberste aller Dämonen, die Macht dazu gibt.»

[25]Jesus kannte ihre Gedanken und entgegnete: «Ein Reich, das von verschiedenen Machthabern hin- und hergerissen wird, steht vor dem Untergang. Eine Stadt oder eine Familie, in der man sich gegenseitig bekämpft, hat keinen Bestand. [26]Wenn ein Teufel den anderen austreiben würde, dann bekämpfte Satan sich ja selbst und zerstörte damit sein eigenes Reich.

[27]Wenn ihr behauptet, ich würde die Dämonen durch die Kraft des Satans austreiben, welche Kraft wenden dann eure eigenen Leute an, um böse Geister auszutreiben? Sie selbst werden eure Richter sein. [28]Wenn ich aber die Dämonen durch den Geist Gottes austreibe, so erkennt doch endlich, daß Gottes Herrschaft jetzt in eurer Mitte beginnt. [29]Denn wer könnte in das Haus eines starken Mannes eindringen und ihn berauben? Man müßte ihn erst fesseln, und dann könnte man ihm etwas wegnehmen.

[30]Wer nicht für mich ist, der ist gegen mich, und wer mir nicht hilft, der

a) Jesaja 42,1–4

schadet meiner Sache! [31] Darum sage ich euch: Jede Sünde, ja sogar Gotteslästerung, kann vergeben werden. Wer aber den Heiligen Geist lästert, der wird keine Vergebung finden.
[32] Wer dem Sohn Gottes widerspricht, dem kann vergeben werden. Wer aber bewußt gegen den Geist Gottes redet, der wird niemals und nirgendwo[a] Vergebung finden.»

An den Früchten erkennt man den Baum

(Matth. 7,15–20; Luk. 6,43–45)

[33] «Wie der Baum, so die Frucht! Ein guter Baum trägt gute Früchte, ein schlechter Baum trägt schlechte
Früchte. [34] Ihr Teufelspack! Wie könnt ihr durch und durch verlogenen Leute überhaupt etwas Gutes reden? Wie es im Herzen eines Menschen aussieht, das erkennt man an seinen
Worten. [35] Wenn ein guter Mensch spricht, zeigt sich, was an Gutem in ihm ist. Ein Mensch mit einem bösen Herzen ist innerlich voller Gift, und alle merken es, wenn er redet.

[36] Ich sage euch das, weil ihr am Gerichtstag Rechenschaft ablegen müßt über jedes böse Wort, das ihr geredet
habt. [37] An euern Worten entscheidet sich eure Zukunft. Sie sind der Maßstab, nach dem ihr freigesprochen oder verurteilt werdet.»[b]

Wir wollen Beweise!

(Matth. 16,1–4; Mark. 8,11–12; Luk. 11,29–32)

[38] Einige Schriftgelehrte und Pharisäer traten an Jesus heran und sagten: «Vollbringe vor unseren Augen ein Wunder, an dem wir eindeutig erkennen können, ob du wirklich von Gott kommst!»

[39] Jesus antwortete ihnen: «Nur böse, gottlose Menschen können dafür noch Beweise verlangen. Aber sie werden auch nur das gleiche Zeichen zu sehen bekommen, das am Prophe-
ten Jona geschah. [40] Jona war drei Tage und drei Nächte im Bauch des großen Fisches. Ebenso wird der Menschensohn drei Tage und drei Nächte
im Grab sein. [41] Die Einwohner Ninives werden euch am Gerichtstag verurteilen, denn *sie* änderten sich. Nach Jonas Predigt wandten sie sich von ihrem sündigen Leben ab und bekehrten sich zu Gott. Der hier vor euch steht, ist aber größer als Jona. Und ihr glaubt ihm nicht!

[42] Die Königin aus dem Süden wird einmal beim Gericht Gottes als Zeugin gegen dieses Volk auftreten und es verurteilen. Denn sie kam von weit her, um von der Weisheit des Königs Salomo zu lernen. Der hier vor euch steht, ist größer als Salomo, aber ihr weigert euch dennoch, seinen Worten zu glauben.»

Jesus warnt vor eigenmächtiger Freiheit

(Luk. 11,24–26)

[43] «Wenn ein Dämon ausgetrieben wird, irrt er so lange ruhelos umher, bis er ein neues Opfer gefunden hat.
Findet er keins, [44] entschließt er sich: ‹Ich will dorthin zurückkehren, woher ich gekommen bin.› Wenn er nun zurückkommt und seine frühere

a) Wörtlich: weder in diesem Zeitalter noch im kommenden.

b) Wörtlich: Denn aus deinen Worten wirst du gerechtfertigt werden, und aus deinen Worten wirst du verurteilt werden.

Wohnung sauber und geschmückt,
aber leer vorfindet, [45]dann sucht er
sich sieben andere Geister, die noch
schlimmer sind als er selbst. Zusammen ergreifen sie Besitz von dem
Menschen, der nun schlimmer dran
ist als vorher. Genauso wird es auch
diesem gottlosen Volk ergehen.»

Wer gehört zu Jesus?
(Mark. 3,31–35; Luk. 8,19–21)

[46/47]Als Jesus noch in dem überfüllten
Haus redete, kamen seine Mutter
und seine Brüder und wollten ihn
sprechen. [48]Doch er fragte: «Wer ist
meine Mutter? Wer sind meine Brüder?» [49]Dann zeigte er auf seine Jünger: «Seht diese Männer dort, sie sind
meine Mutter und meine Brüder.
[50]Denn jeder, der meinem Vater im
Himmel gehorcht, der ist mein Bruder, meine Schwester und meine
Mutter.»

Jesus redet in Gleichnissen

13 Am selben Tag verließ Jesus
das Haus und setzte sich an das
Seeufer. [2/3]Bald hatte sich eine große
Menschenmenge um ihn versammelt.
Deshalb stieg er in ein Boot und redete zu ihnen in Gleichnissen. Die Leute blieben am Ufer stehen und hörten
zu.

Vom Sämann und der Saat:
Hindernisse für den Glauben
(Mark. 4,1–9; Luk. 8,4–8)

«Ein Bauer säte Getreide. [4]Dabei fielen einige Körner auf einen Feldweg.
Sofort kamen die Vögel und pickten
sie auf. [5]Andere Körner fielen auf felsigen Boden, wo nur wenig Erde war.
Dort ging die Saat schnell auf. [6]Die
Sonne aber brannte, und die jungen
Pflanzen vertrockneten, weil die
Wurzeln nicht genügend Erde hatten.
[7]Einige Samenkörner fielen zwischen
die Disteln, in denen die junge Saat
bald erstickte. [8]Aber der übrige Same
fiel auf guten Boden, wuchs heran
und brachte das Dreißigfache, das
Sechzigfache und sogar das Hundertfache der Aussaat als Ertrag.
[9]Hört auf das, was ich euch sage!»

Warum redet Jesus in Gleichnissen?
(Mark. 4,10–12; Luk. 8,9–10)

[10]Später kamen seine Jünger und
fragten ihn: «Weshalb verwendest du
solche Vergleiche, wenn du zu den
Leuten redest?» [11]Jesus antwortete:
«*Ihr* könnt die Geheimnisse des Reiches Gottes verstehen, anderen sind
sie verborgen. [12]Denn wer schon viel
versteht, dem wird die volle Erkenntnis geschenkt werden.[a] Wer aber wenig versteht, dem wird auch noch die
geringe Erkenntnis verlorengehen.

[13]Deshalb rede ich in Gleichnissen.
Denn obwohl sie Augen haben, erkennen sie nichts, und obwohl sie Ohren haben, verstehen sie doch nichts.
[14]Damit erfüllt sich an ihnen, was
Gott durch den Propheten Jesaja
sagt: ‹Sie hören, aber sie verstehen es
nicht. Sie sehen, aber sie erkennen es
nicht. [15]Denn ihre Herzen sind hart
und gleichgültig. Sie sind schwerhörig
und verschließen die Augen. Deshalb
sehen und hören sie nicht. Sie wollen
sich nicht ändern und umkehren, darum kann ich ihnen nicht helfen.›[b]

a) Wörtlich: Wer nämlich hat, dem wird gegeben werden, und er wird Überfluß haben.
b) Jesaja 6,9–10

16 Aber ihr könnt glücklich sein, denn eure Augen können sehen und eure Ohren können hören. 17 Ich sage euch: Viele Propheten und fromme Menschen hätten gern gesehen, was ihr seht, und gehört, was ihr hört, aber die Zeit war noch nicht da.»

Jesus erklärt das Gleichnis vom Sämann

(Mark. 4,13–20; Luk. 8,11–15)

18 «Ich will euch nun die Geschichte von dem Bauern, der seinen Samen aussäte, erklären. 19 Bei jedem, der die Botschaft vom Reich Gottes hört, sie aber nicht ernst nimmt, kommt der Satan und reißt die Saat aus seinem Herzen. Damit ist der gemeint, bei dem der Same auf den Weg gesät wurde.

20 Wie felsiger Boden ist ein Mensch, der die Botschaft hört und mit Freuden annimmt. 21 Aber wenn er wegen seines Glaubens Schwierigkeiten bekommt oder Verfolgung einsetzt, dann ist es mit seiner Begeisterung schnell vorbei.

22 Der Boden, der mit Disteln bedeckt ist, entspricht einem Menschen, der die Botschaft zwar hört und anfängt, danach zu leben. Aber die Sorgen des Alltags und die Verführung durch den Wohlstand erstikken Gottes Wort. So bleibt alles beim alten.

23 Der gute Boden aber ist wie ein Mensch, der die Botschaft hört, versteht und dann dreißig-, sechzig- oder hundertfache Frucht bringt.»

Unkraut im Weizen: Die letzte Entscheidung fällt Gott

24 Jesus erzählte ein anderes Gleichnis: «Gottes Reich ist mit einem Bauern zu vergleichen, der gutes Saatgut auf sein Feld säte. 25 Eines Nachts, als alles schlief, kam sein Feind, säte Unkraut zwischen den Weizen und schlich sich davon.

26 Als nun die Saat heranwuchs, ging auch das Unkraut auf. 27 Da kamen die Arbeiter des Bauern und fragten ihn: ‹Hast du das Feld nicht mit gutem Samen bestellt? Woher kommt denn das Unkraut?›

28 ‹Das muß mein Feind dazwischengesät haben›, antwortete der Bauer. ‹Sollen wir das Unkraut ausreißen?› fragten die Arbeiter. 29 ‹Nein, dabei würdet ihr ja den Weizen mit ausreißen. 30 Laßt beides bis zur Ernte wachsen.

Dann werde ich den Erntearbeitern befehlen: Sammelt zuerst das Unkraut ein und verbrennt es! Den Weizen aber bringt in meine Scheunen!›»

Senfkorn und Sauerteig: Gottes Herrschaft setzt sich durch

(Mark. 4,30–32; Luk. 13,18–21)

31 Noch ein anderes Beispiel erzählte ihnen Jesus: «Mit dem Reich Gottes ist es wie mit einem Senfkorn, das auf ein Feld gesät wird. 32 Es ist ein winziger Same, aber wenn er aufgeht und wächst, wird er zu einer großen Pflanze, ja zu einem Baum, in dem die Vögel nisten können. 33 Man kann das Reich Gottes auch mit einem Sauerteig vergleichen, den eine Frau zum Brotbacken braucht. Sie nimmt eine große Menge Mehl und mischt ein wenig Sauerteig darunter, bis alles davon durchsäuert ist.»

34 Jesus benutzte immer wieder solche Beispiele, wenn er zu den Menschen sprach. In keiner seiner Predigten fehlten sie. 35 Hier erfüllte sich das Prophetenwort: «Ich werde in Gleichnissen zu ihnen reden. Ge-

heimnisse, die seit Weltbeginn verborgen waren, will ich ihnen enthüllen.»[a]

Jesus erklärt das Gleichnis vom Unkraut im Weizen

36 Dann entließ Jesus die Menschenmenge und ging ins Haus. Später baten ihn seine Jünger: «Erkläre uns doch das Gleichnis vom Unkraut auf dem Acker.» 37 Und Jesus erklärte es ihnen: «Der Menschensohn selbst ist der Landwirt, der den guten Samen aussät. 38 Der Acker ist die Welt, der Same das Volk des Gottesreiches, das Unkraut sind die Leute, die dem Satan gehorchen. 39 Der Feind, der das Unkraut zwischen den Weizen sät, ist der Teufel. Die Ernte ist das Ende der Welt, und die Erntearbeiter sind die Engel.

40 Wie das Unkraut vom Weizen getrennt und verbrannt wird, so wird es auch beim Gericht Gottes über die Welt sein: 41 Der Menschensohn wird seine Engel senden. Sie werden aus dem Gottesreich alle Verführer und alle, die Unrecht tun, aussondern, 42 sie in den Feuerofen werfen und verbrennen. Dort wird viel vergebliches Heulen und ohnmächtiges Jammern zu hören sein. 43 Aber alle, die Gottes Willen tun, werden im Reich ihres Vaters leuchten wie die Sonne.

Hört auf das, was ich euch sage!»

Der Schatz und die kostbare Perle: Ganzer Einsatz lohnt sich

44 «Das Reich Gottes ist wie ein verborgener Schatz, den ein Mann auf einem Feld entdeckte und wieder verbarg. In seiner Freude verkaufte er alles, was er hatte, um den Acker zu kaufen und so den Schatz zu bekommen.

45 Wer in das Reich Gottes will, muß handeln wie ein Kaufmann, der auf der Suche nach kostbaren Perlen ist. 46 Er entdeckt eine Perle von unschätzbarem Wert. Deshalb verkauft er alles, was er hat, um sie zu besitzen.»

Das Gleichnis vom Fischnetz

47 «Man kann das Gottesreich auch mit einem Netz vergleichen, das ins Meer geworfen wird und in dem viele verschiedene Fische gefangen werden. 48 Wenn das Netz voll ist, zieht man es an Land, setzt sich hin und sortiert die eßbaren Fische in Körbe. Die ungenießbaren aber werden weggeworfen.

49 So wird es auch am Ende der Welt sein. Die Engel werden kommen und die Bösen von den Gerechten trennen, 50 um sie in das höllische Feuer zu werfen. Dort werden sie weinen und jammern, aber niemand kann ihnen helfen.

51 Versteht ihr das alles?» «Ja», erwiderten sie, «wir verstehen es.» 52 Und Jesus fügte hinzu: «Wer das Reich Gottes verkündigt, macht es wie ein Hausherr, der Altes und Neues aus seiner Erfahrung berichtet.»

Jesus in seiner Heimatstadt Nazareth

(Mark. 6,1–6; Luk. 4,16–30)

53 Nachdem Jesus diese Gleichnisse erzählt hatte, 54 kehrte er in seine Heimatstadt zurück und sprach dort in der Synagoge.

a) Psalm 78,2

Alle staunten über ihn und fragten: «Woher hat er diese Weisheit und die Kraft, Wunder zu tun? [55] Er ist doch der Sohn eines Zimmermanns, und wir kennen Maria, seine Mutter, und seine Brüder Jakobus, Joseph, Simon und Judas. [56] Leben seine Schwestern nicht alle unter uns? Wie kann *er* etwas Besonderes sein!»

[57] Und sie ärgerten sich über ihn. Da sagte Jesus: «Ein Prophet findet nirgendwo so wenig Anerkennung wie in seiner Heimat und in seiner eigenen Familie.» [58] Weil ihm seine Landsleute nicht glaubten, tat er dort nur wenige Wunder.

Johannes der Täufer wird ermordet
(Mark. 6,14–29; Luk. 3,19–20; 9,7–9)

14 Als König Herodes hörte, was man über Jesus redete, [2] sagte er zu seinen Leuten: «Das muß Johannes der Täufer sein. Er ist von den Toten auferstanden! Deshalb kann er auch solche Wunder tun.»

[3] Herodes hatte Johannes nämlich verhaften und ins Gefängnis werfen lassen, weil es seine Geliebte Herodias so wollte. Sie war eigentlich die Frau seines Bruders Philippus. [4] Johannes hatte ihm gesagt: «Du hast nicht das Recht, die Frau deines Bruders zu heiraten!» [5] Herodes hätte Johannes am liebsten umgebracht; aber er wagte es nicht, weil er sich vor dem Volk fürchtete, das in Johannes einen Propheten sah.

[6] Als nun Herodes Geburtstag feierte, tanzte die Tochter seiner Geliebten vor den Gästen. Das gefiel dem König so gut, [7] daß er ihr mit einem Schwur versprach: «Ich gebe dir alles, was du haben willst.»

[8] Von ihrer Mutter angestiftet, bat sie den König: «Dann laß mir sofort den Kopf Johannes des Täufers auf einem Teller herbringen.»

[9] Diese Bitte brachte Herodes in große Verlegenheit. Aber weil er sein Versprechen vor allen Gästen gegeben hatte, befahl er, [10] Johannes im Gefängnis zu enthaupten. [11] Man brachte den Kopf auf einem Teller und gab ihn dem Mädchen. Es überreichte ihn seiner Mutter.

[12] Die Jünger des Johannes holten seinen Leichnam und begruben ihn. Dann berichteten sie Jesus, was geschehen war. [13] Als Jesus dies hörte, fuhr er mit einem Boot in eine entlegene Gegend. Er wollte allein sein. Aber die Leute merkten, wohin er gehen wollte, und folgten ihm in Scharen von überall her auf dem Landweg.

Fünftausend werden satt
(Mark. 6,30–44; Luk. 9,10–17; Joh. 6,1–13)

[14] Als Jesus aus dem Boot stieg und die vielen Menschen sah, hatte er Mitleid mit ihnen und heilte die Kranken.

[15] Gegen Abend kamen die Jünger zu ihm und sagten: «Es ist spät geworden, und die Gegend ist einsam. Schick doch die Leute weg, damit sie in die Dörfer gehen und sich dort etwas zu essen kaufen können!» [16] Aber Jesus antwortete: «Das ist nicht nötig. Gebt *ihr* ihnen doch zu essen!» [17] «Wir haben ja nur fünf Brote und zwei Fische hier!» meinten seine Jünger. [18] «Dann bringt sie her!» sagte Jesus.

[19] Er forderte die Leute auf, sich im Gras zu lagern. Er nahm die fünf Brote und die zwei Fische, sah zum Himmel auf und dankte Gott. Dann teilte er das Brot, und die Jünger gaben es an die Menge weiter.

[20]Jeder aß sich satt. Als man anschließend die Reste einsammelte, da waren es noch zwölf volle Körbe. [21]Etwa fünftausend Männer hatten an der Mahlzeit teilgenommen, außerdem noch viele Frauen und Kinder.

Jesus geht auf dem Wasser
(Mark. 6,45–52; Joh. 6,15–21)

[22]Danach befahl Jesus seinen Jüngern, in das Boot zu steigen und an das andere Ufer des Sees vorauszufahren. Er blieb zurück, um die Leute zu verabschieden. [23]Dann ging er allein auf einen Berg, um zu beten.

Es wurde Nacht. [24]Draußen auf dem See gerieten seine Jünger in Not. Ein Sturm war losgebrochen, und sie hatten große Mühe, das Boot vor dem Kentern zu bewahren.

[25]Gegen vier Uhr morgens kam Jesus auf dem Wasser zu ihnen. [26]Als sie ihn sahen, schrien die Jünger vor Entsetzen, weil sie dachten, es sei ein Gespenst. [27]Aber Jesus sprach sie sofort an: «Ich bin es doch! Habt keine Angst!» [28]Da rief Petrus: «Herr, wenn du es wirklich bist, laß mich auf dem Wasser zu dir kommen.» [29]«Komm her!» antwortete Jesus.

Petrus stieg aus dem Boot und ging Jesus auf dem Wasser entgegen. [30]Als er aber die hohen Wellen sah, erschrak Petrus, und im selben Augenblick begann er zu sinken. «Herr, hilf mir!» schrie er. [31]Jesus streckte ihm die Hand entgegen, ergriff ihn und sagte: «Hast du so wenig Glauben, Petrus? Vertraue mir doch!» [32]Nachdem beide das Boot bestiegen hatten, legte sich der Sturm. [33]Da fielen die anderen vor Jesus nieder und bekannten: «Du bist wirklich der Sohn Gottes!»

Heilungen in Genezareth
(Mark. 6,53–56)

[34]Sie gingen in Genezareth an Land. [35]Als die Leute Jesus erkannten, schickten sie Boten in die benachbarten Orte, und man brachte alle Kranken zu ihm.

[36]Diese wollten wenigstens einmal seine Kleider berühren; und alle, die das taten, wurden gesund.

Zu fromm, um Gott zu gehorchen?
(Mark. 7,1–23; Luk. 11,37–41)

15 Kurz darauf kamen einige Pharisäer und Schriftgelehrte aus Jerusalem zu Jesus und fragten ihn: [2]«Weshalb befolgen deine Jünger unsere alten Traditionen nicht? Sie waschen sich nicht einmal vor dem Essen die Hände.» [3]Jesus fragte zurück: «Und weshalb brecht ihr mit euren Vorschriften die Gebote Gottes?

[4]So lautet ein Gebot Gottes: ‹Ehre deinen Vater und deine Mutter! Wer seine Eltern verachtet, der soll sterben.›[a] [5]Ihr aber sagt: ‹Wenn jemand seinen hilfsbedürftigen Eltern erklärt, daß er ihnen nicht helfen kann, weil er sein Vermögen dem Tempel vermacht hat, dann hat er nicht gegen Gottes Gebot verstoßen.›[b] [6]Damit setzt ihr durch eure Vorschriften das

a) 2. Mose 20,12; 21,17

b) Wörtlich: Wenn jemand zu Vater oder Mutter sagt: Was dir von mir zusteht, soll eine Opfergabe sein, der braucht seinen Vater oder seine Mutter nicht zu ehren.

Gebot Gottes außer Kraft. [7]Ihr
scheinheiligen Heuchler! Jesaja hat
ganz richtig von euch gesprochen:
[8]‹Diese Leute können schön über
Gott reden, aber mit dem Herzen
sind sie nicht dabei. [9]Ihr Gottesdienst
ist wertlos, weil sie ihre menschlichen
Gebote als Gebote Gottes ausge-
ben.›»[a]

[10]Dann rief Jesus die Menschen-
menge zu sich: «Hört, was ich euch
sage, und begreift doch: [11]Nicht was
ein Mensch ißt, macht ihn unrein,
sondern das, was er denkt und redet.»

[12]Da traten die Jünger näher zu
ihm und sagten: «Weißt du, daß du
damit die Pharisäer verärgert hast?»
[13]Jesus antwortete: «Jede Pflanze,
die nicht von meinem himmlischen
Vater gepflanzt worden ist, wird aus-
gerissen. [14]Laßt euch nicht ein-
schüchtern! Sie wollen Blinde füh-
ren, sind aber selbst blind. Sie werden
zusammen mit den Blinden, die sie
führen wollen, in den Abgrund stür-
zen.»

[15]Da sagte Petrus: «Das haben wir
nicht verstanden.» [16]«Selbst ihr habt
es immer noch nicht begriffen?» frag-
te Jesus. [17]«Versteht ihr denn nicht,
daß alles, was ein Mensch ißt, zuerst
verdaut und dann ausgeschieden
wird? [18]Aber böse Worte kommen
aus einem bösen Herzen, und sie be-
schmutzen den Menschen, der sie
ausspricht. [19]Aus dem Herzen kom-
men böse Gedanken, die dann zu
Mord, Ehebruch, Unzucht, Dieb-
stahl, Lüge und Verleumdung füh-
ren. [20]Durch sie wird der Mensch vor
Gott unrein, nicht dadurch, daß man
zum Essen geht, ohne sich vorher die
Hände zu waschen.»

Jesus hilft einer Ausländerin
(Mark. 7,24–30)

[21]Danach verließ Jesus diese Gegend
und wanderte bis in die Gegend der
Städte Tyrus und Sidon. [22]Dort be-
gegnete ihm eine nichtjüdische Frau,
die ihn anflehte: «Herr, du Sohn Da-
vids, hab Erbarmen mit mir! Meine
Tochter wird von einem bösen Geist
furchtbar gequält.» [23]Aber Jesus
beachtete sie nicht. Seine Jünger
drängten ihn: «Schick sie doch weg!
Sie schreit sonst dauernd hinter uns
her.»

[24]Da sagte er zu der Frau: «Ich ha-
be den Auftrag, nur denen zu helfen,
die zum Volk Israel gehören.»[b] [25]Sie
kam aber noch näher, warf sich vor
ihm nieder und bettelte: «Herr, hilf
mir!» Aber Jesus antwortete wieder:
[26]«Es ist nicht richtig, wenn man den
Kindern das Brot wegnimmt und es
den Hunden vorwirft.» [27]«Das
stimmt», entgegnete die Frau, «aber
die kleinen Hunde dürfen doch die
Krümel fressen, die vom Tisch ihrer
Herren herunterfallen.» [28]Jesus ant-
wortete ihr: «Dein Glaube ist groß.
Was du erwartest, soll geschehen.»
Im selben Augenblick wurde ihre
Tochter gesund.

Jesus heilt viele Kranke
(Mark. 7,31–37)

[29]Jesus kehrte an den See Genezareth
zurück. Er stieg auf einen Berg und
setzte sich dort hin. [30]Eine große
Menschenmenge kam zu Jesus. Unter
ihnen waren Lahme, Blinde, Krüp-
pel, Stumme und viele andere Kran-
ke. Man brachte sie zu Jesus, und er

a) Jesaja 29,13; Jeremia 8,8
b) Wörtlich: Ich bin nur gesandt zu den verlorenen Schafen des Hauses Israel.

heilte sie alle. 31 Die Menschen konn-
ten es kaum fassen, als sie sahen, wie
Stumme reden, Gelähmte gehen und
Blinde sehen konnten. Und sie lobten
den Gott Israels.

Viertausend werden satt
(Mark. 8,1–10)

32 Danach rief Jesus seine Jünger zu
sich: «Diese Leute tun mir leid. Sie
sind jetzt drei Tage bei mir und haben
nichts zu essen. Ich will sie nicht
hungrig wegschicken, sie könnten un-
terwegs zusammenbrechen.» 33 Aber
die Jünger antworteten: «Woher sol-
len wir hier Brot für so viele Men-
schen bekommen? Weit und breit
wohnt niemand.» 34 Jesus fragte:
«Was habt ihr denn bei euch?» Sie
antworteten: «Sieben Brote und ein
paar kleine Fische!» 35 Da forderte Je-
sus die Menschen auf, sich zum Essen
niederzulassen.

36 Nun nahm er die sieben Brote
und die Fische. Er dankte Gott für
das Essen, teilte die Brote und Fische
und gab sie den Jüngern, die sie an die
Leute verteilten. 37/38 Jeder aß, soviel
er wollte; etwa viertausend Männer
waren dabei, die Frauen und Kinder
nicht mitgerechnet. Anschließend
sammelten die Jünger die Reste ein:
Sieben Körbe voll waren noch übrig-
geblieben. 39 Jetzt erst schickte Jesus
die Leute nach Hause. Er selbst aber
bestieg ein Boot und setzte nach Ma-
gadan über.

«Beweise, daß du von Gott kommst!»
(Matth. 12,38–39; Mark. 8,11–13;
Luk.12,54–56)

16 Eines Tages kamen Pharisäer
und Sadduzäer, um Jesus eine
Falle zu stellen. Sie verlangten von
ihm ein deutliches Zeichen als Beweis
für seinen göttlichen Auftrag. 2/3 Jesus
sagte ihnen: «Ihr könnt das Wetter
aus den Zeichen am Himmel erken-
nen: Abendrot zeigt gutes Wetter für
den nächsten Tag an, Morgenröte be-
deutet schlechtes Wetter. Aber was
heute vor euren Augen geschieht, das
könnt ihr nicht richtig beurteilen!
4 Dieses böse, gottlose Volk verlangt
immer neue Beweise. Doch sie wer-
den kein anderes Zeichen zu sehen
bekommen als das, was an dem Pro-
pheten Jona geschah.» Mit diesen
Worten ließ Jesus sie stehen und ging
weg.

Schlimmer als Hunger
(Mark. 8,14–21; Luk. 12,1)

5 Als sie an das andere Seeufer ge-
kommen waren, stellten seine Jünger
fest, daß sie kein Brot dabei hatten.
6 Da warnte sie Jesus: «Hütet euch
vor dem Sauerteig der Pharisäer und
Sadduzäer!» 7 Die Jünger meinten:
«Das sagt er, weil wir das Brot ver-
gessen haben.»

8 Jesus wußte natürlich, was sie
dachten, und sagte: «Weshalb sorgt
ihr euch gleich, wenn einmal nichts zu
essen da ist? Traut ihr mir so wenig
zu? 9 Werdet ihr denn nie zur Einsicht
kommen? Habt ihr die fünftausend
Menschen vergessen, die ich mit fünf
Broten gesättigt habe? Und da waren
noch Körbe voller Brot übrig geblie-
ben! 10 Oder erinnert euch doch an die
viertausend, und wieviel damals üb-
riggeblieben ist! 11 Wie kommt ihr auf
den Gedanken, daß ich vom Essen re-
de? Ich sage euch noch einmal: Hütet
euch vor dem Sauerteig der Pharisäer
und Sadduzäer!» 12 Erst jetzt merkten
sie, daß Jesus mit dem Sauerteig die

falschen Lehren der Pharisäer und Sadduzäer gemeint hatte.

Menschliche Einsicht reicht nicht aus

(Mark. 8,27–30; Luk. 9,18–21; Joh. 6,67–71)

13 Als Jesus in die Gegend von Cäsarea Philippi kam, fragte er seine Jünger: «Für wen halten mich die Leute eigentlich?» 14 Sie erwiderten: «Manche halten dich für Johannes den Täufer, andere für Elia, für Jeremia oder einen anderen Propheten.»

15 «Und für wen haltet ihr mich?» fragte er sie. 16 Darauf antwortete Petrus: «Du bist Christus, der von Gott verheißene Retter, der Sohn des lebendigen Gottes!» 17 «Du kannst wirklich glücklich sein, Simon, Sohn des Jona!» erwiderte Jesus. «Diese Erkenntnis hat dir mein Vater im Himmel gegeben; von sich aus kommt niemand zu dieser Einsicht.
18 Ich sage dir: Du bist Petrus, ein Fels. Auf diesen Felsen will ich meine Gemeinde bauen, und keine Macht der Welt wird sie vernichten können[a].
19 Ich will dir die Schlüssel zum Reich Gottes geben. Wem du auf der Erde seine Sünde anlastest, der soll auch im Himmel damit belastet sein. Und wen du auf der Erde von seiner Schuld freisprichst, der soll auch im Himmel davon freigesprochen sein.»[b]

20 Darauf verbot er seinen Jüngern streng, den Leuten zu sagen, daß er der Christus sei.

Jesus spricht von seinem Tod

(Mark. 8,31–33; Luk. 9,22)

21 Während dieser Zeit begann Jesus mit seinen Jüngern über den Weg zu reden, den er noch gehen mußte: «In Jerusalem werden mich die Führer des Volkes, die Hohenpriester und Schriftgelehrten foltern und töten. Aber drei Tage später werde ich auferstehen und leben.» 22 Erschrocken nahm Petrus ihn zur Seite und bestürmte ihn: «Um Himmels willen! So etwas darf dir nicht zustoßen!»
23 Aber Jesus wandte sich um und sagte zu Petrus: «Geh weg, Satan! Du willst mir eine Falle stellen. Du denkst, wie Menschen denken, und verstehst Gottes Gedanken nicht.»

Jesus ruft in seine Nachfolge

(Mark. 8,34–9,1; Luk. 9,23–27; Joh. 12,25–26)

24 Danach sprach Jesus zu seinen Jüngern: «Wer mir nachfolgen will, darf nicht mehr an sich selber denken, sondern muß sein Kreuz willig auf sich nehmen und mir nachfolgen.
25 Wer sein Leben um jeden Preis erhalten will, der wird es verlieren, aber wer sein Leben für mich einsetzt, der wird es für immer gewinnen. 26 Denn was gewinnt ein Mensch, selbst wenn ihm die ganze Welt zufällt und er dabei das ewige Leben verliert? Mit nichts auf dieser Welt kann er es wieder erwerben.[c] 27 Denn der Menschensohn wird mit seinen Engeln in der Herrlichkeit seines Vaters wiederkommen und jeden nach seinen

a) Wörtlich: und die Tore des Totenreiches werden sie nicht überwältigen.
b) Wörtlich: Was du auf der Erde binden wirst, das soll im Himmel gebunden sein. Und was du auf der Erde lösen wirst, das soll im Himmel gelöst sein.
c) Wörtlich: Oder was kann ein Mensch als Lösegeld für sein Leben geben?

Taten richten. [28]Und ich sage euch:
Einige von euch, die ihr hier steht,
werden leben, wenn sie den Men-
schensohn in seiner Königsherrschaft
kommen sehen.

Die Jünger erleben Jesu Herrlichkeit

(Mark. 9,2–13; Luk. 9,28–36)

17 Sechs Tage später ging Jesus
mit Petrus, Jakobus und des-
sen Bruder Johannes auf den Gipfel
eines hohen Berges. Sie waren dort
ganz allein. [2]Auf einmal wurde Jesus
vor ihren Augen verwandelt: Sein
Gesicht leuchtete wie die Sonne, und
seine Kleider strahlten hell. [3]Plötz-
lich erschienen Mose und der Prophet
Elia. Sie redeten mit Jesus. [4]Da rief
Petrus: «Herr, hier gefällt es uns!
Wenn du willst, werden wir drei Hüt-
ten bauen, eine für dich, eine für Mo-
se und eine für Elia.» [5]Noch während
er so redete, hüllte sie eine leuchten-
de Wolke ein, und aus der Wolke hör-
ten sie eine Stimme: «Das ist mein
geliebter Sohn, an dem ich meine
Freude habe. Ihm sollt ihr gehor-
chen.» [6]Bei diesen Worten fielen die
Jünger erschrocken zu Boden. [7]Aber
Jesus kam zu ihnen, berührte sie und
sagte: «Steht auf! Fürchtet euch
nicht!» [8]Und als sie aufsahen, war nur
noch Jesus bei ihnen.

[9]Als sie vom Berg herabstiegen,
befahl ihnen Jesus: «Erzählt nieman-
dem, was ihr gesehen habt, bis der
Menschensohn von den Toten aufer-
standen ist.»

[10]Da fragten ihn seine Jünger:
«Weshalb halten unsere Schriftge-
lehrten daran fest, daß zuerst der Pro-
phet Elia kommen muß?» [11]Jesus
antwortete: «Sie haben recht! Elia
kommt und wird alles in Ordnung
bringen. [12]Doch ich sage euch: Er ist
bereits gekommen, aber man hat ihn
nicht erkannt. Sie haben mit ihm ge-
macht, was sie wollten. Und auch der
Menschensohn wird durch sie leiden
müssen.» [13]Nun war es den Jüngern
klar, daß er von Johannes dem Täufer
sprach.

Die Ohnmacht der Jünger und die Vollmacht Jesu

(Mark. 9,14–29; Luk. 9,37–43)

[14]Als sie zu der Menschenmenge zu-
rückgekehrt waren, kam ein Mann zu
Jesus, fiel vor ihm nieder und sagte:
[15]«Herr, hab Erbarmen mit meinem
Sohn! Er leidet unter schweren An-
fällen. Oft stürzt er dabei sogar ins
Feuer oder ins Wasser. [16]Ich habe ihn
zu deinen Jüngern gebracht, aber sie
konnten ihm nicht helfen.» [17]Jesus
antwortete: «Ihr eigensinnigen und
ungläubigen Leute! Wie lange muß
ich noch bei euch sein und euch ertra-
gen? Bringt ihn her zu mir!» [18]Man
brachte den Jungen zu Jesus, und er
bedrohte den bösen Geist. Sofort ließ
er von dem Kranken ab, und der Jun-
ge war wieder gesund.

[19]Als sie später unter sich waren,
fragten die Jünger Jesus: «Weshalb
konnten wir den Dämon nicht aus-
treiben?» [20]«Weil ihr nicht wirklich
glaubt», antwortete Jesus. «Wenn
euer Glaube nur so groß wäre wie ein
Senfkorn, könntet ihr zu diesem Berg
sagen: ‹Rücke von hier dorthin!›,
und es würde geschehen. Nichts wür-
de euch unmöglich sein! [21]Solche
Geister können nur vertrieben wer-
den, wenn ihr betet und fastet.»

Jesus spricht wieder von seinem Tod

(Mark. 9,30–32; Luk. 9,43–45)

[22/23]Eines Tages, als Jesus sich mit
seinen Jüngern in Galiläa aufhielt,

sagte er zu ihnen: «Der Menschen-
sohn wird bald in der Gewalt der
Menschen sein. Sie werden ihn töten.
Aber drei Tage später wird er aufer-
stehen.» Da wurden seine Jünger sehr
traurig.

Die Tempelsteuer

24 Bei ihrer Ankunft in Kapernaum
kamen die Steuereinnehmer des
Tempels zu Petrus und fragten:
«Zahlt euer Lehrer keine Tempel-
steuer?» 25 «Natürlich tut er das»,
antwortete Petrus und ging in das
Haus, um mit Jesus darüber zu reden.
Doch Jesus fragte ihn: «Was meinst
du, Petrus, von wem fordern die Kö-
nige Abgaben und Steuern, von ih-
rem eigenen Volk oder von den Aus-
ländern?» 26 «Von den Ausländern
natürlich», antwortete Petrus.
«Dann sind die eigenen Bürger also
steuerfrei. 27 Doch wir wollen ihnen
keinen Anlaß geben, uns anzuklagen,
darum geh an den See und wirf die
Angel aus. Dem ersten Fisch, den du
fängst, öffne das Maul. Du wirst eine
Münze finden, die für deine und mei-
ne Abgabe ausreicht. Bezahle damit
die Tempelsteuer!»

Gott hat andere Maßstäbe
(Mark. 9,33–37; Luk. 9,46–48)

18 In dieser Zeit fragten die Jün-
ger Jesus: «Wer ist wohl der
Größte im Reich Gottes?»
2 Jesus rief ein kleines Kind, stellte
es in ihre Mitte 3 und sprach: «Das
will ich euch sagen: Wenn ihr euch
nicht ändert und so werdet wie die
Kinder, kommt ihr nie in das Reich
Gottes. 4 Wer aber so klein und demü-
tig sein kann wie ein Kind, der ist der
Größte in Gottes Reich. 5 Und wer
solch ein Kind mir zuliebe aufnimmt,
der nimmt mich auf.»

Verführung zum Unglauben
(Matth. 5,29–30; Mark. 9,42–48;
Luk. 17,1–2)

6 «Aber wenn jemand den Glauben
eines dieser Menschen, der mir wie
ein Kind vertraut, zerstört, käme er
noch gut davon, wenn er mit einem
Mühlstein um den Hals ins Meer ge-
worfen würde. 7 Wehe der Welt, denn
sie verführt zum Unglauben! Versu-
chungen zur Sünde können ja nicht
ausbleiben. Aber wehe dem Men-
schen, der daran schuld ist!
8 Deshalb: Wenn deine Hand oder
dein Fuß dich zum Bösen verführen,
hacke sie ab und wirf sie weg. Es ist
besser, du gehst verstümmelt ins ewi-
ge Leben als mit gesunden Händen
und Füßen ins ewige Feuer. 9 Wenn
dich dein Auge zur Sünde verführt, so
reiß es heraus und wirf es weg. Es ist
besser, mit nur einem Auge das ewige
Leben zu erhalten, als mit beiden Au-
gen in die Feuerhölle geworfen zu
werden.
10 Hütet euch davor, hochmütig auf
die herabzusehen, die euch gering er-
scheinen. Denn ich sage euch: Ihre
Engel haben immer Zugang zu mei-
nem Vater im Himmel.»

Jesus sucht Verlorene
(Luk. 15,3–7)

11 «Der Menschensohn ist gekom-
men, um Verlorene zu retten. 12 Was
meint ihr: Wenn ein Mann hundert
Schafe hat und eins läuft ihm davon;
was wird er tun? Läßt er nicht die
neunundneunzig zurück, um das ver-
irrte Schaf zu suchen? 13 Und wenn er
es endlich gefunden hat, freut er sich
über dieses eine mehr als über die

neunundneunzig, die sich nicht verlaufen hatten. [14] Ebenso will mein Vater nicht, daß auch nur einer, und sei es der Geringste, verlorengeht.»

Einander ermahnen
(Luk. 17,3)

[15] «Wenn dein Bruder dir Unrecht getan hat, dann gehe zu ihm und sage ihm, was er verkehrt gemacht hat. Wenn er auf dich hört, hast du deinen Bruder zurückgewonnen. [16] Will er davon nichts wissen, nimm einen oder zwei andere mit, und versucht es noch einmal gemeinsam, ihn zur Einsicht zu bringen. [17] Wenn er auch dann nicht hören will, bringe die Sache vor die Gemeinde. Nimmt er selbst das Urteil der Gemeinde nicht an, dann behandle ihn wie einen, der gottlos und ungläubig ist.

[18] Ich sage euch dies: Wem ihr auf der Erde seine Sünde anlastet, der soll auch im Himmel damit belastet sein. Und wen ihr auf der Erde von seiner Schuld freisprecht, der soll auch im Himmel frei sein.[a]

[19] Aber auch das sage ich euch: Wenn zwei von euch hier auf der Erde meinen Vater um etwas bitten wollen und darin übereinstimmen, dann wird er es ihnen geben. [20] Denn wo zwei oder drei in meinem Namen zusammenkommen, bin ich in ihrer Mitte.»

Vom unbarmherzigen Schuldner: Vergebung kennt keine Grenzen
(Luk. 17,4)

[21] Da fragte Petrus: «Herr, wie oft muß ich meinem Bruder vergeben, wenn er mir Unrecht tut? Ist siebenmal denn nicht genug?» [22] «Nein», antwortete Jesus. «Nicht nur siebenmal. Es gibt gar keine Grenze. Du mußt bereit sein, ihm immer wieder zu vergeben.»[b]

[23] «Man kann das Reich Gottes mit einem König vergleichen, der mit seinen Verwaltern abrechnen wollte. [24] Zu ihnen gehörte ein Mann, der ihm einen Millionenbetrag schuldete. [25] Aber er konnte diese Schuld nicht bezahlen. Deshalb wollte der König ihn, seine Frau, seine Kinder und seinen gesamten Besitz verkaufen lassen, um wenigstens einen Teil seines Geldes zu bekommen. [26] Doch der Mann fiel vor dem König nieder und flehte ihn an: ‹Herr, hab noch etwas Geduld! Ich will ja alles bezahlen.› [27] Da hatte der König Mitleid. Er gab ihn frei und erließ ihm seine Schulden.

[28] Kaum war der Mann frei, ging er zu einem Mitarbeiter, der ihm einen kleinen Betrag schuldete, packte ihn und schrie: ‹Bezahle jetzt endlich deine Schulden!› [29] Da fiel dieser Arbeiter vor ihm nieder und bettelte: ‹Hab noch etwas Geduld! Ich will ja alles bezahlen!› [30] Aber der Verwalter wollte nicht warten und ließ ihn ins Gefängnis bringen, bis er alles bezahlt hätte.

[31] Als nun die anderen sahen, was sich da ereignet hatte, waren sie empört und berichteten es dem König. [32] Der König ließ den Mann, dem er die Schulden erlassen hatte, zu sich kommen und sagte: ‹Was bist du doch für ein hartherziger Mensch! Deine ganze Schuld habe ich dir er-

a) Wörtlich: Was ihr auf der Erde binden werdet, das soll im Himmel gebunden sein. Und was ihr auf der Erde lösen werdet, das soll im Himmel gelöst sein.

b) Wörtlich: Nicht bis siebenmal, sondern bis siebzig mal sieben.

lassen, weil du mich darum gebeten
hast. [33] Hättest du da nicht auch mit
deinem Mitarbeiter Erbarmen haben
können, so wie ich mit dir?› [34] Zornig
übergab er ihn den Folterknechten.
Sie sollten ihn erst dann wieder frei-
lassen, wenn er alle seine Schulden
zurückgezahlt hätte.
[35] Das gleiche wird mit euch gesche-
hen, wenn ihr euch weigert, eurem
Bruder wirklich zu vergeben.»

Die Frage nach der Ehescheidung
(Mark. 10,1–12; Luk. 16,18)

19 Nachdem Jesus das gesagt hat-
te, verließ er Galiläa und kam
in das judäische Gebiet auf der ande-
ren Seite des Jordan. [2] Eine große
Menschenmenge folgte ihm, und er
heilte ihre Kranken.
[3] Einige Pharisäer kamen zu ihm,
weil sie Jesus eine Falle stellen woll-
ten. «Wie stehst du zur Eheschei-
dung?» fragten sie. «Darf man sich
von seiner Frau aus jedem beliebigen
Grund trennen?»
[4] Jesus antwortete: «Lest ihr denn
die Heiligen Schriften nicht? Da
heißt es doch, daß Gott am Anfang
Mann und Frau schuf und sagte:
[5] ‹Ein Mann verläßt seine Eltern und
verbindet sich so eng mit seiner Frau,
daß die beiden eins sind mit Leib und
Seele.›[a] [6] Sie werden also eins sein
und nicht länger zwei voneinander
getrennte Menschen. Was aber Gott
zusammengefügt hat, darf der
Mensch nicht trennen.»
[7] «Doch weshalb», fragten sie wei-
ter, «hat Mose dann vorgeschrieben,
daß der Mann seiner Frau eine Schei-
dungsurkunde gibt, wenn er sich von
ihr trennt?»[b] [8] Jesus antwortete:
«Mose erlaubte es, weil er euer böses
und hartes Herz kannte. Aber Gottes
Absicht war das nicht, als er die Ehe
stiftete. [9] Ich sage euch, daß jeder die
Ehe bricht, der sich von seiner Frau
trennt und eine andere heiratet, es sei
denn, seine Frau lebt selbst im Ehe-
bruch.»
[10] Da meinten seine Jünger: «Wenn
es so um die Ehe steht, dann ist es am
besten, gar nicht zu heiraten!»
[11] «Nicht jeder kann begreifen, was
ich jetzt sage», antwortete Jesus.
«Gott aber kann den Menschen hier-
für das rechte Verständnis geben.
[12] Manche sind von Geburt an zeu-
gungsunfähig; andere werden es
durch menschlichen Eingriff. Und es
gibt Menschen, die verzichten auf die
Ehe, um Gott besser dienen zu kön-
nen. Wer es versteht, der richte sich
danach!»

Jesus und die Kinder
(Mark. 10,13–16; Luk. 18,15–17)

[13] Eines Tages brachte man kleine
Kinder zu Jesus, weil er sie segnen
und für sie beten sollte. Aber die Jün-
ger wollten sie wegschicken: «Laßt
ihn damit in Ruhe!» [14] Doch Jesus
sagte: «Laßt die Kinder zu mir kom-
men und hindert sie nicht, denn für
Menschen wie sie ist das Reich Gottes
bestimmt.» [15] Er legte ihnen die Hän-
de auf und segnete sie. Danach zog er
weiter.

a) 1. Mose 2,24
b) 5. Mose 24,1

Was muß ich Gutes tun?
(Mark. 10,17–27; Luk. 18,18–27)

16 Ein junger Mann kam mit der Frage
zu Jesus: «Herr, was muß ich Gutes
tun, um das ewige Leben zu bekom-
men?» 17 «Was meinst du denn mit
gut?» erwiderte Jesus. «Es gibt nur
einen, der gut ist, und das ist Gott.
Du kannst ewiges Leben bekommen,
wenn du Gottes Gebote hältst.»
18 «Welche Gebote denn?» fragte der
Mann, und Jesus antwortete: «Du
sollst nicht töten! Du sollst nicht die
Ehe brechen. Du sollst nicht stehlen!
Sag nichts Unwahres über einen ande-
ren. 19 Achte deine Eltern, und liebe
deine Mitmenschen wie dich selbst.»[a]
20 «Daran habe ich mich immer gehal-
ten! Was muß ich denn noch tun?»
wollte der junge Mann wissen.

21 Jesus antwortete: «Wenn du
wirklich das ewige Leben haben
willst, dann verkaufe, was du hast,
und gib das Geld den Armen. Damit
wirst du im Himmel einen Schatz er-
werben, der dir nicht mehr verloren-
geht. Dann komm und folge mir
nach.» 22 Als der junge Mann das hör-
te, ging er traurig weg, denn er war
sehr reich.

23 Da sagte Jesus zu seinen Jüngern:
«Eins ist sicher: Ein Reicher hat es
sehr schwer, zu Gott zu kommen.
24 Eher läßt sich ein dickes Seil in ein
Nadelöhr einfädeln,[b] als daß ein Rei-
cher in das Reich Gottes kommt.»
25 Darüber erschraken die Jünger:
«Wer kann dann überhaupt gerettet
werden?» 26 Jesus sah sie ernst an und
sagte: «Für Menschen ist es unmög-
lich, aber bei Gott ist alles möglich!»

Nachfolge lohnt sich
(Mark. 10,28–31; Luk. 18,28–30)

27 Jetzt fragte Petrus: «Du weißt, wir
haben alles aufgegeben und sind mit
dir gegangen. Was bekommen wir da-
für?» 28 Jesus antwortete: «Das sollt
ihr wissen, ihr, die ihr mit mir geht:
Wenn der Menschensohn auf dem
Thron der Herrlichkeit sitzen und
über Gottes neue Welt herrschen
wird, werdet ihr ebenfalls auf zwölf
Thronen sitzen und die zwölf Stämme
Israels richten. 29 Jeder, der sein
Haus, seine Geschwister, seine El-
tern, seine Frau, seine Kinder oder
seinen Besitz zurückläßt, um mir zu
folgen, wird dies alles hundertfach
zurückerhalten und das ewige Leben
empfangen.

30 Viele, die heute eine große Rolle
spielen, werden in Gottes neuer Welt
nichts bedeuten. Und viele, die heute
die Letzten sind, werden dann zu den
Ersten gehören.»

Die Arbeiter im Weinberg: Gott rechnet anders

20 «Ich möchte euch ein Gleich-
nis erzählen», sagte Jesus.[c]
«Ein Weinbauer ging frühmorgens
Arbeiter für seinen Weinberg anwer-
ben. 2 Er einigte sich mit ihnen auf
den üblichen Tageslohn und ließ sie
in seinem Weinberg arbeiten. 3 Ein
paar Stunden später ging er noch ein-
mal über den Marktplatz und sah dort
Leute herumstehen, die arbeitslos
waren. 4 Auch diese schickte er in sei-
nen Weinberg und versprach ihnen
einen angemessenen Lohn. 5 Zur Mit-

a) 2. Mose 20,12–16; 3. Mose 19,18
b) Andere Übersetzung: Es ist leichter, daß ein Kamel durch ein Nadelöhr geht.
c) Wörtlich: Denn das Reich Gottes ist gleich einem Hausherrn...

tagszeit und gegen drei Uhr nachmit-
tags stellte er noch mehr Arbeiter
ein. 6 Als er um fünf Uhr in die Stadt
kam, sah er wieder ein paar Leute
untätig herumstehen. Er fragte sie:
‹Warum habt ihr heute nicht gearbei-
tet?› 7 ‹Uns wollte niemand haben›,
antworteten sie. ‹Geht doch und ar-
beitet auch noch in meinem Wein-
berg!› forderte er sie auf.

8 Am Abend beauftragte er seinen
Verwalter: ‹Ruf die Leute zusam-
men und zahle ihnen den Lohn aus!
Beginne damit beim Letzten und hö-
re beim Ersten auf!› Zuerst kamen
also die zuletzt Eingestellten, 9 und
jeder von ihnen bekam den vollen
Tageslohn. 10 Jetzt meinten die ande-
ren Arbeiter, sie würden mehr be-
kommen. Aber sie bekamen alle nur
den vereinbarten Tageslohn.

11/12 Da fingen sie an zu schimpfen:
‹Diese Leute haben nur eine Stunde
gearbeitet, und du zahlst ihnen das-
selbe wie uns. Dabei haben wir uns
den ganzen Tag in der brennenden
Sonne abgerackert!›

13 ‹Mein Freund›, entgegnete der
Weinbauer, ‹dir geschieht doch kein
Unrecht! Haben wir uns nicht auf
diesen Betrag geeinigt? 14 Nimm dein
Geld und geh! Ich will den anderen
genausoviel zahlen wie dir.
15 Schließlich darf ich doch wohl mit
meinem Geld machen, was ich will!
Oder ärgerst du dich, weil ich groß-
zügig bin?›
16 Ebenso werden die Letzten ein-
mal die Ersten sein, und die Ersten
die Letzten.»

Jesus spricht noch einmal von seinem Tod

(Mark. 10,32–34; Luk. 18,31–34)

17 Auf dem Weg nach Jerusalem nahm
Jesus seine Jünger beiseite 18 und sag-
te ihnen: «Wir gehen jetzt nach Jeru-
salem. Dort wird der Menschensohn
den Hohenpriestern und Schriftge-
lehrten ausgeliefert werden. Man
wird ihn zum Tode verurteilen und
den Römern übergeben. 19 Die wer-
den ihn verspotten, auspeitschen und
ans Kreuz schlagen. Aber drei Tage
später wird er vom Tod auferste-
hen.»

Streit um die besten Plätze

(Mark. 10,35–45; Luk. 22,24–27)

20 Da kam die Frau des Zebedäus mit
ihren Söhnen Jakobus und Johannes
zu Jesus. Sie warf sich vor ihm nieder
und wollte ihn um etwas bitten.
21 «Was willst du denn?» fragte er. Sie
antwortete: «Gib meinen beiden
Söhnen in deinem Königreich die Eh-
renplätze direkt neben dir!» 22 Jesus
antwortete ihnen: «Ihr wißt ja gar
nicht, was ihr da verlangt. Könnt ihr
denn das schwere Leiden ertragen,
das auf mich wartet?» «Jawohl», ant-
worteten sie, «das können wir!»
23 Darauf erwiderte ihnen Jesus:
«Ganz gewiß werdet ihr leiden müs-
sen, aber ich kann nicht bestimmen,
wer einmal neben mir sitzen wird.
Wer diese Plätze einnehmen wird,
bestimmt allein mein Vater.»

24 Die anderen Jünger waren entrü-
stet, als sie erfuhren, was Jakobus
und Johannes gefordert hatten. 25 Je-
sus rief sie deshalb zusammen und
sagte: «Die Könige herrschen über
die Völker wie Tyrannen, und die
Machthaber unterdrücken, wen sie
können. 26 Aber gerade so darf es bei
euch nicht sein. Wer groß sein will,
der soll den anderen dienen, 27 und
wer der Erste sein will, der soll sich
allen unterordnen. 28 Auch der Men-
schensohn ist nicht gekommen, um
sich dienen zu lassen. Er kam, um

selbst zu dienen und mit seinem Leben dafür zu bezahlen, daß viele Menschen aus der Gewalt des Bösen befreit werden.»

Blinde werden geheilt und gehen mit Jesus

(Mark. 10,46–52; Luk.18,35–43)

29 Als Jesus und seine Jünger die Stadt Jericho verließen, zog eine große Menschenmenge mit ihnen. 30 Zwei blinde Männer saßen an der Straße. Als sie hörten, daß Jesus vorüberkam, riefen sie: «Herr, du Sohn Davids, hab Erbarmen mit uns!» 31 Die Leute versuchten, sie zum Schweigen zu bringen, aber die Blinden schrien nur noch lauter: «Herr, erbarme dich über uns!» 32 Da blieb Jesus stehen, rief sie zu sich und fragte: «Was wollt ihr von mir?» 33 «Herr, wir möchten gern sehen können!» 34 Voll mitleidender Liebe berührte Jesus ihre Augen. Sofort konnten sie sehen, und sie gingen mit ihm.

Jesus wird als König empfangen

(Mark. 11,1–10; Luk. 19,28–38; Joh. 12,12–19)

21 Nachdem Jesus mit seinen Jüngern in die Nähe von Jerusalem gekommen war, erreichten sie Bethphage am Ölberg. Jesus schickte zwei Jünger mit dem Auftrag voraus: 2 «Wenn ihr in das Dorf kommt, werdet ihr dort eine Eselin mit ihrem Fohlen finden. Bindet sie los und bringt sie zu mir. 3 Sollte euch jemand fragen, was ihr vorhabt, dann sagt einfach: ‹Der Herr braucht sie.› Man wird euch keine Schwierigkeiten machen.» 4 Damit erfüllte sich das Prophetenwort: 5 «Sagt dem Volk von Jerusalem: ‹Dein König kommt zu dir. Er kommt ohne Gewalt und reitet auf einem Eselsfohlen.›»[a]

6 Die beiden Jünger führten aus, was Jesus ihnen gesagt hatte. 7 Sie brachten die Tiere zu ihm, legten ihre Mäntel über sie, und Jesus setzte sich darauf. 8 Viele Menschen breiteten ihre Kleider als Teppich auf der Straße aus, andere rissen Zweige von den Bäumen und legten sie auf den Weg. 9 Vor und hinter ihm drängten sich die Menschen und riefen: «Heil unserem König, dem Sohn Davids! Ihn hat uns Gott gesandt. Der Herr segne ihn! Gelobt sei Gott!»

10 Als er so in Jerusalem einzog, war die ganze Stadt in großer Aufregung. «Wer ist dieser Mann?» fragten die Leute. 11 «Das ist Jesus, der Prophet aus Nazareth in Galiläa», riefen die Menschen, die ihn begleiteten.

Geschäfte im Tempel

(Mark. 11,15–19; Luk. 19,45–46; Joh. 2,13–17)

12 Dann ging Jesus in den Tempel, jagte alle Händler und Käufer hinaus, stieß die Tische der Geldwechsler und die Stände der Taubenhändler um und rief: 13 «Gott sagt: ‹Mein Haus soll ein Ort des Gebets sein›,[b] ihr aber habt eine Räuberhöhle daraus gemacht!»

14 Da kamen auch schon Blinde und Krüppel, und er heilte sie im Tempel. 15 Als die Hohenpriester und die Gesetzeslehrer seine Wundertaten sahen und als sie hörten, wie die Kinder sogar im Tempel riefen: «Heil dem

a) Sacharja 9,9
b) Jesaja 56,7

Sohn Davids!», wurden sie wütend
und fragten Jesus: «Hörst du denn
nicht, was die Kinder da schreien?»
16 «Ja, ich höre es», antwortete Jesus.
«Habt ihr nie gelesen: ‹Selbst un-
mündige, kleine Kinder werden dich
loben!›?»[a] 17 Damit ließ er sie stehen,
verließ die Stadt und ging nach Be-
thanien, um dort zu übernachten.

Der unfruchtbare Feigenbaum:
Wer glaubt, erlebt Wunder
(Mark. 11,12–14. 20–24)

18 Am nächsten Morgen, als Jesus
nach Jerusalem zurückkehrte, bekam
er Hunger. 19 Da sah er am Wegrand
einen Feigenbaum. Er ging hin, um
sich ein paar Feigen zu pflücken.
Aber er fand nichts als Blätter. Da
sagte Jesus zu dem Baum: «Du sollst
in Zukunft nie wieder Feigen tra-
gen!» Im selben Augenblick verdorr-
te der Baum.

20 Erstaunt fragten die Jünger:
«Wie kommt es, daß der Feigenbaum
so schnell vertrocknet ist?» 21 Jesus
erwiderte: «Wenn ihr wirklich glaubt
und nicht zweifelt, könnt ihr nicht nur
dies tun, sondern noch größere Wun-
der. Ihr könnt sogar zu diesem Berg
sagen: ‹Hebe dich von der Stelle und
stürze dich ins Meer!› Es wird gesche-
hen. 22 Ihr werdet alles bekommen,
wenn ihr im festen Glauben darum
bittet.»

Die Frage nach der Autorität Jesu
(Mark. 11,27–33; Luk. 20,1–8)

23 Dann ging Jesus in den Tempel und
sprach zu den Menschen. Sofort be-
drängten ihn die Hohenpriester und
Führer des Volkes mit der Frage:
«Wer hat dir das Recht gegeben, hier
in dieser Weise aufzutreten? Wer gab
dir die Vollmacht dazu?»

24 «Ich will euch auch eine Frage
stellen», entgegnete Jesus. «Wenn
ihr die beantwortet, will ich auf eure
Fragen antworten. 25 War Johannes
der Täufer ein Beauftragter Gottes
oder nicht?»

Sie überlegten: «Wenn wir sagen:
‹Er kam von Gott›, wird er uns fra-
gen, weshalb wir ihm nicht geglaubt
haben. 26 Wenn wir aber bestreiten,
daß Gott ihn gesandt hat, bekommen
wir Ärger mit dem Volk, weil alle
überzeugt sind, daß er ein Prophet
war.» 27 Deswegen antworteten sie:
«Wir wissen es nicht!»

Da sagte Jesus: «Dann sage ich
euch auch nicht, wer *mir* die Voll-
macht gegeben hat.»

Das Beispiel von den beiden
Söhnen: Wer wirklich Gottes
Willen tut

28 «Was sagt ihr dazu: Ein Mann hatte
zwei Söhne. Er sagte zu dem ersten:
‹Mein Sohn, arbeite heute in unserem
Weinberg!› 29 ‹Ja, Vater›, antwortete
er. Doch er hatte keine Lust und ging
nicht hin. 30 Auch den zweiten Sohn
forderte der Vater auf, die Arbeit zu
erledigen. ‹Ich will aber nicht!› ent-
gegnete dieser. Später tat es ihm leid,
und er ging doch an die Arbeit.

31 Wer von den beiden Söhnen hat
nun getan, was der Vater wollte?» Sie
antworteten: «Der zweite natürlich!»

Da erklärte ihnen Jesus, was er
meinte: «Das ist sicher: Betrüger und
Dirnen werden eher in Gottes Reich
kommen als ihr. 32 Johannes der Täu-
fer zeigte euch den Weg zu Gott und

a) Psalm 8,3

forderte euch zur Buße auf. Aber ihr wolltet nichts von ihm wissen.

Die Betrüger und Dirnen aber folgten seinem Ruf. Und obwohl ihr das gesehen habt, wolltet ihr ihm nicht glauben und euer Leben nicht ändern.»

Von den bösen Pächtern: Auflehnung gegen Gott

(Mark. 12,1–12; Luk. 20,9–19)

33 «Hört eine andere Geschichte: Ein Grundbesitzer legte einen Weinberg an, zäunte ihn ein, stellte eine Weinpresse auf und baute auch einen Wachtturm. Dann verpachtete er den Weinberg an Weinbauern und reiste ins Ausland. 34 Zur Zeit der Weinlese schickte er seine Leute zu den Weinbauern mit dem Auftrag, den vereinbarten Anteil abzuholen. 35 Die Weinbauern aber schlugen den einen nieder, töteten den andern und steinigten den dritten.

36 Da beauftragte der Grundbesitzer andere Leute. Aber ihnen erging es nicht besser. 37 Schließlich sandte er seinen Sohn, weil er sich sagte: Den werden sie bestimmt anerkennen! 38 Als die Weinbauern aber den Sohn kommen sahen, sagten sie zueinander: ‹Da kommt der Erbe! Den bringen wir um! Dann gehört der Weinberg uns.› 39 Sie jagten ihn aus dem Weinberg und schlugen ihn tot.

40 Was wird der Besitzer mit diesen Weinbauern machen, wenn er zurückkehrt?»

41 Sie antworteten: «Er wird diese Verbrecher umbringen und den Weinberg an solche Weinbauern verpachten, die ihm seinen Anteil abliefern.»

42 «Richtig», sagte Jesus, «es steht ja schon in der Schrift: ‹Der Stein, den die Bauarbeiter weggeworfen haben, weil sie ihn für unbrauchbar hielten, ist nun zum Grundstein des ganzen Hauses geworden. Was keiner für möglich gehalten hat, das tut Gott vor euren Augen.›[a]

43 Deshalb sage ich euch: Das Reich Gottes wird euch weggenommen und einem Volk gegeben werden, das Gott gehorcht.[b] 44 Wer nicht mit Gott rechnet, muß scheitern, und wer sich gegen Gott auflehnt, den wird Gott vernichten.»[c]

45 Als die Hohenpriester und die Pharisäer merkten, daß Jesus von ihnen sprach und daß sie die Weinbauern in seiner Geschichte waren, 46 hätten sie ihn am liebsten auf der Stelle festgenommen. Aber sie fürchteten sich vor dem Volk, das Jesus für einen Propheten hielt.

Keine Zeit für Gottes Fest

(Luk. 14,16–24)

22 Jesus erzählte ihnen noch ein anderes Gleichnis: 2 «Wenn Gott seine Königsherrschaft aufrichtet, ist das wie bei dem König, der für seinen Sohn ein großes Hochzeitsfest vorbereitete. 3 Viele wurden zur Hochzeit eingeladen. Als die Vorbereitungen beendet waren, schickte er seine Diener, um die Gäste abzuholen. Aber keiner wollte kommen.

4 Er ließ sie durch andere Diener

a) Psalm 118,22–23
b) Wörtlich: das seine Früchte bringt.
c) Wörtlich: Und wer auf diesen Stein fällt, wird zerdrückt; auf wen er aber fällt, den wird er zermalmen.

nochmals bitten: ‹Es ist alles fertig, die Ochsen und Mastkälber sind geschlachtet. Das Fest kann beginnen. Kommt!› 5 Aber die geladenen Gäste interessierte das nicht. Sie ließen sich in ihrer Arbeit nicht stören. Der eine hatte auf dem Feld zu tun, der andere im Geschäft. 6 Einige wurden sogar handgreiflich, mißhandelten und töteten die Diener des Königs.

7 Voller Zorn sandte der König seine Truppen aus, ließ die Mörder umbringen und ihre Stadt in Brand stecken. 8 Dann sagte er zu seinen Dienern: ‹Die Hochzeitsfeier ist vorbereitet, aber die geladenen Gäste waren es nicht wert, an diesem Fest teilzunehmen. 9 Geht jetzt auf die Straßen und ladet alle ein, die ihr trefft!› 10 Das taten die Boten und brachten alle mit, die sie fanden: gute und böse Menschen. So füllte sich der Festsaal mit Gästen.

11 Als der König kam, um seine Gäste zu begrüßen, bemerkte er einen Mann, der nicht festlich angezogen war. 12/13 ‹Mein Freund, wie bist du hier ohne das Festgewand hereingekommen, das für dich bereitlag?› fragte er ihn. Darauf konnte der Mann nichts antworten. ‹Fesselt ihm Hände und Füße und werft ihn hinaus in die Finsternis!› befahl der König streng. ‹Dort wird er weinen und jammern, ohne daß ihm jemand helfen kann.› 14 Denn viele sind eingeladen, aber nur wenige sind bereit zu kommen.»[a]

Gott oder der Kaiser?

(Mark. 12,13–17; Luk. 20,20–26)

15 Nun begannen die Pharisäer zu beraten, wie sie Jesus mit seinen eigenen Worten in eine Falle locken könnten. 16 Sie schickten ein paar von ihren Leuten und einige Anhänger des Königs Herodes zu ihm. Die fragten ihn:

«Meister, wir wissen, daß es dir allein um die Wahrheit geht. Du sagst uns frei heraus, wie wir nach Gottes Willen leben sollen. Du fragst auch nicht danach, ob die Wahrheit den Leuten gefällt oder nicht. 17 Deshalb sage uns: Ist es eigentlich Gottes Wille, daß wir dem römischen Kaiser Steuern zahlen, oder nicht?»

18 Jesus erkannte ihre Hinterhältigkeit. «Ihr Heuchler!» rief er. «Warum wollt ihr mir eine Falle stellen? 19 Gebt mir ein Geldstück!» Sie gaben ihm eine römische Münze. 20 «Wessen Bild und Name ist hier eingeprägt?» fragte er. 21 «Das Bild und der Name des Kaisers», antworteten sie. «Dann gebt dem Kaiser, was ihm zusteht, und gebt Gott, was ihm gehört!» 22 Diese Antwort verblüffte sie. Und sie ließen Jesus in Ruhe und gingen weg.

Die Frage nach der Auferstehung der Toten

(Mark. 12,18–27; Luk. 20,27–40)

23 Am selben Tag kamen einige Sadduzäer zu Jesus. Das waren Leute, die behaupteten, daß es keine Auferstehung der Toten gibt. Sie fragten Jesus: 24 «Herr, Mose hat bestimmt: Wenn ein verheirateter Mann ohne Kinder stirbt, dann soll sein Bruder die Witwe heiraten, und das erste ihrer Kinder soll der Erbe des Verstorbenen sein.[b] 25 Nun lebten da unter uns sieben Brüder. Der erste heirate-

a) Wörtlich: Viele sind Gerufene, wenige aber Auserwählte.

b) 5. Mose 25,5–6

te und starb kinderlos. Sein Bruder
heiratete die Witwe. [26] Auch der zwei-
te Bruder starb, und der nächste Bru-
der nahm sie zur Frau. So ging es wei-
ter, bis die Frau mit allen sieben ver-
heiratet gewesen war. [27] Schließlich
starb auch sie. [28] Wessen Frau wird sie
nun nach der Auferstehung sein?
Schließlich waren ja alle sieben mit
ihr verheiratet.»

[29] Jesus antwortete: «Ihr kennt we-
der das Wort Gottes noch Gottes
Macht! Ihr irrt euch! [30] Nach der
Auferstehung gibt es keine Ehe
mehr, sondern die Auferstandenen
werden wie Engel im Himmel sein.
[31] Doch wenn ihr behauptet, daß es
keine Auferstehung gibt, möchte ich
euch an Gottes Wort erinnern. Dort
heißt es: [32] ‹Ich *bin* der Gott Abra-
hams, Isaaks und Jakobs.›[a] Gott ist
doch nicht ein Gott der Toten, son-
dern er ist der Gott der Lebenden!»
[33] Diese Worte Jesu hinterließen
einen tiefen Eindruck bei allen, die
ihm zuhörten.

Das wichtigste Gebot

(Mark. 12,28–31; Luk. 10,25–28)

[34/35] Als die Pharisäer hörten, wie er
die Sadduzäer zum Schweigen ge-
bracht hatte, dachten sie sich eine
neue Frage aus. Ein Schriftgelehrter
fragte ihn: [36] «Herr, welches ist das
wichtigste Gebot im Gesetz Gottes?»
[37] Jesus antwortete ihm: «‹Liebe
Gott, den Herrn, von ganzem Her-
zen, mit ganzer Hingabe und mit dei-
nem ganzen Verstand!›[b] [38] Das ist das
erste und wichtigste Gebot. [39] Ebenso
wichtig ist aber das zweite: ‹Liebe
deinen Mitmenschen, so wie du dich
selber liebst!›[c] [40] Alle anderen Gebo-
te und alle Forderungen der Prophe-
ten sind in diesen Geboten enthal-
ten.»

Sohn Davids oder Sohn Gottes?

(Mark. 12,35–37; Luk. 20,41–44)

[41] Bei dieser Gelegenheit fragte Jesus
die Pharisäer: [42] «Was denkt ihr über
Christus, der zu euch als Retter kom-
men soll? Wessen Sohn ist er?» Sie
antworteten: «Er ist der Sohn Da-
vids.»

[43] «Warum aber hat ihn David, er-
leuchtet vom Geist Gottes, ‹Herr› ge-
nannt? Denn David sagte: [44] ‹Gott
sprach zu meinem Herrn: Setze dich
auf den Ehrenplatz an meiner rechten
Seite, bis ich dir alle deine Feinde un-
terworfen habe!›[d] [45] Wenn David ihn
also ‹Herr› nennt, wie kann er dann
Davids Sohn sein?» [46] Darauf wußten
sie keine Antwort. Und von da an
wagte niemand mehr, ihm weitere
Fragen zu stellen.

Abrechnung mit den Pharisäern und Schriftgelehrten

(Mark. 12,38–39; Luk. 20,45–46)

23 Dann sprach Jesus zu der
Volksmenge und zu seinen
Jüngern: [2] «Eure Schriftgelehrten
und Pharisäer lehren euch das Gesetz
des Mose.[e] [3] Richtet euch nach ihren
Vorschriften! Folgt aber nicht ihrem

a) 2. Mose 3,6
b) 5. Mose 6,5
c) 3. Mose 19,18
d) Psalm 110,1
e) Wörtlich: Auf dem Lehrstuhl des Mose sitzen die Schriftgelehrten und Pharisäer.

Beispiel! Denn sie selber tun nicht,
was sie von den anderen verlan-
gen.

4 Sie bürden den Menschen uner-
trägliche Lasten auf, denken aber
selbst nicht daran, diese Lasten auch
nur mit einem Finger anzurühren.
5 Alles, was sie tun, ist nur Schau.
Am Arm tragen sie breite Gebetsrie-
men, und die Fransen an ihren Tala-
ren werden immer länger. Alle sol-
len sehen können, wie fromm sie
sind. 6 Bei euren Festen wollen sie
auf Ehrenplätzen sitzen, und beim
Gottesdienst haben sie ihren Platz in
der vordersten Reihe. 7 Sie haben es
gern, wenn man sie auf der Straße
ehrfurchtsvoll grüßt und ‹Meister›
nennt.

8 Laßt *ihr* euch nicht so anreden!
Nur Gott ist euer Meister, ihr seid un-
tereinander alle Brüder. 9 Niemanden
auf der Erde sollt ihr ‹Vater› nennen,
denn nur Gott im Himmel hat An-
spruch auf diesen Namen. 10 Ihr sollt
euch auch nicht Lehrer nennen las-
sen, weil ihr nur einen Lehrer habt:
Christus. 11 Wer allen anderen dient,
wird der Größte unter euch sein.
12 Aber alle, die sich für wichtig hal-
ten, werden gedemütigt werden. Wer
sich aber selbst erniedrigt, den wird
Gott erhöhen.»

Fromm und doch gottlos

(Luk. 11,39–51)

13 «Wehe euch, ihr Pharisäer und
Schriftgelehrten! Ihr seid Heuchler!
Durch euch wird anderen der Zugang
in das Reich Gottes versperrt. Ihr
selbst geht nicht hinein, und die hin-
ein wollen, hindert ihr daran.

14 Wehe euch! Gierig reißt ihr das
Vermögen der Witwen an euch, und
eure langen Gebete sind nichts als
Heuchelei. Dafür wird euch Gottes
Urteil besonders hart treffen. 15 Wehe
euch, ihr Scheinheiligen! Ihr scheut
keine Mühe, wenn es gilt, auch nur
einen Menschen für eure Lehre zu ge-
winnen. Aber wenn ihr einen gefun-
den habt, dann wird er durch euch ein
Kind der Hölle, das euch an Bosheit
noch übertrifft.

16 Wehe euch! Ihr seid selbst blind
und wollt doch andere führen. So be-
hauptet ihr: ‹Beim Tempel Gottes
schwören, das hat nichts zu bedeuten.
Diesen Eid kannst du ruhig brechen.
Aber wer beim Gold im Tempel
schwört, der muß seinen Eid halten.›
17 Ihr blinden Narren! Was zählt
mehr: das Gold oder der Tempel,
durch den das Gold erst geheiligt
wird?

18 Ihr sagt: ‹Ein Eid, beim Altar ge-
schworen, hat keine Bedeutung. Wer
aber bei dem Opfer auf dem Altar
schwört, der muß sein Versprechen
halten.› 19 Ihr Verblendeten! Was
zählt denn mehr: die Gabe auf dem
Altar oder der Altar, der die Gabe
erst zum Opfer werden läßt? 20 Wer
beim Altar schwört, schwört bei al-
lem, was darauf liegt. 21 Wer beim
Tempel schwört, der ruft Gott zum
Zeugen an, der dort wohnt. 22 Und
wer beim Himmel schwört, schwört
bei dem Thron Gottes und damit bei
Gott selbst, der auf diesem Thron
sitzt.

23 Wehe euch, ihr Schriftgelehrten
und Pharisäer! Ihr Scheinheiligen!
Sogar von Küchenkräutern wie Min-
ze, Dill und Kümmel gebt ihr Gott
den zehnten Teil. Aber die viel wich-
tigeren Forderungen Gottes nach Ge-
rechtigkeit, Barmherzigkeit und
Glauben sind euch gleichgültig. Doch
gerade darum geht es hier: Das We-
sentliche tun und das Nebensächliche
nicht unterlassen. 24 Ihr aber entfernt
jede kleine Mücke entrüstet aus eu-

rem Essen, doch ganze Kamele schluckt ihr bedenkenlos hinunter. Andere wollt ihr führen und seid doch selber blind!

25 Wehe euch, ihr Schriftgelehrten und Pharisäer! Ihr Heuchler! Äußerlich seid ihr wie die Becher, aus denen ihr trinkt: auf Hochglanz poliert! Aber euer wirkliches Leben besteht aus schmutziger Erpressung und Gier. 26 Ihr blinden Verführer, sorgt erst einmal dafür, daß euer Leben mit Gott in Ordnung kommt! Dann wird auch alles andere in Ordnung kommen.[a]

27 Wehe euch, ihr Schriftgelehrten und Pharisäer! Ihr seid wie die gepflegten Grabstätten: von außen sauber und geschmückt, so daß man gern hinsieht; aber innen ist alles voll stinkender Verwesung. 28 Ihr wollt vor den Leuten als die Gerechten dastehen, aber in Wirklichkeit seid ihr voller Bosheit und Heuchelei.

29 Wehe euch, ihr Schriftgelehrten und Pharisäer! Ihr Scheinheiligen! Den Propheten baut ihr Denkmäler, und die Gräber der Gerechten schmückt ihr. 30 Dazu behauptet ihr noch: ‹Wenn *wir* damals gelebt hätten, wir hätten die Propheten nicht umgebracht, wie es unsere Väter getan haben.› 31 Damit gebt ihr also zu, daß ihr die Nachkommen der Prophetenmörder seid. 32 Ja, ihr geht tatsächlich in ihren Fußspuren und steht ihnen an Bosheit nicht nach.

33 Ihr heimtückischen Verführer! Wie wollt ihr der Hölle entrinnen? 34 Ich werde euch Propheten, geisterfüllte Männer und Lehrer schicken. Einige von ihnen werdet ihr töten und kreuzigen. Andere werdet ihr in den Synagogen blutig peitschen, sie von Stadt zu Stadt verfolgen. 35 Dadurch seid ihr am Tod aller dieser Gerechten schuldig; angefangen bei Abel bis zu Zacharias, dem Sohn des Barachja, den ihr zwischen Tempel und Altar ermordet habt.[b]

36 Das sage ich euch: Das Strafgericht für all diese Schuld wird noch über diese Generation hereinbrechen.»

«Ihr habt nicht gewollt!»
(Luk. 13,34–35)

37 «Jerusalem! O Jerusalem! Du tötest die Propheten und erschlägst die Boten, die Gott zu dir schickt. Wie oft habe ich deine Kinder sammeln wollen, so wie eine Henne ihre Küken unter ihre Flügel nimmt! Aber ihr habt es nicht gewollt! 38 Seht, euer Haus[c] wird zerstört werden! 39 Denn ich sage euch: Ihr werdet mich erst dann wiedersehen, wenn ihr bereit seid, mich als den von Gott Gesandten aufzunehmen. Dann werdet ihr rufen: ‹Heil dem Retter, den Gott gesandt hat!›»

Die Zukunft der Welt
(Mark. 13,1–20; Luk. 21,5–24)

24 Als Jesus den Tempel verließ, kamen seine Jünger und wollten ihm die riesigen Ausmaße der Tempelanlage zeigen. 2 Da sagte Jesus zu ihnen: «Ja, seht euch alles genau an! Denn ich sage euch: Alles

a) Wörtlich: Reinige zuerst das Innere des Bechers, damit auch sein Äußeres rein werde.
b) 2. Chronik 24,20–21
c) Der Tempel: Jeremia 22,5

hier wird so zerstört werden, daß kein Stein mehr auf dem anderen bleibt.»
3 «Wann wird das geschehen?» fragten ihn später seine Jünger, als er mit ihnen am Abhang des Ölbergs saß. «Welche Ereignisse werden deine Wiederkunft und das Ende der Welt ankündigen?»

4 Jesus antwortete: «Laßt euch von keinem Menschen täuschen und verführen! 5 Denn manche werden von sich behaupten: ‹Ich bin Christus!› Und viele werden sich von solchen Betrügern irreführen lassen. 6 Wenn ihr von Kriegen und Unruhen hört, achtet darauf, aber erschreckt nicht! Das muß geschehen, doch es bedeutet noch nicht das Ende. 7 Die Völker und die Machtblöcke der Erde werden gegeneinander Kriege führen. In vielen Teilen der Welt wird es Hungersnöte und Erdbeben geben. 8 Doch das ist erst der Anfang vom Ende; so wie die ersten Wehen einer Frau, die ein Kind zur Welt bringt.

9 Dann werdet ihr gefoltert, getötet und in der ganzen Welt gehaßt werden, weil ihr zu mir gehört. 10 Manche werden ihren Glauben verleugnen, einander verraten und hassen. 11 Falsche Propheten werden auftreten und viele verführen. 12 Und weil Gottes Gebote mißachtet werden, setzt sich das Böse überall durch. Und die Liebe wird bei vielen erlöschen. 13 Wer aber bis zum Ende durchhält, der wird gerettet. 14 Die Heilsbotschaft vom Reich Gottes wird in der ganzen Welt verkündet werden, damit alle Völker sie hören. Dann erst wird das Ende kommen.[a]

15 Wer dies liest, soll genau auf jedes Wort achten: Wenn ihr das abscheuliche Götzenbild seht, das die heilige Stätte entweiht,[b] 16 dann sollen alle, die sich in Judäa aufhalten, in das Gebirge fliehen. 17 Wer sich gerade auf der Terrasse seines Hauses aufhält, der soll nicht erst im Haus sein Gepäck für die Flucht zusammensuchen. 18 Wer auf dem Feld arbeitet, soll nicht erst nach Hause laufen, um seinen Mantel zu holen. 19 Schlimm wird es für die Frauen werden, die ein Kind erwarten, und für Mütter mit Säuglingen. 20 Betet deshalb, daß ihr nicht im Winter oder am Sabbat fliehen müßt!

21 Denn es wird eine Notzeit kommen, wie sie die Welt in ihrer ganzen Geschichte noch nicht erlebt hat und wie sie auch später nicht wieder eintreten wird. 22 Wenn diese Leidenszeit nicht verkürzt würde, könnte niemand gerettet werden! Aber den Auserwählten Gottes zuliebe wird Gott diese Zeit verkürzen.»

Warnung vor falschen «Rettern»
(Mark. 13,21–23; Luk. 17,23–24)

23 «Wenn jemand zu euch sagt: ‹Hier ist der Retter!›[c] oder: ‹Dort ist Christus erschienen!›, glaubt ihm nicht! 24 Denn es werden sich manche als Retter der Welt aufspielen, und falsche Propheten werden auftreten. Sie werden erstaunliche Wunder vollbringen, und wenn es möglich wäre, würden sie sogar die von Gott Auserwählten irreführen. 25 Denkt also daran, ich habe euch gewarnt!

a) Wörtlich: Es wird verkündet werden dieses Evangelium auf dem ganzen Erdkreis zu einem Zeugnis allen Völkern, und dann wird das Ende kommen.
b) Daniel 9,27; 11,31; 12,11
c) Wörtlich: Christus – der Messias!

[26]Wenn euch jemand erzählt: ‹Der Retter ist draußen in der Wüste›, so geht nicht hin. Wenn er sich irgendwo verborgen halten soll, glaubt es nicht. [27]Wenn aber der Menschensohn wiederkommt, wird er sofort für alle sichtbar sein, wie ein Blitz, der von Ost nach West am Himmel aufzuckt, [28]oder wie ein verendetes Tier, um das sich die Geier scharen.»

Retter und Richter

(Mark. 13,24–27; Luk. 21,25–28)

[29]«Unmittelbar nach dieser großen Schreckenszeit werden sich Sonne und Mond verfinstern. Die Sterne werden aus ihrer Bahn geschleudert, und die kosmischen Kräfte geraten durcheinander. [30]Dann wird das Zeichen des Menschensohnes am Himmel erscheinen. Die Menschen auf der ganzen Erde werden vor Entsetzen jammern und heulen. Sie werden sehen, wie der Menschensohn in göttlicher Macht und Herrlichkeit in den Wolken des Himmels kommt. [31]Mit gewaltigem Posaunenschall wird er seine Engel aussenden, und sie werden seine Auserwählten aus allen Teilen der Welt sammeln.»

«Seid bereit!»

(Mark. 13,28–32;
Luk. 12,39–40; 17,26–36; 21,29–33)

[32]«Der Feigenbaum soll euch dafür ein Beispiel sein: Wenn seine Zweige saftig werden und Blätter treiben, dann wißt ihr, daß es bald Sommer ist. [33]Wenn sich dies alles anbahnt, sollt ihr wissen: Mein Kommen steht unmittelbar bevor. [34]Das sage ich euch: Dieses Volk[a] wird nicht untergehen, bevor das alles geschieht. [35]Himmel und Erde werden vergehen; meine Worte aber gelten immer und vergehen nie.

[36]Niemand weiß, wann das Ende kommen wird. Keiner kennt den Tag oder die Stunde, auch nicht die Engel im Himmel, ja nicht einmal der Sohn Gottes. Allein der Vater kennt den Zeitpunkt.

[37]Wenn der Menschensohn kommt, wird es auf der Erde zugehen wie zur Zeit Noahs, als die große Flut hereinbrach. [38]Auch damals lebten die Menschen so weiter, wie sie immer gelebt hatten: Essen, Trinken und Heiraten waren ihr einziger Lebensinhalt. [39]Selbst als Noah in die Arche stieg, glaubten die Leute nicht an das Unheil, bis die Flut sie alle mit sich riß. So wird es auch beim Kommen des Menschensohnes sein. [40]Zwei Männer werden auf dem Feld arbeiten. Der eine wird angenommen, und der andere bleibt zurück. [41]Zwei Frauen werden mit ihrer Hausarbeit beschäftigt sein; die eine wird angenommen, die andere bleibt zurück.

[42]Deshalb seid jederzeit bereit! Denn ihr wißt nicht, wann euer Herr wiederkommen wird. [43]Das ist doch klar: Wenn der Hausherr wüßte, wann ein Dieb bei ihm einbrechen will, würde er sich rechtzeitig vor ihm schützen. [44]Seid also zu jeder Zeit bereit, denn der Menschensohn wird gerade dann kommen, wenn ihr es am wenigsten vermutet!»

a) Wörtlich: Dieses Geschlecht.

Der treue Verwalter
(Luk. 12,42–46)

45 «Wie verhält sich denn ein kluger und zuverlässiger Verwalter?» fragte Jesus die Jünger. «Er hat den Auftrag bekommen, seine Mitarbeiter zu beschäftigen und sie mit allem Nötigen zu versorgen! 46 Er darf sich glücklich nennen, wenn sein Herr ihn bei der Rückkehr gewissenhaft bei der Arbeit findet. 47 Das sage ich euch: Einem so zuverlässigen Mann wird er die Verantwortung für seinen ganzen Besitz übertragen.

48 Wenn aber ein Verwalter unzuverlässig ist und im stillen denkt: ‹Ach was, es dauert bestimmt noch lange, bis mein Herr kommt›, 49 und er fängt an, seine Mitarbeiter zu schlagen und Trinkgelage zu veranstalten, 50 dann wird die Rückkehr seines Herrn ihn völlig überraschen. 51 Der wird ihn hart bestrafen, als Heuchler verurteilen und hinausstoßen, dorthin, wo es nur Weinen und ohnmächtiges Jammern gibt.»

Die zehn Brautjungfern
(Luk. 12,35–38; 13,25–28)

25 «Wenn der Menschensohn seine Herrschaft antritt, wird es sein wie bei den zehn Mädchen, die bei einer Hochzeit als Brautjungfern mit ihren Lampen den Bräutigam abholen sollten. 2–4 Aber nur fünf von ihnen waren so klug, sich ausreichend mit Öl für ihre Lampen zu versorgen. Die anderen waren gleichgültig und dachten überhaupt nicht daran, genügend Öl mitzunehmen.

5 Als sich die Ankunft des Bräutigams verzögerte, wurden sie alle müde und schliefen ein. 6 Plötzlich um Mitternacht wurden sie mit dem Ruf geweckt: ‹Der Bräutigam kommt! Steht auf und begrüßt ihn!›

7 Da sprangen die Mädchen auf und brachten ihre Lampen in Ordnung. 8 Die fünf, die nicht genügend Öl hatten, baten die anderen: ‹Gebt uns etwas von euerm Öl! Unsere Lampen gehen aus.› 9 Aber die Klugen antworteten: ‹Unser Öl reicht gerade für uns selbst. Geht doch in den Laden und kauft euch welches!›

10 In der Zwischenzeit kam der Bräutigam, und die Mädchen, die genügend Öl für ihre Lampen hatten, gingen mit ihm in den Festsaal. Dann wurde die Tür verschlossen. 11 Später kamen auch die fünf anderen. Sie standen draußen und riefen: ‹Herr, mach uns die Tür auf!› 12 Aber er erwiderte: ‹Was wollt ihr denn? Ich kenne euch nicht!›

13 Deshalb seid wach und haltet euch bereit! Denn ihr wißt weder an welchem Tag noch zu welchem Zeitpunkt ich kommen werde.»

Beauftragt, zu handeln
(Luk. 19,11–27)

14 «Es wird dann so sein wie bei dem Mann, der ins Ausland reisen wollte. Er rief alle Verwalter zusammen und beauftragte sie, während seiner Abwesenheit mit seinem Vermögen zu arbeiten. 15 Dem einen gab er fünf Goldstücke, einem anderen zwei und dem dritten eins, entsprechend den Fähigkeiten, die er bei ihnen voraussetzte.[a] Danach reiste er ab.

16 Der Mann mit den fünf Goldstücken war so erfolgreich bei seinen Geschäften, daß er die Summe verdop-

a) Es geht hier um «Talente»: Gold- oder Silbertalente waren die größte Münzeinheit.

peln konnte. 17 Auch der die zwei
Goldstücke bekommen hatte, ver-
diente zwei hinzu. 18 Der dritte ver-
steckte sein Goldstück an einem si-
cheren Ort, weil er nichts riskieren
wollte.

19 Nach langer Zeit kehrte der Herr
von seiner Reise zurück und forderte
seine Verwalter auf, mit ihm abzu-
rechnen.

20 Der Mann, der fünf Goldstücke
erhalten hatte, brachte zehn Gold-
stücke. Er sagte: ‹Herr, fünf Gold-
stücke hast du mir gegeben. Hier, ich
habe fünf dazuverdient.› 21 Da lobte
ihn sein Herr: ‹Du warst tüchtig und
zuverlässig. In kleinen Dingen bist du
treu gewesen, darum werde ich dir
größere Aufgaben anvertrauen. Ich
lade dich zu meinem Fest ein!›

22 Danach kam der Mann mit den
zwei Goldstücken. Er berichtete:
‹Herr, ich habe den Betrag verdop-
peln können.› 23 Da lobte ihn der
Herr: ‹Du warst tüchtig und zuverläs-
sig. In kleinen Dingen bist du treu ge-
wesen, darum werde ich dir größere
Aufgaben anvertrauen. Ich lade dich
zu meinem Fest ein!›

24 Schließlich kam der mit dem
einen Goldstück und erklärte: ‹Ich
kenne dich als strengen Herrn und
dachte: Was ich auch immer verdie-
ne, du nimmst es mir doch weg.[a]
25 Und ich hatte Angst, das Geld bei
irgendwelchen Geschäften zu verlie-
ren. Deshalb habe ich es sicher aufbe-
wahrt. Hier hast du es wieder zu-
rück!› 26 Zornig antwortete ihm dar-
auf sein Herr: ‹Was bist du doch für
ein Dummkopf! Wenn du schon der
Meinung bist, daß es mir nur um Ge-
winn geht, 27 hättest du doch mein
Vermögen bei einer Bank angelegt!
Dort hätte es wenigstens Zinsen ge-
bracht! 28 Nehmt ihm das Geld weg,
und gebt es dem, der die fünf Gold-
stücke hatte!

29 Denn wer das, was er hat, gewis-
senhaft nutzt, dem kann man noch
mehr anvertrauen, bis er mehr als ge-
nug hat. Wer aber mit Wenigem
nachlässig umgeht, dem wird man
auch das noch nehmen. 30 Und jetzt
werft diesen nichtsnutzigen Kerl hin-
aus in die Finsternis, wo nur noch
Verzweiflung herrscht.›»

Das Weltgericht

31 «Wenn der Menschensohn in seiner
ganzen Herrlichkeit, begleitet von al-
len Engeln, wiederkommt, dann wird
er auf dem Thron Gottes sitzen. 32 Al-
le Völker werden vor ihm erscheinen,
und er wird die Menschen in zwei
Gruppen teilen, so wie ein Hirte die
Schafe von den Böcken trennt.
33 Rechts werden die Schafe und links
die Böcke stehen.

34 Dann wird der Richter zu denen
an seiner rechten Seite sagen:
‹Kommt her! Euch hat mein Vater
gesegnet. Nehmt das Reich Gottes in
Besitz, das er seit Erschaffung der
Welt für euch als Erbe bereithält!
35 Denn als ich hungrig war, habt ihr
mir zu essen gegeben. Als ich Durst
hatte, bekam ich von euch etwas zu
trinken. Ich war ein Fremder bei
euch, und ihr habt mich aufgenom-
men. 36 Ich war nackt, ihr habt mir
Kleidung gegeben. Ich war krank,
und ihr habt mich besucht. Ich war im
Gefängnis, und ihr seid zu mir ge-
kommen.›

37 Dann werden sie fragen: ‹Herr,
wann bist du denn hungrig gewesen

a) Wörtlich: Du erntest, wo du nicht gesät hast, und sammelst, wo du nicht ausgestreut hast.

und wir haben dir zu essen gegeben?
Oder durstig und wir gaben dir zu
trinken? 38 Wann haben wir dir Gast-
freundschaft gewährt, und wann bist
du nackt gewesen und wir haben dir
Kleider gebracht? 39 Wann warst du
denn krank oder im Gefängnis und
wir haben dich besucht?›

40 Der Richter wird ihnen dann ant-
worten: ‹Das will ich euch sagen.
Was ihr für einen meiner geringsten
Brüder getan habt, das habt ihr für
mich getan!›

41 Zu denen auf seiner linken Seite
aber wird er sagen: ‹Geht mir aus den
Augen, ihr Verfluchten, ins ewige
Feuer, das für den Teufel und seine
Helfer bestimmt ist! 42 Denn ich war
hungrig, aber ihr habt mir nichts zu
essen gegeben. Ich war durstig, aber
ihr habt mir nichts zu trinken gegeben.
43 Ich war ein Fremder unter euch,
aber ihr habt mich nicht aufgenom-
men. Ich war nackt, aber ihr wolltet
mir nichts zum Anziehen geben. Ich
war krank und im Gefängnis, aber ihr
habt euch nicht um mich gekümmert.›

44 Dann werden auch sie ihn fragen:
‹Herr, wann haben wir dich denn
hungrig oder durstig, ohne Unter-
kunft, nackt, krank oder im Gefäng-
nis gesehen und dir nicht geholfen?›
45 Darauf wird ihnen der Richter ant-
worten: ‹Die Hilfe, die ihr meinen
geringsten Brüdern verweigert habt,
die habt ihr mir verweigert.› 46 Und
sie werden der ewigen Strafe ausge-
liefert sein. Aber die Gottes Willen
getan haben, erwartet unvergängli-
ches Leben.»

Jesus soll getötet werden
(Mark. 14,1–2; Luk. 22,1–2;
Joh. 11,47–53)

26 Als Jesus diese Rede beendet
hatte, sagte er zu seinen Jün-
gern: 2 «Ihr wißt, daß übermorgen das
Passahfest beginnt. Dann wird der
Menschensohn an die Menschen aus-
geliefert und ans Kreuz genagelt wer-
den.»

3 Zu derselben Zeit hielten die
Hohenpriester und die Führer des
Volkes im Palast des Hohenpriesters
Kaiphas eine Sitzung ab. 4 Sie berie-
ten darüber, wie sie Jesus heimlich
verhaften und umbringen könnten.
5 Eins war ihnen von vornherein
klar: «Es darf auf keinen Fall wäh-
rend des Passahfestes geschehen,
damit es nicht zu Unruhen im Volk
kommt.»

Ein Vermögen für Jesus
(Mark. 14,3–9; Joh. 12,1–8)

6 Jesus war in Bethanien Gast bei Si-
mon, der früher einmal leprakrank
gewesen war. 7 Während der Mahlzeit
kam eine Frau herein. Sie trug ein
Glas mit kostbarem Öl, mit dem sie
sein Haupt salbte.

8/9 Die Jünger regten sich auf: «Das
Öl ist ein Vermögen wert! Man hätte
es verkaufen und das Geld den Ar-
men geben sollen. Das ist doch reine
Verschwendung!»

10 Als Jesus ihren Ärger bemerkte,
sagte er: «Warum kränkt ihr die Frau
durch eure Vorwürfe? Sie hat etwas
Gutes für mich getan. 11 Arme werdet
ihr immer bei euch haben, ich dage-
gen werde nicht mehr lange bei euch
sein.

12 Mit diesem Salböl hat sie meinen
Leib für mein Begräbnis vorbereitet.
13 Überall da, wo man in der Welt
Gottes Heilsbotschaft verkünden
wird, wird man auch von ihr sprechen
und von dem, was sie an mir getan
hat.»

Der Verrat

(Mark. 14,10–11; Luk. 22,3–6)

[14]Anschließend ging einer der zwölf Jünger, Judas Ischarioth, zu den Hohenpriestern [15]und fragte: «Was gebt ihr mir, wenn ich euch Jesus verrate?» Sie gaben ihm dreißig Silbermünzen. [16]Von da an suchte Judas eine günstige Gelegenheit, um Jesus zu verraten.

Jesus feiert das Passahmahl mit seinen Jüngern

(Mark. 14,12–21; Luk. 22,7–14.21–23)

[17]Am ersten Tag der Festwoche, dem Tag der ungesäuerten Brote,[a] kamen die Jünger zu Jesus und fragten: «Wo sollen wir das Passahmahl für uns vorbereiten?» [18]Er antwortete: «Geht in die Stadt zu dem und dem – er nannte den Namen – und teilt ihm mit: ‹Unser Meister sagt: Meine Zeit ist gekommen. Ich will mit meinen Jüngern in deinem Haus das Passahmahl feiern.›» [19]Die Jünger führten den Auftrag aus und bereiteten alles vor.

[20]Am Abend dieses Tages saß Jesus mit den zwölf Jüngern beim Essen. [21]Während sie aßen, sagte er: «Einer von euch wird mich verraten!» [22]Erschrocken fragte jeder: «Meinst du etwa mich?» [23]Jesus antwortete: «Der mit mir das Brot in die Schüssel eingetaucht hat, der ist es. [24]Der Menschensohn muß zwar sterben, wie es vorausgesagt ist, aber seinem Verräter wird es schlimm ergehen. Es wäre besser für ihn, er wäre nie geboren worden.» [25]Judas fragte wie die anderen auch: «Meister, du meinst doch nicht etwa, daß ich es bin?» Da antwortete ihm Jesus: «Doch, du bist es!»

(Mark. 14,22–26; Luk. 22,19–20; 1. Kor. 11,23–25)

[26]Während der Mahlzeit nahm Jesus ein Stück Brot, sprach das Dankgebet, teilte das Brot und gab es den Jüngern mit den Worten: «Nehmt und eßt, das ist mein Leib!» [27]Anschließend nahm er einen Becher mit Wein, dankte dafür und reichte ihn seinen Jüngern: «Trinkt alle daraus! [28]Das ist mein Blut, mit dem der neue Bund zwischen Gott und den Menschen besiegelt wird. Es wird zur Vergebung eurer Sünden vergossen. [29]Ich sage euch: Von jetzt an werde ich keinen Wein mehr trinken, bis ich ihn wieder im Reich meines Vaters mit euch trinken werde.» [30]Nachdem sie das Danklied gesungen hatten, gingen sie hinaus an den Ölberg.

Jesus warnt den selbstbewußten Petrus

(Mark. 14,27–31; Luk. 22,31–34; Joh. 13,36–38)

[31]Unterwegs sagte Jesus zu seinen Jüngern: «In dieser Nacht werdet ihr alle an mir zweifeln und mich nicht mehr begreifen. Denn es steht geschrieben: ‹Ich werde der Herde den Hirten nehmen, und die Schafe werden auseinanderlaufen.›[b] [32]Aber nach meiner Auferstehung gehe ich nach Galiläa. Dort werde ich euch wiedersehen.»

[33]Da erklärte Petrus: «Wenn auch alle anderen an dir zweifeln, ich halte

a) 2. Mose 12,18–20
b) Sacharja 13,7

zu dir!» 34 Doch Jesus erwiderte ihm: «Ich sage dir: Ehe heute nacht der Hahn kräht, wirst du dreimal behaupten, daß du mich nicht kennst.» 35 «Selbst wenn ich sterben müßte, würde ich das nicht tun!» beteuerte Petrus. Und die anderen Jünger sagten alle das gleiche.

Gebetskampf in Gethsemane
(Mark. 14,32–42; Luk. 22,39–46; Joh. 18,1)

36 Dann ging Jesus mit ihnen in einen Garten, der Gethsemane hieß. «Setzt euch hier hin und wartet auf mich!» forderte er die Jünger auf. «Ich will ein Stück weiter gehen und beten.» 37 Petrus, Jakobus und Johannes nahm er mit. Tiefe Mutlosigkeit und Angst überfielen Jesus, 38 und er sagte zu ihnen: «Ich zerbreche beinahe unter der Last, die ich zu tragen habe.[a] Bleibt bei mir und laßt mich nicht allein.» 39 Nachdem er einige Schritte weiter gegangen war, warf er sich auf die Erde und betete: «Mein Vater, wenn es möglich ist, so bewahre mich vor diesem Leiden[b]! Aber nicht mein Wille soll geschehen, sondern dein Wille.»

40 Danach ging er zu den drei Jüngern zurück und sah, daß sie eingeschlafen waren. Er rüttelte Petrus wach und rief: «Könnt ihr denn nicht eine einzige Stunde mit mir wachen? 41 Bleibt wach und betet, damit ihr die kommenden Tage überstehen könnt. Ich weiß, ihr wollt das Beste, aber aus eigener Kraft könnt ihr es nicht erreichen.»[c]

42 Noch einmal ließ er sie allein, um zu beten: «Mein Vater, auch wenn mir dieses Leiden nicht erspart bleiben kann, bin ich bereit, deinen Willen zu erfüllen!» 43 Als er zurückkam, sah er, daß seine Jünger wieder schliefen.

44 Er kehrte um und betete zum dritten Mal mit den gleichen Worten. 45 Dann kam er zu seinen Jüngern zurück und sagte: «Hört auf zu schlafen, ruht euch ein andermal aus! Jetzt wird der Menschensohn den Menschen ausgeliefert. 46 Steht auf, laßt uns gehen! Der Verräter ist schon da.»

Jesus wird verhaftet
(Mark. 14,43–50; Luk. 22,47–53; Joh. 18,3–11)

47 Noch während Jesus sprach, kam Judas, einer seiner Jünger, zusammen mit vielen Männern, die von den Hohenpriestern und den Führern des Volkes geschickt und mit Schwertern und Knüppeln bewaffnet worden waren. 48 Judas hatte mit ihnen vereinbart: «Der Mann, den ich küssen werde, der ist es. Ihn müßt ihr festnehmen!»

49 Judas ging auf Jesus zu und sagte: «Sei gegrüßt, Meister!» Dann küßte er ihn. 50 Jesus sah ihn an: «Mein Freund! Was tust du?»[d] Sofort packten ihn die Soldaten und nahmen ihn fest.

51 Aber einer der Jünger zog sein Schwert und schlug einem Soldaten des Hohenpriesters das Ohr ab. 52 Doch Jesus befahl ihm: «Stecke

a) Wörtlich: Tief betrübt ist meine Seele bis zum Tod.
b) Wörtlich: so gehe dieser Kelch (des Leidens) an mir vorüber.
c) Wörtlich: Der Geist ist zwar willig, das Fleisch aber ist kraftlos.
d) Wörtlich: Wozu bist du gekommen?

dein Schwert weg! Wer Gewalt an-
wendet, wird durch Gewalt umkom-
men.
53 Ist dir denn nicht klar, daß ich
meinen Vater um eine ganze Armee
Engel[a] bitten könnte, um uns zu
schützen? Er würde sie mir sofort
schicken. 54 Wie sollte sich aber dann
das erfüllen, was in der Heiligen
Schrift vorausgesagt ist? Es muß alles
so geschehen!»
55 Danach wandte sich Jesus an die
Soldaten: «Bin ich denn ein Schwer-
verbrecher, daß ihr mit Schwertern
und Knüppeln gekommen seid, um
mich zu verhaften? Jeden Tag habe
ich öffentlich im Tempel gepredigt,
und ihr habt nichts gegen mich unter-
nommen! 56 Aber auch dies geschieht,
damit sich die Vorhersagen der Pro-
pheten erfüllen.»

Entsetzt verließen ihn alle Jünger
und flohen.

Das Verhör

(Mark. 14,53–65; Luk. 22,54–55.
63–71; Joh. 18,12–14.19–24)

57 Man führte Jesus in das Haus des
Hohenpriesters Kaiphas, wo sich die
Schriftgelehrten und Führer des Vol-
kes versammelt hatten. 58 In sicherem
Abstand folgte ihnen Petrus bis zum
Innenhof des Palastes. Er ging hinein
und setzte sich zu den Wächtern, um
zu beobachten, was mit Jesus gesche-
hen würde.
59 Die Hohenpriester und der ganze
Gerichtshof waren versammelt. Sie
suchten Zeugen, die durch ihre fal-
schen Aussagen Jesus so belasten
sollten, daß man ihn zum Tode verur-
teilen konnte. 60 Es fanden sich auch
ein paar Leute, die dazu bereit wa-
ren. Aber ihre Aussagen waren wi-
dersprüchlich. 61 Schließlich erklärten
zwei Männer: «Dieser Mensch hat
behauptet: ‹Ich kann den Tempel
Gottes abreißen und in drei Tagen
wieder aufbauen.›»
62 Da stand der Hohepriester auf
und fragte Jesus: «Was antwortest du
darauf? Hast du das gesagt oder
nicht?»[b] 63 Doch Jesus schwieg. Dar-
auf sagte der Hohepriester: «Ich neh-
me dich vor dem lebendigen Gott un-
ter Eid: Sage uns, bist du Christus,
der Sohn Gottes?» 64 «Ja», antworte-
te Jesus, «und von jetzt an werdet ihr
den Menschensohn an der rechten
Seite Gottes sitzen und dann auf den
Wolken des Himmels wiederkom-
men sehen.»
65 Empört zerriß der Hohepriester
sein Gewand und rief: «Das ist Got-
teslästerung! Wozu brauchen wir
noch weitere Zeugen? Ihr habt seine
Gotteslästerung ja selbst gehört!
66 Wie lautet euer Urteil?» Sie
schrien: «Er muß zum Tode verur-
teilt werden!» 67 Und sie spuckten Je-
sus ins Gesicht, schlugen ihn mit
Fäusten und verhöhnten ihn: 68 «Na,
du Messias! Du bist doch ein Pro-
phet! Sag uns, wer hat dich geschla-
gen?»

Petrus verleugnet Jesus

(Mark. 14,66–72; Luk. 22,56–62;
Joh. 18,15–18.25–27)

69 Petrus war immer noch im Hof. Da
trat ein junges Mädchen auf ihn zu
und sagte: «Du warst doch auch bei
Jesus, diesem Galiläer!» 70 Aber Pe-
trus bestritt das laut: «Ich weiß nicht,

a) Wörtlich: mehr als zwölf Legionen Engel.
b) Wörtlich: Antwortest du nichts auf das, was sie gegen dich bezeugen?

was du willst.» [71] Als er danach in den
Vorhof hinausging, bemerkte ihn ein
anderes Mädchen und sagte zu den
Umherstehenden: «Der da gehört
auch zu diesem Jesus von Nazareth!»
[72] Doch Petrus behauptete wieder,
diesmal sogar mit einem Schwur:
«Ich kenne den Mann gar nicht!»
[73] Kurze Zeit später kamen einige
von den Leuten, die im Hof standen,
und sagten zu Petrus: «Natürlich!
Du gehörst auch zu seinen Freun-
den! Dein Dialekt verrät dich.» [74] Da
fing Petrus an zu fluchen und zu
schwören: «Ich habe diesen Men-
schen nie gesehen!»

In diesem Augenblick krähte ein
Hahn, [75] und Petrus fielen die Worte
ein, die Jesus gesagt hatte: «Ehe der
Hahn kräht, wirst du mich dreimal
verleugnen.» Da ging Petrus hinaus
und weinte voller Verzweiflung.

An die Römer ausgeliefert

(Mark. 15,1; Luk. 23,1; Joh. 18,28–32)

27 Am frühen Morgen faßten die
Hohenpriester und die Führer
des Volkes den Beschluß, bei den rö-
mischen Behörden die Vollstreckung
des Todesurteils über Jesus zu bean-
tragen. [2] Sie schickten ihn gefesselt
zu Pilatus, dem römischen Gouver-
neur.

Judas begeht Selbstmord

(Apg. 1,16–19)

[3] Als Judas, der Verräter, sah, daß Je-
sus zum Tode verurteilt worden war,
bereute er bitter, was er getan hatte.
Er brachte den Hohenpriestern und
Führern des Volkes das Geld zurück.
[4] «Ich habe eine große Schuld auf
mich geladen und einen Unschuldi-
gen verraten!» bekannte er. [5] «Was
geht uns das an?» gaben sie ihm zur
Antwort. «Das ist deine Sache!»

Da nahm Judas das Geld und warf
es in den Tempel. Dann lief er fort
und erhängte sich. [6] Die Hohenprie-
ster sammelten die Münzen ein, wa-
ren aber der Meinung: «Dieses Geld
dürfen wir nicht in den Tempelschatz
legen, weil Blut daran klebt!» [7] Nach-
dem sie die Sache besprochen hat-
ten, beschlossen sie, eine Tongrube
zu kaufen und diese als Friedhof für
die Fremden zu benutzen. [8] Noch
heute heißt dieser Friedhof «Blut-
acker».

[9] Auf diese Weise erfüllte sich das
Wort des Propheten Jeremia: «Sie
nahmen die dreißig Silbermünzen –
soviel war er dem Volk Israel wert –
[10] und kauften das Land von den Töp-
fern, wie Gott es befohlen hatte.»[a]

Das Todesurteil

(Mark. 15,2–15; Luk. 23,2–5. 17–25; Joh. 18,33–19,16)

[11] Jesus aber wurde zu dem römischen
Gouverneur Pilatus gebracht. Der
fragte ihn: «Bist du der König der Ju-
den?» Jesus antwortete: «Ja!»

[12] Als nun die Hohenpriester und
die Führer des Volkes alle möglichen
Anklagen gegen ihn vorbrachten,
schwieg Jesus. [13] «Hörst du denn
nicht, wie sehr sie dich beschuldi-
gen?» fragte Pilatus. [14] Aber Jesus er-
widerte kein Wort. Darüber wunder-
te sich Pilatus sehr.

[15] Der Gouverneur hatte die Ge-
wohnheit, jedes Jahr zum Passahfest
einen Gefangenen zu begnadigen,

a) Sacharja 11,12–13; Jeremia 18,2–10; 32,6–9

den sich das Volk selbst auswählen
durfte. 16 In diesem Jahr saß ein be-
rüchtigter Gewaltverbrecher im Ge-
fängnis. Er hieß Barabbas. 17 Als sich
am Morgen die Menschenmenge vor
dem Haus des Pilatus versammelt
hatte, fragte er sie: «Wen soll ich
diesmal begnadigen? Barabbas oder
Jesus, euren Messias?» 18 Denn Pila-
tus wußte genau, daß die Führer des
jüdischen Volkes das Verfahren ge-
gen Jesus nur aus Neid und Haß ange-
zettelt hatten.

19 Während Pilatus die Gerichtsver-
handlung leitete, schickte ihm seine
Frau eine Nachricht: «Unternimm
nichts gegen diesen Mann. Er ist un-
schuldig! Ich habe seinetwegen in der
letzten Nacht einen fürchterlichen
Traum gehabt.»

20 Inzwischen aber hatten die Ho-
henpriester und die Führer des Volkes
die Menge aufgewiegelt. Sie sollten
von Pilatus verlangen, Barabbas zu
begnadigen und nicht Jesus. 21 Als der
Gouverneur nun seine Frage wieder-
holte: «Wen von den beiden soll ich
freilassen?», schrie die Menge: «Ba-
rabbas!»

22 «Und was soll ich mit Jesus, eu-
rem Messias, anfangen?» Da kam wie
aus einem Munde die Antwort: «Ans
Kreuz mit ihm!» 23 «Was für ein Ver-
brechen hat er denn begangen?» frag-
te Pilatus. Doch ununterbrochen
schrie die Menge: «Ans Kreuz mit
ihm!»

24 Als Pilatus sah, daß er so nichts
erreichte und daß der Tumult nur im-
mer größer wurde, ließ er eine Schüs-
sel mit Wasser bringen. Für alle sicht-
bar wusch er sich die Hände und sag-
te: «Ich bin für das Blut dieses Un-
schuldigen nicht verantwortlich. Die
Verantwortung dafür tragt ihr!»
25 Die Menge schrie zurück: «Ja, wir
und unsere Kinder, wir tragen die
Folgen!» 26 Da gab Pilatus ihnen Ba-
rabbas frei. Jesus ließ er auspeitschen
und übergab ihn den Soldaten mit
dem Befehl, ihn zu kreuzigen.

Jesus wird verspottet und mißhandelt

(Mark. 15,16–20; Joh. 19,2–3)

27 Die Soldaten brachten Jesus in ihre
Unterkunft und riefen die ganze
Mannschaft zusammen. 28 Dann
nahmen sie ihm seine Kleider weg
und zogen ihm einen roten Mantel
an. 29 Aus Dornenzweigen flochten
sie eine Krone und drückten sie ihm
auf den Kopf. Sie gaben ihm einen
Stock in die rechte Hand, knieten
vor ihm nieder und riefen höhnisch:
«Es lebe der König der Juden!» 30 Al-
le spuckten ihn an und schlugen ihm
mit dem Stock auf den Kopf. 31 Als
sie genug davon hatten, zogen sie
ihm den roten Mantel wieder aus,
gaben ihm seine eigenen Kleider zu-
rück und führten ihn ab zur Kreuzi-
gung.

Am Kreuz

(Mark. 15,21–32; Luk. 23,26–43; Joh. 19,17–27)

32 Auf dem Weg zur Hinrichtungsstät-
te begegnete ihnen ein Mann aus Ky-
rene, der Simon hieß. Ihn zwangen
sie, das Kreuz zu tragen, an das Jesus
gehängt werden sollte. 33 So zogen sie
aus der Stadt hinaus nach Golgatha,
was «Schädelstätte» heißt. 34 Dort ga-
ben ihm die Soldaten Wein, der ihn
betäuben sollte. Als Jesus das merk-
te, wollte er ihn nicht trinken.

35 Nachdem sie ihn ans Kreuz ge-
schlagen hatten, verlosten die Solda-
ten seine Kleider. Dadurch erfüllte
sich, was durch den Propheten vor-
ausgesagt wurde: «Meine Kleider ha-

ben sie unter sich geteilt und mein Gewand verlost.»[a]

36 Sie setzten sich neben das Kreuz und bewachten Jesus. 37 Über seinem Kopf nagelten sie ein Schild an, auf dem stand, weshalb man ihn gekreuzigt hatte: «Das ist Jesus, der König der Juden!» 38 Zur gleichen Zeit wurden zwei Verbrecher gekreuzigt, der eine rechts, der andere links von ihm.

39 Die Leute, die vorbeigingen, beschimpften und verspotteten Jesus: 40 «Du also wolltest den Tempel zerstören und in drei Tagen wieder aufbauen! Dann rette dich doch jetzt selbst! Komm vom Kreuz herunter, wenn du wirklich der Sohn Gottes bist!»

41 Auch die Priester, Gesetzeslehrer und die Führer des Volkes machten sich über ihn lustig: 42 «Anderen hat er geholfen, aber sich selber kann er nicht helfen. Wenn er wirklich der König Israels ist, soll er doch vom Kreuz heruntersteigen. Dann wollen wir an ihn glauben! 43 Er hat sich doch immer auf Gott verlassen; jetzt wollen wir sehen, ob Gott sich zu ihm bekennt und ihm hilft. Hat er nicht gesagt: ‹Ich bin Gottes Sohn›?» 44 Ebenso beschimpften ihn die beiden, die mit ihm gekreuzigt worden waren.

Der Tod Jesu

(Mark. 15,33–41; Luk. 23,44–49; Joh. 19,28–37)

45 Um die Mittagszeit dieses Tages wurde es plötzlich im ganzen Land dunkel. Diese Finsternis dauerte drei Stunden. 46 Gegen drei Uhr rief Jesus laut: «Eli, Eli, lama sabachthani?» Das heißt: «Mein Gott, mein Gott, warum hast du mich verlassen?»[b]

47 Einige von den Herumstehenden hatten ihn aber falsch verstanden. Sie meinten, er rufe den Propheten Elia. 48 Einer von ihnen holte schnell einen Schwamm, tauchte ihn in Essig, steckte ihn auf einen Stab und wollte Jesus trinken lassen.[c] 49 Aber die anderen sagten: «Laß doch! Wir wollen sehen, ob Elia kommt und ihm hilft.» 50 Da schrie Jesus noch einmal laut auf und starb.

51 Im selben Augenblick zerriß der Vorhang, der im Tempel das Allerheiligste abschloß, von oben bis unten. Die Erde bebte, und die Felsen zerbrachen. 52 Gräber öffneten sich, und viele, die Gottes Willen getan hatten und schon gestorben waren, erwachten vom Tod 53 und verließen ihre Gräber. Nach der Auferstehung Jesu gingen sie in die Stadt und erschienen dort vielen Leuten.

54 Der Hauptmann und die Soldaten, die den gekreuzigten Jesus bewachten, erschraken sehr bei diesem Erdbeben und allem, was sich sonst ereignete. Sie sagten: «Dieser Mann ist wirklich Gottes Sohn gewesen!»

55 Viele Frauen aus Galiläa waren mit Jesus zusammen nach Jerusalem gekommen. Sie hatten für ihn gesorgt, und jetzt beobachteten sie das Geschehen aus der Ferne. 56 Unter ihnen waren auch Maria aus Magdala und Maria, die Mutter von Jakobus und Joseph, sowie die Mutter der beiden Zebedäussöhne Jakobus und Johannes.

a) Psalm 22,19
b) Psalm 22,2
c) Psalm 69,22

Jesus wird begraben
(Mark. 15,42–47; Luk. 23,50–56;
Joh. 19,38–42)

57 Am Abend kam ein reicher Mann
aus Arimathia. Er hieß Joseph und
war ein Freund Jesu. 58 Er ging zu Pi-
latus und bat ihn um den Leichnam
Jesu. Pilatus befahl, diese Bitte zu er-
füllen. 59 Joseph nahm den Toten,
wickelte ihn in ein neues Leinentuch
60 und legte ihn in das Grab, das er für
sich selbst in einen Felsen hatte hauen
lassen. Dann verschloß er den Ein-
gang des Grabes mit einem großen
Stein und ging fort. 61 Maria von Mag-
dala und die andere Maria waren
auch dabei. Sie blieben beim Grab
sitzen.

Die Wache am Grab

62 Am nächsten Tag, es war der Sab-
bat, kamen die Hohenpriester und
Pharisäer zu Pilatus 63 und sagten:
«Uns ist eingefallen, daß dieser Ver-
führer einmal behauptet hat: ‹Drei
Tage nach meinem Tod werde ich
wieder lebendig werden!› 64 Laß dar-
um das Grab bis zum dritten Tag be-
wachen, sonst stehlen seine Jünger
noch den Leichnam und erzählen je-
dem, daß er wieder lebendig gewor-
den ist. Das aber wäre ein noch grö-
ßerer Betrug.» 65 «Ich will euch eine
Wache geben», antwortete Pilatus.
«Tut, was ihr für richtig haltet, und
sichert das Grab!» 66 Da versiegelten
sie den Stein und stellten Posten auf,
die das Grab bewachen sollten.

Jesus lebt
(Mark. 16,1–8; Luk. 24,1–12;
Joh. 20,1–18)

28 Als der Sabbat vorüber war,
am frühen Sonntagmorgen,
gingen Maria von Magdala und die
andere Maria hinaus an das Grab.
2 Plötzlich fing die Erde an zu beben,
und ein Engel Gottes kam vom Him-
mel herab, wälzte den Stein, der das
Grab verschloß, beiseite und setzte
sich darauf. 3 Er leuchtete hell wie ein
Blitz, und sein Gewand war weiß wie
Schnee. 4 Die Wachtposten stürzten
vor Schrecken zu Boden und blieben
wie tot liegen.

5 Der Engel wandte sich an die
Frauen: «Fürchtet euch nicht! Ich
weiß, daß ihr Jesus, den Gekreuzig-
ten, sucht. 6 Er ist nicht mehr hier. Er
ist auferstanden, wie er es vorherge-
sagt hat. Kommt und seht euch die
Stelle an, wo er gelegen hat. 7 Dann
beeilt euch, geht zu seinen Jüngern
und sagt ihnen, daß Jesus von den To-
ten auferstanden ist. Er wird nach
Galiläa gehen, um euch dort zu tref-
fen. Diese Botschaft soll ich euch aus-
richten.»

8 Erschrocken liefen die Frauen
vom Grab weg. Gleichzeitig erfüllte
sie unbeschreibliche Freude. Sie
wollten sofort den Jüngern alles be-
richten, was sie erlebt hatten. 9 Sie
waren noch nicht weit gekommen, als
Jesus plötzlich vor ihnen stand. «Seid
gegrüßt!» sagte er. Da fielen sie vor
ihm nieder und umklammerten seine
Füße. 10 Jesus beruhigte sie: «Fürch-
tet euch nicht! Geht, sagt meinen
Brüdern, sie sollen nach Galiläa kom-
men! Dort werden sie mich sehen.»

Die Lüge der Wachmannschaft

11 Nachdem die Frauen das Grab ver-
lassen hatten, liefen einige von der
Wachmannschaft zu den Hohenprie-
stern in die Stadt und berichteten,
was geschehen war. 12 Diese berieten
mit den Führern des Volkes, was sie
nun tun sollten. Schließlich gaben sie

den Soldaten Geld und befahlen ihnen: [13]«Erzählt überall: ‹In der Nacht, als wir schliefen, sind seine Jünger gekommen und haben den Toten gestohlen.›» [14]Auch versprachen sie ihnen: «Wenn der Gouverneur dahinterkommt, werden wir dafür sorgen, daß euch nichts passiert.» [15]Die Soldaten nahmen das Geld und hielten sich an den Befehl. So hat sich diese Lüge weiter verbreitet und bis auf den heutigen Tag gehalten.

Jesus begegnet den Jüngern
(Mark. 16,14; Luk. 24,36–43; Joh. 20,19–20)

[16]Die elf Jünger aber gingen nach Galiläa zu dem Berg, den Jesus ihnen genannt hatte. [17]Als sie ihn dort sahen, fielen sie vor ihm nieder und beteten ihn an. Einige aber zweifelten, ob es wirklich Jesus war.

Der Auftrag
(Mark. 16,15–19; Luk. 24,47–51; Joh. 20,21–23)

[18]Da ging Jesus auf seine Jünger zu und sprach: «Ich habe von Gott alle Macht im Himmel und auf der Erde erhalten. [19]Geht hinaus in die ganze Welt und ruft alle Menschen in meine Nachfolge! Tauft sie und führt sie hinein in die Gemeinschaft mit dem Vater, dem Sohn und dem Heiligen Geist! [20]Lehrt sie, so zu leben, wie ich es euch aufgetragen habe.[a] Ihr dürft sicher sein: Ich bin immer und überall bei euch, bis an das Ende dieser Welt!»

a) Wörtlich: Geht also hin, macht zu Jüngern alle Völker, tauft sie auf den Namen des Vaters und des Sohnes und des Heiligen Geistes. Lehrt sie alles halten, was ich euch befohlen habe.

Markus berichtet von Jesus

Johannes der Täufer fordert: Ändert euch!
(Matth. 3,1–12; Luk. 3,1–18; Joh. 1,19–28)

1 Dies ist die Heilsbotschaft von Jesus Christus, dem Sohn Gottes.

2 Alles begann so, wie es in der Heiligen Schrift vorausgesagt worden war: «Gott wird einen Boten senden, der die Welt darauf vorbereiten soll, daß Gottes Sohn kommen wird.»[a]

3 Der Prophet Jesaja hatte vorausschauend die Aufgabe dieses Boten so beschrieben: «Ich höre jemand in der Wüste rufen: ‹Macht den Weg frei für den Herrn! Räumt alle Hindernisse weg, damit er kommen kann!›»[b]

4 Dieser Bote war Johannes der Täufer. Er lebte in der Wüste, taufte und verkündete den Leuten, die zu ihm kamen: «Ändert euch von Grund auf, und kehrt um zu Gott, damit er euch eure Sünden vergeben kann. Laßt euch von mir taufen!» 5 Viele Menschen aus der ganzen Provinz Judäa und aus Jerusalem kamen, um Johannes zu hören. Sie bekannten ihre Sünden, und er taufte sie im Jordan.

6 Johannes war sehr einfach gekleidet: Er trug einen groben, aus Kamelhaar gewebten Mantel, der von einem Lederriemen zusammengehalten wurde. Seine Nahrung bestand aus Heuschrecken und Honig, den er draußen fand. 7 Er rief den Leuten zu: «Nach mir wird ein anderer kommen, der viel mächtiger sein wird, als ich es bin. Ich bin nicht einmal würdig, ihm die Schuhe auszuziehen. 8 Ich taufe euch mit Wasser, aber er wird euch mit dem Heiligen Geist taufen.»

Jesus läßt sich taufen
(Matth. 3,13–17; Luk. 3,21–22; Joh. 1,32–34)

9 In dieser Zeit kam Jesus von Nazareth aus der Provinz Galiläa und ließ sich von Johannes im Jordan taufen. 10 Gleich nach der Taufe, als Jesus aus dem Wasser gestiegen war, sah er, wie sich der Himmel über ihm öffnete und der Geist Gottes wie eine Taube auf ihn herabkam. 11 Dabei hörte er eine Stimme aus dem Himmel: «Du bist mein geliebter Sohn, der meine ganze Freude ist.»

Jesus wird auf die Probe gestellt
(Matth. 4,1–11; Luk. 4,1–13)

12 Gleich darauf führte der Geist Gottes Jesus in die Wüste. 13 Vierzig Tage war er dort den Versuchungen des Teufels ausgesetzt. Er lebte mit wilden Tieren zusammen, und die Engel Gottes dienten ihm.

a) Maleachi 3,1
b) Jesaja 40,3

Die ersten Jünger
(Matth. 4,12–22; Luk. 4,14–15)

14 Nachdem Johannes der Täufer vom
König Herodes verhaftet worden
war, kam Jesus in die Provinz Galiläa,
um dort Gottes Botschaft zu verkün-
digen: 15 «Jetzt ist Gottes Stunde ge-
kommen. Seine Königsherrschaft
wird nun aufgerichtet. Ändert euch
von Grund auf! Kehrt um zu Gott
und nehmt seine Heilsbotschaft im
Glauben an!» 16 Am See Genezareth
traf Jesus den Fischer Simon und des-
sen Bruder Andreas. Sie warfen gera-
de ihre Netze aus. 17 Da forderte Jesus
sie auf: «Kommt mit mir! Ich will
euch zeigen, wie ihr Menschen für
Gott gewinnen könnt.» 18 Sofort lie-
ßen die beiden Männer ihre Netze lie-
gen und gingen mit ihm.
19 Nicht weit davon entfernt begeg-
nete Jesus den Söhnen des Zebedäus,
Johannes und Jakobus. Sie saßen im
Boot und flickten ihre Netze. Auch
sie forderte er auf, mit ihm zu gehen.
20 Da verließen sie ihren Vater mit sei-
nen Gehilfen und gingen mit Jesus.

Jesus erweist seine Macht
(Luk. 4,31–37)

21 Nun kamen sie in die Stadt Kaper-
naum. Am nächsten Sabbat besuchte
Jesus die Synagoge und predigte dort.
22 Die Zuhörer waren von seiner Rede
tief betroffen. Es war anders als bei
ihren Schriftgelehrten, denn alle
spürten, daß durch Jesus Gott selbst
zu ihnen sprach.
23 In der Synagoge war ein Mann,
der von einem bösen Geist beherrscht
wurde. Er lief zu Jesus und schrie:
24 «Was willst du von uns, Jesus von
Nazareth? Du bist doch nur gekom-
men, um uns zu vernichten. Ich weiß
genau, wer du bist: der Sohn Gottes.»
25 Aber Jesus wußte, daß nicht der
Mann selbst sprach, sondern der böse
Geist in ihm. Deshalb befahl er dem
Dämon: «Schweig und verlaß den
Mann!» 26 Der Dämon zerrte den
Mann hin und her und verließ ihn
dann mit einem lauten Schrei.
27 Darüber erschraken alle in der
Synagoge und fragten sich aufgeregt:
«Was ist das nur für eine Lehre? Den
Befehlen dieses Jesus müssen sogar
die bösen Geister gehorchen!» 28 In
Windeseile wurde in ganz Galiläa be-
kannt, was Jesus getan hatte.

Kranke werden geheilt
(Matth. 8,14–17; Luk. 4,38–41)

29 Nachdem Jesus die Synagoge ver-
lassen hatte, ging er mit Jakobus und
Johannes in Simons Haus, in dem
auch Andreas wohnte. 30 Dort erfuhr
er, daß Simons Schwiegermutter mit
hohem Fieber im Bett lag. 31 Er ging
zu ihr, nahm ihre Hand und richtete
sie auf. Sofort war das Fieber ver-
schwunden. Sie konnte sogar aufste-
hen und für ihre Gäste sorgen.
32 Am Abend, als die Sonne unter-
gegangen war, brachte man viele
Kranke und von Dämonen be-
herrschte Leute herbei. 33 Fast alle
Bewohner der Stadt versammelten
sich vor Simons Haus. 34 Jesus heilte
viele Menschen von ihren Krankhei-
ten und zwang die Dämonen, ihre
Opfer freizugeben. Dabei verbot er
den bösen Geistern, von ihm zu re-
den, denn sie wußten genau, wer er
war.

Alle müssen die Heilsbotschaft hören
(Luk. 4,42–44)

35 Am nächsten Morgen stand Jesus
vor Tagesanbruch auf und ging an

eine einsam gelegene Stelle, um dort
allein zu beten. 36 Petrus und die an-
deren suchten ihn. 37 Als sie ihn ge-
funden hatten, sagten sie vorwurfs-
voll: «Alle Leute fragen nach dir!»
38 Aber er antwortete: «Wir müssen
auch noch in die anderen Dörfer ge-
hen, um dort die Heilsbotschaft zu
verkünden. Das ist meine Aufgabe.»
39 Und Jesus reiste durch die ganze
Provinz Galiläa, predigte in den Syn-
agogen und befreite viele aus der Ge-
walt dämonischer Mächte.

Ein Geheilter kann nicht schweigen

(Matth. 8,2–4; Luk. 5,12–16)

40 Einmal kam ein Leprakranker zu
Jesus. Er fiel vor ihm nieder und bat:
«Wenn du willst, kannst du mich hei-
len.» 41 Jesus hatte Mitleid mit dem
Mann. Deshalb legte er segnend die
Hand auf ihn: «Ich will es tun! Sei ge-
sund!» 42 Von diesem Augenblick an
war der Aussatz verschwunden und
der Mann geheilt. 43/44 «Sprich mit
niemandem über deine Heilung»,
schärfte ihm Jesus ein, «sondern gehe
direkt zum Priester, und laß dich von
ihm untersuchen. Bring das Opfer für
deine Heilung, wie es Mose vorge-
schrieben hat. Jeder soll merken, daß
Gott dich geheilt hat.»

45 Aber der Mann erzählte überall,
wie er geheilt worden war, so daß Je-
sus nicht länger in der Stadt bleiben
konnte. Er mußte sich in eine einsa-
me Gegend zurückziehen. Aber auch
dorthin kamen von überall die Leute
zu ihm.

Jesus hat die Macht, Sünden zu vergeben

(Matth. 9,1–8; Luk. 5,17–26)

2 Nach einigen Tagen kehrte Jesus
nach Kapernaum zurück. Es
sprach sich schnell herum, daß er wie-
der zu Hause war. 2 Viele Menschen
strömten zusammen, so daß nicht ein-
mal mehr vor der Tür noch Platz war.
Ihnen allen verkündete Jesus die
Heilsbotschaft.

3 Da kamen vier Männer, die einen
Gelähmten trugen. 4 Weil sie wegen
der vielen Menschen nicht bis zu Je-
sus kommen konnten, deckten sie
über ihm das Dach ab. Durch diese
Öffnung ließen sie den Gelähmten
auf seiner Trage hinunter.

5 Als Jesus sah, wie fest sie darauf
vertrauten, daß er ihrem Freund hel-
fen würde, sagte er zu dem Gelähm-
ten: «Mein Sohn, deine Sünden sind
dir vergeben!»

6 Aber einige der anwesenden
Schriftgelehrten dachten: 7 «Das ist
Gotteslästerung! Was bildet der sich
ein! Nur Gott allein kann Sünden ver-
geben.» 8 Jesus durchschaute sie und
fragte: «Wie könnt ihr nur so etwas
denken! 9 Ist es leichter zu sagen: ‹Dir
sind deine Sünden vergeben› oder
diesen Gelähmten zu heilen? 10 Ich
will euch beweisen, daß der Men-
schensohn die Macht hat, schon jetzt[a]
Sünden zu vergeben.» Und er forder-
te den Gelähmten auf: 11 «Steh auf,
nimm dein Bett und geh nach Hause!
Du bist gesund!»

12 Der Mann stand auf, nahm seine
Trage und ging hinaus. Fassungslos
sahen ihm die Menschen nach und rie-
fen begeistert: «Noch nie haben wir so
etwas erlebt!» Und alle lobten Gott.

a) Wörtlich: auf der Erde.

Gesunde brauchen keinen Arzt
(Matth. 9,9–13; Luk. 5,27–32)

[13] Jesus ging an das Ufer des Sees Genezareth und sprach zu den vielen Menschen, die sich dort versammelt hatten. [14] Als er weiterging, sah er Levi, den Sohn des Alphäus, am Zoll sitzen. «Komm, folge mir nach!» rief er ihm zu. Sofort stand Levi auf und ging mit ihm.

[15] Danach gab Levi ein großes Festessen. Dazu hatte er nicht nur Jesus und seine Jünger eingeladen, sondern auch viele von seinen früheren Kollegen und andere Leute, die einen schlechten Ruf hatten. Viele von ihnen waren zu Freunden Jesu geworden. [16] Als aber einige Schriftgelehrte, die zur Partei der Pharisäer gehörten, Jesus in dieser Gesellschaft essen sahen, fragten sie seine Jünger: «Wie kann sich euer Jesus bloß mit solchem Gesindel einlassen!» [17] Als Jesus das hörte, antwortete er ihnen: «Die Gesunden brauchen keinen Arzt, sondern die Kranken. Meine Aufgabe ist es, Sünder in die Gemeinschaft mit Gott zu rufen, und nicht solche, die Gott bereits kennen.»[a]

Neues Leben und alte Formen
(Matth. 9,14–17; Luk. 5,33–39)

[18] Die Jünger des Johannes und die Pharisäer fasteten regelmäßig. Deshalb kamen einige von ihnen zu Jesus und fragten: «Die Jünger des Johannes und alle Pharisäer fasten. Warum fasten deine Jünger nicht?»

[19] Jesus antwortete ihnen: «Sollen die Hochzeitsgäste etwa fasten, wenn sie an der Festtafel sitzen? Sie denken nicht daran! Zumindest werden sie so lange feiern, wie der Bräutigam bei ihnen ist. [20] Die Zeit kommt ohnehin früh genug, daß der Bräutigam ihnen genommen wird. Dann werden sie fasten.

[21] Niemand flickt ein altes Kleid mit neuem Stoff. Der alte Stoff würde an der Flickstelle doch wieder reißen, und das Loch würde nur noch größer. [22] Ebenso füllt niemand jungen, gärenden Wein in alte, brüchige Schläuche. Sonst platzen die Schläuche, der Wein läuft aus, und die Schläuche sind unbrauchbar. So verlangt das neue Leben nach neuen Ordnungen.»[b]

Der Ruhetag ist für den Menschen da
(Matth. 12,1–8; Luk. 6,1–5)

[23] An einem Sabbat ging Jesus mit seinen Jüngern durch die Getreidefelder. Unterwegs rissen die Jünger Ähren ab und aßen die Körner. [24] Da begannen einige Pharisäer zu schimpfen: «Sieh dir das an! Es ist doch nicht erlaubt, am Sabbat Getreide zu ernten.»

[25] Aber Jesus antwortete ihnen: «Habt ihr denn nie gelesen, was David und seine Männer getan haben? [26] Als sie hungrig waren, gingen sie in das Haus Gottes – Abjathar war damals Hoherpriester – und aßen die Opferbrote, die nur die Priester essen durften.[c]

[27] Der Sabbat wurde doch für den Menschen geschaffen und nicht der Mensch für den Sabbat. [28] Deshalb

a) Wörtlich: und nicht die Gerechten.
b) Wörtlich: Neuer Wein gehört in neue Schläuche.
c) 1. Samuel 21,7

hat der Menschensohn auch das Recht zu entscheiden, was am Sabbat erlaubt ist und was nicht.»

Gesetzlichkeit oder Liebe?

(Matth. 12,9–14; Luk. 6,6–11)

3 Als Jesus wie gewohnt zur Synagoge ging, traf er dort einen Mann, der eine verkrüppelte Hand hatte. [2]Seine Gegner warteten gespannt darauf, wie Jesus sich verhalten würde. Sollte er es nämlich wagen, auch am Sabbat zu heilen, so könnten sie Anklage gegen ihn erheben.

[3]Jesus rief den Mann zu sich: «Komm her zu mir!» [4]Dann fragte er die Anwesenden: «Darf man am Sabbat Gutes tun oder nicht? Soll man an einem solchen Tag Leben retten oder es zugrunde gehen lassen?»

Darauf wußten sie keine Antwort. [5]Zornig sah Jesus einen nach dem anderen an, tief erschüttert über ihre Hartherzigkeit. Zu dem Mann aber sagte er: «Strecke deine Hand aus!» Der Mann gehorchte, und sofort war seine Hand gesund.

[6]Erregt verließen die Pharisäer die Synagoge und trafen sich mit den Freunden und Anhängern des Königs Herodes. Sie berieten miteinander, wie sie Jesus am einfachsten aus dem Weg räumen könnten.

Jesus heilt am See Genezareth

(Matth. 12,15–16; Luk. 6,17–19)

[7/8]Jesus zog sich mit seinen Jüngern wieder an das Ufer des Sees Genezareth zurück. Aber eine große Menschenmenge aus ganz Galiläa lief hinter ihm her. Sogar aus Judäa, Jerusalem, Idumäa, von jenseits des Jordantals und von Tyrus und Sidon waren sie gekommen, weil sie von seinen Krankenheilungen und Wundern gehört hatten.

[9]Als immer mehr Menschen dazukamen, beauftragte er seine Jünger, ein Boot bereitzuhalten, wenn ihn die Menschen zu sehr bedrängen sollten.

[10]Jesus heilte viele Kranke. Darum drängten sich die Leute um ihn. Sie wollten wenigstens seine Kleider berühren, um dadurch gesund zu werden. [11]Von Dämonen Beherrschte stürzten vor ihm nieder und schrien: «Du bist der Sohn Gottes!» [12]Aber Jesus befahl ihnen zu schweigen.

Die zwölf Jünger

(Matth. 10,1–4; Luk. 6,12–16)

[13]Danach stieg Jesus auf einen Berg. Einige seiner Freunde hatte er aufgefordert, mit ihm zu kommen; und sie waren mit ihm gegangen. [14/15]Diese zwölf Männer erwählte er zu seinen Jüngern. Sie sollten ständig bei ihm bleiben und von ihm lernen. Er wollte sie mit dem Auftrag aussenden, die Heilsbotschaft zu predigen und Menschen von der Macht der Dämonen zu befreien.

[16]Diese zwölf Männer, die später Apostel genannt wurden, waren: Simon, dem Jesus den Namen Petrus gab; [17]Jakobus und Johannes, die Söhne des Zebedäus – Jesus nannte sie «Donnersöhne» –; [18]Andreas, Philippus, Bartholomäus, Matthäus, Thomas, Jakobus, der Sohn des Alphäus, Thaddäus, Simon, der ehemalige Freiheitskämpfer, [19]und Judas Ischarioth, der ihn später verraten hat.

Widerstand gegen Jesus

(Matth. 12,24–32;
Luk. 11,15–23; 12,10)

[20]Als Jesus nach Hause kam, liefen

gleich wieder so viele Menschen zu
ihm, daß er und seine Jünger nicht
einmal Zeit zum Essen hatten. 21 Als
seine Angehörigen das erfuhren,
wollten sie ihn unbedingt mit nach
Hause nehmen. «Er hat den Ver-
stand verloren!» sagten sie.

22 Einige der Schriftgelehrten aus
Jerusalem behaupteten sogar: «Er
hat sich dem Teufel verschrieben.
Nur weil er vom Obersten aller Dä-
monen die Macht bekommen hat,
kann er Dämonen austreiben.»

23 Jesus aber rief die Leute zu sich
und fragte sie: «Warum sollte denn
ein Satan den anderen vertreiben?
24 Ein Staat wird untergehen, wenn in
ihm verschiedene Herrscher um die
Macht kämpfen. 25 Eine Familie, die
ständig in Zank und Streit lebt, bricht
auseinander. 26 Wenn sich also der Sa-
tan gegen sich selbst erhebt, hätte er
keine Macht mehr. Das wäre sein Un-
tergang. 27 Niemand kann in das Haus
eines starken Mannes eindringen und
ihn berauben. Erst wenn der Starke
gefesselt ist, kann man ihn ausplün-
dern.

28 Das eine will ich euch mit aller
Deutlichkeit sagen: Jede Sünde und
jede Gotteslästerung kann den Men-
schen vergeben werden. 29 Wer aber
den Heiligen Geist lästert, der wird
niemals Vergebung finden; seine
Sünde bleibt für immer bestehen.»

30 Das sagte er zu den Schriftgelehr-
ten, weil sie behauptet hatten: «Er
hat sich dem Teufel verschrieben.»

Wer gehört zu Jesus?
(Matth. 12,46–50; Luk. 8,19–21)

31/32 Noch während Jesus sprach, ka-
men seine Mutter und seine Brüder.
Aber weil so viele Menschen bei ihm
waren, kamen sie nicht an ihn heran.
Deshalb baten sie, Jesus auszurich-
ten: «Deine Mutter und deine Ge-
schwister warten draußen. Sie wollen
mit dir reden!» 33 Er gab zur Antwort:
«Wer ist meine Mutter, und wer sind
meine Brüder?» 34 Dann sah er seine
Zuhörer an und sagte: «Das sind mei-
ne Mutter und meine Geschwister:
35 Jeder, der Gottes Willen tut, ist für
mich Bruder, Schwester und Mut-
ter!»

Das Gleichnis vom Sämann: Hören allein ist noch nicht Glauben
(Matth. 13,1–23; Luk. 8,4–15)

4 Wieder kam eine große Men-
schenmenge zusammen, als Jesus
am See sprach. Darum stieg er in ein
Boot und redete von dort zu den
Menschen am Ufer. 2 Was er ihnen
von Gott zu sagen hatte, erklärte er
ihnen durch Beispiele:

3 «Hört mir zu! Ein Bauer säte Ge-
treide aus. 4 Dabei fielen ein paar Sa-
menkörner auf den Weg. Die wurden
gleich von den Vögeln aufgepickt.
5 Andere fielen auf felsigen Boden,
wo die Ackerkrume nur dünn war.
Dort ging die Saat zwar schnell auf;
6 aber als die Sonne heiß brannte, ver-
trockneten die Pflänzchen, weil ihre
Wurzeln in der dünnen Erdschicht zu
wenig Nahrung fanden. 7 Ein Teil des
Samens fiel zwischen die Disteln, von
denen die jungen Pflanzen bald über-
wuchert wurden, so daß sie schließ-
lich erstickten. 8 Der übrige Same
aber fiel auf fruchtbaren Boden und
brachte das Dreißigfache, das Sech-
zigfache, ja sogar das Hundertfache
an Frucht ein. 9 Hört genau auf das,
was ich euch sage!»

10 Später, als Jesus mit seinen zwölf
Jüngern und den anderen Begleitern
allein war, fragten sie ihn: «Warum
erzählst du solche Beispiele?» 11 Er
antwortete: «Ihr versteht die Ge-

heimnisse des Reiches Gottes. Den anderen erkläre ich sie durch Gleichnisse. [12]Damit erfüllt sich an ihnen das Wort des Propheten Jesaja: ‹Sie sehen, aber sie erkennen nicht; sie hören, aber sie verstehen es nicht. Sonst würden sie ja zu Gott umkehren und ihre Sünde würde ihnen vergeben.›»[a]

[13]Zugleich sagte er zu seinen Jüngern: «Aber ich sehe, daß auch ihr diesen einfachen Vergleich nicht verstanden habt. Wie wollt ihr dann all die anderen begreifen?

[14]Wer Gottes Wort weitergibt, ist wie der Bauer, der Samen aussät. [15]Mit dem festgetretenen Weg, auf den ein paar Körner fallen, sind die hartherzigen Menschen gemeint. Sie hören zwar Gottes Botschaft, aber dann kommt der Satan und nimmt ihnen alles wieder weg.

[16]Der felsige Boden ist ein Beispiel für die Leute, die das Wort Gottes schnell und mit großer Begeisterung annehmen. [17]Aber das Wort kann nicht tief genug in ihr Leben eindringen. Sie sind hin- und hergerissen. Wenn sie wegen ihres Glaubens in Schwierigkeiten kommen oder verfolgt werden, geben sie gleich auf.

[18]Der von Disteln überwucherte Boden entspricht den Menschen, die Gottes Botschaft hören und aufnehmen. [19]Aber nur allzu schnell erstikken die Sorgen des Alltags, die Verführung des Wohlstandes und die Gier nach all den Dingen dieses Lebens Gottes Botschaft in ihrem Herzen, so daß keine Frucht wachsen kann.

[20]Aber es gibt auch fruchtbaren Boden: Menschen, die Gottes Wort hören und in ihr Leben aufnehmen, so daß es Frucht bringt, dreißigfach, sechzigfach oder hundertfach.»

Hören und Gehorchen
(Luk. 8,16–18)

[21]Dann fragte Jesus die Zuhörer: «Zündet man etwa eine Lampe an, um sie dann unter einen Eimer oder eine Bank zu stellen? Im Gegenteil! Eine brennende Lampe stellt man so auf, daß sie den ganzen Raum erhellt. Nur so erfüllt sie ihren Zweck. [22]Alles, was jetzt noch verborgen ist, wird einmal ans Licht kommen, und was jetzt noch ein Geheimnis ist, wird jeder verstehen. [23]Denkt genau darüber nach, was ich euch gesagt habe, [24]und richtet euch danach!

Eins steht fest: Mit dem Maßstab, den ihr an andere anlegt, werdet ihr selbst gemessen werden. Von euch wird man sogar noch mehr erwarten. [25]Denn wer viel hat, der bekommt noch mehr dazu. Wer meine Botschaft versteht, der wird einmal alles begreifen. Wer sie aber nicht versteht, dem wird noch die geringe Kenntnis, die er zu besitzen meint, verlorengehen.»[b]

Gott läßt die Saat aufgehen

[26]«Mit dem Reich Gottes ist es wie mit dem Samen, den ein Bauer auf sein Feld sät», erklärte Jesus weiter. [27]«Nach der Arbeit geht er nach Hause, schläft, steht wieder auf, und das tagaus, tagein. Im Laufe der Zeit wächst die Saat ohne sein Zutun her-

a) Jesaja 6,9–10
b) Wörtlich: Denn wer hat, dem wird gegeben werden. Wer aber nicht hat, dem wird auch das, was er hat, genommen werden.

an. 28 Denn die Erde läßt die Frucht
aufgehen und wachsen. Zuerst
kommt der Halm, dann die Ähre und
endlich als Frucht die Körner.
29 Wenn aus dem Samen das reife Ge-
treide geworden ist, wird es gemäht,
denn die Erntezeit ist da.»

Vom Senfkorn: Gottes Reich beginnt im Kleinen

(Matth. 13,31–32; Luk. 13,18–19)

30 Schließlich fragte Jesus: «Womit
sollen wir das Reich Gottes noch ver-
gleichen? Welches Bild könnte euch
helfen, es zu verstehen? 31 Ich möchte
das Reich Gottes mit einem Senfkorn
vergleichen. Das ist ein winziges Sa-
menkorn. 32 Wenn es aber in den Bo-
den gesät wird, wächst es schnell her-
an und wird größer als andere Sträu-
cher. Es bekommt starke Zweige, in
denen die Vögel sogar ihre Nester
bauen können.»

33 Jesus benutzte sehr oft Beispiele,
damit die Menschen seine Botschaft
besser verstehen konnten. 34 In der
Öffentlichkeit gebrauchte er immer
solche Gleichnisse. Wenn er aber
später mit seinen Jüngern allein war,
erklärte er ihnen die Bedeutung die-
ser Bilder.

Herr über Wind und Wellen

(Matth. 8,23–27; Luk. 8,22–25)

35 Am Abend dieses Tages sagte Jesus
zu seinen Jüngern: «Kommt, wir wol-
len ans andere Ufer übersetzen!»
36 Sie schickten die Menschen weg
und ruderten mit dem Boot, in dem
Jesus saß, auf den See hinaus. Einige
andere Boote folgten ihnen.

37 Da brach ein gewaltiger Sturm
los. Hohe Wellen schlugen ins Boot,
es lief voll Wasser und drohte zu sin-
ken. 38 Jesus aber schlief hinten im
Boot auf einem Kissen. Da rüttelten
ihn die Jünger wach und schrien vol-
ler Angst: «Herr, wir gehen unter!
Merkst du das nicht?»

39 Sofort stand Jesus auf, bedrohte
den Wind und rief in das Toben der
See: «Sei still! Schweige!» Da legte
sich der Sturm, und tiefe Stille breite-
te sich aus.

40 «Warum hattet ihr solche
Angst?» fragte Jesus seine Jünger,
«habt ihr denn gar kein Vertrauen zu
mir?» 41 Voller Entsetzen flüsterten
die Jünger einander zu: «Was ist das
für ein Mann! Selbst Wind und Wel-
len gehorchen ihm!»

Jesus heilt einen Besessenen

(Matth. 8,28–34; Luk. 8,26–39)

5 Als sie auf der anderen Seite des
Sees die Gegend um Gadara er-
reichten 2 und Jesus aus dem Boot
stieg, lief ihnen ein Mann entgegen.
3 Dieser Mensch wurde von Dämonen
beherrscht und lebte in Grabhöhlen.
Er war so wild, daß er nicht einmal
mit Ketten gebändigt werden konnte.
4 Sooft man ihn auch fesselte und in
Ketten legte, jedesmal riß er sich wie-
der los. Niemand wagte sich in seine
Nähe. 5 Tag und Nacht hielt er sich in
den Grabhöhlen auf oder irrte in den
Bergen umher. Dabei tobte er und
schlug mit Steinen auf sich ein.

6 Kaum hatte er Jesus gesehen, warf
er sich vor ihm nieder, und es schrie
laut aus ihm: 7 «Was willst du von mir,
Jesus, du Sohn Gottes? Ich beschwö-
re dich beim Allerhöchsten, quäle
mich nicht!» 8 Jesus hatte nämlich
dem Dämon befohlen: «Verlaß dein
Opfer, du teuflischer Geist!» 9 Da
fragte ihn Jesus: «Wie heißt du?» Der
Dämon antwortete: «Mein Name ist
Legion, denn nicht nur ich, sondern
viele von uns beherrschen diesen

Menschen.» 10 Immer wieder bat er
Jesus: «Vertreibe uns nicht aus dieser
Gegend!»

11 Nicht weit entfernt an einem Ab-
hang wurde gerade eine große Herde
Schweine gehütet. 12 «Laß uns in die-
se Schweine fahren», bettelten die
Dämonen. 13 Jesus erlaubte es ihnen.
Jetzt ließen die bösen Geister den
Mann frei und bemächtigten sich der
Schweine, die den Abhang hinunter
in den See stürzten. Und alle zweitau-
send Tiere ertranken.

14 Verstört liefen die Hirten in die
Stadt und berichteten überall, was ge-
schehen war. Viele kamen nun am
See zusammen, um sich selbst zu
überzeugen. 15 Sie sahen den Mann,
den die vielen Dämonen gequält hat-
ten. Er war gekleidet wie jeder ande-
re und saß ganz ruhig neben Jesus. Da
wurde ihnen unheimlich zumute.
16 Die Leute aber, die alles mitangese-
hen hatten, erzählten, wie der Beses-
sene geheilt wurde und was mit den
Schweinen geschehen war. 17 Darauf-
hin baten die Leute Jesus, er möge ih-
re Gegend wieder verlassen.

18 Jesus wollte gerade in das Boot
steigen, als ihn der Geheilte bat: «Ich
möchte gern bei dir bleiben.» 19 Aber
Jesus erlaubte es ihm nicht. Er sagte:
«Geh nach Hause zu deiner Familie
und berichte, welch großes Wunder
Gott an dir getan hat und wie barm-
herzig er zu dir gewesen ist!» 20 Da
wanderte der Mann durch das Gebiet
der Zehn Städte und erzählte jedem,
was für ein Wunder Jesus an ihm ge-
tan hatte. Und alle staunten.

Macht über Krankheit und Tod
(Matth. 9,18–26; Luk. 8,40–56)

21 Kaum war Jesus ans andere Ufer
zurückgekehrt, als sich am Strand
wieder eine große Menschenmenge
um ihn versammelte. 22 Da kam Jai-
rus, ein Vorsteher der jüdischen Ge-
meinde, und warf sich vor Jesus nie-
der. 23 Er bat ihn verzweifelt: «Meine
Tochter liegt im Sterben. Komm und
lege ihr die Hände auf, damit sie wie-
der gesund wird!» 24 Jesus ging mit
Jairus, gefolgt von einer dichten
Menschenmenge.

25 In der Menge war auch eine Frau,
die seit zwölf Jahren an starken Blu-
tungen litt. 26 Sie hatte sich schon von
vielen Ärzten behandeln lassen und
dabei ihr ganzes Vermögen ausgege-
ben. Aber niemand konnte ihr hel-
fen. Ihr Leiden war eher schlimmer
geworden. 27 Dann hatte sie davon ge-
hört, daß Jesus Kranke heilt. Deshalb
drängte sie sich durch die Menge an
Jesus heran und berührte von hinten
seinen Mantel. 28 Dabei dachte sie:
«Wenn ich wenigstens seine Kleider
berühren kann, werde ich bestimmt
gesund.» 29 Und tatsächlich: Sie
merkte sofort, daß sie von ihrem Lei-
den befreit war. Die Blutung hörte
auf.

30 Aber auch Jesus spürte, daß hei-
lende Kraft von ihm ausgegangen
war. Deshalb drehte er sich um und
fragte: «Wer hat mich angefaßt?»
31 Seine Jünger antworteten: «Die
Leute bedrängen dich von allen Sei-
ten, und da fragst du, wer dich ange-
faßt hat?» 32 Aber Jesus sah die Frau
an, die ihn berührt hatte. 33 Die war
erschrocken und zitterte am ganzen
Leib, denn sie wußte ja, was an ihr ge-
schehen war. Sie fiel vor ihm nieder
und sagte ihm alles. 34 Jesus sprach zu
ihr: «Meine Tochter, weil du so fest
an mich geglaubt hast, bist du gesund
geworden. Gehe in Frieden. Du bist
geheilt.»

35 Noch während er mit der Frau re-
dete, kamen einige Leute aus dem
Haus des Jairus gelaufen und riefen:

«Deine Tochter ist tot. Es hat keinen
Zweck mehr, den Meister zu holen.»
36 Jesus hörte das und sagte zu Jairus:
«Verzweifle nicht! Verlaß dich ganz
und gar auf mich!» 37 Er wies die Men-
schen zurück, die ihm folgen wollten.
Nur Petrus, Jakobus und Johannes
durften ihn begleiten.

38 Als sie im Hause des Jairus anka-
men, sah Jesus die vielen Menschen
und hörte ihr Weinen und Jammern.
39 «Weshalb macht ihr solchen
Lärm?» fragte er sie. «Warum weint
ihr? Das Kind ist nicht tot, es schläft
nur.» 40 Das fanden die Leute so un-
sinnig, daß sie spöttisch lachten. Er
schickte sie alle weg; nur die Eltern
und seine drei Jünger gingen mit zum
Bett des Mädchens. 41 Dann faßte er
die Tochter des Jairus bei der Hand
und sagte: «Steh auf, mein Kind!»
42 Da stand das zwölfjährige Mädchen
auf und lief im Zimmer umher. Ihre
Eltern waren fassungslos. Sie wußten
nicht, was sie sagen sollten. 43 Jesus
verbot ihnen aber nachdrücklich, an-
deren davon zu erzählen. «Und nun
gebt dem Kind etwas zu essen!» sagte
er.

Der Prophet gilt nichts im eigenen Land

(Matth. 13,53–58; Luk. 4,15–30)

6 Bald darauf verließ Jesus diese
Gegend und kehrte mit den Jün-
gern in seinen Heimatort Nazareth
zurück. 2 Am Sabbat ging er in die
Synagoge, um dort zu lehren. Die
Leute, die ihm zuhörten, staunten
über ihn und fragten sich: «Wie ist so
etwas nur möglich? Woher hat er die-
se Weisheit? Wer gibt ihm die Macht
für solche Taten? 3 Er ist doch der
Zimmermann, Marias Sohn. Wir
kennen seine Brüder Jakobus, Joses,
Judas und Simon. Und auch seine
Schwestern wohnen bei uns. Alle sind
Leute wie wir.» Sie ärgerten sich über
ihn. 4 Da sagte Jesus: «Nirgendwo gilt
ein Prophet weniger als in seiner Hei-
mat, bei seinen Verwandten und in
seiner eigenen Familie.»

5 Weil die Menschen in Nazareth
nicht an Jesus glaubten, konnte er
dort nur wenigen Kranken helfen. Ih-
nen legte er die Hände auf, und sie
wurden gesund. 6 Er wunderte sich,
daß ihn die meisten in ihrem Unglau-
ben ablehnten. Darum ging er in an-
dere Dörfer und sprach dort überall
zu den Menschen.

Jesus schickt seine Jünger zu den Menschen

(Matth. 10,1.7–15; Luk. 9,1–6)

7 Jesus rief seine zwölf Jünger zu sich.
Jeweils zu zweit sollten sie in seinem
Auftrag durch das ganze Land zie-
hen. Er gab ihnen die Vollmacht, bö-
se Geister auszutreiben. 8 Jesus befahl
ihnen, nichts als ihren Wanderstock
mit auf den Weg zu nehmen. Sie soll-
ten ganz von Gott abhängig sein, kei-
ne Reiseverpflegung, keine Tasche
und kein Geld bei sich haben. 9 Nur
Sandalen durften sie tragen, aber
selbst auf Kleider zum Wechseln
mußten sie verzichten.

10 «Wenn ihr in ein Haus kommt»,
fügte er hinzu, «dann bleibt in die-
sem Haus, bis ihr weiterzieht. 11 Will
man euch irgendwo nicht aufnehmen
und eure Botschaft nicht hören, so
geht weiter und kümmert euch nicht
mehr um diese Leute. Sie müssen ihr
Verhalten einmal selbst verantwor-
ten.»

12 Dann zogen die Jünger los und
forderten die Menschen auf: «Ändert
euch von Grund auf! Kehrt um zu
Gott!» 13 Sie befreiten Menschen, die
von bösen Geistern beherrscht waren,

und salbten viele Kranke mit Öl.[a] Und die Kranken wurden gesund.

Johannes der Täufer wird ermordet
(Matth. 14,1–12; Luk. 3,19–20; 9,7–9)

[14]Überall sprach man von Jesus und dem, was er tat. Auch König Herodes hörte davon. Man sagte ihm: «Johannes der Täufer ist von den Toten auferstanden. Deshalb kann er solche Wunder tun.» [15]Andere meinten: «Er ist der Prophet Elia.» Wieder andere behaupteten: «Er ist ein Prophet, wie Gott sie schon früher geschickt hat.» [16]Aber Herodes hatte Angst, weil er dachte: «Es ist Johannes, den ich enthaupten ließ. Er ist wieder lebendig geworden.»

[17]Herodes hatte Johannes nämlich verhaften und im Gefängnis in Ketten legen lassen, weil es seine Frau Herodias so wollte. Sie war eigentlich die Frau seines Bruders Philippus. [18]Johannes hatte dem König vorgeworfen: «Du hattest nicht das Recht, die Frau deines Bruders zu heiraten!» [19]Darum haßte ihn Herodias. Sie wollte Johannes umbringen lassen, aber Herodes war dagegen. [20]Er fürchtete sich nämlich vor Johannes, weil er wußte, daß der ein frommer und heiliger Mann war. Er hatte zwar Johannes ins Gefängnis sperren lassen, aber er hörte ihm doch gern zu, auch wenn ihn dessen Worte sehr beunruhigten.

[21]Endlich aber kam die Stunde der Herodias. Herodes hatte zu seinem Geburtstag seine Hofleute, Offiziere und die führenden Persönlichkeiten von Galiläa eingeladen. [22]Bei diesem Festessen tanzte die Tochter der Herodias. Herodes und seine Gäste waren begeistert. Der König versprach ihr deshalb: «Bitte mich, um was du willst; ich will es dir geben. [23]Ich schwöre, dir alles zu geben, was du willst, und wenn es die Hälfte meines Königreiches wäre.»

[24]Sie ging zu ihrer Mutter: «Was soll ich mir denn vom König wünschen?» «Verlange von ihm, daß er Johannes den Täufer enthaupten läßt!» antwortete die Mutter. [25]Darauf sagte die Tochter zu Herodes: «Ich will, daß du mir sofort den Kopf von Johannes dem Täufer auf einer Schale bringen läßt!»

[26]Der König war bestürzt. Aber weil er sein Versprechen vor allen Gästen gegeben hatte und sich vor ihnen nicht bloßstellen wollte, konnte er die Bitte nicht abschlagen. [27]So befahl er, Johannes töten zu lassen. Der Henker enthauptete Johannes [28]und brachte auf einem Teller das Haupt des Toten. Das Mädchen gab ihn seiner Mutter.

[29]Als die Jünger des Johannes davon erfuhren, holten sie den Leichnam und begruben ihn.

Fünftausend werden satt
(Matth. 14,13–21; Luk. 9,11–17;
Joh. 6,1–13)

[30]Nach ihrer Rückkehr erzählten die von Jesus ausgesandten Jünger alles, was sie auf ihrer Reise getan und den Menschen verkündet hatten. [31]«Geht jetzt an einen einsamen, stillen Platz!» sagte Jesus zu ihnen. «Ihr habt Ruhe nötig!» Es waren nämlich so viele Menschen bei ihnen, daß sie nicht einmal Zeit zum Essen fanden. [32]Deshalb fuhren sie mit dem Boot an eine einsame Stelle. [33]Aber das hat-

a) Als Zeichen dafür, daß sie in Gottes Auftrag handelten.

ten viele Leute beobachtet. Aus allen Dörfern liefen sie dorthin. Sie beeilten sich so sehr, daß sie noch vor Jesus und seinen Jüngern da waren.

34 Als Jesus aus dem Boot stieg und die vielen Menschen sah, schickte er sie nicht weg, weil er Mitleid mit ihnen hatte; sie waren wie eine Schafherde ohne ihren Hirten. Deshalb nahm er sich viel Zeit, ihnen Gottes Botschaft zu erklären. 35/36 Gegen Abend kamen seine Jünger zu ihm und sagten: «Es wird bald dunkel. Schick doch die Leute weg, damit sie in die Dörfer oder auf die Höfe in der Umgebung gehen und sich etwas zu essen kaufen.»

37 Aber Jesus forderte sie auf: «Gebt *ihr* ihnen doch zu essen!» «Was sollen wir ihnen denn geben?» fragten die Jünger verwundert. «Außerdem würde es ein Vermögen[a] kosten, sie alle zu verpflegen.» 38 «Wieviel Brot habt ihr denn bei euch?» erkundigte sich Jesus. «Seht einmal nach!» Kurz darauf kamen sie zurück und berichteten: «Fünf Brote und zwei Fische haben wir!»

39 Da ordnete Jesus an, daß sich die Leute in Gruppen auf dem Gras lagern sollten. 40 So bildeten sie Gruppen von fünfzig bis zu hundert Personen. 41 Jetzt nahm Jesus die fünf Brote und die beiden Fische, sah auf zum Himmel und dankte Gott dafür. Er teilte das Brot, und die Jünger gaben jedem davon. Ebenso ließ er auch die Fische verteilen. 42 Alle aßen sich satt, 43 und dann sammelten die Jünger noch zwölf Körbe mit Resten ein. 44 An der Mahlzeit hatten etwa fünftausend Männer teilgenommen.

45 Gleich danach befahl Jesus seinen Jüngern, in ihr Boot zu steigen und über den See nach Bethsaida zu fahren. Er selbst blieb zurück, um die Leute zu verabschieden.

Jesus kommt seinen Jüngern zu Hilfe

(Matth. 14,22–33; Joh. 6,16–21)

46 Endlich war Jesus allein. Er ging auf einen Berg, um zu beten. 47 Als es Nacht wurde, waren die Jünger noch weit draußen auf dem See. 48 Jesus sah, daß sie kaum noch das Boot steuern konnten, weil sie gegen einen schweren Sturm anzukämpfen hatten. Gegen vier Uhr morgens kam er auf dem Wasser zu ihnen. Er wollte an ihnen vorbeigehen. 49 Als die Jünger ihn auf dem Wasser gehen sahen, schrien sie vor Entsetzen, denn sie hielten ihn für ein Gespenst. 50 Alle sahen ihn und waren zu Tode erschrocken.

Aber er sprach sie an: «Habt keine Angst! Ich bin es doch! Fürchtet euch nicht!» 51 Er stieg zu ihnen ins Boot, und gleich legte sich der Sturm.

Die Jünger aber waren fassungslos und wußten nicht, was sie sagen sollten. 52 Selbst nach dem Wunder mit den Broten hatten sie noch immer nicht begriffen, wer Jesus eigentlich war. Es war ihnen einfach ein Rätsel.[b]

Jesus heilt Kranke

(Matth. 14,34–36)

53 Nach ihrer Überfahrt kamen sie in Genezareth an. 54 Als sie das Boot verließen, erkannten die Leute Jesus sofort. 55 Von überall holten sie die Kranken, um sie auf ihren Tragen da-

a) Wörtlich: zweihundert Denare.
b) Wörtlich: Ihr Herz war verhärtet.

hin zu bringen, wo sie Jesus gerade vermuteten. [56]Wohin er auch immer kam, ob in Dörfer, Städte oder auf Bauernhöfe, überall trug man die Kranken auf die Plätze und Straßen. Die Kranken baten Jesus, wenigstens ein Stück seiner Kleidung berühren zu dürfen. Alle, die das taten, wurden gesund.

Was ist rein – was unrein?
(Matth. 15,1–20)

7 Eines Tages kamen Pharisäer und Schriftgelehrte aus Jerusalem zu Jesus. [2]Dabei entdeckten sie, daß einige seiner Jünger die jüdischen Speisevorschriften nicht beachteten. [3]Die Pharisäer und alle Juden essen nämlich erst dann, wenn sie sich die Hände so gewaschen haben, wie es ihren überlieferten Satzungen entspricht. [4]Auch wenn sie vom Markt kommen, essen sie erst, nachdem sie sich nach bestimmten Vorschriften gewaschen haben. Es gibt noch viele solcher Vorschriften, die sie streng beachten, zum Beispiel bei der Reinigung von Trinkbechern, Krügen und Töpfen.

[5]Deshalb also fragten die Pharisäer und Schriftgelehrten Jesus: «Warum beachten deine Leute unsere alten Vorschriften nicht und essen mit ungewaschenen Händen?» [6]Jesus antwortete: «Wie recht hat Jesaja, wenn er von euch Heuchlern schreibt: ‹Diese Leute können schön über Gott reden, aber mit dem Herzen sind sie nicht dabei. Es ist alles nur Geschwätz. [7]Ihre Gottesdienste sind wertlos, weil sie ihre menschlichen Gesetze als Gebote Gottes ausgeben.›[a] [8]Aber Gottes Gebote beachtet ihr nicht, sondern ersetzt sie durch eure Vorschriften.

[9]Dabei geht ihr sehr geschickt vor. [10]So hat euch Mose von Gott das Gebot gegeben: ‹Du sollst deinen Vater und deine Mutter ehren!› Und Gott fügte noch hinzu: ‹Wer seinen Vater oder seine Mutter verachtet, der soll sterben!›[b] [11]Ihr aber behauptet nun: ‹Wenn jemand zu seinem hilfsbedürftigen Vater oder zu seiner Mutter sagt, daß er ihnen nicht helfen kann, weil er sein Vermögen dem Tempel vermacht hat, dann hat er nicht gegen Gottes Gebot verstoßen.› [12]In Wirklichkeit habt ihr damit aber nur erreicht, daß niemand mehr seinem Vater oder seiner Mutter helfen kann. [13]Ihr setzt also durch eure eigenen Vorschriften das ausdrückliche Gebot Gottes außer Kraft.[c] Aber das ist nur *ein* Beispiel für viele.»

[14]Dann rief Jesus die Menschen wieder zu sich. «Hört alle ganz genau zu und merkt euch das, was ich euch jetzt sage: [15]Nicht, was ein Mensch ißt, macht ihn unrein, sondern das, was er denkt und redet oder wie er handelt; das kann ihn von Gott trennen. [16]Es lohnt sich für euch, wenn ihr darüber nachdenkt.»

[17]Danach ging Jesus in ein Haus und war mit seinen Jüngern allein. Hier fragten sie ihn, was er mit dieser Rede eigentlich hatte sagen wollen. [18]«Versteht ihr das denn auch nicht?» erwiderte Jesus. «Wißt ihr nicht, daß alles, was ein Mensch ißt, ihn nicht verunreinigen kann? [19]Denn was ihr eßt, hat nichts mit euerm Verhältnis zu Gott zu

a) Jesaja 29,13
b) 2. Mose 20,12; 21,17
c) Jesaja 29,13; Jeremia 8,8

tun; das Essen kommt in den Magen
und wird dann wieder ausgeschie-
den.» Damit wollte Jesus sagen, daß
im Grunde jede Nahrung ‹rein› ist.
20 Und er fügte noch hinzu: «Was
aus dem Inneren des Menschen
kommt, seine Gedanken, Worte und
Taten, die lassen ihn unrein werden.
21 Denn aus dem Inneren, aus dem
Herzen der Menschen, kommen all
die bösen Gedanken wie: Unzucht,
Diebstahl, Mord, 22 Ehebruch, Hab-
sucht, Bosheit, Betrügerei, Begehr-
lichkeit, Neid, Verleumdung, Über-
heblichkeit und Leichtsinn. 23 Dies
kommt von innen heraus, und das ist
es auch, was die Menschen von Gott
trennt.»

Der unerschütterliche Glaube einer Heidin

(Matth. 15,21–28)

24 Jesus zog nun mit seinen Jüngern in
die Nähe der Hafenstadt Tyrus. Er
wollte unerkannt bleiben, aber es
sprach sich schnell herum, daß er ge-
kommen war. 25 Davon hatte auch
eine Frau gehört, deren Tochter von
einem bösen Geist beherrscht wurde.
Sie kam zu Jesus, warf sich vor ihm
nieder 26 und bat ihn, ihr Kind aus der
Gewalt der Dämonen zu befreien.
Die Frau war keine Jüdin; sie wohnte
in Phönizien.
27 Jesus antwortete ihr: «Zuerst
müssen die Kinder versorgt werden,
das Volk Israel. Es ist nicht richtig,
wenn man den Kindern das Brot weg-
nimmt und es den Hunden vorwirft.»
28 Darauf antwortete sie: «Ja, Herr,
aber die kleinen Hunde bekommen
doch auch die Krümel, die den Kin-
dern vom Tisch fallen.»
29 «Du hast recht», antwortete Je-
sus, «ich will deiner Tochter helfen.
Geh nach Hause! Der böse Geist hat
dein Kind bereits verlassen.» 30 Und
tatsächlich: Als die Frau nach Hause
kam, lag ihre Tochter friedlich im
Bett. Der Dämon hatte keine Macht
mehr über sie.

Ein Taubstummer kann wieder hören und sprechen

(Matth. 15,29–31)

31 Von Tyrus aus ging Jesus in die
Stadt Sidon und von dort wieder an
den See von Galiläa in das Gebiet der
Zehn Städte. 32 Dort wurde ein Taub-
stummer zu ihm gebracht, damit er
dem Mann die Hände auflegen und
ihn heilen sollte. 33 Jesus führte den
Kranken von der Menschenmenge
weg. Er legte seine Finger in die Oh-
ren des Mannes, berührte dessen
Zunge mit Speichel, 34 sah auf zum
Himmel, seufzte und sprach: «Öffne
dich!»[a] 35 Im selben Augenblick konn-
te der Taubstumme hören und spre-
chen.
36 Jesus verbot den Leuten, darüber
zu reden. Aber je mehr er den Men-
schen einschärfte, nichts über diese
Ereignisse zu berichten, um so
schneller wurden sie bekannt. 37 Denn
für die Leute war es unfaßbar, was sie
gesehen hatten. «Es ist einfach groß-
artig, was er tut!» erzählten sie über-
all. «Selbst Taube können wieder hö-
ren und Stumme sprechen!»

Viertausend werden satt

(Matth. 15,32–39)

8 In diesen Tagen war wieder ein-
mal eine große Menschenmenge

a) Aramäisch: Hephata.

versammelt. Schließlich hatten die
Leute nichts mehr zu essen. Jesus
rief seine Jünger zu sich und sagte:
[2]«Die Leute tun mir leid, sie sind
schon drei Tage hier und haben
nichts mehr zu essen. [3]Ich kann sie
doch nicht hungrig fortschicken. Vie-
le würden den weiten Weg nach
Hause nicht schaffen.» [4]«Aber wo-
her sollen wir hier in dieser Einöde
genügend Brot bekommen, damit sie
alle satt werden?» fragten die Jünger
ratlos. [5]«Wie viele Brote habt ihr
denn?» wollte Jesus wissen. Sie ant-
worteten: «Sieben!»

[6]Jetzt forderte Jesus die Leute auf,
sich hinzusetzen. Er nahm die sieben
Brote, dankte Gott dafür, teilte sie,
und die Jünger gaben jedem etwas.
[7]Sie hatten auch noch einige kleine
Fische bei sich. Wieder dankte Jesus
Gott dafür und ließ dann die Fische
verteilen. [8]Nachdem sie alle satt wa-
ren, wurden die Reste eingesammelt:
sieben Körbe voll. [9]Etwa viertausend
Menschen hatten sich sattgegessen.
Danach gingen sie alle in ihre Hei-
matorte zurück.

[10]Jesus selbst stieg mit seinen Jün-
gern in ein Boot und kam in die Ge-
gend von Dalmanutha.

[11]Hier wollten einige Pharisäer mit
Jesus diskutieren und ihm gleichzeitig
eine Falle stellen. Sie verlangten
nämlich von ihm ein eindeutiges Zei-
chen. Damit sollte er seinen gött-
lichen Auftrag beweisen. [12]Zornig
entgegnete er ihnen: «Wie viele Be-
weise wollt ihr denn noch haben?
Eins steht fest: Leute wie ihr werden
von Gott kein Zeichen zu sehen be-
kommen.» [13]So ließ er sie stehen,
stieg wieder in das Boot und fuhr ans
andere Seeufer.

Auch die Jünger verstehen Jesus nicht

(Matth. 16,1–12)

[14]Seine Jünger hatten vergessen, Brot
mitzunehmen, so daß für alle nur ein
Brot da war. [15]Während sie über den
See fuhren, warnte Jesus seine Jün-
ger: «Hütet euch vor dem Sauerteig
des Herodes und der Pharisäer!»

[16]Sie überlegten, was er wohl damit
meinte: «Das sagt er bestimmt, weil
wir das Brot vergessen haben.»

[17]Jesus merkte, worüber sie spra-
chen, und fragte traurig: «Weshalb
macht ihr euch gleich Sorgen, wenn
ihr einmal nicht genug zu essen habt?
Werdet ihr denn nie verstehen, was
ich meine? Könnt ihr gar nichts be-
greifen? Ist euer Herz denn noch im-
mer so hart und unempfänglich? [18]Ihr
habt doch Augen. Warum seht ihr
nicht? Und ihr habt Ohren. Warum
hört ihr nicht?

[19]Habt ihr vergessen, daß ich fünf-
tausend Menschen mit fünf Broten
gesättigt habe? Wieviel Körbe habt
ihr mit Resten gefüllt?» Sie antworte-
ten: «Zwölf!»

[20]«Oder denkt an die sieben Brote,
die ich an viertausend Menschen ver-
teilt habe! Wieviel blieb damals üb-
rig?» Sie antworteten: «Sieben Kör-
be voll!» [21]«Und da habt ihr immer
noch nichts begriffen?» fragte sie Je-
sus.

Ein Blinder kann wieder sehen

[22]In Bethsaida brachten die Leute
einen Blinden zu Jesus. Sie baten ihn,
den Mann zu heilen. [23]Jesus nahm
den Blinden bei der Hand und führte
ihn zum Dorf hinaus. Dann strich er
etwas Speichel auf seine Augen, legte
ihm die Hände auf und fragte:
«Kannst du etwas sehen?»

24 Der Mann blickte auf. «Ja», sagte
er, «ich sehe Menschen herumlaufen.
Aber ich kann sie nicht klar erkennen.
Es könnten genausogut Bäume sein.»
25 Da legte Jesus ihm noch einmal
die Hände auf die Augen. Jetzt sah der
Mann deutlich; alles konnte er genau
erkennen. Er war geheilt. 26 Aber Je-
sus befahl ihm: «Geh nicht erst in das
Dorf zurück, sondern gehe gleich nach
Hause!»

Wer ist Jesus?

(Matth. 16,13–20; Luk. 9,18–21;
Joh. 6,67–71)

27 Jesus und seine Jünger kamen nun
in die Dörfer bei Cäsarea Philippi.
Auf dem Weg dorthin fragte er seine
Jünger: «Für wen halten mich die
Leute eigentlich? Was sagen sie von
mir?» 28 «Einige meinen, du bist Jo-
hannes der Täufer. Andere halten
dich für Elia oder für einen der Pro-
pheten», antworteten die Jünger.
29 «Und für wen haltet *ihr* mich?» Da
rief Petrus: «Du bist Christus, der
verheißene Retter!» 30 Aber Jesus
verbot ihnen, das irgendeinem Men-
schen weiterzusagen.

Jesus spricht zum ersten Mal von seinem Tod

(Matth. 16,21–23)

31 An diesem Tag sprach Jesus zum er-
sten Mal von seinem Tod: «Der Men-
schensohn muß viel leiden. Die Füh-
rer des Volkes, die Hohenpriester
und die Schriftgelehrten werden ihn
verurteilen und töten. Aber nach drei
Tagen wird er von den Toten aufer-
stehen.» 32 So offen sprach Jesus mit
seinen Jüngern.

Da nahm ihn Petrus beiseite, um ihn
von diesen Gedanken abzubringen.
33 «Weg mit dir, Satan!» erwiderte Je-
sus, so daß alle Jünger es hören konn-
ten. «So wie du denken alle Men-
schen, die Gottes Gedanken nicht be-
greifen.»

Alles hingeben, um alles zu gewinnen

(Matth. 16,24–28; Luk. 9,23–27)

34 «Hört her!» rief Jesus seinen Jün-
gern und den Menschen zu, die bei
ihm waren. «Wer mir nachfolgen will,
der darf nicht mehr an sich selbst den-
ken, sondern muß sein Kreuz willig
auf sich nehmen und mir nachfolgen.
35 Wer sein Leben um jeden Preis er-
halten will, der wird es verlieren. Wer
aber sein Leben für mich einsetzt, der
wird es für immer gewinnen.

36 Denn was gewinnt ein Mensch,
selbst wenn ihm die ganze Welt zu-
fällt, er aber das ewige Leben dabei
verliert? 37 Gibt es denn etwas, mit
dem man sich das ewige Leben erkau-
fen kann?[a] 38 Wer sich hier vor den
gottlosen Menschen schämt, sich zu
mir und meiner Botschaft zu beken-
nen, den wird auch der Menschen-
sohn nicht kennen, wenn er mit den
heiligen Engeln in der Herrlichkeit
seines Vaters wiederkommen wird.»

9 Dann sagte Jesus zu seinen Zuhö-
rern: «Das sage ich euch: Einige
von euch werden erleben, wie die
Herrschaft Gottes in ihrer ganzen
Macht sichtbar wird.»

a) Wörtlich: Was könnte ein Mensch als Lösegeld für sein Leben geben?

Die Jünger erleben Jesu Herrlichkeit
(Matth. 17,1–13; Luk. 9,28–36)

2 Sechs Tage später ging Jesus nur mit
Petrus, Jakobus und Johannes auf
den Gipfel eines hohen Berges. Da
wurde Jesus vor ihren Augen ver-
wandelt. 3 Seine Kleider strahlten so
glänzend hell, wie nichts auf dieser
Erde leuchten könnte. 4 Dann er-
schienen Elia und Mose und redeten
mit Jesus.

5 Begeistert rief Petrus: «Meister,
hier gefällt es uns! Wir wollen gleich
drei Hütten bauen, für dich, für Mose
und für Elia.» 6 Er wußte aber gar
nicht, was er sagte, denn die drei Jün-
ger waren völlig verwirrt. 7 Da fiel der
Schatten einer Wolke über sie, und
aus der Wolke hörten sie eine Stim-
me: «Dies ist mein lieber Sohn! Auf
ihn sollt ihr hören!» 8 Als sich die Jün-
ger umsahen, waren sie plötzlich mit
Jesus allein.

9 Während sie den Berg hinabstie-
gen, befahl ihnen Jesus: «Erzählt
keinem, was ihr gesehen habt, bis
der Menschensohn von den Toten
auferstanden ist!» 10 So behielten sie
es für sich. Aber als sie allein waren,
sprachen sie darüber, was Jesus wohl
damit meinte, «von den Toten aufer-
stehen». 11 Deshalb fragten sie Jesus:
«Die Schriftgelehrten behaupten
doch, daß zuerst Elia kommen
muß.»

12 Jesus antwortete ihnen: «Sie ha-
ben recht. Zuerst kommt Elia, um al-
les vorzubereiten. Und doch heißt es
in der Heiligen Schrift vom Men-
schensohn, daß er viel leiden muß
und von allen verachtet wird. 13 Das
aber will ich euch sagen: Elia ist schon
gekommen. Sie haben mit ihm ge-
macht, was sie wollten. Genau das
steht schon in der Schrift.»

Wer kann im Auftrag Gottes handeln?
(Matth. 17,14–21; Luk. 9,37–43)

14 Bei ihrer Rückkehr fanden sie die
anderen Jünger zusammen mit eini-
gen Schriftgelehrten mitten in einer
großen Volksmenge. Die Schriftge-
lehrten hatten die Jünger in ein Streit-
gespräch verwickelt. 15 Als die Leute
Jesus sahen, liefen sie ihm aufgeregt
entgegen und begrüßten ihn. 16 «Wor-
über streitet ihr euch denn?» fragte er
sie.

17 Einer aus der Menge antwortete:
«Herr, ich habe meinen Sohn herge-
bracht, damit du ihn heilst, denn er
kann nicht sprechen, weil er von
einem bösen Geist beherrscht wird.
18 Wenn dieser Geist Gewalt über ihn
gewinnt, wirft er ihn zu Boden. Hilf-
los wälzt er sich dann auf der Erde,
Schaum tritt ihm vor den Mund, er
knirscht mit den Zähnen und bleibt
schließlich bewußtlos liegen. Ich ha-
be schon deine Jünger angefleht, den
bösen Geist auszutreiben; aber sie
konnten es nicht.»

19 «Wann wollt ihr endlich anfangen
zu glauben?» rief Jesus. «Wie lange
muß ich noch bei euch sein, bis ihr das
gelernt habt? Bringt das Kind her zu
mir!» 20 Sie brachten es. Als aber der
böse Geist Jesus erkannte, schüttelte
er den Jungen mit fürchterlichen
Krämpfen. Der stürzte zu Boden,
wälzte sich hin und her, und der
Schaum stand ihm vor dem Mund.

21 «Wie lange leidet er schon dar-
unter?» fragte Jesus den Vater. «Von
Kindheit an. 22 Schon oft hat ihn der
böse Geist in ein Feuer oder ins Was-
ser geworfen, um ihn umzubringen.
Habe doch Erbarmen mit uns! Hilf
uns, wenn du kannst!» 23 «Wenn ich
kann?» meinte Jesus verwundert.
«Alles ist möglich, wenn du mir ver-

traust.» 24 Verzweifelt bat ihn der
Mann: «Ich will dir ja vertrauen.
Aber hilf mir doch, daß ich es kann!»
25 Als Jesus sah, daß die Menschen-
menge immer größer wurde, bedroh-
te er den bösen Geist, der das taub-
stumme Kind quälte: «Ich befehle
dir, verlaß dieses Kind und kehre nie
wieder zu ihm zurück.»
26 Da stieß der Dämon einen furcht-
baren Schrei aus, zerrte den Jungen
hin und her und verließ ihn. Der Jun-
ge lag regungslos da, so daß die mei-
sten sagten: «Er ist tot!» 27 Aber Jesus
nahm seine Hand und half ihm aufzu-
stehen.
28 Als Jesus mit seinen Jüngern ins
Haus gegangen war, fragten sie ihn:
«Weshalb konnten wir diesen Dämon
nicht austreiben?» 29 Jesus antworte-
te: «Das könnt ihr nur durch Beten
und Fasten.»

Jesus spricht wieder von seinem Tod

(Matth. 17,22–23; Luk. 9,43–45)

30 Jesus verließ mit seinen Jüngern
diese Gegend und zog durch Galiläa.
Weil er seinen Jüngern noch viel zu
sagen hatte, wollte er mit ihnen allein
bleiben. 31 «Der Menschensohn wird
bald in der Gewalt der Menschen
sein», sagte Jesus, um sie auf die
kommenden Ereignisse vorzuberei-
ten. «Sie werden ihn töten. Aber
wenn sie ihn umgebracht haben, wird
er nach drei Tagen wieder auferste-
hen.»
32 Die Jünger verstanden nichts von
dem, was er sagte, aber sie wagten
auch nicht, ihn zu fragen.

Gott hat andere Maßstäbe

(Matth. 18,1–9; Luk. 9,46–50)

33 Sie kamen nach Kapernaum. Als sie
im Hause waren, fragte Jesus die Jün-
ger: «Worüber habt ihr unterwegs ge-
sprochen?» 34 Doch sie schwiegen
verlegen; denn sie hatten sich dar-
über gestritten, welcher von ihnen
wichtiger sei als alle anderen. 35 Jesus
setzte sich, rief die zwölf Jünger zu
sich und sagte: «Wer der Erste sein
will, der soll sich allen anderen unter-
ordnen und ihnen dienen.» 36 Er rief
ein kleines Kind, stellte es in die Mitte
und umarmte es. Dann sagte er:
37 «Wer ein solches Kind mir zuliebe
aufnimmt, der nimmt mich auf. Und
wer mich aufnimmt, der nimmt damit
Gott selbst auf, weil Gott mich ge-
sandt hat.»

Wer nicht gegen uns ist, der ist für uns

38 Johannes sagte zu Jesus: «Herr, wir
haben einen Mann getroffen, der in
deinem Namen Dämonen austrieb.
Aber wir haben es ihm verboten, weil
er ja gar nicht mit uns geht.» 39 «Das
hättet ihr nicht tun sollen!» erwiderte
Jesus. «Wer in meinem Namen große
Taten vollbringt, wird nicht gleichzei-
tig gegen mich arbeiten. 40 Wer nicht
gegen uns ist, der ist für uns. 41 Er-
frischt euch ein Mensch mit einem
Schluck Wasser, weil ihr zu Christus
gehört, so wird er seinen Lohn erhal-
ten. Darauf könnt ihr euch verlas-
sen!»

Keine Halbheiten!

(Matth. 18,6–9; Luk. 17,1–2)

42 «Wer in einem Menschen den fe-
sten Glauben, wie ihn ein Kind hat,
zerstört, für den wäre es noch das be-

ste, ihn mit einem Mühlstein um den Hals ins Meer zu werfen.

43/44 Wenn deine Hand dich zum Bösen verführt, dann hack sie ab! Es ist besser, du gehst verstümmelt in das ewige Leben als mit beiden Händen in das unauslöschliche Feuer der Hölle.

45/46 Verführt dich dein Fuß dazu, böse Wege zu gehen, dann hack ihn ab! Es ist besser für dich, mit kranken Füßen zum ewigen Leben zu kommen, als mit gesunden Füßen geradewegs in die Hölle zu marschieren.

47 Wenn dich dein Auge zur Sünde verführt, dann reiß es heraus. Es ist viel besser, einäugig in Gottes Reich zu gelangen, als mit zwei gesunden Augen schließlich ins Feuer der Hölle geworfen zu werden. 48 Dort wird die Qual nicht enden und das Feuer nicht verlöschen.

49 Niemand kann sich der Feuerprobe Gottes entziehen. So, wie man die Tiere im Tempel mit Salz für das Opfer vorbereitet, so sollt auch ihr euch vorbereiten.[a] 50 Salz ist gut und notwendig, solange es wirkt. Sonst ist es nutzlos. Deshalb achtet darauf, daß man an euch die Wirkung des Salzes sieht. Haltet Frieden miteinander.»

Die Frage nach der Ehescheidung
(Matth. 19,1–9)

10 Dann zog Jesus von Kapernaum nach Judäa und in die Gegend östlich des Jordan. Wie überall strömten auch hier die Menschen zusammen, und wie immer sprach er zu ihnen vom Reich Gottes. 2 Da kamen einige Pharisäer zu ihm. Sie wollten ihm auch diesmal eine Falle stellen, als sie ihn fragten: «Wie stehst du zur Ehescheidung? Darf sich ein Mann von seiner Frau scheiden lassen?»

3 Jesus fragte zurück: «Was hat Mose denn im Gesetz vorgeschrieben?» 4 «Mose», antworteten sie, «hat gesagt: ‹Wenn sich der Mann von seiner Frau trennt, soll er ihr eine Scheidungsurkunde geben.›»[b]

5 Jesus entgegnete: «Das war nur ein Zugeständnis an euer böses und hartes Herz. 6 Aber Gott hat die Menschen von Anfang an als Mann und Frau geschaffen. Nach seinem Willen sollen sie ein Leben lang zusammengehören. 7 Deshalb verläßt ein Mann seine Eltern und verbindet sich so eng mit seiner Frau, 8 daß die beiden eins sind mit Leib und Seele.[c] So sind sie nicht länger zwei voneinander getrennte Menschen. 9 Was Gott zusammengefügt hat, darf der Mensch nicht scheiden.»

10 Im Hause wollten seine Jünger noch mehr darüber hören. 11 Jesus sagte ihnen: «Wenn sich ein Mann von seiner Frau trennt, um eine andere zu heiraten, dann ist das Ehebruch. 12 Auch eine Frau bricht die Ehe, wenn sie sich von ihrem Mann trennt und wieder heiratet.»

Wem steht Gottes Reich offen?
(Matth. 19,13–15; Luk. 18,15–17)

13 Einige Eltern brachten ihre Kinder zu Jesus, damit er sie segnen sollte. Die Jünger aber wollten sie wegschikken. 14 Als Jesus das merkte, wurde er

a) Wörtlich: Jeder wird mit Feuer gesalzen werden. Vgl. 3. Mose 2,13
b) 5. Mose 24,1
c) 1. Mose 2,24

zornig: «Laßt doch die Kinder zu mir kommen! Haltet sie nicht zurück! Denn für Menschen wie sie ist das Reich Gottes bestimmt.
[15] Habt ihr denn immer noch nicht begriffen: Wer nicht wie ein kleines Kind voller Vertrauen zu Gott kommt, dem bleibt das Reich Gottes verschlossen.»
[16] Dann nahm er die Kinder in seine Arme, legte ihnen die Hände auf und segnete sie.

Die Reichen und das Reich Gottes
(Matth. 19,16–30; Luk. 18,18–30)

[17] Als Jesus weitergehen wollte, lief ein junger Mann auf ihn zu, warf sich vor ihm auf die Knie und fragte: «Guter Meister, was muß ich alles tun, um ganz sicher das ewige Leben zu bekommen?»
[18] Jesus entgegnete: «Weshalb nennst du mich gut? Es gibt nur einen, der gut ist, und das ist Gott.
[19] Du kennst doch seine Gebote: Du sollst nicht töten! Du sollst nicht die Ehe brechen! Du sollst nicht stehlen! Sag nichts Unwahres über deinen Mitmenschen! Du sollst nicht betrügen! Achte deinen Vater und deine Mutter!»

[20] «Meister», antwortete der junge Mann, «an diese Gebote habe ich mich schon als Kind gehalten.»
[21] Jesus sah ihn voller Liebe an: «Eins fehlt dir noch: Verkaufe alles, was du hast, und gib das Geld den Armen. Damit wirst du im Himmel einen Reichtum gewinnen, der niemals verlorengeht. Und dann komm und folge mir nach!»
[22] Über diese Forderung war der Mann tief betroffen. Traurig ging er weg, denn er war sehr reich.

[23] Zu seinen Jüngern sagte Jesus nun: «Wie schwer ist es doch für einen Reichen, in das Reich Gottes zu kommen!»
[24] Er sah, wie entsetzt seine Jünger über diese Worte waren. Deshalb wiederholte er ganz nachdrücklich: «Für Menschen, die viel besitzen, ist es fast unmöglich, dieses Ziel zu erreichen.
[25] Eher läßt sich ein dickes Seil in ein Nadelöhr einfädeln,[a] als daß Menschen, die an ihrem Reichtum hängen, in Gottes Reich kommen.»
[26] Darüber erschraken die Jünger noch mehr, und sie fragten sich: «Wer kann dann überhaupt gerettet werden?»
[27] Jesus sah sie ernst an: «Für Menschen ist es unmöglich, aber nicht für Gott. Bei ihm gibt es kein ‹Unmöglich›.»

[28] Aufgeregt fragte Petrus: «Aber wie ist es nun mit uns? Wir haben doch alles aufgegeben und sind mit dir gegangen!»
[29] Jesus antwortete: «Das sollt ihr wissen: Jeder, der sein Haus, seine Geschwister, seine Eltern, seine Kinder oder seinen Besitz aufgibt, um mir zu folgen und das Evangelium weiterzusagen,
[30] der wird schon hier alles hundertfach zurückerhalten: ein Zuhause, Brüder und Schwestern, Eltern, Kinder und alles, was er zum Leben braucht. All dies wird ihm – wenn auch mitten unter Verfolgungen – hier auf dieser Erde gehören und außerdem in der zukünftigen Welt das ewige Leben.
[31] Viele, die jetzt eine große Rolle spielen, werden dann nichts bedeuten. Und andere, die heute die Letzten sind, werden dort zu den Ersten gehören.»

a) Andere Übersetzung: Es ist leichter, daß ein Kamel durch ein Nadelöhr geht.

Jesus spricht zum dritten Mal von seinem Tod

(Matth. 20,17–19; Luk. 18,31–34)

32 Auf dem Weg nach Jerusalem ging
Jesus seinen Jüngern voran. Voller
Angst und Sorge folgten sie ihm. Un-
terwegs, an einem ruhigen Platz,
sprach Jesus mit den zwölf Jüngern
noch einmal darüber, was ihn erwar-
tete. 33 «Wir gehen jetzt nach Jerusa-
lem. Dort wird der Menschensohn
den Hohenpriestern und Schriftge-
lehrten ausgeliefert. Sie werden ihn
zum Tode verurteilen und den Rö-
mern übergeben. 34 Die werden ihn
verspotten, anspucken, auspeitschen
und kreuzigen. Aber nach drei Tagen
wird er vom Tode auferstehen.»

Streit um die besten Plätze

(Matth. 20,20–28; Luk. 22,24–27)

35 Jakobus und Johannes, die Söhne
des Zebedäus, gingen zu Jesus und
sagten: «Herr, wirst du uns eine Bitte
erfüllen?» 36 «Was wollt ihr?» fragte
Jesus. 37 «Wir möchten gern in dei-
nem Königreich die Plätze rechts und
links neben dir einnehmen.»

38 «Ihr wißt ja gar nicht, was ihr da
verlangt!» antwortete Jesus. «Könnt
ihr denn das schwere Leiden tragen,
das auf mich wartet? Könnt ihr euer
Leben hingeben, so wie ich es hinge-
ben muß?»[a] 39 «Ja, das können wir!»
antworteten sie, ohne zu zögern. «Ihr
werdet tatsächlich leiden und euer
Leben hingeben müssen», sagte Jesus
zu ihnen. 40 «Aber trotzdem kann ich
nicht bestimmen, wer einmal die Plät-
ze rechts und links neben mir einneh-
men wird. Das hat bereits Gott ent-
schieden.»

41 Als die anderen Jünger von dem
Wunsch des Johannes und Jakobus
hörten, waren sie empört. 42 Da rief
Jesus alle zusammen. «Ihr wißt», sag-
te er, «wie die Machthaber der Welt
ihre Völker unterdrücken. Wer die
Macht hat, nutzt sie rücksichtslos aus.
43 Aber gerade so darf es bei euch
nicht sein. Wer in Gottes Augen groß
sein will, der soll allen anderen die-
nen, 44 und wer der Erste sein will, soll
sich allen anderen unterordnen.
45 Auch der Menschensohn ist nicht
gekommen, um sich bedienen zu las-
sen, sondern um zu dienen und mit
seinem Leben viele Menschen aus der
Gewalt des Bösen zu befreien.»

Ein Blinder wird geheilt und geht mit Jesus

(Matth. 20,29–34; Luk. 18,35–43)

46 Dann kamen Jesus und seine Jünger
nach Jericho. Als sie die Stadt wieder
verlassen wollten, folgte ihnen eine
große Menschenmenge. Am Weg saß
ein Blinder und bettelte. Es war Bar-
timäus, der Sohn des Timäus. 47 Als er
hörte, daß es Jesus von Nazareth war,
der vorbeikam, begann er laut zu ru-
fen: «Jesus, du Sohn Davids, hab Er-
barmen mit mir!» 48 «Halt den
Mund!» riefen ärgerlich die Leute.
Aber er schrie nur um so lauter und
immer wieder: «Du Sohn Davids, ha-
be doch Mitleid mit mir!»

49 Jesus blieb stehen: «Ruft ihn her
zu mir.» Ein paar von den Leuten lie-
fen zu dem Blinden und sagten zu
ihm: «Du hast es geschafft. Komm
mit! Jesus ruft dich.» 50 Vor Aufre-
gung ließ Bartimäus seinen Mantel
liegen, sprang auf und kam zu Jesus.

a) Wörtlich: Könnt ihr den Becher trinken, den ich trinke, und mit der Taufe getauft werden, mit der ich getauft werde?

51 «Warum hast du nach mir gerufen?» fragte ihn Jesus. «Herr, ich möchte sehen können!» 52 Darauf antwortete Jesus: «Geh! Dein Glaube hat dich geheilt.» Sofort konnte der Blinde sehen, und er ging mit Jesus.

Großer Empfang für Jesus
(Matth. 21,1–9; Luk. 19,29–38; Joh. 12,12–18)

11 Als sie in die Nähe von Jerusalem nach Bethphage und Bethanien kamen – das sind zwei Ortschaften, die am Ölberg liegen –, schickte Jesus zwei Jünger voraus: 2 «Geht in das nächste Dorf!» trug er ihnen auf. «Gleich am Eingang werdet ihr einen jungen Esel finden. Er ist angebunden, und auf ihm ist noch nie jemand geritten. Bindet ihn los und bringt ihn her. 3 Sollte jemand fragen, was ihr da macht, dann sagt einfach: ‹Unser Herr braucht das Tier, aber er wird es bald wieder zurückschicken.›»

4/5 Sie gingen hin und fanden den Esel an ein Hoftor angebunden. Sie banden ihn los; aber einige Leute, die dabeistanden, fragten: «Was macht ihr denn da? Was wollt ihr mit dem Esel?» 6 Sie antworteten so, wie Jesus ihnen gesagt hatte. Da ließ man sie gewähren.

7 Die Jünger brachten den jungen Esel, legten ihre Mäntel auf das Tier, und Jesus setzte sich darauf. 8 Viele Leute breiteten ihre Kleider als Teppich vor ihm aus, andere rissen grüne Zweige von den Bäumen und legten sie auf den Weg. 9 Vor und hinter ihm drängten sich die Menschen und riefen: «Heil unserem König! 10 Ihn hat Gott zu uns gesandt! Jetzt kommt endlich Davids Reich! Gelobt sei Gott!»

11 So zog Jesus in Jerusalem ein. Er ging in den Tempel und beobachtete aufmerksam das geschäftige Treiben. Am Abend kehrte er mit seinen Jüngern nach Bethanien zurück.

Der Feigenbaum
(Matth. 21,18–19)

12 Am nächsten Morgen, als sie Bethanien verließen, hatte Jesus Hunger. 13 Schon von weitem sah er einen Feigenbaum mit vielen Blättern. Er ging hin, um sich ein paar Feigen zu pflücken. Aber er fand nichts als Blätter, denn zu dieser Jahreszeit gab es noch keine Feigen. 14 Da hörten die Jünger, wie Jesus zu dem Baum sagte: «Nie wieder soll jemand von dir eine Frucht essen!»

Jesus jagt die Händler aus dem Tempel
(Matth. 21,12–17; Luk. 19,45–48; Joh. 2,13–17)

15 Sie kamen nach Jerusalem, und Jesus ging in den Tempel. Dort vertrieb er die Händler, die den Pilgern Opfertiere zum Kauf anboten, und ihre Kunden. Die Tische der Geldwechsler stieß er um, ebenso die Stände der Taubenhändler. 16 Er duldete noch nicht einmal, daß jemand irgendwelche Dinge durch den Tempel trug. 17 «Ihr wißt doch, was Gott sagt», rief Jesus der aufgebrachten Menschenmenge zu: «‹Mein Haus soll für alle ein Haus des Gebets sein›,[a] ihr aber habt eine Räuberhöhle daraus gemacht.»

a) Jesaja 56,7

18 Nachdem die Hohenpriester und
Schriftgelehrten von diesen Ereignis-
sen gehört hatten, stand ihr Ent-
schluß fest, Jesus umzubringen. Sie
fürchteten den ständig wachsenden
Einfluß, den Jesus auf das Volk hatte.
Denn seine Worte hinterließen tiefen
Eindruck bei den Menschen. 19 Am
Abend verließ Jesus mit seinen Jün-
gern die Stadt.

Von der Kraft des Glaubens
(Matth. 21,20–22)

20 Am nächsten Morgen, als sie
wieder an dem Feigenbaum vorbei-
kamen, sahen sie, daß er völlig ab-
gestorben war. 21 Petrus dachte
daran, was Jesus gesagt hatte. «Siehst
du», meinte er, «der Baum, den du
verflucht hast, ist vertrocknet.» 22 Da
antwortete Jesus: «Ihr müßt Gott
ganz vertrauen! 23 Denn das ist sicher:
Wenn ihr glaubt und nicht im gering-
sten zweifelt, könnt ihr zu diesem
Berg hier sagen: ‹Hebe dich von der
Stelle und stürze dich ins Meer!›, und
es wird geschehen.

24 Es ist wirklich so: Alles, worum
ihr im festen Glauben betet, wird
Gott euch geben. 25 Aber wenn ihr ihn
um etwas bittet, sollt ihr vorher den
Menschen vergeben, die euch Un-
recht getan haben. Dann wird euch
der Vater im Himmel eure Schuld
auch vergeben. 26 Wenn ihr ihnen
aber nicht vergeben wollt, dann wird
euch Gott eure Schuld auch nicht ver-
geben.»

Die Frage nach der Autorität Jesu
(Matth. 21,23–27; Luk. 20,1–8)

27/28 Sie kamen wieder nach Jerusa-
lem. Als Jesus im Tempel war, kamen
die Hohenpriester, die Schriftgelehr-
ten und die Führer des Volkes zu Je-
sus und stellten ihn zur Rede: «Wo-
her nimmst du dir das Recht, hier in
dieser Weise aufzutreten? Wer gab
dir die Vollmacht dazu?»

29 Jesus erwiderte: «Ich will euch
eine Gegenfrage stellen. Wenn ihr
die beantwortet, will ich auf eure Fra-
ge eingehen. 30 Von wem hatte eurer
Meinung nach Johannes der Täufer
die Vollmacht zu taufen? War er von
Gott beauftragt oder nicht? Was
meint ihr?»

31 Sie überlegten: «Wenn wir ant-
worten: ‹Gott hat ihn gesandt›, dann
wird er fragen: ‹Warum habt ihr ihm
dann nicht geglaubt?› 32 Wenn wir
aber bestreiten, daß Gott ihn gesandt
hat, bekommen wir Ärger mit dem
Volk. Denn alle sind davon über-
zeugt, daß Johannes ein Prophet
war.»

33 So antworteten sie schließlich:
«Wir wissen es nicht!» Worauf Jesus
entgegnete: «Dann sage ich euch
auch nicht, wer mir die Vollmacht ge-
geben hat.»

Vom Weinbergbesitzer und den betrügerischen Pächtern
(Matth. 21,33–46; Luk. 20,9–19)

12 Wenn Jesus zu den Menschen
redete, gebrauchte er oft Bei-
spiele. So erzählte er: «Ein Mann leg-
te einen Weinberg an, zäunte ihn ein,
stellte eine Weinpresse auf und baute
einen Wachtturm. Dann verpachtete
er ihn an einige Weinbauern und rei-
ste ins Ausland.

2 Zur Zeit der Weinlese beauftragte
er jemanden, den vereinbarten An-
teil an der Ernte abzuholen. 3 Aber
die Weinbauern gaben ihm nichts,
sondern schlugen ihn nieder und jag-
ten ihn davon. 4 Da schickte der Besit-

zer einen zweiten Boten. Auch den beschimpften sie und schlugen ihn blutig. [5] Den dritten Boten des Weinbergbesitzers brachten sie um. Immer wieder versuchte der Besitzer, zu seinem Ernteanteil zu kommen. Doch alle, die in seinem Auftrag kamen, wurden schwer mißhandelt oder sogar getötet.

[6] Nun blieb nur noch einer übrig: sein einziger Sohn, den er sehr liebte. Ihn schickte er zuletzt. ‹Sie werden es nicht wagen, ihm etwas anzutun›, sagte er sich. [7] Aber die Weinbauern waren sich einig: ‹Jetzt kommt der Erbe! Wenn wir ihn umbringen, dann gehört der Weinberg endgültig uns.› [8] Deshalb ergriffen sie ihn, schlugen ihn tot und warfen ihn vor den Weinberg.

[9] Was – meint ihr – wird der Besitzer des Weinbergs jetzt wohl tun? Er wird selbst kommen, die Weinbauern töten und seinen Weinberg an andere verpachten. [10] Habt ihr nicht in den Psalmen gelesen: ‹Der Stein, den die Bauarbeiter weggeworfen haben, weil sie ihn für unbrauchbar hielten, ist nun zum Grundstein des ganzen Hauses geworden. [11] Was keiner für möglich gehalten hat, das tut Gott vor euren Augen.›»[a]

[12] Am liebsten hätten die Hohenpriester, Schriftgelehrten und Führer des Volkes Jesus gleich verhaftet. Sie hatten verstanden, daß Jesus von ihnen gesprochen hatte und daß sie die Weinbauern in seiner Geschichte waren. Aber sie wagten sich nicht an ihn heran, weil sie vor dem Volk Angst hatten. So ließen sie ihn in Ruhe und gingen weg.

a) Psalm 118,22–23

Gott oder der Kaiser?

(Matth. 22,15–22; Luk. 20,20–26)

[13] Danach schickten sie einige Pharisäer und Anhänger des Königs Herodes zu Jesus, weil sie hofften, ihn mit seinen eigenen Worten in eine Falle locken zu können.

[14] «Meister», sagten sie scheinheilig, «wir wissen, daß es dir allein um die Wahrheit geht. Du fragst nicht danach, was den Leuten gefällt, sondern sagst uns frei heraus, wie wir nach Gottes Willen leben sollen. Deshalb sage uns: Ist es eigentlich Gottes Wille, daß wir dem römischen Kaiser Steuern zahlen? Sollen wir bezahlen oder nicht?»

[15] Jesus durchschaute ihre Falschheit und sagte: «Warum wollt ihr mir eine Falle stellen? Zeigt mir ein Geldstück!» [16] Sie gaben ihm eine römische Münze. Er fragte sie: «Wessen Bild und Name ist hier eingeprägt?» Sie antworteten: «Das Bild und der Name des Kaisers!» [17] «Nun, dann gebt dem Kaiser, was ihm zusteht, und gebt Gott, was ihm gehört.» Seine Zuhörer waren verblüfft: Diese Antwort hatten sie nicht erwartet.

Gibt es eine Auferstehung der Toten?

(Matth. 22,23–33; Luk. 20,27–38)

[18] Später kamen einige Sadduzäer zu Jesus. Diese Leute behaupteten, daß es keine Auferstehung der Toten gibt. Sie fragten ihn: [19] «Meister, Mose hat uns im Gesetz gesagt: ‹Wenn

ein verheirateter Mann stirbt und sei-
ne Frau ohne Kinder hinterläßt, muß
sein Bruder die Witwe heiraten. Das
erste ihrer Kinder soll der Erbe des
Verstorbenen sein.›[a]

20 Nun gab es da sieben Brüder. Der
erste heiratete und starb ohne Nach-
kommen. 21 Da heiratete der zweite
Bruder die Witwe. Auch er starb kin-
derlos, und der nächste Bruder nahm
sie zur Frau. 22 So ging es weiter, bis
die Frau mit allen sieben verheiratet
gewesen war, ohne daß sie Kinder be-
kommen hätte. Schließlich starb auch
die Frau. 23 Wessen Frau wird sie nun
nach der Auferstehung sein? Alle sie-
ben Brüder waren doch mit ihr ver-
heiratet.»

24 Jesus antwortete ihnen: «Ihr irrt
euch, weil ihr in eurem Denken von
falschen Voraussetzungen ausgeht,
denn ihr kennt weder die Heilige
Schrift noch die Macht Gottes.
25 Wenn die Toten auferstehen, wer-
den sie nicht wie hier auf der Erde
verheiratet sein, sondern wie die En-
gel im Himmel leben. 26 Doch was die
Auferstehung betrifft: Habt ihr nicht
von Mose gelesen, wie Gott am bren-
nenden Dornbusch zu ihm sagte: ‹Ich
bin der Gott Abrahams, der Gott
Isaaks und der Gott Jakobs›?[b] 27 Er ist
doch nicht ein Gott der Toten, son-
dern er ist der Gott der Lebenden. Ihr
seid völlig im Irrtum!»

Was ist das wichtigste Gebot?

(Matth. 22,34–40; Luk. 20,39–40)

28 Ein Schriftgelehrter war von der
Antwort beeindruckt, die Jesus den
Sadduzäern gegeben hatte. Deshalb
fragte er ihn: «Welches von allen Ge-
boten Gottes ist das wichtigste?»
29 Jesus erwiderte: «Dies ist das wich-
tigste Gebot: ‹Höre, Israel! Der Herr
ist unser Gott, der Herr allein. 30 Ihn
sollst du von ganzem Herzen lieben,
mit ganzer Hingabe, mit deinem gan-
zen Verstand und mit all deiner
Kraft.›[c] 31 Ebenso wichtig ist das an-
dere Gebot: ‹Liebe deine Mitmen-
schen, so wie du dich selber liebst!›[d]
Es gibt kein anderes Gebot, das le-
benswichtiger ist als diese beiden.»

32 Darauf meinte der Schriftgelehr-
te: «Meister, du hast recht. Es gibt
nur einen Gott und keinen anderen
neben ihm. 33 Ihn sollen wir lieben mit
ganzem Herzen, mit unserem ganzen
Verstand und mit aller Kraft. Und
auch unsere Mitmenschen sollen wir
so lieben wie uns selbst. Das ist mehr
als alle Opfer, die wir Gott bringen
könnten.» 34 Jesus erkannte, daß die-
ser Mann ihn verstanden hatte. Des-
halb sagte er zu ihm: «Du bist nicht
weit vom Reich Gottes entfernt.» Da-
nach wagte niemand mehr, Jesus wei-
tere Fragen zu stellen.

Wer ist Christus?

(Matth. 22,41–46; Luk. 20,41–44)

35 Als Jesus später im Tempel rede-
te, stellte er die Frage: «Wie können
eure Schriftgelehrten behaupten,
Christus sei ein Nachkomme von
König David? 36 David selbst hat
doch, geleitet vom Heiligen Geist,
gesagt: ‹Gott sprach zu meinem
Herrn: Setze dich auf den Ehrenplatz

a) 5. Mose 25,5–6
b) 2. Mose 3,6
c) 5. Mose 6,4–5
d) 3. Mose 19,18

an meiner rechten Seite, bis ich dir al-
le deine Feinde unterworfen habe.›[a]
37 Wenn David Christus nun seinen
‹Herrn› nennt, wie kann Christus
dann Davids ‹Sohn› sein?» Alle im
Tempel hörten ihm gespannt zu.

Jesus verurteilt die Heuchelei der Schriftgelehrten

(Matth. 23,5–7; Luk. 20,45–47)

38 Jesus redete weiter zu ihnen: «Hü-
tet euch vor den Schriftgelehrten!
Sie laufen gern in langen Talaren
herum und erwarten, daß man sie auf
der Straße ehrfurchtsvoll grüßt.
39 Beim Gottesdienst in der Synagoge
beanspruchen sie die Sitze in der er-
sten Reihe, und bei allen Festen wol-
len sie die Ehrenplätze einnehmen.
40 Gierig reißen sie das Vermögen der
Witwen an sich; dabei tarnen sie ihre
Absichten mit langen Gebeten. Got-
tes Strafe wird sie besonders hart
treffen.»

Viel Geld – aber kein Opfer

(Luk. 21,1–4)

41 Jesus setzte sich nun in die Nähe des
Opferkastens im Tempel und beob-
achtete die Leute, die ihre Gaben ein-
warfen. Viele Reiche spendeten hohe
Beträge. 42 Dann aber kam eine arme
Witwe und steckte zwei kleine Mün-
zen in den Opferkasten. 43 «Das eine
ist sicher», erklärte Jesus seinen Jün-
gern, die er zu sich gerufen hatte,
«diese arme Witwe hat mehr gegeben
als alle anderen. 44 Die Reichen haben
nur etwas von ihrem Überfluß gege-
ben, aber diese Frau opferte alles,
was sie hatte.»

Jesus kündigt die Zerstörung des Tempels an

(Matth. 24,1–2; Luk. 21,5–6)

13 Als Jesus den Tempel verließ,
zeigte einer seiner Jünger vol-
ler Bewunderung auf die Tempelbau-
ten: «Meister, sieh dir diese Steine
und diese gewaltigen Bauwerke an!»
2 Jesus erwiderte: «Ja, sieh dir alles
genau an! Kein Stein wird hier auf
dem anderen bleiben. Bald wird alles
nur noch ein großer Trümmerhaufen
sein.»

Die Zukunft der Welt

(Matth. 24,3–28; Luk. 21,7–24)

3/4 Als Jesus am Abhang des Ölbergs
saß und zum Tempel auf der anderen
Seite des Tales hinübersah, kamen
Petrus, Jakobus, Johannes und An-
dreas zu ihm und fragten: «Wann
wird das alles geschehen? An wel-
chen Ereignissen werden wir das En-
de erkennen?» 5 Jesus antwortete:
«Laßt euch von keinem Menschen
täuschen und verführen! 6 Viele wer-
den nämlich behaupten: ‹Ich bin
Christus!› Und leider werden sich
viele von ihnen irreführen lassen.

7 Ihr werdet von Kriegen und Unru-
hen hören. Erschreckt nicht! Das
muß geschehen; doch es bedeutet
noch nicht das Ende. 8 Die Völker
und Machtblöcke der Erde werden
Kriege gegeneinander führen. In vie-
len Teilen der Welt wird es Erdbeben
und Hungersnöte geben. Das ist aber
erst der Anfang vom Ende – so wie
die ersten Wehen einer Frau, die ein
Kind zur Welt bringt.

9 Seid wachsam! Man wird euch vor
die Gerichte zerren, und in den Syn-

a) Psalm 110,1

agogen wird man euch auspeitschen. Vor denen, die in dieser Welt die Macht haben, werdet ihr euch verantworten müssen. Dort werdet ihr meine Botschaft bezeugen. Und das alles, weil ihr zu mir gehört.

[10] Das muß so geschehen, denn alle Völker sollen die Heilsbotschaft hören, bevor das Ende kommt. [11] Wenn sie euch verhaften und vor Gericht bringen, bleibt ruhig. Ihr braucht euch nicht darum zu sorgen, was ihr aussagen sollt! Zur rechten Zeit wird Gott euch das rechte Wort geben. Denn nicht ihr werdet es sein, die Rede und Antwort stehen, sondern der Heilige Geist wird durch euch sprechen.

[12] In dieser Zeit wird ein Bruder den anderen dem Henker ausliefern. Väter werden ihre eigenen Kinder anzeigen. Kinder werden gegen ihre Eltern vorgehen und sie sogar töten lassen. [13] Alle Welt wird euch hassen, weil ihr euch zu mir bekennt. Aber jeder, der im festen Glauben bis ans Ende durchhält, der wird gerettet.

[14] Wer das jetzt liest, soll genau auf jedes Wort achten: Wenn ihr das abscheuliche Götzenbild im Tempel seht, das diese heilige Stätte entweiht,[a] dann sollen alle, die sich in Judäa aufhalten, in größter Eile in das Gebirge fliehen. [15] Wer sich gerade auf der Terrasse seines Hauses aufhält, soll nicht erst im Haus sein Gepäck für die Flucht zusammensuchen. [16] Wer auf dem Feld arbeitet, soll nicht erst nach Hause laufen, um seinen Mantel zu holen. [17] Schlimm wird es für die Frauen werden, die ein Kind erwarten, aber auch für Mütter mit Säuglingen. [18] Betet deshalb, daß ihr nicht im Winter fliehen müßt.

[19] Denn es wird eine Notzeit kommen, wie sie die Welt seit der Schöpfung nicht erlebt hat und wie sie auch nie wieder eintreten wird. [20] Kein Mensch könnte solche Leiden überstehen, hätte Gott diese Zeit nicht von vornherein verkürzt. Aber seinen Auserwählten zuliebe hat Gott diese Zeit begrenzt.

[21] Wenn dann jemand zu euch sagt: ‹Hier ist der Retter!› oder: ‹Dort ist Christus!›, glaubt ihm nicht! [22] Viele werden sich nämlich als Retter der Welt aufspielen, und falsche Propheten wird es in Hülle und Fülle geben. Dabei kann man diese Menschen nicht so leicht als Schwindler entlarven, denn sie werden erstaunliche Wunder vollbringen, und würden – wenn es möglich wäre – sogar Gottes Auserwählte täuschen. [23] Deshalb bleibt wachsam! Ich habe euch gewarnt!»

Retter und Richter

(Matth. 24,29–35; Luk. 21,25–33)

[24] «Nach dieser großen Schreckenszeit wird sich die Sonne verfinstern und der Mond nicht mehr scheinen. [25] Die Sterne werden aus ihrer Bahn geschleudert und die kosmischen Kräfte erschüttert. [26] Alle sehen dann den Menschensohn, wie er in göttlicher Macht und Herrlichkeit in den Wolken des Himmels kommt. [27] Er wird seine Engel aussenden, und sie bringen Gottes Auserwählte aus allen Teilen der Welt zu ihm.

[28] Ich will euch das am Beispiel des Feigenbaums erklären: Wenn seine Zweige saftig werden und Blätter treiben, dann wißt ihr, daß es bald Sommer ist.

a) Daniel 9,27

[29] Sobald ihr all diese Dinge kommen seht, könnt ihr sicher sein: Mein Kommen steht unmittelbar bevor. [30] Und auch das will ich euch noch sagen: Dieses Volk[a] wird nicht untergehen, bevor das alles eintrifft. [31] Himmel und Erde werden vergehen; meine Worte sind für alle Zeiten gültig und vergehen nie.»

«Seid immer bereit!»
(Matth. 24,42–44)

[32] «Niemand weiß, wann das Ende kommen wird; weder die Engel im Himmel noch der Sohn Gottes. Die genaue Stunde kennt nur der Vater. [33] Darum werdet nicht nachlässig und bleibt wach! Denn ihr wißt nicht, wann es soweit ist.

[34] Es ist genau wie bei einem Mann, der auf Reisen geht. Bevor er sein Haus verläßt, weist er jedem Angestellten eine bestimmte Arbeit zu und befiehlt dem Pförtner, wachsam zu sein.

[35] Genauso sollt auch ihr wach bleiben. Ihr wißt ja nicht, wann der Herr kommen wird, ob am Abend oder um Mitternacht, im Morgengrauen oder nach Sonnenaufgang. [36] Deshalb sollt ihr zu jeder Stunde auf seine Ankunft vorbereitet sein und nicht etwa schlafen. [37] Was ich euch sage, gilt auch für alle anderen Menschen: Ihr müßt immer wach und bereit sein!»

Verschwörung gegen Jesus
(Matth. 26,1–5; Luk. 22,1–2)

14 Es waren nur noch zwei Tage bis zum Passahfest und der Festwoche, in der die Juden nur ungesäuertes Brot essen.[b] Die Hohenpriester und Schriftgelehrten suchten schon lange nach einer günstigen Gelegenheit, bei der sie Jesus heimlich festnehmen und umbringen lassen konnten. Sie waren sich aber einig: [2] «Es darf auf keinen Fall während der Festtage geschehen, damit es nicht zu Unruhen im Volk kommt!»

Ein Vermögen für Jesus
(Matth. 26,6–13; Joh. 12,1–8)

[3] Jesus war in Bethanien Gast bei Simon, der früher einmal leprakrank gewesen war. Während der Mahlzeit kam eine Frau. In ihren Händen hatte sie ein Glas mit kostbarem Öl. Sie zerbrach dieses Gefäß und salbte mit dem Öl das Haupt Jesu. [4/5] Darüber regten sich einige Gäste auf: «Was soll diese Verschwendung?» fragten sie verärgert. «Dieses Öl ist ein Vermögen wert. Das Geld hätte man lieber den Armen geben sollen!» So machten sie der Frau Vorwürfe.

[6] Aber Jesus sagte: «Laßt sie in Ruhe! Warum kränkt ihr sie? Was sie für mich getan hat, war gut und richtig. [7] Arme, die eure Hilfe nötig haben, wird es immer geben. Ihnen könnt ihr jederzeit helfen. Aber ich bin nicht mehr lange bei euch. [8] Diese Frau hat getan, was sie konnte. Mit ihrem Öl hat sie meinen Leib zum Begräbnis vorbereitet. [9] Und das ist ganz sicher: Überall in der Welt, wo man Gottes Heilsbotschaft verkünden wird, da wird man auch von dieser Frau sprechen und von dem, was sie getan hat!»

a) Wörtlich: Dieses Geschlecht.
b) Zur Erinnerung an den Auszug aus Ägypten. Vgl. 3. Mose 23,5–6

Jesus wird verraten
(Matth. 26,14–16; Luk. 22,3–6)

10 Anschließend ging Judas Ischa-
rioth, einer von den zwölf Jüngern, zu
den Hohenpriestern, weil er Jesus an
sie verraten wollte. 11 Die Hohenprie-
ster freuten sich darüber und verspra-
chen ihm eine Belohnung. Von da an
suchte Judas nach einer günstigen
Gelegenheit, um Jesus zu verraten.

Jesus bereitet sich mit seinen Jüngern auf das Passahfest vor
(Matth. 26,17–19; Luk. 22,7–13)

12 Am ersten Tag des Festes der unge-
säuerten Brote, an dem das Passah-
lamm[a] geschlachtet wurde, fragten
die Jünger Jesus: «Wo sollen wir für
dich das Passahmahl vorbereiten?»
13 «Geht in die Stadt», beauftragte Je-
sus zwei von ihnen. «Dort wird euch
ein Mann begegnen, der einen Was-
serkrug trägt. Diesem Mann folgt,
14 bis er in ein Haus geht. Dem Besit-
zer des Hauses sollt ihr sagen: ‹Unser
Herr läßt fragen: Wo ist der Raum, in
dem er mit seinen Jüngern das Pas-
sahmahl feiern kann?› 15 Er wird euch
einen großen Raum im Obergeschoß
zeigen, der für das Festmahl herge-
richtet ist. Bereitet dort alles Weitere
vor.»

16 Die beiden Jünger gingen in die
Stadt und fanden alles so vor, wie
Jesus es ihnen gesagt hatte, so daß
sie das Passahmahl herrichten konn-
ten.

Das Abendmahl: Gottes neuer Bund mit den Menschen
(Matth. 26,20–30; Luk. 22,14–23; Joh. 13,21–26)

17 Am Abend kam Jesus mit den zwölf
Jüngern. 18 Während sie miteinander
aßen, sagte er zu ihnen: «Ich weiß,
daß mich einer von euch, der jetzt mit
mir ißt, verraten wird!» 19 Bestürzt sa-
hen sie einander an, und einer nach
dem andern fragte Jesus: «Meinst du
mich?»

20 «Es ist einer von euch Zwölfen,
der jetzt mit mir zusammen ißt. 21 Der
Menschensohn muß zwar sterben, so
wie es die Propheten vorausgesagt
haben; aber wehe dem, der zu seinem
Verräter wird! Für ihn wäre es besser,
er wäre nie geboren worden.»

22 Noch während sie aßen, nahm Je-
sus ein Stück Brot, sprach das Dank-
gebet, teilte das Brot und gab jedem
seiner Jünger ein Stück davon:
«Nehmt und eßt! Das ist mein Leib!»
23 Anschließend nahm er einen Be-
cher Wein, dankte Gott und gab den
Becher seinen Jüngern. Sie tranken
alle daraus. 24 Jesus sagte: «Das ist
mein Blut, mit dem der neue Bund
zwischen Gott und den Menschen be-
siegelt wird. Es wird zur Vergebung
der Sünden vergossen. 25 Ich sage
euch: Von jetzt an werde ich keinen
Wein mehr trinken, bis ich ihn wieder
mit euch im Reich Gottes trinken
werde.»

26 Nachdem sie das Danklied gesun-
gen hatten, gingen sie hinaus an den
Ölberg.

a) 2. Mose 12,3–6

Jesus warnt den selbstbewußten Petrus

(Matth. 26,31–35; Luk. 22,31–34;
Joh. 13,36–38)

27 Auf dem Weg zum Ölberg sagte Je-
sus zu den Jüngern: «Ihr werdet mich
alle nicht mehr verstehen können und
an mir zweifeln. Schon die Propheten
haben gesagt: ‹Ich werde der Herde
den Hirten nehmen, und die Schafe
werden auseinanderlaufen.›[a] 28 Aber
nach meiner Auferstehung werde ich
nach Galiläa gehen, und dort werdet
ihr mich wiedersehen.»

29 Da beteuerte Petrus: «Wenn
auch alle anderen an dir zweifeln soll-
ten, ich halte zu dir!» 30 «Petrus», er-
widerte ihm Jesus, «eins will ich dir
sagen: Noch ehe heute nacht der
Hahn zweimal kräht, wirst du dreimal
behaupten, daß du mich nicht
kennst.» 31 «Ausgeschlossen!» rief
Petrus. «Und wenn ich mit dir ster-
ben müßte, würde ich das nicht tun!»
Auch die anderen Jünger beteuerten
dies.

Gethsemane: Die Jünger lassen Jesus allein

(Matth. 26,36–46; Luk. 22,40–46)

32 Jesus und seine Jünger gingen dann
in einen Garten, der Gethsemane
heißt. Dort bat er sie: «Bleibt hier
und wartet auf mich, bis ich gebetet
habe!» 33 Petrus, Jakobus und Jo-
hannes gingen mit ihm. Grauen und
Angst überfielen Jesus. 34 «Ich zer-
breche beinahe unter der Last, die ich
zu tragen habe»,[b] sagte er. «Bleibt
bei mir und laßt mich nicht allein.»
35 Jesus ging ein paar Schritte weiter,
kniete nieder und betete: «Mein Va-
ter, wenn es möglich ist, so bewahre
mich vor diesem Leiden.[c] 36 Dir ist al-
les möglich. Aber nicht, was ich will,
sondern was du willst, soll gesche-
hen.»

37 Dann kam er zu den drei Jüngern
zurück und sah, daß sie eingeschlafen
waren. Traurig weckte er Petrus:
«Simon!» rief er, «schläfst du? Kannst
du denn nicht eine einzige Stunde mit
mir wachen? 38 Bleibt wach und betet,
damit ihr die kommenden Tage über-
stehen könnt. Ich weiß, ihr wollt das
Beste, aber aus eigener Kraft könnt
ihr es nicht erreichen.»[d] 39 Noch ein-
mal ließ er sie allein und bat Gott mit
den gleichen Worten um Hilfe. 40 Als
er zurückkam, schliefen die Jünger
schon wieder. Die Augen waren ihnen
zugefallen, und sie wußten vor Müdig-
keit nicht, was sie Jesus sagen sollten.
41 Als er zum dritten Mal zu ihnen zu-
rückkehrte, rief er: «Hört auf zu
schlafen! Ruht euch ein andermal aus!
Jetzt wird der Menschensohn in die
Hände der Menschen ausgeliefert.
42 Steht auf, laßt uns gehen! Der Ver-
räter ist da!»

Verrat und Verhaftung

(Matth. 26,47–56; Luk. 22,47–53;
Joh. 18,2–18)

43 Noch während Jesus sprach, kam
Judas, einer von seinen Jüngern, mit
vielen Männern, die mit Schwertern
und Knüppeln bewaffnet waren. Die
Hohenpriester, Schriftgelehrten und

a) Sacharja 13,7
b) Wörtlich: Tief betrübt ist meine Seele bis zum Tod.
c) Wörtlich: so gehe dieser Kelch an mir vorüber.
d) Wörtlich: Der Geist ist zwar willig, aber das Fleisch ist schwach.

Führer des Volkes hatten sie geschickt. [44]Judas hatte mit ihnen vereinbart: «Der Mann, den ich küssen werde, der ist es! Den müßt ihr festnehmen.» [45]Er ging auf Jesus zu und sagte: «Sei gegrüßt, Meister!» Dann küßte er ihn. [46]Sofort packten die Soldaten Jesus und nahmen ihn fest.

[47]Aber einer von den Männern, die bei Jesus waren, wollte das verhindern. Er zog sein Schwert und schlug einem der Leute des Hohenpriesters das Ohr ab.

[48]Jesus fragte die Soldaten: «Bin ich denn ein Schwerverbrecher, daß ihr mit Schwertern und Knüppeln gekommen seid, um mich zu verhaften? [49]Jeden Tag habe ich öffentlich im Tempel gepredigt. Warum habt ihr mich nicht dort festgenommen? Aber auch dies geschieht, damit sich die Vorhersagen der Propheten erfüllen.»

[50]Entsetzt verließen ihn jetzt alle Jünger und flohen.

[51]Nur ein junger Mann, der einen leichten Umhang trug, folgte Jesus. Als die Männer versuchten, auch ihn festzunehmen, [52]riß er sich los. Die Soldaten blieben mit dem Umhang in den Händen zurück, und der junge Mann konnte nackt entkommen.

Jesus vor Gericht

(Matth. 26,57–68; Luk. 22,63–71; Joh. 18,19–24)

[53]Gleich darauf brachte man Jesus zu dem Hohenpriester, der in dieser Zeit den Vorsitz hatte. Bei ihm waren alle Hohenpriester, Schriftgelehrten und Führer des Volkes versammelt. [54]In sicherem Abstand folgte Petrus der Truppe bis in den Innenhof des Palastes. Dort setzte er sich zu den Soldaten und wärmte sich am Feuer.

[55]Währenddessen versuchten die Hohenpriester und alle Mitglieder des Gerichtshofes durch falsche Zeugenaussagen Jesus so zu belasten, daß sie ihn zum Tode verurteilen konnten. Aber sie fanden nichts. [56]Viele Zeugen brachten falsche Anschuldigungen gegen Jesus vor, doch ihre Aussagen widersprachen sich. [57]Schließlich erklärten einige Männer: [58]«Wir haben gehört, wie dieser Jesus behauptete: ‹Ich will den von Menschen gebauten Tempel abreißen und dafür in drei Tagen einen anderen aufbauen; den aber werden keine Menschen errichten.›» [59]Doch auch ihre Aussagen waren voller Widersprüche, so daß die Hohenpriester damit nichts anfangen konnten.

[60]Jetzt erhob sich der Hohepriester, stellte sich mitten unter die hier Versammelten und fragte Jesus: «Was antwortest du darauf? Hast du das gesagt oder nicht?» [61]Aber Jesus schwieg. Noch einmal fragte ihn der Hohepriester: «Bist du Christus, der Sohn Gottes?» [62]«Ja, der bin ich», antwortete Jesus. «Ihr werdet den Menschensohn an der rechten Seite Gottes sitzen und auf den Wolken des Himmels wiederkommen sehen.»

[63]Empört zerriß der Hohepriester sein Gewand und rief: «Das genügt! Wir brauchen keine weiteren Zeugen. [64]Ihr habt ja selber seine Gotteslästerung gehört. Wie lautet euer Urteil?» Einstimmig beschlossen sie: «Er muß zum Tode verurteilt werden.»

[65]Sie begannen, Jesus zu quälen: Einige spuckten ihm in sein Gesicht, verbanden ihm die Augen und schlugen mit den Fäusten auf ihn ein. «Na, du Prophet», verhöhnten sie ihn, «sag uns, wer hat dich geschlagen?» Auch die Männer, die Jesus abführten, schlugen ihn.

Petrus behauptet, Jesus nicht zu kennen

(Matth. 26,69–75; Luk. 22,54–62; Joh. 18,17.25–27)

66/67 Petrus war immer noch unten im Hof. Eine Dienerin des Hohenpriesters sah ihn am Feuer sitzen. «Du gehörst doch auch zu diesem Jesus von Nazareth!» 68 Erschreckt behauptete Petrus: «Ich weiß nicht, wovon du redest!» Und schnell ging er hinaus in den Vorhof. Da krähte ein Hahn.

69 Aber auch hier erkannte ihn das Mädchen und sagte laut vor allen: «Das ist auch einer von den Leuten, die bei Jesus waren!» 70 Heftig bestritt es Petrus auch diesmal. Doch nach einer Weile sagten auch die Umstehenden: «Natürlich gehörst du zu seinen Freunden; du kommst doch auch aus Galiläa!» 71 Petrus begann, sich zu verfluchen. «Ich kenne diesen Menschen überhaupt nicht, von dem ihr da redet! Das kann ich beschwören!»

72 Da krähte der Hahn zum zweiten Mal. In diesem Augenblick erinnerte sich Petrus, daß Jesus gesagt hatte: «Ehe der Hahn zweimal kräht, wirst du mich dreimal verleugnen.» Und er fing an zu weinen.

Jesus wird verhört

(Matth. 27,1–2.11–14; Luk. 22,66–23,13; Joh. 18,28–38)

15 Am frühen Morgen schlossen die Hohenpriester, die Führer des Volkes, die Schriftgelehrten und der ganze Gerichtshof ihre Beratungen ab und trafen ihre Entscheidung. Jesus wurde gefesselt zu Pilatus, dem römischen Gouverneur, gebracht.

2 Pilatus fragte ihn: «Bist du der König der Juden?» «Ja», antwortete Jesus, «ich bin es.» 3 Die Hohenpriester brachten noch andere schwere Anklagen gegen ihn vor. 4 «Antworte doch!» forderte ihn Pilatus auf. «Willst du dich nicht verteidigen? Hörst du nicht, wie schwer sie dich beschuldigen?» 5 Aber Jesus sagte kein Wort. Darüber wunderte sich Pilatus sehr.

Die Juden erzwingen das Todesurteil

(Matth. 27,15–26; Luk. 23,13–25; Joh. 18,39–19,16)

6 Nun war es üblich, daß Pilatus jedes Jahr zum Passahfest einen Gefangenen begnadigte, den das Volk selbst auswählen durfte. 7 Bei politischen Unruhen war kürzlich jemand ermordet worden. Zusammen mit den Anführern dieses Aufstandes hatte man einen Mann, der Barabbas hieß, gefangengenommen. 8 Vor dem Palast des Pilatus forderte jetzt eine große Menschenmenge die Freilassung eines Gefangenen. 9 «Was meint ihr? Soll ich euch den ‹König der Juden› freigeben?» fragte Pilatus. 10 Denn er wußte genau, daß die Hohenpriester das Verfahren gegen Jesus nur aus Neid angezettelt hatten.

11 Aber die Hohenpriester hetzten das Volk auf, die Freilassung des Barabbas zu verlangen. 12 Pilatus fragte zurück: «Und was soll mit dem Mann geschehen, den man euern König nennt?»

13 Da brüllten sie alle: «Ans Kreuz mit ihm!» 14 «Warum denn? Was hat er getan?» fragte Pilatus. Doch ununterbrochen schrie die Menge: «Ans Kreuz mit ihm!» 15 Weil Pilatus sich fürchtete, gegen diese aufgebrachte Volksmenge zu entscheiden, gab er Barabbas frei. Jesus aber ließ er auspeitschen und zur Kreuzigung abführen.

Jesus wird verhöhnt und mißhandelt

(Matth. 27,27–31; Joh. 19,2–3)

16 Die römischen Soldaten brachten Jesus in den Hof des Palastes. Dort riefen sie die ganze Mannschaft zusammen. 17 Sie zogen ihm einen roten Mantel an, damit er wie ein König aussehen sollte, flochten einen Kranz aus Dornenzweigen und drückten ihm den als Krone auf den Kopf. 18 Dann nahmen sie Haltung an und grüßten Jesus voller Hohn: «Es lebe der König der Juden!» 19 Mit einem Stock schlugen sie Jesus auf den Kopf, spuckten ihn an und knieten vor ihm nieder, um ihn zu verspotten. 20 Als sie davon genug hatten, zogen sie ihm den roten Mantel wieder aus und gaben ihm seine eigenen Kleider zurück. Jetzt führten sie ihn zur Kreuzigung ab.

Die Kreuzigung

(Matth. 27,32–44; Luk. 23,26–43; Joh. 19,16–27)

21 Unterwegs begegnete ihnen Simon aus Kyrene, der Vater von Alexander und Rufus. Simon kam gerade von seinem Feld zurück, als ihn die Soldaten zwangen, das Kreuz zu tragen.

22 Sie brachten Jesus nach Golgatha; das bedeutet Schädelstätte. 23 Dort wollten die Soldaten ihm ein betäubendes Getränk geben: Wein mit Myrrhe. Aber Jesus wollte nichts davon trinken.

24 Dann nagelten sie ihn an das Kreuz. Seine Kleider verlosten sie unter sich. 25 Es war neun Uhr morgens, als sie ihn kreuzigten. 26 Über ihm wurde ein Schild angebracht, auf dem man lesen konnte, weshalb er verurteilt worden war. Darauf stand: «Der König der Juden!» 27 Mit Jesus wurden zwei Verbrecher gekreuzigt, einer rechts, der andere links von ihm. 28 Damit erfüllte sich die Vorhersage des Propheten Jesaja: «Er wurde zu den Verbrechern gezählt.»[a]

29 Die Leute, die am Kreuz vorübergingen, beschimpften ihn und spotteten: «So! Den Tempel wolltest du zerstören und ihn in drei Tagen wieder aufbauen? 30 Jetzt rette dich selber und komm vom Kreuz herunter!»

31 Auch die Hohenpriester und die Schriftgelehrten standen voller Schadenfreude unter dem Kreuz und verhöhnten Jesus: «Anderen hat er geholfen, aber sich selbst kann er nicht helfen! 32 Dieser Messias, dieser König von Israel, soll er doch vom Kreuz heruntersteigen! Dann wollen wir an ihn glauben!» Ebenso verspotteten ihn die beiden Männer, die mit ihm gekreuzigt worden waren.

Jesus stirbt am Kreuz

(Matth. 27,45–56; Luk. 23,44–49; Joh. 19,28–30)

33 Am Mittag wurde es plötzlich im ganzen Land dunkel. Diese Finsternis dauerte drei Stunden. 34 Gegen drei Uhr rief Jesus laut: «Eli, Eli, lama sabachthani?» Das heißt: «Mein Gott, mein Gott, warum hast du mich verlassen?»[b] 35 Einige von den Leuten, die dabeistanden, meinten: «Er ruft den Propheten Elia.» 36 Einer von ihnen tauchte sofort einen Schwamm in Essig und steckte ihn auf einen Stab, um Jesus davon trinken zu lassen.

a) Jesaja 53,12
b) Psalm 22,2

«Wir wollen doch sehen, ob Elia
kommt und ihn herunterholt!» sagte
er. 37 Aber Jesus schrie laut auf und
starb.

38 In demselben Augenblick zerriß
im Tempel der Vorhang vor dem Al-
lerheiligsten von oben bis unten.

39 Erschüttert bekannte der römi-
sche Hauptmann, der neben dem
Kreuz stand und mitangesehen hatte,
wie Jesus starb: «Dieser Mann ist
wirklich Gottes Sohn gewesen!»

40 Einige Frauen hatten alles, was
geschah, aus der Ferne beobachtet.
Unter ihnen waren Maria aus Magda-
la und Maria, die Mutter von Jakobus
dem Jüngeren und von Joses, sowie
Salome. 41 Sie waren schon in Galiläa
bei Jesus gewesen und hatten für ihn
gesorgt. Zusammen mit vielen ande-
ren waren sie mit Jesus nach Jerusa-
lem gekommen.

Jesus wird begraben
(Matth. 27,57–61; Luk. 23,50–55;
Joh. 19,38–42)

42/43 Am Abend ging Joseph von Ari-
mathia, ein geachtetes Mitglied des
Hohen Rates, zu Pilatus. Joseph war-
tete auf das Kommen des Reiches
Gottes. Weil am nächsten Tag Sabbat
war, entschloß er sich, Pilatus schon
jetzt um den Leichnam Jesu zu bitten.

44 Pilatus wollte nicht glauben, daß
Jesus schon gestorben war. Darum
rief er den Hauptmann und erkundig-
te sich: «Lebt Jesus tatsächlich nicht
mehr?» 45 Als der Hauptmann das be-
stätigte, überließ er Joseph von Ari-
mathia den Leichnam. 46 Joseph kauf-
te ein großes Leinentuch, nahm Jesus
vom Kreuz, wickelte ihn in das Tuch
und legte ihn in ein Grab, das in einen
Felsen gehauen war. Dann wälzte er
einen Stein vor den Eingang des Gra-
bes.

47 Maria aus Magdala und Maria,
die Mutter von Joses, beobachteten,
wohin er Jesus legte.

Jesus ist auferstanden
(Matth. 28,1–10; Luk. 24,1–12;
Joh. 20,1–10)

16 Nachdem der Sabbat vorüber
war, kauften Maria aus Mag-
dala, Salome und Maria, die Mutter
von Jakobus, Öle und Salben, um den
Toten einzubalsamieren. 2 Früh am
Sonntagmorgen, gerade als die Sonne
aufging, kamen die Frauen zum
Grab. 3 Schon unterwegs hatten sie
sich besorgt gefragt: «Wie werden wir
nur den schweren Stein von der Grab-
kammer wegrollen können?» 4 Um so
erstaunter waren sie, als sie merkten,
daß der Stein nicht mehr vor dem
Grab lag.

5 Sie betraten die Grabkammer,
und da sahen sie auf der rechten Seite
einen jungen Mann sitzen, der ein
langes weißes Gewand trug. Die
Frauen erschraken sehr. 6 Aber der
Mann sagte zu ihnen: «Habt keine
Angst! Ihr sucht Jesus von Nazareth,
den Gekreuzigten. Er ist nicht mehr
hier. Er ist auferstanden. Seht her, an
dieser Stelle hat er gelegen. 7 Und nun
geht zu seinen Jüngern und zu Petrus,
und sagt ihnen, daß Jesus euch nach
Galiläa vorausgehen wird. Dort wer-
det ihr ihn sehen, wie er es euch ver-
sprochen hat.» 8 Da flohen die Frauen
aus dem Grab und liefen davon.
Angst und Entsetzen hatte sie erfaßt.
Sie redeten mit niemandem darüber,
so erschrocken waren sie.

9 Jesus war am Sonntagmorgen von
den Toten auferstanden und erschien
zuerst der Maria aus Magdala, die er
von sieben Dämonen befreit hatte.
10 Sie lief zu den Jüngern, die um Jesus
trauerten und weinten, 11 und berich-

tete ihnen: «Jesus lebt! Ich habe ihn gesehen!» Aber sie glaubten ihr nicht.

[12] Danach erschien er zwei von ihnen in einer anderen Gestalt, als sie unterwegs waren. [13] Sie kamen voller Aufregung nach Jerusalem zurück, um es den anderen zu berichten. Aber auch ihnen glaubten sie nicht.

Der Auftrag an die Jünger
(Matth. 28,18–20; Luk. 24,36–53; Joh. 20,19–23)

[14] Wenig später erschien Jesus den elf Jüngern, während sie gemeinsam aßen. Er wies sie zurecht, weil sie in ihrem Unglauben und Starrsinn nicht einmal denen glauben wollten, die ihn nach seiner Auferstehung gesehen hatten.

[15] Dann sagte er zu ihnen: «Geht hinaus in die ganze Welt und verkündet allen Menschen die Heilsbotschaft. [16] Denn wer glaubt und sich taufen läßt, der wird gerettet werden. Wer aber nicht glaubt, der wird verurteilt werden.

[17] Die Glaubenden aber werde ich durch folgende Zeichen bestätigen: In meinem Namen werden sie Dämonen austreiben und in neuen Sprachen[a] reden. [18] Gefährliche Schlangen und tödliches Gift werden ihnen nicht schaden. Den Kranken werden sie die Hände auflegen und sie heilen.»

[19] Nachdem Jesus, der Herr, das gesagt hatte, wurde er in den Himmel aufgenommen und nahm den Platz an Gottes Seite ein.

[20] Die Jünger aber zogen hinaus und verkündeten überall die Heilsbotschaft. Der Herr war mit ihnen und bestätigte ihr Wort durch Zeichen seiner Macht.

a) Vgl. Apostelgeschichte 2,4

Lukas berichtet von Jesus

1 Lieber Theophilus! Schon viele Leute haben versucht, all das aufzuschreiben, was bei uns geschehen ist, 2 so, wie es die Augenzeugen berichtet haben, die von Anfang an dabei waren. Ihnen hat Gott den Auftrag gegeben, die Heilsbotschaft weiterzusagen. 3 Nun habe auch ich mich sehr darum bemüht, alles von Anfang an genau zu erfahren. Ich will es dir, lieber Theophilus, jetzt der Reihe nach berichten. 4 Du wirst merken, daß alles, was man dir über Jesus erzählt hat, richtig und wahr ist.

Johannes wird das Kommen des Messias vorbereiten

5 Als Herodes König von Judäa war, lebte dort der Priester Zacharias. Er gehörte zur Dienstgruppe Abia.[a] Seine Frau Elisabeth stammte aus der Familie Aarons. 6 Beide lebten so, wie es Gott gefällt. Sie hielten sich genau an seine Gebote und Ordnungen. 7 Ihre Ehe war kinderlos geblieben, denn Elisabeth konnte keine Kinder bekommen, und beide waren inzwischen alt geworden.

8 Wieder einmal hatte die Gruppe Abia Tempeldienst. 9 Wie üblich wurde ausgelost, wer zur Ehre Gottes im Tempel den Weihrauch anzünden sollte. Das Los fiel auf Zacharias.

10 Er betrat den Tempel, während die Volksmenge draußen betete. 11 Plötzlich stand auf der rechten Seite des Rauchopferaltars ein Engel Gottes. 12 Zacharias erschrak und fürchtete sich.

13 Doch der Engel sagte zu ihm: «Fürchte dich nicht, Zacharias! Gott hat dein Gebet erhört. Deine Frau Elisabeth wird bald einen Sohn bekommen. Gib ihm den Namen Johannes! 14 Nicht nur du wirst über dieses Kind froh und glücklich sein; auch viele andere werden sich über seine Geburt freuen. 15 Gott wird ihm eine große Aufgabe übertragen. Er wird weder Wein noch andere alkoholische Getränke zu sich nehmen.[b] Schon vor seiner Geburt wird er mit dem Heiligen Geist erfüllt sein, 16 und er wird viele in Israel zu Gott, ihrem Herrn, zurückbringen. 17 Entschlossen und stark wie der Prophet Elia wird er das Kommen des Messias vorbereiten: Wie die Väter werden auch die Söhne wieder Gott dienen[c] und die Ungehorsamen wieder Gottes Willen erfüllen. Das ganze Volk wird bereit sein, den Herrn zu empfangen.»

18 «Wie ist so etwas möglich?» fragte Zacharias erstaunt den Engel. «Ich bin ein alter Mann, und auch meine Frau ist alt!» 19 Der Engel antwortete: «Ich bin Gabriel und stehe unmittelbar vor Gott als sein Diener. Er gab mir den Auftrag, dir diese Nachricht zu überbringen. 20 Aber weil du mir

a) 1. Chronik 24,7–18
b) 4. Mose 6,1ff.
c) Wörtlich: um die Herzen der Väter zu bekehren zu den Kindern.

nicht geglaubt hast, sollst du stumm
sein, bis geschieht, was ich gesagt ha-
be. Dann wirst du sehen, daß alles
wahr ist.»

21 Inzwischen wartete die Men-
schenmenge draußen auf Zacharias.
Alle wunderten sich, daß er so lange
im Tempel blieb. 22 Als er endlich her-
auskam, konnte er nicht mehr reden.
Daran erkannten sie, daß Gott in be-
sonderer Weise zu ihm gesprochen
haben mußte. Zacharias versuchte,
die Menschen mit einem Segens-
wunsch zu entlassen; aber er blieb
stumm. 23 Er verrichtete noch den
vorgeschriebenen Dienst im Tempel
und ging dann nach Hause.

24 Nur wenig später erwartete seine
Frau Elisabeth ein Kind. Sie blieb
fünf Monate lang in ihrer Wohnung.
25 «Ich bin Gott so dankbar», sagte
sie, «daß ich doch noch ein Kind be-
komme. Nun kann mich niemand
mehr verachten, weil ich keine Kin-
der habe.»

Ein Engel verkündet Maria die Geburt Jesu

26/27 Elisabeth war im sechsten Monat
schwanger, als Gott den Engel Ga-
briel zu einem Mädchen nach Naza-
reth schickte, einer Stadt in Galiläa.
Das Mädchen hieß Maria und war mit
Joseph, einem Nachkommen des gro-
ßen Königs David, verlobt.

28 Der Engel kam zu ihr und sagte:
«Sei gegrüßt, Maria! Gott will dich
beschenken. Er hat dich unter allen
Frauen auserwählt.» 29 Maria fragte
sich erschrocken, was diese seltsamen
Worte bedeuten könnten. 30 «Hab
keine Angst, Maria», redete der En-
gel weiter. «Gott liebt dich und hat
etwas Besonderes mit dir vor. 31 Du
wirst ein Kind erwarten und einen
Sohn zur Welt bringen. Jesus soll er
heißen. 32 Er wird mächtig sein, und
man wird ihn Gottes Sohn nennen.
Die Königsherrschaft Davids wird er
weiterführen 33 und die Nachkommen
Jakobs für immer regieren. Seine
Herrschaft wird kein Ende haben.»

34 «Wie kann das geschehen?» frag-
te Maria den Engel. «Ich bin doch gar
nicht verheiratet.» 35 Der Engel ant-
wortete ihr: «Der Heilige Geist wird
über dich kommen, und die Kraft
Gottes wird sich an dir zeigen. Darum
wird dieses Kind auch heilig sein und
Sohn Gottes genannt werden.
36 Selbst Elisabeth, deine Verwandte,
von der man sagt, daß sie keine Kin-
der bekommen kann, ist jetzt im sech-
sten Monat schwanger. Sie wird in ih-
rem hohen Alter einen Sohn zur Welt
bringen. 37 Für Gott ist nichts unmög-
lich.»

38 «Ich will mich Gott ganz zur Ver-
fügung stellen», erwiderte Maria.
«Alles soll so geschehen, wie du es
mir gesagt hast.» Darauf verließ sie
der Engel.

Maria bei Elisabeth

39 Maria entschloß sich, so schnell wie
möglich Elisabeth zu besuchen, die
mit ihrem Mann Zacharias in einer
kleinen Stadt in den Bergen Judäas
wohnte. 40 Sie betrat das Haus und be-
grüßte Elisabeth. 41 Als Elisabeth die
Stimme Marias hörte, bewegte sich
das Kind in ihr, und – erfüllt vom Hei-
ligen Geist – rief sie: 42 «Dich hat Gott
gesegnet, mehr als alle anderen
Frauen, dich und dein Kind! 43 Womit
habe ich verdient, daß die Mutter
meines Herrn zu mir kommt! 44 Als
ich deine Stimme hörte, hüpfte das
Kind in mir vor Freude. 45 Wie glück-
lich kannst du sein, weil du geglaubt
hast! Was Gott dir angekündigt hat,
wird geschehen.»

Maria lobt und dankt Gott

46 Da lobte Maria Gott: «Von ganzem
Herzen preise ich den Herrn.
47 Ich bin glücklich über Gott, mei-
nen Retter.
48 Er hat mich – eine geringe und
unbedeutende Frau – zu Großem be-
rufen.
Zu allen Zeiten wird man mich
glücklich preisen, 49 denn Gott hat
große Dinge an mir getan, er, der
mächtig und heilig ist!
50 Ohne Ende kümmert er sich in
seiner Barmherzigkeit um alle, die
ihn fürchten.
51 Unübersehbar handelt Gott in
der Welt. Die Stolzen bekommen sei-
ne Macht zu spüren.
52 Er stürzt Herrscher von ihrem
Thron, doch Unterdrückte richtet er
auf.
53 Die Hungrigen beschenkt er mit
Gütern, und die Reichen schickt er
mit leeren Händen weg.
54 Seine Barmherzigkeit hat er uns
zugesagt, ja, er wird seinem Volk Is-
rael helfen.
55 So hat er es unseren Vätern,
Abraham und seinen Nachkommen,
für immer verheißen.»
56 Maria blieb etwa drei Monate bei
Elisabeth und kehrte dann nach Hau-
se zurück.

Er soll Johannes heißen

57 Für Elisabeth kam die Stunde der
Geburt, und sie brachte einen Sohn
zur Welt. 58 Als Nachbarn und Ver-
wandte hörten, daß Gott so barmher-
zig zu ihr gewesen war, freuten sie
sich mit ihr.
59 Nach acht Tagen wurde das Kind
zur Beschneidung gebracht. Dabei
sollte es den gleichen Namen bekom-
men wie sein Vater: Zacharias.
60 Doch Elisabeth widersprach:
«Nein, er soll Johannes heißen!»
61 «Aber keiner in deiner Verwandt-
schaft heißt so!» wandten die andern
ein. 62 Sie winkten dem Vater und
fragten ihn: «Wie soll dein Sohn hei-
ßen?» 63 Zacharias ließ sich eine Tafel
geben und schrieb darauf: «Sein Na-
me ist Johannes.» Darüber wunder-
ten sich alle. 64 Von diesem Augen-
blick an konnte Zacharias wieder
sprechen, und er lobte Gott.
65 Überall, wo man davon hörte –
und im ganzen Bergland von Judäa
wurde darüber gesprochen –, er-
schraken die Leute. 66 Nachdenklich
fragten sie sich: «Was wird aus die-
sem Kind noch werden? Gott hat be-
stimmt etwas Besonderes mit ihm
vor.»

Zacharias sieht den Auftrag des Johannes voraus

67 Erfüllt vom Heiligen Geist, verkün-
dete Zacharias, der Vater von Jo-
hannes, was Gott ihm gezeigt hatte:
68 «Gelobt sei der Herr, der Gott Is-
raels! Er ist zu unserem Volk gekom-
men und hat es befreit.
69 Aus dem Königshause seines
Dieners David hat er uns den starken
Retter geschickt.
70 So hatten es seine heiligen Pro-
pheten schon vor langer Zeit verkün-
det:
71 Er wird uns von unseren Feinden
erretten und aus der Hand aller Men-
schen, die uns hassen.
72 Gott war mit unseren Vorfahren
barmherzig. Er vergißt seinen heili-
gen Bund nicht, 73 den Eid, den er un-
serem Vater Abraham geschworen
hat und der auch für uns gilt.
74 Er befreit uns aus der Hand unse-
rer Feinde, damit wir ihm ohne
Furcht unser Leben lang dienen, 75 als

Menschen, die ihm gehören und nach seinem Willen leben[a].

76 Und dich, mein Sohn, wird man einen Propheten des Höchsten nennen. Du wirst vor dem Herrn hergehen und sein Kommen vorbereiten.

77 Seinem Volk wirst du zeigen, daß es durch die Vergebung seiner Sünden gerettet wird. 78 Gott vergibt uns, weil seine Barmherzigkeit so groß ist. Aus der Höhe kommt sein Licht zu uns.

79 Dieses Licht wird allen Menschen leuchten, die in Nacht und Todesfurcht leben; es wird uns auf den Weg des Friedens führen.»

80 Johannes wuchs heran und lernte Gottes Willen immer besser verstehen[b]. Als junger Mann zog er sich in die Einsamkeit der Wüste zurück bis zu dem Tag, an dem er öffentlich vor dem Volk Israel auftrat.

Gottes Sohn kommt in die Welt

2 In dieser Zeit befahl der Kaiser Augustus, daß alle Bewohner des römischen Reiches namentlich in Listen erfaßt werden sollten.

2 Eine solche Volkszählung hatte es noch nie gegeben. Sie wurde durchgeführt, als Quirinius Gouverneur in Syrien war. 3 Jeder mußte in die Stadt gehen, aus der er stammte, um sich dort eintragen zu lassen.

4 Weil Joseph ein Nachkomme Davids war, der in Bethlehem geboren wurde, reiste er von Nazareth in Galiläa nach Bethlehem in Judäa. 5 Joseph mußte sich dort einschreiben lassen, zusammen mit seiner jungen Frau Maria, die ein Kind erwartete.

6 Als sie in Bethlehem waren, brachte Maria ihr erstes Kind – einen Sohn – zur Welt. 7 Sie wickelte ihn in Windeln und legte ihn in eine Futterkrippe im Stall, weil sie in dem Gasthaus keinen Platz bekommen hatten.

Die Hirten auf dem Feld

8 In dieser Nacht bewachten draußen auf dem Feld einige Hirten ihre Herden. 9 Plötzlich trat ein Engel Gottes zu ihnen, und Gottes Licht umstrahlte sie. Die Hirten erschraken sehr, 10 aber der Engel sagte: «Fürchtet euch nicht! Ich bringe euch die größte Freude für alle Menschen: 11 Heute ist für euch in der Stadt, in der schon David geboren wurde, der lang ersehnte Retter zur Welt gekommen. Es ist Christus, der Herr. 12 Und daran werdet ihr ihn erkennen: Das Kind liegt, in Windeln gewickelt, in einer Futterkrippe!»

13 Auf einmal waren sie von unzähligen Engeln umgeben, die Gott lobten: 14 «Gott im Himmel gehört alle Ehre; denn er hat den Frieden auf die Erde gebracht für alle, die bereit sind, seinen Frieden anzunehmen.»[c]

15 Nachdem die Engel sie verlassen hatten, beschlossen die Hirten: «Kommt, wir gehen nach Bethlehem. Wir wollen sehen, was dort geschehen ist und wovon Gottes Engel gesprochen hat.»

16 Sie machten sich sofort auf den Weg und fanden Maria und Joseph und das Kind, das in der Futterkrippe lag. 17 Als sie das Kind sahen, erzählten die Hirten, was ihnen der Engel gesagt hatte. 18 Und alle, die ihren Be-

a) Wörtlich: in Heiligkeit und Gerechtigkeit.
b) Wörtlich: erstarkte im Geist.
c) Wörtlich: Friede auf Erden den Menschen des Wohlgefallens.

richt hörten, waren darüber sehr erstaunt.

[19] Maria aber merkte sich jedes Wort und dachte immer wieder darüber nach.

[20] Dann kehrten die Hirten zu ihren Herden zurück. Sie lobten und dankten Gott für das, was sie in dieser Nacht erlebt hatten. Alles war genau so, wie der Engel es ihnen gesagt hatte.

Jesus wird als Retter erkannt

[21] Bei der Beschneidung acht Tage später gab man dem Kind den Namen Jesus. Dies war der Name, den der Engel nannte, noch ehe Maria das Kind empfangen hatte.

[22] Als die Zeit der «Reinigung» vorüber war, wie sie Mose im Gesetz nach der Geburt eines Kindes vorschreibt,[a] brachten Joseph und Maria das Kind nach Jerusalem, um es Gott zu weihen. [23] Im Gesetz heißt es ausdrücklich: «Jeder erste Sohn der Familie und jedes erstgeborene männliche Tier sollen dem Herrn gehören.»[b] [24] Und sie brachten auch ihr Opfer. Das Gesetz verlangte: zwei Turteltauben oder zwei andere Tauben.[c]

[25] In Jerusalem wohnte ein Mann, der Simeon hieß. Er lebte so, wie Gott es haben will, hielt sich genau an seine Gebote und wartete voller Sehnsucht auf den Retter Israels. Simeon war erfüllt von Gottes Heiligem Geist. [26] Durch ihn wußte er, daß er nicht sterben würde, bevor er Christus, den Retter, gesehen hätte. [27] Vom Heiligen Geist dazu gedrängt, war er an diesem Tag in den Tempel gegangen. Als Maria und Joseph das Kind hereinbrachten, um es Gott zu weihen, [28] nahm Simeon es in seine Arme und lobte Gott:

[29] «Herr, jetzt kann ich in Frieden sterben. [30] Denn ich habe den Befreier gesehen, [31] den du der ganzen Welt gegeben hast. [32] Er ist das Licht für alle Völker, und er wird der Ruhm für dein Volk Israel sein.»

[33] Maria und Joseph wunderten sich über seine Worte. [34/35] Simeon segnete sie und sagte dann zu Maria: «An diesem Kind wird sich das Leben vieler Menschen in Israel entscheiden; denn es wird entweder ihr Richter oder ihr Retter sein. Viele werden sich ihm leidenschaftlich widersetzen und dadurch zeigen, daß sie gegen Gott sind. Der Schmerz darüber wird dir wie ein Schwert durchs Herz dringen.»

[36] An diesem Tag hielt sich auch die alte Prophetin Hanna im Tempel auf, eine Tochter Phanuels aus dem Stamm Asser. Sie war nur sieben Jahre verheiratet gewesen, [37] seit langer Zeit Witwe und nun eine alte Frau von vierundachtzig Jahren. Hanna verließ den Tempel nur noch selten. Um Gott zu dienen, betete und fastete sie Tag und Nacht.

[38] Während Simeon noch mit Maria und Joseph sprach, trat sie hinzu und begann ebenfalls, Gott zu loben. Allen, die auf die Befreiung Jerusalems warteten, erzählte sie von diesem Kind.

[39] Nachdem Joseph und Maria alle Vorschriften des Gesetzes erfüllt hatten, kehrten sie nach Nazareth in Galiläa zurück. [40] Das Kind wuchs heran,

a) 3. Mose 12,4.6
b) 2. Mose 13,2.11–16
c) 3. Mose 12,8

erfüllt mit göttlicher Weisheit. Alle konnten sehen, daß Gottes Segen auf ihm ruhte.

Der zwölfjährige Jesus im Tempel

[41]Jahr für Jahr gingen Joseph und Maria zum Passahfest nach Jerusalem. [42]Als Jesus zwölf Jahre alt war, nahmen sie ihn zum ersten Mal mit. [43]Nach den Festtagen machten sich die Eltern wieder auf den Heimweg. Doch ohne daß sie es bemerkten, blieb Jesus in Jerusalem. Am ersten Tag ihrer Rückreise vermißten sie ihn nicht, [44]weil sie dachten: Er wird mit Verwandten oder Freunden gegangen sein. [45]Als sie ihn aber dort nicht fanden, kehrten sie besorgt um und suchten ihn überall in Jerusalem.

[46]Endlich, nach drei Tagen, entdeckten sie Jesus im Tempel. Er saß bei den Schriftgelehrten, hörte ihnen aufmerksam zu und stellte Fragen.

[47]Alle wunderten sich über sein Wissen und seine Antworten.

[48]Die Eltern waren fassungslos, als sie ihn dort fanden. «Kind», fragte ihn Maria, «wie konntest du uns nur so etwas antun? Wir haben dich überall verzweifelt gesucht!»

[49]«Warum habt ihr mich gesucht?» erwiderte Jesus. «Ihr hättet doch wissen müssen, daß ich dort sein muß, wo es um Gottes Sache geht.»[a] [50]Doch sie begriffen nicht, was er damit meinte.

[51]Dann kehrten sie gemeinsam nach Nazareth zurück, und Jesus war seinen Eltern gehorsam. Seine Mutter aber vergaß nichts von dem, was sie erlebt hatte.

[52]So wuchs Jesus heran. Sein Wissen und sein Verständnis nahmen zu. Die Menschen liebten ihn und erkannten: Gott hat etwas Besonderes mit ihm vor.

Johannes, der Wegbereiter Jesu
(Matth. 3,1–12; Mark. 1,1–8)

3 Es war im fünfzehnten Regierungsjahr des Kaisers Tiberius. Pontius Pilatus verwaltete als Gouverneur die Provinz Judäa; Herodes herrschte als Fürst über Galiläa, sein Bruder Philippus über Ituräa und Trachonitis, und Lysanias regierte in Abilene; [2]Hannas und später Kaiphas waren die Hohenpriester. Da erreichte Gottes Auftrag Johannes, den Sohn des Zacharias, der in der Wüste lebte.

[3]Johannes verließ die Wüste und zog durch das ganze Gebiet am Jordan. Überall forderte er die Leute auf: «Ändert euch von Grund auf! Kehrt um zu Gott, und laßt euch als Zeichen dafür taufen. Dann wird euch Gott eure Sünden vergeben!»[b] [4/5]So erfüllte sich, was im Buch des Propheten Jesaja steht:

«Ich höre jemanden in der Wüste rufen: ‹Macht den Weg frei für den Herrn! Räumt alle Hindernisse weg, damit er kommen kann! Jedes Tal soll aufgefüllt, jeder Berg und Hügel abgetragen werden, krumme Wege sollen begradigt und holprige Wege zu guten Straßen werden! [6]Dann werden wir alle den von Gott gesandten Retter sehen!›»[c]

[7]Der Menschenmenge, die gekommen war, um sich taufen zu lassen,

a) Wörtlich: Wußtet ihr nicht, daß ich in dem sein muß, was meines Vaters ist?
b) Wörtlich: Er predigte eine Taufe der Umkehr zur Vergebung der Sünden.
c) Jesaja 40,3–5

rief Johannes zu: «Ihr Teufelspack! Glaubt ihr etwa, daß ihr dem kommenden Gericht Gottes entrinnen werdet?
[8]Beweist erst einmal durch eure Taten, daß ihr wirklich zu Gott umgekehrt seid! Ihr sagt: ‹Abraham ist unser Vater!› und wollt euch damit herausreden. Das wird euch gar nichts helfen! Selbst aus diesen Steinen hier kann Gott Nachkommen Abrahams machen.

[9]Es ist jetzt allerhöchste Zeit zur Umkehr; denn die Axt ist schon erhoben, um die Bäume an der Wurzel abzuschlagen. Jeder Baum, der keine guten Früchte bringt, wird umgehauen und ins Feuer geworfen.»

[10]Da wollten die Leute wissen: «Was sollen wir denn tun?»
[11]Johannes antwortete: «Wer zwei Hemden hat, soll dem eins geben, der keins besitzt. Und wer etwas zu essen hat, soll seine Mahlzeit mit Hungrigen teilen.»

[12]Es kamen auch Zolleinnehmer, die sich taufen lassen wollten. Sie fragten: «Und wir? Wie sollen wir uns verhalten?»
[13]Johannes wies sie an: «Verlangt nur so viel Zollgebühren, wie ihr fordern dürft!»

[14]«Und was sollen wir tun?» erkundigten sich einige Soldaten. «Plündert und erpreßt niemand! Seid zufrieden mit eurem Sold», antwortete ihnen Johannes.

[15]Die Leute ahnten, daß bald etwas geschehen würde, und sie fragten sich, ob nicht Johannes der ersehnte Befreier sei.
[16]Doch Johannes erklärte öffentlich: «Ich taufe euch mit Wasser, aber nach mir wird einer kommen, der ist größer als ich. Ich bin nicht einmal würdig, ihm die Schuhe auszuziehen.[a] Er wird euch mit dem Heiligen Geist und mit Feuer taufen.

[17]Schon hat er die Schaufel in der Hand, mit der er die Spreu vom Weizen trennt. Den Weizen wird er in seine Scheune bringen, aber die Spreu mit Feuer verbrennen, das niemand löschen kann.»

[18]In vielen Reden verkündete Johannes den Menschen die Heilsbotschaft Gottes und forderte sie auf umzukehren.
[19]Mit scharfen Worten griff er auch Herodes an, den Fürsten von Galiläa. Herodes lebte mit Herodias zusammen, der Frau seines Bruders. Er schreckte vor keinem Verbrechen zurück.
[20]Schließlich ging er so weit, daß er Johannes ins Gefängnis werfen ließ.

Die Taufe Jesu: Gott bekennt sich zu seinem Sohn
(Matth. 3,13–17; Mark. 1,9–11; Joh. 1,32)

[21]Als Johannes wieder einmal viele Menschen taufte, kam auch Jesus und ließ sich taufen. Während er betete, öffnete sich der Himmel,
[22]und der Heilige Geist kam, wie eine Taube, sichtbar auf ihn herab. Gleichzeitig sprach eine Stimme vom Himmel: «Du bist mein lieber Sohn, an dem ich Freude habe.»[b]

Von Adam bis Jesus
(Matth. 1,1–17)

[23]Jesus begann seine große Aufgabe, als er ungefähr dreißig Jahre alt war. Die Leute kannten ihn als den Sohn Josephs. Josephs Vater war Eli, und dessen Vorfahren waren:

a) Wörtlich: ihm die Schuhriemen aufzubinden.
b) Wörtlich: An dir habe ich Wohlgefallen.

[24] Mattat, Levi, Melchi, Jannai,
[25] Joseph, Mattathias, Amos, Nahum,
[26] Hesli, Naggai, Mahat, Mattathias, Simei, Josech,
[27] Joda, Johanan, Resa, Serubabel, Schealthiel,
[28] Neri, Melchi, Addi, Kosam, Elmadam,
[29] Ger, Jesus, Elieser, Jorim, Mattat, Levi,
[30] Simeon, Juda, Joseph, Jonam,
[31] Eljakim, Melea, Menna, Mattatha, Nathan,
[32] David, Isai, Obed, Boas, Salmon,
[33] Nachschon, Amminadab, Admin, Arni, Hezron, Perez,
[34] Juda, Jakob, Isaak, Abraham, Tharah,
[35] Nahor, Serug, Regu, Peleg, Eber,
[36] Schelach, Kenan, Arpachschad, Sem, Noah,
[37] Lamech, Metuschelach, Henoch, Jared, Mahalaleel, Kenan,
[38] Enosch, Seth. Seth war ein Sohn Adams, und Adam wurde von Gott geschaffen.

Versuchung und Widerstand
(Matth. 4,1–11; Mark. 1,12–13)

4 Erfüllt vom Heiligen Geist, kam Jesus vom Jordan zurück. Und der Geist Gottes führte ihn in die Wüste,
[2] wo er sich vierzig Tage aufhielt. Dort war er den Versuchungen des Teufels ausgesetzt. Jesus aß nichts während dieser ganzen Zeit, und der Hunger quälte ihn.
[3] Da forderte ihn der Teufel auf: «Wenn du Gottes Sohn bist, dann mach doch Brot aus diesem Stein!»
[4] Aber Jesus wehrte ab: «Nein, denn es steht in der Heiligen Schrift: ‹Der Mensch lebt nicht allein von Brot, sondern von allem, was der Herr ihm zusagt.›»[a]

[5] Dann führte ihn der Teufel auf einen hohen Berg und zeigte ihm in einem einzigen Augenblick alle Reiche der Welt
[6] und bot sie Jesus an: «Alle Macht über diese Welt und ihre Herrlichkeit will ich dir geben; denn mir gehört die Welt, und ich schenke sie, wem ich will.
[7] Wenn du vor mir niederkniest und mich anbetest, wird das alles dir gehören.»

[8] Wieder wehrte Jesus ab: «Nein! Denn Gott verlangt in der Heiligen Schrift von uns: ‹Du sollst allein Gott anbeten und nur ihm gehorchen!›»[b]

[9] Jetzt nahm ihn der Teufel mit nach Jerusalem und stellte ihn auf die höchste Stelle der Tempelmauer. «Spring hinunter!» forderte er Jesus auf. «Du bist doch Gottes Sohn!
[10] Es steht geschrieben: ‹Gott wird seinen Engeln befehlen, dich zu beschützen.
[11] Sie werden dich auf Händen tragen, und du wirst dich nicht einmal an einem Stein verletzen!›»[c]
[12] Aber Jesus wies ihn auch diesmal zurück: «Es steht geschrieben: ‹Du sollst Gott, deinen Herrn, nicht herausfordern!›»[d]

[13] Nachdem der Teufel mit seinen Versuchungen gescheitert war, verließ er Jesus für einige Zeit.

a) 5. Mose 8,3
b) 5. Mose 6,13–14
c) Psalm 91,11–12
d) 5. Mose 6,16

Ein Prophet gilt nichts in seinem Land
(Matth. 13,53–58; Mark. 6,1–6)

14 Mit der Kraft des Heiligen Geistes
erfüllt, kehrte Jesus nach Galiläa zu-
rück. Schon bald sprach man überall
von ihm. 15 Er predigte in den Syn-
agogen so überzeugend, daß alle mit
größter Hochachtung von ihm rede-
ten. 16 Eines Tages kam Jesus wie-
der in seine Heimatstadt Nazareth.
Am Sabbat ging er wie gewohnt in
die Synagoge. 17 Als er aufstand, um
aus der Heiligen Schrift vorzu-
lesen, reichte man ihm das Buch des
Propheten Jesaja. Jesus las: 18 «Mit
mir ist der Geist des Herrn, weil er
mich berufen hat[a]. Er hat mich be-
auftragt, den Armen die frohe Bot-
schaft zu bringen. Den Gefangenen
soll ich die Freiheit verkünden, den
Blinden sagen, daß sie sehen wer-
den, und den Unterdrückten, daß sie
bald von jeder Gewalt befreit sein
sollen. 19 Jetzt erläßt Gott alle
Schuld.»[b]

20 Jesus schloß das Buch, gab es zu-
rück und setzte sich. Alle warteten
gespannt darauf, was er dazu sagen
würde. Er begann: 21 «Heute hat sich
diese Voraussage des Propheten er-
füllt.»

22 Während er sprach, konnte ihm
die ganze Gemeinde nur zustimmen.
Sie staunten alle über seine eindrück-
liche Rede und meinten: «Man kann
es kaum glauben, daß er der Sohn des
Zimmermanns[c] ist!»

23 Jesus redete weiter: «Sicher wer-
det ihr mir das Sprichwort vorhalten:
‹Arzt, hilf dir selbst! In Kapernaum
hast du große Wunder getan. Zeig
auch hier, was du kannst!› 24 Aber ihr
wißt doch: Keinem Propheten glaubt
man in seiner Heimatstadt. 25 Denkt
an Elia! Damals gab es genug Wit-
wen in Israel, die Hilfe brauchten;
denn es hatte dreieinhalb Jahre nicht
geregnet, und alle Menschen im
Land hungerten. 26 Aber nicht zu ih-
nen wurde Elia geschickt, sondern zu
einer heidnischen Witwe in Zarpath
bei Sidon. 27 Oder erinnert euch an
den Propheten Elisa! Es gab unzähli-
ge Aussätzige in Israel, aber von ih-
nen wurde keiner geheilt. Naeman,
der heidnische Syrer, war der einzi-
ge.»

28 Das war den Zuhörern zuviel.
Wütend sprangen sie auf 29 und
schleppten Jesus bis zu dem Steilab-
hang des Berges, auf dem ihre Stadt
gebaut war. Dort wollten sie ihn hin-
unterstoßen. 30 Doch Jesus ging ruhig
durch die aufgebrachte Volksmenge
weg, ohne daß es jemand gewagt hät-
te, ihn auch nur anzufassen.

Jesus erweist seine Macht
(Mark. 1,21–28)

31 Jesus kam nach Kapernaum in Gali-
läa und predigte dort am Sabbat.

32 Die Leute waren von seiner Leh-
re tief beeindruckt; denn sie spürten,
daß aus seinen Worten Gott selbst zu
ihnen sprach.

33 In der Synagoge war ein Mann,
der von einem Dämon beherrscht
wurde.

34 Der schrie laut: «Hör auf, Jesus
von Nazareth! Was willst du von uns?
Du bist doch nur gekommen, um uns

a) Wörtlich: denn er hat mich gesalbt.
b) Wörtlich: zu verkünden das Erlaßjahr des Herrn. Jesaja 61,1–2
c) Wörtlich: Josephs Sohn.

zu vernichten. Ich weiß genau, wer du
bist: der Sohn Gottes!»[a]
35 Jesus unterbrach ihn: «Schweig!
Verlasse diesen Menschen!» Da
schleuderte der Dämon den Mann
mitten unter sie auf den Boden und
verließ ihn, ohne ihm weiter zu scha-
den.
36 Erschrocken und bestürzt fragten
sich die Leute: «Wie redet denn die-
ser Mann? In der Kraft Gottes be-
fiehlt er den bösen Geistern, und sie
müssen gehorchen!» 37 Bald redete
man in der ganzen Gegend über das,
was Jesus getan hatte.

Alle müssen die Heilsbotschaft hören

(Matth. 4,23; 8,14–17; Mark. 1,29–39)

38 Nachdem Jesus die Synagoge ver-
lassen hatte, ging er in das Haus des
Petrus. Dessen Schwiegermutter hat-
te hohes Fieber. Man bat Jesus, ihr zu
helfen. 39 Er trat an ihr Bett, beugte
sich über sie und befahl dem Fieber
zu weichen. Sofort war sie gesund.
Sie stand auf und bediente ihre Gä-
ste.
40 Die Heilung wurde schnell be-
kannt. Wer einen Kranken in der Fa-
milie hatte, brachte ihn zu Jesus, nach-
dem die Sonne untergegangen war. Er
legte ihnen die Hände auf und heilte
sie alle. 41 Viele wurden auch von Dä-
monen befreit, die schrien: «Du bist
der Sohn Gottes!» Aber er bedrohte
sie und befahl ihnen zu schweigen;
denn sie wußten, daß er der von Gott
gesandte Befreier ist.
42 Am frühen Morgen verließ Jesus
das Haus und ging in eine einsame
Gegend. Aber die Leute suchten ihn
überall, und als sie ihn endlich gefun-
den hatten, wollten sie ihn festhalten.
Er sollte bei ihnen bleiben. 43 Doch er
wies sie ab: «Ich muß die frohe Bot-
schaft vom Reich Gottes auch in alle
anderen Städte bringen. Das ist mein
Auftrag.»
44 Er ging weiter und predigte in al-
len Synagogen des Landes.

Jesus beruft seine ersten Jünger

(Matth. 4,18–22; Mark. 1,16–20)

5 Eines Tages drängte sich am See
Genezareth eine große Men-
schenmenge um Jesus. Alle wollten
Gottes Wort hören. 2 Am Ufer lagen
zwei leere Boote. Die Fischer hatten
sie verlassen und arbeiteten an ihren
Netzen.
3 Da stieg Jesus in das Boot, das Pe-
trus gehörte, und bat den Fischer, ein
Stück auf den See hinauszurudern,
damit ihn alle besser sehen und hören
konnten. Vom Boot aus sprach Jesus
dann zu den Menschen.
4 Anschließend sagte er zu Petrus:
«Fahrt jetzt weiter auf den See, und
werft eure Netze aus!» 5 «Herr», gab
Petrus zu bedenken, «wir haben die
ganze Nacht gearbeitet und nichts ge-
fangen. Aber weil du es sagst, will ich
es wagen.»
6 Sie warfen ihre Netze aus und fin-
gen so viele Fische, daß die Netze zu
zerreißen drohten. 7 Deshalb winkten
sie den Fischern im anderen Boot,
ihnen zu helfen. Bald waren beide
Boote bis zum Rand beladen, so daß
sie beinahe sanken.
8 Als Petrus das sah, fiel er er-
schrocken vor Jesus nieder und rief:
«Herr, geh weg von mir! Ich bin ein
sündiger Mensch!» 9 Er und alle ande-
ren Fischer waren fassungslos über

a) Wörtlich: der Heilige Gottes.

diesen Fang, [10] auch Jakobus und Johannes, die Söhne des Zebedäus, die Petrus bei der Arbeit geholfen hatten. Aber Jesus sagte zu Petrus: «Fürchte dich nicht! Du wirst jetzt keine Fische mehr fangen, sondern Menschen für mich gewinnen.» [11] Sie brachten die Boote an Land, verließen alles und gingen mit Jesus.

Ein Leprakranker wird geheilt
(Matth. 8,1–4; Mark. 1, 40–45)

[12] In einer der Städte traf Jesus einen Mann, dessen Körper von Lepra zerfressen war. Als er Jesus sah, warf er sich vor ihm nieder und flehte ihn an: «Herr, wenn du willst, kannst du mich heilen!» [13] Jesus streckte die Hand aus, berührte ihn und sagte: «Ich will! Sei gesund!» Da war der Mann von seiner Krankheit geheilt.

[14] Jesus befahl ihm, nicht über seine Heilung zu reden. «Geh und laß dich vom Priester untersuchen», forderte er ihn auf, «und bring das Opfer für deine Heilung, wie es Mose im Gesetz anordnet! Sie sollen sehen, daß Gott dich geheilt hat.»

[15] Aber das änderte nichts daran, daß immer mehr Menschen von den Wundern Jesu sprachen. In Scharen drängten sie sich zu ihm. Sie wollten ihn hören und von ihren Krankheiten geheilt werden. [16] Aber Jesus entzog sich der Menge, um in der Einsamkeit zu beten.

Jesus hat die Macht, Sünden zu vergeben
(Matth. 9,1–8; Mark. 2,1–12)

[17] Als Jesus eines Tages Gottes Botschaft erklärte, saßen unter den Zuhörern auch Pharisäer und Schriftgelehrte. Sie waren aus ganz Galiläa, aus Judäa und aus Jerusalem gekommen. In der Kraft Gottes heilte Jesus die Kranken.[a]

[18] Da brachten einige Männer einen Gelähmten auf einer Trage. Sie versuchten, sich durch die Menge zu drängen und den Kranken zu Jesus zu bringen. [19] Aber das war unmöglich. Die vielen Menschen ließen sie nicht durch. Kurzentschlossen stiegen sie auf das Dach, deckten die Ziegel ab und ließen den Mann auf seiner Trage durch die Öffnung zu Jesus hinunter.

[20] Als Jesus sah, wie groß ihr Glaube an ihn war, sagte er zu dem Gelähmten: «Deine Sünden sind dir vergeben!»

[21] «Was bildet sich dieser Mensch eigentlich ein?» entrüsteten sich da die Pharisäer und Schriftgelehrten. «Das ist Gotteslästerung! Nur Gott kann Sünden vergeben!»

[22] Jesus durchschaute sie und fragte: «Was habt ihr da für Gedanken? [23] Ist es leichter zu sagen: ‹Dir sind deine Sünden vergeben›, oder: ‹Steh auf, du bist geheilt›? [24] Aber ich will euch beweisen, daß der Menschensohn die Macht hat, schon jetzt Sünden zu vergeben.» Und er forderte den Gelähmten auf: «Nimm deine Trage und gehe nach Hause!»

[25] Alle sahen, wie der Mann aufstand, seine Trage nahm, nach Hause ging und dabei Gott dankte. [26] Voller Entsetzen sahen ihm die Leute nach. Doch dann riefen sie begeistert: «Wir haben heute Unglaubliches gesehen!» Und alle lobten Gott.

a) Wörtlich: Die Kraft des Herrn war da, um zu heilen.

Gesunde brauchen keinen Arzt
(Matth. 9,9–13; Mark. 2,13–17)

[27] Als Jesus weiterzog, sah er den
Zolleinnehmer Levi am Zoll sitzen.
Jesus forderte ihn auf: «Komm, geh
mit mir!» [28] Ohne zu zögern, verließ
Levi alles und ging mit ihm. [29] Kurz
darauf gab er für Jesus in seinem
Haus ein großes Fest. Viele Zolleinnehmer und seine anderen Freunde
saßen mit Jesus und den Jüngern an
der Festtafel.

[30] «Wie könnt ihr nur mit solchem
Gesindel verkehren?» empörten sich
die Pharisäer und Schriftgelehrten
bei den Jüngern. [31] Jesus antwortete
ihnen: «Gesunde Menschen brauchen keinen Arzt, aber die Kranken.
[32] Meine Aufgabe ist es, Sünder in die
Gemeinschaft mit Gott zu rufen, und
nicht solche, die Gott bereits kennen.»[a]

Neues Leben braucht neue Formen
(Matth. 9,14–17; Mark. 2,18–22)

[33] Wieder einmal wollten die Pharisäer Jesus mit ihren Fragen in die Enge
treiben. «Die Jünger von Johannes
dem Täufer fasten und beten viel,
und unsere Freunde halten es auch
so», sagten sie zu Jesus. «Aber deine
Jünger essen und trinken, ohne sich
um die Fastentage zu kümmern.»

[34] Da antwortete Jesus: «Wollt ihr
vielleicht die Hochzeitsgäste hungern
lassen, solange der Bräutigam mit ihnen an der Festtafel sitzt? [35] Die Zeit
kommt früh genug, daß ich nicht
mehr bei meinen Jüngern sein werde.
Dann werden auch sie fasten.»

[36] Noch mit einem anderen Beispiel
ging er auf ihre Frage ein: «Niemand
zerreißt ein neues Kleid, um damit
ein altes zu flicken. Nicht nur, daß es
um das neue Kleid zu schade wäre;
sondern der neue Flicken paßt auch
gar nicht zum alten Kleid. [37] Ebenso
füllt niemand jungen, gärenden Wein
in alte, brüchige Schläuche. Sie würden platzen, und man hätte Wein und
Schläuche verloren. [38] Junger Wein
gehört in neue Schläuche. [39] Wer aber
gern alten Wein trinkt, der will vom
jungen Wein nichts wissen. ‹Der alte
Wein ist immer noch der beste›, wird
er sagen.»

Gesetzlichkeit oder Liebe?
(Matth. 12,1–14; Mark. 2,23–3,6)

6 An einem Sabbat ging Jesus mit
seinen Jüngern durch die Getreidefelder. Die Jünger rissen einzelne
Ähren ab, rieben sie zwischen den
Händen und aßen die Körner. [2] Einige Pharisäer, die das sahen, empörten sich: «Ihr übertretet Gottes Gebot! Am Sabbat ist es verboten, Getreide zu ernten!»

[3] Darauf antwortete Jesus: «Kennt
ihr nicht die Geschichte von König
David und seinen Freunden? [4] Als er
hungrig war, ging er in das Haus Gottes und aß mit ihnen vom Opferbrot,
obwohl doch nur die Priester davon
essen dürfen. [5] Erst recht hat der
Menschensohn die Macht zu entscheiden, was am Sabbat erlaubt ist
und was nicht.»

[6] Als Jesus an einem anderen Sabbat in der Synagoge predigte, bemerkte er einen Mann, dessen rechte
Hand verkrüppelt war. [7] Die Schriftgelehrten und Pharisäer ließen Jesus
nicht aus den Augen. Wenn er den

a) Wörtlich: und nicht die Gerechten.

Mann am Sabbat heilen würde, hätten sie endlich einen Grund, ihn anzuzeigen. [8]Jesus wußte, was sie dachten. Deshalb sagte er zu dem Mann mit der verkrüppelten Hand: «Steh auf und komm hierher, damit dich alle sehen können!» Der Mann kam nach vorn.

[9]Nun wandte sich Jesus an die Pharisäer und Schriftgelehrten: «Was soll man am Sabbat tun, Gutes oder Böses? Soll man das Leben eines Menschen retten, oder soll man ihn zugrunde gehen lassen?» [10]Jesus sah einen nach dem andern an, aber alle schwiegen. Schließlich sagte er zu dem Mann: «Zeige deine Hand her!» Er streckte sie aus, und die Hand war gesund.

[11]Seine Gegner waren wütend. Und sie berieten miteinander, wie sie Jesus aus dem Weg schaffen könnten.

Jesus beruft seine zwölf Jünger

(Mark. 3,13–19)

[12]In dieser Zeit stieg Jesus auf einen Berg, um zu beten. Er betete die ganze Nacht. [13]Als es hell wurde, rief er seine Jünger zu sich und wählte zwölf von ihnen aus, die er «Apostel» nannte. [14]Es waren Simon, dem er den Namen Petrus gab, und Simons Bruder Andreas; dann Jakobus und Johannes, Philippus, Bartholomäus, [15]Matthäus, Thomas und Jakobus, der Sohn des Alphäus; sowie Simon, der ehemalige Freiheitskämpfer, [16]Judas, der Sohn von Jakobus, und Judas Ischarioth, der Jesus später verraten hat.

Jesus heilt alle, die zu ihm kommen

(Matth. 4,23–25; Mark. 3,7–12)

[17]Als Jesus mit seinen Jüngern den Berg hinuntergestiegen war, kamen sie zu einem großen freien Platz. Hier hatte sich eine riesige Menschenmenge versammelt, darunter viele seiner Anhänger. Die Leute kamen sogar aus Judäa, aus Jerusalem und aus den Hafenstädten Tyrus und Sidon. [18]Sie waren gekommen, um Jesus zu hören und von ihren Krankheiten geheilt zu werden. Alle, die von bösen Geistern beherrscht waren, wurden befreit. [19]Jeder versuchte, Jesus zu berühren; denn von ihm ging eine Kraft aus, die sie alle heilte.

Wer darf sich glücklich nennen?

(Matth. 5,1–12)

[20]Jesus sah seine Jünger an und sagte: «Glücklich[a] seid ihr Armen, denn ihr werdet Gottes Reich besitzen. [21]Glücklich seid ihr, die ihr jetzt hungern müßt, denn Gott wird euren Hunger stillen. Glücklich seid ihr, die ihr jetzt weint, denn ihr werdet bald vor Freude jubeln!

[22]Glücklich seid ihr, wenn euch die Menschen hassen; wenn sie von euch nichts wissen wollen und euch verachten; wenn sie euch beschimpfen und Schlechtes über euch erzählen, nur weil ihr zu mir gehört[b]. [23]Dann freut euch! Ja, ihr könnt jubeln, denn im Himmel werdet ihr dafür belohnt werden. So wie es euch ergeht, ist es auch schon den Propheten ergangen.

[24]Doch wehe euch, ihr Reichen! Ihr habt euer Glück schon auf Erden genossen. [25]Wehe euch, ihr Satten!

a) Wörtlich: Glückselig.
b) Wörtlich: um des Menschensohns willen.

Ihr werdet Hunger leiden. Wehe euch, die ihr jetzt sorglos lacht! Ihr werdet weinen und jammern. [26]Wehe euch, die ihr jetzt von allen umschmeichelt werdet, denn die falschen Propheten waren schon immer beliebt.»

Liebe deine Feinde!
(Matth. 5,38–48)

[27]«Euch allen sage ich: Liebt eure Feinde und tut denen Gutes, die euch hassen. [28]Segnet die Menschen, die euch Böses wünschen, und betet für alle, die euch beleidigen.

[29]Schlägt dir jemand ins Gesicht, dann wehr dich nicht gegen den zweiten Schlag. Wenn dir einer den Mantel wegnimmt, dann weigere dich nicht, ihm auch noch das Hemd zu geben.

[30]Gib jedem, der dich um etwas bittet, und fordere nicht zurück, was man dir genommen hat.

[31]Seid zu den Leuten genauso, wie ihr auch von ihnen behandelt werden wollt. [32]Oder erwartet ihr einen Lohn dafür, wenn ihr die Menschen liebt, die euch auch lieben? Das tut schließlich jeder.[a] [33]Ist es etwas Besonderes, denen Gutes zu tun, die auch zu euch gut sind? Das können auch Menschen, die Gott ablehnen. [34]Was ist schon dabei, Leuten Geld zu leihen, von denen man genau weiß, daß sie es zurückzahlen? Dazu braucht man nichts von Gott zu wissen.

[35]Ihr aber sollt eure Feinde lieben und den Menschen Gutes tun. Ihr sollt ihnen helfen, ohne einen Dank oder eine Gegenleistung zu erwarten. Gott wird euch reich belohnen, weil ihr wie seine Kinder handelt. Denn auch er ist gütig zu Undankbaren und Bösen.»

Kritik und Selbsterkenntnis
(Matth.7,1–5)

[36]«Seid so barmherzig wie euer Vater im Himmel! [37]Richtet nicht über andere, dann wird Gott auch nicht über euch richten! Verurteilt keinen Menschen, dann wird Gott euch auch nicht verurteilen! Wenn ihr bereit seid, anderen zu vergeben, dann wird Gott auch euch vergeben. [38]Gebt, was ihr habt, dann wird Gott euch so reich beschenken, daß ihr gar nicht alles aufnehmen könnt. Mit dem Maßstab, den ihr an andere legt, wird auch Gott euch messen.»

[39]In seinen Predigten gebrauchte Jesus immer wieder Beispiele: «Wie kann ein Blinder einen anderen Blinden führen? Werden sie nicht beide in den Abgrund stürzen? [40]Ein Schüler kann nur so viel wissen wie sein Lehrer. Wenn er alles von ihm gelernt hat, wird er doch nur so klug wie der Lehrer sein.

[41]Weshalb regst du dich über die kleinen Schwächen deines Bruders auf und übersiehst deine eigene Schuld? [42]Du sagst: ‹Mein Freund, komm her! Ich will dir deine Fehler zeigen!› Dabei bist du blind für deine eigene Schuld. Du Heuchler! Kümmere dich erst um deine Fehler und dann versuche, deinem Bruder zu helfen.»[b]

a) Wörtlich: Auch die Sünder lieben, die sie lieben.
b) Verse 41–42 wörtlich: Was aber siehst du den Splitter im Auge deines Bruders, den Balken in deinem eigenen Auge aber nimmst du nicht wahr? Oder wie kannst du zu deinem Bruder

Das Erkennungszeichen
(Matth. 7,15–20; 12,33–35)

[43] «Ein guter Baum trägt keine schlechten Früchte und ein schlechter Baum keine guten. [44] So kann man jeden Baum an seinen Früchten erkennen. Von Dornbüschen erntet man keine Feigen und von Gestrüpp keine Weintrauben. [45] Also wird ein guter Mensch auch Gutes tun, eben weil er gut ist. Aber ein böser Mensch wird schlecht handeln, weil seine Absichten und Gedanken böse sind. So wie unser Wesen ist – gut oder böse –, so werden wir reden und handeln.»

Jesus, das Fundament des Glaubens
(Matth. 7,24–27)

[46] «Warum nennt ihr mich dauernd ‹Herr!›, wenn ihr doch nicht tut, was ich euch sage? [47] Wißt ihr, mit wem ich einen Menschen vergleiche, der meine Worte hört und danach handelt? [48] Er ist wie ein Mann, der sich ein Haus bauen wollte. Zuerst hob er eine Baugrube aus, dann baute er die Fundamente seines Hauses auf festen, felsigen Grund. Als ein Unwetter kam und die Fluten gegen das Haus brandeten, konnte es keinen Schaden anrichten, denn das Haus war auf sicherem Grund gebaut. [49] Wer sich meine Worte allerdings nur anhört und nicht danach lebt, der ist wie einer, der beim Bauen auf das Fundament verzichtet und sein Haus auf weichen Boden baut. Bei einem Unwetter unterspülen die Fluten sein Haus, und es stürzt ein. Übrig bleibt nur ein Trümmerhaufen.»

Wo findet man solch einen Glauben?
(Matth. 8,5–13)

7 Nachdem Jesus zu der Menschenmenge geredet hatte, ging er nach Kapernaum. [2] In dieser Stadt lag der Diener eines römischen Offiziers im Sterben. [3] Weil der Offizier seinen Diener sehr schätzte, schickte er einige angesehene Juden zu Jesus, von dessen Ankunft er gehört hatte. Sie sollten ihn bitten, mitzukommen und seinen Diener zu heilen. [4] So kamen sie zu Jesus und redeten eindringlich auf ihn ein: «Du mußt diesem Mann unbedingt helfen! [5] Er liebt unser Volk und hat den Bau der Synagoge bezahlt.»

[6] Jesus ging mit ihnen. Aber noch ehe sie das Haus erreicht hatten, schickte ihm der Offizier einige Freunde entgegen und ließ ihm sagen: «Herr, ich möchte nicht, daß du selbst in mein Haus kommst; denn ich bin es nicht wert. [7] Deshalb bin ich auch nicht persönlich zu dir gekommen. Ich weiß, du brauchst nur ein Wort zu sagen, dann wird mein Diener gesund. [8] Auch ich habe Vorgesetzte, denen ich gehorchen muß, und meinen Soldaten erteile ich Befehle. Wenn ich zu einem sage:

sagen: Bruder, erlaube, ich will den Splitter herausziehen, der in deinem Auge ist, während du selbst den Balken in deinem Auge nicht siehst? Heuchler, entferne zuerst den Balken aus deinem Auge. Dann wirst du klar sehen und kannst den Splitter aus dem Auge deines Bruders ziehen.

‹Geh!›, dann geht er. Befehle ich einem anderen: ‹Komm!›, dann kommt er. Und wenn ich zu meinem Diener sage: ‹Tu dies!›, dann führt er den Auftrag aus.»

9 Als Jesus das hörte, wunderte er sich sehr. Er sagte zu den Menschen, die ihm gefolgt waren: «Das ist sicher: Unter allen Juden in Israel bin ich keinem Menschen mit so festem Glauben begegnet.» 10 Als die Freunde des Offiziers in das Haus zurückkamen, war der Diener gesund.

Jesus erweckt ein totes Kind zum Leben

11 Nicht lange danach kam Jesus mit seinen Jüngern in die Stadt Nain. Es folgte ihm wieder eine große Menschenmenge. 12 Als er sich dem Stadttor näherte, kam ihm ein Trauerzug entgegen. Der Verstorbene war der einzige Sohn einer Witwe. Viele Trauergäste aus der Stadt begleiteten die Frau. 13 Als Jesus sie sah, war er von ihrem Leid tief bewegt. «Weine nicht!» tröstete er sie. 14 Er ging zu der Bahre und legte seine Hand auf den Sarg. Die Träger blieben stehen. Jesus sagte zu dem toten Jungen: «Ich befehle dir: Steh auf!» 15 Da setzte sich der Junge auf und begann zu sprechen. Die Mutter hatte ihr Kind durch Jesus wiederbekommen.

16 Alle erschraken über das, was sie gesehen hatten. Dann aber begriffen sie, und sie lobten Gott und sagten: «Gott hat uns einen mächtigen Propheten geschickt. Er hilft seinem Volk!»

17 Bald wußte jeder in Israel und in den angrenzenden Ländern, was Jesus getan hatte.

Bist du der versprochene Retter?
(Matth. 11,2–6)

18 Von den Wundertaten Jesu erfuhr auch Johannes der Täufer durch seine Jünger. 19 Er schickte zwei von ihnen zu Jesus. Sie sollten ihn fragen: «Bist du der versprochene Retter, oder müssen wir noch länger auf ihn warten?»

20 Die beiden kamen zu Jesus und sagten: «Johannes läßt dich fragen: ‹Bist du der von Gott versprochene Retter, oder müssen wir noch länger auf ihn warten?›»

21 Jesus heilte gerade viele von ihren Krankheiten und Leiden. Er befreite Menschen, die von Dämonen geplagt wurden, und den Blinden schenkte er das Augenlicht wieder. 22 So konnte er den Jüngern des Johannes antworten: «Geht zu Johannes zurück und erzählt ihm, was ihr miterlebt habt: Blinde sehen, Gelähmte gehen, Aussätzige werden geheilt, Taube hören, Tote werden wieder lebendig, und den Armen wird die frohe Botschaft verkündet! 23 Und sagt ihm: Glücklich ist jeder, der nicht an mir zweifelt!»

Jesus und Johannes
(Matth. 11,7–19)

24 Als die Jünger des Johannes gegangen waren, wandte sich Jesus an die Menschen, die sich um ihn versammelt hatten: «Was wolltet ihr sehen, als ihr zu Johannes in die Wüste hinausgezogen seid? Ein Schilfrohr, das vom Wind hin- und herbewegt wird? 25 Oder was sonst? Einen Mann in vornehmer Kleidung? Dann hättet ihr in die Königspaläste gehen müssen. 26 Oder wolltet ihr einem Propheten begegnen? Das will ich euch sagen: Johannes ist ein Prophet, ja mehr als das.

[27] Johannes ist der Mann, von dem Gott gesagt hat: ‹Ich schicke meinen Boten voraus, der dein Kommen ankündigt und die Menschen darauf vorbereitet.›[a] [28] Eins ist ganz sicher: Von allen Menschen, die je geboren wurden, ist keiner bedeutender als Johannes der Täufer. Trotzdem werden die Geringsten im Reich Gottes größer sein als er.

[29] Alle, die Johannes zuhörten, selbst die von allen verachteten Zolleinnehmer, gaben Gott recht und ließen sich von Johannes taufen. [30] Nur die Pharisäer und Schriftgelehrten lehnten hochmütig Gottes Hilfe ab. Sie ließen sich nicht von Johannes taufen.

[31] Wie soll ich die Menschen von heute beschreiben? Wem gleichen sie? [32] Sie sind wie spielende Kinder auf der Straße, die ihren Freunden zurufen: ‹Wir haben Musik gemacht, und ihr habt nicht getanzt. Danach haben wir Beerdigung gespielt, und ihr seid nicht traurig gewesen!› [33] Johannes der Täufer fastete oft und trank keinen Wein. Da habt ihr gesagt: ‹Der ist doch verrückt!›[b] [34] Nun ist der Menschensohn gekommen, ißt und trinkt wie jeder andere Mensch, und ihr beschimpft ihn: ‹Er ist ein Fresser und Säufer. Verbrecher und anderes Gesindel[c] sind seine Freunde!› [35] Doch nicht an solchen Äußerlichkeiten zeigt sich Gottes Weisheit; sie beweist sich in dem, was sie bewirkt.»[d]

Worauf es ankommt – Jesus bei dem Pharisäer Simon

[36] Einmal wurde Jesus von einem Pharisäer zum Essen eingeladen. Er ging in das Haus des Pharisäers und setzte sich an den Tisch. [37] Da kam eine Dirne herein, die in dieser Stadt lebte. Sie hatte erfahren, daß Jesus bei Simon eingeladen war. In ihrer Hand trug sie ein Glas mit wertvollem Öl. [38] Die Frau ging zu Jesus, kniete bei ihm nieder und weinte so sehr, daß seine Füße von ihren Tränen naß wurden. Mit ihrem Haar trocknete sie die Füße, küßte sie und goß das Öl darüber.

[39] Der Pharisäer hatte das alles beobachtet und dachte: «Wenn dieser Mann wirklich ein Prophet Gottes wäre, müßte er doch wissen, was das für eine Frau ist!»

[40] «Simon, ich will dir etwas erzählen», unterbrach ihn Jesus in seinen Gedanken. «Ja, ich höre zu, Meister», antwortete Simon.

[41] «Ein reicher Mann hatte zwei Leuten Geld geliehen. Der eine Mann schuldete ihm fünftausend Mark, der andere fünfhundert[e]. [42] Weil sie aber zum festgesetzten Termin das Geld nicht zurückzahlen konnten, schenkte er es beiden. Welcher der beiden Männer wird ihm nun am meisten dankbar sein?»

[43] «Bestimmt der, dem er die größte Schuld erlassen hat», antwortete Simon. «Du hast recht!» bestätigte ihm Jesus.

a) Maleachi 3,1
b) Wörtlich: Er hat einen Dämon.
c) Wörtlich: Zöllner und Sünder.
d) Wörtlich: Und die Weisheit ist durch ihre Werke gerechtfertigt worden.
e) Wörtlich: fünfhundert bzw. fünfzig Denare.

44 Dann blickte er die Frau an und sagte: «Sieh diese Frau, Simon! Ich kam in dein Haus, und du hast mir kein Wasser für meine Füße gegeben, was doch sonst selbstverständlich ist. Aber sie hat meine Füße mit ihren Tränen gewaschen und mit ihrem Haar getrocknet. 45 Du hast mich nicht mit einem Bruderkuß begrüßt. Aber diese Frau hat immer wieder meine Füße geküßt. 46 Du hast meine Stirn nicht mit Öl gesalbt, während sie dieses kostbare Öl sogar über meine Füße gegossen hat. 47 Ich sage dir: Ihre große Schuld ist ihr vergeben; sonst hätte sie mir nicht so viel Liebe zeigen können. Wem wenig vergeben wird, der liebt auch wenig.»

48 Zu der Frau sagte Jesus: «Deine Sünden sind dir vergeben.»

49 Da tuschelten die anderen Gäste untereinander: «Was ist das nur für ein Mensch! Kann der denn Sünden vergeben?»

50 Doch Jesus sagte noch einmal zu der Frau: «Dein Glaube hat dich gerettet! Geh in Frieden.»

Frauen um Jesus

8 Bald darauf zog Jesus durch viele Städte und Dörfer. Überall predigte er und verkündete die frohe Botschaft vom Reich Gottes. Auf dieser Reise begleiteten ihn seine zwölf Jünger 2 und einige Frauen, die er von bösen Geistern befreit und von ihren Krankheiten geheilt hatte. Zu ihnen gehörten Maria aus Magdala – Jesus hatte sie von sieben Dämonen befreit –, 3 Johanna, die Frau des Chusa, eines Beamten von König Herodes, Susanna und viele andere. Sie waren vermögend und sorgten für Jesus und seine Jünger.

Das Gleichnis vom Bauern, der sein Korn aussät

(Matth. 13,1–23; Mark. 4,1–20)

4 Vor einer großen Menschenmenge – aus allen Städten waren die Leute gekommen – erzählte Jesus dieses Gleichnis:

5 «Ein Bauer säte auf seinem Feld Getreide aus. Dabei fielen einige Körner auf den Feldweg. Sie wurden zertreten und von den Vögeln aufgepickt. 6 Andere Körner fielen auf felsigen Boden. Sie gingen auf, aber weil es nicht feucht genug war, vertrockneten sie. 7 Einige Samenkörner fielen zwischen die Disteln, in denen die junge Saat bald erstickte. 8 Die übrigen Körner fielen auf guten Boden. Das Getreide wuchs heran, und der Bauer brachte eine reiche Ernte ein. Hört auf das, was ich euch sage!»

9 Später fragten ihn seine Jünger, was er mit diesem Gleichnis sagen wollte. 10 Jesus antwortete ihnen: «Ihr könnt die Geheimnisse des Reiches Gottes verstehen. Zu allen anderen rede ich in Gleichnissen, damit sie nichts erkennen, obwohl sie sehen können, und nichts verstehen, obwohl sie es hören.

11 Euch aber will ich das Gleichnis erklären: Das Samenkorn ist Gottes Wort. 12 Der Feldweg ist ein Beispiel für Menschen, die Gottes Wort gehört haben. Aber dann kommt der Satan und nimmt das Wort aus ihren Herzen, damit sie nicht glauben und gerettet werden.

13 Der felsige Boden soll auf Menschen hinweisen, die das Wort Gottes hören und bereitwillig aufnehmen. Aber alles bleibt an der Oberfläche. Eine Zeitlang sind sie begeistert, doch sobald sie wegen ihres Glaubens in Schwierigkeiten kommen, geben sie auf.

[14]Wie der Same, der zwischen die Disteln fiel, sind Menschen, die Gottes Wort hören, bei denen aber alles beim alten bleibt. Denn die Sorgen des Alltags, die Verführung durch den Wohlstand und die Jagd nach den Freuden dieses Lebens ersticken jeden Glauben.

[15]Aber es gibt auch fruchtbaren Boden. Das sind Menschen, die das Wort bereitwillig und aufrichtig annehmen. Es kann in ihnen wachsen und reiche Frucht bringen.»

Das richtige Hören
(Matth. 5,15; Mark. 4,21–25)

[16]«Niemand zündet eine Lampe an und versteckt sie dann unter einem Eimer oder stellt sie unter ein Bett. Im Gegenteil: Man stellt die Lampe so auf, daß jeder, der hereinkommt, das Licht sieht.

[17]Alles, was jetzt noch verborgen ist, kommt einmal ans Licht, und was jetzt noch ein Geheimnis ist, wird jeder verstehen. [18]Entscheidend ist, wie ihr mir zuhört. Denn wer viel hat, der bekommt noch mehr dazu: Wer meine Botschaft versteht, der wird einmal alles verstehen. Wer sie aber nicht begreift, dem wird noch die geringe Kenntnis, die er zu besitzen meint, verlorengehen.»[a]

Wer gehört zu Jesus?
(Matth. 12,46–50; Mark. 3,31–35)

[19]Seine Mutter und seine Brüder versuchten einmal, Jesus zu sprechen. Aber es drängten sich so viele Menschen um ihn, daß sie nicht bis zu ihm durchkommen konnten.

[20]Sie ließen ihm ausrichten: «Deine Mutter und deine Brüder stehen draußen und wollen mit dir reden.» [21]Jesus antwortete: «Jeder, der Gottes Wort hört und danach lebt, ist für mich Bruder und Mutter.»

In Seenot
(Matth. 8,18.23–27; Mark. 4,35–41)

[22]Eines Tages stiegen Jesus und seine Jünger in ein Boot, und er forderte sie auf: «Fahrt über den See an das andere Ufer!» Sie ruderten los. [23]Unterwegs schlief Jesus ein. Mitten auf dem See kam plötzlich ein gewaltiger Sturm auf, und die Wellen schlugen ins Boot. [24]In höchster Not rüttelten die Jünger Jesus wach: «Herr!» schrien sie, «wir gehen unter!» Jesus stand auf und bedrohte den Wind und die Wellen. Da legte sich der Sturm, und es wurde ganz still.

[25]«Wo ist denn euer Glaube?» wollte Jesus von ihnen wissen. Entsetzt und erstaunt fragten sich die Jünger untereinander: «Wer ist dieser Mann? Sogar Wind und Wellen gehorchen ihm, wenn er es befiehlt!»

Der Besessene von Gerasa: Die Menschen erschrecken vor Jesu Macht
(Matth. 8,28–34; Mark. 5,1–20)

[26]Dann erreichten sie die Gegend von Gerasa auf der anderen Seite des Sees Genezareth.

[27]Als Jesus aus dem Boot stieg, lief ihm aus der Stadt ein Mann entgegen, der von Dämonen beherrscht wurde. Er zog keine Kleider an und blieb in keiner Wohnung, sondern hauste schon lange in Grabhöhlen.

a) Wörtlich: Denn wer hat, dem wird gegeben; wer aber nichts hat, dem wird auch noch genommen, was er zu haben meint.

28 Kaum hatte er Jesus gesehen,
fing er an zu schreien. Er warf sich vor
ihm nieder und schrie laut: «Was
willst du von mir, du Sohn Gottes, des
Höchsten! Ich flehe dich an, quäle
mich nicht!»
29 Jesus hatte nämlich dem Dämon
befohlen, den Mann endlich freizu-
lassen.

Immer wieder hatte der böse Geist
den Mann überwältigt. Obwohl man
ihn an Händen und Füßen fesselte
und einsperrte, konnte er seine Ket-
ten zerreißen und in die Wüste ent-
kommen.
30 «Wie heißt du?» fragte ihn Jesus.
«Legion», war die Antwort. Denn
der Mann war von vielen Dämonen
besessen. 31 Wieder und wieder bet-
telten sie: «Befiehl uns nicht, in die
Hölle zu fahren!» 32 In ihrer Nähe an
einem Berghang weidete gerade eine
Schweineherde. In diese Schweine
wollten die Dämonen fahren, und Je-
sus erlaubte es ihnen.
33 Nun ließen die Dämonen den
Mann frei und stürzten sich auf die
Schweine. Da stürzte die ganze Her-
de in den See und ertrank. 34 Entsetzt
flohen die Hirten in die Stadt und in
die umliegenden Dörfer und berich-
teten, was sich ereignet hatte.
35 Von überall her kamen die Leute
gelaufen, um an Ort und Stelle zu se-
hen, was geschehen war. Sie sahen
den Mann, den Jesus gerade von den
Dämonen befreit hatte. Er war or-
dentlich angezogen und hörte ihm ru-
hig zu.

Da erschraken die Leute. 36 Und
die alles mitangesehen hatten, be-
richteten, wie der besessene Mann
von Jesus geheilt worden war. 37 Ent-
setzt baten sie Jesus, er möge ihre Ge-
gend doch wieder verlassen, denn sie
fürchteten sich.

Jesus stieg in das Boot, um zurück-
zufahren. 38 Der geheilte Mann wollte
mitgehen und bei ihm bleiben. Aber
Jesus beauftragte ihn: 39 «Geh nach
Hause und berichte, wie Gott dir ge-
holfen hat.» Und der Mann ging und
erzählte in der ganzen Stadt, wie Je-
sus ihn geheilt hatte.

Die Tochter des Jairus: Jesu Macht endet nicht bei Krankheit und Tod
(Matth. 9,18–26; Mark. 5,21–43)

40 Ungeduldig wartete auf der ande-
ren Seite des Sees eine große Men-
schenmenge auf Jesus. 41 Als das Boot
anlegte, drängte sich ein Mann nach
vorn, Jairus, der Vorsteher der jüdi-
schen Gemeinde. Er warf sich vor Je-
sus nieder und bat ihn inständig, in
sein Haus zu kommen; 42 denn sein
einziges Kind, ein zwölfjähriges Mäd-
chen, lag im Sterben. Jesus ging mit
ihm.
43 Unter den Leuten war eine Frau,
die seit zwölf Jahren an starken Blu-
tungen litt. Niemand hatte ihr helfen
können, obwohl sie schon von vielen
Ärzten behandelt worden war und
dafür ihr ganzes Geld ausgegeben
hatte. 44 Als sie bis zu Jesus gekom-
men war, berührte sie von hinten sei-
nen Mantel. In diesem Augenblick
hörten die Blutungen auf.
45 «Wer hat mich angefaßt?» fragte
Jesus und blieb stehen. Aber alle
zuckten mit den Schultern, und Pe-
trus meinte: «Herr, bei diesem Ge-
dränge ist es doch kein Wunder, daß
dich jemand anstößt.» 46 «Nein», er-
widerte Jesus, «jemand hat mich ab-
sichtlich angefaßt. Ich habe gespürt,
wie heilende Kraft von mir ausgegan-
gen ist!» 47 Als die Frau erkannte, daß
Jesus alles bemerkt hatte, fiel sie zit-
ternd vor ihm auf die Knie. Vor allen
Leuten erzählte sie, weshalb sie ihn
berührt hatte und wie sie sofort ge-

heilt worden war. 48 «Meine Tochter», sagte Jesus zu ihr, «dein Glaube hat dir geholfen. Gehe in Frieden!»

49 Während er mit der Frau sprach, brachte jemand Jairus die Nachricht: «Deine Tochter ist gestorben. Der Meister braucht nicht mehr zu kommen.»

50 Jesus hörte das und sagte zu dem Vater: «Fürchte dich nicht! Glaube nur, und deine Tochter wird gerettet!»

51 Als sie das Haus erreichten, erlaubte er nur Petrus, Jakobus, Johannes und den Eltern des Mädchens, mit hineinzugehen. 52 Alle klagten und weinten um die Tote, aber Jesus sagte: «Hört auf zu weinen! Das Kind ist nicht tot, es schläft nur!» 53 Sie lachten ihn aus, denn jeder wußte, daß dieses Mädchen tot war. 54 Aber Jesus faßte es bei der Hand und rief: «Kind, steh auf!» 55 Da wurde das Mädchen wieder lebendig, stand auf, und Jesus ließ ihm etwas zu essen bringen. 56 Die Eltern konnten kaum fassen, was sie erlebt hatten. Doch Jesus schärfte ihnen ein, mit niemandem darüber zu reden.

Auftrag zum Dienst

(Matth. 10,1.5–15; Mark. 6,7–13)

9 Jesus rief seine zwölf Jünger zusammen und gab ihnen Kraft und Vollmacht, alle Dämonen auszutreiben und Kranke zu heilen. 2 Er beauftragte sie, überall das Kommen der Gottesherrschaft anzukündigen und die Kranken gesund zu machen.

3 «Nehmt nichts mit auf die Reise», befahl er ihnen, «weder Wanderstab noch Tasche, weder Verpflegung noch Geld, nicht einmal Kleider zum Wechseln. 4 Bleibt in dem Haus, in dem ihr Aufnahme gefunden habt, so lange, bis ihr weiterzieht. 5 Will man euch in einer Stadt nicht haben, dann geht fort und kümmert euch nicht mehr um die Leute. Schüttelt den Staub von euren Füßen zum Zeichen dafür, daß Gott diese Stadt strafen wird.»

6 Die Jünger zogen los und wanderten von Ort zu Ort. Überall verkündeten sie die frohe Botschaft und heilten die Kranken.

Herodes ist ratlos: Wer ist dieser Jesus?

(Matth. 14,1–2; Mark. 6,14–16)

7 Herodes, der Fürst von Galiläa, bekam Angst, als er erfuhr, was Jesus tat; denn einige behaupteten: «Johannes der Täufer ist von den Toten zurückgekehrt.» 8 Andere wieder meinten, Elia sei erschienen oder einer von den alten Propheten auferstanden.

9 «Johannes habe ich enthaupten lassen!» überlegte Herodes. «Aber wer ist dieser Mann, von dem so erstaunliche Dinge berichtet werden?» Darum wollte er Jesus unbedingt kennenlernen.

Fünftausend Menschen werden satt

(Matth. 14,13–21; Mark. 6,30–44; Joh. 6,1–13)

10 Die zwölf Jünger kehrten zu Jesus zurück und berichteten, was sie getan hatten. Jesus nahm sie mit in die Stadt Bethsaida. Dort wollte er mit ihnen allein sein. 11 Es sprach sich aber schnell herum, wo Jesus war, und die Menschen folgten ihm. Er schickte sie nicht fort, sondern sprach mit ihnen über das Reich Gottes und heilte die Kranken.

12 Es war spät geworden. Da kamen die zwölf Jünger zu Jesus und sagten:

«Es wird Zeit, daß die Leute gehen, damit sie in den umliegenden Dörfern und Höfen übernachten und sich etwas zu essen kaufen können. Hier gibt es doch nichts!»

[13]«Gebt *ihr* ihnen zu essen!» forderte Jesus sie auf. «Aber wir haben nur fünf Brote und zwei Fische!» entgegneten die Jünger. «Oder sollen wir etwa für all die Leute Essen besorgen?» [14]Es hatten sich etwa fünftausend Menschen um Jesus versammelt. «Sagt ihnen, sie sollen sich in Gruppen von je fünfzig Personen lagern!» ordnete Jesus an. [15]Und so geschah es.

[16]Jesus nahm die fünf Brote und zwei Fische, die ihm die Jünger gegeben hatten, sah zum Himmel auf und dankte Gott. Er teilte Brot und Fische, und die Jünger gaben sie an die Menge weiter. [17]Jeder aß sich satt, und trotzdem blieb noch viel übrig: zwölf Körbe voll.

Petrus bekennt: «Du bist der von Gott gesandte Retter!»

(Matth. 16,13–28; Mark. 8,27–9,1)

[18]Eines Tages war Jesus allein und betete. Nur seine Jünger waren bei ihm. Da fragte er sie: «Für wen halten mich eigentlich die Leute?»

[19]«Für Johannes den Täufer», erwiderten die Jünger. «Andere halten dich für den Propheten Elia, oder sie meinen, einer der alten Propheten sei wieder erschienen.»

[20]«Und was meint ihr?» Voller Überzeugung bekannte Petrus: «Du bist Christus, der von Gott gesandte Retter!» [21]Jesus befahl seinen Jüngern nachdrücklich, mit niemandem darüber zu reden, [22]und er sagte: «Der Menschensohn muß viel leiden. Die Führer des Volkes, die Hohenpriester und Schriftgelehrten werden ihn ablehnen und töten. Aber drei Tage später wird Gott ihn wieder auferwecken.»

Bedingungen für die Nachfolge

(Matth. 10,33.39; Joh. 12,25)

[23]Danach wandte sich Jesus an alle: «Wer mir folgen will, darf nicht mehr an sich selber denken; er muß sein Kreuz willig auf sich nehmen und mir nachfolgen. [24]Wer sein Leben um jeden Preis erhalten will, der wird es verlieren. Wer aber sein Leben für mich einsetzt, der wird es für immer gewinnen. [25]Denn was hat ein Mensch davon, wenn er die ganze Welt gewinnt, aber dabei das ewige Leben verliert?

[26]Das steht fest: Wer sich schämt, sich zu mir und meinen Worten zu bekennen, für den wird auch der Menschensohn nicht eintreten, wenn er in seiner Macht und in der Herrlichkeit des Vaters und der heiligen Engel wiederkommen wird. [27]Glaubt mir: Einige von denen, die hier stehen, werden leben und die Herrschaft Gottes mit eigenen Augen sehen.»

Himmel auf Erden

(Matth. 17,1–9; Mark. 9,2–9)

[28]Acht Tage später stieg Jesus mit Petrus, Johannes und Jakobus auf einen Berg, um zu beten. [29]Als Jesus betete, veränderte sich sein Gesicht, und seine Kleider strahlten hell. [30]Plötzlich standen zwei Männer bei ihm: Mose und Elia. [31]Auch sie waren von hellem Licht umgeben und sprachen mit Jesus über seinen Tod, den er nach Gottes Plan in Jerusalem erleiden sollte.

[32]Petrus und die beiden andern Jünger waren eingeschlafen. Jetzt wurden sie wach und sahen Jesus in

verklärter Gestalt sowie die zwei
Männer, die bei ihm standen. [33] Als
die beiden gehen wollten, rief Petrus:
«Herr, hier gefällt es uns. Wir wollen
drei Hütten bauen: eine für dich, eine
für Mose und eine für Elia!» Dabei
war Petrus gar nicht bewußt, was er
redete.
[34] Während er sprach, fiel der
Schatten einer Wolke auf sie. Die
Wolke hüllte sie ein, und sie fürchteten sich; [35] denn sie hörten eine Stimme: «Das ist mein Sohn, den ich euch
gesandt habe. Tut, was er euch sagt!»
[36] Dann war Jesus wieder allein.
Die Jünger sprachen lange Zeit nicht
über das, was sie erlebt hatten.

Die Ohnmacht der Jünger und die Vollmacht Jesu
(Matth. 17,14–20; Mark. 9,14–29)

[37] Als sie am nächsten Tag vom Berg
herabstiegen, kamen ihnen viele
Menschen entgegen. [38] Ein Mann war
dabei, der Jesus anflehte: «Bitte,
Herr, sieh dir meinen Sohn an, mein
einziges Kind! [39] Oft packt ihn ein Dämon! Dann schreit der Junge und
windet sich in Krämpfen, bis der
Schaum vor seinem Mund steht. Es
gibt kaum eine Stunde, in der er nicht
gequält wird. [40] Ich habe deine Jünger
gebeten, den bösen Geist auszutreiben, aber sie waren machtlos.»
[41] «Wann fangt ihr endlich an zu
glauben?»[a] rief Jesus. «Wie lange
muß ich noch bei euch sein und euren
Unglauben ertragen? Bringe deinen
Sohn her!» [42] Als sie ihn zu ihm brachten, riß und zerrte der Dämon den
Jungen hin und her. Jesus bedrohte
den bösen Geist, heilte den Jungen
und gab ihn seinem Vater wieder.
[43] Alle waren erstaunt und erschrokken über die Macht, die Gott Jesus
gegeben hatte.

Jesus spricht wieder von seinem Tod
(Matth. 17,22–23; Mark. 9,30–32)

Während die Leute noch fassungslos
über diese Tat staunten, sagte Jesus
zu seinen Jüngern:
[44] «Vergeßt nicht, was ich euch sage: Der Menschensohn wird den
Menschen ausgeliefert werden.»
[45] Aber sie verstanden Jesus nicht.
Sie konnten nicht begreifen, was er
damit sagen wollte. Doch sie hatten
nicht den Mut, ihn offen danach zu
fragen.

Die anderen Maßstäbe
(Matth. 18,1–5; Mark. 9,33–40)

[46] Eines Tages verhandelten die Jünger darüber, welcher von ihnen der
Angesehenste und Wichtigste sei.
[47] Jesus merkte, was sie beschäftigte.
Er rief ein Kind, stellte es neben sich
[48] und sagte: «Wer ein solches Kind
aus Liebe zu mir aufnimmt, der
nimmt mich auf. Und wer mich aufnimmt, der nimmt gleichzeitig Gott
auf, der mich gesandt hat. Wer am
wenigsten von sich selbst hält, der ist
wirklich groß.»
[49] «Herr», berichtete Johannes aufgeregt, «wir haben einen gesehen,
der in deinem Namen böse Geister
austrieb. Weil er nicht zu uns gehört,
haben wir es ihm verboten.» [50] «Laßt
ihn weiter Dämonen austreiben»,
sagte Jesus. «Wer nicht gegen euch
ist, der ist für euch.»

a) Wörtlich: O du ungläubiges und verkehrtes Geschlecht!

Jesus geht nach Jerusalem

51 Weil die Zeit nahe war, daß er wie-
der zu Gott zurückkehren sollte, ent-
schloß sich Jesus, nach Jerusalem zu
reisen. 52 Unterwegs schickte er Bo-
ten voraus, die in einem Dorf in Sa-
marien für eine Unterkunft sorgen
sollten. 53 Aber weil Jesus auf dem
Weg nach Jerusalem war, wollte ihn
keiner aufnehmen.
54 Als seine Jünger Jakobus und Jo-
hannes das hörten, waren sie empört:
«Herr, das brauchst du dir doch nicht
gefallen zu lassen! Wenn du willst,
lassen wir Feuer vom Himmel fallen
wie damals Elia, damit sie alle ver-
brennen!»
55 Jesus wies sie scharf zurecht:
«Habt ihr denn vergessen, von wel-
chem Geist ihr euch leiten lassen
sollt? Der Menschensohn ist nicht ge-
kommen, das Leben der Menschen
zu vernichten, sondern es zu retten.»
56 Dann gingen sie in ein anderes
Dorf.

Nachfolge duldet keinen Aufschub
(Matth. 8,19–22)

57 Unterwegs wurde Jesus von einem
Mann angesprochen: «Ich will mit dir
gehen, ganz gleich wohin.» 58 Jesus
gab ihm zu bedenken: «Die Füchse
haben ihren Bau, die Vögel ihre Ne-
ster, aber der Menschensohn hat hier
keinen Platz, an dem er sich ausruhen
kann.»
59 Einen anderen forderte Jesus
auf: «Gehe mit mir!» Als dieser erwi-
derte: «Ja, Herr, aber vorher laß
mich noch meinen Vater beerdigen»,
60 antwortete ihm Jesus: «Überlaß es
denen, ihre Toten zu begraben, die
nicht auf Gott hören und nichts vom
ewigen Leben wissen wollen.[a] Du
aber sollst verkünden, daß Gott seine
Herrschaft aufrichtet.»
61 Noch einer sagte zu Jesus: «Ich
will mit dir gehen, Herr. Wenn ich
mich von meiner Familie verabschie-
det habe, komme ich mit.» 62 Ihm ant-
wortete Jesus: «Wer anfängt zu arbei-
ten und sich dann durch irgend etwas
ablenken läßt, kann Gottes Auftrag
nicht ausführen.»[b]

Arbeiter für Gottes Ernte
(Matth. 10,7–16; 11,20–24;
Mark. 6,7–13)

10 Danach wählte Jesus siebzig
andere Jünger aus und schick-
te sie immer zu zweit in die Städte und
Dörfer, in die er später selbst kom-
men wollte. 2 Bevor sie sich auf den
Weg machten, sagte er ihnen: «Die
Ernte ist groß, aber es gibt zu wenig
Arbeiter, die sie einbringen. Deshalb
bittet Gott, den Herrn der Ernte, daß
er mehr Arbeiter aussendet, die seine
Ernte einbringen.
3 Geht nun! Ich weiß, daß ich euch
wie Lämmer mitten unter die Wölfe
schicke. 4 Nehmt kein Geld, keine Ta-
sche, keine zusätzlichen Schuhe mit
auf die Reise und vergeudet unter-
wegs keine Zeit. 5 Wenn ihr in ein
Haus eintretet, dann segnet es und
sagt: ‹Friede sei mit diesem Haus!›
6 Wollen die Menschen Gottes Frie-
den annehmen, wird der Friede, den
ihr ihnen bringt, bei ihnen bleiben.
Lehnt man aber eure Friedensbot-

a) Wörtlich: Laß die Toten ihre Toten begraben.
b) Wörtlich: Wer seine Hand an den Pflug legt und sieht zurück, der ist für das Reich Gottes nicht brauchbar.

schaft ab, dann wird auch Gottes Friede nicht in diesem Haus sein.

7 Deshalb bleibt dort, wo man euch aufnimmt, und nehmt die angebotene Gastfreundschaft dankbar an. Wer arbeitet, soll auch seinen Lohn bekommen. Aber geht nicht von Haus zu Haus. 8 Wenn ihr in eine Stadt kommt, in der euch die Leute bereitwillig aufnehmen, da eßt, was man euch anbietet. 9 Heilt die Kranken in der Stadt und sagt allen Leuten: ‹Jetzt beginnt Gottes Herrschaft bei euch.›

10 Will man aber irgendwo nichts von euch wissen, dann verlaßt diese Stadt und sagt den Einwohnern: 11 ‹Ihr habt euch selbst das Urteil gesprochen. Sogar den Staub von euern Straßen schütteln wir von unseren Füßen. Doch merkt euch das eine: Gottes Reich ist euch sehr nahe gewesen!›

12 Es ist ganz sicher: Den Einwohnern von Sodom wird es am Gerichtstag besser ergehen als den Leuten einer solchen Stadt. 13 Wehe euch, ihr Bürger von Chorazin und Bethsaida! Wären diese Wunder in den lasterhaften Hafenstädten Tyrus und Sidon geschehen, ihre Bewohner hätten längst ihre Schuld erkannt und ihr Leben geändert. 14 Am Tag des Gerichts wird es Tyrus und Sidon besser ergehen als euch. 15 Und du, hochgerühmtes Kapernaum, wirst du wirklich in den Himmel gehoben werden? Nein, zur Hölle wirst du fahren!

16 Wer auf euch hört, der hört mich. Und wer euch ablehnt, der lehnt mich ab. Aber wer mich ablehnt, der lehnt damit auch Gott ab, der mich gesandt hat.»

Die Rückkehr der siebzig Jünger

(Mark. 16,18; Joh. 12,31)

17 Als die siebzig Jünger zurückgekehrt waren, berichteten sie begeistert: «Herr, sogar die Dämonen mußten uns gehorchen, wenn wir deinen Namen nannten!» 18 «Ich weiß», antwortete Jesus, «denn ich sah den Satan wie einen Blitz vom Himmel fallen. 19 Ich habe euch die Macht gegeben, auf Schlangen und Skorpione zu treten und die Gewalt des Feindes zu brechen. Nichts wird euch schaden. 20 Trotzdem: Laßt euch nicht davon beeindrucken, daß euch die Dämonen gehorchen müssen; freut euch vielmehr darüber, daß eure Namen im Himmel eingetragen sind!»

Jesus dankt dem Vater

(Matth. 11,25–27)

21 Erfüllt vom Heiligen Geist, betete Jesus nun voller Freude: «Mein Vater, Herr über Himmel und Erde! Ich danke dir, daß du die Wahrheit vor denen verbirgst, die sich für klug halten; aber den Unwissenden hast du sie enthüllt. Ja, Vater, das war deine Absicht. 22 Mein Vater hat mir alle Macht gegeben. Niemand außer dem Vater weiß, wer der Sohn ist. Und wer der Vater ist, weiß nur der Sohn und der, dem er es zeigen will.»

23 Zu seinen Jüngern sagte Jesus dann: «Ihr könnt glücklich sein, daß ihr dies alles seht und erlebt. 24 Denn das ist sicher: Propheten und Könige hätten viel darum gegeben, das zu erleben, was ihr seht und hört. Aber die Zeit war noch nicht da.»

Der barmherzige Samariter – Das wichtigste Gebot
(Matth. 22,34–40; Mark. 12,28–34)

25 Da stand ein Schriftgelehrter auf, um Jesus eine Falle zu stellen. «Meister», fragte er scheinheilig, «was muß ich tun, um das ewige Leben zu bekommen?» 26 Jesus erwiderte: «Was steht denn darüber im Gesetz Gottes? Was liest du dort?» 27 Der Schriftgelehrte antwortete: «Du sollst Gott, deinen Herrn, lieben mit deinem ganzen Herzen, von ganzer Seele, mit aller Kraft und deinem ganzen Verstand. Und auch deinen Mitmenschen sollst du so lieben wie dich selbst.»

28 «Richtig!» erwiderte Jesus. «Tue das, und du wirst ewig leben.»

29 Aber der Mann wollte sich damit nicht zufrieden geben und fragte weiter: «Wer gehört denn zu meinen Mitmenschen? Wie ist das gemeint?»

30 Jesus antwortete ihm mit einer Geschichte: «Ein Mann wanderte von Jerusalem nach Jericho hinunter. Unterwegs wurde er von Räubern überfallen. Sie schlugen ihn zusammen, plünderten ihn aus und ließen ihn halbtot liegen. Dann machten sie sich davon.

31 Zufällig kam bald darauf ein Priester vorbei. Er sah den Mann liegen und ging schnell weiter. 32 Genauso verhielt sich ein Tempeldiener. Er sah zwar den verletzten Mann, aber er blieb nicht stehen, sondern machte einen großen Bogen um ihn. 33 Dann kam einer der verachteten Samariter vorbei. Als er den Verletzten sah, hatte er Mitleid mit ihm. 34 Er beugte sich zu ihm hinunter und behandelte seine Wunden. Dann hob er ihn auf sein Reittier und brachte ihn in den nächsten Gasthof, wo er den Kranken besser pflegen und versorgen konnte.

35 Als er am nächsten Tag weiterreisen mußte, gab er dem Wirt Geld und bat ihn: ‹Pflege den Mann gesund! Sollte das Geld nicht reichen, werde ich dir den Rest auf meiner Rückreise bezahlen!› 36 Welcher von den dreien», fragte Jesus jetzt den Schriftgelehrten, «hat nach deiner Meinung Gottes Gebot erfüllt und an dem Überfallenen als Mitmensch gehandelt?» 37 Der Schriftgelehrte erwiderte: «Natürlich der Mann, der ihm geholfen hat.» «Dann geh und folge seinem Beispiel!» forderte Jesus ihn auf.

Maria und Martha: Was ist wichtig?

38 Jesus kam mit seinen Jüngern in ein Dorf, wo sie bei einer Frau aufgenommen wurden, die Martha hieß. 39 Maria, ihre Schwester, setzte sich zu Jesus und hörte ihm aufmerksam zu. 40 Martha aber war unentwegt mit der Bewirtung ihrer Gäste beschäftigt.

Schließlich kam sie zu Jesus und fragte: «Herr, siehst du nicht, daß meine Schwester mir gar nicht hilft? Sie überläßt mir die ganze Arbeit. Kannst du ihr nicht sagen, daß auch sie etwas tun soll?» 41 Doch Jesus antwortete ihr: «Martha, Martha, du machst dir viel Sorgen und mühst dich um Dinge, die im Grunde nicht so wichtig sind. 42 Wichtig ist nur eins! Das hat Maria verstanden, und davon werde ich sie nicht abbringen.»[a]

a) Wörtlich: Maria hat das gute Teil erwählt, das soll nicht von ihr genommen werden.

«So sollt ihr beten!»
(Matth. 6,9–13; 7,7–11)

11 Eines Tages, als Jesus gebetet hatte, baten ihn seine Jünger: «Herr, sage uns doch, wie wir richtig beten sollen. Auch Johannes hat dies seine Jünger gelehrt.»
2 Jesus antwortete ihnen: «So sollt ihr beten:

Unser Vater im Himmel! Dein heiliger Name soll geehrt werden. Richte bald deine Herrschaft bei uns auf.
3 Gib uns auch heute wieder, was wir zum Leben brauchen.
4 Vergib uns unsere Schuld, wie wir all denen vergeben, die uns Unrecht getan haben. Bewahre uns davor, daß wir dir untreu werden.»[a]

5 Dann sagte Jesus zu den Jüngern: «Stellt euch vor, einer von euch hat einen Freund. Mitten in der Nacht geht er zu ihm, klopft an die Tür und bittet ihn: ‹Leihe mir doch bitte drei Brote.
6 Ich habe unerwartet Besuch bekommen und nichts im Haus, was ich ihm anbieten könnte.›
7 Vielleicht würde der Freund dann antworten: ‹Stör mich nicht! Ich habe die Tür schon abgeschlossen und liege im Bett. Außerdem könnten die Kinder von dem Lärm wach werden. Ich kann jetzt nicht aufstehen und dir etwas geben.›

8 Das sage ich euch: Wenn er schon nicht aufstehen und dem Mann etwas geben will, weil er sein Freund ist, so wird er schließlich doch aus seinem Bett steigen und ihm alles Nötige geben, weil der andere ihm einfach keine Ruhe läßt.

9 Darum sage ich euch: Bittet Gott, und er wird euch geben. Sucht, und ihr werdet finden. Klopft an, dann wird euch die Tür geöffnet.
10 Denn wer bittet, der wird bekommen. Wer sucht, der findet. Und wer anklopft, dem wird geöffnet.

11 Welcher Vater würde seinem Sohn denn eine Schlange geben, wenn der ihn um einen Fisch bittet,
12 oder einen Skorpion, wenn er ein Ei haben möchte?
13 Wenn schon ihr hartherzigen, sündigen Menschen euren Kindern Gutes gebt, dann wird doch der Vater im Himmel erst recht denen seinen Heiligen Geist geben, die ihn darum bitten.»

«Wer nicht für mich ist, der ist gegen mich»
(Matth. 12,22–30; Mark. 3,22–27)

14 Einmal trieb Jesus einen Dämon aus, der einen Mann stumm gemacht hatte. Als der ihn verlassen hatte, konnte der Mann wieder sprechen.
15 Die Leute, die das beobachteten, staunten; aber es gab auch einige, die sagten: «Er kann nur deshalb die Dämonen austreiben, weil ihm Satan, der Oberste aller Dämonen, die Macht dazu gegeben hat.»
16 Andere wieder, die Jesus aushorchen wollten, verlangten von ihm ein göttliches Wunderzeichen als Beweis dafür, daß er wirklich in Gottes Namen handelte.

17 Jesus wußte aber genau, was sie dachten, und sagte zu ihnen: «Jeder weiß, daß ein Staat sich selbst ruiniert und schließlich untergehen wird, wenn dort mehrere Machthaber um die Alleinherrschaft kämpfen.
18 Würde nun ein Teufel den anderen austreiben, wie könnte dann das Reich des Teufels Bestand haben? Ihr behauptet, daß ich die Dämonen mit Hilfe des Satans austreibe.

a) Wörtlich: Führe uns nicht in Versuchung.

19 Wenn das tatsächlich so wäre: Wel-
che Kraft gebrauchen dann eure Leu-
te, wenn sie Dämonen austreiben?
Sie selbst werden euch das Urteil
sprechen. 20 Wenn ich aber die Dämo-
nen durch Gottes Macht austreibe, so
begreift doch endlich, daß Gottes
Herrschaft jetzt beginnt – mitten un-
ter euch!

21 Solange ein starker Mann, der
dazu noch gute Waffen besitzt, sein
Haus verteidigt, kann ihm niemand
etwas rauben; 22 es sei denn, er wird
von einem Stärkeren angegriffen,
überwältigt und entwaffnet. Dann
freilich wird der Stärkere den ganzen
Besitz an sich reißen. 23 Das steht fest:
Wer nicht für mich ist, der ist gegen
mich. Und wer sich nicht ganz für
mich einsetzt, der schadet meiner Sa-
che.»

Die Gefahr des Rückfalls
(Matth. 12,43–45)

24 «Wenn ein Dämon sein Opfer ver-
läßt, dann irrt er so lange ruhelos um-
her, bis er ein neues Opfer gefunden
hat. Findet er keins, entschließt er
sich: ‹Ich will dahin zurückkehren,
woher ich gekommen bin.› 25 Wenn er
zurückkommt, findet er seine frühere
Wohnung sauber und ordentlich,
aber leer.

26 Dann sucht er sich noch sieben
andere Dämonen, die schlimmer sind
als er selbst. Sie ergreifen zusammen
Besitz von dem Menschen, der nun
schlimmer dran ist als vorher.»

Wer darf sich glücklich nennen?

27 Während Jesus das sagte, rief plötz-
lich eine Frau aus der Menschenmen-
ge: «Wie glücklich muß die Frau sein,
die dich geboren und aufgezogen
hat!»

28 Darauf sagte Jesus nur: «Wirk-
lich glücklich sind die Menschen, die
Gottes Wort hören und danach le-
ben.»

Das Zeichen Gottes
(Matth. 12,38–42)

29 Von allen Seiten drängten sich die
Menschen um Jesus. Da sagte er zu
ihnen: «Die Menschen von heute
sind böse und gottlos. Sie verlangen
nach Beweisen; aber sie werden kei-
ne erhalten, außer einem. Denkt an
den Propheten Jona! 30 So wie Jona
für die Leute von Ninive ein Zeichen
Gottes wurde, so wird auch der Men-
schensohn für euch ein Zeichen Got-
tes sein.

31 Die Königin aus dem Süden wird
am Gerichtstag Gottes als Zeugin ge-
gen dieses Volk auftreten und es ver-
urteilen. Sie kam von weit her, um
von der Weisheit des Königs Salomo
zu lernen. Der hier vor euch steht, ist
größer als Salomo; trotzdem weigert
ihr euch, seinen Worten zu glauben.

32 Auch die Einwohner von Ninive
werden euch am Gerichtstag verur-
teilen, denn nach Jonas Predigt be-
reuten sie ihre Sünden und wandten
sich Gott zu. Der hier vor euch steht,
ist größer als Jona.»

Wer Gott nicht klar sieht
(Matth. 5,15; 6,22–23)

33 «Könnt ihr euch vorstellen, daß je-
mand eine Lampe anzündet, um sie
dann zu verstecken oder unter einen
Eimer zu stellen? Nein, er stellt sie so
auf, daß sie das ganze Zimmer be-
leuchtet.

34 Das Auge gibt dir Licht. Wenn
deine Augen klar sehen, wirst du dich
überall sicher bewegen können.
Wenn du aber schlecht siehst, tappst

du unsicher umher. 35 Deshalb achte
darauf, daß deine Augen nicht trübe
oder sogar blind werden! Kannst du
nämlich Gott nicht mehr sehen, wie
schrecklich wird dann deine Finster-
nis sein![a] 36 Wenn alles an dir licht und
nichts mehr finster ist, wirst du so
leuchten, als würdest du von einem
hellen Licht angestrahlt.»

Fromm und nichts dahinter
(Matth. 23,1–36)

37 Jesus sprach noch mit seinen Zuhö-
rern, als er von einem Pharisäer zum
Mittagessen eingeladen wurde. Er
ging mit und setzte sich an den Tisch.
38 Entrüstet beobachtete der Gastge-
ber, daß sich Jesus vor dem Essen
nicht die Hände gewaschen hatte, wie
es bei den Juden vorgeschrieben war.
39 Jesus bemerkte seinen Unwillen
und wandte sich zu ihm: «Äußerlich
seid ihr Pharisäer ohne Fehler, ihr
glänzt wie die Becher, aus denen ihr
trinkt. Aber innerlich seid ihr schmut-
zig und verkommen. 40 Ihr Scheinheili-
gen! Ihr wißt doch ganz genau, daß
Gott beides geschaffen hat – Äußeres
und Inneres. Meint ihr da wirklich,
daß er nur auf das Äußere achtet?
41 Eure Schüsseln und Becher sind
voll. Gebt das, was drin ist, den Ar-
men, dann seid ihr auch vor Gott rein!
42 Es steht schlimm mit euch, ihr
Pharisäer. Sogar von den kleinsten
Küchenkräutern gebt ihr Gott den
zehnten Teil. Aber Gerechtigkeit
und die Liebe zu Gott sind euch
gleichgültig! Doch gerade darum
geht es: Das Wesentliche tun und das
andere nicht unterlassen!
43 Ich warne euch, ihr Pharisäer! Im
Gottesdienst sitzt ihr auf den ersten
Plätzen, und es gefällt euch, wenn
man euch auf der Straße ehrfürch-
tig grüßt. 44 Wehe euch, ihr Phari-
säer! Wer mit euch zu tun hat, der
weiß nicht, daß er sich verunreinigt,
so wie man unrein wird, wenn man
ohne es zu wissen über Gräber
geht, die vom Gras überwuchert
sind!»

Vorbilder, die verführen
(Matth. 23,1–36)

45 «Meister», rief einer der Schriftge-
lehrten dazwischen, «damit be-
schimpfst du auch uns!»
46 Jesus erwiderte: «Ja, ich warne
euch! Ihr bürdet den Menschen uner-
trägliche Lasten auf, aber ihr selber
denkt nicht daran, diese Lasten auch
nur mit einem Finger anzurühren.
47 Wehe euch! Ihr baut Denkmäler für
die Propheten, die von euren Vätern
umgebracht wurden. 48 Damit wollt
ihr die Propheten ehren, doch ihr be-
stätigt nur die Schandtaten eurer Vä-
ter; denn ihr habt die gleiche Gesin-
nung wie sie. Sie haben die Propheten
getötet, ihr vollendet ihr Werk, in-
dem ihr Denkmäler baut.
49 Deshalb hat Gott in seiner Weis-
heit gesagt: Ich werde ihnen Prophe-
ten und Apostel schicken; doch sie
werden einige von ihnen töten und
die anderen verfolgen! 50 Ihr werdet
zur Rechenschaft gezogen für den
Mord an allen Propheten seit die
Welt besteht: 51 von Abel angefan-
gen, bis hin zu Zacharias, den ihr im
Tempel zwischen Brandopferaltar

a) Verse 34–35 wörtlich: Das Licht des Leibes ist das Auge. Wenn dein Auge einfältig ist, wird auch dein ganzer Leib erleuchtet sein. Wenn es aber böse ist, wird auch dein Leib dunkel sein. Sieh also, daß das Licht, das in dir ist, nicht Finsternis ist.

und Heiligtum ermordet habt.[a] Ja, noch diese Generation wird dafür die Verantwortung tragen müssen. [52]Wehe euch, ihr Schriftgelehrten! Denn durch eure Lehren verhindert ihr, daß die Menschen den Weg zur Wahrheit finden. Ihr selbst kommt zwar ohnehin nicht in Gottes Reich; aber – was schlimmer ist – allen, die hineinwollen, versperrt ihr den Zugang.»

[53]Seit der Zeit verfolgten die Pharisäer und Schriftgelehrten Jesus. Sie stellten ihm hinterhältige Fragen [54]und warteten nur darauf, daß sie ihn in eine Falle locken und so ein für allemal unschädlich machen könnten.

Fürchtet Gott, bekennt ihn vor Menschen!

(Matth. 10,26–33)

12 Hunderte, ja Tausende strömten zusammen, und das Gedränge wurde bedrohlich. Doch Jesus sprach zunächst nur zu seinen Jüngern: «Hütet euch vor den Pharisäern und ihrer Scheinheiligkeit, die sich wie eine ansteckende Krankheit[b] ausbreitet. [2]Jetzt ist die Zeit da, in der die Wahrheit ans Licht kommen wird und alle Geheimnisse bekannt werden. [3]Was ihr im geheimen redet, werden alle erfahren, und was ihr hinter vorgehaltener Hand flüstert, wird alle Welt zu hören bekommen.

[4]Meine Freunde! Habt keine Angst vor den Menschen, die euch zwar töten können, aber nicht mehr. [5]Gott sollt ihr fürchten. Er kann euch töten und in die Hölle werfen. Fürchtet ihn allein! [6]Welchen Wert hat schon ein Spatz auf dem Dach? Und doch vergißt Gott keinen einzigen von ihnen. [7]Selbst die Haare auf eurem Kopf sind alle gezählt. Ihr braucht wirklich keine Angst zu haben! Ihr seid mehr wert als ein ganzer Spatzenschwarm!

[8]Das sage ich euch: Wer sich öffentlich zu mir bekennt, für den werde ich auch in Gottes Gericht vor den Engeln eintreten. [9]Wer aber vor den Menschen nicht zu mir steht, für den werde ich dann vor den Engeln Gottes auch nicht eintreten. [10]Wer den Sohn Gottes beschimpft oder beleidigt, dem kann vergeben werden. Wer aber den Geist Gottes lästert, der wird niemals Vergebung finden.

[11]Wenn sie euch in den Synagogen zur Rechenschaft ziehen oder vor Behörden und Gerichten verhören, dann sorgt euch nicht darum, was ihr sagen oder wie ihr euch verteidigen sollt! [12]Denn der Heilige Geist wird euch zur rechten Zeit das rechte Wort geben.»

Der arme Reiche

[13]Da rief einer aus der Menge: «Herr, sage doch meinem Bruder, er soll unser Erbe gerecht mit mir teilen.» [14]Aber Jesus wies ihn zurück: «Bin ich etwa euer Richter oder Schiedsmann?» [15]Dann wandte er sich an alle: «Hütet euch vor der Habgier! Wenn jemand auch noch soviel Geld hat, das Leben kann er sich damit nicht kaufen.» [16]An einem Beispiel erklärte er seinen Zuhörern, was er damit meinte:

«Ein reicher Gutsbesitzer hatte eine besonders gute Ernte. [17]Er überlegte: ‹Wo soll ich bloß alles unter-

a) 2. Chronik 24,20–21
b) Wörtlich: Sauerteig.

bringen? Meine Scheunen sind voll; da geht nichts mehr rein.› [18]Er beschloß: ‹Ich werde die alten Scheunen abreißen und neue bauen, so groß, daß ich das ganze Getreide, ja alles, was ich habe, darin unterbringen kann. [19]Dann will ich mich zur Ruhe setzen. Ich habe für lange Zeit ausgesorgt. Jetzt lasse ich es mir gut gehen. Ich will gut essen und trinken und mein Leben genießen!› [20]Aber Gott sagte zu ihm: ‹Du Narr! Noch in dieser Nacht wirst du sterben. Was bleibt dir dann von deinem Reichtum?› [21]So wird es allen gehen, die auf der Erde Reichtümer sammeln, aber mit leeren Händen vor Gott stehen.»

Gott kennt unsere Sorgen
(Matth. 6,25–34)

[22]Seine Jünger ermutigte Jesus: «Macht euch keine Sorgen um euern Lebensunterhalt, um Essen, Gesundheit und Kleidung. [23]Leben bedeutet mehr als nur Essen und Trinken, und der Mensch ist wichtiger als das, was er anzieht.

[24]Seht euch die Raben an! Sie säen nichts und ernten nichts, sie haben keine Vorratskammern und keine Scheunen; aber Gott versorgt sie doch. Meint ihr nicht, daß er sich um euch noch viel mehr kümmert? [25]Und wenn ihr euch noch so viel sorgt, könnt ihr damit euer Leben auch nur um einen einzigen Augenblick verlängern? [26]Wenn ihr aber euer Leben nicht einmal um eine Sekunde verlängern könnt, was sorgt ihr euch um all die anderen Dinge? [27]Seht euch an, wie die Lilien auf den Wiesen blühen! Sie können weder spinnen noch weben. Ich sage euch, selbst König Salomo war in seiner ganzen Herrlichkeit nicht so prächtig gekleidet wie irgendeine dieser Blumen. [28]Wenn Gott sogar das Gras so schön wachsen läßt, das heute auf der Wiese grünt und blüht, morgen aber schon verdorrt ist, meint ihr wirklich, er könnte euch vergessen? Seid doch nicht so kleingläubig!

[29]Hört also auf, ängstlich danach zu fragen: Was werden wir essen? Was werden wir trinken? Macht euch darüber keine Sorgen! [30]Wollt ihr denn leben wie Menschen, die Gott nicht als Vater kennen? Er weiß genau, was ihr alles braucht. [31]Sorgt ihr euch vor allem um das Reich Gottes, dann wird euch Gott alles andere geben.

[32]Du kleine Herde, du brauchst keine Angst vor der Zukunft zu haben! Denn dir will der Vater sein Königreich schenken. [33]Verkauft euren Besitz, und gebt das Geld den Armen! Sammelt euch so einen Vorrat, der nicht alt wird und niemals verderben kann, einen Schatz im Himmel. Diesen Schatz kann kein Dieb stehlen, und er behält immer seinen Wert. [34]Wo eure Schätze sind, da zieht es euch auch hin.»

Der Herr kommt unerwartet: Seid bereit!
(Matth. 24,42–51)

[35]«Ihr sollt so leben wie Diener, die auf die Rückkehr ihres Herrn warten, der von einer Hochzeit kommt. [36]Seid wie sie dienstbereit,[a] und laßt eure Lampen angezündet. Wenn ihr Herr zurückkommt und klopft, können sie ihm schnell öffnen. [37]Das wird für alle, die ihn erwartet haben, eine

a) Wörtlich: Laßt eure Lenden umgürtet sein.

große Freude sein. Ich bin sicher, der Herr wird sie bitten, am Tisch Platz zu nehmen, und er selbst wird sich eine Schürze umbinden und sie bedienen.

38 Vielleicht kommt er spät am Abend, vielleicht auch erst um Mitternacht. Aber wenn er kommt, werden seine Diener allen Grund zur Freude haben, wenn sie bereit sind.

39 Das ist doch klar: Wenn ein Hausherr wüßte, daß jemand bei ihm einbrechen will, würde er wach bleiben und sich vor dem Dieb schützen.

40 Ihr wißt aber nicht genau, wann der Herr zurückkommt. Darum müßt ihr jederzeit auf seine Ankunft vorbereitet sein, denn der Menschensohn wird wiederkommen, wenn ihr am wenigsten damit rechnet.»

41 «Herr, gelten diese Worte nur für uns, oder meinst du alle Menschen damit?» fragte ihn Petrus. 42 Jesus entgegnete: «Erwartet man nicht von einem klugen und zuverlässigen Verwalter, daß ihm sein Herr beruhigt die Aufsicht über alle Mitarbeiter anvertrauen kann und er sie gewissenhaft mit allem Nötigen versorgt? 43 Wenn sein Herr zurückkommt und findet, daß er seine Arbeit gut getan hat, wird er glücklich und zufrieden sein. 44 Eins ist sicher: Einem so zuverlässigen und bewährten Mann wird er die Verantwortung für seinen ganzen Besitz übertragen.

45 Wenn aber ein Verwalter unzuverlässig ist und denkt: ‹Ach was, es dauert bestimmt noch lange, bis mein Herr kommt›, und er fängt an, seine Mitarbeiter zu schikanieren und Trinkgelage zu veranstalten, 46 dann wird sein Herr ganz unerwartet zurückkehren. Er wird den unzuverlässigen Verwalter bestrafen[a] und ihm den Lohn geben, den die Gottlosen verdienen.

47 Der Knecht, der den Willen seines Herrn kennt, sich aber bewußt nicht danach richtet, wird schwer bestraft werden. 48 Wer dagegen falsch handelt, ohne es zu wissen, wird mit einer leichteren Strafe davonkommen. So wird von jedem, der viel bekommen hat, auch viel erwartet; denn wem viel anvertraut wurde, von dem verlangt man auch viel.»

Frieden um jeden Preis?

(Matth. 10,34–36)

49 «Ich bin gekommen, um auf der Erde ein Feuer anzuzünden. Wie froh wäre ich, es würde schon brennen! 50 Vorher muß ich aber am Kreuz noch Schweres erleiden.[b] Ich habe Angst davor, bis alles vollbracht ist.

51 Meint nur nicht, daß ich gekommen bin, um Frieden auf die Erde zu bringen! Nein, ich bringe Auseinandersetzung. 52 Von jetzt an wird man sich in einer Familie um meinetwillen gegeneinander auflehnen: 53 der Vater gegen den Sohn und der Sohn gegen den Vater, die Mutter gegen die Tochter und die Tochter gegen die Mutter; die Schwiegermutter gegen die Schwiegertochter und die Schwiegertochter gegen die Schwiegermutter.»

Erkennen, was wichtig ist

(Matth. 16,1–4)

54 Dann redete Jesus wieder zu allen: «Wenn die Wolken von Westen kom-

a) Wörtlich: in Stücke hauen.

b) Wörtlich: Ich muß mit einer Taufe getauft werden.

men, sagt ihr: ‹Es gibt Regen›, und das stimmt auch. 55 Wenn der Wind von Süden weht, sagt ihr: ‹Es wird heiß›, und ihr habt recht. 56 Ihr Heuchler! Das Wetter könnt ihr aus bestimmten Anzeichen voraussagen, aber was in dieser Zeit vor euren Augen geschieht, das wollt ihr nicht wahrhaben. 57 Warum weigert ihr euch zu erkennen, was die Stunde geschlagen hat?

58 Hast du deine Schulden nicht bezahlt, und man bringt dich deswegen vor Gericht, dann setze alles daran, dich noch auf dem Weg dorthin mit deinem Gegner zu einigen. Sonst wird dich der Richter verurteilen und ins Gefängnis werfen lassen. 59 Eins kann ich dir jetzt schon sagen: Du wirst nicht eher wieder herauskommen, bis du den letzten Pfennig deiner Schuld bezahlt hast.»

Umkehr oder Untergang

13 Zu dieser Zeit berichtete man Jesus, daß Pilatus einige Männer aus Galiläa während des Opferdienstes im Tempel hatte niedermetzeln lassen. So hatte sich ihr Blut mit dem der Opfertiere vermischt. 2 «Ihr denkt jetzt vielleicht», sagte Jesus, «diese Galiläer seien schlimmere Sünder gewesen als andere Leute, weil sie so grausam ermordet wurden. 3 Ihr irrt euch! Aber eins sollt ihr wissen: Wenn ihr euch nicht zu Gott hinwendet und euer schlechtes Leben ändert, dann werdet ihr genauso umkommen.

4 Erinnert euch an die achtzehn Leute, die starben, als der Turm von Siloah einstürzte. Glaubt ihr wirklich, daß ausgerechnet sie die schlimmsten Sünder in Jerusalem waren? 5 Nein! Aber wenn ihr euer Leben nicht ändert, wird es euch ebenso gehen.»

Die letzte Gelegenheit

6 Und dann erzählte Jesus ihnen diese Geschichte: «Ein Mann pflanzte in seinen Weinberg einen Feigenbaum. Jahr für Jahr sah er nach, ob der Baum Früchte trug. Aber vergeblich! 7 Endlich rief er seinen Gärtner: ‹Schon drei Jahre habe ich gewartet, aber noch nie hing an dem Baum auch nur eine einzige Feige. Hau ihn um. Er nimmt nur Platz weg.› 8 ‹Laß ihn noch ein Jahr stehen!› bat ihn der Gärtner. ‹Ich will diesen Baum gut düngen und sorgfältig pflegen. 9 Wenn er dann immer noch keine Früchte trägt, gut, dann werde ich ihn umhauen.›»

Was gilt mehr: der Mensch oder die Vorschrift?

10 Am Sabbat lehrte Jesus in einer Synagoge. 11 An dem Gottesdienst nahm auch eine Frau teil, die seit achtzehn Jahren schwer behindert war und sich nicht mehr aufrichten konnte. 12 Als Jesus sie sah, rief er sie zu sich: «Frau, du sollst von deinem Leiden erlöst sein!» 13 Segnend legte er seine Hände auf sie. Da richtete sie sich auf und dankte Gott von ganzem Herzen.

14 Aber der Vorsteher der Synagoge entrüstete sich darüber, daß Jesus die Frau am Sabbat geheilt hatte. «Die Woche hat sechs Arbeitstage. An denen könnt ihr kommen und euch heilen lassen, aber nicht ausgerechnet am Sabbat», ereiferte er sich.

15 Doch Jesus erwiderte ihm: «Ihr Heuchler! Ihr bindet doch eure Ochsen und Esel auch am Sabbat los und führt sie zur Tränke. 16 Und mir verbietet ihr, diese Frau am Sabbat aus der Knechtschaft Satans zu befreien! Achtzehn Jahre lang war sie krank.

Gehört sie nicht auch zu Gottes auserwähltem Volk?»[a] 17 Darauf konnten seine Feinde nichts erwidern. Aber alle anderen freuten sich über die wunderbaren Taten Jesu.

Gott fängt immer klein an

(Matth. 13,31–33; Mark. 4,30–32)

18 Jesus fragte seine Zuhörer: «Womit kann ich das Reich Gottes vergleichen? 19 Es ist wie ein winziges Senfkorn, das ein Mann in seinem Garten aussät. Aus dem kleinen Samenkorn wird ein großer Baum, in dem die Vögel ihre Nester bauen.

20/21 Ebenso kann ich das Reich Gottes mit dem Sauerteig vergleichen. Eine Frau nimmt ein wenig davon, knetet ihn unter eine große Menge Mehl, und er durchsäuert den ganzen Teig.»

Warum nicht alle zu Gott kommen

(Matth. 7,13–14.22–23; 8,11–12)

22 Jesus zog predigend durch das Land, von Stadt zu Stadt, von Dorf zu Dorf. Auf dem Weg nach Jerusalem 23 sprach ihn ein Mann an: «Herr, stimmt es wirklich, daß nur wenige Menschen gerettet werden?» Jesus antwortete ihm: 24 «Die Tür zum Himmel ist schmal! Ihr müßt schon alles dransetzen, wenn ihr durch diese Tür hineinkommen wollt. Viele versuchen es, aber nur wenigen wird es gelingen.

25 Hat der Hausherr erst einmal die Tür verschlossen, werdet ihr draußen stehen. So viel ihr dann auch klopft und bettelt: ‹Herr, mach uns doch auf!› – es ist umsonst! ‹Was wollt ihr von mir, ich kenne euch nicht!› wird er euch antworten. 26 ‹Aber wir haben doch zusammen gegessen und getrunken! Du hast bei uns gepredigt!›

27 Doch der Herr wird ihnen erwidern: ‹Ich habe doch schon einmal gesagt, daß ich euch nicht kenne. Menschen wie ihr[b] haben hier nichts verloren. Geht endlich weg!›

28 Wenn ihr dann draußen seid und seht, daß Isaak, Jakob und alle Propheten im Reich Gottes sind, dann werdet ihr verzweifelt heulen und schreien.

29 Aus der ganzen Welt, aus Ost und West, aus Nord und Süd werden die Menschen in Gottes Reich, zu Gottes Fest kommen.

30 Vergeßt nicht: Viele, die hier nichts gelten, werden dort hoch geehrt, aber viele, die hier einen großen Namen haben, sind dort unbekannt.»

Warnung an Jerusalem

(Matth. 23,37–39)

31 Kurze Zeit später kamen einige Pharisäer zu Jesus. «Wenn dir dein Leben lieb ist», warnten sie ihn, «dann sieh zu, daß du schnell von hier fortkommst. König Herodes will dich töten lassen!» 32 Jesus antwortete: «Sagt diesem Gauner: ‹Heute und morgen treibe ich Dämonen aus und heile Menschen. Aber am dritten Tag werde ich mein Ziel erreicht haben.› 33 Ja, heute, morgen und übermorgen bin ich noch unterwegs. Wo anders als in Jerusalem könnte denn ein Prophet umgebracht werden?

34 Jerusalem! O Jerusalem! Du ermordest deine Propheten und erschlägst die Boten, die Gott zu dir

a) Wörtlich: Ist sie nicht auch eine Tochter Abrahams?
b) Wörtlich: Übeltäter.

schickt. Wie oft schon wollte ich deine Bewohner um mich sammeln, so wie eine Henne ihre Küken unter ihre Flügel nimmt! Aber ihr habt es nicht gewollt. [35]Und nun? Von euerm Tempel werden nur noch Trümmer bleiben. Und mich werdet ihr erst wiedersehen, wenn ihr rufen werdet: ‹Gelobt sei der, der im Namen Gottes zu uns kommt!›»

Helfen verboten?

14 An einem Sabbat war Jesus bei einem angesehenen Pharisäer zu Gast. Scharf wurde er von allen Anwesenden beobachtet. [2]Vor ihm stand ein Mann, der an Wassersucht erkrankt war. Würde Jesus es wagen, ihn in diesem Haus an einem Sabbat zu heilen? [3]Jesus wußte, was sie dachten, und fragte die Schriftgelehrten und Pharisäer: «Erlaubt es das Gesetz, einen Mann am Sabbat zu heilen, oder nicht?» [4]Als sie ihm keine Antwort gaben, faßte Jesus den Kranken bei der Hand, heilte ihn und ließ ihn nach Hause gehen. [5]Dann fragte er die Gäste: «Was macht ihr, wenn euer Kind oder ein Ochse am Sabbat in den Brunnen fällt? Zieht ihr sie nicht sofort heraus? Oder wartet ihr, bis der Sabbat vorbei ist?» [6]Darauf konnten sie nichts antworten.

Wer bekommt die besten Plätze?

[7]Als Jesus bemerkte, wie sich die Gäste nach den besten Plätzen drängten, nahm er dies als Beispiel und sagte: [8]«Wenn du zu einer Hochzeit eingeladen wirst, dann setze dich nicht gleich oben auf den besten Platz. Es könnte ja noch jemand kommen, der angesehener ist als du. [9]Mit ihm käme dann der Gastgeber zu dir: ‹Der Platz war für diesen Mann hier reserviert!› Vor allen Gästen müßtest du dich an das Ende des Tisches setzen. [10]Wäre es nicht besser, du setzt dich gleich dorthin? Wenn dich dann der Gastgeber begrüßt, wird er vielleicht zu dir sagen: ‹Mein Freund, für dich habe ich einen besseren Platz!› Du wirst damit vor allen Gästen geehrt. [11]Jeder, der sich selbst ehrt, wird gedemütigt werden; aber wer sich selbst erniedrigt, den wird Gott ehren.»

[12]Schließlich sagte Jesus zu seinem Gastgeber: «Zu einem Essen solltest du nicht deine Freunde, Brüder, Verwandten oder die reichen Nachbarn einladen. Sie werden dir danken und dich wieder einladen. Das ist alles.

[13]Bitte lieber die Armen, Behinderten, Lahmen und Blinden an deinen Tisch. [14]Dann hast du Menschen geholfen, die sich dir nicht erkenntlich zeigen können. Gott wird dich am Tage der Auferstehung dafür belohnen.»

Gott lädt ein zu seinem Fest

(Matth. 22,1–10)

[15]Als einer von den Gästen das hörte, rief er: «Was für ein Glück muß das sein, zu Gottes Fest eingeladen zu werden!» [16]Jesus antwortete mit einer Geschichte:

«Ein Mann bereitete ein großes Festessen vor, zu dem er viele Gäste einlud. [17]Als alles fertig war, schickte er seinen Boten zu den Eingeladenen: ‹Alles ist vorbereitet, kommt!› [18]Aber niemand kam. Jeder hatte auf einmal Ausreden.

Einer sagte: ‹Ich habe ein Grundstück gekauft, das muß ich unbedingt besichtigen. Bitte entschuldige mich!›

[19]Ein anderer: ‹Es geht leider nicht. Ich habe mir fünf Gespanne

Ochsen angeschafft. Die muß ich jetzt ansehen!›

[20]Ein dritter entschuldigte sich: ‹Ich habe gerade geheiratet. Du wirst verstehen, daß ich nicht kommen kann.›

[21]Der Bote kehrte zurück und berichtete alles seinem Herrn. Der wurde sehr zornig: ‹Geh gleich auf die Straßen, auf alle Plätze der Stadt und hole die Bettler, Krüppel, Lahmen und Blinden herein!› [22]Der Bote kam zurück und berichtete: ‹Es sind viele gekommen, aber noch immer sind Plätze frei!›

[23]‹Geh auf die Landstraßen›, befahl der Herr, ‹und bringe her, wen du finden kannst! Jeder ist eingeladen. Mein Haus soll voll werden. [24]Aber von denen, die ich zuerst eingeladen habe, wird keiner auch nur einen einzigen Bissen bekommen.›»

Jesus fordert alles: Ist das zuviel?
(Matth. 10,37–39)

[25]Wie schon oft, war Jesus von einer großen Menschenmenge umlagert. Bei dieser Gelegenheit machte er seinen Zuhörern deutlich:

[26]«Wenn einer mit mir gehen will, so muß ich für ihn wichtiger sein als alles andere in seinem Leben: wichtiger als seine Eltern,[a] seine Frau, seine Kinder, seine Geschwister, ja wichtiger als das Leben selbst.

Nur so kann er mein Jünger sein. [27]Wer nicht bereit ist, diese Lasten um meinetwillen auf sich zu nehmen[b] und mir nachzufolgen, der gehört nicht zu mir.

[28]Will sich jemand ein Haus bauen, dann überlegt er doch auch vorher, ob er das überhaupt bezahlen kann. [29]Kein vernünftiger Bauherr wird einfach anfangen und dabei riskieren, daß er bereits nach dem Bau des Fundaments aufhören muß. Die Leute werden ihn auslachen: [30]‹Ein Haus wollte er bauen! Aber es reichte nur bis zum Fundament!›

[31]Oder welcher König würde wohl auf die Idee kommen, einem anderen den Krieg zu erklären, ohne mit seinen Beratern zu überlegen, ob seine Armee von zehntausend Mann stark genug ist, um die feindlichen Truppen mit zwanzigtausend Mann zu schlagen? [32]Erscheint ihm das Risiko zu groß, dann wird er, wenn die feindlichen Truppen noch weit entfernt sind, Unterhändler schicken, um über einen Frieden zu verhandeln.

[33]Überlegt es euch vorher, ob ihr wirklich bereit seid, alles für mich aufzugeben und mir nachzufolgen.

[34]Salz ist lebensnotwendig. Aber was soll man mit Salz anfangen, das seinen Geschmack verloren hat? [35]Fades Salz ist nutzlos. Es taugt nicht einmal als Dünger. Man muß es wegwerfen. Hört mir genau zu, damit ihr versteht, was ich meine!»

Jesus findet Verlorene
(Matth. 18,12–14)

15 Viele Zollbeamte und andere verrufene Leute kamen immer wieder zu Jesus, um ihn zu hören. [2]Empört zischten die Pharisäer und Schriftgelehrten: «Mit welchem Gesindel gibt der sich da ab! Und nicht genug, daß er mit ihnen redet: Er setzt sich sogar mit ihnen an einen Tisch!»

a) Wörtlich: Wer nicht seine Eltern haßt…
b) Wörtlich: Wer nicht sein Kreuz trägt…

3 Jesus benutzte wieder ein Gleich-
nis, um es ihnen zu erklären:
4 «Wenn du hundert Schafe hast,
und eins läuft weg, läßt du dann nicht
die neunundneunzig allein zurück,
um das verlorene zu suchen, bis du es
gefunden hast? 5 Glücklich wirst du es
dann auf deinen Schultern nach Hau-
se tragen 6 und deinen Freunden und
Nachbarn zurufen: ‹Kommt her,
freut euch mit mir, ich habe mein
Schaf wiedergefunden!›
7 So wird man sich auch im Himmel
über *einen* verlorenen Sünder, der zu
Gott umkehrt, mehr freuen als über
neunundneunzig andere, die es nicht
nötig haben, Buße zu tun.»

Die verlorene Münze

8 «Oder nehmt ein anderes Beispiel:
Zehn Silbermünzen hatte eine Frau
gespart. Als ihr eines Tages eine
fehlt, zündet sie sofort eine Lampe
an, stellt das ganze Haus auf den
Kopf und sucht in allen Ecken. 9 End-
lich hat sie die Münze gefunden. Sie
rennt aus dem Haus zu ihren Freun-
dinnen und Nachbarinnen: ‹Ich hab'
mein Geld wieder! Schaut her! Freut
euch mit mir!›
10 Genau so freuen sich auch die
Engel Gottes, wenn ein einziger Sün-
der zu Gott umkehrt.»

Die zwei verlorenen Söhne

11 «Ein Mann hatte zwei Söhne», er-
zählte Jesus. 12 «Eines Tages sagte der
Jüngere zu ihm: ‹Vater, ich will jetzt
schon meinen Anteil am Erbe ausbe-
zahlt haben.› Da teilte der Vater sein
Vermögen unter ihnen auf.
13 Nur wenige Tage später packte
der jüngere Sohn alles zusammen,
verließ seinen Vater und reiste ins
Ausland. Endlich konnte er sein Le-
ben in vollen Zügen genießen. Er lei-
stete sich, was er wollte, 14 bis er
schließlich keinen Pfennig mehr be-
saß. Zu allem Unglück brach in dieser
Zeit eine große Hungersnot aus. Es
ging ihm sehr schlecht. 15 In seiner
Verzweiflung bettelte er so lange bei
einem Bauern, bis der ihn zum
Schweinehüten auf die Felder schick-
te. 16 Oft quälte ihn der Hunger so,
daß er froh gewesen wäre, etwas vom
Schweinefutter zu bekommen. Aber
selbst davon erhielt er nichts.
17 Da kam er zur Besinnung: ‹Bei
meinem Vater hat jeder Arbeiter
mehr als genug zu essen, und ich ster-
be hier vor Hunger. 18 Ich will zu mei-
nem Vater gehen und ihm sagen: Va-
ter, ich bin schuldig geworden an
Gott und an dir. 19 Sieh mich nicht län-
ger als deinen Sohn an, ich bin es
nicht mehr wert. Aber kann ich nicht
als Arbeiter bei dir bleiben?›
20 Er stand auf und ging zurück zu
seinem Vater. Der erkannte ihn
schon von weitem. Voller Mitleid lief
er ihm entgegen, fiel ihm um den Hals
und küßte ihn. 21 Doch der Sohn be-
kannte: ‹Vater, ich bin schuldig ge-
worden an Gott und an dir. Sieh mich
nicht länger als deinen Sohn an, ich
bin es nicht mehr wert.›
22 Sein Vater aber befahl den
Knechten: ‹Beeilt euch! Holt den
schönsten Anzug, den wir im Hause
haben, und gebt ihn meinem Sohn.
Bringt auch einen kostbaren Ring
und Schuhe für ihn! 23 Schlachtet das
Kalb, das wir gemästet haben! Wir
wollen feiern! 24 Mein Sohn war tot,
jetzt lebt er wieder. Er war verloren,
jetzt hat er zurückgefunden.› Und sie
begannen ein fröhliches Fest.
25 Inzwischen kam der ältere Sohn
nach Hause. Er hatte auf dem Feld
gearbeitet und hörte schon von wei-
tem die Tanzmusik. 26 Erstaunt fragte

er einen Knecht: ‹Was wird denn hier
gefeiert?› 27 ‹Dein Bruder ist wieder
da›, antwortete er ihm. ‹Dein Vater
hat sich darüber so gefreut, daß er das
Mastkalb schlachten ließ. Jetzt feiern
sie ein großes Fest.›

28 Der ältere Bruder wurde wütend
und wollte nicht ins Haus gehen. Da
kam sein Vater zu ihm und bat:
‹Komm und freu dich mit uns!›
29 Doch er entgegnete ihm bitter:
‹Wie ein Arbeiter habe ich mich all
diese Jahre für dich geschunden. Al-
les habe ich getan, was du von mir
verlangt hast. Aber nie hast du mir
auch nur eine junge Ziege gegeben,
damit ich mit meinen Freunden ein-
mal hätte richtig feiern können.
30 Und jetzt, wo dein Sohn zurück-
kommt, der dein Geld mit Huren
durchgebracht und alles verpraßt hat,
jetzt gibt es gleich ein Fest, und du
läßt sogar das Mastkalb schlachten!›

31 Sein Vater redete ihm zu: ‹Mein
Sohn, du bist immer bei mir gewesen.
Was ich habe, gehört auch dir. 32 Dar-
um komm, wir haben allen Grund zu
feiern. Denn dein Bruder war für uns
tot, jetzt hat für ihn ein neues Leben
begonnen. Er war verloren, jetzt hat
er zurückgefunden!›»

Der durchtriebene Verwalter

16 Danach erzählte Jesus seinen
Jüngern folgende Geschichte:
«Ein reicher Mann hatte einen Ver-
walter. Als er entdeckte, daß dieser
seinen Besitz verschleuderte, 2 stellte
er ihn zur Rede: ‹Was muß ich von dir
hören? Bring mir deine Abrechnung!
Du bist entlassen!›

3 Der Verwalter überlegte: ‹Was
mache ich jetzt? Meinen Posten bin
ich los. Ein Feld umgraben kann ich
nicht, und zum Betteln bin ich zu
stolz. 4 Aber ich weiß, was ich tue. Ich
mache mir Freunde, die mir weiter-
helfen, wenn ich arbeitslos bin.›

5 Er ließ alle Männer zu sich rufen,
die bei seinem Herrn Schulden hat-
ten. Den ersten fragte er: ‹Wieviel
bist du meinem Herrn schuldig?›
6 ‹Ich muß ihm hundert Faß Olivenöl
geben', antwortete der Mann. ‹Hier
ist dein Schuldschein!› erklärte ihm
der Verwalter. ‹Trage fünfzig ein!›

7 ‹Und wie hoch sind deine Schul-
den?' fragte er einen anderen. ‹Ich
schulde deinem Herrn hundert Sack
Weizen.› ‹Hier, nimm den Schuld-
schein und schreibe achtzig!› forderte
er ihn auf.»

8 Jesus lobte das vorausplanende
Handeln des gerissenen Verwalters.
Denn die Menschen dieser Welt ge-
hen klüger und geschickter miteinan-
der um als die Menschen, die sich zu
Gott bekennen.

Wie man am meisten aus seinem Geld macht

(Matth. 6,24)

9 Jesus erklärte seinen Jüngern: «So
klug wie dieser Verwalter sollt auch
ihr das Geld einsetzen, das so viele
zum Unrecht verführt. Helft damit
solchen Menschen, die eure Hilfe
brauchen. Dann werdet ihr, wenn
euch das Geld nichts mehr nützen
kann, von Gott einen Platz im Him-
mel bekommen.[a]

10 Doch bedenkt: Nur wer im Klei-
nen ehrlich ist, wird es auch im Gro-
ßen sein. Wenn ihr bei kleinen Din-

a) Wörtlich: Macht euch Freunde mit dem ungerechten Mammon, damit, wenn er zu Ende geht, man euch aufnimmt in die ewigen Zelte.

gen unzuverlässig seid, wird man euch niemals etwas Großes anvertrauen. [11]Geht ihr also schon mit Geld unehrlich um, wer wird euch dann die Reichtümer des Himmels geben wollen? [12]Verwaltet ihr das Geld anderer Leute nachlässig, wie kann euch Gott dann das schenken, was euch gehören soll?

[13]Niemand kann zwei Herren gleichzeitig dienen. Entweder wird er für den einen arbeiten und für den anderen nichts tun, oder er wird den einen anerkennen und den anderen ablehnen. Deshalb müßt ihr euch entscheiden, ob ihr Gott oder dem Geld dienen wollt. Beides zugleich geht nicht.»

Neue Maßstäbe
(Matth. 5,18.32; 11,12–13;
Mark. 10,11–12)

[14]Die geldgierigen Pharisäer spotteten über diese Worte. [15]Deshalb sagte er zu ihnen: «Ihr wollt, daß alle Menschen von eurer untadeligen Frömmigkeit überzeugt sind. Aber Gott kennt euch und weiß, daß ihr böse seid. Er verabscheut, wie ihr die Menschen beeindrucken wollt.»

[16]Weiter sagte Jesus: «Bis Johannes der Täufer kam, waren das Gesetz von Mose und die Lehren der Propheten die Maßstäbe für alles Handeln. Seitdem wird die frohe Botschaft vom Reich Gottes verkündet, und alle wollen unbedingt hinein.

[17]Doch denkt daran: Eher vergehen Himmel und Erde, als daß auch nur ein einziger Buchstabe vom Gesetz Gottes ungültig wird.

[18]Wer also seine Frau wegschickt und eine andere heiratet, der begeht Ehebruch; aber auch der bricht die Ehe, der eine geschiedene Frau heiratet.»

Der Reiche und der Arme: Es gibt doch Gerechtigkeit

[19]«Da lebte einmal ein reicher Mann», berichtete Jesus. «Er war immer vornehm gekleidet und konnte sich alle Tage jeden Luxus leisten. [20]Vor dem Portal seines Hauses aber lag Lazarus, bettelarm und schwerkrank. Sein Körper war über und über mit Geschwüren bedeckt. [21]Während er dort um die Abfälle aus der Küche bettelte, kamen die Hunde und beleckten seine offenen Wunden.

[22]Lazarus starb, und die Engel brachten ihn dorthin, wo all sein Leiden zu Ende war.[a] Auch der reiche Mann starb und wurde begraben. [23]Als er im Totenreich unter Qualen erwachte, blickte er auf und erkannte in weiter Ferne Abraham und Lazarus. [24]‹Vater Abraham›, rief der Reiche laut, ‹habe Mitleid mit mir! Schicke mir doch den Lazarus! Er soll seine Fingerspitze ins Wasser tauchen und damit meine Zunge kühlen. Ich leide in diesen Flammen furchtbare Qualen!›

[25]Aber Abraham erwiderte: ‹Erinnere dich! Du hast in deinem Leben alles gehabt, Lazarus hatte nichts. Jetzt geht es ihm gut, und du mußt leiden. [26]Außerdem liegt zwischen uns ein tiefer Abgrund. Niemand kann von der einen Seite zur anderen kommen, selbst wenn er es wollte.›

[27]‹Vater Abraham›, bat jetzt der Reiche, ‹dann schicke ihn doch wenigstens [28]zu meinen fünf Brüdern.

a) Wörtlich: in den Schoß Abrahams.

Er soll sie warnen, damit sie nach ih-
rem Tod nicht auch an diesen qual-
vollen Ort kommen.› 29 Aber Abra-
ham entgegnete: ‹Deine Brüder sol-
len auf das hören, was sie bei Mose
und den Propheten lesen können.
Dann sind sie gewarnt.›
30 Der Reiche widersprach: ‹Nein,
Vater Abraham, erst wenn einer von
den Toten zu ihnen käme, würden sie
ihr Leben ändern.› 31 Doch Abraham
blieb dabei: ‹Wenn sie nicht auf Mose
und die Propheten hören, werden sie
sich auch nicht überzeugen lassen,
wenn einer von den Toten aufer-
steht.›»

Vergebung kennt keine Grenzen

(Matth. 18,6–7.15.21–22; Mark. 9,42)

17 1/2 «Es wird immer wieder Ver-
suchungen geben, die euch
vom Glauben abbringen wollen»,
warnte Jesus seine Jünger. «Aber we-
he dem, der die in die Irre führt, die
wie ein Kind an mich glauben! Für ihn
wäre es noch das beste, man hätte
ihm einen Mühlstein um den Hals ge-
hängt und ihn ins Meer geworfen.
3 Nehmt euch in acht! Wenn dein
Bruder sündigt, dann sage ihm, was
er verkehrt gemacht hat. Tut es ihm
leid, dann vergib ihm! 4 Und wenn er
dir siebenmal am Tag Unrecht tut
und dich immer wieder um Verge-
bung bittet: Vergib ihm!»

Kleiner Glaube an den großen Gott

(Matth. 17,20)

5 Die Jünger baten Jesus eines Tages:
«Herr, wie kann unser Glaube groß
und fest werden?» 6 Darauf antworte-
te er: «Auf einen ‹großen› Glauben
kommt es gar nicht an. Selbst wenn
euer Glaube so winzig wäre wie ein
Senfkorn, könntet ihr diesem Maul-
beerbaum befehlen: ‹Reiß dich aus
der Erde und verpflanze dich ins
Meer!› – es würde sofort geschehen.»

Der selbstverständliche Dienst

7 «Wie ist das bei euch?» fragte Jesus
seine Zuhörer. «Wenn euer Knecht
vom Feld oder von der Herde heim-
kommt, sagt ihr dann zu ihm:
‹Komm, setz dich an den Tisch und
iß›? 8 Oder werdet ihr ihm nicht
den Auftrag geben: ‹Zieh dich um,
mach mir etwas zu essen und deck
den Tisch! Wenn ich gegessen habe,
dann kannst du auch essen und trin-
ken.›
9 Kann der Knecht dafür einen be-
sonderen Dank erwarten? Es gehört
doch schließlich zu seiner Arbeit.
10 Das gilt auch für euch. Wenn ihr in
meinem Dienst alles getan habt, was
ich euch aufgetragen habe, dann sollt
ihr sagen: ‹Wir haben nur das getan,
was zu unserem Auftrag gehört!›»

Nur einer dankt

11 Sie waren unterwegs nach Jerusa-
lem. Ihr Weg führte sie durch das
Grenzgebiet zwischen Galiläa und
Samarien. 12 In einem Dorf begegne-
ten ihnen zehn Leprakranke. In der
vorgeschriebenen Entfernung blie-
ben sie stehen 13 und riefen: «Jesus,
Meister! Hab doch Erbarmen mit
uns!» 14 Er sah sie an und forderte sie
auf: «Geht zu den Priestern und zeigt
ihnen, daß ihr geheilt seid!»
Auf dem Wege dorthin wurden sie
gesund. 15 Einer von ihnen lief zu Je-
sus zurück, als er merkte, daß er ge-
heilt war. Laut lobte er Gott. 16 Er
warf sich vor Jesus nieder und dankte
ihm. Und das war ein Mann aus Sa-
marien.
17 Jesus fragte: «Habe ich nicht

zehn Männer geheilt? Wo sind denn die anderen neun? [18]Weshalb kommt als einziger dieser Fremde zurück, um sich bei Gott zu bedanken?» [19]Zu dem Samariter aber sagte er: «Stehe auf! Dein Glaube hat dich gerettet.»

Was geschieht, wenn Jesus wiederkommt?
(Matth. 24,23–28)

[20]«Wann wird denn das Reich Gottes kommen?» wollten die Pharisäer von Jesus wissen. Er antwortete ihnen: «Das Reich Gottes kann man nicht sehen, wie man ein irdisches Reich sieht. [21]Niemand wird euch sagen können: ‹Hier ist es!› oder ‹Dort ist es!› Das Reich Gottes ist schon jetzt da – mitten unter euch.»

[22]Zu seinen Jüngern aber sagte er: «Die Zeit wird kommen, wo ihr alles dafür geben würdet, auch nur einen einzigen Tag der Herrschaft des Menschensohnes mitzuerleben. Aber dieser Wunsch wird sich nicht erfüllen.

[23]Man wird euch immer wieder einreden wollen, daß der Menschensohn wiedergekommen ist und man ihn hier oder dort gesehen hat. Glaubt das auf keinen Fall, geht auch nicht dorthin und lauft ihnen nicht nach! [24]Denn wenn der Menschensohn wiederkommt, wird es jeder wissen. Er wird so unübersehbar sein wie ein Blitz, der den ganzen Horizont erhellt. [25]Aber vorher muß der Menschensohn noch viel leiden und es erdulden, daß ihn die Menschen dieser Zeit von sich stoßen.»

(Matth. 24,37–39)

[26]«Am Tage seiner Wiederkunft werden die Menschen genau so leben wie zur Zeit Noahs. [27]Diese dachten auch nur an Essen, Trinken und Heiraten. Das ging so lange gut, bis Noah in die Arche stieg. Dann kam die Flut, und keiner von ihnen blieb am Leben.

[28]Es wird genauso sein wie zu Lots Zeiten. Die Menschen kümmerten sich nur darum, daß sie genug zu essen und zu trinken hatten, daß sie kauften und verkauften, pflügten und bauten. [29]So ging es bis zu dem Tag, an dem Lot die Stadt Sodom verließ. Da regnete Feuer und Schwefel vom Himmel, und alle kamen in den Flammen um.

[30]Genauso wird es sein, wenn der Menschensohn kommt. [31]Wer dann gerade auf der Terrasse seines Hauses ist, der soll nicht mehr ins Haus laufen, um seine Sachen zu holen. Wer auf dem Feld arbeitet, soll nicht mehr in sein Haus zurückkehren. [32]Denkt daran, was mit Lots Frau geschah!

[33]Wer sich an sein Leben klammert, wird es verlieren. Wer sein Leben aber für Gott einsetzt, wird es für immer gewinnen.»

(Matth. 24,40–41)

[34]«Auch das wird sich bei meiner Wiederkunft ereignen: Zwei schlafen in dieser Nacht in einem Bett, einer wird angenommen, und der andere bleibt zurück.

[35]Zwei Frauen werden gemeinsam ihre Hausarbeit erledigen. Die eine wird angenommen, und die andere bleibt zurück.

[36]Zwei Männer werden auf dem Feld arbeiten. Der eine wird angenommen, der andere bleibt zurück.»

[37]«Herr, wo wird sich das ereignen?» fragten die Jünger. Da antwor-

tete ihnen Jesus: «Das wird für alle
sichtbar sein.»[a]

«Laßt Gott keine Ruhe!»

18 Wie wichtig es ist, Gott so lan-
ge zu bitten, bis er antwortet,
machte Jesus durch ein Gleichnis
deutlich:
[2]«In einer Stadt lebte ein Richter,
der weder Gott noch Menschen
fürchtete. [3]Tag für Tag bestürmte ihn
eine Witwe mit ihrer Not: ‹Verhilf
mir doch endlich zu meinem Recht!›
[4/5]Immer wieder stieß sie bei ihm auf
taube Ohren, aber schließlich verlor
er die Geduld. ‹Mir sind zwar Gott
und die Menschen gleichgültig, aber
diese Frau macht mich noch ver-
rückt›, sagte er sich. ‹Wenn sie nicht
ihr Recht bekommt, wird sie am En-
de noch handgreiflich.›»
[6]Und Jesus fügte hinzu: «Begreift
ihr, was ich euch damit sagen will?
[7]Meint ihr, Gott wird seine Kinder
übersehen und ihnen ihr Recht versa-
gen, wenn sie ihm Tag und Nacht kei-
ne Ruhe lassen? [8]Ich versichere
euch: Er wird ihnen schnellstens hel-
fen. Die Frage ist: Wird der Men-
schensohn, wenn er wiederkommt,
diesen Glauben bei euch finden?»

Das Gebet, das Gott hört

[9]Mit einem Gleichnis wollte Jesus die
Leute treffen, die sich gerecht vorka-
men und hochmütig auf andere her-
absahen:
[10]«Zwei Männer, ein Pharisäer und
ein Zolleinnehmer, gingen in den
Tempel, um zu beten. [11]Selbstsicher
stand der Pharisäer dort und betete:
‹Ich danke dir, Gott, daß ich nicht so
bin wie andere Leute. Ich bin kein
Räuber, kein Gottloser, kein Ehe-
brecher und schon gar nicht wie die-
ser Zolleinnehmer da hinten. [12]Ich fa-
ste zweimal in der Woche, und von al-
len meinen Einkünften gebe ich den
zehnten Teil für Gott.›
[13]Aber der Zolleinnehmer blieb
verlegen am Eingang stehen und wag-
te kaum aufzusehen. Schuldbewußt
betete er: ‹Gott! Vergib mir, ich
weiß, daß ich ein Sünder bin!›
[14]Ihr könnt sicher sein, dieser
Mann ging von seiner Schuld befreit
nach Hause, nicht aber der Pharisäer.
Denn der Stolze wird gedemütigt,
und der Demütige wird erhöht wer-
den.»

Nur für Kinder
(Matth. 19,13–15; Mark. 10,13–16)

[15]Eines Tages brachten einige Eltern
ihre kleinen Kinder zu Jesus, damit er
ihnen segnend die Hände auflegen
sollte. Unwillig wollten die Jünger sie
zurückweisen. [16]Doch Jesus rief die
Kinder zu sich und wies die Jünger zu-
recht: «Laßt die Kinder zu mir kom-
men! Schickt sie nicht weg! Denn für
Menschen wie sie ist das Reich Gottes
bestimmt. [17]Habt ihr es denn noch
immer nicht begriffen: Wer nicht wie
ein kleines Kind voller Vertrauen zu
Gott kommt, dem bleibt das Reich
Gottes verschlossen.»

Reiche sind arm dran
(Matth. 19,16–30; Mark. 10,17–31)

[18]Jesus wurde von einem angesehe-
nen und reichen Mann gefragt: «Gu-
ter Meister, was muß ich tun, damit
ich das ewige Leben bekomme?»

a) Wörtlich: Bei einem verendeten Tier sammeln sich die Geier.

19 «Weshalb nennst du mich gut? Nur
Gott ist gut, sonst keiner», stellte Je-
sus richtig. 20 «Um aber deine Frage
zu beantworten: Du kennst doch
Gottes Gebote: Du sollst nicht die
Ehe brechen, du sollst nicht töten,
nicht stehlen, du sollst über keinen
deiner Mitmenschen etwas Unwahres
sagen, und du sollst deine Eltern eh-
ren.»

21 Der Mann versicherte: «Alle die-
se Gebote habe ich von klein auf ge-
halten.» 22 «Aber etwas fehlt dir
noch», sagte Jesus. «Verkaufe alles,
was du hast, und gib das Geld den Ar-
men. Du gewinnst damit einen Schatz
im Himmel. Dann komm und folge
mir nach!»

23 Als der Mann das hörte, ging er
niedergeschlagen weg, denn er war
sehr reich.

24 Jesus sah ihm nach und sagte:
«Wie schwer haben es doch die Rei-
chen, in das Reich Gottes zu kom-
men! 25 Eher könnt ihr ein dickes Seil
in ein Nadelöhr einfädeln,[a] als daß
Menschen, die an ihrem Reichtum
hängen, in Gottes Reich kommen.»

26 «Wenn das so schwierig ist», frag-
ten ihn seine Zuhörer erschrocken,
«kann dann überhaupt jemand geret-
tet werden?»

27 Er antwortete: «Für Menschen
ist es unmöglich, aber nicht für Gott.»

28 Eifrig rief Petrus: «Wir haben
doch schon alles für dich aufgegeben
und sind mit dir gegangen!» 29 «Ja»,
bestätigte Jesus, «jeder, der bereit
ist, sein Haus, seine Frau, seine Ge-
schwister, seine Eltern oder Kinder
dem Reich Gottes unterzuordnen[b],
30 der wird dafür reich belohnt wer-
den: hier schon, in dieser Welt, und
erst recht in der zukünftigen Welt mit
dem ewigen Leben.»

Jesus spricht zum dritten Mal von seinem Tod

(Matth. 20,17–19; Mark. 10,32–34)

31 Jesus rief seine zwölf Jünger zu sich
und sagte ihnen: «Ihr wißt, daß wir
jetzt nach Jerusalem gehen. Dort
wird sich alles erfüllen, was die Pro-
pheten über den Menschensohn ge-
schrieben haben. 32 Man wird ihn an
die Römer ausliefern, ihn verspotten,
mißhandeln, anspucken und
33 schließlich auspeitschen und töten.
Doch drei Tage später wird er von
den Toten auferstehen.» 34 Aber die
Jünger begriffen nichts. Vergeblich
zerbrachen sie sich den Kopf: «Was
wollte Jesus nur damit sagen?»

Der Blinde, der nicht aufgab

(Matth. 20,29–34; Mark. 10,46–52)

35 Jesus und seine Jünger waren unter-
wegs nach Jericho. In der Nähe der
Stadt saß ein Blinder am Straßenrand
und bettelte. 36 Er hörte den Lärm der
vorbeiziehenden Menge und fragte
neugierig: «Was ist da los?» 37 Einige
riefen ihm zu: «Jesus von Nazareth
kommt nach Jericho!» 38 Als er das
hörte, schrie er laut: «Jesus, du Sohn
Davids, hilf mir!» 39 Die Leute fuhren
ihn an: «Halt den Mund!» Er aber
schrie nur noch lauter: «Sohn Davids,
hilf mir doch!»

40 Jesus blieb stehen und ließ den
Mann zu sich führen. 41 Dann fragte er
ihn: «Was willst du von mir?»
«Herr», flehte ihn der Blinde an, «ich
möchte wieder sehen können!»

a) Andere Übersetzung: Es ist leichter, daß ein Kamel durch ein Nadelöhr geht.
b) Wörtlich: zu verlassen.

42 «Du sollst wieder sehen!» sagte Je-
sus zu ihm. «Dein Vertrauen hat dich
geheilt.» 43 Von diesem Augenblick
an konnte der Mann wieder sehen. Er
ging mit Jesus und lobte Gott. Zu-
sammen mit ihm lobten und dankten
alle, die seine Heilung miterlebt hat-
ten.

Jesus bei Zachäus: Ein Reicher kehrt um

19 Als Jesus durch Jericho zog,
liefen viele Menschen zusam-
men. 2 Unter ihnen war Zachäus, der
Oberaufseher über alle Zolleinneh-
mer. Er war sehr reich. 3 Zachäus
wollte Jesus unbedingt sehen; aber er
war sehr klein, und niemand machte
ihm Platz. 4 Da rannte er ein Stück
voraus und kletterte auf einen Maul-
beerbaum, der am Weg stand. Von
hier aus konnte er alles überblicken.
5 Als Jesus dort vorbeikam, entdeckte
er ihn. «Zachäus, komm schnell her-
unter!» rief Jesus. «Ich möchte heute
dein Gast sein!» 6 Im Nu war er vom
Baum herunter und nahm Jesus voller
Freude mit in sein Haus.

7 Die anderen Leute empörten sich
über Jesus. «Jeder weiß doch, daß
Zachäus nur durch Betrug reich ge-
worden ist! Wie kann Jesus nur dieses
Haus betreten!»

8 Zachäus wurde auf einmal sehr
ernst: «Herr, ich werde die Hälfte
meines Vermögens an die Armen
verteilen, und wem ich am Zoll zuviel
abgenommen habe, dem gebe ich es
vierfach zurück.» 9 Da sagte Jesus zu
ihm: «Heute ist ein großer Tag für
dich und deine Familie; denn Gott
hat euch heute als seine Kinder ange-
nommen. Du warst einer von Abra-
hams verlorenen Söhnen. 10 Der Men-
schensohn ist gekommen, Verlorene
zu suchen und zu retten.»

Gaben und Aufgaben

(Matth. 25,14–30)

11 Jesus fügte noch ein Gleichnis hin-
zu. Es war ihm nicht entgangen, daß
viele in seiner Umgebung damit rech-
neten, bei ihrem Einzug in Jerusalem
würde Gott seine Herrschaft sichtbar
aufrichten.

12 «Ein Fürst trat eine weite Reise
an, um sich zum König krönen zu las-
sen. 13 Bevor er abreiste, rief er zehn
seiner Leute zu sich, gab jedem tau-
send Mark[a] und sagte: ‹Setzt dieses
Geld gewinnbringend ein! Ich kom-
me bald zurück!›

14 Viele Bürger aber wollten ihn
nicht als König haben. Deshalb
schickten sie eine Abordnung hinter
ihm her mit der Erklärung: ‹Diesen
Mann werden wir nicht als König an-
erkennen!› 15 Trotzdem wurde er ge-
krönt und kam als König in sein Land
zurück. Er befahl die Leute zu sich,
denen er das Geld gegeben hatte, und
wollte wissen: ‹Was habt ihr damit
gemacht?›

16 Der erste berichtete: ‹Herr, ich
habe das Zehnfache deines Geldes als
Gewinn erwirtschaftet.› 17 ‹Ausge-
zeichnet!› rief der König. ‹Das hast
du gut gemacht! Du hast dich in die-
ser kleinen Aufgabe bewährt. Ich
vertraue dir die Verwaltung von zehn
Städten an.› 18 Darauf trat der nächste
Mann vor und berichtete: ‹Herr, ich
habe das Fünffache deines Kapitals
hinzugewonnen.› 19 ‹Gut!› sprach sein
Herr. ‹Du wirst Verwalter über fünf
Städte.›

a) Wörtlich: zehn Minen (Goldstücke).

[20]Der dritte kam an die Reihe. ‹Hier hast du deine tausend Mark zurück. Ich habe gut auf dein Geld aufgepaßt!› sagte er. [21]‹Ich fürchte dich als harten Geschäftsmann. Bestimmt hättest du mir meinen Gewinn doch abgenommen. Denn du nimmst, was dir nicht gehört, und du erntest, was andere gesät haben.› [22]‹Du richtest dich mit deinen eigenen Worten, du Narr!› rief der König zornig. ‹Wenn du weißt, daß ich ein harter Geschäftsmann bin, daß ich nehme, was mir nicht gehört, daß ich ernte, wo ich nicht angebaut habe, [23]warum hast du das Geld dann nicht bei der Bank eingezahlt? Dann hätte ich wenigstens Zinsen dafür bekommen!›

[24]Er forderte die Umstehenden auf: ‹Nehmt ihm das Geld ab und gebt es dem Mann, der das meiste erwirtschaftet hat.› [25]‹Aber Herr›, widersprachen seine Leute, ‹der hat doch schon genug!› [26]Da sagte ihnen der König: ‹Es ist nun einmal so: Wer das, was er hat, gewissenhaft nutzt, dem kann man noch mehr anvertrauen. Wer aber mit Wenigem nachlässig umgeht, dem wird man auch das noch nehmen.

[27]Doch jetzt holt meine Feinde her, die sich während meiner Abwesenheit gegen mich aufgelehnt haben: Sie sollen vor meinen Augen hingerichtet werden!›»

Der Einzug in Jerusalem
(Matth. 21,1–9; Mark. 11,1–10; Joh. 12,12–16)

[28]Nachdem Jesus diese Geschichte erzählt hatte, ging er nach Jerusalem. [29]In der Nähe der Dörfer Bethphage und Bethanien, die beide am Ölberg liegen, schickte er zwei seiner Jünger voraus: [30]«Wenn ihr in dieses Dorf kommt, werdet ihr einen jungen Esel finden, auf dem noch nie jemand geritten ist. Bindet ihn los und bringt ihn her! [31]Sollte euch jemand fragen, was ihr da macht, sagt einfach: ‹Der Herr braucht ihn.›»

[32]Die Jünger fanden den Esel, wie Jesus es ihnen beschrieben hatte. [33]Als sie ihn losbanden, fragten die Besitzer: «Was macht ihr denn da?» [34]Sie antworteten: «Der Herr braucht ihn.»

[35]Und sie brachten den Esel zu Jesus. Einige legten dem Tier ihre Mäntel auf den Rücken, bevor sich Jesus daraufsetzte. [36]Auf dem Weg nach Jerusalem breiteten die begeisterten Menschen ihre Kleider auf der Straße aus. Sie wollten Jesus wie einen König empfangen.

[37]Als sie auf der Höhe des Ölbergs angekommen waren und Jerusalem vor ihnen lag, jubelten und sangen die Menschen. Sie dankten Gott für die vielen herrlichen Wunder, die Jesus getan hatte. [38]Laut sangen sie: «Heil dem König, den Gott uns sendet! Gott hat Frieden mit uns geschlossen. Lob und Ehre dem Allerhöchsten!»

[39]Empört riefen da einige Pharisäer aus der Menge: «Meister, verbiete das deinen Leuten! Das ist Gotteslästerung!» [40]Er antwortete ihnen nur: «Wenn sie schweigen, dann werden die Steine am Weg schreien.»

Tränen über eine Stadt

[41]Als Jesus Jerusalem vor sich liegen sah, weinte er über die Stadt. [42]«Der Friede war dir so nahe, warum nur wolltest du ihn nicht haben? Und auch jetzt willst du ihn nicht»,[a] sagte

a) Wörtlich: Wenn auch du an diesem Tag erkannt hättest, was zu deinem Frieden dient.

Jesus traurig. [43] «Der Tag wird kommen, an dem deine Feinde einen Wall um deine Mauern aufwerfen und dich von allen Seiten belagern. [44] Wenn deine Mauern fallen, werden alle Bewohner getötet werden. Kein Stein wird auf dem anderen bleiben. Warum hast du die Gelegenheit nicht genutzt, die Gott dir geboten hat?»

Jesus schafft Ordnung im Tempel
(Matth. 21,12–17; Mark. 11,15–19; Joh. 2,13–16)

[45] Kaum hatte Jesus den Tempel betreten, da begann er, die Händler hinauszujagen [46] und rief: «Gott sagt: ‹Mein Haus soll ein Ort des Gebetes sein›,[a] aber ihr habt daraus eine Räuberhöhle gemacht!»

[47] Jeden Tag lehrte er im Tempel, obwohl die Hohenpriester, die Schriftgelehrten und führenden Männer des Volkes nach einer passenden Gelegenheit suchten, Jesus umzubringen. [48] Noch konnten sie nichts gegen ihn unternehmen, wenn sie nicht zugleich das Volk gegen sich aufbringen wollten, denn die Menschen hörten Jesus gern zu und achteten auf jedes seiner Worte.

Fragen ohne Antworten
(Matth. 21,23–27; Mark. 11,27–33)

20 An einem dieser Tage verkündete Jesus im Tempel die Heilsbotschaft. Da gingen die Hohenpriester, die Schriftgelehrten und führenden Männer des Volkes zu ihm. [2] «Mit welchem Recht hast du die Händler aus dem Tempel vertrieben?» wollten sie von ihm wissen. «Wer hat dir den Auftrag dazu gegeben?»

[3] «Ehe ich eure Frage beantworte, möchte ich euch etwas fragen», erwiderte Jesus. [4] «Taufte Johannes die Menschen im Auftrag Gottes, oder wer sonst hatte ihn beauftragt?»

[5] Sie überlegten: «Wenn wir sagen, ‹Gott hat ihn gesandt›, so wird er uns fragen: ‹Warum habt ihr ihm dann nicht geglaubt?› [6] Sagen wir aber: ‹Johannes war kein Bote Gottes›, dann steinigt uns das Volk; denn alle glauben, daß Johannes ein Prophet war.»

[7] Deshalb antworteten sie schließlich: «Wir können deine Frage nicht beantworten, weil wir es nicht wissen.» [8] «Nun, dann sage ich euch auch nicht, wer mir diesen Auftrag gegeben hat», entgegnete ihnen Jesus.

Gott erntet Ablehnung
(Matth. 21,33–46; Mark. 12,1–12)

[9] Seinen Zuhörern erzählte Jesus nun die folgende Geschichte: «Ein Mann legte einen Weinberg an. Er verpachtete ihn an einige Winzer und reiste für längere Zeit ins Ausland. [10] Zur Zeit der Weinlese sandte er einen Boten, der den vereinbarten Anteil an der Ernte abholen sollte. Aber die Pächter schlugen ihn zusammen und schickten ihn mit leeren Händen zurück.

[11] Nun beauftragte der Weinbergbesitzer einen anderen Mann. Aber dem ging es genauso. Die Pächter beschimpften ihn und jagten ihn weg. [12] Er schickte einen dritten. Auch den schlugen sie blutig und vertrieben ihn.

[13] ‹Was soll ich machen?› fragte sich der Besitzer. ‹Ich werde meinen einzigen Sohn zum Weinberg schicken. Sie werden es nicht wagen, ihm

a) Jesaja 56,7

etwas anzutun.› [14] Als die Pächter erkannten, daß der Sohn kam, beratschlagten sie: ‹Das ist der Erbe. Wenn wir den aus dem Weg räumen, gehört der Weinberg uns!› [15] Und sie zerrten ihn vor den Weinberg und töteten ihn.

Was meint ihr wohl», fragte Jesus nun seine Zuhörer, «was der Besitzer des Weinbergs mit diesen Pächtern tun wird? [16] Er wird kommen und sie töten und den Weinberg an andere verpachten!»

«Aber so etwas gibt es doch gar nicht!» meinten kopfschüttelnd die Zuhörer. [17] Da sah Jesus sie an und fragte: «Was bedeutet denn dieser Satz: ‹Der Stein, den die Bauarbeiter weggeworfen haben, weil sie ihn für unbrauchbar hielten, ist zum Grundstein des ganzen Hauses geworden›?»[a] [18] Und er fügte hinzu: «Wer auf diesen Stein fällt, wird sich zu Tode stürzen, und auf wen er fällt, den wird er zermalmen.»

«Gebt Gott, was Gott gehört»

(Matth. 22,15–22; Mark. 12,13–17)

[19] Nach diesem Gleichnis hätten die Hohenpriester und Schriftgelehrten Jesus am liebsten sofort verhaftet. Sie erkannten, daß sie mit dieser Erzählung gemeint waren. Aber sie wagten es nicht, weil Jesus beim Volk sehr beliebt war.

[20] Um einen Anlaß zu finden, ließen sie ihn überwachen. Sie versuchten, ihm eine Falle zu stellen, indem sie einige Männer vorschickten, die einen Gewissenskonflikt heucheln sollten. Ließe sich Jesus zu einer unbedachten Antwort verleiten, hätten sie endlich etwas in der Hand, um ihn den römischen Behörden auszuliefern.

[21] Die Leute kamen also zu Jesus und fragten ihn: «Meister, wir wissen, daß du unbestechlich bist. Du sagst die Wahrheit, ohne darauf Rücksicht zu nehmen, was die Leute hören wollen. Du lehrst, wie wir nach Gottes Willen handeln sollen. [22] Deshalb bitten wir dich um einen Rat: Ist es eigentlich Gottes Wille, daß wir an den römischen Kaiser Steuern zahlen, oder nicht?» [23] Jesus durchschaute sie und sagte: [24] «Ihr wollt mich doch nur hereinlegen. Zeigt einmal eine Münze her! Welches Bild und welcher Name sind darauf zu erkennen?» Sie antworteten: «Das Bild und der Name des römischen Kaisers!»

[25] «Dann gebt dem Kaiser, worauf er einen Anspruch hat», antwortete Jesus, «und gebt Gott, was ihm gehört!»

[26] So war es ihnen nicht gelungen, Jesus vor allen Leuten in eine Falle zu locken. Sie waren von seiner Antwort so überrascht, daß sie schweigend weggingen.

Werden die Toten auferstehen?

(Matth. 22,23–33.46;
Mark. 12,18–27.34)

[27] Einige Sadduzäer – sie glauben nicht an eine Auferstehung der Toten – [28] kamen zu Jesus und fragten ihn: «Im Gesetz des Mose steht: Wenn ein verheirateter Mann kinderlos stirbt, dann soll sein Bruder die Witwe heiraten. Das erste ihrer Kinder soll der Erbe des Verstorbenen sein.[b]

a) Psalm 118,22–23
b) 5. Mose 25,5–6

[29] Nun gab es da sieben Brüder. Der
älteste heiratete und starb kinderlos.
[30] Darauf heiratete sein Bruder die
Witwe, aber auch in dieser Ehe wur-
den keine Kinder geboren. [31] So ging
es weiter, bis alle sieben mit ihr
verheiratet gewesen waren. Kinder
aber hatten sie nicht bekommen.
[32] Schließlich starb auch die Frau.
[33] Nun unsere Frage: Zu welchem
Mann wird diese Frau nach der Auf-
erstehung gehören? Alle sieben Män-
ner waren doch mit ihr verheiratet!»
[34] Jesus antwortete den Sadduzä-
ern: «Die Ehe gibt es nur in dieser
Welt. [35] Wer aber das ewige Leben er-
langt und einmal in Gottes Reich sein
darf, für den wird es keine Ehe mehr
geben. [36] Er wird auch nicht mehr
sterben wie die Menschen hier auf der
Erde, sondern wie die Engel ewig le-
ben und zu den Kindern Gottes gehö-
ren. Denn er ist vom Tod zu einem
neuen Leben auferstanden. [37] Aber
die andere Frage, ob es überhaupt
eine Auferstehung gibt, wird schon
von Mose beantwortet. Er be-
schreibt, wie Gott ihm im brennen-
den Dornbusch erschien, und er
nennt ihn den Gott Abrahams, Isaaks
und Jakobs.[a] [38] Er ist ein Gott der Le-
benden, nicht der Toten. Für ihn sind
sie alle lebendig.» [39] Einige Schriftge-
lehrte stimmten ihm zu: «Das hast du
gut gesagt, Meister.» [40] Jetzt wagte
niemand mehr, weitere Fragen zu
stellen.

Wer ist Christus?
(Matth. 22,41–46; Mark. 12,35–37)

[41] Dann stellte Jesus ihnen eine Frage:
«Wie könnt ihr behaupten, Christus
sei ein Nachkomme von König Da-
vid? [42] David selbst schreibt doch in
den Psalmen: ‹Gott sprach zu mei-
nem Herrn: Setze dich auf den Eh-
renplatz an meiner rechten Seite,
[43] bis ich dir alle deine Feinde unter-
worfen habe, bis du deinen Fuß auf
ihren Nacken setzt.›[b] [44] David nennt
Christus also ‹Herr›. Meint ihr wirk-
lich, jemand würde seinen Sohn mit
‹Herr› anreden?»[c]

Heuchelei wird hart bestraft
(Matth. 23,1–14; Mark. 12,38–40)

[45] Vor allen Leuten, die sich um sie
versammelt hatten, forderte Jesus
seine Jünger auf: [46] «Werdet nicht wie
die Schriftgelehrten, die in ihren lan-
gen Talaren auf der Straße herumspa-
zieren und es genießen, wenn die
Leute sie ehrerbietig grüßen. Beim
Gottesdienst in der Synagoge sitzen
sie in der ersten Reihe, und es gefällt
ihnen, wenn man ihnen bei allen Fe-
sten die Ehrenplätze anbietet. [47] Gie-
rig stürzen sie sich auf den Besitz
wehrloser Witwen. Dabei verstecken
sie ihre bösen Absichten hinter lan-
gen Gebeten. Gottes Strafe wird sie
besonders hart treffen.»

Nur wer sich selbst gibt, gibt genug
(Mark. 12,41–44)

21 Während Jesus das sagte,
konnte er beobachten, wie die
Reichen großzügig ihre Gaben in den
Opferkasten im Tempel legten. [2] Er
sah aber auch eine arme Witwe, die
zwei kleine Münzen hineinwarf.
[3] «Das ist sicher», meinte Jesus, «die-
se arme Witwe hat mehr geopfert als

a) 2. Mose 3,6
b) Psalm 110,1
c) Wörtlich: Wie ist er dann sein Sohn?

alle anderen. [4] Die Reichen haben nur etwas von ihrem Überfluß gespendet; aber diese Frau ist arm und gab doch alles, was ihr zum Leben geblieben war.»

Die Zeit des Tempels geht zu Ende
(Matth. 24,1–2; Mark. 13,1–2)

[5] Einige sprachen begeistert von der Schönheit des Tempels, den wertvollen Steinen und Kostbarkeiten an seinen Wänden. [6] Aber Jesus sagte: «Seht es euch an! Bald kommt die Zeit, wo all das in Trümmer fällt. Kein Stein wird auf dem anderen bleiben.»

Die Zukunft der Welt
(Matth. 24,3–14; Mark. 13,3–13)

[7] Erschrocken wollten die Jünger wissen: «Herr, wann wird das geschehen? Woran erkennen wir, wann das Ende kommt?» [8] «Bleibt wachsam!» warnte sie Jesus, «laßt euch nicht verführen, denn viele werden kommen, die von sich behaupten: ‹Ich bin Christus!› Andere werden verkünden: ‹Das Ende ist da!› Glaubt ihnen nicht! [9] Wenn es zu Kriegen und Unruhen kommt, geratet nicht in Panik. Es muß so kommen; aber das ist noch nicht das Ende.»

[10] Dann sagte er zu ihnen: «Die Völker und Machtblöcke der Erde werden gegeneinander Kriege führen. [11] Erdbeben werden große Teile der Welt erschüttern, Seuchen und Hungersnöte die Menschen heimsuchen. Unerklärliche Erscheinungen am Himmel werden alle Menschen in Angst und Schrecken versetzen.

[12] Bevor das alles geschieht, wird man euch verfolgen. Weil ihr euch zu mir bekennt, werden sie euch verurteilen, ins Gefängnis werfen und vor die Mächtigen dieser Welt und ihre Herrscher stellen.

[13] Bedenkt aber, daß ihr dadurch Gelegenheit habt, mich zu bezeugen und meine Botschaft in aller Öffentlichkeit bekanntzumachen. [14] Prägt es euch ein: Grübelt nicht schon heute darüber nach, wie ihr euch vor Gericht verteidigen könnt. [15] Ich selber werde euch zeigen, wie ihr euch weise verhalten und was ihr sagen sollt, so daß eure Gegner nichts mehr erwidern können.

[16] Selbst eure nächsten Angehörigen, eure Eltern, Brüder und Freunde werden euch verraten und verhaften lassen. Einige von euch wird man töten. [17] Alle Welt wird euch hassen, weil ihr zu mir gehört. [18] Aber Gott wird euch nie verlassen. Ohne seinen Willen wird euch kein Haar gekrümmt werden. [19] Bleibt fest und haltet durch, dann gewinnt ihr das ewige Leben.»

Die Zerstörung Jerusalems
(Matth. 24,15–21; Mark. 13,14–19)

[20] «Wenn die Feinde Israels Jerusalem belagern, dauert es nicht mehr lange, bis diese Stadt zerstört wird. [21] Dann sollen die Bewohner Judäas in das Gebirge flüchten. Wer in Jerusalem wohnt, verlasse die Stadt so schnell wie möglich, und niemand suche in ihr Schutz. [22] Die Tage des göttlichen Gerichts sind gekommen. Jetzt erfüllen sich die Worte der Propheten. [23] Besonders hart trifft es die werdenden Mütter und die Frauen mit Säuglingen. Leiden aber müssen alle, denn Gott straft in seinem Zorn das ganze Volk. [24] Die Menschen werden niedergemetzelt und die Gefangenen in die ganze Welt verschleppt. Jerusalem aber wird besetzt und zerstört

sein, bis Gott die Herrschaft der Heiden beendet.»

Die Mitte der Nacht ist der Anfang des Tages

(Matth. 24,29–31; Mark. 13,24–26)

25 «Zu dieser Zeit werden Zeichen an Sonne, Mond und Sternen Unheil verkünden. Angst und schreckliche Ratlosigkeit beherrschen die Menschen, weil Sturmfluten und Katastrophen über sie hereinbrechen. 26 Ungewißheit und Furcht treiben sie zur Verzweiflung. Sogar der Lauf der Gestirne wird in Unordnung geraten.

27 Doch dann werden alle Völker den Menschensohn in den Wolken des Himmels mit göttlicher Macht und Herrlichkeit wiederkommen sehen. 28 Deshalb: Wenn sich diese Dinge ereignen, dann dürft ihr hoffen. Eure Befreiung steht vor der Tür.»

(Matth. 24,32–35; Mark. 13,28–31)

29 «Ich will es euch an einem Beispiel verdeutlichen: Seht euch den Feigenbaum an oder die anderen Bäume. 30 Wenn sie anfangen zu blühen, weiß jeder, daß es bald Sommer wird. 31 So könnt ihr wissen, daß Gottes Reich nahe ist, wenn sich all das ereignet. 32 Denn das steht fest: Dieses Volk wird nicht untergehen, bevor sich nicht alles erfüllt hat. 33 Und wenn auch Himmel und Erde vergehen, meine Worte vergehen nicht.»

«Bleibt wach und betet!»

34 «Ihr seid in Gefahr! Paßt auf, daß euch nicht die Gier nach Luxus und Wohlstand,[a] auch nicht die Sorgen des Alltags vom Ziel ablenken! Seid jederzeit auf diesen Tag vorbereitet, sonst wird er euch überfallen. 35 Denn das ist sicher: Er kommt für alle plötzlich und überraschend. 36 Bleibt wachsam und betet allezeit, damit ihr das übersteht, was euch erwartet. Dann könnt ihr ohne Furcht vor den Menschensohn treten.»

37 Täglich ging Jesus in den Tempel, um dort zu lehren. Abends verließ er die Stadt und verbrachte die Nächte am Ölberg. 38 Wenn er am frühen Morgen wieder in den Tempel kam, warteten schon viele Menschen auf ihn, um ihn zu hören.

Verschwörung gegen Jesus

(Matth. 26,1–5; Mark. 14,1–2)

22 Es waren nur noch wenige Tage bis zum Passahfest. Dieses Fest nennen die Juden auch das ‹Fest der ungesäuerten Brote›.[b] 2 Nach wie vor suchten die Hohenpriester und Schriftgelehrten nach einer Gelegenheit, Jesus heimlich umzubringen; denn sie hatten Angst, daß es sonst zu Unruhen im Volk kommen würde.

Der Verräter

(Matth. 26,14–16; Mark. 14,10–11)

3 Zu der Zeit ergriff der Satan Besitz von Judas Ischarioth, einem der zwölf Jünger Jesu. 4 Judas ging zu den Hohenpriestern und den Anführern der Tempelpolizei und beriet mit ihnen, wie sie Jesus unauffällig festnehmen könnten. 5 Hocherfreut versprachen die Hohenpriester ihm eine Belohnung. 6 Sie wurden sich einig, und Ju-

a) Wörtlich: daß eure Herzen nicht beschwert werden durch Völlerei und Trunksucht.
b) 2. Mose 12,18–21

das suchte nach einer Gelegenheit, Jesus ohne Aufsehen an seine Feinde zu verraten.

Alles ist vorbereitet

(Matth. 26,17–19; Mark. 14,12–16)

7 Es kam der Tag, an dem das Passahlamm geschlachtet werden mußte.
8 Deshalb gab Jesus seinen Jüngern Petrus und Johannes den Auftrag: «Bereitet alles vor, damit wir gemeinsam das Passahmahl essen können.»
9 «Wo sollen wir denn das Fest feiern?» fragten sie.

10 «Wenn ihr nach Jerusalem kommt», antwortete er, «wird euch ein Mann mit einem Wasserkrug begegnen. Geht ihm nach bis zu dem Haus, das er betritt.
11 Sagt dem Hausherrn: ‹Unser Meister bittet dich, uns den Raum zu zeigen, in dem er mit seinen Jüngern das Passahlamm essen kann.›
12 Er wird euch im Obergeschoß in einen großen Raum führen, der mit Polstern ausgestattet ist. Dort bereitet das Essen zu.»
13 Die Jünger gingen in die Stadt. Es kam alles so, wie Jesus es gesagt hatte. Und sie bereiteten dort das Fest vor.

Das Abendmahl: Gottes neuer Bund mit den Menschen

(Matth. 26,20–29; Mark. 14,17–25)

14 Als die Stunde für das Passahmahl da war, nahm Jesus mit seinen Jüngern an der Festtafel Platz.
15 «Wie sehr habe ich mich danach gesehnt, mit euch das Passahmahl zu essen, bevor ich leiden muß», sagte er.
16 «Ihr sollt wissen: Ich werde das Passahmahl erst wieder im Reich Gottes mit euch feiern. Dann hat sich erfüllt, wofür das Fest jetzt nur ein Zeichen ist.»

17 Jesus nahm den Becher mit Wein, sprach das Dankgebet und sagte: «Nehmt den Becher und trinkt alle daraus.
18 Denn ich werde keinen Wein mehr trinken, bis das Reich Gottes gekommen ist.»

19 Dann nahm er das Brot. Er dankte Gott dafür, teilte es und gab es ihnen mit den Worten: «Das ist mein Leib, der für euch hingegeben wird. Feiert dieses Mahl immer wieder. Denkt daran, was ich für euch getan habe, sooft ihr dieses Brot eßt.»

20 Nach dem Essen nahm er den Becher mit Wein, gab ihn den Jüngern und sagte: «Dies ist mein Blut, mit dem der neue Bund zwischen Gott und den Menschen besiegelt wird. Es wird für euch zur Vergebung der Sünden vergossen.
21 Aber mit uns an diesem Tisch sitzt der Mann, der mich verraten wird.
22 Es ist der Wille Gottes, daß der Menschensohn sterben muß. Aber wehe dem Verräter!»
23 Bestürzt fragte einer den anderen: «Wer von uns könnte so etwas tun?»

Wer will der Größte sein?

(Matth. 20,25–28; Mark. 10,42–45)

24 Die Jünger stritten sich darüber, wem unter ihnen der erste Platz zusteht.
25 Da sagte ihnen Jesus: «In dieser Welt unterdrücken die Herrscher ihre Völker, und Diktatoren lassen sich als Wohltäter feiern.
26 Aber so soll es bei euch nicht sein. Der Erste unter euch soll sich allen anderen unterordnen, und wer euch führen will, muß allen dienen.
27 Wer ist denn der Herr? Wer sich bedienen läßt oder wer dient? Ich aber bin unter euch wie ein Diener.

28 Ihr seid mir in diesen Tagen der Gefahr und der Anfechtung treu geblieben.
29 Deshalb verspreche ich euch: Ihr werdet mit mir zusammen in meinem Reich herrschen, das mein Vater mir übergeben hat.
30 Mit mir

sollt ihr am selben Tisch essen und trinken und mit mir über die zwölf Stämme Israels Gericht halten.»

Keiner kann für sich garantieren
(Matth. 26,31–35; Mark. 14,27–31; Joh. 13,36–38)

31 «Simon, Simon! Der Satan ist hinter euch her, die Spreu vom Weizen zu trennen. 32 Aber ich habe für dich gebetet, damit du den Glauben nicht verlierst. Wenn du dann zu mir zurückkehrst, so stärke den Glauben deiner Brüder!»

33 «Herr, wie kannst du so etwas sagen?» fuhr Petrus auf. «Ich bin jederzeit bereit, mit dir ins Gefängnis zu gehen und sogar für dich zu sterben.» 34 Doch Jesus sagte: «Petrus, ich sage dir: Noch ehe morgen früh der Hahn kräht, wirst du dreimal geleugnet haben, daß du mich kennst.»

Wie wird es weitergehen?

35 Jesus fragte seine Jünger: «Als ich euch damals ohne Geld, Tasche und Schuhe aussandte, habt ihr da Not leiden müssen?» «Nein, niemals!» beteuerten sie.

36 «Jetzt aber nehmt das Geld, das ihr habt, und euer Gepäck», forderte er sie auf. «Wer keine Waffe besitzt, soll seinen Mantel verkaufen und sich eine beschaffen. 37 Denn jetzt ist die Zeit da, in der sich auch dieses Wort an mir erfüllt: ‹Man wird ihn wie einen Verbrecher behandeln.›[a] Alles, was die Propheten von mir geschrieben haben, geht nun in Erfüllung.» 38 «Herr», riefen die Jünger, «wir haben hier zwei Schwerter.» Doch Jesus unterbrach sie: «Genug damit!»

«Dein Wille geschehe!»
(Matth. 26,30.36–46; Mark. 14,26.32–42)

39 Begleitet von seinen Jüngern, ging Jesus nach dem Festmahl wieder hinaus zum Ölberg. 40 Dort sagte er zu ihnen: «Betet darum, daß ihr der kommenden Versuchung widerstehen könnt!» 41 Nicht weit von seinen Jüngern entfernt kniete Jesus nieder 42 und betete: «Vater, wenn es möglich ist, bewahre mich vor diesem Leiden. Aber nicht was ich will, sondern was du willst, soll geschehen.»

43 Da erschien ein Engel vom Himmel und gab ihm neue Kraft. 44 Jesus litt Todesängste und betete so eindringlich, daß sein Schweiß wie Blut auf die Erde tropfte. 45 Als er dann zu seinen Jüngern zurückkehrte, schliefen sie, erschöpft von ihren Sorgen und ihrer Trauer. 46 «Ihr dürft jetzt nicht schlafen», rüttelte Jesus sie wach. «Steht auf und betet, damit ihr der Versuchung widersteht!»

Jesus wird verhaftet
(Matth. 26,47–56; Mark. 14,43–49; Joh. 18,2–11)

47 Noch während Jesus das sagte, kam ein Trupp Männer auf sie zu. Sie wurden von Judas, einem der zwölf Jünger, angeführt. Judas ging zu Jesus, um ihn mit einem Kuß zu begrüßen. 48 Aber Jesus fragte ihn: «Judas, willst du den Menschensohn mit einem Kuß verraten?»

49 Jetzt hatten auch die anderen Jünger begriffen, was hier vorging. Aufgeregt riefen sie: «Herr, sollen wir uns wehren?» 50 Einer von ihnen zog auch gleich das Schwert und

a) Jesaja 53,12

schlug auf einen Soldaten des Hohenpriesters ein. Er hieb ihm das rechte Ohr ab. [51]Aber Jesus befahl: «Hört auf damit!» Er berührte das Ohr des Mannes und heilte ihn.

[52]Dann fragte Jesus die Hohenpriester, die Anführer der Tempelpolizei und die Führer des Volkes, die alle mitgekommen waren: «Bin ich denn ein Verbrecher, daß ihr euch mit Schwertern und Knüppeln bewaffnet habt, um mich zu verhaften? [53]Warum habt ihr mich nicht im Tempel festgenommen? Ich war schließlich jeden Tag dort! Aber jetzt ist eure Stunde da. Jetzt hat die Finsternis Macht.»

Petrus: «Ich kenne Jesus nicht!»

(Matth. 26,57–58.69–75;
Mark. 14,53–54.66–72;
Joh. 18,12–18.25–27)

[54]Die Soldaten verhafteten Jesus und führten ihn zum Palast des Hohenpriesters. Petrus folgte ihnen in sicherem Abstand. [55]Im Hofe des Palastes zündeten sie ein Feuer an, um sich zu wärmen. Petrus setzte sich zu ihnen. [56]Im Schein des Feuers bemerkte ihn ein Dienstmädchen und sah ihn prüfend an. «Der Mann war auch bei Jesus!» rief sie. [57]Doch heftig widersprach Petrus: «Das ist unmöglich! Ich kenne den Mann überhaupt nicht!»

[58]Kurz darauf sah ihn ein anderer und meinte: «Na klar, du bist einer von seinen Leuten!» «Ausgeschlossen! Ich doch nicht!» wehrte Petrus ab. [59]Nach etwa einer Stunde behauptete plötzlich wieder einer: «Der hier gehörte zu den Männern, die bei Jesus waren; man hört doch gleich, daß er auch aus Galiläa kommt.» [60]Aber aufgebracht stieß Petrus hervor: «Wovon redest du? Was meinst du eigentlich?» Da krähte ein Hahn.

[61]In diesem Augenblick wandte sich Jesus um und sah seinen Jünger an. Da erinnerte sich Petrus daran, daß Jesus zu ihm gesagt hatte: «Noch ehe morgen früh der Hahn kräht, wirst du dreimal geleugnet haben, daß du mich jemals gesehen hast.»

[62]Da ging Petrus hinaus und weinte sehr.

Die Soldaten mißhandeln Jesus

(Matth. 26,67–68; Mark. 14,65)

[63]Die Soldaten, die Jesus bewachten, verhöhnten und schlugen ihn. [64]Sie banden ihm die Augen zu und spotteten: «Na, du Prophet! Sage uns, wer hat dich gerade geschlagen?» [65]In dieser Weise quälten sie ihn noch lange.

Die entscheidende Verhandlung

(Matth. 26,59–66; Mark. 14,55–64;
Joh. 18,19–24)

[66]Bei Tagesanbruch kamen die führenden Männer des Volkes, die Hohenpriester und die Schriftgelehrten zu einer außerordentlichen Gerichtsverhandlung zusammen. [67]Sie fragten Jesus: «Bist du nun der Messias, der verheißene Befreier, oder bist du es nicht?» Er erwiderte: «Ihr glaubt doch nicht, was ich euch sage, [68]und wenn ich euch etwas frage, dann antwortet ihr mir nicht. [69]Schon bald wird der Menschensohn auf dem Platz an der rechten Seite Gottes sitzen.» [70]Empört schrien alle: «Willst du damit etwa sagen, daß du der Sohn Gottes bist?» Jesus antwortete: «Ihr habt recht, ich bin es!» [71]«Wozu brauchen wir da noch Zeugen?» riefen jetzt die Ankläger einmütig. «Alle haben seine Gotteslästerung gehört!»

Pilatus: «Jesus ist unschuldig!»
(Matth. 27,2.11–14; Mark. 15,1–5; Joh. 18,28–38)

23 Nun erhoben sich die Mitglieder des Gerichtshofes und ließen Jesus zu dem römischen Gouverneur Pilatus bringen. 2 Dort beschuldigten sie ihn: «Dieser Mensch hetzt unser Volk auf. Er redet den Leuten ein, daß sie dem Kaiser keine Steuern zahlen sollen. Und er behauptet von sich, er sei der neue König, den Gott geschickt hat.»

3 «Stimmt das?» fragte Pilatus den Angeklagten. «Bist du wirklich der König der Juden?» Jesus antwortete: «Ja, ich bin es!» 4 Pilatus erklärte den Hohenpriestern und der ganzen Volksmenge: «Dieser Mann ist doch kein Verbrecher!» 5 Aber sie widersprachen heftig: «Überall wo er hinkommt, von Galiläa bis hierher nach Jerusalem, hetzt er die Menschen auf.»

Herodes kann mit Jesus nichts anfangen

6 «Ist der Mann denn aus Galiläa?» fragte Pilatus. 7 Als sie es bestätigten, sah er eine Gelegenheit, den Fall loszuwerden. Er befahl, Jesus zu König Herodes zu bringen, der die Provinz Galiläa regierte und sich während des Passahfestes auch in Jerusalem aufhielt. 8 Herodes wollte Jesus schon lange kennenlernen. Er hatte viel von ihm gehört und hoffte, Jesus würde ihm ein Wunder vorführen. 9 Der König stellte Frage um Frage, aber Jesus gab ihm keine einzige Antwort. 10 Um so mehr redeten die Hohenpriester und Schriftgelehrten, die mitgekommen waren und ihn immer heftiger beschuldigten. 11 Auch Herodes und seine Soldaten ließen Jesus ihre Verachtung spüren. Sie hängten ihm einen Königsmantel um und schickten ihn wieder zu Pilatus. 12 Herodes und Pilatus waren bisher erbitterte Feinde. Aber an diesem Tag wurden sie Freunde.

Die Gegner erzwingen das Todesurteil
(Matth. 27,15–26; Mark. 15,6–15; Joh. 18,38–19,16)

13 Vor den Hohenpriestern, den Führern des Volkes und der versammelten Menge 14 verkündete Pilatus: «Ihr habt diesen Mann zu mir gebracht und ihn beschuldigt, daß er die Menschen aufhetzt. Ich habe ihn vor euch verhört und bin zu dem Urteil gekommen: Dieser Mann ist unschuldig! 15 Herodes ist derselben Meinung. Deswegen hat er ihn hierher zurückgeschickt. Der Angeklagte hat nichts getan, was mit dem Tode bestraft werden müßte. 16 Ich werde ihn auspeitschen lassen, dann soll er frei sein.» 17 Pilatus begnadigte ohnehin in jedem Jahr am Passahfest einen Gefangenen.

18 Da brach ein Sturm der Entrüstung los. Wie mit einer Stimme schrie das Volk: «Weg mit diesem Jesus! Laß Barabbas frei!» 19 Barabbas saß im Gefängnis, weil er sich an einem Aufstand in Jerusalem beteiligt hatte und wegen Mord angeklagt war.

20 Noch einmal versuchte Pilatus, die Menge zu überzeugen; denn er wollte Jesus gern freilassen. 21 Aber sie schrien nur noch lauter: «Ans Kreuz mit ihm!»

22 Pilatus versuchte es zum dritten Mal: «Was für ein Verbrechen hat er denn begangen? Ich finde nichts, worauf die Todesstrafe steht! Ich werde ihn also auspeitschen lassen. Dann soll er frei sein.»

23 Aber die aufgehetzte Menge

brüllte immer lauter: «Kreuzige ihn!», bis Pilatus ihrem Schreien nachgab [24] und ihre Forderung erfüllte.

[25] Barabbas ließ er frei; den Mann, der das Volk aufgehetzt hatte und wegen Mord angeklagt war. Jesus aber verurteilte er zum Tod am Kreuz, wie sie es gefordert hatten.

Auf dem Weg zur Hinrichtung
(Matth. 27,31–32; Mark. 15,20–22; Joh. 19,16–17)

[26] Auf dem Weg zur Hinrichtungsstätte begegnete ihnen Simon, der gerade vom Feld kam. Er stammte aus Kyrene in Nord-Afrika. Ihn zwangen sie, mitzugehen und für Jesus das Kreuz zu tragen.

[27] Unzählige Menschen folgten Jesus auf dem Weg zur Hinrichtung. In der Menge waren viele Frauen, die laut klagten und um Jesus weinten.

[28] Ihnen rief Jesus zu: «Weint nicht über mich, ihr Frauen Jerusalems! Weint über euch und eure Kinder! [29] Die Zeit wird kommen, in der man sagt: ‹Glücklich sind die Frauen, die keine Kinder haben.› [30] Die Menschen werden sich danach sehnen, daß die Berge über ihnen zusammenstürzen und die Hügel sie bedecken, damit ihr Leid ein Ende hat. [31] Wenn schon der Unschuldige so viel leiden muß, was haben dann erst die Schuldigen zu erwarten?»[a]

Die Kreuzigung
(Matth. 27,33–44; Mark. 15,22–31; Joh. 19,17–24)

[32] Mit Jesus wurden zwei Verbrecher vor die Stadt geführt [33] zu der Stelle, die man «Schädelstätte» nennt. Dort wurde Jesus ans Kreuz genagelt und rechts und links von ihm die beiden anderen.

[34] Aber Jesus betete: «Vater, vergib ihnen, denn sie wissen nicht, was sie tun!» Unter dem Kreuz verlosten die Soldaten seine Kleider. [35] Neugierig stand die Menge dabei, denn sie wollte sich nichts entgehen lassen. Und die führenden Männer des Volkes verhöhnten Jesus: «Er hat so vielen geholfen! Wenn er wirklich der von Gott gesandte Befreier ist, dann soll er sich jetzt doch selber helfen!» [36] Auch die Soldaten verspotteten ihn. Sie gaben ihm Essig zu trinken [37] und riefen ihm zu: «Wenn du der König der Juden bist, dann rette dich doch selbst!»

[38] Oben am Kreuz nagelten sie ein Brett an. Damit jeder es lesen konnte, stand dort in den Weltsprachen Griechisch, Hebräisch und Latein: «Dies ist der König der Juden!»

[39] Auch einer der Verbrecher, die mit ihm gekreuzigt worden waren, lästerte: «Bist du nun der Messias? Dann beweise es! Hilf dir selbst und uns!» [40] Aber der am anderen Kreuz wies ihn zurecht: «Fürchtest du Gott nicht einmal jetzt, kurz vor dem Tod? [41] Wir hängen hier zu Recht. Wir haben den Tod verdient. Der hier aber ist unschuldig; er hat nichts Böses getan.» [42] Zu Jesus sagte er: «Herr, denke an mich, wenn du in dein Königreich kommst!» [43] Da antwortete ihm Jesus: «Ich versichere dir: Noch heute wirst du mit mir im Paradies sein.»

a) Wörtlich: Denn wenn man das am grünen Holze tut, was wird dann mit dem dürren geschehen?

Jesus stirbt am Kreuz
(Matth. 27,45–56; Mark. 15,33–41; Joh. 19,28–30)

44 Am Mittag wurde es auf einmal im ganzen Land dunkel. Diese Finsternis dauerte drei Stunden. 45 Plötzlich zerriß der Vorhang im Tempel, der das Allerheiligste vor den Menschen verbergen sollte, von oben bis unten.

46 Jesus schrie noch einmal laut auf: «Vater, in deine Hände gebe ich meinen Geist!» Dann starb er.

47 Erschüttert bekannte der römische Offizier, der die Hinrichtung beaufsichtigt hatte: «Dieser Mann war wirklich unschuldig!» 48 Betroffen kehrten die Menschen, die ein Schauspiel erleben wollten, in die Stadt zurück. 49 Die Freunde Jesu und die Frauen, die mit ihm aus Galiläa gekommen waren, hatten aus einiger Entfernung alles mitangesehen.

Jesus wird begraben
(Matth. 27,57–61; Mark. 15,42–47; Joh. 19,38–42)

50–52 Joseph, ein Mann aus Arimathia, einer Stadt in Judäa, ging zu Pilatus und bat ihn, den toten Jesus begraben zu dürfen. Er war Mitglied des Gerichtshofes und ein guter und gerechter Mensch, der auf das Kommen des verheißenen Befreiers wartete. Er hatte nicht zugestimmt, als der Gerichtshof beschloß, Jesus hinrichten zu lassen.

53 Er nahm Jesus vom Kreuz, wikkelte den Toten in ein großes Leinentuch und brachte ihn in ein neu angelegtes Felsengrab. 54 Das alles geschah am späten Freitagnachmittag, unmittelbar vor Beginn des Sabbats.

55 Mit Joseph gingen auch die Frauen, die Jesus aus Galiläa gefolgt waren. Sie sahen zu, wie man den Toten in das Grab legte. 56 Dann kehrten sie in die Stadt zurück, um dort Öle und Salben für die Einbalsamierung vorzubereiten.

Wie es das jüdische Gesetz verlangt, verbrachten sie den Sabbat in aller Stille.

Das Grab ist leer: Jesus lebt
(Matth. 28,1–8; Mark. 16,1–8; Joh. 20,1–13)

24 Ganz früh am Sonntagmorgen gingen die Frauen mit den Salben, die sie zubereitet hatten, zum Grab. 2 Der Stein, mit dem man es verschlossen hatte, war zur Seite gerollt. 3 Zögernd betraten sie die Grabhöhle. Sie war leer. 4 Verwirrt überlegten sie, was sie jetzt tun sollten. Da traten zwei Männer in glänzend weißen Kleidern zu ihnen. 5 Die Frauen erschraken und wagten nicht, die beiden anzusehen.

«Warum sucht ihr den Lebenden bei den Toten?» wurden sie von den Männern gefragt. 6 «Er ist nicht hier; er ist auferstanden! Habt ihr vergessen, was er euch in Galiläa gesagt hat: 7 ‹Der Menschensohn muß den Gottlosen ausgeliefert werden. Sie werden ihn kreuzigen, aber am dritten Tag wird er von den Toten auferstehen.›»

8 Da erinnerten sich die Frauen an diese Worte Jesu. 9 So schnell sie konnten, liefen sie in die Stadt zurück, um den elf Jüngern und den anderen Freunden Jesu zu berichten, was sie erlebt hatten. 10 Zu den Frauen gehörten Maria aus Magdala, Johanna und Maria, die Mutter von Jakobus. 11 Aber den Jüngern erschien das alles so unwahrscheinlich, daß sie den Frauen nicht glaubten.

12 Nur Petrus sprang auf und lief zum Grab. Als er hineinschaute, fand

er außer den Leinentüchern nichts.
Nachdenklich ging er in die Stadt zu-
rück.

Der Auferstandene begegnet seinen Jüngern

(Mark. 16,12–13)

13 Am selben Tag wanderten zwei
Jünger nach Emmaus, einem Dorf,
das ungefähr zehn Kilometer von Je-
rusalem entfernt liegt. 14 Unterwegs
redeten sie über nichts anderes als
über die Ereignisse der letzten Tage.
15 Während sie miteinander sprachen,
gesellte sich Jesus zu ihnen. 16 Aber,
wie mit Blindheit geschlagen, konn-
ten sie ihn nicht erkennen.

17 «Worüber unterhaltet ihr euch?»
fragte sie Jesus. Die Jünger blieben
traurig stehen, 18 und verwundert be-
merkte Kleopas, einer von den bei-
den: «Ich glaube, du bist der einzige in
Jerusalem, der nichts von den Ereig-
nissen der letzten Tage gehört hat.»
19 «Was ist denn geschehen?» wollte
Jesus wissen.

«Du hast nichts von Jesus gehört,
dem Mann aus Nazareth?» antworte-
ten die Jünger. «Er war ein Prophet,
den Gott geschickt hat. Jeder im Volk
konnte das an seinen Worten und Ta-
ten erkennen. 20 Aber unsere Hohen-
priester und die Männer vom Hohen
Rat haben ihn an die Römer ausgelie-
fert. Er wurde zum Tode verurteilt
und dann ans Kreuz geschlagen. 21 Da-
bei hatten wir gehofft, daß er der von
Gott verheißene Retter ist, der Israel
befreien sollte.

Das war vor drei Tagen. 22 Heute
morgen wurden wir sehr beunruhigt
durch einige Frauen, die zu uns gehö-
ren. Schon vor Sonnenaufgang waren
sie zum Grab gegangen; 23 aber sein
Leichnam war nicht mehr da. Ihnen
seien Engel erschienen, die sollen ge-
sagt haben: ‹Jesus lebt!› 24 Einige von
uns sind gleich zum Grab gelaufen. Es
war tatsächlich leer, wie die Frauen
berichtet hatten. Aber Jesus haben sie
nicht gesehen.»

25 Darauf sagte Jesus zu ihnen: «Wie
unverständig seid ihr doch! Warum
begreift und glaubt ihr nicht, was die
Propheten vorhergesagt haben?
26 Mußte Christus nicht all dies erlei-
den, bevor Gott ihn zum Herrn über
alles einsetzt?»[a] 27 Dann erklärte ih-
nen Jesus, was in der Heiligen Schrift
über ihn gesagt wird – von den Bü-
chern Mose angefangen bis zu den
Propheten.

28 Inzwischen waren sie kurz vor
Emmaus. Es sah aus, als wollte Jesus
weitergehen. 29 Deshalb drängten ihn
die Jünger: «Bleibe doch über Nacht
bei uns! Es wird ja schon dunkel.» So
ging er mit ihnen ins Haus. 30 Als sie
sich zum Essen gesetzt hatten, nahm
Jesus das Brot, dankte dafür, teilte es
in Stücke und gab es ihnen. 31 Da plötz-
lich erkannten sie ihn. Doch er ver-
schwand vor ihren Augen.

32 Jetzt fiel es ihnen wie Schuppen
von den Augen: «Haben wir nicht im
Innersten gespürt, daß es Jesus ist, als
er unterwegs mit uns sprach und uns
die Verheißungen der Heiligen Schrift
erklärte?»

33 Ohne Zeit zu verlieren, liefen sie
sofort nach Jerusalem zurück. Dort
waren die elf Jünger und andere
Freunde Jesu zusammen. 34 Von ihnen
wurden sie mit den Worten begrüßt:
«Der Herr ist auferstanden! Er ist tat-
sächlich auferstanden! Petrus hat ihn
gesehen!» 35 Nun erzählten die bei-

a) Wörtlich: und so eingehen in seine Herrlichkeit.

den, was auf dem Weg nach Emmaus
geschehen war und daß sie ihren
Herrn daran erkannt hatten, wie er
das Brot austeilte.

Jesus erklärt seine Auferstehung

(Mark. 16,14–18; Joh. 20,19–23;
Apg. 1,4–8)

36 Noch während sie berichteten,
stand Jesus plötzlich mitten im Kreis
der Jünger. «Friede sei mit euch!» be-
grüßte er sie. 37 Die Jünger erschra-
ken furchtbar. Sie dachten, ein Geist
stünde vor ihnen.

38 «Warum habt ihr Angst?» fragte
Jesus. «Wieso zweifelt ihr daran, daß
ich es bin? 39 Seht doch die Wunden
an meinen Händen und Füßen! Ich
bin es wirklich. Hier, faßt mich an
und überzeugt euch, daß ich kein
Geist bin. Geister sind doch nicht aus
Fleisch und Blut[a].» 40 Und er zeigte ih-
nen seine Hände und Füße. 41 Aber
vor lauter Freude konnten sie es noch
immer nicht fassen, daß Jesus vor ih-
nen stand. Endlich fragte er sie:
«Habt ihr etwas zu essen hier?» 42 Sie
brachten ihm ein Stück gebratenen
Fisch, 43 den er vor ihren Augen aß.

44 «Erinnert euch daran», sagte er
seinen Jüngern, «daß ich euch oft ge-
sagt habe: ‹Alles, was bei Mose, bei
den Propheten und in den Psalmen
über mich steht, muß sich erfüllen.›»
45 Dann erklärte er ihnen, wie sie die
Prophetenworte verstehen könnten.
46 «Dort heißt es doch: Der Messias
muß leiden und sterben, und er wird
am dritten Tag von den Toten aufer-
stehen.[b] 47 Alle Völker sollen hören:
Es gibt Vergebung der Sünden für je-
den, der zu Gott umkehrt.

Das soll zuerst in Jerusalem ver-
kündet werden. 48 Ihr selbst habt mit-
erlebt, daß Gottes Verheißungen in
Erfüllung gegangen sind. Ihr seid
meine Zeugen. 49 Ich werde euch Got-
tes Heiligen Geist[c] geben. Bleibt hier
in Jerusalem, bis ihr mit der Kraft des
Heiligen Geistes ausgerüstet wer-
det!»

Jesus kehrt zu seinem Vater zurück

(Mark. 16,19; Apg. 1,9–12)

50 Jesus führte seine Jünger von Jeru-
salem nach Bethanien. Er segnete sie
mit erhobenen Händen und nahm
Abschied von ihnen. 51 Und während
Gott ihn in den Himmel zu sich nahm,
fielen die Jünger vor ihm nieder und
beteten ihn an. 52 Danach kehrten sie
voller Freude nach Jerusalem zurück.
53 Immer wieder gingen sie in den
Tempel, lobten und dankten Gott.

a) Wörtlich: Fleisch und Knochen.
b) Hosea 6,2
c) Wörtlich: die Verheißung meines Vaters.

Johannes berichtet von Jesus

Jesus Christus – Gottes Wort an die Welt

1 Am Anfang war das ewige Wort
Gottes: Christus. 2 Immer war er
bei Gott und ihm in allem gleich.[a]
3 Durch ihn wurde alles geschaffen.
Nichts ist ohne ihn geworden. 4 Von
ihm kommt alles Leben, und sein Le-
ben ist das Licht für alle Menschen.
5 Er ist das Licht, das die Finsternis
durchbricht, und die Finsternis konn-
te dieses Licht nicht auslöschen.
6 Gott schickte einen Boten: Jo-
hannes den Täufer. 7 Er sollte bezeu-
gen, daß Jesus Christus das Licht ist,
damit alle an ihn glauben. 8 Johannes
selbst war nicht das Licht. Er sollte
die Menschen nur auf das kommende
Licht vorbereiten.
9 Christus ist dieses wahre Licht,
das für alle Menschen in der Welt
leuchtet. 10 Doch obwohl er unter ih-
nen lebte und die Welt durch ihn ge-
schaffen wurde, erkannten die Men-
schen nicht, wer er wirklich war. 11 Er
kam in seine Welt, aber die Men-
schen nahmen ihn nicht auf. 12 Die ihn
aber aufnahmen und an ihn glaubten,
denen gab er das Recht, Kinder Got-
tes zu sein. 13 Das wurden sie nicht,
weil sie zu einem auserwählten Volk
gehörten, auch nicht durch mensch-
liche Zeugung und Geburt. Dieses
neue Leben gab ihnen allein Gott.
14 Gottes Sohn wurde Mensch und
lebte unter uns Menschen. Wir selbst
haben seine göttliche Herrlichkeit ge-
sehen, wie sie Gott nur seinem einzi-
gen Sohn gibt. In Christus sind Gottes
Barmherzigkeit und Liebe wirklich
zu uns gekommen.[b]
15 Unüberhörbar wies Johannes auf
Christus hin. «Diesen habe ich ge-
meint», rief er, «wenn ich sagte: ‹Es
wird einer kommen, der viel bedeu-
tender ist als ich. Denn er war schon
da, bevor ich geboren wurde!›»
16 Immer und immer wieder hat er
uns aus seinem göttlichen Reichtum
mit seiner Liebe beschenkt.[c] 17 Durch
Mose gab uns Gott das Gesetz mit sei-
nen Forderungen. Aber durch Jesus
schenkte er uns seine vergebende
Liebe und Treue.[d] 18 Kein Mensch hat
jemals Gott gesehen. Doch sein einzi-
ger Sohn, der den Vater genau kennt,
hat uns gezeigt, wer Gott ist.

Johannes weist auf Christus hin
(Matth. 3,1–12; Mark. 1,1–8;
Luk. 3,1–18)

19 Die jüdischen Führer in Jerusalem

a) Wörtlich: Am Anfang war das Wort, und das Wort war zu Gott hin(gewandt), und das Wort war Gott. Dieses war im Anfang zu Gott hin(gewandt). Vgl. 1. Mose 1

b) Wörtlich: Und das Wort wurde Fleisch und wohnte unter uns, und wir sahen seine Herrlichkeit, eine Herrlichkeit wie eines einzigen Sohnes vom Vater, voller Gnade und Wahrheit.

c) Wörtlich: Denn aus seiner Fülle haben wir alle genommen, und zwar Gnade um Gnade.

d) Wörtlich: Denn das Gesetz ist durch Mose gegeben worden; die Gnade und Wahrheit sind durch Jesus Christus geschehen.

schickten eine Abordnung zu Jo-
hannes. Sie fragten ihn: «Bist du der
von Gott versprochene Retter?»
20 Ohne einen Zweifel aufkommen zu
lassen, bekannte Johannes: «Nein,
ich bin nicht Christus, auf den wir alle
warten.» 21 «Wer bist du dann?» frag-
ten sie weiter. «Bist du vielleicht
Elia?»[a] Johannes verneinte auch das.
«Bist du der von Mose verheißene
Prophet?»[b] «Nein!» entgegnete Jo-
hannes.

22 «Dann sage uns doch, wer du
bist. Was sollen wir denen berichten,
die uns hergeschickt haben?» 23 Da
antwortete Johannes: «Der Prophet
Jesaja hat es schon gesagt: ‹Ich bin
die Stimme, die in der Wüste ruft:
Räumt die Hindernisse aus dem Weg,
damit der Herr kommen kann!›»[c]

24 Die von den jüdischen Führern
geschickten Leute – es waren Pharisä-
er – fragten ihn nun: 25 «Wenn du
nicht Christus, nicht Elia und auch
nicht der von Mose angekündigte
Prophet bist, mit welchem Recht
taufst du dann?» 26 Darauf erwiderte
Johannes: «Ich taufe mit Wasser.
Aber mitten unter euch lebt schon
der, auf den wir warten. Ihr kennt ihn
nur noch nicht. 27 Er kommt nach mir;
dann ist meine Aufgabe erfüllt. Aber
ich bin nicht einmal würdig, ihm die
Schuhe auszuziehen.»[d] 28 Dieses Ge-
spräch führten sie in Bethanien,
einem Dorf auf der anderen Seite des
Jordan, wo Johannes taufte.

Das Opferlamm Gottes

(Matth. 3,13–17; Mark. 1,9–11;
Luk. 3,21–22)

29 Am nächsten Tag kam Jesus an den
Jordan. Da rief Johannes: «Seht, das
ist Gottes Opferlamm, das die Sün-
den aller Menschen hinwegtragen
wird.[e] 30 Dieser Mann ist es, von dem
ich gesagt habe: ‹Es wird einer kom-
men, der schon vor mir da war. Er
steht weit über mir! 31 Auch ich kann-
te ihn vorher nicht. Aber damit das
Volk Israel auf ihn vorbereitet wird,
taufe ich hier mit Wasser.›»[f]

32 Und Johannes berichtete weiter:
«Ich sah den Geist Gottes wie eine
Taube vom Himmel herabkommen
und bei ihm bleiben. 33 Vorher habe
ich ihn auch nicht gekannt», wieder-
holte Johannes, «aber Gott, der mir
den Auftrag gab, mit Wasser zu tau-
fen, sagte zu mir: ‹Wenn du den Geist
auf jemanden herabkommen und bei
ihm bleiben siehst, dann weißt du,
daß er es ist, der mit dem Heiligen
Geist tauft.› 34 Und weil ich das gese-
hen habe, kann ich euch bezeugen:
Dieser Mann ist Gottes Sohn!»

Die ersten Jünger

35 Johannes der Täufer und zwei sei-
ner Jünger waren am nächsten Tag
wieder an dieser Stelle, als Jesus vor-
überging. 36 Da zeigte Johannes auf
ihn und sagte: «Seht, dies ist Gottes
Opferlamm!» 37 Als die beiden Jünger

a) Maleachi 3,23
b) 5. Mose 18,15.18
c) Jesaja 40,3
d) Wörtlich: ihm die Riemen der Schuhe aufzubinden.
e) Wörtlich: Siehe, das Lamm Gottes, das die Sünde der Welt trägt. Vgl. 2. Mose 12,3–14; 3. Mose 16,20–22
f) Wörtlich: Aber damit er Israel geoffenbart werde, deshalb kam ich, mit Wasser taufend.

das hörten, folgten sie Jesus. 38 Jesus drehte sich zu ihnen um, sah sie kommen und fragte: «Was sucht ihr?» Sie antworteten: «Herr,[a] wo wohnst du?» 39 «Kommt mit und seht selbst, wo ich wohne!» sagte Jesus. Es war ungefähr vier Uhr nachmittags, als sie mit Jesus gingen; und sie blieben bei ihm bis zum Abend.

40 Einer der beiden hieß Andreas. Er war der Bruder von Simon Petrus. 41 Wenig später traf er seinen Bruder Simon. «Wir haben Christus gefunden, den von Gott versprochenen Retter!» berichtete ihm Andreas. 42 Dann nahm er seinen Bruder mit zu Jesus. Der sah ihn nur an und sagte: «Du bist Simon, der Sohn des Johannes. Du sollst Petrus[b] heißen!» Das bedeutet: der Fels.

Jesus beruft Philippus und überzeugt Nathanael

43 Als Jesus am nächsten Tag nach Galiläa gehen wollte, traf er unterwegs Philippus. Auch ihn forderte er auf: «Folge mir!» 44 Philippus stammte wie Andreas und Petrus aus Bethsaida. 45 Kurze Zeit später begegnete er Nathanael und erzählte ihm: «Endlich haben wir den gefunden, von dem Mose und die Propheten sprechen. Er heißt Jesus und ist der Sohn von Joseph aus Nazareth.» 46 «Nazareth?» entgegnete Nathanael. «Was kann von da schon Gutes kommen!» «Du mußt ihn selbst kennenlernen. Komm mit!» antwortete ihm Philippus.

47 Als Jesus den Nathanael erblickte, sagte er: «Hier kommt ein aufrichtiger Mensch, ein wahrer Israelit!» 48 «Woher kennst du mich?» wollte Nathanael wissen. Jesus erwiderte: «Noch bevor Philippus dich rief, habe ich dich unter dem Feigenbaum gesehen.» 49 «Herr, du bist wirklich Gottes Sohn!» bekannte Nathanael. «Du bist der König Israels!» 50 «Das glaubst du, weil ich dir gesagt habe, daß ich dich unter dem Feigenbaum sah», erwiderte ihm Jesus. «Aber du wirst größere Dinge zu sehen bekommen. 51 Und das sage ich euch allen: Ihr werdet den Himmel offen und die Engel Gottes hinauf- und herabsteigen sehen zwischen Gott und dem Menschensohn!»[c]

Jesus auf der Hochzeit in Kana

2 Zwei Tage darauf wurde in dem Dorf Kana in Galiläa eine Hochzeit gefeiert. Maria, die Mutter Jesu, war dort, 2 und auch Jesus hatte man mit seinen Jüngern eingeladen.

3 Während des Festes stellte sich heraus, daß der Wein nicht ausreichte. Da sagte Maria zu ihrem Sohn: «Es ist kein Wein mehr da!» 4 Doch Jesus antwortete ihr: «Was kommst du mit solchen Dingen zu mir! Die Zeit zu helfen ist für mich noch nicht gekommen!» 5 Trotzdem sagte seine Mutter zu den Bediensteten: «Was immer er euch aufträgt, das tut!»

6 Nun gab es im Haus sechs steinerne Wasserkrüge. Man benutzte sie für die vom jüdischen Gesetz geforderten Waschungen. Jeder von ihnen faßte achtzig bis hundertzwanzig Liter. 7 Jesus forderte die Leute auf: «Füllt diese Krüge mit Wasser!» Und

a) Wörtlich: Rabbi – das heißt übersetzt: Lehrer.
b) Wörtlich: Kephas (das aramäische Wort für ‹Fels›).
c) Vgl. 1. Mose 28,10–22

sie füllten die Gefäße bis zum Rand.
Dann ordnete er an: [8]«Jetzt bringt
dem Küchenchef eine Probe davon!»
[9]Dieser probierte den Wein, der vor-
her Wasser gewesen war. Er wußte
allerdings nicht, woher der Wein
kam. Nur die Diener wußten Be-
scheid. Da rief er den Bräutigam zu
sich und sagte vorwurfsvoll: [10]«Jeder
bietet doch zuerst den besten Wein
an! Und erst später, wenn alle schon
genug getrunken haben, kommt der
billigere Wein auf den Tisch. Aber du
hast den besten Wein bis jetzt zurück-
gehalten!»

[11]Dieses Wunder geschah in Kana.
Dort in Galiläa zeigte Jesus zum er-
sten Mal seine göttliche Macht. Und
seine Jünger glaubten an ihn. [12]Da-
nach ging er für kurze Zeit mit seiner
Mutter, seinen Brüdern und seinen
Jüngern nach Kapernaum.

Die Händler im Tempel

(Matth. 21,12–13; Mark. 11,15–17;
Luk. 19,45–46)

[13]Kurz vor dem Passahfest reiste Je-
sus nach Jerusalem. [14]Dort sah er im
Tempel viele Händler, die Ochsen,
Schafe und Tauben als Opfertiere
verkauften. Auch Geldwechsler sa-
ßen hinter ihren Tischen. [15]Voller
Zorn knüpfte Jesus aus Stricken eine
Peitsche und jagte die Händler mit all
ihren Schafen und Ochsen aus dem
Tempel. Er schleuderte das Geld der
Wechsler auf den Boden und warf ih-
re Tische um. [16]Den Taubenhändlern
befahl er: «Schafft das alles hinaus!
Das Haus meines Vaters ist doch kein
Krämerladen!» [17]Seine Jünger aber
mußten an das Prophetenwort den-
ken: «Der Eifer für dein Haus wird
mir den Tod bringen!»[a]

Von wem hat Jesus seine Vollmacht?

[18]Die Führer der Juden stellten Jesus
daraufhin zur Rede: «Woher nimmst
du dir das Recht, die Leute hinauszu-
werfen? Wenn du dich dabei auf Gott
berufst, dann mußt du uns einen ein-
deutigen Beweis geben!» [19]Jesus ant-
wortete ihnen: «Diesen Beweis sollt
ihr haben. Zerstört diesen Tempel! In
drei Tagen werde ich ihn wieder auf-
bauen.» [20]«Was?» riefen sie. «In
sechsundvierzig Jahren ist dieser
Tempel erbaut worden, und du willst
das in drei Tagen schaffen?»

[21]Mit dem Tempel aber meinte Je-
sus seinen Leib, der geopfert werden
sollte.[b] [22]Als er von den Toten aufer-
standen war, erinnerten sich seine
Jünger an diese Worte. Sie erkann-
ten, daß alles wahr ist, was in der Hei-
ligen Schrift steht, und sie glaubten,
was Jesus ihnen gesagt hatte.

[23]Während des Passahfestes in Je-
rusalem erlebten viele Menschen die
Wunder, die Jesus vollbrachte, und
glaubten deshalb an ihn. [24]Aber Jesus
vertraute ihnen nicht, weil er sie ge-
nau kannte. [25]Ihm brauchte niemand
zu sagen, mit wem er es zu tun hat,
denn er wußte, was im Herzen jedes
Menschen vor sich geht.

Jesus und Nikodemus: Wer kann in Gottes Reich kommen?

3 Einer von den Männern des jüdi-
schen Gerichtshofes war der Pha-
risäer Nikodemus. [2]Mitten in der

a) Wörtlich: wird mich verzehren. Psalm 69,10
b) Wörtlich: Jener aber sprach vom Tempel seines Leibes.

Nacht kam er heimlich zu Jesus: «Meister», sagte er, «wir wissen, daß Gott dich als Lehrer zu uns gesandt hat. Deine Taten beweisen: Gott ist mit dir.»

3 Darauf erwiderte Jesus: «Ich sage dir eins, Nikodemus: Wer nicht neu geboren wird, kann nicht in Gottes Reich kommen.» 4 Verständnislos fragte der Pharisäer: «Was meinst du damit? Wie kann ein Erwachsener neu geboren werden? Er kann doch nicht wieder in den Mutterleib zurück und noch einmal auf die Welt kommen!»

5 Aber Jesus wiederholte nur: «Eine andere Möglichkeit gibt es nicht: Wer nicht umkehrt und durch Gottes Geist neu geboren wird, kann nicht in Gottes Reich kommen![a] 6 Ein Mensch kann immer nur menschliches, vergängliches Leben zeugen; aber der Geist Gottes gibt das neue, das ewige Leben.[b] 7 Wundere dich deshalb nicht, wenn ich dir gesagt habe: Ihr müßt neu geboren[c] werden. 8 Es ist damit wie beim Wind. Er weht, wie er will. Du spürst ihn auch, aber du kannst nicht erklären, woher er kommt und wohin er geht. So kann man auch nicht erklären, wie diese Geburt aus Gottes Geist vor sich geht, obwohl jeder ihre Auswirkung spürt.»[d]

9 «Aber wie soll das nur vor sich gehen?» fragte Nikodemus noch einmal. 10 Jesus erwiderte: «Du bist doch einer der anerkannten Gelehrten in Israel und müßtest das eigentlich verstehen! 11 Glaube mir: Wir reden nur von dem, was wir genau kennen. Und was wir bezeugen, das haben wir auch gesehen. Trotzdem nehmt ihr unser Wort nicht ernst. 12 Ihr glaubt mir ja nicht einmal, wenn ich von ganz alltäglichen Dingen rede! Wie also werdet ihr mir dann glauben, wenn ich euch erkläre, was im Himmel geschieht? 13 Und doch kann nur der Menschensohn, der vom Himmel gekommen ist, vom Himmel sprechen.

14 Du weißt doch, wie Mose in der Wüste eine Schlange aus Bronze an einem Pfahl aufrichtete, damit jeder, der sie ansah, am Leben blieb.[e] Genauso muß auch der Menschensohn an einen Pfahl gehängt werden. 15 Jeder, der dann voll Vertrauen auf ihn sieht, wird das ewige Leben haben.

16 Denn Gott hat die Menschen so sehr geliebt, daß er seinen einzigen Sohn für sie hergab. Jeder, der an ihn glaubt, wird nicht verlorengehen, sondern das ewige Leben haben.

17 Gott hat nämlich seinen Sohn nicht zu den Menschen gesandt, um über sie Gericht zu halten, sondern um sie vor dem Verderben zu retten. 18 Wer an ihn glaubt, der wird nicht verurteilt werden. Wer aber nicht an den Sohn Gottes glaubt, über den ist wegen seines Unglaubens das Urteil schon gesprochen.

19 Die Menschen werden gerichtet, weil das Licht zwar in die Welt gekommen ist, sie aber die Finsternis

a) Wörtlich: Wenn jemand nicht aus Wasser und Geist geboren wird, kann er nicht in die Königsherrschaft Gottes eingehen.
b) Wörtlich: Was aus dem Fleisch geboren worden ist, das ist Fleisch; was aus dem Geist geboren worden ist, das ist Geist.
c) Wörtlich: von oben geboren.
d) Wörtlich: So ist es bei allen, die aus dem Geist geboren werden.
e) 4. Mose 21,4–9

mehr lieben als das Licht. Denn alles, was sie tun, ist böse. [20] Wer Böses tut, scheut das Licht und bleibt lieber im Dunkeln, damit niemand seine Schandtaten sehen kann. [21] Wer aber Gott gehorcht, der tritt in das Licht. Es zeigt sich dann, daß er sein Leben nach dem Willen Gottes führt.»

Johannes der Täufer tritt hinter Jesus zurück

[22] Danach kam Jesus mit seinen Jüngern in die Provinz Judäa. Dort blieb er einige Zeit, um zu taufen. [23/24] Aber auch Johannes taufte bei Änon, in der Nähe von Salim, weil es dort genügend Wasser gab. Viele Menschen kamen zu Johannes – er war damals noch nicht im Gefängnis –, um sich von ihm taufen zu lassen.

[25] Eines Tages kam es zwischen den Jüngern des Johannes und einem Juden zum Streit über die Reinigungsvorschriften. [26] Gemeinsam gingen sie schließlich zu Johannes und berichteten ihm: «Meister, der Mann, der damals am anderen Jordanufer zu dir kam und von dem du gesagt hast, daß er der von Gott verheißene Retter ist, der tauft jetzt selber. Alle Leute gehen zu ihm, anstatt zu uns zu kommen.»

[27] «Gott gibt die Aufträge», erwiderte ihnen Johannes. «Ohne ihn kann niemand etwas ausrichten. [28] Ich habe doch immer wieder erklärt, daß ich nicht Christus bin, der von Gott gesandte Retter. Habt ihr das vergessen? Ich sollte ihn nur ankündigen, mehr nicht. [29] Die Braut wird dahin gehen, wo der Bräutigam ist. Der Freund des Bräutigams freut sich mit den beiden, auch wenn er nur daneben steht. So geht es mir jetzt. Meine Freude ist grenzenlos. [30] Immer mehr Menschen sollen zu Christus kommen, und ich will immer mehr in den Hintergrund treten.

[31] Er ist vom Himmel gekommen und steht deshalb über allen. Wir aber gehören zur Erde und können nur von irdischen Dingen reden. [32] Christus kommt vom Himmel und kann bezeugen, was er dort gesehen und gehört hat. Trotzdem glaubt ihm keiner! [33] Wer aber an ihn glaubt, bestätigt damit, daß alles wahr ist, was Gott sagt. [34] Christus ist von Gott zu uns gesandt. Er redet Gottes Worte, weil Gottes Geist ihn ganz und gar erfüllt.[a] [35] Der Vater liebt den Sohn und hat ihm alle Macht gegeben.

[36] Wer an den Sohn Gottes glaubt, der hat das ewige Leben. Wer aber nicht an ihn glaubt, wird nie zum Leben gelangen, sondern Gottes Zorn wird ihn treffen.»[b]

Die Frau am Brunnen

4 Jesus erfuhr, wie aufgebracht die Pharisäer darüber waren, daß er noch mehr Nachfolger gewann und taufte als Johannes, [2] obwohl Jesus nicht einmal selber taufte; das taten nur seine Jünger. [3] Da verließ er Judäa und kehrte nach Galiläa zurück. [4] Auf seiner Reise kam er auch durch Samarien, [5] unter anderem nach Sychar. Dieser Ort liegt in der Nähe des Feldes, das Jakob seinem Sohn Joseph geschenkt hatte.[c] [6] Dort ist der Jakobsbrunnen. Müde von der lan-

a) Wörtlich: denn nicht nach Maß gibt er den Geist.
b) Wörtlich: sondern der Zorn Gottes bleibt auf ihm.
c) 1. Mose 48,22

gen Reise setzte sich Jesus an den
Brunnen. Es war gerade Mittagszeit.
7 Da kam eine Samariterin aus der
nahegelegenen Stadt zum Brunnen,
um Wasser zu holen. Jesus bat sie:
«Gib mir etwas zu trinken!» 8 Denn
seine Jünger waren in die Stadt ge-
gangen, um Lebensmittel einzukau-
fen.
9 Die Frau fragte überrascht: «Du
bist doch ein Jude! Wieso bittest du
mich um Wasser, wo ich doch eine sa-
maritische Frau bin?» (Normalerwei-
se wollten die Juden nichts mit den
Samaritern zu tun haben.)
10 Jesus antwortete ihr: «Wenn du
wüßtest, was Gott dir geben will und
wer dich hier um Wasser bittet, wür-
dest du mich um das Wasser bitten,
das du zum Leben brauchst. Und ich
würde es dir geben.»
11 «Aber Herr», meinte da die
Frau, «du hast doch gar nichts, womit
du Wasser schöpfen kannst, und der
Brunnen ist tief! Wo willst du denn
das Wasser für mich hernehmen?
12 Kannst du etwa mehr als Jakob, un-
ser Stammvater, der diesen Brunnen
gegraben hat? Er selbst, seine Kinder
und sein Vieh haben schon daraus ge-
trunken.»
13 «Jeder, der dieses Wasser
trinkt», erwiderte Jesus darauf, «wird
bald wieder durstig sein. 14 Wer aber
von dem Wasser trinkt, das ich ihm
gebe, der wird nie wieder Durst be-
kommen. Dieses Wasser wird in ihm
zu einer Quelle, die bis ins ewige Le-
ben hinein fließt.»[a]
15 «Dann gib mir dieses Wasser»,
sagte die Frau, «damit ich nie mehr
durstig bin und nicht immer wieder
herkommen und Wasser holen muß!»
16 «Gut», entgegnete Jesus, «geh, und
rufe deinen Mann. Dann kommt bei-
de hierher!» 17 «Ich bin nicht verhei-
ratet», wandte die Frau ein. «Das
stimmt», erwiderte Jesus, «verheira-
tet bist du nicht. 18 Fünf Männer hast
du gehabt, und der, mit dem du jetzt
zusammenlebst, ist nicht dein Mann.
Da hast du die Wahrheit gesagt.»
19 Erstaunt meinte die Frau: «Ich
sehe, Herr, du bist ein Prophet!
20 Kannst du mir dann eine Frage be-
antworten? Unsere Vorfahren haben
Gott auf diesem Berg dort[b] angebe-
tet. Warum also behauptet ihr Juden,
man könne Gott nur in Jerusalem an-
beten?»
21 Jesus antwortete: «Glaube mir,
die Zeit wird kommen, in der es un-
wichtig ist, ob ihr Gott auf diesem
Berg oder in Jerusalem anbetet. 22 Ihr
wißt ja nicht einmal, wen ihr anbetet.
Wir aber wissen, zu wem wir beten.
Denn das Heil der Welt kommt von
den Juden. 23/24 Doch es kommt die
Zeit, ja sie ist schon da, in der die
Menschen Gott überall anbeten kön-
nen; wichtig ist allein, daß sie von
Gottes Geist und seiner Wahrheit er-
füllt sind.[c] Von diesen Menschen will
Gott angebetet werden. Denn Gott
ist Geist. Und wer Gott anbeten will,
muß seinen Geist haben und in seiner
Wahrheit leben.»
25 Die Frau entgegnete: «Ja, ich

a) Wörtlich: Das Wasser, das ich ihm geben werde, wird in ihm eine Quelle sprudelnden Wassers zum ewigen Leben werden.
b) Gemeint ist der Berg Garizim (vgl. Josua 8,30–35 mit 5. Mose 11,26ff. und 27,1ff.).
c) Wörtlich: Aber es kommt die Stunde, und jetzt ist sie da, da die wahrhaftigen Anbeter den Vater im Geist und in der Wahrheit anbeten werden. Denn der Vater sucht solche, die ihn in dieser Weise anbeten.

weiß, daß einmal der Messias kommen wird.[a] Der wird uns schon alles erklären.» [26]Da sagte Jesus: «Du sprichst mit ihm. Ich bin der Messias.»

[27]Seine Jünger, die gerade aus der Stadt zurückkamen, wunderten sich, daß er mit einer Frau redete. Aber keiner fragte ihn: «Was willst du von ihr? Warum sprichst du mit ihr?»

[28]Da ließ die Frau ihren Wasserkrug stehen, lief in die Stadt und berichtete aufgeregt allen Leuten: [29]«Kommt mit! Ich habe einen Mann getroffen, der alles von mir weiß; dabei hat er mich noch nie gesehen! Ob er wohl der Messias ist?» [30]Neugierig liefen die Leute aus der Stadt zu Jesus.

[31]Inzwischen hatten ihm seine Jünger zugeredet: «Herr, iß doch etwas!» [32]Aber er sagte zu ihnen: «Ich habe eine Speise, die ihr nicht kennt.» [33]«Hat ihm denn jemand etwas zu essen gebracht?» fragten sich die Jünger verwundert.

[34]Aber Jesus erklärte ihnen: «Ich lebe davon, daß ich Gottes Willen erfülle und sein Werk zu Ende führe. Dazu hat er mich in diese Welt gesandt. [35]Habt ihr nicht selbst gesagt: ‹In vier Monaten beginnt die Ernte?› Macht doch eure Augen auf und seht euch um! Die Felder können abgeerntet werden [36]und die Arbeiter schon jetzt ihren Lohn bekommen, wenn sie die Frucht zum ewigen Leben ernten. Beide sollen sich über die Ernte freuen: wer gesät hat und wer die Ernte einbringt. [37]Hier trifft das Sprichwort zu: ‹Einer sät, der andere erntet.› [38]Ich habe euch auf ein Feld geschickt, das ihr nicht bestellt habt, damit ihr dort ernten sollt. Andere haben sich abgemüht, und ihr erntet die Früchte ihrer Arbeit.»

[39]Viele von den Leuten aus Sychar glaubten allein deshalb an Jesus, weil die Frau überall erzählt hatte: «Dieser Mann weiß alles, was ich getan habe.» [40]Als sie nun zu Jesus kamen, baten sie ihn, länger bei ihnen zu bleiben, und er blieb noch zwei Tage. [41]So konnten ihn alle hören, und schließlich glaubten noch viel mehr Menschen an ihn. [42]Sie sagten zu der Frau: «Jetzt glauben wir nicht nur deshalb an Jesus, weil du uns von ihm erzählt hast. Wir haben ihn jetzt selbst gehört und wissen: Er ist wirklich der Retter der Welt!»

Jesus heilt ein schwerkrankes Kind

[43]Zwei Tage später reiste Jesus weiter nach Galiläa, [44]obwohl er selbst einmal gesagt hatte, daß ein Prophet in seiner Heimat nichts gilt. [45]Diesmal aber nahmen ihn die Galiläer freundlich auf. Sie waren während des Passahfestes in Jerusalem gewesen und hatten dort alles miterlebt, was er getan hatte.

[46]Auf seiner Reise durch Galiläa kam Jesus auch wieder nach Kana, wo er Wasser in Wein verwandelt hatte. [47]In Kapernaum lebte ein hoher königlicher Beamter, dessen Sohn sehr krank war. Als dieser Mann hörte, daß Jesus aus Judäa nach Galiläa zurückgekehrt war, ging er zu ihm und bat: «Komm schnell in mein Haus, und heile meinen todkranken Sohn!»

[48]«Wenn ihr nicht immer neue Zeichen und Wunder seht, glaubt ihr nicht», hielt Jesus ihm entgegen. [49]Aber der Beamte flehte ihn an:

a) Wörtlich: Ich weiß, daß der Messias kommt, den man Christus nennt.

«Herr, komm doch schnell, sonst
stirbt mein Kind!» 50«Geh nach Hau-
se», sagte Jesus, «dein Sohn ist ge-
sund!» Der Mann glaubte ihm und
ging nach Hause.

51Noch während er unterwegs war,
liefen ihm einige seiner Leute entge-
gen. «Dein Kind ist gesund!» riefen
sie aufgeregt. 52Der Vater erkundigte
sich: «Seit wann geht es ihm besser?»
Sie antworteten: «Gestern mittag um
ein Uhr hatte er plötzlich kein Fieber
mehr.» 53Da erinnerte sich der Vater,
daß Jesus genau zu dieser Stunde ge-
sagt hatte: «Dein Sohn ist gesund!»
Seitdem glaubte dieser Mann mit sei-
ner ganzen Familie an Jesus.

54Dies war das zweite Wunder in
Galiläa, das Jesus wirkte, nachdem er
aus Judäa zurückgekehrt war.

Der Kranke am Teich Bethesda

5 An einem der jüdischen Feiertage
ging Jesus nach Jerusalem. 2Dort
liegt in der Nähe des Schaftors der
Teich Bethesda, wie er auf Hebräisch
genannt wird. Er ist von fünf Säulen-
hallen umgeben. 3Viele Kranke,
Blinde, Gelähmte und Gebrechliche
lagen in diesen Hallen und warteten
darauf, daß sich Wellen auf dem Was-
ser zeigten. 4Von Zeit zu Zeit beweg-
te nämlich ein Engel Gottes das Was-
ser. Wer dann als erster in den Teich
kam, der wurde gesund; ganz gleich,
welches Leiden er hatte.

5Einer von den Menschen, die dort
lagen, war schon seit achtunddreißig
Jahren krank. 6Als Jesus ihn sah und
hörte, daß er schon so lange an seiner
Krankheit litt, fragte er ihn: «Willst
du gesund werden?» 7«Ach Herr»,
entgegnete der Kranke, «ich habe
niemanden, der mir in den Teich
hilft, wenn sich das Wasser bewegt.
Versuche ich es aber allein, komme
ich immer zu spät.» 8Da forderte ihn
Jesus auf: «Steh auf, rolle deine Mat-
te zusammen und geh!» 9In demsel-
ben Augenblick war der Mann ge-
heilt. Er nahm seine Matte und ging
glücklich seines Weges.

Das geschah an einem Sabbat.
10Einige der Juden, die den Geheilten
sahen, hielten ihm vor: «Heute ist
doch Sabbat! Da ist es nicht erlaubt,
diese Matte zu tragen!» 11«Aber der
Mann, der mich heilte, hat es mir aus-
drücklich befohlen», antwortete er
ihnen. 12«Wer hat dir so etwas befoh-
len?» fragten sie nun. 13Doch das
wußte der Mann nicht, denn Jesus
war unbemerkt in der Menschenmen-
ge verschwunden.

14Später traf Jesus den Geheilten
im Tempel und sagte zu ihm: «Du bist
gesund geworden. Sündige nicht
mehr, damit du nicht etwas Schlim-
meres als deine Krankheit erlebst!»[a]
15Da ging der Mann zu den Juden und
berichtete: «Es war Jesus, der mich
geheilt hat!»

16Von dieser Zeit an verfolgten die
Juden Jesus, weil er sogar am Sabbat
Kranke heilte. 17Aber Jesus sagte ih-
nen: «Immer, an jedem Tag, tut mein
Vater Gutes, und ich folge nur seinem
Beispiel.»[b] 18Nach dieser Antwort
waren die Juden erst recht entschlos-
sen, ihn umzubringen. Denn Jesus
hatte nicht nur ihre Sabbatvorschrif-
ten mißachtet, sondern auch Gott sei-
nen Vater genannt und sich dadurch
mit Gott gleichgestellt.

a) Wörtlich: Sündige nicht mehr, damit dir nicht etwas Übleres geschehe.
b) Wörtlich: Mein Vater wirkt unaufhörlich, und ebenso wirke ich.

Woher nimmt Jesus das Recht für sein Handeln?

[19] Zu dieser Anschuldigung der Juden sagte Jesus: «Das steht fest: Von sich aus kann der Sohn gar nichts tun. Er folgt in allem dem Beispiel seines Vaters.[a] [20] Denn weil der Vater den Sohn liebt, zeigt er ihm alles, was er selbst tut. Und er wird ihn noch viel größere Wunder tun lassen, so daß ihr staunen werdet. [21] So wie der Vater Tote auferweckt und ihnen neues Leben gibt, so hat auch der Sohn die Macht dazu, neues Leben zu geben. [22] Denn nicht der Vater spricht das Urteil über die Menschen, er hat das Richteramt vielmehr dem Sohn übertragen, [23] damit alle den Sohn ehren, genauso wie den Vater. Wer aber Gottes Sohn nicht als Herrn anerkennen will, der verachtet auch die Herrschaft des Vaters, der ja den Sohn gesandt hat.[b]

[24] Achtet deshalb genau darauf, was ich euch jetzt sage: Wer mein Wort hört und an den glaubt, der mich gesandt hat, der wird ewig leben. Ihn wird das Todesurteil Gottes nicht treffen, denn er hat die Grenze vom Tod zum Leben schon überschritten.

[25] Ich sage euch: Die Zeit wird kommen, ja sie hat schon begonnen, in der die Toten die Stimme des Sohnes Gottes hören werden. Und wer diesen Ruf hört, der wird leben. [26] Denn in Gott ist das Leben, und nach Gottes Willen hat auch der Sohn dieses Leben in sich.[c] [27] Er hat ihm die Macht gegeben, die ganze Menschheit zu richten, weil er der Menschensohn ist.

[28] Wundert euch nicht darüber! Der Tag wird kommen, an dem die Toten in ihren Gräbern die Stimme des Gottessohnes hören. [29] Dann werden alle Menschen auferstehen: Die Gutes getan haben, werden ewig leben, die aber Böses getan haben, werden verurteilt.[d]

[30] Dabei kann ich nicht eigenmächtig handeln, sondern ich entscheide so, wie Gott es mir sagt. Deswegen ist mein Urteil auch gerecht, weil es nicht meinem eigenen Willen entspricht, sondern dem Willen Gottes, der mich gesandt hat.»

Glaubwürdige Zeugen für den Sohn Gottes

[31] «Ich könnte verstehen, daß ihr mir nicht glaubt, wenn ich für meine Worte keinen Zeugen hätte.[e] [32] Aber ich habe einen Zeugen. Und was er über mich sagt, das ist wahr.

[33] Ihr seid zu Johannes dem Täufer gegangen, um die Wahrheit über mich zu hören, und er hat sie euch gesagt.[f] [34] Dabei brauche ich aber gar keine Zeugenaussage von Menschen. Nur um euretwillen nenne ich Johannes als Zeugen, damit ihr an mich glaubt und errettet werdet. [35] Jo-

a) Wörtlich: Wahrlich, wahrlich, ich sage euch: Der Sohn kann nichts aus sich selber heraus tun, wenn er nicht den Vater es tun sieht. Denn was jener tut, das tut gleichfalls auch der Sohn.
b) Wörtlich: Wer den Sohn nicht ehrt, ehrt auch den Vater nicht, der ihn gesandt hat.
c) Wörtlich: Denn gleichwie der Vater Leben in sich selber hat, so hat er es auch dem Sohn gegeben, Leben in sich selber zu haben.
d) Wörtlich: Und es werden die hervorgehen, die das Gute getan haben, zur Auferstehung des Lebens, und die das Böse verübt haben, zur Auferstehung des Gerichtes.
e) Wörtlich: Wenn ich von mir selber Zeugnis gäbe, wäre mein Zeugnis nicht wahrhaftig.
f) Wörtlich: Ihr habt zu Johannes gesandt, und er bezeugte die Wahrheit.

hannes war ein strahlendes Licht,
aber ihr wolltet euch in diesem Schein
nur ein wenig sonnen. [36]Doch ich ha-
be noch wichtigere Zeugen als Jo-
hannes: Die Taten nämlich, die ich
im Auftrag meines Vaters vollbringe.
Sie sind der Beweis dafür, daß der
Vater mich gesandt hat.

[37]Gott selbst, der mich gesandt hat,
ist also mein Zeuge. Aber ihr habt
noch niemals seine Stimme gehört,
habt ihn nie gesehen. [38]Sein Wort
habt ihr weder begriffen noch be-
folgt; denn sonst würdet ihr den nicht
ablehnen, den Gott zu euch gesandt
hat.

[39]Ihr studiert die Heilige Schrift,
weil ihr meint, dadurch zum ewigen
Leben zu gelangen. Und tatsächlich
weist sie auf mich hin. [40]Dennoch
wollt ihr nicht zu mir kommen, damit
ich euch ewiges Leben geben kann.

[41]Eure Zustimmung oder Ableh-
nung bedeuten mir nichts, [42]weil ich
euch kenne und genau weiß, daß ihr
Gottes Liebe nicht in euch habt.
[43]Mein Vater hat mich zu euch ge-
schickt, doch ihr lehnt mich ab. Aber
mit offenen Armen werdet ihr jeden
aufnehmen, der behauptet, alles aus
sich selbst tun zu können.

[44]Kein Wunder, daß ihr nicht glau-
ben könnt. Denn ihr seid doch nur
darauf aus, voreinander etwas zu gel-
ten. Ob ihr aber vor Gott etwas gel-
tet, darüber macht ihr euch keine Ge-
danken.[a]

[45]Es ist gar nicht nötig, daß ich euch
vor dem Vater anklage: Mose wird
euer Ankläger sein. Genau der, auf
den ihr eure ganze Hoffnung setzt!
[46]Aber in Wirklichkeit glaubt ihr Mo-
se gar nicht; denn sonst würdet ihr
auch mir glauben. Schließlich hat
doch Mose von mir geschrieben.
[47]Wenn ihr aber nicht einmal glaubt,
was er geschrieben hat, wie könnt ihr
dann glauben, was ich euch sage?»

Über fünftausend Menschen werden satt

(Matth. 14,13–21; Mark. 6,30–44;
Luk. 9,10–17)

6 Danach kam Jesus an das andere
Ufer des Galiläischen Meeres,
das man auch See von Tiberias nennt.
[2]Eine große Menschenmenge folgte
ihm, weil sie gesehen hatte, wie er
Kranke heilte. [3]Zusammen mit sei-
nen Jüngern ging Jesus auf eine An-
höhe. Dort setzten sie sich, und Jesus
unterrichtete sie. [4]Das war in den Ta-
gen kurz vor dem jüdischen Passah-
fest.

[5]Als Jesus die vielen Menschen
kommen sah, fragte er Philippus:
«Wo können wir für alle diese Leute
Brot kaufen?» [6]Er wollte aber nur se-
hen, ob Philippus ihm vertraute;
denn er wußte natürlich, wie er die
Menschen versorgen würde. [7]Phi-
lippus überlegte: «Wir müßten ein
Vermögen[b] ausgeben, wenn wir für
jeden auch nur ein kleines Stückchen
Brot kaufen wollten.» [8]Da brachte
Andreas, der Bruder von Simon Pe-
trus, ein Kind zu ihnen: [9]«Hier ist ein
Junge, der hat fünf Gerstenbrote und
zwei Fische mitgebracht. Aber was ist
das schon für so viele Menschen!»

[10]Jetzt forderte Jesus die Jünger
auf: «Sagt den Leuten, daß sie sich
hinsetzen sollen!» Und alle – es wa-

a) Wörtlich: Wie könnt ihr glauben, die ihr Herrlichkeit voneinander nehmt, und die Herrlichkeit, die bei dem einzigen Gott gilt, sucht ihr nicht?

b) Wörtlich: zweihundert Denare.

ren etwa fünftausend Mann, Frauen und Kinder gar nicht mitgerechnet – lagerten sich auf der Wiese. [11] Dann nahm Jesus die fünf Gerstenbrote, dankte Gott dafür und ließ sie an die Menschen austeilen. Mit den beiden Fischen machte er es ebenso. Jeder bekam so viel, wie er wollte. [12] Als alle satt waren, sagte Jesus zu seinen Jüngern: «Sammelt die Reste ein, damit nichts verdirbt!» [13] Und die Jünger füllten noch zwölf Körbe mit den Resten. So viel war von den fünf Gerstenbroten übriggeblieben.

[14] Als die Leute begriffen, was Jesus getan hatte, riefen sie begeistert: «Das ist wirklich der Prophet, auf den wir so lange gewartet haben!»[a] [15] Jesus merkte, daß sie ihn jetzt unbedingt festhalten und zu ihrem König ausrufen wollten. Deshalb zog er sich in die Berge zurück; er ganz allein.

Jesus geht auf dem Wasser

(Matth. 14,22–33; Mark. 6,45–52)

[16] Am Abend gingen seine Jünger hinunter an den See. [17] Sie stiegen in ein Boot, um nach Kapernaum überzusetzen. Die Nacht brach herein, und Jesus war nicht bei ihnen. [18] Ein heftiger Sturm kam auf. [19] Die Jünger waren schon vier bis fünf Kilometer vom Ufer entfernt, als sie Jesus sahen. Er ging über das Wasser auf ihr Boot zu. Da packte die Jünger das Grauen. [20] Beruhigend rief ihnen Jesus zu: «Fürchtet euch nicht! Ich bin es!» [21] Sie wollten ihn noch in ihr Boot nehmen; aber da hatten sie schon das andere Ufer erreicht.

Wo ist Jesus?

[22] Am nächsten Morgen erinnerten sich die Menschen, die auf der anderen Seite des Sees geblieben waren, daß nur ein Boot am Ufer gelegen hatte. Mit diesem Boot hätte Jesus den See überqueren müssen; aber sie hatten gesehen, daß er nicht mit den Jüngern gefahren war. [23] Inzwischen legten mehrere Schiffe aus Tiberias nahe bei der Stelle an, wo die Menschenmenge nach dem Dankgebet Jesu das Brot gegessen hatte. [24] Weil nun Jesus und seine Jünger nirgends zu finden waren, stiegen alle in diese Schiffe und fuhren hinüber nach Kapernaum, um ihn dort zu suchen.

Das Brot des Lebens

[25] Als sie Jesus auf der anderen Seite des Sees gefunden hatten, fragten sie ihn: «Herr, wann bist du denn hierhergekommen?» [26] Jesus antwortete ihnen: «Ich weiß, weshalb ihr zu mir kommt; doch nur, weil ihr von mir Brot bekommen habt und satt geworden seid; nicht weil ihr glaubt, daß Gott mich geschickt hat. [27] Denkt doch nicht immer nur an das, was ihr zum täglichen Leben braucht! Im Gegenteil! Setzt alles dafür ein, die Nahrung zu bekommen, die euch das ewige Leben bringt. Nur der Menschensohn kann sie euch geben. Denn Gott, der Vater, hat ihn dazu bestimmt.»[b]

[28] Jetzt fragten sie ihn: «Aber was sollen wir denn tun, damit Gott mit uns zufrieden ist?»[c] [29] Er erwiderte:

a) Wörtlich: Dieser ist wahrhaftig der Prophet, der in die Welt kommt.
b) Wörtlich: Wirkt nicht vergängliche Speise, sondern Speise, die ins ewige Leben bleibt, das euch der Sohn des Menschen geben wird; denn diesen hat Gott, der Vater, versiegelt.
c) Wörtlich: Was sollen wir tun, damit wir die Werke Gottes wirken?

«Nur eins erwartet Gott von euch: Ihr sollt an den glauben, den er gesandt hat.» 30/31 «Wenn wir an dich glauben sollen», wandten sie ein, «mußt du schon durch eine Wundertat beweisen, daß du im Auftrag Gottes handelst. Zeige uns, was du kannst! Gib uns jeden Tag Brot zu essen, so wie unsere Väter damals in der Wüste Manna, das Brot vom Himmel, aßen. Es heißt doch in der Heiligen Schrift: ‹Er gab ihnen Brot vom Himmel.›»[a]

32 Hierzu sagte ihnen Jesus: «Mose gab euch nicht das Brot, von dem ich gesprochen habe. Das wahre Brot vom Himmel gibt euch jetzt mein Vater. 33 Und nur dieses Brot, das vom Himmel kommt, schenkt der Welt das Leben.» 34 «Herr, gib uns jeden Tag dieses Brot!» baten ihn alle.

35 «Ich bin das Brot des Lebens», sagte Jesus zu ihnen. «Keiner, der zu mir kommt, wird jemals wieder Hunger leiden, und niemand, der an mich glaubt, wird jemals wieder Durst haben. 36 Doch ich habe euch ja schon einmal gesagt: Ihr glaubt nicht einmal das, was ihr mit euren eigenen Augen seht. 37 Alle Menschen, die mir der Vater gibt, werden zu mir kommen, und keinen von ihnen werde ich zurückstoßen. 38 Denn ich bin nicht vom Himmel gekommen, um zu tun, was mir gefällt, sondern um den Willen des Vaters zu erfüllen, der mich gesandt hat. 39 Und das ist Gottes Wille: Kein einziger von denen, die er mir anvertraut hat, soll verlorengehen. Ich werde sie alle am letzten Tag zum Leben erwecken. 40 Denn nach dem Willen meines Vaters wird jeder, der den Sohn sieht und an ihn glaubt, für immer leben. Darum werde ich sie am letzten Tag vom Tod auferwekken.»

41 Weil Jesus behauptet hatte: «Ich bin das Brot, das vom Himmel gekommen ist», riefen die Juden empört: 42 «Was? Das ist doch Jesus, Josephs Sohn. Wir kennen schließlich seine Eltern. Wie kann er behaupten: ‹Ich bin vom Himmel gekommen!›»

43 Ruhig antwortete Jesus auf ihre Vorwürfe: «Warum regt ihr euch auf? 44 Keiner kann zu mir kommen, dem nicht der Vater, der mich gesandt hat, den Weg zeigt. Alle diese Menschen, die er mir gibt, will ich am letzten Tag zum Leben erwecken.

45 Bei den Propheten heißt es: ‹Alle werden Schüler Gottes sein!›[b] Wer also auf den Vater hört und von ihm lernt, der kommt zu mir. 46 Das bedeutet aber nicht, daß jemals ein Mensch den Vater gesehen hat. Nur einer hat ihn wirklich gesehen: der eine, der von Gott gekommen ist. 47 Deshalb sage ich euch: Wer an mich glaubt, der hat jetzt schon das ewige Leben!

48 Ich selbst bin das Brot, das euch dieses Leben gibt! 49 Das Brot, das eure Väter in der Wüste gegessen haben, konnte ihnen kein ewiges Leben schenken. Obwohl sie ‹Brot vom Himmel› aßen, sind sie doch alle gestorben. 50 Aber hier ist das wahre Brot, das vom Himmel kommt. Wer davon ißt, wird nicht sterben. 51 Ich bin dieses Brot, das von Gott gekommen ist und euch das Leben gibt. Jeder, der dieses Brot ißt, wird ewig leben. Und dieses Brot ist mein Leib, den ich hingeben werde, damit die Welt leben kann.»

a) Psalm 78,24f.; 2. Mose 16,4.13–15
b) Jesaja 54,13; Jeremia 31,33f.

52 Nach diesen Worten Jesu kam es
unter den Juden zu einer heftigen
Auseinandersetzung. «Will dieser
Mensch uns etwa seinen Leib zu essen
geben?» fragten sie.

53 Darauf erwiderte Jesus: «Das
eine steht unumstößlich fest: Wenn
ihr den Leib des Menschensohnes
nicht eßt und sein Blut nicht trinkt,
habt ihr kein ewiges Leben. 54 Nur wer
meinen Leib ißt und mein Blut trinkt,
der hat ewiges Leben, und ihn werde
ich am letzten Tag auferwecken.
55 Denn mein Leib ist die lebensnotwendige
Nahrung, und mein Blut der
lebenspendende Trank.[a] 56 Wer meinen
Leib ißt und mein Blut trinkt, der
bleibt in mir, und ich bleibe in ihm.
57 Ich lebe durch die Kraft des lebendigen
Gottes, der mich gesandt hat.
Ebenso wird jeder, der meinen Leib
ißt, durch mich leben. 58 So verhält es
sich mit dem Brot, das vom Himmel zu
euch gekommen ist! Eure Väter haben
zwar auch in der Wüste ‹Brot vom
Himmel› gegessen, aber sie sind trotzdem
gestorben. Doch wer dieses Brot
ißt, wird für immer leben.»

Jesus stellt seine Jünger vor die Wahl

(Matth. 16,13–20; Mark. 8,27–30; Luk. 9,18–21)

59 Dies alles sagte Jesus in der Synagoge
von Kapernaum. 60 Aber damit
hatte er viele von denen verärgert,
die ihm bisher gefolgt waren. «Das ist
ja unerhört!» meinten sie. «Nein, das
ist zuviel!»[b]

61 Jesus sah ihre Entrüstung und
fragte sie deshalb: «Nehmt ihr schon
daran Anstoß? 62 Was werdet ihr erst
sagen, wenn ihr seht, wie der Menschensohn
dahin zurückkehrt, woher
er gekommen ist? 63 Gottes Geist
allein schafft Leben. Ihr selber könnt
es nicht. Die Worte aber, die ich euch
gesagt habe, sind aus Gottes Geist;
deshalb bringen sie euch das Leben.[c]
64 Aber einige von euch glauben mir
trotzdem nicht.»

Jesus wußte nämlich von Anfang
an, wer nicht an ihn glaubte, und
kannte auch den, der ihn später verraten
würde. 65 «Deshalb», so erklärte
er weiter, «habe ich euch gesagt: Keiner
kann zu mir kommen, wenn ihn
nicht der Vater zu mir führt!»

66 Nach dieser Rede wandten sich
viele von Jesus ab und gingen nicht
mehr mit ihm. 67 Da fragte Jesus auch
seine zwölf Jünger: «Wollt ihr auch
weggehen und mich verlassen?»
68 «Herr, zu wem sollen wir denn gehen?»
antwortete Simon Petrus. «Nur
deine Worte bringen ewiges Leben.
69 Wir glauben und haben erkannt, daß
du Christus, der Sohn Gottes, bist.»[d]

70 Da sagte Jesus: «Ich selbst habe
euch zwölf ausgewählt – und doch:
Einer von euch ist ein Teufel!» 71 Damit
meinte er Judas, den Sohn von Simon
Ischarioth, seinen eigenen Jünger.
Und er war es tatsächlich, der Jesus
später an die jüdischen Führer verriet.

a) Wörtlich: Denn mein Fleisch ist wahrhaftige Speise, und mein Blut ist wahrhaftiger Trank.
b) Wörtlich: Hart (unerträglich) ist dieses Wort, wer kann es hören?
c) Wörtlich: Der Geist ist es, der lebendig macht, das Fleisch hat keinen Nutzen. Die Worte, die ich zu euch geredet habe, sind Geist und Leben.
d) Wörtlich: Wir haben geglaubt und erkannt, daß du der Heilige Gottes bist.

«Zeige, was du kannst!»

7 Danach reiste Jesus weiter durch
Galiläa. In Judäa konnte er sich
nicht aufhalten, weil dort die führen-
den Juden seinen Tod beschlossen
hatten. 2 Kurz vor dem Laubhütten-
fest aber 3 forderten ihn seine Brüder
auf, mit ihnen nach Judäa zu reisen:
«Komm mit und zeige den Menschen
dort, welche Wunder du tun kannst!
4 Kein Mensch versteckt sich, wenn er
bekannt werden will. Wenn du schon
Wunder vollbringst, dann zeige sie
auch vor aller Welt!» 5 So konnten sei-
ne Brüder nur reden, weil sie nicht an
ihn glaubten.

6 Jesus antwortete ihnen: «Jetzt
kann ich noch nicht dorthin gehen.
Ihr könnt gehen und handeln, wann
und wie ihr wollt. 7 Denn die Welt hat
ja keinen Grund, euch zu hassen.
Aber mich haßt sie, weil ich nicht auf-
höre zu sagen, daß ihr Tun und Trei-
ben böse ist. 8 Geht ihr nur zum Fest!
Ich komme nicht mit. Denn die Zeit
zum Handeln ist für mich noch nicht
da.» 9 Das sagte er zu seinen Brüdern
und blieb in Galiläa.

Jesus auf dem Laubhüttenfest in Jerusalem

10 Nachdem seine Brüder nach Jerusa-
lem gereist waren, ging auch Jesus
heimlich dorthin. 11 Die Führer des
Volkes suchten ihn während des Fe-
stes und fragten überall: «Wo ist er
denn? Hat jemand mit ihm geredet?»
12 Auch unter den Festbesuchern wur-
de viel über ihn gesprochen. Einige
hielten ihn für einen guten Men-
schen, andere wieder behaupteten:
«Er verführt das Volk!» 13 Aber kei-
ner hatte den Mut, frei und offen sei-
ne Meinung über ihn zu sagen. Alle
fürchteten sich vor den Führern des
jüdischen Volkes.

14 Während des Festes ging Jesus in
den Tempel und predigte dort öffent-
lich. 15 Die Juden, die ihm zuhörten,
waren überrascht. «Wie kann jemand
so viel aus der Heiligen Schrift wis-
sen, obwohl er sie nicht studiert hat?»
fragten sie sich.

16 Jesus beantwortete ihre Frage:
«Was ich euch sage, sind nicht meine
eigenen Gedanken. Es sind Gottes
Worte. 17 Wer von euch bereit ist,
Gottes Willen zu tun, der wird erken-
nen, ob diese Worte von Gott kom-
men oder ob es meine eigenen Ge-
danken sind.

18 Wer seine eigene Lehre verbrei-
tet, der möchte persönlich anerkannt
werden. Wer aber Anerkennung und
Ehre für den sucht, der ihn gesandt
hat, der ist zuverlässig, und ihm kann
man vertrauen. 19 Mose hat euch das
Gesetz gegeben; aber keiner von
euch lebt nach diesem Gesetz! Mit
welchem Recht also wollt ihr mich tö-
ten?»

20 Da empörte sich die Menge: «Du
bist ja verrückt![a] Wer will dich denn
umbringen?» 21 «Ich habe doch nur
am Sabbat einen Menschen geheilt»,
entgegnete Jesus. «Und darüber regt
ihr euch auf! 22 Mose hat angeordnet,
daß eure Kinder am achten Tag be-
schnitten werden sollen[b] – eine Vor-
schrift, nach der sich bereits eure
Stammväter vor Mose gerichtet ha-
ben. 23 Auch eure Söhne werden am
achten Tag beschnitten, selbst wenn
es ein Sabbat ist, damit das Gesetz

a) Wörtlich: Du hast einen Dämon!
b) 1. Mose 17,10–12; 3. Mose 12,3

des Mose nicht übertreten wird. Weshalb also seid ihr so empört darüber, daß ich einen Menschen am Sabbat geheilt habe? [24]Seid doch nicht so oberflächlich, sondern urteilt gerecht.»

Jesus im Widerstreit der Meinungen

[25]Da meinten einige Leute von Jerusalem: «Ist das nicht der Mann, den sie beseitigen wollen? [26]Jetzt redet er hier in aller Öffentlichkeit, und keiner verbietet es ihm. Sollten unsere führenden Männer nun tatsächlich davon überzeugt sein, daß er der Messias ist? [27]Aber er kann es doch gar nicht sein! Schließlich kennen wir seine Herkunft. Woher aber der Messias kommt, wird niemand wissen.»

[28]Darauf rief Jesus im Tempel, so daß es alle hören konnten: «Ja, ihr kennt mich und wißt, woher ich komme. Aber der mir den Auftrag gegeben hat, den kennt ihr nicht. Er ist die Wahrheit. [29]Ich kenne ihn, weil ich von ihm komme und er mich zu euch gesandt hat.»

[30]Nach diesen Worten hätten sie ihn am liebsten festgenommen; doch keiner wagte es. Denn Gottes Zeit dafür war noch nicht da. [31]Viele seiner Zuhörer im Tempel aber glaubten an Jesus und sagten: «Was erwartet ihr eigentlich noch von diesem Mann? Mehr Wunder, als er schon getan hat, kann doch auch der Messias nicht tun.»

[32]Als die Pharisäer hörten, was die Leute über Jesus redeten, rieten sie den Hohenpriestern dringend, Jesus von der Tempelwache festnehmen zu lassen. [33]Währenddessen sagte Jesus zu der Volksmenge: «Ich bleibe nur noch kurze Zeit bei euch. Danach kehre ich zu dem zurück, der mich gesandt hat. [34]Ihr werdet mich überall suchen, aber nicht mehr finden. Wo ich dann sein werde, dorthin werdet *ihr* nie gelangen.»

[35]«Wo will er denn hin?» fragten die Juden verwirrt. «Will er etwa ins Ausland gehen und den Griechen seine Lehre bringen? [36]Was meint er, wenn er sagt: ‹Ihr werdet mich suchen und nicht finden› und ‹Wo ich dann sein werde, dorthin werdet ihr nicht kommen›?»

«Wer an mich glaubt...»

[37]Am letzten Tag, dem Höhepunkt des großen Festes,[a] trat Jesus wieder vor die Menschenmenge und rief laut: «Wer Durst hat, der soll zu mir kommen und trinken! [38]Wer an mich glaubt, wird erfahren, was die Heilige Schrift sagt: Wie ein Strom wird lebenschaffendes Wasser von ihm ausgehen.»

[39]Damit meinte er den Heiligen Geist, den alle bekommen würden, die an Jesus glauben. (Den Geist Gottes bekamen sie erst zu Pfingsten, nachdem Jesus in Gottes Herrlichkeit zurückgekehrt war. Jetzt hatten die Menschen den Heiligen Geist noch nicht.)

[40]Nach diesen Worten waren einige davon überzeugt: «Er ist der Prophet, der vor dem Messias kommen soll.» [41]Andere wieder sagten: «Nein, er ist selbst der Messias!» Eine

a) 3. Mose 23,33–43;4. Mose 29,12–39. – Zur Zeit Jesu gehörte zur Festfeier u. a. der Zug der Festpilger zur Siloah-Quelle. Dort schöpfte der Priester Wasser in einen Krug, trug es unter dem Festgesang der Pilger zum Heiligtum und goß es unter dem Jubel des Volkes aus (vgl. den Bezug dieses Brauches zu Jesaja 12,3).

dritte Gruppe schließlich meinte:
«Das kann gar nicht sein! Er kommt
doch aus Galiläa; 42 aber die Prophe-
ten sagen, der Messias soll von David
abstammen und wie David aus Beth-
lehem kommen.»[a]
43 So waren die Meinungen über Je-
sus sehr geteilt. 44 Einige hätten ihn
gern festgenommen; aber keiner
wagte es, in dieser Situation gegen ihn
vorzugehen.

Nikodemus spricht für Jesus

45 So kehrte die Tempelpolizei zu den
Hohenpriestern und Pharisäern zu-
rück, ohne Jesus festgenommen zu
haben. «Weshalb bringt ihr ihn nicht
mit?» stellten sie die Soldaten zur
Rede. 46 «Noch nie hat ein Mensch so
geredet wie dieser Mann!» entschul-
digten sie sich. 47 Da regten sich die
Pharisäer auf: «Habt ihr euch also
auch von ihm beschwatzen lassen?
48 Gibt es denn unter uns, den führen-
den Männern des Volkes, auch nur
einen einzigen, der diesem Menschen
glaubt? 49 Nur dieses verfluchte Volk
läuft ihm nach, das keine Ahnung
vom Gesetz hat.»[b]
50 Doch Nikodemus, der auch zu
den Pharisäern gehörte und Jesus frü-
her einmal heimlich aufgesucht hat-
te,[c] widersprach ihnen: 51 «Seit wann
verurteilt denn unser Gesetz einen
Menschen, ehe man ihn verhört und
ihm seine Schuld nachgewiesen hat?»
52 «Bist du etwa auch aus Galiläa?»
fragten ihn die Pharisäer. «Du
brauchst nur in der Heiligen Schrift
nachzulesen. Dann weißt du: Kein
Prophet kommt aus Galiläa!»
53 Ohne sich geeinigt zu haben, gin-
gen sie nach Hause.

Jesus vergibt der Ehebrecherin

8 Jesus verließ die Stadt und ging
zum Ölberg. 2 Aber schon am
nächsten Morgen war er wieder im
Tempel. Viele Menschen drängten
sich um ihn. Er setzte sich und be-
gann, sie zu unterrichten.
3 Da schleppten die Schriftgelehr-
ten und Pharisäer eine Frau heran,
die beim Ehebruch ertappt worden
war, stießen sie in die Mitte, damit je-
der sie sehen konnte, 4 und sagten zu
Jesus: «Diese Frau wurde beim Ehe-
bruch überrascht. 5 Wenn wir das Ge-
setz des Mose befolgen wollen, müs-
sen wir sie steinigen. Was meinst du
dazu?»[d]
6 Das war eine Fangfrage. Sie such-
ten nämlich nach einem Anlaß, um
Jesus anklagen zu können. Aber Je-
sus schien gar nicht auf ihre Frage zu
achten; er bückte sich und schrieb mit
seinem Finger auf die Erde.[e] 7 Als sie
hartnäckig nach einer Erklärung ver-
langten, richtete er sich auf und sagte:
«Nun, dann steinigt sie! Aber den er-
sten Stein soll der werfen, der selbst
noch nie gesündigt hat!» 8 Dann bück-
te er sich wieder und schrieb weiter
auf die Erde. 9 Als erstes gingen die
Ankläger. Dann schlichen sich auch
alle übrigen stillschweigend davon –
einer nach dem andern. Schließlich
war Jesus mit der Frau allein.

a) Micha 5,1; 1. Samuel 17,12
b) Wörtlich: Aber diese Leute, die das Gesetz nicht kennen, sie sind verflucht.
c) Johannes 3,1 ff.
d) 3. Mose 20,10; 5. Mose 22,22
e) Vgl. Jeremia 17,13

10 Da stand er auf und fragte sie: «Wo sind jetzt deine Ankläger? Hat dich denn keiner verurteilt?» 11 «Nein, Herr», antwortete sie. «Dann will ich dich auch nicht verurteilen», entgegnete ihr Jesus. «Geh, aber sündige nicht noch einmal!»

Das Licht, das zum Leben führt

12 Ein andermal sagte Jesus zu den Menschen, die ihm zuhörten: «Ich bin das Licht für die Welt. Wer mir nachfolgt, wird nicht mehr in der Dunkelheit umherirren, sondern folgt dem Licht, das ihn zum Leben führt.»[a]

13 Da unterbrachen ihn die Pharisäer: «Du redest doch wieder nur für dich selbst, als dein eigener Zeuge. Das beweist doch gar nichts.» 14 Jesus erwiderte ihnen: «Auch wenn ich hier als mein eigener Zeuge auftrete, sage ich die Wahrheit. Denn ich weiß, woher ich komme und wohin ich gehe; aber ihr wißt das alles nicht. 15 Ihr urteilt über mich, und dabei laßt ihr euch nur von Äußerlichkeiten leiten. Ich urteile über niemanden.[b] 16 Wenn ich aber über jemanden das Urteil spreche, dann ist mein Urteil gerecht. Denn ich richte nicht allein, sondern der Vater, der mich gesandt hat, spricht das Urteil. 17 Nach euerm Gesetz ist vor Gericht eine Aussage glaubwürdig, wenn es dafür mindestens zwei Zeugen gibt.[c] 18 Nun, ich selbst trete für mich als Zeuge auf, und mein Vater, der mich gesandt hat, ist auch mein Zeuge.» 19 «Wo ist denn dein Vater?» fragten sie daraufhin. Jesus antwortete: «Ihr wißt ja nicht einmal, wer *ich* bin; deshalb kennt ihr meinen Vater erst recht nicht. Wenn ihr mich kennen würdet, wüßtet ihr auch, wer mein Vater ist.»

20 Das alles sagte Jesus an der Stelle des Tempels, an der das Geldopfer gesammelt wurde. Aber niemand nahm ihn fest. Denn die Zeit dafür war noch nicht gekommen.

Nur wer glaubt, kennt Jesus

21 Später sagte Jesus noch einmal zu ihnen: «Ich gehe fort. Ihr werdet mich dann verzweifelt suchen, aber ihr werdet in euren Sünden umkommen. Denn ihr könnt nicht dahin gehen, wo ich sein werde.»

22 «Will er sich etwa das Leben nehmen?» fragten sich die Juden, «oder was heißt das: ‹Ihr könnt nicht dahin gehen, wo ich sein werde›?» 23 Dazu sagte ihnen Jesus: «Ihr kommt von unten; ich komme von oben. Ihr gehört zu dieser Welt; ich gehöre nicht zu dieser Welt. 24 Deshalb habe ich gesagt: Ihr werdet in euren Sünden umkommen. Wenn ihr nicht glaubt, daß ich es bin,[d] gibt es keine Rettung für euch.»

25 «Dann sage uns doch, wer du bist!» forderten sie ihn auf. «Ich weiß überhaupt nicht, weshalb ich noch darüber mit euch reden soll. Denn das habe ich euch von Anfang an gesagt», erwiderte Jesus. 26 «Ich hätte euch viel vorzuwerfen und viel an euch zu verurteilen. Trotzdem sage ich euch nur, was er mir gesagt hat.

a) Wörtlich: Er wird das Licht des Lebens haben.
b) Wörtlich: Ihr richtet nach dem Fleisch; ich richte niemanden.
c) 5. Mose 17,6; 19,15
d) Vgl. 2. Mose 3,14; Jesaja 43,10

Denn der Eine, der mich gesandt hat,
ist die Wahrheit.»
27 Aber sie verstanden noch immer
nicht, daß Jesus von Gott sprach.
28 Deshalb erklärte er ihnen: «Wenn
ihr den Menschensohn erhöht[a] habt,
werdet ihr erkennen, wer ich bin, und
einsehen, daß ich euch nicht meine ei-
genen Gedanken vortrage, sondern
weitergebe, was mir mein Vater ge-
sagt hat. 29 Er, der mich gesandt hat,
ist bei mir und verläßt mich nicht,
weil ich immer seinen Willen erfülle.»
30 Nach diesen Worten glaubten viele
an Jesus.

Wer sündigt, ist ein Gefangener der Sünde

31 Zu diesen Juden, die nun an ihn
glaubten, sagte Jesus: «Wenn ihr an
meinen Worten festhaltet und das
tut, was ich euch gesagt habe, dann
gehört ihr wirklich zu mir. 32 Ihr wer-
det die Wahrheit erkennen, und die
Wahrheit wird euch befreien!»
33 «Aber wir sind Nachkommen
Abrahams und niemals Sklaven ge-
wesen», wandten sie ein. «Wovon
sollen wir eigentlich befreit werden?»
34 Jesus erwiderte ihnen: «Eins ist
sicher: Jeder, der sündigt, ist ein Ge-
fangener der Sünde. 35 Ein Sklave
kann sich nicht darauf verlassen, daß
er immer in dem Haus bleibt, in dem
er arbeitet. Dieses Recht hat nur der
Sohn der Familie. 36 Wenn euch also
der Sohn Gottes befreit, dann seid ihr
wirklich frei.
37 Ich weiß natürlich auch, daß ihr
Nachkommen Abrahams seid. Und
trotzdem wollt ihr mich töten, weil ihr
meine Worte ablehnt. 38 Ich spreche
von dem, was ich bei meinem Vater
gesehen habe. Und ihr handelt da-
nach, was ihr von euerm Vater gehört
habt.»
39 «Unser Vater ist Abraham», er-
klärten sie. «Nein», widersprach ih-
nen Jesus, «wenn er es wirklich wäre,
würdet ihr auch so handeln wie er.
40 Weil ich euch die Wahrheit sage,
die ich von Gott gehört habe, wollt
ihr mich töten. Das hätte Abraham
nie getan. 41 Nein, ihr handelt genau
wie euer Vater.»
«Unsere Mutter ist doch schließ-
lich keine Dirne», wandten sie ein.
«Wir haben nur einen Vater, Gott
selbst!»
42 Doch Jesus entgegnete ihnen:
«Wenn es tatsächlich so wäre, dann
würdet ihr mich lieben; denn ich
komme ja von Gott zu euch; in sei-
nem Auftrag und nicht aus eigenem
Entschluß.
43 Aber ich will euch sagen, weshalb
ihr mich nicht versteht: Weil ihr mei-
ne Worte überhaupt nicht hören
könnt! 44 Denn ihr seid Kinder des
Teufels. Und deshalb handelt ihr so,
wie es euerm Vater gefällt. Der war
schon von Anfang an ein Mörder und
ein Feind der Wahrheit. Die Lüge ge-
hört zu seinem Wesen; denn er ist der
Lügner schlechthin, ja der Vater je-
der Lüge.
45 Mir aber glaubt ihr nicht, weil ich
die Wahrheit sage. 46 Oder kann mir
einer von euch auch nur eine einzige
Sünde nachweisen? Demnach müß-
tet ihr mir doch glauben, wenn ich
euch die Wahrheit sage. 47 Denn wer
Gott zum Vater hat, der versteht, was
Gott sagt. Ihr aber habt Gott nicht
zum Vater, und deshalb versteht ihr
auch seine Worte nicht.»

a) Mit dem Wort «erhöhen» deutet Jesus seinen Kreuzestod an.

Jesus, ein Gotteslästerer?

48 «Also hatten wir doch recht», schimpften die Juden. «Du bist ein gottloser, von bösen Geistern besessener Mensch!»[a]

49 «Nein», antwortete Jesus, «ich bin nicht besessen, sondern ich ehre meinen Vater, aber ihr verleumdet mich. 50 Ich suche nicht meine eigene Ehre. Gott will, daß ihr mich anerkennt. Er wird auch das Urteil über euch sprechen.[b] 51 Aber das ist sicher: Wer mein Wort annimmt und danach lebt, wird niemals sterben.»

52 Verärgert riefen die Juden: «Deine Worte beweisen, daß du von einem bösen Dämon beherrscht wirst. Selbst Abraham und die Propheten sind gestorben. Und da willst du behaupten: ‹Wer nach meinem Wort lebt, wird niemals sterben.› 53 Bist du etwa mehr als unser Vater Abraham, der doch auch gestorben ist? Oder willst du mehr sein als die Propheten, die schließlich alle sterben mußten? Was bildest du dir eigentlich ein?»

54 Jesus entgegnete: «Würde ich mich selbst loben, könntet ihr mir zu Recht mißtrauen. Aber mich ehrt mein Vater. Ihr behauptet zwar von ihm, er sei euer Gott. 55 Dabei kennt ihr ihn überhaupt nicht. Ich aber kenne ihn. Wenn ich sagen würde, ich kenne ihn nicht, dann wäre ich ebensolch ein Lügner, wie ihr es seid. Doch ich kenne ihn und erfülle seinen Auftrag.[c] 56 Euer Vater Abraham freute sich auf den Tag, an dem ich kommen würde. Er hat mein Kommen gesehen und war froh darüber.»

57 Ungläubig fragten ihn die Juden: «Du bist noch nicht einmal fünfzig Jahre alt und willst Abraham gesehen haben?» 58 «Und doch ist es so», entgegnete ihnen Jesus, «lange bevor Abraham überhaupt geboren wurde, war ich da.» 59 Zornig griffen sie da nach Steinen, um Jesus zu töten. Aber er entkam ihnen und verließ den Tempel.

Jesus heilt einen Blinden

9 Unterwegs sah Jesus einen Mann, der seit seiner Geburt blind war. 2 «Herr», fragten die Jünger, «wer ist schuld daran, daß dieser Mann blind ist? War es seine eigene Schuld oder die Sünde seiner Eltern?» 3 «Weder er selbst ist schuld daran noch seine Eltern», antwortete Jesus. «Er ist blind, weil an ihm die Macht Gottes sichtbar werden soll. 4 Ich muß die Aufgaben, die Gott mir gegeben hat, erfüllen, solange es Tag ist. Bald kommt die Nacht, in der niemand mehr etwas tun kann. 5 Doch solange ich in der Welt bin, werde ich für diese Welt das Licht sein.»

6 Er spuckte auf die Erde, rührte daraus einen Brei und strich den auf die Augen des Blinden. 7 Dann forderte er ihn auf: «Geh jetzt zum Teich Siloah, und wasche dich dort.» (Siloah heißt: Von Gott gesandt.) Der Blinde ging hin, wusch sich, und als er zurückkam, konnte er sehen.

8 Seine Nachbarn und andere Leute, die ihn als blinden Bettler kannten, fragten erstaunt: «Ist das nicht der Mann, der immer an der Straße saß und bettelte?» 9 Einige meinten:

a) Wörtlich: Sagen wir nicht mit Recht, daß du ein Samariter bist und einen Dämon hast?
b) Wörtlich: Ich suche nicht meine Ehre. Es ist aber einer, der sie sucht, und der richtet.
c) Wörtlich: Aber ich kenne ihn und ich halte sein Wort.

«Er ist es.» Aber andere konnten es
einfach nicht glauben und behaupte-
ten: «Das ist unmöglich! Er sieht ihm
nur sehr ähnlich.» «Doch, ich bin es»,
bestätigte jetzt der Mann selbst. 10 Da
fragten sie ihn: «Wieso kannst du
denn plötzlich sehen?»

11 Er berichtete: «Ein Mann, er
heißt Jesus, hat mir einen Brei auf die
Augen gestrichen. Dann schickte er
mich zum Teich Siloah. Dort sollte
ich den Brei abwaschen. Das habe ich
getan. Und jetzt kann ich sehen!»
12 «Wo ist denn dieser Jesus?» fragten
sie weiter. «Das weiß ich nicht», gab
er ihnen zur Antwort.

Das Verhör der Pharisäer

13 Sie brachten den von seiner Blind-
heit geheilten Mann zu den Pharisä-
ern. 14 Es war nämlich gerade Sabbat,
als Jesus den Brei gemacht und den
Blinden geheilt hatte. 15 Die Pharisäer
fragten ihn: «Wie kommt es, daß du
jetzt sehen kannst?» Der Mann er-
zählte: «Jesus strich einen Brei auf
meine Augen. Ich habe mich dann ge-
waschen, und nun kann ich sehen.»
16 «Von Gott kann dieser Mann nicht
kommen», meinten einige der Phari-
säer, «denn er arbeitet ja am Sabbat.»
Andere aber wandten ein: «Wie kann
ein sündiger Mensch solche Taten
vollbringen?» So fingen sie an, mit-
einander zu streiten.

17 Dann erkundigten sich die Phari-
säer noch einmal bei dem Mann, der
blind gewesen war: «Durch ihn
kannst du jetzt also sehen? Was
glaubst denn du, wer dieser Mann
ist?» «Er muß ein von Gott gesandter
Prophet sein», antwortete er. 18 Doch
die Juden wollten nicht glauben, daß
er überhaupt blind gewesen war. Sie
ließen deshalb seine Eltern holen
19 und verhörten sie: «Ist das euer
Sohn? Stimmt es, daß er blind gebo-
ren wurde? Wie kommt es, daß er
jetzt sehen kann?»

20 Die Eltern antworteten: «Ja, das
ist unser Sohn, und er wurde blind ge-
boren. Das wissen wir genau. 21 Aber
wie es kommt, daß er sehen kann,
wissen wir nicht. Wir wissen auch
nicht, wer ihn geheilt hat. Aber fragt
ihn doch selbst! Er ist alt genug und
kann euch am besten Auskunft ge-
ben.» 22 Diese ausweichende Antwort
gaben die Eltern, weil sie vor den jü-
dischen Führern Angst hatten. Denn
die hatten beschlossen, jeden aus der
Gemeinschaft des jüdischen Volkes
auszustoßen, der Jesus als Messias
anerkannte. 23 Nur deshalb hatten die
Eltern gesagt: «Er ist alt genug. Fragt
ihn selbst.»

24 Die Pharisäer verhörten den Ge-
heilten zum zweiten Mal. Sie versuch-
ten, ihn einzuschüchtern: «Bekenne
dich zu Gott, und sage die Wahrheit!
Wir wissen, daß dieser Jesus ein gott-
loser und sündiger Mensch ist.»
25 «Ob er gut oder böse ist, das weiß
ich nicht», antwortete der Mann.
«Ich weiß nur eins: Ich war blind, und
jetzt kann ich sehen!» 26 «Aber was
hat er denn gemacht? Wie hat er dich
geheilt?» versuchten sie erneut her-
auszubekommen.

27 Verärgert erwiderte der Mann:
«Das habe ich euch doch schon ge-
sagt. Habt ihr denn nicht zugehört?
Warum soll ich alles noch einmal er-
zählen? Wollt ihr etwa seine Jünger
werden?» 28 Da beschimpften sie ihn
und schrien: «*Du* bist sein Jünger.
Wir sind Moses Jünger. 29 Von Mose
wissen wir, daß Gott zu ihm geredet
hat. Aber von diesem Menschen wis-
sen wir noch nicht einmal, wo er her-
kommt.»

30 «Das ist ja merkwürdig!» entgeg-

nete der Mann. «Er kann einen Blin-
den heilen, und ihr kennt ihn nicht?
31 Jedes Kind weiß doch, daß Gott die
Gebete der Sünder nicht erhört, aber
wer nach seinem Willen lebt, den er-
hört er. 32 Noch nie, seit die Welt be-
steht, hat jemand einem Blindgebo-
renen das Augenlicht geschenkt.
33 Wäre dieser Mann nicht von Gott
gesandt, könnte er das doch gar nicht
tun.» 34 Wütend schrien sie ihn an:
«Was, du Sünder[a] willst uns beleh-
ren?» Dann warfen sie ihn hinaus.

Die Blindheit der Sehenden

35 Jesus hörte, daß sie den Geheilten
aus der jüdischen Gemeinschaft aus-
geschlossen hatten. Als er den Mann
wieder traf, fragte er ihn: «Glaubst
du an den Menschensohn?» 36 «Ja, ich
will gern an ihn glauben! Aber ich
kenne ihn nicht», erwiderte der Ge-
heilte. 37 «Du hast ihn schon gesehen,
und in diesem Augenblick spricht er
mit dir!» gab sich Jesus zu erkennen.
38 «Ja, Herr», rief jetzt der Mann,
«ich glaube!» Und er warf sich vor Je-
sus nieder.

39 «Ich bin in diese Welt gekom-
men, damit sich an mir die Geister
scheiden», sagte Jesus. «Blinde sol-
len sehen können; aber allen Sehen-
den werde ich zeigen, wie blind sie
sind.» 40 Einige Pharisäer standen da-
bei und fragten: «Soll das etwa hei-
ßen, daß wir blind sind?» 41 Jesus ant-
wortete: «Wärt ihr tatsächlich blind,
dann träfe euch keine Schuld und
euch könnte geholfen werden. Aber
ihr sagt ja: ‹Wir sehen.› Deshalb kann
euch niemand eure Schuld abneh-
men.»

Der Gute Hirte

10 «Merkt euch gut, was ich euch
jetzt sage», forderte Jesus sei-
ne Zuhörer auf. «Wer nicht durch die
Tür in den Schafstall geht, sondern
heimlich einsteigt, der ist sicherlich
ein Dieb und Räuber. 2 Der Hirte
geht durch die Tür zu seinen Schafen.
3 Ihm öffnet der Wächter das Tor, und
die Schafe erkennen ihn schon an sei-
ner Stimme. Dann ruft der Hirte sie
mit ihren Namen und führt sie auf die
Weide. 4 Wenn seine Schafe den Stall
verlassen haben, geht er vor ihnen
her, und die Schafe folgen ihm, weil
sie seine Stimme kennen. 5 Einem
Fremden würden sie niemals folgen.
Ihm laufen sie davon, weil die fremde
Stimme sie erschreckt.»

6 Die Leute, denen Jesus dieses
Beispiel erzählte, verstanden nicht,
was er damit meinte. 7 Deshalb er-
klärte er ihnen: «Glaubt mir, ich
selbst bin die Tür. 8 Alle, die sich vor
mir als eure Hirten ausgaben, waren
Diebe und Räuber. Aber die Schafe
haben nicht auf sie gehört. 9 Ich allein
bin die Tür. Wer durch mich zu mei-
ner Herde kommt, der wird gerettet
werden. Er kann durch diese Tür ein-
und ausgehen, und er wird saftig grü-
ne Weiden finden. 10 Der Dieb
kommt, um zu stehlen, zu schlachten
und zu vernichten. Ich aber bringe al-
len, die zu mir gehören, das Leben –
und dies im Überfluß.

11 Ich bin der gute Hirte. Ein guter
Hirte setzt sein Leben für die Schafe
ein. 12 Anders ist es mit einem, dem
die Schafe nicht gehören und der nur
wegen des Geldes als Hirte arbeitet.
Er wird fliehen, wenn der Wolf
kommt, und die Schafe sich selbst

a) Wörtlich: Du bist ganz und gar in Sünden geboren und ...

überlassen. Der Wolf wird die Schafe
packen und die Herde auseinanderja-
gen. 13 Einen solchen Mann inter-
essieren die Schafe überhaupt nicht.
14 Ich aber bin der gute Hirte und ken-
ne meine Schafe, und sie kennen
mich; 15 genauso wie mich mein Vater
kennt und ich den Vater kenne. Ich
gebe mein Leben für die Schafe.
16 Zu meiner Herde gehören auch
Schafe, die jetzt noch in anderen Stäl-
len sind. Auch sie muß ich herführen,
und sie werden wie die übrigen mei-
nem Ruf folgen. Dann wird es nur
noch eine Herde und einen Hirten ge-
ben.
17 Der Vater liebt mich, weil ich
mein Leben hingebe, um es neu zu
empfangen. 18 Niemand kann mir das
Leben nehmen, ich gebe es freiwillig
hin. Ich habe die Macht und die Frei-
heit, es hinzugeben, aber auch, es
wieder zu nehmen. Das ist der Auf-
trag, den mir mein Vater gegeben
hat.»
19 Da fingen die Juden wieder an,
sich über Jesus zu streiten. 20 Die mei-
sten sagten: «Er ist von einem bösen
Geist besessen! Er ist wahnsinnig!
Weshalb geben wir uns überhaupt
noch mit ihm ab?» 21 Andere aber
meinten: «So spricht doch kein Be-
sessener! Kann denn ein böser Geist
einen Blinden heilen?»

Jesus im Kreuzverhör

22 Es war Winter. In Jerusalem feierte
man das Fest der Tempelweihe. 23 Je-
sus hielt sich gerade im Tempel auf, in
der Halle Salomos, 24 als die Juden ihn
umringten und fragten: «Wie lange
läßt du uns noch im Ungewissen?
Wenn du Christus bist, dann sage uns
das ganz offen!»
25 «Ich habe es euch schon gesagt,
aber ihr wollt mir ja nicht glauben»,
antwortete Jesus. «All das, was ich im
Auftrag meines Vaters getan habe,
sollte als Beweis genügen. 26 Aber ihr
glaubt mir nicht, denn ihr gehört nicht
zu meiner Herde. 27 Meine Schafe er-
kennen meine Stimme; ich kenne sie,
und sie folgen meinem Ruf. 28 Ihnen
gebe ich das ewige Leben, und sie
werden niemals umkommen. Nie-
mand kann sie aus meiner Hand rei-
ßen. 29 Mein Vater hat sie mir gege-
ben, und er ist stärker als alle anderen
Mächte. Deshalb kann sie auch kei-
ner der Hand meines Vaters entrei-
ßen; 30 denn ich und der Vater sind
eins.»
31 Wütend griffen da die Juden wie-
der nach Steinen, um ihn zu töten.
32 Jesus aber sagte: «In Gottes Auf-
trag habe ich viele große und wunder-
bare Dinge getan. Für welches von
diesen Wundern wollt ihr mich tö-
ten?» 33 «Nicht wegen einer guten Tat
sollst du sterben», antworteten sie,
«sondern weil du nicht aufhörst, Gott
zu lästern. Du bist nur ein Mensch
und behauptest trotzdem, Gott zu
sein!»[a]
34 Jesus entgegnete: «Heißt es nicht
in eurem Gesetz: ‹Ich habe zu euch
gesagt: Ihr seid Götter›?[b] 35 Gott
nennt die schon Götter, an die er sein
Wort richtet. Und ihr wollt doch nicht
etwa die Heilige Schrift für ungültig
erklären? 36 Wie könnt ihr den, der
von Gott selbst auserwählt und in die
Welt gesandt wurde, als ‹Gottesläste-
rer› beschimpfen, nur weil er sagt:
‹Ich bin Gottes Sohn›? 37 Wenn ich

a) Johannes 5,18; 8,24.28
b) Psalm 82,6

nicht Gottes Werke tue, braucht ihr mir nicht zu glauben. [38] Vollbringe ich sie aber, dann glaubt doch wenigstens den *Werken*, wenn ihr schon *mir* nicht glauben wollt, damit ihr endlich erkennt und einseht, daß der Vater in mir ist und ich im Vater bin!»

[39] Da versuchten sie wieder, Jesus festzunehmen, aber er konnte ihnen entkommen. [40] Er ging auf die andere Seite des Jordan zurück und hielt sich dort auf, wo Johannes früher getauft hatte. [41] Viele Menschen folgten ihm. «Johannes hat zwar keine Wunder getan», meinten sie untereinander, «aber alles, was er von diesem Mann gesagt hat, ist wahr!» So kamen dort viele zum Glauben an Jesus.

Jesus ruft vom Tod zum Leben – Die Auferstehung des Lazarus

11 Lazarus, der in Bethanien wohnte, war schwer erkrankt. In diesem Dorf wohnten auch seine Schwestern Maria und Martha. [2] (Maria war es gewesen, die mit kostbarem Salböl die Füße des Herrn übergossen und sie mit ihrem Haar getrocknet hatte.) Weil ihr Bruder Lazarus so krank war, [3] ließen die beiden Schwestern Jesus die Nachricht zukommen: «Herr, dein Freund Lazarus ist schwer erkrankt!» [4] Als Jesus das hörte, sagte er: «Diese Krankheit führt nicht zum Tode, sondern durch sie soll die Macht Gottes sichtbar werden, und der Sohn Gottes wird dadurch verherrlicht.»

[5] Jesus hatte Martha, ihre Schwester Maria und Lazarus lieb. [6] Aber obwohl er nun wußte, daß Lazarus schwerkrank war, wartete er noch zwei Tage. [7] Erst danach sagte er zu seinen Jüngern: «Wir wollen wieder nach Judäa gehen.» [8] Doch seine Jünger wandten ein: «Herr, vor kurzem haben deine Feinde in Judäa versucht, dich umzubringen. Und jetzt willst du wieder dorthin?» [9] Jesus antwortete: «Zwölf Stunden am Tag ist es hell. Wer sicher laufen will, muß diese Zeit nutzen; denn nur bei Tageslicht sieht er den Weg. [10] Wer nachts unterwegs ist, wird sich in der Dunkelheit verirren.»[a]

[11] Nachdem er das seinen Jüngern gesagt hatte, meinte er: «Unser Freund Lazarus schläft jetzt, aber ich will hingehen und ihn aufwecken!» [12] «Wenn er schläft, wird er bald wieder gesund sein», erwiderten die Jünger. [13] Sie glaubten nämlich, Jesus hätte vom gewöhnlichen Schlaf gesprochen, aber er redete vom Tod des Lazarus.

[14] Deshalb sagte er ihnen jetzt: «Lazarus ist tot! [15] Doch euretwegen bin ich froh, daß ich nicht bei ihm gewesen bin. Denn jetzt könnt ihr lernen, was Glauben heißt. Wir wollen jetzt gemeinsam zu ihm gehen!» [16] «Ja», sagte Thomas – den man auch den Zwilling nannte – zu den anderen Jüngern, «wir wollen mit Jesus nach Judäa gehen und dort mit ihm sterben.»

[17] Als sie in Bethanien ankamen, lag Lazarus schon vier Tage im Grab. [18] Bethanien ist nur wenige Kilometer von Jerusalem entfernt. [19] Deswegen waren viele Juden zu Maria und Martha gekommen, um die beiden Schwestern zu trösten. [20] Als Martha hörte, daß Jesus auf dem Wege zu ihnen war, lief sie ihm entgegen. Maria aber blieb zu Hause.

a) Wörtlich: Wenn aber jemand in der Nacht umhergeht, stößt er an, weil das Licht nicht in ihm ist.

21 Traurig sagte Martha zu Jesus:
«Herr, wärst du hier gewesen, würde
mein Bruder noch leben. 22 Aber auch
jetzt weiß ich, daß Gott dir alles geben
wird, worum du ihn bittest.» 23 «Dein
Bruder wird wieder leben!» versicher-
te ihr Jesus. 24 «Ja, ich weiß», sagte
Martha, «am letzten Tag, am Tag der
Auferstehung.»

25 Darauf erwiderte ihr Jesus: «Ich
bin die Auferstehung, und ich bin das
Leben. Wer an mich glaubt, der wird
leben, selbst wenn er stirbt. 26 Und wer
lebt und an mich glaubt, wird niemals
sterben. Glaubst du das?» 27 «Ja,
Herr», antwortete ihm Martha. «Ich
glaube, daß du Christus bist, der Sohn
Gottes, auf den wir so lange gewartet
haben.»[a]

28 Jetzt lief Martha zu ihrer Schwe-
ster Maria. Ohne daß die übrigen
Trauergäste es merkten, flüsterte sie
ihr zu: «Jesus ist da und will dich spre-
chen!» 29 Maria stand sofort auf und
lief ihm entgegen. 30 Jesus hatte das
Dorf noch nicht erreicht, sondern war
dort geblieben, wo Martha ihn getrof-
fen hatte. 31 Als Maria aufsprang und
ganz eilig das Haus verließ, meinten
die Juden, die Maria trösten wollten:
«Sie will am Grab weinen» – und folg-
ten ihr.

32 Aber Maria lief zu Jesus. Sie fiel
vor ihm nieder und rief: «Herr, wenn
du dagewesen wärst, würde mein Bru-
der noch leben!»

33 Jesus sah, wie sie und die Trauer-
gäste weinten. Da wurde er zornig,
war aber zugleich tief bewegt. 34 «Wo
habt ihr ihn hingelegt?» fragte er.

Sie antworteten: «Komm, Herr,
wir zeigen es dir!» 35 Alle sahen, daß
Jesus weinte. 36 «Seht», sagten die Ju-
den, «er muß ihn sehr lieb gehabt ha-
ben!» 37 Doch einige flüsterten einan-
der zu: «Einen Blinden hat er sehend
gemacht. Hätte er nicht verhindern
können, daß Lazarus starb?»

38 Da wurde Jesus erneut zornig. Er
trat an das Grab. Es war eine Höhle,
die man mit einem großen Stein ver-
schlossen hatte. 39 «Hebt den Stein
weg!» befahl Jesus. Aber Martha, die
Schwester des Verstorbenen, sagte:
«Herr, der Geruch wird unerträglich
sein! Er ist doch schon vier Tage tot!»

40 «Habe ich dir nicht gesagt», ent-
gegnete ihr Jesus, «du würdest die
Macht der Herrlichkeit Gottes sehen,
wenn du nur glaubtest?»

41 Nachdem sie den Stein wegge-
schoben hatten, sah Jesus zum Him-
mel auf und betete: «Vater, ich danke
dir, daß du mein Gebet erhört hast!
42 Ich weiß, daß du mich immer er-
hörst, aber ich sage es wegen der vie-
len Menschen, die hier stehen. Sie sol-
len alles miterleben und glauben, daß
du mich gesandt hast.»

43 Dann rief er laut: «Lazarus,
komm heraus!» 44 Und Lazarus kam
heraus. Hände und Füße waren mit
Grabtüchern umwickelt, und auch
sein Gesicht war mit einem Tuch ver-
hüllt. «Nehmt ihm die Tücher ab»,
forderte Jesus die Leute auf, «und laßt
ihn gehen.»

Einer soll für alle sterben

45 Viele von den Juden, die bei Maria
gewesen waren, glaubten an Jesus,
nachdem sie gesehen hatten, was er
tat. 46 Aber einige liefen schnell zu
den Pharisäern und berichteten ihnen
alles.

a) Wörtlich: Ja, Herr; ich glaube, daß du der Messias, der Sohn Gottes, bist, der in die Welt kommt.

[47] Unmittelbar darauf beriefen die Hohenpriester und Pharisäer eine Sitzung des Hohen Rates ein. «Was sollen wir bloß tun?» fragten sie sich, «bei all den vielen Wundern, die dieser Mann vollbringt! [48] Wenn wir nichts gegen ihn unternehmen, wird bald das ganze Volk an ihn glauben. Dann werden die Römer eingreifen und uns auch noch die letzte Selbständigkeit nehmen.»[a]

[49] Einer von ihnen, Kaiphas, der in diesem Jahr Hoherpriester war, sagte: «Was gibt es denn hier zu überlegen! [50] Das ist doch ganz einfach: Für uns alle ist es besser, wenn einer für das Volk stirbt, als daß ein ganzes Volk zugrunde geht.» [51] Kaiphas sprach damit nicht seine eigenen Gedanken aus. Er war in diesem Jahr Hoherpriester, und Gott selbst hatte ihm diese Worte in den Mund gelegt. [52] Denn nach Gottes Willen sollte Jesus für das Volk sterben; aber nicht nur für das jüdische Volk allein, sondern für alle Kinder Gottes aus allen Völkern.

[53] Von dem Tage an waren die jüdischen Führer fest entschlossen, Jesus zu töten. [54] Deshalb vermied es Jesus, sich in der Öffentlichkeit sehen zu lassen. Er zog sich vielmehr nach Ephraim zurück, eine Stadt am Rande der Wüste. Dort blieb er mit seinen Jüngern.

[55] Es war kurz vor dem jüdischen Passahfest. Aus dem ganzen Land zogen die Leute nach Jerusalem, um schon vor Beginn des Festes die traditionellen Reinigungsvorschriften zu erfüllen[b]. [56] Sie alle wollten Jesus gern sehen und suchten ihn. Als sie im Tempel zusammenstanden, fragte einer den andern: «Was meint ihr, wird er wohl zum Fest kommen?» [57] Inzwischen hatten die Hohenpriester und Pharisäer nämlich den Befehl erlassen, daß jeder, der den Aufenthaltsort Jesu kannte, ihn sofort zu melden hatte; denn sie waren jetzt endgültig entschlossen, ihn festzunehmen.

Ein Vermögen für Jesus
(Matth. 26,6–13; Mark. 14,3–9)

12 Sechs Tage vor Beginn des Passahfestes kam Jesus wieder nach Bethanien, wo er Lazarus von den Toten auferweckt hatte. [2] Jesus zu Ehren hatte man dort ein Festmahl vorbereitet. Martha half beim Bedienen, während Lazarus bei den Gästen war. [3] Da nahm Maria ein Gefäß mit kostbarem Salböl, goß es über die Füße Jesu und trocknete sie mit ihrem Haar. Der Duft des Öls erfüllte das ganze Haus.

[4] Aber einer von seinen Jüngern, Judas Ischarioth, der ihn später verraten sollte, meinte entrüstet: [5] «Das Öl ist ein Vermögen wert. Es wäre besser gewesen, man hätte es für dreihundert Silberstücke verkauft und das Geld den Armen gegeben.» [6] In Wirklichkeit ging es ihm aber nicht um die Armen, sondern um das Geld. Er verwaltete die gemeinsame Kasse und hatte schon oft etwas für sich selbst daraus genommen. [7] Jesus erwiderte: «Laß sie doch! Maria hat damit nur die Salbung für mein Begräbnis vorweggenommen. [8] Arme, um die

a) Wörtlich: Wenn wir ihn so gewähren lassen, werden alle an ihn glauben, und die Römer werden kommen und uns den Ort (= Tempel) und das Volk wegnehmen.
b) Wörtlich: um sich zu reinigen.

ihr euch kümmern könnt, wird es immer geben. Aber ich bin nicht mehr lange bei euch.»

[9] Als sich herumgesprochen hatte, wo Jesus war, liefen viele Menschen nach Bethanien. Sie kamen nicht nur, um Jesus zu sehen, sondern auch wegen Lazarus, den Jesus von den Toten auferweckt hatte. [10] Da beschlossen die Hohenpriester, auch Lazarus zu töten; [11] denn seinetwegen glaubten viele Juden an Jesus.

Jesus wird in Jerusalem als König empfangen

(Matth. 21,1–11; Mark. 11,1–10; Luk. 19,28–40)

[12] Am nächsten Tag verbreitete sich in der ganzen Stadt die Nachricht, daß Jesus auf dem Wege nach Jerusalem war. [13] Da brachen die Menschen Palmenzweige ab, liefen Jesus entgegen und riefen ihm begeistert zu: «Gelobt sei Gott! Gelobt sei, der in Gottes Namen kommt! Heil dem König von Israel!»[a] [14] Jesus ritt auf einem Eselsfohlen in die Stadt. Damit erfüllte sich das Prophetenwort: [15] «Fürchte dich nicht, du Volk Israel! Dein König kommt! Er reitet auf einem Eselsfohlen.»[b] [16] Doch das verstanden seine Jünger damals noch nicht. Erst nachdem Jesus in Gottes Herrlichkeit zurückgekehrt war, begriffen sie, daß sich hier die Voraussage der Heiligen Schrift erfüllt hatte.

[17] Alle, die dabeigewesen waren, als Jesus seinen Freund Lazarus aus dem Grab gerufen und wieder zum Leben erweckt hatte, erzählten es weiter. [18] Deswegen liefen Jesus auch so viele Menschen entgegen. Sie wollten den Mann sehen, der solche Wunder vollbringt. [19] Nur die Pharisäer warfen sich gegenseitig vor: «Nun seht ihr, daß ihr so nichts erreicht! Alle Welt rennt ihm hinterher!»

«Wir möchten Jesus kennenlernen!»

(Matth. 16,24–25; Mark. 8,34–35; Luk. 9,23–24)

[20] Unter den Festbesuchern waren auch einige Griechen. [21] Sie kamen zu Philippus, der aus Bethsaida in Galiläa stammte, und baten ihn: «Herr, wir möchten Jesus gern kennenlernen!» [22] Philippus sprach mit Andreas darüber, dann gingen sie gemeinsam zu Jesus.

[23] Er sagte ihnen: «Die Stunde ist gekommen. Jetzt soll der Menschensohn verherrlicht werden. [24] Hört mir genau zu: Ein Weizenkorn, das nicht in den Boden kommt und stirbt, kann keine Frucht bringen, sondern bleibt ein einzelnes Korn. In der Erde aber keimt es und bringt viel Frucht, obwohl es selbst dabei stirbt. [25] Wer sein Leben über alles liebt, der wird es verlieren. Wer aber bereit ist, sein Leben vorbehaltlos für Gott einzusetzen,[c] wird es für alle Ewigkeit erhalten. [26] Wer mir dienen will, der soll mir auf diesem Weg folgen. Denn wo ich bin, soll er auch sein. Und wer mir dient, den wird mein Vater ehren.»

a) Wörtlich: und sie riefen laut: Hosianna! Gepriesen werde, der in dem Namen des Herrn kommt, und der König Israels. Vgl. Psalm 118,26.

b) Sacharja 9,9

c) Wörtlich: Wer sein Leben in dieser Welt haßt.

Jesus spricht von seinem nahen Tod

27 «Jetzt habe ich Angst. Soll ich des-
halb beten: Vater, bewahre mich vor
dem, was jetzt kommen wird? Nein,
denn ich bin in die Welt gekommen,
um diese Stunde zu durchleiden.
28 Vater, dein Name soll gerühmt und
geehrt werden!» Da erklang eine
Stimme vom Himmel: «Das ist bisher
schon geschehen und wird durch dei-
nen Tod wieder geschehen.»[a]

29 Die Menschen um Jesus hatten
die Stimme gehört und meinten: «Es
hat gedonnert!» Andere behaupte-
ten: «Ein Engel hat mit ihm geredet.»
30 Aber Jesus sagte: «Diese Stimme
hat euch gegolten, nicht mir. 31 Jetzt
kommt es zum Urteil über diese
Welt; jetzt wird der Satan, der Herr-
scher dieser Welt, entmachtet.[b]
32 Wenn ich aber erhöht sein werde,
will ich alle zu mir ziehen.» 33 Auf die-
se Weise deutete Jesus seinen Kreu-
zestod an.

34 Die Menge entgegnete ihm:
«Aus dem Gesetz wissen wir doch,
daß Christus für immer bei uns blei-
ben wird. Wie kannst du dann sagen:
‹Der Menschensohn muß erhöht
werden›? Wer ist eigentlich dieser
Menschensohn?» 35 Hierzu sagte Je-
sus: «Das Licht ist nur noch kurze Zeit
bei euch. Nutzt diese Zeit, damit ihr
das Ziel erreicht, bevor euch die Dun-
kelheit überfällt. Wer im Dunkeln
geht, kann weder seinen Weg noch das
Ziel erkennen. 36 Vertraut euch dem
Licht an, solange ihr es habt, dann
werdet ihr im Licht leben.»

Nur wenige glauben

Nach diesen Worten verließ Jesus die
Menge. Niemand konnte ihn finden.
37 Trotz aller Wunder, die er getan
hatte, glaubten die meisten Men-
schen nicht an ihn. 38 So erfüllte sich,
was der Prophet Jesaja vorhergesagt
hatte: «Herr, wer glaubt denn unse-
rer Botschaft? Wer erkennt, daß es
Gott ist, der die mächtigen Taten
vollbringt?»[c] 39 Jesaja hat auch den
Grund genannt, weshalb sie nicht
glauben konnten; denn: 40 «Gott hat
ihre Augen geblendet und ihre Her-
zen verschlossen, so daß sie weder se-
hen noch verstehen, noch zu mir um-
kehren können, damit ich sie heile.»[d]
41 Jesaja konnte so reden, weil Gott
ihm die Herrlichkeit des kommenden
Christus gezeigt hatte.

42 Und doch gab es unter den füh-
renden Männern viele, die an Jesus
glaubten. Aber aus Angst vor den
Pharisäern, die allen Nachfolgern Je-
su mit dem Ausschluß aus der Ge-
meinschaft des jüdischen Volkes
drohten, bekannten sie sich nicht öf-
fentlich zu ihm. 43 Ihnen bedeutete die
Zustimmung der Menschen mehr als
das Ansehen bei Gott.

44 Laut verkündete Jesus: «Wer an
mich glaubt, der glaubt in Wahrheit
an den, der mich gesandt hat. 45 Und
wenn ihr mich seht, dann seht ihr den,
der mich gesandt hat! 46 Ich bin als das
Licht in die Welt gekommen, damit
keiner, der an mich glaubt, länger in
der Dunkelheit leben muß. 47 Wenn
jemand auf mein Wort hört und nicht

a) Wörtlich: Ich habe ihn verherrlicht und will ihn wieder verherrlichen.
b) Wörtlich: Nun ist das Gericht für diese Welt da; nun wird der Fürst dieser Welt hinausgeworfen werden.
c) Jesaja 53,1
d) Jesaja 6,9–10

danach handelt, so werde ich ihn nicht verurteilen. Denn ich bin nicht als Richter für die Welt gekommen, sondern als ihr Retter.

48 Wer mich ablehnt und nicht nach meinen Worten lebt, der hat schon seinen Richter gefunden. Das Wort, das ich verkündet habe, wird ihn am Tag des Gerichts verurteilen. 49 Denn ich habe euch nicht meine Gedanken weitergegeben; sondern der Vater, der mich gesandt hat, sagte mir, was ich reden und verkündigen soll. 50 Und das ist gewiß: Sein Wort führt euch zum ewigen Leben.[a] Deshalb gebe ich euch alles so weiter, wie ich es vom Vater weiß.»

Die Fußwaschung – Jesus dient seinen Jüngern

(Matth. 23,11–12; Luk. 22,24–28)

13 Am Vorabend des Passahfestes wußte Jesus, daß nun die Zeit gekommen war, diese Welt zu verlassen und zum Vater zurückzugehen. Er hatte die Menschen geliebt, die sich in dieser Welt zu ihm bekannten, und er hörte nicht auf, sie zu lieben. 2 An diesem Abend, als Jesus mit seinen Jüngern beim Essen war, hatte der Teufel Judas Ischarioth schon zum Verrat an Jesus verführt. 3 Jesus aber wußte, daß ihm der Vater unbegrenzte Macht gegeben hatte, daß er von Gott gekommen war und zu ihm zurückkehren würde. 4 Da stand er vom Tisch auf, legte seinen Umhang ab und band sich ein Tuch um. 5 Er goß Wasser in eine Schüssel und begann, seinen Jüngern die Füße zu waschen und mit dem Tuch abzutrocknen.

6 Als er zu Simon Petrus kam, wehrte dieser ab: «Herr, wie kommst *du* dazu, mir die Füße zu waschen!» 7 Jesus antwortete ihm: «Du verstehst jetzt noch nicht, was ich tue. Aber später wirst du es verstehen.» 8 Doch Petrus blieb dabei: «Niemals sollst du mir die Füße waschen!», worauf ihm Jesus erwiderte: «Wenn ich dir nicht die Füße wasche, gehörst du nicht zu mir.» 9 Da sagte Petrus: «Herr, dann wasch mir auch die Hände und das Gesicht, nicht nur die Füße!» 10 Jesus antwortete: «Wer gebadet hat, der ist ganz rein. Ihm braucht man nur noch den Straßenstaub von den Füßen zu waschen. Ihr seid alle rein – außer einem.» 11 Jesus wußte nämlich, wer ihn verraten würde. Deshalb sagte er: «Ihr seid nicht alle rein.»

12 Nachdem Jesus ihnen die Füße gewaschen hatte, zog er seinen Umhang wieder an, setzte sich und fragte seine Jünger: «Versteht ihr, was ich eben getan habe? 13 Ihr nennt mich Meister und Herr. Das ist auch richtig so, denn ich bin es. 14 Wie ich, euer Meister und Herr, euch jetzt die Füße gewaschen habe, so sollt auch ihr euch gegenseitig die Füße waschen. 15 Ich habe euch damit ein Beispiel gegeben, dem ihr folgen sollt. Handelt ebenso! 16 Denkt immer daran: Ein Untergebener steht niemals höher als sein Vorgesetzter, und ein Botschafter untersteht dem, der ihn gesandt hat. 17 Wenn ihr das eingesehen habt, dann handelt danach, und Gott wird euch segnen.[b]

18 Jetzt spreche ich nicht von euch allen; denn ich weiß, wen ich als Jünger zu mir gerufen habe. Aber was die Heilige Schrift vorausgesagt hat, wird

a) Wörtlich: Sein Gebot (Auftrag) ist ewiges Leben.
b) Wörtlich: Wenn ihr dies wißt, glückselig seid ihr, wenn ihr es tut.

sich erfüllen: ‹Einer, der mit mir zusammen das Brot ißt, tritt mich mit Füßen.›[a] 19 Ich sage euch das schon jetzt, damit ihr auch dann, wenn sich das Schreckliche ereignet, ganz sicher wißt: Ich bin der, den Gott gesandt hat. 20 Vergeßt außerdem nicht: Wer einen Menschen aufnimmt, den ich senden werde, der nimmt mich auf. Und wer mich aufnimmt, nimmt den Vater auf, der mich gesandt hat.»

«Einer von euch wird mich verraten»

(Matth. 26,21–25; Mark. 14,18–21; Luk. 22,21–23)

21 Traurig wiederholte Jesus, nachdem er das gesagt hatte: «Ja, es ist wahr: Einer von euch wird mich verraten!» 22 Die Jünger sahen sich bestürzt an und bemühten sich erschrocken, herauszufinden, wen er meinte.

23 Neben ihm am Tisch saß der Jünger, den Jesus liebte. 24 Dem gab Petrus einen Wink: «Frage du ihn, wen er meint!» 25 Da beugte er sich zu Jesus hinüber und fragte leise: «Herr, wer von uns ist es?» 26 Jesus antwortete ihm: «Es ist der, dem ich das Brot geben werde, das ich jetzt in die Schüssel eintauche.»

Und nachdem er das Brot eingetaucht hatte, gab er es Judas, dem Sohn des Simon Ischarioth. 27 Von diesem Augenblick an hatte Satan den Judas ganz in seiner Gewalt. «Beeile dich, Judas! Erledige bald, was du tun willst!» forderte Jesus ihn nun auf.

28 Keiner von den anderen am Tisch verstand, was Jesus mit diesen Worten meinte. 29 Manche dachten, daß Jesus den Judas, der ja das Geld verwaltete, hinausgeschickt hätte, um das Nötige für das Fest einzukaufen oder den Armen etwas zu geben. 30 Judas nahm das Brot und ging eilig hinaus in die Nacht.

Das neue Gebot der Liebe

31 Nachdem Judas sie verlassen hatte, sagte Jesus: «Jetzt wird Gott zeigen, wer der Menschensohn wirklich ist, und dadurch wird auch die Herrlichkeit Gottes sichtbar.[b] 32 Wenn der Menschensohn erst Gott verherrlicht haben wird, dann wird auch Gott den Menschensohn verherrlichen, und das geschieht bald. 33 Denn bei euch, meine lieben Kinder, werde ich nur noch kurze Zeit sein. Ihr werdet mich suchen. Doch was ich den Juden gesagt habe, muß ich jetzt auch euch sagen: Wohin ich gehen werde, dahin könnt ihr mir nicht folgen. Heute gebe ich euch ein neues Gebot: 34 Ihr sollt einander lieben, so wie ich euch geliebt habe. 35 An eurer Liebe füreinander wird die Welt erkennen, daß ihr meine Jünger seid.»

(Matth. 26,31–35; Mark. 14,27–31; Luk. 22,31–34)

36 Da fragte ihn Petrus: «Herr, wo willst du hin?» «Diesmal kannst du nicht mit mir gehen», antwortete ihm Jesus. «Aber du wirst mir später folgen.» 37 «Laß mich doch jetzt bei dir bleiben», bat ihn Petrus und beteuerte: «Ich wäre sogar bereit, für dich zu sterben!»

a) Psalm 41,10
b) Wörtlich: Nun ist der Menschensohn verherrlicht worden, und Gott ist durch ihn verherrlicht worden.

38 Da antwortete Jesus: «Du willst
für mich sterben? Petrus, ich sage dir:
Ehe morgen früh der Hahn kräht,
wirst du dreimal bestritten haben,
mich überhaupt zu kennen!»

Ohne Jesus kommt niemand zu Gott

14 «Seid ohne Sorge, und habt
keine Angst!»[a] forderte Jesus
seine Jünger auf. «Vertraut Gott, und
vertraut mir! 2 Denn im Hause meines
Vaters gibt es viele Wohnungen.
Wenn es nicht so wäre, hätte ich euch
nicht gesagt: Ich gehe hin, um dort al-
les für euch vorzubereiten. 3 Und
wenn alles bereit ist, werde ich wie-
derkommen und euch zu mir holen.
Dann werdet auch ihr dort sein, wo
ich bin. 4 Den Weg dorthin kennt ihr
ja.»[b]
5 «Nein, Herr», widersprach ihm
Thomas, «wir wissen nicht einmal,
wohin du gehst! Wie sollen wir dann
den Weg dorthin finden?» 6 Jesus ant-
wortete: «Ich bin der Weg, ich bin die
Wahrheit, und ich bin das Leben!
Ohne mich kann niemand zum Vater
kommen. 7 Kennt ihr mich, dann
kennt ihr auch meinen Vater. Von
jetzt an kennt ihr ihn; ja, ihr habt ihn
schon gesehen!»
8 Da bat Philippus: «Herr, zeige
uns den Vater, dann sind wir zufrie-
den!» 9 «Ich bin nun schon so lange
bei euch», entgegnete Jesus, «und du
kennst mich noch immer nicht, Phil-
ippus? Wer mich gesehen hat, der hat
auch den Vater gesehen. Wie also
kannst du bitten: ‹Zeige uns den Va-
ter!› 10 Glaubst du nicht, daß ich im
Vater bin und der Vater in mir ist?
Was ich euch sage, habe ich mir nicht
selbst ausgedacht. Es sind die Worte
meines Vaters, der in mir lebt. Er
handelt durch mich. 11 Glaubt mir
doch, daß der Vater und ich eins sind.
Und wenn ihr schon meinen Worten
nicht glaubt, dann glaubt doch mei-
nen Taten.
12 Eins ist sicher: Wer an mich
glaubt, wird die gleichen Taten voll-
bringen wie ich, ja sogar noch größe-
re; denn ich gehe zum Vater. 13 Wor-
um ihr in meinem Namen bitten wer-
det, das werde ich euch geben, damit
durch die Taten des Sohnes die Herr-
lichkeit des Vaters sichtbar wird.[c]
14 Was ihr also in meinem Namen er-
bitten werdet, das werde ich tun.»

Vom Geist der Wahrheit

15 «Wenn ihr mich liebt, werdet ihr so
leben, wie ich es euch gesagt habe.
16 Dann werde ich den Vater bitten,
daß er an meiner Stelle jemanden[d] zu
euch senden soll, der euch helfen wird
und euch nie verläßt. 17 Dies ist der
Geist der Wahrheit. Die Welt kann
ihn nicht aufnehmen, denn sie ist
blind für ihn und erkennt ihn deshalb
nicht. Aber ihr kennt ihn, denn er
lebt schon jetzt bei euch, und einmal
wird er in euch sein.[e]

a) Wörtlich: Euer Herz werde nicht in Unruhe versetzt!
b) Wörtlich: Und wo ich hingehe, wißt ihr, und auch den Weg.
c) Wörtlich: Und was irgend ihr bittet in meinem Namen, das werde ich tun, damit der Vater durch den Sohn verherrlicht werde.
d) Wörtliche Bedeutung: Der Herbeigerufene, der einem anderen beistehen soll; der Anwalt, der Fürsprecher, der Tröster.
e) Wörtlich: Ihr kennt ihn; denn er bleibt bei euch und wird in euch sein.

[18] Nein, ich lasse euch nicht als Waisenkinder zurück. Ich komme wieder zu euch. [19] Schon bald wird mich niemand mehr in dieser Welt sehen. Ihr aber werdet mich sehen. Und weil ich lebe, werdet auch ihr leben. [20] Dann werdet ihr erkennen, daß ich eins bin mit meinem Vater und daß ihr in mir seid und ich in euch bin. [21] Wer meine Gebote annimmt und danach lebt, der liebt mich. Und wer mich liebt, den wird mein Vater lieben. Auch ich werde ihn lieben und mich ihm zu erkennen geben.»

[22] Da fragte ihn Judas (nicht Judas Ischarioth): «Herr, weshalb willst du dich nur uns, deinen Jüngern, zu erkennen geben, warum nicht der ganzen Welt?» [23] Ihm antwortete Jesus: «Weil ich mich nur dem zu erkennen gebe, der mich liebt und nach meinem Wort lebt. Den wird auch mein Vater lieben, und wir beide werden zu ihm kommen und immer bei ihm bleiben. [24] Wer mich aber nicht liebt, der richtet sich auch nicht nach dem, was ich sage. Was ich euch sage, kommt nicht von mir, sondern von meinem Vater, der mich gesandt hat.

[25] Ich sage euch dies alles, solange ich noch bei euch bin. [26] Der Heilige Geist, den euch der Vater an meiner Stelle senden wird, er wird euch an all das erinnern, was ich euch gesagt habe, und ihr werdet es verstehen.[a]

[27] Auch wenn ich nicht bei euch bleibe, sollt ihr doch Frieden haben. Es ist mein Friede, den ich euch gebe; ein Friede, den sonst keiner geben kann. Seid deshalb ohne Sorge und Furcht!

[28] Denkt daran, was ich euch gesagt habe: Ich gehe jetzt, aber ich komme ja wieder: Wenn ihr mich wirklich lieben würdet, müßtet ihr euch darüber freuen, daß ich jetzt zum Vater gehe; denn er ist größer als ich. [29] Ich sage euch das alles, bevor es geschieht, damit ihr auch dann an mich glaubt, wenn es eintrifft. [30] Ich habe nicht mehr viel Zeit, mit euch zu reden, denn der Herrscher dieser Welt, der Satan, ist schon unterwegs. Er hat zwar keine Macht über mich, [31] aber die Welt soll erfahren, daß ich den Vater liebe. Und deswegen werde ich erfüllen, was Gott mir aufgetragen hat.

Und nun kommt, wir wollen gehen!»

Der Weinstock und die Reben

15 «Ich bin der wahre Weinstock, und mein Vater ist der Weingärtner,[b] [2] der alle unfruchtbaren Triebe abschneidet. Aber die fruchttragenden Reben beschneidet er sorgfältig, damit sie noch mehr Frucht bringen. [3] Ihr gehört schon zu diesen guten Reben, weil ihr mein Wort angenommen habt.[c] [4] Bleibt fest mit mir verbunden, dann wird mein Leben in euch sein! Denn so wie eine Rebe nur dann Früchte tragen kann, wenn sie am Weinstock ist, so werdet auch ihr nur Frucht bringen, wenn ihr mit mir verbunden bleibt.

[5] Ich bin der Weinstock, und ihr seid die Reben. Wer bei mir bleibt, in dem bleibt mein Leben, und er wird viel Frucht tragen. Wer sich aber von

a) Wörtlich: Aber der Tröster, der Heilige Geist, den mein Vater in meinem Namen senden wird, jener wird euch alles lehren und euch an alles erinnern, was ich euch gesagt habe.

b) Jesaja 5,1–7; Jeremia 2,21; Psalm 80,9–12

c) Wörtlich: Ihr seid schon rein durch das Wort, das ich zu euch geredet habe.

mir trennt, kann nichts ausrichten.
6 Wer ohne mich leben will, wird wie
ein unfruchtbarer Trieb abgeschnit-
ten und weggeworfen. Die verdorr-
ten Triebe werden gesammelt, ins
Feuer geworfen und verbrannt.
7 Wenn ihr aber fest mit mir verbun-
den bleibt und euch nach meinem
Wort richtet, dürft ihr von Gott erbit-
ten, was ihr wollt; ihr werdet es erhal-
ten. 8 Gott wird dadurch verherrlicht,
daß ihr viel Frucht bringt und ihr euch
so als meine wirklichen Jünger er-
weist.

9 Wie mich der Vater liebt, so liebe
ich euch. Bleibt in meiner Liebe!
10 Wenn ihr meinen Geboten ge-
horcht, bleibt euch meine Liebe er-
halten. Auch ich bin den Geboten
meines Vaters gehorsam und lebe in
seiner Liebe. 11 Das alles sage ich
euch, damit meine Freude euch ganz
erfüllt und eure Freude dadurch voll-
kommen wird. 12 Und so lautet mein
Gebot: Ihr sollt einander so lieben,
wie ich euch geliebt habe.

13 Die größte Liebe beweist je-
mand, der sein Leben für die Freunde
hingibt. 14 Und ihr seid meine Freun-
de, wenn ihr tut, was ich euch aufge-
tragen habe. 15 Ich nenne euch nicht
mehr Knechte; denn einem Knecht
sagt der Herr nicht, was er vorhat. Ihr
aber seid meine Freunde; denn ich
habe euch alles gesagt, was ich vom
Vater gehört habe. 16 Nicht ihr habt
mich erwählt, sondern ich habe euch
zu mir gerufen, damit ihr hingeht und
Frucht bringt, die bleibt. Dann wird
euch der Vater alles geben, worum
ihr ihn in meinem Namen bittet.
17 Deshalb sage ich euch noch einmal:
Ihr sollt einander lieben!»

Womit Christen rechnen müssen

18 «Wenn die Menschen euch hassen,
dann vergeßt nicht, daß man mich
schon vor euch gehaßt hat. 19 Diese
Welt würde euch lieben; aber ihr
müßtet zu ihr gehören. Doch ihr ge-
hört nicht mehr dazu. Ich selbst habe
euch aus der Welt herausgerufen.
Darum haßt sie euch. 20 Erinnert euch
daran, daß ich gesagt habe: ‹Ein
Knecht ist nicht mehr als sein Herr!›
Deshalb werden sie euch verfolgen,
wie sie mich verfolgt haben. Wenn sie
auf mein Wort gehört haben, werden
sie auch auf euer Wort hören.

21 Das alles wird man euch antun,
weil ihr zu mir gehört; denn die Welt
kennt Gott nicht, der mich gesandt
hat. 22 Wäre ich nicht in diese Welt ge-
kommen und hätte die Menschen al-
les über Gott gelehrt, wäre sie nicht
schuldig. Aber jetzt gibt es für ihr
Verhalten keine Entschuldigung
mehr. 23 Denn wer mich haßt, der
haßt auch meinen Vater. 24 Wenn ich
nicht vor aller Augen Gottes Wunder
vollbracht hätte, die kein anderer tun
kann, wären sie ohne Schuld. Aber
nun haben sie alles miterlebt, und
trotzdem hassen sie mich und auch
meinen Vater. 25 Doch darin erfüllt
sich die Voraussage der Heiligen
Schrift: ‹Sie hassen mich ohne
Grund!›[a]

26 Aber ich will euch jemanden sen-
den, der euch zur Seite stehen und
trösten wird, den Geist der Wahrheit.
Er wird vom Vater kommen und mein
Zeuge sein. 27 Und auch ihr werdet
meine Zeugen sein, denn ihr seid von
Anfang an bei mir gewesen.»

a) Psalm 69,5

16 «Ich sage euch das alles, damit ihr nicht an mir zu zweifeln beginnt und aufgebt. 2 Denn man wird euch aus der Gemeinschaft des jüdischen Volkes[a] ausschließen. Ja, es wird so weit kommen, daß man meint, Gott einen Dienst zu erweisen, wenn man euch tötet. 3 Zu all dem werden Menschen fähig sein, weil sie meinen Vater und mich nicht erkannt haben.»

Jesus läßt seine Jünger nicht allein zurück

4 «Noch einmal: Ich sage euch das, damit ihr nicht überrascht seid, wenn dies alles eintrifft. Bisher war es nicht nötig, davon zu reden, weil ich ja bei euch war. 5 Jetzt aber verlasse ich euch, um zu dem zu gehen, der mich gesandt hat, und keiner von euch fragt mich, wohin ich gehe.

6 Ihr seid nur traurig und voller Sorgen über das, was ich euch gesagt habe. 7 Doch glaubt mir: Es ist besser für euch, wenn ich gehe. Sonst käme der nicht, der meine Stelle einnehmen soll, um euch zu helfen und zu trösten. Wenn ich euch verlassen habe, werde ich ihn zu euch senden. 8 Und ist er erst gekommen, wird er den Menschen die Augen für ihre Sünde öffnen, aber auch für Gottes Gerechtigkeit und sein Gericht.[b] 9 Denn ihre Sünde ist, daß sie nicht an mich glauben. 10 Gottes Gerechtigkeit zeigt sich darin, daß er sich zu mir bekennt und ich zum Vater gehe, wenn ihr mich dann auch nicht mehr sehen werdet. 11 Und Gottes Gericht werden die Menschen daran erkennen, daß der Herrscher dieser Welt bereits abgeurteilt ist.

12 Ich hätte euch noch viel mehr zu sagen, aber ihr könnt es jetzt noch nicht begreifen. 13 Wenn aber der Geist der Wahrheit kommt, werdet ihr die Wahrheit vollständig erfassen. Denn er redet nicht in seinem eigenen Auftrag, sondern gibt nur das weiter, was ihm gesagt wurde. Auch was in Zukunft auf euch wartet, wird er euch verkündigen. 14 Dadurch wird er mich verherrlichen; denn alles, was er euch zeigt, kommt von mir. 15 Was der Vater hat, gehört auch mir. Deshalb kann ich mit Recht sagen: Alles, was er euch zeigt, kommt von mir.»

«Eure Freude wird vollkommen sein»

16 «Ich werde nur noch kurze Zeit bei euch sein. Bald nach meinem Weggehen aber werdet ihr mich wiedersehen.» 17 «Was meint er bloß damit?» fragten sich die Jünger. «Was heißt: ‹Ich werde nur noch kurze Zeit bei euch sein! Aber bald darauf werdet ihr mich doch wiedersehen›? Und was bedeutet es, wenn er sagt: ‹Ich gehe zum Vater›? 18 Und was meint er mit ‹Nur noch kurze Zeit›? Wir verstehen das nicht.»

19 Jesus merkte, daß sie ihn fragen wollten, und sagte: «Macht ihr euch darüber Gedanken, daß ich gesagt habe: ‹Ich werde nur noch kurze Zeit bei euch sein, aber bald darauf werdet ihr mich wiedersehen›? 20 Es wird tatsächlich so kommen, wie ich es euch jetzt sage: Ihr werdet weinen und klagen, aber die Welt wird sich

a) Wörtlich: aus den Synagogen.

b) Wörtlich: Und nachdem jener gekommen ist, wird er die Welt überführen über die Sünde und über die Gerechtigkeit und über das Gericht.

freuen. Ihr werdet traurig sein, doch
eure Traurigkeit soll sich in Freude
verwandeln.

21 Das ist genauso wie bei einer
Frau, die ein Kind bekommt. Sobald
ihr Kind geboren ist, hat sie Angst
und Schmerzen der Geburt verges-
sen. Sie ist nur noch glücklich dar-
über, daß ihr Kind zur Welt gekom-
men ist. 22 Auch ihr seid jetzt sehr
traurig, aber ich werde euch wieder-
sehen. Dann werdet ihr froh und
glücklich sein, und diese Freude kann
euch niemand mehr nehmen. 23 Am
Tage unseres Wiedersehens werden
alle eure Fragen beantwortet sein.

Ich versichere euch: Wenn ihr den
Vater in meinem Namen um etwas
bittet, wird er es euch geben. 24 Bisher
habt ihr in meinem Namen nichts von
Gott erbeten. Bittet ihn, und er wird
es euch geben. Dann wird eure Freu-
de vollkommen sein.»

Die Welt ist besiegt

25 «Was ich euch sagen wollte, habe
ich euch bis jetzt an Beispielen er-
klärt. Aber die Zeit kommt bald, in
der das nicht mehr nötig sein wird.
Dann werde ich euch ohne Bilder und
Umschreibungen zeigen, wer der Va-
ter ist. 26 Von diesem Tage an werdet
ihr in meinem Namen zu ihm beten.
Und dann muß ich den Vater nicht
mehr bitten, euer Gebet zu erhören.
27 Denn der Vater liebt euch, weil ihr
mich liebt und daran glaubt, daß ich
von Gott gekommen bin. 28 Ja, ich
kam vom Vater in die Welt, und jetzt
verlasse ich sie wieder, um zum Vater
zurückzugehen.»

29 «Endlich redest du klar und deut-
lich zu uns, ohne diese schwerver-
ständlichen Bilder», sagten seine
Jünger. 30 «Jetzt haben wir erkannt,
daß du um alles weißt, noch ehe wir
dich fragen. Darum glauben wir dir,
daß du von Gott gekommen bist.»

31 «Glaubt ihr wirklich?» fragte Je-
sus. 32 «Ihr sollt nämlich wissen: Die
Zeit wird kommen – und eigentlich ist
sie schon da –, in der man euch aus-
einandertreibt. Ihr werdet euch in Si-
cherheit bringen und mich allein las-
sen. Aber auch dann werde ich nicht
allein sein, denn der Vater ist bei
mir.

33 Dies alles habe ich euch gesagt,
damit ihr durch mich Frieden habt. In
der Welt werdet ihr von allen Seiten
bedrängt, aber vertraut darauf: Ich
habe die Welt besiegt.»[a]

Jesus betet für seine Jünger

17 Nach diesen Worten sah Jesus
zum Himmel auf und betete:
«Vater, die Stunde ist da! Laß jetzt
die Herrlichkeit deines Sohnes er-
kennbar werden, damit dein Sohn
dich verherrlicht. 2 Du hast ihm
Macht über die Menschen gegeben,
so daß durch ihn alle zum ewigen Le-
ben gelangen, die du ihm anvertraut
hast. 3 Und das allein ist ewiges Le-
ben: Dich, den einen wahren Gott, zu
erkennen und an Jesus Christus zu
glauben, den du gesandt hast. 4 Ich
habe hier auf der Erde den Menschen
gezeigt, wie herrlich du bist. Ich habe
den Auftrag erfüllt, den du mir gege-
ben hast. 5 Und nun, Vater, zeige an
mir die Herrlichkeit, die ich bereits
mit dir teilte, bevor die Welt erschaf-
fen wurde.

6 Ich habe den Menschen gezeigt,
wer du bist, und zwar allen, die du aus

a) Wörtlich: In der Welt habt ihr Drangsal; doch seid guten Mutes, ich habe die Welt besiegt.

der Welt herausgerufen und mir anvertraut hast. Dir gehörten sie schon immer, und deswegen hast du sie mir gegeben. Sie haben deinem Wort geglaubt und leben danach. 7 Jetzt wissen sie, daß alles, was ich habe, von dir gekommen ist. 8 Denn was du mir gesagt hast, habe ich ihnen weitergegeben. Sie haben dein Wort angenommen und erkannt, daß ich von dir herkomme; sie glauben daran, daß du mich gesandt hast.

9 Für sie bitte ich dich jetzt: für die Menschen, die du mir anvertraut hast und die zu dir gehören; nicht für die ganze Welt. 10 Denn alles, was ich habe, das gehört dir, und was du hast, das gehört auch mir. Sie werden der Welt zeigen, wer ich bin.[a] 11 Ich verlasse jetzt die Welt und komme zu dir. Sie aber bleiben zurück. Heiliger Vater, erhalte sie in der Gemeinschaft mit dir[b], damit sie untereinander eins werden, so wie wir eins sind. 12 Solange ich bei ihnen war, habe ich sie in der Gemeinschaft mit dir erhalten, alle, die du mir anvertraut hast. Ich habe sie bewahrt, und keiner von ihnen ist verlorengegangen, außer dem einen[c], wie es schon in der Heiligen Schrift vorausgesagt ist.

13 Jetzt komme ich zu dir zurück. Aber dies alles wollte ich noch sagen, solange ich bei ihnen bin, damit meine Freude auch sie ganz erfüllt. 14 Ich habe sie deine Worte gelehrt, und die Welt haßt sie deswegen, weil sie ebenso wie ich nicht mehr zu ihr gehören. 15 Dennoch bitte ich dich nicht, sie aus der Welt zu nehmen. Aber schütze sie vor der Macht des Bösen. 16 Sie gehören ebensowenig zur Welt wie ich. 17 Laß sie dir immer ähnlicher werden und der Wahrheit gehorchen.[d] Dein Wort ist die Wahrheit. 18 Wie du mich in die Welt gesandt hast, so sende ich sie in die Welt. 19 Für sie gebe ich mein Leben hin, damit ihr Leben dir gehört.[e]

20 Ich bitte aber nicht nur für sie, sondern für alle, die durch das Zeugnis meiner Jünger von mir hören werden und an mich glauben. 21 Sie alle sollen eins sein, genauso wie du, Vater, mit mir eins bist. So wie du in mir bist und ich in dir bin, sollen auch sie in uns fest miteinander verbunden sein. Dann werden sie die Welt überzeugen, daß du mich gesandt hast. 22 Deshalb habe ich ihnen auch die Herrlichkeit gegeben, die du mir anvertraut hast, damit sie die gleiche enge Gemeinschaft haben wie wir. 23 Sie bleiben in mir und ich in dir: So sind wir vollständig eins. Und die Welt wird erkennen, daß du es bist, der mich gesandt hat, und daß du meine Jünger liebst, wie du mich liebst.

24 Vater, ich will, daß alle, die du mir gegeben hast, bei mir bleiben. Sie sollen an meiner Herrlichkeit teilhaben. Du hast mir die Herrlichkeit gegeben; denn du hast mich geliebt, längst bevor die Welt geschaffen wurde. 25 Gerechter Vater! Wenn die Welt dich auch nicht kennt, ich kenne dich, und diese hier haben erkannt, daß du mich gesandt hast. 26 Ich habe ihnen gezeigt, wer du bist. Das werde ich auch weiter tun, damit deine Lie-

a) Wörtlich: In ihnen bin ich verherrlicht.
b) Wörtlich: in deinem Namen, den du mir gegeben hast.
c) Wörtlich: dem Sohn des Verderbens (Judas).
d) Wörtlich: Heilige sie in der Wahrheit.
e) Wörtlich: Ich heilige mich selbst für sie, damit auch sie Geheiligte seien in Wahrheit.

be zu mir auch sie erfüllt, ja damit ich selbst in ihnen lebe.»[a]

Jesus stellt sich seinen Gegnern

(Matth. 26,47–56; Mark. 14,43–50; Luk. 22,47–53)

18 Nach diesem Gebet ging Jesus mit seinen Jüngern auf die andere Seite des Kidrontals in einen Garten. 2 Judas, der Verräter, kannte diese Stelle, denn Jesus hatte sich oft mit seinen Jüngern dort aufgehalten. 3 Mit einem Trupp römischer Soldaten und den Männern, die ihm die Hohenpriester und Pharisäer mitgegeben hatten, kam Judas dorthin. Sie trugen Fackeln und Lampen und waren schwer bewaffnet.

4 Jesus wußte, was jetzt geschehen würde. Er ging dem Trupp entgegen und fragte: «Wen sucht ihr?» 5 «Jesus von Nazareth», war die Antwort. «Ich bin es!» erklärte da Jesus. Judas, sein Verräter, stand mitten unter den Soldaten. 6 Als Jesus klar und offen sagte: «Ich bin es», wichen die Bewaffneten erschrocken zurück und fielen zu Boden. 7 Jesus fragte noch einmal: «Wen sucht ihr denn?» «Jesus von Nazareth!» antworteten sie wieder. 8 «Ich habe euch doch schon gesagt, daß ich es bin», entgegnete Jesus. «Wenn ihr mich sucht, dann laßt die anderen hier gehen!» 9 So erfüllte sich das Wort, das Jesus vorher im Gebet gesprochen hatte: «Ich habe keinen von denen verloren, die du mir anvertraut hast.»

10 Simon Petrus hatte ein Schwert dabei. Plötzlich zog er es und schlug damit Malchus, einem Diener des Hohenpriesters, das rechte Ohr ab. 11 Aber Jesus befahl Petrus: «Stecke dein Schwert weg! Soll ich denn dem Leiden aus dem Weg gehen, das ich nach dem Willen meines Vaters auf mich nehmen muß?»[b]

12 Da wurde Jesus von den römischen Soldaten und der jüdischen Polizei verhaftet. Sie fesselten ihn 13 und brachten ihn zu Hannas, dem Schwiegervater von Kaiphas, der in diesem Jahr Hoherpriester war, 14 derselbe Kaiphas, der den jüdischen Führern geraten hatte: «Es ist für uns alle besser, wenn dieser eine Mann für das ganze Volk stirbt!»[c]

Petrus im Palast des Kaiphas

(Matth. 26,69–70; Mark. 14,66–68; Luk. 22,55–57)

15 Petrus und ein anderer Jünger folgten Jesus, als er abgeführt wurde. Weil dieser andere Jünger mit dem Hohenpriester bekannt war, ließ man ihn bis in den Hof des Palastes gehen. 16 Petrus blieb draußen vor dem Tor. Da kam der andere Jünger wieder zurück, redete mit der Pförtnerin, und so gelangte auch Petrus in den Palast des Kaiphas. 17 Doch schon die Pförtnerin fragte Petrus: «Gehörst du nicht auch zu den Jüngern dieses Mannes?» «Nein, ich nicht!» antwortete er schnell. 18 Die Wachmannschaft und die anderen Soldaten hatten ein Feuer angezündet. Sie standen um das Feuer herum und wärmten sich, denn es war kalt. Petrus ging zu ihnen, um sich auch zu wärmen.

a) Wörtlich: Und ich habe ihnen deinen Namen bekanntgemacht, und ich werde ihn bekanntmachen, damit die Liebe, mit der du mich geliebt hast, in ihnen sei und ich in ihnen.
b) Wörtlich: Den Kelch, den mir der Vater gegeben hat, soll ich ihn denn nicht trinken?
c) Johannes 11,49–52

Das Verhör vor dem Hohenpriester

(Matth. 26,59–66; Mark.14,55–64; Luk. 22,66–71)

19 Drinnen im Palast begann das Verhör. Der Hohepriester Hannas fragte Jesus nach seinen Jüngern und nach seiner Lehre. 20 Jesus antwortete: «Was ich gelehrt habe, ist überall bekannt. Denn ich habe in aller Öffentlichkeit gepredigt, in den Synagogen und im Tempel, wo es jeder hören kann. Niemals habe ich im geheimen etwas anderes gelehrt. 21 Weshalb fragst du mich also? Frage doch alle, die mich gehört haben! Sie wissen, was ich gesagt habe.»

22 Da schlug ihm einer von den Wächtern, die neben ihm standen, ins Gesicht und rief: «So redest du mit dem Hohenpriester?» 23 «Wenn ich etwas Böses gesagt habe, dann beweise es!» antwortete ihm Jesus. «Habe ich aber die Wahrheit gesagt, weshalb schlägst du mich?»

24 Da ließ Hannas Jesus in Fesseln zu Kaiphas bringen, dem amtierenden Hohenpriester.

Petrus behauptet noch einmal, Jesus nicht zu kennen

(Matth. 26,71–75; Mark. 14,69–72; Luk. 22,58–62)

25 Petrus stand noch immer am Feuer und wärmte sich. Da wurde er gefragt: «Bist du nicht auch einer von seinen Jüngern?» «Ich? Nein, ich bin es nicht», widersprach er heftig. 26 Aber einer der Diener des Hohenpriesters, ein Verwandter des Mannes, dem Petrus das Ohr abgehauen hatte, meinte: «Ich habe dich doch im Garten bei ihm gesehen!» 27 Wieder stritt Petrus energisch ab, Jesus zu kennen. Und in diesem Augenblick krähte ein Hahn.

Jesus vor Pilatus: «Bist du ein König?»

(Matth. 27,2.11–26; Mark. 15,1–15; Luk. 23,1–25)

28 In den frühen Morgenstunden brachten sie Jesus von Kaiphas zum Amtssitz des römischen Gouverneurs. Die Juden selbst betraten dieses Gebäude nicht, weil sie dadurch nach ihren religiösen Vorschriften unrein geworden wären und nicht am Passahmahl hätten teilnehmen dürfen.

29 Deshalb ging Pilatus zu ihnen hinaus und fragte: «Welche Anklage erhebt ihr gegen diesen Mann? Was hat er getan?» 30 «Wenn er kein Verbrecher wäre», antworteten sie, «hätten wir ihn nicht zu dir gebracht.» 31 «Dann nehmt ihn mit, und verurteilt ihn nach euerm Gesetz!» entgegnete Pilatus. «Aber wir dürfen doch niemanden hinrichten», wandten sie ein. 32 So sollten sich die Worte Jesu erfüllen, mit denen er vorausgesagt hatte, wie er sterben würde.

33 Pilatus kam nun in den Gerichtssaal zurück, ließ Jesus vorführen und fragte ihn: «Bist du der König der Juden?» 34 «Fragst du als römischer Gouverneur, oder wollen das die Juden wissen?» entgegnete Jesus. 35 «Bin ich etwa ein Jude?» fragte Pilatus. «Die Führer deines eigenen Volkes und die Hohenpriester haben dich hergebracht, damit ich dich verurteilen soll. Was also hast du getan?»

36 Jesus antwortete: «Mein Königreich gehört nicht zu dieser Welt, man kann es mit keinem anderen Reich vergleichen. Wäre ich ein weltlicher Herrscher, dann hätten meine Leute für mich gekämpft, damit ich nicht in die Hände der Juden falle. Aber mein Reich ist von anderer

Art.» 37 Da fragte ihn Pilatus: «Dann bist du also doch ein König?» Jesus antwortete: «Ja, du hast recht. Ich bin ein König. Ich bin geboren und in diese Welt gekommen, um ihr die Wahrheit zu bezeugen. Wer bereit ist, auf die Wahrheit zu hören, der hört auf mich.»[a] 38 «Die Wahrheit? Was ist das überhaupt, die Wahrheit?» fragte Pilatus zurück.

Dann ging er zu den Juden hinaus und sagte ihnen: «Nach meiner Meinung ist der Mann unschuldig. 39 Ich will euch wie üblich auch in diesem Jahr am Passahfest einen Gefangenen freigeben. Wenn ihr wollt, lasse ich diesen ‹König der Juden› frei.» 40 Aber sie schrien laut: «Nein! Nicht den! Wir wollen Barabbas!» Barabbas aber war ein Verbrecher.

Das Todesurteil
(Matth. 27,26–31; Mark. 15,15–20)

19 Da befahl Pilatus, Jesus abzuführen und ihn auszupeitschen. 2 Die Soldaten flochten eine Krone aus Dornenzweigen und setzten sie ihm auf den Kopf. Dann hängten sie ihm einen purpurroten Mantel um, 3 stellten sich vor ihn hin und spotteten: «Sei gegrüßt, du König der Juden!» Und sie schlugen ihm ins Gesicht.

4 Jetzt ging Pilatus wieder zu den Juden hinaus und sagte: «Ich will ihn noch einmal herbringen lassen, damit ihr erkennt, daß er unschuldig ist!» 5 Dann kam Jesus heraus. Er trug die Dornenkrone und den roten Mantel. Und Pilatus forderte die Menge auf: «Seht ihn euch an, diesen Menschen!»

6 Aber kaum hatten die Hohenpriester und die anderen Juden Jesus erblickt, fingen sie an zu schreien: «Ans Kreuz! Ans Kreuz mit ihm!» «Dann nehmt ihn doch und kreuzigt ihn!» rief daraufhin Pilatus. «Denn ich bin überzeugt: Er ist unschuldig!» 7 «Nach unserem Gesetz aber muß er sterben», entgegneten die Juden, «denn er hat behauptet, er sei der Sohn Gottes.»

8 Als Pilatus das hörte, bekam er es mit der Angst zu tun. 9 Er ging wieder in den Palast zurück und fragte Jesus: «Wer bist du eigentlich?»[b] Doch Jesus antwortete nichts. 10 «Redest du nicht mehr mit mir?» fragte Pilatus drohend. «Hast du vergessen, daß es in meiner Macht steht, dich freizugeben oder dich ans Kreuz nageln zu lassen?» 11 Jetzt antwortete Jesus: «Du wärest machtlos, hätte dir Gott keine Macht über mich gegeben. Deswegen ist auch die Sünde der Leute, die mich ausgeliefert haben, größer als deine Schuld.»

12 Da versuchte Pilatus noch einmal, Jesus freizulassen. Aber die Juden schrien: «Wenn du den laufen läßt, bist du kein Freund des Kaisers; denn wer sich selbst zum König macht, lehnt sich gegen den Kaiser auf.»

13 Als Pilatus das hörte, ließ er Jesus hinausführen. Er setzte sich auf den Richterstuhl, an die Stelle, die man «Steinpflaster» nannte, auf hebräisch: Gabbatha. 14 Das war um die Mittagszeit, am Tag vor dem Passah, an dem sich alle auf das Fest vorbereiteten. Pilatus sagte zu den Juden: «Da habt ihr euren König!»

a) Wörtlich: Ich bin dazu geboren worden und in diese Welt gekommen, daß ich Zeugnis von der Wahrheit gebe; jeder, der aus der Wahrheit ist, hört meine Stimme.
b) Wörtlich: Woher bist du?

[15]«Weg mit ihm!» brüllten sie. «Schlagt ihn ans Kreuz!» «Soll ich wirklich euern König kreuzigen lassen?» fragte Pilatus noch einmal. «Wir haben keinen König, nur den Kaiser!» riefen die Hohenpriester. [16]Da gab Pilatus nach und befahl, Jesus zu kreuzigen.

Jesus am Kreuz
(Matth. 27,31–44; Mark. 15,21–32; Luk. 23,26–43)

Die Soldaten packten Jesus und führten ihn aus Jerusalem hinaus. [17]Sein Kreuz mußte er selbst tragen; vom Richtplatz bis hin zur «Schädelstätte». Auf hebräisch heißt dieser Ort Golgatha. [18]Dort schlugen sie ihn ans Kreuz. Neben ihm wurden zwei andere Männer gekreuzigt.

[19]Pilatus ließ ein Schild an das Kreuz Jesu nageln, auf dem die Worte standen: «Jesus von Nazareth, der König der Juden!» [20]Die Stelle, an der Jesus gekreuzigt worden war, lag nahe bei der Stadt. Und so lasen viele Juden diese Inschrift, die in hebräischer, lateinischer und griechischer Sprache abgefaßt war. [21]Da kamen die Hohenpriester zu Pilatus und verlangten von ihm: «Laß das ändern. Es darf nicht heißen: ‹Der König der Juden›, sondern: ‹Er hat behauptet: Ich bin der König der Juden›.» [22]Pilatus aber weigerte sich: «Es bleibt genau so stehen, wie ich es geschrieben habe!»

[23/24]Als die Soldaten Jesus gekreuzigt hatten, teilten sie seine Kleider unter sich auf, so daß jeder der vier Soldaten etwas davon bekam. Dann beschlossen sie: «Das Untergewand wollen wir nicht aufteilen. Wir werden es verlosen.» Es war nämlich aus einem Stück gefertigt, ohne jede Naht. So erfüllte sich die Vorhersage der Heiligen Schrift: «Meine Kleider haben sie unter sich geteilt und mein Gewand verlost.»[a] Genauso geschah es auch.

[25]Unter dem Kreuz, an dem Jesus hing, standen seine Mutter und ihre Schwester, außerdem Maria, die Frau von Kleopas, und Maria Magdalena. [26]Als Jesus nun seine Mutter sah und neben ihr den Jünger, den er liebhatte, sagte er zu ihr: «Er soll jetzt dein Sohn sein!» [27]Und zu dem Jünger sagte er: «Sie ist jetzt deine Mutter.» Da nahm der Jünger sie zu sich in sein Haus.

«Es ist vollbracht!»
(Matth. 27,45–56; Mark. 15,33–41; Luk. 23,44–49)

[28]Jesus wußte, daß nun sein Auftrag erfüllt war. Da erst sagte er (und wieder erfüllte sich damit eine Voraussage der Heiligen Schrift): «Ich habe Durst!»[b] [29]In der Nähe stand ein Krug mit Essigwasser. Die Soldaten tauchten einen Schwamm hinein, steckten ihn auf einen Stab und hielten den Schwamm Jesus an den Mund. [30]Als Jesus davon getrunken hatte, rief er: «Es ist vollbracht!» Dann ließ er den Kopf sinken und starb.[c]

[31]Das alles geschah am Tag vor dem Passahfest. Damit die Toten nicht an diesem hohen Feiertag am

a) Psalm 22,19
b) Psalm 22,16; 69,22
c) Wörtlich: Als Jesus nun den Essig genommen hatte, sagte er: Es ist vollbracht (vollendet), und nachdem er sein Haupt geneigt hatte, gab er den Geist auf.

Kreuz hängen blieben, gingen die Führer der Juden zu Pilatus und baten ihn, er solle den Gekreuzigten die Beine brechen und sie vom Kreuz abnehmen lassen. 32 Pilatus schickte Soldaten, die den beiden mit Jesus gekreuzigten Verbrechern die Beine brachen. 33 Als sie zu Jesus kamen, stellten sie fest, daß er bereits tot war. Deshalb zerschlugen sie ihm nicht die Beine. 34 Aber einer der Soldaten stieß ihm eine Lanze in die Seite. Sofort flossen Blut und Wasser aus der Wunde.

35 Das bezeugt einer, der alles selbst mitangesehen hat. Sein Bericht ist zuverlässig und wahr; ihm könnt ihr glauben. 36 Auch das ist geschehen, damit dieses Wort der Heiligen Schrift in Erfüllung geht: «Kein Knochen soll ihm zerbrochen werden.»[a] 37 Ebenso erfüllte sich die andere Voraussage: «Sie werden auf den sehen, den sie durchbohrt haben.»[b]

Jesus wird vom Kreuz abgenommen und ins Grab gelegt

(Matth. 27,57–61; Mark. 15,42–47; Luk. 23,50–56)

38 Nachdem das alles geschehen war, bat Joseph von Arimathia um die Erlaubnis, den toten Jesus vom Kreuz abnehmen zu dürfen. Er glaubte insgeheim an Jesus, doch hatte er das bisher verschwiegen, weil er vor den Juden Angst hatte. Pilatus erlaubte es ihm, und so ging er und nahm den Leichnam vom Kreuz ab. 39 Auch Nikodemus, der Jesus einmal in der Nacht aufgesucht hatte,[c] kam und brachte etwa hundert Pfund einer Mischung aus Myrrhe und Aloe. 40 Dann nahmen sie den Leichnam Jesu und hüllten ihn mit dieser Mischung aus Myrrhe und Aloe in Leinentücher ein. So war es beim Begräbnis von Juden üblich.

41 In der Nähe der Hinrichtungsstätte lag ein Garten. Dort war ein in den Fels gehauenes, bisher noch nicht benutztes Grab. 42 In dieses Grab legten sie Jesus, denn sie hatten es eilig, weil bald der Sabbat begann.

Jesus lebt

(Matth. 28,1–8; Mark. 16,1–8; Luk. 24,1–12)

20 Am ersten Tag nach dem Sabbat, früh am Morgen, als es noch dunkel war, ging Maria Magdalena zum Grab. Als sie sah, daß der Stein nicht mehr vor dem Eingang des Grabes lag, 2 lief sie zu Simon Petrus und dem anderen Jünger, den Jesus liebte. Aufgeregt berichtete sie ihnen: «Sie haben den Herrn aus dem Grab geholt, und wir wissen nicht, wohin sie ihn gebracht haben.»

3 Da beeilten sich Petrus und der andere Jünger, um möglichst schnell zum Grab zu kommen. 4 Gemeinsam liefen sie los, aber der andere war schneller als Petrus und kam zuerst am Grab an. 5 Ohne hineinzugehen, sah er in die Grabkammer und bemerkte die Leinentücher, die dort lagen. 6 Dann kam auch Simon Petrus. Er ging in das Grab hinein und sah ebenfalls die Leinentücher 7 zusammen mit dem Tuch, das den Kopf Jesu bedeckt hatte. Es lag nicht zwischen den Leinentüchern, sondern

a) 2. Mose 12,46; 4. Mose 9,12
b) Sacharja 12,10
c) Johannes 3,1–21

zusammengefaltet an der Seite. 8 Jetzt
ging auch der andere Jünger, der zu-
erst angekommen war, in die Grab-
kammer. Er sah sich darin um, und
nun glaubte er, daß Jesus vom Tod
auferstanden war.[a] 9 Denn bis zu die-
sem Zeitpunkt hatten sie die Stelle in
der Heiligen Schrift noch nicht ver-
standen, in der es heißt, daß Jesus von
den Toten auferstehen wird. 10 Die
Jünger verließen das Grab und gin-
gen nach Jerusalem zurück.

Jesus begegnet Maria Magdalena
(Matth. 28,9–10; Mark. 16,9–11)

11 Inzwischen war auch Maria zurück-
gekehrt und blieb voll Trauer vor
dem Grab stehen. Weinend schaute
sie in die Kammer 12 und sah plötzlich
zwei weißgekleidete Engel an der
Stelle sitzen, an der Jesus gelegen
hatte; einen am Kopfende, den ande-
ren am Fußende. 13 «Warum weinst
du?» fragten die Engel. «Weil sie
meinen Herrn weggenommen haben.
Und ich weiß nicht, wo sie ihn hinge-
bracht haben», antwortete Maria
Magdalena.

14 Als Maria sich umdrehte, sah sie
Jesus vor sich stehen. Aber sie er-
kannte ihn nicht. 15 «Warum weinst
du?» fragte er sie. «Und wen suchst
du?» Maria hielt Jesus für den Gärt-
ner und fragte deshalb: «Hast du ihn
weggenommen? Dann sage mir doch,
wohin du ihn gebracht hast. Ich will
ihn holen.»

16 «Maria!» sagte Jesus nun. Da
fuhr sie zusammen und erkannte ihn.
«Rabbuni!» rief sie (das ist Hebräisch
und heißt: Mein Meister). 17 Doch Je-
sus wehrte ab: «Halte mich nicht län-
ger fest![b] Denn ich bin noch nicht zu
meinem Vater zurückgekehrt. Gehe
aber zu meinen Brüdern und sage ih-
nen: Ich gehe zurück zu meinem Va-
ter und zu euerm Vater, zu meinem
Gott und zu euerm Gott!» 18 Maria
Magdalena lief nun zu den Jüngern
und berichtete ihnen: «Ich habe den
Herrn gesehen!» Und sie erzählte al-
les, was ihr Jesus gesagt hatte.

Der Auferstandene erscheint seinen Jüngern
(Matth. 28,16–20; Mark. 16,14–18;
Luk. 24,36–49)

19 An diesem Sonntagabend hatten
sich alle Jünger versammelt. Aus
Angst vor den Juden ließen sie die
Türen fest verschlossen. Plötzlich war
Jesus bei ihnen. Er trat in ihre Mitte
und grüßte sie: «Friede sei mit euch!»
20 Dann zeigte er ihnen die Wunden in
seinen Händen und an seiner Seite.
Als die Jünger ihren Herrn sahen,
freuten sie sich sehr.

21 Und Jesus sagte noch einmal:
«Friede sei mit euch! Wie mich der
Vater in diese Welt gesandt hat, so
sende ich euch in die Welt!» 22 Dann
hauchte er sie an und sprach: «Emp-
fangt den Heiligen Geist! 23 Wem ihr
die Sünde erlaßt, dem ist sie erlassen.
Und wem ihr die Schuld nicht ver-
gebt, der bleibt schuldig.»

24 Thomas, einer der zwölf Jünger,
der auch Zwilling genannt wurde, war
nicht dabeigewesen, als dies geschah.
25 Deshalb erzählten sie ihm: «Wir ha-
ben den Herrn gesehen!» Aber zwei-
felnd antwortete er: «Das glaube ich

a) Wörtlich: Darauf ging auch der andere Jünger hinein, der zuerst zum Grab gekommen war, und sah und kam zum Glauben.
b) Wörtlich: Rühre mich nicht an!

erst, wenn ich seine durchbohrten
Hände gesehen habe. Mit meinen Fin-
gern will ich sie fühlen, und meine
Hand will ich in die Wunde an seiner
Seite legen. Eher werde ich es nicht
glauben.»
26 Acht Tage später hatten sich die
Jünger wieder versammelt. Diesmal
war Thomas bei ihnen. Und obwohl
sie die Türen wieder abgeschlossen
hatten, stand Jesus auf einmal in ihrer
Mitte und grüßte sie: «Friede sei mit
euch!» 27 Dann wandte er sich an Tho-
mas: «Lege deinen Finger auf meine
durchbohrten Hände! Gib mir deine
Hand und lege sie in die Wunde an
meiner Seite! Zweifle nicht länger,
sondern glaube!» 28 Thomas antworte-
te nur: «Mein Herr und mein Gott!»
29 Doch Jesus sagte zu ihm: «Du
glaubst, weil du mich gesehen hast.
Wie glücklich können erst die sein, die
nicht sehen und trotzdem glauben.»

Der Zweck dieses Buches

30 Die Jünger erlebten noch viele an-
dere Wunder Jesu, die nicht in diesem
Buch geschildert werden. 31 Aber die
hier aufgezeichneten Berichte wur-
den geschrieben, damit ihr glaubt,
daß Jesus Christus der Sohn Gottes
ist, und ihr durch den Glauben an ihn
das ewige Leben habt.

Jesus begegnet den Jüngern am See Tiberias

21 Später erschien Jesus seinen
Jüngern noch einmal am See
von Tiberias; und zwar geschah das
so: 2 Simon Petrus, Thomas, der Zwil-
ling genannt wurde, Nathanael aus
Kana in Galiläa, die beiden Söhne
des Zebedäus und zwei andere Jünger
waren dort zusammen. 3 Simon Petrus
sagte: «Ich werde jetzt fischen ge-
hen!» «Wir kommen mit», meinten
darauf die anderen. Sie stiegen ins
Boot und fuhren hinaus auf den See.
Aber während der ganzen Nacht fin-
gen sie keinen einzigen Fisch.
4 Im Morgengrauen stand Jesus am
Ufer. Doch die Jünger erkannten ihn
nicht. 5 Jesus rief ihnen zu: «Habt ihr
denn nichts gefangen?» «Nein», ant-
worteten sie. 6 Da forderte er sie auf:
«Werft das Netz auf der rechten Seite
des Bootes aus, dann werdet ihr einen
guten Fang machen!» Sie folgten die-
sem Rat und fingen so viele Fische,
daß sie das Netz nicht mehr einholen
konnten.
7 Jetzt sagte der Jünger, den Jesus
liebte, zu Petrus: «Das ist der Herr!»
Kaum hatte Simon Petrus das gehört,
zog er sich an (während der Arbeit war
er nämlich nackt), sprang ins Wasser
und schwamm an das Ufer. 8 Die ande-
ren Jünger waren noch etwa hundert
Meter vom Ufer entfernt. Sie folgten
Petrus mit dem Boot und zogen das
gefüllte Netz hinter sich her. 9 Als sie
aus dem Boot stiegen, sahen sie ein
Kohlenfeuer, auf dem Fische brieten.
Auch Brot lag bereit.
10 «Bringt ein paar von den Fischen
her, die ihr gerade gefangen habt!» bat
Jesus die Jünger. 11 Simon Petrus ging
zum Boot und zog das Netz an Land.
Es war gefüllt mit hundertdreiund-
fünfzig großen Fischen. Und obwohl
es so viele waren, zerriß das Netz
nicht.
12 «Kommt her und eßt!» sagte Je-
sus. Keiner von den Jüngern wagte zu
fragen: «Wer bist du?» Aber sie alle
wußten: Es ist der Herr. 13 Jesus ging
auf sie zu, nahm das Brot und verteilte
es an sie, ebenso die Fische.
14 Dies war das dritte Mal, daß Jesus
nach seiner Auferstehung vom Tode
den Jüngern erschienen war.

«Liebst du mich?»

15 Nach diesem Essen fragte Jesus den
Simon Petrus: «Simon, Sohn des Jo-
hannes, liebst du mich mehr als die
anderen hier?» «Ja, Herr», antworte-
te ihm Petrus, «du weißt, daß ich dich
liebhabe.» «Dann hüte meine Läm-
mer», sagte Jesus.
16 Jesus wiederholte seine Frage:
«Simon, Sohn des Johannes, liebst du
mich?» «Ja, Herr, du weißt doch, daß
ich dich liebe», antwortete Petrus
noch einmal. «Dann hüte meine
Schafe!»
17 Und zum dritten Mal fragte Je-
sus: «Simon, Sohn des Johannes, hast
du mich wirklich lieb?» Jetzt wurde
Petrus traurig, weil Jesus ihm nicht zu
glauben schien und zum dritten Mal
gefragt hatte: «Hast du mich lieb?»
Deshalb antwortete er: «Herr, du
weißt alles. Du weißt doch auch, wie
sehr ich dich liebe!» Darauf sagte Je-
sus: «Dann hüte meine Schafe!
18 Merke dir, was ich dir jetzt sage:
Als du jung warst, hast du getan, was
du wolltest, und du hattest deine eige-
nen Ziele.[a] Im Alter aber wirst du dei-
ne Hände ausstrecken, und ein ande-
rer wird dich führen; dorthin, wo du
nicht hingehen willst.» 19 Damit woll-
te Jesus andeuten, durch welchen
Tod Petrus Gott verherrlichen wür-
de. Dann forderte Jesus ihn auf:
«Folge mir nach!»
20 Petrus wandte sich um und sah
hinter sich den Jünger, den Jesus lieb-
te, der beim letzten Abendessen ne-
ben Jesus gesessen und ihn gefragt
hatte: «Herr, wer von uns wird dich
verraten?» 21 Da fragte Petrus:
«Herr, was wird denn aus ihm?» 22 Je-
sus erwiderte: «Was soll diese Frage?
Wenn ich will, daß er so lange lebt,
bis ich wiederkomme, was geht es
dich an? Folge du mir nach!»
23 So entstand unter den ersten
Christen das Gerücht: «Dieser Jün-
ger wird nicht sterben.» Aber das hat-
te Jesus überhaupt nicht gesagt, son-
dern: «Wenn ich will, daß er so lange
lebt, bis ich wiederkomme, was geht
es dich an?»
24 Eben dieser Jünger ist es, der all
das bezeugt und hier aufgeschrieben
hat. Und wir wissen, daß alles, was er
bezeugt, wahr ist.

Schlußwort

25 Es gibt noch vieles andere, was Je-
sus getan hat. Aber wollte man das al-
les eins nach dem anderen aufschrei-
ben, so wäre wohl auf der ganzen
Welt nicht genügend Platz für die vie-
len Bücher, die dann geschrieben
werden müßten.

a) Wörtlich: Wahrlich, wahrlich, ich sage dir: Als du jünger warst, gürtetest du dich selbst und wandeltest, wohin du wolltest.

Die Taten der Apostel

1 Lieber Theophilus! In meinem ersten Bericht habe ich von allem geschrieben, was Jesus getan und gelehrt hat; 2 und zwar von Anfang an bis zu seiner Rückkehr zu Gott. Bevor aber Jesus in den Himmel aufgenommen wurde, hatte ihm der Heilige Geist gezeigt, welche Männer er als seine Apostel berufen sollte. Ihnen gab er genaue Anweisungen für die Zukunft. 3 Diesen Männern hat er sich auch nach seinem Leiden und Sterben gezeigt und damit bewiesen, daß er tatsächlich auferstanden ist. Vierzig Tage lang sahen sie ihn, und er sprach mit ihnen über das Reich Gottes.

4 An einem dieser Tage[a] befahl Jesus seinen Jüngern: «Verlaßt Jerusalem nicht! Bleibt so lange hier, bis in Erfüllung gegangen ist, was euch der Vater durch mich versprochen hat. 5 Johannes taufte mit Wasser; ihr aber werdet bald mit dem Heiligen Geist getauft werden.»

Jesus geht zurück zu Gott

6 Bei dieser Gelegenheit fragten sie ihn: «Herr, wirst du jetzt Israel wieder zu einem freien und mächtigen Reich machen?» 7 Darauf antwortete Jesus: «Die Zeit dafür hat allein Gott der Vater bestimmt. Das ist nicht eure Sache. 8 Aber ihr werdet den Heiligen Geist empfangen und durch seine Kraft meine Zeugen sein in Jerusalem und Judäa, in Samarien und auf der ganzen Erde.»

9 Nachdem er das gesagt hatte, nahm Gott ihn zu sich. Eine Wolke verhüllte ihn vor ihren Augen, und sie sahen ihn nicht mehr. 10 Noch während sie überrascht nach oben blickten, standen auf einmal zwei weißgekleidete Männer bei ihnen. 11 «Ihr Galiläer», sprachen sie die Jünger an, «was steht ihr hier und seht zum Himmel? Gott hat Jesus aus eurer Mitte zu sich in den Himmel genommen; aber eines Tages wird er genauso zurückkehren.»

Die Wahl des Matthias zum Apostel

12 Da gingen sie vom Ölberg nach Jerusalem zurück, das ungefähr einen Kilometer entfernt liegt. 13/14 Sie kamen im oberen Stockwerk des Hauses zusammen, wo sie sich auch sonst immer trafen, und beteten miteinander.[b] Es waren Petrus, Johannes, Jakobus, Andreas, Philippus, Thomas, Bartholomäus, Matthäus, Jakobus, der Sohn des Alphäus, Simon, der ehemalige Freiheitskämpfer, und Judas, der Sohn des Jakobus. Zu ihnen gehörten auch einige Frauen, unter anderem Maria, die Mutter von Jesus, und seine Brüder.

15 An einem dieser Tage hatten sich etwa hundertzwanzig Menschen dort versammelt. Da stand Petrus auf und sagte: 16 «Liebe Brüder! Die Voraus-

a) Wörtlich: Zusammen (mit ihnen) essend.
b) Wörtlich: Diese alle verharrten einmütig im Gebet.

sage der Heiligen Schrift über Judas, der Jesus an seine Feinde verriet, mußte sich erfüllen. Es ist so gekommen, wie es der Heilige Geist durch David vorhergesagt hat. [17]Judas gehörte zu uns und erhielt denselben Auftrag wie wir. [18]Von dem Geld, das er für seinen Verrat bekam, kaufte er sich ein Stück Land. Aber Judas hat ein schreckliches Ende gefunden. Kopfüber stürzte er zu Tode, sein Leib wurde zerschmettert, so daß die Eingeweide heraustraten. [19]Das weiß jeder in Jerusalem, und deshalb nennt man diesen Acker auf hebräisch Hakeldamach, das heißt ‹Blutacker›. [20]Schon in den Psalmen steht: ‹Sein Besitz wird veröden, und niemand wird darin wohnen!›[a] An einer anderen Stelle heißt es: ‹Seine Aufgabe soll ein anderer übernehmen.›[b] [21]Deshalb muß für Judas ein Nachfolger gefunden werden. Es muß ein Mann sein, der die ganze Zeit bei Jesus war; [22]angefangen von dem Tag, an dem Jesus von Johannes getauft wurde, bis zu dem Tage, an dem Gott ihn zu sich nahm. Denn zusammen mit uns soll er bezeugen, daß Jesus auferstanden ist.»

[23]Sie stellten zwei Männer zur Wahl: Joseph Justus, der auch Barsabas genannt wurde, und Matthias. [24]Dann beteten sie alle: «Herr, du kennst jeden Menschen ganz genau. Zeige uns, welcher von diesen beiden nach deinem Willen den Dienst und den Auftrag des Judas übernehmen soll. Denn Judas hat seinen Auftrag nicht erfüllt. [25]Er ist jetzt an dem Platz, der ihm zukommt.» [26]Danach losten sie, und das Los fiel auf Matthias. Seit dieser Zeit gehörte er zu den zwölf Aposteln.

a) Psalm 69,26
b) Psalm 109,8

Pfingsten: Gottes Geist kommt

2 Zum Beginn des jüdischen Pfingstfestes waren alle Jünger wieder beieinander. [2]Plötzlich kam vom Himmel her ein Brausen wie von einem gewaltigen Sturm und erfüllte das ganze Haus, in dem sie sich versammelt hatten. [3]Zugleich sahen sie etwas wie züngelndes Feuer, das sich auf jedem einzelnen von ihnen niederließ. [4]So wurden sie alle mit dem Heiligen Geist erfüllt, und sie redeten in fremden Sprachen; denn der Geist hatte ihnen diese Fähigkeit gegeben.

[5]Zum Fest waren viele gottesfürchtige Juden aus aller Welt nach Jerusalem gekommen. [6]Sie liefen von allen Seiten herbei, als das geschah. Fassungslos hörte jeder die Apostel in seiner eigenen Sprache reden.

[7]«Wie ist das möglich?» riefen sie außer sich. «Alle diese Leute sind doch aus Galiläa, [8]und dennoch reden sie in unserer Muttersprache; ganz gleich, ob wir Parther, Meder oder Elamiter sind. [9]Andere von uns kommen aus Mesopotamien, Judäa, Kappadozien, Pontus und der Provinz Asien, [10]aus Phrygien, Pamphylien und aus Ägypten, aus der Gegend von Kyrene in Libyen und selbst aus Rom. Wir sind Juden oder Anhänger des jüdischen Glaubens, [11]Kreter und Araber. Doch jeder von uns hört diese Männer in seiner eigenen Sprache von Gottes großen Taten reden!»

[12]Bestürzt und ratlos fragte einer den anderen: «Was soll das bedeuten?» [13]Einige aber spotteten: «Die haben doch nur zuviel getrunken!»

Petrus verkündet die Botschaft von Jesus

[14]Da erhob sich Petrus mit den anderen elf Aposteln und rief der Menge zu: «Hört her, ihr jüdischen Männer und ihr Einwohner von Jerusalem. Ich will euch erklären, was hier geschieht.

[15]Diese Männer sind nicht betrunken, wie einige von euch meinen. Es ist ja erst neun Uhr morgens. [16]Nein, hier erfüllt sich, was der Prophet Joel vorausgesagt hat. Bei ihm heißt es:

[17]‹In den letzten Tagen, spricht Gott, will ich alle Menschen mit meinem Geist erfüllen. Eure Söhne und Töchter werden aus göttlicher Eingebung reden, eure jungen Männer werden Visionen haben und die alten Männer bedeutungsvolle Träume. [18]Allen Männern und Frauen, die mir dienen, will ich meinen Geist geben, und sie werden in meinem Auftrag reden. [19]Am Himmel und auf der Erde werdet ihr Wunderzeichen sehen: Blut, Feuer und Rauch. [20]Die Sonne wird sich verfinstern und der Mond blutrot scheinen, bevor der Tag des Herrn kommt, groß und herrlich. [21]Wer dann den Namen des Herrn anruft, soll gerettet werden.›[a]

[22]Hört her, ihr Männer Israels! Wie ihr alle wißt, hat Jesus von Nazareth in Gottes Auftrag mitten unter euch viele mächtige Taten, Zeichen und Wunder gewirkt. Gott selbst hat es also durch ihn getan. [23]Aber Jesus wurde durch Verrat an euch ausgeliefert, und ihr habt ihn mit Hilfe der ungläubigen Römer ans Kreuz genagelt und umgebracht. Doch genau so war es von Gott vorausbestimmt.

[24]Diesen Jesus hat Gott auferweckt und damit die Macht des Todes gebrochen. Wie hätte auch der Tod über ihn Gewalt behalten können! [25]David sprach schon von Jesus, als er sagte: ‹Ich sehe immer auf den Herrn. Er steht mir zur Seite, damit ich nicht falle. [26]Darüber freue ich mich so sehr, daß ich es nicht für mich behalten kann. Selbst wenn ich sterbe, hoffe ich auf dich, Herr! [27]Denn du wirst mich nicht dem Tod und der Verwesung überlassen, ich gehöre ja zu dir. [28]Du zeigst mir den Weg, der zum Leben führt. Du beschenkst mich mit Freude, denn du bist bei mir.›[b]

[29]Liebe Brüder! Laßt es mich ganz offen sagen: Unser Vater David ist gestorben, und er wurde begraben. Sein Grab kann man heute noch sehen. [30]Gott hatte ihm aber mit einem Eid geschworen, einer von Davids Nachkommen werde als König auf seinem Thron sitzen. Weil David nun ein Prophet war, [31]hat er die Auferstehung des Christus vorausgesehen. Von ihm nämlich sagte er: Er wird nicht bei den Toten bleiben, und sein Leib wird nicht verwesen.

[32]Diesen Jesus hat Gott von den Toten auferweckt. Das können wir alle bezeugen. [33]Nun hat Gott ihn zum Herrscher eingesetzt. Er empfing vom Vater den Heiligen Geist und gab ihn uns, wie es vorausgesagt war. Ihr seht und hört jetzt selbst, daß es in Erfüllung gegangen ist. [34]Nicht David ist zum Himmel aufgefahren, denn er sagt: ‹Gott sprach zu meinem Herrn: Setze dich auf den Ehrenplatz an meiner rechten Seite, [35]bis ich dir alle deine Feinde unterworfen habe,

a) Joel 3,1–5
b) Psalm 16,8–11

bis du deinen Fuß auf ihren Nacken setzt.›[a]

[36] Kein Mensch in ganz Israel kann jetzt noch daran zweifeln: Gott hat Jesus, den ihr gekreuzigt habt, zum Herrn und Retter gemacht.»

[37] Tief betroffen wollten die Zuhörer von Petrus und den anderen Aposteln wissen: «Brüder, was sollen wir tun?»

[38] «Ändert euch und euer Leben! Wendet euch Gott zu!» forderte Petrus sie auf. «Laßt euch auf den Namen Jesu Christi taufen, damit euch Gott eure Sünden vergibt und ihr den Heiligen Geist empfangt. [39] Das alles ist euch, euern Nachkommen und den Menschen in aller Welt zugesagt, die der Herr, unser Gott, in seinen Dienst berufen wird.»

[40] Petrus sprach noch lange mit ihnen und forderte sie eindringlich auf: «Laßt euch von eurer Gottlosigkeit erretten!»[b] [41] Viele Zuhörer glaubten, was Petrus ihnen sagte, und ließen sich taufen. Etwa dreitausend Menschen wurden an diesem Tag in die Gemeinde aufgenommen.

Die erste Christengemeinde

[42] Diese ersten Christen ließen sich regelmäßig von den Aposteln unterrichten und lebten in brüderlicher Gemeinschaft, feierten das Abendmahl und beteten miteinander. [43] Eine tiefe Ehrfurcht vor Gott erfüllte sie alle. Er wirkte durch die Apostel viele Wunder und bestätigte auf diese Weise ihre Worte. [44] Die Gläubigen lebten wie in einer großen Familie. Was sie besaßen, gehörte ihnen gemeinsam. [45] Wer ein Grundstück oder anderen Besitz hatte, verkaufte ihn und half mit dem Geld denen, die in Not waren. [46] Täglich kamen sie im Tempel zusammen und feierten in den Häusern das Abendmahl. In großer Freude und mit aufrichtigem Herzen trafen sie sich zu gemeinsamen Mahlzeiten. [47] Sie lobten Gott und waren im ganzen Volk geachtet und anerkannt. Die Gemeinde wurde mit jedem Tag größer, weil Gott viele Menschen rettete.

Gottes Wunder an einem Gelähmten

3 An einem Nachmittag gegen drei Uhr gingen Petrus und Johannes wie gewohnt zum Tempel. Sie wollten dort am gemeinsamen Gebet teilnehmen. [2] Zur selben Zeit brachte man einen Gelähmten und setzte ihn an eine der Tempeltüren, an das sogenannte «Schöne Tor». Der Mann war seit seiner Geburt krank und bettelte dort wie an jedem Tag.

[3] Als Petrus und Johannes den Tempel betreten wollten, bat er auch sie um etwas Geld. [4] Sie blieben stehen, und Petrus sagte: «Sieh uns an!» [5] Erwartungsvoll blickte der Mann auf: Würde er etwas von ihnen bekommen? [6] Doch Petrus sagte: «Geld habe ich nicht. Aber was ich habe, will ich dir geben. Im Namen Jesu Christi von Nazareth: Stehe auf und geh!» [7] Dabei faßte er den Gelähmten an der rechten Hand und richtete ihn auf. In demselben Augenblick konnte der Kranke Füße und Gelenke gebrauchen. [8] Er sprang auf, lief einige Schritte hin und her und ging dann mit Petrus und Johannes in den Tem-

a) Psalm 110,1
b) Wörtlich: Laßt euch retten aus diesem verkehrten Geschlecht.

pel. Außer sich vor Freude rannte er
umher, sprang in die Luft und lobte
Gott.

9 So sahen ihn die anderen Tempel-
besucher. 10 Sie erkannten, daß es der
Bettler war, der immer an der «Schö-
nen Tür» des Tempels gesessen hatte.
Fassungslos starrten sie den Geheil-
ten an. Wieso konnte er jetzt laufen?
11 Alle drängten aufgeregt in die Halle
Salomos. Dort umringten sie Petrus,
Johannes und den Geheilten, der
nicht von der Seite der Apostel wich.

Petrus predigt im Tempel

12 Als Petrus die vielen Menschen sah,
sprach er zu ihnen: «Ihr Männer aus
Israel! Warum wundert ihr euch?
Und weshalb staunt ihr uns an?
Glaubt ihr denn, wir hätten diesen
Gelähmten aus eigener Kraft geheilt
oder weil wir so fromm sind?

13 Nein, es ist der Gott Abrahams,
Isaaks und Jakobs, der Gott unserer
Väter, der uns mit dieser Wundertat
die Macht und Ehre seines Sohnes[a]
Jesus gezeigt hat. Diesen Jesus habt
ihr verraten und verleugnet, obwohl
Pilatus entschlossen war, ihn freizu-
lassen. 14 Für den Heiligen und Ge-
rechten habt ihr das Todesurteil ver-
langt, aber den Mörder habt ihr be-
gnadigt. 15 Ihr habt den getötet, von
dem alles Leben kommt. Aber Gott
hat ihn von den Toten auferstehen
lassen. Das können wir bezeugen.

16 Weil wir an Jesus glauben, hat er
diesen Mann hier geheilt. Ihr alle
kennt ihn und wißt, daß er gelähmt
war. Doch nun ist er gesund gewor-
den, weil er an Jesus geglaubt hat.[b]
17 Ich weiß, liebe Brüder, euch war
nicht klar, was ihr damals getan habt,
und auch eure Führer wußten es
nicht. 18 Doch Gott hat dadurch er-
füllt, was alle Propheten angekündigt
haben: Der verheißene Retter muß
leiden.

19 Jetzt aber ändert euch von Grund
auf, und kehrt um zu Gott, damit er
euch die Sünden vergibt. 20 Dann wird
auch die Zeit kommen, in der sich
Gott euch freundlich zuwenden und
den seit langem ausersehenen Mes-
sias senden wird, nämlich Jesus.

21 Jetzt herrscht er unsichtbar im
Himmel, aber die Zeit wird kommen,
in der alles neu wird. Davon hat Gott
schon immer durch seine auserwähl-
ten Propheten gesprochen. 22 Bereits
Mose hat gesagt: ‹Einen Propheten
wie mich wird der Herr zu euch sen-
den, einen Mann aus euerm Volk.
Dem sollt ihr in allem gehorchen.
23 Wer ihm aber nicht gehorcht, der
soll aus dem Volk verstoßen werden
und sterben.›[c]

24 Ebenso haben Samuel und alle
Propheten nach ihm diese Tage ange-
kündigt. 25 Was diese Männer gesagt
haben, gilt auch für euch. Auch für
euch gilt der Bund, den Gott mit eu-
ern Vätern geschlossen hat. Denn
Gott sprach zu Abraham: ‹Durch
deine Nachkommen sollen alle Völ-
ker der Erde gesegnet werden.›[d]

26 Gott hat seinen Knecht Jesus zu
euch geschickt und bietet euch damit
das Heil an. Er wird euch segnen,
wenn ihr umkehrt und euer Leben än-
dert.»

a) Wörtlich: Knechtes.
b) Wörtlich: aufgrund des Glaubens an seinen Namen.
c) 5. Mose 18,15; 3. Mose 23,29
d) 1. Mose 12,3; 18,18

Petrus und Johannes werden verhört

4 Noch während Petrus und die anderen Apostel zu den Leuten sprachen, drängten sich einige Priester, der Hauptmann der Tempelpolizei und ein paar Sadduzäer nach vorn. 2 Sie waren empört, weil Petrus und Johannes in aller Öffentlichkeit lehrten, daß es eine Auferstehung von den Toten gibt, wie es Jesu Auferstehung ja bewiesen habe. 3 Deswegen ließen sie die beiden Apostel verhaften und über Nacht ins Gefängnis sperren, weil es inzwischen Abend geworden war. 4 Aber viele von den Zuhörern waren durch die Predigt der Apostel zum Glauben gekommen, so daß nun etwa fünftausend Männer zur Gemeinde gehörten.

5 Am nächsten Morgen berief man eine Sitzung des jüdischen Gerichtshofes in Jerusalem ein. 6 Der Hohepriester Hannas, dazu Kaiphas, Johannes, Alexander und andere aus der Verwandtschaft des Hohenpriesters waren anwesend. 7 Sie ließen Petrus und Johannes hereinbringen und fragten die Apostel: «Wer hat euch für das, was ihr getan habt, den Auftrag und die Vollmacht gegeben?»

8 Erfüllt vom Heiligen Geist antwortete ihnen Petrus: «Ihr Führer und Ältesten unseres Volkes! 9 Wir werden heute vor Gericht gestellt, weil wir einem Kranken geholfen haben. 10 Auf die Frage, wie der Mann hier gesund geworden ist, gibt es nur eine Antwort, und die wollen wir euch und dem ganzen Volk Israel gern geben: Daß dieser Mann geheilt wurde, geschah allein im Namen Jesu Christi von Nazareth. Er ist es, den ihr gekreuzigt habt und den Gott von den Toten auferweckte. 11 Jesus ist der Eckstein, von dem in der Heiligen Schrift gesprochen wird und den ihr Bauleute als unbrauchbar weggeworfen habt.[a] Er aber trägt nun den ganzen Bau. 12 Nur Jesus kann den Menschen Rettung bringen. Nichts und niemand sonst auf der ganzen Welt rettet sie.»[b]

13 Die Mitglieder des Gerichtshofes wunderten sich darüber, wie mutig Petrus und Johannes redeten; wußten sie doch, daß es einfache Leute waren, die niemals Theologie studiert hatten. Aber sie erkannten die beiden als Jünger Jesu wieder; 14 und die Heilung selbst konnten sie nicht bestreiten, denn der Geheilte stand vor ihnen. 15 Deshalb ließen sie zunächst einmal die Angeklagten aus dem Sitzungssaal führen.

16 «Was sollen wir nur mit diesen Leuten anfangen?» fragten sie sich. «Daß sie in Jerusalem ein Wunder gewirkt haben, können wir nicht ableugnen. Schließlich haben das viele mit eigenen Augen gesehen. 17 Damit ihr Einfluß auf das Volk aber nicht noch größer wird, sollten wir ihnen streng verbieten, jemals wieder von diesem Jesus zu reden.»

18 Nachdem sie die Apostel wieder in den Sitzungssaal gerufen hatten, verboten sie ihnen sehr nachdrücklich, noch einmal in der Öffentlichkeit von Jesus zu reden. 19 Aber Petrus und Johannes antworteten nur: «Wollt ihr tatsächlich von uns verlangen, daß wir euch mehr gehorchen als

a) Psalm 118, 22
b) Wörtlich: Es ist auch kein anderer Name unter dem Himmel den Menschen gegeben, durch den wir gerettet werden können.

Gott? [20]Wir können unmöglich ver-
schweigen, was wir gesehen und ge-
hört haben!»

[21]Da verwarnte das Gericht die
Apostel noch einmal, ließ sie jedoch
frei, weil die Richter Unruhe im Volk
befürchteten. Denn alle Menschen in
Jerusalem lobten Gott, der durch Pe-
trus und Johannes ein solches Wun-
der vollbracht hatte. [22]Immerhin war
der Mann, an dem dieses Wunder ge-
schah, schon über vierzig Jahre ge-
lähmt gewesen.

Die Apostel berichten der Gemeinde

[23]Sofort nachdem Petrus und Jo-
hannes frei waren, gingen sie zu den
anderen Christen[a] und berichteten,
was ihnen die Hohenpriester und
Führer des Volkes angedroht hatten.
[24]Da beteten alle gemeinsam zu Gott:

«Herr, du hast den Himmel, die
Erde und das Meer erschaffen und
dazu alles, was lebt. [25]Es sind deine
Worte, die unser Vater David, dein
Knecht, durch den Heiligen Geist ge-
sprochen hat: ‹Warum toben die Hei-
den, und weshalb schmieden die Völ-
ker ihre nutzlosen Pläne? [26]Die
Machthaber der Erde rüsten auf, und
alle Herrscher verbünden sich zum
Kampf gegen Gott und seinen Chri-
stus.›[b] [27]Genau das ist in dieser Stadt
geschehen. Sie haben sich verbündet:
Herodes und Pilatus, die Römer und
ganz Israel. Sie sind eins geworden im
Kampf gegen Jesus, deinen heiligen
Sohn, den du erwählt hast. [28]Doch sie
erfüllen nur, was du in deiner Macht
schon seit langem beschlossen hast.
[29]Und nun, Herr, höre ihre Drohun-
gen! Hilf allen, die an dich glauben,
deine Botschaft ohne Angst weiterzu-
sagen. [30]Zeige deine Macht! Laß Hei-
lungen und Wunder geschehen durch
den Namen deines heiligen Sohnes
Jesus!»

[31]Als sie gebetet hatten, bebte das
Haus, in dem sie zusammengekom-
men waren. Sie wurden alle mit dem
Heiligen Geist erfüllt und predigten
das Wort Gottes furchtlos und uner-
schrocken.

Die Gemeinde wächst

[32]Alle Christen waren ein Herz und
eine Seele. Niemand betrachtete sein
Eigentum als privaten Besitz, son-
dern alles gehörte ihnen gemeinsam.
[33]Mit großer Überzeugungskraft
berichteten die Apostel von der Auf-
erstehung Jesu, und alle erlebten
Gottes Güte.[c] [34]Niemandem in der
Gemeinde fehlte etwas; denn wer
Häuser oder Äcker besaß, verkaufte
seinen Besitz. [35]Das Geld wurde von
den Aposteln an die Bedürftigen wei-
tergegeben. [36]Einer der Spender war
der Levit Joseph aus Zypern. Die
Apostel nannten ihn auch Barnabas,
das heißt «der Tröster». Dieser Jo-
seph hatte seinen Acker verkauft und
das Geld den Aposteln gegeben.

Ananias und Saphira betrügen Gott

5 Ein Mann, er hieß Ananias, ver-
kaufte zusammen mit seiner Frau
Saphira ein Grundstück. [2]Sie war da-
mit einverstanden, daß er einen Teil
des Geldes behielt und nur den Rest

a) Wörtlich: zu den Ihren.
b) Psalm 2,1–2
c) Wörtlich: und große Gnade war mit ihnen allen.

zu den Aposteln brachte. 3 Aber Pe-
trus durchschaute ihn. «Ananias»,
fragte er, «warum hast du es zugelas-
sen, daß der Satan von dir Besitz er-
greift? Warum hast du den Heiligen
Geist betrogen und einen Teil des
Geldes unterschlagen? 4 Niemand hat
dich gezwungen, das Land zu verkau-
fen. Es war dein Eigentum. Sogar das
Geld hättest du behalten können.
Wie konntest du nur so etwas tun! Du
hast nicht Menschen betrogen, son-
dern Gott selbst.»

5 Bei diesen Worten brach Ananias
tot zusammen. Alle, die davon hör-
ten, waren entsetzt. 6 Einige junge
Männer bedeckten den Toten mit
einem Tuch und trugen ihn hinaus,
um ihn zu begraben.

7 Etwa drei Stunden später kam sei-
ne Frau Saphira in die Gemeinde. Sie
wußte noch nicht, was geschehen
war. 8 Petrus fragte sie: «Ist das hier
alles gewesen, was ihr für euern Ak-
ker bekommen habt?» «Ja», antwor-
tete sie, «das war alles.» 9 «Wie konn-
tet ihr jemals annehmen, Gottes Hei-
liger Geist würde euern Betrug nicht
merken?» erwiderte Petrus. «Die
Männer, die deinen Mann begraben
haben, kommen gerade zurück. Sie
werden auch dich hinaustragen.» 10 In
demselben Augenblick stürzte Saphi-
ra tot zu Boden. Als die jungen Män-
ner hereinkamen und sahen, daß sie
tot war, trugen sie auch die Frau hin-
aus und begruben sie neben ihrem
Mann. 11 Die ganze Gemeinde aber
und alle, die davon hörten, erschra-
ken zutiefst.

Gott bekennt sich zu seiner Gemeinde

12 In Gottes Auftrag vollbrachten die
Apostel viele erstaunliche Taten und
Wunder. Die ganze Gemeinde traf
sich immer wieder im Tempel in der
Halle Salomos, fest vereint im Glau-
ben. 13 Die anderen wagten nicht, sich
ihnen anzuschließen; sie sprachen
aber mit Hochachtung von der Ge-
meinde. 14 Immer mehr glaubten an
Jesus, Männer wie Frauen. 15 Es kam
soweit, daß man die Kranken auf Bet-
ten und Bahren an die Straße brachte,
damit wenigstens der Schatten des
vorübergehenden Petrus auf sie fal-
len sollte. 16 Selbst aus den umliegen-
den Städten Jerusalems strömten die
Menschen herbei. Sie brachten ihre
Kranken und von Dämonen Besesse-
nen, und alle wurden gesund.

Erneute Verfolgung der Apostel

17 Der Hohepriester aber und seine
Freunde aus der Partei der Sadduzäer
waren neidisch auf die ständig wach-
sende Gemeinde Christi und be-
schlossen deshalb, nicht länger taten-
los zuzusehen. 18 Kurzerhand ließen
sie die Apostel festnehmen und ins
Gefängnis werfen.

19 Aber in der Nacht öffnete ein En-
gel des Herrn die Gefängnistüren und
führte die Apostel hinaus. 20 «Geht in
den Tempel», sagte er, «und verkün-
det dort allen die Botschaft vom neu-
en Leben durch Jesus!» 21 Also gingen
die Apostel frühmorgens in den Tem-
pel und predigten dort in aller Öffent-
lichkeit.

Zur selben Zeit berief der Hohe-
priester mit seinen Gesinnungsgenos-
sen den jüdischen Gerichtshof, die
Führer des Volkes, zu einer Sitzung
ein. Dann ließen sie die Apostel zum
Verhör holen. 22 Aber die waren nicht
mehr im Gefängnis. So gingen die Be-
auftragten des Hohenpriesters zurück
und meldeten: 23 «Die Gefangenen
sind fort. Die Türen des Gefängnisses
waren sorgfältig verschlossen und

ordnungsgemäß bewacht. Aber als
wir die Türen öffneten, war niemand
in der Zelle.» 24 Der Befehlshaber der
Tempelpolizei und der Hohepriester
waren ratlos. Wie sollte das alles noch
enden?

25 In diesem Augenblick stürzte je-
mand mit der Nachricht herein: «Die
Männer, die ihr ins Gefängnis gewor-
fen habt, sind schon wieder im Tem-
pel und reden von Jesus!» 26 Sofort
zog der Befehlshaber der Tempelpo-
lizei mit seinen Männern zum Tempel
und holte die Apostel. Allerdings
wendeten sie keine Gewalt an, weil
sie sonst fürchten mußten, vom Volk
gesteinigt zu werden.

27 Die Apostel wurden in den Ge-
richtssaal gebracht, wo der Hohepries-
ter sie verhörte. 28 «Haben wir euch
nicht streng verboten, jemals wieder
von diesem Jesus zu reden?» begann
er. «Und doch spricht inzwischen
ganz Jerusalem davon. Ihr wollt uns
sogar für den Tod dieses Menschen
verantwortlich machen!»

29 Petrus und die anderen Apostel
erwiderten: «Man muß Gott mehr
gehorchen als den Menschen! 30 Der
Gott unserer Väter hat Jesus, den ihr
ans Kreuz geschlagen und getötet
habt, von den Toten auferweckt.
31 Gott hat ihn durch seine Macht zum
Herrscher und Retter erhoben, damit
sich das Volk Israel von Grund auf
ändern kann und ihm seine Sünden
vergeben werden. 32 Das werden wir
immer bezeugen und auch der Heilige
Geist, den Gott allen gibt, die ihm ge-
horchen.»

33 Diese Worte versetzten die Mit-
glieder des Gerichtshofes in maßlose
Wut, und sie beschlossen, die Apo-
stel töten zu lassen.

Gamaliels weiser Rat

34 Da stand Gamaliel auf, ein Pharisä-
er und hochangesehener Schriftge-
lehrter. Er ließ die Apostel für kurze
Zeit hinausbringen; 35 dann wandte er
sich an die Gerichtsversammlung:
«Ihr Männer von Israel, seid vorsich-
tig und überlegt euch genau, was ihr
gegen diese Leute unternehmt.
36 Schon früher glaubten manche
Männer, etwas Besonderes zu sein,
wie Theudas zum Beispiel. Etwa vier-
hundert Männer konnte er als An-
hänger gewinnen. Aber er wurde ge-
tötet, und von seinen Leuten ist kei-
ner mehr zu finden. Niemand spricht
mehr von ihnen. 37 Zur Zeit der
Volkszählung unternahm Judas aus
Galiläa einen Aufstand. Viele Leute
schlossen sich ihm an. Aber auch er
kam um, und von seiner Bewegung
spricht kein Mensch mehr. 38 Deshalb
rate ich euch: Laßt diese Männer in
Ruhe! Wenn es ihre eigenen Ideen
und Taten sind, für die sie sich einset-
zen, werden sie scheitern. 39 Steht
aber Gott dahinter, könnt ihr ohne-
hin nichts dagegen unternehmen.
Oder wollt ihr gegen Gott kämp-
fen?»

40 Das überzeugte alle. Man rief die
Apostel wieder herein, ließ sie aus-
peitschen und verbot ihnen noch ein-
mal, von Jesus zu reden. Dann wur-
den sie freigelassen. 41 Die Apostel
aber verließen den Gerichtssaal vol-
ler Freude darüber, daß Gott ihnen
das Vorrecht gegeben hatte, für Jesus
Verachtung und Schmerzen zu ertra-
gen. 42 Sie verkündeten weiter jeden
Tag öffentlich im Tempel und auch in
Privathäusern, daß Jesus der schon
lange erwartete Messias ist.

Die Wahl der sieben Diakone

6 In dieser Zeit wuchs die Gemein-
de rasch. Dabei kam es zu
Schwierigkeiten zwischen den Hebrä-
ern und den Juden, die griechisch
sprachen. Diese beklagten sich dar-
über, daß ihre Witwen bei der täg-
lichen Versorgung benachteiligt wür-
den. 2 Deshalb riefen die zwölf Apo-
stel alle Gläubigen zusammen. «Es ist
nicht richtig», sagten sie, «wenn wir
Lebensmittel verteilen müssen, statt
Gottes Wort zu verkündigen. 3 Dar-
um, liebe Brüder, sucht in der Ge-
meinde nach sieben zuverlässigen
Männern, die ihr Leben ganz vom
Heiligen Geist bestimmen lassen und
wissen, was zu tun ist. Sie sollen diese
Aufgabe übernehmen. 4 Wir selbst
aber wollen nach wie vor alle Kraft
für das Gebet und die Verkündigung
des Wortes Gottes einsetzen.»

5 Mit diesem Vorschlag waren alle
einverstanden. Zuerst wählten sie
Stephanus, einen Mann mit festem
Glauben und erfüllt mit dem Heiligen
Geist; danach Philippus, Prochorus,
Nikanor, Timon, Parmenas und Ni-
kolaus von Antiochia; er war zum jü-
dischen Glauben übergetreten und
dann erst Christ geworden. 6 Diese
sieben Männer wurden den Aposteln
vorgestellt, die für sie beteten und ih-
nen segnend die Hände auflegten.

7 Das Wort Gottes aber wurde im-
mer mehr Menschen verkündet. Vor
allem in Jerusalem wuchs die Zahl
der Christen ständig. Unter ihnen wa-
ren viele jüdische Priester, die zum
Glauben gefunden hatten.

Stephanus vor Gericht

8 Stephanus vollbrachte durch Gottes
Gnade und Kraft aufsehenerregende
Wunder im Volk. 9 Eines Tages ver-
wickelten ihn Anhänger einer jüdi-
schen Gemeinde, die sich die «Frei-
gelassenen» nannten, in ein Streitge-
spräch. Auch Leute aus Kyrene,
Alexandria, Zilizien und der Provinz
Asia beteiligten sich daran. 10 Aber
keiner von ihnen konnte den Argu-
menten des Stephanus, die Gottes
Geist ihm eingab, etwas Überzeugen-
des entgegenhalten.

11 Weil sie sich darüber ärgerten,
hetzten sie ein paar Leute auf, die be-
haupten sollten: «Er hat Gott und
Mose beleidigt. Wir haben es selbst
gehört.» 12 Dadurch gelang es ihnen,
das Volk, seine Führer und die Geset-
zeslehrer so aufzuwiegeln, daß sie
über Stephanus herfielen und ihn vor
ihren Gerichtshof schleppten.

13 Dort traten Zeugen gegen Ste-
phanus auf, die man vorher besto-
chen hatte. «Dieser Mensch», so be-
haupteten sie, «lästert fortwährend
den heiligen Tempel und das Gesetz
Gottes. 14 Wir haben selbst gehört,
daß er gesagt hat: ‹Jesus von Naza-
reth wird den Tempel zerstören und
die Ordnungen ändern, wie sie Mose
uns gegeben hat.›»

15 Jeder im Gerichtssaal blickte ge-
spannt auf Stephanus, und jeder
konnte sehen, daß sein Gesicht leuch-
tete wie das Gesicht eines Engels.

Die Verteidigungsrede des Stephanus

7 Der Hohepriester fragte ihn:
«Stimmt es, was die Männer hier
von dir behaupten?» 2 Stephanus ant-
wortete: «Hört mich an, liebe Brüder
und Väter! Gott, dem alle Ehre zu-
kommt, erschien unserem Vater
Abraham in Mesopotamien, noch
ehe Abraham nach Haran gezogen
war. 3 Gott forderte ihn auf: ‹Verlaß

deine Heimat und deine Verwandtschaft, und zieh in das Land, das ich dir zeigen werde!›[a] [4]So verließ Abraham das Land der Chaldäer und wohnte in Haran, bis sein Vater starb. Dann brachte Gott ihn hierher, wo ihr jetzt wohnt. [5]Aber Gott gab ihm keinen Fußbreit eigenes Land, obwohl er ihm zugesagt hatte, daß seinen Nachkommen alles Land gehören würde. Zu der Zeit aber hatte Abraham noch keine Kinder! [6]Gott sagte zu ihm: ‹Deine Nachkommen werden in einem fremden Land heimatlos sein. Vierhundert Jahre wird man sie ausbeuten, und sie werden viel leiden müssen.›

[7]Aber Gott versprach Abraham auch: ‹Ich werde das Volk bestrafen, das die Israeliten so lange unterdrückt hat. Dann werden deine Nachkommen Ägypten verlassen und mir hier dienen.›[b]

[8]Damals schloß Gott mit Abraham den Bund, dessen Zeichen die Beschneidung ist. Als später Isaak geboren wurde, beschnitt ihn sein Vater Abraham acht Tage nach der Geburt. Auch Isaak und sein Sohn Jakob hielten an dieser Ordnung fest, ebenso Jakobs zwölf Söhne, unsere Stammväter.

[9]Weil aber Jakobs Söhne auf ihren Bruder Joseph neidisch waren, verkauften sie ihn als Sklaven nach Ägypten. Doch Gott verließ Joseph nicht, [10]sondern half ihm jedesmal, wenn er in Not geriet. Joseph konnte die Gunst des ägyptischen Königs, des Pharao, gewinnen. Wegen der ungewöhnlichen Weisheit, die Gott ihm gegeben hatte, wurde Joseph vom Pharao schließlich zum Verwalter über ganz Ägypten und den Königshof eingesetzt.

[11]Dann aber brach in Ägypten und Kanaan eine Hungersnot aus. Die Not war so groß, daß auch unsere Väter nichts mehr zu essen hatten. [12]Als Jakob erfuhr, daß es in Ägypten noch Getreide gab, schickte er seine Söhne in dieses Land. [13]Bei ihrer zweiten Reise nach Ägypten gab sich Joseph seinen Brüdern zu erkennen. Nun erfuhr der Pharao, aus welchem Land Joseph stammte. [14]Joseph ließ seinen Vater Jakob und alle seine Verwandten nach Ägypten kommen, insgesamt fünfundsiebzig Menschen. [15]So kam Jakob nach Ägypten. Er und alle unsere Vorfahren lebten dort bis zu ihrem Tode. [16]Später wurden sie nach Sichem überführt und in dem Grab beigesetzt, das Abraham von den Nachkommen Hemors erworben hatte.

[17]Dann kam die Zeit, daß Gott sein Versprechen erfüllen wollte, wie er es Abraham gegeben hatte. Die Nachkommen Josephs und seiner Brüder waren in Ägypten zu einem großen Volk geworden. [18]Ein neuer Pharao kam an die Macht, der von Joseph nichts mehr wußte. [19]Grausam unterdrückte er unser Volk. Er schreckte nicht einmal davor zurück, unsere Väter zu zwingen, ihre neugeborenen Kinder auszusetzen und auf diese Weise zu töten.

[20]In dieser Zeit wurde Mose geboren, mit dem Gott etwas Besonderes vorhatte.[c] Drei Monate lang versteckten ihn seine Eltern in ihrem Haus. [21]Als er dann doch ausgesetzt

a) 1. Mose 12,1
b) 1. Mose 15,13–14
c) Wörtlich: Er war schön vor Gott.

werden mußte, fand ihn die Tochter
des Pharao. Sie zog ihn auf wie ihren
eigenen Sohn. 22 Mose wurde in allen
Wissenschaften der Ägypter gründ-
lich ausgebildet, und er stand – mit al-
lem, was er sagte oder tat – in hohem
Ansehen.

23 Als Mose vierzig Jahre alt war,
begann er sich um seine Brüder, die
Israeliten, zu kümmern. 24 Eines Ta-
ges mußte er mitansehen, wie ein Is-
raelit von einem Ägypter mißhandelt
wurde. Ohne zu zögern, griff er ein
und schlug den Ägypter tot. 25 Mose
meinte, seine Landsleute müßten
jetzt erkennen, daß Gott ihn zur Be-
freiung seines Volkes geschickt hatte.
Doch sie erkannten es nicht. 26 Am
nächsten Tag sah Mose, wie sich zwei
Israeliten stritten. Er versuchte, den
Streit zu schlichten, und sagte zu ih-
nen: ‹Ihr gehört doch zu ein und dem-
selben Volk, warum schlagt ihr
euch?› 27 Aber der mit dem Streit an-
gefangen hatte, stieß ihn zurück und
schrie: ‹Wer hat dich eigentlich zu un-
serem Herrn und Richter gemacht?
28 Willst du mich etwa auch umbrin-
gen, wie du gestern den Ägypter ge-
tötet hast?› 29 Mose erschrak über die-
se Worte. Er verließ Ägypten und
floh nach Midian, wo er als Auslän-
der lebte.

Dort wurden ihm zwei Söhne gebo-
ren. 30 Vierzig Jahre vergingen. Da er-
schien ihm in der Wüste am Berg Si-
nai der Engel Gottes im Feuer eines
brennenden Dornbusches. 31 Mose
sah die Flamme und wunderte sich
über die seltsame Erscheinung. Als er
aber näher an den Busch herantrat,
hörte er die Stimme Gottes:

32 ‹Ich bin der Gott deiner Väter,
der Gott Abrahams, Isaaks und Ja-
kobs.› Mose zitterte vor Angst und
wagte nicht aufzusehen. 33 Aber der
Herr redete weiter zu ihm: ‹Ziehe
deine Schuhe aus; das Land, auf dem
du stehst, ist heilig. 34 Mir sind die Lei-
den meines Volkes in Ägypten nicht
verborgen geblieben, und sein Wei-
nen und Klagen habe ich gehört. Nun
bin ich gekommen, um es zu befreien.
Gehe deshalb zurück nach Ägyp-
ten!›[a]

35 Gott sandte also gerade den
Mann als Befreier zu den Israeliten,
den sie mit den Worten abgewiesen
hatten: ‹Wer hat dich zu unserem
Herrn und Richter gemacht?› Ihn er-
wählte Gott durch den Engel im bren-
nenden Dornbusch zu ihrem Be-
freier, 36 und Mose führte unser Volk
aus Ägypten. Überall wirkte er Zei-
chen und Wunder: in Ägypten, am
Roten Meer und während der vierzig
Jahre in der Wüste.

37 Mose war es auch, der zum Volk
Israel sagte: ‹Einen Propheten wie
mich wird der Herr, euer Gott, zu
euch senden, einen Mann aus eurem
Volk.›[b] 38 Dieser Mose wurde zum
Vermittler zwischen unserem Volk
und dem Engel, der ihm auf dem
Berg Sinai das Gesetz Gottes gab.
Mose sollte uns Gottes Gebote über-
mitteln, die allen das Leben bringen.
39 Aber unsere Väter wollten ihm
nicht gehorchen. Sie begannen, sich
nach dem Leben in Ägypten zurück-
zusehnen, und erhoben sich sogar ge-
gen Mose, als er auf dem Berg Sinai
war. 40 Von seinem Bruder Aaron
verlangten sie: ‹Mache uns Götzen-
bilder. Wir wollen sie vor uns hertra-
gen, damit sie uns führen. Mose hat

a) 2. Mose 3,5–10
b) 5. Mose 18,15

uns überredet, Ägypten zu verlassen. Aber niemand von uns weiß, was aus ihm geworden, wo er geblieben ist.›

41 Sie gossen sich ein Stierkalb aus Gold, das ihr Gott sein sollte. Als es fertig war, freuten sie sich über ihren Götzen und brachten ihm ihre Opfer. 42 Da wandte sich Gott von ihnen ab und überließ sie ihrem Schicksal. So kam es, daß sie zur Sonne, dem Mond und den Sternen beteten, wie es im Buch des Propheten Amos steht: ‹Habt ihr vom Volk Israel mir in den vierzig Jahren eurer Wüstenwanderung jemals Opfertiere und Schlachtopfer gebracht und mich als Gott verehrt? 43 Nein, ihr habt die Abbilder des Gottes Moloch und Romphan vor euch hergetragen; Götzenbilder, die ihr euch selbst gemacht habt, um sie anzubeten. Deshalb werde ich euch in die Gefangenschaft führen, noch weit über Babylon hinaus.›[a]

44 Während ihrer ganzen Wanderung durch die Wüste trugen unsere Väter ein Zelt mit sich, das ihnen als Tempel diente. Gott selbst hatte ihnen befohlen, ein solches Zelt zu bauen, und zwar genau so, wie er es Mose gezeigt hatte. 45 Die folgende Generation übernahm das Zelt, und als Josua später das Land eroberte, aus dem die Heiden von Gott vertrieben wurden, nahmen sie das Zelt mit in ihre neue Heimat. Dort blieb es noch bis zur Zeit des Königs David.

46 Diesem König bewies Gott immer wieder seine Gunst. David war es auch, der den Gott Israels bat, ihm einen Tempel bauen zu dürfen. 47 Doch erst Salomo verwirklichte diesen Plan. 48 Aber der höchste Gott wohnt ohnehin nicht in Häusern, die ihm Menschen bauen. So sagt schon der Prophet Jesaja: 49 ‹Der Himmel ist mein Thron und die Erde der Schemel, auf den ich meine Füße setze. Was für ein Haus also wollt ihr mir bauen, in dem ich wohnen könnte? 50 Habe ich doch das Weltall geschaffen!›[b]

51 Ihr Unbelehrbaren, ungehorsam seid ihr, unablässig widersetzt ihr euch Gottes Geist.[c] Wie eure Väter weigert ihr euch, Gottes Willen zu erfüllen. 52 Nennt mir einen einzigen Propheten, den eure Väter nicht verfolgt haben. Sie haben alle umgebracht, die vom Kommen eures Retters sprachen. Ihr aber seid die Verräter und Mörder dieses Gerechten! 53 Gott hat euch durch seine Engel das Gesetz gegeben, aber ihr habt euch nie danach gerichtet.»

Der Märtyrertod des Stephanus

54 Über diese Worte des Stephanus gerieten seine Zuhörer in maßlose Wut. 55 Stephanus aber blickte, erfüllt vom Heiligen Geist, zum Himmel auf und sah dort Gott in seiner Herrlichkeit und Jesus an seiner rechten Seite. 56 «Ich sehe den Himmel offen!» rief Stephanus, «und Jesus, den Menschensohn, auf dem Ehrenplatz an der rechten Seite Gottes!»

57 Jetzt schrien sie ihn nieder, hielten sich die Ohren zu, um seine Worte nicht länger hören zu müssen, stürzten sich auf ihn 58 und zerrten ihn

a) Amos 5,25–27
b) Jesaja 66,1–2
c) Wörtlich: Ihr Halsstarrigen und Unbeschnittenen an Herzen und Ohren.

aus der Stadt. Hier steinigten sie ihn.
Die Männer, die das Urteil voll-
streckten, legten ihre weiten Umhän-
ge ab und gaben sie einem jungen
Mann, der Saulus hieß.
59 Als sie Stephanus töteten, betete
er laut: «Herr Jesus, nimm meinen
Geist zu dir!» 60 Er kniete nieder und
rief: «Herr, vergib ihnen diese
Schuld!» Mit diesen Worten starb er.

Die erste Christenverfolgung

8 Saulus hatte die Steinigung des
Stephanus mit Genugtuung ange-
sehen. Noch am selben Tag setzte
eine schwere Verfolgung der Christen
in Jerusalem ein. Von den Aposteln
abgesehen, flohen alle in die Landbe-
zirke Judäas und Samariens. 2 Stepha-
nus wurde von einigen frommen
Männern begraben, die seinen Tod
laut beklagten.
3 Saulus aber setzte alles daran, die
Gemeinde Jesu auszurotten. Er
schleppte die Christen aus ihren Häu-
sern und ließ sie – Männer wie Frauen
– ins Gefängnis werfen.

Das Evangelium in Samaria

4 Doch die aus Jerusalem geflohenen
Christen verkündeten überall die
Heilsbotschaft von Jesus. 5 Einer von
ihnen war Philippus. Er kam in die
Stadt Samaria und sprach dort von
Christus. 6 Die Einwohner hörten ihm
bereitwillig zu; vor allem, nachdem
sie die Wunder sahen, die er wirkte.
7 Böse Geister wurden ausgetrieben
und ließen mit lautem Geschrei von
ihren Opfern ab. Ebenso heilte Phi-
lippus viele Gelähmte und Körperbe-
hinderte. 8 Darüber herrschte große
Freude in Samaria.

Gottes Gnade läßt sich nicht kaufen

9 In Samaria lebte auch Simon, ein
Mann, der seit vielen Jahren Zaube-
rei getrieben und durch seine Künste
viele in Erstaunen versetzt hatte. Er
behauptete, etwas Besonderes zu
sein. 10 Alle Leute, die seine Zauberei
miterlebt hatten, sagten nämlich: «In
diesem Mann wirkt Gottes Kraft!»
11 Sie standen ganz in seinem Bann,
weil er sie jahrelang mit seinen Zau-
berkünsten beeinflußt hatte.
12 Aber nun glaubten viele an die
Botschaft vom Reich Gottes, wie sie
ihnen Philippus verkündet hatte, und
an Jesus Christus. Männer und
Frauen – unter ihnen auch der Zaube-
rer Simon – ließen sich taufen. 13 Nach
seiner Taufe begleitete Simon den
Philippus überallhin und sah dabei
staunend die Wunder, die Philippus
wirkte.
14 Als nun die Apostel in Jerusalem
davon hörten, daß die Leute in Sama-
ria Gottes Botschaft angenommen
hatten, schickten sie Petrus und Jo-
hannes dorthin. 15 Die beiden Apostel
kamen nach Samaria und beteten für
die Gläubigen, daß Gott ihnen seinen
Heiligen Geist schenken möge.
16 Denn bisher hatte keiner von ihnen
den Geist empfangen, obwohl sie auf
den Namen Jesu getauft worden wa-
ren. 17 Als ihnen aber die Apostel die
Hände auflegten, empfingen sie den
Heiligen Geist.
18 Simon hatte gesehen, daß den
Gläubigen der Heilige Geist gegeben
wurde, als die Apostel ihnen die Hän-
de auflegten. Da bot er Petrus und Jo-
hannes Geld an und sagte: 19 «Ver-
helft auch mir dazu, daß jemand, dem
ich die Hände auflege, den Heiligen
Geist bekommt.»
20 Aufgebracht rief da Petrus:
«Fahr zur Hölle mit deinem Geld!

Denkst du wirklich, daß sich Gottes Gnade kaufen läßt? [21] Gottes Botschaft gilt nicht für dich, denn du meinst es nicht ehrlich. [22] Bereue deine Sünde, und ändere dich von Grund auf. Bitte Gott, daß er dir diese abscheulichen Gedanken vergibt. [23] Denn ich sehe, daß du voller Gift und Galle bist und den Weg zu Gott noch gar nicht gefunden hast.»

[24] «Betet für mich!» rief da Simon erschrocken, «damit mir erspart bleibt, was ihr mir angedroht habt.»

[25] Nachdem sie in Samaria Gottes Wort gepredigt hatten, kehrten Petrus und Johannes nach Jerusalem zurück. Unterwegs verkündeten sie auch in vielen Dörfern Samariens das Evangelium von Jesus.

Philippus und der äthiopische Finanzminister

[26] Ein Engel des Herrn forderte Philippus auf: «Geh in Richtung Süden, und zwar auf die einsame Straße, die von Jerusalem nach Gaza führt.» [27] Philippus gehorchte sofort.

Zur selben Zeit war auf dieser Straße auch ein Mann aus Äthiopien mit seinem Wagen unterwegs. Er war Finanzminister der äthiopischen Königin Kandake und ein hoher Würdenträger seines Landes. [28] Auf dem Rückweg von Jerusalem, wo er als Pilger im Tempel gebetet hatte, las er im Buch des Propheten Jesaja.

[29] Da sprach der Heilige Geist zu Philippus: «Geh zu diesem Wagen, und bleib in seiner Nähe.» [30] Philippus lief hin und hörte, daß der Mann laut aus dem Buch Jesaja las. Er fragte den Äthiopier: «Verstehst du eigentlich, was du da liest?» [31] «Nein», erwiderte der Mann, «wie soll ich das denn verstehen, wo es mir noch niemand erklärt hat!» Er bat Philippus, einzusteigen und sich neben ihn zu setzen.

[32] Er hatte gerade die Sätze gelesen: «Wie ein Schaf, das geschlachtet werden soll, hat man ihn abgeführt. Und wie ein Lamm, das sich nicht wehrt, wenn es geschoren wird, hat er alles erduldet. [33] Nicht einmal ein gerechtes Urteil war er ihnen wert. Niemand glaubte, daß er noch eine Zukunft haben würde. Denn man hat sein Leben auf dieser Erde vernichtet.»[a]

[34] Der äthiopische Minister fragte Philippus: «Von wem spricht hier der Prophet? Von sich selbst oder von einem anderen?» [35] Da begann Philippus, ihm das Evangelium von Jesus anhand dieses Prophetenwortes zu erklären.

[36] Als sie bald darauf an einer Wasserstelle vorüberfuhren, sagte der Äthiopier: «Dort ist Wasser! Kannst du mich jetzt gleich taufen?» [37] «Wenn du von ganzem Herzen an Christus glaubst, kann ich es tun», erwiderte Philippus. «Ich glaube, daß Jesus Christus der Sohn Gottes ist», bekannte der Minister. [38] Dann ließ er den Wagen halten. Gemeinsam stiegen sie ins Wasser, und Philippus taufte ihn. [39] Nachdem sie aus dem Wasser gestiegen waren, entrückte der Geist des Herrn den Philippus. Der Äthiopier sah ihn nicht mehr, aber er reiste mit frohem Herzen weiter.

[40] Philippus wurde danach in Asdod gesehen. Von dort aus zog er von Stadt zu Stadt und predigte überall das Evangelium von Jesus, selbst im entfernten Cäsarea.

a) Jesaja 53,7–8

Saulus begegnet Christus

9 Saulus verfolgte noch immer mit fanatischem Haß alle Christen. [2]Darum ließ er sich vom Hohenpriester in Jerusalem ein Beglaubigungsschreiben für die jüdischen Gemeinden in Damaskus geben, die ihm beim Aufspüren von Christen behilflich sein sollten. Auf diese Weise wollte er die Christen – ganz gleich, ob Männer oder Frauen – als Gefangene nach Jerusalem bringen.

[3]Kurz vor Damaskus umgab Saulus plötzlich ein blendendes Licht vom Himmel. [4]Er stürzte zu Boden. Dabei hörte er eine Stimme: «Saul, Saul, warum verfolgst du mich?» [5]«Wer bist du, Herr?» fragte Saulus.

«Ich bin Jesus, den du verfolgst!» antwortete die Stimme. [6]«Steh auf und geh in die Stadt. Dort wird man dir sagen, was du tun sollst.»

[7]Die Begleiter des Saulus waren starr vor Schrecken, denn sie hatten zwar die Stimme gehört, aber nichts gesehen. [8]Als Saulus sich vom Boden erhob und die Augen öffnete, konnte er nicht mehr sehen. Man mußte ihn an der Hand nach Damaskus führen. [9]Drei Tage lang war er blind und wollte weder essen noch trinken.

[10]In Damaskus wohnte ein Christ, der Ananias hieß. Dem erschien der Herr in einer Vision. «Ananias», sagte er zu ihm. «Ja, Herr, hier bin ich», erwiderte der Mann. [11]«Gehe in der Geraden Straße in das Haus des Judas, und frage dort nach einem Saulus von Tarsus. Er betet gerade [12]und hat in einer Vision einen Mann gesehen, der Ananias heißt. Dieser kam zu ihm und legte ihm die Hände auf, damit er wieder sehen kann.»

[13]«Aber Herr», wandte Ananias ein, «ich habe schon von so vielen gehört, wie grausam dieser Saulus deine Gemeinde in Jerusalem verfolgt. [14]Außerdem haben wir erfahren, daß er eine Vollmacht der Hohenpriester hat, damit er auch hier alle gefangennehmen kann, die an dich glauben.»

[15]Doch der Herr sprach zu Ananias: «Erfülle alles so, wie ich es dir gesagt habe. Ich habe diesen Mann dazu auserwählt, allen Völkern und den Herrschern der Erde, aber auch den Israeliten meine Botschaft[a] zu verkündigen. [16]Dabei wird er erfahren, wieviel er um meines Namens willen leiden muß.»

[17]Ananias gehorchte. Er ging in das Haus des Judas, fand dort Saulus und legte ihm die Hände auf. «Lieber Bruder Saulus», sagte er, «Jesus, der dir unterwegs erschienen ist, hat mich zu dir geschickt, damit du mit dem Heiligen Geist erfüllt wirst und wieder sehen kannst.» [18]Im selben Moment fiel es Saulus wie Schuppen von den Augen, und er konnte wieder sehen. Er stand auf und ließ sich taufen. [19]Nachdem er gegessen hatte, erholte er sich schnell.

Aus dem Verfolger wird ein Verfolgter

Einige Tage blieb Saulus bei den Christen in Damaskus. [20]Gleich nach seiner Taufe begann er, in den Synagogen zu predigen und zu verkünden, daß Jesus der Sohn Gottes ist.

[21]Seine Zuhörer waren fassungslos. Ungläubig fragten sie: «Ist das nicht der, von dem die Christen in Jerusalem so erbarmungslos verfolgt

a) Wörtlich: meinen Namen.

wurden? Und ist er nicht hierhergekommen, um sie auch in Damaskus zu verhaften und als Gefangene an die Hohenpriester in Jerusalem auszuliefern?»

22 Saulus aber konnte immer überzeugender beweisen, daß Jesus der verheißene Messias ist, so daß die Juden in Damaskus schließlich keine Argumente mehr dagegen vorbringen konnten.

23 Deshalb beschlossen sie nach einiger Zeit, Saulus zu töten. 24 Der aber erfuhr von ihren Plänen; und weil die Juden Tag und Nacht die Stadttore bewachten, um zu verhindern, daß er ihnen entkommt, 25 ließen die Christen ihn nachts in einem Korb über die Stadtmauer hinunter.

Saulus bei den Christen in Jerusalem

26 Nachdem Saulus in Jerusalem angekommen war, versuchte er, sich dort der Gemeinde anzuschließen. Aber alle hatten Angst vor ihm, weil sie nicht glauben konnten, daß er wirklich Christ geworden war.

27 Endlich nahm sich Barnabas seiner an. Er brachte ihn zu den Aposteln und berichtete dort, wie Saulus auf der Reise nach Damaskus den Herrn gesehen, daß Jesus zu ihm geredet habe und Saulus dann in Damaskus furchtlos den Namen des Herrn verkündigt hatte.

28 Nun erst wurde Saulus von den Christen in Jerusalem herzlich aufgenommen. Er ging bei ihnen aus und ein und predigte unerschrocken im Namen Jesu. 29 Mit den griechischsprechenden Juden führte er Streitgespräche.

30 Als bekannt wurde, daß diese Juden ihn töten wollten, brachten ihn seine Glaubensbrüder sicher nach Cäsarea. Von dort reiste Saulus in seine Heimatstadt Tarsus.

31 Die Gemeinden in Judäa, Galiläa und Samarien hatten nun Frieden. Sie wuchsen im Gehorsam und in der Hingabe an Gott. Durch das Wirken des Heiligen Geistes wurden viele Menschen für Gott gewonnen.

Petrus in Lydda und Joppe

32 Auf einer seiner vielen Reisen, die Petrus durch das ganze Land führten, kam er auch zu der Christengemeinde in der Stadt Lydda. 33 Dort traf er Äneas, einen Mann, der schon acht Jahre lang gelähmt im Bett lag. 34 Petrus sagte zu ihm: «Äneas, Jesus Christus heilt dich. Steh auf, und versorge dich selbst!» Tatsächlich stand der Gelähmte auf und konnte gehen.
35 Als die Einwohner von Lydda und den umliegenden Orten in der Saron-Ebene den Geheilten sahen, begannen sie, an Jesus als ihren Herrn zu glauben.

36 In der Stadt Joppe lebte damals eine Christin, die Tabea hieß. Der Name bedeutet «Gazelle». Tabea tat viel Gutes und half den Armen. 37 Als Petrus in Lydda war, wurde sie plötzlich krank und starb. Man bahrte sie in einer Dachkammer auf und bereitete das Begräbnis vor. 38 Joppe liegt nicht weit von Lydda. Die Christen in Joppe schickten deshalb zwei Männer mit der dringenden Bitte zu Petrus: «Komm so schnell du kannst zu uns nach Joppe!»

39 Petrus ging sofort mit ihnen. Als er angekommen war, führte man ihn in die Kammer, in der die Tote lag. Dort hatten sich viele Witwen eingefunden, denen Tabea in ihrer Not geholfen hatte. Weinend zeigten sie Petrus Kleider und Röcke, die Tabea ihnen genäht hatte. 40 Doch Petrus

schickte sie alle hinaus. Er kniete nie-
der und betete. Dann sagte er zu der
Toten: «Tabea, stehe auf!» Sofort
öffnete sie die Augen, sah Petrus an
und richtete sich auf. [41] Petrus gab Ta-
bea die Hand und half ihr aufzuste-
hen. Dann rief er die Gläubigen und
die Witwen herein, die nicht fassen
konnten, daß Tabea lebendig vor ih-
nen stand. [42] Bald wußte ganz Joppe,
was geschehen war, und viele glaub-
ten deswegen an den Herrn. [43] Petrus
blieb danach noch längere Zeit in
Joppe im Haus des Gerbers Simon.

Der römische Offizier Kornelius

10 In Cäsarea lebte damals ein rö-
mischer Offizier, der Korne-
lius hieß und Hauptmann im «Italie-
nischen Regiment» war. [2] Er war ein
frommer[a] Mann, der sich mit seiner
ganzen Familie zu Gott bekannte. Er
tat viel für die Hilfsbedürftigen und
Armen und betete regelmäßig zu
Gott.
[3] Diesem Mann erschien gegen drei
Uhr nachmittags ein Engel Gottes.
«Kornelius!» rief der Engel. [4] Er-
schrocken sah Kornelius auf und frag-
te: «Was willst du, Herr?» Da ant-
wortete ihm der Engel: «Gott hat dei-
ne Gebete gehört und kennt deine gu-
ten Taten. [5] Deshalb schicke ein paar
Leute nach Joppe. Sie sollen sich dort
nach einem Simon Petrus erkundi-
gen, [6] der am Meer im Haus des Ger-
bers Simon wohnt. Dieser Simon Pe-
trus soll zu dir kommen!»
[7] Gleich nachdem der Engel gegan-
gen war, rief Kornelius zwei von sei-
nen Dienern zu sich, außerdem einen
Soldaten, der wie Kornelius dem jü-
dischen Glauben nahestand und zu
seinem persönlichen Schutz einge-
setzt war. [8] Ihnen berichtete er genau,
was sich ereignet hatte, und sandte sie
nach Joppe.

Petrus hat eine Vision

[9] Als die Boten am folgenden Tag
schon dicht bei der Stadt Joppe wa-
ren, stieg Petrus auf das flache Dach
des Hauses, um dort ungestört zu be-
ten. [10] Es war gerade um die Mittags-
zeit, und Petrus hatte Hunger. Wäh-
rend man sein Essen zubereitete, hat-
te er eine Vision:
[11] Petrus sah etwas vom Himmel
herabkommen. Es sah aus wie ein
großes Leinentuch, das – an seinen
vier Ecken zusammengehalten – auf
die Erde heruntergelassen wurde.
[12] In dem Tuch waren alle möglichen
Arten von vierfüßigen Tieren, aber
auch von Schlangen und Vögeln; alles
Tiere, die für Juden «unrein» sind
und deshalb nicht gegessen werden
dürfen. [13] Dann hörte Petrus eine
Stimme, die ihn aufforderte: «Petrus,
schlachte diese Tiere und iß davon!»
[14] «Niemals, Herr!» entgegnete Pe-
trus. «Noch nie in meinem Leben ha-
be ich etwas Verbotenes oder Unrei-
nes gegessen.» [15] Da rief die Stimme
zum zweiten Mal: «Widersprich Gott
nicht! Wenn er sagt, daß etwas ‹rein›
ist, dann ist es auch rein.»[b] [16] Das ge-
schah dreimal. Dann wurde das Tuch
wieder in den Himmel gehoben.
[17] Petrus verstand nicht, was Gott
ihm durch diese Erscheinung sagen
wollte. Aber während er noch ange-
strengt überlegte, klopften die Boten
des Kornelius an die Haustür.

a) Wörtlich: fromm und gottesfürchtig.
b) Wörtlich: Was Gott gereinigt hat, erkläre du nicht für unrein.

18 «Wohnt hier ein Mann, der Simon
Petrus heißt?» erkundigten sie sich.

19 Petrus dachte noch immer dar-
über nach, was die Erscheinung zu
bedeuten hatte. Da sprach der Heili-
ge Geist zu ihm: «Es sind drei Män-
ner zu dir gekommen. 20 Gehe hinun-
ter und reise mit ihnen nach Cäsarea.
Du brauchst keine Bedenken zu
haben, denn ich habe sie gesandt.»
21 Petrus ging hinunter. «Ich bin der,
den ihr sucht», sagte er. «Warum seid
ihr hierhergekommen?» 22 Sie erwi-
derten: «Der Hauptmann Kornelius
schickt uns. Er ist ein guter und got-
tesfürchtiger Mann, der von allen Ju-
den hoch geachtet wird. Durch einen
heiligen Engel erhielt er von Gott den
Auftrag, dich in sein Haus einzuladen
und darauf zu hören, was du ihm zu
sagen hast.»

23 Petrus ließ die Männer in das
Haus eintreten, und sie wohnten
dort. Bereits am nächsten Tag aber
ging er mit ihnen nach Cäsarea, wobei
ihn einige Christen aus Joppe beglei-
teten.

24 Als sie am folgenden Tag dort an-
kamen, wurden sie schon von Korne-
lius erwartet. Alle seine Verwandten
und Freunde waren bei ihm. 25 Noch
bevor Petrus das Haus betreten hatte,
kam ihm Kornelius entgegen und fiel
ehrerbietig vor ihm auf die Knie.
26 Doch Petrus wehrte ab: «Steh auf,
ich bin auch nur ein Mensch!» und
half ihm, sich wieder aufzurichten.
27 Dann betraten sie das Haus. Petrus
sah die vielen Menschen, die auf ihn
warteten.

28 «Ihr wißt ebenso wie ich», be-
gann er, «daß es einem Juden streng
verboten ist, in das Haus eines Nicht-
juden zu gehen oder sich auch nur mit
ihm zu treffen. Aber Gott hat mir ge-
zeigt, daß ich keinen Menschen für
minderwertig[a] halten darf. 29 Deshalb
bin ich auch gleich zu euch gekom-
men, als ihr mich gerufen habt. Aber
was wollt ihr nun von mir?»

30 Kornelius antwortete: «Vor vier
Tagen betete ich nachmittags in mei-
nem Hause. Es war drei Uhr, unge-
fähr dieselbe Zeit wie heute. Da
stand plötzlich ein Mann in einem
leuchtenden Gewand vor mir 31 und
sagte: ‹Kornelius, Gott hat deine Ge-
bete gehört. Er kennt deine guten Ta-
ten. 32 Deshalb beauftragt er dich,
Leute nach Joppe zu schicken, die Pe-
trus zu dir bringen sollen. Er wohnt
am Meer im Haus des Gerbers Si-
mon. Höre darauf, was er dir zu sagen
hat.› 33 Ich habe meine Boten sofort
zu dir geschickt, und ich freue mich,
daß du gekommen bist. Nun sind wir
alle hier in Gottes Gegenwart ver-
sammelt und wollen hören, was du
uns in seinem Auftrag zu sagen hast.»

Gott liebt jeden Menschen

34 Da sagte Petrus zu Kornelius und
dessen Verwandten: «Jetzt erst habe
ich richtig verstanden, daß Gott kei-
nen Menschen wegen seiner Her-
kunft bevorzugt oder benachteiligt,
35 sondern daß er jeden liebt, der an
ihn glaubt und nach seinen Geboten
lebt. 36 Ihr kennt die Friedensbot-
schaft Gottes, die er dem Volk Israel
durch Jesus Christus mitgeteilt hat,
und er ist ja der Herr über alle.

37 Ihr wißt auch, was in Judäa ge-
schehen ist, nachdem Johannes der
Täufer in Galiläa durch die Taufe zur
Umkehr gerufen hatte. 38 Jesus aus
Nazareth ist von Ort zu Ort gezogen.

a) Wörtlich: unheilig und unrein.

Er hat überall Gutes getan und alle befreit, die der Teufel gefangenhielt, denn Gott selbst hatte ihm seine Macht und seinen göttlichen Geist gegeben. Er war mit ihm.

[39] Wir Apostel sind Augenzeugen für alles, was er in Israel und in Jerusalem unter den Juden getan hat. Diesen Jesus haben sie an das Kreuz genagelt und getötet. [40] Aber schon drei Tage später hat Gott ihn wieder zum Leben erweckt. [41] Danach ist er als Auferstandener zwar nicht dem ganzen Volk, aber seinen Jüngern[a] erschienen. Das können wir bezeugen. Wir haben nach seiner Auferstehung sogar mit ihm gegessen und getrunken. [42] Er gab uns den Auftrag, allen Menschen zu sagen und zu bezeugen, daß Gott ihn als Richter über die Lebenden und die Toten eingesetzt hat. [43] Schon die Propheten haben in ihren Schriften vorausgesagt, daß durch Jesus allen Menschen die Sünden vergeben werden, wenn sie an ihn glauben.»[b]

Zum ersten Mal werden Heiden in die Gemeinde aufgenommen

[44] Petrus hatte seine Rede noch nicht beendet, da wurden alle, die zuhörten, mit dem Heiligen Geist erfüllt. [45] Die Juden aus der Gemeinde in Joppe, die mit Petrus gekommen waren, konnten es kaum fassen, daß Gott auch Nichtjuden den Heiligen Geist schenkte. [46] Denn sie hörten die Menschen Gott in einer Weise anbeten und loben, wie sie selbst es zu Pfingsten erlebt hatten.

Petrus aber sagte: [47] «Wer könnte ihnen jetzt noch die Taufe verweigern, wo sie genau wie wir den Heiligen Geist empfangen haben?» [48] Und er ließ alle, die im Hause des Kornelius versammelt waren, auf den Namen Jesu Christi taufen. Danach baten sie Petrus, er möge noch einige Tage bei ihnen bleiben.

Petrus rechtfertigt die Taufe von Heiden

11 Bald darauf erfuhren die Apostel und die anderen Brüder in Judäa, daß nun auch Heiden Gottes Wort angenommen hatten.

[2] Als Petrus nach Jerusalem zurückkehrte, warfen ihm die jüdischen Gemeindeglieder vor: [3] «Du hast dich mit Heiden verbrüdert und sogar mit ihnen gegessen!» [4] Nun berichtete ihnen Petrus der Reihe nach, was geschehen war:

[5] «In der Stadt Joppe zeigte mir Gott während des Gebets ein riesiges Tuch, das an seinen vier Ecken vom Himmel herabgelassen wurde. [6] Darin sah ich die unterschiedlichsten Arten von vierfüßigen, kriechenden, fliegenden und wilden Tieren, die für uns alle unrein sind. [7] Ich hörte eine Stimme, die mich aufforderte: ‹Petrus, schlachte das und iß davon!› [8] ‹Niemals, Herr›, widersprach ich. ‹Bisher habe ich noch nie etwas Unreines oder Verbotenes gegessen.› [9] Aber die Stimme vom Himmel sprach noch einmal: ‹Wenn Gott sagt: Das ist rein, darfst du es nicht ‹unrein› nennen.›

[10] Dreimal wiederholte sich dieser Vorgang. Dann wurde das Tuch mit seinem Inhalt wieder in den Himmel

a) Wörtlich: den von Gott auserwählten Zeugen.
b) Jesaja 53,5–6; Jeremia 31,34

gehoben. 11 Zu eben dieser Zeit hat-
ten drei Männer das Haus erreicht, in
dem ich wohnte. Sie kamen aus Cäsa-
rea und waren zu mir geschickt wor-
den. 12 Der Heilige Geist befahl mir,
ohne Bedenken mit diesen Männern
zu gehen. Außerdem begleiteten
mich noch diese sechs Brüder hier aus
der Gemeinde in Joppe. Bald trafen
wir im Hause des Mannes ein, der die
Boten geschickt hatte. 13 Er berichte-
te uns, daß ihm ein Engel erschienen
war, der ihm befohlen hatte: ‹Schicke
Boten nach Joppe und laß Petrus ho-
len. 14 Der wird dir sagen, wie du mit
allen, die zu dir gehören, gerettet
werden kannst.› 15 Ich war noch gar
nicht lange bei ihnen und hatte gerade
zu reden angefangen, da kam der
Heilige Geist auf sie, genauso wie es
bei uns am Pfingsttag gewesen war.

16 In diesem Moment fiel mir ein,
was uns der Herr einmal gesagt hatte:
‹Johannes hat mit Wasser getauft, ihr
aber sollt mit dem Heiligen Geist ge-
tauft werden.› 17 Weil diese Nichtju-
den an den Herrn Jesus Christus
glaubten, schenkte Gott ihnen diesel-
be Gabe wie uns. Wer bin ich, daß ich
Gott daran hätte hindern können?!»

18 Diese Worte überzeugten sie. Sie
lobten Gott und verkündeten: «Gott
hat allen Menschen den Weg zur Um-
kehr gezeigt, den einzigen Weg, der
zum Leben führt.»

Gründung der Gemeinde in Antiochia

19 Die Gläubigen, die wegen der ein-
setzenden Christenverfolgung nach
dem Märtyrertod des Stephanus aus
Jerusalem geflohen waren, kamen bis
nach Phönizien, Zypern und Antio-
chia. Das Evangelium verkündigten
sie aber nur den Juden. 20 Lediglich
ein paar Männer aus Zypern und Ky-
rene, die jetzt in Antiochia lebten,
predigten auch den Griechen die Fro-
he Botschaft von Jesus Christus.
21 Der Herr aber war mit ihnen, und
so begannen viele dieser Heiden an
Jesus Christus als ihren Herrn zu
glauben.

22 Als die Gemeinde in Jerusalem
von dieser Entwicklung in Antiochia
erfuhr, schickten sie Barnabas dort-
hin. 23 Der kam in die Stadt und er-
kannte voller Freude, was Gott getan
hatte. Barnabas ermutigte die Gläu-
bigen, fest und entschlossen in ihrem
Glauben an den Herrn zu bleiben.
24 Barnabas war nämlich ein vorbildli-
cher Mann, erfüllt vom Heiligen
Geist und stark im Glauben. So fan-
den damals viele Menschen den Weg
zu Jesus Christus.

25 Von Antiochia reiste Barnabas
nach Tarsus, um Saulus aufzusuchen.
26 Er traf ihn, und gemeinsam gingen
sie nach Antiochia zurück. Dort blie-
ben beide ein ganzes Jahr, um den
vielen Gläubigen zu zeigen, wie sie als
Jünger Jesu leben sollten. In Antio-
chia wurden die Nachfolger Jesu auch
zum ersten Mal «Christen» genannt.

27 In diesen Tagen kamen Prophe-
ten aus Jerusalem nach Antiochia.
28 Während des Gottesdienstes sagte
einer von ihnen – er hieß Agabus –
eine große Hungersnot voraus. Sie
würde sich über die ganze Welt er-
strecken. So hatte es ihm der Heilige
Geist gezeigt. Tatsächlich trat diese
Hungersnot während der Regie-
rungszeit des Kaisers Claudius ein.
29 Deshalb beschloß die Gemeinde in
Antiochia, den Christen in Judäa zu
helfen. Jeder in der Gemeinde gab,
soviel er nur konnte, 30 und die gesam-
te Spende wurde dann von Barnabas
und Saulus den Ältesten der Gemein-
de in Jerusalem überbracht.

Die Verhaftung des Petrus und seine Befreiung

12 In dieser Zeit ließ König Herodes einige Christen in Jerusalem verhaften und foltern. 2 Jakobus, der Bruder des Johannes, wurde enthauptet. 3 Als Herodes merkte, daß er dadurch bei den jüdischen Führern an Ansehen gewann, ließ er noch während des Passahfestes Petrus gefangennehmen. 4 Man warf den Apostel ins Gefängnis. Dort bewachten ihn ununterbrochen vier Soldaten, die alle sechs Stunden abgelöst wurden. Herodes wollte nach dem Passahfest Petrus öffentlich den Prozeß machen.

5 Aber die Gemeinde in Jerusalem hörte nicht auf, Gott um Hilfe für den Gefangenen zu bitten. 6 In der letzten Nacht vor dem Prozeß schlief Petrus angekettet zwischen zwei Soldaten, während zwei andere vor der Zelle Wache hielten. 7 Plötzlich betrat ein Engel des Herrn die Zelle, und Licht erfüllte den Raum. Der Engel weckte Petrus und sagte zu ihm: «Steh schnell auf!» Sofort fielen Petrus die Ketten von den Handgelenken. 8 «Ziehe deine Kleider und deine Schuhe an», befahl ihm dann der Engel. «Nimm deinen Mantel, und folge mir!»

9 Petrus ging hinter dem Engel aus der Zelle. Aber die ganze Zeit über konnte er nicht glauben, daß all dies wirklich geschah. Er meinte zu träumen. 10 Doch sie passierten die erste Wache, die zweite und kamen schließlich an das schwere Eisentor, das zur Stadt führt. Es öffnete sich vor ihnen. Jetzt hatten sie das Gefängnis verlassen und bogen in eine schmale Straße ein. Da verschwand der Engel, 11 und erst jetzt begriff Petrus: «Es ist kein Traum. Der Herr hat mir tatsächlich seinen Engel geschickt, um mich aus der Gewalt des Herodes zu retten. Vergebens werden die Juden auf meine Hinrichtung warten.»

12 Petrus überlegte und ging dann zu dem Haus, in dem Maria wohnte, die Mutter von Johannes Markus. Dort hatten sich viele Christen aus der Gemeinde zusammengefunden, um zu beten.

13 Als Petrus an die Haustür klopfte, kam ein Mädchen, das Rhode hieß, und wollte nachsehen, wer da ist. 14 Sie erkannte Petrus sofort an seiner Stimme, war aber vor Freude so überrascht, daß sie die Tür verschlossen ließ und ins Haus zurücklief. «Petrus steht draußen vor der Tür!» rief sie. 15 «Das ist doch ganz unmöglich!» meinten die anderen ungläubig. «Du mußt dich irren.» Aber sie blieb bei ihrer Behauptung. 16 Jetzt vermuteten einige: «Vielleicht ist es sein Engel!»

Petrus hörte nicht auf, an die Tür zu klopfen. Als sie ihm endlich öffneten und Petrus erkannten, gerieten sie vor Freude außer sich. 17 Mit einer Handbewegung brachte er sie zur Ruhe, und dann berichtete er, wie ihn der Herr aus dem Gefängnis befreit hatte. «Sagt das auch Jakobus und den anderen», bat er zum Schluß. Dann trennten sie sich, und Petrus verließ Jerusalem, um sich in Sicherheit zu bringen.

18 Am nächsten Morgen entdeckten die Soldaten voller Entsetzen, daß Petrus nicht mehr da war. Sie konnten es sich einfach nicht erklären. 19 Als Herodes den Gefangenen vorführen lassen wollte, er aber nirgendwo zu finden war, ließ der König die Wachen nach eindringlichen Verhören hinrichten. Anschließend verließ Herodes Judäa und blieb längere Zeit in Cäsarea.

Das Ende des Herodes

[20]In dieser Zeit plante Herodes Vergeltungsmaßnahmen gegen die Städte Tyrus und Sidon. Um den König umzustimmen und zum Frieden zu bewegen, schickten die Städte eine Abordnung zu ihm. Dieser Abordnung gelang es, Blastus, den Finanzverwalter des Königs, für sich zu gewinnen. So hofften sie, zu einer Einigung zu gelangen, denn sie waren auf die Lieferung von Lebensmitteln aus dem Herrschaftsbereich des Herodes angewiesen. [21]Nach dem Abschluß der Verhandlungen zog Herodes sein königliches Prachtgewand an und hielt von seinem Thron aus eine öffentliche Ansprache. [22]Begeistert jubelte ihm das Volk zu: «So spricht nur Gott und kein Mensch!» [23]Im selben Augenblick strafte ein Engel des Herrn den König, weil er sich als Gott verehren ließ. Er wurde von Würmern zerfressen und starb unter Qualen. [24]An Gottes Wort aber glaubten immer mehr Menschen. [25]Barnabas und Saulus hatten inzwischen ihre Aufgabe in Jerusalem erfüllt und kehrten zusammen mit Johannes Markus nach Antiochia zurück.

Paulus und Barnabas werden als Missionare ausgesandt

13 In der Gemeinde Antiochia gab es mehrere Propheten und Lehrer, zum Beispiel Barnabas, den Afrikaner Simon, Lucius von Kyrene, Manahen, einen Jugendfreund des Königs Herodes, und Saulus. [2]Als diese Männer während eines Fastens gemeinsam beteten, sprach der Heilige Geist zu ihnen: «Gebt Barnabas und Saulus für die Aufgabe frei, zu der ich sie berufen habe!» [3]Da fasteten und beteten sie, segneten Barnabas und Saulus und sandten sie zum Missionsdienst aus.

Auf Zypern: Erster Widerstand – erster Erfolg

[4]Auf diese Weise vom Heiligen Geist selbst ausgesandt, kamen Barnabas und Saulus zuerst nach Seleukia und von dort mit einem Schiff nach Zypern. [5]Gleich nachdem sie in der Stadt Salamis angekommen waren, verkündigten sie in den Synagogen das Wort Gottes. Johannes Markus hatten sie als Gehilfen bei sich.

[6]So kamen sie an das andere Ende der Insel, bis nach Paphos. Dort trafen sie einen Juden, der sich mit Zauberei abgab. Er hieß Bar-Jesus und bezeichnete sich selbst als Propheten. [7]Dieser Jude war mit dem Gouverneur Sergius Paulus befreundet, einem klugen und sehr verständigen Mann. Der Gouverneur lud Barnabas und Saulus zu sich ein, weil er von ihnen Gottes Wort hören wollte. [8]Aber Elymas, wie der Name des Zauberers auf griechisch hieß, wollte mit allen Mitteln verhindern, daß der Gouverneur zum Glauben an Christus kam.

[9]Saulus aber, der sich auch Paulus nannte, sah den Zauberer durchdringend an [10]und sagte, erfüllt vom Heiligen Geist: «Du Sohn der Hölle, voller Lüge und Bosheit! In dir ist nichts Gutes. Wann endlich wirst du aufhören, Gottes Wort zu verdrehen? [11]Gott wird dich dafür strafen: Du sollst blind werden und einige Zeit nicht sehen können.» In demselben Augenblick erblindete der Mann. Er tappte hilflos umher und brauchte jemanden, der ihn an der Hand führte. [12]Beeindruckt von der Macht Gottes, begann der Gouverneur, der alles mitangesehen hatte, an den Herrn zu glauben.

**Missionsarbeit in Antiochia/
Pisidien**

13 Danach verließen Paulus und seine
Gefährten Paphos. Mit einem Schiff
fuhren sie nach Perge in Pamphylien,
wo sich Johannes Markus von ihnen
trennte und nach Jerusalem zurück-
kehrte. 14 Barnabas und Paulus je-
doch zogen allein weiter nach Antio-
chia in Pisidien. Am Sabbat gingen sie
dort zum Gottesdienst in die Synago-
ge. 15 Nach der üblichen Lesung aus
den Büchern des Mose und der Pro-
pheten ließen ihnen die Synagogen-
vorsteher ausrichten: «Liebe Brüder,
wenn ihr etwas lehren wollt, was
der Gemeinde nützt, dann redet
nur!»

16 Da erhob sich Paulus, bat mit
einem Handzeichen um Ruhe und be-
gann: «Ihr Männer Israels, aber auch
ihr andern alle, die ihr an den Gott
Israels glaubt, hört mir zu! 17 Der
Gott des Volkes Israel hat unsere
Vorfahren auserwählt und sie in
Ägypten zu einem großen Volk wer-
den lassen. Durch seine Macht und
Stärke gelang unserem Volk der Aus-
zug aus diesem Land. 18 Vierzig Jahre
lang erhielt er sie auf ihrem Weg
durch die Wüste. 19 Und nachdem
Gott sieben Völker in Kanaan ver-
nichtet hatte, konnten sie dieses Land
in Besitz nehmen. 20 Etwa vierhun-
dertfünfzig Jahre lang gab er ihnen
Richter; der letzte war Samuel, ein
Prophet Gottes.

21 Als das Volk einen König haben
wollte, gab Gott ihnen Saul, den
Sohn des Kis aus dem Stamm Benja-
min.

Saul regierte vierzig Jahre. 22 Dann
wandte sich Gott von ihm ab und er-
wählte David zum König über Israel,
von dem er sagte: ‹Ich habe David,
den Sohn Isais, gefunden, einen
Mann nach meinem Herzen. Er wird
mir gehorchen.›

23 Ein Nachkomme Davids ist Je-
sus, der von Gott versprochene Ret-
ter Israels. 24 Er kam, nachdem Jo-
hannes das ganze Volk Israel aufge-
rufen hatte, nicht länger ein sündiges
Leben zu führen und sich taufen zu
lassen. 25 Johannes hatte seinen Auf-
trag erfüllt, als er sagte: ‹Ich bin nicht
der, für den ihr mich haltet. Aber
nach mir wird einer kommen, dem
dürfte ich nicht einmal die Schuhe
aufbinden.›

26 Euch, liebe Brüder, die ihr von
Abraham abstammt, und euch, die
ihr an Gott glaubt und ihn ehrt, gilt
diese rettende Botschaft. 27 Die Ein-
wohner Jerusalems und ihre führen-
den Männer haben nicht verstanden,
wer Jesus ist. Trotzdem erfüllten sie
mit ihrem Urteil die Vorhersagen der
Propheten, die jeden Sabbat vorgele-
sen werden. 28 Denn obwohl sie ihm
nicht das Geringste nachweisen
konnten, was die Todesstrafe ge-
rechtfertigt hätte, verlangten sie von
Pilatus, daß Jesus hingerichtet wird.
29 Als sich alles so erfüllt hatte, wie es
in der Heiligen Schrift vorausgesagt
ist, nahmen sie ihn vom Kreuz herun-
ter und legten ihn in ein Grab.

30 Aber Gott hat ihn von den Toten
auferstehen lassen. 31 Danach ist Je-
sus noch oft seinen Jüngern erschie-
nen, die mit ihm von Galiläa nach
Jerusalem gekommen waren. Sie
sind jetzt vor dem Volk Israel die
Zeugen dafür, daß Jesus Gottes Sohn
ist.

32 Euch verkündigen wir nun diese
frohe Botschaft: Die Verheißung, die
Gott unseren Vorfahren gab, 33 hat er
für uns jetzt erfüllt, als er Jesus von
den Toten auferweckte. So heißt es
im zweiten Psalm: ‹Du bist mein
Sohn. Heute setze ich dich zum König

ein.›[a] [34]Daß Jesus von den Toten auferstehen und nicht mehr verwesen würde, hat Gott in der Heiligen Schrift vorausgesagt: ‹Ich will euch die Gnade erweisen, die ich David versprochen habe.›[b] [35]An einer anderen Stelle heißt es noch deutlicher: ‹Du wirst nicht zulassen, daß dein Heiliger verwesen wird.›[c]

[36]Das bezog sich nicht etwa auf David. Der starb, nachdem er den Menschen seiner Zeit nach Gottes Willen gedient hatte. Er wurde begraben und verweste. [37]Aber der, den Gott von den Toten hat auferstehen lassen, der ist nicht verwest. [38]Das ist der Beweis dafür, liebe Brüder, daß es Jesus ist, durch den ihr Vergebung der Sünden erlangt.

[39]Jeder, der an ihn glaubt, wird frei von seinen Sünden. Das Gesetz des Mose konnte ihn davon nicht lossprechen. [40]Seht euch also vor, daß auf euch nicht zutrifft, was in den Propheten geschrieben steht: [41]‹Ihr Verächter der Wahrheit! Wacht auf aus eurer Gleichgültigkeit und erschreckt zu Tode. Denn was ich noch zu euren Lebzeiten geschehen lasse, würdet ihr nicht für möglich halten, wenn andere es euch erzählten.›»[d]

[42]Als Paulus und Barnabas den Gottesdienst verließen, wurden sie gebeten, am nächsten Sabbat wiederzukommen, um noch einmal über diese Botschaft zu sprechen. [43]Viele Juden, aber auch andere, die zum Gottesdienst in der Synagoge gewesen waren, begleiteten Paulus und Barnabas. Die Apostel ermahnten alle diese Menschen, Gottes Gnade nicht zurückzuweisen.

Konflikt mit den Juden

[44]Am folgenden Sabbat waren fast alle Einwohner der Stadt zusammengekommen, um das Wort Gottes zu hören. [45]Als die Juden die vielen Menschen in der Synagoge sahen, wurden sie neidisch. Sie widersprachen Paulus und spotteten. [46]Doch Paulus und Barnabas ließen sich nicht beirren. Ruhig und fest erklärten sie: «Zuerst mußte euch Juden das Wort Gottes verkündet werden. Weil ihr es aber nicht hören wollt und damit selbst gezeigt habt, daß ihr des ewigen Lebens nicht wert seid, wenden wir uns jetzt an die Heiden. [47]Denn der Herr hat uns befohlen: ‹Ich habe dich zum Licht für alle Völker gemacht, damit du der ganzen Welt die Rettung bringst, die von mir kommt.›»[e]

[48]Als die Nichtjuden das hörten, freuten sie sich sehr und dankten Gott für sein Wort. Und alle, die zum ewigen Leben bestimmt waren, begannen zu glauben. [49]So wurde das Wort Gottes – über die Stadtgrenzen hinaus – in der ganzen Umgebung bekannt. [50]Den Juden aber gelang es, fromme, angesehene Frauen und einflußreiche Männer der Stadt gegen Paulus und Barnabas aufzuhetzen und sie aus der Stadt zu vertreiben. [51]Da überließen sie die Stadt ihrem Schicksal[f] und reisten weiter nach

a) Wörtlich: Heute habe ich dich gezeugt. Psalm 2,7
b) Jesaja 55,3
c) Psalm 16,10
d) Habakuk 1,5
e) Jesaja 49,6
f) Wörtlich: Sie aber schüttelten den Staub von ihren Füßen.

Ikonium. [52] Die in Antiochia gebliebenen Jünger aber waren erfüllt vom Heiligen Geist und voller Freude.

Reise nach Ikonium

14 In Ikonium gingen Paulus und Barnabas zuerst wieder in die Synagoge und predigten dort so überzeugend, daß viele – Juden wie Griechen – zu glauben begannen. [2] Aber die Juden, die von Gottes Botschaft nichts wissen wollten, verleumdeten die junge Christengemeinde bei der heidnischen Bevölkerung. [3] Trotzdem blieben Paulus und Barnabas längere Zeit dort und predigten furchtlos in aller Öffentlichkeit. Denn sie vertrauten auf die Hilfe des Herrn, der sein Wort sichtbar durch Zeichen und Wunder bestätigte, die durch Paulus und Barnabas geschahen.

[4] Die Meinung der Bevölkerung war geteilt. Manche hielten zu den jüdischen Führern, andere zu den Aposteln. [5/6] Als diese merkten, daß ihre jüdischen wie nichtjüdischen Gegner zusammen mit den Behörden entschlossen waren, sie zu verfolgen und zu steinigen, flohen sie in die Provinz Lykaonien, [7] in die Städte Lystra und Derbe, um dort und in der ganzen Umgebung das Evangelium zu verkündigen.

Heilung eines Gelähmten in Lystra

[8] In Lystra lebte ein Mann, dessen Füße von Geburt an gelähmt und kraftlos waren. Noch nie hatte er einen Schritt gehen können. [9] Dieser Mann hörte Paulus reden. Paulus wurde auf ihn aufmerksam und sah, daß der Mann glaubte, er könne geheilt werden. [10] Laut rief er ihm zu: «Steh auf, stelle dich auf deine Füße!» Und der Mann sprang auf und konnte gehen.

[11] Als die Leute erkannten, was Paulus getan hatte, riefen sie in ihrer Muttersprache, die von den Aposteln nicht verstanden wurde[a]: «Die Götter sind als Menschen zu uns herabgekommen!» [12] Sie nannten Barnabas «Zeus» und Paulus «Hermes», weil er der Wortführer war. [13] Der Priester des Zeustempels vor den Toren der Stadt brachte Stiere und Kränze zum Stadttor, um den Aposteln vor dem ganzen Volk ein Opfer zu bringen.

[14] Als Paulus und Barnabas begriffen, was die Leute vorhatten, zerrissen sie ihre Kleider, liefen unter die Menge und riefen entsetzt: [15] «Was macht ihr da, Männer! Wir sind nur Menschen aus Fleisch und Blut wie ihr. Mit unserer Predigt wollen wir doch gerade erreichen, daß ihr euch von diesen toten Götzen abwendet und dafür an den lebendigen Gott glaubt, der das Weltall, die Erde, das Meer und alles, was darin ist, erschaffen hat! [16] Bisher hat er die Völker ihre eigenen Wege gehen lassen. [17] Trotzdem hättet ihr wissen müssen, daß er lebt, denn er hat euch viel Gutes getan. Ihm verdankt ihr den Regen und die guten Ernten; er gibt euch zu essen und schenkt euch Freude.»

[18] Mit diesen Worten konnten Paulus und Barnabas die Leute nur mit Mühe davon zurückhalten, ihnen zu opfern. [19] Dann aber kamen Juden aus Antiochia und Ikonium. Sie hetz-

a) Wörtlich: auf Lykaonisch.

ten die Volksmenge gegen die Apostel so sehr auf, daß Paulus gesteinigt wurde.

Weil die Leute dachten, Paulus sei tot, schleiften sie ihn vor die Tore der Stadt. [20]Doch als die Jünger ihn umringten, kam Paulus wieder zu sich, stand auf und ging in die Stadt zurück. Am folgenden Tag zog er mit Barnabas weiter nach Derbe.

Paulus und Barnabas kehren nach Antiochia in Syrien zurück

[21]Nachdem die Apostel in Derbe die Frohe Botschaft gepredigt hatten und viele dort zu Christen geworden waren, kehrten sie nach Lystra, Ikonium und Antiochia zurück. [22]Dort ermutigten sie die jungen Christen, im Glauben festzubleiben, und erinnerten sie noch einmal: «Der Weg in Gottes Reich führt durch viel Leid.»

[23]Paulus und Barnabas setzten in jeder Gemeinde Älteste ein, die während ihres ersten Aufenthalts Christen geworden waren. Für sie fasteten und beteten die Apostel.

[24]Dann reisten sie durch die Provinzen Pisidien und Pamphylien [25]und verkündigten in der Stadt Perge das Evangelium. [26]Von der Hafenstadt Attalia aus segelten sie wieder nach Antiochia. Dort hatte man sie am Beginn ihrer Reise der Gnade Gottes anvertraut und ihnen den Auftrag gegeben, den sie nun ausgeführt hatten.

[27]Unmittelbar nach ihrer Ankunft in Antiochia riefen sie die Gemeinde zusammen. Die Apostel berichteten von Gottes Wundern auf ihrer Reise und wie Gott auch den Heiden den Weg zum Glauben gezeigt hatte. [28]Paulus und Barnabas blieben längere Zeit bei den Christen in Antiochia.

Eine schwierige Entscheidung

15 Eines Tages kamen Gläubige aus Judäa in die Gemeinde von Antiochia. Sie behaupteten: «Wer sich nicht beschneiden läßt, so wie es im Gesetz des Mose vorgeschrieben ist, kann nicht gerettet werden.» [2]Paulus und Barnabas widersprachen dieser Meinung sehr heftig. Schließlich beschlossen die Brüder in Antiochia, daß Paulus und Barnabas mit einigen anderen aus der Gemeinde zu den Aposteln und Ältesten nach Jerusalem gehen sollten, um diese Streitfrage zu klären.

[3]Nachdem die Gemeinde sie verabschiedet hatte, zogen sie durch die Provinzen Phönizien und Samarien. Überall berichteten sie, wie sich auch die Nichtjuden zu Gott bekehrt hatten, und alle freuten sich darüber. [4]In Jerusalem wurden sie von der Gemeinde, den Aposteln und den Ältesten herzlich aufgenommen. Auch dort erzählten sie, welche Wunder Gott unter den Heiden getan hatte.

[5]Aber auch hier verlangten einige der Gläubigen, die früher zu den Pharisäern gehört hatten: «Man muß die Heiden beschneiden und von ihnen verlangen, daß sie das Gesetz des Mose befolgen.»

«Gott hat längst entschieden»

[6]Daraufhin setzten sich die Apostel und Ältesten zusammen, um diese Frage zu klären. [7]Nach heftigen Auseinandersetzungen stand schließlich Petrus auf und sagte: «Liebe Brüder! Ihr wißt doch, daß Gott mir schon lange vor diesem Gespräch aufgetragen hat, das Evangelium auch denen zu verkünden, die keine Juden sind, denn auch sie sollen Jesus als ihren Herrn annehmen. [8]Und Gott, der je-

den von uns ganz genau kennt, hat sich zu ihnen bekannt, als er den Nichtjuden genauso wie uns den Heiligen Geist gab. [9]Und auch darin machte Gott keinen Unterschied zwischen Juden und Heiden, daß er sie von aller Schuld befreite, nachdem sie an ihn glaubten. [10]Warum wollt ihr jetzt Gott herausfordern und diesen Brüdern eine Last aufbürden, die weder wir noch unsere Väter tragen konnten? [11]Wir glauben, daß wir allein durch die Gnade Jesu gerettet werden. Dasselbe gilt auch für die Nichtjuden.»

[12]Nach diesen Worten gab es keine weitere Diskussion, und Barnabas und Paulus konnten berichten, welche großen Wunder Gott durch sie unter den Heiden getan hatte.

Der Vorschlag des Jakobus

[13]Jetzt stand Jakobus auf: «Liebe Brüder!» sagte er. [14]«Simon Petrus hat eben erzählt, wie Gott selbst begonnen hat, unter den Heiden ein Volk zu sammeln, das ihm gehört. [15]Das sagen ja schon die Propheten, denn es heißt bei ihnen: [16]‹Danach werde ich mich meinem Volk wieder zuwenden, das zerfallene Haus Davids und alles Zerstörte wieder aufbauen. [17]Alle Überlebenden sollen den Herrn suchen, auch alle Heiden, die zu mir gehören, [18]spricht der Herr, der das alles schon lange beschlossen hat.›[a]

[19]Ich meine deshalb», erklärte Jakobus, «wir sollten den Nichtjuden, die sich zu Gott bekehren, keine unnötigen Lasten aufbürden und ihnen nicht die jüdischen Gesetze aufzwingen. [20]Wir sollten von ihnen allerdings verlangen, sich vom Götzendienst und jeder Unzucht fernzuhalten, kein Fleisch von Tieren zu essen, die nicht ausbluteten, oder gar das Blut selber zu trinken. [21]Denn diese Gebote sind überall bekannt. Sie wurden schon immer an jedem Sabbat in allen Synagogen vorgelesen.»

Eine einmütige Entscheidung

[22]Am Ende der Beratungen beschlossen die Apostel und Ältesten zusammen mit der ganzen Gemeinde, einige Männer auszuwählen und sie mit Paulus und Barnabas nach Antiochia zu schicken. Man wählte Judas, der auch Barsabas genannt wurde, und Silas. Beide hatten in der Gemeinde ein hohes Ansehen. [23]In dem Brief, den man ihnen mitgab, hieß es:

«Wir, die Apostel und Ältesten in Jerusalem, senden brüderliche Grüße an alle Christen in Antiochia, Syrien und Zilizien, die nicht aus dem Judentum stammen. [24]Wir haben gehört, daß euch einige Leute aus unserer Gemeinde – ohne unser Wissen und ohne von uns beauftragt zu sein – durch ihre Lehren beunruhigt und verunsichert haben. [25]Deshalb beschlossen wir einstimmig, euch mit unseren lieben Brüdern Barnabas und Paulus, [26]die ihr Leben für die Sache unseres Herrn Jesus Christus eingesetzt haben, zwei geeignete Männer aus unserer Gemeinde zu senden: [27]Judas und Silas. Sie werden selbst noch berichten, was wir in der strittigen Frage entschieden haben.

[28]Geleitet durch den Heiligen Geist kamen wir zu dem Entschluß, euch außer den folgenden Regeln keine weitere Last aufzuerlegen:

a) Amos 9,11–12; vgl. Jesaja 45,21; Jeremia 12,15

29 Ihr sollt kein Fleisch von Tieren es-
sen, die den Götzen geopfert wurden,
kein Fleisch von erstickten Tieren und
auch kein Blut. Hütet euch vor aller
Unzucht. Wenn ihr danach handelt,
verhaltet ihr euch richtig. Herzliche
Grüße an euch alle.»
30 Judas und Silas wurden von der
Gemeinde verabschiedet und kamen
nach Antiochia. Dort beriefen sie eine
Gemeindeversammlung ein und über-
gaben das Schreiben. 31 Als man es
vorgelesen hatte, freute sich die ganze
Gemeinde über diese Ermutigung.
32 Judas und Silas – beide hatten pro-
phetische Gaben – stärkten und ermu-
tigten die Brüder durch ihre Predig-
ten. 33 Begleitet von den besten Wün-
schen der Gemeinde kehrten sie erst
einige Zeit später nach Jerusalem zu-
rück. 34 Silas aber erschien es zweck-
mäßig, vorerst noch in Antiochia zu
bleiben.
35 Auch Paulus und Barnabas blie-
ben noch länger dort. Sie verkündig-
ten und lehrten zusammen mit vielen
anderen das Wort des Herrn.

Aufbruch zur zweiten Missionsreise

36 Nach einiger Zeit forderte Paulus
den Barnabas auf: «Wir wollen noch
einmal alle die Orte aufsuchen, in de-
nen wir bereits das Evangelium ver-
kündigt haben, damit wir sehen, wie
es unseren Brüdern dort geht.»
37 Barnabas wollte auch Johannes
Markus mitnehmen. 38 Aber Paulus
lehnte das entschieden ab, weil Jo-
hannes Markus sie damals in Pam-
phylien im Stich gelassen hatte. 39 Sie
stritten so heftig miteinander, daß sie
sich schließlich trennten. Während
Barnabas mit Markus nach Zypern
hinüberfuhr, 40 wählte Paulus als sei-
nen Reisebegleiter Silas. Gestärkt
durch das Gebet der Gemeinde, tra-
ten die beiden ihre Reise an. 41 Sie zo-
gen zunächst durch Syrien sowie durch
Zilizien und ermutigten dort die Ge-
meinden im Glauben.

Timotheus wird Mitarbeiter von Paulus

16 Nachdem Paulus die Stadt
Derbe besucht hatte, erreichte
er schließlich Lystra. Dort trafen sie
Timotheus, einen jungen Christen.
Seine Mutter, auch eine Christin, war
jüdischer Abstammung, sein Vater
ein Grieche. 2 In der Gemeinde von
Lystra und Ikonium war Timotheus
als zuverlässig bekannt und ge-
schätzt. 3 Ihn nahm Paulus als weite-
ren Begleiter mit auf die Reise. Um
auf die jüdischen Christen in diesem
Gebiet Rücksicht zu nehmen, von de-
nen jeder wußte, daß der Vater des
Timotheus ein Grieche war, ließ Pau-
lus ihn beschneiden.
4 In jeder Stadt, durch die sie rei-
sten, informierten sie die Gemeinden
über den Beschluß der Apostel und
Ältesten von Jerusalem, nach dem
sich die Christen richten sollten.
5 So wurden die Gemeinden im
Glauben immer fester, und die Zahl
der Gemeindeglieder nahm täglich
zu.

Der Heilige Geist weist Paulus den Weg nach Europa

6 Nach ihrem Aufenthalt in Lystra zo-
gen sie durch die Provinzen Phrygien
und Galatien. Aber der Heilige Geist
ließ sie erkennen, daß sie in der Pro-
vinz Asia zu dieser Zeit Gottes Bot-
schaft noch nicht verkündigen soll-
ten. 7 Auch als sie dann nach Mysien
kamen und weiter nach Norden in die

Provinz Bithynien reisen wollten, er-
laubte es ihnen der Geist Jesu nicht.
8 So zogen sie durch Mysien, bis sie
die Hafenstadt Troas erreichten.
9 Dort sprach Gott nachts in einer Vi-
sion zu Paulus. Der Apostel sah einen
Mann aus Mazedonien, der ihn bat:
«Komm nach Mazedonien herüber
und hilf uns!» 10 Danach war uns klar,
daß Gott uns gerufen hatte, in Maze-
donien die Heilsbotschaft zu verkün-
digen. Wir suchten sofort nach einer
Gelegenheit zur Überfahrt.

Philippi – die erste Christengemeinde in Europa

11 Wir gingen in Troas an Bord eines
Schiffes und segelten auf dem kürze-
sten Weg zur Insel Samothrake; am
nächsten Tag weiter nach Neapolis,
12 und von dort gingen wir zu Fuß nach
Philippi, der bedeutendsten römi-
schen Garnisonsstadt in diesem Teil
Mazedoniens. Hier blieben wir einige
Tage.
13 Am Sabbat verließen wir die
Stadt und kamen an das Flußufer, wo
sich – wie wir annahmen – eine kleine
jüdische Gemeinde zum Gebet ver-
sammelte. Wir setzten uns und spra-
chen mit den Frauen, die sich dort
eingefunden hatten. 14 Zu ihnen ge-
hörte Lydia, die zum jüdischen Glau-
ben übergetreten war. Sie stammte
aus Thyatira und handelte mit Pur-
purstoffen. Der Herr selbst ließ sie
erkennen, daß Paulus die Wahrheit
verkündete. Sie begann zu glauben
15 und ließ sich mit ihrer ganzen Fami-
lie taufen. Danach forderte sie uns
auf: «Wenn ihr davon überzeugt seid,
daß ich an den Herrn glaube, dann
kommt und wohnt in meinem Haus.»
Sie gab nicht eher Ruhe, bis wir ein-
willigten.

Paulus und Silas im Gefängnis

16 Auf dem Weg zur Gebetsstätte be-
gegnete uns eines Tages eine Sklavin,
die von einem Dämon besessen war.
Sie konnte die Zukunft voraussagen
und brachte auf diese Weise ihren Be-
sitzern viel Geld ein. 17 Die Frau lief
hinter uns her und schrie: «Diese
Männer sind Diener des höchsten
Gottes und zeigen euch den Weg zum
Heil!»
18 Das wiederholte sich an mehre-
ren Tagen, bis Paulus es nicht mehr
ertragen konnte. Er wandte sich zu
der Frau um und befahl dem Dämon:
«Im Namen Jesu Christi, verlasse die-
se Frau!» In demselben Augenblick
verließ der Dämon die Sklavin.
19 Als aber ihre Besitzer merkten,
daß sie mit ihr nichts mehr verdienen
konnten, packten sie Paulus und Silas
und schleppten die Apostel auf den
Marktplatz, wo sie verhört wurden.
20 «Diese Männer bringen unsere
Stadt in Aufruhr», beschuldigte man
sie vor den Richtern. «Es sind Juden!
21 Sie wollen hier Sitten einführen, die
gegen das römische Recht versto-
ßen!»
22 Da stellte sich die aufgehetzte
Menschenmenge drohend gegen Pau-
lus und Silas, und man ließ den beiden
die Kleider vom Leib reißen und sie
auspeitschen. 23 Nachdem sie so bru-
tal mißhandelt worden waren, warf
man sie ins Gefängnis und gab dem
Aufseher die Anweisung, die Gefan-
genen besonders scharf zu bewachen.
24 Also sperrte er sie in die sicherste
Zelle und schloß zusätzlich ihre Füße
in einen Holzblock ein.
25 Gegen Mitternacht beteten Pau-
lus und Silas. Sie priesen Gott laut,
und die übrigen Gefangenen hörten
ihnen zu. 26 Da erschütterte plötzlich
ein gewaltiges Erdbeben das ganze

Gefängnis bis in die Grundmauern; alle Türen sprangen auf, und die Ketten der Gefangenen zerbrachen.

Die Bekehrung des Gefängnisaufsehers

27 Aus dem Schlaf gerissen, sah der Gefängnisaufseher, daß die Zellentüren offenstanden. Voller Schrecken zog er sein Schwert und wollte sich töten, denn er dachte, die Gefangenen seien geflohen.

28 «Töte dich nicht!» rief da Paulus laut. «Wir sind alle hier.»

29 Der Gefängnisaufseher ließ sich ein Licht geben, dann lief er in die Zelle, wo er sich zitternd vor Paulus und Silas niederwarf. 30 Als er die beiden hinausführte, fragte er sie: «Was muß ich tun, um gerettet zu werden?»

31 «Glaube an den Herrn Jesus, dann wirst du mit deiner Familie gerettet», erwiderten Paulus und Silas. 32 Sie verkündigten ihm und seiner ganzen Familie die Heilsbotschaft.

33 Der Gefängnisaufseher nahm Paulus und Silas noch in derselben Stunde zu sich, reinigte und verband ihre Wunden und ließ sich mit allen Familienangehörigen taufen.

34 Dann führte er sie in seine Wohnung, bewirtete sie und freute sich mit seiner ganzen Familie, daß er zum Glauben an Gott gefunden hatte.

35 Bei Tagesanbruch schickten die römischen Justizbeamten die Gerichtsdiener mit dem Befehl zu ihm: «Laß die Leute gehen!»

36 Der Gefängnisaufseher teilte das Paulus und Silas mit. «Die Stadträte lassen euch sagen», erklärte er ihnen, «daß ihr frei seid. Ihr könnt jetzt unbesorgt die Stadt verlassen.»

37 Doch Paulus widersprach: «Sie haben uns in aller Öffentlichkeit geschlagen und ohne jedes Gerichtsverfahren ins Gefängnis geworfen, obwohl wir römische Bürger sind. Und jetzt wollen sie uns auf bequeme Weise loswerden! Aber damit bin ich nicht einverstanden. Die Männer, die dafür verantwortlich sind, sollen persönlich kommen und uns aus dem Gefängnis führen.»

38 Mit dieser Nachricht kehrten die Gerichtsdiener zu den Richtern zurück. Als die hörten, daß Paulus und Silas römische Bürger waren, erschraken sie 39 und liefen sofort zum Gefängnis. Unter vielen Entschuldigungen führten sie Paulus und Silas hinaus und baten die beiden höflich, die Stadt zu verlassen.

40 Sie aber gingen zunächst in das Haus der Lydia. Dort hatte sich die ganze Gemeinde versammelt. Nachdem die Apostel sie ermutigt hatten, im Glauben fest zu bleiben, verabschiedeten sie sich und verließen die Stadt.

Paulus und Silas in Thessalonich

17 Paulus und Silas reisten über Amphipolis und Apollonia nach Thessalonich. In dieser Stadt gab es eine Synagoge. 2 Wie gewohnt ging Paulus zunächst dorthin und sprach an drei Sabbaten zu den Leuten. 3 Er erklärte ihnen aus der Heiligen Schrift, daß die Propheten die Leiden des Messias und seine Auferstehung von den Toten vorausgesagt hatten. «Und dieser Messias», so betonte er, «ist der Jesus, von dem ich euch berichtet habe.»

4 Einige Juden ließen sich überzeugen und unterstützten Paulus und Silas. Dazu kamen noch viele Griechen, die zum jüdischen Glauben übergetreten waren, sowie eine große Zahl der vornehmsten und angesehensten Frauen der Stadt.

[5]Dieser Erfolg weckte Neid und Eifersucht bei den Juden. Mit Hilfe übler Burschen, die sie von der Straße holten, inszenierten sie einen Tumult und brachten die ganze Stadt in Aufruhr. Dann zogen sie vor das Haus des Jason, in dem Paulus und Silas wohnten, drangen dort ein und wollten die beiden vor die aufgebrachte Menge zerren. [6]Die Apostel waren aber nicht im Haus, und deshalb schleppte man Jason und einige andere Christen vor die römischen Verwalter der Stadt. «Diese Kerle wiegeln das ganze Land auf!» schrien sie. «Jetzt sind sie auch hierhergekommen [7]und haben sich bei Jason einquartiert. Sie empören sich außerdem gegen den Kaiser und behaupten, ein anderer sei der Herr, nämlich Jesus.» [8]Die Volksmenge und die verantwortlichen Beamten waren außer sich. [9]Erst nachdem Jason und die anderen eine Bürgschaft geleistet hatten, ließ man sie wieder frei.

Neue Schwierigkeiten in Beröa

[10]Noch in derselben Nacht sorgten die Christen in Thessalonich dafür, daß Paulus und Silas nach Beröa abreisen konnten. Auch dort gingen die beiden gleich wieder in die Synagoge. [11]Doch die Juden in Beröa waren eher bereit, Gottes Wort anzunehmen, als die in Thessalonich. Sie hörten sich aufmerksam an, was Paulus und Silas lehrten, wobei sie täglich nachforschten, ob dies mit der Heiligen Schrift übereinstimmt. [12]Viele von ihnen begannen zu glauben; außer den Juden auch zahlreiche angesehene griechische Frauen und Männer.

[13]Bald darauf erfuhren die Juden in Thessalonich, daß Paulus auch in Beröa Gottes Wort predigte. Deshalb kamen sie dorthin und wiegelten auch hier die Leute gegen die Apostel auf. [14/15]Doch die Christen in Beröa schickten Paulus sofort aus der Stadt. Sie begleiteten ihn auf dem Weg zur Küste und brachten ihn bis nach Athen. Silas und Timotheus blieben zurück. Doch sollten sie so schnell wie möglich nachkommen! Das ließ Paulus durch seine Begleiter ausrichten, die sich in Athen von ihm verabschiedeten und nach Beröa zurückkehrten.

Paulus in Athen

[16]Während Paulus in Athen auf Silas und Timotheus wartete, wurde er zornig über die vielen Götterbilder und Statuen in der Stadt. [17]Er sprach in der Synagoge zu den Juden und den zum jüdischen Glauben übergetretenen Griechen. Außerdem predigte er an jedem Tag auf dem Marktplatz zu den Menschen, die gerade da waren. [18]Bei einer solchen Gelegenheit kam es zu einem Streitgespräch mit einigen Philosophen, und zwar mit Epikuräern und Stoikern. Meinten einige von ihnen: «Dieser Mann ist doch ein Schwätzer!», so sagten andere: «Er scheint eine fremde Religion zu verkündigen.» Denn Paulus hatte von Jesus und seiner Auferstehung gesprochen.

[19]Weil die Philosophen mehr über die neue Religion erfahren wollten, nahmen sie den Apostel mit auf den Areopag, einen mitten in der Stadt gelegenen Hügel. [20]«Es ist alles neu für uns, was wir von dir hören, und recht seltsam», erklärten sie Paulus. «Wir möchten gern mehr davon wissen.» [21]Diese Bitte war nicht ungewöhnlich, denn sowohl den Athenern wie auch den Fremden in dieser Stadt ging es vor allem darum, neue Ideen zu hören und über sie zu diskutieren.

22 Da stellte sich Paulus vor alle, die auf dem Areopag versammelt waren, und rief: «Athener! Mir ist aufgefallen, daß ihr sehr religiös seid; 23 denn ich habe in eurer Stadt viele Altäre gesehen. Auf einem stand ‹Dem unbekannten Gott›. Von diesem Gott, den ihr verehrt, ohne ihn zu kennen, spreche ich.

24 Es ist der Gott, der die Welt und alles, was in ihr ist, geschaffen hat. Dieser Herr des Himmels und der Erde wohnt nicht in Tempeln, die Menschen gebaut haben. 25 Er braucht auch nicht den Opferdienst irgendeines Menschen. Er, der allen das Leben gibt und was zum Leben notwendig ist, 26 er hat den *einen* Menschen geschaffen, von dem alle Völker auf der ganzen Erde abstammen. Er hat auch bestimmt, wie lange und wo sie leben sollen. 27 Das alles hat er getan, weil er wollte, daß die Menschen ihn suchen, damit sie ihn spüren und finden können. Und wirklich, er ist uns ja so nahe! 28 Durch ihn allein leben und existieren wir. So wie es einige eurer Dichter gesagt haben: ‹Wir sind seine Kinder.›[a]

29 Weil wir nun von Gott abstammen, ist es doch unsinnig zu glauben, daß wir Gott in Standbildern aus Gold, Silber oder behauenen Steinen darstellen könnten, so wie es unserem Können und unseren Vorstellungen entspricht. 30 Bisher haben die Menschen das nicht erkannt, und Gott hatte Geduld mit ihnen. Aber jetzt befiehlt er allen Menschen auf der ganzen Welt, sich von Grund auf zu ändern. 31 Denn der Tag ist schon festgesetzt, an dem Gott alle Menschen richten wird;[b] richten durch den *einen* Mann, den er selbst dazu bestimmt hat. Daran hat Gott keinen Zweifel gelassen, indem er ihn von den Toten auferweckte.»

32 Als Paulus von der Auferstehung der Toten sprach, begannen einige zu spotten, andere aber meinten: «Darüber wollen wir später noch mehr hören.»

33 Paulus verließ jetzt die Versammlung auf dem Areopag. 34 Einige Männer, die durch die Rede des Paulus zum Glauben gefunden hatten, gingen mit ihm. Darunter waren Dionysius, ein Mitglied des Gerichtshofes, eine Frau, die Damaris hieß, und manche andere.

Ein vielversprechender Anfang in Korinth

18 Bald darauf verließ Paulus Athen und reiste nach Korinth. 2 Dort lernte er den Juden Aquila kennen, der aus der Provinz Pontus stammte. Er war vor kurzem mit seiner Frau Priszilla aus Italien nach Korinth übergesiedelt, weil Kaiser Claudius alle Juden aus Rom ausgewiesen hatte. 3 Paulus wohnte bei ihnen, und schließlich arbeiteten sie zusammen, denn Aquila war wie Paulus von Beruf Zeltmacher.

4 Paulus lehrte an jedem Sabbat in der Synagoge, und was er sagte, überzeugte Juden wie Griechen. 5 Als dann Silas und Timotheus aus Mazedonien eintrafen, arbeitete Paulus nicht länger als Zeltmacher, sondern nutzte seine ganze Zeit, um Gottes Wort zu verkündigen und den Juden zu bezeugen, daß Jesus der von Gott verheißene Retter ist.

a) Wörtlich: Denn wir sind auch seines Geschlechts.

b) Psalm 9,9; 96,13; 98,9

[6]Doch die Juden widersprachen ihm und spotteten über seine Lehre. Da weigerte sich Paulus, ihnen das Evangelium noch länger zu verkündigen.[a] «Ich habe euch Gottes Frohe Botschaft bringen wollen», sagte er. «Aber ihr habt sie abgelehnt. Deswegen bin ich nicht schuld an euerm Tod und Verderben.[b] Von jetzt an werde ich den Heiden das Wort Gottes predigen.»

[7]Danach wohnte er bei Titius Justus. Dieser Mann glaubte an Gott, auch wenn er kein Jude war. Sein Haus stand direkt neben der Synagoge. [8]Schließlich kam sogar Krispus, der Vorsteher der Synagoge, mit seiner ganzen Familie zum Glauben an den Herrn. Wie er glaubten noch viele Korinther, die Paulus gehört hatten, und ließen sich taufen.

[9]Eines Nachts sprach der Herr in einer Vision zu Paulus: «Habe keine Angst! Predige weiter und schweige nicht! [10]Ich bin bei dir, und niemand soll es wagen, dir irgendeinen Schaden zuzufügen. Denn viele Menschen in dieser Stadt werden an mich glauben.» [11]So blieb Paulus noch anderthalb Jahre in Korinth und verkündigte dort das Wort Gottes.

[12]Als aber Gallio Gouverneur von Achaja wurde, nutzten die Juden die Gelegenheit und verklagten Paulus. Sie brachten ihn vor Gericht [13]und beschuldigten ihn: «Dieser Mann verführt die Leute, Gott in einer Weise zu dienen, die im Widerspruch zum Gesetz steht.»

[14]Noch ehe Paulus etwas erwidern konnte, wandte sich Gallio an die Juden: «Wenn es sich um ein Verbrechen oder sonst ein schweres Vergehen handelte, müßte ich euch Juden anhören. [15]Weil ihr aber um Lehrfragen streitet, über irgendwelche Personen und religiösen Gesetze, müßt ihr euch schon selbst einigen. Ich jedenfalls werde darüber nicht entscheiden.»

[16]Damit wies er die Ankläger aus dem Gerichtssaal. [17]Jetzt fielen die Zuhörer über den neuen Synagogenleiter Sosthenes her und verprügelten ihn noch im Gerichtssaal. Er nämlich hatte die Anklage vorgebracht. Doch Gallio kümmerte sich überhaupt nicht darum.

Rückkehr nach Antiochia und Aufbruch zur dritten Missionsreise

[18]Paulus blieb noch einige Zeit in Korinth. Dann verabschiedete er sich von den Christen, und zusammen mit Priszilla und Aquila fuhr er mit dem Schiff in Richtung Syrien. Vorher hatte er in Kenchreä ein Gelübde abgelegt und sich deswegen – wie es bei den Juden üblich war – die Haare abschneiden lassen.

[19]Nach ihrer Ankunft in Ephesus blieben Priszilla und Aquila in der Stadt, während Paulus in die Synagoge ging. Dort sprach er mit den Juden. [20]Und obwohl sie ihn baten, länger bei ihnen zu bleiben, verabschiedete er sich mit den Worten: [21]«Wenn Gott es will, werde ich später wiederkommen.» Dann verließ er Ephesus auf einem Schiff. [22]Von Cäsarea aus ging er nach Jerusalem. Dort besuchte er die Gemeinde, um schließlich nach Antiochia weiterzuziehen.

[23]Aber auch hier blieb er nicht lange, sondern durchquerte ganz Gala-

a) Wörtlich: Da schüttelte er seine Kleider aus.
b) Wörtlich: Euer Blut komme auf euer Haupt.

tien und Phrygien. Er besuchte alle Christengemeinden und ermutigte sie, in ihrem Glauben festzubleiben.

Apollos in Ephesus und Korinth

24 In der Zwischenzeit war Apollos, ein Jude aus Alexandria, nach Ephesus gekommen. Er kannte sich in Gottes Wort gut aus und war ein gewandter Redner. 25 Von der christlichen Lehre hatte er schon gehört, und er sprach voller Begeisterung von Jesus. Dennoch kannte er lediglich die Taufe des Johannes. 26 Dieser Apollos begann unerschrocken in der Synagoge zu predigen. Unter seinen Zuhörern waren auch Priszilla und Aquila. Sie nahmen ihn als Gast in ihrem Hause auf, um ihm dort Gottes Weg zur Erlösung genauer zu erklären.

27 Als Apollos plante, in die griechische Provinz Achaja zu reisen, gaben ihm die Christen von Ephesus ein Empfehlungsschreiben an die Gemeinde in Korinth mit, in dem sie darum baten, ihn dort freundlich aufzunehmen. In Achaja war Apollos mit seiner Begabung den Christen dann wirklich eine große Hilfe. 28 Denn in öffentlich geführten Streitgesprächen widerlegte er die Einwände der Juden und wies anhand der Heiligen Schrift nach, daß Jesus der verheißene Messias ist.

Paulus in Ephesus

19 Während Apollos in Korinth war, reiste Paulus durch das kleinasiatische Hochland und kam nach Ephesus. Dort traf er einige Jünger von Johannes dem Täufer[a]. 2 Er fragte sie: «Habt ihr den Heiligen Geist empfangen, als ihr zum Glauben gekommen seid?» «Nein», erwiderten sie. «Was ist denn das, der ‹Heilige Geist›? Wir haben noch nie etwas davon gehört.»

3 «Welche Taufe habt ihr denn empfangen?» wollte Paulus jetzt wissen. «Die Taufe des Johannes», war die Antwort. 4 «Wer sich von Johannes taufen ließ, bekannte damit, daß er ein neues Leben beginnen will»,[b] erklärte Paulus. «Johannes hat aber immer gesagt, daß man an den glauben muß, der nach ihm kommt: nämlich Jesus.»

5 Nachdem sie das gehört hatten, ließen sie sich auf den Namen Jesu taufen. 6 Und als Paulus ihnen die Hände auflegte, empfingen sie den Heiligen Geist. Sie beteten in anderen Sprachen und redeten, wie Gott es ihnen eingab. 7 Es waren an die zwölf Männer.

8 Paulus ging darauf in die Synagoge. Drei Monate lang predigte er dort unerschrocken Gottes Wort und gewann Menschen für Gottes Reich. 9 Es gab aber auch einige, die vom Glauben nichts wissen wollten und schließlich in aller Öffentlichkeit über das Evangelium spotteten. Da verließ Paulus mit den anderen Christen die Synagoge. Von nun an predigte er täglich im Lehrsaal eines Mannes, der Tyrannus hieß. 10 Das tat er zwei Jahre lang, so daß alle in der Provinz Asia, Juden wie Griechen, das Wort Gottes hörten.

11 Gott ließ durch Paulus außerordentliche Dinge geschehen. 12 Es kam

a) Wörtlich nur: Jünger.
b) Wörtlich: Johannes hat mit der Taufe der Umkehr getauft.

so weit, daß man Tücher und Kleidungsstücke des Paulus auf die Kranken legte, damit sie gesund werden und die Dämonen ausfahren sollten.

Geisterbeschwörer mißbrauchen den Namen Jesus

13 Einige im Land umherziehende jüdische Geisterbeschwörer versuchten Dämonen dadurch auszutreiben, daß sie über den Besessenen den Namen Jesu aussprachen. Sie sagten zum Beispiel: «Wir beschwören euch bei dem Jesus, den Paulus predigt!»

14 So trieben es auch die sieben Söhne des jüdischen Hohenpriesters Skevas. 15 Doch der Dämon verhöhnte sie: «Jesus kenne ich, und von Paulus habe ich gehört. Aber wer seid ihr?!» 16 Dann stürzte sich der Besessene auf sie, warf sie zu Boden, so daß sie schließlich alle nackt und zerschunden aus dem Haus fliehen mußten.

17 Bald wußte ganz Ephesus – Juden wie Griechen – von diesem Vorfall. Alle waren zutiefst erschrocken, und der Name des Herrn Jesus wurde nun überall gelobt. 18 Viele Christen bekannten jetzt offen, was sie früher getrieben hatten. 19 Andere brachten ihre Zauberbücher, für die sie ein Vermögen ausgegeben hatten,[a] und verbrannten sie in aller Öffentlichkeit. 20 So erwies Gottes Wort seine Macht, und immer mehr Menschen glaubten daran.

21 Danach beschloß Paulus, über Mazedonien und Achaja nach Jerusalem zu reisen und von dort aus nach Rom. 22 Er schickte zwei seiner Mitarbeiter, Timotheus und Erastus, voraus nach Mazedonien, während er selber noch einige Zeit in der Provinz Asia blieb.

Aufruhr der Silberschmiede von Ephesus

23 Etwa zur selben Zeit kam es in Ephesus wegen der von Paulus verkündeten neuen Lehre zu heftigen Unruhen. 24 Angefangen hatte alles mit dem Silberschmied Demetrius, der kleine Nachbildungen des Tempels der griechischen Göttin Artemis herstellte. Nicht nur er selber, sondern auch die Händler der ganzen Stadt verdienten sehr gut daran. 25 Alle diese Leute rief er eines Tages zusammen und sagte ihnen:

«Ihr wißt ebensogut wie ich, daß wir alle an den kleinen Nachbildungen des Tempels gut verdienen. 26 Wie ihr sicher schon gehört habt, behauptet nun dieser Paulus, von Menschen angefertigte Götter seien nichts wert. Das verbreitet er nicht nur in Ephesus, sondern in der ganzen Provinz Asia, und viele Leute glauben ihm schon. 27 Aber es geht ja nicht nur darum, daß unsere Arbeit nicht mehr anerkannt wird! Auch der Tempel der herrlichen Göttin Artemis, die man nicht nur in Kleinasien, sondern in der ganzen Welt verehrt, wird bedeutungslos werden und in Vergessenheit geraten...» 28 Wutentbrannt schrien jetzt die Zuhörer: «Groß ist die Artemis der Epheser!» 29 In kürzester Zeit war die Bevölkerung der ganzen Stadt auf den Beinen. Das Volk rot-

a) Wörtlich: Ihren Wert schätzte man auf 50.000 Silberstücke.

tete sich zusammen und drängte ins Amphitheater. Dorthin schleppten sie auch die beiden Mazedonier Gajus und Aristarchus, die Paulus begleitet hatten.

30 Paulus wollte nun selbst im Amphitheater Rede und Antwort stehen, aber seine Glaubensbrüder ließen das nicht zu. 31 Auch einige hohe Beamte der Provinzverwaltung, die Paulus schätzten, warnten ihn eindringlich davor, sich in der Öffentlichkeit zu zeigen.

32 Bei der versammelten Volksmenge herrschte das größte Durcheinander; der eine schrie dies, der andere das. Die meisten wußten nicht einmal, warum sie sich hier versammelt hatten. 33 Die Juden drängten Alexander nach vorn, der bezeugen sollte, daß sie mit der Sache nichts zu tun hätten. Er versuchte, die Menschen mit einem Handzeichen zum Schweigen zu bringen. 34 Doch als die merkten, daß er Jude war, schrien sie zwei Stunden lang in Sprechchören: «Groß ist die Artemis der Epheser!»

35 Schließlich gelang es dem Stadtkanzler, die Menge zu beruhigen, so daß er sich verständlich machen konnte. «Leute von Ephesus!» rief er. «Es gibt doch niemanden, der nicht weiß, daß unsere Stadt die Hüterin des Tempels der großen Artemis ist und ihres vom Himmel gefallenen Bildes. 36 Das ist einfach eine Tatsache, und dem wird niemand widersprechen. Deshalb bleibt ruhig, und tut nichts Unüberlegtes. 37 Diese Männer hier haben weder den Tempel beraubt noch unsere Göttin gelästert. 38 Sollten Demetrius und seine Kollegen irgendwelche Anklagen gegen sie vorbringen wollen, so gibt es dafür ordentliche Gerichte und Behörden. Sollen sie dort ihren Streit austragen! 39 Und wenn ihr noch andere Anliegen habt, die über die Anklage des Demetrius hinausgehen, dann müssen die in der ordentlichen Volksversammlung vorgebracht werden. 40 Ich fürchte nämlich, daß uns die römische Regierung sonst wegen dieses Aufruhrs zur Rechenschaft ziehen wird, und wir können wirklich keinen triftigen Grund dafür nennen.»

Danach löste er die Versammlung auf.

Paulus verläßt Ephesus und reist nach Griechenland

20 Nachdem der Tumult vorüber war, rief Paulus die ganze Gemeinde zusammen, um sie zu ermutigen und sich von ihr zu verabschieden. Dann begann er seine Reise nach Mazedonien. 2 Unterwegs besuchte er alle Christengemeinden und nahm sich viel Zeit, sie im Glauben zu stärken. 3 So erreichte er Griechenland, wo er drei Monate lang blieb. Er bereitete sich gerade auf die Überfahrt nach Syrien vor, als er davon erfuhr, daß die Juden ihn auf dieser Reise umbringen wollten. Deshalb entschloß er sich, auf dem Landweg über Mazedonien zurückzukehren.

4 Mit ihm reisten Sopater aus Beröa, der Sohn des Pyrrhus, Aristarchus und Sekundus aus Thessalonich, Gajus aus Derbe und Timotheus; außerdem Tychikus und Trophimus, die aus der Provinz Asia stammten. 5 Sie waren schon vorausgereist und wollten in Troas auf uns warten. 6 Wir anderen verließen nach dem Passahfest Philippi und erreichten mit einem Schiff in fünf Tagen Troas. Dort blieben wir eine Woche.

Besuch in Troas

[7] Am Sonntag[a] kamen wir zusammen, um das Abendmahl zu feiern,[b] und Paulus predigte. Weil er schon am nächsten Tag weiterreisen wollte, nahm er sich viel Zeit und sprach bis Mitternacht. [8] Der Raum im Obergeschoß, in dem wir uns befanden, war durch viele Öllampen erhellt. [9] Ein junger Mann – er hieß Eutychus – saß auf der Fensterbank. Während der langen Predigt des Paulus wurde er vom Schlaf überwältigt. Dabei verlor er das Gleichgewicht und fiel durch das offene Fenster drei Stockwerke tief. Als die Männer ihn aufhoben, war er tot.

[10] Paulus lief hinunter, beugte sich über den Toten und nahm ihn in seine Arme. Dann sagte er zu den Leuten: «Seid ruhig! Er lebt.» [11] Paulus ging wieder hinauf, und sie feierten gemeinsam das Abendmahl. Er sprach noch lange mit ihnen, bevor er sie dann bei Tagesanbruch verließ. [12] Alle waren glücklich darüber, daß Eutychus wieder am Leben war.

Reise nach Milet

[13] Wir anderen waren inzwischen an Bord eines Schiffes gegangen und nach Assos gesegelt. Paulus hatte darauf bestanden, bis dorthin zu Fuß zu gehen. [14] In Assos nahmen wir ihn dann an Bord und segelten weiter nach Mitylene. [15] Am nächsten Tag kamen wir bis Chios, tags darauf nach Samos, und einen Tag später erreichten wir Milet. [16] Um keine Zeit zu verlieren, hatte sich Paulus entschlossen, nicht nach Ephesus zu reisen. Wenn irgend möglich, wollte er nämlich zum Pfingstfest in Jerusalem sein.

Abschied von den Christen in Ephesus

[17] Von Milet aus schickte Paulus einen Boten mit der Nachricht nach Ephesus, daß er gern mit den Ältesten der Gemeinde sprechen würde. [18] Als sie alle zusammen waren, sagte er zu ihnen: «Ihr wißt, wie ich mich in der Provinz Asia vom ersten Tage an bis heute bei euch verhalten habe. [19] Daß ich dem Herrn diente, ohne an mich selbst zu denken, oft unter Tränen und obwohl die Juden mich verfolgten.

[20] Ihr wißt auch, daß ich nichts verschwiegen habe. Ich habe euch alles gepredigt und gelehrt, was euerm Heil dient – öffentlich, aber auch in euern Häusern. [21] Juden wie Griechen habe ich in aller Deutlichkeit erklärt, daß sie ihr Leben von Grund auf ändern und an unseren Herrn Jesus Christus glauben sollen.

[22] Jetzt folge ich dem Willen des Heiligen Geistes, wenn ich nach Jerusalem gehe. Was dort mit mir geschehen wird, weiß ich nicht.

[23] Nur dies eine weiß ich, daß mich Gefangenschaft und Leiden erwarten. Denn so sagt es mir der Heilige Geist durch Propheten in allen Gemeinden, die ich besuche. [24] Aber mein Leben ist mir nicht wichtig, wenn es darum geht, den Auftrag auszuführen, den mir Jesus Christus gegeben hat, nämlich das Evangelium von Gottes Gnade und Liebe zu verkündigen.

[25] Ich weiß, daß keiner von euch,

a) Wörtlich: Am ersten Tag der Woche.
b) Wörtlich: um das Brot zu brechen.

denen ich das Evangelium gepredigt und bei denen ich gelebt habe, mich wiedersehen wird. [26]Deshalb sage ich euch heute in aller Deutlichkeit: Ich bin nicht schuld daran, wenn einer von euch verlorengeht. [27]Denn ich habe nichts verschwiegen, sondern euch den ganzen Plan Gottes zur Rettung der Welt verkündigt.

[28]Von jetzt an müßt ihr auf euch selbst achten und auf die ganze Gemeinde, für die euch der Heilige Geist als Hirten einsetzte. Ihr sollt die Gemeinde Gottes hüten, die er sich durch das Blut seines Sohnes erworben hat. [29]Denn ich weiß: Wenn ich nicht mehr da bin, werden falsche Lehrer wie reißende Wölfe über euch herfallen, und sie werden die Herde nicht schonen. [30]Sogar unter euch wird es Männer geben, die nur deshalb die Wahrheit verfälschen, weil sie Menschen für sich gewinnen wollen. [31]Seid also wachsam! Denkt daran, daß ich drei Jahre lang unermüdlich jedem von euch Tag und Nacht, manchmal sogar unter Tränen, den rechten Weg gewiesen habe.

[32]Und nun vertraue ich euch Gottes Schutz an und dem Wort seiner Gnade. Er allein hat die Macht, euern Glauben wachsen zu lassen und euch das Erbe zu geben, das er seinen Kindern zugesagt hat.[a]

[33]Niemals habe ich von euch auch nur einen einzigen Pfennig[b] verlangt. [34]Ihr wißt selbst, daß ich den Lebensunterhalt für mich und die Leute, die bei mir waren, mit diesen meinen Händen durch eigene Arbeit verdient habe. [35]Damit habe ich euch zeigen wollen, wie man arbeiten muß, um den Armen zu helfen und das zu erfüllen, was unser Herr selbst gesagt hat: Geben macht glücklicher als Nehmen.»

[36]Nun knieten alle nieder und beteten miteinander. [37]Sie küßten und umarmten Paulus zum Abschied; viele weinten laut, [38]weil er ihnen gesagt hatte, sie würden ihn nicht wiedersehen. Dann begleiteten sie ihn auf das Schiff.

Paulus reist nach Jerusalem

21 Als wir uns schweren Herzens von den Ältesten aus Ephesus verabschiedet hatten, segelte unser Schiff direkt nach Kos. Am folgenden Tag erreichten wir Rhodos und dann Patara. [2]Dort gingen wir an Bord eines anderen Schiffes, das nach Phönizien segeln sollte. [3]Bald sahen wir in der Ferne die Insel Zypern, segelten aber südlich an ihr vorbei in Richtung auf die syrische Hafenstadt Tyrus, wo die Ladung des Schiffes gelöscht wurde.

[4]In Tyrus besuchten wir die Gemeinde und blieben eine Woche dort. Diese Christen warnten Paulus mehrmals davor, nach Jerusalem zu reisen, denn so hatte es ihnen der Heilige Geist aufgetragen. [5]Aber am Ende der Woche gingen wir dann doch zu unserem Schiff. Die ganze Gemeinde mit Frauen und Kindern begleitete uns bis vor die Stadt. Am Strand knieten wir nieder und beteten. [6]Nachdem wir uns verabschiedet hatten, gingen wir an Bord des Schiffes, und sie kehrten in die Stadt zurück.

[7]Von Tyrus kamen wir dann nach Ptolemais. Auch dort besuchten wir

a) Wörtlich: und das Erbe unter allen Geheiligten zu geben.
b) Wörtlich: Silber, Gold oder Kleidung.

die Christen, blieben aber nur einen Tag bei ihnen.

[8] Von Ptolemais ging es zu Fuß weiter nach Cäsarea. Dort wohnten wir im Haus des Evangelisten Philippus, einem der sieben Diakone. [9] Die vier Töchter des Philippus waren unverheiratet geblieben und hatten von Gott prophetische Gaben bekommen.

[10] Wir waren schon einige Tage bei Philippus, als Agabus aus Judäa kam. Er war ein Prophet. [11] Mit dem Gürtel des Paulus fesselte er sich Hände und Füße. Dann erklärte er: «Der Heilige Geist sagt: Genauso wird der Besitzer dieses Gürtels in Jerusalem von den Juden gefesselt und an die Römer ausgeliefert werden.» [12] Da bestürmten wir und die anderen Christen der Gemeinde Paulus, nicht nach Jerusalem zu gehen. [13] Er aber antwortete nur: «Warum weint ihr und macht mir das Herz schwer? Ich bin nicht nur bereit, mich in Jerusalem fesseln und ins Gefängnis werfen zu lassen, ich bin auch bereit, dort für Jesus Christus zu sterben.» [14] Weil er sich nicht umstimmen ließ, bedrängten wir ihn schließlich nicht länger und sagten: «Gottes Wille soll geschehen!»

Paulus soll seine Gesetzestreue beweisen

[15] Bald darauf reisten wir nach Jerusalem. [16] Einige Brüder aus Cäsarea begleiteten uns. Sie führten uns zu Mnason, der aus Zypern stammte und einer der ersten Christen war. In seinem Hause sollten wir übernachten.

[17] Von der Gemeinde in Jerusalem wurden wir herzlich aufgenommen. [18] Am Tag nach unserer Ankunft ging Paulus zu Jakobus; auch alle Ältesten der Gemeinde hatten sich bei ihm versammelt.

[19] Paulus begrüßte sie alle und berichtete ausführlich, was Gott unter den Heiden getan hatte. [20] Darüber waren alle froh; sie lobten und dankten Gott. Dann aber sagten sie:

«Du weißt, lieber Bruder, daß Tausende von Juden zum Glauben gekommen sind, und jeder von ihnen befolgt streng die Gesetze des Mose. [21] Man hat nun von dir berichtet, du würdest die Juden außerhalb Israels auffordern, nicht mehr nach dem Gesetz zu leben. Sie sollten zum Beispiel ihre Kinder nicht mehr beschneiden lassen und die Ordnungen unseres Volkes mißachten. [22] Was sollen wir jetzt tun? Sie werden auf jeden Fall erfahren, daß du in Jerusalem bist. [23] Wir möchten dir deshalb folgendes raten: Hier sind vier Männer, die ein Gelübde einlösen müssen. [24] Schließe dich ihnen an, und erfülle alle vom Gesetz geforderten Reinigungsvorschriften, wozu ja auch gehört, daß sie sich die Haare schneiden lassen. Wenn du dafür die Kosten übernimmst, werden alle sehen, daß an den Gerüchten über dich nichts Wahres ist und du gewissenhaft das Gesetz befolgst. [25] Wie die nichtjüdischen Christen leben sollen, haben wir ja schriftlich geregelt. Wir haben damals entschieden, daß sie kein Fleisch von Tieren essen dürfen, die Götzen geopfert wurden, kein Blut oder das Fleisch von Tieren, die nicht ausbluteten. Außerdem sollen sie sich vor Unzucht hüten.»

Paulus wird in Jerusalem verhaftet

[26] Paulus nahm ihren Vorschlag an. Zusammen mit den Männern ging er am folgenden Tag in den Tempel. Dort wollten sie melden, daß ihr Gelübde erfüllt sei, wenn sie ihr Opfer gebracht hätten. [27] Die festgesetzten

sieben Tage waren fast vorüber, als
einige Juden aus Kleinasien Paulus im
Tempel wiedererkannten. Sie wiegel-
ten das Volk gegen ihn auf, packten
ihn und schrien:
28 «Helft uns, ihr Männer aus Israel!
Das ist er, der überall in der Welt ge-
gen unser Volk, gegen das Gesetz und
gegen diesen Tempel hetzt! Und nicht
genug damit! Er hat sogar Griechen in
den Tempel gebracht und dadurch
diese heilige Stätte entweiht!»
29 Weil
sie nämlich Paulus zusammen mit dem
Griechen Trophimus aus Ephesus in
der Stadt gesehen hatten, vermuteten
sie nun, Paulus habe ihn auch mit in
den Tempel genommen.
30 Ganz Jeru-
salem geriet in Aufruhr. Sie griffen
Paulus und zerrten ihn aus dem Tem-
pel, dessen Türen man eilig schloß.
31 Die Menge war nahe daran, Pau-
lus umzubringen, als dem Komman-
danten der römischen Garnison ge-
meldet wurde: «Die ganze Stadt ist in
Aufruhr!»
32 Mit einem Trupp Solda-
ten und einigen Offizieren lief er so-
fort zum Tempelplatz. Als die Menge
den Kommandanten und die Soldaten
sah, ließen sie Paulus los.
33 Paulus wurde festgenommen und
mit zwei Ketten gefesselt. Anschlie-
ßend fragte der Kommandant die auf-
gebrachte Menge, wer dieser Mann sei
und was er getan habe.
34 Aber die
einen schrien dies, die anderen das,
und der Tumult war so groß, daß er
letztlich überhaupt nichts erfuhr. Des-
halb befahl der Kommandant, Paulus
in die Festung zu bringen.
35 Auf dem
Weg dorthin wütete das Volk so auf-
gebracht gegen Paulus, daß ihn die
Soldaten tragen mußten.
36 Die Leute
tobten: «Weg mit dem! Bringt ihn
um!»
37 Als man Paulus gerade in die Fe-
stung bringen wollte, sagte er zu dem
Kommandanten: «Kann ich kurz mit
dir sprechen?» «Du sprichst Grie-
chisch?» fragte dieser überrascht.
38 «Dann bist du also nicht der Ägyp-
ter, der vor einiger Zeit den Aufstand
mit viertausend bewaffneten Rebel-
len anführte, die er in der Wüste um
sich sammelte?»
39 «Nein», erwiderte
Paulus, «ich bin ein Jude aus Tarsus
und ein Bürger dieser bekannten Stadt
in Zilizien. Bitte erlaube mir, zu den
Leuten zu reden.»
40 Der Komman-
dant willigte ein. Paulus blieb auf der
obersten Treppenstufe stehen und
gab dem Volk mit der Hand ein Zei-
chen, daß er etwas sagen wollte. Nach-
dem sie sich beruhigt hatten, sprach er
auf hebräisch zu ihnen:

Paulus rechtfertigt sich vor den Juden

22 «Ihr Männer, liebe Brüder
und Väter! Hört euch an, was
ich zu meiner Verteidigung sagen
möchte.»
2 Als die Juden merkten,
daß Paulus in ihrer Sprache zu ihnen
redete, wurden sie noch stiller, und er
konnte ungehindert weitersprechen:
3 «Ich bin Jude, geboren in Tarsus,
einer Stadt in Zilizien. Erzogen wur-
de ich hier in Jerusalem. Als Schüler
Gamaliels habe ich gelernt, streng
nach dem Gesetz unserer Väter zu le-
ben. Ebenso wie ihr wollte ich nichts
anderes, als Gottes Gebote erfüllen.
4 Deshalb habe ich diese neue Leh-
re auch bis auf den Tod bekämpft.
Männer und Frauen ließ ich festneh-
men und in das Gefängnis werfen.
5 Das können der Hohepriester und
der ganze Hohe Rat bezeugen. Von
ihnen bekam ich die Empfehlungs-
schreiben für die jüdische Gemeinde
in Damaskus. So wollte ich erreichen,
daß auch die Christen in dieser Stadt
gefesselt hierher nach Jerusalem ge-
bracht und bestraft werden sollten.

6 Als ich auf dieser Reise Damaskus schon fast erreicht hatte, umgab mich zur Mittagszeit plötzlich vom Himmel her ein strahlend helles Licht. 7 Ich fiel zu Boden und hörte eine Stimme: ‹Saul, Saul, warum verfolgst du mich?› 8 Voller Schrecken fragte ich: ‹Wer bist du, Herr?› und hörte als Antwort: ‹Ich bin Jesus von Nazareth, den du verfolgst.›

9 Meine Begleiter sahen genauso wie ich das Licht, aber sie hörten nicht, was gesagt wurde. 10 ‹Was soll ich tun, Herr?› fragte ich nun, und der Herr antwortete mir: ‹Steh auf! Geh nach Damaskus. Dort wird man dir sagen, welche Aufgabe du übernehmen sollst.› 11 Von dem hellen Licht war ich so geblendet, daß ich nicht mehr sehen konnte und meine Begleiter mich nach Damaskus führen mußten.

12 Dort lebte ein Mann, der Ananias hieß. Er war fromm und erfüllte Gottes Gebote so genau, daß er bei allen Juden in Damaskus hoch angesehen war. 13 Dieser Mann kam zu mir und sagte: ‹Lieber Bruder Saul, du sollst wieder sehen können!› Und sofort konnte ich wieder sehen. 14 Dann erklärte er mir: ‹Der Gott unserer Väter hat dich erwählt, seinen Willen zu erkennen, seinen Sohn zu sehen und ihn zu hören. 15 So wirst du vor allen Menschen sein Zeuge sein, weil du ihn selber gesehen und gehört hast. 16 Zögere also nicht länger! Laß dich taufen und von deinen Sünden reinigen, indem du dem Herrn deine Schuld bekennst.›

17 Ich kehrte nach Jerusalem zurück. Eines Tages betete ich im Tempel. Da erschien mir der Herr in einer Vision 18 und sagte: ‹Beeile dich und verlasse Jerusalem so schnell wie möglich, denn niemand wird dir glauben, was du von mir sagst.› 19 ‹Herr›, antwortete ich, ‹aber alle wissen doch, daß ich die in das Gefängnis werfen und in den Synagogen auspeitschen ließ, die an dich glaubten. 20 Als dein Zeuge Stephanus getötet wurde, habe ich sogar voller Genugtuung zugesehen und die Kleider seiner Mörder bewacht.› 21 Doch der Herr befahl: ‹Geh, denn ich will dich weit weg zu den Heiden senden.›»

Paulus beruft sich auf sein römisches Bürgerrecht

22 Bis dahin hatten alle Paulus ruhig angehört. Doch nun begannen sie zu toben: «Weg mit ihm! Er darf nicht länger leben!» 23 Voller Empörung zerrissen sie ihre Kleider und wüteten, daß der Staub hoch aufwirbelte.

24 Da ließ der Kommandant Paulus in die Festung bringen und befahl, ihn auszupeitschen und zu verhören. Auf diese Weise wollte er erfahren, weshalb die Menge so erregt den Tod des Paulus forderte. 25 Man hatte den Apostel bereits zum Auspeitschen festgebunden, als Paulus den dabeistehenden Offizier fragte: «Seit wann ist es bei euch erlaubt, einen römischen Bürger auszupeitschen, noch dazu ohne Urteil?»

26 Der Offizier lief zum Kommandanten: «Der Mann ist ein römischer Bürger! Was willst du jetzt tun?» 27 Da ging der Kommandant selbst zu Paulus und fragte ihn: «Stimmt es, daß du ein römischer Bürger bist?» «Ja, das stimmt», erwiderte Paulus. 28 «Ich habe für dieses Bürgerrecht ein Vermögen gezahlt», erklärte der Kommandant. «Ich aber wurde schon als römischer Bürger geboren», erwiderte Paulus. 29 Sofort banden die Soldaten den Apostel los, denn der Kommandant fürchtete, Schwierigkeiten zu bekommen, weil er befoh-

len hatte, einen römischen Bürger auszupeitschen.

Paulus vor dem Gerichtshof

30 Der Kommandant wollte wissen, was die Juden Paulus eigentlich vorwarfen. Deswegen befahl er am nächsten Tag den Hohenpriestern und dem Gerichtshof, zu einer Sitzung zu kommen, und nachdem man Paulus aus dem Gefängnis geholt und ihm die Fesseln abgenommen hatte, wurde auch er dorthin gebracht.

23 Ruhig und furchtlos blickte Paulus die Mitglieder des hohen Gerichts an und sagte: «Ihr Männer, liebe Brüder! Was mich anbelangt, so habe ich bis zum heutigen Tag Gott gedient, und zwar mit gutem Gewissen.» 2 Aufgebracht befahl daraufhin der Hohepriester Ananias seinen Leuten, Paulus auf den Mund zu schlagen. 3 Der aber rief: «Du Heuchler, Gott wird dich dafür strafen. Du willst hier nach dem Gesetz Recht sprechen, aber brichst selber das Gesetz und läßt mich schlagen!»

4 Da empörten sich einige: «Du wagst es, den Hohenpriester Gottes zu beleidigen?» 5 «Ich wußte nicht, Brüder, daß es der Hohepriester ist», lenkte Paulus ein, «denn natürlich ist mir bekannt, daß es in der Heiligen Schrift heißt: ‹Den Führer deines Volkes sollst du nicht beleidigen.›»[a]

6 Paulus wußte, daß unter den Anwesenden sowohl Sadduzäer als auch Pharisäer waren. Deshalb rief er laut: «Brüder, ich bin ein Pharisäer wie viele meiner Vorfahren[b], und nun stehe ich hier vor Gericht, weil ich an die Auferstehung der Toten glaube.»

7 Diese Worte lösten einen heftigen Streit zwischen den Pharisäern und Sadduzäern aus, und die Versammlung spaltete sich in zwei Lager. 8 Denn im Gegensatz zu den Pharisäern behaupten die Sadduzäer: Es gibt keine Auferstehung und weder Engel noch Geister. 9 Immer lauter wurde die Debatte. Aufgeregt sprangen einige Schriftgelehrte der Pharisäer auf und riefen: «An dem Mann ist doch nichts, wofür er verurteilt werden könnte. Vielleicht hat ja wirklich ein Geist oder Engel zu ihm geredet.»

10 Der Tumult nahm solche Formen an, daß der römische Kommandant fürchtete, Paulus vor der aufgebrachten Menge nicht länger schützen zu können. Deshalb ließ er Soldaten kommen, die Paulus holten und ihn wieder in die Festung zurückbrachten.

11 In der folgenden Nacht trat der Herr zu Paulus und sagte: «Sei unbesorgt! So wie du in Jerusalem mein Zeuge gewesen bist, sollst du auch in Rom mein Zeuge sein!»

Mordpläne gegen Paulus

12 Bei Tagesanbruch kamen einige Juden zusammen. Feierlich schworen sie sich, weder zu essen noch zu trinken, bis es ihnen gelungen wäre, Paulus zu beseitigen. 13 Mehr als vierzig Leute waren an dieser Verschwörung beteiligt. 14 Sie gingen zu den Hohenpriestern und Führern des Volkes, um ihnen mitzuteilen: «Wir haben geschworen, nichts zu essen, bis wir

a) 2. Mose 22,27
b) Wörtlich: und ein Sohn von Pharisäern.

diesen Paulus getötet haben. [15] Sorgt nun dafür, daß der Kommandant ihn noch einmal zum Verhör bringen läßt. Sagt, ihr wolltet die Angelegenheit genauer untersuchen. Alles andere überlaßt uns: Er wird nicht bei euch ankommen.»

[16] Ein Neffe des Paulus erfuhr von diesem Anschlag. Er lief zur Festung und berichtete ihm alles. [17] Da rief der Apostel einen der Offiziere zu sich und bat: «Bringe diesen jungen Mann zum Kommandanten; er hat eine wichtige Mitteilung für ihn!» [18] Der Offizier führte den Verwandten des Paulus zum Kommandanten und meldete: «Der Gefangene Paulus hat mich rufen lassen und darum gebeten, diesen jungen Mann zu dir zu bringen. Er soll dir etwas mitteilen.»

[19] Da führte der Kommandant den jungen Mann beiseite und fragte: «Was hast du mir zu melden?» [20] Eilig begann der zu berichten: «Die Juden werden dich bitten, Paulus morgen noch einmal dem jüdischen Gerichtshof vorzuführen. Aber das ist nur ein Vorwand. [21] Glaube ihnen nicht, denn vierzig Männer halten sich bereit, die ihn ermorden wollen. Sie haben sich geschworen, nichts zu essen und zu trinken, bis er tot ist. Jetzt warten sie nur auf deine Zusage.»

[22] Der junge Mann verließ die Festung, nachdem der Kommandant ihm eingeschärft hatte, daß niemand von dem Plan erfahren dürfte.

Paulus wird nach Cäsarea gebracht

[23] Gleich darauf ließ der Kommandant zwei Offiziere zu sich kommen. Ihnen gab er den Auftrag: «Stellt für heute abend neun Uhr zweihundert Soldaten zum Marsch nach Cäsarea bereit, dazu noch siebzig Reiter und zweihundert Leichtbewaffnete. [24] Kümmert euch auch um Reittiere für den Gefangenen, und bringt ihn sicher zu Gouverneur Felix.» [25] Dann schrieb er diesen Brief:

[26] «Claudius Lysias grüßt seine Exzellenz, den Gouverneur Felix. [27] Diesen Mann hier hatten die Juden ergriffen. Sie wollten ihn gerade töten, als ich ihn mit Gewalt aus ihren Händen befreite; denn ich hatte erfahren, daß er römischer Bürger ist. [28] Weil ich wissen wollte, was er getan hat, brachte ich ihn vor ihren Gerichtshof. [29] Dort stellte sich heraus, daß er nichts getan hat, wofür er die Todesstrafe verdient hätte oder wofür man ihn auch nur hätte gefangennehmen dürfen. Es handelt sich lediglich um Streitfragen ihrer Religion. [30] Inzwischen habe ich von einem neuen Mordanschlag gegen ihn erfahren, und deshalb schicke ich ihn zu dir. Seine Kläger habe ich angewiesen, bei dir Anklage gegen ihn zu erheben.»

[31] Wie man es ihnen befohlen hatte, brachten die Soldaten Paulus noch in derselben Nacht bis nach Antipatris. [32] Am folgenden Tag kehrten die Fußtruppen nach Jerusalem zurück, während die Berittenen mit Paulus weiterzogen. [33] In Cäsarea übergaben sie das Schreiben dem Gouverneur und lieferten ihm den Gefangenen aus.

[34] Nachdem der Gouverneur den Brief gelesen hatte, fragte er Paulus, aus welcher Provinz er stamme. «Aus Zilizien», antwortete Paulus. [35] «Wenn sich deine Ankläger hier eingefunden haben», entschied nun der Gouverneur, «werde ich deine Angelegenheit klären.» Auf Befehl des Felix wurde Paulus im Palast des Königs Herodes weiter gefangengehalten.

Anklage gegen Paulus

24 Fünf Tage später erschienen
der Hohepriester Ananias,
einige Führer des Volkes und der An-
walt Tertullus, um Anklage gegen
Paulus zu erheben. 2 Nachdem man
Paulus hereingerufen hatte, begann
Tertullus:
3 «Verehrter Felix! Voller Dank-
barkeit erkennen wir Juden an, daß
wir durch dich endlich Ruhe und Frie-
den genießen und es unserem Volk
durch deine Fürsorge so gut geht wie
selten zuvor. 4 Um aber deine kostba-
re Zeit nicht unnötig in Anspruch zu
nehmen, bitten wir dich, uns kurz an-
zuhören. 5 Wir wissen, daß dieser
Mann gefährlich ist wie die Pest.
Überall im Römischen Reich zettelt
er unter den Juden Aufstände an.
Und er selbst ist der Anführer der Na-
zarener-Sekte. 6 Als er versuchte, den
Tempel zu entweihen, haben wir ihn
gefaßt und wollten ihn nach unseren
Gesetzen aburteilen. 7 Aber der
Kommandant Lysias kam dazu und
ließ ihn durch seine Soldaten abfüh-
ren. 8 Außerdem befahl er, die Ankla-
ge gegen ihn bei dir vorzubringen.
Wenn du ihn verhörst, wirst du fest-
stellen, daß unsere Beschuldigungen
wahr sind.»
9 Die anderen Juden unterstützten
die Anklagerede in allen Punkten
und erklärten, daß sie die reine
Wahrheit enthält.

Paulus verteidigt sich vor Felix

10 Auf einen Wink des Gouverneurs
stand Paulus auf und sagte: «Weil ich
weiß, daß du seit vielen Jahren Rich-
ter für dieses Volk bist, will ich mich
gern vor dir verantworten. 11 Wie du
leicht nachprüfen kannst, bin ich erst
vor zwölf Tagen nach Jerusalem ge-
kommen, um im Tempel zu beten.
12 Dabei habe ich weder im Tempel
noch in den Synagogen oder in der
Öffentlichkeit mit jemandem gestrit-
ten oder gar einen Aufstand unter
dem Volk angezettelt. 13 Deshalb gibt
es auch für keine der gegen mich vor-
gebrachten Anklagen irgendwelche
Beweise.
14 Dies eine bekenne ich allerdings
offen: Ich diene dem Gott unserer
Väter, und zwar nach der Glaubens-
richtung, die sie für sektiererisch hal-
ten. Ich glaube alles, was im Gesetz
des Mose und in den Propheten ge-
schrieben steht. 15 Wie meine Anklä-
ger hoffe ich, daß Gott alle Men-
schen – Gerechte und Ungerechte –
auferweckt. 16 Deshalb will ich auch
in allem ein reines Gewissen vor
Gott und den Menschen haben.
17 Nachdem ich nun viele Jahre
nicht in diesem Lande gelebt habe,
bin ich nach Jerusalem zurückge-
kehrt, um mit einer Geldspende mei-
nem Volk zu helfen und um Gott im
Tempel ein Opfer darzubringen.
18 Als ich gerade – unauffällig und oh-
ne jedes Aufsehen – das Reinigungs-
opfer brachte, erkannten mich einige
Juden aus der Provinz Asia. 19 Sie
müßten eigentlich hier als Ankläger
auftreten, wenn wirklich etwas gegen
mich vorzubringen wäre! 20 Oder laß
dir von den hier Anwesenden sagen,
welche Verbrechen sie mir vorwer-
fen konnten, als ich vor dem jüdi-
schen Gerichtshof stand. 21 Es kann
lediglich der Satz gewesen sein:
‹Weil ich an die Auferstehung der
Toten glaube, werde ich heute ange-
klagt!›»
22 Felix, der über den Glauben der
Christen viel wußte, vertagte darauf-
hin die Verhandlung und sagte:
«Wenn der Kommandant Lysias hier
ist, werde ich die Sache entschei-

den!» 23 Paulus blieb weiter in Haft.
Aber Felix wies den verantwortlichen
Offizier an, die Haft zu mildern. Au-
ßerdem durften Angehörige und
Freunde Paulus versorgen.

Felix will sich nicht entscheiden

24 Nach einigen Tagen ließen Felix
und seine jüdische Frau Drusilla den
Gefangenen Paulus zu sich rufen. Sie
wollten mehr über den Glauben an
Jesus Christus hören. 25 Aber als Pau-
lus von Gerechtigkeit, von der Ent-
haltsamkeit und dem künftigen Ge-
richt Gottes sprach, erschrak Felix
und sagte schnell: «Für heute reicht
es! Wenn ich mehr Zeit habe, werde
ich dich wieder rufen lassen.» 26 Insge-
heim hoffte er, von Paulus Beste-
chungsgelder zu bekommen. Deshalb
ließ er ihn häufig zu sich holen und
unterhielt sich mit ihm.

27 Nach zwei Jahren wurde Felix
von Porzius Festus abgelöst. Um den
Juden am Ende seiner Amtszeit noch
einen Gefallen zu tun, ließ er Paulus
als Gefangenen zurück.

Die Verhandlung vor Festus

25 Drei Tage nachdem Festus
sein Amt angetreten hatte, rei-
ste er von Cäsarea nach Jerusalem.
2 Dort kamen die Hohenpriester und
die einflußreichsten Juden zu ihm,
um Paulus erneut anzuklagen. 3 Als
ein Zeichen seines Wohlwollens ba-
ten sie Festus darum, Paulus nach Je-
rusalem bringen zu lassen. In Wirk-
lichkeit wollten sie den Gefangenen
unterwegs überfallen und töten.
4 Aber Festus durchschaute sie und
lehnte den Vorschlag ab: «Paulus
bleibt in Cäsarea», entschied er. «Ich
reise bald wieder zurück. 5 Wenn er
tatsächlich etwas Unrechtes getan
hat, können eure Anklagevertreter
mitkommen und ihn verklagen.»

6 Nach etwa acht bis zehn Tagen
kehrte Festus nach Cäsarea zurück.
Schon am folgenden Tag setzte er die
Verhandlung an und ließ Paulus vor-
führen. 7 Kaum hatte man ihn herein-
gebracht, da drängten sich die Juden
aus Jerusalem um Paulus und be-
schuldigten ihn schwer. Aber sie
konnten nichts beweisen. 8 Paulus
verteidigte sich mit den Worten: «Ich
habe weder gegen das Gesetz der Ju-
den verstoßen noch den Tempel ent-
weiht oder die Gesetze des Kaisers
übertreten.»

Paulus beruft sich auf den Kaiser

9 Festus wollte den Juden einen Gefal-
len tun und fragte Paulus: «Bist du
damit einverstanden, daß wir deinen
Prozeß unter meinem Vorsitz in Jeru-
salem weiterführen?» 10 Paulus erwi-
derte: «Für mich ist das Gericht des
Kaisers zuständig. Wie du weißt, ha-
be ich das jüdische Recht nicht ver-
letzt. 11 Sollte ich ein Unrecht began-
gen haben, das mit dem Tode bestraft
werden muß, dann bin ich bereit zu
sterben. Wenn die Beschuldigungen
der Juden aber unbegründet sind,
darf mich auch niemand an sie auslie-
fern. Ich fordere, daß meine Angele-
genheit vor dem Kaiser in Rom ver-
handelt wird!»

12 Nachdem Festus sich mit den Bei-
sitzern beraten hatte, entschied er:
«Du hast dich auf den Kaiser beru-
fen; man wird dich also vor den Kai-
ser bringen.»

Festus berät sich mit König Agrippa

13 Einige Tage später kamen König
Agrippa und seine Schwester Bereni-
ke nach Cäsarea, um Festus offiziell

zu begrüßen. [14]Während ihres Auf-
enthaltes sprach Festus mit dem
König über Paulus. «Von meinem
Vorgänger Felix», so erklärte Festus,
«habe ich einen Gefangenen über-
nommen, dessen Fall noch nicht ent-
schieden wurde. [15]Kurz nach meiner
Ankunft in Jerusalem erschienen sei-
netwegen die Hohenpriester und die
Führer der Juden bei mir. Sie ver-
langten seine Verurteilung. [16]Ich ant-
wortete ihnen aber, daß die Römer
einen Menschen erst verurteilen,
wenn er sich in einem ordentlichen
Gerichtsverfahren verteidigen konn-
te. [17]Nachdem sie hierhergekommen
waren, zögerte ich nicht und setzte
schon am nächsten Tag die Gerichts-
verhandlung an, bei der ich den Ge-
fangenen vorführen ließ. [18]Doch ein
Verbrechen, wie ich es vermutet hat-
te, konnten ihm seine Ankläger nicht
vorwerfen. [19]Es ging lediglich um
Streitfragen ihrer Religion und um
irgendeinen verstorbenen Jesus, von
dem Paulus behauptet, daß er am Le-
ben ist. [20]Nun kenne ich mich auf die-
sem Gebiet sehr wenig aus. Deshalb
schlug ich Paulus vor, die Verhand-
lung in Jerusalem fortzuführen.
[21]Doch Paulus verlangte, vor den
Kaiser gebracht zu werden, und for-
derte dessen Entscheidung. So befahl
ich, ihn weiter in Haft zu halten, bis
ich ihn vor den Kaiser bringen kann.»

[22]«Diesen Mann würde ich gern
selber einmal hören!» erwiderte
Agrippa. «Morgen hast du die Mög-
lichkeit dazu», antwortete Festus.

[23]Am folgenden Tag zogen Agrip-
pa und Berenike mit ihrem ganzen
Hofstaat in den Gerichtssaal ein. Sie
wurden von hohen Offizieren und
den vornehmsten Bürgern der Stadt
begleitet. Auf einen Befehl des Fe-
stus brachte man Paulus herein.

[24]Festus begann: «König Agrippa!
Verehrte Anwesende! Vor euch steht
der Mann, dessen Hinrichtung alle
Juden in Jerusalem wie auch hier
lautstark gefordert haben. [25]Aus mei-
ner Sicht hat er allerdings nichts ge-
tan, was die Todesstrafe rechtfertigen
würde. Weil er sich aber selbst auf
den Kaiser berufen hat, werde ich ihn
nach Rom bringen lassen. [26]Doch ich
weiß nicht, was ich dem Kaiser als
Anklageschrift vorlegen soll. Des-
halb habe ich ihn euch vorführen las-
sen, besonders dir, König Agrippa,
damit ich nach dem Verhör weiß, was
ich schreiben soll. [27]Denn es wäre
doch unsinnig, einen Gefangenen vor
den Kaiser zu bringen, ohne sagen zu
können, was gegen ihn vorliegt.»

Die Verteidigungsrede des Paulus

26 Nun sagte Agrippa zu Paulus:
«Du darfst dich jetzt selbst ver-
teidigen.» Paulus hob die Hand und
begann: [2]«Ich bin sehr froh, König
Agrippa, daß ich mich wegen der An-
schuldigungen der Juden vor dir
rechtfertigen kann; [3]denn du kennst
ja die jüdischen Sitten und Lehren
sehr genau. Darum bitte ich dich,
mich geduldig anzuhören.

[4]Zunächst: Weil ich seit meiner Ju-
gend in Jerusalem lebte, bin ich allen
Juden dort sehr gut bekannt. [5]Wenn
sie es nur wollten, könnten sie bezeu-
gen, daß ich von Anfang an zur
strengsten jüdischen Glaubensrich-
tung, zu den Pharisäern, gehört habe.
[6]Heute stehe ich nun vor Gericht,
weil ich an die Verheißungen glaube,
die Gott unserem Volk[a] gab. [7]Auf ih-

a) Wörtlich: unseren Vätern.

re Erfüllung warten die zwölf Stämme Israels, wenn sie Gott Tag und Nacht dienen. Und trotzdem – König Agrippa – werde ich wegen dieser Hoffnung von den Juden angeklagt! [8]Warum erscheint es euch denn so unglaublich, daß Gott Tote auferweckt?

[9]Zwar meinte auch ich zunächst, daß man den Namen und die Lehre des Jesus von Nazareth mit allen Mitteln bekämpfen muß. [10]Und das habe ich in Jerusalem auch getan. Ich ließ mir eine Vollmacht des Hohenpriesters geben und brachte viele Christen ins Gefängnis. Wenn sie zum Tode verurteilt werden sollten, stimmte ich dafür. [11]In den Synagogen quälte ich sie so lange, bis sie Christus verleugneten. In meinem maßlosen Haß verfolgte ich sie schließlich sogar bis ins Ausland.

[12]Aus diesem Grunde reiste ich im Auftrag der Hohenpriester und mit ihrer Vollmacht versehen nach Damaskus. [13]Plötzlich umstrahlte mich und meine Begleiter mitten am Tag, o König, ein Licht vom Himmel, das heller als die Sonne war. [14]Wir stürzten zu Boden, und ich hörte eine Stimme in hebräischer Sprache: ‹Saul, Saul, warum verfolgst du mich? Dein Kampf gegen mich ist sinnlos.›[a]

[15]Ich fragte: ‹Herr, wer bist du?›, worauf er antwortete: ‹Ich bin Jesus, den du verfolgst! [16]Aber stehe jetzt auf; denn ich bin dir erschienen, damit du mir dienst. Du sollst bezeugen, was du heute erlebt hast und was ich dir in Zukunft zeigen werde. [17]Ich will dich behüten vor deinem Volk und den Heidenvölkern, zu denen ich dich sende. [18]Ihnen sollst du die Augen öffnen, damit sie sich von der Finsternis dem Licht zuwenden und aus der Herrschaft des Teufels zu Gott kommen. Dann werde ich ihnen die Sünden vergeben, und als die Auserwählten[b] Gottes werden sie durch den Glauben an mich in sein Reich aufgenommen.›

[19]Diesem Auftrag des auferstandenen Jesus[c] bin ich gefolgt, König Agrippa. [20]Zuerst habe ich in Damaskus und Jerusalem gepredigt, dann in Judäa und bei den übrigen Völkern. Überall habe ich verkündet, die Menschen sollen sich von der Sünde abwenden, zu Gott umkehren und ihre Sinnesänderung durch gute Taten beweisen.

[21]Allein deswegen haben mich die Juden im Tempel ergriffen, und deswegen wollen sie mich umbringen. [22]Aber Gott hat mich bewahrt, so daß ich noch heute vor allen, den Machthabern wie dem einfachen Volk, bezeugen kann, was schon die Propheten und Mose vorhergesagt haben: [23]daß der verheißene Messias leiden und als erster von den Toten auferstehen wird, um den Juden, aber auch den Heiden das Licht zu bringen.»

[24]An dieser Stelle unterbrach ihn Festus erregt: «Das ist Wahnsinn, Paulus! Vor lauter Studieren hast du den Verstand verloren!» [25]Doch Paulus erwiderte: «Ich bin nicht wahnsinnig, Festus. Meine Worte sind wahr, und ich weiß, was ich sage. [26]Der König, zu dem ich in aller Offenheit spreche, kann das bestätigen. Ich bin überzeugt, daß er davon erfahren hat,

a) Wörtlich: Schwer ist es für dich, gegen den Stachel auszuschlagen.
b) Wörtlich: Geheiligten.
c) Wörtlich: Dieser himmlischen Erscheinung.

denn schließlich ist das nicht in irgendeinem verborgenen Winkel der Welt geschehen. [27] Glaubst du den Propheten, König Agrippa? Du glaubst ihnen! Ich weiß es.» [28] Jetzt sagte Agrippa: «Es fehlt nicht viel, und du überredest mich noch, ein Christ zu werden!» [29] «Wollte Gott», entgegnete Paulus, «daß nicht nur du, sondern alle hier über kurz oder lang Christen würden wie ich – nur ohne Fesseln!»

[30] Da erhoben sich der König, der Prokurator, Berenike und alle anderen. [31] Nach der anschließenden Beratung erklärten sie einstimmig: «Dieser Mann hat nichts getan, wofür er die Todesstrafe oder Haft verdient hätte.» [32] «Wir könnten diesen Mann freilassen», meinte Agrippa zu Festus, «hätte er sich nicht auf den Kaiser berufen.»

Auf dem Weg nach Rom

27 Nachdem feststand, daß wir nach Italien segeln sollten, wurde Paulus mit einigen anderen Gefangenen dem Offizier Julius vom kaiserlichen Regiment übergeben. [2] Wir gingen an Bord eines Schiffes, das aus Adramyttium kam und verschiedene kleinasiatische Häfen anlaufen sollte. Die Seereise begann. Uns begleitete auch der Mazedonier Aristarch aus Thessalonich.

[3] Am nächsten Tag legten wir in Sidon an. Der Offizier Julius war sehr freundlich zu Paulus und gestattete ihm, seine Freunde zu besuchen, die ihn mit allem Nötigen versorgten. [4] Wegen des ungünstigen Windes blieben wir in Küstennähe und segelten im Schutz der Insel Zypern weiter. [5] Nachdem unser Schiff das offene Meer vor Zilizien und Pamphylien überquert hatte, erreichten wir Myra in der Provinz Lycien. [6] Dort fand unser Offizier ein Schiff aus Alexandria, das nach Italien segelte. Mit diesem Schiff setzten wir unsere Reise fort.

[7] Wir kamen sehr langsam voran und erreichten nur mit Mühe Knidus. Weil der Wind immer noch ungünstig war, segelten wir südwärts nach Kreta und im Schutz dieser Insel in Richtung Salmone. [8] Langsam trieben wir an der Küste entlang und erreichten eine Bucht in der Nähe der Stadt Lasäa, die «Guter-Hafen» heißt.

[9] Inzwischen war viel Zeit vergangen. Es war bereits Anfang Oktober,[a] und die Seefahrt begann gefährlich zu werden. Deshalb warnte Paulus: [10] «Ihr Männer, wenn wir weitersegeln, sehe ich große Gefahren und Schwierigkeiten, und zwar nicht nur für das Schiff und seine Ladung, sondern auch für unser Leben.»

[11] Doch der Offizier gab mehr auf das Urteil des Kapitäns, zumal auch der Besitzer des Schiffes zur Weiterfahrt riet. [12] Weil sich außerdem der Hafen zum Überwintern schlecht eignete, bestanden die meisten darauf, weiterzufahren. Wenn irgend möglich, wollte man Phönix erreichen und dort überwintern. Dieser Hafen der Insel Kreta war nämlich nur nach Nordwesten und Südwesten offen und bot deswegen besseren Schutz.

a) Wörtlich: Die Zeit des Fastens war schon vorüber.

Eine gefährliche Überfahrt

[13] Als Südwind aufkam, wurde die
Schiffsbesatzung in ihrem Plan be-
stärkt. Sie lichteten die Anker und se-
gelten dicht an der Küste Kretas ent-
lang. [14] Doch schon bald schlug das
Wetter um, und der gefürchtete
Nordoststurm [15] trieb das Schiff weit
auf das offene Meer hinaus, nachdem
die Mannschaft vergeblich versucht
hatte, es auf dem eingeschlagenen
Kurs zu halten. Wir trieben dahin,
Wind und Wogen ausgeliefert.

[16] Im Schutz der kleinen Insel Klau-
da versuchten wir, das Rettungsboot
einzuholen. Es gelang nur mit Mühe.
[17] Um den Rumpf des Schiffes zu ver-
stärken und zu sichern, banden die
Seeleute dicke Taue um das Schiff.
Außerdem warfen sie den Treibanker
aus, weil sie fürchteten, sonst auf die
Sandbänke vor der afrikanischen Kü-
ste zu geraten. [18] Der Sturm wurde so
stark, daß die Besatzung am nächsten
Tag einen Teil der Ladung über Bord
warf, [19] tags darauf sogar die Schiffs-
ausrüstung. [20] Tagelang hatten wir
weder Sonne noch Sterne gesehen,
und der Orkan tobte so heftig weiter,
daß schließlich keiner mehr an eine
Rettung glaubte.

[21] Während dieser ganzen Zeit hat-
te niemand etwas gegessen. Da sagte
Paulus zu der Schiffsbesatzung:
«Leute! Es wäre besser gewesen, ihr
hättet auf mich gehört und in Kreta
überwintert. Dann wären uns allen
diese Ängste und Schwierigkeiten er-
spart geblieben. [22] Doch jetzt bitte ich
euch eindringlich: Gebt nicht auf!
Keiner von uns wird umkommen, nur
das Schiff ist verloren! [23] In der letzten
Nacht stand neben mir ein Engel des
Gottes, dem ich gehöre und dem ich
diene. Er sagte: [24] ‹Fürchte dich nicht,
Paulus. Du wirst vor den Kaiser ge-
bracht werden. Gott hat deine Bitte
erfüllt. Mit dir werden auch alle ande-
ren am Leben bleiben. Nicht einer
wird umkommen.› [25] Deshalb habt
keine Angst, Leute! Ich vertraue
Gott. Es wird sich erfüllen, was er mir
gesagt hat. [26] Wir werden auf einer
Insel stranden.»

[27] Wir trieben schon die vierzehnte
Sturmnacht im Adriatischen Meer.
Gegen Mitternacht meinten die Ma-
trosen, daß sich das Schiff einer Küste
näherte. [28] Deshalb warfen sie ein Lot
aus und stellten eine Wassertiefe von
vierzig Metern fest. Kurz darauf wa-
ren es nur noch dreißig Meter. [29] Da
bekamen sie Angst, auf Grund zu lau-
fen. Sie warfen am Heck vier Anker
aus und warteten sehnsüchtig darauf,
daß es hell würde.

[30] Im Morgengrauen versuchten die
Matrosen, das Schiff heimlich zu ver-
lassen. Unter dem Vorwand, sie
müßten auch vom Bug aus Anker
auswerfen, ließen sie das Rettungs-
boot zu Wasser. [31] Doch Paulus mach-
te dem Offizier und den Soldaten
klar: «Wenn die Besatzung nicht auf
dem Schiff bleibt, sind wir alle verlo-
ren.» [32] Da kappten die Soldaten die
Haltetaue, und das Rettungsboot
stürzte in die Tiefe.

[33] Als es hell wurde, forderte Paulus
alle auf, endlich etwas zu essen. «Ihr
habt vierzehn Tage lang gehungert»,
sagte er. [34] «Wenn ihr überleben
wollt, müßt ihr jetzt etwas essen! Und
ihr dürft sicher sein: Euch wird nichts
passieren. Keinem von euch wird
auch nur ein Haar gekrümmt wer-
den!» [35] Nachdem Paulus das gesagt
hatte, nahm er ein Brot, dankte Gott
laut und vernehmlich, so daß alle es
hören konnten, und begann zu essen.
[36] Da faßten alle neuen Mut und aßen
ebenfalls. [37] Insgesamt waren zwei-
hundertsechsundsiebzig Mann an

Bord. 38 Als alle gegessen hatten, war-
fen sie die restliche Ladung Getreide
über Bord, damit das Schiff leichter
wurde.

Rettung in letzter Minute

39 Bei Tagesanbruch wußte keiner der
Seeleute, welche Küste vor ihnen lag.
Sie entdeckten aber eine Bucht mit
flachem Strand. Dahin wollten sie das
Schiff treiben lassen. 40 Sie kappten
sämtliche Ankertaue, ließen die An-
ker im Meer zurück und machten die
Steuerruder klar. Schließlich hißten
sie das Vorsegel und hielten mit dem
Wind auf das Land zu. 41 Kurz darauf
lief das Schiff auf eine Sandbank auf.
Während der Bug fest eingerammt
war, wurde das Heck des Schiffes von
der Brandung zertrümmert.
42 Jetzt wollten die Soldaten alle
Gefangenen töten, um zu verhin-
dern, daß einer von ihnen an Land
schwimmt und entkommt. 43 Doch
der Hauptmann Julius hinderte sie
daran, weil er Paulus retten wollte.
Er befahl zunächst allen Schwim-
mern, über Bord zu springen und so
das Ufer zu erreichen. 44 Dann sollten
die Nichtschwimmer versuchen, auf
Brettern und Wrackteilen an Land zu
kommen. Auf diese Weise konnten
sich alle retten.

Auf der Insel Malta

28 Als wir in Sicherheit waren, er-
fuhren wir, daß die Insel Malta
hieß. 2 Ihre Bewohner waren sehr
freundlich. Sie zündeten ein Feuer an
und nahmen uns bei sich auf; denn es
hatte zu regnen begonnen, und es war
sehr kalt. 3 Paulus sammelte trocke-
nes Reisig und warf es aufs Feuer.
Von der Hitze aufgescheucht, fuhr da
eine Schlange heraus und biß sich an
seiner Hand fest. 4 Die Inselbewohner
sahen die Schlange an seiner Hand
und riefen entsetzt: «Das muß ein
Mörder sein. Er ist dem Meer ent-
kommen, und nun trifft ihn hier die
Rache der Götter!» 5 Aber Paulus
schleuderte das Tier ins Feuer, ohne
daß ihm etwas geschehen wäre. 6 Ge-
spannt warteten die Leute darauf,
daß sein Arm anschwellen oder Pau-
lus plötzlich tot umfallen würde.
Doch als sie auch nach langer Zeit
nichts Ungewöhnliches beobachten
konnten, änderten sie ihre Meinung.
Jetzt sagten sie: «Er muß ein Gott
sein!»
7 Ganz in der Nähe der Küste lag
das Landgut des obersten Regie-
rungsbeamten der Insel. Er hieß Pu-
blius. Von ihm wurden wir freundlich
aufgenommen, und wir blieben drei
Tage dort. 8 Während dieser Zeit be-
kam der Vater des Publius Fieber und
erkrankte an der Ruhr. Paulus ging
zu ihm, betete, legte ihm die Hände
auf, und der Kranke war wieder ge-
sund. 9 Als das bekannt wurde, ka-
men auch alle anderen Kranken der
Insel und ließen sich heilen. 10 Sie be-
schenkten uns überreich, und bei un-
serer Abfahrt versorgten sie uns mit
allem, was wir brauchten.

Ankunft in Rom

11 Drei Monate später segelten wir mit
einem ägyptischen Schiff weiter, das
aus Alexandria kam und in Malta
überwintert hatte. Man konnte es an
seinen Galionsfiguren, den «Zwillin-
gen»[a], erkennen. 12 Wir liefen Syra-

a) Wörtlich: Dioskuren (Kastor und Pollux).

kus an und blieben drei Tage dort.
13 In Küstennähe ging es von da weiter nach Regium. Weil schon nach einem Tag ein günstiger Südwind aufkam, erreichten wir in nur zwei Tagen Puteoli.
14 Dort begegneten wir Christen. Sie luden uns ein, eine Woche bei ihnen zu bleiben. Und dann ging es nach Rom!

15 Die Christen in Rom hatten schon von uns gehört und kamen uns bis zum Forum des Appius und Tres Tabernä entgegen. Als Paulus seine Glaubensbrüder sah, dankte er Gott und blickte mit neuem Mut in die Zukunft.

Paulus in Rom

16 In Rom erlaubte man Paulus, eine eigene Wohnung zu nehmen, in der er von einem Soldaten bewacht wurde.
17 Drei Tage nach seiner Ankunft lud er die führenden Männer der jüdischen Gemeinde zu sich ein. Als sich alle bei Paulus versammelt hatten, sagte er:

«Liebe Brüder! Ich habe nichts gegen unser Volk und nichts gegen die Überlieferungen unserer Väter getan. Trotzdem hat man mich in Jerusalem gefangengenommen und an die römischen Behörden ausgeliefert.
18 Die Römer haben mich verhört, und weil sie nichts fanden, was die Todesstrafe gerechtfertigt hätte, wollten sie mich freilassen.
19 Aber die Juden waren dagegen. Nur deshalb mußte ich mich auf den Kaiser berufen; nicht etwa, weil ich die Absicht habe, mein Volk in irgendeiner Weise anzuklagen.
20 Um euch das zu sagen, habe ich euch gebeten herzukommen, denn ich trage diese Ketten, weil ich an den Messias glaube, auf den ganz Israel hofft.»

21 Darauf sagten die Juden zu Paulus: «Wir haben bisher aus Jerusalem weder in einem Brief noch von einem Abgesandten des Hohen Rates etwas Nachteiliges über dich gehört.
22 Wir würden aber gern erfahren, was du zu sagen hast, denn uns ist von dieser Glaubensrichtung bisher nur bekannt, daß sie sehr umstritten ist.»

23 An einem festgesetzten Tag kamen viele Juden in die Wohnung des Paulus. Ihnen erklärte und bezeugte er den Weg der Rettung[a]. Vom Morgen bis zum Abend sprach er zu ihnen über Jesus und dessen Auftrag, so wie es im Gesetz des Mose und in den Büchern der Propheten vorausgesagt ist.
24 Einige ließen sich auch überzeugen, andere aber wollten nichts davon wissen.

25 Zerstritten und uneinig verließen sie Paulus, als er sagte: «Der Heilige Geist hatte recht, als er euern Vätern durch den Propheten Jesaja sagen ließ:
26 ‹Gehe zu diesem Volk und sprich: Ihr werdet hören und nicht verstehen, sehen und nicht erkennen.
27 Denn das Herz dieses Volkes ist hart. Ihre Ohren und Augen halten sie fest verschlossen, um nur ja nichts zu sehen, zu hören und zu verstehen. Sie würden sich sonst bekehren, und ich würde sie heilen.›»[b]

28 «Das sollt ihr wissen», meinte nun Paulus: «Dieses Heil Gottes werden jetzt andere Völker empfangen, und sie werden hören!»

29 Als Paulus dies gesagt hatte, gingen die Juden heftig diskutierend aus dem Haus.

a) Wörtlich: das Reich Gottes.
b) Jesaja 6,9–10

30 Der Apostel blieb zwei Jahre in seiner Wohnung. Jeder durfte zu ihm kommen, 31 und niemand hinderte Paulus daran, in aller Offenheit vom Reich Gottes zu predigen und Jesus Christus als den Herrn zu bekennen.[a]

a) Wörtlich: verkündigend das Reich Gottes und lehrend von dem Herrn Jesus Christus mit allem Freimut ungehindert.

Der Brief des Paulus an die Christen in Rom

Anschrift und Gruß

1 Diesen Brief schickt Paulus an alle Christen in Rom. Jesus Christus hat mich zu seinem Botschafter berufen. Ihm diene ich mit meinem ganzen Leben[a], und in seinem Auftrag verkündige ich Gottes frohe Botschaft. 2 In der Heiligen Schrift hat Gott sie schon lange durch seine Propheten angekündigt. Jetzt ist sie in Erfüllung gegangen. 3 Es ist die Botschaft von seinem Sohn Jesus Christus, unserem Herrn. Er ist als Mensch geboren worden und ein Nachkomme König Davids. 4 Daß er aber auch Gottes Sohn ist,[b] dem alle Macht gegeben wurde, beweist seine Auferstehung von den Toten.

5 Ich habe seine erbarmende Liebe[c] erfahren und bin als sein Apostel beauftragt, in seinem Namen bei allen Völkern Menschen für Gott zu gewinnen, damit sie an ihn glauben und ihm gehorsam sind. 6 Auch ihr in Rom habt euch ja von Jesus Christus rufen lassen und gehört jetzt zu ihm.

7 Ich grüße euch alle, die ihr von Gott geliebt und zu seinem Dienst berufen seid, und wünsche euch Gnade und Frieden von Gott, unserem Vater, und unserem Herrn Jesus Christus!

Paulus will die Christen in Rom kennenlernen

8 Zunächst danke ich meinem Gott im Namen Jesu Christi dafür, daß man von euerm Glauben überall in der Welt nur Gutes hört. 9 Und wie oft ich an euch denke, das weiß Gott ganz genau. Ihm diene ich mit allem, was ich bin und habe,[d] indem ich die Heilsbotschaft von seinem Sohn verkündige.

10 Gott weiß auch, daß ich im Gebet immer und immer wieder darum bitte, endlich einmal zu euch zu kommen, wenn es sein Wille ist. 11 Denn ich möchte euch sehr gern persönlich kennenlernen und euern Glauben stärken, indem ich etwas von dem weitergebe, was mir Gottes Geist geschenkt hat. 12 Aber auch ihr würdet mir neuen Mut geben, so daß wir alle in unserem gemeinsamen Glauben Trost und Zuversicht fänden.

13 Ihr könnt euch gar nicht vorstellen, liebe Brüder, wie oft ich schon zu euch kommen wollte. Bis jetzt war das nicht möglich. Denn nur allzugern würde ich auch bei euch wie bei anderen Völkern Menschen für Christus gewinnen; 14 fühle ich mich doch allen verpflichtet, ob sie nun eine hohe Kultur haben oder nicht, ob sie ge-

a) Wörtlich: Paulus, Sklave Christi Jesu.
b) Wörtlich: Eingesetzt zum Sohn Gottes … nach dem Geist der Heiligkeit.
c) Wörtlich: Gnade.
d) Wörtlich: in meinem Geist.

bildet oder ungebildet sind. 15 Soweit
es an mir liegt, möchte ich auch bei
euch in Rom Gottes Wort verkündigen.

Wie man vor Gott bestehen kann

16 Ich schäme mich nicht, diese Heilsbotschaft von Christus überall weiterzusagen. Denn diese Botschaft ist eine gewaltige Kraft Gottes. Wer an sie glaubt, erfährt, daß Gott ihn von seiner Schuld befreit und aus seiner Verzweiflung rettet.[a]

Zunächst galt diese Botschaft nur
den Juden, aber jetzt sollen sie auch
alle anderen Menschen hören.
17 Denn in ihr wird klar und deutlich
gesagt, wer vor Gott bestehen kann: jeder, der sich allein auf das verläßt, was Gott für ihn getan hat, und daran festhält. So heißt es schon in der Heiligen Schrift: «Nur der wird Gottes Anerkennung finden und leben, der ihm vertraut.»[b]

Gottes Gericht über alle, die ohne ihn leben wollen

18 Gottes heiliger Zorn trifft alle Menschen, die sich gegen ihn auflehnen. Sie führen ein gottloses Leben, voller Ungerechtigkeit, und unterdrücken
dadurch die Wahrheit. 19 Dabei wis-
sen sie ganz genau, daß es Gott gibt, er selbst hat ihnen dieses Wissen ge-
geben. 20 Gott ist zwar unsichtbar,
doch an seinen Werken, der Schöpfung, haben die Menschen seit jeher seine göttliche Macht und Größe sehen und erfahren können. Deshalb kann sich niemand damit entschuldigen, daß er von Gott nichts gewußt hat.

21 Obwohl die Menschen Gott schon immer kannten, wollten sie ihn nicht anerkennen und ihm nicht danken. Statt dessen beschäftigten sie sich mit belanglosen Dingen und konnten schließlich in ihrer Unvernunft Gottes Willen nicht mehr er-
kennen[c]. 22 Sie meinten, besonders
klug zu sein, und waren in Wirklich-
keit die größten Narren. 23 Statt den
ewigen Gott zu ehren, begeisterten sie sich für vergängliche Idole; abgöttisch verehrten sie sterbliche Men-
schen, ja sogar alle möglichen Tiere[d].
24 Deshalb hat Gott sie auch all ihren
Trieben und Leidenschaften überlassen, so daß sie sogar ihre eigenen
Körper schändeten. 25 Indem sie die
Schöpfung anbeteten und nicht den Schöpfer, haben sie Gottes Wahrheit verdreht und ihrer eigenen Lüge geglaubt. Aber dem Schöpfer allein gehören doch Lob und Ehre bis in alle Ewigkeit – das ist gewiß!

26 Weil die Menschen Gottes Wahrheit mit Füßen traten, ließ Gott sie in abscheuliche Laster fallen: Ihre Frauen praktizierten gleichge-
schlechtliche Liebe 27 ebenso scham-
los wie die Männer. Damit haben sie die natürliche Ordnung mit einer unnatürlichen vertauscht. Wie es nicht anders sein konnte, haben sie die gerechte Strafe für ihren Götzendienst am eigenen Leib erfahren.

28 Gott war ihnen gleichgültig, und deshalb überließ Gott sie schließlich der ganzen Verwerflichkeit ihres

a) Wörtlich: Gottes Kraft zum Heil für jeden, der glaubt.
b) Wörtlich: Der Gerechte aber wird aus Glauben leben. Habakuk 2,4
c) Wörtlich: und ihr unvernünftiges Herz wurde verfinstert.
d) Wörtlich: Vögel, Vierfüßer, Schlangen.

Denkens. 29 Sie sind voller Unrecht und Schlechtigkeit, voll von Habgier, Bosheit und Neid; Mord, Streit, Hinterlist und Verlogenheit bestimmen ihr Leben. 30 Einer wie der andere sind sie gemeine Verleumder und Gotteshasser, dazu anmaßend und überheblich. Um sich Erfolg zu verschaffen, ist ihnen jedes Mittel recht. Sie verachten ihre Eltern, 31 sind unvernünftig, treulos, lieblos und unbarmherzig. 32 Dabei wissen sie ganz genau, daß sie nach dem Urteil Gottes dafür nichts anderes als den Tod verdient haben. Trotzdem lassen sie sich nicht von ihrem schändlichen Tun abbringen, sondern freuen sich noch, wenn andere es genauso treiben.

Niemand kann sich dem Urteil Gottes entziehen

2 Aber auch ihr anderen – wer immer ihr seid – könnt euch nicht herausreden oder gar entschuldigen, selbst wenn ihr meint, alle verachten zu können, die solches Unrecht begehen. Klagt ihr nicht bei anderen an, was ihr selbst tut, und sprecht ihr euch damit nicht euer eigenes Urteil? 2 Es steht fest, daß Gott über *alle*, die so handeln, ein gerechtes Urteil fällen wird. 3 Meint ihr etwa, ihr könntet dem Urteil Gottes entgehen, wenn ihr genauso wie die handelt, die ihr verurteilt? 4 Oder verachtet ihr etwa Gottes Güte, Geduld und anhaltende Fürsorge? Seht ihr denn nicht, daß gerade diese Güte euch zur Umkehr bringen will? 5 Ihr aber weigert euch hartnäckig, euer Leben zu ändern. Es ist allein eure Schuld, wenn euch Gottes Zorn am Tage des Gerichts mit ganzer Härte trifft; 6 dann nämlich wird Gott jedem geben, was er verdient hat.[a]

7 Ewiges Leben wird er denen geben, die sich durch nichts davon abbringen lassen, Gottes Willen zu tun,[b] weil sie sich nach Gott sehnen und ihm gefallen möchten[c].

8 Die aber aus Selbstsucht Gottes Wahrheit leugnen, sich ihr widersetzen und dafür der Lüge und dem Unrecht[d] gehorchen, die wird Gottes unversöhnlicher Zorn treffen. 9 Angst und Not werden über alle kommen, die Böses tun; zunächst über die Juden, dann aber auch über alle anderen. 10 Aber jedem, der Gutes tut, wird Gott seine Herrlichkeit und seinen Frieden schenken, ganz gleich, ob dieser Mensch nun Jude ist oder ob er aus irgendeinem anderen Volk stammt. 11 Denn vor Gott sind alle Menschen gleich.

12 Wer also Gottes Willen nicht beachtet und gegen seine Gebote handelt, wird sein Leben auf ewig verlieren. Dabei spielt es keine Rolle, ob er – wie die Heiden – Gottes geschriebenes Gesetz gar nicht kannte oder ob er – wie die Juden – davon wußte und dennoch dagegen verstieß. 13 Entscheidend ist nämlich nicht, ob man Gottes Gebote kennt. Nur wenn man auch danach handelt, wird man von Gott angenommen.

14 Freilich gibt es Menschen, die Gottes Gebote gar nicht kennen und doch danach leben, weil ihr Gewissen

a) Wörtlich: nach seinen Werken.
b) Psalm 62,13; Sprüche 24,12
c) Wörtlich: nach Herrlichkeit, Ehre und Unvergänglichkeit suchen.
d) Wörtlich: der Ungerechtigkeit.

ihnen das vorschreibt. [15]Durch ihr Handeln beweisen sie, daß Gott ihnen seinen Willen in ihre Herzen geschrieben hat, denn ihr Gewissen und ihre Gedanken klagen sie entweder an oder sprechen sie frei. [16]Was heute noch in den Menschen verborgen ist, wird einmal sichtbar und offenkundig werden, und zwar an dem Tag, an dem Gott durch Jesus Christus die Menschen richten wird. Das verbürgt die Heilsbotschaft, die ich verkündige.

Wer gehört wirklich zum Volk Gottes?

[17]Wenn du ein Jude bist, siehst du das als besondere Ehre an. Du verläßt dich darauf, daß du Gottes Gesetz kennst, bist stolz auf deinen Gott [18]und auf dein besonderes Verhältnis zu ihm. Denn du hast Gottes Gebote gelernt und weißt genau, wie man sich verhalten soll. [19]Deshalb bist du davon überzeugt, den Blinden und allen, die keinen Weg mehr sehen, den Weg zu Gottes Licht zeigen zu können. [20]Du willst die Unwissenden belehren und so die Ungläubigen zu Gott führen; denn du kennst ja Gottes Wort, in dem alles über ihn und seine Wahrheit steht.[a]

[21]Doch wenn du die anderen so gut belehren kannst, weshalb nimmst du selbst keine Lehre an? Du forderst lauthals, daß man nicht stehlen soll, und stiehlst selber? [22]Du sagst den Leuten, daß Ehebruch Sünde ist, aber du selbst riskierst Seitensprünge? Von anderen verlangst du, keine Götzen anzubeten, und dabei bereicherst du dich an ihren Tempelschätzen. [23]Du bist so stolz darauf, daß Gott euch seine Gebote gegeben hat, und dennoch nimmst du ihn nicht ernst, weil du nicht nach seinen Geboten lebst. [24]Aber das steht ja schon in der Heiligen Schrift: «Euretwegen werden die Völker den Namen Gottes verspotten.»[b]

[25]Nun, es ist schon ein ganz besonderer Vorzug, ein Jude zu sein[c] und an Gott zu glauben, wenn du seine Gebote befolgst. Tust du es aber nicht, dann bist du nicht besser als jeder Heide. [26]Mußt du nicht zugeben, daß jeder andere, der nach Gottes Geboten lebt, einem Juden gleichzustellen ist?[d] [27]Ja, solche Menschen werden sogar über euch Juden Richter sein; denn ihr habt zwar Gottes Gebote, lebt aber nicht danach. [28]Die Abstammung von jüdischen Eltern und die Beschneidung lassen noch niemanden wirklich zum Juden werden. [29]Ein richtiger Jude, das heißt jemand, der zum Volk Gottes gehört, ist man nur, wenn die Beschneidung mehr bedeutet als die Erfüllung toter Buchstaben. Erst die Beschneidung, die vom Heiligen Geist kommt und zu einem Gesinnungswandel führt, zählt vor Gott. Bei den Menschen bedeutet das vielleicht nicht viel, aber es ist das einzige, was bei Gott zählt.

a) Wörtlich: Ein Erzieher der Unweisen, ein Lehrer der Unmündigen, die Ausprägung der Erkenntnis und Wahrheit im Gesetz besitzend.
b) Jesaja 52,5
c) Wörtlich: Die Beschneidung nützt allerdings.
d) Wörtlich: Wenn nun der Unbeschnittene die Forderungen des Gesetzes erfüllt, wird ihm da sein Unbeschnittensein nicht für Beschneidung angerechnet werden?

Gott steht zu seinem Wort

3 Welchen Vorteil hat man also davon, ein Jude zu sein, und was nützt die Beschneidung? 2 Das hat durchaus Vorteile! Gott hat dem jüdischen Volk als erstem sein Wort anvertraut. 3 Freilich, einige sind ihre eigenen Wege gegangen, aber was ändert das? Meint ihr wirklich, die Untreue dieser Menschen könnte Gottes Treue aufheben? 4 Niemals! Gott steht auf jeden Fall zu seinem Wort[a], auch wenn die Menschen wortbrüchig werden. Es heißt ja schon in der Heiligen Schrift: «Deine Worte, Gott, werden sich als wahr erweisen, und du wirst siegen, wenn man dich verurteilen will.»[b]

5 Ist es nicht aber so, fragen manche Menschen, daß wir ungerecht sein müssen, damit Gottes Gerechtigkeit erst richtig zur Geltung kommt? Und ist es eigentlich gerecht von Gott, wenn er uns dann wegen unserer Sünden bestraft? 6 Nein, Gott ist nicht ungerecht! Könnte er denn sonst Richter über uns Menschen sein? 7 Aber fragen wir noch einmal: Wie kann Gott mich als Sünder ansehen und verurteilen, wenn doch erst durch meine Lüge seine Wahrheit in ihrer ganzen Größe sichtbar wird? 8 Wäre es dann nicht viel besser, nach dem Motto zu leben: «Wir können beruhigt das Böse tun, denn es kommt ja letztlich das Gute dabei heraus!»? Bösartig behaupten einige, ich wäre dieser Meinung. Gott wird jeden zu Recht bestrafen, der mich so verleumdet.

Vor Gott sind alle Menschen schuldig

9 Haben wir Juden nun irgendeinen Vorzug vor den anderen Menschen? Ich sage: Nein! Denn eben habe ich allen Menschen – ob Juden oder Nichtjuden[c] – bewiesen, daß sie Unrecht tun und unter der Herrschaft der Sünde leben. 10 Dasselbe sagt schon die Heilige Schrift:

«Es gibt keinen, auch nicht einen einzigen, der ohne Sünde ist.[d] 11 Es gibt keinen, der einsichtig ist und nach Gottes Willen fragt. 12 Alle haben sich von ihm abgewandt und sind dadurch für Gott unbrauchbar geworden. Da ist wirklich keiner, der Gutes tut, kein einziger.[e] 13 Ihre Worte bringen Tod und Verderben.[f] Durch und durch verlogen ist all ihr Reden, und was über ihre Lippen kommt, ist bösartig und todbringend wie Schlangengift.[g] 14 Ihr Mund ist voller Flüche und gemeiner Worte.[h] 15 Sie sind schnell bereit, Blut zu vergießen. 16 Wo sie auftauchen, da entstehen Verwüstung und Elend. 17 Den Weg zum Frieden kennen sie nicht,[i] 18 denn sie haben keine Ehrfurcht vor Gott.»[j]

a) Wörtlich: ist wahrhaftig.
b) Psalm 51,6
c) Wörtlich: Griechen.
d) Wörtlich: Da ist kein Gerechter.
e) Psalm 14,1–3; 53,2–4
f) Wörtlich: Ein geöffnetes Grab ist ihr Schlund.
g) Psalm 5,10; 140,4
h) Psalm 10,7
i) Jesaja 59,7–8
j) Psalm 36,2

19 Nun wissen wir: Diese Worte Gottes gelten gerade für die, denen das Gesetz gegeben wurde. Deshalb kann sich keiner herausreden, auch ihr nicht. Alle Menschen auf der Welt sind vor Gott schuldig. 20 Denn kein Mensch wird jemals vor Gott damit bestehen, daß er die Gebote so erfüllt, wie das Gesetz es erfordert. Die Aufgabe des Gesetzes ist es, daß wir die Sünde erkennen.

Wen spricht Gott von seiner Schuld frei?

21 Jetzt aber hat Gott eingegriffen und uns gezeigt, wie seine Gerechtigkeit aussieht, das heißt, wie wir – unabhängig vom Gesetz – vor ihm bestehen können. So bezeugt es die Heilige Schrift. 22 Gott spricht nämlich jeden von seiner Schuld frei und nimmt jeden an, der an Jesus Christus glaubt. Nur diese Gerechtigkeit läßt Gott gelten.

23 Denn darin sind die Menschen gleich: Alle sind Sünder und haben nichts aufzuweisen, was Gott gefallen könnte.[a] 24 Aber was sich keiner verdienen kann, schenkt Gott in seiner Güte: Er nimmt uns an, weil Jesus Christus uns erlöst hat. 25 Um unsere Schuld zu sühnen, hat Gott seinen Sohn am Kreuz für uns verbluten lassen. Das erkennen wir im Glauben, und darin zeigt sich, wie Gottes Gerechtigkeit aussieht.

In seiner Geduld hatte Gott ja bis dahin die Sünden der Menschen ertragen, 26 um sie jetzt um Jesu willen zu vergeben und damit seine Gerechtigkeit zu erweisen. So steht fest, daß Gott allein gerecht ist und nur den von seiner Schuld freispricht, der an Jesus Christus glaubt.

27 Bleibt uns denn nichts, womit wir uns vor Gott rühmen können? – Nein, gar nichts! Woher wissen wir das? Durch das Gesetz, das unsere eigene Leistung verlangt? Nein! Nur durch den Glauben, der uns geschenkt ist.[b]

28 Also steht fest: Nicht wegen meiner guten Taten, die ich Gott vorweise, werde ich von meiner Schuld freigesprochen. Gott spricht mich erst dann frei, wenn ich mein Vertrauen allein auf Jesus Christus setze.

29 Gilt dies vielleicht nur für die Juden, weil Gott ein Gott der Juden ist? Oder gilt das auch für die anderen Völker[c]? Natürlich gilt das auch für sie, weil Gott für alle Menschen da ist. 30 Denn es ist ein und derselbe Gott[d], der Juden wie Heiden durch den Glauben an Jesus von ihrer Schuld befreit und ihnen dadurch ein neues Leben mit Gott ermöglicht.[e] 31 Bedeutet das etwa, daß wir durch den Glauben das Gesetz Gottes abschaffen? Nein, im Gegenteil! Wir bringen es neu zur Geltung.

a) Wörtlich: (Alle) entbehren der Herrlichkeit Gottes.
b) Wörtlich: Durch das Gesetz des Glaubens.
c) Wörtlich: Heiden.
d) Wörtlich: *ein* Gott.
e) Wörtlich: der rechtfertigen wird die Beschneidung aus Glauben und die Unbeschnittenheit durch den Glauben.

Abraham: ein Mensch, der vor Gott bestehen kann

4 Ich möchte das jetzt noch deutlicher machen. Warum hat Gott gerade Abraham zum Stammvater des jüdischen Volkes ausgewählt?
2 Bestimmt nicht wegen seiner guten Taten! Damit hätte er zwar bei den Menschen Ruhm und Ansehen gewinnen können, nicht aber bei Gott.
3 In der Heiligen Schrift heißt es: «Abraham setzte sein ganzes Vertrauen auf Gott, und so fand er Gottes Anerkennung.»[a]

4 Es ist doch so: Wenn ich eine Arbeit leiste, habe ich Anspruch auf Lohn. Ohne Leistung werde ich
nichts bekommen. 5 Aber bei Gott ist das anders. Bei ihm werde ich nichts erreichen, wenn ich mich auf meine «guten» Taten berufe. Nur wenn ich Gott vertraue, der mich trotz meiner Schuld freispricht, kann ich vor ihm
bestehen.[b] 6 Davon hat schon König David gesprochen, als er den Menschen glückselig nannte, der von Gott ohne jede Gegenleistung angenommen wird. David sagte:

7 «Glückselig sind alle, denen Gott ihr Unrecht vergeben hat und die von ihren Sünden befreit wurden!
8 Glückselig ist der Mann, dem Gott seine Sünden nicht länger vorhält.»[c]

9 Für uns ergibt sich hier die Frage: Gelten Davids Worte nur für die Juden oder auch für alle anderen? Wie gesagt, es heißt in der Heiligen Schrift: «Abraham setzte sein ganzes Vertrauen auf Gott, und so fand er Gottes Anerkennung.»

10 Aber nun müssen wir genauer fragen: *Wann* fand Abraham die Anerkennung Gottes? War es vor oder nach seiner Beschneidung? Wir wissen aus den Berichten der Heiligen
Schrift, daß es *vorher* war. 11 Denn
Abrahams Beschneidung war ja gerade das äußere Zeichen dafür, daß er durch seinen Glauben Anerkennung bei Gott gefunden hatte. Und das, noch ehe er beschnitten war! Auf diese Weise ist Abraham zum Stammvater für alle Unbeschnittenen geworden, die allein wegen ihres Glaubens von Gott angenommen sind.

12 Doch Abraham ist ebenso der Vater der Beschnittenen. Allerdings genügt die Beschneidung nicht, um zu seinen Nachkommen gezählt zu werden. Entscheidend ist vielmehr, daß wir denselben Glauben haben, wie ihn unser Vater Abraham schon vor seiner Beschneidung hatte.

Gesetz und Glaube

13 Gott hatte Abraham versprochen, ihn mit seinen Nachkommen zum Segen für die ganze Welt[d] werden zu lassen. Aber dieses Versprechen gab Gott nicht, weil Abraham das Gesetz erfüllte, sondern weil Abraham Gott
unerschütterlich vertraute. 14 Wer
sich dagegen auf die Erfüllung des Gesetzes verläßt, für den gilt die Verheißung nicht. Denn damit setzt er den Glauben außer Kraft.

15 Tatsächlich bringt uns das Gesetz nichts als den Zorn Gottes ein. Nur da, wo es kein Gesetz gibt, wird nie-

a) Wörtlich: und das wurde ihm zur Gerechtigkeit angerechnet. 1. Mose 15,6
b) Wörtlich: Dem, der nicht Werke leistet, aber an den glaubt, der den Gottlosen rechtfertigt, wird hingegen sein Glaube als Gerechtigkeit angerechnet.
c) Psalm 32,1–2
d) Wörtlich: Erbe der Welt. 1. Mose 18,18; 22,17–18

mand schuldig. [16]Deshalb gilt Gottes Zusage nur dem, der glaubt. Denn was Gott versprochen hatte, sollte ja ein Geschenk sein. Nur so bleibt die Verheißung überhaupt gültig, und zwar für *alle* Nachkommen Abrahams. Das sind nicht nur die Juden, die nach dem Gesetz leben, sondern auch alle anderen Menschen, die Gott so vertrauen wie Abraham. Deshalb ist Abraham der Vater aller Gläubigen[a].

[17]So sagt Gott schon in der Heiligen Schrift zu Abraham: «Ich habe dich zum Vater vieler Völker bestimmt!»[b] Und Abraham vertraute Gott; dem Gott, der die Toten zum Leben erweckt und die zu seinem Volk beruft, die bisher nicht dazugehörten.[c] [18]Gott versprach Abraham: «Deine Nachkommen werden so zahlreich wie die Sterne am Himmel sein, und du sollst zum Vater vieler Völker werden.»[d]

Abraham glaubte diesen Worten. Dabei schien die Erfüllung dieses Versprechens ganz und gar unmöglich. [19]Denn er selbst war fast hundert Jahre alt, und auch seine Frau Sara konnte in ihrem hohen Alter nach menschlichem Ermessen keine Kinder mehr bekommen. [20]Dennoch zweifelte Abraham nicht und vertraute Gottes Zusage. Mit seinem unerschütterlichen Glauben ehrte er Gott. [21]Er war fest davon überzeugt, daß Gott erfüllen würde, was er versprochen hatte. [22]Deshalb fand er Gottes Anerkennung.[e]

[23]Das hat nicht nur Abraham erfahren, [24]auch wir sollen Gottes Anerkennung finden. Deswegen können wir sicher sein, daß Gott, der unseren Herrn Jesus Christus von den Toten auferweckt hat, uns ebenso annehmen wird, wenn wir an ihn glauben. [25]Denn Jesus mußte sterben, um unsere Sünden zu tilgen; er wurde auferweckt, damit wir vor Gott bestehen können.[f]

Mit Gott versöhnt

5 Nachdem wir durch den Glauben von unserer Schuld freigesprochen sind, steht nun nichts mehr zwischen uns und Gott. Wir haben Frieden mit ihm. Wem verdanken wir das? Allein Jesus Christus. [2]Er hat uns die Tür zu diesem neuen Leben mit Gott geöffnet. Voller Freude danken wir Gott dafür, daß wir einmal an seiner Herrlichkeit teilhaben werden.

[3]Doch nicht nur dafür sind wir dankbar. Wir danken Gott auch für die Leiden, die wir wegen unseres Glaubens auf uns nehmen müssen. Denn in solchen Leiden lernen wir, geduldig zu werden. [4]Geduld aber vertieft und festigt unseren Glauben, und das wiederum gibt uns Hoffnung. [5]Und diese Hoffnung wird uns nicht enttäuschen. Denn durch den Heiligen Geist, der uns geschenkt wurde, ist Gottes Liebe in uns.

[6]Schon damals, als wir noch hilflos der Sünde ausgeliefert waren, ist

a) Wörtlich: unser aller Vater.
b) 1. Mose 17,5
c) Wörtlich: und dem Nichtseienden ruft, daß es sei.
d) 1. Mose 15,5
e) Wörtlich: Deshalb wurde es ihm zur Gerechtigkeit angerechnet. 1. Mose 15,6
f) Wörtlich: um unserer Rechtfertigung willen.

Christus für uns gottlose Menschen
gestorben. 7 Selbst für einen guten
Menschen[a] würde kaum jemand von
uns sterben, obwohl es das vielleicht
geben mag. 8 Gott aber hat uns seine
große Liebe gerade dadurch bewie-
sen, daß Christus für uns starb, als wir
noch Sünder waren.

9 Wieviel weniger müssen wir ein-
mal am Gerichtstag Gottes Zorn
fürchten, nachdem wir jetzt durch
den Opfertod Jesu[b] von unserer
Schuld freigesprochen sind. 10 Als wir
noch seine Feinde waren, hat Gott
uns durch den Tod seines Sohnes mit
sich selbst versöhnt. Wieviel mehr
werden wir, da wir jetzt Frieden mit
Gott haben, am Tage des Gerichts
bewahrt bleiben, nachdem ja Christus
auferstanden ist und lebt.[c]

11 Lob und Dank sei ihm dafür!
Schon jetzt sind wir durch unseren
Herrn Jesus Christus mit Gott ver-
söhnt.

Adam brachte den Tod – Christus bringt das Leben

12 Durch einen einzigen Menschen,
durch Adam, ist die Sünde in die Welt
gekommen und als Folge davon der
Tod. Weil nun alle Menschen gesün-
digt haben, sind sie alle dem Tod aus-
geliefert. 13 Demnach war die Sünde
schon da, lange bevor Gott durch
Mose das Gesetz gab. Aber wo kein
Gesetz ist, kann auch keine Sünde,
das heißt eine Übertretung des Ge-
setzes, angerechnet werden. 14 Den-
noch muß man sagen, daß alle Men-
schen von Adam bis zu Mose eben-
falls dem Tod verfallen waren, auch
wenn sie nicht bewußt gegen Gottes
Willen handelten, wie es Adam getan
hatte. Und doch weist Adam in seiner
Person auf den kommenden Christus
hin.[d]

15 Freilich läßt sich die Erlösung,
die uns Christus gebracht hat, nicht
mit der Sünde Adams vergleichen.
Denn durch die Sünde des einen wur-
de die gesamte Menschheit dem Tode
ausgeliefert; durch Jesus Christus
aber erfuhren wir in überreichem Ma-
ße Gottes Barmherzigkeit und Liebe.
16 Man kann also die Erlösung durch
Christus und die Sünde Adams nicht
auf eine Stufe stellen. Gottes Urteils-
spruch brachte wegen der *einen* Sün-
de Adams allen die Verdammnis; was
Christus getan hat, brachte uns trotz
unzähliger Sünden den Freispruch.

17 Hat aber der Ungehorsam eines
einzigen Menschen zur Herrschaft
des Todes geführt, um wieviel gewis-
ser werden dann alle, die Gottes
überreiche Barmherzigkeit und seine
Vergebung erfahren haben, durch Je-
sus Christus leben und einmal mit ihm
herrschen.[e]

18 Es steht also fest: Durch die Sün-
de eines Menschen – Adam – sind alle
Menschen in Tod und Verderben ge-
raten. Aber durch die Erlösungstat
eines Menschen – Christus – haben al-
le die Chance zu einem neuen Leben
mit Gott. 19 Oder anders gesagt:
Durch Adams Ungehorsam wurden
alle Menschen vor Gott schuldig;
aber weil Jesus Christus gehorsam

a) Wörtlich: einen Gerechten.
b) Wörtlich: durch sein Blut.
c) Wörtlich: gerettet werden durch sein Leben.
d) Wörtlich: Dieser (Adam) ist Typos (das Gegenbild) des Kommenden.
e) Wörtlich: im Leben herrschen durch den einen, Jesus Christus.

war, sollen alle von Gott freigespro-
chen werden.
20 Das Gesetz aber, das später gege-
ben wurde, ließ uns erst erkennen,
wie sehr wir gegen Gottes Willen ver-
stoßen haben. Denn wo sich die ganze
Macht der Sünde zeigte, da erwies
sich auch Gottes Barmherzigkeit in
ihrer ganzen Größe. 21 Dort, wo bis-
her die Sünde über alle Menschen
herrschte und ihnen den Tod brachte,
soll jetzt Gottes Gnade herrschen. So
erweist Gott seine Gerechtigkeit, in-
dem er uns ewiges Leben schenkt
durch Jesus Christus, unseren Herrn.

Das neue Leben

6 Was bedeutet das nun für uns?
Sollen wir etwa weitersündigen,
damit Gott Gelegenheit hat, uns sei-
ne Barmherzigkeit und Liebe zu be-
weisen? 2 Natürlich nicht! Als Chri-
sten sind wir für die Sünde tot. Wie
könnten wir da noch länger mit ihr le-
ben? 3 Oder wißt ihr etwa nicht, daß
alle, die im Namen Jesu Christi ge-
tauft wurden, Anteil an seinem Tod
haben?[a] 4 Durch die Taufe sind wir al-
so mit Christus gestorben und begra-
ben. Und wie Christus durch die
Herrlichkeit und Macht seines Vaters
von den Toten auferweckt wurde, so
sollen auch wir ein neues Leben füh-
ren.
5 Denn wenn wir in der Taufe sein
Todesschicksal mit ihm geteilt haben,
so werden wir auch mit ihm leben.
6 Damit steht fest: Unser früheres Le-
ben endete mit Christus am Kreuz.
Unser von der Sünde beherrschtes
Wesen ist vernichtet, und wir müssen
nicht länger der Sünde dienen. 7 Wer
gestorben ist, kann nicht mehr be-
herrscht werden – auch nicht von der
Sünde.
8 Sind wir aber mit Christus gestor-
ben, dann – und davon sind wir über-
zeugt – werden wir auch mit ihm le-
ben. 9 Wir wissen ja, daß Christus von
den Toten auferstanden ist und nie
wieder sterben wird. Der Tod hat kei-
ne Macht mehr über ihn. 10 Christus
ist wegen unserer Sünde gestorben,
und zwar ein für allemal. Jetzt aber
lebt er, und er lebt für Gott. 11 Das gilt
genauso für euch, und daran müßt ihr
festhalten: Ihr seid tot für die Sünde.
Lebt nun für Gott, der euch durch Je-
sus Christus das neue Leben gegeben
hat.
12 Achtet darauf, daß euer vergäng-
licher Leib nicht von der Sünde, von
seiner Triebhaftigkeit beherrscht
wird. 13 Nichts, keinen einzigen Teil
eures Körpers sollt ihr der Sünde als
Werkzeug für das Böse[b] zur Verfü-
gung stellen. Dient vielmehr Gott mit
allem, was ihr seid und habt. Weil ihr
mit Christus gestorben seid und er
euch neues Leben schenkte, sollt ihr
jetzt Werkzeuge[c] in Gottes Hand
sein, damit er euch für seine Ziele
einsetzen kann. 14 Die Sünde hat ihre
Macht über euch verloren. Denn ihr
seid nicht länger an das Gesetz ge-
bunden, sondern ihr lebt von der
Barmherzigkeit Gottes.

Befreit zum Gehorsam

15 Soll das nun etwa heißen, daß wir
einfach weitersündigen können, weil
wir uns ja der Barmherzigkeit Gottes

a) Wörtlich: in seinen Tod getauft sind.
b) Wörtlich: Waffen der Ungerechtigkeit.
c) Wörtlich: Waffen der Gerechtigkeit.

gewiß sind und das Urteil des Gesetzes nicht mehr zu fürchten brauchen?

Nein, so ist das nicht gemeint! 16 Wißt ihr nicht, daß ihr *dem* Herrn gehorchen müßt, dem ihr euch verpflichtet habt? Und das heißt: Wenn ihr euch für die Sünde entscheidet, dann werdet ihr sterben. Entscheidet ihr euch aber für den Gehorsam, der aus dem Glauben kommt, dann wird Gott euch annehmen.[a]

17 Aber Gott sei Dank! Ihr seid nicht mehr hilflos der Sünde ausgeliefert, sondern ihr gehorcht mit Leib und Seele[b] dem Evangelium, wie es euch gelehrt worden ist. 18 Denn nachdem ihr von der Herrschaft der Sünde wirklich frei geworden seid, könnt ihr jetzt Gott dienen.[c]

19 Damit ihr mich besser versteht, will ich es euch am Beispiel des Sklaven verdeutlichen. Früher wart ihr ganz und gar der Unmoral und dem Unrecht verfallen. Jetzt aber sollt ihr uneingeschränkt Gott dienen; so wird ihm euer Leben gefallen.[d] 20 Als ihr Sklaven der Sünde wart, da wart ihr zwar frei, allerdings nur vom Guten.[e] 21 Und was kam dabei heraus?[f] Bei dem Gedanken daran könnt ihr euch heute nur schämen, denn ihr hattet nichts anderes als den Tod dafür verdient.

22 Aber jetzt seid ihr frei von der Sünde und dient Gott als seine Knechte. Daraus ergibt sich, daß ihr tut, was Gott gefällt, und er euch das ewige Leben schenkt.

23 Denn die Sünde wird mit dem Tod bezahlt. Gott aber schenkt uns in der Gemeinschaft mit Jesus Christus, unserem Herrn, das ewige Leben, das schon jetzt beginnt und niemals aufhören wird.

Die Grenzen des Gesetzes

7 Meine lieben Brüder! Ihr kennt doch das Gesetz. Eigentlich solltet ihr dann wissen, daß Gesetze für uns nur Gültigkeit haben, solange wir leben.

2 Was bedeutet das? Eine verheiratete Frau zum Beispiel ist an ihren Mann durch das Gesetz so lange gebunden, wie er lebt. Stirbt der Mann, dann ist sie von diesem Gesetz frei und kann wieder heiraten. 3 Hätte diese Frau zu Lebzeiten ihres Mannes einen anderen Mann gehabt, wäre sie eine Ehebrecherin gewesen. Nach dem Tode ihres Mannes aber ist sie frei von den Verpflichtungen des Ehegesetzes. Niemand wird sie eine Ehebrecherin nennen, wenn sie als Witwe einen anderen Mann heiratet.

4 In genau derselben Situation seid auch ihr. Auch ihr wart gewissermaßen an einen «Ehemann» gebunden, an das Gesetz. Aber ihr seid davon befreit worden, als Christus am Kreuz für euch starb. Und jetzt gehört ihr nur noch ihm, der von den Toten auferweckt wurde. Nur so werden wir für Gott Frucht bringen, das heißt leben, wie es ihm gefällt.

a) Wörtlich: Entweder seid ihr Sklaven der Sünde zum Tod oder des Gehorsams zur Gerechtigkeit.
b) Wörtlich: von Herzen.
c) Wörtlich: seid ihr Sklaven der Gerechtigkeit geworden.
d) Wörtlich: Gebt eure Glieder jetzt der Gerechtigkeit dienstbar zur Heiligung hin.
e) Wörtlich: frei von der Gerechtigkeit.
f) Wörtlich: Welche Frucht hattet ihr damals?

5 Als wir Christus noch nicht kannten[a], waren wir der Gewalt der Sünde ausgeliefert und wurden von unseren Trieben beherrscht. Durch das Gesetz wurde die Sünde in uns erst geweckt, so daß wir taten, was ins Verderben führt.[b] 6 Aber jetzt sind wir von diesen Zwängen frei, denn für das Gesetz sind wir tot. Deswegen können wir Gott durch seinen Heiligen Geist in einer völlig neuen Weise dienen und müssen uns nicht länger an die Buchstaben des Gesetzes klammern.

Der Mensch und Gottes Gesetz

7 Soll das alles nun etwa bedeuten, daß Gottes Gesetz sündig ist? Natürlich nicht! Aber es ist doch so: Ohne die Gebote Gottes hätten wir nie erfahren, was Sünde ist. Würde es dort nicht heißen: «Du sollst nicht begehren...»[c], so wüßte ich nicht, daß meine Leidenschaften Sünde sind. 8 Die Sünde aber gebrauchte dieses Gebot des Gesetzes, um in mir alle möglichen Leidenschaften zu wecken. Denn ohne das Gesetz wußte ich nichts von der Macht der Sünde in mir.[d]

9 Früher haben wir ohne das Gesetz gelebt. Erst seit wir das Gesetz mit seinen Geboten kennen, wurde auch die Sünde in uns lebendig. 10 Wir aber starben (denn keiner kann leben, den die Sünde von Gott trennt). So hat uns Gottes Gebot, das den Weg zum Leben zeigen sollte, letztlich dem Tod ausgeliefert. 11 Denn die Sünde benutzte das Gebot und betrog uns, indem sie statt des versprochenen Lebens den Tod brachte.

12 Das Gesetz selbst aber entspricht Gottes Willen; jedes einzelne Gebot ist heilig, gerecht und gut. 13 Kann aber etwas, das heilig, gerecht und gut ist, unseren Tod bewirken? Nein, ganz und gar nicht. Aber gerade dadurch, daß die Sünde das Gute benutzte, um mir den Tod zu bringen, hat sie sich als Sünde entlarvt; durch das Gebot ist sie in ihrer ganzen Abscheulichkeit sichtbar geworden.

14 Das Gesetz ist von Gottes Geist bestimmt[e]. Das wissen wir genau. Ich aber bin nur ein Mensch[f] und der Herrschaft der Sünde ausgeliefert. 15 Ich verstehe ja selber nicht, was ich tue. Das Gute, das ich mir vornehme, tue ich nicht; aber was ich verabscheue, das tue ich. 16 Bin ich mir aber bewußt, daß ich falsch handle, dann gebe ich damit zu, daß Gottes Gesetz gut ist. 17 Das aber bedeutet: Nicht ich selbst tue das Böse, sondern die Sünde, die in mir wohnt, treibt mich dazu.

Die Herrschaft der Sünde

18 Ich weiß wohl, daß der Mensch von Natur aus nicht gut ist. Deshalb werde ich niemals das Gute tun können, so sehr ich mich auch darum bemühe. 19 Ich will zwar immer wieder Gutes tun und tue doch das Schlechte; ich verabscheue das Böse, aber ich tue es

a) Wörtlich: wir im Fleische waren.
b) Wörtlich: so daß wir dem Tode Frucht brachten.
c) Vgl. 2. Mose 20,17
d) Wörtlich: Denn ohne das Gesetz ist die Sünde tot.
e) Wörtlich: ist geistlich.
f) Wörtlich: bin fleischlich.

dennoch. 20 Wenn ich also immer wieder gegen meine Absicht handle, dann ist klar, daß es die Sünde in mir ist, die mich zu allem Bösen verführt.

21 Ich mache immer wieder dieselbe Erfahrung: Das Gute will ich tun, aber ich tue das Böse. 22 Ich wünsche mir nichts sehnlicher, als Gottes Gesetz zu erfüllen. 23 Dennoch handle ich nach einem anderen Gesetz, das in mir wohnt. Dieser Widerspruch zwischen meiner richtigen Einsicht und meinem falschen Handeln beweist, daß ich ein Gefangener der Sünde bin. 24/25 Ich stelle also fest: Innerlich stimme ich zwar dem Gesetz Gottes zu, aber in meinen Taten folge ich dem Gesetz der Sünde. Ich unglückseliger Mensch! Wer wird mich jemals aus dieser Gefangenschaft[a] befreien? Gott sei Dank! Durch unseren Herrn Jesus Christus sind wir bereits befreit.

Leben durch Gottes Geist

8 Wer nun zu Jesus Christus gehört, wird der Verurteilung durch Gott entgehen; er wird leben. 2 Denn für ihn gilt nicht länger das Gesetz der Sünde und des Todes. Es ist durch ein neues Gesetz aufgehoben, nämlich durch das Gesetz des Geistes Gottes, der durch Jesus Christus das Leben bringt.

3 Wie ist es dazu gekommen? Das Gesetz konnte uns nicht helfen, so zu leben, wie es Gott gefällt, weil wir, an die Sünde versklavt, zu schwach sind, es zu erfüllen. Deshalb sandte Gott seinen Sohn zu uns. Er wurde Mensch und war wie wir der Macht der Sünde ausgesetzt. An unserer Stelle nahm er Gottes Verurteilung der Sünde auf sich.

4 Jetzt können wir den Willen Gottes tun, wie es das Gesetz schon immer von uns verlangt hat; denn jetzt bestimmt Gottes Geist und nicht mehr die sündige menschliche Natur unser Leben. 5 Wer nur seinen menschlichen Wünschen und Trieben folgt, der bleibt seiner sündigen Natur ausgeliefert. Wenn aber Gottes Geist in uns wohnt, wird auch unser Leben von seinem Geist bestimmt. 6 Was uns die alte, sündige Natur einbringt, sind Verzweiflung und Tod. Gottes Geist aber schenkt uns Frieden und Leben.

7 Von unserem Wesen her lehnen wir Menschen uns gegen Gott auf, weil wir seine Gebote nicht erfüllen und auch gar nicht erfüllen können. 8 Deshalb kann Gott an uns – so wie wir sind – keinen Gefallen finden. 9 Nun aber ist Gottes Geist in euch, und ihr seid nicht länger der Herrschaft eures sündigen Wesens ausgeliefert. Seid euch darüber im klaren: Wer den Geist Christi nicht hat, der gehört auch nicht zu ihm.

10 Wenn Christus in euch lebt, dann ist zwar euer Leib wegen eurer Sünde noch dem Tod ausgeliefert. Doch Gottes Geist schenkt euch ein neues Leben, weil Gott euch als seine Kinder angenommen hat.[b] 11 Ist der Geist Gottes in euch, so wird Gott, der Jesus von den Toten auferweckte, auch euren sterblichen Leib durch seinen Geist wieder lebendig machen; er wohnt ja in euch.

12 Darum, liebe Brüder, müssen wir

a) Wörtlich: aus diesem Todesleib.

b) Wörtlich: Wenn aber Christus in euch ist, dann ist der Leib tot um der Sünde willen, der Geist jedoch Leben um der Gerechtigkeit willen.

nicht länger den Wünschen und dem Verlangen unserer alten menschlichen Natur folgen. [13]Denn wer ihr folgt, ist dem Tode ausgeliefert. Wenn du aber auf die Stimme Gottes hörst und ihr gehorchst, werden die selbstsüchtigen Wünsche in dir getötet, und du wirst leben.

[14]Alle, die sich vom Geist Gottes regieren lassen, sind Kinder[a] Gottes. [15]Denn der Geist Gottes führt euch nicht in eine neue Sklaverei; nein, er macht euch zu Gottes Kindern. Deshalb dürft ihr furchtlos und ohne Angst zu Gott kommen und ihn euern Vater nennen.[b] [16]Gottes Geist selbst gibt uns die innere Gewißheit, daß wir Gottes Kinder sind. [17]Als seine Kinder aber sind wir – gemeinsam mit Christus – auch seine Erben. Und leiden wir jetzt mit Christus, werden wir einmal auch seine Herrlichkeit mit ihm teilen.

Hoffnung für die ganze Schöpfung

[18]Ich bin ganz sicher, daß alles, was wir jetzt erleiden,[c] nichts ist, verglichen mit der Herrlichkeit, die wir einmal erfahren werden. [19]Darum wartet die ganze Schöpfung sehnsüchtig und voller Hoffnung auf den Tag, an dem Gott seine Kinder in diese Herrlichkeit aufnimmt.

[20]Ohne eigenes Verschulden sind alle Geschöpfe durch die Schuld des Menschen der Vergänglichkeit ausgeliefert. Aber Gott hat ihnen die Hoffnung gegeben, [21]daß sie zusammen mit den Kindern Gottes einmal von Tod und Vergänglichkeit erlöst und zu einem neuen, herrlichen Leben befreit werden. [22]Denn wir sehen ja, wie die gesamte Schöpfung leidet und unter Qualen auf ihre Neugeburt wartet.

[23]Aber auch wir selbst, denen Gott bereits jetzt seinen Geist[d] gegeben hat, warten voller Sehnsucht darauf, daß Gott uns als seine Kinder zu sich nimmt und auch unseren Leib von aller Vergänglichkeit befreit.

[24]Darauf können wir zunächst nur hoffen und warten. Hoffen aber bedeutet: noch nicht haben. Denn was einer schon hat und sieht, darauf braucht er nicht mehr zu hoffen. [25]Hoffen wir aber auf etwas, das wir noch nicht sehen können, dann warten wir zuversichtlich darauf.

[26]Dabei hilft uns der Heilige Geist in all unseren Schwächen und Nöten. Wissen wir doch nicht einmal, wie wir beten sollen, damit Gott uns erhören kann. Deshalb hilft uns der Heilige Geist und betet für uns auf eine Weise, wie wir es mit unseren Worten nie könnten.[e] [27]Aber Gott, der uns ganz genau kennt, weiß natürlich auch, was der Heilige Geist für uns betet; denn er vertritt uns im Gebet, wie es dem Willen Gottes entspricht.

[28]Das eine aber wissen wir: Wer Gott liebt, dem dient alles, aber auch wirklich alles zu seinem Heil; denn dazu hat Gott selbst ihn erwählt und

a) Wörtlich: Söhne.
b) Wörtlich: Ihr habt ja nicht einen Sklavengeist empfangen, so daß ihr wieder Angst haben müßtet, sondern ihr habt den Geist der Sohnschaft empfangen, in welchem wir rufen: Abba, Vater!
c) Wörtlich: die Leiden der gegenwärtigen Zeit.
d) Wörtlich: die Erstlingsgabe des Geistes.
e) Wörtlich: mit unaussprechlichen Seufzern.

berufen. [29]Wen Gott nämlich auserwählt hat, der ist nach seinem Willen auch dazu bestimmt, seinem Sohn ähnlich zu werden, dem ersten unter vielen Brüdern. [30]Und wen Gott dafür bestimmt hat, den hat er auch in seine Gemeinschaft berufen; wen er aber berufen hat, den hat er auch von seiner Schuld befreit. Und wen er von seiner Schuld befreit hat, der hat schon im Glauben Anteil an seiner Herrlichkeit.

Gottes grenzenlose Liebe

[31]Kann man wirklich noch mehr erwarten? Wenn Gott für uns ist, wer kann dann gegen uns sein? [32]Gott, der für uns seinen eigenen Sohn geopfert hat, sollte er uns noch etwas vorenthalten? [33]Wer könnte es wagen, die von Gott Auserwählten anzuklagen? Niemand, denn Gott selbst hat sie von aller Schuld freigesprochen. [34]Wer wollte es wagen, sie zu verurteilen? Keiner, denn Christus ist für sie gestorben, ja noch mehr: Er ist vom Tode auferweckt worden und tritt jetzt vor Gott für uns ein.

[35]Was also könnte uns von Christus und seiner Liebe trennen? Leiden und Angst vielleicht? Verfolgung? Hunger? Armut? Gefahr oder gewaltsamer Tod? [36]Gewiß nicht! Es heißt ja schon in der Heiligen Schrift: «Wie Schafe, die geschlachtet werden sollen, wird man uns deinetwegen überall verfolgen und töten.»[a]

[37]Aber dennoch: Wir werden über das alles triumphieren, weil Christus uns so geliebt hat. [38]Denn da bin ich ganz sicher: Weder Tod noch Leben, weder Engel noch Dämonen[b], weder Gegenwärtiges noch Zukünftiges, noch irgendwelche Gewalten, weder Himmel noch Hölle oder sonst irgend etwas können uns von der Liebe Gottes trennen, die er uns in Jesus Christus, unserem Herrn, bewiesen hat.

Israel, das von Gott erwählte Volk

9 Christus ist mein Zeuge, und der Heilige Geist bestätigt es mir in meinem Gewissen, daß es wahr ist, wenn ich euch versichere: [2]Ich bin voller Trauer und empfinde tiefen Schmerz, wenn ich an Israel denke. [3]Käme es meinen Brüdern, meinem eigenen Volk, zugute, ich würde es auf mich nehmen, verflucht und von Christus getrennt zu sein. [4]Gott hat doch Israel so reich beschenkt; es ist ja das von ihm auserwählte Volk.[c] Er hat sich diesem Volk in seiner Macht und Herrlichkeit offenbart. Immer wieder hat er mit ihm Bündnisse geschlossen und ihm seine Gebote gegeben. In ihren Gottesdiensten ist Gott gegenwärtig, und ihnen gelten seine Verheißungen. [5]Abraham, Isaak und Jakob sind ihre Väter, und Christus selbst stammt aus ihrem Volk. Ihn, der als Gott über alles regiert, preisen wir in alle Ewigkeit. Amen.

Wer gehört zu Gottes Volk?

[6]All dies hat nach wie vor Gültigkeit, auch wenn nicht alle aus dem Volk Israel zu Gottes auserwähltem Volk gehören. [7]Nicht alle Nachkommen Abrahams sind auch wirklich seine Kinder. Denn Gott hatte zu Abraham

a) Psalm 44,23
b) Wörtlich: Herrschaften, Mächte.
c) Wörtlich: Sie sind Israeliten und ihnen gehört die Sohnschaft.

gesagt: «Nur die Nachkommen deines Sohnes Isaak werden das auserwählte Volk sein.»[a] [8]Das bedeutet: Nicht alle, die auf natürliche Weise von Abraham abstammen, gehören zu Gottes Volk, seinen Kindern. Nur der zählt dazu, wer – so wie Isaak – Gottes Verheißung hat. [9]Denn das hatte Gott Abraham zugesagt: «Im nächsten Jahr um diese Zeit werde ich kommen, und dann wird Sara einen Sohn haben.»[b]

[10]Aber nicht nur Abrahams Frau Sara erging es so. Was geschah denn mit Rebekka, der Frau Isaaks? [11]Noch ehe ihre Söhne Esau und Jakob geboren waren, das heißt, noch ehe sie etwas Gutes oder Böses getan haben konnten, hatte Gott zu ihr gesagt: [12]«Der Ältere wird dem Jüngeren dienen.»[c] Damit gab Gott ganz klar zu erkennen, daß seine Verheißungen ausschließlich auf seinem Willen, seiner Gnade beruhen und nicht von den Leistungen des Menschen abhängig sind. [13]So sagt Gott ausdrücklich: «Jakob – nicht Esau – habe ich erwählt.»[d]

Kein Anspruch auf Gottes Barmherzigkeit

[14]Bedeutet das etwa, daß Gott ungerecht ist? Auf keinen Fall! [15]Denn Gott hat einmal zu Mose gesagt: «Ich erweise meine Güte, wem ich will. Und über wen ich mich erbarmen will, über den werde ich mich erbarmen.»[e] [16]Entscheidend ist also nicht, wie sehr sich jemand anstrengt und müht, sondern daß Gott sich über ihn erbarmt. [17]Wie erging es dem Pharao, dem König Ägyptens, der sich gegen Gottes Befehle auflehnte? Zu ihm sagte Gott: «Ich habe dich als König über Ägypten eingesetzt, damit an deinem Ungehorsam meine Macht allen sichtbar und dadurch der ganzen Welt mein Name bekannt wird.»[f] [18]Gott schenkt also seine Barmherzigkeit, wem er will, aber er macht Menschen auch hart und gleichgültig, wenn er es will.

[19]Sicher werdet ihr mich jetzt fragen: «Wie kann Gott dann noch von unserer Schuld sprechen? Wer kann denn etwas gegen Gottes Willen unternehmen?» [20]Darauf kann ich nur antworten: Wer seid ihr denn eigentlich, ihr Menschen, daß ihr meint, Gott zur Rechenschaft ziehen zu können? Glaubt ihr wirklich, daß sich der Schöpfer vor seinen Geschöpfen verantworten muß? [21]Schließlich kann auch ein Töpfer aus einem Klumpen Lehm ein wertvolles oder ein gewöhnliches Gefäß formen.

[22]Genauso wollte Gott an den Ägyptern[g] seinen Zorn und seine Macht sichtbar werden lassen. Und obwohl sie ihrem Untergang nicht entgehen konnten, hat er große Geduld mit ihnen[h] gehabt. [23]An den Israeliten,[i] die an seiner Herrlichkeit teil-

a) 1. Mose 21,12
b) 1. Mose 18,10.14
c) 1. Mose 25,23
d) Wörtlich: Jakob habe ich geliebt, Esau aber gehaßt. Maleachi 1,2.3
e) 2. Mose 33,19
f) 2. Mose 9,16
g) Wörtlich: an den einen.
h) Wörtlich: mit den Gefäßen des Zorns.
i) Wörtlich: An den Gefäßen der Barmherzigkeit.

haben sollen, wollte er dagegen seine
Barmherzigkeit besonders beweisen.
24 Zu ihnen gehören auch wir. Und
er hat uns nicht nur aus dem jüdi-
schen Volk, sondern aus *allen* Völ-
kern berufen. 25 Erinnert euch nur
einmal an die Worte des Propheten
Hosea! Dort sagt Gott: «Einmal
werde ich die mein Volk nennen, die
bisher nicht dazugehörten; und ich
werde die auserwählen, die bisher
nicht meine Auserwählten waren.
26 Und wo ihnen gesagt wurde: ‹Ihr
seid nicht mein Volk›, da werden sie
‹Kinder des lebendigen Gottes› ge-
nannt.»[a]

27 Aber seinem Volk Israel ließ
Gott durch den Propheten Jesaja sa-
gen: «Selbst wenn es so viele Israeli-
ten wie Sand am Meer gibt, werden
doch nur wenige von ihnen gerettet.
28 Denn der Herr wird sein Urteil auf
der Erde bald vollstrecken.»[b] 29 So
hat es Jesaja schon vorher gesagt:
«Hätte der Herr der himmlischen
Heere[c] nicht einen kleinen Teil des
jüdischen Volkes bewahrt, dann wä-
ren wir alle umgekommen wie die
Leute von Sodom und Gomorra.»[d]

Der falsche Weg

30 Was will ich nun damit sagen? Men-
schen aller Völker, die sich nicht (wie
die Juden) darum bemüht haben, bei
Gott Anerkennung zu finden, wur-
den von ihm angenommen, und zwar
durch ihren Glauben an Jesus Chri-
stus. 31 Israel aber, das sich so sehr
bemühte, Gottes Gebote zu erfüllen,
um dadurch vor Gott bestehen zu
können, hat dieses Ziel nicht er-
reicht. 32 Warum eigentlich nicht?
Weil dieses Volk nicht durch den
Glauben an Christus, sondern durch
seine Werke und seine eigenen Ver-
dienste Anerkennung bei Gott fin-
den wollte. Deshalb wurde ihnen
Christus zum ‹Stein des Anstoßes›.
33 Von ihm hat Gott schon durch den
Propheten Jesaja sagen lassen: «Seht
her, ich lege in Jerusalem einen
Stein, an dem man sich stoßen wird,
und ein Hindernis, über das sie stür-
zen werden. Wer aber an ihn glaubt,
wird leben.»[e]

Christus hat die Herrschaft des Gesetzes beendet

10 Liebe Brüder, ich wünsche mir
sehnlichst, und ich bitte Gott
inständig, daß auch mein Volk den
richtigen Weg zu Gott findet. 2 Denn
ich kann bezeugen, daß die Israeliten
mit Eifer und Hingabe Gott dienen
wollen, aber es fehlt ihnen die richtige
Einsicht. 3 Sie haben nämlich nicht er-
kannt, daß Christus für sie gestorben
ist, um sie mit Gott zu versöhnen.
Statt dessen versuchen sie immer
noch, sich durch eigene Leistungen
Gottes Anerkennung zu verdienen.
Deshalb lehnen sie ab, was Gott ih-
nen schenken will.[f] 4 Christus hat das
Gesetz erfüllt und damit die Herr-

a) Hosea 2,25;2,1
b) Jesaja 10,22–23
c) Wörtlich: der Herr Zebaoth.
d) Jesaja 1,9
e) Jesaja 8,14; 28,16
f) Wörtlich: Indem sie nämlich Gottes Gerechtigkeit verkannten und die eigene aufzurichten suchten, haben sie sich nicht der Gottesgerechtigkeit unterworfen.

schaft des Gesetzes beendet. Wer an ihn glaubt, wird von Gott angenommen.

[5]Wer dennoch durch das Gesetz vor Gott bestehen will, für den gilt, was Mose geschrieben hat: «Wer *alle* Forderungen des Gesetzes erfüllt, wird dadurch leben.»[a]

[6]Aber wer den Weg zu Gott durch den Glauben an Christus gefunden hat, der kann sagen: «Du brauchst nicht länger darüber nachzudenken, wie du in den Himmel steigen willst»[b] – um Christus herabzuholen. Und er muß nicht mehr fragen: [7]«Wer will hinabsteigen zu den Toten?» – um Jesus von dort heraufzuholen. [8]Wer glaubt, der weiß: «Gottes Wort ist mir ganz nahe; es ist in meinem Mund und in meinem Herzen.» Das ist nämlich das Wort vom Glauben an Christus, das wir verkündigen.

[9]Denn wenn du mit deinem Munde bekennst: «Jesus Christus ist der Herr!», und wenn du von ganzem Herzen glaubst, daß Gott ihn von den Toten auferweckt hat, dann wirst du gerettet werden. [10]Wer also von Herzen an Christus glaubt und seinen Glauben auch bekennt, der erlebt, was es heißt, von Christus erlöst zu sein. [11]Gott sagte schon durch den Propheten Jesaja: «Wer an ihn glaubt, wird nicht verlorengehen.»[c] [12]Da gibt es auch keinen Unterschied zwischen Juden und anderen Völkern[d]: Gott ist ein und derselbe Herr, der aus seinem Reichtum alle beschenkt, die ihn darum bitten. [13]«Denn jeder, der den Namen des Herrn anruft, wird gerettet werden.»[e]

Israel nimmt Gottes Angebot nicht an

[14]Wie aber sollen die Menschen zu Gott beten, wenn sie nicht an ihn glauben? Wie sollen sie zum Glauben an ihn kommen, wenn sie nie von ihm gehört haben? Und wie können sie von ihm hören, wenn ihnen niemand Gottes Wort sagt? [15]Wer aber soll Gottes Wort sagen, ohne dazu beauftragt zu sein? Schon Jesaja wußte: «Wieviel Gutes bewirken alle, die das Evangelium verkündigen!»[f] [16]Aber nicht jeder, der diese Heilsbotschaft hört, nimmt sie auch an. So klagte schon der Prophet Jesaja: «Herr, wer glaubt denn unseren Worten?»[g]

[17]Doch es bleibt dabei: Der Glaube kommt allein aus dem Hören der Botschaft; die Botschaft aber gibt uns Christus. [18]Wie ist das nun bei den Juden? Haben sie etwa Gottes Wort nicht zu hören bekommen? Natürlich haben sie es gehört, denn «diese Botschaft ist überall verkündigt worden, ihre Worte gelangten bis an das Ende der Welt.»[h]

[19]Man kann nun fragen: Haben sie diese Botschaft vielleicht nicht verstanden? Doch, sie haben sie verstanden. Denn schon bei Mose heißt es: «Ich will mein Volk eifersüchtig ma-

a) 3. Mose 18,5
b) 5. Mose 30,11–14
c) Jesaja 28,16
d) Wörtlich: Griechen.
e) Joel 3,5
f) Wörtlich: Wie lieblich sind die Füße derer, die eine gute Botschaft verkünden. Jesaja 52,7
g) Jesaja 53,1
h) Psalm 19,5

chen auf Menschen, die bisher nicht zu mir gehörten, und ihr werdet zornig sein auf ein Volk, das mich jetzt noch nicht kennt.»[a] 20 Später wagte Jesaja sogar ganz offen zu sagen: «Die mich gar nicht gesucht haben, die haben mich gefunden, und die niemals nach mir fragten, werden mich kennen.»[b] 21 Aber zu seinem eigenen Volk muß Gott sagen: «Den ganzen Tag, immer wieder habe ich meine Hände nach dem Volk ausgestreckt, das sich nichts sagen läßt und gegen meinen Willen handelt!»[c]

Hat Gott sein Volk aufgegeben?

11 Ich frage jetzt: Will Gott von seinem Volk nichts mehr wissen? Davon kann keine Rede sein! Auch ich bin ja ein Israelit, ein Nachkomme Abrahams aus dem Stamm Benjamin. 2 Wie könnte Gott sein Volk, das er sich einmal erwählt hat, einfach aufgeben? Oder habt ihr vergessen, wie Elia sich bei Gott über Israel beklagte? 3 «Herr!» rief er, «alle deine Propheten haben sie ermordet, und deine Altäre haben sie niedergerissen. Nur ich bin übriggeblieben. Und nun trachten sie auch mir nach dem Leben.»[d]

4 Und was antwortete Gott damals? «Nein, du bist nicht der einzige. Siebentausend Menschen lasse ich am Leben, alle, die nicht vor dem Götzen Baal auf die Knie gefallen sind.»[e] 5 So war es damals, und so ist es auch noch heute. In seiner Barmherzigkeit und Gnade hat Gott einen Teil des Volkes Israel gerettet. 6 Wenn das aber aus Gnade geschah, dann hatte es nichts mit eigenen Leistungen zu tun. Sonst wäre es ja keine Gnade.

7 Was heißt das also? Es heißt, Israel hat nicht erreicht, worum es sich mit aller Kraft bemühte. Das wurde nur einem kleinen, von Gott auserwählten Teil des Volkes geschenkt. Alle übrigen aber sind taub für Gottes Wort. 8 Von ihnen sagt die Heilige Schrift: «Sie sind wie betäubt.[f] Mit ihren Augen sehen sie nichts, mit ihren Ohren hören sie nichts – und das bis auf den heutigen Tag.»[g] 9 Auch König David sagt: «Ihr Gottesdienst soll zum Götzendienst werden, zu einer Falle, in der sie sich selbst fangen und der Strafe Gottes ausliefern.[h] 10 Laß ihre Augen blind werden, damit sie nichts mehr sehen können, und beuge für immer ihren Rücken unter der Last des Gesetzes.»[i]

Warnung vor Überheblichkeit

11 War es nun Gottes Absicht, dieses Volk fallenzulassen, weil er sich endgültig von ihm abwenden wollte? Nie und nimmer! Aber durch den Unge-

a) Wörtlich: Ich will euch reizen mit einem Volk, das keines ist. Ich will euch herausfordern durch ein Volk ohne Erkenntnis. 5. Mose 32,21
b) Jesaja 65,1
c) Jesaja 65,2
d) 1. Könige 19,10
e) 1. Könige 19,18
f) Wörtlich: Eingegeben hat ihnen Gott einen Geist tiefen Schlafes.
g) Jesaja 29,10; 5. Mose 29,3
h) Wörtlich: Es werde ihnen ihr Tisch (Altar) zur Schlinge und zum Netz und zum Fallstrick und zum Anlaß der Vergeltung.
i) Psalm 69,23–24

horsam des Volkes Israel wurde der Weg bereitet, um den übrigen Völkern die Heilsbotschaft zu bringen. Ihrem Beispiel soll Israel nun nacheifern. [12]Bedenken wir aber, welchen Segen schon das Versagen Israels allen anderen Völkern brachte, wie groß wird erst der Segen sein, wenn das ganze Israel für Christus gewonnen ist.

[13]Euch, die ihr keine Juden seid, möchte ich sagen: Ich freue mich, daß Gott mich gerade zu euch geschickt hat, um euch das Evangelium zu verkündigen. [14]Vielleicht wird dadurch auch bei einigen aus meinem Volk der Glaube geweckt, so daß sie doch noch gerettet werden.[a] [15]Denn kam es schon zur Versöhnung der Völker mit Gott, als er sich von Israel abwandte, wie herrlich muß es werden, wenn Gott sich seinem Volk wieder zuwendet. Dann werden Tote zum Leben auferstehen. [16]Mit dem ersten Brot, das Gott zum Opfer gebracht wird, ist nämlich die ganze Ernte gesegnet; und sind die Wurzeln eines Baumes gut[b], dann sind es auch die Zweige.

[17]Einige Zweige dieses Baumes – ich spreche von Gottes auserwähltem Volk – sind herausgebrochen worden. An ihrer Stelle wurdet ihr als Zweige eines wilden Ölbaums aufgepfropft, so daß ihr von den Wurzeln und Säften des edlen Ölbaums lebt. [18]Bildet euch aber deshalb nicht ein, besser als die herausgebrochenen Zweige zu sein! Denn nicht ihr tragt die Wurzel, sondern die Wurzel trägt euch.

[19]Freilich könnte jemand einwenden: «Man hat die Zweige doch herausgebrochen, damit ich dort Platz habe.» [20]Das ist richtig, sie wurden herausgebrochen, weil sie nicht glaubten. Und ihr seid an ihrer Stelle, weil ihr glaubt. Seid deshalb nicht hochmütig, sondern paßt auf, daß es euch nicht genauso ergeht.[c] [21]Denn hat Gott die Zweige des edlen Ölbaums nicht verschont, wird er euch erst recht nicht schonen.

[22]Zweierlei sollt ihr daran erkennen: Gottes Güte und seine Strenge. Gottes Strenge seht ihr an denen, die von ihm abgefallen sind; seine Güte aber erfahrt ihr, solange ihr glaubt. Sonst werdet auch ihr wie jene Zweige herausgebrochen. [23]Umgekehrt werden alle aus dem Volk Israel wieder eingepfropft, die nicht länger im Unglauben bleiben. Gott hat die Macht dazu. [24]Immerhin hat er euch als Zweige eines wilden Ölbaumes dem guten Ölbaum aufgepfropft, was sonst niemand tun würde. Wieviel mehr wird Gott bereit sein, die herausgebrochenen Zweige wieder auf den Ölbaum zu pfropfen, auf den sie ursprünglich gehörten.

Gott hält seine Zusagen

[25]Damit ihr nicht überheblich werdet, liebe Brüder, möchte ich euch anvertrauen, was mir Gott offenbart hat. Ein Teil des jüdischen Volkes ist zwar blind für die Botschaft von Jesus Christus. Aber das wird nur so lange dauern, bis alle Heiden, die Gott dafür ausersehen hat, den Weg zu Christus gefunden haben. [26]Danach wird ganz Israel gerettet, so wie

a) Wörtlich: Ob ich wohl mein Fleisch (Volk) reizen und einige von ihnen retten kann.
b) Wörtlich: heilig.
c) Wörtlich: sondern fürchtet euch.

es bei den Propheten heißt: «Aus Jerusalem[a] wird der Retter kommen. Er wird Israel[b] von seiner Gottlosigkeit bekehren. 27 Und das ist der Bund, den ich mit ihnen schließe: Ich werde sie von ihren Sünden befreien.»[c]

28 Indem sie das Evangelium ablehnen, sind viele Juden zu Feinden Gottes geworden. Aber gerade dadurch wurde für euch der Weg zu Christus frei. Doch Gott hält seine Zusagen, und weil er ihre Vorväter erwählt hat, bleiben sie sein geliebtes Volk. 29 Denn Gott fordert weder seine Gaben zurück, noch widerruft er seine Zusagen.

30 Früher habt ihr als Heiden Gott nicht gehorcht. Aber weil die Juden Christus ablehnten, hat Gott euch seine Barmherzigkeit erfahren lassen. 31 Jetzt wollen die Juden nicht glauben, daß Gott jedem Menschen in Christus barmherzig ist, obwohl sie es doch an euch sehen. Aber auch sie sollen jetzt Gottes Barmherzigkeit erfahren. 32 Denn Gott hat alle Menschen – Juden wie Heiden – ihrem Unglauben überlassen, weil er allen seine Barmherzigkeit schenken will.

Gott ist unbegreiflich groß

33 Wie groß ist doch Gott! Wie unendlich sein Reichtum, seine Weisheit, wie tief seine Gedanken. Wie unbegreiflich für uns seine Entscheidungen[d] und seine Pläne! 34 Denn «wer könnte jemals Gottes Absichten erkennen? Wer könnte ihm raten?»[e] 35 Oder: «Wer hätte Gott jemals etwas gegeben, das er nun von ihm zurückfordern könnte?»[f] 36 Denn alles, aber auch wirklich alles ist von ihm, dem Schöpfer, ausgegangen, besteht durch ihn, und er wird alles vollenden. Ihm gehören Lob und Ehre in alle Ewigkeit. Amen.

Das ganze Leben – ein Gottesdienst

12 Weil ihr Gottes Barmherzigkeit erfahren habt, fordere ich euch auf, liebe Brüder, mit Leib und Leben für Gott dazusein. Seid ein lebendiges und heiliges Opfer, das Gott gefällt. Einen solchen Gottesdienst erwartet er von euch. 2 Nehmt nicht die Forderungen dieser Welt zum Maßstab, sondern ändert euch, indem ihr euch an Gottes Maßstäben orientiert. Nur dann könnt ihr beurteilen, was Gottes Wille ist, was gut und vollkommen ist und was ihm gefällt.

3 In der Vollmacht,[g] die mir Gott als Apostel gegeben hat, warne ich jeden einzelnen von euch: Schätzt euch nicht höher ein, als euch zukommt. Bleibt bescheiden, und maßt euch nicht etwas an, was über die Gaben hinausgeht, die Gott euch geschenkt hat.

4 Unser Körper besteht aus vielen Teilen, die ganz unterschiedliche Funktionen haben. 5 Ebenso ist es mit

a) Wörtlich: Zion.
b) Wörtlich: Jakob.
c) Jesaja 59,20–21
d) Wörtlich: Gerichte.
e) Jesaja 40,13
f) Hiob 41,2–3
g) Wörtlich: Durch die Gnade.

uns Christen. Gemeinsam bilden wir alle den Leib Christi – die Gemeinde –, und jeder einzelne ist auf die anderen angewiesen.

6 Gott hat jedem von uns durch seinen Heiligen Geist unterschiedliche Gaben geschenkt. 7 Hat jemand zum Beispiel die Gabe, in Gottes Auftrag prophetisch zu reden, dann muß dies mit dem Glauben übereinstimmen. Wem Gott einen praktischen Dienst übertragen hat, der soll ihn gewissenhaft ausführen. Wer Gottes Wort lehrt, soll diesem besonderen Auftrag gerecht werden. 8 Wer andere im Glauben ermutigen kann, der soll diese Gabe nutzen. Wer von der Gemeinde beauftragt ist, die Armen zu versorgen, der soll das gerecht und unparteiisch tun. Wer eine Gemeinde zu leiten hat, soll sich ganz für sie einsetzen. Wer Kranke und Alte zu pflegen hat, der soll es gern tun.

Ermutigung zu einem Leben aus Gottes Geist

9 Eure Liebe muß aufrichtig sein. Und wie ihr das Böse hassen müßt, sollt ihr das Gute lieben. 10 In herzlicher Liebe sollt ihr miteinander verbunden sein, und gegenseitige Achtung soll euer Zusammenleben bestimmen. 11 Setzt euch unermüdlich für Gottes Sache ein. Laßt euch ganz vom Heiligen Geist durchdringen, und steht Gott jeden Augenblick zur Verfügung. 12 Seid fröhlich in der Hoffnung darauf, daß Gott seine Zusagen erfüllt. Seid standhaft, wenn ihr verfolgt werdet. Und laßt euch durch nichts vom Gebet abbringen.

13 Helft anderen Christen, die in Not geraten sind, und seid gastfreundlich! 14 Wenn Menschen euch das Leben schwermachen[a], so betet[b] für sie, statt ihnen Schlechtes zu wünschen[c]. 15 Wenn andere fröhlich sind, dann freut euch mit ihnen. Weint aber auch mit den Trauernden! 16 Seid einmütig untereinander und streitet nicht. Versucht nicht immer wieder, hoch hinauszuwollen, sondern seid euch auch für geringe Dinge nicht zu schade. Hütet euch vor Selbstüberschätzung und Besserwisserei.

17 Vergeltet niemals Unrecht mit neuem Unrecht. Seid darauf bedacht, allen Menschen Gutes zu tun. 18 Soweit es irgend möglich ist und von euch abhängt, lebt mit allen Menschen in Frieden. 19 Liebe Freunde, denkt daran, daß es nicht eure Sache ist, euch selbst Recht zu verschaffen. Überlaßt dieses Urteil vielmehr Gott[d], denn er hat gesagt: «Es ist allein meine Sache, Rache zu nehmen. Ich werde alles vergelten.»[e]

20 Handelt so, wie es die Heilige Schrift von euch verlangt: «Wenn dein Feind hungrig ist, dann gib ihm zu essen; ist er durstig, gib ihm zu trinken. So wirst du ‹feurige Kohlen auf seinem Haupt sammeln›, du wirst ihn überwinden.»[f] 21 Laß dich nicht vom Bösen besiegen, sondern besiege das Böse durch das Gute.

a) Wörtlich: euch verfolgen.
b) Wörtlich: segnet.
c) Wörtlich: verflucht nicht.
d) Wörtlich: dem Zorngericht Gottes.
e) 5. Mose 32,35
f) Sprüche 25,21–22

Der Christ und die staatliche Ordnung

13 Jeder soll sich den bestehenden staatlichen Gewalten unterordnen. Denn es gibt keine Autorität, die nicht von Gott kommt. Jede staatliche Autorität ist von Gott eingesetzt. 2 Wer sich also den Behörden widersetzt, handelt gegen die von Gott eingesetzte Ordnung und wird dafür von ihm bestraft werden.

3 Wer gut und richtig handelt, braucht die Autorität des Staates ohnehin nicht zu fürchten; das muß nur, wer gegen das Recht verstößt. Wollt ihr also ohne Angst vor Bestrafung leben, dann haltet euch an die Gesetze. Euer gutes Verhalten wird Anerkennung finden. 4 Die öffentliche Gewalt steht im Dienst Gottes zum Nutzen jedes einzelnen. Wer aber Unrecht tut, muß sie fürchten, denn Gott hat ihr nicht ohne Grund die Macht übertragen, Strafen zu verhängen. Sie handelt im Auftrag Gottes, wenn sie Gesetzesbrecher verfolgt und bestraft. 5 Es sind also zwei Gründe, weshalb sich Christen den staatlichen Organen unterordnen müssen: zum einen ist es der drohende Zorn Gottes, zum anderen aber auch unser Gewissen, das uns sonst vor Gott anklagen würde.

6 Und weil die Beamten als Beauftragte des Staates ihren Dienst im Auftrag Gottes ausüben, zahlt ihr ja auch Steuern. 7 Gebt also jedem, was ihr ihm schuldig seid. Zahlt die Steuern, die man von euch verlangt, ebenso den Zoll. Unterstellt euch der Autorität des Staates, und erweist denen, die Anspruch darauf haben, den notwendigen Respekt.

Das wichtigste Gebot

8 Bleibt keinem etwas schuldig, abgesehen davon, daß ihr euch untereinander lieben sollt. Denn nur wer seine Mitmenschen liebt, der hat Gottes Gesetz erfüllt. 9 Alle Gebote, die Gott Mose gegeben hat – wie zum Beispiel: «Du sollst nicht die Ehe brechen, du sollst nicht töten, du sollst nicht stehlen, du sollst nicht das begehren, was anderen gehört»[a] –, alle diese Gebote lassen sich in einem Satz zusammenfassen: «Du sollst deinen Mitmenschen lieben wie dich selbst.»[b] 10 Denn wer seinen Mitmenschen liebt, tut ihm nichts Böses. Deshalb ist die Liebe das Entscheidende an Gottes Gesetz.[c]

Leben im Licht Gottes

11 Liebt also euren Nächsten, denn ihr wißt doch, daß es Zeit ist, aus aller Gleichgültigkeit aufzuwachen. Bald wird Christus wiederkommen und uns endgültig erlösen. Dieser Zeit sind wir jetzt näher als zu Beginn unseres Glaubens. 12 Bald ist die Nacht vorüber, und Gottes Tag bricht an. Deshalb wollen wir uns von den finsteren Werken der Nacht trennen und uns statt dessen mit den Waffen des Lichts rüsten. 13 Wir haben vor niemandem etwas zu verbergen und wollen ein gutes, anständiges Leben führen;[d] ohne üppige Gelage und

a) 2. Mose 20,13–17
b) 3. Mose 19,18; vgl. Matthäus 22,34–40
c) Wörtlich: So ist die Liebe die Erfüllung des Gesetzes.
d) Wörtlich: Als am Tage laßt uns unser Leben ehrbar führen.

Saufereien, ohne Ausschweifungen und Sittenlosigkeit, ohne Streit und Eifersucht. [14]Statt dessen soll Jesus Christus in allem euer Vorbild sein.[a] Hütet euch davor, euern Leib mit seinen Wünschen und Begierden zum Mittelpunkt eures Lebens zu machen.

Einander annehmen

14 Nehmt auch den ohne Vorbehalte an, der als Christ meint, vieles ängstlich meiden zu müssen. Verwirrt ihn nicht noch dadurch, daß ihr über unterschiedliche Ansichten streitet. [2]So essen die einen alles, ohne daß ihr Glaube in Gefahr gerät, während andere meinen, sich zu versündigen, wenn sie Fleisch essen.[b] [3]Niemand sollte deswegen auf die im Glauben Schwachen verächtlich herabschauen. Diese wiederum haben nicht das Recht, jemanden zu verurteilen, weil er das Fleisch der Opfertiere ißt. Denn Gott hat den einen wie den anderen in seine Gemeinschaft aufgenommen. [4]Du bist nicht der Herr deines Nächsten. Mit welchem Recht willst du ihn also verurteilen? Er ist nicht dir verantwortlich, sondern Gott, und der ist stark genug, ihn vor falschen Wegen zu bewahren.[c]

[5]Es gibt Leute, für die bestimmte Tage von besonderer Bedeutung sind. Für andere wieder sind alle Tage gleich. Das soll jeder so halten, wie es nach seiner Überzeugung richtig ist. [6]Wer nämlich Fastentage einhält, der will damit Gott ehren. Und wer an solchen Tagen ißt, der ehrt auch Gott, denn im Gebet dankt er ihm für das Essen. Fastet aber jemand an diesen Tagen, dann fastet er aus Liebe zu Gott, und auch er dankt Gott im Gebet und erweist ihm dadurch die Ehre.

[7]Schließlich: Niemand von uns lebt für sich selbst, und niemand stirbt für sich selbst. [8]Leben wir, dann leben wir für den Herrn, und sterben wir, dann sterben wir für den Herrn. Ganz gleich also, ob wir leben oder sterben: Wir gehören dem Herrn. [9]Denn dafür ist Christus gestorben und zu neuem Leben auferstanden, daß er im Leben wie im Sterben unser Herr ist.[d]

[10]Mit welchem Recht verurteilst du also einen anderen? Und warum verachtest du deinen Bruder, nur weil er sich anders verhält? Vergiß nicht, daß wir einmal alle vor Gott stehen werden und er über uns urteilt. [11]Hat nicht schon Jesaja geschrieben: «So wahr ich lebe, spricht der Herr: Vor mir werden alle niederknien, und alle werden bekennen, daß ich der Herr bin!»[e] [12]So wird also jeder für sich selbst vor Gott Rechenschaft ablegen müssen.

Füreinander verantwortlich

[13]Deshalb wollen wir uns nicht länger gegenseitig verurteilen. Keiner soll durch sein Verhalten den anderen in Bedrängnis bringen oder in seinem Glauben verunsichern. [14]Ich weiß,

a) Wörtlich: Zieht den Herrn Jesus Christus an.
b) Wörtlich: der Schwache aber ißt (nur) Gemüse.
c) Wörtlich: Dem eigenen Herrn steht oder fällt er. Er wird aber stehenbleiben, denn der Herr kann ihn aufrecht erhalten.
d) Wörtlich: daß er über Tote und Lebende herrsche.
e) Jesaja 45,23

und Christus bestätigt es mir, daß es keine Speise gibt, die uns von Gott trennt, weil sie «unrein» wäre. Wer aber etwas für «unrein» hält, für den ist es tatsächlich «unrein».

15 Wenn du aber durch das, was du ißt, deinen Bruder verwirrst oder ihn sogar dazu verführst, gegen sein Gewissen zu handeln, dann bist du lieblos. Wegen irgendwelcher Speisen dürft ihr auf keinen Fall den Glauben eures Bruders zerstören, für den doch Christus auch gestorben ist. 16 Achtet also darauf, daß nicht durch derartige Nebensächlichkeiten der Glaube an Christus[a] in Verruf gerät. 17 Denn es geht allein um das Reich Gottes, nicht um Essen und Trinken. Es geht darum, daß Gott jeden annimmt, der zu ihm kommt, und ihn durch seinen Heiligen Geist mit Frieden und Freude erfüllt. 18 Wer Christus in dieser Weise dient, an dem hat Gott Freude, und auch die Menschen werden ihn achten.

19 Deshalb wollen wir uns mit allen Kräften darum bemühen, in Frieden miteinander zu leben, und einander helfen, im Glauben zu wachsen. 20 Zerstört nicht Gottes Werk wegen irgendwelcher Speisevorschriften. Einige von euch sagen zwar: «Vor Gott ist alles rein.» Das stimmt. Aber andere kommen in Gewissensnöte, wenn sie bestimmte Speisen essen. Damit schaden sie sich selbst.

21 Deswegen ist es besser, du ißt kein Fleisch, trinkst keinen Wein und vermeidest überhaupt alles, was deinen Bruder zur Sünde verführen könnte.

22 Bleibe bei deiner persönlichen Überzeugung, wenn du sie vor Gott vertreten kannst, aber versuche nicht, sie anderen aufzudrängen.[b] Denn nur der hat Frieden, der mit seiner Überzeugung vor dem eigenen Gewissen bestehen kann.

23 Glaubt aber jemand, daß die Speisevorschriften richtig sind, und er verstößt dennoch gegen sie, so verurteilt ihn schon sein Gewissen, weil er gegen den Glauben handelt und damit Christus ungehorsam wird. Denn alles, was wir nicht im Glauben an Christus tun, ist Sünde.

Das Vorbild: Jesus Christus

15 Weil wir aber so eng mit Christus verbunden sind, daß wir uns von solchen Äußerlichkeiten frei wissen,[c] sind wir erst recht dazu verpflichtet, auf die Ängstlichkeit der anderen[d] Rücksicht zu nehmen und nicht selbstgefällig auf die eigene Freiheit zu pochen. 2 Jeder von uns soll sich so verhalten, daß sein persönliches Vorbild den Nächsten zum Guten ermutigt und ihn im Glauben stärkt.[e]

3 Auch Christus lebte nicht für sich selbst. Von ihm heißt es: «Die Anfeindungen, die gegen Gott gerichtet waren, haben mich getroffen.»[f] 4 Und aus dem, was in der Heiligen Schrift vorausgesagt wurde, sollen wir lernen. Ermutigt und getröstet durch

a) Wörtlich: das euch verliehene Gute.
b) Wörtlich: Behalte du den Glauben, den du hast, bei dir vor Gott.
c) Wörtlich: Wir, die Starken.
d) Wörtlich: der Schwachen.
e) Wörtlich: Jeder von uns suche dem Nächsten zu gefallen, zum Guten, zur Auferbauung.
f) Psalm 69,10

Gottes Wort, können wir an der Hoffnung auf Gottes kommendes Reich festhalten.

[5]Gott aber, von dem alle Ermutigung und aller Trost kommen, schenke es euch, daß ihr in Frieden miteinander lebt, so wie es euch Jesus Christus gezeigt hat. [6]Dann erst könnt ihr alle wie mit einer Stimme Gott, den Vater unseres Herrn Jesus Christus, loben und preisen.

Die ganze Gemeinde lobt Gott

[7]Nehmt euch gegenseitig an, so wie ihr seid, denn auch Christus hat euch ohne Vorbehalte angenommen. Auf diese Weise wird Gott geehrt. [8]Kam doch Christus in diese Welt, um seinem Volk Israel zu zeigen, wie treu Gott seine Zusagen hält, die er Abraham, Isaak und Jakob gegeben hat. So diente Christus seinem Volk.[a]

[9]Aber wie die Juden Gott wegen seiner Treue loben sollen, so müssen ihm die Heiden für seine Barmherzigkeit danken. Schon in den Psalmen lesen wir: «Ich will bei den Heiden deinen Namen loben und dich preisen.»[b] [10]Und bei Mose heißt es: «Jubelt, ihr Heidenvölker, zusammen mit seinem Volk Israel!»[c] [11]An einer anderen Stelle sagt der Psalmist: «Rühmt den Herrn, ihr Heiden! Alle Völker sollen ihn preisen!»[d] [12]Und Jesaja prophezeite: «Der versprochene Retter aus dem Stamm Isai wird kommen, um über die Heidenvölker zu herrschen. Er wird ihre einzige Hoffnung sein.»[e]

[13]Deshalb bete ich für euch alle, daß Gott, der diese Hoffnung schenkt, euch in euerm Glauben mit großer Freude und vollkommenem Frieden erfüllt, damit eure Hoffnung durch die Kraft des Heiligen Geistes immer stärker wird.

Paulus beschreibt seinen Auftrag

[14]Liebe Brüder! Ich bin fest davon überzeugt, daß ihr meine Ermahnung im Grunde nicht nötig habt, weil ihr selbst wißt, wieviel Gott euch geschenkt hat und was er von euch erwartet. Deshalb könnt ihr euch gegenseitig ermahnen und helfen, als Christen zu leben. [15]Trotzdem habe ich mir die Freiheit genommen, euch an einige Dinge zu erinnern, wobei ich stellenweise sehr deutlich geworden bin. Das habe ich getan, weil Gott mich beauftragt hat, [16]als Diener Jesu Christi allen Menschen die Frohe Botschaft zu verkündigen. Wie ein Priester im Tempel Gott dient und ihm opfert, so sehe ich meinen Auftrag. Durch den Heiligen Geist sollen Menschen aus allen Völkern für Gott eine Opfergabe werden, die ihm gefällt.

[17]Ich bin vor Gott stolz auf alles, was Jesus Christus durch mich getan hat. [18]Hätte nicht er es bewirkt, daß Menschen aus vielen Völkern zum Glauben und Gehorsam gekommen sind, würde ich es nicht wagen, auch nur davon zu reden. [19]So aber wirkte Gott durch meine Verkündigung und meinen Einsatz und bestätigte dies al-

a) Wörtlich: Christus ist ein Diener der Beschnittenen geworden.
b) Psalm 18,50
c) 5. Mose 32,43
d) Psalm 117,1
e) Jesaja 11,10

les durch Zeichen und Wunder seines
Geistes. Von Jerusalem bis hin zur
Provinz Illyrien habe ich das Evange-
lium verkündet und ihm Geltung ver-
schafft. 20 Dabei achtete ich vor allem
darauf, nur dort zu predigen, wo man
noch nichts von Jesus Christus gehört
hatte und wo noch keine Gemeinde
bestand. 21 Ich folgte damit den Wor-
ten des Propheten Jesaja: «Gerade
die sollen ihn sehen, denen er nicht
angekündigt war, und die noch nichts
von ihm gehört haben, werden ihn
begreifen.»[a]

Reisepläne

22 Weil ich damit so beschäftigt war,
bin ich auch bisher noch nicht bei
euch gewesen. 23 Aber jetzt habe ich
meine Arbeit hier beendet, und wie
ich es mir schon seit Jahren wünsche,
möchte ich nun zu euch kommen.
24 Ich habe vor, nach Spanien zu rei-
sen, und bei dieser Gelegenheit hoffe
ich, euch in Rom persönlich kennen-
zulernen. Wenn ich dann in der Ge-
meinschaft mit euch neue Kraft ge-
schöpft habe, könntet ihr mich viel-
leicht auf meiner Weiterreise beglei-
ten.

25 Im Augenblick bin ich auf dem
Weg nach Jerusalem, um der Ge-
meinde dort zu helfen.[b] 26 Denn die
Christen in den Provinzen Mazedo-
nien und Achaja haben für die Armen
der Gemeinde von Jerusalem Geld
gesammelt. 27 Sie haben das gern ge-
tan, weil sie, die früher Heiden wa-
ren, gerade dieser Gemeinde viel
Dank schulden. Denn von Jerusalem
aus hat sie das Evangelium von Jesus
Christus erreicht, und insofern ist es
nur recht und billig, daß sie jetzt der
Jerusalemer Gemeinde in ihrer Not
helfen. 28 Sobald man mir dort bestä-
tigt hat, daß ich das Geld ordnungsge-
mäß abgeliefert habe, kann ich auf
dem Weg nach Spanien zu euch kom-
men. 29 Ich weiß, daß ich euch dann
den reichen Segen Jesu Christi wei-
tergeben werde.

30 Liebe Brüder, weil Jesus Christus
es so will und weil wir in der Liebe des
Heiligen Geistes miteinander ver-
bunden sind, bitte ich euch: Helft mir
bei meinem Kampf, indem ihr für
mich betet. 31 Bittet Gott, daß er mich
vor denen in Judäa bewahrt, die mich
um Jesu willen verfolgen. Und betet
darum, daß die Geldspende von den
Christen in Jerusalem dankbar ange-
nommen wird. 32 Dann erst kann ich
frohen Herzens zu euch kommen und
– so Gott will – mich über die Ge-
meinschaft mit euch freuen. 33 Gott
aber, der allein Frieden schenken
kann, sei mit euch allen. Amen.

Grüße

16 Unserer Schwester Phöbe, die
im Dienst der Gemeinde von
Kenchreä steht (und euch diesen
Brief überbringen wird), dürft ihr
vertrauen. 2 Nehmt sie freundlich auf,
wie es für Christen selbstverständlich
ist. Ihr tut es ja für den Herrn. Steht
ihr bei, wo immer sie eure Hilfe
braucht. Sie selbst hat auch vielen ge-
holfen, die in Not waren, nicht zuletzt
mir.

3 Grüßt Priska und Aquila, die mit
mir für die Sache Jesu Christi arbei-
ten. 4 Sie haben ihr Leben für mich ge-
wagt, und ich bin nicht der einzige,

a) Jesaja 52,15
b) Wörtlich: den Heiligen dienend.

der ihnen zu Dank verpflichtet ist. Auch die anderen Gemeinden[a] verdanken ihnen viel.
5 Grüßt die ganze Gemeinde von mir, die sich in ihrem Haus versammelt.

Grüßt meinen lieben Epänetus, der als erster in der Provinz Asia zum Glauben an Jesus Christus kam.
6 Grüßt Maria von mir, die so viel Mühe und Arbeit mit euch hatte.
7 Herzliche Grüße auch an Andronikus und Junias, meine jüdischen Landsleute, die mit mir wegen ihres Glaubens im Gefängnis waren. Beide sind ja noch vor mir Christen geworden und überall als Botschafter des Evangeliums[b] hoch angesehen.

8 Grüßt Ampliatus, mit dem ich mich im Glauben verbunden weiß,
9 unseren Mitarbeiter Urban sowie den lieben Stachys.
10 Grüßt ebenso Apelles, diesen im Glauben bewährten Mann. Meine besten Wünsche gelten der Familie des Aristobul.
11 Grüßt meinen Landsmann Herodion und die Christen aus der Familie des Narzissus.

12 Viele Grüße auch an Tryphäna und Tryphosa sowie meine liebe Persis, die alle so unermüdlich für den Herrn arbeiten.
13 Grüßt Rufus, den der Herr zu seinem Dienst auserwählt hat, und seine liebe Mutter, die auch mir eine Mutter gewesen ist.
14 Herzliche Grüße außerdem an Asynkritus, Phlegon, Hermes, Patrobas, Hermas und die anderen Brüder bei ihnen.

15 Schließlich möchte ich noch besonders Philologus, Julia, Nereus und dessen Schwester grüßen sowie Olympas und alle Christen, die bei ihnen sind.
16 Grüßt einander mit dem Bruderkuß. Alle Gemeinden hier lassen euch grüßen.

Abschließende Ermahnung

17 Zum Schluß, meine lieben Brüder, muß ich euch noch auf eins hinweisen: Es gibt Leute, vor denen ihr euch in acht nehmen müßt. Sie wollen eure Gemeinde spalten und stiften Unfrieden, weil sie eine andere Lehre verbreiten und dem widersprechen, was ihr gelernt habt. Mit solchen Leuten sollt ihr nichts zu tun haben.
18 Denn ihnen geht es nicht um unseren Herrn Christus, sondern um die Erfüllung ihrer persönlichen Wünsche und Begierden. Mit schönen Worten und Schmeicheleien verführen sie ihre arglosen Zuhörer.

19 Von euch allerdings hört man nur Gutes. Jeder weiß, daß ihr dem Wort Gottes gehorsam seid. Darüber freue ich mich. Ich möchte, daß ihr auch in Zukunft beim Guten bleibt und mit dem Bösen nichts zu tun habt.
20 Denn Gott, der euch seinen Frieden schenkt, wird dafür sorgen, daß bei euch der Satan bald endgültig besiegt ist. Die Gnade unseres Herrn Jesus Christus sei mit euch!

21 Mein Mitarbeiter Timotheus und meine Landsleute Lucius, Jason und Sosipater schicken euch viele Grüße.

22 Auch ich, Tertius, möchte euch als meine Glaubensbrüder herzlich grüßen. Paulus hat mir diesen Brief an euch diktiert.

23 Gajus läßt ebenfalls herzlich grüßen. Ich bin sein Gast, und die ganze Gemeinde trifft sich hier in seinem Haus. Erastus, der Stadtkämmerer, und unser Freund Quartus schicken

a) Wörtlich: Alle Gemeinden aus den Heiden.
b) Wörtlich: als Apostel.

euch viele Grüße. [24] Die Gnade unseres Herrn Jesus Christus sei mit euch allen!

Lobpreis Gottes

[25] Gott sei gelobt, der euch durch das Evangelium und die Botschaft von Jesus Christus Kraft und Stärke gibt. Er allein ist weise. Er hat euch durch das Evangelium erkennen lassen, was bisher jedem verborgen war. [26] Schon die Propheten haben davon gesprochen, und auf Befehl des ewigen Gottes sollen nun Menschen aus allen Völkern das Evangelium hören, daran glauben und ihm gehorsam sein. [27] Diesen allein weisen Gott, den wir durch Jesus Christus kennen, ihn wollen wir loben und preisen in alle Ewigkeit. Amen!

Der erste Brief des Paulus an die Christen in Korinth

Anschrift und Gruß

1 Paulus, den Gott zum Botschafter
Jesu Christi berufen hat, und sein
Mitarbeiter[a] Sosthenes schreiben die-
sen Brief 2 an die Gemeinde Gottes in
Korinth.
Auch euch hat Gott durch Jesus
Christus berufen, ihr gehört nun zu
ihm. Gott hat euch für seine Aufga-
ben bestimmt, ebenso wie alle ande-
ren, die Jesus Christus auf der ganzen
Welt als ihren Herrn anbeten.
3 Ich wünsche euch Gnade und
Frieden von Gott, unserem Vater,
und unserem Herrn Jesus Christus.

Dank für Gottes Geschenk

4 Immer wieder danke ich Gott für das
unverdiente Geschenk, das er euch in
Jesus Christus gegeben hat. 5 Durch
ihn seid ihr wirklich reich geworden,
denn ihr habt sein Wort und könnt es
verstehen.[b] 6 Die Botschaft von Chri-
stus hat euer Leben völlig verändert.
7 Es fehlt euch keine der Gaben, die
Gottes Geist den Glaubenden
schenkt.
So wartet ihr darauf, daß Jesus
Christus, unser Herr, wiederkommt.
8 Er wird euch die Kraft geben, im
Glauben festzubleiben und das Ziel
zu erreichen, so daß ihr vor ihm be-
stehen könnt, wenn er wiederkommt.
9 Darauf könnt ihr euch verlassen,
denn Gott steht zu seinem Wort. Er
selbst hat euch ja für immer zur Ge-
meinschaft mit seinem Sohn, unse-
rem Herrn Jesus Christus, berufen.

Warnung vor Spaltungen

10 Liebe Brüder, im Auftrag[c] unseres
Herrn Jesus Christus möchte ich euch
aber bitten: Hört auf, euch zu strei-
ten! Duldet keine Spaltungen in der
Gemeinde, sondern steht fest zusam-
men, seid einig in allem, was ihr denkt
und glaubt! 11 Von den Verwandten
der Chloe habe ich erfahren, daß ihr
Streit miteinander habt. 12 Es soll eini-
ge bei euch geben, die sagen: «Wir
richten uns nach dem, was Paulus ge-
sagt hat», während andere erklären:
«Wir halten uns an Apollos!» Die
nächsten meinen: «Was Petrus sagt,
ist richtig!»; und die letzte Gruppe
behauptet schließlich: «Wir glauben
allein an Christus!»
13 Was soll das? Wollt ihr etwa
Christus zerreißen? Bin denn ich,
Paulus, für euch gekreuzigt worden?
Oder wurdet ihr auf meinen Namen
getauft? 14 Ich danke Gott dafür, daß
ich außer Krispus und Gajus nieman-
den von euch getauft habe. 15 Sonst
würdet ihr vielleicht noch behaupten,

a) Wörtlich: Bruder.
b) Wörtlich: in jedem Wort und in jeder Erkenntnis.
c) Wörtlich: im Namen.

ich hätte euch getauft, damit ihr *mir* nachfolgt![a] 16 Da fällt mir ein, daß ich auch die Familie des Stephanus getauft habe. Von anderen aber weiß ich nichts.

17 Christus hat mich nicht beauftragt, die Menschen zu taufen, sondern seine Heilsbotschaft zu verkündigen. Dabei geht es mir nun wirklich nicht darum, meine Zuhörer durch geschliffene Reden zu beeindrucken. Denn auf diese Weise würde ich die Menschen nur daran hindern zu erkennen, warum Christus verachtet am Kreuz für uns starb.[b]

Die Botschaft vom Kreuz und die menschliche Weisheit

18 Daß Jesus Christus am Kreuz für uns starb,[c] muß freilich all denen, die verlorengehen, unsinnig erscheinen. Wir aber, die gerettet werden, erfahren gerade durch diese Botschaft vom Kreuz die ganze Macht Gottes.

19 Es ist so, wie Gott gesagt hat: «Bei mir zählt nicht die Weisheit der Welt, nicht die Klugheit der Klugen. Ich werde sie verwerfen.»[d] 20 Was aber haben sie dann noch zu sagen, all diese gescheiten Leute, die Gelehrten und Philosophen dieser Welt? Hat Gott ihre Weisheiten nicht als Unsinn entlarvt? 21 Obwohl Gottes Weisheit sich in seinen Werken zeigt, haben die Menschen mit all ihrem Scharfsinn Gott nicht erkannt. Deshalb beschloß er, alle zu retten, die einer scheinbar so unsinnigen Botschaft glauben.

22 Die Juden wollen Wunder sehen, und die Griechen suchen die Antwort auf ihre Fragen in der Philosophie.[e] 23 Wir aber sagen den Menschen, daß Christus – der Sohn Gottes – für uns sterben mußte, auch wenn das für die Juden eine Gotteslästerung ist und für die Griechen schlichtweg Unsinn. 24 Und dennoch erfahren alle, die von Gott berufen sind – Juden wie Griechen –, daß sich gerade in diesem gekreuzigten Christus Gottes Kraft und Gottes Weisheit zeigen. 25 Was Gott getan hat, übersteigt alle menschliche Weisheit, auch wenn es unsinnig erscheint; und was bei ihm wie Schwäche aussieht, übertrifft alle menschliche Stärke.

26 Seht doch einmal auf euch selbst, liebe Brüder! Sind unter euch, die Jesus nachfolgen,[f] wirklich viele, die man als gebildet, einflußreich oder angesehen bezeichnen könnte? 27 Nein, denn Gott hat sich die Schwachen ausgesucht, die aus menschlicher Sicht Einfältigen, um so die Klugen zu beschämen. Gott nahm sich der Schwachen dieser Welt an, um die Starken zu demütigen. 28 Wer von Menschen geringschätzig behandelt, ja verachtet wird, wer bei ihnen nichts zählt, den will Gott für sich haben. Aber alles, worauf Menschen so großen Wert legen, das hat Gott für null und nichtig erklärt.[g] 29 Vor Gott stehen wir alle mit leeren Händen.

a) Wörtlich: ihr wäret auf meinen Namen getauft.
b) Wörtlich: nicht in Wortweisheit, damit nicht das Kreuz Christi entleert werde.
c) Wörtlich: Das Wort vom Kreuz.
d) Jesaja 29,14
e) Wörtlich: die Griechen fragen nach Weisheit.
f) Wörtlich: Seht eure Berufung.
g) Wörtlich: Das Niedriggeborene der Welt und das Verachtete erwählte Gott, das, was nichts ist, um das, was etwas ist, zu vernichten.

30 Auch ihr verdankt alles, was ihr
seid, der Gemeinschaft mit Jesus
Christus. Er ist Gottes Weisheit für
uns. Durch ihn haben wir Anerken-
nung vor Gott gefunden, durch ihn
können wir ein Leben führen, wie es
Gott gefällt, und durch ihn sind wir
auch befreit von unserer Schuld und
Sünde.[a] 31 So trifft nun zu, was die
Heilige Schrift sagt: «Wenn jemand
stolz sein will, soll er auf das stolz
sein, was Gott für ihn getan hat!»[b]

Erste Predigt in Korinth

2 Liebe Brüder! Als ich zu euch
kam und euch Gottes Botschaft
brachte, habe ich das auch nicht mit
hochtrabenden Worten und klugen
Gedanken getan. 2 Ich wollte von
nichts anderem sprechen als von Je-
sus Christus und von seinem Tod am
Kreuz. 3 Dabei fühlte ich mich
schwach und elend, war voller Angst
und Furcht. 4 Was ich euch sagte und
predigte, war nicht ausgeklügelte
Überredungskunst, durch mich
sprach Gottes Geist und wirkte seine
Kraft. 5 Denn euer Glaube sollte sich
nicht auf Menschenweisheit gründen,
sondern auf Gottes rettende Kraft.

Gottes Weisheit

6 Dennoch erkennt jeder im Glauben
gereifte Christ[c], wie wahr und voller
Weisheit diese Botschaft ist, auch
wenn diese Welt und ihre Machtha-
ber das nicht als Weisheit gelten las-
sen wollen. Aber die Welt mit aller
ihrer Macht wird untergehen. 7 Die
Weisheit, die wir verkündigen, ist
Gottes Weisheit. Sie bleibt ein Ge-
heimnis und vor den Augen der Welt
verborgen. Und doch hat Gott, noch
ehe er die Welt schuf, in seiner Weis-
heit beschlossen, uns an seiner Herr-
lichkeit teilhaben zu lassen. 8 Von den
Herrschern dieser Welt hat das kei-
ner erkannt. Sonst hätten sie Chri-
stus, den Herrn der Herrlichkeit,
nicht ans Kreuz geschlagen. 9 Es ist
vielmehr das eingetreten, was schon
der Prophet Jesaja vorausgesagt hat:
«Was kein Auge jemals sah, was kein
Ohr jemals hörte und was sich kein
Mensch vorstellen kann, das hält
Gott für die bereit, die ihn lieben.»[d]

10 Uns aber hat Gott durch den Hei-
ligen Geist sein Geheimnis enthüllt.
Denn der Geist Gottes weiß alles, er
kennt auch Gottes tiefste Gedanken.
11 So wie jeder Mensch nur ganz allein
weiß, was in ihm vorgeht, so weiß
auch nur der Geist Gottes, was Got-
tes Gedanken sind. 12 Als Christen ha-
ben wir nicht den Geist dieser Welt
bekommen, sondern den Geist Got-
tes. Und deshalb können wir auch er-
kennen, was Gott für uns getan hat.

13 Was wir euch verkündigen,
kommt nicht aus menschlicher Klug-
heit oder menschlichem Wissen, son-
dern wird uns vom Heiligen Geist
eingegeben. Deshalb kann nur der
Gottes Geheimnisse verstehen und
erklären, der sich von Gottes Geist
leiten läßt. 14 Der Mensch kann von
sich aus, mit seinen natürlichen Fä-
higkeiten, nicht erfassen, was Gottes

a) Wörtlich: welcher uns geworden ist von Gott: Weisheit, Gerechtigkeit und Heiligung und Erlösung (Loskauf).

b) Jeremia 9,23

c) Wörtlich: die Vollkommenen.

d) Jesaja 64,3; 65,17

Geist sagt. Für ihn ist das alles Unsinn, denn Gottes Geheimnisse erschließen sich nur durch Gottes Geist. 15 Der von Gottes Geist erfüllte Mensch aber beurteilt alles, was ihm Gott zeigt und sagt. Er selbst aber untersteht nicht dem Urteil anderer, wenn er in Gottes Auftrag redet. 16 Denn hat nicht schon der Prophet Jesaja gefragt: «Wer kann die Gedanken des Herrn erkennen, oder wer könnte gar Gottes Ratgeber sein?»[a] Nun, wir haben seinen Geist und kennen seine Gedanken.[b]

Einer ist so notwendig wie der andere

3 Liebe Brüder! Ich konnte allerdings zu euch nicht wie zu Menschen reden, die sich vom Heiligen Geist führen lassen[c] und im Glauben erwachsen sind. Ihr wart noch wie kleine Kinder, die ihren eigenen Wünschen folgen.[d] 2 Darum habe ich euch nur Milch und keine feste Nahrung gegeben, denn die hättet ihr gar nicht vertragen. Selbst jetzt könnt ihr das noch nicht; 3 denn ihr lebt immer noch so, als würdet ihr Christus nicht kennen.[e] Beweisen Rivalität und Streit unter euch nicht, daß ihr immer noch wie alle anderen Menschen denkt und lebt?

4 Oder ist das etwa ein Beweis für den Heiligen Geist in euch, wenn die einen sagen: «Ich gehöre zu Paulus!» und andere: «Ich zu Apollos!»? 5 Wer ist denn schon Apollos oder Paulus, daß ihr euch deshalb streitet? Wir sind doch nur Diener Gottes, durch die ihr zum Glauben gekommen seid. Jeder von uns hat lediglich getan, was ihm von Gott aufgetragen wurde. 6 Ich habe gepflanzt, Apollos hat begossen, aber Gott hat euern Glauben wachsen lassen. 7 Es ist nicht so wichtig, wer pflanzt und wer begießt; wichtig ist allein Gott, der euern Glauben wachsen läßt. 8 Von Gottes Mitarbeitern ist einer so notwendig wie der andere, ob er nun das Werk beginnt oder weiterführt. Macht euch darüber keine Gedanken: Jeder wird von Gott den gerechten Lohn für seine Arbeit bekommen.

Jeder Mitarbeiter ist Gott verantwortlich

9 Wir sind Gottes Mitarbeiter, ihr aber seid Gottes Ackerland und sein Bauwerk. 10 Gott hat mir in seiner Gnade den Auftrag und die Fähigkeit gegeben, wie ein tüchtiger Bauleiter das Fundament zu legen. Doch andere bauen nun darauf weiter. Und jeder muß darauf achten, daß er wirklich sorgfältig arbeitet. 11 Das Fundament, das bei euch gelegt wurde, ist Jesus Christus. Niemand kann ein anderes oder gar besseres Fundament legen.

12 Nun kann man mit den unterschiedlichsten Materialien weiterbauen. Manche verwenden Gold, Silber, kostbare Steine, andere nehmen nur Holz, Schilf oder Stroh. 13 Doch an dem Tag, an dem Christus sein Urteil spricht, wird sich zeigen, womit

a) Jesaja 40,13
b) Wörtlich: Wir aber haben den Sinn (Geist) Christi.
c) Wörtlich: wie zu Geistbegabten.
d) Wörtlich: (Ihr wart noch) Fleischliche.
e) Wörtlich: Denn ihr seid noch fleischlich.

jeder gebaut hat. Dann nämlich wird alles im Feuer auf seinen Wert geprüft, und es wird sichtbar, wessen Arbeit dem Feuer standhält. [14] Hat jemand fest und dauerhaft auf dem Fundament Christus weitergebaut, wird Gott ihn belohnen. [15] Verbrennt aber sein Werk, wird er alles verlieren. Er selbst wird zwar aus dem Feuer gerettet werden, aber nur mit knapper Not.

[16] Denkt also daran, daß ihr Gottes Bauwerk und sein Tempel seid, daß Gottes Geist in euch wohnt! [17] Wer diesen Tempel zerstört, den wird Gott richten. Denn Gottes Tempel ist heilig, und dieser Tempel seid ihr!

Warnung vor Überheblichkeit

[18] Macht euch doch nichts vor! Wenn sich jemand einbildet, in dieser Welt besonders klug und weise zu sein, der muß den Mut aufbringen, als töricht zu gelten. Nur dann wird er wirklich weise. [19] Denn alle Weisheit dieser Welt ist in den Augen Gottes nichts als Torheit. So heißt es schon in der Heiligen Schrift: «Er fängt die Klugen mit ihrer eigenen Klugheit.»[a] [20] Und in den Psalmen steht: «Der Herr durchschaut die menschlichen Gedanken in all ihrer Sinnlosigkeit.»[b]

[21] Merkt ihr, wie unsinnig es ist, sich auf Menschen etwas einzubilden? Euch gehört doch alles: [22] Paulus, Apollos und Petrus, ja die ganze Welt, das Leben wie der Tod, die Gegenwart wie die Zukunft – alles gehört euch! [23] Ihr selbst aber gehört Christus, und Christus gehört Gott.

Allein Gott verantwortlich

4 Deshalb sollt ihr das in uns sehen, was wir wirklich sind, nämlich Diener Christi und Verwalter, die in seinem Auftrag den Menschen Gottes Geheimnisse verkündigen. [2] Von Verwaltern verlangt man vor allem Zuverlässigkeit. [3] Wie es bei mir damit steht? Mir ist es nicht so wichtig, wie ihr oder andere[c] in diesem Punkt über mich urteilen. Hier ist sogar mein eigenes Urteil unwichtig. [4] Zwar bin ich mir keiner Schuld bewußt, aber damit bin ich noch nicht freigesprochen. Entscheidend ist allein Gottes Urteil! [5] Deshalb urteilt nicht voreilig über mich. Wenn Christus kommt, wird er alles ans Licht bringen, auch unsere geheimsten Gedanken. Dann wird Gott jeden so loben, wie er es verdient hat.

[6] Ich habe mit Rücksicht auf euch jetzt nur von Apollos und mir gesprochen. An unserem Beispiel sollt ihr lernen, was es bedeutet, nach Gottes Wort zu leben.[d] Spielt darum nicht einen von uns gegen den anderen aus! [7] Woher nimmst du dir das Recht dazu? Bist du etwas Besonderes? Alles, was du besitzt, hat Gott dir doch geschenkt. Hat er dir aber alles geschenkt, wie kannst du dann damit prahlen, als wäre es dein eigenes Verdienst?

Noch nicht am Ziel

[8] Aber ihr seid ja so satt und selbstzufrieden. Ihr haltet euch für so reich, daß ihr anscheinend nichts mehr

a) Hiob 5,13
b) Psalm 94,11
c) Wörtlich: oder ein menschlicher Gerichtstag.
d) Wörtlich: nicht über das hinaus (zu denken), was geschrieben steht.

braucht. Ihr bildet euch ein, schon jetzt herrschen zu können, als ob Christus bereits wiedergekommen wäre. Uns braucht ihr dabei nicht.[a] Ich wünschte, ihr würdet wirklich schon mit Christus herrschen. Dann wären auch wir am Ziel unseres Glaubens und könnten mit euch regieren. 9 Doch ich meine, daß Gott uns, seine Botschafter, auf den letzten Platz verwiesen hat, dem Tode näher als dem Leben. Wie in einer Arena kämpfen wir vor aller Welt Augen. Menschen und Engel beobachten gespannt, wie dieser Kampf ausgehen wird. 10 Uns hält man um Christi willen für Narren; ihr aber seid die hervorragenden Christen[b]. Wir sind mit unserer Kraft am Ende; ihr aber seid stark. Ihr werdet geachtet und geehrt; wir aber werden ausgelacht.

11 Bis heute leiden wir Hunger und Durst, und unsere Kleider sind kaum mehr als Lumpen. Wir werden geschlagen und herumgestoßen, nirgendwo haben wir ein Zuhause. 12 Mühsam sorgen wir selbst für unseren Lebensunterhalt. Doch wenn man uns beleidigt, dann segnen wir. Verfolgt man uns, wehren wir uns nicht dagegen; und wenn man uns verhöhnt, antworten wir freundlich. 13 Wir waren schon immer die Sündenböcke für die ganze Welt, der Müllhaufen, auf dem jeder seinen Unrat ablädt.

14 Ich schreibe das alles nicht, um euch zu beschämen. Vielmehr möchte ich euch, meine geliebten Kinder, ermahnen und wieder auf den rechten Weg bringen. 15 Selbst wenn ihr zehntausend Erzieher hättet, die euch im Glauben unterweisen, so habt ihr doch nicht viele Väter. Denn ich habe euch das Evangelium von Jesus Christus gebracht, und dadurch habt ihr das Leben empfangen.[c] 16 Darum bitte ich euch: Folgt meinem Beispiel, wie Kinder dem Beispiel ihres Vaters folgen.

17 Aus demselben Grund habe ich Timotheus zu euch geschickt, der mir durch den Glauben ein lieber und treuer Sohn geworden ist. Er wird euch an all die Anweisungen erinnern, die ich euch und jeder anderen Gemeinde im Auftrag Jesu Christi gegeben habe.

18 Einige von euch behaupten lautstark, ich würde es gar nicht mehr wagen, selbst nach Korinth zu kommen. 19 Aber wenn es der Herr zuläßt, werde ich bald bei euch sein! Dann interessieren mich nicht die großen Sprüche dieser Leute, sondern was hinter ihren Worten steckt.[d] 20 Gottes Herrschaft besteht nämlich nicht in Worten; sie zeigt sich vielmehr in einem Leben, in dem die Wirkung des Evangeliums für jeden erkennbar ist.[e] 21 Entscheidet also selbst: Soll ich den Stock bei euch gebrauchen oder mit Liebe und Freundlichkeit zu euch kommen?

Klare Verhältnisse

5 Ich habe gehört, daß ihr in eurer Gemeinde Unzucht duldet, und zwar soll einer von euch mit seiner

a) Wörtlich: ohne uns seid ihr zur Herrschaft gekommen.
b) Wörtlich: klug in Christus.
c) Wörtlich: Ich habe euch gezeugt in Christus Jesus durch das Evangelium.
d) Wörtlich: sondern die Kraft.
e) Wörtlich: denn das Reich Gottes (besteht) nicht in Worten, sondern in Kraft.

Stiefmutter zusammenleben. So etwas gibt es nicht einmal bei den schlimmsten Heiden! 2 Ihr aber seid auch noch eingebildet. Müßtet ihr nicht statt dessen traurig und beschämt diesen Mann aus der Gemeinde ausschließen? 3 Ich selbst bin zwar nicht persönlich, aber doch im Geist bei euch.[a] Und so habe ich – als wäre ich mitten unter euch – bereits mein Urteil über den Schuldigen gefällt.

4 Wenn ihr im Namen Jesu Christi zusammenkommt, werde ich im Geist bei euch sein. Dann wollen wir gemeinsam in der Kraft unseres Herrn Jesus 5 diesen Mann dem Satan ausliefern. Er soll die zerstörende Macht des Bösen an seinem Leib erfahren, damit er zur Besinnung kommt und sein Geist am Tag des Gerichtes gerettet werden kann.

6 Ihr habt wirklich nicht den geringsten Grund zur Überheblichkeit. Wißt ihr nicht, daß schon ein wenig Sauerteig genügt, um den ganzen Teig zu durchsäuern? 7 Entfernt jeden, auch den allerkleinsten Rest des alten Sauerteigs, damit ihr und eure Gemeinde ein neuer, ungesäuerter Teig werdet. Ihr seid doch rein, weil Jesus Christus als unser Passahlamm geopfert wurde. 8 Darum meidet entschlossen den Sauerteig des Bösen und Schlechten, und lebt euer neues Leben im ungesäuerten Teig der Reinheit und Wahrheit.

9 Ich habe euch schon einmal geschrieben, daß ihr als Christen nichts mit Leuten zu tun haben sollt, die Unzucht treiben. 10 Damit habe ich freilich nicht alle auf der Welt gemeint, die zügellos leben, die habgierig und abergläubisch[b] sind oder stehlen. Ich fürchte, dann müßtet ihr die Welt verlassen. 11 Nein, ich meinte, daß ihr euch von all denen trennen sollt, die sich Christen nennen und trotzdem Unzucht treiben, geldgierig oder abergläubisch sind, Gotteslästerer, Trinker oder Diebe. Mit solchen Leuten sollt ihr überhaupt nichts zu tun haben[c]. 12/13 Es ist nicht unsere Aufgabe, Leute zu verurteilen, die nicht zur Gemeinde gehören. Das wird Gott tun. Aber für das, was in der Gemeinde geschieht, tragt ihr die Verantwortung. «Entfernt den Bösen aus eurer Mitte!» heißt es schon bei Mose.[d]

Rechtsstreit unter Christen?

6 Wie ist es möglich, daß ihr als Christen eure Streitigkeiten vor heidnischen Richtern[e] austragt, statt die Gemeinde um Rat zu bitten![f] 2 Wißt ihr denn nicht, daß wir als Christen einmal über die Welt richten werden? Dann müßtet ihr doch auch diese Kleinigkeiten unter euch selbst regeln können. 3 Habt ihr vergessen, daß wir sogar die Engel richten werden? Müßtet ihr dann nicht erst recht eure alltäglichen Streitigkeiten entscheiden können? 4 Aber ihr lauft damit zu Richtern, die nicht einmal Christen sind.

5 Traurig, daß ich darüber reden

a) Wörtlich: Ich bin zwar dem Leibe nach abwesend, aber dem Geiste nach anwesend.
b) Wörtlich: Götzendiener.
c) Wörtlich: nicht einmal zusammen essen.
d) 5. Mose 13,6
e) Wörtlich: vor Ungerechten.
f) Wörtlich: statt vor den Heiligen.

muß! Gibt es denn in der ganzen Gemeinde keinen einzigen, der Streit zwischen euch schlichten kann?
6 Statt dessen zieht einer den andern vor Gericht und verklagt seinen Bruder vor den Ungläubigen.

7 Schlimm genug, daß ihr überhaupt Streit miteinander habt! Weshalb ertragt ihr nicht lieber Unrecht, und warum seid ihr nicht bereit, eher Nachteile in Kauf zu nehmen, anstatt
auf euer Recht zu pochen? 8 Doch ihr
tut selbst Unrecht und betrügt andere; sogar eure eigenen Brüder!

9 Habt ihr vergessen, daß für Menschen, die Unrecht tun, in Gottes Reich kein Platz sein wird? Darauf könnt ihr euch verlassen: Keiner, der unzüchtig lebt, keiner, dem irgend etwas wichtiger ist als Gott,[a] kein Ehebrecher, kein Mensch, der sich von seinen Begierden treiben läßt und homosexuell verkehrt, wird einen Platz in Gottes Reich haben;
10 auch kein Dieb, kein Ausbeuter, kein Trinker, kein Verleumder oder
Räuber. 11 Und all das sind einige von euch gewesen. Aber jetzt sind eure Sünden abgewaschen. Durch Jesus Christus gehört ihr ganz zu Gott, und durch seinen Geist seid ihr freigesprochen.[b]

Unser Körper gehört Gott

12 «Es ist alles erlaubt», sagt ihr. Das mag stimmen, aber es ist nicht alles gut für euch. Diese Parole «Es ist alles erlaubt» darf aber nicht dazu führen, daß ich mich von irgend etwas beherrschen lasse und meine Freiheit
verliere. 13 Wenn ihr schreibt: «Das Essen ist für den Bauch, und der Bauch für das Essen», dann ist das schon richtig. Und ebenso gewiß hat Gott beides – das Essen wie den Bauch – zur Vergänglichkeit bestimmt. Aber das bedeutet nicht, daß Gott uns den Leib gab, damit wir unsittlich leben! Vielmehr wurde auch unser Körper zum Dienst für den Herrn geschaffen. Deshalb ist es Gott nicht gleichgültig, wie wir damit um-
gehen.[c] 14 Denn Gott wird uns vom Tod zum ewigen Leben auferwecken, so wie er Christus durch seine Kraft auferweckt hat.

15 Wißt ihr denn nicht, daß auch euer Körper zum Leib Jesu Christi gehört? Wollt ihr wirklich den Leib Christi mit dem einer Hure vereini-
gen? Niemals! 16 Denn wer sich mit einer Hure einläßt, der wird ein Leib mit ihr. So heißt es schon in der Heiligen Schrift von Mann und Frau: «Die
zwei werden *ein* Leib sein.»[d] 17 Wenn
ihr euch dagegen dem Herrn zuwendet, werdet ihr mit Christus *eins* sein
durch seinen Geist. 18 Deshalb warne
ich euch eindringlich vor jeder Unzucht! Denn mit keiner anderen Sünde vergeht man sich so sehr am eigenen Leib wie mit einem unsittlichen
Leben.[e] 19 Oder habt ihr etwa vergessen, daß euer Leib ein Tempel des Heiligen Geistes ist, den euch Gott

a) Wörtlich: Götzendiener.
b) Wörtlich: Aber ihr seid geheiligt worden, aber ihr seid gerechtgesprochen worden durch den Namen des Herrn Jesus Christus und durch den Geist unseres Gottes.
c) Wörtlich: Der Leib aber ist nicht für die Unzucht da, sondern für den Herrn, und der Herr für den Leib.
d) 1. Mose 2,24
e) Wörtlich: Jede Sünde, die der Mensch tut, ist außerhalb seines Leibes. Wer aber hurt, sündigt gegen seinen eigenen Leib.

gegeben hat? Ihr gehört also nicht mehr euch selbst. [20]Gott hat einen hohen Preis bezahlt, um euch freizukaufen; deshalb dient nun auch mit eurem Leib dem Ansehen Gottes in der Welt.

Verheiratet oder ledig?

7 Nun zu der Frage, die ihr mir in euerm Brief gestellt habt. Ich meine: Es wäre gut für einen Mann, überhaupt nicht zu heiraten. [2]Aber damit niemand zur Unzucht verleitet wird, ist es besser, wenn jeder Mann seine Frau und jede Frau ihren Mann hat. [3]Der Mann soll seine Frau nicht vernachlässigen, und die Frau soll sich ihrem Mann nicht entziehen, [4]denn weder die Frau noch der Mann dürfen eigenmächtig über ihren Körper verfügen; sie gehören einander. [5]Keiner soll sich dem Ehepartner verweigern, es sei denn, beide sind eine Zeitlang bereit, auf den ehelichen Verkehr zu verzichten, weil sie für das Gebet frei sein wollen. Danach kommt wieder zusammen, damit euch der Satan nicht in Versuchung führen kann, weil ihr euch nicht enthalten könnt.

[6]Was ich euch jetzt sage, ist ein Rat, kein Befehl. [7]Ich wünschte zwar, jeder würde wie ich ehelos leben. Aber wir sind nicht alle gleich. Nach Gottes Willen leben die einen in der Ehe, die anderen bleiben unverheiratet.[a]

[8]Den Unverheirateten und Verwitweten rate ich, lieber ledig zu bleiben, wie ich es bin. [9]Wenn ihnen das Alleinsein aber zu schwer fällt, sollen sie heiraten. Denn das ist besser, als von unerfülltem Verlangen beherrscht zu werden.

Ehescheidung?

[10]Was ich jetzt den Verheirateten sage, ist kein persönlicher Rat, sondern ein Gebot unseres Herrn Jesus Christus: Keine Frau darf sich von ihrem Mann scheiden lassen. [11]Hat sie sich aber doch von ihm getrennt, soll sie unverheiratet bleiben oder sich wieder mit ihrem Mann versöhnen. Dasselbe gilt für den Mann.

[12]Für alle anderen Fälle gibt es keinen ausdrücklichen Befehl des Herrn. Deshalb rate ich: Wenn ein Christ eine ungläubige Frau hat, die bei ihm bleiben will, soll er sich nicht von ihr trennen. [13]Und wenn eine Christin einen ungläubigen Mann hat, der bei ihr bleiben will, soll sie ihn nicht verlassen. [14]Denn der ungläubige Mann ist durch seine gläubige Frau und die ungläubige Frau durch ihren gläubigen Mann Christus sehr nahe[b]. Deshalb stehen ja auch eure Kinder unter Gottes Segen.[c]

[15]Wenn aber der ungläubige Partner auf einer Trennung besteht, dann willigt in die Scheidung ein. In einem solchen Fall ist der christliche Partner nicht länger an den anderen gebunden. Denn Gott will, daß ihr in Frieden lebt. [16]Es ist ja nicht sicher, ob du als Frau deinen Mann zu Christus führen kannst oder ob du als Mann deiner Frau zum Glauben verhelfen wirst.

a) Wörtlich: Aber jeder hat seine eigene Gnadengabe von Gott, der eine so, der andere so.
b) Wörtlich: geheiligt.
c) Wörtlich: Denn sonst sind eure Kinder unrein; nun aber sind sie heilig.

Jeder an seinem Platz

[17] Abschließend möchte ich sagen,
daß jeder in der Lebensform bleiben
sollte, in der er lebte, als er Christ
wurde, ob nun verheiratet oder un-
verheiratet. So ordne ich es in allen
Gemeinden an.

[18] Darum soll jemand, der nach jü-
dischem Gesetz beschnitten wurde,
sich auch als Christ zu seiner Be-
schneidung bekennen. Wurde er aber
nicht beschnitten, soll er die Be-
schneidung auch nicht nachholen.
[19] Denn Gott kommt es nicht darauf
an, ob wir beschnitten sind oder
nicht. Bei ihm zählt allein, ob wir sei-
nen Geboten gehorchen.

[20] Jeder soll Gott an dem Platz die-
nen, an dem ihn Gottes Ruf erreich-
te. [21] Bist du als Sklave ein Christ ge-
worden? Mach dir deswegen keine
Sorgen! Selbst wenn du freiwerden
kannst, warum willst du nicht Sklave
bleiben?[a] [22] Denn wer als Sklave Chri-
stus gehört, der ist ja von ihm aus der
Sklaverei der Sünde freigekauft wor-
den. Ein freier Mann aber, der dem
Herrn gehört, ist dadurch ein Sklave
Christi. [23] Christus hat einen hohen
Preis für euch gezahlt. Ihr gehört
allein ihm; werdet also nicht wieder
von Menschen abhängig!

[24] Deshalb, liebe Brüder, soll jeder
an dem Platz bleiben, an dem er war,
als Gott ihn rief. Dort soll er ihm die-
nen.

Bereit, dem Herrn zu dienen

[25] Für die unverheirateten Frauen hat
der Herr keine ausdrückliche Anwei-
sung gegeben. Aber als Botschafter
des Herrn, dem ihr vertrauen könnt,
möchte ich euch meine Meinung sa-
gen.[b]

[26] Wenn ich daran denke, welch
schwere Zeiten uns bevorstehen,
scheint es mir das beste zu sein, wenn
man unverheiratet bleibt. [27] Hast du
dich allerdings schon an eine Frau ge-
bunden, dann sollst du diese Bindung
nicht lösen. Bist du aber noch frei,
dann bleibe es auch und suche nicht
überall nach einer Frau. [28] Wenn du
heiratest, begehst du jedoch keine
Sünde. Das gilt in gleicher Weise für
Männer wie für Frauen. Nur werdet
ihr als Verheiratete besonderen Bela-
stungen ausgesetzt sein, und das wür-
de ich euch gern ersparen.

[29] Denn eins steht fest, Brüder: Wir
haben nicht mehr viel Zeit, für den
Herrn zu arbeiten. Deshalb sollen sich
jetzt auch die Verheirateten so für den
Herrn einsetzen, als wären sie nicht
verheiratet. [30] Weder Trauer noch
Freude sollen uns daran hindern, Gott
zu dienen. Was wir besitzen, sollte uns
nicht davon abhalten, mit anderen zu
teilen.[c] [31] Verliert euch nicht an diese
Welt, auch wenn ihr in ihr lebt. Denn
diese Welt mit allem, was wir haben,
wird bald vergehen.

[32] Ich möchte euch in all diesen Din-
gen unbelastet und ohne Sorgen wis-
sen. Wer unverheiratet ist, kann sich

a) Andere Übersetzungsmöglichkeit: Kannst du aber frei werden, dann nutze die Gelegenheit.
b) Wörtlich: Ich sage aber meine Meinung als einer, dem vom Herrn die Barmherzigkeit widerfahren ist, Vertrauensmann zu sein.
c) Wörtlich: Und die weinen, als weinten sie nicht, und die kaufen, als behielten sie es nicht.

uneingeschränkt für die Sache Gottes
einsetzen und so dem Herrn gefallen.
33 Ist aber jemand verheiratet, so muß
er sich seiner Frau zuliebe um viele
andere Dinge kümmern, und er kann
Gott nur mit einem Teil seiner Kraft
dienen. 34 Genauso kann eine unver-
heiratete Frau mit Leib und Seele,
von allen anderen Pflichten unbela-
stet, dem Herrn dienen. Aber eine
verheiratete Frau muß auch an ihren
Haushalt und an ihren Mann denken.
35 Ich sage dies alles nicht, um euch
irgendwelche Vorschriften zu ma-
chen, sondern um euch zu helfen. Ich
möchte, daß ihr ein vorbildliches Le-
ben führt und unbeirrt nur das eine
Ziel verfolgt, dem Herrn zu dienen.
36 Wenn aber jemand meint, es sei
Unrecht, seine Braut allzu lange auf
die Ehe warten zu lassen, so soll er
tun, was er für richtig hält. Er soll ru-
hig heiraten. Damit begeht er keine
Sünde. 37 Wer aber die innere Bereit-
schaft und Kraft zur Ehelosigkeit auf-
bringt und nicht durch ein Ehever-
sprechen gebunden ist, der ist gut be-
raten, wenn er nicht heiratet.[a] 38 Wer
also heiratet, der handelt richtig. Bes-
ser ist es allerdings, nicht zu heiraten.
39 Solange ein Mann lebt, gehört
seine Frau untrennbar zu ihm. Wenn
er aber stirbt, darf sie wieder heira-
ten, wen sie will. Nur sollte sie darauf
achten, daß der neue Partner ein
Christ ist! 40 Nach meiner Meinung
bliebe sie aber besser allein und wür-
de nicht noch einmal heiraten. Das
sage ich, weil ich schließlich auch
Gottes Geist empfangen habe.

Grenzen christlicher Freiheit

8 Nun wolltet ihr wissen, ob wir als
Christen das Opferfleisch essen
dürfen, das den Göttern geweiht wur-
de. Wir wissen zwar, daß Götzen kei-
ne Macht haben. Doch Einsicht allein
führt leicht zum Hochmut. Unerläß-
lich ist auch hier nur die Liebe, sie
baut die Gemeinde auf. 2 Wenn sich
einer einbildet, alles zu wissen, so
zeigt das nur, daß er noch nicht weiß,
worauf es wirklich ankommt. 3 Nur
wer Gott liebt, hat die rechte Er-
kenntnis und ist von Gott angenom-
men.[b]
4 Dürfen wir also Opferfleisch essen
oder nicht? Wir wissen doch alle, daß
es außer dem *einen* Gott gar keine an-
deren Götter gibt. 5 Wenn auch in der
Vorstellung der Menschen sogenann-
te Götter im Himmel und auf der Er-
de existieren – und es gibt ja tatsäch-
lich viele Mächte und Gewalten –, 6 so
haben *wir* doch nur *einen* Gott, den
Vater, der alles erschaffen hat und
vor dem wir einmal stehen werden.[c]
Und wir haben auch nur *einen* Herrn,
Jesus Christus, durch den alles ge-
schaffen wurde. Durch ihn haben wir
ein völlig neues Leben empfangen.[d]
7 Einige Christen, die noch unsicher in
ihrem Glauben sind, haben das aber
noch nicht erkannt. Bisher waren sie
davon überzeugt, daß es wirklich
Götter gibt. Wenn sie nun vom
Opferfleisch essen, fürchten sie, da-
mit zugleich auch die Götter anzuer-
kennen, und bekommen ein schlech-
tes Gewissen.

a) Wörtlich: Wer aber in seinem Herzen feststeht und keine Not hat, sondern Gewalt über seinen eigenen Willen hat und in seinem Herzen beschlossen hat, seine Jungfrau zu bewahren, der tut wohl.
b) Wörtlich: von Gott erkannt.
c) Wörtlich: von dem her alles (ist) und auf den hin wir (leben).
d) Wörtlich: durch den alles (ist) und wir durch ihn.

8 Ihr dagegen sagt: «Wir werden
vor Gott weder besser noch schlech-
ter, ob wir nun das Fleisch essen oder
nicht.» 9 Das ist zwar richtig, aber ihr
solltet trotzdem darauf achten, daß
ihr mit euerm Verhalten dem nicht
schadet, dessen Glaube noch schwach
ist. 10 Angenommen, er sieht dich in
irgendeinem heidnischen Tempel
Opferfleisch essen. Wird er dann
nicht ermutigt, es dir nachzumachen,
obwohl er dabei gegen sein Gewissen
handelt? 11 Und so würde an deiner
durchaus richtigen Erkenntnis dein
im Glauben schwacher Bruder zu-
grundegehen, für den doch Christus
gestorben ist. 12 Wenn ihr euch euren
Brüdern gegenüber so verhaltet und
ihr Gewissen verletzt, so versündigt
ihr euch an Christus. 13 Darum: Wenn
ich befürchten muß, daß mein Bruder
zur Sünde verführt wird, weil ich be-
denkenlos Opferfleisch esse, dann
will ich lieber mein Leben lang über-
haupt kein Fleisch mehr essen, als
ihm das anzutun!

Nur ein Starker kann verzichten!

9 Wie halte ich es denn selbst in sol-
chen Dingen? Bin ich nicht ein
freier Mann? Habe ich nicht unseren
Herrn Jesus mit eigenen Augen gese-
hen? Hat er mich denn nicht zu sei-
nem Botschafter berufen? Daß ihr
Christen geworden seid, beweist
deutlich, daß ich für den Herrn gear-
beitet habe. 2 Mögen die anderen
auch behaupten, ich sei kein Bot-
schafter Christi, ihr könnt das nicht
sagen! Denn ihr selbst seid ja das Sie-
gel und die Bestätigung dafür.[a]
3 Meine Kritiker aber frage ich:
4 Hätten eigentlich meine Mitarbeiter
und ich nicht das Recht, uns auf Ko-
sten der Gemeinde versorgen zu las-
sen? 5 Dürften nicht auch wir eine
Ehefrau mit auf die Reise nehmen,
wie es die anderen Apostel tun, die
Brüder des Herrn und auch Petrus?
6 Müssen etwa nur Barnabas und ich
unseren Lebensunterhalt selbst ver-
dienen? 7 Die Antwort kann sich je-
der selbst geben. Wo zahlt je ein Sol-
dat seinen eigenen Sold, und wer
würde einen Weinberg anlegen, ohne
die Trauben auch zu ernten? Oder
welcher Hirte würde nicht von der
Milch seiner Tiere trinken?
8 Das ist nicht nur allgemein so üb-
lich; das verlangt auch Gottes Wort.
9 Es heißt doch im Gesetz, das Gott
dem Mose gab: «Du sollst einem
Ochsen nicht das Maul zubinden,
wenn er das Getreide drischt!»[b] Hat
Gott dies angeordnet, weil er sich um
die Ochsen sorgt? 10 Ohne Frage
dachte er dabei an uns! Denn wir sind
gemeint, wenn es dort heißt, daß alle,
die pflügen und das Getreide dre-
schen, ihren Anteil an der Ernte er-
warten dürfen.
11 Wir haben nun unter euch die
geistliche Saat – das Wort Gottes –
ausgesät. Ist es da wirklich zuviel ver-
langt, wenn ihr uns dafür mit dem
versorgen würdet, was wir zum Le-
ben brauchen? 12 Ihr unterstützt doch
auch noch andere Prediger, und das
ist richtig so. Aber hätten wir nicht
ein größeres Anrecht darauf? Den-
noch haben wir dieses Recht nie in
Anspruch genommen. Wir haben
darauf verzichtet, damit uns niemand
nachsagen kann: Sie predigen nur,
weil sie dafür bezahlt werden.

a) Wörtlich: Denn das Siegel meines Apostelamtes seid ihr in dem Herrn.
b) 5. Mose 25,4

[13] Ihr wißt doch genau, daß alle, die im Tempel Dienst tun, damit auch ihren Lebensunterhalt verdienen. Und wer am Altar den Opferdienst übernimmt, erhält auch einen Teil von den Opfertieren. [14] Ebenso hat der Herr angeordnet: Wer das Evangelium verkündigt, soll von diesem Dienst auch leben können. [15] Trotzdem habe ich darauf verzichtet und nie auch nur einen Pfennig von euch verlangt. Ich schreibe das nicht, weil ich in Zukunft etwas von euch haben möchte. Lieber würde ich verhungern, als daß ich mir nachsagen ließe, ich hätte das Evangelium nur gegen Bezahlung verkündigt.[a]

[16] Denn daß ich das Evangelium predige, ist nicht mein persönliches Verdienst; ich muß es tun! Dieser Aufgabe kann ich mich unmöglich entziehen. [17] Hätte ich sie freiwillig übernommen, so könnte ich dafür Lohn beanspruchen. Doch Gott hat mich dazu beauftragt, ich habe keine andere Wahl. [18] Aber worin besteht denn nun mein Lohn? Um es ganz klar zu sagen: Mein Lohn besteht darin, daß ich jedem die Botschaft von Jesus verkündige, und zwar ohne Bezahlung und ohne auf meine Rechte zu pochen.

Kompromißloser Einsatz

[19] Ich bin also frei und von niemandem abhängig. Aber um möglichst viele für Christus zu gewinnen, habe ich mich zum Sklaven aller Menschen gemacht. [20] Damit ich die Juden für Christus gewinne, lebe ich wie ein Jude. Und wo man religiöse Vorschriften genau befolgt, lebe ich auch danach, obwohl sie für mich keine Gültigkeit mehr haben. Denn ich möchte auch diese Leute gewinnen. [21] Bin ich aber bei Menschen, die ohne diese Gesetze leben, dann passe ich mich ihnen genauso an, um sie für Christus zu gewinnen. Das bedeutet aber nicht, daß ich mich nicht an Gottes Gebote halte, sondern ich befolge die Gebote Christi.[b]

[22] Wenn ich bei Menschen bin, deren Glaube noch schwach und unsicher ist, achte ich sorgfältig darauf, ihnen nicht zu schaden. Wer es auch sei, ich stelle mich ihm gleich, um auf jede erdenkliche Weise wenigstens einige Menschen zu retten. [23] Dies alles tue ich für das Evangelium, damit auch ich Anteil an dem Segen erhalte, den es verspricht.

[24] Ihr kennt das doch: Von allen Läufern, die im Stadion zum Wettlauf starten, gewinnt nur einer die Goldmedaille. Lauft so, daß ihr sie gewinnt! [25] Wer im Wettkampf siegen will, setzt dafür alles ein. Ein Athlet verzichtet auf vieles, um zu siegen. Und wie schnell ist sein Sieg vergessen! Wir dagegen kämpfen um einen Preis, der unvergänglichen Wert hat. [26] Ich weiß genau, wofür ich kämpfe. Ich laufe nicht irgendeinem ungewissen Ziel entgegen. Wenn ich kämpfe, geht mein Schlag nicht ins Leere. [27] Ich setze mich für diesen Sieg ganz ein und nehme keine Rücksicht auf meinen Körper. Er muß sich meinem Willen fügen. Denn ich will nicht andere zum Kampf des Glaubens auffordern und selbst untauglich sein oder vorzeitig ausscheiden.

a) Wörtlich: Denn lieber will ich sterben ... meinen Ruhm soll niemand zunichte machen.
b) Wörtlich: (Ich bin) den Gesetzlosen wie ein Gesetzloser, obwohl ich nicht vom Gesetz Gottes los bin, sondern im Gesetz Christi bin.

Israel als warnendes Beispiel

10 Liebe Brüder, erinnert euch daran, was unsere Väter während ihrer Wüstenwanderung erlebten. Sie wurden alle durch die vorausziehende Wolke von Gott geführt und von ihm sicher durch das Rote Meer geleitet. 2 Alle wurden im Meer und unter der Wolke auf Mose getauft, als sie ihm nachfolgten und ihn als Führer anerkannten. 3 Gott gab ihnen allen auf wunderbare Weise dieselbe Speise und denselben Trank[a]. 4 Sie tranken Wasser aus einem Felsen; das bedeutet, Christus selbst war bei ihnen.[b] 5 Aber es gefiel Gott nicht, wie die meisten von ihnen lebten. Deshalb kamen sie in der Wüste um. 6 Das soll uns eine Warnung sein, damit wir nicht wie sie am Bösen Gefallen finden.

7 Werdet nicht zu Menschen, die Gott vergessen, weil sie allen möglichen Götzen nachlaufen, so wie manche von ihnen. Die Heilige Schrift berichtet: «Sie aßen und tranken, und dann feierten sie ein rauschendes, ausschweifendes Fest.»[c] 8 Laßt euch auch nicht wie sie zur Unzucht verleiten, sondern denkt daran, daß an einem einzigen Tag dreiundzwanzigtausend Menschen dafür mit dem Tode bestraft wurden. 9 Fordert Gott nicht heraus. Damals taten sie es; sie wurden von Schlangen gebissen und starben. 10 Lehnt euch nicht gegen Gott und seine Führungen auf wie einige von ihnen. Gott vernichtete sie durch seinen Engel.[d]

11 Alle diese Ereignisse sollen uns ein abschreckendes Beispiel sein. Sie wurden niedergeschrieben, damit wir gewarnt sind; denn das Ende der Welt ist nahe. 12 Deshalb seid vorsichtig! Gerade wenn jemand denkt: «So etwas kann mir doch nicht passieren!», muß er besonders aufpassen.[e] 13 Das, was euerm Glauben bisher an Prüfungen zugemutet wurde, überstieg nicht eure Kraft. Gott steht zu euch. Er läßt nicht zu, daß ihr in der Versuchung zugrunde geht. Wenn euer Glaube auf die Probe gestellt wird, schafft Gott auch die Möglichkeit, sie zu bestehen.

Abendmahl oder Götzendienst

14 Liebe Freunde, hütet euch vor jedem Götzendienst! 15 Als Christen wißt ihr doch, worum es geht. Überlegt einmal selbst: 16 Haben wir durch den Abendmahlskelch, über dem wir das Dankgebet sprechen, nicht Anteil an dem, was uns Christus durch sein Blut erworben hat?[f] Haben wir durch das Brot, das wir brechen und gemeinsam essen, nicht Anteil an dem neuen Leben, das uns Christus durch das Opfer seines Leibes am Kreuz erworben hat?[g]

17 Es gibt beim Abendmahl nur *ein* Brot. Und obwohl wir so viele sind, sind wir doch *ein* Leib, weil wir alle von dem *einen* Brot essen. 18 Seht

a) Wörtlich: geistliche Speise und geistlichen Trank.
b) Wörtlich: Sie tranken nämlich aus einem geistlichen Felsen, der ihnen folgte. Der Fels aber war Christus.
c) 2. Mose 32,6
d) 4. Mose 21,5–6; 25,9
e) Wörtlich: Wer zu stehen glaubt, sehe zu, daß er nicht falle.
f) Wörtlich: Ist er nicht die Teilhabe des Blutes Christi?
g) Wörtlich: Ist das nicht die Teilhabe des Leibes Christi?

euch den Gottesdienst an, den das Volk Israel feiert! Dort haben alle Gemeinschaft mit Gott, weil sie gemeinsam vom Fleisch der Opfertiere essen.[a]

19 Was will ich damit sagen? Daß es doch Götter gibt oder die Opfer, die ihnen gebracht werden, irgendeinen Wert haben? 20 Natürlich nicht! «Sie bringen ihre Opfer den Dämonen, nicht etwa Gott.»[b] Ich will aber nicht, daß ihr Gemeinschaft mit dämonischen Mächten habt.

21 Ihr könnt unmöglich aus dem Kelch des Herrn und zugleich aus dem Kelch der Dämonen trinken. Ihr könnt nicht Gäste am Tisch des Herrn sein und auch noch am Tisch der Dämonen sitzen. 22 Oder wollen wir etwa den Herrn herausfordern?[c] Bilden wir uns wirklich ein, stärker zu sein als er?

Rücksicht auf das Gewissen der andern

23 Ihr lebt nach dem Grundsatz: «Es ist alles erlaubt!» Ich antworte darauf: Aber nicht alles, was erlaubt ist, ist auch gut. 24 Denkt bei dem, was ihr tut, nicht nur an euch. Denkt vor allem an die anderen und daran, was für sie gut ist.

25 Kauft also unbesorgt das Fleisch, das auf dem Markt angeboten wird, und fragt nicht lange danach, ob es von Opfertieren stammt. Dann wird euer Gewissen mit diesem Problem nicht belastet. 26 Denn «die Erde und alles, was auf ihr lebt, gehört dem Herrn.»[d] 27 Lädt euch jemand, der kein Christ ist, zum Essen ein und ihr wollt hingehen, so eßt, was aufgetragen wird, ohne viel zu fragen, damit euer Gewissen nicht belastet wird. 28 Sollte euch aber jemand ausdrücklich sagen: «Dieses Fleisch stammt vom Götzenopfer!», dann eßt es seinetwegen nicht, damit ihr das Gewissen nicht belastet. 29 Es geht dabei nicht um dein eigenes Gewissen, sondern um das des andern.

Nun mag jemand einwenden: Weshalb soll ich denn meine persönliche Freiheit vom Gewissen eines anderen einengen lassen? 30 Wenn ich Gott für eine Speise danken kann, warum soll ich sie dann nicht essen, nur weil ein anderer sie aus Gewissensgründen ablehnt?

31 Darauf will ich antworten: Bei all diesen Fragen, beim Essen und Trinken oder was ihr auch tut, denkt immer daran, daß alles zur Ehre Gottes geschieht. 32 Gebt deshalb niemandem Anlaß zur Verärgerung, weder den Juden noch den Heiden und auch nicht euern Brüdern in der Gemeinde. 33 Das ist auch mein Grundsatz. Ich versuche, allen in jeder Beziehung gerecht zu werden. Dabei geht es nicht um mich, sondern darum, daß möglichst viele Menschen durch Jesus Christus gerettet werden.

Verhalten der Frauen im Gottesdienst

11 Folgt meinem Beispiel, so wie ich Christus folge. 2 Ich freue mich darüber, daß ihr immer daran denkt, was ich euch gesagt habe, und

a) Wörtlich: Sind nicht die Opfer Essenden die Anteilhabenden des Altars?
b) 5. Mose 32,17; Psalm 106,37
c) 5. Mose 32,21; Jesaja 65,11ff.
d) Psalm 24,1

euch nach den Anweisungen[a] richtet,
die ich euch weitergab.

[3]Dazu gehört auch folgendes:
Nach Gottes Willen untersteht jeder
Mann Christus, die Frau ihrem
Mann, und Christus untersteht Gott.
[4]Aus diesem Grunde entehrt ein
Mann Christus, wenn er betet oder im
Auftrag Gottes redet und dabei eine
Kopfbedeckung trägt. [5]Trägt dage-
gen eine Frau keine Kopfbedeckung,
wenn sie im Gottesdienst betet oder
im Auftrag Gottes spricht, dann ent-
ehrt sie ihren Mann. Das wäre genau-
so, als wenn sie wie eine Dirne kahl-
geschoren herumliefe. [6]Will eine
Frau ihren Kopf nicht bedecken,
kann sie sich auch gleich die Haare
abschneiden lassen. Aber weil es jede
Frau entehrt, wenn ihr das Haar kurz-
geschnitten oder der Kopf kahlge-
schoren ist, soll sie ihren Kopf bedek-
ken.

[7]Ein Mann aber soll im Gottes-
dienst keine Kopfbedeckung tragen,
denn er ist nach Gottes Bild geschaf-
fen und dient seiner Ehre.[b] Die Frau
dagegen ist zur Ehre ihres Mannes ge-
schaffen. [8]Denn Adam, der erste
Mensch, wurde nicht von einer Frau
geboren, aber Eva, die erste Frau,
wurde aus dem Mann erschaffen.
[9]Wie die Schöpfungsgeschichte be-
richtet, wurde der Mann auch nicht
für die Frau geschaffen, sondern die
Frau für den Mann. [10]Deshalb soll sie
im Gottesdienst eine Kopfbedeckung
tragen, und das schon wegen der En-
gel, die über Gottes Ordnungen wa-
chen.

[11]Bedenkt aber, daß nach Gottes
Ordnung Mann und Frau füreinander
da sind.[c] [12]Denn obwohl Eva aus
Adam geschaffen wurde, so werden
doch alle Männer von Frauen gebo-
ren. Beide aber, Mann und Frau, sind
Geschöpfe Gottes.

[13]Nun sagt doch selbst: Gehört es
sich für eine Frau, ohne Kopfbedek-
kung öffentlich zu beten? [14]Empfin-
det ihr nicht auch, daß es für den
Mann eine Schande ist, lange Haare
zu haben, [15]während sie einer Frau
gut stehen? Das lange Haar ist ihr als
Schleier gegeben. [16]Doch wer es dar-
über zum Streit kommen lassen will,
dem möchte ich nur sagen: *Wir* ken-
nen die Sitte nicht, daß Frauen im
Gottesdienst ohne Kopfbedeckung
beten, und die anderen Gemeinden
Gottes auch nicht.

Wie Christen das Abendmahl feiern sollen

[17]Was ich euch jetzt noch zu sagen ha-
be, ist kein Lob. Wie ihr eure Gottes-
dienste feiert, kann ich wirklich nicht
gutheißen. Sie scheinen euch mehr zu
schaden als zu nützen. [18]Zunächst hö-
re ich da von Uneinigkeit bei euren
Gemeindeversammlungen. Etwas
Wahres muß wohl daran sein. [19]Bei
eurer Einstellung lassen sich aller-
dings Spaltungen gar nicht vermei-
den, denn nur so wird sichtbar, wer
sich im Glauben bewährt hat.

[20]Was ihr in euren Gottesdiensten
feiert, ist gar nicht das Mahl des
Herrn. [21]Weil jeder das ißt und trinkt,
was er mitgebracht hat, bleibt der
eine hungrig und durstig, während

a) Wörtlich: Überlieferungen.
b) Wörtlich: da er Abbild und Abglanz Gottes ist.
c) Wörtlich: Allerdings ist im Herrn weder die Frau ohne den Mann noch der Mann ohne die Frau.

der andere so viel hat, daß er sich betrinkt. 22 Könnt ihr denn nicht zu Hause essen und trinken? Oder bedeutet euch die Bruderschaft[a] so wenig, daß ihr die geringschätzig behandelt, die wegen ihrer Armut kein Essen mitbringen konnten? Soll ich euch dafür auch noch loben? Darauf könnt ihr lange warten!

23 Denn diese Anweisung habe ich vom Herrn empfangen und an euch weitergegeben:

In der Nacht, in der unser Herr Jesus verraten wurde, nahm er das Brot, 24 dankte Gott dafür, teilte es und sprach: «Das ist mein Leib, der für euch hingegeben wird. Denkt daran, sooft ihr dieses Brot eßt!»

25 Dann nahm er den Kelch und sprach: «Dieser Kelch ist der neue Bund zwischen Gott und euch, der durch mein Blut besiegelt wird. Denkt daran, sooft ihr daraus trinkt!»

26 Denn jedesmal, wenn ihr dieses Brot eßt und aus diesem Kelch trinkt, verkündigt ihr den Opfertod des Herrn. Und daran sollt ihr festhalten, bis er wiederkommt. 27 Wer aber gedankenlos und leichtfertig[b] von diesem Brot ißt und aus dem Kelch des Herrn trinkt, der wird schuldig am Leib und Blut unseres Herrn.

28 Darum soll sich jeder prüfen, ehe er von dem Brot ißt und aus dem Kelch trinkt. 29 Denn wer davon nimmt, ohne zu bedenken, daß es hier um den Leib Christi geht, der liefert sich selbst dem Gericht Gottes aus. 30 Deshalb sind so viele von euch schwach und krank; gar nicht zu reden von denen, die schon gestorben sind. 31 Wenn wir uns selbst prüfen, brauchen wir die Prüfung Gottes nicht zu fürchten. 32 Straft uns aber der Herr, so will er uns erziehen, damit wir nicht zusammen mit der gottlosen Welt verurteilt werden.

33 Darum, meine Brüder, wartet aufeinander, wenn ihr zusammen das Abendmahl feiert. 34 Wer hungrig ist, soll vorher zu Hause etwas essen; sonst bringt euch dieses Mahl nicht Gottes Segen, sondern seine Strafe. Alles andere werde ich klären, wenn ich bei euch bin.

Gott gibt jedem seine Gabe

12 Nun möchte ich mit euch, liebe Brüder, noch über die Gaben des Heiligen Geistes sprechen.

2 Ihr wißt, daß es euch mit unwiderstehlicher Gewalt zu den stummen Götzen getrieben hat, als ihr noch keine Christen wart. 3 Deshalb erkläre ich euch ausdrücklich: Niemand kann sagen: «Verflucht sei Jesus!», wenn in ihm der Heilige Geist wirkt. Auch kann keiner von Herzen bekennen: «Jesus ist der Herr!», wenn er nicht den Heiligen Geist hat.

4 So verschieden die Gaben auch sind, die Gott uns gibt, sie stammen alle von ein und demselben Geist. 5 Und so unterschiedlich auch die Aufgaben in der Gemeinde sind, sie kommen doch alle von dem einen Herrn. 6 Es gibt verschiedene Wirkungen des Heiligen Geistes; aber Gott allein ist es, der dies alles in denen wirkt, die zur Gemeinde gehören.

7 Wie auch immer sich die Gaben des Heiligen Geistes bei jedem einzelnen von euch zeigen, sie sind zum Nutzen der ganzen Gemeinde be-

a) Wörtlich: Gemeinde Gottes.
b) Wörtlich: unwürdig (auf unwürdige Weise); vgl. Verse 20–22

stimmt. 8 Dem einen schenkt er im rechten Moment das richtige Wort[a]. Ein anderer kann durch den Heiligen Geist den Willen Gottes klar erkennen.[b] 9 Wieder anderen schenkt Gott durch seinen Geist unerschütterliche Glaubenskraft und dem nächsten die Gabe, Kranke zu heilen. 10 Manchen ist es gegeben, Wunder zu wirken. Einige sprechen aus, was Gott ihnen zeigt oder sagt[c]; andere erkennen, was es bedeutet und aus welchem Geist gesprochen wird[d]. Einige beten in anderen Sprachen[e], und manche schließlich können dieses Gebet für die Gemeinde auslegen.

11 Dies alles bewirkt ein und derselbe Geist. Und so empfängt jeder die Gabe, die Gott ihm zugedacht hat.

Jeder wird gebraucht

12 So wie unser Leib aus vielen Gliedern besteht und diese Glieder einen Leib bilden, so besteht auch die Gemeinde Christi aus vielen Gliedern und ist doch ein einziger Leib. 13 Wir haben alle denselben Geist empfangen und gehören darum durch die Taufe zu dem einen Leib Christi[f], ganz gleich, ob wir nun Juden oder Griechen, Sklaven oder Freie sind; alle sind wir mit demselben Geist erfüllt.[g]

14 Nun besteht aber ein Körper aus vielen einzelnen Gliedern und Organen, nicht nur aus einem einzigen. 15 Selbst wenn der Fuß behaupten würde: «Ich gehöre nicht zum Leib, weil ich keine Hand bin!», er bliebe trotzdem ein Teil des Körpers. 16 Und wenn das Ohr erklären würde: «Ich bin kein Auge, darum gehöre ich nicht zum Leib!», es gehörte dennoch dazu. 17 Angenommen, der ganze Körper bestünde nur aus Augen, wie könnten wir dann hören? Oder der ganze Leib bestünde nur aus Ohren; wie könnten wir dann riechen?

18 Deshalb hat Gott jedem einzelnen Organ des Körpers seine besondere Funktion gegeben, so wie er es wollte. 19 Was für ein sonderbarer Leib wäre das, der nur *ein* Körperteil hätte! 20 Aber so ist es ja auch nicht, sondern viele einzelne Organe bilden gemeinsam den einen Leib.

21 Darum kann das Auge nicht zur Hand sagen: «Ich brauche dich nicht!» Und der Kopf nicht zu den Füßen: «Ihr seid überflüssig!» 22 Vielmehr sind gerade die Teile des Körpers, die schwach und unbedeutend erscheinen, besonders wichtig. 23 Was uns an unserem Körper anstößig erscheint, das verbergen wir sorgfältig, und was uns nicht gefällt, das putzen wir besonders heraus. 24 Denn was schön ist, wirkt ohnehin. Gott aber hat unseren Leib so zusammengefügt, daß unwichtig erscheinende Teile in Wirklichkeit besonders wichtig sind.

25 Unser Leib soll eine Einheit sein, in der jeder einzelne Körperteil für den anderen da ist. 26 Leidet ein Teil

a) Wörtlich: das Wort der Weisheit.
b) Wörtlich: dem anderen (wird) das Wort der Erkenntnis (gegeben).
c) Wörtlich: Prophetie.
d) Wörtlich: Deutung von Geistesoffenbarungen; Unterscheidung von Geistern.
e) Wörtlich: Sprachengebet (Glossolalie. Ein vom Geist Gottes gewirktes Gebet in einer Sprache, die man nicht gelernt hat).
f) Wörtlich: durch einen Geist zu einem Leib getauft.
g) Wörtlich: wir sind alle mit *einem* Geist getränkt.

des Körpers, so leiden alle anderen mit, und wird ein Teil gelobt, freuen sich auch alle anderen.

[27] An diesem Beispiel wollte ich euch erklären: Ihr alle seid der *eine* Leib Christi, und jeder einzelne von euch gehört als ein Teil dazu.

[28] Jedem hat Gott seinen ganz bestimmten Platz zugeteilt. Da sind zunächst die Apostel, dann die Propheten und drittens Männer, die in der Gemeinde Gottes Wort lehren. Dann gibt es Christen, die Wunder tun und solche, die Kranke heilen oder Bedürftigen helfen. Einige leiten die Gemeinde, andere beten in unbekannten Sprachen.

[29] Sind sie nun etwa alle Apostel, Propheten oder Lehrer? Oder kann jeder von uns Wunder tun? [30] Kann jeder Kranke heilen, in unbekannten Sprachen beten und das Gesagte erklären? [31] Natürlich nicht. Aber jeder einzelne soll sich um die Gaben bemühen, die der Gemeinde am meisten nützen.[a] Und jetzt zeige ich euch den einzigartigen Weg, der dazu führt.[b]

Das Wichtigste ist die Liebe

13 Ohne Liebe bin ich nichts. Selbst wenn ich in allen Sprachen der Welt, ja mit Engelszungen reden könnte, aber ich hätte keine Liebe, so wären alle meine Worte hohl und leer, ohne jeden Klang, wie dröhnendes Eisen oder ein dumpfer Paukenschlag.

[2] Könnte ich aus göttlicher Eingebung reden, wüßte alle Geheimnisse Gottes, könnte seine Gedanken erkennen und hätte einen Glauben, der Berge versetzt, aber mir würde die Liebe fehlen, so wäre das alles nichts.

[3] Selbst wenn ich all meinen Besitz an die Armen verschenken und für meinen Glauben das Leben opfern würde, hätte aber keine Liebe, dann wäre alles umsonst.

[4] Liebe ist geduldig und freundlich. Sie kennt keinen Neid, keine Selbstsucht, sie prahlt nicht und ist nicht überheblich. [5] Liebe ist weder verletzend noch auf sich selbst bedacht, weder reizbar noch nachtragend. [6] Sie freut sich nicht am Unrecht, sondern freut sich, wenn die Wahrheit siegt. [7] Diese Liebe erträgt alles, sie glaubt alles, sie hofft alles und hält allem stand.

[8] Einmal werden keine Propheten mehr zu uns sprechen, das Beten in anderen Sprachen wird aufhören, die Erkenntnis der Absichten Gottes mit uns wird nicht mehr nötig sein. Nur eins wird bleiben: die Liebe. [9] Denn unsere Erkenntnis ist bruchstückhaft, ebenso wie unser prophetisches Reden. [10] Wenn aber das Vollkommene – Gottes Reich – da ist, wird alles Vorläufige vergangen sein.

[11] Als Kind redete, dachte und urteilte ich wie ein Kind. Jetzt bin ich ein Mann und habe das kindliche Wesen abgelegt. [12] Noch ist uns bei aller prophetischen Schau vieles unklar und rätselhaft. Einmal aber werden wir Gott sehen, wie er ist.[c] Jetzt erkenne ich nur Bruchstücke, doch einmal werde ich alles klar erkennen, so deutlich, wie Gott mich jetzt schon

a) Wörtlich: Strebt aber nach den höheren/größeren Gaben!
b) Wörtlich: Und ich zeige euch einen noch vorzüglicheren Weg.
c) Wörtlich: Denn jetzt sehen wir (noch) rätselhaft (wie) in einem Spiegel, dann aber von Angesicht zu Angesicht.

kennt. [13]Was bleibt, sind Glaube, Hoffnung und Liebe. Die Liebe aber ist das Größte.

Gottes Geist schafft Klarheit

14 Laßt die Liebe euer höchstes Ziel sein! Bemüht euch um die Gaben, die der Heilige Geist gibt; vor allem darum, Gottes Weisungen weiterzugeben. [2]Wenn nämlich jemand in unbekannten Sprachen betet, dann spricht er nicht zu Menschen, denn niemand versteht ihn. Er spricht zu Gott, und was er durch Gottes Geist redet, ist ein Geheimnis. [3]Wer aber Gottes Weisungen empfängt, kann sie an andere Menschen weitergeben. Er hilft ihnen, im Glauben zu wachsen, er tröstet und ermutigt sie. [4]Wer in unbekannten Sprachen betet, stärkt[a] seinen persönlichen Glauben. Wer aber Gottes Weisungen weitersagt, stärkt[a] die ganze Gemeinde. [5]Meinetwegen könnt ihr alle in Sprachen beten. Aber noch besser wäre, ihr könntet alle von Gott Weisungen empfangen und weitergeben. Das ist wichtiger, als in unbekannten Sprachen Gott anzubeten, es sei denn, dieses Gebet wird erklärt, damit die ganze Gemeinde einen Gewinn davon hat.

[6]Stellt euch doch einmal vor, liebe Brüder, ich komme zu euch und bete in einer Sprache, die niemand kennt. Davon hättet ihr gar nichts. Ich will euch lieber klar sagen, was Gott mir offenbart hat, was seine Absichten mit euch sind, wenn ich in seinem Auftrag rede oder euch unterweise.[b] [7]Es ist genauso wie bei Musikinstrumenten. Bei einer Flöte etwa oder einer Harfe muß man unterschiedliche Töne hören können, sonst erkennt keiner die Melodie. [8]Wenn der Trompeter nicht ein klares Signal bläst, wird sich kein Soldat auf den Kampf vorbereiten.

[9]Genauso ist es beim Sprachengebet. Wenn ihr unverständlich redet, wird euch niemand verstehen. Ihr redet nur in den Wind. [10]Es gibt auf der Welt unzählige Sprachen, und jede hat ihren Wert für den, der sie versteht.[c] [11]Wenn ich aber die Sprache des anderen nicht kenne, können wir uns nicht verständigen. [12]So ist es auch mit euch: Wenn ihr euch schon so eifrig um die Gaben des Heiligen Geistes bemüht, dann setzt auch alles daran, daß die ganze Gemeinde etwas davon hat.

[13]Wer Gott also in einer unbekannten Sprache anbetet, der soll den Herrn darum bitten, daß er sie auch auslegen kann, damit alle ihn verstehen. [14]Denn bei einem solchen Beten spricht Gottes Geist in mir, es ist keine Sache meines Verstandes.[d]

[15]Wie sollen wir uns nun verhalten? Ich kann durch Gottes Geist in einer Sprache beten, die keiner versteht; aber ich will auch für alle verständlich beten. Ich will ein Loblied singen, wie es mir der Heilige Geist schenkt, aber ich will auch so singen, daß alle es verstehen. [16]Denn wenn du Gott in unbekannten Sprachen anbetest, wie soll jemand, der diese

a) Wörtlich: erbaut.
b) Wörtlich: Was werde ich euch nützen, wenn ich nicht zu euch rede mit Offenbarung oder Erkenntnis oder Prophetie oder Lehre?
c) Wörtlich: und nichts ist sprachlos.
d) Wörtlich: mein Verstand ist unfruchtbar.

Sprache nicht versteht, dein Gebet mit einem «Amen» bekräftigen? Er weiß doch gar nicht, was du gesagt hast! [17]Da kann dein Gebet noch so gut und schön sein, dem anderen nützt es überhaupt nichts.

[18]Ich bin Gott dankbar, daß ich ihn in fremden Sprachen anbete, und zwar mehr als ihr alle! [19]Dennoch will ich in der Gemeinde lieber fünf Worte sprechen, die jeder versteht und die allen weiterhelfen, als zehntausend Worte in einer Sprache, die niemand versteht.

[20]Liebe Brüder, seid doch nicht wie Kinder, die nicht verstehen, was man ihnen erklärt. Wenn es darum geht, Böses zu tun, dürft ihr unschuldig sein wie Kinder. Im Verstehen aber sollt ihr wie Erwachsene sein. [21]In der Heiligen Schrift heißt es: «Ich will zu diesem Volk in fremden, unbekannten Sprachen reden. Aber sie wollen nicht auf mich hören, spricht der Herr.»[a] [22]Das Gebet in unbekannten Sprachen bringt die Menschen also nicht zum Glauben.[b] Aber das Reden in göttlichem Auftrag überzeugt und führt zum Glauben.

[23]Stellt euch folgendes vor: Die Gemeinde versammelt sich, und jeder betet in einer anderen, unbekannten Sprache. Nun kommt jemand dazu, der das nicht kennt, oder einer, der noch kein Christ ist. Der wird doch sagen: «Ihr seid alle verrückt!» [24]Wenn ihr dagegen alle in verständlichen Worten Gottes Weisungen weitergebt und ein Ungläubiger oder Fremder kommt dazu, wird ihn dann nicht alles, was ihr sagt, von seiner Schuld überzeugen und in seinem Gewissen treffen? [25]Was er bis dahin sich selbst nie eingestanden hat, wird ihm jetzt plötzlich klar. Er wird auf seine Knie fallen, Gott anbeten und bekennen: «Gott ist wirklich mitten unter euch!»

Regeln für den Gottesdienst

[26]Was heißt das nun ganz praktisch für euch, liebe Brüder? Wenn ihr zusammenkommt, hat jeder etwas beizutragen: Einige singen ein Loblied, andere legen Gottes Wort aus. Einige geben weiter, was Gott ihnen klargemacht hat, andere beten in unbekannten Sprachen, die dann für alle ausgelegt werden.[c] Wichtig ist, daß alles zum Aufbau der Gemeinde geschieht.

[27]Während eines Gottesdienstes sollen zwei oder höchstens drei in unbekannten Sprachen beten, und zwar einer nach dem anderen. Jedes dieser Gebete soll gleich für alle erklärt werden. [28]Wenn dafür niemand da ist, sollen sie schweigen. Sie können ja für sich allein beten; Gott wird sie hören.

[29]Auch von denen, die Gottes Weisungen empfangen, sollen nur zwei oder drei sprechen; die anderen sollen das Gesagte deuten und beurteilen. [30]Der Prophet, der etwas schaut, soll seine Rede unterbrechen, wenn Gott einen der Anwesenden erkennen läßt, was das geschaute Bild bedeutet. [31]Ihr könnt doch alle der Rei-

a) Jesaja 28,11–12
b) Wörtlich: Daher sind die Sprachen zum Zeichen nicht den Glaubenden, sondern den Unglaubenden.
c) Wörtlich: Was folgt daraus, Brüder? Wenn ihr zusammenkommt, hat jeder ein Lied, eine Belehrung, eine Offenbarung, eine Zungenrede oder eine Übersetzung.

he nach in Gottes Auftrag reden, da-
mit alle lernen und alle ermutigt wer-
den. 32 Wer eine Botschaft von Gott
bekommt, hat sich dabei völlig in der
Gewalt und kann warten, bis er an
der Reihe ist.[a] 33 Denn Gott will keine
Unordnung, er will Harmonie und
Frieden.

34 Wie in allen Gemeinden sollen
auch bei euch die Frauen in den Got-
tesdiensten schweigen und dort nicht
das Wort ergreifen. Statt dessen sol-
len sie sich unterordnen, wie es schon
das Gesetz vorschreibt. 35 Wenn sie
etwas nicht verstehen, können sie zu
Hause ihren Mann fragen. Denn es
gehört sich nicht, daß Frauen in der
Gemeinde das Wort führen.

36 Ihr seid anderer Meinung? Bildet
ihr euch etwa ein, die ersten und ein-
zigen zu sein, die Gottes Wort gehört
haben? 37 Wenn einer meint, Gott re-
de durch ihn oder er sei in besonderer
Weise vom Heiligen Geist erfüllt,
dann muß er auch erkennen, daß al-
les, was ich hier anordne, dem Willen
des Herrn entspricht. 38 Deshalb wird
jeder, der diese Anweisungen ab-
lehnt, auch von Gott abgelehnt wer-
den.

39 Also, meine Brüder, setzt alles
daran, Gottes Weisungen weiterzu-
geben, und hindert keinen, in unbe-
kannten Sprachen zu beten. 40 Aber
sorgt dafür, daß alles anständig und
ordentlich vor sich geht.

Christus ist auferstanden

15 Liebe Brüder! Ich möchte
euch an das Evangelium erin-
nern, das ich euch verkündigt habe.
Ihr habt diese Botschaft angenom-
men und darauf euer Leben gegrün-
det. 2 Ganz gewiß werdet ihr durch sie
ans Ziel eures Glaubens kommen,
vorausgesetzt, ihr bewahrt die Bot-
schaft genau so, wie ich sie euch über-
liefert habe. Sonst glaubt ihr vergeb-
lich und erreicht das Ziel nicht.

3 Zuerst habe ich euch weitergege-
ben, was ich selbst empfangen habe:
Christus ist für unsere Sünden gestor-
ben. Das ist das Wichtigste, und so
steht es schon in der Heiligen Schrift.
4 Er wurde begraben und am dritten
Tag vom Tod auferweckt, wie es die
Propheten angekündigt hatten.

5 Als der Auferstandene hat er sich
zuerst Petrus gezeigt und später den
zwölf Aposteln. 6 Dann haben ihn
mehr als fünfhundert Brüder zur glei-
chen Zeit gesehen, von denen die
meisten noch heute leben; einige sind
inzwischen gestorben. 7 Später ist er
Jakobus und schließlich allen Apo-
steln erschienen.

8 Zuletzt hat er sich auch mir ge-
zeigt, der ich es am wenigsten ver-
dient hatte.[b] 9 Denn ich bin der unbe-
deutendste unter den Aposteln und
eigentlich nicht wert, ein Botschafter
Jesu zu sein; denn ich habe die Ge-
meinde Gottes verfolgt. 10 Alles, was
ich bin, bin ich allein durch Gottes
vergebende Gnade. Und seine Gnade
hat er mir nicht vergeblich geschenkt.
Ich habe mich mehr als alle anderen
eingesetzt, aber das war nicht meine
Leistung, sondern Gott selbst hat die-
ses in seiner Gnade bewirkt. 11 Doch
ganz gleich, ob nun die anderen Apo-
stel oder ich: Wir alle haben dieses
eine Evangelium verkündet, und da-
durch seid ihr zum Glauben gekom-
men.

a) Wörtlich: Aber die Geister der Propheten sind den Propheten untertan.
b) Wörtlich: mir, der Fehlgeburt (oder: Frühgeburt); vgl. Apostelgeschichte 9,1–9

Auch wir werden auferstehen

12 Wenn also im Evangelium gesagt
wird, daß Gott Christus von den To-
ten auferweckt hat, wie können da
einige von euch behaupten: «Eine
Auferstehung der Toten gibt es
nicht!»

13 Wissen diese Leute eigentlich,
was sie damit sagen? Wenn es keine
Auferstehung der Toten gibt, dann
kann ja auch Christus nicht auferstan-
den sein. 14 Wäre aber Christus nicht
auferstanden, so hätte unsere ganze
Predigt keinen Sinn, und euer Glaube
wäre völlig wertlos. 15 Mit Recht
könnte man uns dann vorwerfen, wir
seien Lügner und keine Zeugen Got-
tes. Denn wir behaupten doch: Gott
hat Christus auferweckt. Das kann ja
gar nicht stimmen, wenn mit dem To-
de alles aus ist![a]

16 Wie schon gesagt, wenn die To-
ten nicht auferstehen, dann ist auch
Christus nicht auferstanden. 17 Wenn
aber Christus nicht von den Toten
auferweckt wurde, ist euer Glaube
nichts als eine Illusion, und ihr seid
auch von eurer Schuld nicht frei.
18 Ebenso wären auch alle verloren,
die im Glauben an Christus gestorben
sind. 19 Wenn der Glaube an Christus
uns nur für dieses Leben Hoffnung
gibt, sind wir die bedauernswertesten
unter allen Menschen.

20 Tatsächlich aber ist Christus als
erster[b] von den Toten auferstanden.
21 Der Tod ist durch die Schuld eines
einzigen Menschen, nämlich Adam,
in die Welt gekommen. Ebenso
kommt auch durch einen einzigen,
nämlich Christus, die Auferstehung.
22 Wir sind Nachkommen Adams und
müssen alle sterben. Doch alle, die
Christus nachfolgen, werden durch
ihn zu neuem Leben auferweckt.

23 Die Auferstehung geht in einer
bestimmten Reihenfolge vor sich: Als
erster ist Christus auferstanden.
Wenn er wiederkommt, werden alle
auferstehen, die zu ihm gehören.
24 Danach kommt das Ende, wenn er
Gott, seinem Vater, die Herrschaft
über diese Welt übergibt. Er wird
dann alles vernichten, was Gewalt
und Macht für sich beansprucht.
25 Denn wie es in den Psalmen heißt,
wird Christus so lange herrschen, «bis
Gott ihm alle Feinde unterworfen
hat».[c]

26 Als letzten Feind wird er den Tod
vernichten, 27 denn es heißt: «Alles
hat Gott ihm unterworfen.»[d] Wenn
nun Christus «der Herr über alles»
ist, dann bedeutet dies natürlich
nicht, daß er auch Herr über Gott ist,
von dem ja alle Macht ausgeht.
28 Wenn aber zuletzt Christus der
Herr über alles ist, dann wird er als
der Sohn Gottes sich seinem Vater
unterordnen, der ihm diesen Sieg ge-
schenkt hat. So wird Gott über alles
der Herr sein.[e]

29 Bei euch haben sich einige stell-
vertretend für Menschen taufen las-
sen, die schon gestorben sind. Wel-
chen Sinn hätte das, wenn die Toten
gar nicht auferstehen? 30 Warum be-

a) Wörtlich: Weil wir bezeugt haben, daß er Christus auferweckt hat, den er nicht auferweckt hat, wenn doch die Toten nicht auferweckt werden.

b) Wörtlich: als Erstling der Entschlafenen.

c) Psalm 110,1

d) Psalm 8,7

e) Wörtlich: damit Gott alles in allem sei.

geben wir uns denn immer wieder in Gefahr, wenn wir Gottes Botschaft
weitergeben? 31 Tag für Tag riskiere ich mein Leben.[a] So gewiß ihr zum Glauben gekommen seid, kann ich vor Christus stolz auf euch sein.

32 Hätte ich mich wohl in Ephesus in Lebensgefahr begeben, wenn ich nicht an die Auferstehung glauben würde? Wenn die Toten nicht auferstehen, dann haben alle recht, die sagen: «Freut euch des Lebens, denn
morgen ist alles vorbei!»[b] 33 Hütet euch vor solchen Parolen, denn: «Schlechter Umgang verdirbt gute
Sitten!» 34 Kommt endlich zur Besinnung, und sündigt nicht länger. Denn zu eurer Schande muß ich feststellen, daß einige von euch Gott im Grunde noch gar nicht kennen.

Wie werden wir einmal auferstehen?

35 Vielleicht werdet ihr jetzt fragen: «Wie werden die Toten denn auferstehen? Was für einen Leib werden sie haben?»

36 Das ist doch eine törichte Frage! Jedes Samenkorn, das gesät wird, muß vergehen, ehe neues Leben daraus
wächst. 37 Und was wir säen, ist ja nicht schon die fertige Pflanze, sondern es sind nur Körner, Weizen zum Beispiel oder anderes Saatgut.

38 Aus jedem Samenkorn läßt Gott eine Pflanze wachsen, die so aussieht,
wie er es geplant hat. 39 Unterscheiden sich nicht auch alle Lebewesen in ihrem Aussehen? Menschen sehen anders aus als Tiere, Vögel anders als
Fische. 40 Die Sterne am Himmel sind ganz anders beschaffen als die verschiedenen Geschöpfe auf der Erde;[c] die Schönheit der einen ist nicht mit jener der anderen zu vergleichen.
41 Die Sonne hat ihren eigenen Glanz, anders als das Leuchten des Mondes oder das Glitzern der Sterne. Selbst die Sterne unterscheiden sich in ihrer Helligkeit voneinander.

42 Genauso könnt ihr euch die Auferstehung der Toten vorstellen. Unser irdischer Leib ist wie ein Samenkorn, das einmal vergeht. Wenn er aber auferstehen wird, ist er unvergänglich.
43 Was begraben wird, ist unansehnlich und schwach, was aufersteht, läßt Gottes Herrlichkeit und Kraft erken-
nen.[d] 44 Begraben wird unser irdischer Leib; aber auferstehen werden wir mit einem Leib, der von göttlichem Leben erfüllt ist.[e] Denn wenn es einen sterblichen Leib gibt, dann gibt es auch einen
unsterblichen.[e] 45 In der Heiligen Schrift heißt es ja, daß der erste Mensch, Adam, zu einem «lebendigen Wesen wurde».[f] Aber Christus, der erste Mensch einer neuen Schöpfung, gibt uns göttliches Leben.[g]

46 Jetzt haben wir einen natürlichen, irdischen Leib, dann aber gibt uns Gott einen unvergänglichen Leib, der
von seinem Geist erfüllt ist. 47 Adam,

a) Wörtlich: Ich sterbe täglich.
b) Wörtlich: wenn die Toten nicht auferstehen, «laßt uns essen und trinken, denn morgen sterben wir».
c) Wörtlich: Es gibt himmlische Körper und irdische Körper.
d) Wörtlich: Gesät wird in Schande, auferweckt in Ehre; gesät wird in Schwäche, auferweckt in Kraft.
e) Wörtlich: ein geistlicher Leib.
f) 1. Mose 2,7
g) Wörtlich: Der letzte Adam (wurde) zum lebenschaffenden Geist.

den ersten Menschen, erschuf Gott aus Erde; aber der neue Mensch, Christus, kommt vom Himmel.
48 Als Nachkommen Adams haben wir jetzt alle einen irdischen Leib. Als Christen werden wir dann wie Christus einen himmlischen Leib haben.[a]
49 Jetzt hat jeder von uns einen vergänglichen Leib, wie ihn Adam hatte. Aber einmal werden wir – wie Christus – einen unvergänglichen Leib haben.

Der Tod ist besiegt

50 Eins steht fest, liebe Brüder: Menschen aus Fleisch und Blut können nicht in Gottes Reich kommen. Nichts Vergängliches wird in Gottes Ewigkeit Platz haben.
51 Ich möchte euch aber ein Geheimnis anvertrauen: Wir werden nicht alle sterben, aber Gott wird uns alle völlig umwandeln.
52 Das wird ganz plötzlich geschehen, von einem Augenblick zum andern, wenn die Posaune ankündigt, daß Jesus Christus als Herrscher der Welt wiederkommt. Ihr Schall wird überall zu hören sein. Dann werden die Toten zum ewigen Leben auferweckt, und auch wir Lebenden werden einen neuen Leib bekommen.[b]

53 Denn das Vergängliche muß mit Unvergänglichkeit und das Sterbliche mit Unsterblichkeit überkleidet werden.
54 Wenn aber dieser vergängliche und sterbliche Leib unvergänglich und unsterblich geworden ist, dann erfüllt sich, was die Propheten vorausgesagt haben:

«Das Leben hat den Tod überwunden!
55 Tod, wo ist dein Sieg? Tod, wo bleibt nun dein Schrecken?»[c]

56 Der Tod hat Macht durch die Sünde, deren Herrschaft wir durch das Gesetz erkennen.[d]
57 Aber gelobt sei Gott, der uns den Sieg gibt durch Jesus Christus, unseren Herrn!

58 Meine lieben Brüder, bleibt fest und unerschütterlich in euerm Glauben! Setzt euch für den Herrn ganz ein; denn ihr wißt, nichts ist vergeblich, was ihr für ihn tut.

Geld für die Gemeinde in Jerusalem

16 Ich will zum Schluß noch etwas zur Geldsammlung für die Christen in Jerusalem sagen. Führt diese Sammlung so durch, wie ich es auch für die Gemeinden in Galatien angeordnet habe.
2 An jedem Sonntag soll jeder von euch so viel Geld zurücklegen, wie er entbehren kann. Dann braucht ihr mit dem Sammeln nicht erst anzufangen, wenn ich komme.
3 Gleich nach meiner Ankunft sollen dann zuverlässige Männer aus eurer Gemeinde das Geld nach Jerusalem bringen. Die erforderlichen Beglaubigungsschreiben werde ich ihnen mitgeben.
4 Sollte es nötig sein, werde ich selbst mit ihnen reisen.

Weitere Reisepläne

5 Ich werde zu euch kommen, sobald ich die Gemeinden in der Provinz Mazedonien besucht habe.
6 Dort will ich mich nicht länger aufhalten; aber

a) Wörtlich: Wie beschaffen der irdische, so auch die Irdischen, und wie beschaffen der himmlische, so auch die Himmlischen.
b) Wörtlich: werden verwandelt werden.
c) Jesaja 25,8; Hosea 13,14
d) Wörtlich: Der Stachel des Todes aber ist die Sünde, die Kraft der Sünde aber ist das Gesetz.

bei euch möchte ich eine Zeitlang blei-
ben, vielleicht sogar den ganzen Win-
ter über. Es wäre gut, wenn mich dann
einige von euch auf meiner Weiterrei-
se begleiten könnten. 7 Diesmal möch-
te ich euch nicht nur kurz auf der
Durchreise besuchen. Wenn der Herr
es zuläßt, hoffe ich, einige Zeit blei-
ben zu können. 8 Bis Pfingsten bleibe
ich noch in Ephesus. 9 Hier hat mir
Gott große Möglichkeiten gegeben,
das Evangelium vielen zu verkündi-
gen; allerdings sind auch viele Gegner
da.

10 Wenn Timotheus zu euch kommt,
sorgt bitte dafür, daß er sich bei euch
wohlfühlt. Ermutigt ihn, denn er ar-
beitet wie ich für den Herrn. 11 Nie-
mand soll auf ihn herabsehen, weil er
noch jung ist. Seht zu, daß er unbe-
schwert und ungehindert wieder zu
mir zurückkommt, denn wir alle er-
warten ihn hier. 12 Unseren Mitarbei-
ter Apollos habe ich immer wieder ge-
beten, euch mit den anderen Brüdern
zu besuchen, aber er meinte, daß es
nicht Gottes Wille sei, wenn er jetzt zu
euch reist. Sobald sich eine andere
Gelegenheit bietet, wird er kommen.

Grüße und Segenswünsche

13 Bleibt wachsam, und steht fest im
Glauben! Seid nicht zaghaft, sondern
entschlossen und stark! 14 Bei all eu-
erm Tun aber laßt euch von der Liebe
leiten.

15 Noch eins, Brüder: Ihr kennt
doch Stephanas mit seiner Familie,
und ihr wißt, daß sie die ersten Chri-
sten in der Provinz Achaja waren. Sie
haben sich ganz für den Dienst in der
Gemeinde zur Verfügung gestellt.
16 Hört auf solche Leute und auf alle
anderen, die mitarbeiten und ihr Be-
stes geben. 17 Ich freue mich, daß Ste-
phanas, Fortunatus und Achaikus zu
mir gekommen sind. Sie haben mir
darüber hinweggeholfen, daß ich
nicht bei euch sein konnte. 18 Ja, sie
haben auch uns neuen Mut gegeben
und uns viele Sorgen abgenommen.
Nehmt euch diese Männer zum Vor-
bild!

19 Die Gemeinden der Provinz
Asien senden euch herzliche Grüße.
Aquila und Priszilla lassen euch im
Namen Jesu ebenfalls grüßen, zusam-
men mit der Gemeinde, die sich in ih-
rem Haus versammelt.

20 Auch die Brüder hier haben mich
gebeten, euch zu grüßen. Grüßt euch
mit dem Bruderkuß!

21 Und hier noch mein Gruß an
euch, den ich mit eigener Hand schrei-
be.

22 Wer den Herrn nicht liebt, den
wird Gott strafen! Ja, unser Herr,
komm![a]

23 Die Gnade unseres Herrn Jesus
Christus soll immer mit euch sein!

24 In seiner Liebe bleibe ich mit euch
verbunden.

a) Wörtlich: Wenn jemand den Herrn nicht liebt, sei er verflucht! Maranatha! (Komm, Herr Jesus!)

Der zweite Brief des Paulus an die Christen in Korinth

Anschrift und Gruß

1 Paulus, der nach Gottes Willen zum Botschafter Jesu Christi berufen wurde, und sein Mitarbeiter Timotheus schreiben diesen Brief an die Gemeinde Gottes in Korinth und an alle Christen in der Provinz Achaja.

2 Gottes Gnade soll mit euch sein und der Friede von Gott, unserem Vater, und unserem Herrn Jesus Christus.

Dank für Gottes Hilfe

3 Gepriesen sei Gott, der Vater unseres Herrn Jesus Christus, der Vater voller Barmherzigkeit, der Gott, der uns in jeder Not tröstet! 4 In allen Schwierigkeiten ermutigt er uns und steht uns bei, so daß wir auch andere trösten können, die wegen ihres Glaubens zu leiden haben. Wir trösten sie, wie Gott auch uns getröstet hat. 5 Weil wir Christus gehören und ihm dienen, müssen wir viel leiden, aber in ebenso reichem Maße erfahren wir auch seine Hilfe.

6 Deshalb kommt es euch zugute, wenn wir leiden; und wenn wir ermutigt werden, dann geschieht auch das zu euerm Besten. Das gibt euch Kraft, die gleichen Leiden wie wir geduldig zu ertragen.

7 Darum sind wir zuversichtlich und haben keine Angst um euch. Denn ihr werdet zwar leiden müssen wie wir, aber ihr werdet auch von Gott getröstet werden.

8 Liebe Brüder! Ich meine, ihr solltet wissen, daß wir in der Provinz Asien Schweres erdulden mußten. Wir waren mit unseren Kräften am Ende und hatten schon mit dem Leben abgeschlossen. 9 Unser Tod schien unausweichlich. Aber Gott wollte, daß wir uns nicht auf uns selbst verlassen, sondern auf ihn, der die Toten zu neuem Leben erweckt.

10 Und tatsächlich hat Gott uns vor dem Tod gerettet. Er wird es auch in Zukunft tun; davon bin ich überzeugt. 11 Denn auch ihr betet ja für uns. Und so werden nicht nur wir, sondern viele Gott dafür danken, daß er uns bewahrt hat.

Paulus wehrt sich gegen falsche Anschuldigungen

12 Wir freuen uns, mit gutem Gewissen sagen zu können, daß wir so leben, wie Gott es will; wir haben euch nichts vorgemacht.[a] Nicht eigensüchtige Überlegungen haben unser Handeln bestimmt, sondern allein Gottes Barmherzigkeit. Gerade ihr solltet das wissen! 13 Auch unsere Briefe wollen nichts anderes sagen, als was

a) Wörtlich: Denn dies ist unser Ruhm, das Zeugnis unseres Gewissens, daß wir in Heiligkeit und Lauterkeit Gottes... gewandelt sind.

ihr schwarz auf weiß lesen könnt. Wir
haben dabei keine Hintergedanken.
[14]Ich hoffe, daß ihr einmal alle be-
greift, was einige von euch schon jetzt
verstanden haben. Sie wissen näm-
lich, daß ihr auf uns stolz sein könnt,
genauso wie wir auf euch, wenn Jesus
Christus wiederkommen wird.

[15]In dieser Zuversicht wollte ich
euch eine doppelte Freude bereiten
[16]und sowohl auf dem Weg nach Ma-
zedonien als auch auf der Rückreise
von dort zu euch kommen. Einige von
euch hätten mich dann nach Judäa be-
gleiten können. [17]Bin ich denn nun
leichtfertig gewesen, als ich diese Rei-
se plante? Entscheide ich etwa so, wie
ich selbst es für richtig halte, ohne
nach Gottes Willen zu fragen? Oder
gehöre ich zu den unzuverlässigen
Leuten, die «Ja» sagen, wenn sie
«Nein» meinen?

[18]Gott weiß, daß wir niemals etwas
anderes sagen, als wir wirklich mei-
nen. [19]Auch Jesus Christus, der Sohn
Gottes, von dem Silvanus, Timotheus
und ich euch berichtet haben, sagte
nicht gleichzeitig «Ja» und «Nein». Er
selbst ist in seiner Person das Ja Gottes
zu uns,[a] [20]denn alle Zusagen Gottes
haben sich in ihm erfüllt. Und deshalb
sprechen wir im Blick auf Christus und
zur Ehre Gottes unser Amen.

[21]Gott selbst hat unser und euer Le-
ben durch Christus auf ein festes Fun-
dament gestellt und uns in seinen
Dienst gerufen.[b] [22]Er drückte uns sein
Siegel auf, wir sind sein Eigentum ge-
worden, und er hat uns seinen Heili-
gen Geist gegeben. Damit haben wir
die Garantie von Gott, daß er uns
noch viel mehr schenken wird.

[23]Warum bin ich dann schließlich
doch nicht wie geplant nach Korinth
gekommen? Nur um euch zu schonen,
mit Rücksicht auf euch! Gott soll mich
strafen, wenn das nicht die Wahrheit
ist.[c] [24]Denn wir möchten nicht über
euch und euren Glauben herrschen,
sondern mithelfen, daß ihr euch freu-
en könnt. Daß ihr fest im Glauben
steht, davon gehe ich aus.

2 Ein Besuch bei euch schien mir
nicht sinnvoll zu sein, weil er uns
allen nur neuen Kummer gebracht
hätte. [2]Denn wenn ich euch nur zu-
rechtweisen muß, sind wir am Ende
alle traurig und bedrückt. Wer aber,
wenn nicht ihr, könnte mich dann
wieder froh stimmen?

[3]Deshalb schrieb ich euch den letz-
ten Brief, damit ihr eure Angelegen-
heiten in Ordnung bringt, ehe ich zu
euch komme. Ich wollte nämlich
nicht über euch traurig sein, sondern
mich über euch freuen.[d] Denn ich
hoffe doch, daß auch ihr euch freut,
wenn ich mich freuen kann. [4]In gro-
ßer Sorge, mit schwerem Herzen und
unter Tränen hatte ich euch geschrie-
ben. Aber ich wollte euch damit nicht
verletzen. Im Gegenteil! Ihr solltet
vielmehr erkennen, wie sehr ich gera-
de euch liebe.

a) Wörtlich: Denn der Sohn Gottes, Christus Jesus, der unter euch durch uns verkündigt wurde, durch mich und Silvanus und Timotheus, war nicht Ja und Nein, sondern in ihm ist ein Ja geworden.
b) Wörtlich: Gott (selbst) ist es, der uns mit euch auf Christus festgemacht und gesalbt hat.
c) Wörtlich: Ich aber rufe Gott zum Zeugen auf gegen meine Seele.
d) Wörtlich: Und gerade dies habe ich euch geschrieben, um nicht, wenn ich komme, Betrübnis zu erfahren von denen, derer ich mich freuen sollte.

Strafe genügt nicht – Vergebung ist nötig

5 Wenn einer von euch so lebt, daß er
Ärgernis erregt, dann hat er nicht
mir, sondern vielmehr euch allen
Kummer bereitet – oder doch den
meisten von euch, um nicht zuviel zu
sagen. 6 Ihr habt sein Verhalten be-
straft, damit soll es gut sein. 7 Jetzt
müßt ihr ihm vergeben und ihn ermu-
tigen, damit er nicht verzweifelt.
8 Zeigt ihm deshalb, daß ihr alle ihn
liebt. 9 Der Zweck meines Briefes ist
ja erreicht: Ihr habt meine Anweisun-
gen befolgt und getan, was nötig war.
10 Wem ihr vergebt, dem vergebe ich
auch. Wenn ich etwas zu vergeben
hatte, dann habe ich es um euretwil-
len vor Christus[a] längst getan. 11 Denn
wir wissen nur zu gut, wie uns der Sa-
tan zu Fall bringen möchte. Aber das
soll ihm nicht gelingen.

Mit Christus siegen

12 Als ich nach Troas kam, um dort
das Evangelium von Christus zu ver-
kündigen, waren die Menschen sehr
offen für diese Botschaft. 13 Trotzdem
war ich beunruhigt, weil ich meinen
Mitarbeiter Titus nicht antraf. Dar-
um verabschiedete ich mich bald wie-
der von den Christen in Troas und rei-
ste ihm nach Mazedonien entgegen.

14 Von ganzem Herzen danke ich
Gott dafür, daß er uns überall im
Triumphzug Christi mitführt. Wohin
wir auch kommen, verbreitet sich die
Erkenntnis Gottes wie ein angeneh-
mer Duft, dem sich niemand entzie-
hen kann. 15 Ob die Menschen nun
das Evangelium annehmen und ge-
rettet werden, ob sie es ablehnen und
verlorengehen: Unser Leben als
Christen ist ein Wohlgeruch für Gott.
16 Für die einen ist er ein Verwesungs-
geruch, der ihren Tod bestätigt;
aber den anderen ist er ein angeneh-
mer Duft, der ihr neues Leben an-
zeigt.[b]

Wer aber ist für diese große Aufga-
be geeignet? 17 Nun, wir machen je-
denfalls mit dem Wort Gottes keine
Geschäfte wie so manche andere. Wir
reden in aller Aufrichtigkeit und in
Gottes Auftrag, weil wir mit Christus
eng verbunden sind und uns Gott ver-
antwortlich wissen.[c]

Alter und neuer Bund – Gesetz und Heiliger Geist

3 Vielleicht denkt ihr jetzt, wir
wollten uns damit schon wieder
selbst loben. Sollen wir euch etwa,
wie es gewisse Leute tun, Empfeh-
lungsschreiben vorzeigen oder uns
solche von euch geben lassen? 2 Ich
denke, ihr selbst seid der beste Emp-
fehlungsbrief für uns. Er ist in unser[d]
Herz geschrieben und kann von allen
gelesen werden. 3 Jeder weiß auch,
daß ihr selbst ein Brief Christi seid,
den wir in seinem Auftrag geschrie-
ben haben; wenn auch nicht mit
Tinte, sondern mit dem Geist des le-
bendigen Gottes, nicht auf steinerne
Gesetzestafeln wie bei Mose, sondern
in eure lebendigen Herzen.

a) Wörtlich: vor dem Angesicht Christi.
b) Wörtlich: Den einen ein Duft vom Tode zum Tode, den anderen ein Duft vom Leben zum Leben.
c) Wörtlich: Aus reiner Gesinnung, als aus Gott reden wir in Christus vor Gott.
d) In einigen Handschriften: euer.

[4] Das wagen wir nur deshalb zu sa-
gen, weil wir Gott vertrauen, der uns
durch Christus beauftragt hat.[a] [5] Wir
bilden uns nicht ein, aus eigener Kraft
irgend etwas tun zu können. Was bei
euch geschehen ist, das hat allein
Gott getan. [6] Nur durch ihn sind wir
befähigt, euch das Evangelium zu
verkünden, den neuen Bund, den
Gott mit uns Menschen geschlossen
hat. Wir verkünden nicht länger die
Herrschaft des geschriebenen Geset-
zes, sondern das neue Leben durch
Gottes Geist. Denn die Forderungen
des Gesetzes brachten uns den Tod,
weil wir sie nicht erfüllen konnten;
der Heilige Geist aber führt uns zu
einem neuen Leben.[b]

[7] Schon die Verkündigung des Ge-
setzes, das in Stein gehauen war und
doch nur den Tod brachte, ließ etwas
von Gottes Herrlichkeit erkennen.
War das Leuchten auf dem Gesicht
des Mose, nachdem Gott ihm das Ge-
setz gegeben hatte, nicht so stark, daß
es das Volk Israel nicht ertragen
konnte? Doch wie schnell war dieser
Glanz vergangen! [8] Wieviel herrlicher
muß es dann sein, das Evangelium
von Christus zu verkündigen, das die
Menschen durch den Heiligen Geist
zum Leben führt! [9] Wenn schon der
Auftrag, der schließlich alle zum To-
de verurteilte, so sichtbar Gottes
Herrlichkeit zum Ausdruck brachte,
wieviel herrlicher ist dann der Auf-
trag, durch den die Menschen von ih-
rer Schuld vor Gott freigesprochen
werden![c]

[10] Die Herrlichkeit des Gesetzes ist
nichts, verglichen mit der Herrlich-
keit der Botschaft von Jesus Christus.
[11] Wenn schon das Gesetz, das doch
nur für eine bestimmte Zeit galt, die
Herrlichkeit Gottes erkennen ließ,
um wieviel mehr wird sich Gottes
Herrlichkeit durch das Evangelium
offenbaren, das ewig gilt!

[12] Weil wir diese Hoffnung haben,
können wir Gottes Wort voller Zu-
versicht verkündigen. [13] Und wir
brauchen auch nicht unser Gesicht
mit einer Decke zu verhüllen, wie
Mose es getan hat, damit die Israeli-
ten nicht sehen sollten, wie der Glanz
Gottes auf seinem Gesicht ver-
schwand.

[14] Aber nicht nur das, Gott strafte
sie auch mit Blindheit. Denn bis zum
heutigen Tag ist das Alte Testament
für sie wie mit einer Decke verhüllt.
Sie lesen es zwar, aber seinen Sinn
verstehen sie nicht. Weil diese Decke
erst dann weggenommen wird, wenn
sie an Christus glauben, [15] liegt sie bis
heute auf ihren Herzen, wenn aus den
Büchern des Mose vorgelesen wird.
[16] Aber «wenn sich Israel dem Herrn
zuwendet, wird die Decke wegge-
nommen».[d]

[17] Mit dem ‹Herrn› ist der Heilige
Geist gemeint. Wenn er in uns wohnt,
sind wir frei von der Herrschaft des
Gesetzes. [18] Als Christen ist uns die
Herrlichkeit Gottes nicht länger ver-
hüllt. Sie ist für jedermann sichtbar,
und je mehr Gottes Geist unser Le-
ben bestimmt, um so mehr bekom-

a) Wörtlich: Solche Zuversicht aber haben wir durch Christus vor Gott.
b) Wörtlich: Welcher uns ja befähigt hat zu Dienern des neuen Bundes, nicht des Buchstabens, sondern des Geistes; denn der Buchstabe tötet, der Geist aber macht lebendig.
c) Wörtlich: Wenn nämlich der Dienst der Verurteilung Herrlichkeit bedeutet, um wieviel mehr ist der Dienst der Gerechtigkeit überreich an Herrlichkeit.
d) 2. Mose 34,34

men wir Anteil an dieser Herrlichkeit.[a]

Zeitliche Leiden – ewige Herrlichkeit

4 Weil Gott uns in seiner Barmherzigkeit die unvergleichliche Aufgabe übertragen hat, seine Botschaft überall zu verkündigen, verlieren wir nicht den Mut. 2 Wir verzichten dabei auf alle möglichen Tricks und verfälschen auch nicht Gottes Wort. Im Gegenteil, wir sind Gott verantwortlich und verkündigen frei und unverfälscht seine Wahrheit. Das ist unsere Selbstempfehlung! Jeder gewissenhafte Mensch wird das bestätigen.

3 Die Botschaft, daß Jesus Christus unsere Rettung ist, bleibt nur für die dunkel, die verloren sind. 4 Diese Ungläubigen hat der Satan[b] so verblendet, daß sie das helle Licht des Evangeliums und damit die Herrlichkeit Christi nicht sehen können. Und doch erkennen wir Gott selbst nur durch Christus. 5 Nicht wir sind der Mittelpunkt unserer Predigt, sondern Christus, der Herr! Wir sind nur eure Diener, und das aus Liebe zu Jesus.

6 Denn so wie Gott einmal befahl: «Es werde Licht!», so hat er auch die Finsternis in uns durch sein helles Evangelium vertrieben.[c] Durch uns sollen alle Menschen Gottes Herrlichkeit erkennen, die in Jesus Christus sichtbar wird.

7 Diesen kostbaren Schatz tragen wir allerdings in einem zerbrechlichen Gefäß. Denn so wird jeder erkennen, daß die außerordentliche Kraft, die in uns wirkt, von Gott kommt und nicht von uns selbst. 8 Denn obwohl uns die Schwierigkeiten von allen Seiten bedrängen, lassen wir uns nicht von ihnen überwältigen. Wir sind oft ratlos, aber nie verzweifelt.

9 Von Menschen werden wir verfolgt, aber bei Gott finden wir Zuflucht. Wir werden zu Boden geschlagen, aber wir kommen dabei nicht um. 10 Indem wir tagtäglich unser Leben für Jesus einsetzen, erfahren wir am eigenen Leib etwas von seinem Sterben. Wir erfahren dadurch aber auch etwas vom Leben des auferstandenen Jesus. 11 So sind wir also um Jesu willen ständig dem Tod ausgeliefert; aber an unserem sterblichen Leib wird auch immer wieder sein Leben sichtbar. 12 Uns bringt der Dienst für Jesus ständig in Todesgefahr, euch dagegen hat er neues Leben gebracht.

13 Weil wir an Jesus Christus glauben, müssen wir von ihm reden. Denn wie der Beter im Alten Testament können auch wir von uns sagen: «Ich glaube, deshalb rede ich!»[d] 14 Wir wissen: Gott, der Jesus vom Tod auferweckt hat, wird auch uns auferwecken. Dann werden wir mit euch gemeinsam vor Gott stehen.

15 Alle Entbehrungen aber ertragen wir für euch. Denn je mehr Menschen für Christus gewonnen werden, um so

a) Wörtlich: und werden in das gleiche Bild verwandelt von Herrlichkeit zu Herrlichkeit als vom Herrn des Geistes.

b) Wörtlich: der Gott dieser Weltzeit.

c) Wörtlich: Denn Gott ist es, der gesagt hat, aus der Finsternis soll Licht leuchten, der es hat Licht werden lassen in unseren Herzen.

d) Psalm 116,10

mehr werden Gott danken und ihn
über alles ehren.[a]
16 Darum geben wir auch nicht auf.
Freilich gehen diese Strapazen nicht
spurlos an mir vorüber. Wenn auch
meine körperlichen Kräfte nachlas-
sen, wird doch das Leben, das Gott
mir schenkt, von Tag zu Tag erneu-
ert. 17 Was wir jetzt leiden müssen,
dauert nicht lange und ist leicht zu er-
tragen, wenn wir bedenken, welch
unendliche, unvorstellbare Herrlich-
keit uns erwartet. 18 Deshalb lassen
wir uns von dem, was uns zur Zeit so
sichtbar bedrängt, nicht ablenken,
sondern wir richten unseren Blick auf
Gottes neue Welt, auch wenn sie
noch unsichtbar ist. Denn das Sicht-
bare vergeht, doch das Unsichtbare
bleibt ewig.

Hoffnung auf eine neue Heimat

5 Das wissen wir: Wenn unser Leib
einmal zerfallen wird wie eine
baufällige Hütte, werden wir einen
neuen Leib erhalten, ein festes Haus,
das nicht von Menschen errichtet ist.
Gott hält es im Himmel für uns be-
reit, ein Haus, das ewig bleibt. 2 Voll
Verlangen sehnen wir uns danach,
den neuen Leib anzuziehen wie ein
Kleid,[b] 3 ohne daß wir vorher sterben
müssen.[c] 4 Solange wir in unserem na-
türlichen Leib leben, fürchten wir uns
vor dem Tod. Es wäre uns viel lieber,
wir brauchten nicht zu sterben[d], son-
dern könnten einfach in das neue Le-
ben überwechseln[e], damit alles Ver-
gängliche vom Leben überwunden
wird. 5 Darauf hat uns Gott vorberei-
tet, indem er uns als sicheres Pfand
dafür schon jetzt den Heiligen Geist
gab.
6 Deshalb sind wir jederzeit zuver-
sichtlich, auch wenn wir Gott in unse-
rem irdischen Leib noch nicht unmit-
telbar nahe sein können. 7 Jetzt glau-
ben wir an ihn, auch wenn wir ihn
noch nicht sehen können.[f] 8 Aber wir
rechnen fest damit und würden am
liebsten diesen Leib verlassen, um
endlich ganz beim Herrn zu sein.
9 Aber ganz gleich, ob wir nun bei
ihm sind oder noch auf dieser Erde le-
ben, es kommt nur darauf an, alles zu
tun, was Gott gefällt. 10 Denn einmal
werden wir uns alle vor Jesus Christus
als unserem Richter verantworten
müssen. Dann wird jeder das bekom-
men, was er für sein Tun auf dieser
Erde verdient hat, mag es nun gut
oder schlecht gewesen sein.

Friede mit Gott

11 Weil wir wissen, daß wir Gott als
unbestechlichen Richter zu fürchten
haben, wollen wir so viele Menschen
wie nur möglich für Christus gewin-
nen. Gott weiß, daß wir nur dies eine
wollen,[g] und ich hoffe, auch ihr unter-

a) Wörtlich: Denn das alles geschieht um euretwillen, damit die Gnade wachse durch eine immer größere Zahl (der Gläubigen) und die Danksagung überreich mache zur Ehre Gottes.
b) Wörtlich: Deshalb auch seufzen wir, weil wir uns sehnen, unsere Behausung aus dem Himmel anzuziehen.
c) Wörtlich: Wenn es wenigstens richtig ist, daß wir, nachdem wir das (irdische) Gewand abgelegt haben, nicht nackt dastehen werden.
d) Wörtlich: nicht entkleidet zu werden.
e) Wörtlich: überkleidet werden.
f) Wörtlich: Denn wir wandeln im Glauben, nicht im Schauen.
g) Wörtlich: Vor Gott sind wir offenbar.

stellt uns keine anderen Absichten.[a]

12 Das sagen wir nun wirklich nicht, um uns selbst zu loben. Aber wenn ihr euch mit Leuten auseinandersetzen müßt, für die Äußerlichkeiten wichtiger sind als innere Überzeugung, dann könnt ihr ihnen die Gründe nennen, warum ihr stolz auf uns seid. 13 Ihr sagt, ich sei «von Sinnen» gewesen? Nun gut, dann war ich es für Gott. Euch gegenüber war ich immer «bei Sinnen» und habe klar und verständlich geredet.

14 Was wir auch tun, wir tun es aus der Liebe, die Christus uns geschenkt hat. Denn wir sind davon überzeugt: Weil Jesus Christus stellvertretend für alle Menschen starb, sind sie gewissermaßen alle gestorben. 15 Und Christus ist deshalb für alle gestorben, damit alle, die durch seinen Tod das Leben geschenkt bekamen, nicht länger für sich selbst leben. Ihr Leben soll jetzt Christus gehören, der für sie gestorben und auferstanden ist.

16 Wir beurteilen auch niemanden mehr nach äußeren Maßstäben. Selbst wenn wir Christus früher danach beurteilt haben, so gelten diese Maßstäbe jetzt nicht mehr. 17 Gehört jemand zu Christus,[b] dann ist er ein neuer Mensch. Was vorher war, ist vergangen, etwas Neues hat begonnen. 18 All dies verdanken wir Gott, der durch Christus mit uns Frieden geschlossen hat. Er hat uns beauftragt, diese Botschaft überall zu verkündigen. 19 Denn Gott hat durch Christus Frieden mit der Welt geschlossen, indem er den Menschen ihre Sünden nicht länger anrechnet, sondern sie vergibt. Gott hat uns dazu bestimmt, diese Botschaft von der Versöhnung öffentlich bekanntzugeben.[c]

20 Als Botschafter Christi fordern wir euch deshalb im Namen Gottes auf: Laßt euch mit Gott versöhnen! Wir bitten euch darum im Auftrag Christi. 21 Denn Gott hat Christus, der ohne jede Sünde war, mit all unserer Schuld beladen und verurteilt, damit wir von dieser Schuld frei sind und Menschen werden, die Gott gefallen.[d]

Bewährung im Dienst

6 Als Gottes Mitarbeiter bitten wir euch: Seht zu, daß die Gnade, die Gott euch geschenkt hat, in eurem Leben nicht ohne Auswirkung bleibt. 2 Denn Gott hat gesagt: «Ich will dein Gebet erhören. Es wird eine Zeit der Gnade für dich geben, einen Tag, an dem du meine Hilfe erfährst!»[e] Genau diese Zeit ist jetzt da, der Tag der Rettung ist nun gekommen.

3 Niemand soll uns persönlich etwas Schlechtes nachsagen können, damit nicht unser Auftrag in Verruf gerät. 4 In allem empfehlen wir uns als Gottes Mitarbeiter: in Bedrängnissen, in Not und Angst bleiben wir standhaft. 5 Auch wenn man uns schlägt und einsperrt, wenn wir aufgehetzten Men-

a) Wörtlich: auch in euern Gewissen offenbar zu sein.
b) Wörtlich: Wenn jemand in Christus ist.
c) Wörtlich: ... und unter uns die Predigt der Versöhnung eingesetzt hat.
d) Wörtlich: Den, der Sünde nicht kannte, hat er für uns zur Sünde gemacht, damit wir Gottes Gerechtigkeit in ihm würden.
e) Jesaja 49,8

schen ausgeliefert sind, bis zur Erschöpfung arbeiten, uns kaum Schlaf gönnen und auf Nahrung verzichten, soll sichtbar werden, daß wir Gott gehören. [6]Wir beweisen dies durch ein untadeliges Leben und darin, daß wir Gottes Absichten erkennen; durch Geduld und Freundlichkeit, in allem, was Gottes Heiliger Geist durch uns wirkt, und durch eine aufrichtige Liebe zu jedem Menschen wird sichtbar, daß wir Gottes Mitarbeiter sind.

[7]Wir verkünden Gottes Wahrheit und leben aus seiner Kraft. Zum Angriff wie zur Verteidigung gebrauchen wir die Waffen Gottes: Rechtschaffenheit vor Gott und Menschen.

[8]Dabei lassen wir uns nicht beirren: weder durch Lob noch Verachtung, weder durch gute Worte noch böses Gerede. Man nennt uns Lügner, und wir sagen doch die Wahrheit. [9]Für die Welt sind wir Unbekannte, aber Gott kennt uns. Wir sind Sterbende, und dennoch leben wir. Wir werden geschlagen und kommen doch nicht um. [10]In allen Traurigkeiten bleiben wir fröhlich. Wir sind arm und beschenken doch viele reich. Wir haben nichts und besitzen doch alles.

[11]Ihr lieben Christen in Korinth! Wir haben euch sehr offen unsere Meinung gesagt und euch dabei in unser Herz blicken lassen. [12]Der Platz in unserem Herzen ist euch sicher, auch wenn ihr für uns nicht viel übrig habt.[a] [13]Ich rede zu euch wie ein Vater zu seinen Kindern. Schenkt mir doch euer Vertrauen, und öffnet mir eure Herzen!

Warnung vor falschen Wegen

[14]Macht nicht gemeinsame Sache mit Leuten, die nicht an Christus glauben. Gottes Gerechtigkeit und die Gesetzlosigkeit dieser Welt haben so wenig miteinander zu tun wie das Licht mit der Finsternis. [15]Wird Christus jemals mit dem Teufel übereinstimmen? Oder was verbindet einen an Christus Glaubenden mit einem Ungläubigen? [16]Was haben die Götzenbilder mit dem Tempel Gottes zu tun?

Vergeßt nicht: Wir selbst sind Gottes lebendiger Tempel. So hat Gott gesagt: «Ich will mitten unter ihnen leben. Ich will ihr Gott und sie sollen mein Volk sein!»[b] [17]Darum befiehlt Gott: «Verlaßt sie, und trennt euch von ihnen! Rührt nichts Unreines an! Dann will ich euch annehmen. [18]Ich werde euer Vater und ihr werdet meine Söhne und Töchter sein. So spricht der allmächtige Herr.»[c]

7 Meine lieben Freunde! All dies hat uns Gott versprochen. Darum wollen wir uns auch von jeder Sünde trennen, die unseren Körper oder unseren Geist verunreinigt. In Ehrfurcht vor Gott wollen wir so leben, wie es ihm gefällt.[d]

Bitte um Vertrauen

[2]Vertraut uns doch! Wir haben ja keinem von euch Unrecht getan. Wir haben niemanden zum Bösen verführt und keinen von euch betrogen. [3]Ich will euch damit keine Vorwürfe ma-

a) Wörtlich: Ihr seid beengt in euren Herzen.
b) 3. Mose 26,11–12
c) Jesaja 52,11; Jeremia 31,9
d) Wörtlich: (unsere) Heiligung vollenden in der Furcht Gottes.

chen. Denn ich habe euch ja vorhin
gesagt, wie sehr ich euch liebe. Wir
sind untrennbar, auf Gedeih und Ver-
derb, miteinander verbunden.[a] 4 Ich
vertraue euch in jeder Beziehung und
bin stolz auf euch. Trotz aller Schwie-
rigkeiten bin ich getröstet, und meine
Freude ist unbeschreiblich groß.

Umkehr einer Gemeinde

5 Als wir nach Mazedonien kamen,
waren wir sehr beunruhigt. Überall
gab es Schwierigkeiten. Wir mußten
alle möglichen Anfeindungen ertra-
gen und waren doch selber voller
Angst und Sorgen. 6 Aber Gott hilft
den Mutlosen und Verzagten. Er hat
uns durch die Ankunft des Titus ge-
tröstet; 7 und das nicht nur, weil Titus
endlich wieder bei uns war. Noch
mehr haben wir uns darüber gefreut,
daß Titus bei euch so viel Gutes[b] er-
fahren hat. Er hat mir davon berich-
tet, wie sehr ihr auf meinen Besuch
wartet, wie leid es euch tut, was ge-
schehen ist, und mit welchem Eifer
ihr euch für mich einsetzt. Ich kann
euch gar nicht sagen, wie sehr ich
mich darüber gefreut habe.

8 Jetzt bereue ich auch nicht, daß ich
euch den Brief geschrieben habe, der
euch so erschüttert hat. Und wenn ich
auch schon dachte, es wäre besser ge-
wesen, ich hätte ihn gar nicht abge-
schickt – eben weil ihr wegen des Brie-
fes tief betroffen gewesen seid –, 9 so
bin ich jetzt doch froh, daß ich ihn ge-
schrieben habe. Natürlich nicht, weil
ihr bestürzt gewesen seid, sondern
weil euch dies zum Nachdenken und
zur Umkehr gebracht hat. Genau das
war Gottes Absicht, und deshalb hat
euch unser Brief auch nicht geschadet.
10 Denn die von Gott ausgelöste Er-
schütterung bewirkt eine Reue, die
uns zu ihm hinführt.[c] Und wer sollte
das jemals bereuen! Nur die Erschüt-
terung, die nicht zur Umkehr führt,[d]
bewirkt den Tod.

11 Bedenkt doch nur, was Gott alles
durch eure Reue und Umkehr erreicht
hat! Mit welcher Begeisterung geht
ihr jetzt ans Werk, und wie bereitwillig
habt ihr mich verteidigt! Jetzt seid ihr
über das Vorgefallene empört, wie
groß ist eure Furcht! Eure Entschlos-
senheit hat dazu geführt, daß der
Schuldige bestraft wurde. Ihr habt da-
mit bewiesen, daß diese Sache berei-
nigt ist.[e]

12 Ich habe euch meinen Brief nicht
geschrieben, weil es mir um den ging,
der Unrecht getan hat, oder den, dem
Unrecht geschehen ist. Es kam mir
allein darauf an, daß ihr vor Gott be-
weisen konntet, auf wessen Seite ihr
steht. 13 Deshalb sind wir nun getrö-
stet, und das um so mehr, als mir Titus
voller Freude berichtete, wie sehr er
von euch ermutigt worden ist. 14 Ich
hatte ihm so viel Gutes von euch er-
zählt, und ihr habt mich nicht ent-
täuscht. Titus konnte mir auch bestäti-
gen, daß ich die Wahrheit über euch
gesagt habe und zu recht auf euch stolz
bin. 15 Er liebt euch jetzt noch mehr,
weil er eure Bereitschaft zum Gehor-
sam gesehen hat, nachdem ihr ihn vol-
ler Angst und Bangen aufgenommen

a) Wörtlich: daß ihr in unseren Herzen seid, mitzusterben und mitzuleben.
b) Wörtlich: Trost.
c) Wörtlich: eine Reue zum Heil.
d) Wörtlich: die Traurigkeit der Welt.
e) Wörtlich: In allem habt ihr den Erweis gebracht, daß ihr rein seid in dieser Sache.

habt. 16 Ich freue mich, daß ich euch
so ganz und gar vertrauen kann.

Mit anderen teilen

8 Nun will ich euch berichten, was
Gottes Gnade in den Gemeinden
der Provinz Mazedonien bewirkt hat.
2 Obwohl die Christen dort wegen ih-
res Glaubens viele Schwierigkeiten
ertragen mußten, waren sie doch vol-
ler Freude und haben trotz ihrer gro-
ßen Armut sehr viel für andere gege-
ben. 3 Ich kann bezeugen, daß sie be-
reitwillig gaben, was sie nur geben
konnten, und sogar mehr als das.
4 Dabei brauchte ich um ihre Spende
gar nicht zu bitten. Im Gegenteil! Sie
haben es als ein Vorrecht angesehen,
sich an der Hilfe für die Christen in
Jerusalem beteiligen zu dürfen. 5 Sie
haben sehr viel mehr getan, als wir je-
mals erwarten konnten, denn sie
opferten sich geradezu selbst. Zuerst
stellten sie sich dem Herrn zur Verfü-
gung, danach auch uns. Das taten sie
im Gehorsam Gott gegenüber.

6 Nach dieser Erfahrung habe ich
Titus zugeredet, daß er auch bei euch
eine solche Sammlung durchführt. Er
hatte ja bereits damit begonnen und
wird dieses Liebeswerk bei euch bald
zum Abschluß bringen. 7 Ihr seid in so
vielen Dingen überaus reich geseg-
net: in eurem Glauben, in der Ver-
kündigung und Erkenntnis des Wor-
tes Gottes, in eurem Einsatz für den
Herrn und durch die Liebe, die wir in
euch geweckt haben. Seht zu, daß
sich dieser Reichtum auch in eurer
Hilfsbereitschaft für die Gemeinde in
Jerusalem zeigt.

8 Natürlich will ich euch nichts be-
fehlen. Aber angesichts der Op-
ferbereitschaft der anderen würde
ich gern sehen, wie echt eure Liebe
ist. 9 Denkt daran, was unser Herr Je-
sus Christus für euch getan hat.[a] Er
war reich und wurde doch arm, um
euch durch seine Armut reich zu ma-
chen.

10 Nach meiner Meinung kann es
nur gut für euch sein, wenn ihr nun
endlich mit der Sammlung beginnt,
wie ihr es euch seit einem Jahr vorge-
nommen habt. 11 Nur solltet ihr dies-
mal die Sache auch tatsächlich zu
Ende führen, damit es nicht bei gu-
ten Vorsätzen bleibt. Gebt so viel,
wie ihr geben könnt!

12 Wenn ihr wirklich etwas geben
wollt, dann ist es nicht entscheidend,
wie viel ihr geben könnt. Denn Gott
wird eure Gabe nach dem beurtei-
len, was ihr habt, und nicht nach
dem, was ihr nicht habt. 13 Ihr sollt
nicht dadurch in Not geraten, weil
ihr anderen aus der Not helft. Es
geht nur um einen Ausgleich. 14 Heu-
te habt ihr so viel, daß ihr ihnen hel-
fen könnt. Ein andermal werden sie
euch von ihrem Überfluß abgeben,
wenn es nötig ist. Das meine ich mit
Ausgleich. 15 Erinnert euch daran,
was die Heilige Schrift dazu sagt:
«Wer viel sammelte, hatte nicht zu-
viel; und wer wenig sammelte, dem
fehlte nichts.»[b]

Gewissenhafter Umgang mit Geld

16 Ich bin Gott von Herzen dankbar,
daß sich auch Titus so sehr für euch
einsetzt. 17 Er war gleich bereit, zu
euch zu reisen, ohne daß ich ihn erst
lange darum bitten mußte. 18 Mit ihm

a) Wörtlich: Denn ihr kennt die Gnade unseres Herrn Jesus Christus.
b) 2. Mose 16,18

kommt noch ein anderer Bruder, den man in allen Gemeinden wegen seiner Arbeit für Christus sehr schätzt. [19]Dieser Mann wurde von den Gemeinden ausdrücklich dazu bestimmt, gemeinsam mit uns das gesammelte Geld nach Jerusalem zu bringen. Das war auch unser Wunsch, damit alles zur Ehre Gottes geschieht. [20]So soll allen Verdächtigungen vorgebeugt werden – es handelt sich immerhin um eine recht hohe Geldsumme. [21]Wir wollen uns nämlich nicht nur Gott, sondern auch den Menschen gegenüber gewissenhaft verhalten.

[22]Zusammen mit den beiden schikken wir noch einen anderen Bruder zu euch. Wir haben ihn bei vielen Gelegenheiten als überaus tatkräftigen und zuverlässigen Christen kennengelernt. Weil er schon so viel von euch gehört hat, kommt er besonders gern zu euch. [23]Sowohl mein Freund und Mitarbeiter Titus als auch diese beiden Männer können zu euch kommen. Sie wurden von den Gemeinden für diese Aufgabe ausgewählt und sind als Christen ein leuchtendes Vorbild.[a] [24]Nehmt sie deshalb in aller Liebe auf, und beweist damit vor allen Gemeinden, daß wir euch zu Recht so sehr gelobt haben.

9 Über die Sammlung für die Gemeinde in Jerusalem brauche ich wohl keine weiteren Worte zu verlieren. [2]Eure Bereitschaft zu helfen ist mir ja bekannt. Schließlich habe ich euch deswegen in den mazedonischen Gemeinden schon gelobt und berichtet, daß ihr in der Provinz Achaja bereits im vorigen Jahr mit der Sammlung begonnen habt. Euer Beispiel hat viele angespornt.

[3]Ihr könnt jetzt beweisen, ob ich eure Hilfsbereitschaft richtig eingeschätzt habe. Damit eure Sammlung nun auch wirklich abgeschlossen wird, wie ich es überall erzählt habe, schikke ich diese Männer zu euch. [4]Dann brauche ich den Leuten aus Mazedonien, wenn sie mit mir nach Korinth kommen, nicht beschämt einzugestehen, daß wir uns geirrt haben, weil es mit eurer Opferbereitschaft nicht weit her ist. Doch im Grunde müßtet ihr euch dann schämen. [5]Deshalb hielt ich es für zweckmäßig, die Brüder vorauszuschicken, damit sie dafür sorgen, daß die von euch zugesagte Spende auch wirklich bereitliegt. Es soll doch eine reiche Liebesgabe sein und keine Spende von Geizhälsen.

Wie Christen geben sollen

[6]Ich bin davon überzeugt: Wer wenig sät, der wird auch wenig ernten; wer aber viel sät, der wird auch viel ernten. [7]So soll jeder für sich selbst entscheiden, wieviel er geben will, und zwar freiwillig und nicht, weil die anderen es tun. Denn Gott liebt den, der fröhlich und bereitwillig gibt. [8]Er wird euch dafür alles schenken, was ihr braucht, ja mehr als das. So werdet ihr nicht nur selbst genug haben, sondern auch noch den anderen Gutes tun können.[b] [9]Schon in den Psalmen heißt es ja von dem Mann, den Gott reich beschenkt hat: «Er hat viel gesät und von seiner reichen Ernte den Armen abgegeben. Auf seine

a) Wörtlich: ein Abglanz Christi.
b) Wörtlich: Gott vermag aber jede Gnade reichlich auf euch kommen zu lassen, daß ihr in allem allewege alles Genüge habt und noch Überfluß zu jedem guten Werk.

barmherzige Liebe kann man immer
zählen.»[a]
[10]Gott aber, der dem Sämann Saat
und Brot schenkt, wird auch euch
Saatgut geben. Er wird es wachsen
lassen und dafür sorgen, daß eure
Opferbereitschaft Früchte trägt.[b]
[11]Ihr werdet alles so reichlich haben,
daß ihr unbesorgt weitergeben könnt.
Außerdem würden wir auf diese Wei-
se dazu beitragen, daß viele Gott dan-
ken.
[12]Eure Gabe hätte demnach zwei
gute Auswirkungen: Sie wäre nicht
nur eine Hilfe für die notleidenden
Christen in Jerusalem, sie würde auch
bewirken, daß viele Menschen Gott
danken. [13]Denn für diese dringend
benötigte Unterstützung werden die
Beschenkten Gott loben, weil ihr
euch so treu zum Evangelium von Je-
sus Christus bekennt und so bereit-
willig und freudig mit den Christen in
Jerusalem und mit allen anderen teilt.
[14]Sie werden für euch beten und wä-
ren gern mit euch zusammen, weil
sich an euch die Gnade Gottes auf so
wunderbare Weise gezeigt hat. [15]Wir
aber danken Gott für seine unaus-
sprechlich große Gabe.

Abwehr persönlicher Angriffe

10 Da wäre nun noch eine persön-
liche Angelegenheit zu klären,
die ich mit euch im Geist der Liebe
und Güte Christi regeln möchte.
Einige von euch sagen mir nach, ich
sei unterwürfig und ängstlich, solange
ich bei euch bin, aber mutig und zu
allem entschlossen, wenn ich mich
nur weit genug von euch entfernt ha-
be. [2]Zwingt mich bitte nicht dazu, tat-
sächlich hart durchgreifen zu müssen,
wenn ich zu euch komme. Auf jeden
Fall werde ich energisch gegen alle
vorgehen, die mir allzu menschliche,
ja selbstsüchtige Absichten unterstel-
len[c].
[3]Natürlich bin auch ich nur ein
Mensch, aber mit selbstsüchtigen
Mitteln kämpfe ich nicht. [4]Die Waf-
fen, mit denen ich kämpfe, sind die
Waffen Gottes. Sie sind mächtig ge-
nug, jede Festung zu zerstören, jedes
menschliche Gedankengebäude nie-
derzureißen, [5]einfach alles zu ver-
nichten, was sich stolz gegen Gott
und seine Wahrheit erhebt. Alles
menschliche Denken nehmen wir ge-
fangen und unterstellen es Christus.[d]
[6]In diesem Sinn werden wir auch je-
den Ungehorsam strafen, sobald ihr
nur als Gemeinde zum Gehorsam be-
reit seid.
[7]Verschließt eure Augen doch
nicht vor den Tatsachen! Ist jemand
davon überzeugt, zu Christus zu ge-
hören, dann soll er uns das auch nicht
absprechen. [8]Immerhin könnte ich
noch für mich in Anspruch nehmen,
daß Gott mir als Apostel besondere
Vollmacht gegeben hat. Damit würde
ich nicht einmal übertreiben. Doch
mein Auftrag ist, euch zu helfen,
nicht euch zu schaden.
[9]Ihr sollt aber nicht denken, ich
wollte euch mit meinen Briefen ein-

a) Wörtlich: Seine Gerechtigkeit bleibt in Ewigkeit. Psalm 112,9
b) Wörtlich: Der aber, welcher dem Sämann Samen und Brot zur Speise gibt, wird auch euch Samen geben und ihn mehren und die Früchte eurer Gerechtigkeit reichlich werden lassen.
c) Wörtlich: als wandelten wir nach dem Fleisch.
d) Wörtlich: (Wir zerstören) alle Gegnerschaft, die sich gegen die Erkenntnis Gottes auflehnt, und führen jeden Anschlag unter den Gehorsam Christi gefangen.

schüchtern. [10]Das könnte man fast
annehmen, wenn ihr sagt: «In seinen
Briefen gebraucht er große Worte,
doch bei uns ist er ängstlich und zag-
haft. Und wen beeindruckt schon,
was er sagt?» [11]Wer das von mir be-
hauptet, der soll wissen: Genauso wie
ich in meinen Briefen mit euch rede,
werde ich handeln, wenn ich bei euch
bin.

[12]Wir würden es natürlich niemals
wagen, uns mit denen zu vergleichen,
die sich überall selbst empfehlen,
oder uns gar auf eine Stufe mit ihnen
zu stellen. Denn wir haben es doch
gar nicht nötig, uns an anderen zu
messen und uns mit ihnen zu verglei-
chen. [13]Deshalb überschätzen wir uns
auch nicht so maßlos, wie sie es tun.
Wir möchten ausschließlich mit dem
Maß gemessen werden, mit dem Gott
uns mißt; und dazu gehört auch unse-
re Arbeit bei euch. [14]Wir gehen also
nicht zu weit, wenn wir von euch Ge-
horsam erwarten, denn wir haben
euch doch schließlich die rettende
Botschaft von Christus gebracht.
[15]Dabei schmücken wir uns keines-
wegs mit fremden Federn. Wenn ihr
erst einmal im Glauben fest und stark
geworden seid, hoffen wir sogar, un-
sere Missionsarbeit noch weiter aus-
dehnen zu können.[a] [16]Denn wir wol-
len auch den Menschen das Evange-
lium bringen, die jenseits eurer Gren-
zen leben. Sonst würden wir uns ja
mit einer Arbeit brüsten, die andere
getan haben.

[17]Es heißt doch: «Wer sich rühmen
will, sollte wissen, daß er nur rühmen
kann, was Gott getan hat.»[b] [18]Nie-
mand ist schon deshalb ein bewährter
Diener Gottes, weil er sich selbst
empfiehlt. Entscheidend ist, daß Gott
ihm ein gutes Zeugnis ausstellt.

Paulus verteidigt sich gegen falsche Apostel

11 Ihr gestattet mir sicher, wenn
ich mich jetzt auch einmal so
töricht verhalte wie die anderen. [2]Ich
werbe geradezu eifersüchtig um euch,
so wie Gott um euch wirbt. Wie eine
Braut sollt ihr nur einem einzigen
Mann gehören. Denn ich habe euch
mit Christus verlobt, dem ich euch
wie ein Brautvater zuführen möchte.
[3]Zur Zeit aber fürchte ich, daß mir
dies nicht gelingt. Denn schon die
Schlange konnte Eva im Paradies mit
ihrer List verführen. Ebenso könntet
ihr von dem reinen und unverfälsch-
ten Glauben an Jesus Christus abge-
bracht werden. [4]Ihr seid allzu leicht-
gläubig. Wenn jemand zu euch
kommt und etwas anderes über Jesus
sagt, als wir euch gelehrt haben, wenn
irgend etwas anderes von euch Besitz
ergreift und den Heiligen Geist aus
euren Herzen vertreibt oder wenn ein
anderes Evangelium verkündet wird,
dann nehmt ihr das alles bereitwillig
hin.

[5]Ich schätze mich wahrhaftig nicht
geringer ein als diese großartigen
Apostel[c], vor denen ihr solchen Re-
spekt habt. [6]Vielleicht bin ich kein
besonders geschickter Redner, aber
was meine Erkenntnis des Evange-
liums von Jesus Christus betrifft, neh-
me ich es gern mit ihnen auf. Das ha-

a) Wörtlich: Wir aber haben die Hoffnung, wenn euer Glaube unter euch wächst, groß zu werden nach unserem Maßstab bis zum Übermaß.
b) Wörtlich: Wer sich aber rühmt, der rühme sich des Herrn. Jeremia 9,22–23
c) Wörtlich: Überapostel.

be ich in aller Öffentlichkeit und unmißverständlich zu jeder Zeit bewiesen.

7 Wollt ihr mir etwa vorwerfen,[a] daß ich euch das Evangelium verkündigt habe, ohne etwas für meinen Lebensunterhalt zu erwarten? War es falsch, daß ich auf alles verzichtet habe, nur damit euer Glaube stark und fest wird?[b]
8 Um euch ungehindert dienen zu können, habe ich andere Gemeinden geradezu beraubt und Geld von ihnen genommen.
9 Auch als ich während meines Aufenthaltes bei euch in Not geriet, habt ihr keinen Pfennig für mich zahlen müssen. Versorgt haben mich die Gemeinden aus Mazedonien, so daß ich euch niemals zur Last gefallen bin. Und dabei wird es auch in Zukunft bleiben.
10 Das ist die Wahrheit; so wahr wie das Evangelium von Christus.[c] Und niemand in der ganzen Provinz Achaja wird mir diesen Ruhm nehmen können.
11 Warum ich das alles getan habe? Etwa weil ich euch nicht liebe? Gott weiß, wie sehr ich euch liebe!

12 Trotzdem will ich auch in Zukunft kein Geld von euch annehmen. Keiner von diesen anderen soll noch länger behaupten dürfen, er sei ein Apostel wie ich. Wir unterscheiden uns in vielen Dingen!

13 Denn sie sind falsche Apostel, Betrüger, die lediglich behaupten, sie seien Botschafter Christi.
14 Und das ist nicht einmal erstaunlich! Gibt sich nicht sogar der Satan als Engel Gottes aus?
15 Es ist also kein Wunder, wenn auch seine Helfer als Diener Gottes auftreten. Doch ihr Ende wird ihren Taten entsprechen.

Leiden für das Evangelium

16 Ich sage es noch einmal: Niemand soll mich für einen Narren halten. Wenn ihr es aber doch tut, dann hört mir trotzdem zu; ich bin ja gezwungen, mich selbst zu loben.
17 Was ich jetzt sage, ist allerdings nicht im Sinne unseres Herrn. Ich bin mir bewußt, daß ich damit wie ein Narr rede. Aber ich sage es trotzdem, wenn wir schon einmal beim Prahlen sind.
18 Wie die anderen dauernd ihre guten Seiten herausstellen, will ich es auch einmal tun.
19 Ihr seid ja so klug, daß ihr bereitwillig hinter jedem Narren herlauft.
20 Und ihr habt ja nichts dagegen, wenn man euch schindet und ausnutzt, wenn man euch einfängt, euch herumkommandiert oder gar ins Gesicht schlägt.
21 Zu meiner Schande muß ich gestehen: dazu war ich nicht fähig!

Aber da ich mich nun einmal zum Eigenlob entschlossen habe: Womit diese Leute so selbstbewußt prahlen, damit kann ich schon lange dienen.
22 Sie sind Hebräer? Das bin ich auch! Sie sind Israeliten und gehören zu dem von Gott auserwählten Volk? Dazu gehöre ich auch! Sie sind Nachkommen Abrahams? Ich etwa nicht?
23 Sie sind Diener Christi? Ich sage, ich habe Christus weit mehr gedient und – das kann jetzt wirklich nur noch ein Narr sagen –: Ich habe viel mehr auf mich genommen als sie. Ich bin öfter im Gefängnis gewesen und häufiger ausgepeitscht worden. Unzählige Male hatte ich den Tod vor Augen.

24 Fünfmal habe ich von den Juden die neununddreißig Schläge erhalten.

a) Wörtlich: Oder habe ich eine Sünde begangen?
b) Wörtlich: indem ich mich selbst erniedrigte, damit ihr erhöht würdet.
c) Wörtlich: Bei der Wahrheit Christi, die in mir ist.

25 Dreimal wurde ich von den Römern
ausgepeitscht, und einmal hat man
mich gesteinigt. Dreimal habe ich
Schiffbruch erlitten; einmal trieb ich
sogar einen Tag und eine ganze Nacht
hilflos auf dem Meer. 26 Auf meinen
vielen Reisen bin ich immer wieder in
Gefahr geraten durch Flüsse, die
über die Ufer getreten waren, und
durch Räuber, die mich ausrauben
wollten. Gefahr drohte mir von mei-
nem eigenen Volk ebenso wie von
den Nichtjuden. In den Städten ver-
folgten sie mich. In der Wüste und auf
dem Meer bangte ich um mein Le-
ben. Und wie oft wollten mich falsche
Brüder verraten!

27 Mein Leben bestand aus Mühe
und Plage, aus durchwachten Näch-
ten, aus Hunger und Durst. Ich habe
oft gefastet und war schutzlos der
Kälte ausgesetzt. 28 Aber das ist noch
längst nicht alles. Tag für Tag be-
drängt man mich und erwartet mei-
nen Rat als Seelsorger.[a] Dazu kommt
die Sorge um alle Gemeinden. 29 Wo
gibt es jemanden, dessen Sünde nicht
auch mich belastet? Wer wird zum
Bösen verführt, ohne daß ich bren-
nenden Zorn empfinde?[b]

30 Wenn ich mich also schon selbst
loben muß, dann will ich mit meinen
Leiden prahlen, die ich für Christus
auf mich genommen habe. 31 Gott
weiß, daß dies alles wahr ist. Ihm,
dem Vater unseres Herrn Jesus Chri-
stus, sei Lob und Ehre in Ewigkeit.

32 Einmal, es war in Damaskus, ließ
der Gouverneur des Königs Aretas
die Stadttore bewachen, um mich
festnehmen zu lassen. 33 Dort hat man
mich in einem Korb durch eine Luke
in der Stadtmauer hinuntergelassen,
und nur so konnte ich entkommen.

Gottes Kraft und unsere Schwachheit

12 Freilich ist solches Eigenlob im
Grunde Unsinn und nützt nie-
mandem. Trotzdem möchte ich jetzt
diese Gedanken zu Ende führen und
von Visionen und Offenbarungen be-
richten, die Gott einigen Menschen
schenkt. 2 Ich kenne einen Christen,
der vor vierzehn Jahren in den dritten
Himmel entrückt wurde. Gott allein
weiß, ob dieser Mensch leibhaftig
oder mit seinem Geist dort war.[c]
3 Und wenn ich auch nicht verstehe,
wie er dorthin kam – auch das weiß
allein Gott –, 4 er war im Paradies und
hat dort Worte gehört, die für Men-
schen unaussprechlich sind.

5 Dieser Mensch bin ich, und darauf
könnte ich stolz sein. Ich bin aber nur
auf meine Leiden für Christus stolz
und auf nichts anderes.[d] 6 Doch selbst
wenn ich mit solchen Erlebnissen
prahlte, wäre ich noch lange nicht
verrückt, denn ich sage die Wahrheit.
Ich verzichte aber darauf, weil ich
möchte, daß ihr mich nicht über-
schätzt, sondern mich nur nach dem
beurteilt, was ihr an meinem Leben
sehen und aus meinen Worten hören
könnt.

7 Gott selbst hat dafür gesorgt, daß

a) Wörtlich: Der tägliche Andrang zu mir.
b) Wörtlich: Wer ist schwach, und ich bin nicht schwach? Wer wird zu Bösem verführt, und ich glühe nicht vor Erregung?
c) Wörtlich: Ob im Leibe oder außer dem Leibe, weiß ich nicht.
d) Wörtlich: Für diesen will ich mich rühmen. Für mich selbst aber will ich mich nicht rühmen, außer meinen Schwachheiten.

ich mir auf diese unbeschreiblichen Offenbarungen nichts einbilde. Deshalb läßt er mich unter einer Krankheit leiden, die mir schwer zu schaffen macht.[a] Es ist, als ob ein Engel des Satans mir ins Gesicht schlägt, damit ich nicht überheblich werde. 8 Dreimal schon habe ich Gott angefleht, daß er mich davon befreit. 9 Aber er hat zu mir gesagt: «Verlaß dich ganz auf meine Gnade. Denn gerade wenn du schwach bist, kann sich meine Kraft an dir besonders zeigen.» Darum will ich vor allem auf meine Leiden und meine Schwäche stolz sein. Dann nämlich wirkt die Kraft Christi an mir. 10 Und so trage ich alles, was Christus mir auferlegt hat: alle Mißhandlungen und Entbehrungen, alle Verfolgungen und Ängste. Denn ich weiß: Gerade wenn ich schwach bin, bin ich stark durch Christus.

Werben um Vertrauen

11 Ihr habt mich gezwungen, mich wie ein Narr aufzuführen. Denn nicht ich sollte mich loben, sondern ihr solltet es tun. Zwar weiß ich, daß ich ein «Nichts» bin, aber mit euern großartigen Aposteln kann ich mich sehr wohl messen. 12 Durch meine unermüdliche Arbeit bei euch und durch Zeichen, Wunder und andere Taten habe ich bewiesen, daß ich ein Botschafter Gottes bin. 13 Habe ich euch etwa schlechter behandelt als andere Gemeinden, nur weil ich euch kein Geld abnahm? Dann verzeiht mir dieses «Unrecht»!

14 Ich werde jetzt zum dritten Mal zu euch kommen, und auch diesmal soll es euch nichts kosten. Schließlich geht es mir nicht um euer Geld, sondern um euch selbst. Außerdem versorgen[b] in der Regel nicht die Kinder ihre Eltern, sondern die Eltern ihre Kinder. 15 Für euch würde ich alles hingeben, was ich habe, sogar mein Leben. Sollte tatsächlich meine große Liebe der Anlaß sein, von euch weniger geliebt zu werden?

16 Nun gut, ich habe von euch kein Geld genommen. Aber vielleicht denkt ihr sogar, ich sei ganz besonders raffiniert gewesen und hätte euch auf hinterlistige Weise ausgenutzt. 17 Haben euch meine Mitarbeiter ausgebeutet, die ich zu euch schickte? 18 Titus etwa, den ich selbst beauftragt habe, oder der von den Gemeinden entsandte Bruder? Das halte ich für ausgeschlossen! Denn in dieser Frage sind wir vollkommen einer Meinung und gehen denselben Weg.

19 Ihr meint wohl, wir sagen dies alles, um uns vor euch zu verteidigen. Ganz und gar nicht; denn als Christen sind wir allein Gott verantwortlich.[c] Mit allem, was wir euch gesagt haben, liebe Brüder, wollen wir euch doch nur weiterhelfen. 20 Denn ich befürchte, daß ich euch bei meiner Ankunft nicht so antreffen werde, wie ich es erwarten könnte. Und dann – fürchte ich – werdet auch ihr von mir enttäuscht sein. Hoffentlich erwarten mich bei euch nicht wieder Streit, Neid, Zorn und häßliche Auseinandersetzungen! Hoffentlich gibt es nicht wieder Verleumdung und bösartiges Gerede, Hochmut und Unfrieden! 21 Ich habe Angst, daß Gott

a) Wörtlich: Deshalb wurde mir gegeben ein Pfahl ins Fleisch.
b) Wörtlich: sammeln Schätze.
c) Wörtlich: Wir reden vor Gott in Christus.

mich bei euch erneut demütigen
könnte und ich über viele von euch
traurig sein müßte, die nicht bereit
waren, ihr sittenloses, ausschweifen-
des Leben zu bereuen und umzukeh-
ren.

Abschließende Bitte und Grüße

13 Jetzt werde ich zum dritten
Mal zu euch kommen. Denkt
daran: «Jeder Streitfall soll durch die
Aussage von zwei oder drei Zeugen
entschieden werden.»[a] 2 Ich habe
euch schon gewarnt, als ich das letzte
Mal bei euch war. Jetzt sage ich es
noch einmal in diesem Brief. Allen,
die Schuld auf sich geladen haben, er-
kläre ich ohne alle Umschweife: Ich
werde keine Nachsicht üben, wenn
ich wieder bei euch bin.
3 Ihr selbst wollt ja den Beweis, daß
Christus durch mich spricht. Nun,
Christus ist euch gegenüber nicht
schwach, sondern stark und mächtig.
4 Als er gekreuzigt wurde, war er
schwach; aber jetzt ist er auferstan-
den und lebt aus der Kraft Gottes.
Auch wir sind schwach, wie es Chri-
stus am Kreuz war; doch euch gegen-
über wird sich zeigen, daß wir mit
Christus aus der Kraft Gottes leben.
5 Prüft euch! Stellt selbst fest, ob
euer Glaube noch lebendig ist! Oder
ist bei euch nichts mehr davon zu
merken, daß Jesus Christus unter
euch lebt? Dann allerdings hättet ihr
diese Prüfung nicht bestanden.[b] 6 Ich
hoffe aber, ihr werdet erkennen, daß
wir diese Probe bestanden haben.
7 Wir beten zu Gott, daß ihr nichts
Böses tut; und das nicht, weil wir eine
Bestätigung für unsere Arbeit haben
wollen. Es geht uns nur darum, daß
ihr das Gute tut, selbst wenn man uns
für Versager hält. 8 Gegen Gottes
Wahrheit können wir ohnehin nichts
ausrichten, wir können nur für sie
eintreten. 9 Gern wollen wir schwach
sein, wenn ihr nur stark seid. Darum
beten wir, daß euer Leben wieder mit
Gott in Ordnung kommt.[c]
10 Ich habe euch das alles geschrie-
ben, ehe ich zu euch komme, damit
ich nicht zu streng mit euch sein muß,
wenn ich bei euch bin. Denn Gott hat
mir seine Vollmacht gegeben, um
euch weiterzuhelfen, nicht um euch
zu bestrafen.[d]
11 Zum Schluß, meine lieben Brü-
der, noch einmal meine Bitte: Freut
euch! Kehrt von euren falschen We-
gen um! Hört auf alles, was ich euch
geschrieben habe. Haltet fest zusam-
men, und schafft Frieden in eurer Ge-
meinde. Dann wird Gott, der ja ein
Gott der Liebe und des Friedens ist,
mit euch sein.
12 Grüßt euch mit dem Bruderkuß[e].
Die Gemeinde hier läßt euch grüßen.
13 Ich wünsche euch, daß die Gnade
unseres Herrn Jesus Christus, die
Liebe Gottes und die Gemeinschaft
des Heiligen Geistes euer Leben be-
stimmen.

a) 5. Mose 19,15
b) Wörtlich: Wenn nicht, seid ihr ja Unbewährte.
c) Wörtlich: um eure Vervollkommnung.
d) Wörtlich: zur Erbauung, nicht zur Zerstörung.
e) Wörtlich: mit dem heiligen Kuß.

Der Brief des Paulus an die Christen in Galatien

Botschaft und Gruß

1 Diesen Brief schreibt Paulus an
die Gemeinden in der Provinz
Galatien. Ich bin weder von Men-
schen berufen noch durch sie ausge-
sandt worden. Jesus Christus selbst
hat mich zu seinem Botschafter be-
stimmt und Gott, unser Vater, der Je-
sus von den Toten auferweckte. 2 Ich
schreibe euch im Namen aller meiner
Mitarbeiter[a], die hier bei mir sind.
3 Euch allen wünschen wir Gnade
und Frieden von Gott, unserem Va-
ter, und dem Herrn Jesus Christus.
4 Er hat sein Leben für unsere Sünden
hingegeben und hat uns davon be-
freit, so leben zu müssen wie diese
vergängliche, vom Bösen beherrschte
Welt. Damit erfüllte er den Willen
Gottes, unseres Vaters. 5 Ihn wollen
wir in alle Ewigkeit loben und ehren.
Das ist ganz gewiß! Amen.

Es gibt nur einen Weg zu Gott

6 Ich muß mich wirklich wundern, daß
ihr so schnell bereit seid, euch von
Gott abbringen zu lassen, der euch
doch in seiner Gnade durch Jesus
Christus das neue Leben geschenkt
hat.[b] Ihr meint, ein anderes Evange-
lium, einen anderen Weg zur Ret-
tung, gefunden zu haben? 7 Dabei
kann es gar kein anderes Evangelium
geben! Es gibt nur ein paar Leute, die
unter euch Verwirrung stiften, indem
sie die Botschaft von Christus verfäl-
schen.
8 Wer euch aber einen anderen Weg
zum Heil zeigen will als das Evange-
lium, das wir euch verkündigt haben,
den wird Gottes Urteil treffen; auch
wenn wir selbst das wären oder gar
ein Engel vom Himmel. 9 Ich sage es
noch einmal: Wer euch ein anderes
Evangelium verkündet, als ihr ange-
nommen habt, der soll verflucht sein!
10 Rede ich so, wie die Menschen es
hören wollen, oder geht es mir dar-
um, Gott zu gefallen? Erwarte ich,
daß die Menschen mir Beifall klat-
schen? Dann würde ich nicht länger
Christus dienen.[c]

Paulus – von Gott selbst berufen

11 Ihr könnt sicher sein, liebe Brüder:
Das Evangelium, wie ich es euch ge-
lehrt habe, ist nicht das Ergebnis
menschlicher Überlegungen. 12 Denn
auch mir hat es niemand überliefert,
kein Mensch hat es mich gelehrt. Je-
sus Christus selbst ist mir erschienen
und hat mir sein Evangelium offen-
bart. 13 Ihr wißt sicherlich, wie ich als

a) Wörtlich: Brüder.
b) Wörtlich: der euch in die Gnade (Christi) gerufen hat.
c) Wörtlich: Beschwätze ich denn jetzt Menschen oder Gott? Oder suche ich Menschen zu gefallen? Wenn ich noch Menschen gefiele, wäre ich nicht Christi Sklave.

strenggläubiger Jude gelebt habe,
daß ich die Christen[a] überall unbarm-
herzig verfolgte und ihre Gemeinden
zerstören wollte. 14 Mein Fanatismus,
mit dem ich mich für den jüdischen
Glauben einsetzte, wurde von kei-
nem meiner Altersgenossen in unse-
rem Volk erreicht. Ich wollte unbe-
dingt die überlieferten Gesetze unse-
rer Väter buchstabengetreu erfüllen.
15 Aber Gott hatte mich in seiner
Gnade schon vor meiner Geburt dazu
bestimmt, ihm einmal zu dienen. Als
die Zeit dafür gekommen war, 16 ließ
er mich Jesus Christus sehen und er-
kennen. Die anderen Völker sollten
durch mich erfahren, daß Jesus ihr
Retter ist. Ohne zu zögern, habe ich
diesen Auftrag angenommen und
keinen Menschen um Rat gefragt.
17 Ich bin nicht einmal nach Jerusalem
gereist, um die nach ihrer Meinung zu
fragen, die schon vor mir Gottes Bot-
schafter waren. Nein, ich bin sofort
nach Arabien gezogen und von dort
wieder nach Damaskus zurückge-
kehrt.
18 Erst drei Jahre später kam ich
nach Jerusalem, weil ich Petrus[b] ken-
nenlernen wollte. Fünfzehn Tage bin
ich damals bei ihm geblieben. 19 Von
den anderen Aposteln habe ich bei
diesem Aufenthalt keinen gesehen,
außer Jakobus, den Bruder unseres
Herrn. 20 Gott weiß, daß alles wahr
ist, was ich euch sage.
21 Danach bin ich in den Gebieten
von Syrien und Zilizien gewesen, um
dort das Evangelium zu verkündigen.
22 Die christlichen Gemeinden in Ju-
däa haben mich damals noch nicht
persönlich gekannt. 23 Nur vom Hö-
rensagen wußten sie: «Der Mann,
der uns früher verfolgt hat, verkün-
digt jetzt selbst die Botschaft von
Christus[c], die er früher so erbittert
bekämpfte.» 24 Und sie dankten Gott
für alles, was er an mir getan hat.

Paulus – von den anderen Aposteln anerkannt

2 Erst vierzehn Jahre später bin ich
– zusammen mit Barnabas und Ti-
tus – wieder nach Jerusalem gekom-
men. 2 Gott selbst hatte mir den Auf-
trag zu dieser Reise gegeben.[d] In Je-
rusalem habe ich der Gemeinde – vor
allem ihren führenden Männern –
vorgetragen, was ich den Menschen
aus anderen Völkern verkündige. Ich
wollte sicher sein, daß ich nicht ver-
geblich arbeite oder bisher gearbeitet
habe, indem ich etwas anderes lehrte
als sie. 3 Alle Verantwortlichen
stimmten meiner Arbeit zu. Nicht
einmal von Titus, meinem griechi-
schen Reisebegleiter, wurde ver-
langt, daß er sich beschneiden läßt.
4 Die Frage der Beschneidung wäre
überhaupt nicht zum Problem gewor-
den, wären da nicht einige falsche
«Brüder» gewesen, die hinter mei-
nem Rücken spioniert hatten. Sie
wollten unbedingt beweisen, daß ich
die Freiheit mißbrauche, die uns
Christus schenkt, und erwarteten,
daß wir uns wieder ihren Gesetzen
unterwerfen. 5 Aber wir haben ihnen
keinen Augenblick nachgegeben und
ihnen in keinem einzigen Punkt zuge-
stimmt. Denn für uns ist nur eins

a) Wörtlich: die Gemeinde Gottes.
b) Wörtlich: Kephas (Fels).
c) Wörtlich: den Glauben.
d) Wörtlich: aufgrund einer Offenbarung.

wichtig: daß euch die Wahrheit des Evangeliums erhalten bleibt.

6 Die verantwortlichen Männer in der Gemeinde – wobei es mir unwichtig ist, was sie früher einmal waren; denn das ist vor Gott ganz ohne Bedeutung –, diese Männer haben mir jedenfalls keine Vorschriften gemacht. 7 Im Gegenteil! Ihnen ist klar geworden, daß Gott mir den Auftrag gegeben hat, den nichtjüdischen Völkern[a] die Botschaft von Christus zu verkündigen, so wie er Petrus aufgetragen hat, sie den Juden[b] zu bringen. 8 Denn alle konnten sehen, daß meine Arbeit als Apostel ebenso von Gott bestätigt wurde wie die des Petrus.

9 Und nachdem Jakobus, Petrus und Johannes erkannt hatten, daß Gott mir diesen besonderen Auftrag gegeben hat, da gaben sie[c] mir und Barnabas brüderlich die Hand. Wir einigten uns, daß sie das Evangelium weiter unter den Juden verkündigen sollten und wir unter den anderen Völkern. 10 Nur um eins haben sie uns gebeten: daß wir die Armen in der Gemeinde von Jerusalem nicht vergessen sollten. Und dafür habe ich mich auch immer eingesetzt.

Auseinandersetzung zwischen Paulus und Petrus

11 Als aber Petrus später nach Antiochia kam, mußte ich ihm öffentlich widersprechen, weil er sich einfach falsch verhalten hatte. 12 Zunächst hatte er ohne Bedenken mit den Christen, die keine Juden waren, an den gemeinsamen Mahlzeiten teilgenommen. Als aber einige jüdische Christen aus dem Kreis um Jakobus dazukamen, zog er sich zurück und wollte nicht mehr wie bisher mit allen zusammen sein[d]. Er fürchtete nämlich die Vorwürfe der jüdischen Christen.

13 So wie Petrus heuchelten auch die anderen Juden in der Gemeinde, und schließlich brachten sie sogar Barnabas dazu, gegen seine Überzeugung zu handeln.

14 Als ich merkte, daß sie durch ihre Heuchelei von der Wahrheit des Evangeliums abwichen, sagte ich in aller Öffentlichkeit zu Petrus: «Obwohl du als Jude geboren wurdest, befolgst du jetzt das jüdische Gesetz nicht mehr, weil du Christ geworden bist. Weshalb verlangst du dann von den Christen, die aus den Heidenvölkern stammen, daß sie nach den Regeln des jüdischen Gesetzes leben sollen?

15 Zwar sind wir beide durch unsere Geburt Juden und keine gottlosen Heiden[e]. 16 Trotzdem wissen wir inzwischen sehr genau, daß wir nicht durch gute Werke, wie das Gesetz sie von uns fordert, vor Gott bestehen können, sondern allein durch den Glauben an Jesus Christus. Wir sind doch deshalb Christen geworden, weil wir davon überzeugt sind, daß wir nur durch den Glauben an Christus von unserer Schuld freigesprochen werden; nicht aber, weil wir die Forderungen des Gesetzes peinlich genau erfüllen. Denn wie die Heilige Schrift sagt, findet kein Mensch allein

a) Wörtlich: den Unbeschnittenen.
b) Wörtlich: Beschneidung.
c) Wörtlich: die als die Säulen gelten.
d) Wörtlich: und sonderte sich ab.
e) Wörtlich: Sünder aus den Heiden.

durch gute Werke Gottes Anerkennung.»[a]
17 Wenn wir aber nicht durch gute Werke, sondern nur durch den Glauben an Christus Anerkennung bei Gott finden wollen, geben auch wir zu, Sünder zu sein. Bedeutet dies nun, daß Christus zum Komplizen[b] der Sünde wird, wenn durch den Glauben an ihn das Gesetz aufgehoben ist? Auf gar keinen Fall! 18 Nicht Christus, sondern ich selbst bin ein Komplize der Sünde, wenn ich dem Gesetz wieder Geltung verschaffen will, das ich vorher als nutzlos erkannt habe.

19 Durch das Gesetz nämlich war ich zum Tode verurteilt, und dieses Urteil ist tatsächlich an mir vollstreckt worden; das heißt, mein altes Leben ist beendet, damit ich jetzt ganz neu für Gott leben kann. Durch den Glauben erkenne ich, daß mein altes Leben mit Christus am Kreuz gestorben ist.

20 Jetzt habe ich ein neues Leben! Es wird nicht mehr von meinem alten Ich bestimmt, sondern von dem auferstandenen Christus, der in mir lebt. Mein Leben auf dieser Erde erhält seinen Sinn durch den Glauben an Jesus Christus, den Sohn Gottes, der mich geliebt und sich in seiner Liebe für mich geopfert hat.[c] 21 Niemals werde ich Gottes unverdientes Geschenk ablehnen. Könnte ich nämlich durch das Befolgen des Gesetzes erreichen, von Gott angenommen zu werden, dann hätte Christus nicht zu sterben brauchen.

Vom Fluch des Gesetzes befreit

3 Warum wollt ihr Christen in Galatien das denn nicht endlich begreifen! Wer konnte euch bloß so durcheinanderbringen? Habe ich euch das Sterben Jesu am Kreuz nicht so geschildert, als hättet ihr alles mit eigenen Augen gesehen? 2 Beantwortet mir nur diese eine Frage: Wodurch habt ihr den Heiligen Geist empfangen? Indem ihr die Forderungen des Gesetzes erfüllt habt oder weil ihr die Frohe Botschaft von Jesus Christus angenommen habt[d]?

3 Wie könnt ihr nur so blind sein! Wollt ihr jetzt etwa aus eigener Kraft zu Ende führen, was Gottes Geist in euch begonnen hat? 4 Ihr habt doch so Großes mit Gott erfahren. Soll das wirklich alles vergeblich gewesen sein? Das kann ich einfach nicht glauben! 5 Ich frage euch darum noch einmal: Schenkt Gott euch seinen Geist und läßt er Wunder bei euch geschehen, weil ihr das Gesetz erfüllt oder weil ihr an Christus glaubt[d]?

6 Erinnert euch einmal daran, was von Abraham gesagt wird: «Abraham hat Gott geglaubt, und deswegen hat er bei ihm Anerkennung gefunden.»[e] 7 Das bedeutet doch: Gottes Volk, die wirklichen Kinder Abrahams, sind alle, die an Gott und an Jesus Christus glauben und ihm

a) Psalm 143,2
b) Wörtlich: Diener.
c) Wörtlich: Es lebt aber nicht mehr mein Ich, es lebt vielmehr in mir Christus. Was ich aber jetzt im Fleisch (noch) lebe, im Glauben lebe ich an den Sohn Gottes, der mich geliebt und sich für mich hingegeben hat.
d) Wörtlich: oder aus dem Hören (der Predigt) des Glaubens.
e) 1. Mose 15,6

vertrauen.[a] [8]Die Heilige Schrift selbst hat schon längst darauf hingewiesen, daß Gott auch die anderen Völker durch den Glauben retten wird. Gott verkündigte schon Abraham die Frohe Botschaft: «Durch dich sollen alle Völker gesegnet werden.»[b] [9]Mit Abraham, der unerschütterlich Gott vertraute, werden alle gesegnet, die ebenso glauben wie er.

[10]Wer dagegen darauf vertraut, von Gott angenommen zu werden, weil er das Gesetz erfüllt, der steht unter einem Fluch. Die Heilige Schrift sagt ganz klar: «Jeden soll der Fluch treffen, der nicht in allen Punkten Gottes Gesetz erfüllt.»[c] [11]Daß aber niemand durch das Gesetz Anerkennung bei Gott finden kann, ist klar. Denn schon der Prophet Habakuk sagt: «Nur der wird Gottes Anerkennung finden und leben, der ihm vertraut.»[d] [12]Das Gesetz aber fragt nicht nach dem Glauben. Hier gilt: «Nur wer seine Forderungen erfüllt, wird leben.»[e]

[13]Von diesem Fluch des Gesetzes hat uns Christus erlöst. Als er den Tod am Kreuz starb, hat er diesen Fluch auf sich genommen, so wie es vorausgesagt war: «Wer am Kreuz hängt, der ist verflucht.»[f] [14]Der Segen, den Gott Abraham zugesagt hatte, sollte durch den Tod Jesu am Kreuz allen Völkern geschenkt werden. Und durch diesen Glauben sollten sie alle den Heiligen Geist empfangen, wie Gott es zugesagt hatte.

Das Gesetz und die Verheißung

[15]Liebe Brüder! Ich möchte einmal ein ganz alltägliches Beispiel gebrauchen. Ist ein Testament ausgefertigt und rechtsgültig, dann kann niemand etwas hinzufügen oder gar das Testament selbst für ungültig erklären. [16]Sehen wir uns die Zusagen Gottes an Abraham genauer an, dann stellen wir fest: Gott gab sein Versprechen Abraham und *seinem* Nachkommen. Es heißt nicht: Abraham und *seinen* Nachkommen. Gottes Zusagen gelten demnach ganz eindeutig einem einzigen und nicht den vielen Nachkommen Abrahams. Dieser eine ist Christus.

[17]Ich will damit sagen: Gottes Verheißung ist wie ein Testament rechtsgültig, und das Gesetz, das erst vierhundertdreißig Jahre später gegeben wurde, ändert daran nichts. Gottes Versprechen an Abraham wird deshalb nicht ungültig. [18]Würde Gott jetzt seine Zusage von der Erfüllung des Gesetzes abhängig machen, so wäre seine frühere Verheißung aufgehoben. Aber Gott hat Abraham seine Zusage ausdrücklich ohne jede Bedingung gegeben.[g]

Welche Aufgabe hat das Gesetz?

[19]Was aber soll dann noch das Gesetz? Gott hat es zusätzlich gegeben, damit wir das Ausmaß unserer Sünden erkennen. Dieses Gesetz – von

a) Wörtlich: die aus dem Glauben sind.
b) 1. Mose 12,3; 18,18
c) 5. Mose 27,26
d) Wörtlich: Der Gerechte wird aus dem Glauben leben. Habakuk 2,4
e) 3. Mose 18,5
f) 5. Mose 21,23
g) Wörtlich: Denn wäre das Erbe aus dem Gesetz, dann käme es nicht mehr aus (der) Verheißung. Dem Abraham aber hat Gott es durch Verheißung frei geschenkt.

den Engeln durch den Vermittler Mose zu uns gebracht – sollte gelten, bis der Nachkomme Abrahams da war, an dem Gott sein Versprechen erfüllen wollte. [20]Bei dieser Zusage war kein Vermittler notwendig, sondern Gott, der Eine, hat selbst zu Abraham gesprochen.

[21]Soll man nun daraus schließen, daß die Verheißung Gottes und das Gesetz einander widersprechen? Natürlich nicht. Das wäre nur der Fall, wenn es ein Gesetz gäbe, das uns neues Leben schenkt, indem es uns von unserer Schuld freispricht. Dann allerdings käme unsere Anerkennung vor Gott tatsächlich aus dem Gesetz. [22]Aber in der Heiligen Schrift heißt es eindeutig, daß wir alle Gefangene der Sünde sind und daß wir allein durch den Glauben an Jesus Christus befreit werden können. Denn in Christus hat sich die Verheißung Gottes erfüllt.[a]

[23]Das Gesetz hielt uns gefangen, bis Christus[b] kam, der von Gott schon lange versprochene Retter. [24/25]Bis dahin hatte das Gesetz für uns die Funktion eines strengen Erziehers. Seitdem aber Christus[b] gekommen ist und wir durch den Glauben an ihn Gottes Anerkennung gefunden haben, sind wir dem Gesetz, diesem strengen Erzieher, nicht mehr unterstellt. [26]Denn durch den Glauben an Jesus Christus seid ihr nun alle zu Kindern[c] Gottes geworden. [27]Ihr gehört zu Christus,[d] weil ihr auf seinen Namen getauft seid. [28]Jetzt ist es nicht mehr wichtig, ob ihr Juden oder Griechen, Sklaven oder Freie, Männer oder Frauen seid: in Christus seid ihr alle eins. [29]Gehört ihr aber zu Christus, dann seid auch ihr Nachkommen Abrahams und habt Anspruch auf alles, was Gott ihm zugesagt hat.

Nicht mehr Gefangene des Gesetzes, sondern Kinder Gottes

4 Überlegt einmal: Solange jemand nicht über sein Erbe verfügen kann, weil er noch nicht volljährig ist, besteht zwischen ihm und einem Besitzlosen kein Unterschied, obwohl ihm als Erben schon alles gehört. [2]Aber bis zu dem vom Vater festgesetzten Termin bestimmen sein Vormund und seine Vermögensverwalter über den Besitz.

[3]Genauso ging es auch uns. Wie Unmündige waren wir allen Mächten und Zwängen dieser Welt ausgeliefert[e], wurden wir von ihnen ausgebeutet und unterdrückt. [4]Aber zu der von Gott festgesetzten Zeit sandte er seinen Sohn zu uns. Christus wurde wie wir als Mensch geboren und den Forderungen des Gesetzes unterstellt.[f] [5]Er sollte uns befreien, die wir Gefangene des Gesetzes waren, damit Gott uns als seine Kinder annehmen konnte.

[6]Weil ihr nun seine Kinder seid, schenkte euch Gott seinen Heiligen Geist, denselben Geist, den auch der

a) Wörtlich: damit die Verheißung aus Glauben an Jesus Christus den Glaubenden gegeben werde.
b) Wörtlich: der Glaube.
c) Wörtlich: Söhnen.
d) Wörtlich: Ihr habt Christus angezogen.
e) Wörtlich: waren wir unter die Weltelemente versklavt.
f) Wörtlich: Als aber kam die Fülle der Zeit, sandte Gott seinen Sohn, geworden aus einer Frau, gestellt unter das Gesetz.

Sohn hat. Deshalb dürft ihr jetzt
im Gebet zu Gott sagen: «Lieber Va-
ter!»[a] 7 Ihr seid nicht länger Gefange-
ne des Gesetzes, sondern Kinder
Gottes. Und als Kinder Gottes seid
ihr auch seine Erben, denen alles ge-
hört, was Gott versprochen hat.

Paulus sorgt sich um seine Gemeinden

8 Als ihr von Gott noch nichts wußtet,
habt ihr zu Göttern gebetet und ihnen
gedient, die in Wirklichkeit nichts an-
deres als von Menschen geschaffene
Götzen sind. 9 Nachdem ihr nun aber
Gott kennt – genauer gesagt, nach-
dem Gott euch kennt –, wie ist es da
möglich, daß ihr euch diesen armseli-
gen und kümmerlichen Vorstellun-
gen wieder zuwendet und sogar skla-
visch danach lebt? 10 Oder warum
sonst legt ihr so großen Wert auf die
Einhaltung bestimmter Tage, Mona-
te, Feste und Jahre? 11 Muß ich da
nicht befürchten, daß meine ganze
Arbeit bei euch sinnlos gewesen ist?

12 Liebe Brüder, ich bitte euch:
Folgt meinem Beispiel, und erwartet
nicht eure Rettung vom Gesetz des
Mose. Als ich zum ersten Mal bei
euch war, habe ich mich ja auch nach
euch gerichtet und nicht erwartet,
daß ihr nach dem Gesetz lebt. Ihr
habt mich nie gekränkt und werdet
mich doch auch jetzt nicht kränken![b]

13 Ihr erinnert euch sicherlich
daran, als ich das erste Mal bei euch
war und euch das Evangelium ver-
kündigte. Damals wurde ich krank
und konnte nicht weiterreisen. 14 Und
obwohl meine Krankheit für euch
nicht leicht zu ertragen war, habt ihr
mich weder verachtet noch abgewie-
sen. Im Gegenteil, ihr habt mich wie
einen Engel Gottes aufgenommen, ja
wie Jesus Christus selbst. 15 Wie
glücklich und dankbar wart ihr doch
damals! Und heute? Ich bin sicher, zu
der Zeit hättet ihr sogar eure Augen
für mich ausgerissen. 16 Weshalb nur
seht ihr jetzt einen Feind in mir?
Etwa, weil ich euch die Wahrheit sa-
ge?

17 Vielleicht liegt es an den Leuten,
die euch im Moment so umwerben.
Doch sie meinen es nicht ehrlich mit
euch. Sie wollen nur erreichen, daß
ihr euch von mir abwendet und ihnen
folgt. 18 Nun habe ich gar nichts dage-
gen, wenn ihr andere zum Vorbild
nehmt, allerdings müssen es gute
Vorbilder sein. Wie gern wäre ich eu-
er Vorbild, auch wenn ich nicht bei
euch bin.

19 Euretwegen, meine lieben Kin-
der, leide ich noch einmal alle
Schmerzen und Ängste, wie sie eine
Mutter bei der Geburt ihres Kindes
auszustehen hat. Wenn man doch
endlich an euch erkennen könnte,
daß Christus euer Herr ist und euer
Leben bestimmt! 20 Könnte ich doch
nur bei euch sein und mit meinen
Worten euer Herz erreichen! Denn
ich weiß mir keinen Rat mehr mit
euch.

Die beiden Söhne Abrahams

21 Ihr wollt also nach dem Gesetz le-
ben. Wißt ihr denn eigentlich, was im
Gesetz steht? 22 Dort heißt es, daß
Abraham zwei Söhne hatte: einen

a) Wörtlich: Gott sandte den Geist seines Sohnes in unsere Herzen, rufend: Abba, Vater!
b) Wörtlich: Werdet wie ich; denn ich wurde wie ihr; Brüder, ich bitte euch. In keiner Weise habt ihr mir ein Leid zugefügt.

von der Sklavin Hagar und einen von
seiner Frau Sara, die als Freie gebo-
ren war. 23 Der Sohn der Sklavin wur-
de geboren, weil Abraham endlich
einen Sohn haben wollte, der Sohn
der Freien dagegen, weil Gott ihn
verheißen hatte.[a]
24 Am Beispiel dieser beiden
Frauen will uns Gott zeigen, wie ver-
schieden die beiden Bündnisse sind,
die er mit den Menschen geschlossen
hat. Den einen Bund schloß Gott auf
dem Berge Sinai mit dem Volk Israel,
als er ihm durch Mose das Gesetz
gab. Dieses Gesetz aber knechtet uns
und bringt nur Sklaven hervor wie
Hagar. 25 Hagar ist übrigens der ara-
bische Name für den Berg Sinai. Er
entspricht dem Jerusalem unserer
Zeit, den Juden, die am Gesetz fest-
halten, aber nie frei werden, weil sie
nicht an Christus glauben wollen.
26 Die andere Frau aber, von der
wir abstammen, ist frei. Sie weist auf
das neue Jerusalem im Himmel hin,
auf den neuen Bund, den Gott mit
uns durch Jesus Christus geschlossen
hat. 27 Davon spricht schon der Pro-
phet Jesaja: «Sei fröhlich, du Un-
fruchtbare, auch wenn du nie ein
Kind geboren hast. Juble und jauch-
ze, du Kinderlose. Denn du, die du
allein bist, wirst mehr Kinder haben
als die Frau, die einen Mann hat.»[b]
28 So steht ihr, liebe Brüder, nicht län-
ger unter dem Gesetz, weil euch wie
Isaak Gottes Verheißung gilt.
29 Allerdings verfolgte schon da-
mals der Sohn der Sklavin – der gebo-
ren wurde, weil Menschen es so woll-
ten – den Sohn der Freien, der gebo-
ren wurde, weil Gott es wollte. Ge-
nauso ist es auch noch heute. 30 Aber
was sagt die Heilige Schrift dazu?
«Verstoße die Sklavin mit ihrem
Sohn! Denn nicht er, sondern der
Sohn der Freien soll dein Erbe sein!»[c]
31 Wir aber, meine lieben Brüder, sind
nicht die Kinder der Sklavin. Wir sind
Kinder der Freien und nicht dem Ge-
setz verpflichtet, denn durch Jesus
Christus sind wir davon befreit.

Bewahrt die Freiheit, die Christus euch schenkt!

5 Durch Christus sind wir frei ge-
worden, damit wir als Befreite le-
ben. Jetzt kommt es darauf an, daß
ihr euch nicht wieder vom Gesetz ge-
fangennehmen laßt.
2 Ich, Paulus, sage euch deshalb in
aller Deutlichkeit: Wenn ihr euch den
Forderungen des jüdischen Gesetzes
beugt und euch beschneiden laßt, ist
alles nutzlos, was Christus für euch
getan hat. 3 Und noch einmal erkläre
ich jedem einzelnen von euch: Wer
sich beschneiden läßt, der muß das
ganze Gesetz von A bis Z – mit allen
seinen Forderungen – befolgen.
4 Wenn ihr aber durch das Gesetz vor
Gott bestehen wollt, dann habt ihr
euch von Christus losgesagt, und
Gottes Gnade gilt nicht länger für
euch.[d]
5 Wir aber vertrauen darauf, daß
wir durch den Glauben an Jesus Chri-
stus von Gott angenommen werden.
Er hat uns ja durch seinen Heiligen

a) Wörtlich: Doch der Sohn der Magd wurde kraft des Fleisches gezeugt, der Sohn der Freien aber kraft der Verheißung.

b) Jesaja 54,1

c) 1. Mose 21,10

d) Wörtlich: Ihr seid aus der Gnade herausgefallen.

Geist diese Hoffnung geschenkt.[a] 6 Vor Jesus Christus ist es völlig gleich, ob wir beschnitten oder unbeschnitten sind. Bei ihm gilt allein der Glaube, der sich in selbstloser Liebe zeigt.

7 Es hat so gut mit euch angefangen! Wer hat euch nur dazu gebracht, daß ihr der Wahrheit nicht mehr folgen wollt? 8 Bestimmt nicht Gott, der euch auf diesen Weg des Glaubens führte! 9 Wie ihr wißt, genügt schon ein wenig Sauerteig, um den ganzen Teig zu durchsäuern. 10 Aber ich verlasse mich auf den Herrn und vertraue euch, daß ihr in dieser Frage mit mir übereinstimmen werdet. Wer euch aber im Glauben durcheinanderbringt, wird seiner Strafe nicht entgehen, wer er auch sein mag.

11 Manche Leute behaupten, ich selbst würde alle Christen dazu drängen, sich beschneiden zu lassen. Würden mich die Juden dann aber noch verfolgen? Dann brauchte sich auch niemand mehr darüber aufzuregen, daß ein Gekreuzigter der von Gott versprochene Retter ist.[b] 12 Sollen sie sich doch selbst verstümmeln, die euch so hartnäckig die Beschneidung aufschwatzen wollen!

Nur wer liebt, ist wirklich frei

13 Liebe Brüder! Durch Christus wurde euch die Freiheit geschenkt. Das bedeutet aber nicht, daß ihr jetzt tun und lassen könnt, was ihr wollt. Nehmt vielmehr in gegenseitiger Liebe Rücksicht aufeinander. 14 Denn das ganze Gesetz hat nur erfüllt, wer dieses eine Gebot befolgt: «Liebe deinen Mitmenschen wie dich selbst!»[c] 15 Wenn ihr aber wie wütende Hunde übereinander herfallt, dann paßt nur auf, daß ihr euch dabei nicht gegenseitig auffreßt!

16 Darum rate ich euch: Laßt euer Leben vom Heiligen Geist bestimmen. Wenn er euch führt, werdet ihr allen selbstsüchtigen Wünschen und Verlockungen[d] widerstehen können. 17 Denn, selbstsüchtig wie wir sind, wollen wir immer das Gegenteil von dem, was Gottes Geist will. Doch der Geist Gottes duldet unseren Egoismus nicht. Beide kämpfen gegeneinander, so daß ihr nicht ungehindert tun könnt, was ihr wollt. 18 Wenn ihr aber aus der Kraft des Heiligen Geistes lebt, seid ihr den Forderungen des Gesetzes nicht länger unterworfen.

19 Gebt ihr dagegen euern selbstsüchtigen Wünschen nach, ist allen klar, wohin das führt:[e] zu einem sittenlosen Leben, Unzucht und hemmungsloser Zügellosigkeit, 20 zur Anbetung selbstgewählter Idole und zu abergläubischem Vertrauen auf übersinnliche Kräfte. Feindseligkeit, Streitsucht, unberechenbare Eifersucht, Intrigen, Uneinigkeit und Spaltungen bestimmen dann das Leben ebenso 21 wie Neid, Trunksucht, üppige Gelage und ähnliche Dinge. Ich habe es schon oft gesagt und warne euch hier noch einmal: Wer so lebt, wird niemals in Gottes Reich kommen.

22 Dagegen bringt der Heilige Geist in unserem Leben nur Gutes hervor: Liebe und Freude, Frieden und Ge-

a) Wörtlich: Denn wir erwarten durch den Geist aus Glauben die erhoffte Gerechtigkeit.
b) Wörtlich: Dann ist ja das Ärgernis des Kreuzes beseitigt.
c) 3. Mose 19,18
d) Wörtlich: Begehren des Fleisches.
e) Wörtlich: Offenbar aber sind die Werke des Fleisches.

duld, Freundlichkeit, Güte und
Treue, Besonnenheit und Selbstbe-
herrschung. [23]Ist das bei euch so?
Dann braucht ihr kein Gesetz zu
fürchten.
[24]Es ist wahr: Wer zu Christus ge-
hört, der hat sein selbstsüchtiges We-
sen mit allen Leidenschaften und Be-
gierden an das Kreuz geschlagen.
[25]Durch den Heiligen Geist haben wir
neues Leben, und das soll jetzt auch
bei uns sichtbar werden. [26]Blinder
Ehrgeiz, der nur unsere Eitelkeit be-
friedigt, gegenseitige Kränkungen
und Neid dürfen bei uns keine Rolle
mehr spielen.

Tragt die Lasten gemeinsam!

6 Liebe Brüder! Wenn sich aber
einer von euch etwas zuschulden
kommen läßt und sündigt, dann sollt
ihr ihn als Menschen, die Gottes
Geist leitet, verständnisvoll wieder
zurechtbringen. Seht aber zu, daß ihr
dabei nicht in dieselbe Gefahr gera-
tet. [2]Kümmert euch um die Schwie-
rigkeiten und Probleme des anderen,
und tragt die Last gemeinsam. Auf
diese Weise verwirklicht ihr, was
Christus von euch erwartet.[a] [3]Wer
sich einbildet, besser zu sein als die
anderen, der betrügt sich selbst.
[4]Darum soll jeder sein eigenes Leben
sehr genau überprüfen. Dann wird er
nämlich erkennen, wie unberechtigt
es ist, sich über andere zu erheben.
[5]Denn jeder ist für sein eigenes Tun
vor Gott verantwortlich. Das ist
schon schwer genug!
[6]Wer in Gottes Wort unterwiesen
wird, soll auch zum Lebensunterhalt
seines Lehrers beitragen, so gut er
kann.
[7]Glaubt nur nicht, ihr könntet Gott
irgend etwas vormachen! Ihr werdet
genau das ernten, was ihr gesät habt.
[8]Wer nicht Gott, sondern sich selbst
vertraut, den erwartet das ewige Ver-
derben. Wer sich aber durch den
Geist Gottes führen läßt, dem wird
Gott das ewige Leben schenken.[b]
[9]Laßt also nicht nach in euerm Be-
mühen, Gutes zu tun. Es kommt eine
Zeit, in der ihr eine reiche Ernte ein-
bringen werdet. Gebt nur nicht vor-
her auf! [10]Solange uns noch Zeit
bleibt, wollen wir allen Menschen
Gutes tun; vor allem aber denen, die
mit uns an Jesus Christus glauben.

Worauf es ankommt

[11]Wie ihr an den großen Buchstaben
sehen könnt, schreibe ich diesen
Brief eigenhändig zu Ende.
[12]Leute, denen es nur um ihr Anse-
hen und ihre Geltung vor Menschen
geht, wollen euch einreden, ihr müß-
tet euch noch beschneiden lassen.
Dabei haben sie doch nur Angst, ver-
folgt zu werden, wenn sie sich einzig
und allein zum gekreuzigten Jesus
Christus bekennen. [13]Doch obwohl
sie für die Beschneidung eintreten,
erfüllen sie die Forderungen des Ge-
setzes nicht. Sie wollen nur damit
prahlen, daß sie euch zur Beschnei-
dung überredet haben.
[14]Ich aber kenne nur eins, das ich
rühmen kann: das Kreuz unseres
Herrn Jesus Christus. Durch seinen

a) Wörtlich: So werdet ihr das Gesetz Christi erfüllen.
b) Wörtlich: Denn wer auf sein Fleisch sät, wird vom Fleisch Verwesung ernten. Wer aber auf den Geist sät, wird vom Geist ewiges Leben ernten.

Tod am Kreuz ist die Welt für mich gestorben, und ich bin tot für ihre Ansprüche und Forderungen. [15] Vor Gott ist es vollkommen gleichgültig, ob wir beschnitten oder unbeschnitten sind. Wichtig ist allein, daß wir in Christus neue Menschen geworden sind. [16] Wer sich daran hält, der gehört zu Gottes auserwähltem Volk. Ihm schenkt Gott seinen Frieden und seine Barmherzigkeit.[a]

[17] Haltet euch daran, und macht mir nicht noch mehr Mühe. Im Dienst für Jesus habe ich genug gelitten, wie die Narben an meinem Körper zeigen. [18] Die Gnade unseres Herrn Jesus Christus sei mit euch allen[b], liebe Brüder. Amen!

a) Wörtlich: Und alle, die dieser Regel folgen, Friede und Erbarmen über sie und über das Israel Gottes!
b) Wörtlich: mit euerm Geist.

Der Brief des Paulus an die Christen in Ephesus

Anschrift und Gruß

1 Paulus, ein Botschafter Jesu Christi, den Gott berufen hat, schreibt diesen Brief an die Christen[a] in Ephesus. 2 Ich wünsche euch Gnade und Frieden von Gott, unserem Vater, und unserem Herrn Jesus Christus.

Dank für Gottes Erlösung

3 Lob und Dank sei Gott, dem Vater unseres Herrn Jesus Christus! Er hat uns mit seinem Geist reich beschenkt, und durch Christus haben wir Zugang zu Gottes himmlischer Welt erhalten.[b]

4 Schon vor Beginn der Welt, von allem Anfang an, hat Gott uns auserwählt. Wir sollten zu ihm gehören, befreit von aller Sünde und Schuld. 5 Ja, seine eigenen Kinder sollten wir werden, durch seinen Sohn Jesus Christus. Das hat Gott schon damals aus Liebe zu uns beschlossen.

6 Darum wollen wir Gottes herrliche, unverdiente Güte rühmen und preisen, die wir durch Jesus Christus, seinen geliebten Sohn, erfahren haben. 7 Denn durch das Sterben Jesu am Kreuz[c] sind wir erlöst, sind unsere Sünden vergeben. Und das verdanken wir allein Gottes unermeßlich großer Gnade, mit der er uns so reich beschenkt hat. 8 Ihr verdanken wir es auch, daß wir von Gottes Plan zu unserer Rettung erfahren haben und seinen Willen kennen. 9 Danach wollte er von Anfang an Jesus Christus zu uns schicken,[d] 10 damit – wenn die Zeit dafür gekommen ist – alles im Himmel und auf der Erde unter der Herrschaft Christi zusammengefaßt wird. 11 Nach seinem Plan und Willen hat Gott uns schon im voraus durch Christus als seine Erben eingesetzt.

12 Jetzt sollen wir mit unserem Leben Gott verherrlichen, die wir schon lange auf unseren Retter gewartet haben.[e] 13 Das gilt aber auch für euch, die ihr erst jetzt das Wort der Wahrheit gehört habt, die Frohe Botschaft von eurer Rettung. Nachdem ihr diese Botschaft im Glauben angenommen habt, gehört ihr Gott und habt den Heiligen Geist, den er jedem Glaubenden zugesagt hat.[f] 14 Diesen

a) Wörtlich: an die Heiligen und Glaubenden an Christus Jesus.

b) Wörtlich: der uns gesegnet hat mit allem geistlichen Segen in den himmlischen Bereichen in Christus.

c) Wörtlich: durch sein Blut.

d) Verse 8–9 wörtlich: In aller Weisheit und Einsicht hat er uns das Geheimnis seines Willens kundgetan nach seinem Huld-Ratschluß, den er zuvor in ihm gefaßt hatte.

e) Wörtlich: daß wir seien zum Preis seiner Herrlichkeit, die wir zuvor schon gehofft auf Christus.

f) Wörtlich: In ihm seid auch ihr, als ihr gläubig wurdet, mit dem Heiligen Geist der Verheißung versiegelt worden.

Heiligen Geist hat Gott uns als ersten Anteil[a] am himmlischen Erbe gegeben, das wir bekommen sollen. Er verbürgt uns das vollständige Erbe, die vollkommene Erlösung, die wir noch erhalten. Und dann werden wir Gott in seiner Herrlichkeit loben und preisen.

Christus, der Herr über alles

15 Seitdem ich von euerm festen Glauben an den Herrn Jesus gehört habe und davon, wie ihr allen Christen in Liebe verbunden seid, 16 höre ich nicht auf, Gott dafür zu danken und für euch zu beten. 17 Ihn, den Gott unseres Herrn Jesus Christus, den Vater, dem alle Herrlichkeit gehört, bitte ich darum, euch Weisheit zu geben, daß ihr ihn immer besser erkennt und er euch zeigt, was sein Wille ist.[b] 18 Er öffne euch die Augen, damit ihr seht, wozu ihr berufen seid, worauf ihr hoffen könnt und welch unvorstellbar reiches Erbe auf alle wartet, die an Christus glauben.

19 Ihr sollt erfahren, wie unermeßlich groß die Kraft ist, mit der Gott in uns, den Glaubenden, wirkt. Ist es doch dieselbe Kraft, 20 mit der er Christus von den Toten auferweckte und ihm den Ehrenplatz zu seiner Rechten gab! 21 Damit hat Gott ihn zum Herrscher eingesetzt über alle Mächte und Gewalten, über alle Kräfte und Herrschaften dieser und der zukünftigen Welt. 22 Alles ist ihm unterstellt. Er, der über alles herrscht, ist auch das Haupt seiner Gemeinde. 23 Und diese Gemeinde ist sein Leib, der von Christus, dem Schöpfer und Vollender aller Dinge, erfüllt ist.[c]

Das neue Leben

2 Aber wie sah euer Leben früher aus? Ihr seid Gott ungehorsam gewesen und habt gegen ihn rebelliert. Für ihn wart ihr tot. 2 Die Sünden dieser Welt waren eure Sünden, und ihr wart dem Satan verfallen. Sein böser Geist beherrscht auch heute noch das Leben aller Menschen, die Gott nicht gehorchen.[d] 3 Zu ihnen haben wir früher auch gehört, damals, als wir eigensüchtig unser Leben selbst bestimmen wollten. Wir haben den Leidenschaften und Verlockungen der Sünde nachgegeben, und wie alle anderen Menschen waren wir dem Zorn Gottes ausgeliefert.

4/5 Aber Gottes Barmherzigkeit ist groß. Wegen unserer Sünden waren wir in Gottes Augen tot. Doch er hat uns so sehr geliebt, daß er uns mit Christus neues Leben schenkte. Haben wir das verdient? Niemals! Das verdanken wir allein der Gnade Gottes. 6 Durch den Glauben an Christus sind wir dem Tod entrissen und haben einen Platz in Gottes Reich[e]. 7 So will Gott in seiner Liebe zu uns, die in Jesus Christus sichtbar wurde, für alle Zeiten die Größe seiner Gnade zeigen.

8 Denn nur durch seine unverdiente

a) Wörtlich: als Anzahlung.
b) Wörtlich: Er gebe euch Geist der Weisheit und Offenbarung zu seiner Erkenntnis.
c) Wörtlich: die sein Leib ist, die Fülle dessen, der alles in allen erfüllt.
d) Wörtlich: dem Herrscher im Machtbereich der Luft, dem Geist, der jetzt noch in den Söhnen des Ungehorsams wirkt.
e) Wörtlich: und sind in die Himmel versetzt in Christus Jesus.

Güte seid ihr vom Tod errettet worden. Ihr habt sie erfahren, weil ihr an Jesus Christus glaubt. Aber selbst dieser Glaube ist ein Geschenk Gottes 9 und nicht euer eigenes Werk. Durch eigene Leistungen kann man bei Gott nichts erreichen. Deshalb kann sich niemand etwas auf seine guten Taten einbilden. 10 Gott hat etwas aus uns gemacht: Wir sind sein Werk, durch Jesus Christus neu geschaffen, um Gutes zu tun. Damit erfüllen wir nur, was Gott schon immer mit uns vorhatte.

Versöhnt mit Gott und miteinander

11 Vergeßt nie, daß ihr früher Heiden gewesen seid und man euch verächtlich die «Unbeschnittenen» nannte. Die Juden wollten sich als «Beschnittene» von euch unterscheiden, obwohl ihre Beschneidung nur von Menschen durchgeführt wird und nicht mehr als ein äußeres Zeichen ist. 12 Ihr habt damals ohne Christus gelebt und wart ausgeschlossen von Gottes Volk. Darum galten für euch die Verheißungen Gottes nicht, die er seinem Volk gegeben hatte. Ohne jede Hoffnung und ohne Gott habt ihr in dieser Welt gelebt. 13 Aber weil Jesus am Kreuz sein Blut vergossen hat, gehört ihr jetzt zu ihm. Ihr seid ihm jetzt nahe, obwohl ihr vorher so weit von ihm entfernt lebtet.

14 Durch Christus haben wir Frieden. Er hat Juden und Heiden in seiner Gemeinde vereint und die Mauer niedergerissen, die trennend zwischen ihnen stand. Sie sind nun sein Volk. Als er sein Leben opferte, hat er ihre Feindschaft beendet.[a] 15 Denn die Mauer war das jüdische Gesetz mit all seinen Geboten und Forderungen, und dieses Gesetz hat er endgültig außer Kraft gesetzt. Durch Christus leben wir nicht länger voneinander getrennt, der eine als Jude, der andere als Heide. Als Christen sind wir eins.[b] So hat er zwischen uns Frieden gestiftet. 16 Christus ist für alle Menschen am Kreuz gestorben, damit wir alle Frieden mit Gott haben. In seinem neuen Leib, der Gemeinde Christi, können wir nun als Versöhnte miteinander leben.[c]

17 Christus ist gekommen und hat seine Friedensbotschaft allen gebracht, die fern von Gott lebten, und allen, die nahe bei ihm waren. 18 Durch Christus dürfen jetzt alle, Juden wie Heiden, vereint in *einem* Geist, zu Gott, dem Vater, kommen.

19 So seid ihr nicht länger Fremde und Heimatlose; ihr gehört jetzt als Bürger zum Volk Gottes, ja sogar zu seiner Familie.[d] 20 Als Gemeinde Jesu Christi steht ihr auf dem Fundament der Apostel und Propheten. Doch der Stein, der dieses Gebäude trägt und zusammenhält, ist Jesus Christus selbst. 21 Auf ihm ruht der ganze Bau, dessen Teile, untereinander fest verbunden, zu einem Tempel Gottes heranwachsen. 22 Auch ihr seid ein Teil dieses Baus, in dem Gottes Geist wohnt.

a) Wörtlich: Denn er ist unser Friede. Er machte die beiden Teile zu einem und zerbrach die trennende Zwischenwand, die Feindschaft zerstörte er durch sein Fleisch.

b) Wörtlich: daß er die zwei (Juden und Heiden) in ihm zu *einem* neuen Menschen schaffe.

c) Wörtlich: um die beiden in einem Leib mit Gott durch das Kreuz zu versöhnen, die Feindschaft tötend in sich.

d) Wörtlich: Ihr seid Mitbürger der Heiligen und Hausgenossen Gottes.

Gottes Auftrag für Paulus

3 Weil ich, Paulus, euch Heiden
diese Frohe Botschaft verkündig-
te, bin ich nun im Gefängnis. Als Ge-
fangener Jesu Christi bete ich für
euch. [2]Sicher wißt ihr, daß Gott mir
den Auftrag gegeben hat, gerade
euch, den Menschen aus anderen
Völkern, von seiner Gnade zu berich-
ten. [3]Daß auch ihr durch Christus zu
Gottes Volk gehört, habe ich schon
erwähnt. Gott selbst hat mir dieses
Geheimnis offenbart.

[4]Wenn ihr meinen Brief lest, wer-
det ihr merken, welche Einsichten in
das Geheimnis Christi mir Gott gege-
ben hat. [5]Früher wußten die Men-
schen noch nicht, was Gott jetzt
seinen berufenen Aposteln und Pro-
pheten durch den Heiligen Geist of-
fenbart hat. [6]Daß nämlich – durch
Christus – die Heiden zusammen mit
den Juden Erben des Gottesreiches
sind, daß sie zur Gemeinde Jesu Chri-
sti gehören und daß auch für sie die
Verheißungen gelten, die Gott sei-
nem auserwählten Volk gab.[a] Das ist
die Frohe Botschaft.

[7]Dieser Botschaft diene ich, weil
Gott mir in seiner großen Gnade und
unbegrenzten Macht einen Auftrag
gegeben hat. [8]Ausgerechnet ich, der
geringste unter allen Christen, darf
anderen Völkern verkünden, welch
unermeßlichen Reichtum Christus
für jeden von uns bereithält. [9]Allen
darf ich erklären, was Gott, der das
Weltall geschaffen hat, von Anfang
an mit uns Menschen vorhatte und
was bisher verborgen blieb. [10]Jetzt
sollen alle Mächte und Gewalten[b] an
der Gemeinde die unendliche Weis-
heit Gottes erkennen.

[11]Alle sollen nun wissen, daß Gott
seinen ewigen Plan durch unseren
Herrn Jesus Christus verwirklicht
hat. [12]Jetzt können wir zu jeder Zeit
furchtlos und voller Zuversicht zu
Gott kommen, wenn wir an ihn glau-
ben. [13]Darum bitte ich euch: Werdet
durch meine Gefangenschaft nicht
mutlos. Was ich hier für euch leide,
soll euch vielmehr ermutigen, denn es
kommt euch zugute.[c]

Fürbitte und Anbetung

[14]Darum knie ich nieder vor Gott,
dem Vater, und bete ihn an, [15]ihn,
dem alle Geschöpfe im Himmel und
auf der Erde ihr Leben verdanken.[d]
[16]Ich bitte Gott, daß er euch aus sei-
nem unerschöpflichen Reichtum
Kraft schenkt, damit ihr durch seinen
Geist innerlich stark werdet [17]und
Christus durch den Glauben in euch
lebt. In seiner Liebe sollt ihr fest ver-
wurzelt sein; auf sie sollt ihr bauen.
[18]Denn nur so könnt ihr mit allen an-
deren Christen das ganze Ausmaß[e]
dieser Liebe erfahren, [19]die wir doch
mit unserem Verstand niemals fassen
können. Dann wird diese göttliche
Liebe euch immer mehr erfüllen.[f]

[20]Gott aber kann viel mehr tun, als

a) Wörtlich: Die Heiden sind in Christus Jesus Mit-Erben, Mit-Leib, Mit-Teilhaber der Verheißung.

b) Wörtlich: Mächte und Gewalten in den himmlischen Bereichen.

c) Wörtlich: zu eurer Verherrlichung dienen.

d) Wörtlich: von dem her jede Vaterschaft im Himmel und auf der Erde ihren Namen hat.

e) Wörtlich: die Länge und Breite und Höhe und Tiefe.

f) Wörtlich: und zu erkennen die Liebe Christi, die die Erkenntnis übersteigt, auf daß ihr erfüllt werdet in die ganze Fülle Gottes hinein.

wir von ihm erbitten oder uns auch
nur vorstellen können. So groß ist sei-
ne Kraft, die in uns wirkt. 21 Deshalb
wollen wir ihn mit der ganzen Ge-
meinde durch Jesus Christus ewig
und für alle Zeiten loben und preisen.
Amen.

Die Einheit der Gemeinde und die Vielfalt der Aufgaben

4 Vergeßt nicht, daß ich um Jesu
willen im Gefängnis bin. Als
sein Gefangener bitte ich euch: Lebt
so, wie Gott es von denen erwartet,
die er zu seinen Kindern gemacht
hat. 2 Seid freundlich und geduldig,
gebt andere nicht so schnell auf und
dient einander in selbstloser Liebe!
3 Setzt alles daran, daß die Einheit –
wie sie der Heilige Geist schenkt –
nicht durch Unfrieden zerstört
wird.[a]

4 Gott hat uns in seine Gemeinde
berufen. Darum sind wir *ein* Leib. In
uns wirkt *ein* Geist, und uns erfüllt ein
und dieselbe Hoffnung. 5 Wir haben
nur *einen* Herrn, *einen* Glauben und
eine Taufe. 6 Und wir haben nur *einen*
Gott. Er ist der Vater, der über uns
allen steht, der durch uns alle und in
uns allen wirkt.

7 Jedem einzelnen von uns aber hat
Christus besondere Gaben ge-
schenkt, so wie er sie in seiner Gnade
jedem zugedacht hat. 8 Nicht ohne
Grund heißt es von Christus: «Er ist
in den Himmel zurückgekehrt, er hat
die gottfeindlichen Mächte besiegt
und den Menschen Gaben ge-
schenkt.»[b] 9 Wenn es aber heißt: «Er
ist in den Himmel zurückgekehrt», so
bedeutet dies doch, daß er vorher zu
uns auf die Erde gekommen ist. 10 Der
zu uns herabkam, ist derselbe, der
auch wieder zu Gott zurückkehrte.
Jetzt ist er Herr über alles.[c]

11 Einige hat er beauftragt, Ge-
meinden zu gründen, einige reden in
Gottes ausdrücklichem Auftrag, und
andere gewinnen Menschen für Chri-
stus. Wieder andere leiten die Ge-
meinde oder unterrichten sie in Got-
tes Wort.[d] 12 Sie alle sollen die Chri-
sten für ihren Dienst ausrüsten, damit
die Gemeinde Jesu aufgebaut und
vollendet werden kann. 13 Wenn das
geschieht, werden wir im Glauben
immer mehr eins werden und Jesus
Christus, den Sohn Gottes, immer
besser kennenlernen. Wir sollen zu
mündigen Christen heranreifen, zu
einer Gemeinde, in der Christus mit
der ganzen Fülle seiner Gaben wir-
ken kann.[e]

14 Dann sind wir nicht länger wie
unmündige Kinder, die sich von jeder
beliebigen Lehrmeinung aus der
Bahn werfen und durch geschickte
Täuschungsmanöver hinterlistiger
Menschen irreführen lassen. 15 Statt
dessen wollen wir an der Wahrheit
des Evangeliums festhalten. Und
durch die Liebe soll all unser Glauben
und Handeln sich immer mehr an
Christus ausrichten, der das Haupt

a) Wörtlich: voll Eifer, die Einheit des Geistes zu wahren durch das Band des Friedens.

b) Psalm 68,19

c) Wörtlich: Der hinabfuhr, er ist es, der auch hinauffuhr über alle Himmel, damit er das All erfülle.

d) Wörtlich: Und er gab die einen als Apostel, die anderen als Propheten, andere als Evangelisten, andere als Hirten und Lehrer.

e) Wörtlich: Bis daß wir alle gelangen zur Einheit im Glauben und in der Erkenntnis des Sohnes Gottes, zum vollkommenen Mann, zum Ausmaß der Größe der Fülle Christi.

seiner Gemeinde ist.[a] 16 Dieses Haupt bestimmt über den ganzen Leib, wobei die einzelnen Körperteile miteinander verbunden sind. Jedes hilft auf seine Weise mit, daß der ganze Körper funktionsfähig bleibt. So wachsen wir durch die Liebe zusammen, zu seiner Gemeinde, die sein Leib ist.

Wie Christen leben sollen

17 Darum hat mir der Herr aufgetragen, euch in aller Deutlichkeit zu sagen: Lebt nicht länger wie Menschen, die Gott nicht kennen! Ihr Denken ist verkehrt und ohne Ziel, 18 denn ohne Gottes Licht ist es finster in ihnen. Sie wissen nicht, was es bedeutet, mit Gott zu leben, und widersetzen sich ihm hartnäckig.[b] 19 Ihr Gewissen ist abgestumpft, deshalb geben sie sich allen nur denkbaren Lastern hin und sind in ihrer Gier, das Leben zu genießen, unersättlich.

20 Aber ihr habt gelernt, daß solch ein Leben mit Christus nichts zu tun hat. 21 Was Jesus wirklich von uns erwartet, habt ihr gehört und auch verstanden: 22 Ihr sollt euch von euerm alten Leben, dem «alten Menschen» mit all seinen trügerischen Leidenschaften, endgültig trennen und euch nicht länger selbst zerstören. 23 Gottes Geist will euch mit einer völlig neuen Gesinnung erfüllen. 24 Ihr sollt den «neuen Menschen» anziehen, wie man ein Kleid anzieht. Diesen neuen Menschen hat Gott selbst nach seinem Bild geschaffen; er ist gerecht und heilig, weil er sich an das Wort der Wahrheit hält.

25 Belügt euch also nicht länger, sondern sagt die Wahrheit. Wir sind doch als Christen die Glieder eines Leibes, der Gemeinde Jesu. 26 Wenn ihr zornig seid, dann macht es nicht noch schlimmer, indem ihr unversöhnlich bleibt. Laßt die Sonne nicht untergehen, ohne daß ihr euch vergeben habt. 27 Gebt dem Teufel keine Chance, Unfrieden zu stiften. 28 Wer früher gestohlen hat und davon lebte, der soll sich jetzt eine ehrliche Arbeit suchen, damit er Notleidenden helfen kann. 29 Redet auch nicht schlecht voneinander. Was ihr sagt, soll für jeden gut und hilfreich sein, eine Wohltat für alle. 30 Sonst beleidigt ihr den Heiligen Geist, den Gott euch gegeben hat. Er ist doch euer Bürge dafür, daß der Tag der Erlösung kommt, an dem ihr von aller Sünde befreit seid.[c]

31 Mit Bitterkeit, Jähzorn, Wut, gehässigem Gerede oder anderen Gemeinheiten sollt ihr nichts mehr zu tun haben. 32 Seid vielmehr freundlich und barmherzig, immer bereit, einander zu vergeben, so wie Gott euch durch Jesus Christus vergeben hat.

Christus – das Licht unseres Lebens

5 Weil ihr Gottes geliebte Kinder seid, sollt ihr in allem seinem Vorbild folgen. 2 Geht liebevoll miteinan-

a) Wörtlich: Vielmehr die Wahrheit in Liebe sagen und so alles zu ihm hin wachsen lassen, der das Haupt ist, Christus.

b) Wörtlich: Verdunkelt in ihrem Verstand, entfremdet dem Leben Gottes, weil Unwissenheit in ihnen wohnt und ihre Herzen verhärtet sind.

c) Wörtlich: Und betrübt nicht den Heiligen Geist Gottes, mit dem ihr versiegelt wurdet auf den Tag der Erlösung.

der um, so wie auch Christus euch sei-
ne Liebe erwiesen hat. Aus Liebe hat
er sein Leben für uns gegeben. Und
Gott hat dieses Opfer angenommen.

3 Ist es da nicht selbstverständlich,
daß ihr euch von allen Ausschweifun-
gen fernhaltet, von Schamlosigkeiten
ebenso wie von Habgier? Ihr sollt
nicht einmal darüber reden, ge-
schweige denn, daß man euch so
etwas nachsagt! 4 Genausowenig paßt
unanständiges, gemeines und zwei-
deutiges Gerede zu euch. Eure Sache
ist es vielmehr, Gott zu danken und
ihn zu loben. 5 Denn eins ist klar: In
Gottes Reich ist kein Platz für solche,
die ein ausschweifendes, schamloses
Leben führen oder von Habgier be-
sessen sind; denn solche Menschen
beten ihre eigenen Götzen an.

6 Laßt euch von niemandem zur
Sünde verführen, der euch durch sein
leeres Geschwätz einreden will, daß
dies alles harmlos ist. Gott nimmt un-
sere Sünde sehr ernst, und sein Zorn
wird alle treffen, die ihm nicht gehor-
chen. 7 Darum meidet solche Leute!
8 Früher war es auch in euch dunkel
und finster wie bei ihnen; aber heute
ist das anders: Durch Christus ist es
licht und hell in euch geworden.[a]
9 Darum lebt nun auch wie Kinder des
Lichts! Ein solches Leben führt zu
aufrichtiger Liebe, Gerechtigkeit und
Wahrheit.[b] 10 Prüft in allem, was ihr
tut, ob es auch Gottes Wille ist.
11 Laßt euch auf keine finsteren Ma-
chenschaften ein; im Gegenteil, helft
sie ans Licht zu bringen.

12 Denn was manche im Verborge-
nen treiben, ist so abscheulich, daß
man nicht einmal davon reden soll.
13 Doch wenn das Licht Gottes auf
diese Dinge fällt, werden sie erst rich-
tig sichtbar. 14 Was Gott ans Licht
bringt, kann hell werden. Denn sein
Licht ist stärker als alle Finsternis und
Sünde. Deshalb heißt es auch in
einem Lied: «Erwache aus deinem
Schlaf! Erhebe dich von den Toten!
Und Christus wird dein Licht sein.»

15 Achtet also genau darauf, wie ihr
lebt: Nicht wie Menschen, die von
Gott nichts wissen wollen, sondern
als Menschen, die ihn kennen und lie-
ben.[c] 16 Dient Gott, solange ihr es
noch könnt, denn wir leben in einer
schlimmen Zeit. 17 Sträubt euch nicht
gegen das, was der Herr von euch er-
wartet; begreift endlich, was er von
euch will! 18 Betrinkt euch nicht; das
führt nur zu einem liederlichen Le-
ben. Laßt euch vielmehr von Gottes
Heiligem Geist erfüllen. 19 Singt mit-
einander Psalmen, und lobt den
Herrn mit Liedern, wie sie euch sein
Geist schenkt. Singt und jubelt aus
vollem Herzen! 20 Und immer gilt: Im
Namen unseres Herrn Jesus Christus
dankt Gott, dem Vater, zu jeder Zeit,
überall und für alles!

Die christliche Ehe

21 Ordnet euch einander unter; so ehrt
ihr Christus[d].

22 So wie ihr Frauen Christus ge-
horcht, sollt ihr euch euern Männern
unterordnen. 23 Denn wie Christus als
Haupt für seine Gemeinde verant-

a) Wörtlich: Denn ihr wart einst Finsternis, jetzt seid ihr Licht im Herrn.
b) Wörtlich: Lebt als Kinder des Lichts. Denn die Frucht des Lichts ist alle Art Gutes und Gerechtigkeit und Wahrheit.
c) Wörtlich: Nicht wie Toren, sondern wie Weise.
d) Wörtlich: in der Furcht Christi.

wortlich ist, die er erlöst hat, so ist auch der Mann für seine Frau verantwortlich. 24 Und wie sich die Gemeinde Christus unterordnet, weil sie ihn liebt, so sollen sich auch die Frauen in allem ihren Männern unterordnen.

25 Ihr Männer, liebt eure Frauen so, wie Christus seine Gemeinde liebt, für die er sein Leben gab, 26 damit sie ihm ganz gehört. Durch sein Wort hat er sie von aller Schuld gereinigt.[a] 27 Wie eine Braut soll seine Gemeinde sein: schön und makellos, ohne jeden Fehler, weil sie allein Christus gehören soll.[b]

28 Darum müssen auch die Männer ihre Frauen lieben wie sich selbst, weil sie als Ehepartner untrennbar zusammengehören. Wer nun seine Frau liebt, der hat sich selbst angenommen.[c] 29 Niemand haßt doch seinen eigenen Leib. Vielmehr hegt und pflegt er ihn. So sorgt auch Christus für seine Gemeinde; 30 denn wir sind Glieder seines Leibes. 31 Erinnert euch an das Wort: «Ein Mann verläßt seine Eltern und verbindet sich so eng mit seiner Frau, daß die beiden eins sind mit Leib und Seele.»[d] 32 Das ist ein großes Geheimnis. Denn für mich zeigt sich an der Ehe beispielhaft die Verbindung zwischen Christus und seiner Gemeinde. 33 Deshalb sage ich noch einmal: Ein Mann soll seine Frau so lieben wie sich selbst. Und die Frau soll ihren Mann achten und ehren.

Eltern und Kinder

6 Ihr Kinder, gehorcht euern Eltern! So erwartet es Gott von euch. 2 «Du sollst deinen Vater und deine Mutter ehren!» Dies ist das erste Gebot, das Gott mit einer Zusage verbunden hat: 3 «... damit es dir gut geht und du lange auf dieser Erde lebst.»[e]

4 Ihr Eltern, behandelt eure Kinder nicht ungerecht! Sonst fordert ihr sie nur zum Widerspruch heraus. Eure Erziehung muß vielmehr in Wort und Tat von der Liebe zu Christus bestimmt sein.[f]

Vorgesetzte und Untergebene

5 Gehorcht euern Vorgesetzten! Begegnet ihnen ohne Anmaßung mit dem nötigen Respekt und dient ihnen so aufrichtig, wie ihr Christus dient.[g] 6 Bei eurer Arbeit geht es nicht darum, anderen zu imponieren. Ihr sollt euch vielmehr als Diener Christi betrachten, die bereitwillig und gern den Willen Gottes erfüllen. 7 Denkt daran: Ihr arbeitet nicht für Menschen, sondern für unseren Herrn Jesus Christus! 8 Er wird euch den Lohn geben, den ihr verdient, ganz gleich, ob ihr nun als Vorgesetzte oder Un-

a) Wörtlich: um sie zu heiligen, da er sie gereinigt hat durch das Wasserbad im Wort.
b) Wörtlich: Daß er selbst die Gemeinde sich bereite herrlich, ohne Flecken oder Falte oder sonst dergleichen, daß sie vielmehr heilig sei und tadellos.
c) Wörtlich: Wer seine Frau liebt, liebt sich selbst.
d) 1. Mose 2,24
e) 5. Mose 5,16
f) Wörtlich: Ihr Väter, erzürnt eure Kinder nicht, sondern erzieht sie in der Zucht und Mahnung des Herrn.
g) Wörtlich: Ihr Sklaven, gehorcht euren irdischen Herren unter Furcht und Zittern in der Einfalt eures Herzens als wie Christus.

tergebene euren Dienst tut. [9]Das sollen vor allem die nicht vergessen, deren Anweisungen andere auszuführen haben.[a] Schüchtert eure Untergebenen nicht mit Drohungen ein. Denkt immer daran, daß ihr denselben Herrn im Himmel habt wie sie. Vor ihm sind alle Menschen gleich.

Ausgerüstet zum Kampf

[10]Für euch alle gilt: Werdet stark durch den Glauben an Christus und im Vertrauen auf seine Macht! [11]Greift zu den Waffen Gottes, damit ihr alle heimtückischen Anschläge des Teufels abwehren könnt. [12]Denn wir kämpfen nicht gegen Menschen, sondern gegen Mächte und Gewalten des Bösen, die über diese gottlose Welt herrschen[b] und im Unsichtbaren ihr unheilvolles Wesen treiben. [13]Darum nehmt die Waffen Gottes! Nur gut gerüstet könnt ihr den Mächten des Bösen widerstehen, wenn es zum Kampf kommt.

[14]Rüstet euch gut für diesen Kampf! Die Wahrheit Gottes ist euer Gürtel und seine Gerechtigkeit eure Rüstung. [15]Marschiert mutig voran und verkündet überall, daß Gott Frieden mit uns geschlossen hat. [16]Verteidigt euch mit dem Schild des Glaubens, an dem die Brandpfeile des Teufels wirkungslos abprallen. [17]Die Gewißheit, daß euch Jesus Christus gerettet hat, ist euer Helm, der euch schützt. Und nehmt das Wort Gottes. Es ist das Schwert, das euch der Heilige Geist gibt.

[18]Hört nie auf, zu bitten und zu beten! Gottes Heiliger Geist wird euch dabei leiten. Bleibt wach und bereit. Bittet Gott inständig für alle Christen in der Welt. [19]Betet auch für mich, damit Gott mir zur rechten Zeit das rechte Wort gibt und ich überall das Evangelium von Jesus Christus frei und offen verkündigen kann. [20]Auch hier im Gefängnis will ich das tun. Betet darum, daß ich auch in Zukunft diese Aufgabe mutig erfülle, so wie Gott sie mir aufgetragen hat.

Grüße und Segenswünsche

[21]Tychikus, mein lieber Bruder und treuer Mitarbeiter im Dienst für den Herrn, wird euch von mir berichten. [22]Ich schicke ihn zu euch, damit ihr erfahrt, wie es uns geht. Er soll euch ermutigen.

[23]Gott schenke euch seinen Frieden, meine lieben Brüder. Er gebe euch Liebe und bewahre euern Glauben an ihn, den Vater, und unseren Herrn Jesus Christus. [24]Gottes Gnade und unvergängliches Leben sei mit allen, die unseren Herrn Jesus Christus unerschütterlich lieben.[c]

a) Wörtlich: Und ihr Herren.
b) Wörtlich: die Weltbeherrscher der Finsternis.
c) Wörtlich: Die Gnade mit allen, die unseren Herrn Jesus Christus lieben, samt Unverweslichkeit.

Der Brief des Paulus an die Christen in Philippi

Anschrift und Gruß

1 Diesen Brief schreiben Paulus und Timotheus, die Jesus Christus dienen, an alle Christen[a] in Philippi, an die Leiter in der dortigen Gemeinde und an ihre Mitarbeiter[b].

2 Wir wünschen euch Gnade und Frieden von Gott, unserem Vater, und unserem Herrn Jesus Christus.

Ich bete für euch

3 Immer bin ich meinem Gott dankbar, wenn ich an euch denke, 4 und das tue ich in jedem meiner Gebete mit großer Freude. 5 Denn ihr habt euch vom ersten Tag an bis heute mit mir für das Evangelium eingesetzt. 6 Deshalb bin ich auch ganz sicher, daß Gott sein Werk, das er bei euch durch den Glauben begonnen hat, zu Ende führen wird, bis zu dem Tag, an dem Jesus Christus wiederkommt.

7 Es ist ja nicht erstaunlich, daß ich so von euch denke, denn ihr liegt mir ganz besonders am Herzen. Daran ändert sich nichts, auch wenn ich jetzt im Gefängnis bin und vor Gericht die Wahrheit des Evangeliums verteidigen und bezeugen muß. Durch eure Gaben und Gebete für mich habt ihr auch Anteil an dem Segen, den Gott mir schenkt.[c]

8 Gott allein weiß, wie sehr ich mich nach euch allen sehne; liebe ich euch doch so, wie auch Jesus Christus euch liebt.

9 Ich bete darum, daß eure Liebe immer reicher und tiefer wird, je mehr ihr Gottes Willen erkennt und euch danach richtet.[d] 10 So lernt ihr entscheiden, wie ihr leben sollt, um am Gerichtstag Jesu Christi untadelig und ohne Schuld vor euern Richter treten zu können. 11 Alles Gute, was Christus in einem von Schuld befreiten Leben schafft, wird dann bei euch zu finden sein. Und das alles zu Gottes Ehre und zu seinem Lob!

Jeder soll erfahren, wer Christus ist!

12 Meine lieben Brüder! Ihr sollt wissen, daß meine Untersuchungshaft die Ausbreitung des Evangeliums nicht hinderte. Im Gegenteil! 13 Allen meinen Bewachern hier und auch den übrigen Prozeßteilnehmern ist inzwischen klargeworden, daß ich nur deswegen eingesperrt bin, weil ich an Christus glaube. 14 Außerdem haben durch meine Gefangenschaft viele

a) Wörtlich: Heiligen.
b) Wörtlich: Bischöfe und Diakone.
c) Wörtlich: die ihr alle in meinen Fesseln und in der Verteidigung und Bekräftigung des Evangeliums Teilhaber der Gnade seid.
d) Wörtlich: daß eure Liebe noch mehr überfließen soll in Erkenntnis und jeglichem Feingefühl.

Christen neuen Mut und Zuversicht gewonnen. Furchtlos und ohne Scheu predigen sie jetzt Gottes Wort.

[15]Zwar verkündigen manche nur deswegen die Botschaft von Christus, weil sie neidisch sind und mir eine erfolgreiche Missionsarbeit nicht gönnen; andere aber sind aufrichtig und lassen sich bei ihrer Predigt von den besten Absichten leiten. [16]Sie handeln aus Liebe, weil sie wissen, daß ich im Gefängnis bin, um für das Evangelium einzutreten. [17]Die anderen aber reden von Jesus Christus, weil sie mir beweisen wollen, daß sie es besser können. Sie meinen es nicht ehrlich und wollen mir noch zusätzlich Kummer bereiten.

[18]Doch was macht das schon! Wichtig ist allein, daß die Frohe Botschaft von Jesus Christus verbreitet wird; mag das nun unter einem Vorwand oder in ehrlicher Absicht geschehen. Wenn nur jeder erfährt, wer Jesus Christus ist! Darüber freue ich mich, und ich werde mich auch in Zukunft darüber freuen!

[19]Weil ihr für mich betet und der Heilige Geist[a] mir beisteht, vertraue ich darauf, daß hier alles zum Besten[b] für mich ausgehen wird. [20]Ich hoffe, daß ich während meiner Gefangenschaft nicht schwach werde und versage, sondern daß Jesus Christus durch mich in aller Öffentlichkeit verherrlicht wird, sei es durch mein Leben oder durch meinen Tod.

[21]Denn Christus bedeutet für mich alles; er ist mein Leben. Deshalb kann das Sterben für mich nur Gewinn sein. [22]Weil ich aber mehr für Christus erreichen kann, wenn ich am Leben bleibe, weiß ich nicht, was ich mir wünschen soll. [23]Beides erscheint mir verlockend: Manchmal würde ich am liebsten schon jetzt sterben, um bei Christus zu sein. Gibt es etwas Besseres? [24]Andererseits ist mir klar, daß ich bei euch noch eine wichtige Aufgabe zu erfüllen habe. [25]Deshalb bin ich auch davon überzeugt, daß ich am Leben bleiben und zu euch zurückkommen werde. Dann will ich euch helfen, damit euer Glaube wächst und eure Freude noch größer wird. [26]Wenn ich erst wieder bei euch bin, werdet ihr noch mehr loben und danken können für alles, was Jesus Christus getan hat.

Ein Vorrecht, für Christus zu leiden

[27]Vor allem ist wichtig, daß ihr als ganze Gemeinde so lebt, wie es dem Evangelium entspricht. Ob ich nun bei euch sein kann oder nur davon höre, ich möchte, daß ihr alle *ein* Ziel habt und wie *ein* Mann für die Ausbreitung des Evangeliums kämpft.[c] [28]Laßt euch von euern Gegnern nicht einschüchtern! Denn ihre Feindschaft gegen das Evangelium ist nur ein Zeichen dafür, daß sie verloren sind, für euch aber der Beweis, daß ihr von Gott gerettet seid. [29]Ihr habt nicht nur das Vorrecht, an Christus zu glauben, ihr dürft sogar für ihn leiden. [30]Damit kämpft ihr nun denselben Kampf wie ich. Und wie dieser Kampf aussieht, habt ihr ja früher selbst mitangesehen. Jetzt kann ich euch davon nur berichten.

a) Wörtlich: der Geist Jesu Christi.
b) Wörtlich: zum Heil (Hiob 13,16).
c) Wörtlich: daß ihr in einem Geist feststeht, aus einer Seele zusammen kämpft für den Glauben des Evangeliums.

Orientiert euch an Jesus Christus!

2 Helft und ermutigt ihr euch als Christen gegenseitig? Seid ihr zu liebevollem Trost bereit? Spürt man bei euch etwas von der Gemeinschaft, die der Heilige Geist schafft? Verbindet euch herzliche und mitfühlende Liebe? [2] Darüber würde ich mich sehr freuen. Vollkommen aber ist meine Freude, wenn ihr die gleiche Gesinnung habt, in der einen Liebe miteinander verbunden bleibt und fest zusammenhaltet. [3] Weder Neid noch blinder Ehrgeiz sollen euer Handeln bestimmen. Im Gegenteil, denkt von euch selbst gering, und achtet den anderen mehr als euch selbst. [4] Denkt nicht immer zuerst an euch, sondern kümmert und sorgt euch auch um die anderen. [5] Orientiert euch an Jesus Christus: [6] Obwohl er Gott in allem gleich war und Anteil an Gottes Herrschaft hatte, bestand er nicht auf seinen Vorrechten.[a] [7] Nein, er verzichtete darauf und wurde rechtlos wie ein Sklave. Er wurde wie jeder andere Mensch geboren und lebte als Mensch unter uns Menschen. [8] Er erniedrigte sich selbst und war Gott gehorsam bis zum Tod, ja, bis zum schändlichen Tod am Kreuz. [9] Darum hat ihn Gott auch herrlich zu sich erhoben und ihm den Namen gegeben, der über allen Namen steht. [10] Vor Jesus werden sich einmal alle beugen: alle Mächte im Himmel, alle Menschen auf der Erde und alle im Totenreich. [11] Und jeder ohne Ausnahme soll zur Ehre Gottes, des Vaters, bekennen: Jesus Christus ist der Herr!

Viel Grund zur Freude

[12] Meine lieben Freunde! Ihr habt immer befolgt, was ich euch geraten habe. Hört aber nicht nur auf mich, wenn ich bei euch bin, sondern erst recht während meiner Abwesenheit. Ihr seid gerettet, und das soll sich an euerm Leben zeigen. Deshalb lebt nun auch in Ehrfurcht vor Gott und in ganzer Hingabe an ihn.[b] [13] Er selbst bewirkt ja beides in euch: den guten Willen und die Kraft, ihn auch auszuführen.

[14] Bei allem, was ihr tut, hütet euch vor unzufriedenem Murren und mißtrauischen Zweifeln. [15] Dann wird euer Leben hell und makellos sein, und ihr werdet als Gottes vorbildliche Kinder mitten in dieser verdorbenen und dunklen Welt wie Sterne in der Nacht leuchten. [16] Dazu müßt ihr unerschütterlich am Wort des Lebens festhalten. Wenn Jesus Christus dann wiederkommt, kann ich stolz auf euch sein, daß ich nicht umsonst zu euch gekommen bin und mich nicht vergeblich um euch gemüht habe.

[17] Und selbst wenn ich sterben muß und mein Blut wie ein Opfer vergossen wird im Dienst für euren Glauben, so bin ich doch voller Freude. Ich freue mich mit euch allen, daß ihr Christus kennengelernt habt und ihm dient.[c] [18] Darüber sollt auch ihr froh sein und euch mit mir freuen.

a) Wörtlich: der in der Daseinsweise Gottes sich befand, hielt nicht gierig daran fest, Gott gleich zu sein.

b) Wörtlich: Wirket eure Rettung mit Furcht und Zittern.

c) Wörtlich: Aber wenn ich auch als Trankopfer ausgegossen werde, freue ich mich und freue ich mich mit euch allen über den Opfer- und Gottesdienst eures Glaubens.

Zuverlässige Mitarbeiter

19 Im Vertrauen auf unseren Herrn Je-
sus hoffe ich, daß ich Timotheus bald
zu euch schicken kann. Könnte er mir
doch endlich berichten, wie es euch
geht, denn das würde mir auch neuen
Mut und neue Kraft geben! 20 Mit nie-
mandem bin ich im Glauben so ver-
bunden wie mit Timotheus, und kein
anderer wird sich so um euch küm-
mern wie er. 21 Alle andern beschäfti-
gen sich mit ihren eigenen Angele-
genheiten und nicht mit der Sache
Jesu Christi. 22 Aber ihr wißt ja selbst,
wie zuverlässig Timotheus ist. Wie
ein Kind seinem Vater hilft, so hat er
sich eingesetzt und mit mir das Evan-
gelium verkündigt. 23 Ich will ihn zu
euch schicken, sobald ich weiß, wie es
hier mit mir weitergeht. 24 Im übrigen
hat mir Gott die Zuversicht ge-
schenkt, daß ich bald selbst zu euch
kommen kann.

25 Ich hielt es für notwendig, Epa-
phroditus zu euch zurückzuschicken.
Er hat mir eure Gaben überbracht
und sollte mir beistehen. Nun, er ist
mir wirklich ein Bruder, ein guter
Mitarbeiter und Mitkämpfer gewor-
den. 26 Inzwischen aber hat er große
Sehnsucht nach euch allen. Es hat ihn
sehr beunruhigt, daß ihr von seiner
Krankheit erfahren habt. 27 Tatsäch-
lich war er todkrank, aber Gott hatte
Erbarmen mit uns beiden. Er wollte
mir zusätzliche Trauer ersparen.

28 Jetzt soll Epaphroditus so schnell
wie möglich zu euch zurückkehren.
Ihr sollt ihn gesund wiedersehen und
euch über ihn freuen. Dann werde
auch ich eine Sorge weniger haben.
29 Nehmt ihn herzlich als euren Bru-
der auf, und freut euch, wenn er
schon jetzt zu euch kommt. Men-
schen wie ihn sollt ihr achten und eh-
ren. 30 Denn er hat sein Leben einge-
setzt. Weil ihr nichts für mich tun
konntet, hat er sich an eurer Stelle für
mich aufgeopfert.

Was allein zählt, ist Christus

3 Was auch immer geschehen mag,
meine lieben Brüder: Freut euch,
weil ihr zu Christus gehört! Ich werde
nicht müde, euch das immer und im-
mer wieder zu sagen; weiß ich doch,
daß eure Gewißheit dadurch größer
wird.

2 Hütet euch aber vor allen, die eu-
re Gemeinde zerstören wollen. Sie
sind wie bösartige Hunde, diese fal-
schen Lehrer, die euch einreden wol-
len, daß ihr euch beschneiden lassen
müßt.[a] 3 Glaubt ihnen nicht, denn zu
Gottes Volk gehört man nicht durch
äußere Zeichen. Nein, wir sind Got-
tes Volk, weil Gott uns seinen Heili-
gen Geist geschenkt hat und wir ihm
dienen. Wir verlassen uns auf Jesus
Christus und nicht länger auf das, was
wir selbst tun können.

4 Ich selbst könnte mich mit größe-
rem Recht als manch anderer auf die-
se Vorzüge berufen, wenn es wirklich
auf die Beschneidung ankäme. 5 Ich
wurde acht Tage nach meiner Geburt
beschnitten, wie es das Gesetz vor-
schreibt. Ich stamme aus dem Volk
Israel und kann sogar meine Her-
kunft aus dem Stamm Benjamin
nachweisen. Von Geburt an bin ich
ein Jude wie schon alle meine Vorfah-
ren. Außerdem gehörte ich zu den
Pharisäern, der Gruppe, die am
strengsten darauf achtet, daß Gottes
Gesetz eingehalten wird. 6 Ich habe

a) Wörtlich: Gebt acht auf die Hunde, die schlechten Werkleute, die Zerschneidung.

die christliche Gemeinde mit fanatischem Eifer verfolgt und die Regeln des Gesetzes bis in alle Einzelheiten erfüllt. Gemessen an dem, was das Gesetz fordert, brauchte ich mir nichts vorzuwerfen.

7 Aber seit ich Christus kenne,[a] ist
für mich alles ein Verlust, was ich früher als großen Gewinn betrachtet ha-
be. 8 Denn das ist mir klargeworden:
Gegenüber dem unvergleichlichen Gewinn, daß Jesus Christus mein Herr ist, hat alles andere seinen Wert verloren. Ja, alles andere ist für mich nur noch Dreck, wenn ich bloß Chri-
stus habe. 9 Zu ihm will ich gehören.
Durch meine Leistung kann ich vor Gott nicht bestehen, selbst wenn ich das Gesetz genau befolge. Was Gott für mich getan hat, das zählt. Darauf
will ich vertrauen.[b] 10 Um ihn allein
geht es mir. Ihn will ich immer besser kennenlernen und die Kraft seiner Auferstehung erfahren, damit ich auch seine Leiden mit ihm teilen und seinen Tod mit ihm sterben kann.
11 Dann werde ich auch mit allen, die
an Christus glauben, von den Toten auferstehen.[c]

Unterwegs zum Ziel

12 Dabei ist mir klar, daß ich dies alles
noch lange nicht erreicht habe, daß ich noch nicht am Ziel bin. Doch ich setze alles daran, das Ziel zu erreichen, damit der Siegespreis einmal mir gehört, wie ich jetzt schon zu
Christus gehöre. 13 Wie gesagt, meine
lieben Brüder, ich weiß genau: Noch habe ich den Preis nicht in der Hand. Aber eins steht fest, daß ich alles vergessen will, was hinter mir liegt. Ich konzentriere mich nur noch auf das
vor mir liegende Ziel. 14 Mit aller
Kraft laufe ich darauf zu, um den Siegespreis zu gewinnen, das Leben in Gottes Herrlichkeit. Denn dazu hat uns Gott durch Jesus Christus berufen.

15 Wir alle, die wir auf dem Weg
zum Ziel sind,[d] wollen uns so verhalten. Wenn ihr in dem einen oder anderen Punkt nicht meiner Meinung seid, wird Gott euch Klarheit und
Einsicht schenken. 16 Doch an dem,
was ihr schon erreicht habt, müßt ihr auch festhalten. Bleibt nicht auf halbem Wege stehen!

17 Liebe Brüder, nehmt euch ein
Beispiel an mir und an den Men-
schen, die so leben wie ich. 18 Denn
ich habe es euch schon oft gesagt, und jetzt beschwöre ich euch unter Tränen: Hütet euch vor allen, die von sich behaupten, Christen zu sein, aber durch ihr Leben erkennen lassen, daß sie Feinde des Kreuzes Jesu Christi sind.

19 Ihr Weg führt unausweichlich ins
Verderben. Im Grunde leben sie nur für ihre Triebe und Begierden, und worüber sie sich schämen müßten, darauf sind sie sogar noch stolz.[e] Sie denken an nichts anderes als an das
Leben auf dieser Erde. 20 *Unser* Bür-

a) Wörtlich: Aber um Christi willen.
b) Wörtlich: ... und in ihm erfunden werde – nicht meine Gerechtigkeit will ich haben, die aus dem Gesetz kommt, sondern jene, die aus dem Glauben an Christus kommt, die Gerechtigkeit aus Gott aufgrund des Glaubens.
c) Wörtlich: ob ich wohl hingelange zur Auferstehung aus den Toten.
d) Wörtlich: die vollkommen sind.
e) Wörtlich: Ihr Ende ist Untergang, ihr Gott der Bauch, und ihr Ruhm liegt in ihrer Schande.

gerrecht aber haben wir im Himmel. Von dort erwarten wir auch Jesus Christus, unseren Retter. 21Dann wird unser hinfälliger, sterblicher Leib verwandelt und seinem auferstandenen, unvergänglichen Leib gleich werden. Denn Christus hat die Macht über alles.

Wie Christen leben sollen

4 Darum, meine lieben Brüder, bleibt fest in euerm Glauben an den Herrn Jesus Christus! Ich habe große Sehnsucht nach euch, denn ihr seid meine ganze Freude, die Krönung meiner Arbeit.

2Euodia und Syntyche sollen sich wieder vertragen. Sie glauben doch beide an den Herrn Jesus Christus. 3Vielleicht kannst du, Syzygus, mein treuer Mitarbeiter, den Frauen dabei helfen! Schließlich haben sie gemeinsam mit Klemens und meinen anderen Mitarbeitern für die Sache des Evangeliums gekämpft. Gott kennt sie alle. Er hat ihre Namen in das Buch des Lebens eingetragen.

4Freut euch, daß ihr zu Jesus Christus gehört. Und noch einmal will ich es sagen: Freut euch! 5Jeder soll eure Güte und Freundlichkeit erfahren. Denn: Der Herr kommt bald! 6Macht euch keine Sorgen! Ihr dürft Gott um alles bitten. Sagt ihm, was euch fehlt, und dankt ihm!

7Gott wird euch seinen Frieden schenken, den Frieden, der all unser Verstehen, all unsere Vernunft übersteigt, der unsere Herzen und Gedanken im Glauben an Jesus Christus bewahrt.

8Schließlich, meine lieben Brüder, orientiert euch an dem, was wahrhaftig, gut und gerecht, was anständig, liebenswert und schön ist. Wo immer ihr etwas Gutes entdeckt, das Lob verdient, darüber denkt nach. 9Haltet an dem Evangelium fest, so wie ihr es von mir gehört und angenommen habt. Richtet euch nach dem, was ich euch gelehrt habe, und lebt nach meinem Vorbild. Dann wird Gott bei euch sein und euch seinen Frieden schenken.

Dank für die Hilfe der Philipper

10Ich habe mich sehr gefreut und bin dem Herrn von Herzen dankbar, daß es euch wieder möglich war, mich finanziell zu unterstützen. Mir ist klar, daß ihr immer dazu bereit seid und daß ihr in letzter Zeit nur durch die ungünstigen Umstände daran gehindert wurdet.

11Ich sage das nicht, um euch auf meine Not aufmerksam zu machen. Schließlich habe ich gelernt, in allen Lebenslagen zurechtzukommen. 12Ob ich nun wenig oder viel habe, beides ist mir durchaus vertraut, und so kann ich mit beidem fertigwerden: Ich kann satt sein und hungern; ich kann Mangel leiden und Überfluß haben. 13Das alles kann ich durch Christus, der mir Kraft und Stärke gibt.

14Trotzdem habt ihr mir diesmal sehr geholfen. 15Ihr wißt ja, daß ich mich von keiner anderen Gemeinde als von euch in Philippi habe unterstützen lassen. Gleich von Anfang an, als ich von Mazedonien weiterzog, um das Evangelium zu verkündigen, wart ihr die einzigen, von denen ich Geld annahm, nachdem ich euch die Frohe Botschaft von Jesus Christus gebracht hatte. 16Eure Gemeinde hat mich schon unterstützt, als ich in Thessalonich war, und danach habt ihr mir noch mehrmals geholfen. 17Dabei geht es mir gar nicht um das Geschenk, sondern um die Frucht, die daraus erwächst: daß Gott euch für eure Liebe und Fürsorge belohnt und ihr dadurch nicht ärmer, sondern reicher werdet.

18 Alles, was mir Epaphroditus von euch überbrachte, habe ich bekommen. Nun habe ich alles, was ich brauche, ja mehr als das! Eure Gabe ist wie ein wohlriechendes Opfer, das Gott gefällt. 19 Aus seinem Reichtum wird euch Gott, dem ich gehöre, durch Jesus Christus alles geben, was ihr zum Leben braucht. 20 Dafür wollen wir Gott, unseren Vater, in alle Ewigkeit loben und preisen. Amen.

Herzliche Grüße

21 Grüßt alle Christen in Philippi von mir. Herzliche Grüße von den Brüdern, die bei mir sind. 22 Auch alle anderen Christen hier grüßen euch, besonders die, welche im Dienst des Kaisers stehen.

23 Unser Herr Jesus Christus bewahre euch in seiner Gnade!

Der Brief des Paulus an die Christen in Kolossä

Anschrift und Gruß

1 Paulus, der von Gott zum Bot-
schafter Jesu Christi berufen wur-
de, und sein Mitarbeiter Timotheus
2 senden diesen Brief an die Christen
in Kolossä, mit denen wir im Glauben
verbunden sind.[a] Wir wünschen euch
Gnade und Frieden von Gott, unse-
rem Vater.

Wir beten für euch

3 Wenn wir für euch beten, danken wir
immer wieder Gott, dem Vater unse-
res Herrn Jesus Christus. 4 Wir haben
von eurem festen Glauben an Jesus
Christus gehört und von eurer Liebe
zu allen Christen; 5 denn ihr wißt ja,
daß sich eure Hoffnung im Himmel er-
füllen wird. Von dieser Hoffnung habt
ihr gehört, als man euch das Evange-
lium von Jesus Christus, das Wort der
Wahrheit, verkündete.
6 Diese Heilsbotschaft wird nicht
nur bei euch, sondern auch in der
ganzen Welt gepredigt. Immer mehr
hören die Botschaft des Evangeliums,
nehmen sie an, und ihr Glaube trägt
reiche Frucht. So ist es auch bei euch
vom ersten Tage an gewesen, an dem
ihr erkannt habt, wie barmherzig
Gott ist. 7 Euch brachte unser lieber
Mitarbeiter Epaphras dieses Evange-
lium. Wir wissen, daß er euch ein
treuer und guter Lehrer war. 8 Er hat
uns auch davon berichtet, welch brü-
derliche Liebe der Heilige Geist in
euch geweckt hat.[b]
9 Seitdem haben wir nicht aufge-
hört, für euch zu beten und Gott dar-
um zu bitten, daß ihr seinen Willen
erkennt und sein Geist euch mit
Weisheit und Einsicht erfüllt. 10 Dann
nämlich könnt ihr so leben, wie es
Gott gefällt, und viel Gutes tun. Ihr
sollt ihn immer besser kennenlernen
11 und seine göttliche Kraft erfahren,
damit ihr geduldig und ausdauernd
euern Weg gehen könnt.
12 Ihr habt wirklich allen Grund,
Gott, dem Vater, von ganzem Her-
zen dafür zu danken, daß ihr einmal
mit allen anderen Christen bei ihm
sein dürft, in seinem Reich des
Lichts. 13 Er hat uns aus der Gewalt
der Finsternis befreit, und nun leben
wir unter der Herrschaft seines ge-
liebten Sohnes Jesus Christus.
14 Durch ihn sind wir erlöst, unsere
Sünden sind vergeben.

Was Christus für uns getan hat

15 Christus ist das Abbild seines Va-
ters; in ihm wird der unsichtbare Gott
für uns sichtbar. Vor Beginn der
Schöpfung war er da.[c] 16 Durch ihn ist

a) Wörtlich: an die Heiligen, die gläubigen Brüder in Christus.
b) Wörtlich: von eurer Liebe im Geist.
c) Wörtlich: (Er ist der) Erstgeborene vor aller Schöpfung.

alles erschaffen, was im Himmel und
auf der Erde ist, alles Sichtbare und
Unsichtbare, alle Königreiche und
Mächte, alle Herrscher und Gewal-
ten. Alles ist durch ihn und auf ihn hin
geschaffen. 17 Denn Christus war vor
allem anderen; und nur durch ihn be-
steht alles. 18 Er ist das Haupt der Ge-
meinde, die sein Leib ist. Mit ihm hat
alles angefangen. Weil er in allen
Dingen der Erste ist, war er auch der
erste, der von den Toten zu neuem
Leben auferstand. 19 Denn Gott woll-
te mit allem, was er ist und hat, in sei-
nem Sohn wohnen. 20 Alles im Him-
mel und auf der Erde sollte durch
Christus mit Gott wieder versöhnt
werden und Frieden mit ihm finden.
Das ist geschehen, als er am Kreuz
sein Blut vergoß.

21 Auch ihr habt früher von Gott
nichts gewußt und seid mit euerm bö-
sen, sündigen Leben bisher seine
Feinde gewesen. 22 Durch seinen Tod
hat euch Christus mit Gott versöhnt,
so daß ihr einmal ohne Sünde und oh-
ne jeden Makel vor Gott stehen
könnt. 23 Bleibt nur fest und uner-
schütterlich in eurem Glauben, und
laßt euch durch nichts davon abbrin-
gen! Keine Macht der Erde soll euch
die Hoffnung des Evangeliums rau-
ben, das euch wie allen anderen Men-
schen dieser Erde verkündet worden
ist.

Im Auftrag Gottes

Im Auftrag Gottes verkündige ich,
Paulus, dieses Evangelium. 24 Und
was ich auch immer dabei erleiden
muß, nehme ich gern auf mich; ich
freue mich sogar darüber. Das Maß
der Leiden, die ich für Christus auf
mich nehmen muß, ist noch nicht voll.
Und ich leide für seinen Leib, für sei-
ne Gemeinde.[a] 25 Gott hat mir aufge-
tragen, seiner Gemeinde zu dienen
und euch sein Wort uneingeschränkt
und ohne Abstriche zu verkünden.
26 Ihr habt erfahren, was von Anfang
der Welt, was allen Menschen vor
euch verborgen war: ein Geheimnis,
das euch als Christen jetzt enthüllt
worden ist. 27 Gott wollte euch zeigen,
wie unbegreiflich und wunderbar die-
ses Geheimnis ist, das für alle Men-
schen auf dieser Erde gilt: Christus
lebt als der Auferstandene mitten
unter euch. Er hat euch die Hoff-
nung auf die Herrlichkeit Gottes ge-
schenkt.[b]

28 Diesen Christus verkündigen wir
euch. Mit aller geistlichen Weisheit,
die Gott mir gegeben hat, ermahne
ich die Menschen und unterrichte sie
im Glauben, damit jeder einzelne zu
einem reifen, mündigen Christen
wird. 29 Das ist das Ziel meiner Ar-
beit, dafür kämpfe ich und mühe ich
mich ab. Christus, der mit seiner
Macht in mir wirkt, schenkt mir die
Kraft dazu.

2 Ihr sollt wissen, wie sehr ich um
euch kämpfe, auch um die Ge-
meinde in Laodicea und um all die an-
deren, die mich persönlich noch gar
nicht kennen. 2 Gott möge euch Mut
und Kraft geben und euch in der Lie-
be Christi zusammenhalten; die gan-
ze Größe seines Geheimnisses sollt
ihr erkennen. Dieses Geheimnis ist

a) Wörtlich: Jetzt freue ich mich in den Leiden für euch und erfülle, was an den Trübsalen Christi noch fehlt, an meinem Fleisch für seinen Leib, das ist die Gemeinde.
b) Wörtlich: Christus unter (in) euch, die Hoffnung auf Herrlichkeit.

Christus. [3]In ihm ist alles, was es an Weisheit und Erkenntnis Gottes geben kann.

[4]Ich sage das in aller Deutlichkeit, damit ihr euch von niemandem durch wohlklingende Worte betrügen laßt. [5]Zwar bin ich weit von euch entfernt, aber im Geist bin ich mit euch allen verbunden. Ich bin glücklich, wenn ich sehe, wie fest ihr zusammensteht und wie unerschütterlich ihr an Christus glaubt.

Nur Christus ist wichtig

[6]Ihr habt Christus als euren Herrn angenommen; nun lebt auch mit ihm und tut seinen Willen. [7]Wie ein Baum in der Erde, so sollt ihr in Christus fest verwurzelt bleiben, und nur er soll das Fundament eures Lebens sein. Haltet fest an dem Glauben, den man euch lehrte, und dankt Gott für alles, was er euch geschenkt hat.

[8]Laßt euch von keiner Ideologie oder irgendwelchem leeren Gerede einfangen. All das haben sich Menschen ausgedacht; aber hinter ihren Gedanken stehen dunkle, dämonische Mächte und nicht Christus. [9]Nur in Christus ist Gott wirklich zu finden, denn in ihm lebt er ganz und gar. [10]Deshalb lebt Gott auch in euch, wenn ihr mit Christus verbunden seid. Er ist der Herr über alle Mächte und Gewalten.[a]

[11]Durch euern Glauben an Christus habt ihr euer altes, sündiges Leben aufgegeben, seid auch ihr Beschnittene. Zwar nicht durch eine Beschneidung, wie sie der Priester im Tempel durchführt, sondern durch die Beschneidung, wie ihr sie durch Christus erfahren habt.

[12]Durch die Taufe ist euer altes Leben beendet; ihr wurdet mit Christus gleichsam begraben; aber durch den Glauben seid ihr auch mit ihm zu einem neuen Leben auferweckt worden. Diesen Glauben hat Gott in euch bewirkt, und er war es auch, der Christus von den Toten auferstehen ließ. [13]Durch euren Egoismus[b] und eure Sünden wart ihr für Gott tot, aber er hat euch mit Christus lebendig gemacht und alle Schuld vergeben.

[14]Gott hat den Schuldschein, der uns mit seinen Forderungen so schwer belastete, eingelöst und auf ewig vernichtet, indem er ihn ans Kreuz nagelte. [15]Auf diese Weise wurden die finsteren dämonischen Mächte entmachtet und in ihrer Ohnmacht bloßgestellt, als Christus über sie am Kreuz triumphierte.

Freiheit durch Christus

[16]Darum ist es auch unsinnig, daß ihr euch Vorschriften machen laßt über eure Eß- und Trinkgewohnheiten oder bestimmte Feiertage, religiöse Feste und was man am Sabbat tun darf oder nicht. [17]Das alles sind nur schwache Abbilder, ein Schatten von dem, was in Christus Wirklichkeit geworden ist.

[18]Laßt euch deshalb durch niemanden von euerm Ziel abbringen. Schon gar nicht von solchen Leuten, die sich in falsch verstandener Demut gefallen, zu Engeln beten und sich dabei stolz auf ihre Visionen berufen. Diese Menschen haben nicht

a) Wörtlich: Und ihr seid in ihm Erfüllte, der das Haupt jeder Macht und Gewalt ist.
b) Wörtlich: Unbeschnittenheit eures Fleisches.

den geringsten Grund, sich derart
aufzuspielen. 19 Sie halten sich nicht
mehr an Christus, der doch das Haupt
der Gemeinde ist. Denn nur von ihm
her kann die Gemeinde als sein Leib
zusammengehalten werden und so
wachsen und gedeihen, wie Gott es
will.[a]

20 Wenn ihr euch nun als Christen
vom Wesen dieser Welt und ihren
Mächten losgesagt habt,[b] weshalb un-
terwerft ihr euch dann von neuem ih-
ren Forderungen und lebt so, als wäre
diese Welt für euch maßgebend?
21 Weshalb laßt ihr euch vorschrei-
ben: «Du darfst dieses nicht anfassen,
jenes nicht essen und ganz bestimmte
Dinge nicht berühren»? 22 Diese Ge-
bote sind doch nichts anderes als von
Menschen erdachte Verhaltensre-
geln.[c] 23 Möglich, daß Menschen, die
danach leben, den Anschein von
Weisheit erwecken, zumal sie fromm
wirken und sich selbst bei diesen An-
strengungen nicht schonen[d]. Tatsäch-
lich aber hat dies alles überhaupt
nichts mit der Ehrfurcht vor Gott zu
tun, sondern es dient ausschließlich
menschlichem Ehrgeiz und mensch-
licher Eitelkeit.

3 Wenn ihr nun mit Christus zu
einem neuen Leben auferstanden
seid, dann richtet euer ganzes Leben
nach ihm aus. Seht dahin, wo Christus
ist, auf dem Ehrenplatz an Gottes
Seite. 2 Richtet eure Gedanken auf
Gottes kommendes Reich und nicht
auf das, was diese Welt zu bieten hat.[e]
3 Denn für diese Welt seid ihr gestor-
ben, aber Gott hat euch mit Christus
bereits ewiges Leben geschenkt, auch
wenn das jetzt noch verborgen ist.
4 Doch wenn Christus, unser Leben,
erscheinen wird, dann wird in Herr-
lichkeit sichtbar werden, daß ihr mit
ihm lebt.

Wie Christen leben sollen

5 Also trennt euch ganz entschieden
von allen selbstsüchtigen Wünschen,
wie sie für diese Welt kennzeichnend
sind! Trennt euch von Sittenlosigkeit
und Unmoral, von Leidenschaften
und Lastern, aber auch von der Hab-
gier, die den Besitz für das Wichtigste
im Leben hält und ihn zu ihrem Gott
macht! 6 Wer diese Dinge in seinem
Leben duldet, wird Gottes gerechten
Zorn zu spüren bekommen.

7 Auch ihr habt früher so gelebt.
8 Doch das ist jetzt vorbei. Laßt euch
nicht mehr von Zorn und Haß beherr-
schen. Schluß mit aller Bosheit!
Schluß mit dem gotteslästerlichen
Reden und Fluchen! 9 Hört auf, euch
gegenseitig zu belügen. Ihr habt doch
euer früheres Leben mit allem, was
dazugehörte, wie alte Kleider abge-
legt. 10 Zieht jetzt neue Kleider an,
denn ihr seid neue Menschen gewor-
den! Laßt euch von Gott erneuern.
So entsprecht ihr immer mehr dem
Bild, nach dem Gott euch geschaffen

a) Wörtlich: ...und sich nicht an das Haupt halten, von dem her der ganze Leib, durch Sehnen und Bänder gestützt und zusammengefügt, wächst im Wachstum Gottes.
b) Wörtlich: Wenn ihr nun mit Christus den Weltelementen abgestorben seid.
c) Wörtlich: Das ist doch alles zum Verderb durch Verbrauch bestimmt – nach Satzungen und Lehren der Menschen.
d) Wörtlich: und nicht ihren Leib schonen.
e) Wörtlich: Sinnt auf das, was oben ist, nicht auf das, was auf Erden ist.

hat.[a] 11 Dann ist unwichtig, ob einer Grieche oder Jude ist, beschnitten oder unbeschnitten, ob er einem unkultivierten oder gar primitiven Volk angehört, ob er ein Sklave oder Herr ist. Entscheidend ist einzig und allein, ob Christus in ihm lebt.[b]

12 Weil ihr von Gott auserwählt und seine geliebten Kinder seid, die zu ihm gehören, sollt ihr euch untereinander auch herzlich lieben in Barmherzigkeit, Güte, Demut, Nachsicht und Geduld. 13 Streitet nicht miteinander, und seid bereit, einander zu vergeben, selbst wenn ihr glaubt, im Recht zu sein. Denn auch Christus hat euch vergeben. 14 Das Wichtigste ist die Liebe. Wenn ihr sie habt, wird euch nichts fehlen.[c] 15 Und der Friede, den Christus schenkt, soll euer ganzes Leben bestimmen. Gott hat euch dazu berufen, als Gemeinde Jesu in diesem Frieden eins zu sein. Dankt Gott dafür!

16 Laßt das Wort Christi seinen ganzen Reichtum bei euch entfalten. Achtet darauf, daß es bei euch richtig verkündigt und verstanden wird. Ermutigt und ermahnt euch gegenseitig, und dankt Gott von ganzem Herzen mit Psalmen, Lobgesängen und Liedern, die euch der Heilige Geist schenkt. Ihr habt doch Gottes Gnade erfahren! 17 Laßt all euer Tun – euer Reden wie euer Handeln – im Namen unseres Herrn Jesus geschehen. So könnt ihr Gott, dem Vater, für alles danken.

Christsein in der Familie

18 Ihr Frauen, seid dazu bereit, euch euern Ehemännern unterzuordnen. So erwartet es Christus von euch. 19 Ihr Männer, liebt eure Ehefrauen und kränkt sie nicht. 20 Ihr Kinder, seid euern Eltern in allen Dingen gehorsam; denn das gefällt dem Herrn. 21 Ihr Väter, seid liebevoll zu euern Kindern, damit sie nicht ängstlich und mutlos werden.

Christsein im Beruf

22 Wer Vorgesetzte hat,[d] der soll sie in jeder Beziehung als solche anerkennen. Und das nicht, um gut bei ihnen angesehen zu sein. Nein, er soll seine Arbeit aufrichtig und in Ehrfurcht vor Gott tun. 23 Denkt bei allem daran, daß ihr für Gott und nicht für die Menschen arbeitet. 24 Als Lohn dafür wird Gott euch geben, was er versprochen hat. Das wißt ihr ja.[e] Ihm allein, euerm Herrn Jesus Christus, dient ihr und keinem anderen! 25 Wer allerdings Unrecht tut, wird auch dafür den entsprechenden Lohn bekommen; er mag sein, wer er will.

4 Wer Vorgesetzter ist, soll seine Mitarbeiter gerecht und anständig behandeln. Er darf niemals vergessen, daß auch er über sich einen Herrn hat: Gott im Himmel.

a) Wörtlich: Und zieht den neuen (Menschen) an, der erneuert wird zur Erkenntnis nach dem Bild dessen, der ihn schuf.
b) Wörtlich: Wo es nicht mehr Grieche und Jude, Beschneidung und Unbeschnittensein, Barbar, Skythe, Sklave, freier Mann gibt, sondern Christus alles in allen (ist).
c) Wörtlich: Über diesen allen aber die Liebe, die das Band der Vollkommenheit ist.
d) Wörtlich: Ihr Sklaven...
e) Wörtlich: Wißt ihr doch, daß ihr vom Herrn als Vergeltung das Erbe empfangen werdet.

Für andere leben

2 Laßt euch durch nichts vom Gebet
abbringen, und vergeßt dabei nicht,
Gott zu danken. 3 Betet auch für uns,
damit Gott uns eine Möglichkeit gibt,
die Botschaft von Christus zu verkün-
digen, für die ich hier im Gefängnis
sitze. 4 Und betet, daß ich frei und of-
fen von dem reden kann, was mir auf-
getragen wurde.

5 Verhaltet euch klug und besonnen
denen gegenüber, die keine Christen
sind. Denkt daran, daß euch nicht
mehr viel Zeit bleibt. 6 Redet mit je-
dem Menschen freundlich, aber
scheut euch nicht, die Wahrheit zu sa-
gen.[a] Dann werdet ihr schon für jeden
die richtigen Worte finden.

Persönliche Grüße und Wünsche

7 Unser lieber Bruder Tychikus wird
euch berichten, wie es mir geht. Ich
bin dankbar dafür, in Tychikus einen
so treuen Mitarbeiter für die Sache
des Herrn gefunden zu haben.
8 Durch ihn sollt ihr nicht nur erfah-
ren, wie es mir geht, sondern er soll
euch ermutigen und weiterhelfen.
9 Euer Landsmann Onesimus wird ihn
begleiten. Auch ihn schätze ich als
treuen und lieben Bruder. Er und Ty-
chikus werden von allem berichten,
was hier geschehen ist.

10 Aristarchus, der zusammen mit
mir im Gefängnis ist, läßt euch grü-
ßen, ebenso Markus, der Vetter von
Barnabas. Seinetwegen hatte ich
euch ja schon geschrieben. Ich bitte
euch noch einmal, ihn freundlich auf-
zunehmen, wenn er zu euch kommt.
11 Auch Jesus Justus schickt euch sei-
ne Grüße. Diese drei Männer sind die
einzigen Christen jüdischer Her-
kunft, die mit mir hier zusammenar-
beiten und mir helfen, das Evange-
lium von Christus zu verkündigen.
Sie sind mir Trost und Hilfe zugleich.

12 Euer Landsmann Epaphras grüßt
euch ebenfalls sehr herzlich. Er dient
Jesus Christus mit ganzer Hingabe
und läßt nicht nach, für euch zu be-
ten. Inständig bittet er Gott darum,
daß ihr vollkommen und untadelig
vor Gott werdet und bereit, in allen
Dingen Gottes Willen zu erfüllen.
13 Ich kann bezeugen, wie er sich auf-
opfert und mit welch großem Eifer er
sich für euch, für die Christen in Lao-
dicea und die in Hierapolis einsetzt.
14 Freundliche Grüße auch von dem
Arzt Lukas, den wir alle sehr schät-
zen, und von Demas. 15 Grüßt bitte al-
le Christen in Laodicea von mir, vor
allem die Nympha und alle, die sich in
ihrem Haus versammeln.

16 Wenn ihr diesen Brief gelesen
habt, dann gebt ihn doch bitte an die
Gemeinde in Laodicea weiter. Lest
auch den Brief, den ich dorthin ge-
schrieben habe. 17 Und sagt dem Ar-
chippus: Erfülle den Auftrag, den dir
der Herr übertragen hat, treu und ge-
wissenhaft!

18 Und hier mein Gruß an euch, den
ich mit eigener Hand dazuschreibe:
Betet für meine Freilassung.[b]

Gottes Gnade sei mit euch!

a) Wörtlich: Euer Wort sei ... mit Salz gewürzt.
b) Wörtlich: Gedenkt meiner Fesseln!

Der erste Brief des Paulus an die Christen in Thessalonich

Anschrift und Gruß

1 Paulus, Silvanus und Timotheus schreiben diesen Brief an die Gemeinde in Thessalonich, die sich zu Gott, dem Vater, und dem Herrn Jesus Christus bekennt. Gott möge euch seine Gnade und seinen Frieden schenken.

Vorbildlicher Glaube

2 Immer, wenn wir für euch alle beten, danken wir Gott von ganzem Herzen. 3 Wir werden dann immer daran erinnert, mit welcher Selbstverständlichkeit ihr euren Glauben in die Tat umsetzt, mit welcher Liebe ihr für andere sorgt und mit welcher Hoffnung und Geduld ihr auf das Wiederkommen unseres Herrn Jesus Christus wartet. 4 Wir wissen, liebe Brüder, daß Gott euch liebt; ihr gehört ja zu denen, die er auserwählt hat, seine Kinder zu sein.

5 Denn als wir euch das Evangelium von Jesus Christus brachten, da habt ihr nicht nur das Wort gehört und aufgenommen. Nein, Gottes Macht ist unter euch wirksam geworden. Sein Heiliger Geist erfüllte euch und gab volle Gewißheit.[a] Ihr wißt selbst, wie sehr ich mich bemüht habe, euch das Beste zu geben.

6 Nun seid ihr unserem Beispiel und dem unseres Herrn gefolgt. Und obwohl ihr deswegen viel leiden mußtet, habt ihr Gottes Wort mit einer solchen Freude aufgenommen, wie sie nur der Heilige Geist schenken kann. 7 So seid ihr für die Christen in ganz Mazedonien und in der Provinz Achaja zum Vorbild geworden.

8 Aber nicht nur dort habt ihr das Evangelium weitergesagt, auch an vielen anderen Orten spricht man von euerm Glauben, so daß wir darüber nichts mehr berichten müssen. 9 Im Gegenteil! Überall spricht man davon, wie freundlich ihr uns aufgenommen habt, daß ihr nicht länger die toten Götzenbilder anbetet, sondern zu dem lebendigen, wahren Gott umgekehrt seid und ihm allein dient. 10 Jeder weiß auch, wie sehr ihr auf Gottes Sohn wartet, auf Jesus, den er von den Toten auferweckt hat und der für alle sichtbar wiederkommen wird. Er allein rettet uns vor Gottes Zorn im kommenden Gericht.

Wie alles angefangen hat

2 Ihr wißt ja selbst, liebe Brüder, wie es war, als wir zum ersten Mal Gottes Wort bei euch verkündigten: Viele sind zum Glauben gekommen. 2 Und ihr wißt auch, daß wir vorher in Philippi viel zu leiden hatten und miß-

a) Wörtlich: Unser Evangelium erging an euch nicht bloß im Wort, sondern auch in Kraft und Heiligem Geist und voller Gewißheit.

handelt worden waren. Aber Gott hat uns den Mut und die Kraft gegeben, euch seine Botschaft zu verkünden – trotz aller Widerstände, mit denen wir fertigwerden mußten. 3 Was wir euch zu sagen haben, kommt schließlich aus offenem, ehrlichem Herzen; ohne hinterlistige und betrügerische Absichten. 4 Das haben wir gar nicht nötig. Weil Gott uns für würdig hält, das Evangelium zu verkündigen, darum reden wir; und wir wollen nicht Menschen damit gefallen, sondern Gott. Ihn können wir nicht täuschen, denn er kennt alle unsere Gedanken.

5 Ihr wißt auch, daß wir euch niemals mit Schmeicheleien einfangen wollten und daß es uns nicht um unseren eigenen Vorteil ging. Dafür ist Gott unser Zeuge. 6 Niemals wollten wir bei euch oder anderen Leuten persönliches Ansehen gewinnen oder uns wichtig machen.

7 Obwohl wir als Apostel Jesu Christi von euch durchaus einen Beitrag zu unserem Unterhalt hätten verlangen können, bewegte uns nichts anderes als unsere Liebe zu euch – eine Liebe, wie sie eine Mutter für ihre Kinder empfindet. 8 Weil wir euch so liebgewonnen hatten, waren wir nicht nur dazu bereit, euch Gottes Botschaft zu verkünden, sondern auch uns selbst, unser ganzes Leben für euch einzusetzen.

9 Liebe Brüder, erinnert euch doch nur einmal daran, wie hart wir damals gearbeitet haben! Tag und Nacht haben wir uns geplagt; denn wir wollten euch die Botschaft von Jesus Christus bringen, ohne jemandem zur Last zu fallen. 10 Gott weiß es, und ihr wißt es auch, wie sehr wir in der Gemeinde darauf geachtet haben, nach Gottes Willen zu leben, gerecht und vorbildlich zu sein. 11 Denkt ihr noch daran, daß ich für euch gesorgt habe wie ein Vater für seine Kinder? Daß ich euch ermahnte und ermutigte, 12 ja beschworen habe, so zu leben, daß Gott geehrt wird? Denn als seine Kinder sollt ihr in seinem Reich wohnen und seine Herrlichkeit mit ihm teilen.

Gottes Kraft wirkt

13 Immer wieder danken wir Gott dafür, daß ihr unsere Predigt[a] nicht als Menschenwort aufgenommen und verstanden habt, sondern als das, was es ja tatsächlich ist, als Gottes Wort. Dieses Wort verändert jeden, der daran glaubt. 14 Ihr, liebe Brüder, wurdet wegen eures Glaubens genauso verfolgt wie die Christen in Judäa. Sie hatten von den Juden dasselbe zu erleiden wie ihr von euren Landsleuten. 15 Die Juden haben Jesus Christus getötet, wie sie vorher schon ihre Propheten töteten. Jetzt verfolgen sie auch uns. Mit Gott und aller Welt sind sie verfeindet, 16 und auch uns wollen sie mit allen Mitteln daran hindern, anderen[b] die rettende Botschaft von Jesus Christus zu verkündigen. Das Maß ihrer Sünden ist voll; Gottes Zorn läßt sich nicht mehr abwenden. Er wird sie in ganzer Härte treffen.

17 Liebe Brüder, auch wenn wir uns eine Zeitlang nicht sehen konnten, waren wir in Gedanken immer bei euch. Weil wir euch aber unbedingt wiedersehen wollten, haben wir alles mögliche unternommen, um zu euch zu reisen. 18 Ich selbst versuchte es so-

a) Wörtlich: das Wort, das aus dem Hören (auf Gott) kommt.
b) Wörtlich: den (Heiden-) Völkern.

gar mehrmals. Aber bisher hat der Satan alle diese Pläne durchkreuzt.
[19]Doch wir werden nicht aufgeben. Denn seid ihr nicht unsere Hoffnung und Freude, der Siegespreis, auf den wir stolz sein können, wenn Jesus Christus wiederkommt? [20]Ja, ihr seid wirklich unser Stolz und unsere Freude.

Wie geht es euch?

3 Wir konnten es einfach nicht länger ertragen, ohne Nachricht von euch zu sein. Deswegen hatten wir uns entschlossen, allein in Athen zu bleiben [2]und unseren lieben Bruder Timotheus zu euch zu schicken. Er dient ja Gott und sollte euch ermutigen und in euerm Glauben stärken,
[3]damit ihr bei allem, was ihr augenblicklich erleiden müßt, standhaft bleibt. Ihr wißt ja selbst, daß wir als Christen leiden müssen. [4]Das haben wir euch schon gesagt, als wir bei euch waren. Und jetzt wißt ihr es aus eigener Erfahrung.

[5]Nun wollte ich aber genau wissen, wie es euch geht, und darum habe ich Timotheus zu euch geschickt. Er sollte mir berichten, ob euer Glaube all diesen Angriffen standgehalten hat oder ob euch der Versucher zu Fall bringen konnte. Dann allerdings wäre all unsere Arbeit vergeblich gewesen.

Freude und Ermutigung

[6]Doch jetzt ist Timotheus zurückgekehrt. Er hat uns die besten Nachrichten von euch gebracht: wie ihr an eurem Glauben festhaltet und wie groß eure Liebe zueinander ist, daß ihr uns nicht vergessen habt, ja daß ihr euch ein Wiedersehen ebenso sehnlich wünscht wie wir. [7]Das alles hat uns in unserer eigenen Not und Bedrängnis getröstet. [8]Jetzt haben wir wieder neuen Lebensmut, weil ihr unbeirrt an Jesus Christus festhaltet.
[9]Wie sollen wir Gott nur dafür danken, daß er uns durch euch so viel Freude schenkt! [10]Tag und Nacht bitten wir ihn um ein Wiedersehen mit euch. Denn wie gern würden wir euch helfen, daß ihr im Glauben weiter vorankommt.

[11]So warten wir jetzt darauf, daß Gott, unser Vater, und Jesus, unser Herr, uns recht bald zu euch führen.
[12]Euch aber schenke der Herr immer größere Liebe zueinander und zu allen anderen Menschen; eine Liebe, wie wir sie auch für euch empfinden.
[13]So werdet ihr innerlich stark, rein und vollkommen vor Gott, unseren Vater, treten können, wenn Jesus, unser Herr, mit allen seinen Engeln[a] wiederkehren wird.

Wie ein Christ leben soll

4 Um eins möchte ich euch noch bitten, liebe Brüder. Wir haben euch bereits gesagt, wie ihr leben sollt, damit Gott Freude an euch hat. Wir wissen auch, daß ihr unseren Anweisungen folgt. Doch nun bitten wir euch eindringlich im Namen unseres Herrn Jesus, daß ihr euch mit dem Erreichten nicht zufriedengebt. [2]Ihr kennt ja die Gebote, die wir euch in seinem Auftrag gegeben haben.

[3]Gott will, daß ihr ganz und gar ihm

a) Wörtlich: mit allen seinen Heiligen.

gehört. Deshalb soll sich niemand mit Dirnen abgeben oder auf andere Weise unzüchtig leben.[a] 4 Jeder soll mit seiner Ehefrau zusammenleben und rücksichtsvoll mit ihr umgehen.[b] 5 Ungezügelte Leidenschaft ist ein Kennzeichen der Menschen, die Gott nicht kennen. 6 Keiner von euch darf eine Ehe zerstören oder seinen Bruder durch Ehebruch betrügen.[c] Denn wir haben es euch bereits mit allem Nachdruck gesagt: Wer so etwas tut, wird in Gott einen unbestechlichen Richter finden. 7 Gott hat uns nicht zu einem zuchtlosen Leben berufen, sondern zu einem Leben, das ihn ehrt. 8 Wer sich darüber hinwegsetzt, der verachtet nicht Menschen; er verachtet Gott, dessen Heiliger Geist in euch wohnt.

9 Daß ihr euch als Christen untereinander lieben sollt, brauchen wir euch nicht mehr zu sagen. Ihr wißt es, denn Gott selbst hat euch gezeigt, wie ihr einander lieben sollt.[d] 10 Ihr beweist diese Liebe ja auch an euern Brüdern in ganz Mazedonien. Trotzdem, gebt euch damit nicht zufrieden; denn eure Liebe kann nie groß genug sein. 11 Achtet darauf, daß ihr ruhig und besonnen lebt. Kümmert euch um eure eigenen Angelegenheiten, und sorgt selbst für euern Lebensunterhalt, so wie wir es euch schon immer aufgetragen haben. 12 Auf diese Weise seid ihr von niemandem abhängig, und die Menschen außerhalb der Gemeinde werden euch achten und euch vertrauen.

Hoffnung über den Tod hinaus

13 Und nun, liebe Brüder, möchten wir euch nicht im unklaren darüber lassen, was mit den Christen ist, die schon gestorben sind. Ihr sollt doch nicht trauern wie die Menschen, denen die Hoffnung auf das ewige Leben fehlt. 14 Wenn wir glauben, daß Jesus gestorben und auferstanden ist, so dürfen wir auch darauf vertrauen, daß Gott alle auferwecken wird, die im Glauben an Jesus Christus gestorben sind. Wenn er wiederkommt, werden sie dabeisein.

15 Denn das hat uns der Herr ganz gewiß zugesagt: Wer bei der Wiederkunft Jesu noch am Leben ist, wird gegenüber den Toten nichts voraushaben. 16 Auf den Befehl Gottes werden die Stimme des höchsten Engels und der Schall der Posaune vom Himmel ertönen, und Christus wird wiederkommen. Als erste werden die auferstehen, die im Glauben an Christus gestorben sind. 17 Nach ihnen werden wir, die wir zu diesem Zeitpunkt noch leben, unserem Herrn entgegengeführt, um ihm zu begegnen.[e] Dann werden wir für immer bei ihm sein. 18 Tröstet euch untereinander, weil ihr diese Hoffnung habt.

Wir warten auf Christus

5 Wann das alles sein wird, zu welcher Zeit und Stunde, brauchen wir euch, liebe Brüder, nicht zu

a) Wörtlich: Das ist Gottes Wille: eure Heiligung, daß ihr euch der Unzucht enthaltet.
b) Wörtlich: Jeder von euch soll sein eigenes Gefäß in Heiligkeit und in Ehren halten.
c) Wörtlich: Weder übervorteile noch betrüge jemand seinen Bruder in solcher Angelegenheit.
d) Wörtlich: Ihr seid selbst Gott-Belehrte.
e) Wörtlich: Dann werden wir, die Lebenden, die Übriggelassenen, mit ihnen zusammen auf Wolken entrückt werden, dem Herrn entgegen, in die Lüfte.

schreiben. [2] Ihr wißt ja genau, daß Je-
sus Christus[a] so unerwartet kommen
wird wie ein Dieb in der Nacht.
[3] Wenn sich die Leute in Sicherheit
wiegen und sagen werden: «Überall
ist Ruhe und Frieden», wird sie das
Ende so plötzlich überfallen wie die
Wehen eine schwangere Frau. Es
wird für niemanden mehr einen Aus-
weg geben.

[4] Doch ihr, liebe Brüder, lebt ja
nicht in der Finsternis. Also kann
euch der Tag des Herrn auch nicht
wie ein Dieb in der Nacht überra-
schen. [5] Als Christen sind wir Kinder
des Lichts, Kinder des hellen Tages;
wir gehören nicht zur Nacht mit ihrer
Finsternis. [6] Also schlaft nicht wie die
anderen! Bleibt wach und nüchtern!
[7] Denn die Müden schlafen in der
Nacht, und die Säufer feiern nachts
ihre Trinkgelage.

[8] Wir aber haben uns für den Tag
entschieden und wollen wach, nüch-
tern und kampfbereit sein. Dazu
brauchen wir als Panzer den Glauben
und die Liebe. Die Hoffnung auf Er-
lösung wird uns wie ein Helm schüt-
zen. [9] Denn Gott will uns nicht seinem
Zorn und Gericht aussetzen; wir sol-
len vielmehr durch Jesus Christus ge-
rettet werden. [10] Christus ist für uns
gestorben, damit wir – ganz gleich, ob
wir nun leben oder schon gestorben
sind – mit ihm ewig leben. [11] Vergeßt
das nicht, und erinnert euch gegensei-
tig daran. So werdet ihr einander er-
mutigen und trösten, wie ihr es ja
auch bisher getan habt.

Anweisungen für die Gemeinde

[12] Liebe Brüder! Ich bitte euch dar-
um, all die Leute besonders zu achten
und anzuerkennen, die sich für euch
einsetzen, die eure Gemeinde leiten
und euch vor falschen Wegen bewah-
ren wollen. [13] Für ihre Mühe sollt ihr
sie lieben und ihnen dankbar sein.
Vor allem aber lebt in Frieden mitein-
ander.

[14] Außerdem, ihr Lieben, helft de-
nen zurecht, die leichtsinnig in den
Tag hineinleben. Ermutigt die Ver-
zagten, helft den Schwachen, und
bringt für jeden Menschen Geduld
und Nachsicht auf. [15] Keiner von euch
soll Böses mit Bösem vergelten, viel-
mehr sollt ihr euch bemühen, Gutes
zu tun; und zwar untereinander wie
auch allen anderen Menschen gegen-
über. [16] Seid zu jeder Zeit fröhlich!
[17] Hört niemals auf zu beten. [18] Ver-
geßt auch nicht, Gott für alles zu dan-
ken. Denn das erwartet Gott von sei-
nen Kindern.

[19] Laßt den Heiligen Geist ungehin-
dert in euch wirken! [20] Hört auf das,
was er euch sagt![b] [21] Prüft alles sorg-
fältig, und behaltet nur das Gute!
[22] Das Böse aber – ganz gleich in wel-
cher Form – meidet wie die Pest.

Herzliche Grüße

[23] Mein größter Wunsch ist, daß Gott
euch mit seinem Frieden erfüllt und
ihr ohne jede Einschränkung ganz
ihm gehört.[c] Nur so könnt ihr, wenn

a) Wörtlich: der Tag des Herrn.
b) Wörtlich: Prophetische Rede verachtet nicht!
c) Wörtlich: Der Gott des Friedens heilige euch durch und durch.

unser Herr Jesus Christus wiederkommt, rein und fehlerlos an Geist, Seele und Leib vor ihm erscheinen.
[24]Gott hat euch das ja zugesagt; er ist treu, und was er verspricht, das hält er auch.

[25]Betet auch in Zukunft für uns,
liebe Brüder, [26]und grüßt alle in der
Gemeinde mit dem Bruderkuß. [27]Im
Namen unseres Herrn bitte ich euch dringend, diesen Brief allen in der Gemeinde vorzulesen.

[28]Die Gnade unseres Herrn Jesus Christus sei allezeit mit euch.

Der zweite Brief des Paulus an die Christen in Thessalonich

Anschrift und Gruß

1 Paulus, Silvanus und Timotheus senden diesen Brief an die Gemeinde in Thessalonich, die sich zu Gott, unserem Vater, und zu unserem Herrn Jesus Christus bekennt.

[2]Wir wünschen euch Gnade und Frieden von Gott, dem Vater, und dem Herrn Jesus Christus.

Christus, der Retter und Richter

[3]Liebe Brüder! Immer wieder müssen wir Gott für euch danken; wir können gar nicht anders, denn euer Glaube wächst ständig, ebenso die Liebe, die ihr füreinander habt. [4]Wir sind stolz auf euch und stellen euch den anderen Gemeinden als leuchtendes Vorbild hin. Wie standhaft ertragt ihr doch alle Verfolgungen und Leiden! [5]An ihnen läßt sich schon jetzt erkennen, daß Gott euch in sein Reich aufnehmen wird, für das ihr hier leidet.

[6]Er ist ein gerechter Richter. Deshalb wird er alle bestrafen, die euch jetzt verfolgen. [7]Aber eure Not wird ein Ende haben, und auch wir werden nicht länger leiden müssen, wenn Jesus als der Herr mit allen seinen Engeln vom Himmel kommen wird. [8]Wie ein vernichtendes Feuer wird sein Urteil alle treffen, die von Gott nichts wissen wollen und die das Evangelium von Jesus Christus abgelehnt haben. [9]Sie werden dem ewigen Verderben ausgeliefert sein; für immer von unserem Herrn getrennt, ausgeschlossen aus seinem herrlichen Reich. [10]Die aber zu ihm gehören, werden ihn an jenem Tag anbeten, und alle, die an ihn glauben, werden ihm voller Freude zujubeln. Und auch ihr werdet unter ihnen sein, weil ihr der Botschaft vertraut habt, die wir euch gebracht haben.

Wir beten für euch

[11]Deshalb hören wir auch nicht auf, für euch zu beten, daß ihr so lebt, wie man es von Menschen erwarten kann, die Gott zu Großem berufen hat. Wir bitten ihn, daß es nicht bei euerm guten Willen bleibt, sondern daß ihr diesen Willen auch in die Tat umsetzt. Alles, was ihr im Glauben begonnen habt, sollt ihr durch Gottes Kraft auch vollenden.[a] [12]Dann wird durch euch der Name unseres Herrn Jesus gerühmt und geehrt. Und euch wird man auch achten und ehren, weil unser Gott und Herr Jesus Christus euch seine Barmherzigkeit erwiesen hat.

a) Wörtlich: Deshalb beten wir auch allezeit für euch, daß unser Gott euch würdig mache der Berufung und erfülle allen guten Willen der Rechtschaffenheit und das Werk des Glaubens in Kraft.

Christus und Anti-Christus

2 Im Zusammenhang mit dem Wiederkommen unseres Herrn Jesus Christus und seinem Versprechen, daß wir für alle Zeiten bei ihm sein werden, haben wir noch eine Bitte an euch, liebe Brüder: [2]Laßt euch nicht durch Gerüchte verwirren und erschrecken, der Tag des Herrn sei schon da. Bleibt kritisch und besonnen, wenn ihr von Visionen und angeblichen Offenbarungen Gottes hört. Glaubt es nicht, wenn man euch Briefe mit derartigen Behauptungen zeigt, die wir geschrieben haben sollen.

[3]Laßt euch von niemandem so etwas einreden, auf gar keinen Fall dürft ihr darauf hören! Denn bevor Christus wiederkommt, werden sehr viele Menschen von Gott abfallen. Dann wird der Antichrist erscheinen, ein Mensch, der das Böse verkörpert, der Sohn der Hölle.[a] [4]Er ist der Feind Gottes schlechthin und maßt sich an, über Gott und jede Art von Gottesverehrung erhaben zu sein. Ja, er wird sich im Tempel Gottes selbst als Gott verehren und anbeten lassen.

[5]Erinnert ihr euch nicht daran, daß ich euch das alles schon gesagt habe, als ich noch bei euch war? [6]Ihr wißt doch auch, was den Antichrist daran hindert, schon jetzt zu erscheinen, noch vor seiner Zeit. [7]Zwar spüren wir schon überall, wie sich die Mächte des Bösen regen, aber noch werden sie von dem einen aufgehalten. [8]Doch dann wird der Antichrist in aller Öffentlichkeit erscheinen, aber Jesus Christus wird ihn bei seinem Wiederkommen vernichten. Ein Hauch seines Mundes genügt.

[9]Doch seht euch vor: Mit Hilfe des Teufels wird der Antichrist Taten vollbringen, über die man staunen wird. Und doch ist alles durch und durch verlogen. [10]Mit seinen Verführungskünsten wird er alle auf seine Seite bringen, die verloren sind, weil sie die Wahrheit nicht anerkennen wollten, die ihre Rettung gewesen wäre. [11]Weil sie nicht der Wahrheit, sondern der Lüge glauben, überläßt sie Gott ihrem Irrtum.[b] [12]So wird jeder gerichtet, der die Wahrheit nicht liebt, sondern der Lüge glaubt.

Bleibt fest im Glauben!

[13]Euch aber, liebe Brüder, wollte Gott von Anfang an vor der Verdammnis bewahren.[c] Dafür danken wir ihm immer wieder. Weil ihr durch den Heiligen Geist euer Leben nach Gottes Willen führt und an Jesus Christus glaubt[d], seid ihr gerettet. [14]Durch das Evangelium, das wir euch gebracht haben, seid ihr von Gott dazu berufen, an der Herrlichkeit unseres Herrn Jesus Christus teilzuhaben. [15]Bleibt also standhaft und treu im Glauben, liebe Brüder. Haltet fest an dem, was wir euch mündlich und schriftlich gelehrt haben.

a) Wörtlich: der Mensch der Gesetzlosigkeit, der Sohn des Verderbens.
b) Wörtlich: Und deswegen schickt ihnen Gott die Kraft der Verführung, damit sie der Lüge glauben.
c) Wörtlich: vom Anbeginn an erwählt zur Rettung.
d) Wörtlich: im Glauben der Wahrheit.

[16]Unser Herr Jesus Christus aber und Gott, unser Vater, der uns seine Liebe geschenkt und in seiner Barmherzigkeit einen Trost und eine Hoffnung gegeben hat, die niemals aufhören und auch den Tod überdauern werden, [17]er ermutige euch und gebe euch Kraft, Christus in Wort und Tat zu bekennen.[a]

Betet für uns

3 Liebe Brüder! Jetzt möchten wir euch noch darum bitten, daß ihr für uns betet. Bittet Gott, daß auch hier das Evangelium von Jesus Christus seinen Siegeslauf antritt – wie schon bei euch. [2]Bittet Gott auch darum, daß er uns vor den Angriffen all der niederträchtigen und böswilligen Menschen schützt, die vom Glauben einfach nichts wissen wollen.

[3]Gott ist treu. Er wird euch Mut und Kraft geben und euch vor allem Bösen bewahren. [4]Im Glauben an den Herrn vertrauen wir darauf, daß ihr euch jetzt und in Zukunft an alle unsere Anweisungen haltet. [5]Wir beten, daß die Liebe Gottes euer Leben bestimmt und daß ihr geduldig auf die Wiederkunft Jesu Christi wartet.[b]

Wer nicht arbeiten will, der soll auch nicht essen

[6]Liebe Brüder! Im Namen unseres Herrn Jesus Christus fordern wir euch noch einmal auf: Trennt euch von all den Menschen in eurer Gemeinde, die faul sind und nicht so leben, wie wir es euch gelehrt und aufgetragen haben. [7]Ihr wißt doch genau, daß ihr auch darin unserem Beispiel folgen sollt. Und wir sind nicht faul gewesen. [8]Oder haben wir jemals auf Kosten anderer gelebt? Im Gegenteil: Tag und Nacht haben wir gearbeitet und uns abgemüht, um niemandem von euch zur Last zu fallen. [9]Wir hätten zwar von euch Unterstützung verlangen können, doch wir wollten euch ein Vorbild sein, dem ihr folgen sollt. [10]Schon damals haben wir euch eindringlich aufgefordert, nach dem Grundsatz zu leben: Wer nicht arbeiten will, der soll auch nicht essen.

[11]Trotzdem haben wir gehört, daß einige von euch ein liederliches Leben führen, nicht arbeiten und sich nur herumtreiben. [12]Sie alle fordern wir im Namen Jesu Christi auf, einer geregelten Arbeit nachzugehen und für ihren Lebensunterhalt selbst zu sorgen.

[13]Euch aber, liebe Brüder, bitten wir: Werdet nicht müde, Gutes zu tun! [14]Sollte sich jemand unter euch weigern, den Anweisungen dieses Briefes zu folgen, dann brecht jede Verbindung mit ihm ab, damit ihm sein beschämendes Verhalten bewußt wird. [15]Doch behandelt ihn nicht als euern Feind, sondern als Bruder, dem man helfen muß.

Abschließende Grüße

[16]Unser Herr, von dem aller Friede kommt, schenke euch seinen Frieden immer und überall. Er sei mit euch allen!

a) Wörtlich: er tröste eure Herzen und stärke euch in allem guten Werk und Wort.
b) Möglich auch: Der Herr aber lenke eure Herzen hin zur Liebe gegen Gott und zur Geduld Christi.

17 Diesen Gruß an euch schreibe ich, Paulus, eigenhändig darunter. So schließe ich alle meine Briefe, damit ihr erkennt, daß sie auch wirklich von mir sind.

18 Die Gnade unseres Herrn Jesus Christus sei mit euch allen!

Der erste Brief des Paulus an Timotheus

Anschrift und Gruß

1 Diesen Brief schreibt Paulus, ein Apostel Jesu Christi. Von Gott, unserem Retter, und Jesus Christus, der unsere Hoffnung ist, bin ich zu seinem Botschafter berufen.

2 Ich grüße dich, lieber Timotheus. Du bist durch mich zum Glauben gekommen und stehst mir deshalb so nahe wie ein Sohn. Ich wünsche dir Gnade, Barmherzigkeit und Frieden von Gott, unserem Vater, und unserem Herrn Jesus Christus.

Warnung vor falschen Lehren

3 Als ich nach Mazedonien reiste, hatte ich dich gebeten, in Ephesus zu bleiben. Du solltest verhindern, daß dort bestimmte Leute falsche Lehren über das Evangelium verbreiten. 4 Sie sollen endlich mit diesem sinnlosen Nachforschen in Legenden und allen möglichen Abstammungstafeln aufhören; das führt zu nichts als zu nutzlosem Gerede und Streit. Was wir brauchen, ist ein Gehorsam, der aus dem Glauben an Gott kommt.[a] 5 Die Unterweisung in der christlichen Lehre will nur das eine: die Liebe, die aus einem reinen Herzen, einem guten Gewissen und einem unverfälschten Glauben kommt. 6 Doch es gibt Leute, die das bestreiten und sich lieber mit nutzlosem Geschwätz abgeben. 7 Sie bilden sich ein, die Heilige Schrift besonders gut zu kennen; dabei verstehen sie nicht einmal das, was sie selbst reden, und haben keine Ahnung von dem, was sie so kühn behaupten.

8 Wir dagegen wissen: Das Gesetz des Mose ist gut, wenn es nur richtig gebraucht wird. 9 Aber für wen gilt denn das Gesetz? Doch nicht für Menschen, die nach Gottes Willen leben, sondern für solche, die gegen das Recht verstoßen und sich gegen Gott und seine Gebote wenden: Es gilt für Gotteslästerer und Gottesleugner, für Niederträchtige und Gewissenlose, für Mörder und Totschläger, 10 für Menschen, die unmoralisch leben, Kinder sexuell mißbrauchen, andere rücksichtslos ausbeuten; für Lügner und solche, die Meineide schwören, oder für Menschen, die in irgendeiner anderen Weise gegen Gottes Gebote[b] verstoßen. 11 So lehrt es das Evangelium, das mir von Gott anvertraut wurde und das Gottes Herrlichkeit zeigt.

a) Wörtlich: noch auf Fabeln und endlose Geschlechtsregister achten, die eher zu Streitfragen führen als zur Haushalterschaft Gottes im Glauben.

b) Wörtlich: gegen die gesunde Lehre.

Die Botschaft für alle

12 Ich danke unserem Herrn Jesus
Christus immer wieder, daß er gerade
mich bestimmt hat, für seine Sache zu
arbeiten, und mir für diese Aufgabe
auch die Fähigkeit und Kraft schenk-
te. 13 Früher habe ich ihn verhöhnt,
ich habe Christus und seine Gemein-
de mit blindem Haß verfolgt und be-
kämpft. Aber Gott hat sich über mich
erbarmt und mir alles vergeben.
Denn in meinem Unglauben wußte
ich nicht, was ich tat. 14 Um so reicher
habe ich dann Gottes unverdiente
Güte erfahren. Er hat mir den Glau-
ben und die Liebe geschenkt, wie
sie nur bei Jesus Christus zu finden
sind.
15 Denn das ist unumstößlich wahr
und gilt für jeden: Jesus Christus ist
auf diese Welt gekommen, um uns
gottlose Menschen zu retten. Ich
selbst bin der schlimmste von ihnen.
16 Doch gerade deshalb war Gott mir
ganz besonders barmherzig. An mir
wollte Jesus Christus zeigen, wie groß
seine Geduld mit uns sündigen Men-
schen ist. An meinem Beispiel soll je-
der erkennen, daß wirklich alle durch
den Glauben an Christus ewiges Le-
ben finden können. 17 Gott aber, den
ewigen König, der unvergänglich ist
und den keine menschliche Vorstel-
lungskraft jemals erfassen kann, die-
sen einzig wahren Gott wollen wir bis
in alle Ewigkeit loben und ehren.
Amen, das ist wahr und gewiß!
18 Mein lieber Timotheus! Du
weißt, daß du mir lieb bist wie ein ei-
gener Sohn. Dir vertraue ich jetzt die-
se Botschaft an, damit du tapfer und
unerschrocken für sie kämpfst. Ver-
giß nicht, daß Gott selbst dir diesen
Auftrag gegeben hat.[a] 19 Bleibe in
deinem Glauben fest, und bewahre
dir ein reines Gewissen. Denn wie du
weißt, haben einige das nicht getan,
und deshalb hat ihr Glaube Schiff-
bruch erlitten. 20 Hymenäus und
Alexander gehören zu ihnen. Ich ha-
be sie aus der Gemeinde ausge-
schlossen und dem Satan übergeben,
damit sie zur Besinnung kommen
und Gott nicht länger verhöhnen.

Unsere Gottesdienste

2 Sorge vor allem und zuerst dafür,
daß die Gemeinde nicht aufhört
zu beten. Betet für alle Menschen auf
dieser Welt und dankt Gott. 2 Betet
besonders für alle, die in Regierung
und Staat Verantwortung tragen, da-
mit wir in Ruhe und Frieden leben
können, ehrfürchtig vor Gott und
aufrichtig unseren Mitmenschen ge-
genüber. 3 So soll es sein, und so ge-
fällt es Gott, unserem Retter. 4 Denn
er will, daß alle Menschen gerettet
werden und seine Wahrheit erken-
nen.
5 Es gibt nur einen einzigen Gott
und nur einen Einzigen, der zwischen
Gott und den Menschen vermittelt
und Frieden schafft. Das ist der
Mensch Jesus Christus. 6 Er hat sein
Leben am Kreuz geopfert, damit wir
alle erlöst werden, so wie es schon
lange vorhergesagt war.[b] 7 Ich bin von
Gott beauftragt, als sein Botschafter
besonders denen die Frohe Botschaft
zu verkündigen, die Gott bisher nicht
kennen. Sie sollen glauben und Gott

a) Wörtlich: (Dir vertraue ich jetzt diese Botschaft an ...) gemäß den Voraussagen der Prophe-
ten über dich.
b) Wörtlich: der sich selbst für alle als Lösegeld gab – zum Zeugnis zur festgesetzten Zeit.

gehorchen.[a] Und das ist die Wahrheit. Ich lüge nicht.

8 Ich will, daß die Männer in allen Gemeinden beten, mit reinem Gewissen,[b] ohne Zorn und Zweifel. 9 Ebenso sollen die Frauen unauffällig und schlicht gekleidet zum Gottesdienst kommen. Sie sollen sich weder durch ausgefallene Frisuren noch durch kostbaren Schmuck oder irgendwelche Modetorheiten hervortun. 10 Der wahre Schmuck der Frauen ist es, Gutes zu tun. Damit beweisen sie, daß sie Gott lieben und ehren.

11 Die Frau soll lernen, sich in der Gemeinde unterzuordnen und still zuzuhören. 12 Einer Frau erlaube ich nicht, öffentlich zu lehren oder dem Mann Anweisungen zu geben[c]. Sie soll vielmehr still und zurückhaltend sein. 13 Denn Gott hat zuerst Adam geschaffen, den Mann, und danach Eva, die Frau. 14 Außerdem ließ sich auch nicht Adam von der Schlange verführen, sondern Eva. Sie hat Gottes Gebot übertreten. 15 Doch auch sie wird gerettet werden, wenn sie ihre Aufgabe als Frau und Mutter erfüllt, ihr Vertrauen auf Gott setzt, in seiner Liebe bleibt und bereit ist, seinen Willen zu tun.

Wer eine Gemeinde leiten kann

3 Es ist richtig: Wer eine Gemeinde leiten will, der ist bereit, eine schöne und große Aufgabe zu übernehmen. 2 Allerdings muß ein solcher Mann einen vorbildlichen Lebenswandel führen; das heißt, er soll nur *eine* Frau haben, nüchtern und besonnen sein und keinen Anstoß erregen. Gastfreundschaft muß ihn auszeichnen, und er soll als ein guter Lehrer den christlichen Glauben weitergeben können. 3 Außerdem darf er weder ein Trinker sein noch unbeherrscht oder streitsüchtig; vielmehr soll er gütig und friedfertig seine Arbeit tun und nicht am Geld hängen.

4 Sein Familienleben soll geordnet sein, die Kinder gehorsam und gut erzogen. 5 Denn wie kann jemand, der schon in seiner eigenen Familie keine Ordnung halten kann, die Gemeinde Gottes leiten? 6 Er soll nicht erst vor kurzem Christ geworden sein, sondern sein Glaube muß sich schon bewährt haben. Nur allzuleicht verliert er sonst das rechte Augenmaß und wird überheblich. Dann hätte der Teufel ein leichtes Spiel mit ihm.[d] 7 Ein Gemeindeleiter soll auch bei Nichtchristen in einem guten Ruf stehen, damit er sich nicht in den Stricken des Teufels verfängt, wenn andere über ihn reden.

Wer in der Gemeinde mitarbeiten kann

8 Auch die Mitarbeiter[e] in der Gemeinde sollen geachtete Leute sein, ehrlich und glaubwürdig in ihrem Reden; sie sollen sich nicht betrinken und auch nicht auf Gewinn bedacht sein. 9 Sie sollen nicht nur nach außen

a) Wörtlich: Sein Herold und Apostel zu sein, bin ich eingesetzt als Lehrer der Heiden in Glauben und Wahrheit.
b) Wörtlich: aufhebend die reinen Hände.
c) Wörtlich: auch nicht zu herrschen über den Mann.
d) Wörtlich: damit er nicht ... dem Gericht des Teufels verfällt.
e) Wörtlich: Diakone.

hin untadelig erscheinen, denn das, was ihnen mit dem Glauben anvertraut wurde,[a] können sie nur in einem reinen Gewissen bewahren. [10]Auch die Mitarbeiter müssen sich zuerst bewähren. Nur wenn an ihnen nichts auszusetzen ist, darf man sie zum Dienst zulassen. [11]Auch ihre Frauen sollen in ihrer Lebensführung untadelig sein, keine bösartigen Klatschmäuler, sondern besonnene und in allen Dingen zuverlässige Frauen. [12]Wie der Gemeindeleiter soll auch der Mitarbeiter nur mit *einer* Frau verheiratet sein, und auch er muß ein vorbildliches Familienleben führen. [13]Wer sich aber in seinem Dienst als Mitarbeiter bewährt, den wird die Gemeinde achten, und er selbst wird die Zuversicht und Freude ausstrahlen, wie sie der Glaube an Jesus Christus schenkt.

Das Geheimnis des Glaubens

[14]Ich habe dir, lieber Timotheus, das alles geschrieben, obwohl ich hoffe, bald selbst zu dir zu kommen. [15]Aber falls sich mein Besuch noch hinauszögern sollte, weißt du nun, wie man sich im Hause Gottes, in seiner Gemeinde, zu verhalten hat. Die Gemeinde des lebendigen Gottes ist der tragende Pfeiler und das Fundament der Wahrheit. [16]Und tatsächlich: Wie unermeßlich groß und einzigartig ist das Geheimnis des Evangeliums! Als Mensch ist Christus in diese Welt gekommen. Bestätigt wurde er durch den Heiligen Geist. Er erschien seinen Jüngern[b], wurde gepredigt den Völkern der Erde. In aller Welt glauben nun Menschen an ihn. Er wurde aufgenommen in Gottes Herrlichkeit.

Warnung vor falsch verstandener Frömmigkeit

4 Gottes Heiliger Geist sagt uns ausdrücklich, daß in Zukunft manche vom Glauben an Gott abfallen werden, weil sie falschen Propheten hinterherlaufen und teuflischen Lehren glauben. [2]Diese gewissenlosen Verführer sind durch und durch verlogen[c]. [3]Sie verbieten beispielsweise, zu heiraten oder bestimmte Speisen zu essen. Dabei hat Gott doch alles geschaffen, damit jeder, der an ihn glaubt und seine Wahrheit erkannt hat, auch diese Dinge dankbar von ihm annimmt. [4]Denn alles, was Gott geschaffen hat, ist gut; und nichts ist schlecht, was wir mit Dank gegen Gott genießen. [5]Durch das Wort Gottes und das Gebet wird alles rein; nichts kann uns da von Gott trennen.

Ratschläge für den Dienst

[6]Wenn du, lieber Timotheus, der Gemeinde das alles so weitergibst,[d] bist du ein guter Diener Jesu Christi. Du lebst nach dem Wort des Glaubens und richtest dich nach der wahren Lehre, zu der du dich schon immer bekannt hast. [7]Gib dich nicht mit dem gottlosen Geschwätz dieser falschen Prediger ab, sondern setze deine ganze Zeit und Kraft dafür ein, Gott im-

a) Wörtlich: das Geheimnis des Glaubens.
b) Möglich auch: geschaut von den Engeln.
c) Wörtlich: gebrandmarkt in ihrem eigenen Gewissen.
d) Wörtlich: Wenn du dieses die Brüder lehrst.

mer besser zu dienen. 8 Wie ein Asket
zu leben ist ganz gut und schön, aber
sich im Gehorsam gegen Gott zu üben
ist in jedem Fall besser. Denn damit
werden wir dieses und das zukünf-
tige Leben gewinnen. 9 Das ist unum-
stößlich wahr, darauf dürfen wir fest
vertrauen. 10 Für nichts anderes arbei-
ten und kämpfen wir. Auf Gott allein
haben wir unsere Hoffnung gesetzt,
auf den lebendigen Gott. Er ist der
Retter für alle Menschen, wenn sie
nur an ihn glauben.[a] 11 Das alles sollst
du jedem in der Gemeinde klarma-
chen[b].

12 Niemand hat ein Recht, auf dich
herabzusehen, weil du noch so jung
bist. Allerdings mußt du in jeder Be-
ziehung ein Vorbild sein, in allem,
was du sagst und tust: in der Liebe, im
Glauben und in deiner ganzen Gesin-
nung[c]. 13 Solange ich nicht wieder bei
euch bin, lies du in der Gemeinde aus
der Heiligen Schrift vor, ermutige die
Christen und unterrichte sie. 14 Setze
die Gabe ein, die Gott dir schenkte,
als er dich durch ein prophetisches
Wort in der Gemeinde für diese Auf-
gabe bestimmte und die Ältesten dir
segnend die Hände auflegten. 15 Ge-
brauche diese deine Gabe, dann wird
jeder erkennen, wie dein Glaube in
jeder Hinsicht wächst. 16 Achte auf
dich selbst; sieh zu, daß du die Lehre
von Jesus Christus rein und unver-
fälscht weitergibst. Laß dich auf kei-
nen Fall davon abbringen. Dann wirst
du selbst gerettet und alle, die auf
dich hören.

5 Einem älteren Mann begegne mit
Achtung, und rede mit ihm wie
mit einem Vater, wenn du ihn ermah-
nen mußt. Die jungen Männer be-
handle als deine Brüder. 2 Sei zu den
älteren Frauen wie zu deiner Mutter
und zu den jüngeren wie zu deinen
Schwestern, aufrichtig und zurück-
haltend.

Wie die Gemeinde für ihre Witwen sorgen soll

3 Sorge für die Witwen, wenn sie kei-
ne Angehörigen haben, die sie unter-
stützen. 4 Sind aber Kinder oder En-
kel da, dann sollen diese lernen, zu-
erst in der eigenen Familie Gottes
Willen zu tun und ihre Angehörigen
zu versorgen. Es gefällt Gott, wenn
sie auf diese Weise ihre Dankbarkeit
zeigen für das, was sie von ihnen emp-
fangen haben. 5 Es gibt aber auch Wit-
wen, die niemanden mehr haben, die
ihre ganze Hoffnung auf Gott setzen
und Tag und Nacht zu ihm flehen und
beten. 6 Andere wieder meinen, jetzt
müßten sie ihr Leben erst einmal ge-
nießen. Sie sind schon tot, auch
wenn sie noch leben. 7 Davor warne
die Witwen ganz entschieden, damit
man ihnen nichts nachsagen kann.
8 Wer sich aber weigert, seine Ange-
hörigen zu versorgen – und das gilt
besonders für Familienmitglieder –,
der ist kein Christ; er ist schlimmer
als ein Heide.

Witwen im Dienst der Gemeinde

9 Für den Dienst in der Gemeinde
sollte eine Witwe erst ausgewählt
werden, wenn sie mindestens sechzig

a) Wörtlich: besonders (zumal für) die Gläubigen.
b) Wörtlich: verkündigen und lehren.
c) Wörtlich: Keuschheit.

Jahre alt ist und nur *einen* Mann hat-
te. 10 Außerdem sollte sie dafür be-
kannt sein, daß sie viel Gutes getan
hat. Hat sie ihre Kinder gut erzogen?
War sie gastfreundlich? Hat sie ande-
ren Christen selbstlos geholfen und
Notleidenden beigestanden? Hat sie
sich auch sonst überall eingesetzt, um
anderen zu helfen?

11 Junge Witwen sind für den beson-
deren Dienst in der Gemeinde nicht
geeignet. Denn wenn sie eines Tages
doch wieder heiraten wollen, halten
sie ihr Versprechen nicht, Christus
allein zu dienen. 12 Auf ihnen lastet
dann der Vorwurf, ihr Versprechen
Christus gegenüber gebrochen zu ha-
ben. 13 Außerdem ist für sie dieses
«Von-Haus-zu-Haus-Gehen» gar
nicht gut. Denn statt zu helfen, be-
steht die Gefahr, daß sie träge und ge-
schwätzig werden. Neugierig be-
schäftigen sie sich mit Dingen, die sie
überhaupt nichts angehen.

14 Deshalb ist es besser, wenn die
jungen Witwen wieder heiraten, Kin-
der bekommen und ihre eigene Fami-
lie versorgen. Dann wird an ihrem
Lebenswandel niemand etwas ausset-
zen können. 15 Leider aber haben sich
schon einige von Christus abgewandt
und folgen jetzt dem Satan.

16 Wenn aber eine Christin in ihrer
Verwandtschaft Witwen hat, dann
soll sie für diese Witwen sorgen. Auf
keinen Fall darf die Gemeinde damit
belastet werden. Denn die Gemeinde
hat genug zu tun, wenn sie sich um die
Witwen kümmert, die gar keine An-
gehörigen haben.

Die Ältesten der Gemeinde

17 Alle, die als Leiter der Gemeinde,
als Älteste, ihren Dienst verantwor-
tungsvoll ausüben, sollen nicht nur
gut versorgt, sondern auch hoch ge-
achtet werden; vor allem, wenn sie
mit ganzem Einsatz Gottes Wort ver-
kündigen und die Gemeinde unter-
richten. 18 Denn in der Heiligen
Schrift heißt es: «Du sollst einem
Ochsen beim Dreschen nicht das
Maul zubinden»,[a] und an anderer
Stelle: «Jeder Arbeiter soll für seine
Arbeit den gerechten Lohn bekom-
men.»[b]

19 Weigere dich auch, eine Klage
gegen einen Ältesten der Gemeinde
anzunehmen, wenn nicht mindestens
zwei oder drei Zeugen sie bestätigen.
20 Aber sollte sich einer tatsächlich
etwas zuschulden kommen lassen,
dann weise ihn vor allen[c] zurecht,
damit auch die anderen gewarnt
sind.

21 Vor Gott, dem Herrn Jesus
Christus und seinen heiligen Engeln
ermahne ich dich: In solchen Fäl-
len mußt du ohne jedes Vorurteil
und unparteiisch handeln. 22 Übertra-
ge nicht voreilig jemandem eine
wichtige Aufgabe in der Gemeinde,
und sprich niemanden leichtfertig
von seinen Sünden frei, sonst machst
du dich mitschuldig.[d] Dulde auch
keine Sünde in deinem eigenen Le-
ben.

23 Hier noch ein persönlicher Rat:
Trinke nicht länger nur Wasser. Du
bist so oft krank, und da ist es für dei-

a) 5. Mose 25,4
b) 1. Korinther 9,9; Lukas 10,7
c) Wahrscheinlich: vor allen *Ältesten!*
d) Wörtlich: Sei nicht eilig mit der Handauflegung, werde nicht mitverantwortlich für fremde Sünden.

nen Magen besser, wenn du etwas Wein trinkst.

24 Im übrigen erinnere dich daran: Die Sünden mancher Menschen kann jeder sehen; sie sind schon vor dem Gerichtstag Gottes allen offenkundig. Die Sünden anderer wieder bleiben uns verborgen; erst Gott wird sie einmal aufdecken. 25 Genauso ist es auch mit den guten Taten der Menschen: Manche sind schon jetzt für jedermann sichtbar, während wir andere überhaupt nicht erkennen. Doch auch sie werden nicht für immer und ewig verborgen bleiben.

Untergebene und Vorgesetzte

6 Wer sich als Christ einem Vorgesetzten unterordnen muß,[a] der soll ihm Achtung und den notwendigen Respekt entgegenbringen, damit der Name Gottes und der christliche Glaube nicht durch sein schlechtes Verhalten in Verruf geraten. 2 Das gilt auch, wenn der Vorgesetzte selbst Christ ist. Der Untergebene soll sich nicht mit ihm auf eine Stufe stellen, nur weil sie durch den Glauben Brüder sind. Im Gegenteil, er soll ihm um so bereitwilliger dienen. Wenn er an Christus glaubt und von ihm geliebt wird, ist er auch bereit, Gutes zu tun. Das sollst du allen klarmachen, und daran sollst du sie immer wieder erinnern.

Warnung vor geldgierigen Irrlehrern

3 Wer aber etwas anderes behauptet, wer sich nicht an die heilsamen Worte unseres Herrn Jesus Christus hält und die christliche Lehre in den Wind schlägt, 4 der nimmt nur sich selbst wichtig, weiß aber überhaupt nichts. Solche Leute sind auf ihr hohles Geschwätz stolz und auf ihr Herumdiskutieren, das keinem nützt, woraus sich aber oft Neid, Zank, böses Gerede und gemeine Verdächtigungen ergeben. Wie eine Krankheit, wie eine Seuche ist das. 5 Man könnte meinen, sie hätten den Verstand verloren und die Wahrheit nie gehört; versuchen sie doch sogar, aus dem Glauben an Jesus Christus Kapital zu schlagen und sich daran zu bereichern. 6 Dabei ist in der Tat jeder reich, der an Gott glaubt und mit dem zufrieden ist, was er hat. 7 Denn wir sind auf diese Welt gekommen, ohne etwas zu besitzen, und genauso werden wir sie auch wieder verlassen.

8 Wenn wir zu essen haben und uns kleiden können, sollen wir zufrieden sein. 9 Wie oft sind die Menschen, die um jeden Preis reich werden wollten, den Versuchungen des Teufels erlegen; wie oft haben sie sich in seinen Netzen gefangen! Solche unsinnigen und schädlichen Wünsche stürzen die Menschen in den Untergang und ins Verderben. 10 Denn alles Böse wächst aus der Habgier. Schon so mancher ist ihr verfallen und hat dadurch seinen Glauben verloren. Wieviel Not und Leid hätte er sich ersparen können!

Seelsorgerliche Ratschläge

11 Du aber, mein lieber Timotheus, gehörst Gott und dienst ihm. Laß dich deshalb von all diesen Dingen nicht gefangennehmen. Bemühe dich vielmehr mit aller Kraft um ein Leben, mit dem du einmal vor Gott bestehen

a) Wörtlich: Alle, die als Sklaven unter dem Joch stehen.

kannst.[a] Setze alles daran, daß dir
nichts wichtiger wird als Gott, daß
du an ihn glaubst und deine Mitmen-
schen von ganzem Herzen liebst. Be-
gegne ihnen mit Geduld und Freund-
lichkeit.[b] 12 Kämpfe den guten
Kampf des Glaubens! Erringe so das
ewige Leben. Dazu hat dich Gott be-
rufen, und das hast du vor vielen
Zeugen bekannt.

13 Vor Gott, der alles Leben gibt,
und vor Christus Jesus, der von Pon-
tius Pilatus zum Tode verurteilt wur-
de, weil er sich zu Gott bekannte,
befehle ich dir nun: 14 Führe deinen
Auftrag so aus, daß niemand etwas
daran auszusetzen hat, bis unser
Herr Jesus Christus wiederkommt.
15 Die Zeit dafür bestimmt Gott
selbst, der einzige und allmächtige
Gott, der König aller Könige, der
Herr aller Herren. 16 Er, der allein
unsterblich ist, der in einem Licht
lebt, das niemand sonst ertragen
kann, den kein Mensch je gesehen
hat und auch keiner auf dieser Erde
sehen kann, ihm allein gehören Ehre
und ewige Herrschaft. Amen. Das ist
unumstößlich wahr!

17 Zum Schluß noch eins: Den Rei-
chen mußt du unbedingt einschärfen,
daß sie sich nichts auf ihren irdischen
Besitz einbilden oder ihre Hoffnung
auf etwas so Unsicheres wie den
Reichtum setzen. Sie sollen vielmehr
auf Gott hoffen, der uns reich be-
schenkt mit allem, was wir brauchen.
18 Sage ihnen, daß sie Gutes tun sol-
len und gern von ihrem Reichtum
abgeben, um anderen zu helfen. So
werden sie wirklich reich sein 19 und
sich ein gutes Fundament für die Zu-
kunft schaffen, um das wahre und
ewige Leben zu gewinnen.

20 Lieber Timotheus! Bewahre
sorgfältig, was Gott dir anvertraut
hat! Halte dich fern von allem gottlo-
sen Geschwätz und dem leeren Ge-
rede von Leuten mit ihren angeblich
so neuen Erkenntnissen. 21 Manche
sind schon vom Glauben abgekom-
men, weil sie sich darauf eingelassen
haben.

Gottes Gnade sei mit euch allen!

a) Wörtlich: Jage vielmehr der Gerechtigkeit nach.

b) Wörtlich: Jage... der Frömmigkeit, dem Glauben, der Liebe, der Geduld, der Sanftmut nach.

Der zweite Brief des Paulus an Timotheus

Anschrift und Gruß

1 Diesen Brief schreibt Paulus, den
Gott zum Botschafter Jesu Christi
bestimmt hat. In Gottes Auftrag ver-
kündige ich das ewige Leben, wie es
uns durch Jesus Christus geschenkt
wird. 2 Ich grüße dich, lieber Timo-
theus. Du bist mir lieb wie ein eigener
Sohn, und ich wünsche dir Gnade,
Barmherzigkeit und Frieden von
Gott, unserem Vater, und unserem
Herrn Jesus Christus.

Gott hat uns viel gegeben

3 Immer, Tag und Nacht, danke ich
Gott, wenn ich für dich bete. Ihm die-
ne ich mit allem, was ich bin und ha-
be,[a] so wie es schon meine Vorfahren
getan haben. 4 Wenn ich an deine Ab-
schiedstränen denke, dann sehne ich
mich danach, wieder bei dir zu sein.
Darüber würde ich mich sehr freuen.
5 Denn ich erinnere mich sehr gern
daran, wie aufrichtig und überzeu-
gend dein Glaube ist; genauso war es
schon bei deiner Großmutter Lois
und deiner Mutter Eunike. Ich weiß,
daß dieser Glaube auch in dir lebt.

6 Darum bitte ich dich: Laß Gottes
Gabe voll in dir wirksam werden. Du
hast sie bekommen, als ich dir seg-
nend die Hände auflegte. 7 Denn Gott
hat uns seinen Heiligen Geist gege-
ben. Und das ist kein Geist der
Furcht, sondern ein Geist, der uns
mit Kraft, Liebe und Selbstüberwin-
dung erfüllt.

Bekenntnis zu Christus auch im Leiden

8 Schäme dich also nicht, dich in aller
Öffentlichkeit zu unserem Herrn Je-
sus Christus zu bekennen. Halte auch
weiter zu mir, obwohl ich jetzt für ihn
im Gefängnis bin. Sei auch du bereit,
für das Evangelium zu leiden. Gott
wird dir die Kraft dazu geben. 9 Er hat
uns gerettet, und er selbst, der heilige
Gott, hat uns zu seinem Dienst beru-
fen. Nicht etwa, weil wir das verdient
hätten, sondern aus Gnade, und weil
dies von Anfang an Gottes Absicht
war. Denn noch ehe diese Welt be-
stand, war es Gottes Plan, uns in sei-
nem Sohn Jesus Christus seine erbar-
mende Liebe zu schenken. 10 Das ist
jetzt Wirklichkeit geworden, denn
unser Retter Jesus Christus ist ge-
kommen. Das ist das Evangelium: Er
hat dem Tod die Macht genommen
und das Leben – unvergänglich und
ewig – ans Licht gebracht. 11 Eben die-
ses Evangelium soll ich bekanntma-
chen, in Gottes Auftrag verkündigen
und lehren.[b]

12 Darum hat man mich auch in das
Gefängnis geworfen. Aber ich schä-

a) Wörtlich: mit reinem Gewissen.
b) Wörtlich: Dazu bin ich bestimmt worden als Herold und Botschafter und Lehrer.

me mich nicht und verliere nicht den
Mut. Denn ich weiß genau, an wen
ich glaube, und ich bin ganz sicher,
daß Gott mich und all das, was er mir
anvertraut hat, bis zum Tag seines
Kommens bewahren wird. 13 Halte
dich genau an die Lehre, wie du sie
von mir gehört hast. Halte dich an
den Glauben und die Liebe, die wir in
Jesus Christus haben. 14 Bewahre die-
se kostbare Gabe, die man dir anver-
traut hat. Die Kraft dazu wird dir
Gottes Heiliger Geist geben, der in
uns wohnt.

15 Wie du weißt, haben sich alle
Christen aus der Provinz Asien von
mir abgewandt, sogar Phygelus und
Hermogenes. 16 Ich bitte den Herrn
darum, daß er der Familie des Onesi-
phorus barmherzig ist. Denn Onesi-
phorus hat mir immer wieder gehol-
fen. Er war einer der wenigen, die
treu zu mir hielten, obwohl ich im Ge-
fängnis war. 17 Als er nach Rom kam,
ließ er nichts unversucht, bis er mich
fand. 18 Gott möge ihm am Tage des
Gerichts sein Erbarmen schenken.
Gerade du, mein lieber Timotheus,
weißt ja, wieviel er auch in Ephesus
für mich getan hat.

Für Christus kämpfen und leiden

2 Mein lieber Timotheus! Werde
stark im Glauben durch die Kraft,
die Jesus Christus dir schenkt. 2 Was
du von mir in Gegenwart vieler Zeu-
gen gehört hast, das gib jetzt an zu-
verlässige Christen weiter, die fähig
sind, auch andere im Glauben zu un-
terweisen.

3 Als ein guter Kämpfer für die Sa-
che Jesu Christi mußt du so wie ich
bereit sein, auch für ihn zu leiden.
4 Kein Soldat, der in den Krieg zieht,
darf sich von seinen privaten Angele-
genheiten ablenken lassen, wenn sein
Vorgesetzter mit ihm zufrieden sein
soll. 5 Ein Sportler wird niemals eine
Medaille gewinnen, wenn er sich
nicht an die Wettkampfregeln hält.
6 Auch ein Bauer kann die Früchte
seiner Arbeit erst genießen, wenn er
zuvor schwer gearbeitet hat. 7 Denke
darüber nach, was das heißt. Im übri-
gen wird dir der Herr in allen Dingen
die richtige Einsicht geben.

8 Eins aber vergiß nie: Jesus Chri-
stus, ein Nachkomme Davids, wurde
von Gott aus den Toten auferweckt.

Das ist die Frohe Botschaft, die ich
verkündige. 9 Dafür leide ich, und
allein deswegen hat man mich wie
einen Verbrecher ins Gefängnis ge-
sperrt. Aber Gottes Wort läßt sich
nicht einsperren. 10 Für alle, die Gott
retten will, nehme ich das gern auf
mich, damit sie durch Jesus Christus
das ewige Leben bekommen und für
immer in Gottes Herrlichkeit sein
dürfen. 11 Denn das steht unwiderruf-
lich fest: Sind wir mit Christus gestor-
ben, werden wir auch mit ihm leben.
12 Leiden wir hier mit ihm, werden wir
auch mit ihm herrschen. Verleugnen
wir ihn, wird er uns auch verleugnen.
13 Sind wir untreu, bleibt er treu. Ihm
können wir vertrauen.[a]

Warnung vor Irrlehrern

14 An dieses Bekenntnis sollst du alle
immer wieder erinnern. Weise sie vor
Gott eindringlich darauf hin, daß sie
endlich mit diesem sinnlosen Gezänk
um Worte aufhören, was keinem
nützt, aber viele verwirrt und durch-
einanderbringt. 15 Setze alles daran,

a) Wörtlich: denn er kann sich selbst nicht verleugnen.

daß du in deiner Arbeit zuverlässig bist und dich dafür nicht schämen mußt. Sorge dafür, daß Gottes Wort[a] richtig und klar verkündigt wird.

16 Beteilige dich nicht an dem heillosen, leeren Geschwätz gewisser Leute. Sie geraten dadurch nur immer tiefer in die Gottlosigkeit. 17 Wie ein todbringendes Krebsgeschwür breitet sich ihre Irrlehre aus. Ich rede hier von solchen Leuten wie Hymenäus und Philetus. 18 Sie haben den Weg der Wahrheit verlassen und behaupten unter anderem, die Auferstehung sei schon geschehen. Auf diese Weise haben sie schon manchen vom Glauben abgebracht. 19 Aber das feste Fundament, das Gott gelegt hat, können sie nicht erschüttern. Es trägt die Aufschrift: «Der Herr kennt alle, die zu ihm gehören», und ebenso: «Wer sich zu Jesus Christus bekennt, der darf nicht länger Unrecht tun.»

20 Nun gibt es ja selbst in einem reichen Haushalt nicht nur goldene und silberne Gefäße, sondern auch solche aus Holz oder Ton. Während die einen bei Festen und großen Feiern auf den Tisch kommen, gebraucht man die anderen für den Abfall. 21 Wer sich von diesen Schwätzern fernhält, der wird wie eins der edlen Gefäße sein: rein und wertvoll, nützlich für den Hausherrn, geeignet für alles, was gut ist und Gott gefällt.

22 Widerstehe den Verlockungen und Leidenschaften, die besonders jungen Menschen zu schaffen machen. Setze vielmehr alles daran, daß du vor Gott bestehen kannst,[b] daß dein Glaube fest wird und du in Liebe und Frieden mit allen lebst, die Gott aufrichtig anbeten. 23 Den törichten und nutzlosen Auseinandersetzungen gehe aus dem Weg. Du weißt ja, daß sie nur zu unsinnigem Streit führen, 24 und wer Gott dienen will,[c] sollte sich nun wirklich nicht durch ein zänkisches Wesen auszeichnen. Er soll allen Menschen freundlich begegnen, ein geduldiger Lehrer sein, bereit, auch Böses zu ertragen.

25 Wer sich dir widersetzt, den versuche mit Güte auf den richtigen Weg zu bringen. Denn vielleicht führt Gott ihn ja zur Einsicht, daß er zur Besinnung kommt, umkehrt und die Wahrheit erkennt. 26 Solche Menschen können frei werden von den Schlingen des Satans, in denen sie sich verfangen hatten und sich von ihm für seine Zwecke mißbrauchen ließen.

Zeichen der letzten Zeit

3 Das eine sollst du noch wissen: In den letzten Tagen dieser Welt werden schreckliche Zeiten kommen. 2 Dann werden die Menschen nur sich selbst und ihr Geld lieben. Wichtigtuerei und maßlose Selbstüberschätzung werden sie ebenso kennzeichnen wie Verleumdung, Ungehorsam ihren Eltern gegenüber, Undankbarkeit und Ehrfurchtslosigkeit. 3 Lieblos und unversöhnlich werden sie sein, ihre Mitmenschen verleumden und hemmungslos leben, brutal und rücksichtslos. 4 Sie hassen alles Gute und kennen keine Treue, diese unverschämten und aufgeblasenen Sprücheklopfer, die nur ihr Vergnügen und ihre Bequemlichkeit im Kopf haben und von Gott nichts wissen

a) Wörtlich: das Wort der Wahrheit.
b) Wörtlich: Jage der Gerechtigkeit nach.
c) Wörtlich: ein Sklave des Herrn.

wollen. [5]Nach außen tun sie zwar, als seien sie fromm, aber von der Kraft des wirklichen Glaubens wissen sie nichts. Hüte dich vor solchen Menschen!

[6]Einige gehen sogar von Haus zu Haus und versuchen dort – listig und verschlagen – vor allem leichtgläubige Frauen auf ihre Seite zu ziehen. Diese Frauen sind mit Sünden beladen und werden nur von ihren Leidenschaften getrieben, [7]wollen jederzeit etwas Neues hören, sind aber nie willig, die Wahrheit zu erkennen.

[8]So wie sich die ägyptischen Zauberer Jannes und Jambres gegen Mose auflehnten, so widersetzen sich diese falschen Lehrer der Wahrheit. Es sind durch und durch verdorbene Menschen, deren Glaube keiner Prüfung standhält. [9]Auf die Dauer werden sie aber ihr Unwesen nicht treiben können. Mit der Zeit wird jeder erkennen, wie töricht und unsinnig alles ist, was sie sagen und tun. Genauso ist es den beiden ägyptischen Zauberern ergangen.

Wer glaubt, muß mit Widerstand rechnen

[10]Du aber, Timotheus, bist bei dem geblieben, was du von mir gelernt hast. Du hast dir mein Leben, meine Gesinnung, meinen Glauben zum Vorbild genommen, dazu auch meine Langmut, meine Liebe und Geduld. [11]Du weißt, welche Verfolgungen und Leiden ich in Antiochia, in Ikonium und Lystra ertragen mußte. Wie unerbittlich hat man mich dort verfolgt! Aber der Herr hat mich aus allen Gefahren gerettet. [12]Doch vergiß nicht: Jeder, der an Jesus Christus glaubt und so leben will, wie es Gott gefällt, muß mit Verfolgung rechnen. [13]Die Verführer aber und die Betrüger werden es immer schlimmer treiben und sich immer stärker in die Sünde verstricken. Sie betrügen andere und merken nicht, daß sie selbst die Betrogenen sind.

[14]Darum bitte ich dich: Halte an dem Glauben fest, so wie du es gelernt hast. Von seiner Wahrheit bist du ja überzeugt. Schließlich weißt du genau, wer deine Lehrer waren. [15]Außerdem bist du von frühester Kindheit an mit der Heiligen Schrift vertraut. Sie zeigt dir den einzigen Weg zur Rettung, den Glauben an Jesus Christus. [16]Denn die ganze Heilige Schrift ist von Gottes Geist eingegeben. Sie lehrt uns, die Wahrheit zu erkennen, unsere Schuld einzusehen, uns von Grund auf zu ändern und so zu leben, daß wir vor Gott bestehen können.[a] [17]Sein Wort zeigt uns, wie wir als veränderte Menschen fähig werden, in jeder Beziehung Gutes zu tun.[b]

Auftrag und Vermächtnis des Paulus

4 Vor Gott und vor unserem Herrn Jesus Christus, der wiederkommen wird, um über die Lebenden und die Toten Gericht zu halten und sein Königreich aufzurichten, bitte ich dich eindringlich: [2]Verkündige den Menschen Gottes Wort. Setze dich

a) Wörtlich: Alle Schrift ist von Gott eingegeben und nützlich zur Belehrung, zur Überführung, zur Besserung, zur Erziehung in der Gerechtigkeit.

b) Wörtlich: Damit der Mensch Gottes allen Anforderungen gewachsen sei, zu jedem guten Werk zugerüstet.

dafür ein, und zwar überall und zu jeder Zeit! Rede ihnen ins Gewissen, weise sie zurecht, und ermutige sie, wo es nötig ist. Lehre sie geduldig, den richtigen Weg zu gehen[a].

3 Denn es wird eine Zeit kommen, in der die Menschen von der wahren Lehre nichts mehr wissen wollen. So wie es ihnen gerade gefällt, werden sie sich Lehrer aussuchen, die ihnen nur das sagen, was sie gerne hören möchten. 4 Und weil ihnen die Wahrheit nicht gefällt, folgen sie allen möglichen phantastischen Ideen. 5 Doch du sollst wachsam und besonnen bleiben; laß dir nichts vormachen! Sei vielmehr bereit, für Christus zu leiden. Predige unerschrocken die Frohe Botschaft, und führe deinen Dienst treu und gewissenhaft aus.

6 Ich sage dir das, weil ich mit dem Todesurteil rechnen muß[b] und mein Leben nun bald für Gott geopfert wird. 7 Doch ich habe mit vollem Einsatz gekämpft; jetzt ist das Ziel erreicht, und ich bin Christus im Glauben treu geblieben. 8 Nun hält Gott für mich auch den Siegespreis bereit: seine Gerechtigkeit[c]. Er, der gerechte Richter, wird ihn mir am Tag des Gerichts geben; aber nicht mir allein, sondern allen, die wie ich voller Sehnsucht auf sein Kommen warten.

Persönliche Bitten und Anliegen

9 Nun bitte ich dich: Komm doch so schnell wie möglich zu mir! 10 Demas hat mich im Stich gelassen und ist nach Thessalonich gereist, weil ihm die Dinge dieser Welt wichtiger waren. Crescens ist in Galatien und Titus in Dalmatien. 11 Nur Lukas ist bei mir geblieben. Wenn du kommst, bringe Markus mit, denn er könnte mir hier viel helfen. 12 Tychikus habe ich nach Ephesus geschickt. 13 Bringe mir aus Troas meinen Mantel mit, den ich bei Karpus zurückgelassen habe, ebenso die Bücher, vor allem aber die Pergamentrollen.

14 Der Schmied Alexander hat mir viel Böses angetan. Er wird dafür die gerechte Strafe erhalten. 15 Hüte dich vor ihm, denn er hat unsere Botschaft von Jesus Christus erbittert bekämpft.

16 Bei meiner ersten Gerichtsverhandlung war niemand auf meiner Seite. Alle ließen mich allein. Gott möge ihnen verzeihen. 17 Der Herr aber war bei mir. Er hat mir Kraft gegeben, daß ich selbst an diesem Ort die Frohe Botschaft von Jesus verkündigen konnte und Menschen aus aller Welt sie hörten. Er hat mich vor dem sicheren Tod[d] bewahrt. 18 Auch in Zukunft wird mir Gott in allen Gefahren beistehen und mich in sein himmlisches Reich aufnehmen. Ihm gehört für immer alle Ehre. Amen.

Grüße

19 Grüße bitte Priska und Aquila und auch die Familie des Onesiphorus. 20 Erastus ist in Korinth geblieben, und Trophimus habe ich krank in Milet zurücklassen müssen. 21 Ich wäre sehr froh, wenn du noch vor Beginn des Winters hier sein könntest.

a) Wörtlich: mit aller Geduld und Lehre.
b) Wörtlich: Die Zeit meines Todes ist da.
c) Wörtlich: den Kranz der Gerechtigkeit.
d) Wörtlich: aus dem Rachen des Löwen.

Eubulus läßt dich herzlich grüßen, ebenso Pudens, Linus, Klaudia und alle anderen Christen hier.

22 Unser Herr Jesus Christus sei mit dir und seine Gnade mit euch allen!

Der Brief des Paulus an Titus

Anschrift und Gruß

1 Diesen Brief schreibt Paulus, ein Diener Gottes und Botschafter Jesu Christi. Er hat mich berufen, damit alle, die Gott als seine Kinder annahm, im Glauben gestärkt werden. Viele sollen noch erkennen, wer Jesus Christus ist, und gerettet werden.[a] 2 Wir hoffen auf das ewige Leben, das Gott uns zugesagt hat, noch ehe die Welt bestand. Und Gott lügt nicht. 3 Jetzt ist die Zeit gekommen, daß alle Menschen von seiner Zusage erfahren sollen. Gott, unser Retter und Erlöser, hat mir deshalb den Auftrag gegeben, diese Botschaft überall zu verkündigen.

4 Ich grüße dich, lieber Titus. Durch unseren gemeinsamen Glauben bist du mir lieb wie ein eigener Sohn. Ich wünsche dir Gnade und Frieden von Gott, unserem Vater, und unserem Retter Jesus Christus.

Wer eine Gemeinde leiten kann

5 Ich habe dich auf Kreta zurückgelassen, damit du die Arbeit zu Ende führst, die wir dort gemeinsam begonnen haben. Vor allem sollst du in den einzelnen Städten geeignete Männer einsetzen, die als Älteste die Gemeinden leiten. 6 Es müssen Männer sein, die einen untadeligen Lebenswandel führen und in einem guten Ruf stehen. Sie dürfen nur *eine* Frau haben. Ihre Kinder sollen an Jesus Christus glauben und nicht als zügellos und ungehorsam bekannt sein.

7 Ein Ältester muß tatsächlich in jeder Beziehung vorbildlich leben, denn er trägt die Verantwortung für die Gemeinde Gottes. Darum darf er weder rechthaberisch noch jähzornig oder streitsüchtig sein, kein Trinker, kein Geschäftemacher. 8 Dagegen soll er gastfreundlich, gütig und besonnen sein, gerecht urteilen, so leben, wie es Gott gefällt, und sich selbst beherrschen können. 9 Außerdem muß er sich an das Wort Gottes halten, ohne es zu verändern oder zu verfälschen. Denn nur so kann er die Gemeinde im Glauben festigen und andere, die einer falschen Lehre verfallen sind, von ihrem Irrweg abbringen.

Dulde keine Irrlehre!

10 Denn es gibt viele, die dem Wort Gottes nicht gehorchen wollen; Männer, die unnützes Zeug daherreden und dadurch andere Menschen in die Irre führen. Solche Leute waren früher oft strenggläubige Juden. 11 Diese Schwätzer muß man unbedingt zum Schweigen bringen; denn es ist ihnen schon gelungen, ganze Familien vom

a) Wörtlich: (abgesandt) für (den Dienst am) Glauben der Auserwählten Gottes und (an der Ausbreitung der) Wahrheitserkenntnis unseres Glaubens.

rechten Glauben abzubringen. Und
dafür lassen sie sich auch noch teuer
bezahlen!

12 Einer von ihnen muß geradezu ein
Prophet gewesen sein, als er sagte:
«Die Leute auf Kreta sind durch und
durch verlogen. Sie sind faul und ge-
fräßig und benehmen sich wie wilde
Tiere.» 13 Dieser Mann hat die Wahr-
heit gesagt. Darum weise sie scharf zu-
recht, damit sie wieder zum rechten
Glauben zurückfinden. 14 Keiner soll
diese jüdischen Ammenmärchen
glauben und sich nach den Vorschrif-
ten von Leuten richten, die der Wahr-
heit den Rücken gekehrt haben.

15 Wer ein reines Gewissen hat, für
den ist alles rein, was Gott geschaffen
hat.[a] Wer aber ein schlechtes Gewis-
sen hat, dem helfen auch keine Geset-
ze und Vorschriften. Alles, was er
fühlt und denkt, ist böse und gemein.
16 Zwar behaupten diese Leute, Gott
zu kennen, aber ihre Taten beweisen
das Gegenteil. Sie widersetzen sich
Gottes Wort und sind zu nichts Gutem
fähig. Was sie tun, kann man nur ver-
abscheuen.

Wie Christen leben sollen

2 Du aber sollst dich in allem, was
du sagst, nach Gottes unver-
fälschtem Wort richten. 2 Den älteren
Männern sage, daß sie maßvoll, ehr-
bar und besonnen leben sollen; dabei
treu in ihrem Glauben, voller Liebe
und Geduld. 3 Von den älteren
Frauen verlange, daß sie ein Leben
führen, wie es Gott Ehre macht. Sie
sollen nicht klatschen und tratschen
noch sich betrinken, sondern in allen
Dingen mit gutem Beispiel vorange-
hen. 4 So können sie die jungen Frauen
zu einem guten, geordneten Leben
anleiten; dazu, daß sie ihre Männer
und Kinder lieben, 5 nicht anstößig
und unbeherrscht handeln, ihren
Haushalt gut versorgen, sich liebevoll
und gütig verhalten und ihre Männer
achten[b], damit Gottes Wort durch sie
nicht in Verruf gerät.

6 Ebenso mußt du die jungen Män-
ner ermahnen, beherrscht und or-
dentlich zu leben. 7 Vor allem sei du
ihnen in jeder Hinsicht ein gutes Vor-
bild. Das gilt für alles, was du lehrst,
aber auch für dein persönliches Le-
ben. 8 Was immer du sagst, soll wahr
und überzeugend sein. Nur so kannst
du die Gegner des Wortes Gottes ent-
larven. Sie werden beschämt sein und
nichts Nachteiliges gegen uns vorbrin-
gen können.

9 Sage allen, die Vorgesetzte haben,
daß sie sich ihnen in jeder Beziehung
unterordnen, und zwar mit innerer
Bereitschaft und nicht widerstrebend.
10 Sie sollen ehrlich und zuverlässig
sein, damit ihr Beispiel die Menschen
davon überzeugt, wie wahr und gut
das Evangelium von Jesus Christus ist.

Gottesdienst im Alltag

11 Denn in der Person Jesu Christi ist
jetzt Gottes Barmherzigkeit sichtbar
geworden, mit der er alle Menschen
retten will. 12 Sie bringt uns dazu, daß
wir uns von aller Gottlosigkeit, allen
selbstsüchtigen Wünschen trennen,
dafür aber besonnen und rechtschaf-
fen leben, so wie es Gott gefällt.
13 Denn wir warten darauf, daß sich
bald erfüllt, was wir sehnlichst erhof-
fen, daß unser Herr und Erlöser Jesus

a) Wörtlich: Den Reinen ist alles rein (vgl. Markus 7,15).
b) Wörtlich: sich ihren Männern unterordnen.

Christus in seiner ganzen göttlichen Herrlichkeit und Größe erscheinen wird. [14]Er hat sein Leben für uns gegeben und uns von allem Bösen und von aller Schuld befreit. So sind wir sein Volk geworden; bereit, ihm dankbar zu dienen.

[15]Das sollst du lehren und allen nachdrücklich klarmachen. An der Ernsthaftigkeit deiner Worte darf es keinen Zweifel geben.

Der Christ in Staat und Gesellschaft

3 Erinnere die Christen daran, daß sie sich dem Staat und seinen Behörden unterzuordnen haben. Sie sollen die Gesetze des Staates befolgen und sich tatkräftig für das Gemeinwohl einsetzen. [2]Kein Christ darf gehässig über andere reden oder gar Streit suchen. Er soll vielmehr jedem freundlich und liebevoll begegnen.

[3]Vergessen wir nicht: Auch wir wußten es früher nicht besser. Wir waren Gott ungehorsam, kannten den richtigen Weg nicht und wurden von allen möglichen Wünschen und Leidenschaften beherrscht. Bosheit und Neid bestimmten unser Leben. Wir haßten alle, und alle haßten uns.

[4]Aber dann haben wir Gottes Liebe und Güte erfahren durch unseren Erlöser und Retter Jesus Christus. [5]Nicht, weil wir etwas geleistet hätten, womit wir diese Liebe verdienten, nein, seine Barmherzigkeit war es, die uns durch eine neue Geburt zu neuen Menschen gemacht hat.[a] Das war ein Werk des Heiligen Geistes, [6]den Gott uns durch unsern Erlöser Jesus Christus in reichem Maße geschenkt hat.

[7]So sind wir allein durch seine unverdiente Güte von aller Schuld befreit und warten voller Hoffnung auf sein himmlisches Reich, das wir als seine Kinder erben werden.[b] [8]Darauf können wir vertrauen.

Irrlehrer in der Gemeinde

Ich will, daß du dies alles sehr nachdrücklich denen klarmachst, die zum Glauben an Gott gekommen sind. Sie sollen alles daransetzen, Gutes zu tun. Das dient uns selbst und hilft auch anderen. [9]Wo aber nur leeres Stroh gedroschen wird und man völlig sinnlos über Abstammungslinien und Geschlechtsregister streitet, da hast du nichts zu suchen. Beteilige dich nicht an dem Gezänk über bestimmte religiöse Vorschriften. Das führt zu nichts und hat gar keinen Wert.

[10]Wer die Wahrheit verfälscht wie diese Sektierer, den sollst du ein- oder zweimal zurechtweisen. Kommt er trotzdem nicht zur Einsicht, dann trenne dich von ihm. [11]Denn eins ist sicher: Du kannst solchen Menschen, die ihre Sünde nicht einsehen wollen, nicht helfen. Sie sprechen sich selbst das Urteil.

Bitten und Grüße

[12]Sobald Artemas oder Tychikus bei dir sind, komme so schnell wie möglich zu mir nach Nikopolis. Dort will

a) Wörtlich: Nicht aus den Werken und der Gerechtigkeit, die wir getan hätten, sondern aufgrund seines Erbarmens rettete er uns durch das Bad der Wiedergeburt.

b) Wörtlich: Damit wir, gerechtfertigt durch seine Gnade, Erben des ewigen Lebens würden, auf das wir hoffen.

ich den ganzen Winter über bleiben.
13 Den Rechtsanwalt Zenas und auch Apollos rüste mit allem aus, was sie für die Reise brauchen, damit ihnen unterwegs nichts fehlt.
14 Alle, die sich zu Jesus Christus bekennen, müssen lernen, überall da zu helfen, wo es nötig ist. Denn sonst vertun sie ihr Leben, und ihr Glaube ist nichts wert.[a]

15 Meine Mitarbeiter lassen dich herzlich grüßen. Viele Grüße an alle Christen, die uns in Liebe verbunden sind.

Die Gnade Gottes sei mit euch allen!

a) Wörtlich: Aber auch die Unsrigen sollen lernen, in guten Werken vorauszugehen für die notwendigen Bedürfnisse, damit sie nicht ohne Frucht seinen.

Der Brief des Paulus an Philemon

Anschrift und Gruß

[1] Paulus, der im Gefängnis ist, weil er das Evangelium von Jesus Christus verkündigt, und Timotheus schreiben diesen Brief an ihren lieben Freund und Mitarbeiter Philemon. [2] Wir grüßen auch unsere liebe Schwester Appia sowie Archippus, der sich wie wir mit aller Kraft für das Evangelium einsetzt, und alle anderen Christen in Philemons Haus.

[3] Wir wünschen euch allen Gnade und Frieden von Gott, unserem Vater, und unserem Herrn Jesus Christus.

Ein Glaube, der ermutigt

[4] Lieber Philemon! Ich danke meinem Gott immer wieder, wenn ich für dich bete. [5] Denn ich habe erfahren, wie fest du an unseren Herrn Jesus glaubst und mit welch liebevoller Fürsorge du allen Christen begegnest. [6] Ich bete, daß der Glaube, der uns miteinander verbindet, in dir weiter wächst und du immer mehr erkennst, wie reich uns Jesus Christus beschenkt hat. [7] Durch deine Liebe habe ich viel Freude und Ermutigung erfahren, denn ich weiß, wie oft du andere Christen in ihrem Glauben gestärkt hast.

Fürsprache für einen entlaufenen Sklaven

[8] Aus diesem Grunde möchte ich dich jetzt um etwas bitten, was ich als Botschafter Jesu Christi auch mit gutem Recht von dir verlangen könnte. [9] Doch weil wir beide von Christus geliebt werden, möchte ich dir nichts befehlen, sondern dich schlicht und einfach bitten als ein alter Mann, den man ins Gefängnis geworfen hat, weil er das Evangelium von Jesus Christus verkündigt.

[10] Es geht um deinen Sklaven Onesimus, der hier durch mich zum Glauben an Christus gefunden hat und mir ein lieber Sohn geworden ist. [11] Möglich, daß er früher seinem Namen keine Ehre[a] gemacht hat und für dich nicht besonders nützlich war. Aber wie nützlich wird er von nun an für dich und für mich sein!

[12] Ich schicke ihn jetzt zu dir zurück und mit ihm mein eigenes Herz. [13] Wie gern hätte ich ihn noch bei mir behalten, solange ich für das Evangelium im Gefängnis sein muß. Er hätte mir helfen können, so wie du selbst es tun würdest. [14] Aber ich wollte ihn nicht ohne deine Einwilligung hierbehalten. Denn zu einer guten Tat sollte man nicht gezwungen werden, sondern freiwillig bereit sein.

[15] Eins bitte ich dich noch zu beden-

a) Onesimus bedeutet «der Nützliche».

ken: Vielleicht ist dir Onesimus nur deshalb für eine kurze Zeit genommen worden, damit er endgültig und für immer zu dir zurückkehrt. [16]Nun kommt er nicht nur als dein Sklave wieder, du wirst viel mehr an ihm haben: einen geliebten Bruder. Das ist er für mich gewesen. Wieviel mehr wird er es für dich sein, wo er doch zu dir gehört, als Mensch und nun auch als Christ.

[17]Wenn ich nun dein Freund und Bruder bin, dann nimm Onesimus auf, als würde ich selbst zu dir kommen. [18]Sollte dir durch seine Flucht irgendein Schaden entstanden sein oder sollte er dir etwas schulden, dann stelle es mir in Rechnung. [19]Ich werde es bezahlen. Damit verbürge ich mich hier mit meiner Unterschrift. Was du mir schuldest, weil du durch mich zum Glauben an Jesus Christus gefunden hast, davon will ich hier gar nicht reden.[a] [20]Lieber Philemon! Bereite mir doch diese Freude und erfülle meine Bitte! Sei mir auch einmal von Nutzen! Das würde mich im Glauben sehr ermutigen.[b]

[21]Ich habe dir diesen Brief geschrieben, weil ich darauf vertraue, daß du meine Bitte erfüllst. Doch ich denke, du wirst noch mehr tun, als ich von dir erbitte.

[22]Übrigens rechne ich damit, daß Gott eure Gebete erhört und ich bald zu euch kommen kann. Dann würde ich gern bei dir wohnen.

Herzliche Grüße

[23]Epaphras läßt dich herzlich grüßen. Er ist mit mir für Christus im Gefängnis. [24]Herzliche Grüße auch von meinen Mitarbeitern Markus, Aristarchus, Demas und Lukas.

[25]Die Gnade unseres Herrn Jesus Christus soll euch leiten![c]

a) Wörtlich: Ich, Paulus, schreibe es mit eigener Hand: Ich werde es bezahlen – um dir nicht zu sagen, daß du dich selbst mir schuldig bist.

b) Wörtlich: Erquicke mein Innerstes (mein Herz) in Christus.

c) Wörtlich: Die Gnade des Herrn Jesus Christus sei mit euerm Geist!

Der Brief an die Hebräer

Gott spricht durch seinen Sohn

1 Immer wieder hat Gott schon vor unserer Zeit auf unterschiedliche Art und Weise durch die Propheten zu unseren Vätern gesprochen. [2]Doch jetzt, in diesen letzten Tagen, sprach Gott durch seinen Sohn Jesus Christus zu uns. Durch ihn schuf Gott die Welt, und ihn hat er auch zum Erben über diese Welt eingesetzt. [3]In dem Sohn zeigt sich die göttliche Herrlichkeit seines Vaters, denn er ist ganz und gar Gottes Ebenbild. Sein Wort ist die Kraft, die das Weltall zusammenhält. Durch seinen Tod hat er uns von der Last unserer Schuld befreit und nun den Ehrenplatz an der Seite Gottes eingenommen, dem alle Macht gehört.

Christus – höher als die Engel

[4]Gott hat Christus seinen Sohn genannt und ihm damit eine Stellung weit über allen Engeln gegeben. [5]Zu welchem Engel hätte Gott wohl jemals gesagt: «Du bist mein Sohn. Heute setze ich dich zum König ein»?[a] Und zu keinem Engel hat Gott je gesagt: «Ich werde sein Vater sein, und er wird mein Sohn sein.»[b] [6]Als Gott seinen erstgeborenen Sohn in diese Welt sandte, erfüllte sich das Wort: «Alle Engel sollen ihn anbeten.»[c]

[7]Von den Engeln heißt es in den Psalmen: «Gottes Engel sind Boten, die schnell sind wie die Stürme, wie ein Feuer, das niemand löscht.»[d] [8]Von dem Sohn aber heißt es: «Gott, deine Herrschaft bleibt immer und ewig bestehen. In deinem Reich herrscht die Gerechtigkeit. [9]Denn du liebst das Recht, aber du haßt die Sünde. Darum hat dich dein Gott als Herrscher eingesetzt und mehr als alle anderen mit Freude beschenkt.»[e]

[10]Christus ist gemeint, wenn gesagt wird: «Am Anfang hast du, Herr, alles geschaffen. Die Erde und die Himmel, alles ist das Werk deiner Hände. [11]Sie werden vergehen, du aber bleibst. Wie alte Kleider werden sie zerfallen, [12]und wie einen alten Mantel wirst du sie weghängen, um sie gegen etwas Neues auszuwechseln. Du aber bleibst ein und derselbe, du wirst immer und ewig leben.»[f]

[13]Oder hat Gott jemals zu einem Engel gesagt: «Setze dich auf den Ehrenplatz an meiner rechten Seite, bis ich dir alle deine Feinde unterworfen habe, bis du deinen Fuß auf ihren

a) Wörtlich: Heute habe ich dich gezeugt. Psalm 2,7
b) 2. Samuel 7,14
c) Psalm 97,7
d) Psalm 104,4
e) Psalm 45,7–8
f) Psalm 102,26–28

Nacken setzt»?[a] 14 Alle Engel sind nur Wesen, die Gott dienen. Er sendet sie aus, damit sie allen helfen, denen er Rettung und Erlösung schenken will.

Verfehlt nicht das Ziel!

2 Weil wir das wissen, müssen wir um so mehr auf die Worte achten, die wir von Jesus Christus gehört haben. Sonst verfehlen wir noch das Ziel! 2 Denn schon das Gesetz, das die Engel dem Mose überbrachten, war für alle verbindlich, und jeder, der diese Gebote Gottes übertrat, erhielt seine gerechte Strafe. 3 Wieviel weniger werden wir der Strafe entkommen, wenn wir Gottes unvergleichliches Rettungsangebot ausschlagen! Jesus Christus selbst hat es zuerst bekanntgemacht, und es wurde uns von Zeugen bestätigt, die unseren Herrn mit eigenen Ohren gehört haben. 4 Gott selbst hat diese Botschaft beglaubigt durch erstaunliche Zeichen und Wunder, durch seine machtvollen Taten und die Gaben des Heiligen Geistes, die er nach seinem Willen austeilt.

Christus führt zu Gott

5 Über die kommende, zukünftige Welt, von der wir hier reden, werden keine Engel herrschen. 6 An einer Stelle der Heiligen Schrift heißt es dazu: «Was ist schon der Mensch, daß du überhaupt an ihn denkst? Und was ist der Menschensohn, daß du so um ihn besorgt bist? 7 Für eine kurze Zeit hast du ihn zwar so erniedrigt, daß er noch unter den Engeln stand. Aber dann hast du ihn mit Ruhm und Ehre gekrönt. Du hast ihm den Auftrag gegeben, über deine Schöpfung zu herrschen. 8 Alles hast du ihm zu Füßen gelegt.»[b]

Wenn Gott aber seinen Sohn zum Herrscher eingesetzt hat, dann gilt das ohne jede Ausnahme. Freilich können wir das jetzt noch nicht sehen. 9 Aber wir sehen, daß Gott seinen Sohn Jesus Christus, der für eine kurze Zeit niedriger war als die Engel, mit Ruhm und Ehre gekrönt hat. Dies war der Lohn für sein Sterben am Kreuz. Denn Gott hatte in seiner großen Liebe beschlossen, daß Christus für uns alle den Tod erleiden sollte.

10 So ist es auch kein Widerspruch, daß Gott – für den alles geschaffen wurde und durch den alles ist – seinen Sohn durch das Leiden am Kreuz zur Vollendung gelangen ließ. Dadurch hat Jesus Christus den Weg für viele Menschen gebahnt, die er als Gottes Kinder in sein herrliches Reich führt. 11 Jetzt haben sie alle den einen Vater: sowohl Christus, der die Menschen in die Gemeinschaft mit Gott führt, als auch die Menschen, die durch Christus zu Gott geführt werden.[c] Darum schämt sich Christus auch nicht, sie seine Brüder zu nennen, 12 wenn er sagt:

«Ich will meinen Brüdern deinen Namen bekanntmachen, vor der ganzen Gemeinde will ich dich loben und ehren.»[d] 13 Durch den Propheten Jesaja bekennt Christus: «Gott allein will ich vertrauen! Hier bin ich, und

a) Psalm 110,1
b) Psalm 8,5–7
c) Wörtlich: Stammen doch, der da heiligt und die geheiligt werden, alle von Einem ab.
d) Psalm 22,23

hier sind die Kinder, die Gott mir ge-
geben hat.»[a]

14 Die Kinder aber sind wir, Men-
schen aus Fleisch und Blut. Christus
ist nun auch ein Mensch geworden
wie wir, damit er durch seinen Tod
dem Satan – als dem Herrscher des
Todes – die Macht entreißen konnte.
15 So hat er alle befreit, die aus Furcht
vor dem Tod ihr ganzes Leben hin-
durch Gefangene des Satans waren.

16 Denn Christus geht es ja nicht um
die Engel. Ihm geht es um die Men-
schen, um die Nachkommen Abra-
hams. 17 Deshalb mußte er uns, seinen
Brüdern, auch in allem gleich sein,
das heißt, er mußte Mensch werden.
Dadurch konnte er ein barmherziger
und zuverlässiger Hoherpriester für
uns werden und sich selbst als Sühne-
opfer für unsere Sünden Gott dar-
bringen. 18 Denn weil er selbst gelitten
hat und denselben Versuchungen des
Satans ausgesetzt war wie wir Men-
schen, kann er uns in allen Versu-
chungen helfen.

Christus – höher als Mose

3 Euch, meine lieben Brüder, hat
Gott dazu bestimmt, an seiner
Herrschaft teilzuhaben. Seht deshalb
auf Jesus, den Beauftragten Gottes
und Hohenpriester, zu dem wir uns
bekennen.[b] 2 Er ist seinem Vater, der
ihn dazu beauftragt hat, ebenso treu
gewesen wie Mose, der dem Volk
Gottes treu gedient hat. 3 Und doch
ist Christus viel höher zu ehren als
Mose; ein Baumeister genießt ja auch
ein größeres Ansehen als das Haus,
das er gebaut hat. 4 Jedes Haus hat
seinen Baumeister. Gott aber ist der
Baumeister, der alle Dinge geschaf-
fen hat.

5 Mose war Gottes treuer *Diener* im
Volk Israel, dem Haus, das ihm der
Herr anvertraut hatte. So konnte er
auf Ereignisse hinweisen, die erst in
der Zukunft geschehen sollten.
6 Christus dagegen ist Gottes treuer
Sohn in dem Haus, das ihm gehört.
Dieses Haus sind wir, seine Gemein-
de, wenn wir bis zum Ende entschlos-
sen und freudig auf Christus vertrau-
en und uns durch nichts von der Hoff-
nung abbringen lassen, daß unser
Herr wiederkommt.

Gottes Zusagen für sein Volk

7 Deshalb fordert uns der Heilige
Geist auf: «Heute, wenn ihr meine
Stimme hört, 8 dann verschließt eure
Herzen nicht, wie es eure Väter getan
haben; damals, als ich sie in der Wü-
ste auf die Probe stellte und sie sich
erbittert gegen mich auflehnten.
9 Vierzig Jahre lang haben sie jeden
Tag erlebt, daß ich sie führte. Und
trotzdem haben sie immer wieder
neue Beweise von mir verlangt.
10 Voller Zorn über dieses Volk habe
ich deshalb gesagt: ‹Ihr ganzes Wün-
schen und Wollen ist falsch und führt
sie in die Irre. Aber die Wege, die ich
sie führen will, verstehen sie nicht.›
11 Ich habe geschworen in meinem
Zorn: ‹Niemals sollen sie in das ver-
heißene Land kommen, nie die Ruhe
finden, die ich für sie bereithielt.›»[c]

12 Achtet deshalb darauf, liebe Brü-

a) Jesaja 8,17
b) Wörtlich: Daher betrachtet genau, heilige Brüder und Teilhaber himmlischer Berufung, den Sendboten und Hohenpriester unseres Bekenntnisses, Jesus.
c) Psalm 95,7–11

der, daß ihr nicht ebenso töricht und voller Unglauben seid und euch – wie eure Väter – von dem lebendigen Gott abwendet. 13 Ermahnt und ermutigt euch immer wieder, solange Gott zu euch redet. Nur so seid ihr sicher, daß ihr seine Stimme nicht überhört und die Sünde euch nicht betrügen kann. 14 Denn nur wenn wir wirklich bis zuletzt im Glauben fest bleiben, gehören wir zu Christus.[a] 15 Darum gilt: «Wenn ihr *heute* seine Worte hört, dann verschließt eure Herzen nicht wie das Volk Israel, als es sich gegen Gott auflehnte.»

16 Aber wer hat denn Gottes Worte gehört und trotzdem gegen ihn rebelliert? Es waren doch dieselben Leute, die Mose aus Ägypten geführt hatte! 17 Und wer forderte vierzig Jahre lang Gottes Widerwillen heraus? Waren es nicht eben diese Rebellen, die sich gegen Gott auflehnten und deshalb in der Wüste so elend umkamen? 18 Hatte ihnen Gott nicht geschworen, daß sie niemals in das verheißene Land gelangen würden, wo sie zur Ruhe kommen sollten? 19 Das alles zeigt uns ganz klar: Sie konnten ihr Ziel, das von Gott verheißene Land, nicht erreichen, weil sie Gott nicht gehorchen wollten.

Die Ruhe Gottes

4 Deshalb müssen wir alles daran setzen, um das Ziel nicht zu verfehlen, solange Gottes Zusage noch nicht erfüllt ist, uns seine Ruhe und seinen vollkommenen Frieden zu schenken.[b] 2 Denn auch uns hat Gott diese Zusage gegeben, die er unseren Vätern gab. Ihnen freilich nutzte dies nichts; denn sie haben Gottes Wort zwar gehört, aber nicht danach gehandelt. 3 Doch wir, die wir im Glauben daran festhalten, werden in sein Reich des Friedens kommen.

Gott hat gesagt: «In meinem Zorn über ihren Unglauben habe ich geschworen: Niemals sollen sie in das verheißene Land kommen, nie die Ruhe finden, die ich ihnen geben wollte.»[c] Und das sagte Gott, obwohl er diesen Ort der Ruhe von allem Anfang an bereithielt. 4 Es heißt doch vom siebten Schöpfungstag: «Am siebten Tag hatte Gott sein Werk vollendet und ruhte von seiner Arbeit aus.»[d] 5 Dennoch schwört Gott: «Niemals sollen sie in das verheißene Land gelangen, wo sie zur Ruhe kommen.»

6 Das bedeutet: Gottes Angebot, uns in sein Reich des Friedens aufzunehmen, besteht auch heute noch. Denn unsere Väter, denen dieses Versprechen zuerst galt, haben seine Erfüllung nur deswegen nicht erlebt, weil sie sich Gottes Willen widersetzten. 7 Gott hat jetzt einen neuen Tag festgesetzt, an dem er sein Versprechen erfüllen will. Dieser Tag heißt *Heute*. Von ihm sprach schon König David: «Wenn ihr *heute* Gottes Stimme hört, dann verschließt eure Her-

a) Wörtlich: Denn wir sind Genossen des Christus geworden, wenn wir die anfängliche Zuversicht bis zum Ende fest bewahren.

b) Wörtlich: So laßt uns nun Furcht haben, daß nicht etwa, während die Verheißung, in seine Ruhe einzugehen, noch aussteht, jemand von euch zurückgeblieben erscheint.

c) Wörtlich: Wie ich schwur in meinem Zorn, sie sollen nicht zu meiner Ruhe eingehen. Psalm 95,11

d) 1. Mose 2,2

zen nicht, wie es eure Väter getan ha-
ben.» [8]Hätte Josua sie tatsächlich
zum Ort der Ruhe geführt, würde
Gott nicht später von einem anderen
Tag sprechen.

[9]Gottes Volk wartet also noch im-
mer auf die Zeit der Ruhe, die ihm
Gott zugesagt hat. [10]Wer zu dieser
Ruhe gefunden hat, wird von aller
seiner Arbeit ausruhen können, so
wie Gott am siebten Schöpfungstag
von seinen Werken ruhte. [11]Darum
setzt alles daran, zu dieser Ruhe Got-
tes zu gelangen, damit niemand durch
Ungehorsam das Ziel verfehlt. Unse-
re Väter sind uns darin ein warnendes
Beispiel.

[12]Gottes Wort ist voller Leben und
Kraft. Es ist schärfer als die Klinge
eines zweischneidigen Schwertes;
dringt es doch bis in unser Innerstes,
trennt dort Menschliches von Gött-
lichem[a] und trifft uns tief in Mark und
Bein. Dieses Wort ist ein unbestechli-
cher Richter über die Gedanken und
geheimsten Wünsche unseres Her-
zens. [13]Gottes Augen bleibt nichts
verborgen; vor ihm ist alles sichtbar
und offenkundig. Jeder – ohne Aus-
nahme – muß Gott Rechenschaft ge-
ben.

Christus ist der einzig wahre Hohepriester

[14]Laßt uns also unerschütterlich an
unserem Bekenntnis zu Gott festhal-
ten, denn wir haben einen Hohen-
priester, der vor Gott für uns eintritt.
Das ist Jesus, Gottes Sohn, der in das
Reich seines Vaters gegangen ist.[b]
[15]Doch er gehört nicht zu denen, die
unsere Schwächen nicht verstehen
und zu keinem Mitleiden fähig sind.
Jesus Christus mußte mit denselben
Versuchungen kämpfen wie wir, auch
wenn er nie gesündigt hat. [16]Aber
weil er für uns eintritt, dürfen wir mit
Zuversicht und ohne Angst zu Gott
kommen. Er wird uns seine Barmher-
zigkeit und Gnade zuwenden, wenn
wir seine Hilfe brauchen.

5 Jeder Mensch, der zum Hohen-
priester ernannt wird, ist zum
Dienst für Gott eingesetzt: Stellver-
tretend muß er Gott Gaben und
Opfer bringen, um die Schuld der
Menschen zu sühnen. [2]Und weil er
selbst ein Mensch mit allen seinen
Schwächen ist, kann er mit den un-
wissenden und irrenden Menschen
fühlen und sie verstehen. [3]Doch gera-
de deshalb muß er nicht nur für die
Sünden anderer opfern, sondern auch
für seine eigenen.

[4]Niemand kann sich selbst zum Ho-
henpriester ernennen. Gott beruft in
diese Aufgabe, so wie er es mit Aaron
getan hat. [5]Auch Christus hat sich
nicht die Würde des Hohenpriesters
angemaßt. In diese Aufgabe hat Gott
ihn berufen, als er zu ihm sprach:
«Du bist mein Sohn, heute habe ich
dich dazu gemacht.»[c] [6]Oder wie Gott
an anderer Stelle sagt: «In alle Ewig-
keit sollst du ein Priester sein, so wie
es Melchisedek war.»[d]

[7]Als Jesus unter uns Menschen leb-

a) Wörtlich: es dringt durch bis zur Scheidung von Seele und Geist.
b) Wörtlich: Da wir nun einen großen Hohenpriester haben, der durch die Himmel hindurchgeschritten ist, Jesus, den Sohn Gottes, so laßt uns am Bekenntnis festhalten.
c) Wörtlich: Heute habe ich dich gezeugt. Psalm 2,7
d) Psalm 110,4. Vgl. 1. Mose 14,8

te, hat er Gott, der ihn allein vom Tod retten konnte, unter Tränen und voller Verzweiflung angefleht. Und Gott erhörte sein Gebet und befreite ihn aus seiner Angst, weil Jesus den Vater ehrte und ihm gehorsam war.
8 Auch Jesus, der Sohn Gottes, mußte durch sein Leiden lernen, was Gehorsam heißt. 9 Nachdem er aber sein Opfer am Kreuz vollbracht hatte, ist er für alle, die ihm gehorsam sind, zum Retter und Erlöser geworden.[a]
10 Gott selbst hat ihn für uns zum Hohenpriester eingesetzt, so wie Melchisedek.

Werdet endlich im Glauben erwachsen!

11 Darüber hätten wir euch noch sehr viel mehr zu sagen. Aber weil ihr so wenig hinhört, ist es schwer, euch das klarzumachen. 12 Eigentlich müßtet ihr es in euerm Glauben schon zum Meister gebracht haben und andere unterweisen. Tatsächlich aber seid ihr erst wie Lehrlinge, denen man die allerersten Grundlagen des christlichen Glaubens beibringen muß. Wie Säuglingen kann man euch nur Milch geben, weil ihr feste Nahrung noch nicht vertragt. 13 In euerm Wissen um Gottes Wort und euerm Glauben seid ihr ahnungslos wie kleine Kinder und vertragt nichts als Milch.
14 Nur wer erwachsen und reif ist, kann feste Nahrung zu sich nehmen. Ich meine: Nur wer im ständigen Gebrauch des Wortes Gottes seine Urteilsfähigkeit geschult hat, der kann auch zwischen Gut und Böse unterscheiden.

6 Dennoch wollen wir jetzt aufhören, euch immer wieder in den einfachsten Grundlagen eures Glaubens an Christus zu unterweisen. Wir möchten vielmehr darüber sprechen, was Christen wissen müssen, die in ihrem Glauben erwachsen sind. Es geht jetzt also nicht mehr darum, euch klarzumachen, daß man nicht durch eigenes Tun vor Gott bestehen kann; auch nicht darum, wie notwendig es ist, zu Gott umzukehren. 2 Ebensowenig wollen wir über die Taufe[b], die Handauflegung, die Auferstehung der Toten und über Gottes letztes Gericht reden. 3 Wir wollen Schritte nach vorn tun. Gott wird uns helfen, daß es gelingt.[c]

4 In aller Entschiedenheit möchte ich euch jetzt nur dies eine sagen: Für alle, die das helle Licht des Evangeliums schon erleuchtete, die an sich selbst erfahren haben, wie herrlich Gottes himmlische Gaben sind, und denen der Heilige Geist geschenkt wurde, 5 die Gottes heilbringendes Wort hörten und dadurch etwas von der Kraft der ewigen Welt spürten, –
6 für all diese Menschen ist es unmöglich, Buße zu tun und wieder zu Gott zurückzukehren, wenn sie sich bewußt von ihm abgewendet haben und ihm untreu geworden sind. Ihre Untreue würde nichts anderes bedeuten, als daß sie den Sohn Gottes noch einmal ans Kreuz schlagen und ihn dem Spott seiner Feinde ausliefern.

7 Wer für Gott ein guter Acker ist, der wird von ihm gesegnet. Er nimmt den Regen auf, der immer wieder über ihm niedergeht und nützliche Pflanzen wachsen läßt. Schließlich

a) Wörtlich: Und vollendet, wurde er allen, die ihm gehorchen, der Urheber ewigen Heils.
b) Wörtlich: Taufen (oder: Waschungen).
c) Gemeint ist: Wir wollen zur «vollkommenen» Lehre schreiten.

bringt er eine gute Ernte. [8] Wer aber einem schlechten Acker gleicht, weil auf ihm nichts als Dornen und Disteln wachsen, dem droht Gottes Fluch. Wie ein Bauer seinen Unkrautacker abbrennt, so wird ein solcher Mensch Gottes vernichtenden Zorn erfahren.

[9] Das mußten wir euch, liebe Freunde, ganz offen und unmißverständlich sagen. Trotzdem sind wir überzeugt, daß ihr gerettet werdet und das Ziel erreicht. [10] Denn Gott ist nicht ungerecht. Er vergißt nicht, was ihr getan habt und wie ihr aus Liebe zu ihm anderen Christen geholfen habt und immer noch helft.

[11] Wir haben nur einen Wunsch: Haltet mit diesem Eifer an der Hoffnung des Glaubens fest, bis ihr das Ziel erreicht. [12] Werdet in euerm Glauben nicht träge und gleichgültig, sondern folgt dem Beispiel der Christen, die durch ihr Vertrauen zum Herrn standhaft geblieben sind und alles erhalten werden, was Gott verheißen hat.

Gott hält, was er verspricht

[13] Als Gott dem Abraham sein Versprechen gab, da bekräftigte er seine Zusage mit einem Eid. Und weil es niemanden gibt, der diesen Eid Gottes beglaubigen konnte, schwor Gott bei seinem eigenen Namen [14] und gab Abraham die Zusage: «Du kannst dich fest darauf verlassen: Ich will dich mit Segen überschütten, und du sollst viele Nachkommen haben.»[a] [15] Abraham wartete geduldig; und schließlich ging in Erfüllung, was Gott ihm versprochen hatte.

[16] Menschen schwören einen Eid, um zu bekräftigen, daß ihre Aussage wahr ist, und um mögliche Zweifel auszuräumen. Dabei berufen sie sich auf eine Autorität, die über ihnen steht und von allen anerkannt wird. [17] Gott hat einen Eid geschworen, und zwar zusätzlich zu seinem Versprechen, damit wir als Erben seiner Verheißung die unumstößliche Gewißheit haben, daß er seine Zusage einlöst. [18] Und weil Gott niemals lügt, haben wir jetzt zwei Tatsachen, auf die wir uns verlassen können. Gottes Verheißung und sein Schwur ermutigen und stärken alle, die an der von Gott zugesagten Hoffnung festhalten. [19] Diese Hoffnung ist für uns ein sicherer und fester Anker, der bis in den Himmel, bis zu Gott selbst reicht.[b] [20] Dorthin ist uns Jesus vorausgegangen. Er ist unser Hoherpriester für alle Zeiten – wie es Melchisedek war.

Melchisedek und das jüdische Priestertum

7 Melchisedek war König von Salem und ein Priester des höchsten Gottes. Als Abraham aus der Schlacht gegen die Könige siegreich zurückkehrte, ging ihm Melchisedek entgegen und segnete ihn.[c] [2] Abraham gab ihm damals den zehnten Teil seiner ganzen Kriegsbeute. Melchisedek heißt eigentlich «König der Gerechtigkeit». Aber weil Melchisedek auch König von Salem war, heißt er auch «König des Friedens». [3] Weder der Vater noch die Mutter Melchisedeks sind bekannt, auch keiner seiner Vorfahren. Man weiß nicht, wann er

a) 1. Mose 22,16–17
b) Wörtlich: der auch hineinreicht in das Innere des Vorhangs (das Allerheiligste).
c) 1. Mose 14,17–20

geboren, auch nicht, wann er gestorben ist; sein Leben war gewissermaßen ohne Anfang und ohne Ende. Er gleicht dem Sohn Gottes und bleibt Priester für alle Zeit.

4 Wie mächtig muß dieser König und Priester gewesen sein, dem Abraham, der Stammvater Israels, den zehnten Teil seiner Siegesbeute übergab! 5 Zwar haben die jüdischen Priester als Nachkommen Levis ein Anrecht darauf, von den Angehörigen ihres Volkes den «Zehnten»[a] zu nehmen; und das, obwohl sie ihre Brüder sind und wie diese von Abraham abstammen. 6 Melchisedek aber gehörte gar nicht zu Abrahams Volk. Dennoch nahm er den zehnten Teil der Beute an und segnete ihn, weil Gott dem Abraham seine Verheißungen gegeben hatte.

7 Nun steht ohne jede Frage der Segnende über dem, der den Segen empfängt. 8 Die jüdischen Priester, die den «Zehnten» erhalten, sind sterbliche Menschen. Mit Melchisedek aber nahm einer den «Zehnten» entgegen, von dem die Heilige Schrift bezeugt, daß er weiterlebt. 9 Indem Abraham dem Melchisedek den «Zehnten» gab, hat ihn sozusagen auch Levi entrichtet, obwohl er als Priester doch selbst den «Zehnten» empfängt. 10 Zwar war Levi damals noch gar nicht geboren, aber bei der Begegnung Abrahams mit Melchisedek stand schon fest, daß Levi zu Abrahams Nachkommen zählen würde.

11 Das Priestertum der Leviten – über das im Gesetz klare Bestimmungen vorliegen – war offensichtlich nicht dazu imstande, uns die Vergebung Gottes zu vermitteln.[b] Sonst hätte Gott doch nicht einen ganz anderen Priester vom Range Melchisedeks zu uns schicken müssen. Dann hätte auch ein Priester vom Range Aarons genügt.

Christus, der Hohepriester des neuen Bundes

12 Setzt Gott nun aber ein anderes Priestertum ein, dann muß auch das Gesetz geändert werden, das von den Priestern vertreten wird. 13 Immerhin kommt ja Christus, von dem hier die Rede ist, aus einem Stamm unseres Volkes, von dem nie einer als Priester am Altar Gottes gedient hat. 14 Denn wie jeder weiß, gehört unser Herr Jesus Christus zum Stamm Juda, obwohl Mose nie gesagt hat, daß aus diesem Stamm Priester kommen werden.

15 Schickt Gott also einen anderen Priester, einen vom Range des Melchisedek zu uns, dann wird ganz klar, daß er damit eine besondere Absicht verfolgt. 16 Das wird noch deutlicher, wenn wir bedenken, daß Christus nicht aufgrund menschlicher Verordnungen und Gesetze Hoherpriester geworden ist, sondern weil in ihm unzerstörbares, ewiges Leben ist. 17 So heißt es ja von Christus: «In alle Ewigkeit sollst du ein Priester sein, so wie es Melchisedek war.»[c]

18 Das alte Gesetz, die alte Ordnung ist damit ungültig geworden; sie

a) Zehnter = der zehnte Teil vom Ernteertrag (Korn, Wein, Öl); vgl. 1. Mose 28,22; 3. Mose 27,30–33; 4. Mose 18,21–32; Maleachi 3,8–10

b) Wörtlich: Wenn nun durch das levitische Priestertum – das Volk hat ja im Gesetz darüber Bestimmungen erhalten – die Vollendung erreicht worden wäre...

c) Psalm 110,4

war wirkungslos und brachte keinen
Nutzen. 19 Das Gesetz, so wie es uns
von Mose übergeben wurde, konnte
uns nicht ans Ziel bringen und mit
Gott versöhnen. Doch jetzt haben
wir die Gewißheit, daß wir wirklich
zu Gott kommen dürfen.[a]

20 Das hat Gott durch einen Eid be-
kräftigt; die Leviten sind ohne
Schwur Priester geworden. 21 Nur zu
Christus hat Gott gesagt: «Der Herr
hat es geschworen, und diesen
Schwur wird er niemals bereuen:
‹Für immer und ewig sollst du Prie-
ster sein!›»[b] 22 So wurde Jesus für uns
zum Bürgen eines neuen, besseren
Bundes mit Gott. 23 Zur Zeit des al-
ten Bundes mußte es außerdem viele
Priester geben, denn sie waren alle
sterbliche Menschen. 24 Christus aber
lebt in alle Ewigkeit; sein Priester-
amt wird nie von einem anderen ein-
genommen. 25 Und weil Jesus Chri-
stus ewig lebt und für uns bei Gott
eintritt, wird er auch alle endgültig
retten, die durch ihn zu Gott kom-
men.

26 Er allein ist der Hohepriester,
den wir brauchen: Er ist heilig und
ohne jede Schuld, rein und ohne
Fehler, von Gott hoch erhoben auf
den Ehrenplatz im Himmel.[c] 27 Chri-
stus muß nicht – wie die anderen Ho-
henpriester – an jedem Tag zuerst
wegen der eigenen Sünden für sich
selbst ein Opfer bringen, ehe er für
sein Volk opfert. Als Jesus Christus
am Kreuz für unsere Schuld starb,
hat er ein Opfer gebracht, das ein für
allemal gilt. 28 Das Gesetz des Mose
bestimmte Menschen mit all ihren
Schwächen und Fehlern zu Hohen-
priestern. Doch dieses Gesetz gilt
nicht mehr, nachdem Gott seinen ei-
genen Sohn mit einem Schwur als
unseren Hohenpriester einsetzte.
Und das wird er bleiben – für alle
Zeiten in göttlicher Vollkommen-
heit.[d]

Christus, der Vermittler des neuen Bundes

8 Hierbei geht es vor allem um fol-
gendes: Wir haben einen Hohen-
priester, der auf dem Thron zur
Rechten des allmächtigen Gottes
sitzt. 2 Er dient dort als Priester in
dem einzig wahren Heiligtum, das
von Gott selbst und nicht von Men-
schen errichtet wurde.

3 So wie jeder Hohepriester dazu
eingesetzt ist, Gott Opfer und Gaben
zu bringen, muß auch Christus etwas
haben, was er opfern kann. 4 Freilich,
hier auf der Erde könnte Christus
kein Priester sein; denn hier gibt es
schon genügend Priester, die den
Opferdienst leisten, wie es das Gesetz
vorschreibt.

5 Sie dienen allerdings in einem
Tempel, der nur eine schwache Nach-
bildung, ein unvollkommenes Abbild
des himmlischen Heiligtums ist. Als
Mose das heilige Zelt errichten sollte,
befahl ihm Gott: «Achte genau dar-

a) Wörtlich: Das Gesetz hat nichts zur Vollendung gebracht – eine bessere Hoffnung wird aber eingeführt, durch die wir Gott nahen.
b) Psalm 110,4
c) Wörtlich: Denn ein solcher Hoherpriester geziemte sich auch für uns, heilig, sündlos, unbefleckt, von den Sündern geschieden und über die Himmel erhöht.
d) Wörtlich: Das Wort des Eidschwurs aber, das später als das Gesetz gegeben ist, einen, der Sohn ist, auf ewig vollendet.

auf, daß alles nach dem Vorbild angefertigt wird, das ich dir hier auf dem Berg zeige.»[a]

[6]Nun hat Christus eine viel größere Aufgabe erhalten als alle anderen Priester auf der Erde. Deshalb hat er auch als Vermittler zwischen Gott und uns Menschen einen weitaus besseren Bund geschlossen, der außerdem auf festeren Zusagen beruht als der alte Bund. [7]Wenn dieser alte Bund vollkommen gewesen wäre, hätte ein neuer Bund nicht geschlossen werden müssen. [8]Gott tadelte sein Volk, als er sagte:

«Der Tag wird kommen, an dem ich mit dem Volk Israel und dem Volk Juda einen neuen Bund schließen werde. [9]Er ist nicht mit dem zu vergleichen, den ich damals mit ihren Vorfahren schloß, als ich sie mit starker Hand aus Ägypten befreite. Denn sie sind wortbrüchig und untreu geworden und haben sich nicht an meinen Bund gehalten. Deshalb habe ich mich von ihnen abgewandt», spricht der Herr.

[10]«Aber nach dieser Zeit werde ich mit dem Volk Israel einen neuen Bund schließen. Und der wird so aussehen: Ich schreibe mein Gesetz in ihre Herzen, es soll ihr ganzes Denken und Handeln bestimmen. Ich will ihr Gott sein, und sie sollen mein Volk sein. [11]Niemand muß dann seinen Nächsten noch belehren, keiner braucht seinem Bruder mehr zu sagen: ‹Erkenne doch den Herrn!› Denn alle – vom Kleinsten bis zum Größten – werden erkennen, wer ich bin. [12]Ich will sie begnadigen, ihnen ihren Ungehorsam vergeben und nicht mehr an ihre Sünden denken.»[b]

[13]Gott selbst hat hier von einem neuen Bund gesprochen. Das bedeutet, daß der erste Bund nicht mehr gilt. Was aber alt und überholt ist, wird bald nicht mehr bestehen.

Das Opfer im alten Bund

9 Auch im ersten Bund gab es Regeln und Vorschriften für den Gottesdienst und das Zelt-Heiligtum, das Menschen hier auf der Erde für Gott errichtet hatten. [2]Im vorderen Teil des Heiligtums standen ein Leuchter und ein Tisch mit den Schaubroten. Diesen Teil des Zeltes nannte man das Heilige. [3]Dahinter lag ein zweiter Raum, durch einen Vorhang abgetrennt. Dies war das Allerheiligste. [4]Hier befanden sich der goldene Rauchopferaltar und eine rundum mit Gold beschlagene Truhe, die sogenannte Bundeslade. Darin lagen die Steintafeln mit den Zehn Geboten, ein goldener Krug mit Manna, dem Himmelsbrot, und der Stab Aarons, der Knospen getrieben hatte. [5]Über der Bundeslade breiteten die Cherubim[c], die Wächter über Gottes Herrlichkeit, ihre Flügel aus und bedeckten so diese Stätte der Vergebung und Versöhnung. Doch nun genug von diesen Einzelheiten.

[6]Das Heiligtum besteht also aus zwei Räumen: In dem ersten Raum verrichten die Priester an jedem Tag ihren Dienst. [7]Den anderen Raum, das Allerheiligste, darf aber nur der Hohepriester betreten, und auch das nur ein einziges Mal im Jahr. Hier

a) 2. Mose 25,40
b) Jeremia 31,31–34
c) Vgl. 1. Mose 3,24; 2. Samuel 6,2; Psalm 80,2; 99,1

bringt er das Blut eines Tieres als Opfer, damit Gott ihm seine eigene Schuld vergibt und die Sünden seines Volkes auslöscht.

[8]Der Heilige Geist wollte auf diese Weise sichtbar werden lassen: Solange das erste Zelt noch steht, bleibt uns der Zugang zum Allerheiligsten, zu Gott, verschlossen. [9]Das erste Zelt ist nichts anderes als ein Bild, ein Gleichnis für unsere gegenwärtige Zeit. In ihm werden zwar Gaben und Opfer gebracht, aber nichts davon kann uns vollkommen mit Gott versöhnen.[a] [10]Denn in einem solchen Gottesdienst werden doch nur Vorschriften befolgt, die das äußere Leben regeln. Es geht dabei um Essen und Trinken oder bestimmte Reinigungsvorschriften. Diese Anordnungen galten aber nur solange, bis Gott die neue Ordnung in Kraft setzte.

Christus – das einmalige Opfer

[11]Seit Christus da ist, gilt diese neue Ordnung. Er ist der Hohepriester über alles, was Gott uns verheißen hat. Seinen Dienst verrichtet er in einem Heiligtum, das größer und vollkommener ist als jedes andere, was je von Menschen betreten wurde. Denn dieses Heiligtum haben nicht Menschenhände errichtet, es gehört nicht zu dieser Welt. [12]Christus opferte auch nicht das Blut von Böcken und Kälbern für unsere Sünden. Als er im Allerheiligsten sein eigenes Blut ein für allemal zum Opfer gab, hat er uns für immer und ewig von unserer Schuld vor Gott befreit.

[13]Nach den Regeln des alten Bundes wurde jemand, den die Sünde unrein gemacht hatte, wieder rein, wenn er mit dem Blut von Böcken und Stieren oder mit der Asche einer geopferten Kuh besprengt wurde. [14]Wieviel mehr wird uns das Blut Jesu Christi von unseren Sünden reinwaschen![b] Erfüllt vom Heiligen Geist, hat er, der ohne jede Sünde war, sich selbst für uns als fehlerloses Opfer Gott dargebracht. Jetzt brauchen wir unser Vertrauen nicht länger auf Ordnungen zu setzen, die uns doch nicht vom Tod erretten. Wir sind frei, um dem lebendigen Gott zu dienen.

Der neue Bund zwischen Gott und den Menschen

[15]So hat Christus den neuen Bund zwischen Gott und uns Menschen vermittelt: Er starb, damit die Sünden aufgehoben werden, die während des alten Bundes geschehen sind. Nun können alle, die dazu berufen sind, das von Gott zugesagte, unvergängliche Erbe empfangen, das ewige Leben bei Gott.

[16]Ein Testament wird erst eröffnet, wenn der Tod seines Verfassers nachgewiesen ist. [17]Solange er lebt, ist es ohne jede Rechtskraft. Erst durch seinen Tod wird es gültig. [18]So wurde auch schon der alte Bund erst rechtskräftig, nachdem er mit Blut besiegelt war. [19]Als Mose dem Volk Israel alle Gebote des Gesetzes mitgeteilt hatte, nahm er das Blut von Kälbern und Böcken, vermengte es mit Wasser und besprengte mit Hilfe von Ysop-

a) Wörtlich: Werden doch in diesem Zelt Gaben und Opfer dargebracht, die nicht im Gewissen vollenden können den, der im Gottesdienst tätig ist.

b) Wörtlich: Wieviel mehr wird das Blut des Christus... unser Gewissen reinigen von toten Werken.

zweigen und roter Wolle das Gesetzbuch und das ganze Volk. [20]Dann sagte er: «Dieses Blut ist das Siegel für den Bund, den Gott mit euch geschlossen hat.»[a] [21]Ebenso besprengte Mose das heilige Zelt und alle Geräte für den Gottesdienst. [22]Nach den Bestimmungen des alten Bundes wird fast alles mit Blut gereinigt. Eine Vergebung der Schuld ohne Blut ist nicht möglich.

Christus setzt alles für uns ein

[23]Deshalb mußte das heilige Zelt, das als Abbild des himmlischen Heiligtums hier auf der Erde stand, durch das Blut von Tieren gereinigt werden. Als es aber um das wirkliche, das himmlische Heiligtum ging, war ein besseres Opfer nötig. [24]Schließlich ging Christus nicht in ein von Menschen erbautes Heiligtum, das ja nur ein Abbild des wahren Heiligtums ist. Er betrat den Himmel selbst, um sich bei Gott für uns einzusetzen.

[25]Christus brauchte sich nur ein einziges Mal zu opfern. Der Hohepriester dagegen muß jedes Jahr aufs neue ins Allerheiligste gehen und Gott das Blut eines Tieres opfern. [26]Wie oft hätte Christus dann seit Beginn der Welt schon leiden müssen! Aber er ist jetzt, am Ende der Zeit, erschienen, um ein für allemal durch seinen Opfertod die Sünden zu tilgen.

[27]Jeder von uns, jeder Mensch muß einmal sterben und kommt danach vor Gottes Gericht. [28]So ist auch Christus ein einziges Mal gestorben, um viele von ihren Sünden zu erlösen. Wenn er zum zweiten Mal kommen wird, dann nicht, um uns noch einmal von unserer Schuld zu befreien. Dann kommt er, um alle, die auf ihn warten, in sein Reich aufzunehmen.[b]

Einmalig und endgültig

10 Das Gesetz des alten Bundes war lediglich ein matter Abglanz und Vorgeschmack all dessen, was Gott für uns bereithält. Es brachte uns noch nicht in eine enge Gemeinschaft mit Gott. Denn die Opfer der alten Ordnung konnten keinen Menschen für immer von seiner Schuld befreien. Jahr für Jahr mußte man erneut Opfer bringen. [2]Niemand hätte mehr ein Opfer gebracht, wenn alle schon nach dem ersten Opfer von ihren Sünden befreit worden wären. Dann hätte ja auch die Schuld ihr Gewissen nicht länger belastet. [3]Tatsächlich aber erinnern diese wiederholten Opfer die Menschen Jahr für Jahr an ihre Sünde und Schuld. [4]Dabei ist es vollkommen unmöglich, daß wir durch das Blut von Stieren und Böcken von unserer Schuld befreit werden können.

[5]Deshalb sprach Christus zu Gott, als er in die Welt kam: «Opfer und andere Gaben wolltest du nicht. Aber du hast mir einen Leib gegeben; er soll das Opfer sein. [6]Dir gefallen weder die Brandopfer noch all die anderen Opfer, die man dir bringt, um von der Sünde freizukommen. [7]Deshalb habe ich gesagt: ‹Ich komme, damit ich deinen Willen, mein Gott, erfülle.

a) 2. Mose 24,8
b) Wörtlich: Zum zweiten Mal wird er ohne (Beziehung zur) Sünde erscheinen zum Heil für diejenigen, die auf ihn warten.

So heißt es von mir bereits in der Heiligen Schrift.›»[a]

8 Obwohl das Gesetz diese Opfer verlangte, hat Christus gesagt: «Opfer und andere Gaben hast du nicht gewollt. Sie gefallen dir so wenig wie die Brandopfer und die anderen Opfer.» 9 Außerdem sagte er: «Ich komme, mein Gott, um deinen Willen zu erfüllen.» Das bedeutet: An die Stelle der alten Opfer setzt Christus sein eigenes Opfer.[b] 10 Er hat mit seinem Tod am Kreuz diesen Willen Gottes erfüllt; und deshalb sind wir durch sein Opfer ein für allemal von Gott angenommen.[c]

11 Fassen wir zusammen: An jedem Tag hat der Priester erneut die Aufgabe, den Altardienst zu verrichten und Gott immer wieder Opfer zu bringen. Dennoch können diese Opfer keinen Menschen für immer von seiner Schuld befreien. 12 Jesus Christus dagegen hat ein einziges Opfer für alle Sünden gebracht. Jetzt sitzt er für immer auf dem Ehrenplatz an der Seite Gottes. 13 Dort wartet er, bis alle seine Feinde besiegt sind und sie wie ein Fußschemel unter seinen Füßen liegen. 14 Für immer und ewig hat Christus mit dem einen Opfer alle Menschen, die Gott als seine Kinder annimmt, in eine vollkommene Gemeinschaft mit ihm gebracht.[d]

15 Das bezeugt uns auch der Heilige Geist. Denn nachdem Gott gesagt hatte: 16 «Dies ist der Bund, den ich mit meinem Volk Israel schließen werde», sprach er: «Ich schreibe mein Gesetz in ihre Herzen, es soll ihr ganzes Denken und Handeln bestimmen. 17 Ihren Ungehorsam will ich ihnen vergeben und nicht mehr an ihre Sünden denken.»[e] 18 Sind aber die Sünden vergeben, dann ist kein Opfer mehr nötig.

Haltet an der Hoffnung fest!

19 Und so, liebe Brüder, können wir jetzt durch das Sterben Jesu Christi, durch das Opfer seines Blutes frei und ungehindert in das Heiligtum eintreten und zu Gott selbst kommen. 20 Christus hat sein Leben geopfert und damit den Vorhang niedergerissen, der uns von Gott trennte. So hat er uns einen neuen Weg gebahnt, der zum Leben führt. 21 Als unser Hoherpriester herrscht er nun über das Haus Gottes, seine Gemeinde. 22 Darum wollen wir uns Gott nähern mit aufrichtigem Herzen und im festen Glauben; denn das Blut Jesu Christi hat uns von unserem schlechten Gewissen befreit und von aller Schuld reingewaschen.[f] 23 Haltet an dieser Hoffnung fest, zu der wir uns bekennen, und laßt euch durch nichts davon abbringen. Ihr könnt euch felsenfest auf sie verlassen, weil Gott sein Wort hält.

24 Achtet aufeinander! Ermutigt

a) Psalm 40,7–9
b) Wörtlich: Er hebt das Erste auf, um das Zweite in Geltung zu setzen.
c) Wörtlich: Kraft dieses Willens sind wir ein für allemal geheiligt durch die Darbringung des Leibes Jesu Christi.
d) Wörtlich: Denn durch eine einzige Darbringung (seines Leibes) hat er für immer vollendet, die geheiligt werden.
e) Jeremia 31,33–34
f) Wörtlich: So laßt uns mit wahrhaftigem Herzen in völligem Glauben hinzutreten, die Herzen besprengt und losgelöst vom bösen Gewissen, und den Leib gewaschen mit reinem Wasser.

euch zu gegenseitiger Liebe, und spornt einander an, Gutes zu tun.
[25] Versäumt nicht die Zusammenkünfte eurer Gemeinde, wie es sich einige angewöhnt haben. Ermahnt euch gegenseitig dabeizubleiben. Ihr seht ja, daß der Tag nahe ist, an dem der Herr wiederkommt.

[26] Sündigen wir auch jetzt noch mutwillig weiter, obwohl wir in Christus die Wahrheit erkannt haben, wird uns kein anderes Opfer mehr von unseren Sünden befreien.
[27] Dann bleibt nichts als das schreckliche Warten auf das Gericht, in dem Gottes verzehrendes Feuer alle seine Feinde vernichten wird.

[28] Wenn jemand gegen das Gesetz des Mose verstößt und dieses Vergehen von zwei oder drei Zeugen bestätigt wird, kann er keine Gnade erwarten. Er muß sterben!
[29] Was meint ihr, um wieviel härter die Strafe für den sein wird, der den Sohn Gottes verachtet, ihn gleichsam mit Füßen tritt, dem das Blut Jesu[a] nichts mehr bedeutet, das doch zu seiner Vergebung vergossen wurde? Ein solcher Mensch beleidigt Gottes Heiligen Geist, von dem er nichts als Gnade und Barmherzigkeit erfahren hat!
[30] Wir alle kennen doch den, der gesagt hat: «Ich werde Rache nehmen und Vergeltung üben!»[b] Von ihm heißt es auch: «Der Herr wird über sein Volk das Urteil sprechen.»[b]
[31] Wie furchtbar wird es allen ergehen, die dem Glauben an Christus absagen. Sie werden in die Hände des lebendigen Gottes fallen!

Glaube muß sich bewähren

[32] Erinnert euch nur einmal an die Zeit, kurz nachdem ihr die Wahrheit kennengelernt habt und Christen geworden seid. Damals mußtet ihr euch in einem schweren und leidvollen Kampf bewähren.
[33] Viele von euch wurden in aller Öffentlichkeit verspottet und gequält; andere halfen denen, die so leiden mußten.
[34] Ihr habt mit den Gefangenen gelitten, und ihr habt es sogar mit Freuden ertragen, wenn man euch euer Hab und Gut wegnahm. Denn ihr wißt, daß ihr durch Christus etwas viel Besseres besitzt; etwas, das einen bleibenden, unvergänglichen Wert hat.

[35] Werft nun euer Vertrauen nicht weg! Es wird sich erfüllen, worauf ihr hofft.[c]
[36] Aber ihr müßt standhaft bleiben und tun, was Gott von euch erwartet. Er wird euch alles geben, was er zugesagt hat.
[37] Denn das steht fest: «Es dauert nur noch eine kurze Zeit, bis der kommen wird, der angekündigt ist. Er wird nicht mehr lange auf sich warten lassen.
[38] Wer an ihn glaubt, wird leben, weil ihm die Schuld vergeben ist.[d] Wer aber zurückweicht und aufgibt, an dem wird Gott kein Gefallen finden.»[e]

[39] Doch wir gehören nicht zu denen, die zurückweichen und verlorengehen. Wir gehören zu denen, die am Glauben festhalten und das ewige Leben gewinnen.

a) Wörtlich: das Blut des Bundes.
b) 5. Mose 32,35–36
c) Wörtlich: Werft nun eure Zuversicht nicht weg, die ja einen großen Lohn hat.
d) Wörtlich: Mein Gerechter aber wird aus Glauben leben.
e) Habakuk 2,3–4

Vorbilder des Glaubens

11 Was aber heißt: Glaube? Der
Glaube ist die feste Gewißheit,
daß sich erfüllt, was Gott verspro-
chen hat; er ist die tiefe Überzeu-
gung, daß die unsichtbare Welt Got-
tes Wirklichkeit ist, auch wenn wir sie
noch nicht sehen können.[a] 2 Unsere
Väter lebten diesen Glauben. Des-
halb sind sie Vorbilder für uns.

3 Weil wir an Gott glauben, wissen
wir, daß die ganze Welt durch sein
Wort geschaffen wurde; daß alles,
was wir sehen, aus dem Nichts ent-
standen ist.

4 Weil *Abel* an Gott glaubte, war
sein Opfer besser als das seines Bru-
ders Kain. Gott nahm sein Opfer an,
und Abel fand Gottes Anerken-
nung.[b] Obwohl Abel schon lange tot
ist, zeigt er uns noch immer, was es
heißt, Gott zu vertrauen.

5 Weil *Henoch* glaubte, mußte er
nicht sterben. Gott nahm ihn zu sich;
er war plötzlich nicht mehr da. Die
Heilige Schrift bestätigt, daß Henoch
so gelebt hatte, wie es Gott gefiel.[c]
6 Freude kann Gott aber nur an je-
mandem haben, der ihm fest vertraut.
Ohne Glauben ist das unmöglich.
Wer nämlich zu Gott kommen will,
muß darauf vertrauen, daß es ihn gibt
und daß er alle belohnen wird, die ihn
suchen und nach seinem Willen fra-
gen.

7 Auch *Noah* glaubte Gott und be-
folgte seine Anweisungen. Er baute
ein großes Schiff, obwohl von einer
Gefahr weit und breit nichts zu sehen
war. Deshalb wurde er mit seiner
ganzen Familie gerettet. Durch sei-
nen Glauben wurden auch der Un-
glaube und Ungehorsam der anderen
Menschen offenkundig. Und dieser
Glaube war es, durch den Noah Got-
tes Anerkennung fand.[d]

8 Sein fester Glaube brachte *Abra-
ham* dazu, Gott zu gehorchen. Als
Gott ihm befahl, in ein Land zu zie-
hen, das ihm erst viel später gehören
sollte, verließ er, ohne zu zögern, sei-
ne Heimat.[e] Dabei wußte er über-
haupt nicht, wohin er kommen wür-
de. 9 Er vertraute Gott. Das gab ihm
die Kraft, in dem Land, das Gott ihm
versprochen hatte, als Fremder zu le-
ben. Wie Isaak und Jakob, denen
Gott dieselbe Zusage gegeben hatte,
wohnte er nicht in einem festen Haus,
sondern in Zelten. 10 Denn Abraham
wartete darauf, daß er einmal in die
Stadt einziehen würde, die wirklich
auf festen Fundamenten steht und de-
ren Gründer und Erbauer Gott selbst
ist.

11 Auch *Sara*, Abrahams Frau,
glaubte unerschütterlich an Gottes
Zusage, daß sie noch ein Kind be-
kommen würde, obwohl sie dafür
schon viel zu alt war. Wußte sie doch,
daß Gott alle seine Zusagen einhält.[f]
12 So hatte dieser eine Mann, der zu-
dem schon in einem Alter war, in dem
er eigentlich keine Kinder mehr zeu-
gen konnte, so viele Nachkommen,

a) Wörtlich: Es ist aber der Glaube ein Unterpfand für Gehofftes und ein Überführtsein von Dingen, die man nicht sieht.
b) 1. Mose 4,3–10
c) 1. Mose 5,21–24
d) 1. Mose 6,13–27; 1. Petrus 3,20
e) 1. Mose 12,1–2
f) 1. Mose 17,19; 18,11–14; 21,2

wie es Sterne am Himmel und Sand-
körner am Meeresstrand gibt, die nie-
mand zählen kann.
13 Sie alle waren Menschen, die sich
fest auf Gott verließen. Doch sie star-
ben, ohne daß sich Gottes Verheißung
zu ihren Lebzeiten erfüllte. Lediglich
aus der Ferne haben sie etwas davon
gesehen und sich darüber gefreut;
denn sie wußten genau, daß sie auf
dieser Erde nur Gäste und Fremde
sind. 14 Wer aber zugibt, hier nur ein
Fremder zu sein, der sagt damit auch,
daß er seine wirkliche Heimat noch
sucht. 15 Unsere Väter betrachteten
das Land, aus dem sie weggezogen wa-
ren, nicht als ihre Heimat; dorthin
hätten sie ja jederzeit zurückkehren
können. 16 Nein, sie sehnten sich nach
einer besseren Heimat, nach der Hei-
mat im Himmel. Deshalb bekennt sich
Gott zu ihnen. Er will ihr Gott und
Herr sein; denn für sie hat er seine
Stadt im Himmel gebaut.

Vorbildlicher Glaube

17 *Abraham* glaubte so unerschütter-
lich an Gott, daß er sogar bereit war,
seinen einzigen Sohn Isaak zu opfern,
als Gott es von ihm forderte.[a] Und
das, obwohl ihm Gott versprochen
hatte: 18 «Die Nachkommen deines
Sohnes Isaak werden das auserwählte
Volk sein.»[b] 19 Abraham traute es
Gott zu, daß er Isaak selbst von den
Toten auferwecken könnte. Darum
schenkte Gott Isaak das Leben noch
einmal.
20 *Isaak*, ein Mann des Glaubens,
segnete zuerst Jakob und danach
Esau. Ohne es zu wissen, erfüllte er
damit Gottes zukünftige Absichten.[c]
21 *Jakob* segnete kurz vor seinem
Tod in festem Glauben die beiden
Söhne Josephs. Auf seinen Stab ge-
stützt, neigte er sich demütig vor
Gott.[d]
22 Weil er an Gottes Zusagen glaub-
te, konnte *Joseph* vor seinem Tod den
Auszug des Volkes Israel aus Ägypten
voraussagen. Er rechnete so fest da-
mit, daß er anordnete, beim Auszug
seine Gebeine mitzunehmen.[e]
23 Weil die Eltern des Mose uner-
schütterlich an Gott glaubten, hatten
sie keine Angst, gegen den Befehl des
Königs zu handeln, als sie ihr gesundes
und schönes Kind drei Monate lang
versteckt hielten.[f]
24 Auch *Mose* vertraute Gott. Sonst
hätte er sich – als er erwachsen war –
nicht geweigert, noch länger als Sohn
der Pharaonentochter zu gelten.
25 Lieber wollte er gemeinsam mit dem
Volk Gottes Unterdrückung und Ver-
folgung erleiden, als weiter das gottlo-
se Leben am Königshof zu genießen.[g]
26 Wie Christus auf die Herrlichkeit
bei Gott verzichtete und die
Schmach des Kreuzes auf sich nahm,
so verzichtete auch Mose auf das Gold
und die Schätze Ägyptens, um sein
Volk aus der Sklaverei zu befreien.[h]

a) 1. Mose 22,1–4; Jakobus 2,21
b) 1. Mose 21,12
c) Wörtlich: Im Glauben segnete Isaak auch im Hinblick auf die zukünftigen Dinge den Jakob und den Esau. 1. Mose 27,27–40
d) 1. Mose 47,31–48,20
e) 1. Mose 50,24–25; 2. Mose 13,19
f) 2. Mose 1,22; 2,2
g) Wörtlich: als einen zeitweiligen Genuß der Sünde zu haben. 2. Mose 2,10–12
h) Wörtlich: Er achtete die Schmach Christi für größeren Reichtum als die Schätze Ägyptens.

Er wußte, wie reich Gott ihn beloh-
nen würde.
27 Im Vertrauen auf Gott verließ er
später Ägypten, ohne den Zorn des
Königs zu fürchten. Er rechnete so
fest mit Gott, als könnte er ihn sehen.
Deshalb gab er nicht auf.[a]
28 Weil er Gott glaubte, hielt Mose
die Passahfeier und ließ die Türpfo-
sten mit dem Blut eines Lammes be-
streichen. So blieben alle Israeliten
am Leben, als Gottes Engel die älte-
sten Söhne der Ägypter tötete.[b]
29 Auch das *Volk Israel* bewies sei-
nen Glauben, als es durch das Rote
Meer wie über trockenes Land ging.
Das ägyptische Heer verfolgte die Is-
raeliten und versank in den Fluten.[c]
30 Nicht militärische Stärke, son-
dern allein der Glaube Israels war es,
der die Mauern Jerichos einstürzen
ließ, nachdem das Volk Israel sieben
Tage lang um die Stadt gezogen war.[d]
31 Nur weil die Dirne *Rahab* Gott
vertraute und die Kundschafter Isra-
els freundlich aufnahm, wurde sie
nicht getötet wie alle anderen Bewoh-
ner Jerichos, die sich Gottes Willen
widersetzt hatten.[e]

Glaube, der zum Ziel führt

32 Es wären noch viele andere zu nen-
nen. Nur würde die Zeit wohl nicht
ausreichen, wollte ich sie alle aufzäh-
len: Gideon und Barak, Simson,
Jephta, David, Samuel und die Pro-
pheten. 33 Weil sie glaubten und Gott
vertrauten, konnte er Großes durch
sie tun. Sie bezwangen Königreiche,
sorgten für Recht und Gerechtigkeit
und erlebten, wie sich Gottes Verhei-
ßungen erfüllten. Vor dem Rachen
des Löwen wurden sie bewahrt, 34 und
die Glut des Feuers konnte ihnen
nichts anhaben. Sie entgingen dem
Schwert des Henkers. Sie waren tod-
krank und wurden doch wieder ge-
sund. Weil sie sich auf Gott verließen,
vollbrachten sie wahre Heldentaten
und schlugen die Feinde in die Flucht.
35 Und Frauen erlebten, wie ihre ver-
storbenen Angehörigen von Gott
auferweckt wurden.

Andere, die auch Gott vertrauten,
wurden gequält und zu Tode gefol-
tert. Sie verzichteten lieber auf ihre
Freiheit, als ihren Glauben zu verra-
ten. Die Hoffnung auf ihre Auferste-
hung gab ihnen Kraft. 36 Wieder ande-
re wurden verhöhnt und gefoltert,
weil sie an Gott festhielten. Man legte
sie in Ketten und warf sie ins Gefäng-
nis. 37 Sie wurden gesteinigt, als Ket-
zer verbrannt, auf qualvolle Weise
getötet oder mit dem Schwert hinge-
richtet. Heimatlos, nur mit einem
Schafpelz oder Ziegenfell bekleidet,
zogen sie umher, hungrig, verfolgt
und mißhandelt. 38 Sie irrten in Wü-
sten und im Gebirge umher und muß-
ten sich in einsamen Tälern und Höh-
len verstecken; Menschen, zu schade
für diese Welt.
39 Sie alle haben durch den Glauben
die Anerkennung Gottes gefunden.
Und doch warteten sie vergeblich
darauf, daß sich die Verheißung Got-
tes noch zu ihren Lebzeiten erfüllte.
40 Denn Gott hatte einen besseren

a) 2. Mose 2,15; 12,41
b) 2. Mose 12,1–14
c) 2. Mose 14,21–29
d) Josua 6,12–21
e) Josua 2,11–12; 6,21–25; Matthäus 1,5; Jakobus 2,25

Plan: Sie sollten mit uns zusammen ans Ziel kommen, in sein Reich.[a]

Gott erzieht seine Kinder

12 Wie Zuschauer im Stadion die Wettkämpfer anfeuern, so sind diese Zeugen des Glaubens Vorbilder für unseren Kampf.[b] Darum wollen wir alles ablegen, was uns in diesem Kampf behindert, vor allem die Sünde, die uns immer wieder fesseln will. Mit zäher Ausdauer wollen wir auch noch das letzte Stück bis zum Ziel durchhalten. 2 Dabei wollen wir nicht nach links oder rechts schauen, sondern allein auf Jesus. Er hat uns gezeigt, wie man diesen Lauf beginnt und als Sieger ans Ziel gelangt.[c] Weil große Freude auf ihn wartete, erduldete Jesus den schmachvollen Tod am Kreuz. Jetzt hat er als Sieger den Platz an der rechten Seite Gottes eingenommen. 3 Vergeßt nicht, wieviel Haß und Anfeindung er von gottlosen Menschen ertragen mußte, damit auch ihr in Zeiten der Verfolgung nicht den Mut verliert und aufgebt.

4 Bis jetzt hat euch der Kampf gegen die Sünde noch nicht das Letzte abverlangt, euer Leben habt ihr noch nicht eingesetzt. 5 Trotzdem werdet ihr schon mutlos. Habt ihr denn vergessen, was Gott euch als seinen Kindern[d] sagt: «Mein Sohn, wenn der Herr dich zurechtweist, dann sei nicht entrüstet, sondern nimm es an, 6 denn darin zeigt sich seine Liebe. Wie ein Vater seinen Sohn erzieht, den er liebt, so schlägt der Herr jeden, den er als sein Kind annimmt.»[e]

7 Wenn ihr also leiden müßt, dann will euch Gott erziehen. Es zeigt, daß ihr wirklich seine Kinder[d] seid. Welcher Sohn wird von seinem Vater nicht streng erzogen und auch einmal bestraft? 8 Viel schlimmer wäre es, wenn Gott euch anders behandeln würde. Dann nämlich wärt ihr gar nicht seine rechtmäßigen Kinder[d]. 9 Außerdem: Haben uns nicht auch unsere leiblichen Väter gestraft, und wir haben sie trotzdem geachtet? Wieviel mehr müßten wir dann die Erziehung unseres göttlichen Vaters[f] annehmen, der uns ja für das ewige Leben erzieht.

10 Unsere leiblichen Väter haben uns eine bestimmte Zeit erzogen, wie sie es für richtig hielten. Gott aber weiß wirklich, was zu unserem Besten dient. Wir sollen ihm als seine Kinder ähnlich werden.[g] 11 Nun freut sich allerdings niemand darüber, wenn er gestraft wird; denn Strafe tut weh. Aber später wird sich zeigen, wozu das alles gut war. Wer auf diese Weise den Gehorsam lernte, der hat gelernt, im Frieden Gottes und nach seinem Willen zu leben.[h]

a) Wörtlich: Darum, weil Gott etwas Besseres für uns vorgesehen hat, damit sie nicht ohne uns vollendet würden.
b) Wörtlich: Darum wollen auch wir, die wir eine solche Wolke von Zeugen um uns haben...
c) Wörtlich: Laßt uns aufsehen auf Jesus, den Anfänger und Vollender des Glaubens.
d) Wörtlich: Söhne.
e) Sprüche 3,11–12
f) Wörtlich: Vater der Geister.
g) Wörtlich: Damit wir an seiner Heiligkeit Anteil haben.
h) Wörtlich: Danach aber bringt sie denen, die durch sie geübt sind, eine friedsame Frucht der Gerechtigkeit.

Wie wir Gott dienen sollen

[12]Richtet eure kraftlos und müde gewordenen Hände wieder auf zum Gebet, damit ihr stark werdet. Eure zitternden Knie sollen wieder fest werden, damit ihr sichere Schritte im Glauben tun könnt. [13]Bleibt auf dem geraden Weg, damit die Verzagten und Schwachen nicht fallen, sondern neuen Mut fassen und wieder gesund werden.

[14]Setzt alles daran, mit jedem Menschen Frieden zu haben und ein Leben zu führen, das Gott gefällt.[a] Sonst werdet ihr den Herrn niemals sehen. [15]Achtet darauf, daß keiner von euch an Gottes Gnade gleichgültig vorübergeht, damit sich das Böse nicht bei euch breitmacht und Zank und Streit die ganze Gemeinde vergiften.[b] [16]Keiner von euch soll die Treue brechen wie Esau, für den nur materielle Dinge erstrebenswert waren. Für ein Linsengericht verschleuderte er das Vorrecht, als ältester Sohn sein Erbe und den besonderen Segen seines Vaters zu erhalten. [17]Zwar wollte er später alles wieder rückgängig machen, als er seinen Vater unter Tränen um diesen Segen bat. Doch da war es zu spät.

[18]Ihr habt noch Größeres erlebt als damals die Israeliten. Sie sahen den Berg Sinai im Feuer lodern, als Mose von Gott die Gebote erhielt. Dann wurde es finster wie in der Nacht, ein Sturm heulte, [19]und nach einem lauten Fanfarenstoß hörten die Israeliten eine mächtige Stimme wie das Rollen des Donners. Erschrocken bat das Volk, diese Stimme nicht länger hören zu müssen. [20]Sie hatten Angst vor dem Befehl Gottes: «Jeder Mensch und jedes Tier, das diesen Berg auch nur berührt, soll gesteinigt werden.»[c] [21]Was sich vor ihren Augen und Ohren abspielte, war so furchterregend, daß sogar Mose bekannte: «Ich zittere vor Angst und Schrecken!»[d]

[22]Ihr dagegen seid zum Berg Zion gekommen und in die Stadt des lebendigen Gottes. Das ist das himmlische Jerusalem, wo ihr Gott zusammen mit seinen vielen tausend Engeln voller Freude anbetet. [23]Ihr gehört zu seinen Kindern, die er besonders gesegnet hat[e] und die ein Bürgerrecht im Himmel haben. Ihr habt eure Zuflucht zu Gott genommen, der alle Menschen richten wird. Ihr gehört zu derselben großen Gemeinde wie alle diese Vorbilder des Glaubens, die bereits am Ziel sind und Gottes Anerkennung gefunden haben.[f]

[24]Ja, ihr seid zu Jesus selbst gekommen, durch den Gott einen neuen Anfang mit uns Menschen gemacht hat. Um euch von euren Sünden zu reinigen, hat Christus am Kreuz sein Blut vergossen. Das Blut Abels, der von seinem Bruder umgebracht wurde, schrie nach Rache,

a) Wörtlich: Jagt nach dem Frieden gegen jedermann und der Heiligung.
b) Wörtlich: Und seht darauf, daß nicht jemand Gottes Gnade versäumt, daß nicht eine bittere Wurzel aufwächst, beschwerlich wird und die vielen durch sie befleckt werden.
c) 2. Mose 19,13
d) 5. Mose 9,19
e) Wörtlich: zur Gemeinde der Erstgeborenen.
f) Wörtlich: (Ihr seid gekommen) zu den Geistern der vollendeten Gerechten.

aber das Blut Christi spricht von der Vergebung.[a]

25 Hört also auf den, der jetzt zu euch redet. Weigert euch nicht – wie damals das Volk Israel –, auf seine Stimme zu hören. Sie sind ihrer Strafe nicht entgangen, weil sie am Berg Sinai Gott nicht gehorchen wollten. Uns wird die Strafe noch viel härter treffen, wenn wir den zurückweisen, der jetzt vom Himmel her zu uns spricht. 26 Damals hat seine Stimme nur die Erde erbeben lassen. «Noch einmal werde ich die Erde erschüttern und auch den Himmel!» spricht er durch den Propheten.[b] 27 Dieses «Noch einmal» bedeutet: Alles, was Gott geschaffen hat, wird er dann grundlegend verändern. Bleiben wird allein das Ewige, das nicht erschüttert werden kann. 28 Auf uns wartet also ein ewiges, durch nichts zu erschütterndes Reich. Dafür wollen wir Gott von Herzen danken und ihm voller Ehrfurcht dienen, damit er Freude an uns hat. 29 Denn unser Gott ist wie ein verzehrendes Feuer.

Wie Christen leben sollen

13 Bleibt auch weiter in brüderlicher Liebe fest miteinander verbunden. 2 Vergeßt nicht, Gastfreundschaft zu üben; denn ohne es zu wissen, haben manche auf diese Weise Engel bei sich aufgenommen. 3 Kümmert euch um alle, die wegen ihres Glaubens gefangen sind. Sorgt für sie wie für euch selbst. Steht den Christen bei, die verhört und mißhandelt werden. Leidet mit ihnen, denn es kann euch jederzeit genauso ergehen.[c]

4 Achtet die Ehe, und haltet euch als Ehepartner die Treue. Gott wird jeden verurteilen, der unsittlich lebt und die Ehe bricht.

5 Seid nicht hinter dem Geld her, sondern zufrieden mit dem, was ihr habt. Denn Gott hat uns versprochen: «Niemals werde ich euch verlassen. Ich werde für euch sorgen, daß es euch an nichts fehlt!»[d] 6 Deshalb können wir voller Vertrauen bekennen: «Der Herr hilft mir, und ich brauche mich vor nichts und niemandem zu fürchten. Was kann mir ein Mensch schon antun?»[e]

7 Denkt an die Leiter eurer Gemeinden, die euch Gottes Wort weitersagten! Vergeßt nicht, wie sie Gott bis zu ihrem Lebensende die Treue gehalten haben. Nehmt euch ihren Glauben zum Vorbild. 8 Jesus Christus ist und bleibt derselbe. Wie er gestern war, so ist er auch heute, und so wird er für immer und ewig bleiben. 9 Darum laßt euch nicht durch alle möglichen Heilslehren in die Irre führen. Es gibt nichts Größeres, als wenn jemand seine ganze Hoffnung auf Gottes Gnade setzt und sich durch nichts davon abbringen läßt. Fest im Glauben wird man nicht, indem man auf bestimmte Speisen verzichtet. Das haben alle erfahren, die es versuchten.

10 Wenn an unserem Altar das

a) Wörtlich: (Ihr seid gekommen) zu dem Mittler des neuen Bundes, Jesus, und dem Blut der Reinigung, das da besser redet als das Blut Abels.

b) Haggai 2,6

c) Wörtlich: Gedenkt der Gefangenen als solche, die mitgefangen sind, der Notleidenden als solche, die ebenfalls im Leibe leben.

d) Josua 1,5; 5. Mose 31,6

e) Psalm 118,6

Abendmahl ausgeteilt wird, dürfen
diejenigen nicht davon essen, die ihre
Rettung noch immer von der Erfül-
lung des Gesetzes erwarten statt vom
Opfertod Christi am Kreuz.[a] 11 Ein-
mal im Jahr – am großen Versöh-
nungstag – bringt der Hohepriester
das Blut von Opfertieren in das Aller-
heiligste des Tempels, um die Sünden
des Volkes zu sühnen. Die Tiere
selbst werden aber außerhalb der
Stadt Jerusalem verbrannt. 12 So starb
auch Jesus außerhalb der Stadt, als er
sein Blut für die Sünden der Men-
schen opferte. 13 Laßt uns zu ihm hin-
ausgehen und die Verachtung mittra-
gen, die ihn getroffen hat. 14 Denn auf
dieser Erde gibt es keine Stadt, in der
wir wirklich und für immer zu Hause
sein können. Sehnsüchtig warten wir
auf die Stadt, die im Himmel für uns
erbaut ist.

15 Wir wollen nicht aufhören, Gott
im Namen Jesu zu loben und ihm zu
danken. Das sind unsere Opfer, mit
denen wir uns zu Gott bekennen.
16 Und vergeßt nicht, Gutes zu tun
und allen zu helfen, die in Not sind.
An solchen Opfern hat Gott Freude.

17 Hört auf die Leiter eurer Ge-
meinden und folgt ihrem Rat. Sie
müssen einmal Rechenschaft über
euch ablegen, denn sie sind für euch
verantwortlich. Macht ihnen das
nicht zu schwer; sie sollen doch ihre
Aufgabe mit Freude tun und nicht als
eine bedrückende Last empfinden.
Dies würde euch nur selber schaden.

18 Betet für uns! Wir haben ein gu-
tes Gewissen, denn wir wollen in je-
der Weise ein Leben führen, das Gott
gefällt. 19 Betet vor allem darum, daß
ich bald wieder zu euch kommen
kann.

Segenswunsch und Grüße

20/21 Ich wünsche euch nun von Her-
zen, daß Gott selbst euch hilft, das
Gute zu tun und seinen Willen zu er-
füllen. Er ist es ja, der uns seinen
Frieden schenkt. Er hat unseren
Herrn Jesus Christus von den Toten
auferweckt. Ihn, durch dessen Blut
der neue und ewig gültige Bund ge-
schlossen wurde, ihn hat er zum wah-
ren Hirten seiner Herde gemacht. Je-
sus Christus wird euch die Kraft ge-
ben, das zu tun, was Gott gefällt.
Deswegen wollen wir ihn bis in alle
Ewigkeit loben und ehren. Amen.

22 Ich bitte euch, liebe Brüder: Laßt
euch von meinem Brief ermutigen,
nehmt diese Ermahnung an! Ich habe
euch ja nur kurz schreiben können.

23 Zum Schluß möchte ich euch
noch mitteilen, daß unser Bruder Ti-
motheus freigelassen worden ist. So-
bald er kommt, wollen wir euch ge-
meinsam besuchen.

24 Viele Grüße sende ich an eure
Gemeinden und an alle, die sie leiten.
Die Christen aus Italien lassen euch
grüßen.

25 Gottes Gnade sei mit euch allen!

a) Wörtlich: Wir haben einen Altar, von dem zu essen diejenigen, die dem Zelt dienen, keine Befugnis haben.

Der Brief des Jakobus

Anschrift und Gruß

1 Jakobus, der Gott und unserem Herrn Jesus Christus dient, grüßt mit diesem Brief das Volk Gottes, das über die ganze Welt zerstreut in der Fremde lebt.[a]

Durch Anfechtung wird der Glaube stark

2 Liebe Brüder! Ihr braucht nicht zu verzweifeln, wenn euer Glaube immer wieder hart auf die Probe gestellt wird. Im Gegenteil: Freut euch darüber! 3 Denn durch solche Bewährungsproben wird euer Glaube fest und unerschütterlich. 4 Bis zuletzt sollt ihr so unerschütterlich festbleiben, damit ihr in jeder Beziehung zur vollen geistlichen Reife gelangt und niemand euch etwas vorwerfen kann oder etwas an euch zu bemängeln hat.

5 Falls jemand von euch nicht weiß, was der Wille Gottes in einer bestimmten Sache ist, soll er um Weisheit bitten.[b] Ihr wißt doch, wie reich Gott jeden beschenkt und wie gern er allen hilft. Also wird er auch euer Gebet erhören. 6 Betet aber in großer Zuversicht, und zweifelt nicht; denn wer zweifelt, gleicht den Wellen im Meer, die vom Sturm hin- und hergetrieben werden. 7 Ein solcher Mensch kann nicht erwarten, daß Gott ihm etwas gibt. 8 In allem, was er tut, ist er unbeständig und hin- und hergerissen.

Der Reichtum der Armen

9 Wer arm ist und wenig beachtet wird, soll deshalb nicht mutlos sein, sondern sich darüber freuen, daß er vor Gott viel gilt. 10 Ein Reicher dagegen soll niemals vergessen, wie wenig sein irdischer Besitz vor Gott zählt.[c] Wie eine Blume auf dem Feld wird auch sein Reichtum vergehen. 11 Sobald die Sonne in ihrer Mittagshitze glüht, verdorrt das Gras, die Blüten fallen ab, und alle Schönheit ist dahin. Ebenso wird es den Reichen ergehen. All ihre Geschäftigkeit bewahrt sie nicht vor Tod und Verderben.

Was uns zur Sünde verführt

12 Glücklich ist der zu nennen, der die Bewährungsproben besteht und im Glauben fest bleibt. Gott wird ihn mit dem Siegeskranz, dem ewigen Leben, krönen. Das hat er allen versprochen, die ihn lieben. 13 Niemand, der in Versuchung gerät, kann behaupten: «Diese Versuchung kommt von Gott.» Denn Gott, der für das Böse unangreifbar ist, wird niemanden zum Bösen verführen. 14 Es sind

a) Wörtlich: den zwölf Stämmen, die in der Zerstreuung sind.
b) Wörtlich: Wenn aber einer von euch Mangel hat an Weisheit, so soll er sie erbitten von Gott.
c) Wörtlich: (V.9 und 10a) Es rühme sich aber der Bruder, der arm ist, seiner Höhe, der Reiche aber seiner Niedrigkeit.

vielmehr unsere eigenen begehrli-
chen Wünsche, die uns immer wieder
zum Bösen verlocken. 15 Geben wir
ihnen nach, dann folgt diesen Wün-
schen die böse Tat. Sie aber führt un-
weigerlich zum Tod.[a]

16 Laßt euch also nichts vormachen,
liebe Brüder! 17 Alles, was gut und
vollkommen ist, das kommt von
Gott, dem Vater des Lichts. Er ist un-
wandelbar; niemals wechseln bei ihm
Licht und Finsternis, Gutes und Bö-
ses. 18 Es war sein freier Wille, daß er
uns durch das Wort der Wahrheit
neues Leben geschenkt hat. So soll-
ten wir der Anfang einer neuen
Schöpfung sein.[b]

Worte und Taten

19 Denkt daran, liebe Brüder: Seid
immer sofort bereit, jemandem zuzu-
hören; aber überlegt genau, bevor ihr
selbst redet. Und hütet euch vor un-
kontrolliertem Zorn! 20 Denn im
Zorn tun wir niemals, was Gott ge-
fällt.[c] 21 Deshalb trennt euch ganz ent-
schieden von allem Gemeinen und
Bösen. Nehmt vielmehr bereitwillig
Gottes Wort an, das er wie ein Sa-
menkorn in euch gelegt hat. Es hat
die Kraft, euch zu retten.

22 Nun genügt es aber nicht, sein
Wort nur anzuhören; ihr müßt auch
danach handeln. Alles andere ist
Selbstbetrug! 23 Wer Gottes Wort nur
hört, es aber nicht in die Tat umsetzt,
dem geht es wie einem Mann, der in
den Spiegel schaut. 24 Er betrachtet
sich, geht wieder weg und hat auch
schon vergessen, wie er aussieht.
25 Wer aber die Botschaft von der Ret-
tung und Befreiung[d] erkannt hat und
immer wieder danach handelt, der
hat sie nicht vergeblich gehört. Er
kann glücklich sein, denn Gott wird
ihn segnen und alles, was er tut.

26 Wer sich für fromm hält, dabei
aber geschwätzig ist und seine Zunge
nicht zügeln kann, der macht sich
selbst etwas vor. Seine Frömmigkeit
ist nichts wert. 27 Witwen und Waisen
in ihrer Not zu helfen und sich vom
gottlosen Treiben dieser Welt nicht
verführen zu lassen: das ist wirkliche
Frömmigkeit, mit der man Gott, dem
Vater, dient.

Falsche Maßstäbe

2 Liebe Brüder! Wenn ihr wirklich
an Jesus Christus glaubt, den
Herrn aller Herrlichkeit, dann laßt
euch nicht vom Rang und Ansehen
der Menschen beeindrucken! 2 Stellt
euch einmal vor, in eure Gemeinde
kommt ein vornehm gekleideter
Mann mit dicken, goldenen Ringen
an den Fingern. Zur selben Zeit
kommt einer, der arm und schäbig ge-
kleidet ist. 3 Wie würdet ihr euch ver-
halten? Ihr würdet euch von dem
Reichen beeindrucken lassen und
ihm eilfertig anbieten: «Hier ist noch
ein guter Platz für Sie!» Aber zu dem
Armen würdet ihr sicherlich sagen:
«Bleib stehen, oder setze dich da hin-
ten auf den Fußboden.»[e] 4 Dürft ihr

a) Wörtlich: Dann empfängt die Begierde und gebiert eine Sünde, die Sünde aber, die vollendet ist, gebiert den Tod.
b) Wörtlich: damit wir gewissermaßen Erstlingsfrucht seiner Schöpfungen seien.
c) Wörtlich: Denn Manneszorn bewirkt nicht Gottes Gerechtigkeit.
d) Wörtlich: das vollkommene Gesetz der Freiheit.
e) Wörtlich: Setz dich auf den Schemel unterhalb meiner Füße.

als Christen solche Unterschiede machen? Dann wären doch menschliche Eitelkeit und Geltungssucht euer Maßstab![a]

5 Hört mir einmal gut zu, liebe Brüder: Hat Gott nicht gerade die erwählt, die vor der Welt arm, aber im Glauben reich sind? Sie wird Gott in sein Reich aufnehmen, das er allen zugesagt hat, die ihn lieben. 6 Wie töricht also von euch, daß ihr die Armen verachtet und geringschätzig behandelt. Habt ihr denn noch nicht gemerkt, daß es gerade die Reichen sind, die euch unterdrücken und vor die Gerichte schleppen? 7 Wie oft sind gerade sie es, die Jesus Christus verhöhnen, den Namen, auf den ihr getauft seid.[b]

8 Lebt nach dem wichtigsten Gebot, das Gott uns gegeben hat: «Liebe deinen Mitmenschen wie dich selbst!»[c] Wenn ihr das in die Tat umsetzt, handelt ihr richtig. 9 Beurteilt ihr dagegen Arme und Reiche nach unterschiedlichen Maßstäben, dann verstoßt ihr gegen Gottes Gebot und werdet schuldig. 10 Es hilft dann nichts, wenn ihr alle anderen Gebote Gottes genau einhaltet. Wer nämlich auch nur gegen ein einziges seiner Gebote verstößt, der hat das ganze Gesetz übertreten.

11 Denn Gott, der gesagt hat: «Du sollst nicht ehebrechen!», der hat auch bestimmt: «Du sollst nicht töten!» Wenn du nun zwar keine Ehe zerstörst, aber einen Menschen tötest, so hast du Gottes Gesetz übertreten und bist damit schuldig vor ihm.

12 Maßstab eures Redens und Handelns soll das Gesetz Gottes sein, das euch zur Liebe verpflichtet und euch Freiheit schenkt. Danach werdet ihr einmal gerichtet.[d] 13 Ohne Gnade wird dann über den das Urteil gesprochen, der selbst kein Erbarmen gehabt hat. Wer aber barmherzig ist, braucht das Gericht nicht zu fürchten.

Der Glaube muß sich durch die Tat beweisen

14 Liebe Brüder! Welchen Wert hat es, wenn jemand behauptet, an Christus zu glauben, aber an seinen Taten ist das nicht zu erkennen! Kann ihn ein solcher Glaube vor Gottes Urteil retten? 15 Stellt euch vor, in eurer Gemeinde sind einige in Not. Sie haben weder etwas anzuziehen noch genug zu essen. 16 Wäre ihnen schon damit geholfen, wenn du zu ihnen sagst: «Ich wünsche euch alles Gute! Hoffentlich habt ihr warme Kleider und könnt euch satt essen!», ohne daß ihr ihnen gebt, was sie zum Leben brauchen? 17 Genauso nutzlos ist ein Glaube, der sich nicht in der Liebe zum Nächsten beweist: Er ist tot.[e]

18 Nun könnte jemand sagen: «Der eine glaubt, und der andere tut Gutes.» Ihm müßte ich antworten: «Zeige doch einmal deinen Glauben her,

a) Wörtlich: Habt ihr da nicht bei euch selbst Unterscheidungen getroffen und wurdet Richter von schlechter Gesinnung?
b) Wörtlich: Sind nicht sie es, die den guten Namen lästern, der über euch angerufen wurde?
c) 3. Mose 19,18
d) Wörtlich: So redet und handelt als solche, die durch das Gesetz der Freiheit gerichtet werden!
e) Wörtlich: So ist auch der Glaube, wenn er keine Werke aufweist, tot, für sich allein (gesehen).

der keine guten Taten hervorbringt! Meinen Glauben kann ich dir zeigen. Du brauchst dir nur anzusehen, was ich tue.» [19]Du glaubst, daß es nur einen einzigen Gott gibt? Gut und schön. Aber das glauben sogar die Dämonen – und zittern vor Angst.

[20]Wann endlich wirst du törichter Mensch einsehen, daß der Glaube nichts wert ist, wenn wir nicht auch *tun*, was Gott von uns will! [21]Erinnert ihr euch nicht daran, daß sogar Abraham, unser Stammvater und Vorbild im Glauben, vor Gott erst Anerkennung fand, nachdem er tat, was Gott von ihm verlangte? Er war bereit, seinen Sohn Isaak zu opfern. [22]Hier wird ganz deutlich: Bei ihm gehörten Glaube und Tun zusammen; und erst durch sein gehorsames Handeln wurde sein Glaube vollkommen. [23]Das meint auch die Heilige Schrift, wenn sie sagt: «Abraham glaubte Gott, und dadurch fand er seine Anerkennung.»[a] Ja, er wurde sogar der «Freund Gottes»[b] genannt. [24]Ihr seht also: Wir werden nur dann von Gott angenommen, wenn unsere Taten beweisen, daß unser Glaube echt ist. Anders geht es nicht.

[25]Auch die Dirne Rahab ist dafür ein Beispiel. Sie wurde von Gott gerettet, weil sie in Jericho die Kundschafter der Israeliten vor den Soldaten des feindlichen Königs versteckte und ihnen auf einem sicheren Weg die Flucht ermöglichte.[c]

[26]So wie der Körper ohne den Geist tot ist, so ist auch der Glaube tot, wenn er ohne praktisches Handeln bleibt.

Warnung vor Geschwätzigkeit

3 Liebe Brüder! Es sollten sich nicht so viele in der Gemeinde danach drängen, andere belehren zu wollen. Denkt vielmehr daran, daß alle, die Gottes Wort lehren, von ihm nach besonders strengen Maßstäben beurteilt werden. [2]Und haben wir nicht alle unsere Fehler? Wem es freilich gelingt, nur das zu sagen, was dem anderen hilft und ihm nicht schadet, den kann man als vollkommen bezeichnen. Denn wer seine Zunge beherrscht, der kann auch seinen ganzen Körper beherrschen. [3]So legen wir zum Beispiel den Pferden das Zaumzeug ins Maul und beherrschen sie damit. [4]Und selbst die großen Schiffe, die nur von starken Winden vorangetrieben werden können, lenkt der Steuermann mit einem kleinen Ruder, wohin er will.

[5]Genauso ist es mit unserer Zunge. So klein sie auch ist, was kann sie nicht alles anrichten! Ein kleiner Funke setzt einen ganzen Wald in Brand. [6]Mit einem solchen Feuer läßt sich auch die Zunge vergleichen. Sie kann eine ganze Welt voller Ungerechtigkeit und Bosheit sein, die uns und unser Leben vergiftet. Es gibt nichts und niemand, der vor ihrem Höllenfeuer sicher wäre.[d]

[7]Die Menschen haben es gelernt, wilde Tiere, Vögel, Schlangen und

a) Wörtlich: Es glaubte aber Abraham Gott, und angerechnet wurde (es) ihm zur Gerechtigkeit. 1. Mose 15,6
b) 2. Chronik 20,7; Jesaja 41,8
c) Josua 2
d) Wörtlich: Sie entflammt den «Umkreis unseres Werdens» (d. h. die ganze Welt), angezündet von der Hölle.

Fische zu zähmen und unter ihre Gewalt zu bringen. 8 Aber seine Zunge kann kein Mensch zähmen. Ungebändigt und unkontrolliert verbreitet sie ihr tödliches Gift.

9 Mit unserer Zunge loben wir Gott, unseren Herrn und Vater, und mit derselben Zunge verfluchen wir unsere Mitmenschen, die doch nach Gottes Ebenbild geschaffen sind. 10 Segen und Fluch kommen aus ein und demselben Mund. Aber genau das, meine lieben Brüder, darf es bei euch nicht geben! 11 Fließt denn aus einer Quelle gleichzeitig frisches und ungenießbares Wasser? 12 Kann man Oliven von Feigenbäumen pflücken oder Feigen vom Weinstock? Ebensowenig kann man aus einem stinkenden Tümpel frisches Wasser schöpfen.

Wirkliche Weisheit

13 Wer von euch meint, klug und weise zu sein, der soll das durch sein ganzes Leben zu erkennen geben, durch seine Freundlichkeit und Güte. Sie sind Kennzeichen der wahren Weisheit. 14 Seid ihr aber voller Neid und Haß, dann braucht ihr euch auf eure angebliche Weisheit nichts einzubilden. In Wirklichkeit seid ihr dann Lügner und Betrüger. 15 Eine solche Weisheit kann niemals von Gott kommen. Sie ist irdisch, ungeistlich, ja teuflisch. 16 Wo Mißgunst und Streit herrschen, da gerät alles in Unordnung; da wird jeder Gemeinheit Tür und Tor geöffnet.

17 Die Weisheit aber, die von Gott kommt, ist lauter und rein. Sie sucht den Frieden. Sie ist freundlich, bereit nachzugeben und läßt sich etwas sagen. Sie hat Mitleid mit anderen und bewirkt immer und überall Gutes; sie ist unparteiisch, ohne Vorurteile und ohne alle Heuchelei. 18 Nur wer selber Frieden schafft, wird erfahren, daß seine Gerechtigkeit und Friedfertigkeit Früchte tragen.[a]

Freundschaft mit der Welt – Feindschaft mit Gott

4 Wieso gibt es denn bei euch so viel Streit, Krieg und Kampf? Kommt alles nicht daher, daß ihr euren Leidenschaften und Trieben nicht widerstehen könnt? 2 Ihr wollt alles haben und werdet nichts bekommen. Ihr seid voller Neid und tödlichem Haß; doch gewinnen werdet ihr dadurch nichts. Streitet, zankt und kämpft also, soviel ihr wollt! Es nützt euch gar nichts. Solange ihr nicht Gott bittet, werdet ihr nichts empfangen. 3 Wenn ihr freilich Gott nur darum bittet, eure selbstsüchtigen Wünsche zu erfüllen, wird er euch nichts geben.

4 Wie erbärmlich vergeltet ihr Gottes Treue![b] Ist euch denn nicht klar, daß Freundschaft mit der Welt zugleich Feindschaft mit Gott bedeutet? Wer also ein Freund dieser Welt sein will, der wird zum Feind Gottes. 5 Oder meint ihr, die Heilige Schrift sagt ohne jeden Grund: «Gottes Geist, der in uns wohnt, will uns ganz allein besitzen»?[c] 6 Gott wird allen, die ihm treu sind, noch mehr Gnade

a) Wörtlich: Die Frucht aber der Gerechtigkeit wird im Frieden gesät denen, die den Frieden schaffen.
b) Wörtlich: Ihr Ehebrecher!
c) Wörtlich: Eifersüchtig verlangt er nach dem Geist, den er in uns wohnen ließ. 2. Mose 20,3

schenken. Darum heißt es auch: «Die
Stolzen und Hochmütigen weist Gott
von sich, aber er hilft denen, die wis-
sen, daß sie ihn brauchen.»[a]
7 Unterstellt euch Gott im Gehor-
sam, und widersetzt euch mit aller
Entschiedenheit dem Teufel. Dann
muß er vor euch fliehen. 8 Wendet
euch Gott zu, dann wird er zu euch
kommen. Wascht die Schuld von eu-
ren Händen, ihr Sünder, und laßt
Gott allein in euren Herzen wohnen,
ihr Unentschiedenen! 9 Seht doch
endlich ein, wie groß eure Schuld ist;
erschreckt und trauert darüber!
Dann werdet ihr nicht mehr lachen,
sondern weinen; und aus eurer Freu-
de wird Leid. 10 Erkennt eure Unwür-
digkeit, und beugt euch vor dem
Herrn! Erst dann wird Gott euch hel-
fen und aufrichten.

Nicht über andere urteilen!

11 Redet nicht schlecht übereinander,
liebe Brüder! Denn wer jemandem
Schlechtes nachsagt oder ihn verur-
teilt, der verstößt gegen Gottes Ge-
bot. Anstatt Gottes Wort zu befol-
gen, spielt er sich als Richter auf.
12 Gott allein ist beides: Gesetzgeber
und Richter. Nur er kann verurteilen
oder von der Schuld freisprechen.
Woher nimmst du dir also das Recht,
deine Mitmenschen zu verurteilen?

Keine selbstsichere Überheblichkeit

13 Da ist noch etwas. Manche von
euch sagen: «Heute oder morgen
wollen wir hier- und dorthin reisen.
Wir wollen dort ein Jahr bleiben, gute
Geschäfte machen und viel Geld ver-
dienen.» 14 Ihr plant so großartig und
wißt nicht einmal, was morgen ge-
schieht! Was ist denn schon euer Le-
ben? Nichts als ein leiser Hauch, der
– kaum ist er da – auch schon wieder
verschwindet.
15 Darum sollt ihr immer nur sagen:
«Wenn der Herr will und wir leben,
wollen wir dieses oder jenes tun!»
16 Ihr aber seid stolz auf eure Pläne
und gebt damit an. Doch eine solche
Überheblichkeit ist durch und durch
verwerflich. 17 Wer aber weiß, was
richtig ist, und tut es trotzdem nicht,
der wird vor Gott schuldig.

Gottes Urteil über die Reichen

5 Nun zu euch, ihr Reichen! Ihr
werdet noch weinen und klagen
über all das Elend, das über euch her-
einbricht. 2 Euer Reichtum ver-
kommt, und die Motten zerfressen
eure kostbaren Kleider. 3 Euer Gold
und Silber ist so wertlos wie verroste-
tes Eisen. All das wird euch anklagen.
Ihr selbst werdet vergehen wie euer
Reichtum.[b] Warum habt ihr euch – so
kurz vor dem Ende dieser Welt – nur
darum gekümmert, euern Reichtum
zu vermehren? 4 Aber Gott hat den
Schrei der Arbeiter gehört, die ihr um
ihren verdienten Lohn betrogen habt.
5 Euch dagegen ist es auf dieser Erde
gut ergangen, ihr habt in Saus und
Braus gelebt und euch doch nur für
den Schlachttag gemästet. 6 Alle, die
euch dabei im Wege waren,[c] habt ihr
verurteilt und umgebracht, weil sie
sich nicht gegen euch wehren konn-
ten.

a) Sprüche 3,34
b) Wörtlich: Und ihr Rost wird Zeugnis gegen euch geben und euer Fleisch fressen wie Feuer.
c) Wörtlich: Den Gerechten.

Laßt euch nicht entmutigen!

[7]Meine Brüder, laßt euch nicht entmutigen, und wartet geduldig auf den Tag, an dem der Herr kommt. Muß nicht auch der Bauer mit viel Geduld Sonne und Regen abwarten, bis er im Herbst die Ernte einfahren kann? [8]Auch ihr müßt geduldig sein und dürft nicht mutlos werden, denn der Herr kommt bald. [9]Macht euch mit eurer Ungeduld nicht das Leben schwer,[a] liebe Brüder. Sonst wird Gott euch verurteilen. Bedenkt: Der Tag des Gerichts ist nahe, und der Richter steht schon vor der Tür.

[10]Nehmt euch ein Beispiel an den Propheten, die im Auftrag Gottes gesprochen haben. Wie vorbildlich und mit welcher Geduld haben sie alle Leiden ertragen! [11]Solche Menschen sind wirklich glücklich zu nennen, die so standhaft waren und Gott treu geblieben sind! Denkt doch nur an Hiob! Ihr habt alle schon gehört, wie geduldig er sein Leiden ertragen hat. Und ihr wißt, daß Gott in seiner Barmherzigkeit und Liebe alles zu einem guten Ende führte.

[12]Um eines möchte ich euch vor allem noch bitten, meine Brüder: Schwört nicht; weder beim Himmel noch bei der Erde, noch bei sonst etwas! Wenn ihr «Ja» sagt, dann muß man sich darauf verlassen können. Und wenn ihr «Nein» sagt, dann steht auch dazu. Sonst ist euch Gottes Urteil sicher.

Gebet für die Kranken

[13]Leidet jemand unter euch? Dann soll er beten! Wem es aber gutgeht und wer Grund zur Freude hat, der soll Gott Loblieder singen. [14]Wenn jemand von euch krank ist, soll er die Ältesten der Gemeinde zu sich rufen, damit sie für ihn beten, ihn im Namen des Herrn segnen und ihn mit Öl salben. [15]Wenn sie im festen Vertrauen beten, wird Gott den Kranken heilen. Er wird ihn aufrichten und ihm vergeben, wenn er gesündigt hat.

[16]Darum sollt ihr einander eure Sünden bekennen und füreinander beten, damit ihr geheilt werdet. Denn das Gebet eines Menschen, der unbeirrt glaubt,[b] hat große Kraft. [17]Elia war ein Mensch wie wir, und doch erreichte er durch sein Gebet, daß es drei Jahre und sechs Monate nicht regnete. [18]Dann betete er um Regen. Da regnete es, und alles Land wurde grün und brachte wieder seine Früchte.[c]

[19]Liebe Brüder! Wenn einer von euch vom rechten Weg abkommt und Gottes Wahrheit nicht mehr erkennt, dann sollt ihr ihn wieder auf den rechten Weg zurückbringen. [20]Ihr müßt nämlich wissen: Wer einen Sünder von seinem falschen Weg abbringt, der hat diesen Menschen vor dem sicheren Verderben gerettet, denn Gott hat ihm seine Sünden vergeben.

a) Wörtlich: Seufzet nicht gegeneinander.
b) Wörtlich: des Gerechten.
c) 1. Könige 17,1; 18,41–45

Der erste Brief des Petrus

Anschrift und Gruß

1 Diesen Brief schreibt Petrus, den
Jesus Christus zu seinem Bot-
schafter berufen hat, an alle Christen,
die als Fremde überall in den Provin-
zen Pontus, Galatien, Kappadozien,
Asien und Bithynien mitten unter
Menschen leben, die nicht an Chri-
stus glauben.
2 Liebe Freunde! Ihr seid Gottes
Kinder geworden, weil Gott, unser
Vater, euch von Anfang an dazu aus-
erwählt hat. Durch die Kraft des Hei-
ligen Geistes könnt ihr jetzt Jesus
Christus als euren Herrn anerkennen,
weil er am Kreuz sein Blut für euch
vergossen und euch von eurer Schuld
befreit hat.[a] Gott schenke euch im-
mer mehr seine Gnade und seinen
Frieden.

Die Hoffnung der Christen

3 Gelobt sei Gott, der Vater unseres
Herrn Jesus Christus! In seinem gren-
zenlosen Erbarmen hat er uns neues
Leben geschenkt. Weil Jesus Christus
von den Toten auferstanden ist, ha-
ben wir die Hoffnung auf ein neues,
ewiges Leben.[b] 4 Es ist die Hoffnung
auf ein ewiges, von keiner Sünde be-
schmutztes und unzerstörbares Erbe,
das Gott in seinem Reich für euch be-
reithält. 5 Bis dahin wird euch Gott in
seiner Allmacht bewahren, weil ihr
an ihn glaubt. Aber dann, am Ende
der Zeit, werdet ihr selbst sehen, wie
herrlich das unvergängliche Leben
ist, das Gott schon jetzt für euch be-
reithält.
6 Darüber freut ihr euch von gan-
zem Herzen, auch wenn Gott euch
jetzt noch für eine kurze Zeit durch
manche Prüfungen führt und ihr viel
erleiden müßt. 7 So wird sich euer
Glaube bewähren und sich wertvoller
und beständiger erweisen als pures
Gold, das im Feuer vollkommen ge-
reinigt wurde. Lob, Preis und Ehre
werdet ihr dann an dem Tag emp-
fangen, an dem Christus wieder-
kommt. 8 Ich weiß: Ihr habt ihn nie
gesehen und liebt ihn doch. Ihr glaubt
an ihn, obwohl ihr ihn auch jetzt nicht
sehen könnt, und ihr freut euch unbe-
schreiblich auf den Tag, an dem er
wiederkommt. 9 Dann werdet ihr am
Ziel eures Glaubens sein: Ihr seid ge-
rettet für alle Ewigkeit.[c]
10 Schon die Propheten haben da-
nach gesucht und geforscht, und sie
haben vorausgesagt, wie reich Gott
euch beschenken wird, wenn Christus
kommt. 11 In ihnen wirkte bereits der
Geist Christi. Sie hatten auch schon
erkannt, wann und auf welche Weise
Christus leiden mußte. Und ebenso
hatten sie seine Herrlichkeit voraus-
gesehen, die danach folgt. 12 Gott hat-

a) Wörtlich: ... zu Gehorsam und Besprengung mit dem Blut Jesu Christi.
b) Wörtlich: (Jesus Christus), der nach seinem vielen Erbarmen uns wiedergeboren hat zu lebendiger Hoffnung durch die Auferstehung Jesu Christi von den Toten.
c) Wörtlich: Da ihr ja das Ziel eures Glaubens erhaltet, das Heil der Seelen.

te sie wissen lassen, daß diese Bot-
schaft nicht ihnen selbst galt, sondern
euch. Nun ist sie euch verkündigt
worden, und zwar von den Männern,
die euch das Evangelium gebracht ha-
ben. Gott hatte sie dazu mit dem Hei-
ligen Geist ausgerüstet. Was euch er-
wartet, ist so unvorstellbar, daß selbst
die Engel gern mehr davon erfahren
würden.

Ein neues Leben

13 Darum seid bereit, und stellt euch
ganz und gar auf dieses Ziel ein. Laßt
euch nichts vormachen, seid nüchtern
und richtet all eure Hoffnung auf
Gottes Barmherzigkeit, die er euch in
vollem Ausmaß an dem Tag erweisen
wird, wenn Jesus Christus als Herr
der Welt wiederkommt.[a] 14 Weil ihr
Gottes Kinder seid, gehorcht ihm und
lebt nicht mehr wie früher, als ihr eu-
ren Leidenschaften hilflos ausgelie-
fert wart und Gott noch nicht kann-
tet. 15 Jetzt sollt ihr leben wie Chri-
stus, der euch als seine Jünger beru-
fen hat: Vorbildlich, ja heilig soll euer
ganzes Leben sein. 16 Genau das
meint Gott, wenn er sagt: «Ihr sollt
heilig sein, denn ich bin heilig.»[b]

17 Ihr betet zu Gott als euerm Vater
und wißt, daß er jeden von euch nach
seinem Verhalten richten wird, und
zwar ohne jedes Ansehen der Person.
Deswegen führt euer Leben in Ge-
horsam und Ehrfurcht vor Gott, so-
lange ihr noch nicht am Ziel seid.[c]
18 Denkt daran, was es Gott gekostet
hat, euch aus der Sklaverei der Sünde
zu befreien, aus einem sinnlosen Le-
ben, wie es schon eure Väter geführt
haben. Christus hat euch losgekauft,
aber nicht mit Geld, 19 sondern mit
seinem eigenen kostbaren Blut, das
er als unschuldiges, reines Lamm
Gottes für uns geopfert hat.

20 Daß er für uns sterben sollte, hat-
te Gott schon vor Erschaffung der
Welt bestimmt. Aber erst jetzt, in
dieser letzten Zeit, ist Christus zu
euch gekommen, um euch zu retten.
21 Durch ihn habt ihr zum Glauben an
Gott gefunden. Er hat Jesus Christus
von den Toten auferweckt und ihm
seine göttliche Herrlichkeit gegeben,
damit ihr an ihn glaubt und eure gan-
ze Hoffnung auf ihn richtet.

22 Nachdem ihr euch nun Christus
zugewandt habt und ihm gehorcht,
könnt ihr auch einander aufrichtig lie-
ben.[d] So handelt auch danach, und
liebt einander von ganzem Herzen.
23 Ihr seid ja neu geboren worden.
Und das verdankt ihr nicht euren El-
tern, Gott selbst hat euch durch sein
lebendiges und ewiges Wort neues
Leben geschenkt. 24 Ja, es stimmt:
«Alles menschliche Leben ist wie
Gras, und alle Schönheit unseres Le-
bens ist wie die Schönheit der Blu-
men. Das Gras verdorrt, und die Blu-
men welken. 25 Aber Gottes Wort
bleibt immer und ewig.»[e] Und genau
dieses Wort ist die rettende Bot-
schaft, die euch verkündigt wurde.

a) Wörtlich: Darum setzt eure ganze Hoffnung, die Lenden eures Sinnes umgürtet und nüchtern, auf die Gnade, die euch bei der Offenbarung Jesu Christi zuteil wird.
b) 3. Mose 19,2
c) Wörtlich: Wandelt in Furcht die Zeit eurer Fremdlingsschaft.
d) Wörtlich: Da ihr eure Seelen im Gehorsam gegen die Wahrheit zu ungeheuchelter Bruderliebe gereinigt habt…
e) Jesaja 40,6–8

Christen – das Volk Gottes

2 Hört auf mit aller Bosheit und allem Betrug! Heuchelei, Neid und böses Gerede darf es bei euch nicht länger geben. 2 Wie ein neugeborenes Kind nach der Milch schreit, so sollt ihr nach dem unverfälschten Wort Gottes verlangen. Dann werdet ihr im Glauben wachsen und das Ziel erreichen. 3 Ihr habt ja selbst erfahren, wie gut der Herr ist.

4 Zu ihm dürft ihr kommen. Er ist der lebendige Stein, den die Menschen weggeworfen haben, weil sie seinen Wert nicht erkannten. Aber Gott hat ihn ausgesucht, weil er weiß, wie wertvoll und kostbar dieser Stein ist. 5 Auch ihr seid solche lebendigen Steine, aus denen Gott sein Haus, die Gemeinde, aufbauen will. Darin sollt ihr als seine Priester dienen, die ihm als Opfer ihr Leben zur Verfügung stellen. Um Jesu willen nimmt Gott diese Opfer an.

6 Es steht ja schon in der Heiligen Schrift: «Einen ausgewählten, kostbaren Grundstein werde ich in Jerusalem legen. Wer auf ihn baut, steht fest und sicher.»[a]

7 Ihr habt durch euern Glauben erkannt, wie wertvoll dieser Grundstein ist. Für alle aber, die nicht glauben, gilt das Wort: «Der Stein, den die Bauarbeiter weggeworfen haben, weil sie ihn für unbrauchbar hielten, ist zum Grundstein des ganzen Hauses geworden. 8 Er ist ein Stein, an dem sich die Menschen stoßen, ja, der sie zu Fall bringt.»[b] Denn sie stoßen sich nur deshalb daran, weil sie dem Wort Gottes nicht gehorchen. Wenn sie stolpern und fallen, ist das unvermeidlich.

9 Ihr aber seid das von Gott auserwählte Volk, seine königlichen Priester, Menschen, die ihm gehorchen und sein Eigentum sind. Deshalb sollt ihr die großen Taten Gottes verkündigen, der euch aus der Finsternis befreit und in sein wunderbares Licht geführt hat. 10 Früher konnte man euch nicht einmal als Volk bezeichnen; wer wart ihr schon? Aber jetzt seid ihr Gottes Volk! Früher kanntet ihr Gottes Gnade nicht; doch jetzt habt ihr seine Barmherzigkeit erfahren.[c]

Christen als Staatsbürger

11 Meine lieben Freunde! Ihr wißt, daß ihr in dieser Welt Fremde seid, nur auf der Durchreise. Deshalb bitte ich euch eindringlich: Gebt den Wünschen und Verlockungen dieser Welt nicht nach, die euern Glauben gefährden.[d] 12 Führt statt dessen einen untadeligen Lebenswandel, der sich vom Leben der Nichtglaubenden abhebt. Durch euer Verhalten sollen auch die überzeugt werden, die euch so bösartig verleumden. Wenn die Wahrheit ans Licht kommt,[e] werden selbst sie Gott noch ehren.

13 Denkt daran: Es entspricht dem Willen des Herrn, wenn ihr euch den staatlichen Ordnungen und Gesetzen fügt. Gehorsam schuldet ihr nicht nur der Regierung eures Landes, 14 son-

a) Jesaja 28,16
b) Psalm 118,22; Jesaja 8,14
c) Hosea 2,25
d) Wörtlich: (Ihr sollt euch) der fleischlichen Begierden enthalten, die gegen die Seele streiten.
e) Wörtlich: Am Tage der Heimsuchung.

dern auch seinen Beamten. Denn sie haben den Auftrag, die Gesetzesbrecher zu bestrafen und die guten Bürger zu loben.

[15] Gott will, daß ihr durch euer vorbildliches Verhalten alle überzeugt, die aus Unwissenheit oder Dummheit euch verleumden. [16] Das könnt ihr tun, weil ihr durch Christus freie Menschen geworden seid. Keiner von euch darf aber diese Freiheit mißbrauchen, um damit sein schlechtes Verhalten zu entschuldigen. Denn ihr seid frei geworden, damit ihr immer und überall Gott dient. [17] Begegnet allen Menschen mit Achtung, und liebt eure Brüder! Fürchtet Gott, und bringt der Regierung den schuldigen Respekt entgegen.

Unser Vorbild

[18] Euren Vorgesetzten sollt ihr euch mit der notwendigen Achtung unterordnen; aber nicht nur den guten und freundlichen, sondern auch den ungerechten und lieblosen müßt ihr gehorchen. [19] Es ist eine besondere Gnade, wenn jemand deshalb Böses erträgt und Unrecht erduldet, weil er in seinem Gewissen an Gott gebunden ist. [20] Kann denn jemand stolz darauf sein, wenn er die gerechte Strafe für sein böses Handeln annimmt? Erträgt aber jemand Strafe und Leid, obwohl er nichts Böses, sondern nur Gutes getan hat, dann ist das ein Geschenk Gottes. [21] Als Christen hat euch Gott dazu berufen.

Denn auch Christus hat für euch gelitten, und er hat euch ein Beispiel gegeben, dem ihr folgen sollt. [22] Er hat keine Sünde getan; keine Lüge, kein betrügerisches Wort ist je über seine Lippen gekommen. [23] Wenn man ihn beschimpfte oder mißhandelte, hat er es ohne Widerspruch ertragen; denn er wußte, daß Gott ein gerechter Richter ist und seine Sache vertritt.

[24] Christus hat unsere Sünden auf sich genommen und sie selbst zum Kreuz hinaufgetragen. Das bedeutet, daß wir frei sind von der Sünde und jetzt leben können, wie es Gott gefällt.[a] Durch seine Wunden hat Christus uns geheilt. [25] Ratlos und ohne jede Orientierung seid ihr herumgeirrt wie Schafe, die sich verlaufen hatten. Aber jetzt habt ihr zu euerm Hirten zurückgefunden, zu Christus, der euch auf den rechten Weg führt.[b]

Mann und Frau in der Ehe

3 So wie wir uns Christus unterordnen, so sollen sich auch die *Frauen* ihren Männern unterordnen. Auch ohne viele Worte sollt ihr Frauen allein durch euer Vorbild eure Männer für Christus gewinnen, die bisher nicht an sein Wort glaubten. [2] Ein vorbildlicher Lebenswandel und die Achtung ihnen gegenüber wirken überzeugender als viele Worte. [3] Nicht äußerliche Dinge – wie kunstvolle Frisuren, wertvoller Schmuck oder modische Kleidung – dürfen für euch Frauen wichtig sein. [4] Nein, euch sollen vielmehr Eigenschaften von unvergänglichem Wert schmücken, wie Freundlichkeit und Güte; denn wahre Schönheit kommt von innen. Und diese Werte zählen vor Gott. [5] So

a) Wörtlich: Er hat unsere Sünden selber an seinem Leib auf das Holz hinaufgetragen, damit wir, der Sünde gestorben, der Gerechtigkeit leben.

b) Wörtlich: Aber jetzt seid ihr hingewandt zum Hirten und Hüter eurer Seelen.

haben sich auch die frommen Frauen zur Zeit unserer Väter geschmückt: Sie setzten ihre ganze Hoffnung auf Gott und ordneten sich ihren Männern unter.
[6]Ich denke an Sara, die sich Abrahams Führung anvertraute und ihn ihren Herrn nannte. Ihr könnt euch als ihre Töchter betrachten, wenn ihr wie Sara das Gute tut und euch durch nichts davon abbringen laßt.

[7]Aber auch ihr *Männer*, verhaltet euch euern Frauen gegenüber einsichtig und verständnisvoll. Ihr müßt ihnen die Achtung und Hilfe entgegenbringen, die sie als die Schwächeren brauchen. Vergeßt nicht, daß Gott in seiner Gnade allen das ewige Leben schenkt, Männern wie Frauen. Nichts soll zwischen euch stehen, das euch am gemeinsamen Gebet hindert.

Vergeltet nicht Böses mit Bösem!

[8]Schließlich möchte ich euch allen noch eins sagen: Haltet fest zusammen! Nehmt Anteil am Leben des andern, und liebt euch wie Brüder! Seid barmherzig zueinander, und haltet nicht so viel von euch selbst.
[9]Vergeltet nicht Böses mit Bösem, bleibt freundlich, auch wenn man euch beleidigt. Denkt und redet Gutes über den andern, denn ihr wißt ja, wieviel Segen Gott euch zugedacht hat.
[10]Es heißt doch in der Heiligen Schrift:

«Wer sich am Leben freuen und gute Tage erleben will, der achte auf das, was er sagt. Keine Lüge, kein gemeines Wort soll über seine Lippen kommen.
[11]Vom Bösen soll er sich abwenden und das Gute tun. Er setze sich unermüdlich und mit ganzer Kraft für den Frieden ein.
[12]Denn Gott sieht mit Freude auf solche Menschen und wird ihre Gebete erhören. Wer aber Böses tut, wird Gottes Zorn zu spüren bekommen.»[a]

[13]Könnte euch jemand schaden, wenn ihr wirklich Gutes tun wollt?
[14]Doch selbst wenn ihr leiden müßt, weil ihr so lebt, wie es Gottes Wille ist, kann man euch glücklich nennen. Darum fürchtet euch nicht vor dem Leid, das euch die Menschen zufügen, und laßt euch durch sie nicht verwirren.
[15]Laßt Christus den Mittelpunkt eures Lebens sein.[b] Seid immer dazu bereit, denen Rede und Antwort zu stehen, die euch nach der Begründung eures Glaubens fragen[c].
[16]Seid dabei freundlich, aber vergeßt nicht, welche Verantwortung ihr vor Gott habt.[d] Ihr habt ja ein gutes Gewissen! Dann nämlich werden sich alle die selbst richten, die euch schlechtgemacht und über euer vorbildliches Leben als Christen Lügen verbreitet haben.
[17]Es ist doch besser – wenn Gott es so will –, für das Gute zu leiden als für etwas Schlechtes.

Gelegenheiten zur Umkehr

[18]Vergeßt nicht, wieviel Christus für unsere Sünden erlitten hat! Er, der frei von jeder Schuld war, starb für uns schuldige Menschen, und zwar ein für allemal. So hat er uns zu Gott geführt; Jesus Christus, der am Kreuz

a) Psalm 34,13–17
b) Wörtlich: Den Herrn Christus heiligt in euren Herzen.
c) Wörtlich: der von euch Rechenschaft fordert über die Hoffnung in euch.
d) Wörtlich: Aber tut dies mit Sanftmut und Furcht.

gestorben ist, den aber Gottes Geist zu neuem Leben erweckte.[a]

19 So ist er auch zu den Verstorbenen in die Totenwelt[b] gegangen, um ihnen die Botschaft der Befreiung zu verkündigen; 20 und zwar denen, die zur Zeit Noahs lebten und Gott ungehorsam waren, obwohl er ihnen lange Zeit Gelegenheit zur Umkehr gegeben hatte. Geduldig wartete er auf sie, während Noah schon die Arche baute. Nur acht Menschen wurden in der Arche vor der Wasserflut gerettet.

21 So wie diese acht Menschen damals, erfahrt ihr heute eure Rettung in der Taufe. Denn in der Taufe soll ja nicht der Schmutz von euerm Körper abgewaschen werden. Vielmehr bitten wir Gott darum, uns ein reines, gutes Gewissen zu schenken. Und das ist möglich geworden, weil Jesus Christus auferstanden ist. 22 Er ist jetzt bei Gott und hat den Ehrenplatz an seiner rechten Seite eingenommen. Alle Engel, alle Mächte und Gewalten unterstehen seiner Herrschaft.

Alle müssen sich vor Gott verantworten

4 Weil Christus für uns gelitten und viele Schmerzen ertragen hat, sollt auch ihr bereit sein, Leiden auf euch zu nehmen. Wer körperlich leidet, über den verliert die Sünde ihre Macht.[c] 2 Die Zeit, die euch noch bleibt, soll Gott gehören und nicht euren Leidenschaften. 3 Es ist schlimm genug, daß ihr früher ein gottloses Leben in Saus und Braus geführt habt. Ihr wart euren Leidenschaften ausgeliefert, der Trunksucht ergeben, dem sinnlosen Prassen, und gefangen in einem abstoßenden Götzendienst.

4 Natürlich können eure alten Freunde nicht verstehen, weshalb ihr von diesem zügellosen Leben auf einmal nichts mehr wissen wollt. Und deshalb verhöhnen sie euch. 5 Doch dafür werden sie sich verantworten müssen, wenn sie von dem zur Rechenschaft gezogen werden, der bald sein Urteil über alle Menschen sprechen wird, über die Lebenden wie über die Toten. 6 Denn auch Toten ist die Botschaft der Rettung durch Jesus verkündet worden. Was sie getan hatten, brachte ihnen den Tod ein, aber durch seinen Geist gab Gott ihnen die Möglichkeit, zum ewigen Leben zu gelangen.

Jeder soll Gott mit seiner Gabe dienen

7 Bald wird das Ende dieser Welt kommen. Deshalb seid wachsam und nüchtern, werdet nicht müde zu beten. 8 Vor allem aber laßt nicht nach, einander zu lieben. Denn «die Liebe deckt viele Sünden zu».[d] 9 Seid gastfrei, und klagt nicht über die vermehrte Arbeit. 10 Jeder soll dem anderen mit der Begabung dienen, die ihm Gott gegeben hat. Wenn ihr die vielen Gaben Gottes in dieser Weise gebraucht, verwaltet ihr sie richtig.

a) Wörtlich: der getötet wurde dem Fleische nach, der aber lebendig gemacht wurde dem Geiste nach.
b) Wörtlich: zu den Geistern im Gefängnis.
c) Wörtlich: Denn wer am Fleische gelitten hat, hat mit der Sünde aufgehört.
d) Sprüche 10,12

11 Bist du dazu berufen, Gottes Wort auszulegen, dann soll Gott durch dich sprechen. Hat jemand in der Gemeinde die Aufgabe übernommen, anderen Menschen zu helfen, dann arbeite er in der Kraft, die Gott ihm gibt. So preisen wir Gott durch Jesus Christus mit allem, was wir sind und haben. Ihm allein gehören alle Ehre und alle Macht für immer und ewig. Das ist gewiß.

Leiden gehört zum Christsein

12 Meine lieben Freunde! Wundert euch nicht über die heftigen Anfeindungen, die ihr jetzt erfahrt. Sie sollen euren Glauben prüfen und festigen. Denkt nur nicht, daß solche Angriffe etwas Außergewöhnliches sind; sie gehören zum Christsein. 13 Freut euch vielmehr darüber, daß ihr um Christi willen leidet;[a] dann werdet ihr auch jubeln und euch mit ihm freuen, wenn er in all seiner Herrlichkeit wiederkommt.

14 Ihr dürft euch glücklich nennen, wenn man euch nur deshalb angreift und verhöhnt, weil ihr Christen seid. Daran zeigt sich nämlich, daß der Geist Gottes, der Geist seiner Herrlichkeit, bei euch ist. 15 Freilich soll keiner von euch leiden, weil er als Mörder, Dieb oder wegen anderer Verbrechen bestraft werden mußte oder weil er sich Rechte anmaßt, die ihm nicht zustehen. 16 Wer dagegen leidet, weil er ein Christ ist, der braucht sich nicht zu schämen. Er soll Gott dafür danken, daß er zu Christus gehört.

17 Denn es ist Zeit für das Gericht Gottes, und es beginnt bei denen, die zu ihm gehören. Wenn aber schon wir als seine Kinder gerichtet werden,[b] welches Ende werden dann die nehmen, die Gottes Frohe Botschaft ablehnen! 18 Wenn schon der Gottes Urteil fürchten muß, der nach Gottes Willen lebt, wie wird es erst Gottlosen und Sündern ergehen? 19 Wer nach Gottes Willen leiden muß, der soll sich nicht davon abbringen lassen, Gutes zu tun und seinem Schöpfer in allen Dingen zu vertrauen.

Die Gemeinde und ihre Leiter

5 Jetzt noch ein Wort an die Gemeindeältesten unter euch. Ich selbst habe die gleiche Aufgabe wie ihr, bin ein Zeuge der Leiden Christi und werde auch an seiner Herrlichkeit Anteil haben, wenn er wiederkommt. Deshalb möchte ich euch bitten: 2 Versorgt die Gemeinde gut, die euch Gott anvertraut hat. Hütet die Herde Gottes als gute Hirten, und das nicht, weil es eure Pflicht ist, sondern freiwillig und gern. Das erwartet Gott. Es geht dabei auch nicht ums Geldverdienen, sondern darum, daß ihr mit Lust und Liebe Gott dient. 3 Spielt euch nicht als die Herren eurer Gemeinde auf, sondern seid ihre Vorbilder. 4 Nur dann werdet ihr eine unvergängliche Auszeichnung – das ewige Leben – erhalten, wenn Christus wiederkommt, der ja der oberste Hirte seiner Gemeinde ist.

5 Den jungen Leuten unter euch sage ich: Ordnet euch den Gemeindeältesten unter, und hütet euch alle vor Überheblichkeit und Hochmut!

a) Wörtlich: Sondern, da ihr an den Leiden Christi teilhabt, freut euch.
b) Wörtlich: Denn die Zeit ist da, daß das Gericht beim Hause Gottes beginnt. Wenn es aber bei uns beginnt...

Denn die Hochmütigen und Stolzen werden niemals Gottes Barmherzigkeit erfahren. Seine Gnade gilt denen, die zum demütigen Gehorsam bereit sind. [6]Deshalb beugt euch in Demut unter Gottes mächtige Hand. Gott wird euch aufrichten, wenn seine Zeit da ist.

[7]Überlaßt alle eure Sorgen Gott, denn er sorgt für euch. [8]Bleibt besonnen und wachsam! Denn der Teufel, euer Todfeind, schleicht wie ein hungriger Löwe um euch herum. Er wartet nur auf ein Opfer, das er verschlingen kann. [9]Stark und fest im Glauben sollt ihr seine Angriffe abwehren. Und denkt daran, daß alle Christen in der Welt diese Leiden ertragen müssen.

[10]Gott aber, von dem ihr nichts als Gnade und Liebe erfahrt, hat euch durch Jesus Christus zugesagt, daß er euch nach dieser kurzen Leidenszeit in seine ewige Herrlichkeit aufnimmt. Er wird euch ans Ziel bringen, euch Kraft und Stärke geben, so daß ihr fest und sicher steht. [11]Denn Gott allein gehört alle Macht für immer und ewig. Das ist ganz gewiß!

Grüße und Segenswünsche

[12]Silvanus, den ich als treuen Bruder sehr schätze, hat mir geholfen, diesen kurzen Brief an euch zu schreiben. Damit wollte ich euch Mut machen. Ihr könnt ganz sicher sein, daß Gott barmherzig ist und euch wirklich liebt. Daran haltet fest!

[13]Die Gemeinde hier in Babylon[a] sendet euch Grüße, ebenso Markus, den ich wie einen Sohn liebe. [14]Grüßt euch untereinander mit dem Bruderkuß. Gottes Friede sei mit euch allen, die ihr im Glauben an Jesus Christus miteinander verbunden seid.

a) Babylon ist vielleicht ein Deckname für Rom.

Der zweite Brief des Petrus

Anschrift und Gruß

1 Diesen Brief schreibt Simon Petrus, ein Diener und Botschafter Jesu Christi, an alle, die denselben Glauben haben wie wir. Dieser kostbare Glaube wurde uns geschenkt, weil wir durch Jesus Christus, unseren Retter, von Gott angenommen sind.

2 Ich wünsche euch, daß Gottes Gnade und sein Friede euch immer mehr erfüllen. Das wird geschehen, wenn ihr Gott und unseren Herrn Jesus Christus immer besser kennenlernt.

Bewährung im Glauben

3 Alles, was wir brauchen, um ein Leben zu führen, wie es Gott gefällt, hat uns Christus geschenkt. Denn durch ihn haben wir Gott kennengelernt, der uns in seiner Macht und Herrlichkeit zu einem neuen Leben berufen hat. 4 Dadurch hat er uns das Größte und Wertvollste überhaupt geschenkt: Seine Zusagen, daß alle, die dem verdorbenen und todbringenden Wesen dieser Welt entflohen sind, an Gottes ewigem Wesen und Leben Anteil haben werden.

5 Deshalb setzt alles daran, und beweist durch einen vorbildlichen Lebenswandel, daß ihr an Gott glaubt. Jeder soll sehen, daß ihr Gott kennt. 6 Diese Erkenntnis Gottes zeigt sich in eurer Selbstbeherrschung. Selbstbeherrschung lernt man nur in Geduld und Ausdauer, und dadurch wieder kommt man zur wahren Liebe und Ehrfurcht vor Gott. 7 Wer Gott liebt, wird auch seine Brüder lieben, und schließlich werden alle Menschen diese Liebe zu spüren bekommen.

8 Wenn ihr diesen Weg geht und dabei weiter vorankommt, wird euer Christsein nicht leer und wirkungslos bleiben.[a] 9 Wer aber nicht auf diesem Weg ist, der tappt wie ein Blinder im Dunkeln, weil er vergessen hat, daß er von seiner Schuld befreit wurde.

10 Setzt deshalb alle eure Kräfte ein, daß ihr euch darin bewährt, wozu Gott euch berufen und auserwählt hat. Wenn ihr das tut, werdet ihr nicht vom richtigen Weg abkommen, 11 und die Tür zum ewigen Reich unseres Herrn und Retters Jesus Christus wird dann für euch weit geöffnet sein.

12 Weil ihr dieses herrliche Ziel vor Augen habt, will ich nicht aufhören, euch daran zu erinnern, selbst wenn ich euch damit nichts Neues sage. Ihr seid ja längst davon überzeugt und in der Wahrheit gefestigt, die euch verkündigt wurde. 13 Trotzdem halte ich es für meine Pflicht, euch immer wieder daran zu erinnern und euch wach zu halten, solange ich lebe. 14 Durch unseren Herrn Jesus Christus weiß ich aber, daß ich diese Erde[b] bald ver-

a) Wörtlich: Wenn diese bei euch vorhanden sind und wachsen, lassen sie euch weder träge noch fruchtlos sein für die Erkenntnis unseres Herrn Jesus Christus.
b) Wörtlich: mein Zelt.

lassen muß. [15] Deswegen setze ich alles daran, daß ihr auch nach meinem Tode nicht vergeßt, was ich euch gesagt habe.

Zeugen der Wahrheit

[16] Wir haben euch doch keine schönen Märchen erzählt, als wir euch von der Macht unseres Herrn Jesus Christus und von seinem Wiederkommen berichteten. Mit unseren eigenen Augen haben wir ihn in seiner ganzen Größe und Herrlichkeit selbst gesehen. [17/18] Gott, der Vater, hat ihm diese Ehre und Macht gegeben. Als Jesus mit uns auf dem Berg war, haben wir selber die Stimme Gottes vom Himmel gehört: «Das ist mein geliebter Sohn, an dem ich meine Freude habe.»

[19] Um so fester verlassen wir uns jetzt auf das, was Gott durch seine Propheten zugesagt hat. Auch ihr tut gut daran, wenn ihr darauf hört. Denn Gottes Zusagen sind wie ein Licht, das in der Dunkelheit leuchtet und Klarheit schenkt, bis es endgültig Tag wird und der aufgehende Morgenstern Licht in unsere Herzen bringt.

[20] Doch eins dürft ihr dabei nicht vergessen: Kein Mensch kann jemals die prophetischen Worte der Heiligen Schrift aus eigenem Wissen deuten. [21] Denn niemals haben sich die Propheten selbst ausgedacht, was sie verkündigten. Immer war es der Heilige Geist, der sie beauftragte und dazu trieb, das auszusprechen, was Gott ihnen eingab.

Gottes Gericht über die Irrlehrer

2 Doch schon damals hat es im Volk Israel falsche Propheten gegeben. Solche Leute werden auch bei euch auftreten und Lehren verbreiten, die euch ins Verderben stürzen. Damit verraten sie Christus, der sie doch von ihren Sünden freigekauft hat. Aber sie sollen ein schnelles Ende finden! [2] Trotzdem werden viele auf sie hören und sich ihrem schamlosen Treiben und zügellosen Leben anschließen. Diese Leute bringen den Weg der Wahrheit in Verruf.[a] [3] Dabei sind sie in ihrer Habgier nur darauf aus, euch zu belügen und zu betrügen, um an euer Geld zu kommen. Doch das Urteil über sie ist längst gefällt; sie werden ihrem Untergang nicht entgehen.

[4] Gott hat nicht einmal die Engel, die sich gegen ihn auflehnten, vor der Strafe verschont, sondern sie in die Tiefe der Hölle gestoßen. Dort müssen sie – gefesselt in der Finsternis – auf ihr Verdammungsurteil warten. [5] Ebensowenig hat er die Menschen[b] geschont, die zu Noahs Zeiten lebten. Als die große Flut über die Gottlosen hereinbrach, kamen alle um; nur acht wurden gerettet: Noah, der die Menschen zur Umkehr aufrief, und sieben andere aus seiner Familie.[c] [6] Auch die Städte Sodom und Gomorra hat Gott in Schutt und Asche sinken lassen und damit sein Urteil an ihnen vollstreckt.[d] Dies sollte ein warnendes Beispiel für die gottlosen Menschen aller Zeiten sein. [7] Nur Lot hat er gerettet, der nach Gottes Willen lebte

a) Wörtlich: Um ihretwillen wird der Weg der Wahrheit gelästert werden.
b) Wörtlich: die frühere Welt.
c) 1. Mose 8,18
d) 1. Mose 19,24–25

und durch das lasterhafte Treiben der Bewohner Sodoms viel erleiden mußte. [8]Für ihn, der Gott vertraute, war es geradezu eine Folter, Tag für Tag hören und sehen zu müssen, wie sehr die Leute Gottes Gebote mißachteten.

[9]Denkt daran: Gott weiß genau, wie er alle, die sich nach seinem Willen richten, aus Versuchungen und Gefahren rettet. Aber ebenso gewiß wird er am Tag des Gerichts alle strafen, die seinen Willen mißachten. [10]Sein Gericht wird vor allem die treffen, die sich wie die Bewohner von Sodom und Gomorra von ihren Trieben und Leidenschaften beherrschen lassen und so tun, als gäbe es keinen Herrn, der sie zur Rechenschaft zieht.

Gefährliche Folgen der Irrlehre

Frech und überheblich, wie diese Irrlehrer sind, verspotten sie sogar unsichtbare Mächte. [11]Das wagen nicht einmal die Engel, die doch viel stärker und mächtiger sind. Niemals würden sie diese Mächte vor Gott lächerlich machen und verurteilen.

[12]Diese falschen Lehrer, von denen ich hier rede, haben genausowenig Vernunft und Verstand wie das Vieh, das zu nichts anderem geboren wird, als daß man es einfängt und schlachtet. Weil sie sich über das lustig machen, was sie gar nicht verstehen, werden sie an ihrer eigenen Bosheit zugrundegehen. [13]Das wird der Lohn für ihren Unglauben und ihre Verdorbenheit sein. Besteht doch ihr ganzes Vergnügen darin, von morgens früh bis abends spät die üppigsten Gelage zu veranstalten. Ein schmutziger Schandfleck sind sie in eurer Gemeinde; denn sie verbreiten selbst dann noch ihre betrügerischen Irrlehren, wenn sie an euren Mahlzeiten teilnehmen.

[14]Keine Frau entgeht ihren lüsternen, ehebrecherischen Blicken. Sie sind geradezu unersättlich in ihrem Verlangen zu sündigen. Sie haben es darauf abgesehen, jeden zu verführen, der im Glauben noch nicht gefestigt ist. Habgier und Neid haben alles andere aus ihrem Herzen verdrängt. Gottes Fluch wird sie treffen. [15]Den richtigen Weg haben sie verlassen und gehen in die Irre; genauso wie Bileam, der Sohn Beors. Er war bereit, Unrecht zu tun, wenn er nur Geld dafür bekommen konnte.[a] [16]Aber Bileam wurde von seinem Unrecht überführt. Ein Esel war es, der mit menschlicher Stimme zu ihm sprach und den Propheten hinderte, sein wahnwitziges Unternehmen auszuführen.

[17]Diese falschen Lehrer sind wie Brunnen ohne Wasser, wie Wolken, die vorüberziehen, ohne den ersehnten Regen zu bringen. In der tiefsten Finsternis werden sie einmal für ihre Bosheit büßen müssen. [18]Was sie reden, klingt großartig und ist doch hohl und leer. Noch schlimmer ist, daß sie mit ihrem zügellosen Leben alle wieder in die Sünde hineinreißen, die gerade erst mit knapper Not dem falschen Weg entkommen sind.[b] [19]Sie versprechen anderen die Freiheit, sind aber selbst Gefangene ihrer Leidenschaften. Denn wer von der Sün-

a) 4. Mose 22,7–28
b) Wörtlich: Mit hochtrabender Rede ohne Gehalt ködern sie in ausschweifenden Fleischeslüsten jene, die kaum denen entflohen sind, die im Irrtum wandeln.

de beherrscht wird, ist ihr Gefange-
ner.
20 Viele haben Jesus Christus als ih-
ren Herrn und Retter kennengelernt
und sich von der Verdorbenheit die-
ser Welt getrennt. Wenn sie sich aber
dann wieder von der Sünde überwin-
den und gefangennehmen lassen, so
sind sie schlimmer dran als je zuvor.
21 Es wäre besser, sie hätten nie etwas
von Christus erfahren! Denn so ha-
ben sie ihn zwar kennengelernt, sich
dann aber doch wieder von seinem
Wort abgewandt.[a] 22 Ihr kennt sicher
das Sprichwort: «Der Hund frißt
noch einmal, was er eben herausge-
würgt hat.» Oder das andere: «Auch
ein gewaschenes Schwein wälzt sich
wieder im Dreck.» Nichts anderes tun
diese Menschen.

Christus kommt wieder

3 Das ist nun mein zweiter Brief an
euch, liebe Freunde. Ich wollte
euch wieder an so manches erinnern,
damit ihr auch in Zukunft in euerm
Glauben und Leben aufrichtig und
standhaft bleibt.[b] 2 Vergeßt nicht, was
schon die Propheten Gottes vor lan-
ger Zeit gesagt haben! Erinnert euch
an die Worte unseres Herrn und Ret-
ters Jesus Christus, die euch die Apo-
stel weitergegeben haben.
3 Vor allen Dingen müßt ihr wissen,
daß in dieser letzten Zeit Menschen
auftreten werden, die nicht nach Got-
tes Willen fragen, sondern rücksichts-
los nur das tun, wozu sie Lust haben.
Nichts ist ihnen heilig; sie machen
sich über alles lustig. 4 Spöttisch wer-
den sie euch fragen: «Wo ist denn nun
euer Christus? Hat er nicht verspro-
chen, daß er wiederkommt? Schon
unsere Väter haben vergeblich ge-
wartet. Sie sind längst gestorben, und
alles ist so geblieben, wie es von An-
fang an war!»
5/6 Dabei wollen sie nicht wahrha-
ben, daß Gott schon einmal durch das
Wasser der Sintflut diese Erde zer-
störte, die er durch sein Wort am An-
fang der Welt aus dem Wasser er-
schuf.[c] 7 Auch unser Himmel und un-
sere Erde werden nur so lange beste-
hen, wie Gott es will. Dann aber, am
Tage des Gerichts, wird er sein Urteil
über alle Gottlosen sprechen, und auf
sein Wort hin wird das Feuer Himmel
und Erde vernichten.
8 Doch eins dürft ihr dabei nicht ver-
gessen, liebe Freunde: Gott steht über
aller Zeit. Was für uns ein Tag ist, das
ist für Gott wie tausend Jahre; und was
für uns tausend Jahre sind, das ist für
ihn wie ein Tag. 9 Wenn manche also
behaupten, Gott würde seine Zusage
nicht einhalten, dann stimmt das ein-
fach nicht. Gott kann sein Verspre-
chen jederzeit einlösen. Aber er hat
Geduld mit euch und will nicht, daß
auch nur einer von euch verlorengeht.
Jeder soll Gelegenheit haben, vom
falschen Weg umzukehren.

Ein neuer Himmel und eine neue Erde

10 Doch der Tag des Gerichts[d] wird so
plötzlich und unerwartet da sein wie

a) Wörtlich: Besser wäre es für sie, den Weg der Gerechtigkeit nicht erkannt zu haben, als ihn erkannt zu haben und sich wieder abzuwenden von dem heiligen, ihnen überlieferten Gebot.
b) Wörtlich: In beiden (Briefen) will ich euren reinen Sinn durch Erinnerung wachhalten.
c) Wörtlich: eine Erde aus Wasser und im Wasser bestehend.
d) Wörtlich: Tag des Herrn.

ein Dieb. Krachend werden dann die Himmel zerbersten, die Elemente werden sich auflösen und im Feuer verglühen, und die Erde wird verbrennen mit allem, was auf ihr ist.
[11] Wenn aber alles in dieser Weise zugrundegehen wird, müßt ihr euch erst recht darauf vorbereiten, das heißt, ihr müßt ein Leben führen, das Gott gefällt.

[12] Erwartet diesen Tag und lebt so, daß Gott mit seinem Gericht nicht mehr lange warten muß. An diesem Tag werden die Himmel im Feuer verbrennen und die Elemente in der Glut zerschmelzen. [13] Wir alle aber warten auf den neuen Himmel[a] und die neue Erde, die Gott uns zugesagt hat. Wir warten auf diese neue Welt, in der es endlich Gerechtigkeit gibt.

Ermahnungen und Segenswünsche

[14] Weil ich weiß, daß ihr, meine Freunde, voller Hoffnung darauf wartet, ermahne ich euch: Lebt so, daß ihr dem Herrn ohne Schuld und mit einem guten Gewissen im Frieden entgegengehen könnt. [15] Erkennt doch in der Geduld, die euch der Herr entgegenbringt, einen Weg zu eurer Rettung! Das hat euch ja auch schon unser lieber Bruder Paulus gesagt, dem Gott in all diesen Fragen viel Weisheit geschenkt hat. [16] Er schreibt in seinen Briefen mehrfach darüber. Freilich ist manches davon nur schwer zu verstehen. Und deshalb haben Leute, die entweder unwissend oder im Glauben noch nicht gefestigt sind, vieles verdreht und verfälscht. So machen sie es ja auch mit den anderen heiligen Schriften und bringen sich damit selbst ins Verderben.

[17] Ihr aber, meine Lieben, wißt nun, wie gefährlich diese Irrlehrer sind. Hütet euch vor ihnen! Laßt euch nicht von euerm unerschütterlichen Glauben abbringen, und geht nicht mit ihnen in die Irre. [18] Ich wünsche euch vielmehr, daß ihr in euerm Leben immer mehr die unverdiente Liebe und Gnade unseres Herrn und Retters Jesus Christus erfahrt und ihn immer besser kennenlernt. Denn ihm allein gehört alle Ehre – jetzt und in Ewigkeit! Amen.

a) Wörtlich: auf neue Himmel.

Der erste Brief des Johannes

Wir haben Christus gesehen

1 Christus war von allem Anfang an da.[a] Jetzt aber haben wir ihn selbst gehört. Wir haben ihn mit unseren eigenen Augen gesehen und mit unseren Händen berühren können, ihn, der uns die Botschaft vom Leben brachte. 2 Ja, Christus selbst ist das Leben.[b] Das haben wir gesehen, und das können wir bezeugen. Deshalb verkünden wir diese Botschaft von Christus, der das ewige Leben bringt. Er ist von Gott, dem Vater, gekommen und hat als Mensch unter uns gelebt.

3 Wir geben euch nur das weiter, was wir selbst gesehen und gehört haben, damit ihr mit uns im Glauben verbunden seid. Gemeinsam gehören wir zu Gott, dem Vater, und zu seinem Sohn Jesus Christus. 4 Wir schreiben euch das, damit wir uns von ganzem Herzen freuen können.

Leben im Licht Gottes

5 Das ist die Botschaft, die wir von Christus gehört haben und die wir euch weitersagen: Gott ist Licht. Bei ihm gibt es keine Finsternis. 6 Wenn wir also behaupten, daß wir zu Gott gehören und dennoch in der Finsternis der Sünde leben, dann lügen wir und widersprechen mit unserem Leben der Wahrheit. 7 Leben wir aber im Licht Gottes, dann sind wir auch miteinander verbunden. Und das Blut, das sein Sohn Jesus Christus für uns vergossen hat, befreit uns von aller Schuld.

8 Freilich werden immer wieder Leute behaupten, sie hätten das nicht nötig, sie seien frei von aller Schuld. Wer so etwas sagt, betrügt sich selbst. In ihm ist kein Fünkchen Wahrheit. 9 Wenn wir aber unsere Sünden bereuen und sie bekennen, dann dürfen wir darauf vertrauen, daß Gott seine Zusage treu und gerecht erfüllt: Er wird unsere Sünden vergeben und uns von allem Bösen reinigen. 10 Doch wenn wir behaupten, wir hätten gar nicht gesündigt, dann machen wir Gott zum Lügner und beweisen damit nur, daß wir Christus noch gar nicht kennen.[c]

Woran man einen Christen erkennt

2 Meine geliebten Kinder, ich schreibe euch, damit ihr nicht länger sündigt. Sollte aber doch einer Schuld auf sich laden, dann haben wir einen, der selbst ohne jede Sünde ist und beim Vater für uns Sünder eintritt: Jesus Christus. 2 Denn Christus hat unsere Sünden, ja die Sünden der ganzen Welt auf sich genommen; er hat sie gesühnt.

3 Daß wir nun Gottes Gebote halten, ist der Beweis dafür, daß wir

a) Wörtlich: Was von Anfang an war... Vgl. Johannes 1,1–5
b) Wörtlich: Und das Leben ist erschienen.
c) Wörtlich: und sein Wort wohnt nicht in uns.

Gott kennen. [4]Sollte allerdings jemand behaupten: «Ich kenne Gott», seinen Geboten aber trotzdem nicht gehorchen, so ist er ein Lügner, der Christus gar nicht kennt.[a] [5]Doch wer sich an Gottes Wort hält und danach lebt, an dem zeigt sich Gottes ganze Liebe. Daran ist zu erkennen, ob wir wirklich Christen sind.[b] [6]Wer von sich sagt, daß er zu Christus gehört, der soll auch so leben, wie Christus gelebt hat.

Das alte und das neue Gebot

[7]Was ich euch jetzt schreibe, meine Lieben, ist für euch nicht neu. Es ist kein neues Gebot, sondern die Botschaft Gottes, die ihr von Anfang an gehört habt. [8]Und trotzdem ist dieses Gebot neu, weil Christus es verwirklicht hat und ihr jetzt danach lebt. Denn die Finsternis schwindet, weil das wahre Licht – Jesus Christus – für uns leuchtet.

[9]Nun kann freilich jeder behaupten, daß er in diesem Licht lebt. Wenn er aber seinen Bruder haßt, dann beweist er damit nur, daß er immer noch in der Finsternis ist. [10]Nur wer seinen Nächsten liebt, der lebt wirklich im Licht. An ihm läßt sich nichts Anstößiges finden.[c] [11]Wer dagegen seinen Nächsten haßt, der lebt ganz und gar in der Finsternis und weiß nicht, wohin er geht. Er ist wie ein Blinder, der nichts sehen kann in all der Dunkelheit, die ihn umgibt.

[12]Ihr aber, meine geliebten Kinder, müßt nicht hilflos in der Finsternis umherirren; denn durch Jesus Christus ist eure Schuld vergeben. [13]Euch Väter soll mein Brief im Glauben ermutigen; ihr kennt ja Christus, der schon immer, von aller Ewigkeit her, da ist. Ich schreibe aber auch euch, ihr jungen Leute; denn ihr habt den Bösen besiegt. [14]Euch Kindern schreibe ich, weil ihr den Vater kennt. Ebenso habe ich euch Vätern geschrieben, weil ihr den kennt, der von allem Anfang an da war. Und euch, ihr jungen Leute, habe ich geschrieben, weil ihr in euerm Glauben stark geworden seid. Gottes Wort ist in euch lebendig, und ihr habt den Bösen besiegt.

[15]Liebt nicht diese Welt, die von Gott nichts wissen will. Hängt euer Herz nicht an sie, auch nicht an irgend etwas, das zu dieser Welt gehört. Denn wer die Welt liebt, kann nicht zugleich Gott, den Vater, lieben. [16]Was gehört nun zum Wesen dieser Welt? Menschliche Leidenschaften, die Gier nach Besitz und Macht, überhaupt ein Leben voller Selbstgefälligkeit und Hochmut. All dies kommt nicht von Gott, unserem Vater, sondern gehört zur Welt. [17]Die Welt aber mit ihren Verführungen und Verlockungen wird vergehen. Nur wer den Willen Gottes tut, wird bleiben und ewig leben.

Nichts soll euch von Christus trennen

[18]Das Ende dieser Welt ist nahe, meine geliebten Kinder! Ihre letzte Stunde ist angebrochen. Ihr wißt, daß zu dieser Zeit der Feind Christi, der Antichrist, kommen wird. Schon jetzt sind viele aufgetreten, die von sich

a) Wörtlich: In ihm wohnt die Wahrheit nicht.
b) Wörtlich: Daran erkennen wir, daß wir in ihm sind.
c) Möglich auch: In ihm gibt es nichts, wodurch er (selbst) zu Fall kommen könnte.

behaupten, Christus zu sein. Daran können wir erkennen, daß die Welt ihrem Ende entgegengeht. [19]Diese Feinde Christi kommen zwar aus unseren eigenen Reihen, in Wirklichkeit aber haben sie nie zu uns gehört. Denn wären sie wirklich Christen gewesen, hätten sie sich niemals so weit von uns entfernt. Nun aber ist für jedermann sichtbar geworden, daß sie gar nicht zu uns gehörten.

[20]Doch euch hat Christus seinen Heiligen Geist gegeben, und deshalb kennt ihr die Wahrheit.[a] [21]Ich schreibe euch also nicht, weil ich meinte, ihr müßtet die Wahrheit über Gott erst noch erfahren. Ihr kennt diese Wahrheit sehr gut und wißt auch, daß aus ihr keine verlogene Irrlehre kommen kann.[b]

[22]Wenn nun jemand behauptet, Jesus sei gar nicht Christus, der von Gott gesandte Retter, muß der nicht ein Lügner sein? Wer den Vater und den Sohn ablehnt, ist ohne jeden Zweifel ein Feind Christi, ja der Antichrist. [23]Denn wer sich gegen den Sohn stellt, der stellt sich auch gegen den Vater. Doch wer sich zum Sohn bekennt, der hat auch Gemeinschaft mit dem Vater.

[24]Laßt euch also nicht von dem abbringen, was ihr von Anfang an gehört habt. Wenn ihr daran festhaltet, kann euch nichts von Gott, dem Vater, trennen und von Jesus Christus, seinem Sohn. [25]Denn genau das hat uns Gott zugesagt: ewiges Leben bei ihm.

[26]Das müßt ihr über diese Leute wissen, die euch vom richtigen Weg abbringen wollen. [27]Doch der Heilige Geist[c], den euch Christus gegeben hat, er bleibt in euch. Deshalb braucht ihr keine anderen Lehrer, der Heilige Geist selbst ist euer Lehrer. Was er euch sagt, ist wahr und ohne Lüge. Haltet also an dem fest, was euch Gottes Geist lehrt, und bleibt bei Christus.

[28]Meine Kinder, laßt euch durch nichts von Christus trennen. Dann werden wir ihm voll Zuversicht entgegengehen und brauchen sein Urteil nicht zu fürchten, wenn er wiederkommt. [29]Ihr wißt, daß Christus gerecht ist. Also können wir davon ausgehen, daß jeder, der nach Gottes Geboten lebt, zu seinen Kindern gehört.[d]

Was es bedeutet, Gottes Kind zu sein

3 Seht doch, wie groß die Liebe ist, die der Vater uns schenkt! Denn wir dürfen uns nicht nur seine Kinder nennen, sondern wir sind es wirklich. Als seine Kinder sind wir Fremde für diese Welt, weil Gott für sie ein Fremder ist. [2]Meine Lieben! Wenn wir schon jetzt Kinder Gottes sind, was werden wir erst sein, wenn Christus wiederkommt! Dann werden wir ihm ähnlich sein und ihn sehen, wie er wirklich ist. [3]Wer diese Hoffnung hat, wird alles daransetzen, ganz für Gott zu leben, so wie Christus es getan hat.[e]

a) Wörtlich: Ihr habt die Salbung von dem Heiligen und seid alle Wissende.
b) Wörtlich: daß keine Lüge (Irrlehre) aus der Wahrheit stammt.
c) Wörtlich: die Salbung; oder: das Salböl.
d) Wörtlich: Wenn ihr wißt, daß er gerecht ist, so erkennt ihr, daß auch jeder, der Gerechtigkeit übt, aus ihm (Gott) gezeugt ist.
e) Wörtlich: der heiligt sich, so wie jener (Christus) heilig ist.

4 Wer sündigt, lehnt sich gegen
Gott und seine Gebote auf, denn sün-
digen heißt: Gottes Gebote mißach-
ten. 5 Doch ihr wißt ja, daß Gottes
Sohn Mensch wurde, damit er – der
ohne jede Sünde ist – uns von unseren
Sünden befreit. 6 Wer fest mit Chri-
stus verbunden bleibt, der wird nicht
länger sündigen. Wer aber weiter
sündigt, der weiß nichts von Christus
oder hat ihn nicht verstanden.

7 Meine geliebten Kinder! Laßt
euch durch niemanden vom richtigen
Weg abbringen! Ihr dürft nur dem
vertrauen, der wie Christus ein Leben
führt, das Gott gefällt.[a] 8 Wer aber
gottlos lebt, beweist damit nur, daß er
dem Teufel gehört. Denn der Teufel
hat sich schon immer gegen Gott auf-
gelehnt, von Anfang an. Doch Chri-
stus, der Sohn Gottes, ist gerade des-
wegen zu uns gekommen, um die
Werke des Teufels zu zerstören.

9 Wer von Gott ein neues Leben be-
kommen hat und zu seinen Kindern
gehört, der sündigt nicht; denn Gott
hat ihm seinen Geist geschenkt, der
in ihm wirkt.[b] Als Kind Gottes kann
er gar nicht länger sündigen. 10 Daran
kann also jeder erkennen, wer ein
Kind Gottes oder wer ein Kind des
Teufels ist. Alle, die Unrecht tun und
ihren Bruder nicht lieben, sind nie-
mals Gottes Kinder.

Der Maßstab für unsere Liebe

11 Von Anfang an habt ihr gehört:
Christen sollen einander lieben.
12 Nicht Kain darf unser Vorbild sein.
Er war ein Kind des Teufels und töte-
te seinen Bruder Abel. Und warum
hat er ihn ermordet? Weil seine eige-
nen Taten böse waren, aber das Le-
ben seines Bruders Gott gefiel.

13 Genau aus demselben Grund
haßt euch die Welt. Wundert euch al-
so nicht darüber, meine Lieben.
14 Wir wissen, daß wir durch Christus
vom ewigen Tod gerettet wurden und
jetzt ein neues Leben haben. Das
zeigt sich an der Liebe zu unseren
Brüdern. Wer diese Liebe nicht hat,
der bleibt dem ewigen Tod ausgelie-
fert. 15 Jeder, der seinen Bruder haßt,
ist ein Mörder. Und das wißt ihr: Ein
Mörder wird das ewige Leben verlie-
ren.[c]

16 Die Liebe Christi haben wir
daran erkannt, daß er sein Leben für
uns opferte. Ebenso müssen auch wir
bereit sein, unser Leben für andere
hinzugeben. 17 Denn wie kann Gottes
Liebe in einem Menschen bleiben,
dem die Not seines Bruders gleichgül-
tig ist, obwohl er selbst alles im Über-
fluß besitzt?

Gott ist größer als unser Gewissen

18 Deshalb, meine Kinder, laßt uns
einander lieben: nicht mit leeren
Worten, sondern mit tatkräftiger Lie-
be und in aller Aufrichtigkeit.
19 Daran zeigt es sich, daß Jesus Chri-
stus unser Leben bestimmt.[d] So kön-
nen wir mit einem guten Gewissen
vor Gott treten.[e] 20 Doch auch wenn
unser Gewissen uns anklagt und
schuldig spricht, dürfen wir darauf

a) Wörtlich: Wer die Gerechtigkeit übt, der ist gerecht, so wie jener gerecht ist.
b) Wörtlich: weil sein (Gottes) Samen in ihm bleibt.
c) Wörtlich: Kein Mörder hat ewiges Leben bleibend in sich.
d) Wörtlich: daß wir aus der Wahrheit sind.
e) Wörtlich: Und so werden wir unser Herz vor ihm beschwichtigen.

vertrauen, daß Gott größer ist als unser Gewissen. Er kennt uns ganz genau. 21 Kann uns also unser Gewissen nicht mehr verurteilen, meine Lieben, dann dürfen wir voller Freude und Zuversicht zu Gott kommen. 22 Er wird uns geben, worum wir ihn bitten; denn wir gehorchen seinen Geboten und leben, wie es ihm gefällt. 23 Und so lautet Gottes Gebot: Wir sollen an seinen Sohn[a] Jesus Christus glauben und einander so lieben, wie Christus es uns aufgetragen hat. 24 Wer seinen Geboten gehorcht, den wird nichts von Gott trennen, und auch Gott hält ihm die Treue.[b] Das wissen wir, weil der Heilige Geist, den Gott uns geschenkt hat, dies bestätigt.

Der Geist der Wahrheit und der Geist der Lüge

4 Meine Lieben! Glaubt nicht jedem, der behauptet, daß er Gottes Geist hat. Prüft vielmehr genau, ob es wirklich von Gott stammt, was er sagt.[c] Es hat in dieser Welt schon viele falsche Propheten gegeben, die alle vorgaben, im Auftrag Gottes zu reden. 2 Daran zeigt sich, ob jemand tatsächlich vom Geist Gottes erfüllt ist: Er wird bekennen, daß Jesus Christus als Mensch aus Fleisch und Blut von Gott zu uns gekommen ist. 3 Wer das leugnet, hat nicht den Geist Gottes. Aus ihm spricht der Geist des Antichristen. Daß er kommen wird, habt ihr schon gehört, ja ihr bekommt ihn schon jetzt zu spüren.

4 Doch ihr, meine geliebten Kinder, gehört zu Gott. Ihr habt diese Lügenpropheten durchschaut und besiegt. Denn der Geist Gottes, der euer Leben bestimmt, ist stärker als der Geist der Lüge, von dem die Welt beherrscht wird. 5 Sie gehören ganz zu dieser Welt. Deshalb verbreiten sie ihre eigenen Vorstellungen und Gedanken, und alle Welt hört auf sie.[d] 6 Wir dagegen gehören zu Gott. Jeder, der sich zu Gott bekennt, wird auf uns hören. Wer aber nicht zu Gott gehört, wird uns ablehnen. Daran erkennen wir den Geist Gottes und den Geist der Verführung.

Gottes Liebe und die Liebe zum Nächsten

7 Meine Freunde! Laßt uns einander lieben, denn die Liebe kommt von Gott. Wer seinen Bruder liebt, beweist damit, daß er ein Kind Gottes ist und Gott wirklich kennt. 8 Wer aber den anderen nicht liebt, der weiß nichts von Gott; denn Gott ist Liebe. 9 Gottes Liebe zu uns ist für alle sichtbar geworden, als er seinen einzigen Sohn in die Welt sandte, damit wir durch Christus ein neues und ewiges Leben bekommen. 10 Das Einzigartige an dieser Liebe ist: Nicht wir haben Gott geliebt, sondern er hat uns seine Liebe geschenkt. Er gab uns seinen Sohn, der alle Schuld auf sich nahm, um uns von unserer Schuld freizusprechen.

11 Meine Freunde, wenn uns Gott

a) Wörtlich: an den Namen seines Sohnes.
b) Wörtlich: der bleibt in ihm (Gott), und er (Gott) bleibt in ihm.
c) Wörtlich: Geliebte, schenkt nicht jedem Geist Glauben, sondern prüft die Geister, ob sie aus Gott sind.
d) Wörtlich: Sie sind von der Welt; deswegen reden sie von der Welt (her), und die Welt hört auf sie.

so sehr liebt, dann müssen auch wir
einander lieben. [12]Niemand hat Gott
jemals gesehen. Doch wenn wir ein-
ander lieben, wird sichtbar, daß Gott
in uns lebt und wir von seiner Liebe
erfüllt sind.

[13]Ich sage es noch einmal: Daß wir
mit Gott verbunden bleiben und er
mit uns, wissen wir, weil er uns seinen
Heiligen Geist gegeben hat. [14]Wir ha-
ben es selbst erlebt und darum bezeu-
gen wir: Gott, der Vater, hat seinen
Sohn in diese Welt gesandt, um sie zu
retten. [15]Wer glaubt und bekennt,
daß Jesus Christus der Sohn Gottes
ist, den wird nichts von Gott tren-
nen.[a] [16]Das haben wir erkannt, und
wir vertrauen fest auf Gottes Liebe.
Gott ist Liebe, und wer in dieser Lie-
be bleibt, der bleibt in Gott und Gott
in ihm.

[17]Das ganze Ausmaß der göttlichen
Liebe zeigt sich darin, daß wir dem
Tag des Gerichts ohne Angst entge-
gengehen können. Denn wir leben in
dieser Welt so, wie Christus es will.[b]
[18]Wirkliche Liebe ist frei von Angst.
Ja, die Liebe vertreibt sogar die
Angst. Wer sich also fürchtet und vor
der Strafe zittert, der beweist damit
nur, daß er wirkliche Liebe noch nicht
kennt.

[19]Wir wollen lieben, weil Gott uns
zuerst geliebt hat. [20]Sollte nun je-
mand behaupten: «Ich liebe Gott»,
und dabei seinen Bruder hassen,
dann ist er ein Lügner. Denn wie
kann man Gott lieben, den wir doch
gar nicht sehen, aber den Bruder has-
sen, der leibhaftig vor uns steht?
[21]Vergeßt nicht, daß Christus selbst
uns aufgetragen hat: Wer Gott liebt,
der muß auch seinen Bruder lieben.

Ein Glaube, der die Welt besiegt

5 Wer glaubt, daß Jesus Christus
der von Gott verheißene Retter
ist, der ist ein Kind Gottes. Kinder
aber, die ihren Vater lieben, die lie-
ben auch ihre Brüder und Schwe-
stern.[c] [2]Daß wir wirklich Gottes Kin-
der lieben, erkennen wir an unserer
Liebe zu Gott und daran, daß wir sei-
ne Gebote halten. [3]Denn Gott lieben
heißt nichts anderes als das tun, was
er uns sagt; und das ist nicht schwer.
[4]Denn das Leben, das Gott uns gege-
ben hat, ist mächtiger als alle Verlok-
kungen dieser Welt. Wir können sie
durch den Glauben besiegen.[d] [5]Die-
sen Sieg aber kann nur erringen, wer
fest daran glaubt, daß Jesus der Sohn
Gottes ist.

Drei Zeugen für Jesus Christus

[6]Jesus Christus kam zu uns. Daß er
tatsächlich Gottes Sohn ist, bestätigte
Gott selbst bei seiner Taufe. Jesus hat
sein Blut für uns am Kreuz vergossen.
Nicht allein das Wasser seiner Taufe,
sondern auch sein Blut bestätigen ihn
als Sohn Gottes. Das bezeugt auch
Gottes Geist. Und Gottes Geist ist
die Wahrheit. [7]Für Jesus Christus als

a) Wörtlich: in dem bleibt Gott und er in Gott.

b) Wörtlich: Darin kommt die Liebe bei uns zur Vollendung, daß wir Zuversicht haben am Tag des Gerichts; denn so wie jener ist, sind auch wir in dieser Welt.

c) Wörtlich: Jeder, der glaubt, daß Jesus der Christus ist, ist aus Gott gezeugt. Und jeder, der den Erzeuger liebt, liebt auch den von ihm Erzeugten.

d) Wörtlich: Denn jeder aus Gott Gezeugte besiegt die Welt; und das ist der Sieg, der die Welt besiegt hat: unser Glaube.

den Sohn Gottes sprechen also drei Zeugen: [8]Gottes Heiliger Geist, das Wasser der Taufe und das Blut seines Kreuzestodes. Alle drei Zeugen stimmen in ihrer Aussage völlig überein.

[9]Wenn wir schon den Zeugenaussagen von Menschen Glauben schenken, wieviel mehr müssen wir dann dem vertrauen, was Gott selbst bezeugt. Und Gott hat bezeugt, daß Jesus Christus sein Sohn ist. [10]Wer an den Sohn Gottes glaubt, der ist in seinem Innersten von der Wahrheit dieser Aussage überzeugt. Wer Gott nicht glaubt, stellt ihn als Lügner hin; denn er behauptet ja, Gottes Aussage über Jesus Christus sei falsch. [11]Gott aber hat ganz eindeutig erklärt, daß er uns das ewige Leben schenkt, und zwar nur durch seinen Sohn Jesus Christus. [12]Wer also an den Sohn glaubt, der hat das Leben; wer aber nicht an Jesus Christus glaubt, der hat auch das Leben nicht.

[13]Ich weiß, daß ihr an Jesus Christus, den Sohn Gottes, glaubt. Mein Brief sollte euch noch einmal versichern, daß ihr das ewige Leben habt.

Gott erhört unsere Gebete

[14]Wir dürfen uns darauf verlassen, daß Gott unser Beten erhört, wenn wir ihn um etwas bitten, was seinem Willen entspricht. [15]Und weil Gott solche Gebete ganz gewiß erhört, dürfen wir auch darauf vertrauen, daß er uns gibt, worum wir ihn bitten.[a]

[16]Wenn jemand von euch merkt, daß ein anderer Christ sündigt,[b] soll er für ihn beten. Gott wird dem Sünder Gelegenheit zur Umkehr geben, damit er das ewige Leben nicht verliert. Das gilt aber nicht für die eine Sünde, die unweigerlich Gottes Verdammungsurteil und damit den ewigen Tod zur Folge hat. Wer vom Glauben abfällt und Gott lästert, für den sollt ihr nicht beten.[c] [17]Natürlich ist jedes Unrecht Sünde. Aber nicht jede Sünde führt in den ewigen Tod.

[18]Wer ein Kind Gottes ist, der sündigt nicht. Das wissen wir, und wir wissen auch, daß Gott seine Kinder bewahrt, damit der Satan sie nicht zu Fall bringt. [19]Als Christen gehören wir zu Gott, auch wenn die ganze Welt um uns herum vom Satan beherrscht wird.

[20]Doch wir wissen, daß der Sohn Gottes zu uns gekommen ist, damit wir durch ihn Gott kennenlernen, der die Wahrheit ist. Durch Jesus Christus, seinen Sohn, haben wir Gemeinschaft mit Gott. Ja, Jesus Christus ist selbst der wahre Gott. Er ist das ewige Leben. [21]Darum, meine Kinder, hütet euch davor, falschen Göttern nachzulaufen!

a) Wörtlich: daß wir das von ihm Erbetene haben.
b) Wörtlich: Wenn jemand seinen Bruder eine Sünde begehen sieht, (die) nicht zum Tode (führt).
c) Wörtlich: Es gibt Sünde, (die) zum Tode (führt); nicht im Hinblick auf sie sage ich, daß er bitten soll.

Der zweite Brief des Johannes

Anschrift und Gruß

[1] Als verantwortlicher Ältester wende
ich mich heute an eure Gemeinde und
an jeden einzelnen von euch.[a] Ich lie-
be euch von ganzem Herzen; aber
nicht nur ich, sondern auch alle ande-
ren, die in Christus die Wahrheit er-
kannt haben, lieben euch. [2] Diese
Wahrheit verbindet uns und wird uns
immer und ewig miteinander verbin-
den. [3] Ich bitte für uns alle um Gnade,
Erbarmen und Frieden von Gott, un-
serem Vater, und seinem Sohn Jesus
Christus, damit wir in Gottes Wahr-
heit und in seiner Liebe bleiben.

Die Wahrheit Gottes und die Liebe zum Nächsten

[4] Ich bin sehr froh darüber, daß ich in
eurer Gemeinde einige gefunden ha-
be, die sich nach Gottes Wahrheit
richten, so wie es Gottes Willen ent-
spricht. [5] Eure ganze Gemeinde
möchte ich jetzt an das wichtigste Ge-
bot erinnern: Wir sollen einander lie-
ben. Ihr wißt ja, daß ich damit nichts
Neues sage, sondern nur wiederhole,
was Gott von Anfang an erwartet hat.
[6] Diese Liebe zeigt sich darin, daß wir
nach Gottes Geboten leben. Von An-
fang an ist euch das gesagt worden,
damit ihr euch auch wirklich danach
richtet.

Warnung vor falschen Lehrern

[7] Überall begegnen wir Betrügern, die
in der ganzen Welt ihre Irrlehren ver-
breiten. Sie wollen die Menschen auf
einen falschen Weg locken und be-
haupten, daß Jesus Christus nicht als
Mensch aus Fleisch und Blut zu uns
gekommen ist. Diese Betrüger sind
Werkzeuge des größten Verführers
aller Zeiten und des schlimmsten
Feindes Christi, des Antichristen.
[8] Seht euch vor, daß ihr nicht alles ver-
liert, was ihr durch Christus erhalten
habt, sondern daß ihr von Gott den
vollen Lohn für eure Arbeit erhaltet.

[9] Wer über das hinausgeht, was
Christus uns gelehrt hat, der wendet
sich von Gott ab. Nur wer sich an die
Lehre von Christus hält, hat mit dem
Sohn auch den Vater. [10] Sollte also je-
mand zu euch kommen, der euch
etwas anderes erzählen will, den
schickt gleich wieder weg. Vermeidet
jeden Kontakt mit ihm. [11] Denn wer
diese Verführer auch nur grüßt, un-
terstützt ihre bösen Absichten und
macht sich mitschuldig.

[12] Ich habe noch so viele Anliegen
auf dem Herzen, aber die möchte ich
euch lieber persönlich sagen und
nicht schreiben. Ich hoffe, bald bei
euch zu sein. Dann können wir alles
miteinander besprechen, und nichts
wird unsere Freude trüben.

[13] Alle Christen hier lassen euch
herzlich grüßen.[b]

a) Wörtlich: Der Älteste (Presbyter) an die auserwählte Herrin und ihre Kinder.
b) Wörtlich: Es grüßen dich die Kinder deiner auserwählten Schwester.

Der dritte Brief des Johannes

Anschrift und Gruß

1 Als verantwortlicher Ältester schrei-
be ich an meinen Freund Gajus, den
ich aufrichtig liebe. 2 Lieber Gajus!
Ich hoffe, daß es dir gutgeht und du
an Leib und Seele so gesund bist wie
in deinem Glauben.

Vorbildliches Verhalten

3 Ich habe mich sehr gefreut, als einige
Brüder zu mir kamen und berichte-
ten, wie unerschütterlich du dich zu
Christus bekennst und wie konse-
quent du nach seinen Worten lebst.[a]
4 Für mich gibt es keine größere Freu-
de, als zu hören, daß alle treu im
Glauben leben, die durch mich Chri-
sten geworden sind.[b]

5 Mein lieber Freund! Es ist gut, daß
du dich für die Missionare so tatkräftig
einsetzt, die eure Gemeinde besu-
chen. 6 Sie selbst haben uns vor der
ganzen Gemeinde deine Liebe bestä-
tigt. Es ist gut und richtig, wenn du
ihnen alles gibst, was sie für ihre Wei-
terreise benötigen und wie es ihnen als
Dienern Gottes zusteht. 7 Denn sie
wagen diese Reisen, um die Botschaft
von Jesus Christus zu verkündigen,
und wollen auf keinen Fall von den
Nichtchristen etwas für ihren Lebens-
unterhalt annehmen. 8 Darum ist es
unsere Aufgabe, diese Männer zu un-
terstützen. So helfen wir mit, daß Got-
tes Wahrheit weitergetragen wird.

Ein schlechtes Beispiel

9 Ich habe bereits an eure Gemeinde
geschrieben. Aber Diotrephes, der
bei euch gern die führende Rolle spie-
len möchte, will nicht auf uns hören.
10 Wenn ich zu euch komme, muß ich
sein ganzes Tun und Treiben aufdek-
ken; denn er bringt uns mit seinen
Verdächtigungen und Lügen überall
in Verruf. Er ist nicht bereit, durch-
reisende Missionare aufzunehmen, ja
er schließt sogar die Leute aus der
Gemeinde aus, die das tun. 11 Doch
du, mein lieber Freund, sollst diesem
schlechten Beispiel nicht folgen, son-
dern dem guten. Denn nur, wer das
Gute tut, ist ein Kind Gottes. Wer das
Böse tut, kennt Gott nicht.

12 Von Demetrius aber hört man
überall nur Gutes. Gott selbst hat sich
zu seinem Dienst bekannt.[c] Auch wir
können dies bestätigen. Und wie du
weißt, sagen wir die Wahrheit.

13 Es gibt noch so vieles, was ich dir
gern mitteilen würde. Aber ich möch-
te es nicht schriftlich tun. 14 Doch ich
hoffe, bald bei dir zu sein, und dann
können wir über alles ausführlich
sprechen.

15 Ich wünsche dir Gottes Frieden.
Die Freunde von hier lassen dich grü-
ßen. Grüße auch du bitte jeden ein-
zelnen unserer Freunde!

a) Wörtlich: und Zeugnis ablegten für deine Wahrheit, wie du auch in (der) Wahrheit wandelst.
b) Wörtlich: daß meine Kinder in der Wahrheit wandeln.
c) Wörtlich: Ihm ist von der Wahrheit selbst ein gutes Zeugnis ausgestellt worden.

Der Brief des Judas

Anschrift und Gruß

1 Judas, der Jesus Christus dient, ein Bruder des Jakobus, schreibt diesen Brief an alle, die Gott zum Glauben berufen hat. Gott, der Vater, liebt euch alle, und Jesus Christus wird euch sicher ans Ziel bringen[a].

2 Ich wünsche euch, daß Gottes reiche Barmherzigkeit, sein Friede und seine Liebe euch immer mehr erfüllen.

Warnung vor falschen Lehren

3 Liebe Freunde! Eigentlich wollte ich euch davon schreiben, wie Gott uns vor Tod und Verderben gerettet hat. Das liegt mir sehr am Herzen. Doch nun muß ich in meinem Brief ermahnen und warnen. Haltet entschlossen am Glauben fest, und bewahrt ihn genau so, wie er euch überliefert wurde; denn was Gott gesagt hat, ist für alle Zeit gültig.

4 Bei euch haben sich einige Leute eingeschlichen, über die schon längst das Urteil gefällt wurde. Gewissenlos mißbrauchen sie die Gnade Gottes als Freibrief für ihr zügelloses, ausschweifendes Leben; ja, sie verraten Jesus Christus, der doch allein unser Herr ist.

5 Was ich jetzt sage, ist euch allen längst bekannt. Und doch möchte ich euch eindringlich daran erinnern. Zwar hat Gott das ganze Volk Israel sicher aus Ägypten geführt und aus der Sklaverei befreit. Trotzdem hat er später alle umkommen lassen, die sich von ihm abgewandt hatten. 6 Unnachsichtig strafte Gott auch die Engel, die ihm ungehorsam waren. Sie hatten ihren Auftrag mißachtet und den Platz verlassen, der ihnen von Gott zugewiesen war. Dafür hält Gott sie bis zum Tag des letzten Gerichts mit unlösbaren Ketten in der Finsternis eingeschlossen.[b] 7 Vergeßt auch nicht Sodom und Gomorra und die umliegenden Städte. Auch sie waren Gott ungehorsam. Denn sie führten ein lasterhaftes Leben voller Unzucht und gaben sich den widerlichsten Ausschweifungen hin. Sie sind ein warnendes Beispiel: Jetzt müssen sie die Qualen des ewigen Feuers erleiden.

8 Genauso verhalten sich diese Wirrköpfe in euern Gemeinden. Auch sie lassen sich von ihren Trieben und Leidenschaften beherrschen, lehnen jede Autorität ab, ja sie verspotten alle sichtbaren und unsichtbaren Mächte und lästern sie. 9 Das wagte nicht einmal Michael, und er ist doch ein Fürst der Engel. Als der Teufel ihm den Leichnam des Mose streitig machen wollte, sagte er nur: «Der Herr soll dich bestrafen!»,

a) Wörtlich: bewahrt für Jesus Christus.

b) Wörtlich: (Ich will euch daran erinnern,) wie er die Engel, die ihre Herrschaft nicht bewahrten, sondern ihre Wohnstatt verließen, für das Gericht des großen Tages mit ewigen Fesseln in der Finsternis bewahrt hält.

ohne ihn zu beschimpfen und zu verur-
teilen.[a] 10 Diese Leute aber spotten
über Dinge, die sie überhaupt nicht
kennen. Ohne jede Vernunft, wie die
Tiere, folgen sie nur ihren Trieben.
Damit richten sie sich selbst zugrun-
de.

11 Wehe ihnen! Sie folgen dem Bei-
spiel des Kain, der seinen Bruder um-
brachte.[b] Wie Bileam sind sie für Geld
zu allem bereit.[c] Und wie Korah gehen
sie an ihrer Aufsässigkeit zugrunde.[d]
12 Wenn ihr euch zu euren Mahlzeiten
versammelt, haben sie keine Hem-
mungen, sich die Bäuche vollzuschla-
gen. Ein Schandfleck sind sie für eure
Gemeinde! Sie sind wie Wolken, die
der Wind vor sich hertreibt, ohne daß
sie den ersehnten Regen bringen; wie
verdorrte Bäume, auf denen man zur
Erntezeit die Früchte vergeblich
sucht. Sie sind tot, vollkommen tot;
abgestorben bis zur Wurzel. 13 Sie sind
wie die wilden Meereswogen, die ih-
ren Schmutz und Unrat ans Ufer wer-
fen. Sie gleichen Sternen, die aus der
Bahn geraten sind, und werden in der
ewigen Finsternis versinken.

14 Henoch, der in der siebten Gene-
ration nach Adam lebte, hatte schon
damals über solche Leute gesagt:
«Seht, der Herr kommt mit vielen tau-
send heiligen Engeln, 15 um über alle
Menschen Gericht zu halten und alle
Gottlosen zu verurteilen, die sich ge-
gen seinen Willen aufgelehnt haben.
Ihr gottloses Treiben und ihr höhni-
sches Geschwätz wird er dann bestra-
fen.»

16 Dabei sind diese Leute keines-
wegs glücklich, sondern ständig unzu-
frieden und beklagen voller Selbstmit-
leid ihr Schicksal. Sie lassen sich von
ihren niedrigen Begierden antreiben,
halten großartige Reden und kriechen
dabei vor den Leuten, wenn sie nur
ihre Macht und ihr persönliches Anse-
hen erweitern können.

Laßt euch im Glauben nicht beirren!

17 Ihr aber, meine lieben Freunde,
sollt daran denken, was euch die
Apostel unseres Herrn Jesus Christus
schon vor langer Zeit gesagt haben.
18 Sie warnten euch davor, daß in den
letzten Tagen dieser Welt Spötter
auftreten werden, die sich von nichts
anderem als von ihren selbstsüchti-
gen Begierden leiten lassen. 19 Durch
diese Leute kommt es zu Spaltungen
in der Gemeinde. Ihr ganzes Tun und
Denken ist auf diese Welt ausgerich-
tet; aber Gottes Geist ist nicht in ih-
nen.[e]

20 Doch ihr, meine lieben Freunde,
sollt euch im Glauben nicht irrema-
chen lassen, den Gott euch selbst ge-
schenkt hat.[f] Er ist das Fundament,
auf dem ihr euer Leben aufbaut. Be-
tet in der Kraft des Heiligen Geistes!
21 Bleibt fest in der Liebe Gottes, und
wartet geduldig auf den Tag, an dem
euch unser Herr Jesus Christus in sei-
ner Barmherzigkeit zum ewigen Le-
ben führen wird. 22 Kümmert euch um
alle, die im Glauben unsicher sind.

a) 5. Mose 34,6
b) 1. Mose 4
c) 4. Mose 22
d) 4. Mose 16
e) Wörtlich: Sie sind es, die Spaltungen machen, irdisch Gesinnte, ohne Geist.
f) Wörtlich: euer heiligster Glaube.

23 Rettet sie vor Gottes Strafgericht.[a] Auch allen anderen Menschen sollt ihr mit Güte und Erbarmen begegnen. Aber hütet euch davor, daß ihr dabei nicht selber in ihr böses und gottloses Leben hineingezogen werdet.[b]

Lob Gottes

24 Gott allein kann uns davor bewahren, daß wir vom rechten Weg abirren. Wenn Christus dann in seiner Herrlichkeit wiederkommt, dürfen wir mit reinem Gewissen und voller Freude zu ihm kommen.

25 Gott, der uns durch Jesus Christus, unseren Herrn, gerettet hat, gehört seit allen Zeiten Ehre, Ruhm, Macht und Herrlichkeit für immer und ewig. Amen.

a) Wörtlich: Reißt sie aus dem Feuer.
b) Wörtlich: Aber haßt sogar das vom Fleisch befleckte Kleid.

Die Offenbarung an Johannes

Wie dieses Buch entstanden ist

1 In diesem Buch enthüllt Jesus Christus Gottes Geheimnisse und Pläne, damit seine Diener wissen, was bald geschehen wird. Durch einen Engel hat Christus dies alles seinem Diener Johannes gezeigt.

2 Alles, was er gesehen und gehört hat, gibt Johannes hier weiter. Er bezeugt, was Gott gesagt und Jesus Christus ihm gezeigt und bestätigt hat. 3 Wer die prophetischen Worte dieses Buches liest, auf sie hört und danach handelt, der ist wirklich glücklich zu nennen. Denn schon bald wird dies alles in Erfüllung gehen.

Grüße an sieben Gemeinden

4 Dies schreibt Johannes an die sieben Gemeinden in der Provinz Asien:

Ich wünsche euch Gnade und Frieden von Gott; von ihm, der immer da ist, der von Anfang an war und der kommen wird. Gnade und Frieden auch von seinem Heiligen Geist[a], der vor Gottes Thron ist, 5 und von Jesus Christus, der uns zuverlässig Gottes Wahrheit bezeugt. Er ist als erster von den Toten auferstanden[b] und herrscht über alle Könige dieser Erde. Er, der uns liebt und durch seinen Tod am Kreuz[c] von unseren Sünden befreit hat, 6 er gibt uns Anteil an seiner Herrschaft und hat uns zu Priestern gemacht, die Gott, seinem Vater, dienen. Ihm gehören Ehre und alle Macht für immer und ewig. Das steht unumstößlich fest![d]

7 Seht! Jesus Christus wird – für alle sichtbar[e] – wiederkommen. Alle Menschen werden ihn sehen, auch die, die ihn ans Kreuz geschlagen haben. Dann werden alle Völker dieser Erde jammern und klagen. Das ist ganz sicher!

8 «In meiner Macht steht alles, von A bis Z. Ich bin der Anfang, und ich bin das Ziel»,[f] spricht Gott, der Herr. Er ist immer da, von allem Anfang an, und er wird kommen: der Herr über alles!

«Schreibe alles auf!»

9 Ich bin Johannes, euer Bruder, und teile mit euch Bedrängnis und Verfolgung. Wie ihr warte auch ich geduldig und standhaft darauf, daß Jesus Christus wiederkommt; dann werde ich mit euch an seiner Herrschaft teilhaben. Weil ich Gottes Wort verkündet und Jesus öffentlich bezeugt habe, wurde ich auf die Insel Patmos verbannt.

a) Wörtlich: von den sieben Geistern. Vgl. Jesaja 11,2
b) Wörtlich: Erstgeborener.
c) Wörtlich: durch sein Blut.
d) Wörtlich: Amen.
e) Wörtlich: mit den Wolken. Vgl. Daniel 7,13; Matthäus 24,30
f) Wörtlich: Ich bin das A (Alpha) und das O (Omega).

10 An einem Sonntag war es, als
Gottes Geist mich ergriff.[a] Ich hörte
hinter mir eine gewaltige Stimme,
durchdringend wie eine Posaune:
11 «Schreibe alles auf, was du siehst,
und sende das Buch an die sieben Ge-
meinden: nach Ephesus, Smyrna und
Pergamon, nach Thyatira, Sardes,
Philadelphia und Laodicea.»
12 Ich drehte mich um, weil ich se-
hen wollte, wer zu mir sprach. Da sah
ich sieben goldene Leuchter. 13 Mit-
ten zwischen ihnen stand einer, der
wie ein Mensch[b] aussah. Er hatte
einen langen Mantel an, und um die
Brust trug er einen goldenen Gürtel.
14 Die Haare auf seinem Kopf waren
wie weiße Wolle, ja leuchtend weiß
wie Schnee. Seine Augen glühten wie
Feuerflammen, 15 die Füße glänzten
wie flüssiges Gold im Schmelzofen,
und seine Stimme dröhnte wie ein to-
sender Wasserfall. 16 In seiner rechten
Hand hielt er sieben Sterne, und die
Worte aus seinem Mund wirkten wie
ein scharfes, doppelschneidiges
Schwert. Sein Gesicht leuchtete
strahlend hell wie die Sonne.
17 Als ich das sah, fiel ich wie tot vor
seinen Füßen nieder. Aber er legte
seine rechte Hand auf mich und sag-
te: «Fürchte dich nicht! Ich bin der
Erste und der Letzte, 18 und ich bin
der Lebendige. Ich war tot, doch nun
lebe ich für immer und ewig, und ich
habe Macht über den Tod und das
Reich des Todes.
19 Schreibe alles auf, was du siehst:
das, was jetzt schon geschieht und was
in Zukunft geschehen wird.
20 Die sieben Sterne in meiner
Hand und die sieben goldenen
Leuchter, die du gesehen hast, haben
folgende Bedeutung: Die sieben
Sterne sind die von Gott beauftragten
Leiter[c] der sieben Gemeinden, und
die sieben Leuchter sind diese Ge-
meinden selbst.»

Der Brief an die Gemeinde in Ephesus

2 «Schreibe an den Leiter[d] der Ge-
meinde in *Ephesus:*
Der in seiner rechten Hand die sie-
ben Sterne hält und zwischen den sie-
ben goldenen Leuchtern einhergeht,
der läßt eurer Gemeinde sagen:
2 Ich weiß, wieviel Gutes du tust,
weiß von all deiner Arbeit, und ich
kenne auch deine Standhaftigkeit. Es
ist gut, daß du die Bösen in eurer Mit-
te nicht duldest und die als Lügner
entlarvst, die sich als Apostel ausge-
ben und es doch nicht sind. 3 Geduldig
hast du für mich Schweres ertragen
und niemals aufgegeben.
4 Aber das eine habe ich gegen
dich: Du liebst mich nicht mehr so wie
früher. 5 Erinnere dich daran, mit
welch leidenschaftlicher Hingabe du
dich einmal für mich entschieden
hast. Was ist davon geblieben? Kehre
um, und werde wieder so, wie du am
Anfang warst.[e] Wenn du dich nicht
von Grund auf änderst und zu mir

a) Wörtlich: Ich geriet in Verzückung am Tag des Herrn.
b) Wörtlich: Menschensohn.
c) Wörtlich: Engel (= von Gott gesandter Bote). Möglich ist auch, unter «Engel» die himmlischen Vertreter der irdischen Gemeinden zu verstehen.
d) Vgl. Kap. 1,20
e) Wörtlich: Gedenke nun, von welcher Höhe du gefallen bist, und kehre um und tue wieder die ersten Werke.

umkehrst, werde ich kommen und deinen Leuchter von seinem Platz stoßen. 6 Eins aber will ich dir zugutehalten: Dir ist das Treiben der zügellosen Nikolaiten[a] ebenso verhaßt wie mir.

7 Hört genau hin, und achtet darauf,[b] was Gottes Geist den Gemeinden sagt. Denn wer durchhält und das Böse besiegt, dem will ich die Früchte vom Baum des Lebens zu essen geben, der in Gottes Paradies steht.»

Der Brief an die Gemeinde in Smyrna

8 «An den Leiter der Gemeinde in *Smyrna* schreibe:

Diese Botschaft kommt von dem, der zugleich der Erste und der Letzte ist, der tot war und nun wieder lebt.

9 Ich kenne alle deine Leiden und weiß, in welcher Armut du lebst; doch in Wirklichkeit bist du reich.[c] Mir ist auch nicht entgangen, wie bösartig euch die Leute verleumden, die sich für fromm halten,[d] in Wirklichkeit aber Gehilfen des Satans sind.
10 Fürchte dich nicht vor dem, was dir noch bevorsteht. Der Teufel wird einige von euch ins Gefängnis bringen, um euch auf die Probe zu stellen. Zehn Tage lang werdet ihr leiden müssen. Doch wenn du mir treu bleibst, treu bis zum Tod, werde ich dir den Preis des Siegers geben: das ewige Leben.

11 Hört genau hin, und achtet darauf, was Gottes Geist den Gemeinden sagt. Wer durchhält und das Böse besiegt, dem wird der zweite, der ewige Tod nichts anhaben können.»

Der Brief an die Gemeinde in Pergamon

12 «Schreibe an den Leiter der Gemeinde in *Pergamon:*

Das läßt dir der sagen, der das scharfe, doppelschneidige Schwert trägt.

13 Ich weiß, daß du in einer Stadt wohnst, die vom Satan regiert und beherrscht wird.[e] Trotzdem bekennst du dich treu zu mir und hast deinen Glauben nicht widerrufen; selbst dann nicht, als Antipas, mein treuer Zeuge, in dieser Hochburg des Satans getötet wurde.

14 Und doch habe ich etwas an dir auszusetzen: Du duldest in eurer Mitte Leute, die an der Lehre Bileams festhalten. Aber Bileam brachte Balak dazu, das Volk Israel ins Verderben zu stürzen. Er verführte sie, das Fleisch von Götzenopfern zu essen, und verleitete sie zu sexueller Zügellosigkeit[f].
15 Außerdem gibt es unter euch Leute, die den Nikolaiten und ihrer Irrlehre folgen.[g]
16 Wenn du dich nicht von Grund auf änderst und zu mir umkehrst, werde ich sehr schnell zu dir kommen. Meine Worte werden diese Leute treffen wie ein scharfes Schwert.[h]

17 Hört genau hin, und achtet dar-

a) Irrlehrer, deren Oberhaupt wohl Nikolaus hieß.
b) Wörtlich: Wer Ohren hat zu hören, der höre.
c) Vgl. Lukas 6,20; 2. Korinther 6,10; Jakobus 2,5
d) Wörtlich: die von sich sagen, sie seien Juden.
e) Wörtlich: wo der Thron des Satans ist.
f) Wörtlich: Hurerei. Vgl. 4. Mose 31,16; 25,1–2
g) Vgl. Kap. 2,6
h) Wörtlich: Ich werde sie bekämpfen mit dem Schwerte meines Mundes.

auf, was Gottes Geist den Gemein-
den sagt. Wer durchhält und das Böse
besiegt, wird Brot vom Himmel es-
sen[a]. Als Zeichen des Sieges werde
ich ihm ein Täfelchen aus weißem
Marmor[b] geben. Darauf steht ein
neuer Name, den nur der kennt, der
ihn erhält.»

Der Brief an die Gemeinde in Thyatira

18 «Schreibe an den Leiter der Ge-
meinde in *Thyatira:*
Dies sagt dir der Sohn Gottes, des-
sen Augen wie Feuerflammen glühen
und dessen Füße wie flüssiges Gold-
erz glänzen. 19 Ich sehe alles, was du
tust. Ich weiß, mit welcher Liebe du
mir dienst und mit welcher Treue du
am Glauben festhältst. Ich weiß, daß
du dich in deinem Dienst für andere
aufopferst, und ich kenne deine Ge-
duld. Und heute setzt du dich noch
mehr ein als früher.
20 Trotzdem habe ich etwas an dir
auszusetzen: Du unternimmst nichts
gegen diese Isebel, die sich als Pro-
phetin ausgibt. Durch ihre Lehre ver-
führt sie die Gläubigen zu einem zü-
gellosen Leben[c] und ermuntert sie,
ohne Bedenken das Fleisch der Göt-
zenopfer zu essen. 21 Diese Frau hat
genug Zeit gehabt, ihr Leben zu än-
dern. Aber sie weigert sich umzukeh-
ren. 22 Darum wird sie nun im Kran-
kenbett für ihre Untaten büßen. Und
alle, die sich mit ihr eingelassen ha-
ben, werden ebenso Schlimmes er-
dulden müssen, wenn sie nicht bereit
sind, sich von ihr zu trennen. 23 Ihre
Kinder werde ich dem Tod ausliefern.
Dann werden alle Gemeinden wis-
sen, daß ich die Menschen durch und
durch kenne, selbst ihre geheimsten
Gedanken und Wünsche. Und jeder
wird den Lohn von mir bekommen,
den er verdient.
24 Allen anderen in Thyatira, die
der Irrlehre nicht gefolgt sind und
sich auf diese sogenannten tiefen
Erkenntnisse über den Satan nicht
eingelassen haben, will ich keine
zusätzlichen Lasten auferlegen.
25 Haltet nur unerschütterlich an dem
fest, was ihr habt, bis ich wiederkom-
me.
26 Denn wer durchhält und das Böse
besiegt, wer bis zuletzt nach meinem
Willen lebt und handelt, dem werde
ich Macht über die Völker der Erde
geben. 27 Mit eiserner Hand[d] wird er
über sie herrschen und sie zerschla-
gen, so wie man Tongefäße in tausend
Stücke schlägt. 28 Und wie mein Vater
mir Macht und Herrschaft gab, will
ich sie auch jedem geben, der im
Glauben festbleibt. Zeichen dieser
Macht soll der Morgenstern[e] sein,
den ich ihm schenken werde.
29 Hört genau hin, und achtet dar-
auf, was Gottes Geist den Gemein-
den sagt.»

Der Brief an die Gemeinde in Sardes

3 «Schreibe an den Leiter der Ge-
meinde in *Sardes:*
Das sagt der, dem die sieben Gei-

a) Wörtlich: von dem verborgenen Manna. Vgl. 2. Mose 16; 4. Mose 11
b) Wörtlich: einen weißen Stein.
c) Wörtlich: Hurerei.
d) Wörtlich: eisernem Stab.
e) Ein Bild für den wiederkommenden Christus.

ster[a] Gottes dienen und der die sieben Sterne in seiner Hand hält.

Ich weiß alles, was du tust. Man sagt von euch, daß ihr eine lebendige Gemeinde seid. Aber in Wirklichkeit seid ihr tot. 2 Wache auf und stärke die wenigen, deren Glaube noch lebendig ist, bevor auch ihr Glaube stirbt. Denn so, wie du bisher gelebt hast, kannst du vor Gott nicht bestehen. 3 Hast du denn ganz vergessen, wie du Gottes Wort gehört und aufgenommen hast? Besinne dich wieder darauf, kehre um und ändere dich von Grund auf. Wenn du nicht wach wirst, werde ich plötzlich da sein, unerwartet wie ein Dieb. Und du wirst nicht wissen, wann ich komme.

4 Aber auch bei euch in Sardes sind einige, denen der Schmutz dieser Welt nichts anhaben konnte. Sie werden immer bei mir sein und weiße Kleider tragen; denn sie sind es wert.

5 Wer durchhält und das Böse besiegt, der wird solch ein weißes Kleid tragen. Ich werde seinen Namen nicht aus dem Buch des Lebens streichen, sondern mich vor meinem Vater und seinen Engeln zu ihm bekennen.

6 Hört genau hin, und achtet darauf, was Gottes Geist den Gemeinden sagt!»

Der Brief an die Gemeinde in Philadelphia

7 «Schreibe an den Leiter der Gemeinde in *Philadelphia:*

Das sagt dir der eine, der heilig und wahrhaftig ist. Er allein hat als Nachkomme Davids den Schlüssel zum Heil. Wo er aufschließt, kann niemand mehr zuschließen; wo er aber zuschließt, kann niemand mehr öffnen.

8 Ich weiß, was du getan und geleistet hast. Siehe, ich habe dir eine Tür geöffnet, die niemand verschließen kann. Deine Kraft ist klein; doch du hast an meinem Wort festgehalten und dich unerschrocken zu mir bekannt. 9 Achte jetzt auf alles, was geschehen wird: Es werden Leute zu dir kommen, die von sich behaupten, fromme, gottesfürchtige Menschen zu sein. Aber sie lügen; in Wirklichkeit gehören sie zur Gefolgschaft des Satans.[b] Diese Männer werde ich dazu bewegen, daß sie vor dir auf die Knie fallen; denn sie sollen erkennen, daß ich dich liebe.

10 Ihr habt meinem Wort gehorcht und geduldig ausgehalten. Deshalb will ich dich auch in der schweren Prüfung bewahren, die über die ganze Erde kommen wird, um alle Menschen auf die Probe zu stellen. 11 Ich komme schnell und unerwartet. Darum halte fest, was du hast, damit dir niemand deinen Siegeskranz nehmen kann.

12 Denn wer durchhält und das Böse besiegt, den werde ich zu einer Säule im Tempel meines Gottes machen; er wird dort immer bleiben. Und er soll den Namen meines Gottes tragen und wird ein Bürger des neuen Jerusalem sein, der Stadt, die Gott selbst auf dieser Erde errichten wird.[c] Auch meinen eigenen neuen Namen wird er erhalten.

13 Hört genau hin, und achtet dar-

a) Vgl. Kap. 1,4
b) Wörtlich: Einige aus der Synagoge des Satans, die behaupten, sie seien Juden...
c) Wörtlich: Ich werde auf ihn den Namen meines Gottes schreiben und den Namen der Stadt meines Gottes, des neuen Jerusalem, das herabkommt vom Himmel von meinem Gott.

auf, was Gottes Geist den Gemeinden sagt.»

Der Brief an die Gemeinde in Laodicea

14 «An den Leiter der Gemeinde in *Laodicea* schreibe:

Dies sagt dir der eine, der die Erfüllung aller Zusagen Gottes ist.[a] Christus ist Gottes treuer und wahrhaftiger Zeuge. Von ihm kommt alles, was Gott geschaffen hat.

15 Ich kenne dich genau und weiß alles, was du tust. Du bist weder kalt noch heiß. Ach, wärst du doch das eine oder das andere! 16 Aber du bist lau. Das ekelt mich an, und ich werde dich ausspucken. 17 Du hältst viel von dir und sagst: ‹Ich bin reich und habe alles, was ich brauche!› Was bist du nur für ein Narr! Du merkst gar nicht, wie es wirklich um dich steht und wie jämmerlich du dran bist: arm, blind und nackt bist du.

18 Wäre es da nicht an der Zeit, du würdest dich endlich um den wahren Reichtum bemühen, um das reine Gold, das im Feuer geläutert wurde? Nur dieses Gold macht dich reich, und nur von mir kannst du es bekommen. Laß dir auch die weißen Kleider von mir geben, damit du nicht länger nackt und bloß dastehst. Kaufe dir Augensalbe, die deine blinden Augen heilt. 19 Es ist ein Zeichen meiner Liebe, wenn ich deine Schuld aufdecke und dich mit Strenge erziehe. Nimm dir das zu Herzen und kehre um!

20 Merkst du es denn nicht? Noch stehe ich vor deiner Tür und klopfe an. Wer jetzt auf meine Stimme hört und mir die Tür öffnet, bei dem werde ich einkehren. Gemeinsam werden wir das Festmahl essen.

21 Wer durchhält und das Böse besiegt, wird mit mir auf meinem Thron sitzen, so wie auch ich mich als Sieger auf den Thron meines Vaters gesetzt habe.

22 Hört genau hin, und achtet darauf, was Gottes Geist den Gemeinden sagt.»

Gottes Thron

4 Danach, als ich aufblickte, sah ich eine Tür am Himmel, die war offen. Dieselbe Stimme, die schon vorher zu mir gesprochen hatte, gewaltig wie der Schall einer Posaune, sagte: «Komm herauf! Ich will dir zeigen, was in Zukunft geschehen wird!»
2 Gottes Geist ergriff mich, und dann sah ich: Im Himmel stand ein Thron, auf dem jemand saß.
3 Die Gestalt leuchtete wie ein Edelstein, wie ein Jaspis oder Karneol. Und um den Thron strahlte ein Regenbogen, leuchtend wie lauter Smaragde.

4 Dieser Thron war von vierundzwanzig anderen Thronen umgeben, auf denen vierundzwanzig Älteste saßen. Sie trugen weiße Gewänder und auf dem Kopf goldene Kronen.
5 Blitze, Donner und gewaltige Stimmen gingen von dem Thron aus. Davor brannten sieben Fackeln: Das sind die sieben Geister Gottes.[b]
6 Gleich vor dem Thron war so etwas wie ein Meer, durchsichtig wie Glas, strahlend und hell wie Kristall.

In der Mitte und um den Thron herum standen vier mächtige Lebewesen, die überall Augen hatten.
7 Die erste dieser Gestalten sah aus

a) Wörtlich: So spricht, der Amen heißt.
b) Vgl. 1,4; 3,1

wie ein Löwe, die zweite glich einem Stier; die dritte hatte ein Gesicht wie ein Mensch, und die vierte glich einem fliegenden Adler. 8 Jede dieser Gestalten hatte sechs Flügel. Auch die Flügel waren innen und außen voller Augen. Unablässig, Tag und Nacht, singen sie: «Heilig, heilig, heilig ist der Herr, der allmächtige Gott, der schon immer war, der heute da ist und der kommen wird!»

9 Diese vier Lebewesen loben und preisen den mit ihrem Gesang, der vor ihnen auf dem Thron sitzt und immer und ewig leben wird. 10 Und jedesmal fallen die vierundzwanzig Ältesten dabei vor ihm nieder und beten den an, dem alle Macht gegeben ist und der ewig lebt. Sie legen ihre Kronen vor seinem Thron nieder und rufen:

11 «Dich, unseren Herrn und Gott, beten wir an. Du allein bist würdig, daß wir dich ehren und rühmen, uns deiner Macht unterordnen. Denn du hast alles erschaffen. Nach deinem Willen entstand die Welt und alles, was auf ihr lebt.»

Das Buch mit sieben Siegeln

5 Ich sah, daß der auf dem Thron in seiner rechten Hand ein Buch hielt. Es war innen und außen beschrieben und mit sieben Siegeln verschlossen. 2 Und ich sah einen mächtigen Engel, der mit gewaltiger Stimme rief: «Wer ist würdig, dieses Buch zu öffnen und seine Siegel zu brechen?» 3 Doch es war niemand da, der es öffnen und hineinsehen konnte; niemand im Himmel, niemand auf der Erde und auch niemand im Totenreich. 4 Da weinte ich sehr, weil niemand da war, der würdig gewesen wäre, das Buch zu öffnen und hineinzusehen. 5 Doch einer von den Ältesten sagte zu mir: «Weine nicht! Einer hat gesiegt; er kann das Buch öffnen und seine sieben Siegel brechen. Es ist der Löwe aus dem Stamm Juda, der Nachkomme König Davids.»

6 Und dann sah ich es: In der Mitte vor dem Thron, umgeben von den vier mächtigen Gestalten und den Ältesten, stand ein Lamm, das aussah, als ob es geschlachtet wäre. Es hatte sieben Hörner und sieben Augen. Das sind die sieben Geister Gottes, die in die ganze Welt ausgesandt worden sind. 7 Und Christus, das Lamm, ging zu dem, der auf dem Thron saß, und empfing das Buch aus dessen rechter Hand. 8 Im selben Augenblick fielen die vier Gestalten und die vierundzwanzig Ältesten vor dem Lamm nieder. Jeder von ihnen hatte eine Harfe und goldene Schalen voller Weihrauch. Das sind die Gebete des Volkes Gottes. 9 Und alle sangen ein neues Lied:

«Du allein bist würdig, das Buch zu nehmen, nur du darfst seine Siegel brechen. Denn du bist geopfert worden, und mit deinem Blut hast du Menschen für Gott freigekauft; Menschen aller Sprachen, aus allen Völkern und Nationen. 10 Durch dich sind sie jetzt Könige und Priester unseres Gottes, und sie werden über die ganze Erde herrschen.»

11 Danach sah ich viele tausend Engel, eine unzählbare Menge, und ich hörte sie singen. Sie standen um den Thron, um die vier Gestalten und um die Ältesten. 12 Gewaltig ertönte ihre Stimme:

«Allein dem Lamm, das geopfert wurde, gehören alle Macht und aller Reichtum. Christus allein gehören Weisheit und Kraft, Ehre, Herrlichkeit und Anbetung!»

13 Dann hörte ich, wie auch alle an-

deren Geschöpfe in diesen Lobge-
sang einstimmten. Alle, die im Him-
mel und auf der Erde leben, die Toten
unter der Erde wie die Geschöpfe des
Meeres, sie alle sangen:
«Lob und Ehre, alle Herrlichkeit
und Macht gehören dem, der auf dem
Thron des Siegers sitzt, und dem
Lamm für immer und ewig!»
[14]Die vier Gestalten bekräftigten
dies mit ihrem «Amen». Und die
vierundzwanzig Ältesten fielen nie-
der und beteten Gott an.

Die ersten sechs Siegel

6 Nun sah ich, wie das Lamm das
erste der sieben Siegel aufbrach.
Da hörte ich eine der vier Gestalten
mit gewaltiger Donnerstimme rufen:
«Los!» [2]Und als ich mich umsah, er-
blickte ich ein weißes Pferd. Sein Rei-
ter trug einen Bogen und erhielt die
Krone des Siegers. Er kam als Sieger,
um erneut zu siegen.
[3]Als das Lamm das zweite Siegel
aufbrach, hörte ich die zweite der
mächtigen Gestalten sagen: «Los!»
[4]Diesmal kam ein Reiter auf einem
feuerroten Pferd. Ihm gab man ein
großes Schwert. Damit sollte er den
Frieden von der Erde nehmen und sie
mit Krieg und Mord überziehen. Er-
barmungslos würden sich die Men-
schen gegenseitig umbringen.
[5]Dann brach das Lamm das dritte
Siegel auf, und ich hörte die dritte
Gestalt sagen: «Los!» Und nun sah
ich ein schwarzes Pferd. Sein Reiter
hielt eine Waage in der Hand, die
eine Teuerung ankündigen sollte.
[6]Da rief eine von den vier Gestalten:
«Für den Lohn eines ganzen Arbeits-
tages gibt es ein Kilo Weizen oder
drei Kilo Gerste. Nur von den Luxus-
gütern – Öl und Wein – ist genug da!»
[7]Nachdem das vierte Siegel aufge-
brochen war, hörte ich die vierte Ge-
stalt sagen: «Los!» [8]Da sah ich ein
fahlbleiches Pferd. Sein Reiter hieß
Tod, und ihm folgte ein Heer von To-
ten aus der Unterwelt. Er und sein
Gefolge hatten die Macht über ein
Viertel der Erde, um die Menschen
durch Kriege, Hungersnöte, Seuchen
und wilde Tiere dahinzuraffen.
[9]Jetzt brach das Lamm das fünfte
Siegel auf. Ich sah unten am Altar all
die Menschen, die man getötet hatte,
weil sie sich treu zu Gottes Wort be-
kannt und durch nichts von ihrem
Glauben hatten abbringen lassen.
[10]Laut riefen sie: «Du heiliger und
wahrhaftiger Gott! Wann endlich
sprichst du dein Urteil über all die
Menschen auf der Erde, die uns ver-
folgt und getötet haben? Wann wirst
du sie dafür bestrafen?» [11]Jeder von
ihnen bekam ein weißes Gewand,
und man sagte ihnen: «Wartet noch
so lange, bis sich das Schicksal eurer
Brüder und Leidensgefährten auf der
Erde erfüllt hat, die auch noch getötet
werden müssen.»
[12]Als das Lamm das sechste Siegel
öffnete, gab es ein gewaltiges Erdbe-
ben. Die Sonne wurde schwarz und
finster und der Mond rot wie Blut.
[13]Und wie der Feigenbaum seine rei-
fen Früchte abwirft, wenn er vom
Sturm geschüttelt wird, so fielen die
Sterne vom Himmel auf die Erde.
[14]Wie eine Buchrolle, die man zusam-
menrollt, verschwand der Himmel
vor meinen Augen. Die Berge wank-
ten und stürzten in sich zusammen,
und die Inseln versanken. [15]Angst
und Schrecken ergriff die Mächtigen
und Herrscher der Erde, die Heer-
führer, die Reichen und die Starken,
die Herren ebenso wie ihre Unterge-
benen. Sie alle suchten Schutz in
Höhlen und zwischen den Felsen der

Berge. 16 Und alle schrien zu den Ber-
gen: «Stürzt doch auf uns herab! Ver-
bergt uns vor den Augen dessen, dem
alle Macht gehört! Bewahrt uns vor
dem Zorn des Lammes! 17 Der Tag
seines Gerichts ist jetzt gekommen.
Wer kann da bestehen?»

Wer trägt das Zeichen Gottes?

7 Dann sah ich in jeder der vier
Himmelsrichtungen einen Engel
stehen. Sie hielten die Winde und
Stürme zurück, und es war vollkom-
men still. Kein Lufthauch war zu spü-
ren, weder auf der Erde noch auf dem
Meer; nicht ein Blättchen raschelte
an den Bäumen. 2 Aus dem Osten, da
wo die Sonne aufgeht, sah ich einen
anderen Engel heraufsteigen; der
trug das Siegel des lebendigen Got-
tes. Den vier Engeln, die von Gott die
Macht erhalten hatten, das Verder-
ben über Land und Meer zu bringen,
rief er mit lauter Stimme zu: 3 «War-
tet! Bringt noch kein Unheil über das
Land, das Meer und die Bäume. Erst
wollen wir allen, die zu Gott gehören
und ihm dienen, sein Siegel auf die
Stirn drücken.» 4 Dann hörte ich, wie
viele dieses Zeichen erhielten. Es wa-
ren 144 000; sie kamen aus allen
Stämmen Israels: 5–8 je zwölftausend
aus den Stämmen Juda, Ruben, Gad,
Asser, Naphtali, Manasse, Simeon,
Levi, Isaschar, Sebulon, Joseph und
Benjamin.

Die Auserwählten aus allen Völkern

9 Jetzt sah ich eine Menschenmenge,
so unübersehbar groß, daß niemand
sie zählen konnte. Die Menschen ka-
men aus allen Nationen, Stämmen
und Völkern; alle Sprachen der Welt
waren zu hören. Sie standen vor dem
Thron und vor dem Lamm. Als Zei-
chen ihres Sieges hatten sie weiße Ge-
wänder an und trugen Palmenzweige
in ihren Händen. 10 Mit lauter Stimme
riefen sie: «Heil und Rettung kom-
men allein von unserem Gott, der alle
Macht in seinen Händen hält,[a] und
von Christus, dem Lamm!» 11 Alle
Engel standen um den Thron, um die
Ältesten und die vier mächtigen Ge-
stalten. Sie fielen vor dem Thron nie-
der und beteten Gott an. 12 «Ja, das
steht fest», sagten sie, «Anbetung
und Herrlichkeit, Weisheit und
Dank, Ehre, Macht und Kraft gehö-
ren unserem Gott für immer und
ewig. Amen!»
13 Da fragte mich einer von den Äl-
testen: «Weißt du, wer diese Men-
schen mit den weißen Kleidern sind
und wo sie herkommen?» 14 «Nein,
Herr», antwortete ich, «aber du
weißt es. Sage es mir doch!» Da ant-
wortete er mir: «Sie kommen aus
Verfolgung, Leid und Bedrängnis.
Im Blut des Lammes haben sie ihre
Kleider reingewaschen. 15 Deshalb
stehen sie hier vor dem Thron Gottes
und dienen ihm Tag und Nacht in sei-
nem Tempel. Gott selbst wird sie be-
schützen! 16 Sie werden nie wieder
Hunger oder Durst leiden; keine
Sonnenglut oder sonst etwas wird sie
jemals wieder quälen. 17 Denn das
Lamm, das vor dem Thron steht, wird
ihr Hirte sein. Es wird sie zu den
Quellen führen, aus denen das Was-
ser des Lebens entspringt. Und Gott
wird ihnen alle Tränen von ihren Au-
gen abwischen!»

a) Wörtlich: der auf dem Thron sitzt. Vgl. 6,16

Das siebte Siegel

8 Als das Lamm das siebte Siegel
aufbrach, wurde es im Himmel
ganz still. Diese Stille dauerte etwa
eine halbe Stunde lang. 2 Ich sah die
sieben Engel vor Gott stehen, und sie
erhielten sieben Posaunen.
3 Dann kam ein anderer Engel. Mit
einem goldenen Weihrauchgefäß trat
er vor den Altar. Ihm wurde viel
Weihrauch gereicht, den er vor dem
Thron opfern sollte als Zeichen da-
für, daß die Gebete des Volkes Got-
tes zu Gott gelangen. 4 Und so ge-
schah es auch. Der Duft des Weih-
rauchs stieg aus der Hand des Engels
zusammen mit den Gebeten all der
Menschen, die Gott gehören, zu ihm
auf. 5 Jetzt füllte der Engel das Weih-
rauchgefäß mit Feuer vom Altar und
schleuderte es auf die Erde. Da be-
gann es zu blitzen und zu donnern,
und die Erde erbebte.

Die ersten vier Posaunen

6 Nun machten sich die sieben Engel
bereit, die sieben Posaunen zu bla-
sen. 7 Der erste Engel begann. Kaum
ertönte seine Posaune, da fielen Ha-
gel und Feuer, mit Blut vermischt, auf
die Erde. Ein Drittel der Erde ver-
brannte mit allen Bäumen und dem
grünen Gras.
8 Jetzt blies der zweite Engel seine
Posaune. Etwas, das wie ein großer
feuerglühender Berg aussah, stürzte
brennend in das Meer. Und ein Drit-
tel des Meeres wurde zu Blut. 9 Auch
ein Drittel aller Lebewesen des Mee-
res ging zugrunde, und ein Drittel al-
ler Schiffe versank in den Fluten.
10 Dann ertönte die Posaune des
dritten Engels. Ein riesiger Stern fiel
wie eine brennende Fackel vom Him-
mel. Er stürzte auf ein Drittel aller
Flüsse und Quellen. 11 Dieser Stern
heißt «Bitterkeit». Er vergiftete ein
Drittel des Wassers auf der Erde.
Viele Menschen starben, die von dem
bitteren Wasser getrunken hatten.
12 Jetzt hörte ich die Posaune des
vierten Engels. Schlagartig erloschen
ein Drittel der Sonne und des Mon-
des; auch ein Drittel aller Sterne ver-
finsterte sich. Das Licht des Tages
wurde um ein Drittel schwächer, aber
die Finsternis der Nacht nahm um ein
Drittel zu.
13 Ich blickte auf und bemerkte
einen Adler, der hoch oben am Him-
mel flog und laut schrie: «Wehe! We-
he euch Menschen auf der Erde! Bald
werden die drei anderen Engel ihre
Posaune blasen. Und dann wird
Furchtbares geschehen!»

Die fünfte Posaune

9 Da stieß der fünfte Engel in seine
Posaune. Ich sah einen Stern, der
vom Himmel auf die Erde gefallen
war. Dieser Stern hatte den Schlüssel
zum Abgrund der Hölle. 2 Er öffnete
den Abgrund, und heraus quollen
Rauch und beißender Qualm wie aus
einem riesigen Schmelzofen. Die
Luft war vom Rauch so verpestet, daß
man die Sonne nicht mehr sehen
konnte.
3 Aus dem Rauch quollen Heu-
schrecken und überfielen die Erde.
Ihre giftigen Stiche waren bösartig
und schmerzhaft wie die von Skorpio-
nen. 4 Doch sie durften weder dem
Gras noch den Bäumen oder irgend-
einer Pflanze auf der Erde Schaden
zufügen. Sie sollten nur die Men-
schen peinigen und quälen, die nicht
das Siegel Gottes auf ihrer Stirn tru-
gen. 5 Aber sie durften die Menschen
nicht töten, sondern sie mußten ihnen

fünf Monate lang qualvolle Schmer-
zen zufügen, wie sie der Stich eines
Skorpions hervorruft. [6]In dieser Zeit
werden sich die Menschen verzwei-
felt den Tod wünschen, aber er wird
sie nicht erlösen. Sie wollen nichts
mehr als nur sterben, aber der Tod
wird vor ihnen fliehen.

[7]Die Heuschrecken sahen aus wie
Streitrosse, die in den Kampf ziehen.
Auf ihren Köpfen glänzte es, als
würden sie goldene Kronen tragen,
und ihre Gesichter hatten mensch-
liche Züge. [8]Sie hatten eine Mähne,
lang und dicht wie Frauenhaar, und
Zähne, wie sie sonst nur Löwen ha-
ben. [9]Brustschilde hatten sie wie Ei-
senpanzer, und ihre Flügel lärmten
laut und bedrohlich wie das Rasseln
der Kampfwagen, auf denen die
Kämpfer in die Schlacht ziehen. [10]Sie
hatten Schwänze und Stacheln wie
Skorpione. Mit ihrem Gift konnten
sie die Menschen fünf Monate lang
quälen. [11]Als König herrschte über
sie ein Engel der Hölle. Die Juden
nennen ihn Abaddon, bei den Grie-
chen heißt er Apollyon. Das bedeu-
tet: Zerstörer.

[12]Aber das ist noch nicht alles.
Diesem ersten Unheil werden noch
zwei weitere folgen.

Die sechste Posaune

[13]Jetzt blies der sechste Engel seine
Posaune. Ich hörte eine Stimme von
allen vier Ecken des goldenen Altars,
der vor dem Thron Gottes steht.
[14]Diese Stimme forderte den sechsten
Engel auf: «Befreie die vier Engel,
die am Euphratstrom gefangen sind!»
[15]Und die vier Engel wurden befreit.
Auf dieses Jahr, diesen Monat, die-
sen Tag, ja genau auf diese Stunde
hatten sie gewartet, um ein Drittel
der Menschheit zu töten. [16]Sie hatten
ein riesiges Heer. Jemand sagte, daß
es zweihundert Millionen Reiter wa-
ren.

[17]Und dann sah ich dieses Bild:
Die Pferde trugen ebenso wie ihre
Reiter feuerrot, himmelblau und
schwefelgelb glänzende Rüstungen.
Mächtig wie Löwenköpfe waren die
Köpfe der Pferde. Feuer, Rauch und
brennender Schwefel schossen aus
ihren Mäulern. [18]Mit diesen drei
Waffen töteten sie ein Drittel der
Menschheit. [19]Aber nicht nur aus ih-
ren Mäulern kamen Tod und Zerstö-
rung, auch von ihren Schwänzen gin-
gen tödliche Wirkungen aus. Denn
ihre Schwänze sahen aus wie Schlan-
gen. Sie bissen zu und töteten.

[20]Doch trotz all dieser entsetzli-
chen Katastrophen dachten die
Überlebenden nicht daran, sich zu
ändern und umzukehren. Nach wie
vor beteten sie die Dämonen an und
ihre selbstgemachten Götzen aus
Gold, Silber, Eisen, Stein oder Holz.
Und dabei merkten sie nicht, daß
diese Götzen völlig unfähig sind. Sie
können weder hören noch sehen, ja
nicht einmal den kleinsten Schritt
tun. [21]Aber die Menschen kehrten
nicht um. Sie hörten nicht auf, einan-
der umzubringen, sich mit okkulten
Dingen zu beschäftigen, Unzucht zu
treiben und einander zu bestehlen.

Das kleine Buch

10 Dann sah ich einen anderen
mächtigen Engel vom Himmel
herabkommen. Eine Wolke umgab
ihn, und über seinem Kopf wölbte
sich ein Regenbogen. Sein Gesicht
leuchtete wie die Sonne, und seine
Beine glichen lodernden Feuersäu-
len. [2]In seiner Hand hielt er ein klei-

nes, aufgeschlagenes Buch. Seinen
rechten Fuß setzte er auf das Meer,
seinen linken auf das Land. 3 Wie Lö-
wengebrüll dröhnte seine Stimme,
und laut krachend antworteten ihm
sieben Donnerschläge. 4 Doch als ich
aufschreiben wollte, was ich hörte,
rief mir eine Stimme vom Himmel zu:
«Schreibe nicht auf, was die sieben
Donner geredet haben. Behalte es für
dich!»

5 Jetzt erhob der Engel, den ich mit
einem Fuß auf dem Meer und mit
dem anderen auf dem Land stehen
sah, seine rechte Hand zum Himmel.
6 Und er schwor bei dem, der immer
und ewig lebt, der den Himmel, die
Erde, das Meer und alles Leben ge-
schaffen hat: «Es wird keine Zeit zur
Umkehr mehr geben! 7 Denn wenn
der siebte Engel seine Posaune bläst,
wird Gott seinen geheimen Plan voll-
enden, so wie er es seinen Dienern,
den Propheten, zugesagt hat.»

8 Noch einmal sprach die Stimme
vom Himmel zu mir und forderte
mich auf: «Geh und nimm das aufge-
schlagene Buch aus der Hand des En-
gels, der auf dem Meer und auf dem
Land steht!» 9 Da ging ich zu dem En-
gel und bat ihn um das kleine Buch.
Er antwortete mir: «Nimm das Büch-
lein, und iß es auf! Es schmeckt süß
wie Honig, aber du wirst Magen-
schmerzen davon bekommen.» 10 So
nahm ich das kleine Buch aus seiner
Hand und aß es. Es schmeckte wirk-
lich süß wie Honig; aber dann lag es
mir schwer im Magen.

11 Dann sagte mir jemand: «Gott
wird dir noch einmal zeigen, was er
mit den Völkern, den Nationen und
ihren Herrschern vorhat. Das sollst
du auch noch bekanntmachen!»

Der Auftrag der beiden Zeugen

11 Nun erhielt ich einen Meßstab,
der wie ein langes Rohr aus-
sah, und jemand forderte mich auf:
«Steh auf und miß den Tempel Gottes
aus und den Altar. Zähle alle, die
dort beten. 2 Nur den Vorhof draußen
vor dem Tempel sollst du nicht mes-
sen. Denn ihn werden die Heiden be-
setzen, wenn sie Gottes heilige Stadt
zweiundvierzig Monate lang belagern
und zerstören.[a] 3 Ich werde ihnen mei-
ne zwei Zeugen schicken. Sie kom-
men in Trauerkleidung und werden in
diesen 1260 Tagen verkünden, was
Gott ihnen aufgetragen hat.

4 Diese beiden Zeugen sind die zwei
Ölbäume und die zwei Leuchter, die
vor dem Herrn der Welt stehen. 5 Je-
der, der es wagt, sie anzugreifen, wird
durch das Feuer aus ihrem Mund ge-
tötet. Ja, wer sich an ihnen vergreift,
der wird sterben. 6 Sie haben die
Macht, den Himmel zu verschließen,
damit es nicht regnet, solange sie im
Auftrag Gottes sprechen. Ebenso
liegt es in ihrer Macht, jedes Gewäs-
ser in Blut zu verwandeln und Unheil
über die Erde zu bringen, so oft sie
wollen.

7 Wenn sie Gottes Auftrag ausge-
führt haben, wird aus dem Abgrund
der Hölle ein Tier heraufsteigen und
gegen sie kämpfen. Es wird siegen
und die beiden Zeugen töten. 8 Ihre
Leichen wird man auf dem Platz der
großen Stadt zur Schau stellen, in der
auch ihr Herr gekreuzigt wurde. Die-
se Stadt ist sozusagen ein neues «So-
dom» oder «Ägypten». 9 Aus allen
Völkern, von allen Stämmen werden
sie kommen, Menschen aller Spra-
chen und Rassen, um sich die Toten

a) Vgl. Daniel 7,25; 12,7

dreieinhalb Tage lang anzusehen.
Denn man wird es nicht gestatten, die
Toten zu beerdigen. 10 Alle Menschen
auf der Erde werden über den Tod
der beiden Zeugen so erleichtert sein,
daß sie Freudenfeste feiern und sich
gegenseitig Geschenke machen.
Denn was ihnen diese beiden Zeugen
sagten, wollten die Menschen nicht
hören; Gottes Wahrheit hat sie ge-
stört und wurde ihnen zur Qual.[a]

11 Nach dreieinhalb Tagen aber gab
Gottes Geist ihnen neues Leben, und
sie standen wieder auf! Alle, die das
sahen, waren wie gelähmt vor Angst
und Schrecken. 12 Dann forderte eine
gewaltige Stimme vom Himmel die
beiden Zeugen auf: «Kommt her-
auf!» Vor den Augen ihrer Feinde
wurden sie in einer Wolke zum Him-
mel hinaufgehoben. 13 In demselben
Augenblick gab es ein schweres Erd-
beben. Ein Zehntel der Stadt stürzte
ein, und siebentausend Menschen ka-
men ums Leben. Die Überlebenden
waren entsetzt. Sie fürchteten sich
und unterwarfen sich endlich der
Herrschaft Gottes.

14 Aber das Unheil ist noch immer
nicht vorüber. Der zweiten Schrek-
kenszeit wird sehr bald eine dritte fol-
gen.

Die siebte Posaune

15 Jetzt ertönte die Posaune des sieb-
ten Engels. Und im Himmel erklan-
gen mächtige Stimmen: «Von jetzt an
gehört die Herrschaft über die Welt
unserem Gott und seinem Sohn Jesus
Christus. Sie werden für immer und
ewig herrschen!»

16 Die vierundzwanzig Ältesten, die
vor Gott auf ihren Thronen sitzen,
warfen sich vor ihm nieder. Mit ihrem
Lobgesang beteten sie:

17 «Wir danken dir, Herr, du gro-
ßer, allmächtiger Gott, der du bist
und immer warst. Du hast deine gro-
ße Macht bewiesen und die Herr-
schaft übernommen. 18 Die Völker
haben sich in Zorn von dir abge-
wandt. Darum trifft sie jetzt dein
Zorn. Die Zeit des Gerichts ist ge-
kommen, und die Toten wirst du rich-
ten. Allen wirst du ihren Lohn geben:
deinen Dienern, den Propheten, al-
len, die dir gehören und nach deinem
Willen leben, den Großen wie den
Kleinen. Ohne Ausnahme wirst du
alle vernichten, die unsere Erde zer-
stört haben.»

19 Da öffnete sich der Tempel Got-
tes im Himmel, und die Bundeslade[b]
– das Zeichen der Gegenwart und
Treue Gottes – war zu sehen. Blitze
zuckten über den Himmel, und Don-
ner, Erdbeben und gewaltige Hagel-
stürme erschütterten die Erde.

Die Frau und der Drache

12 Am Himmel sah man jetzt eine
gewaltige Erscheinung: eine
Frau, die mit der Sonne bekleidet war
und den Mond unter ihren Füßen hat-
te. Auf dem Kopf trug sie eine Krone
aus zwölf Sternen. 2 Die Geburt ihres
Kindes stand unmittelbar bevor, und
sie schrie, weil die Geburtswehen sie
quälten.

3 Dann gab es noch eine Erschei-
nung am Himmel: Plötzlich sah ich
einen großen, feuerroten Drachen
mit sieben Köpfen und sieben Kro-
nen; außerdem hatte er zehn Hörner.

a) Wörtlich: Diese beiden Propheten haben die Bewohner der Erde gepeinigt.
b) Vgl. 1. Könige 8,1.6

[4]Mit seinem Schwanz fegte er ein Drittel aller Sterne vom Himmel und schleuderte sie auf die Erde. Der Drache stellte sich vor die Frau; denn er wollte ihr Kind verschlingen, sobald es geboren war. [5]Die Frau brachte einen Sohn zur Welt, der einmal mit eiserner Hand über die Völker der Erde herrschen sollte. Aber das Kind wurde gerettet und sofort zu Gott vor seinen Thron gebracht. [6]Die Frau aber floh in die Wüste, wo Gott selbst einen Zufluchtsort für sie vorbereitet hatte. 1260 Tage sollte sie dort versorgt werden.

[7]Dann brach im Himmel ein Kampf aus: Michael und seine Engel griffen den Drachen an. Der Drache schlug mit seinem Heer von Engeln zurück; [8]doch er verlor den Kampf und durfte nicht länger im Himmel bleiben. [9]Der große Drache – es ist niemand anders als der Teufel oder Satan, der als listige Schlange die ganze Welt zum Bösen verführt –, er wurde mit allen seinen Engeln aus dem Himmel auf die Erde hinuntergestürzt.

[10]Jetzt hörte ich eine gewaltige Stimme im Himmel rufen:

«Nun ist der Sieg Gottes endlich sichtbar, seine Stärke und seine Herrschaft sind endgültig! Alle Macht liegt in den Händen seines Sohnes Jesus Christus. Denn er ist endgültig gestürzt, der Ankläger, der unsere Brüder Tag und Nacht vor Gott beschuldigte. [11]Sie haben ihn besiegt durch das Blut des Lammes und durch die Wahrheit des Wortes Gottes, die sie bezeugt haben. Dafür haben sie ihr Leben eingesetzt und den Tod nicht gefürchtet. [12]Darum freut euch nun, ihr Himmel und alle, die ihr darin wohnt! Aber weh euch, ihr Menschen auf der Erde.[a] Der Satan wurde auf euch losgelassen. Er ist voller Wut und Zorn; denn er weiß, daß er besiegt ist und ihm nicht mehr viel Zeit bleibt.»

[13]Als der Drache merkte, daß er auf der Erde war, verfolgte er die Frau, die den Sohn geboren hatte. [14]Doch Gott gab der Frau die starken Flügel eines Adlers. So konnte sie an ihren Zufluchtsort in der Wüste fliehen. Dreieinhalb Jahre wurde sie hier versorgt und war vor den Angriffen des Drachens, der bösen Schlange, sicher. [15]Doch die Bestie gab nicht auf. Eine gewaltige Wasserflut schoß aus ihrem Rachen, und die Frau geriet in große Gefahr. [16]Aber die Erde half der Frau. Sie öffnete sich und verschlang das Wasser, das der Drache ausspuckte. [17]Darüber wurde der Drache so wütend, daß er jetzt alle bekämpfte, die zu dieser Frau gehören.[b] Das sind die Menschen, die nach Gottes Geboten leben und sich zu Jesus bekennen.

[18]Und der Drache begab sich an den Strand des Meeres.

Das Tier aus dem Meer: der Antichrist

13 Ich sah ein seltsames Tier aus dem Meer auftauchen. Es hatte sieben Köpfe und zehn Hörner; auf jedem Horn trug es eine Krone. Auf den Köpfen standen Namen, die sich gegen Gott richteten und ihn beleidigten. [2]Das Tier sah aus wie ein

a) Wörtlich: Wehe der Erde und dem Meer!

b) Wörtlich: Und der Drache ergrimmte gegen die Frau und ging hin, um mit den übrigen ihres Samens Krieg zu führen.

Panther, aber es hatte die Füße eines Bären und den Rachen eines Löwen. Der Drache gab ihm seine ganze Macht, setzte es auf den Herrscherthron und übertrug ihm alle Befehlsgewalt. [3] An einem Kopf des Tieres sah ich eine tödliche Wunde; aber diese Wunde wurde geheilt. Alle Welt lief dem Tier voller Bewunderung nach. [4] Und die Menschen fielen vor dem Drachen nieder und beteten ihn an, weil er seine Macht dem Tier gegeben hatte. Auch das Tier beteten sie an und riefen: «Wo auf der ganzen Welt ist jemand, der sich mit ihm vergleichen kann? Wer wagt es, den Kampf mit ihm aufzunehmen?»

[5] Das Tier wurde ermächtigt, anmaßende und gotteslästerliche Reden zu halten. Zweiundvierzig Monate lang durfte es seinen Einfluß ausüben. Niemand hinderte es daran. [6] Wenn das Tier sein Maul aufriß, beleidigte und beschimpfte es Gott auf gemeinste Weise. Es verhöhnte seinen Namen, sein Heiligtum und alle, die im Himmel wohnen. [7] Nichts und niemand hinderte das Tier daran, gegen Gottes Volk zu kämpfen und es sogar zu besiegen. Das Tier herrschte uneingeschränkt über alle Völker und Nationen, über die Menschen aller Rassen und Sprachen; alle beteten es an. [8] Und alle Menschen auf der Erde werden das Tier verehren und anbeten: Alle, deren Namen nicht schon seit Beginn der Welt im Lebensbuch des Lammes stehen.

[9] Hört genau hin und achtet darauf:[a] [10] Wer dazu bestimmt ist, ins Gefängnis zu kommen, der wird auch gefangen genommen. Und wer durch das Schwert sterben soll, der wird auch mit dem Schwert getötet. Hier muß sich die Standhaftigkeit der Kinder Gottes und ihre Treue zu Christus bewähren.

Das zweite Tier: der Lügenprophet

[11] Aus der Erde sah ich dann ein anderes Tier aufsteigen. Es hatte zwei Hörner wie ein Lamm, aber eine furchterregende Stimme wie der Drache. [12] Dieses Tier übte dieselbe Macht und Gewalt aus wie das erste, von dem es seine Aufträge erhielt. Es brachte die ganze Erde und alle ihre Bewohner dazu, das erste Tier, dessen tödliche Wunde geheilt war, wie einen Gott zu verehren und anzubeten.

[13] Dieses zweite Tier vollbrachte erstaunliche Wunder. Vor den Augen der Menschen ließ es sogar Feuer vom Himmel auf die Erde fallen. [14] Und immer, wenn das erste Tier dabei war, verführte es die Menschen durch solche Taten. Es forderte sie auf, ein Standbild zu Ehren des ersten Tieres zu errichten, das durchs Schwert tödlich getroffen und dann wieder lebendig geworden war. [15] Doch das war noch nicht alles. Es gelang ihm sogar, dem Standbild Leben zu geben. Es begann zu sprechen und verlangte, daß jeder getötet werden sollte, der das Bild nicht verehrt und anbetet.

[16] Jeder – ob groß oder klein, reich oder arm, ob Herr oder Sklave – wurde gezwungen, auf der rechten Hand oder der Stirn ein Zeichen zu tragen. [17] Niemand konnte Arbeit finden oder etwas einkaufen,[b] wenn er das Zeichen nicht hatte. Und dieses Zei-

a) Wörtlich: Wer Ohren hat, der höre! Vgl. 2,7
b) Wörtlich: Daß keiner kaufen oder verkaufen kann …

chen war nichts anderes als der Name
des Tieres, in Buchstaben geschrie-
ben oder in Zahlen ausgedrückt.
18 Doch um das zu ergründen, ist Got-
tes Weisheit nötig. Wer Einsicht und
Verstand hat, wird herausfinden, was
die Zahl des Tieres bedeutet. Hinter
ihr verbirgt sich die Zahl eines Men-
schen. Und diese Zahl ist 666.

Das Lied der Befreiten

14 Ich sah das Lamm auf dem
Berg Gottes[a] stehen, umgeben
von 144000 Menschen. Auf ihrer
Stirn stand sein Name und der Name
seines Vaters. 2 Jetzt hörte ich Stim-
men vom Himmel – gewaltig wie ein
rauschender Wasserfall und wie hefti-
ge Donnerschläge und doch so zart
und schön wie das schönste Harfen-
spiel. 3 Vor dem Thron Gottes, vor
den vier Gestalten und den vierund-
zwanzig Ältesten sangen sie ein neues
Lied. Aber nur die 144 000, die das
Lamm durch sein Opfer losgekauft
hat und die von allem Irdischen frei
sind, können dieses Lied singen.[b] 4 Sie
sind ihrem Herrn treu geblieben und
haben sich nicht durch Götzendienst
verunreinigt.[c] Sie sind rein und folgen
dem Lamm überallhin. Als erste von
allen Menschen sind sie durch das
Opfer Jesu Christi losgekauft und
ganz Gott und dem Lamm geweiht.
5 Weder Lüge noch Falschheit gibt es
bei ihnen; sie sind ohne Tadel, und
niemand kann ihnen etwas vorwer-
fen.[d]

Drei Engel verkünden das Gericht

6 Jetzt sah ich einen Engel mitten
durch den Himmel fliegen. Er hatte
die Aufgabe, allen Menschen auf der
Erde, allen Nationen und Völkern,
den Menschen aller Rassen und Spra-
chen eine ewig gültige Heilsbotschaft
zu verkündigen. 7 Laut rief er:
«Fürchtet Gott und gebt ihm die Eh-
re! Denn jetzt wird er Gericht halten.
Betet den an, der alles geschaffen
hat: den Himmel und die Erde, das
Meer und alle Wasserquellen.»
8 Diesem Engel folgte ein zweiter.
Er rief: «Babylon ist gefallen, die
große Stadt Babylon! Sie, die alle
Völker der Erde irregeführt und in ih-
re Sünde hineingerissen hat.»[e] 9 Nun
kam ein dritter Engel. Niemand
konnte überhören, als er rief: «Wehe
allen, die das Tier aus dem Meer und
sein Standbild verehren und anbeten,
die das Kennzeichen des Tieres an ih-
rer Stirn oder Hand tragen![f] 10 Denn
sie werden schonungslos und ohne
Erbarmen Gottes Zorn erfahren.[g] In
Gegenwart der Engel und vor den
Augen des Lammes werden sie in
Feuer und Schwefel qualvoll leiden.
11 Dieses Feuer wird niemals ver-
löschen; immer und ewig steigt sein
Rauch auf. Niemals werden die Ruhe
finden, die das Tier und sein Stand-

a) Wörtlich: Zion. Vgl. Jesaja 4,5; Joel 3,5; Hebräer 12,22
b) Wörtlich: Und niemand konnte das Lied lernen außer den 144 000, die von der Erde losgekauft waren.
c) Wörtlich: die sich mit Frauen nicht befleckt haben, denn sie sind jungfräulich.
d) Wörtlich: Und in ihrem Mund wurde keine Lüge gefunden; sie sind ohne Fehl.
e) Wörtlich: die mit dem Zorneswein ihrer Hurerei alle Völker trunken gemacht hat.
f) Vgl. Kap. 13,15
g) Wörtlich: Der bekommt auch von dem Wein des Zorngerichtes Gottes zu trinken, der unvermischt in den Becher seines Zorngerichtes gegossen ist.

bild angebetet und sein Zeichen angenommen haben. [12]Hier muß das Volk Gottes seine Standhaftigkeit beweisen; denn nur die können bestehen, die Gottes Gebote halten und dem Glauben an Jesus treu bleiben.»

[13]Dann hörte ich eine Stimme vom Himmel, die mich aufforderte: «Schreibe: Von jetzt an kann sich jeder freuen, der im Vertrauen auf den Herrn stirbt!» «Ja», antwortete der Geist, «sie dürfen von ihrer Arbeit und ihrem Leiden ausruhen. Der Lohn für all ihre Mühe ist ihnen gewiß!»[a]

Gottes Ernte

[14]Danach sah ich eine weiße Wolke. Darauf saß einer, der wie ein Mensch aussah. Er trug eine goldene Krone auf seinem Kopf, und in der Hand hielt er eine scharfe Sichel. [15]Nun kam ein Engel aus dem Heiligtum und rief ihm zu: «Gebrauche deine Sichel, und fange an zu ernten! Denn die Erntezeit ist gekommen, und die Erde ist reif für die Ernte.» [16]Und der auf der Wolke saß, schwang seine Sichel über die Erde, und die Ernte wurde eingebracht.

[17]Ein anderer Engel trat aus dem Heiligtum im Himmel. Er hatte ein scharfes Messer. [18]Dazu kam noch ein Engel vom Altar, der Gewalt über das Feuer hatte. Er rief dem Engel mit dem Messer zu: «Nimm dein scharfes Messer, und schneide die Trauben vom Weinstock der Erde; sie sind reif.» [19]Da schleuderte der Engel sein Messer auf die Erde und erntete die Trauben. Er warf sie in die große Weinpresse, die ein Bild ist für den Zorn Gottes. [20]Draußen vor der Stadt wurde der Saft aus den Trauben gekeltert. Ein riesiger Blutstrom ergoß sich aus der Weinpresse: dreihundert Kilometer weit und so hoch, daß er den Pferden bis an die Zügel reichte.

Die sieben letzten Katastrophen

15 Danach sah ich am Himmel eine andere gewaltige Erscheinung, die mich betroffen machte: Sieben Engel waren dort, und jeder brachte eine neue Katastrophe auf die Erde. Erst damit sollte Gottes Gericht zu Ende gehen.

[2]Ich sah so etwas wie ein Meer, durchsichtig wie Glas und leuchtend wie Feuer. An seinem Ufer standen alle, die Sieger geblieben waren über das Tier, die sein Standbild nicht angebetet und die Zahl seines Namens nicht angenommen hatten. In ihren Händen hielten sie Harfen, die Gott ihnen gegeben hatte. [3]Sie sangen das Siegeslied, das schon Mose, der Diener Gottes, gesungen hatte, und das Lied des Lammes:

«Groß und wunderbar sind deine Taten, Herr, du allmächtiger Gott! Gerecht und zuverlässig sind deine Wege, du König aller Völker! [4]Wer sollte dich, Herr, nicht anerkennen, und wer deinen Namen nicht rühmen und ehren? Nur du allein bist heilig! Alle Völker werden kommen und dich anbeten, denn alle werden deine Gerechtigkeit erkennen!»

[5]Dann sah ich, wie im Himmel das Allerheiligste des Tempels weit geöffnet wurde.[b] [6]Und aus dem Heiligtum kamen die sieben Engel mit den

a) Wörtlich: denn ihre Werke folgen ihnen nach.
b) Wörtlich: Und danach schaute ich, und der Tempel «des Zeltes des Zeugnisses» im Himmel wurde geöffnet.

letzten Katastrophen. Sie trugen
strahlendweiße Leinengewänder und
ein goldenes Band um die Brust.
7 Eine von den vier mächtigen Gestal-
ten gab den sieben Engeln sieben gol-
dene Schalen. Jede von ihnen war an-
gefüllt mit dem Zorn Gottes, der ewig
lebt. 8 Die Wolke der Herrlichkeit
und Macht Gottes erfüllte den Tem-
pel. Und niemand konnte den Tem-
pel betreten, bevor die sieben Engel
nicht die sieben Katastrophen zum
Abschluß gebracht hatten.

Die Schalen mit dem Zorn Gottes

16 Jetzt hörte ich, wie eine gewal-
tige Stimme den sieben Engeln
aus dem Heiligtum zurief: «Geht und
überschüttet die Erde mit den sieben
Schalen des Zornes Gottes.»
2 Da ging der erste Engel und goß
seine Schale auf die Erde. Sofort bil-
deten sich bei allen Menschen, die
das Zeichen des Tieres trugen und
sein Standbild angebetet hatten, bös-
artige und schmerzhafte Geschwüre.
3 Der zweite Engel goß seine Schale
in das Meer. Da wurde das Wasser zu
Blut. Es war wie das Blut von einem
Toten. Und alle Lebewesen im Meer
kamen um.
4 Der dritte Engel goß seine Schale
über die Flüsse und Quellen. Alles
wurde zu Blut. 5 Dabei hörte ich, wie
der Engel, der über das Wasser
herrscht, sagte: «Du hast dein Urteil
gesprochen, du heiliger Gott, der du
bist und immer warst. Dein Urteil ist
richtig und gerecht. 6 Weil sie die ge-
tötet haben, die an dich glaubten, und
das Blut deiner Propheten vergossen,
hast du ihnen dieses Blut zu trinken
gegeben. Das haben sie verdient!»
7 Und ich hörte, wie eine Stimme vom
Altar her sagte: «Ja, Herr, du all-
mächtiger Gott! Deine Urteile sind
wahr und gerecht.»
8 Dann goß der vierte Engel seine
Schale über die Sonne. Sie konnte
jetzt die Menschen mit ihrem Feuer
peinigen. 9 Alle Menschen litten unter
der sengenden Sonnenglut. Doch kei-
ner kehrte um und erkannte Gott als
den Herrn an. Sie verfluchten viel-
mehr seinen Namen und lehnten sich
weiter gegen den auf, der sie mit solch
schrecklichen Katastrophen heim-
suchte.
10 Der fünfte Engel schüttete seine
Schale über dem Thron des Tieres
aus. Da versank das Reich des Tieres
in tiefste Finsternis. Die Menschen,
die dort lebten, zerbissen sich vor lau-
ter Schmerzen die Zunge. 11 Aber
auch sie bereuten nichts und kehrten
nicht um, sondern verfluchten Gott,
weil sie solche Schmerzen und qual-
vollen Geschwüre ertragen mußten.
12 Der sechste Engel goß seine
Schale in den großen Fluß, den Eu-
phrat. Der Fluß trocknete aus, so daß
die Könige aus dem Osten ungehin-
dert mit ihren Armeen in das Land
eindringen konnten. 13 Ich sah, wie
aus dem Maul des Drachen, des Tie-
res und des falschen Propheten[a] drei
unreine Geister hervordrangen, die
wie Frösche aussahen. 14 Es sind dä-
monische Geister, die Wunder voll-
bringen und die Herrscher dieser Er-
de für sich gewinnen wollen. Alle sol-
len sich mit ihnen zum Kampf gegen
den allmächtigen Gott verbünden,
wenn der große Tag der Entschei-
dung kommt.
15 «Doch vergiß nicht!» sagt Chri-
stus. «Ich komme plötzlich und uner-

a) Vgl. Kap. 13,11–15

wartet wie ein Dieb! Nur wer wach bleibt und bereit ist, wird an diesem Tag glücklich sein. Nur wer seine Kleider griffbereit hat, braucht dann nicht nackt herumzulaufen und sich zu schämen.»

16 Die dämonischen Geister versammelten die Heere der Welt an dem Ort, der auf hebräisch Harmagedon heißt.

17 Der siebte Engel schüttete seine Schale in die Luft. Da erklang vom Thron des Heiligtums im Himmel eine gewaltige Stimme: «Es ist geschehen!» 18 Blitze zuckten über den Himmel, und der Donner krachte. Die Erde bebte so heftig, wie es noch niemals vorher geschehen war, solange Menschen auf ihr leben. 19 Die große Stadt zerbrach in drei Teile, und die Städte der Welt sanken in Trümmer. Gott hatte das große Babylon und seine Sünden nicht vergessen. Schonungslos und ohne Erbarmen bekam es Gottes Gericht zu spüren.[a] 20 Die Inseln versanken, und die Berge stürzten in sich zusammen. 21 Riesige Hagelbrocken – einen halben Zentner schwer – fielen vom Himmel auf die Menschen und brachten Tod und Verderben. Und die Menschen verfluchten Gott wegen dieser furchtbaren Katastrophe.

Babylon – die große Hure

17 Nun kam einer von den sieben Engeln, die die sieben Schalen erhalten hatten, zu mir und sagte: «Komm mit, ich will dir zeigen, wie Gott die große Hure straft, die an den vielen Wasserläufen so sicher thront. 2 Die Mächtigen dieser Welt sind ihr hinterhergelaufen und haben sich mit ihr eingelassen. Alle Menschen waren berauscht und begeistert von ihren lockenden Angeboten.»[b]

3 Jetzt nahm mich der Engel und versetzte mich im Geist in die Wüste. Dort sah ich eine Frau auf einem grellroten Tier. Der Körper des Tieres mit den sieben Köpfen und den zehn Hörnern war überall beschrieben mit frechen Beleidigungen gegen den Namen Gottes. 4 Die Frau trug dunkel- und grellrote Kleider, dazu kostbaren, goldenen Schmuck mit wertvollen Edelsteinen und Perlen. In ihrer Hand hielt sie einen Becher aus Gold, der bis an den Rand gefüllt war mit der Bosheit ihrer Verführung und Unzucht. 5 Auf ihrer Stirn stand ein geheimnisvoller Name: «Das große Babylon, die Mutter aller Verführung und Abgötterei auf der Erde!» 6 Und ich sah, wie sie sich berauschte an dem Blut all der Menschen, die Gott gehörten und getötet wurden, weil sie Jesus die Treue hielten. Ich war erschüttert und betroffen von all dem, was ich sah. 7 «Warum bist du so fassungslos?» fragte mich der Engel. «Ich will dir verraten, wer diese Frau ist und was das Tier mit den sieben Köpfen und den zehn Hörnern bedeutet, auf dem sie sitzt.

8 Das Tier, das du gesehen hast, war einmal da, auch wenn es jetzt verschwunden ist. Aber es wird aus dem Abgrund der Hölle aufsteigen und dann seinem endgültigen Untergang nicht entgehen. Und die Menschen

a) Wörtlich: Und der großen (Stadt) Babylon wurde gedacht vor Gott, ihr den Becher mit dem Wein des grimmigen Zornes zu geben.

b) Wörtlich: Mit der die Könige der Erde Hurerei getrieben haben, und die Bewohner der Erde sind von dem Wein ihrer Hurerei trunken geworden. Vgl. Kap. 14,8

auf der Erde, deren Namen nicht
schon seit Beginn der Welt im Buch
des Lebens stehen, werden sprachlos
vor Staunen sein, wenn sie dieses Tier
sehen. Sie werden sich wundern, daß
es zuerst da war, jetzt verschwunden
ist und einmal wieder da sein wird.

9 Um das zu verstehen, ist Weisheit
von Gott nötig: Die sieben Köpfe be-
deuten sieben Hügel, von denen die
Frau ihre Macht ausübt. Zugleich
sind sie auch ein Bild für sieben Köni-
ge. 10 Fünf von ihnen sind schon gefal-
len. Der sechste regiert jetzt, und der
siebte wird noch kommen. Aber sei-
ne Regierungszeit wird nur kurz sein.
11 Das Tier, das früher da war und
jetzt nicht da ist, dieses Tier ist ein
achter König; er ist genau wie die sie-
ben anderen. Auch sein Weg führt in
den Untergang.

12 Die zehn Hörner, die du gesehen
hast, bedeuten zehn Könige, die noch
nicht an die Macht gekommen sind.
Aber wie Könige werden sie mit dem
Tier herrschen, wenn auch nur für
kurze Zeit.[a] 13 Sie sind sich in allem ei-
nig, haben ein gemeinsames Ziel und
stellen sich mit ihrer Macht und ihrem
Einfluß dem Tier zur Verfügung.
14 Gemeinsam werden sie gegen das
Lamm kämpfen. Aber das Lamm wird
sie besiegen. Denn es ist Christus, der
Herr über alle Herren, der König über
alle Könige. Und mit ihm siegen alle,
die von ihm berufen und auserwählt
wurden und ihm treu sind.»

15 Weiter sprach der Engel zu mir:
«Die Wasserläufe, die du gesehen
hast und an denen die Hure sitzt, sind
ein Bild für die Völker aller Rassen,
Nationen und Sprachen. 16 Das Tier
und seine zehn Hörner, die du auch
gesehen hast, werden die Hure has-
sen. Sie werden sie völlig ausplün-
dern, so daß sie nackt und bloß da-
steht. Ihr Fleisch werden sie fressen
und alles andere im Feuer verbren-
nen. 17 Damit aber erfüllen sie nur die
Absicht Gottes. Sie werden alles ge-
meinsam tun und ihre ganze Macht
und ihren ganzen Einfluß dem Tier
überlassen, bis alles erfüllt ist, was
Gott gesagt hat. 18 Die Frau, die du
gesehen hast, ist die große Stadt, die
über alle Könige der Erde herrscht.»

Das Ende Babylons

18 Danach sah ich, wie ein ande-
rer Engel vom Himmel herab-
kam. Er hatte besondere Macht, und
von seinem Glanz erstrahlte die ganze
Erde. 2 Mit gewaltiger Stimme rief er:
«Gefallen ist Babylon, die große
Stadt! Ja, sie ist gefallen! Nur noch
Teufel und Dämonen leben in Baby-
lon. Alle bösen und unreinen Geister
sind dort zu Hause, und die Aasgeier
suchen ihre Beute.[b] 3 Haben sich nicht
alle Völker von dieser Stadt und ihren
Verlockungen berauschen lassen? Sie
konnten gar nicht genug bekommen!
Auch die Herrscher dieser Erde ha-
ben sich mit ihr eingelassen.[c] Und
durch ihren verschwenderischen Lu-
xus rafften sich die Händler der Welt
ihre Reichtümer zusammen.»

4 Dann hörte ich eine andere Stim-
me vom Himmel her rufen: «Verlasse

a) Wörtlich: für eine Stunde.
b) Wörtlich: (Babylon ist) zu einer Behausung für allerlei unreine Geister und zu einer Behausung für allerlei unreine und verhaßte Vögel geworden.
c) Wörtlich: Denn von dem Zorneswein ihrer Hurerei haben alle Völker getrunken, und die Könige der Erde haben mit ihr gehurt.

diese Stadt, du mein Volk! Nur wenn du dich von ihren Sünden fernhältst, kannst du dem Gericht Gottes über diese Stadt entgehen. 5 Denn ihre Sünden sind so unermeßlich groß, daß sie bis an den Himmel reichen. Aber Gott hat nicht eine einzige ihrer Schandtaten vergessen. 6 Gebt ihr zurück, was sie euch angetan hat. Ja, zahlt es ihr doppelt heim! Gab sie euch *einen* Kelch ihres Weines zu trinken, so gießt ihr doppelt ein! 7 So wie sie einst in Saus und Braus gelebt hat, soll sie jetzt Qual und Leid ertragen. Insgeheim aber denkt sie: ‹Ich bin Königin und werde weiter herrschen. Ich bin keine hilflose Witwe; Not und Trauer werde ich niemals erfahren.› 8 Aber an einem einzigen Tag wird alles über sie hereinbrechen: Hunger, Trauer und Tod. Im Feuer wird sie verbrennen. Denn Gott, der Herr, der mit ihr abrechnet, ist stark und mächtig.

9 Wer wird sie dann beweinen, wer ihr Ende beklagen? All die Mächtigen, die Herrscher der Erde, die ihr nachgelaufen sind und sich mit ihr eingelassen haben, werden jammern und klagen, wenn sie den Rauch der brennenden Stadt sehen. 10 Zitternd vor Angst werden sie aus großer Entfernung alles mitansehen und laut schreien: ‹Ach, Babylon! Du großes, du starkes Babylon! Von einem Augenblick zum andern ist das Gericht über dich hereingebrochen!›

11 Auch die Kaufleute der Erde weinen und trauern; denn niemand kauft mehr ihre Waren: 12 all das Gold und Silber, die Edelsteine und Perlen, feine Leinwand, teuerste Stoffe, Seide und scharlachrotes Tuch; edle Hölzer, Gefäße aus Elfenbein, kostbare Schnitzereien, Kupfer, Eisen und Marmor; 13 Gewürze, duftende Salben und Weihrauch, Wein und Olivenöl, feinstes Mehl und Weizen, Rinder und Schafe, Pferde und Wagen, ja sogar lebendige Menschen. 14 Auch die Früchte, die du so sehr liebtest, gibt es nicht mehr. Aller Glanz und alle Pracht sind dahin. Nie mehr wird dieser Reichtum wiederkehren.

15 So werden die Kaufleute, die durch ihren Handel mit Babylon reich geworden sind, alles von ferne mitansehen, weil sie Angst haben vor den Qualen dieser Stadt. Weinend und jammernd werden sie rufen: 16 ‹Welch ein Elend hat dich getroffen, du mächtige Stadt! Wo sind all deine Schätze, die kostbare Leinwand, die Purpur- und Scharlachstoffe? Du strahltest doch in goldenem Glanz und warst geschmückt mit Gold, Edelsteinen und Perlen! 17 Und in einem Augenblick ist alles vernichtet, zerstört und verloren!›

Von weitem beobachteten Kapitäne und Steuermänner mit ihren Schiffsbesatzungen, was dort geschah. 18 Als die den Rauch der brennenden Stadt sahen, riefen sie: ‹Was auf der Welt konnte man mit dieser Stadt vergleichen?› 19 In ihrer Trauer streuten sie sich Asche auf den Kopf, und laut weinend klagten sie: ‹Welch ein Jammer um dich, du mächtige Stadt! Mit unseren Schiffen wurden wir reich durch deinen Reichtum. Und so schnell ist es damit nun endgültig vorbei!›

20 Doch du, Himmel, freue dich darüber! Freut euch, die ihr Gott vertraut! Freut euch, ihr Apostel und Propheten! Gott hat sein Urteil an ihr vollstreckt für alles Unrecht, das ihr erleiden mußtet.»[a]

a) Wörtlich: denn Gott hat für euch an ihr Gericht gehalten.

21 Dann hob ein mächtiger Engel einen Stein auf, so groß wie ein Mühlstein. Den warf er ins Meer und rief: «So wie dieser Stein wird auch das große Babylon untergehen. Nichts wird davon übrigbleiben. 22 Nie wieder wird man dort Musik hören: keine Harfen, keine Sänger, weder Flöten noch Trompeten. Nie mehr wird ein Handwerker in dieser Stadt arbeiten, und der Lärm der Fabriken wird verstummen.[a] 23 Alle Lichter werden für immer verlöschen, und die fröhlichen Hochzeitsfeste sind für alle Zeiten vorbei. Deine Kaufleute waren die fähigsten und beherrschten die Erde. Durch deinen betörenden Zauber hast du alle Völker verführt. 24 Du bist schuldig am Tod der Propheten und der Menschen, die zu Gott gehörten. Ja, du bist verantwortlich für den Tod aller Menschen, die auf der Erde umgebracht wurden.»

Siegesjubel im Himmel

19 Da hörte ich im Himmel viele Stimmen wie von einem großen Chor singen:

«Halleluja! Lobt den Herrn! In ihm allein ist alles Heil, alle Herrlichkeit und Macht! 2 Er ist der unbestechliche und gerechte Richter. Denn er hat sein Urteil über die große Hure vollstreckt, die mit ihrem verlockenden Zauber[b] die ganze Welt verführte. Das Blut seiner Kinder, das sie vergossen hatte, forderte er von ihr zurück.»

3 Immer wieder sangen sie: «Halleluja! Lobt den Herrn! Für alle Zeiten wird der Rauch dieser brennenden Stadt zum Himmel aufsteigen.» 4 Da fielen die vierundzwanzig Ältesten und die vier mächtigen Gestalten vor dem Thron Gottes nieder. Sie beteten Gott an und riefen laut: «Amen! Lobt den Herrn. Halleluja!»

5 Jetzt erklang vom Thron eine Stimme:

«Rühmt unseren Gott! Alle, ob groß oder klein, die ihr zu ihm gehört und ihm dient!»

6 Und wieder hörte ich Stimmen wie von einem gewaltigen Chor: mächtig wie Wassermassen, die zu Tal stürzen, und wie das Grollen des Donners. Sie sangen:

«Halleluja! Lobt den Herrn! Denn der allmächtige Gott, unser Herr, ist der Sieger. Er hat seine Herrschaft angetreten. 7 Wir wollen uns darüber freuen, jubeln und Gott ehren. Jetzt ist der große Hochzeitstag des Lammes gekommen; seine Braut ist bereit! 8 In feines, strahlend weißes Leinen durfte sie sich kleiden.»

Das Leinen ist ein Bild für die gerechten Taten der Christen, die nach Gottes Willen leben.[c]

9 Dann befahl mir der Engel: «Schreibe: ‹Glücklich darf sich nennen, wer zum Hochzeitsfest des Lammes eingeladen ist!›» Und er fügte hinzu: «Gott selber hat das gesagt!»[d] 10 Da fiel ich vor dem Engel nieder und wollte ihn anbeten. Aber er wehrte ab und sagte: «Nein, tu das nicht! Ich bin nichts anderes als du und deine Brüder, ein Diener, der von Jesus Christus beauftragt wurde. Bete allein Gott an! Wenn Jesus

a) Wörtlich: Und das Geräusch eines Mühlsteins wird nicht mehr in ihr gehört werden.
b) Wörtlich: Hurerei.
c) Wörtlich: Die Leinwand nämlich, das sind die Rechttaten der Heiligen.
d) Wörtlich: Dies sind die wahrhaftigen Worte Gottes.

Christus spricht, dann schenkt uns
sein Geist prophetische Worte.»[a]

Der Reiter auf dem weißen Pferd

11 Da öffnete sich der Himmel vor mei-
nen Augen, und ich sah ein weißes
Pferd. Der darauf saß, heißt der Treue
und Wahrhaftige. Es ist der gerechte
Richter und der Kämpfer für Gerech-
tigkeit![b] 12 Seine Augen leuchteten
wie flammendes Feuer, und sein Kopf
war mit vielen Kronen geschmückt.
Der Reiter trug einen Namen, dessen
Bedeutung nur er selber kannte.
13 Sein Gewand war voller Blut,
und man nannte ihn: «Das Wort Got-
tes». 14 Die Heere des Himmels folg-
ten ihm auf weißen Pferden. Sie alle
trugen Gewänder aus reinem, strah-
lend weißem Leinen. 15 Sein Mund
war wie ein scharfes Schwert, mit
dem er die Völker besiegt. Er wird sie
mit eiserner Hand regieren. Und wie
beim Keltern der Saft aus den Trau-
ben gepreßt wird, so wird er sie zer-
treten, und sie werden den furchtba-
ren Zorn des allmächtigen Gottes zu
spüren bekommen. 16 Auf seinem Ge-
wand – ungefähr an der Hüfte – stand
der Name: «König über alle Könige!
Herr über alle Herren!»
17 Dann sah ich einen Engel, um-
strahlt vom Sonnenlicht. Mit lauter
Stimme rief er allen Vögeln zu, die
am Himmel flogen: «Kommt her!
Versammelt euch zum großen
Schlachtfest Gottes. 18 Stürzt euch auf
das Fleisch der Könige, der Heerfüh-
rer und aller Mächtigen dieser Erde.
Freßt das Fleisch der Pferde und ihrer
Reiter, das Fleisch der Herren und
der Sklaven, der Großen und der
Kleinen.»
19 Und ich sah das Tier und die
Herrscher der Erde. Mit ihren Arme-
en waren sie angetreten, um gegen
den Reiter auf dem weißen Pferd und
gegen sein Heer zu kämpfen. 20 Doch
das Tier wurde ergriffen und mit ihm
der Lügenprophet, der im Auftrag
des Tieres die großen Wunder getan
hatte. Damit täuschte und verführte
er alle, die das Zeichen des Tieres an-
genommen und sein Standbild ange-
betet hatten. Bei lebendigem Leib
wurden beide – das Tier und der Lü-
genprophet – in einen See voller
Feuer geworfen, in dem Schwefel
brannte. 21 Die anderen wurden mit
dem Schwert erschlagen, das aus dem
Munde des Reiters kam,[c] der auf dem
weißen Pferd saß. Und alle Vögel fra-
ßen sich satt an ihrem Fleisch.

Die tausendjährige Herrschaft

20 Danach sah ich einen Engel
vom Himmel herabkommen.
In seiner Hand hielt er den Schlüssel
zum Abgrund der Hölle und eine
schwere Kette. 2 Er ergriff den Dra-
chen, die alte Schlange – sie ist nichts
anderes als der Satan –, und legte ihn
für tausend Jahre in Fesseln. 3 Dann
warf er ihn in den Abgrund der Hölle,
verschloß den Eingang und versiegel-
te ihn. Nun konnte diese Bestie die
Völker nicht mehr verführen, bis die
tausend Jahre vorüber waren. Nach
dieser Zeit muß er noch einmal für
kurze Zeit freigelassen werden.

a) Wörtlich: Ich bin dein Mitknecht und einer von deinen Brüdern, die das Zeugnis Jesu haben. Bete Gott an! Denn das Zeugnis Jesu ist der Geist der Weissagung.

b) Wörtlich: Und mit Gerechtigkeit richtet und kämpft er.

c) Vgl. V. 15; Kap. 1,16

4 Und ich sah mehrere Thronsessel.
Auf ihnen nahmen alle Platz, die das
Recht hatten, über andere Gericht zu
halten. Ich sah die Menschen, die
man getötet hatte,[a] weil sie sich treu
zu Jesus bekannt hatten und sich
durch nichts von ihrem Glauben abbringen ließen. Sie hatten das Tier
und sein Standbild nicht angebetet,
hatten sein Zeichen nicht auf ihrer
Stirn oder Hand getragen. Jetzt lebten sie mit Christus und herrschten
mit ihm tausend Jahre lang. 5 Dies ist
die erste Auferstehung. Die anderen
Toten erwachten erst wieder zu neuem Leben, nachdem die tausend Jahre vorüber waren. 6 Glücklich und von
Gott angenommen sind alle, die an
der ersten Auferstehung teilhaben.
Über sie hat der zweite Tod (der für
immer und ewig von Gott trennt) keine Macht. Als Priester Gottes und
seines Sohnes werden sie tausend
Jahre mit Christus herrschen.

Der Sieg über den Satan

7 Wenn die tausend Jahre vorüber
sind, wird der Satan für kurze Zeit
aus seinem Gefängnis freigelassen.
8 Alle Völker der Welt, den Gog und
den Magog[b], wird er dann anstiften
und zum Kampf aufmarschieren lassen. So zahlreich wie der Sand am
Meer werden sie sein. 9 Sie zogen herauf, überrannten die ganze Erde und
umzingelten das Lager des Gottesvolkes und die geliebte Stadt Gottes.
Doch da fiel Feuer vom Himmel und
vernichtete die Heere des Satans.
10 Der Teufel, der sie verführt hatte,
wurde nun auch in den See von Feuer
und Schwefel geworfen zu dem Tier
und dem Lügenpropheten. Immer
und ewig müssen sie dort Tag und
Nacht schreckliche Qualen erleiden.

Das letzte Gericht

11 Ich sah einen großen, weißen Thron
und erkannte den, der darauf saß. Erde und Himmel konnten seinen Blick
nicht ertragen, sie verschwanden im
Nichts.[c] 12 Und ich sah alle Toten vor
dem Thron Gottes stehen: die Mächtigen und die Namenlosen. Nun wurden Bücher geöffnet, auch das Buch
des Lebens. Über alle wurde das Urteil gesprochen, und zwar nach ihren
Taten, wie sie in den Büchern aufgezeichnet waren. 13 Das Meer gab seine
Toten zurück, ebenso der Tod und
sein Reich. Alle, ohne jede Ausnahme, wurden entsprechend ihren Taten gerichtet. 14 Der Tod und sein ganzes Reich wurde in den See aus Feuer
geworfen. Das ist der zweite Tod.
15 Und diesen endgültigen Tod, der
für immer von Gott trennt, mußten
alle erleiden, deren Namen nicht im
Buch des Lebens verzeichnet waren.

Die neue Welt Gottes

21 Dann sah ich eine neue Welt:
den neuen Himmel und die
neue Erde. Denn der vorige Himmel

a) Wörtlich: die Seelen der Menschen, die enthauptet worden waren.
b) Schon die Propheten haben vom Erscheinen des Königs Gog geweissagt, der mit seinem Volk Magog die ganze Erde mit Krieg überziehen wird. Vgl. Hesekiel 38 und 39.
c) Wörtlich: Vor seinem Angesicht flohen die Erde und der Himmel, und es fand sich keine Stätte mehr für sie.

und die vorige Erde waren vergangen, und auch das Meer war nicht mehr da. [2]Ich sah, wie die Stadt Gottes, das neue Jerusalem, von Gott aus dem Himmel herabkam: festlich geschmückt wie eine Braut an ihrem Hochzeitstag. [3]Eine gewaltige Stimme hörte ich vom Thron her rufen: «Hier wird Gott mitten unter den Menschen sein![a] Er wird bei ihnen wohnen, und sie werden sein Volk sein. Ja, von nun an wird Gott selbst als ihr Herr in ihrer Mitte leben. [4]Er wird alle ihre Tränen trocknen, und der Tod wird keine Macht mehr haben. Leid, Angst und Schmerzen wird es nie wieder geben; denn was einmal war, ist für immer vorbei.»

[5]Der auf dem Thron saß, sagte: «Siehe, alles werde ich jetzt neu schaffen!» Und mich forderte er auf: «Schreibe auf, was ich dir sage, alles ist zuverlässig und wahr.» [6]Und weiter sagte er: «Alles ist in Erfüllung gegangen. Von A bis Z steht alles in meiner Macht. Ich bin der Anfang, und ich bin das Ziel.[b] Allen Durstigen werde ich Wasser aus der Quelle des Lebens schenken. [7]Wer durchhält bis zum Sieg, wird dies alles besitzen. Ich werde sein Gott sein, und er wird mein Sohn sein. [8]Furchtbar aber wird es denen ergehen, die mich feige verleugneten und von mir abgefallen sind, den Mördern und Ehebrechern, allen, die okkulte Praktiken ausüben und sich ihre Götzen und Idole geschaffen haben, den Lügnern und Betrügern. Sie alle werden in den See aus Feuer und Schwefel geworfen. Das ist der zweite Tod, der für immer von Gott trennt.»

Die neue Stadt Gottes

[9]Dann kam einer von den sieben Engeln, die in ihren Schalen die letzten sieben Katastrophen gebracht hatten, zu mir und sagte: «Komm, ich will dir die Braut zeigen, die Frau des Lammes!» [10]Gottes Geist ergriff mich und führte mich auf einen großen, hohen Berg. Dort zeigte er mir die heilige Stadt Jerusalem, wie sie von Gott aus dem Himmel herabkam. [11]Die Stadt erstrahlte im Glanz der Herrlichkeit Gottes. Sie leuchtete wie ein Edelstein, wie ein kostbarer Jaspis, strahlend wie Kristall.

[12]Die hohe und breite Mauer rund um die Stadt hatte zwölf Tore, die von zwölf Engeln bewacht wurden. An den Toren standen die Namen der zwölf Stämme Israels. [13]Auf jeder Seite – im Norden, Süden, Osten und Westen – gab es drei Tore. [14]Die Mauer ruhte auf zwölf Grundsteinen, auf denen die Namen der zwölf Apostel des Lammes standen.

[15]Der Engel, der mit mir redete, hielt in seiner Hand einen goldenen Meßstab, um die Stadt, ihre Tore und Mauern auszumessen. [16]Die Stadt hatte die Form eines Vierecks und war ebenso lang wie breit. Mit seinem Meßstab hatte der Engel gemessen, daß die Stadt etwa zweitausendfünfhundert Kilometer lang, breit und hoch ist. [17]Dann maß er auch die Mauer der Stadt. Nach unseren heutigen Maßen war sie siebzig Meter hoch[c] [18]und bestand ganz und gar aus Jaspis. Die Stadt war aus reinem Gold gebaut, klar und durchsichtig wie Glas.

a) Wörtlich: Siehe, die Wohnstätte Gottes bei den Menschen!
b) Wörtlich: Ich bin das A und das O, der Anfang und das Ende.
c) Wörtlich: Einhundertvierundvierzig Ellen nach Menschenmaß, das auch das Maß der Engel ist.

19 Die Grundsteine der Stadtmauer
schmückten die verschiedensten
Edelsteine. Der erste Grundstein ist
ein Jaspis, der zweite ein Saphir, der
dritte ein Chalzedon, der vierte ein
Smaragd, 20 der fünfte ein Sardonyx,
der sechste ein Karneol, der siebte
ein Chrysolith, der achte ein Beryll,
der neunte ein Topas, der zehnte ein
Chrysopras, der elfte ein Hyazinth
und der zwölfte ein Amethyst. 21 Die
zwölf Tore bestanden aus zwölf Per-
len, jedes Tor aus einer einzigen Per-
le. Aus reinem Gold, klar und durch-
sichtig wie Glas, waren die Straßen.

22 Nirgendwo in der Stadt sah ich
einen Tempel. Ihr Tempel ist der
Herr selbst, der allmächtige Gott,
und mit ihm Christus, das Lamm.
23 Die Stadt braucht als Lichtquelle
weder Sonne noch Mond, denn in ihr
leuchtet die Herrlichkeit Gottes und
das Licht des Lammes. 24 In diesem
Licht werden die Völker der Erde le-
ben, und die Herrscher der Welt wer-
den kommen und ihre Reichtümer in
die Stadt bringen. 25 Weil es keine
Nacht gibt, werden die Tore niemals
geschlossen; sie stehen immer offen.
26 Alles, was die Völker der Welt an
Schätzen und Kostbarkeiten besit-
zen, werden sie in die Stadt bringen.
27 Doch wer Böses tut und die Sünde
liebt, wer lügt und betrügt, der darf
diese Stadt niemals betreten. Nur wer
im Lebensbuch des Lammes steht,
wird eingelassen.

22 Nun zeigte mir der Engel den
Fluß, in dem das Wasser des
Lebens fließt. Er entspringt am
Thron Gottes und des Lammes, und
sein Wasser ist so klar wie Kristall.
2 An beiden Ufern des Flusses – zwi-
schen dem Fluß und der großen Stra-
ße der Stadt – wachsen Bäume des
Lebens. Sie tragen zwölfmal im Jahr
Früchte, jeden Monat aufs neue. Mit
den Blättern dieser Bäume werden
die Völker geheilt. 3 In der Stadt wird
nichts und niemand mehr unter dem
Fluch Gottes stehen. Denn der Thron
Gottes und des Lammes steht in ihr,
und alle, die dort wohnen, werden
Gott dienen. 4 Sie werden Gott sehen,
wie er wirklich ist,[a] und seinen Na-
men werden sie auf ihrer Stirn tragen.
5 Dort wird es keine Nacht geben, und
man braucht weder Lampen noch das
Licht der Sonne. Denn Gott, der
Herr, wird ihr Licht sein, und sie wer-
den immer und ewig mit ihm herr-
schen.

Jesus Christus kommt

6 Danach sprach Jesus Christus[b] zu
mir: «Diesen Worten kannst du ver-
trauen; sie sind zuverlässig und wahr.
Gott, der Herr, dessen Geist durch
den Mund der Propheten spricht, hat
seinen Engel geschickt, damit alle,
die Gott dienen, von ihm selbst erfah-
ren, was bald geschehen muß. 7 Macht
euch bereit! Ich bin schon unterwegs.
Wirklich glücklich zu nennen ist je-
der, der an dem festhält, was in die-
sem Buch vorausgesagt ist!»

8 Dies alles habe ich, Johannes, ge-
hört und gesehen. Ich fiel vor dem
Engel, der mir alles gezeigt hatte, nie-
der und wollte ihn anbeten. 9 Aber er
wehrte ab und sagte: «Nein, tu es
nicht! Ich diene Gott ebenso wie du
und deine Brüder, die Propheten und

a) Wörtlich: Und sie werden sehen sein Angesicht.
b) Wörtlich: Und er sprach zu mir. (Möglicherweise ist auch der Engel von Kap. 1,1 gemeint.)

wie all die anderen, die nach den Worten dieses Buches leben. Gott allein sollst du anbeten!»

10 Dann sagte Jesus zu mir: «Halte die prophetischen Worte nicht geheim, die du aufgeschrieben hast.[a] Jeder soll sie kennen, denn bald wird alles in Erfüllung gehen. 11 Wer dennoch in der Sünde leben will, der soll nur weiter darin leben. Wer seinen Lastern nicht absagen will, der wird weiter daran gebunden bleiben. Doch wer ein Leben führt, wie es Gott gefällt, der soll darauf achten, daß sich daran nichts ändert. Und wer Gott gehört, der soll alles daransetzen, daß er ihm immer mehr zur Verfügung steht.[b] 12 Macht euch bereit! Ich komme schnell und unerwartet und werde jedem den Lohn geben, den er verdient. 13 Von A bis Z steht alles in meiner Macht. Ich bin der Erste und der Letzte, der Anfang und das Ziel.

14 Glücklich werden alle sein, die ihre Kleider rein gewaschen haben. Sie dürfen durch die Tore in die Stadt hineingehen und die Früchte vom Baum des Lebens essen. 15 Draußen vor den Toren der Stadt müssen alle Feinde Gottes bleiben: alle, die Gott den Rücken gekehrt haben und sich mit okkulten Praktiken abgeben,[c] die Ehebrecher und Mörder, alle, die ihren Götzen und Idolen nachjagen, die Lügner und Betrüger.

16 Ich, Jesus, habe meinen Engel zu dir gesandt, damit du den Gemeinden alles mitteilst. Ich bin die Wurzel und der Nachkomme aus dem Geschlecht Davids. Ich bin der helle Morgenstern.»

17 Der Geist und die Braut sagen: «Komm!» Und wer das hört, soll auch rufen: «Komm!» Wer durstig ist, der soll kommen. Jedem, der es haben möchte, wird Gott das Wasser des Lebens schenken.

18 Wer auch immer die prophetischen Worte dieses Buches hört, den warne ich nachdrücklich: Wer diesen Worten etwas hinzufügt, über den wird Gott all das Unheil kommen lassen, das in diesem Buch beschrieben wurde. 19 Und wer etwas von diesen prophetischen Worten unterschlägt, dem wird Gott auch seinen Anteil am Baum des Lebens und an der heiligen Stadt wegnehmen, wie es in diesem Buch beschrieben ist.

20 Der alle diese Dinge bezeugt, der sagt: «Ja, ich komme bald!»

Amen! Ja, komm, Herr Jesus!

21 Die Gnade unseres Herrn Jesus Christus sei mit euch allen!

a) Wörtlich: Versiegle die Worte der Weissagung dieses Buches nicht.
b) Wörtlich: und wer heilig ist, heilige sich weiter.
c) Wörtlich: die Hunde und Zauberer.

Die Psalmen

Die Psalmen

Entweder – oder!

1 Glücklich ist, wer nicht lebt wie Menschen,
die von Gott nichts wissen wollen.
Glücklich ist, wer sich kein Beispiel an denen nimmt,
die gegen Gottes Willen verstoßen.
Glücklich ist, wer sich fernhält von denen,
die über alles Heilige herziehen.
2 Glücklich ist, wer Freude hat am Gesetz des Herrn
und darüber nachdenkt – Tag und Nacht.
3 Er ist wie ein Baum, der nah am Wasser steht,
der Frucht trägt jedes Jahr
und dessen Blätter nie verwelken.
Was er sich vornimmt, das gelingt.

4 Ganz anders ergeht es allen, denen Gott gleichgültig ist:
Sie sind wie dürres Laub[a], das der Wind verweht.
5 Vor Gottes Gericht können sie nicht bestehen.
Weil sie ihn abgelehnt haben,
sind sie von seiner Gemeinde ausgeschlossen.
6 Der Herr sorgt für alle, die nach seinem Wort leben.
Doch wer sich ihm trotzig verschließt,
der läuft in sein Verderben.

Gottes Sohn: Der König über die Könige

2 Warum geraten die Völker in Aufruhr?
Warum schmieden sie Pläne, die doch zu nichts führen?
2 Die Mächtigen dieser Welt rebellieren:
Sie verschwören sich gegen Gott und den König,
den er eingesetzt hat.[b]
3 «Kommt, wir wollen uns befreien», sagen sie,
«wir schütteln seine Herrschaft ab!»
4 Aber Gott im Himmel kann darüber nur lachen,
nichts als Spott hat er übrig für sie.
5 Dann stellt er sie voller Zorn zur Rede
und versetzt sie in Angst und Schrecken.

a) Wörtlich: wie Spreu.
b) Das hebräische Wort heißt «Messias» (= der gesalbte König).

[6]Er spricht:
«Ich selbst habe meinem König die Herrschaft übertragen!
Er regiert in Zion, in der Stadt, die ich erwählt habe.»

[7]Und dieser König verkündet:[a]
«Ich gebe bekannt, was Gott beschlossen hat.
Er hat zu mir gesagt: ‹Du bist mein Sohn,
heute setze ich dich zum König ein[b].
[8]Fordere von mir die ganze Erde,
und ich gebe sie dir zum Besitz.
Alle Völker gehören dir.
[9]Zerschlage sie mit eisernem Herrscherstab,
zerbrich sie wie Tongeschirr!›»
[10]Darum, ihr Herrscher, nehmt Vernunft an,
laßt euch warnen, ihr Mächtigen der Welt!
[11]Unterwerft euch dem Herrn
und erkennt seine Herrschaft an!
Jubelt ihm zu, auch wenn ihr zittert!
[12]Erweist seinem Sohn die Ehre, die ihm zusteht![c]
Sonst trifft euch sein Zorn, und ihr seid verloren;
denn schnell wird er zornig.
Aber wenn ihr ihm vertraut,
werdet ihr sicher und geborgen sein.

Gejagt – und doch geborgen!

3 Ein Lied König Davids aus der Zeit,
als er vor seinem Sohn Absalom fliehen mußte.[d]

[2]O Herr, überall bedrängen mich Feinde!
So viele haben sich gegen mich verschworen.
[3]Sie spotten: «Der ist erledigt!
Selbst Gott kann ihm nicht mehr helfen!»

[4]Aber du, Herr, nimmst mich in Schutz.
Du stellst meine Ehre wieder her
und verhilfst mir zu meinem Recht[e].
[5]Ich schreie zum Herrn: «Hilf mir doch!»
Er hört mich in seinem Heiligtum und antwortet mir.
[6]Darum kann ich beruhigt einschlafen, denn ich weiß:

a) Sinngemäß eingefügt.
b) Wörtlich: heute habe ich dich gezeugt. – Bildlicher Ausdruck für die Einsetzung des Königs in sein Amt.
c) Wörtlich: Küßt den Sohn!
d) 2. Samuel 15
e) Wörtlich: und hebst mein Haupt empor.

Gott beschützt mich.
7 Ich fürchte mich nicht vor meinen Feinden,
auch wenn sie mich zu Tausenden umzingeln.
8 Greif ein, mein Gott!
Weil du mir schon oft geholfen hast, weiß ich auch jetzt:
Du wirst meinen Feinden ins Gesicht schlagen
und ihre Kraft zerbrechen.[a]
9 Ja, der Herr läßt uns niemals im Stich.
Herr, schenke deinem Volk Frieden und Glück!

Freude im Leid

4 Ein Lied Davids. Mit Saiteninstrumenten zu begleiten.
2 O Gott, hörst du nicht meinen Hilfeschrei?
Du bist es doch, der für mich eintritt, der mich verteidigt!
Als ich vor Angst gelähmt nicht mehr weiter wußte,
hast du mir den rettenden Ausweg gezeigt.
So hilf mir auch jetzt und erhöre mein Gebet!

3 Ihr Mächtigen im Land,
ihr mißbraucht euren Einfluß.
Ihr zieht meine Ehre in den Dreck und verbreitet Lügen.
Ihr habt Freude daran, mich zu verleumden.
Wann hört ihr endlich auf damit?
4 Begreift doch: Wer Gott die Treue hält,
steht unter seinem besonderen Schutz.
Er hört mich, wenn ich zu ihm rufe.
5 Plant nichts Böses mehr gegen mich,
auch wenn ihr zornig seid!
Nehmt euch Zeit, besinnt euch und gebt endlich Ruhe!
6 Wenn ihr Gott Opfer bringt, dann denkt daran,
daß er euer Herr ist, und vertraut ihm!
7 Viele jammern: «Wann wird es uns endlich besser gehen?
Herr, laß uns deine Nähe erfahren,
damit wir wieder aufatmen können!»

8 Und wirklich: Du hast mich wieder froh gemacht.
Während andere sich nur über eine reiche Ernte freuen können,
ist meine Freude viel größer.
9 Ich kann ruhig schlafen,
auch wenn kein Mensch zu mir hält,
denn du, Herr, beschützt mich.

a) Wörtlich: Du schlägst meinen Feinden ins Gesicht und brichst ihnen die Zähne aus.

Gott steht auf meiner Seite

5 Ein Lied Davids. Mit Flötenbegleitung zu singen.

2 Höre doch, Herr, was ich dir sagen will;
auch wenn ich nur noch seufzen kann, höre mir zu!
3 Du bist mein König und mein Gott,
zu dir schreie ich, dich flehe ich an!
4 Schon früh am Morgen bringe ich dir ein Opfer
und bete, weil ich weiß:
du hörst mich. Gib mir doch Antwort!

5 Zum Unrecht kannst du nicht schweigen.
Die Gottlosen duldest du nicht in deiner Nähe:
6 Wer dich hochmütig verspottet, den stößt du von dir.
Wer deinen Willen mißachtet, den kannst du nicht ausstehen.
7 Lügner, Mörder und Heuchler bringst du um,
sie ekeln dich an!

8 Ich aber darf zu dir kommen,
denn in deiner großen Gnade hast du mich angenommen.
Voller Ehrfurcht bete ich dich in deinem Heiligtum an.
9 Zeige denen, die mich verleumden, daß du zu mir stehst!
Auch ich will dir treu sein –
hilf mir, nach deinen Maßstäben zu leben!

10 Was meine Feinde von sich geben,
ist nichts als Lüge.
Schlecht und verlogen wie sie sind, können sie gar nicht anders:
sie bringen Tod und Untergang.[a]
11 Herr, rechne mit ihnen ab!
Bringe das Unheil über sie, das sie anderen zugefügt haben!
Verstoße sie! Nichts, gar nichts ist ihnen heilig;
sogar gegen dich lehnen sie sich auf.

12 Doch alle, die dir vertrauen,
werden sich freuen und dich loben,
denn bei dir sind sie geborgen.
Wer dich liebt, wird jubeln vor Freude.
13 Wer dir treu bleibt,
den beschenkst du mit Frieden und Glück,
den umgibst du mit deiner schützenden Liebe.

a) Wörtlich: Ihre Kehle ist ein offenes Grab.

Herr, strafe mich nicht länger!

6 Ein Lied Davids, mit achtsaitigem Instrument zu begleiten.

2 Herr, du läßt mich deinen Zorn spüren.
Ich flehe dich an: Strafe mich nicht länger!
3 Hab Erbarmen mit mir, Herr, ich kann nicht mehr!
Gib mir wieder Kraft und neuen Mut,
ich bin völlig erschöpft!
4 Ich weiß weder aus noch ein.
Herr, wie lange willst du noch zusehen?
5 Wende dich mir wieder zu! Hilf mir!
Du bist doch ein barmherziger Gott.
Sei mir gnädig und rette mich!
6 Wenn ich tot bin, kann ich dir nicht mehr danken.
Wie soll ich dich denn im Totenreich loben?

7/8 Ach, ich bin müde vom Stöhnen.
Nachts weine ich wie ein Kind, bis die Kissen durchnäßt
und meine Augen ganz verquollen sind.
Daran sind nur meine Feinde schuld,
sie haben mich in die Enge getrieben.
9 Niederträchtig und gemein seid ihr!
Verschwindet, denn der Herr hat meine Tränen gesehen!
10 Er hat mein Schreien gehört
und mein Gebet angenommen.
11 Meine Feinde ziehen den kürzeren und geben auf.
Schämen müssen sie sich!

Wer andern eine Grube gräbt ...

7 Ein Klagelied Davids. Er trug es dem Herrn vor, als er unter den Anschuldigungen des Benjaminiten Kusch zu leiden hatte.

2 Herr, mein Gott, bei dir suche ich Schutz.
Bring mich in Sicherheit vor meinem Verfolger!
Rette mich doch,
3 sonst bin ich ihm hilflos ausgeliefert,
und er zerfleischt mich wie ein Löwe.

4 Herr, mein Gott, wenn das zutrifft,
was er mir vorwirft:
wenn ich wirklich anderen Unrecht getan habe,
5 wenn ich das Vertrauen meines Freundes mißbrauchte,
oder wenn ich den beraubte,
der mich grundlos in die Enge trieb,
6 dann soll mein Feind mich verfolgen,

mich einholen und niedertreten.
Dann habe ich diesen ehrlosen Tod verdient!

7 Greif ein, Herr! Strafe sie in deinem Zorn!
Stelle dich meinen Feinden entgegen,
denn sie wüten gegen mich!
Komm und hilf mir! Recht muß doch Recht bleiben!
8 Versammle alle Völker um dich zum Gericht,
du hast das letzte Wort.
9 Herr, du richtest die Völker.
Vor aller Öffentlichkeit verschaffe mir Recht,
denn du weißt, daß ich unschuldig bin.
Grundlos werde ich beschuldigt.
10 Mach doch Schluß mit der Bosheit der Bösen
und richte den wieder auf, der deinen Willen tut!
Du, Gott, bist unbestechlich,
und niemand kann dich täuschen!

11 Ja, Gott beschützt mich;
er rettet den, der offen und ehrlich ist.
12 Gott ist ein gerechter Richter, ein Gott,
der noch heute strafen kann!

13 Schon wieder schärft mein Feind sein Schwert,
er spannt seinen Bogen und zielt auf mich.
14 Doch seine tödlichen Pfeile treffen ihn selbst;
was mir den Tod bringen sollte, wird nun ihm zum Verhängnis.
15 Er brütet Böses aus und richtet Unheil an.
Aber bald merkt er, daß er sich damit nur selbst betrogen hat!
16 Denn wer anderen eine Grube gräbt, fällt selbst hinein.
17 Das Unheil, das er anderen bereitet hat,
bricht nun über ihn herein;
er wird zum Opfer seiner eigenen Bosheit.

18 Den Herrn will ich loben,
denn er sorgt für mein Recht.
Ihm, dem höchsten Gott, will ich ein Danklied singen!

Die Krone der Schöpfung

8 Ein Lied Davids, zum Spiel auf der Gittith.[a]
2 Herr, unser Herrscher!
Groß und herrlich ist dein Name.

a) Damit ist entweder ein unbekanntes Musikinstrument oder eine Melodie gemeint (so auch Psalm 81,1; 84,1).

Himmel und Erde sind Zeichen deiner Macht.
3 Aus dem Mund der Kinder erklingt dein Lob.
Es ist stärker als das Fluchen deiner Feinde.
Erlahmen muß da ihre Rachsucht,
beschämt müssen sie verstummen.

4 Ich blicke zum Himmel und sehe,
was deine Hände geschaffen haben;
den Mond und die Sterne – allen hast du ihre Bahnen vorgezeichnet.
5 Wie klein ist da der Mensch!
Und doch beachtest du ihn!
Winzig ist er, und doch kümmerst du dich um ihn!
6 Du hast ihn zur Krone der Schöpfung erhoben
und ihn mit hoher Würde bekleidet.
Nur du stehst über ihm!
7 Du hast ihm den Auftrag gegeben,
über deine Geschöpfe zu herrschen. Alles hast du ihm zu Füßen gelegt:
8 die Schafe und Rinder, die Tiere des Feldes,
9 die Vögel unter dem Himmel und die Fische im weiten Meer.

10 Herr, unser Herrscher!
Groß und herrlich ist dein Name.
Himmel und Erde sind Zeichen deiner Macht.

Gott richtet und rettet[a]

9 Ein Lied Davids, nach der Melodie: «Vom Sterben des Sohnes».[b]
2 Dir, Herr, will ich von ganzem Herzen danken,
und erzählen will ich von deinen wunderbaren Taten.
3 Ich freue mich über dich und juble dir zu.
Ich singe und musiziere zu deiner Ehre, du höchster Gott!

4 Denn du schlägst meine Feinde in die Flucht,
sie stürzen und kommen um!
5 Du bist ein gerechter Richter:
Mit deinem Urteil hast du mir Recht verschafft.
6 Die feindlichen Völker hast du in ihre Grenzen gewiesen,
die Verbrecher umgebracht und alles ausgelöscht,
was an sie erinnerte.
7 Der Feind ist für immer erledigt,

a) Die Psalmen 9,10,25,34,37,111,112,119,145 sind alphabetisch angeordnet: Im Hebräischen fängt jeder Vers oder Abschnitt mit einem neuen Buchstaben des Alphabetes an.

b) Die Anweisung an den Chorleiter ist nicht sicher zu deuten.

seine Städte sind nur noch Ruinen.
Keiner denkt mehr an sie.

8 Aber der Herr regiert für immer und ewig.
Sein Richterstuhl steht schon bereit.
9 Über die ganze Welt wird er ein gerechtes Urteil sprechen
und allen Völkern seine Entscheidung verkünden.
10 Die Unterdrückten finden bei Gott Zuflucht.
In schwerer Zeit beschützt er sie.

11 Herr, wer dich kennenlernt,
der wird dir gern vertrauen.
Wer sich auf dich verläßt, der ist nie verlassen.
12 Lobt den Herrn mit euren Liedern
und erzählt allen Völkern von seinen machtvollen Taten!
Er regiert auf dem Berg Zion in Jerusalem.
13 Den Schrei der Wehrlosen überhört er nicht,
und keine Bluttat läßt er ungestraft.

14 Darum habe auch mit mir Erbarmen, Herr!
Siehe doch, wie ich leide unter dem Haß meiner Feinde!
Ich stehe am Rand des Todes! Bring mich in Sicherheit!
15 Dann will ich dich in Jerusalem loben.
Alle sollen hören, was du für mich getan hast.

16/17 Die Völker, die andere ins Verderben stürzen wollten,
sind in ihre eigene Falle gelaufen.
In ihrem eigenen Netz haben sie sich verstrickt!
So hat der Herr bewiesen, wer er ist:
Sein Urteil kam zur rechten Zeit!
18 Fahrt zur Hölle, ihr Unheilstifter,
ihr Völker, die ihr von Gott nichts wissen wollt!
19 Wer sein Recht nicht durchsetzen kann,
den hat Gott nicht vergessen,
auch wenn es zunächst so scheint.

20 Greif ein, Herr!
Laß nicht zu, daß Menschen über dich triumphieren!
Ruf die Völker vor deinen Thron und sprich ihnen das Urteil!
21 Laß sie vor Angst erzittern, Herr,
und zeige ihnen, daß sie nur machtlose Menschen sind!

Gott, laß dir das nicht bieten!

10 Herr, warum bist du so weit weg?
Warum läßt du uns im Dunkeln umherirren,
wenn wir dich am nötigsten brauchen?

2 Boshafte Menschen schrecken vor nichts zurück.
Sie machen den Schwachen und Hilflosen das Leben zur Hölle.
Laß sie in ihre eigene Falle laufen!
3 Diese Gauner sind auch noch stolz
auf ihre habgierigen Wünsche.
Geld geht ihnen über alles,
und für Gott haben sie nichts übrig.
Mit wüsten Sprüchen ziehen sie über ihn her.
4 Hochnäsig behaupten sie: «Gott? Den gibt es doch gar nicht! Was soll
er uns denn heimzahlen?» – Was für ein Trugschluß!
5 Noch geht ihnen alles nach Wunsch.
Daß du sie verurteilen wirst, läßt sie kalt.
Sie verhöhnen alle, die sich ihnen in den Weg stellen,
und spotten: «Euer Gott ist ja so weit weg!
6 Uns haut nichts um! Das hat noch keiner geschafft,
und daran wird sich auch nichts ändern!»
7 Sobald sie den Mund aufmachen, fluchen, lügen und erpressen sie.
Wieviel Unglück richten sie an!
8 In der Nähe einsamer Dörfer liegen sie im Hinterhalt
und lauern ihren hilflosen Opfern auf.
Im Versteck bringen sie die Unschuldigen um.
9 Wie Löwen im Dickicht liegen sie auf der Lauer,
um wehrlose Menschen zu überfallen.
10 Sie stürzen sich auf ihre Opfer
und schlagen sie brutal zusammen.
11 «Was wir tun, interessiert Gott gar nicht»,
reden sie sich ein, «außerdem hat er ein schlechtes Gedächtnis!»

12 Herr, greif doch ein! Laß dir das nicht bieten!
Vergiß die Hilflosen nicht!
13 Warum läßt du es zu,
daß solche Schurken deine Ehre in den Schmutz ziehen?
Warum dürfen sie sich einbilden,
daß du sie nie zur Rechenschaft ziehen wirst?
14 Nein! Du hast das Unrecht nicht vergessen!
Du kümmerst dich um die Gequälten und wirst sie retten.
Dir können sich alle anvertrauen, denen keiner mehr hilft[a].
15 Zerbrich die Macht der Übeltäter!
Bestrafe sie für ihre Bosheit,
damit sie nicht weiter Unheil anrichten!

a) Wörtlich: die Schwachen und Waisen. – Weil die Waisen sich nicht wehren konnten, wurde ihr Recht oft mißachtet. Vgl. auch 5. Mose 24,17; Jesaja 1,23

[16] Der Herr ist König für immer und ewig!
Seine Feinde müssen aus Israel verschwinden.[a]
[17] Die Hilflosen bestürmen dich mit ihren Bitten.
Du, Herr, erhörst sie und schenkst ihnen neuen Mut.
[18] Du sorgst für das Recht der Unterdrückten und Waisen,
jeder Gewaltherrschaft auf Erden machst du ein Ende.

Wer glaubt, flieht nicht

11 Von David.

Bei dem Herrn suche ich Schutz.
Wie könnt ihr da zu mir sagen:
«Du mußt fliehen! Flieg fort wie ein Vogel!
[2] Siehst du denn nicht, daß die Mörder schon die Pfeile aufgelegt
und ihre Bogen gespannt haben?
Aus dem Hinterhalt wollen sie auf jene schießen,
die aufrichtig und ehrlich sind.
[3] Alle Ordnungen sind umgestoßen, was kann da noch der bewirken,
dem Gottes Ordnungen alles bedeuten?»

[4] Der Herr ist in seinem heiligen Tempel,
er thront im Himmel und herrscht über alles.
Er durchschaut alle Menschen und weiß, wie sie sind.
[5] Er sieht sich jeden ganz genau an,
den, der Gott liebt, und jene, die ihn verachten.
Der Herr haßt den Gewalttätigen.
[6] Auf die Schuldigen wird er Feuer und Schwefel regnen lassen,
und der Glutwind wird sie versengen.
[7] Der Herr ist zuverlässig und gerecht,
deshalb liebt er alle, die gerechte Entscheidungen treffen;
sie werden ihn einst schauen.

Gott hält, was er verspricht

12 Ein Lied Davids, mit achtsaitigem Instrument zu begleiten.

[2] Herr, hilf!
Wo finde ich noch Menschen, die zu dir halten?
Auf keinen kann man sich mehr verlassen.
[3] Jeder belügt jeden.
Leicht kommen ihnen Komplimente über die Lippen,
aber sie heucheln dabei.

a) Wörtlich: Die Heiden müssen aus seinem Land verschwinden. – Mit Heiden wurden alle nicht-israelitischen Völker bezeichnet, weil sie anderen Göttern dienten.

4 Herr, rotte diese Schmeichler und Angeber aus!
5 Ich höre, wie sie prahlen:
«Wir erreichen alles, denn wir sind gewaltige Redner;
gegen uns kommt keiner an!»

6 «Doch – ich!» spricht der Herr,
«jetzt will ich eingreifen,
denn die Armen werden unterdrückt,
und die Hilflosen seufzen, weil man ihnen hart zusetzt.
Ich werde sie befreien!»[a]

7 An dieser Zusage des Herrn gibt es nichts zu deuteln.
Sie ist eindeutig und klar, echt wie reines Silber[b].
8 Du, Herr, hältst, was du versprichst,
und wirst uns für immer vor diesen selbstherrlichen Menschen beschützen.
9 Denn diese Lügner sind überall,
und die Gemeinheit unter den Menschen nimmt ständig zu.

Wie lange noch, Herr?

13 Ein Lied Davids.
2 Herr, wie lange wirst du mich noch vergessen,
wie lange hältst du dich vor mir verborgen?
3 Wie lange noch sollen Sorgen mich quälen,
wie lange soll der Kummer Tag für Tag an mir nagen?
Wie lange noch wird mein Feind über mir stehen?

4 Herr, mein Gott, wende dich mir wieder zu und antworte mir!
Laß mich wieder froh werden und Mut gewinnen,
sonst holt mich noch der Tod.
5 Mein Feind würde triumphieren und sagen:
«Den habe ich zur Strecke gebracht!»
Meine Unterdrücker würden jubeln über meinen Tod.

6 Ich aber vertraue auf deine Liebe
und juble darüber, daß du mich retten wirst.
Mit meinem Lied will ich dich loben,
denn du hast mir Gutes getan.

a) Oder: Ich werde ihnen Hilfe schaffen, nach der sie sich sehnen.
b) Wörtlich: wie reines Silber, im Tiegel siebenmal geläutert.

Es gibt keinen, der Gutes tut

14 Von David.
Menschen, die sich einreden:
«Gott gibt es überhaupt nicht!»,
leben an der Wirklichkeit vorbei.
Sie führen ein gottloses Leben,
und alles, was sie tun, ist abscheulich.
Es gibt keinen, der Gutes tut.
2 Der Herr schaut vom Himmel auf die Menschen.
Er will sehen, ob es wenigstens einen gibt,
der einsichtig ist und nach seinem Willen fragt.
3 Aber alle haben sich von ihm abgewandt
und sind nun verdorben, einer wie der andere.
Es gibt wirklich keinen, der Gutes tut,
nicht einen einzigen!

4 Wissen denn diese Unheilstifter nicht, was sie tun?
Sie verschlingen mein Volk wie ein Stück Brot
und denken sich nichts dabei.
Mit Gott rechnen sie überhaupt nicht mehr.
5 Aber schon bald werden sie in Angst und Schrecken fallen,
denn Gott hält treu zu denen, die sich auf ihn verlassen.
6 Mit euren heimtückischen Plänen
gegen die Wehrlosen werdet ihr scheitern,
denn der Herr beschützt sie.[a]

7 Ach käme Gott doch vom Berg Zion, um sein Volk zu befreien!
Israel wird jubeln vor Freude,
wenn der Herr das Schicksal seines Volkes wendet.

Wen nimmt Gott an?

15 Ein Lied Davids.
Herr, wer darf dein heiliges Zelt betreten?
Wer darf dich auf dem Berg Zion anbeten?
2 Jeder, der aufrichtig lebt und andere gerecht behandelt,
der durch und durch ehrlich ist
3 und andere nicht verleumdet.
Jeder, der seinen Mitmenschen kein Unrecht zufügt,
der Nachbarn und Verwandte nicht bloßstellt.

a) Oder: Ihr wolltet die Pläne der Wehrlosen durchkreuzen, aber der Herr beschützt sie.

4 Jeder, der keine Freundschaft pflegt mit denen,
die Gott verworfen hat,
der alle achtet, die den Herrn ernst nehmen.
Jeder, der hält, was er geschworen hat,
auch wenn ihm daraus Nachteile entstehen.
5 Jeder, der keine Wucherzinsen nimmt, wenn er Geld ausleiht,
der sich nicht bestechen läßt, gegen Unschuldige falsch auszusagen.
Wer so handelt, den wird nichts mehr zu Fall bringen!

Ich kann mein Glück nicht fassen!

16 Ein Lied Davids.[a]
Beschütze mich, Gott, denn dir vertraue ich!
2 Du bist mein Herr, mein ganzes Glück!
3 Darum freue ich mich über alle,
die nach deinem Willen leben.
Auf sie kommt es im Land entscheidend an!
4 Wer sich aber von dem lebendigen Gott abwendet
und anderen Göttern nachläuft,
der kommt aus dem Kummer nicht mehr heraus.
Diesen Göttern will ich kein Opfer bringen
und nicht einmal ihre Namen nennen.

5 Du, Herr, bist alles, was ich habe;
du gibst mir alles, was ich brauche.
In deiner Hand liegt meine Zukunft.
6 Was du mir gibst, ist gut.
Was du mir zuteilst, gefällt mir.[b]
7 Ich preise den Herrn, denn er hilft mir,
gute Entscheidungen zu treffen.
Tag und Nacht sind meine Gedanken bei ihm.[c]
8 Ich sehe immer auf den Herrn.
Er steht mir zur Seite,
damit ich nicht falle.
9 Darüber freue ich mich so sehr,
daß ich es nicht für mich behalten kann.[d]
Bei dir, Herr, bin ich in Sicherheit.

a) Das hebräische Wort «miktam» in den Überschriften der Psalmen 16 und 56–60 ist nur schwer zu deuten und meint möglicherweise «Besinnungslied».
b) Verse 5.6 wörtlich: Der Herr ist mein Erbteil und mein Becher (= Geschick). Du sicherst mir mein Los. Die Meßschnüre sind mir in einer lieblichen Gegend zugefallen, ja, mein Erbteil gefällt mir.
c) Wörtlich: Auch nachts mahnen mich meine Nieren.
d) Wörtlich: Darüber freut sich mein Herz und jubelt meine Ehre.

[10] Denn du wirst mich nicht dem Tod
und der Verwesung überlassen, ich gehöre ja zu dir.
[11] Du zeigst mir den Weg, der zum Leben führt.
Du beschenkst mich mit Freude, denn du bist bei mir.
Ich kann mein Glück nicht fassen, nie hört es auf.

In großer Not

17 Ein Gebet Davids.
Herr, höre meine Bitte, verhilf mir zu meinem Recht!
Achte auf mein Schreien und höre mein Gebet,
ich will dir nichts vormachen.
[2] Wenn du dein Urteil fällst, dann sprich mich frei;
du weißt doch, daß ich unschuldig bin.
[3] Du durchschaust meine geheimsten Gedanken und Gefühle,
durchforschst mich auch in der Nacht.
Du prüfst mich, aber du findest nichts,
nicht einmal zu bösen Worten habe ich mich hinreißen lassen!
[4] Dein Wort war mein einziger Maßstab –
auch dann, wenn andere nicht danach lebten.
Von gewalttätigen Menschen habe ich mich ferngehalten.
[5] Ich habe mich nach deinen Ordnungen gerichtet,
nie bin ich davon abgewichen.
[6] Mein Gott, nun rufe ich dich an.
Ich bin sicher, du antwortest mir.
Laß mich bei dir ein offenes Ohr finden und höre mein Gebet!
[7] Du rettest alle,
die bei dir vor deinen Feinden Schutz suchen.
Zeige mir immer wieder, daß du mich liebst!
[8] Bewahre mich, wie man seinen Augapfel behütet!
Verstecke mich, wie ein Vogel seine Jungen,
[9] vor den gottlosen Menschen, die mich hart bedrängen,
vor meinen Feinden, die mich umzingeln!
[10] Sie sind hartherzig und ohne Mitgefühl,
überheblich reden sie daher.
[11] Wohin ich auch gehe – überall umringen sie mich.
Sie warten nur darauf, mich zu Fall zu bringen.
[12] Sie sind wie Löwen, die im Versteck ihrer Beute auflauern,
um sie zu zerfleischen.

[13] Greif ein, Herr, komm ihnen zuvor!
Wirf sie zu Boden! Rette mich vor dieser Mörderbande!
Du hast doch die Macht dazu!
[14] Bring mich vor ihnen in Sicherheit!
Laß nicht zu, daß sie so weiterleben wie bisher!
Du wirst es ihnen heimzahlen, du wirst sie bestrafen!

Sogar ihre Kinder und Enkel wird dein Gericht noch treffen![a]
15 Mich aber sprichst du frei von Schuld.
Mit eigenen Augen werde ich dich schauen dürfen.
Sattsehen will ich mich an dir, wenn ich erwache.

Was für ein Gott!
(2. Samuel 22)

18 Von David, dem Diener Gottes. Nachdem der Herr ihn aus der Gewalt aller Feinde und auch aus der Hand Sauls befreit hatte, sang er folgendes Danklied:

2 Ich liebe dich, Herr! Du bist meine Kraft!
3 Der Herr ist mein Fels, meine Festung und mein Erretter,
mein Gott, meine Zuflucht, mein sicherer Ort.
Er ist mein Schild, mein starker Helfer,
meine Burg auf unbezwingbarer Höhe.
4 Ich preise dich, Herr!
Wenn ich zu dir um Hilfe rufe,
dann werde ich vor meinen Feinden gerettet.

5 Ich war in Lebensgefahr,
der Tod drohte mich zu verschlingen wie eine mächtige Woge.
6 Hilflos mußte ich zusehen,
wie die tödliche Falle schon zuschnappte.
7 In äußerster Verzweiflung schrie ich zum Herrn.
Ja, zu meinem Gott rief ich um Hilfe.
Da hörte er mich in seinem Tempel,
mein Notschrei drang durch bis an sein Ohr.

8 Plötzlich erbebte die Erde,
selbst die Berge gerieten ins Wanken,
denn glühender Zorn hatte Gott gepackt.
9 Schwarzer Rauch quoll aus seiner Nase,
aus seinem Mund loderten Flammen,
und glühende Kohlen wurden herausgeschleudert.
10 In dunklen Wolken kam Gott zur Erde.
11 Auf einem Cherub-Engel flog er daher
und schwebte herab, vom Sturm getragen.
12 Er verhüllte sich in Finsternis,
verbarg sich in dichten und dunklen Regenwolken.
13 Dann wurden sie von seinem Lichtglanz überstrahlt,
Hagel und glühende Kohlen prasselten nieder.

a) Wörtlich: Dein Aufgespartes – du füllst ihren Bauch damit; sie sättigen ihre Kinder, und diese hinterlassen ihren Rest ihren Kindern. Oder: Du füllst ihren Bauch mit deinen Gütern; sie sättigen…

14 Ein Donnerschlag folgte dem anderen,
und darin dröhnte die Stimme des höchsten Gottes.
15 Er schoß seine Pfeile ab,
und die Feinde stoben auseinander.
Grelle Blitze zuckten und verwirrten das feindliche Heer.
16 Sogar den Meeresboden konnte man sehen;
offen lagen die Fundamente der Erde da,
als du, Herr, meine Feinde bedrohtest
und vor Entrüstung schnaubtest.

17 Der Herr streckte mir seine Hand von oben entgegen
und riß mich aus den tosenden Fluten.
18 Er befreite mich von der Übermacht meiner Feinde,
von allen, die mich haßten,
denn sie waren viel stärker als ich.
19 Sie hatten mich überfallen – was war das für ein schrecklicher Tag!
Aber der Herr hielt mich fest
20 und half mir aus Angst und Gefahr. Er befreite mich.
So viel bin ich ihm wert!
21 Weil ich im Recht war, half mir der Herr;
er wußte, daß ich unschuldig war, und darum rettete er mich.
22 Denn ich war ihm gehorsam,
nie habe ich meinem Gott die Treue gebrochen.
23 Seine Gebote hielt ich mir immer vor Augen,
und seine Befehle schlug ich nicht in den Wind.
24 Ich lebte so, daß er mir nichts vorwerfen konnte,
und mied das Unrecht wie die Pest.
25 So half mir der Herr, weil ich ihm die Treue hielt,
er sah, daß ich unschuldig war.

26 Wer dich liebt, Herr, den liebst auch du;
wer ehrlich ist, den enttäuschst du nicht.
27 Den Aufrichtigen gegenüber bist auch du aufrichtig,
doch falsche Menschen führst du hinters Licht.
28 Du hilfst denen, die sich helfen lassen
und sich selbst nicht überschätzen.
Die Überheblichen aber stößt du von ihrem Thron.

29 Herr, du machst die Finsternis um mich hell,
du gibst mir strahlendes Licht.
30 Mit dir kann ich die Feinde angreifen;
mit dir, mein Gott, kann ich über Mauern springen.
31 Was für ein Gott!
Sein Handeln ist vollkommen, und was er sagt, ist wahr.
Er beschützt alle, die zu ihm flüchten.
32 Gott allein ist der Herr über alles!
Gibt es außer ihm noch einen,

der so stark und unerschütterlich ist wie ein Fels?
33 Nein! Gott allein gibt mir Kraft zum Kämpfen
und ebnet mir meinen Weg.
34 Er macht mich gewandt und schnell,
läßt mich laufen und springen wie ein Hirsch.
Selbst auf steilen Felsen gibt er mir festen Halt.
35 Er lehrt mich, die Waffen zu gebrauchen, und zeigt mir,
wie ich auch den stärksten Bogen noch spannen kann.

36 Herr, du hast mich beschützt und mir geholfen,
du gabst mir Kraft.
Du hast dich zu mir herabgebeugt und mich groß gemacht.
37 Du hast mir alle Hindernisse aus dem Weg geräumt,
nie bin ich beim Laufen gestürzt.
38 Ich jagte meinen Feinden nach und holte sie ein;
ich kehrte erst um,
als auch der letzte von ihnen gefallen war.
39 Ich schlug sie, bis sie nicht mehr aufstehen konnten
und tot zu meinen Füßen lagen.
40 Du, Herr, hast mir die Kraft für diesen Kampf gegeben,
du hast mir zum Sieg über meine Gegner verholfen.
41 Daß sie fliehen mußten, verdanke ich dir;
alle, die mich haßten, konnte ich umbringen.
42 Sie riefen um Hilfe, doch weit und breit war kein Retter.
Sie schrien zum Herrn, aber er hörte nicht mehr auf sie.
43 Ich rieb sie auf, zermalmte sie zu Staub,
den der Wind verweht.
Wie Dreck von der Straße fegte ich sie fort.

44 Als ein Aufstand meines Volkes mich bedrohte,
hast du mir geholfen,
und heute bin ich der Herrscher vieler Völker.
Sogar Völker, die ich nicht kannte,
haben sich mir unterworfen.
45 Fremde sind mir ergeben und gehorchen mir aufs Wort.
46 Zitternd kamen sie aus ihren Festungen heraus
und gaben ihren Widerstand auf.

47 Der Herr lebt!
Er ist mein schützender Fels – ich preise ihn!
Ihn allein will ich rühmen, denn er hat mich gerettet.
48 Er hat sich an meinen Feinden gerächt,
ganze Völker hat er mir unterworfen
49 und mich der Gewalt meiner grausamen Gegner entrissen.
So ist mein Gott!
Du gabst mir den Sieg über meine Feinde,
von diesen brutalen Menschen hast du mich befreit.

50 Darum will ich dich loben, Herr.
Alle Völker sollen es hören! Zu deiner Ehre will ich singen.
51 Der Herr hat David, den König,
aus großen Gefahren errettet.
Ihm erweist er seine Liebe,
und auch seine Nachkommen wird er nicht im Stich lassen.

Gottes gute Ordnungen in der Schöpfung und in seinem Gesetz

19 Ein Lied Davids.
2 Der Himmel verkündet Gottes Größe und Hoheit,
das Firmament bezeugt seine großen Schöpfungstaten.
3 Ein Tag erzählt es dem nächsten,
und eine Nacht sagt es der anderen.
4 Ohne Worte reden sie, keinen Laut kann man hören.
5 Doch auf der ganzen Erde
hört man die Sprache der Schöpfung,
ihre Botschaft erreicht noch die fernsten Länder.
Der Sonne hat Gott am Himmel ein Zelt aufgeschlagen.
6 Am Morgen geht sie auf
und strahlt wie ein Bräutigam bei der Hochzeit.
Siegesgewiß wie ein Held beginnt sie ihren Lauf;
7 wo sie aufgeht und wo sie untergeht,
berührt sie den Horizont.
Nichts bleibt vor ihrer Hitze verborgen.

8 Das Gesetz des Herrn ist vollkommen,
es macht glücklich und froh.
Auf seine Gebote kann man sich verlassen.
Sie machen auch den klug,
der bisher gedankenlos in den Tag hineinlebte.
9 Die Ordnungen des Herrn sind zuverlässig,
sie erfreuen das Herz.
Die Befehle des Herrn sind klar;
Einsicht gewinnt, wer auf sie achtet.
10 Die Ehrfurcht vor dem Herrn ist gut,
nie wird sie aufhören.
Die Gebote, die der Herr gegeben hat,
sind richtig, vollkommen und gerecht.
11 Sie lassen sich nicht mit Gold aufwiegen,
sie sind süßer als der beste Honig.

12 Herr, ich gehöre zu dir.
Wie gut, daß mich dein Gesetz vor falschen Wegen warnt!
Wer sich an deine Gebote hält, wird reich belohnt.
13 Wer aber kann erkennen,

ob er nicht doch vom rechten Weg abkommt?
Vergib mir die Sünden, die ich selbst nicht bemerkt habe!
14 Bewahre mich vor gewissenlosen Menschen
und laß nicht zu, daß sie Macht über mich gewinnen;
dann werde ich dir nie mehr die Treue brechen
und frei sein von schwerer Schuld.
15 Herr, laß dir meine Worte und meine Gedanken gefallen!
Bei dir bin ich geborgen, du bist mein Retter!

Gebet für den König

20 Ein Lied Davids.
2 Der Herr antworte dir, wenn du in großer Not bist,
der Gott Jakobs schütze dich!
3 Aus seinem Heiligtum auf dem Berg Zion
komme er dir zu Hilfe!
4 Er beachte die Gaben, die du ihm bringst,
deine Brandopfer nehme er gnädig an!
5 Er gebe dir, was du von Herzen wünschst,
was du dir vorgenommen hast, lasse er gelingen!
6 Wenn er dich aus der Not befreit hat,
werden wir vor Freude jubeln, Fahnen hissen
und Gott preisen.
Der Herr erfülle alle deine Bitten!

7 Jetzt weiß ich, daß der Herr seinem König hilft,
ihm antwortet aus seinem Heiligtum im Himmel.
Machtvoll greift er ein und rettet ihn.
8 Manche Völker schwören auf gepanzerte Kriegswagen
und auf die Kampfkraft ihrer Reiterheere.
Wir aber vertrauen auf die Kraft des Herrn, unseres Gottes.
9 Sie wanken und stürzen,
wir aber stehen fest und halten stand.

10 Herr, hilf dem König![a]
Antworte uns, wenn wir zu dir rufen!

Der siegreiche König

21 Ein Lied Davids.
2 Herr, der König jubelt laut vor Freude,
denn du bist mächtig und hast ihm den Sieg geschenkt.

a) Oder: Herr, hilf, du (himmlischer) König!

[3]Du gabst ihm, was er sich von Herzen wünschte,
und seine Bitten schlugst du nicht ab.
[4]Mit Glück und Segen hast du ihn überschüttet
und ihm eine goldene Krone aufs Haupt gesetzt.
[5]Er bat dich um langes Leben,
und du gewährtest ihm unendlich reiche Jahre.
[6]Durch deine Hilfe ist er zu Ruhm und Ehren gelangt,
Majestät und Würde hast du ihm verliehen.
[7]Du hast ihn dazu auserwählt,
deinen Segen für alle Zeiten weiterzutragen.
Weil du ihm nahe bist, bleibt seine Freude ungetrübt.
[8]Der König vertraut dem Herrn;
und durch die Hilfe des Herrn
bleibt seine Macht für immer gesichert.

[9]Du wirst alle deine Feinde zur Rechenschaft ziehen,
dein Gericht wird alle treffen, die dich hassen.
[10]Wenn du dich ihnen zeigst,
wirst du sie verzehren wie Feuer.
Der Herr wird sie in seinem glühenden Zorn vernichten.
[11]Keiner ihrer Nachkommen wird überleben,
denn du wirst diese Brut ausrotten.
[12]Sie haben eine Verschwörung gegen dich angezettelt;
mit hinterhältigen Plänen wollten sie dich zu Fall bringen,
aber sie sind zum Scheitern verurteilt.
[13]Kaum zielst du mit deinem Kampfbogen auf sie,
ergreifen sie schon die Flucht.
[14]Herr, zeige ihnen deine Macht!
Wir wollen deine großen Siege besingen und dich preisen.

Mein Gott, warum hast du mich verlassen?

22 Ein Lied Davids nach der Melodie «Eine Hirschkuh früh am Morgen».

[2]Mein Gott, mein Gott, warum hast du mich verlassen?
Warum bist du so weit weg und hörst mein Stöhnen nicht?
[3]Mein Gott!
Den ganzen Tag rufe ich, aber du gibst mir keine Antwort.
Ich rufe in schlaflosen Nachtstunden,
aber ich finde keine Ruhe.

[4]Du bist doch der heilige Gott!
Dein Volk Israel lobt dich mit seinen Liedern.
[5]Unsere Vorfahren haben dir vertraut,
und du hast ihnen immer wieder geholfen.
[6]Zu dir schrien sie und wurden errettet.

Sie vertrauten dir, und du hast sie nicht enttäuscht.

7 Und was ist mit mir? Ein Wurm bin ich, kein Mensch mehr –
Gespött der Leute, alle behandeln mich wie Dreck.
8 Von allen Seiten werde ich verspottet.
Wer mich sieht, verzieht sein Gesicht
und grinst schadenfroh.
9 «Überlaß Gott deine Not!» lästern sie,
«der soll dir helfen! Er wird dich schon nicht sitzenlassen!
Du bist ja sein Liebling!»

10 Herr, du hast mich aus dem Leib meiner Mutter gezogen.
Schon an ihrer Brust hast du mir Geborgenheit geschenkt.
11 Du bist mein Gott,
seitdem mein Leben im Mutterleib begann.
Seit der Stunde meiner Geburt bin ich auf dich angewiesen.
12 Wende dich jetzt nicht ab von mir!
Groß ist meine Angst!
Weit und breit gibt es keinen, der mir hilft.
13 Viele Feinde kesseln mich ein,
umringen mich wie wilde Stiere.
14 Sie reißen ihr Maul auf wie brüllende Löwen,
die ihre Beute zerfleischen wollen.
15 Meine Kraft schwindet wie Wasser, das versickert,
und alle meine Knochen lösen sich voneinander.
Mein Herz verkrampft sich vor Angst,
16 und meine ganze Kraft ist dahin.
Die Zunge klebt mir am Gaumen.
Du läßt mich im Tode versinken.
17 Eine Meute übler Verbrecher umkreist mich,
gierig wie wildernde Hunde.
Hände und Füße haben sie mir durchbohrt.
18 Ich kann alle meine Knochen zählen.
Sie aber starren mich an, diese schaulustigen Gaffer!
19 Schon teilen sie meine Kleider unter sich auf
und losen um mein Gewand!

20 Herr, wende dich nicht länger von mir ab!
Nur du kannst mir neue Kraft geben,
komm mir schnell zu Hilfe!
21 Rette mich vor dem tödlichen Schwert,
bewahre mich vor der wilden Hundemeute!
Ich habe doch nur ein Leben!
22 Reiß mich aus dem Rachen der Löwen
und rette mich vor den Hörnern dieser wilden Stiere!

Herr, du hast mich erhört!
23 Ich will meinen Brüdern deinen Namen bekanntmachen,

vor der ganzen Gemeinde will ich dich loben und ehren.
24 Alle, die ihr den Herrn achtet, preist ihn!
Ihr Nachkommen Jakobs, ehrt ihn!
Begegne ihm in Ehrfurcht, Volk Israel!
25 Er hat den Hilflosen nicht verachtet,
über sein Elend setzte er sich nicht hinweg.
Nie wandte er sich von ihm ab!
Er hat ihm geantwortet, als er um Hilfe schrie.
26 Herr, jetzt habe ich allen Grund,
dir vor der großen Gemeinde ein Loblied zu singen.
Was ich in meiner Not versprochen habe, löse ich jetzt ein;
alle, die dich ehren, sind meine Zeugen.

27 Die Armen werden sich wieder satt essen.
Alle, die den Herrn kennen, sollen ihn loben.
Euer Leben lang werdet ihr nicht mehr zu kurz kommen!
28 Auch in den fernsten Ländern werden Menschen Gott erkennen
und zu ihm umkehren,
ja, alle Völker werden sich vor ihm niederwerfen.
29 Denn der Herr regiert als König
und herrscht über alle Völker.

30 Auch die Großen dieser Erde
müssen sich niederwerfen vor ihm,
sie, die immer mehr als genug zu essen hatten.
Vor ihm werden alle sterblichen Menschen ihre Knie beugen.
31 Alle kommenden Generationen werden ihm dienen.
Eine erzählt der nächsten von Gott
und von dem, was er Gutes getan hat.
32 Die noch nicht geboren sind, werden es hören und weitersagen:
Gott ist treu, auf seine Hilfe ist Verlaß!

Der gute Hirte

23 Ein Lied Davids.

Der Herr ist mein Hirte. Nichts wird mir fehlen.
2 Er weidet mich auf saftigen Wiesen
und führt mich zu frischen Quellen.
3 Er gibt mir neue Kraft.
Er leitet mich auf sicheren Wegen,
weil er der gute Hirte ist[a].
4 Und geht es auch durch dunkle Täler,
fürchte ich mich nicht,

a) Wörtlich: um seines Namens willen.

denn du, Herr, bist bei mir.
Du beschützt mich mit deinem Hirtenstab.

5 Du lädst mich ein
und deckst mir den Tisch vor den Augen meiner Feinde.
Du begrüßt mich wie ein Hausherr seinen Gast[a]
und gibst mir mehr als genug[b].
6 Deine Güte und Liebe werden mich begleiten mein Leben lang;
in deinem Haus darf ich für immer bleiben.

Der König kommt!

24 Ein Lied Davids.
Dem Herrn gehört die ganze Welt
und alles, was auf ihr lebt.
2 Die Erde befestigte er über dem Wasser,
ihre Fundamente legte er auf Meeresgrund.

3 «Wer darf auf den Berg des Herrn gehen
und seinen heiligen Tempel betreten?»
4 «Jeder, der kein Unrecht tut und ein reines Gewissen hat.
Jeder, der keine fremden Götter anbetet
und keinen falschen Eid schwört.
5 Einen solchen Menschen wird Gott reich beschenken
und für schuldlos erklären;
der Herr ist sein Helfer!
6 Das gilt den Menschen, die sich nach dir richten
und im Gebet deine Nähe suchen, du Gott Jakobs.»

7 «Hebt euch aus den Angeln, ihr Tore!
Öffnet euch weit, ihr alten Portale,
denn der König will einziehen, die höchste Majestät!»
8 «Wer ist denn dieser mächtige König?»
«Es ist Gott, der Herr, der Starke, der Held.
Es ist der Herr, der siegreiche König!»
9 «Hebt euch aus den Angeln, ihr Tore!
Öffnet euch weit, ihr alten Portale,
denn der König will einziehen, die höchste Majestät!»
10 «Wer ist denn dieser mächtige König?»
«Es ist der Herr über Himmel und Erde.
Er ist der mächtige König!»

a) Wörtlich: Du salbst mein Haupt mit Öl. – Eine Begrüßungszeremonie für willkommene Gäste.
b) Wörtlich: mein Becher fließt über.

Vergib mir meine Schuld!

25 Von David.
Herr, ich sehne mich nach dir!
2 Mein Gott, auf dich setze ich mein ganzes Vertrauen.
Laß mich jetzt nicht fallen!
Gönne meinen Feinden nicht diesen Triumph über mich!
3 Ich weiß: Keiner wird scheitern, der auf dich hofft;
wer aber treulos ist und dich leichtfertig verläßt,
der wird zu Fall kommen.

4 Herr, zeige mir, welchen Weg ich einschlagen soll,
und laß mich erkennen, was du von mir willst!
5 Schritt für Schritt laß mich erfahren,
daß du zuverlässig bist.
Du bist der Gott, der mir hilft,
du warst immer meine einzige Hoffnung.
6 Denke daran, daß du mir schon früher dein Erbarmen
und deine Liebe bewiesen hast!
7 Vergib mir die Sünden meiner Jugendzeit
und vergiß meine mutwilligen Vergehen!
Erinnere dich an deine Barmherzigkeit und sei mir gnädig!

8 Der Herr ist gut und gerecht.
Darum führt er die auf den richtigen Weg zurück,
die ihn verließen.
9 Allen, die ihre Schuld eingestehen,
zeigt er, wie sie leben sollen
und was er von ihnen erwartet.
10 In Liebe und Treue führt er alle,
die sich an seinen Bund und seine Gebote halten.
11 Herr, mach deinem Namen Ehre
und vergib mir meine schwere Schuld!
12 Was ist mit dem, der dem Herrn gehorcht?
Der Herr zeigt ihm den richtigen Weg.
13 Er schenkt ihm Glück und Wohlstand,
und seine Nachkommen werden das ganze Land erben.
14 Der Herr zieht die Menschen,
die ihn ernst nehmen, ins Vertrauen.
Er läßt sie wissen,
wozu er einen Bund mit seinem Volk geschlossen hat.

15 Hilfesuchend blicke ich zum Herrn,
denn er wird mich aus der Schlinge ziehen.
16 Wende dich mir zu, Herr, und rechne meine Schuld nicht an,
denn ich bin einsam und niedergeschlagen.

17 Mir ist angst und bange,
nimm diese Last von meinem Herzen!
18 Sieh meinen Jammer und mein Elend an
und vergib mir alle meine Sünden!
19 Herr, meine Feinde sind nicht zu zählen.
Abgrundtief hassen sie mich.
20 Bewahre mein Leben und rette mich!
Laß mich nicht scheitern! Bei dir suche ich Zuflucht.
21 Hilf mir, daß ich aufrichtig und ehrlich leben kann,
Herr, ich vertraue dir!
22 O Gott, erlöse Israel aus aller Not!

Prüfe mich, Gott!

26 Von David.
Herr, verschaffe mir Recht, denn ich bin unschuldig!
Dir vertraue ich, nichts soll mich davon abbringen.

2 Vor dir, Herr, kann ich nichts verbergen,
prüfe meine geheimsten Gedanken und Gefühle!
3 Deine Liebe habe ich ständig vor Augen,
und deine Treue bestimmt mein Leben.
4 Ich lasse mich nicht mit denen ein,
die ein falsches Spiel treiben.
Von Heuchlern halte ich mich fern.
5 Wenn sich Verbrecher zusammentun, bin ich nicht dabei;
mit Gottlosen will ich nichts zu schaffen haben.
6 Ich wasche meine Hände zum Zeichen meiner Unschuld,
so darf ich mich deinem Altar nähern
und ihn feierlich umschreiten.
7 Dabei stimme ich ein Loblied an
und erzähle von deinen Wundern.
8 Herr, der Tempel ist erfüllt von deiner Hoheit und Macht;
an diesem Haus hängt mein Herz.

9 Bring mich nicht um wie die Sünder;
behandle mich nicht wie blutgierige Mörder!
10 Wie viele Verbrechen haben sie auf dem Gewissen,
wieviel Bestechungsgeld ist durch ihre Hände gegangen!
11 Aber ich habe mir nichts zuschulden kommen lassen.
Hab Erbarmen mit mir und rette mich!

12 Jetzt bin ich sicher vor allen Gefahren.
Dafür lobe ich dich vor deiner Gemeinde, du mein Herr!

Vor Menschen mutig, vor Gott demütig

27 Von David.
Der Herr ist mein Licht, er rettet mich.
Vor wem sollte ich mich noch fürchten?
Bei ihm bin ich geborgen wie in einer Burg.
Vor wem sollte ich noch zittern und zagen?
2 Wenn mich gewissenlose Leute in die Enge treiben
und mir nach dem Leben trachten,
wenn sie mich bedrängen und mich offen anfeinden,
werden sie dennoch stürzen und umkommen!
3 Selbst wenn eine ganze Armee gegen mich aufmarschiert,
fürchte ich mich nicht.
Auch wenn sie einen Krieg gegen mich beginnen,
bleibe ich ruhig und zuversichtlich.

4 Um eines habe ich den Herrn gebeten;
das ist alles, was ich will:
Solange ich lebe, möchte ich im Hause des Herrn bleiben.
Dort will ich erfahren, wie gut der Herr es mit mir meint,
still nachdenken im heiligen Zelt.
5 Er bietet mir Schutz in schwerer Zeit
und versteckt mich in seinem Zelt.
Er stellt mich auf einen hohen Felsen,
6 unerreichbar für meine Feinde ringsumher.
In seinem Tempel will ich Opfer bringen,
und die Posaunen sollen blasen;
dankbar will ich für den Herrn singen
und auf der Harfe spielen.

7 Höre mich, Herr, wenn ich rufe!
Hab Erbarmen mit mir und antworte!
8 Denn ich erinnere mich, daß du gesagt hast:
«Suchet meine Nähe!»
Das will ich jetzt tun und zu dir beten.
9 Verbirg dich nicht vor mir,
stoße mich nicht im Zorn zurück!
Ich diene dir, und du hast mir bisher immer geholfen.
Gib mich nicht auf, verlaß mich nicht,
du mein Gott und mein Retter!
10 Wenn Vater und Mutter mich verstoßen,
nimmst du, Herr, mich doch auf.
11 Zeige mir, was ich tun soll!
Führe mich auf sicherem Weg, meinen Feinden zum Trotz.
12 Liefere mich nicht ihrer Rachgier aus!
Falsche Zeugen verklagen mich, speien Gift und Galle.

13 Ich aber vertraue darauf, daß ich am Leben bleibe
und sehen werde, wie gut Gott zu mir ist.

14 Vertraue auf den Herrn!
Sei stark und mutig, vertraue auf den Herrn!

Herr, schweige nicht!

28 Von David.
Nur bei dir, Herr, finde ich Schutz, darum rufe ich zu dir.
Hülle dich nicht in Schweigen!
Wenn du mir die Hilfe verweigerst,
werde ich bald sterben und unter der Erde liegen.
2 Höre, ich flehe dich an, ich schreie zu dir
und hebe die Hände zum Gebet empor.
Nach Jerusalem wende ich mich,
dorthin, wo dein Heiligtum steht.
3 Bring mich nicht um wie die Gottlosen!
Soll es mir so gehen wie denen,
die nur Böses im Schilde führen?
Mit ihren Mitmenschen reden sie freundlich,
aber im Herzen schmieden sie finstere Pläne.
4 Zahle es ihnen heim;
gib ihnen, was sie für ihre gemeinen Taten verdienen!
Das Unheil, das sie angerichtet haben,
soll sie selbst treffen.
5 Sie mißachten, was der Herr getan hat,
und sein Handeln ist ihnen gleichgültig.
Deshalb wird er sie vernichten,
und niemand wird übrig bleiben.

6 Lobt den Herrn, denn er hat meinen Hilfeschrei gehört!
7 Er hat mir neue Kraft geschenkt und mich beschützt.
Ich habe ihm vertraut, und er hat mir geholfen.
Jetzt kann ich wieder jubeln!
Mit meinem Lied will ich ihm danken.
8 Der Herr beschützt sein Volk,
er verteidigt und rettet seinen auserwählten König.
9 Herr, hilf deinem Volk!
Segne uns, denn wir gehören zu dir.
Führe uns wie ein Hirte, und sorge allezeit für uns!

Gottes Stimme – herrlich und furchtbar zugleich!

29 Ein Lied Davids.
Lobt den Herrn, ihr mächtigen Engel[a],
preist seine Größe und Macht!
2 Ehrt seinen herrlichen Namen!
Werft euch vor ihm nieder, wenn ihr ihm,
dem heiligen Gott, begegnet![b]
3 Die Stimme des Herrn erschallt über die Meere,
der erhabene Gott läßt den Donner grollen.
Er ist der Herr, der über den Weltmeeren thront.
4 Wie gewaltig ist seine Stimme,
wie herrlich und furchtbar zugleich!
5 Sie spaltet mächtige Bäume,
ja, der Herr zersplittert die starken Libanonzedern.
6 Das Libanongebirge läßt er wie ein Kalb hüpfen,
der Berg Hermon springt wie ein junger Stier.
7 Die Stimme des Herrn läßt Blitze zucken,
8 sie erschüttert die Wüste, ja, die Wüste Kadesch bebt.
9 Die Hirschkühe kalben,
wenn der Donner des Herrn sie in Schrecken versetzt,
sein tosender Sturm reißt die Wälder kahl.
In seinem Heiligtum rufen alle: «Ehre sei dem Herrn!»
10 Der Herr thront über den Fluten,
als König herrscht er für alle Zeit.
11 Der Herr wird seinem Volk Macht verleihen,
er wird es segnen und ihm Frieden schenken.

Vor dem sicheren Tod errettet

30 Ein Lied Davids. Es wurde zur Einweihung des Tempels gesungen.
2 Ich will dich loben, du erhabener Gott,
denn du hast mich aus der Tiefe heraufgezogen!
Du hast nicht zugelassen,
daß sich die Feinde über mein Unglück freuen.
3 Herr, mein Gott!
Zu dir schrie ich um Hilfe, und du hast mich geheilt.
4 Ich war schon mehr tot als lebendig,
doch du hast mich dem sicheren Tod entrissen
und mir das Leben neu geschenkt.
5 Singt dem Herrn eure Lieder,

a) Wörtlich: ihr Gottessöhne.
b) Oder: Werft euch vor ihm nieder in heiligem Schmuck!

alle, die ihr seine Gnade erfahren habt!
Dankt ihm und bezeugt: Er ist der heilige Gott!
6 Nur einen Augenblick streift uns sein Zorn,
aber ein Leben lang währt seine Güte.
Wenn wir am Abend noch weinen und traurig sind,
so können wir am Morgen doch vor Freude wieder jubeln.

7 Als ich erfolgreich war und in Sicherheit lebte,
dachte ich: «Was kann mir schon passieren?»
8 Denn du, Herr, hast mein Königreich aufblühen lassen,[a]
alles hatte ich deiner Güte zu verdanken.
Dann aber hast du dich von mir abgewandt,
und mich packte das Entsetzen.
9 Ich flehte um Erbarmen und schrie zu dir:
10 «Was hast du davon, wenn ich jetzt sterbe?
Kann ein Toter dir noch danken,
kann er deine Treue noch rühmen?
11 Herr, höre mich! Hab Erbarmen und hilf mir!»

12 Du hast mein Klagelied in einen Freudentanz verwandelt.
Du hast mir die Trauerkleider ausgezogen
und mich mit einem Festgewand bekleidet.
13 Nun kann ich dich mit meinen Liedern loben,
nie will ich verschweigen, was du für mich getan hast.
Immer und ewig will ich dir danken, mein Herr und mein Gott!

Bedrängt, bedrückt, aber nicht besiegt!

31

Ein Lied Davids.
2 Bei dir, Herr, suche ich Schutz.
Laß meine Feinde mich nie besiegen!
Hilf mir und rette mich, du gerechter Gott!
3 Höre mein Gebet! Hilf mir schnell!
Bringe mich in Sicherheit!
Wie in einer Burg auf hohem Berg beschütze mich!

4 Ja, Herr, du tust es:
du bietest mir Schutz, du bist meine Burg!
Du wirst mich führen und leiten, wie du es versprochen hast!
5 Du wirst mich aus der Schlinge ziehen,
die meine Feinde mir heimlich gelegt haben!
Ja, du bist meine einzige Zuflucht.

a) So nach der griechischen Übersetzung. Der hebräische Text lautet: Du hattest mich auf feste Berge gestellt.

6 Mit Leib und Seele vertraue ich mich dir an,
denn du erlöst mich, Herr, du treuer Gott!

7 Ich hasse es, wenn Menschen anderen Göttern nachlaufen,
daher vertraue ich dem Herrn.
8 Ich juble vor Freude, weil du mich liebst.
Dir ist meine Not nicht entgangen;
du hast erkannt, wie niedergeschlagen ich bin.
9 Du hast mich vor meinen Feinden bewahrt;
jetzt bin ich frei, zu gehen, wohin ich will.

10 Herr, erbarme dich über mich,
denn ich weiß weder aus noch ein!
Meine Augen sind vom Weinen ganz verquollen,
ich bin mit meiner Kraft am Ende.
11 Unter Kummer schwindet mein Leben dahin,
in Seufzen vergehen meine Jahre.
Meine Schuld[a] verzehrt alle Kräfte und lähmt meine Glieder.
12 Zum Spott meiner Feinde bin ich geworden,
selbst meine Nachbarn verhöhnen mich.
Meine Bekannten erschrecken, wenn sie mich erblicken,
und wer mir auf der Straße begegnet, geht mir aus dem Weg.
13 Viele haben mich längst vergessen
wie einen Toten, den man begraben hat;
wie ein zerbrochenes Gefäß bin ich,
das achtlos weggeworfen wurde.
14 Ich merke, wie sie hinter meinem Rücken tuscheln.
Sie wollen mir Angst einjagen und tun sich zusammen,
um mich aus dem Weg zu räumen.

15 Ich aber, Herr, vertraue dir.
Du bist mein Gott, daran halte ich fest!
16 Was die Zeit auch bringen mag, es liegt in deiner Hand.
Rette mich vor meinen Feinden und Verfolgern!
17 Laß mich deine Nähe erfahren, ich gehöre doch zu dir!
Sei mir gnädig und rette mich!
18 Herr, ich rufe zu dir,
denn ich will nicht an meinen Feinden zerbrechen.
Sie aber sollen scheitern, sie sollen umkommen,
damit sie endlich stumm sind!
19 Ja, verstummen sollen diese Lügner,
die den Unschuldigen verleumden.
Wie überheblich diese Leute sind,
und wie verächtlich reden sie daher!

a) Die griechische Übersetzung lautet: Meine Sorgen.

[20] Doch groß ist deine Güte, Herr!
Du hältst sie bereit für die Menschen,
die dich ernst nehmen.
Vor aller Augen zeigst du sie denen,
die bei dir Zuflucht suchen.
[21] Du gibst ihnen Schutz in deiner Nähe,
so kann ihnen keine Verschwörung etwas anhaben.
Du bewahrst sie vor dem zänkischen Geschwätz ihrer Feinde.
[22] Gepriesen sei der Herr!
Ich war eingeschlossen in einer belagerten Stadt,
doch auch dort habe ich deine wunderbare Liebe erfahren.
[23] Entsetzt hatte ich schon gedacht:
«Herr, du hast mich verstoßen!»
Du aber hörtest mich, als ich um Hilfe schrie.

[24] Liebt den Herrn, alle, die ihr ihm gerne dient!
Wer treu zu ihm hält, steht unter seinem Schutz,
doch wer ihm selbstgerecht begegnet,
dem zahlt er es doppelt heim.
[25] Seid stark und mutig, alle, die ihr dem Herrn vertraut!

Von Schuld befreit!

32 Ein Lied Davids zum Nachdenken.[a]
Glücklich sind alle, denen Gott ihre Sünden vergeben
und ihre Schuld zugedeckt hat!
[2] Glücklich ist der Mensch,
dem Gott seine Sünden nicht anrechnet,
und der mit Gott kein falsches Spiel treibt!

[3] Erst wollte ich dir, Herr, meine Schuld verheimlichen.
Doch davon wurde ich so schwach und elend,
daß ich nur noch stöhnen konnte.
[4] Tag und Nacht bedrückte mich dein Zorn,
meine Lebenskraft vertrocknete
wie Wasser in der Sommerhitze.
[5] Da endlich gestand ich dir meine Sünde;
mein Unrecht wollte ich nicht länger verschweigen.
Ich sagte: «Ich will dem Herrn meine Vergehen bekennen!»
Und wirklich: Du hast mir meine ganze Schuld vergeben!

[6] Darum sollen auch alle, die dich lieben, Herr,
zu dir beten.

a) Das hebräische Wort «maskil» in den Überschriften der Psalmen 32,42,44,45,52–55, 74,78,88,89,142 bezeichnet Lieder, die Anstöße zum Nachdenken geben sollen.

Wer dich zur rechten Zeit anruft,
der bleibt verschont von den Wogen des Unheils.

7 Bei dir bin ich in Sicherheit;
du läßt nicht zu, daß ich vor Angst und Not umkomme.
Ich singe und juble: «Du hast mich befreit!»
8 Und du sprichst zu mir:[a]
«Ich will dich lehren und dir sagen, wie du leben sollst;
ich berate dich, nie verliere ich dich aus den Augen.
9 Sei nicht wie ein Pferd oder ein Maultier ohne Verstand!
Wenn sie wild ausschlagen, mußt du sie mit Zaum und Zügel bändigen,
sonst folgen sie dir nicht!»

10 Wer Gottes Weisungen in den Wind schlägt,
der schafft sich Not und Schmerzen.
Wer jedoch dem Herrn vertraut, den wird Gottes Güte umgeben.
11 Freut euch an ihm und jubelt laut,
die ihr zum Herrn gehört!
Singt vor Freude, die ihr Gott gehorcht!

Der Herr regiert!

33 Jubelt über den Herrn, alle, die ihr zu ihm gehört!
Preist ihn, denn das ist eure schönste Aufgabe!
2 Dankt dem Herrn auf der Zither
und spielt für ihn auf der Harfe[b]!
3 Singt ihm ein neues Lied!
Schlagt in die Saiten, so gut und so laut ihr könnt!
4 Denn was der Herr sagt, das meint er auch so,
und auf das, was er tut, kann man sich verlassen.
5 Er liebt Recht und Gerechtigkeit,
seine Güte könnt ihr auf der ganzen Erde erfahren.

6 Nur ein Wort sprach er, und der Himmel wurde geschaffen,
Sonne, Mond und Sterne entstanden, als er es befahl.
7 Er sammelte das Wasser des Meeres an einem Ort
und speicherte die Ozeane in Becken.
8 Die ganze Welt soll den Herrn fürchten,
ehrt ihn, ihr Völker der Erde!
9 Denn er sprach, und es geschah,
er befahl, und die Erde war da.
10 Er durchkreuzt die Pläne der Nationen,
er macht die gottlosen Vorhaben der Völker zunichte.

a) Sinngemäß eingefügt.
b) Wörtlich: auf der Harfe mit zehn Saiten.

11 Doch was er sich vorgenommen hat, das tut er;
seine Pläne sind gültig für alle Zeit.

12 Glücklich ist die Nation, deren Gott der Herr ist!
Freuen kann sich das Volk,
das er als sein Eigentum erwählte!

13 Der Herr schaut vom Himmel herab und sieht jeden Menschen.
14 Von seinem Thron blickt er nieder
auf alle Völker der Erde.
15 Er gibt ihnen die Fähigkeit zum Denken und Handeln;
über alles, was sie tun, weiß er Bescheid.

16 Kein König siegt durch seine Streitkräfte;
kein Soldat kehrt heil aus der Schlacht zurück,
nur weil er so stark ist.
17 Wer meint, Reiterheere bringen den Sieg,
der hat sich getäuscht.
Sie können noch so groß sein
und dennoch vernichtend geschlagen werden.
18 Der Herr aber beschützt alle,
die ihm gehorchen und auf seine Gnade vertrauen.
19 Er bewahrt sie vor dem sicheren Tod,
und in der Hungersnot erhält er sie am Leben.

20 Wir setzen unsere Hoffnung auf den Herrn,
er steht uns bei und rettet uns.
21 Er ist unsere ganze Freude;
wir vertrauen ihm, dem heiligen Gott.
22 Herr, laß uns deine Güte erfahren,
wir hoffen doch auf dich!

Niemand muß verzweifeln!

34 Von David. Er verfaßte dieses Lied, nachdem er sich vor Abimelech wahnsinnig gestellt hatte und darum weggejagt wurde.[a]

2 Ich will den Herrn allezeit preisen;
nie will ich aufhören, ihn zu rühmen.
3 Mit Leib und Seele lobe ich ihn;
wer entmutigt ist, soll es hören und sich freuen!
4 Preist mit mir diesen großen Herrn,
laßt uns gemeinsam seinen Namen bekannt machen!

a) 1. Samuel 21,11–16. Der dort genannte Achisch, König von Gat, trägt hier die Würdebezeichnung für Philisterkönige «Abimelech», d. h. «Königsvater».

5 Als ich den Herrn um Hilfe bat, antwortete er mir
und befreite mich von meinen Ängsten.
6 Wer zum Herrn aufschaut, der strahlt vor Freude,
und sein Vertrauen wird nie enttäuscht.
7 Ich war am Ende, da schrie ich zum Herrn,
und er hörte mich;
aus aller Bedrängnis hat er mich befreit.

8 Der Engel des Herrn stellt sich schützend vor alle,
die Gott ernst nehmen, und bringt sie in Sicherheit.
9 Probiert es aus und erlebt selbst, wie gut der Herr ist!
Glücklich ist, wer bei ihm Zuflucht sucht!
10 Begegnet dem Herrn mit Ehrfurcht,
alle, die ihr zu ihm gehört!
Denn wer ihn ernst nimmt, der muß keinen Mangel leiden.
11 Selbst kräftige junge Löwen finden manchmal keine Beute
und müssen hungern,
wer aber dem Herrn gehorcht, dem fehlt es an nichts.
12 Ihr jungen Leute, hört mir zu!
Ich will euch zeigen, wie ihr dem Herrn dienen könnt!
13 Wollt ihr das Leben genießen und gute Tage erleben?
14 Dann paßt auf, was ihr redet:
Lügt nicht und verleumdet niemanden!
15 Wendet euch ab von allem Bösen und tut Gutes!
Setzt euch unermüdlich und mit ganzer Kraft für den Frieden ein!
16 Denn Gott sieht mit Freude auf solche Menschen
und wird ihre Gebete erhören.
17 Alle jedoch, die Böses tun,
werden seinen Zorn zu spüren bekommen.
Er sorgt dafür, daß niemand mehr an sie denkt,
sobald sie gestorben sind.
18 Wenn aber aufrichtige Menschen zu ihm rufen,
hört er sie und rettet sie aus jeder Not.
19 Der Herr ist denen nahe, die verzweifelt sind,
und rettet jeden, der alle Hoffnung verloren hat.
20 Zwar bleiben auch dem, der treu zu Gott steht,
Schmerz und Leid nicht erspart;
doch aus allem befreit ihn der Herr!
21 Vor schwerem Schaden bewahrt er ihn,
kein Knochen soll ihm gebrochen werden.
22 Wer Böses tut, den bringt seine Bosheit um;
und wer den Aufrichtigen haßt, muß die Folgen tragen.
23 Doch der Herr erlöst alle, die ihm von Herzen dienen.
Niemand, der bei ihm Zuflucht sucht,
muß sein Strafgericht fürchten.

Rufmord und kein Ende?

35 Von David.
Herr, widersetze dich denen, die sich gegen mich stellen!
Bekämpfe, die mich bekämpfen!
2 Greif zu den Waffen[a] und eile mir zu Hilfe!
3 Nimm den Speer und stell dich meinen Verfolgern in den Weg!
Versprich mir, daß du mir beistehst!
4 Schimpf und Schande über alle, die mich umbringen wollen!
Sie, die Böses gegen mich planen,
sollen bloßgestellt werden und fliehen!
5 Wie dürres Laub[b] sollen sie vom Wind verweht werden,
wenn der Engel des Herrn sie fortjagt.
6 Ihr Weg sei finster und glatt,
wenn der Engel des Herrn sie verfolgt!
7 Ohne Ursache haben sie mir eine Falle gestellt,
ich habe ihnen doch nichts getan!
8 Ohne Vorwarnung breche das Verderben über sie herein!
In ihre eigene Falle sollen sie laufen und darin umkommen!

9 Ich aber werde jubeln und mich freuen,
wenn der Herr eingreift und mir hilft.
10 Alle meine Glieder werden einstimmen und dich loben:
«Herr, niemand ist wie du!»
Du beschützt den Schwachen vor dem Starken
und rettest den Armen und Wehrlosen vor dem Räuber.

11 Falsche Zeugen treten gegen mich auf
und werfen mir Verbrechen vor, die ich nie begangen habe!
12 Was ich ihnen Gutes getan habe,
zahlen sie mir mit Bösem heim.
Ich bin einsam und verzweifelt.
13 Wenn einer von ihnen schwerkrank war,
zog ich Trauerkleidung an, fastete für ihn
und betete mit gesenktem Kopf.
14 Ich verhielt mich so,
als ob er mein Freund oder Bruder wäre.
Ich trug dunkle Kleider und lief traurig umher –
wie jemand, der um seine Mutter weint.

15 Jetzt aber ist das Unglück über mich hereingebrochen,
und voll Schadenfreude laufen sie zusammen.

a) Wörtlich: Ergreife den kleinen und den großen Schild!
b) Wörtlich: Wie Spreu.

Auch Leute, die ich nicht kenne, hergelaufenes Gesindel,
ziehen pausenlos über mich her.
16 Zynische Spötter sind es,
wie Hunde fletschen sie ihre Zähne gegen mich.

17 Herr, wie lange willst du noch untätig zusehen?
Wie gereizte Löwen gehen sie auf mich los!
Rette mich! Ich habe doch nur ein Leben!
18 Dann will ich dir in der Gemeinde danken,
vor allem Volk will ich dich loben.
19 Meine Feinde, die mich ohne Grund hassen,
sollen nicht länger über mich triumphieren!
Ohne die geringste Ursache hassen sie mich
und zwinkern einander vielsagend zu.
20 Was sie sagen, dient nicht dem Frieden,
und gegen friedfertige Menschen
erfinden sie falsche Anschuldigungen.
21 Sie reißen das Maul weit auf und rufen mir zu:
«Haha! Da haben wir's! Wir haben genau gesehen,
was du getan hast!»
22 Herr, du siehst, was hier gespielt wird!
Schweige nicht länger und bleib nicht fern von mir!
23 Greif doch endlich ein und verschaffe mir Recht!
Mein Herr und mein Gott, führe du meinen Rechtsstreit!
24 Weil du ein gerechter Richter bist,
wirst du mich freisprechen, Herr, mein Gott!
Dann können sie mich nicht länger schadenfroh verhöhnen.
25 Niemals mehr sollen sie sagen können:
«Ha, wir haben's geschafft! Den haben wir fertiggemacht!»
26 All denen, die sich über mein Unglück freuen,
soll ihr böser Plan mißlingen.
Schimpf und Schande über diese großspurigen Leute!

27 Doch alle, die meinen Freispruch wünschen,
sollen vor Freude jubeln und immer wieder sagen:
«Der Herr ist groß! Er will, daß jeder, der ihm dient,
in Frieden leben kann.»
28 Ich will immer davon reden, wie gerecht du bist
und wie gerecht du handelst.
Tag für Tag will ich dich loben!

Gott kennen ist Leben!

36 Von David, dem Diener des Herrn.
2 Der Gottlose wird durch und durch von der Sünde beherrscht;
vor Gott fürchtet er sich nicht.

[3] Er bildet sich etwas darauf ein,
Unrecht zu tun und andere zu hassen.[a]
[4] Was er sagt, ist Lug und Trug.
Längst hat er aufgehört, sinnvoll zu handeln
und Gutes zu tun.
[5] Noch vor dem Einschlafen schmiedet er finstere Pläne.
Bewußt hat er sich für das Böse entschieden
und läßt sich davon nicht abbringen.

[6] Herr, deine Güte ist unvorstellbar weit wie der Himmel,
und deine Treue reicht so weit, wie die Wolken ziehen.
[7] Deine Gerechtigkeit ist unerschütterlich
wie die mächtigen Berge,
deine Entscheidungen sind unermeßlich wie das tiefe Meer.
Mensch und Tier erfahren deine Hilfe, o Herr!
[8] Wie kostbar ist deine Güte, o Gott:
Bei dir finden Menschen Schutz und Sicherheit.
[9] Aus deinem Überfluß schenkst du ihnen mehr als genug,
mit Freude und Wonne überschüttest du sie.[b]
[10] Du bist die Quelle – alles Leben strömt aus dir.
In deinem Licht sehen wir das Licht.
[11] Erhalte deine Liebe denen, die dich kennen,
und zeige deine Treue allen, die dir von ganzem Herzen dienen!
[12] Laß nicht zu,
daß hochmütige Menschen meine Ehre in den Dreck ziehen
und daß Unheilstifter mich fortjagen!
[13] Da! Sie stürzen zu Boden
und sind unfähig, wieder aufzustehen!

Von Gott gehalten

37 Von David.
Entrüste dich nicht über die Unheilstifter
und beneide nicht die Menschen, die Böses tun!
[2] Denn sie verdorren so schnell wie Gras,
wie Blumen welken sie dahin.
[3] Verlaß dich auf den Herrn und tue Gutes!
Bleibe in Israel, dem verheißenen Land,
und halte dich immer an die Wahrheit!
[4] Freue dich über den Herrn;

a) Oder: Er bildet sich viel zuviel auf sich ein, um sein Unrecht einzusehen oder es gar zu hassen.

b) Wörtlich: Sie trinken sich satt am Fett deines Hauses, und du tränkst sie mit dem Strom deiner Wonnen.

er wird dir alles geben, was du dir von Herzen wünschst.
5 Vertrau dich dem Herrn an
und sorge dich nicht um deine Zukunft!
Überlaß sie Gott, er wird es richtig machen.
6 Daß du ihm treu bist, wird dann keiner mehr leugnen können;
daß du recht hast, wird für jeden sichtbar sein.
7 Sei geduldig und warte darauf, daß der Herr eingreift!
Entrüste dich nicht, wenn Menschen böse Pläne schmieden
und ihnen dabei alles gelingt!
8 Laß dich nicht von Zorn und Wut überwältigen,
denn wenn du dich ereiferst, gerätst du schnell ins Unrecht.

9 Wer Böses tut, den wird Gott ausrotten.
Wer jedoch dem Herrn vertraut, der wird das Land besitzen.
10 Es dauert nicht mehr lange,
dann ist es mit den Bösen aus und vorbei!
Wo sind sie geblieben?
Nicht die Spur wirst du noch von ihnen finden!
11 Doch alle, die auf Gewalt verzichten,
werden dann das Land besitzen
und ihr Glück kaum fassen können.
12 Zähneknirschend planen die Gottlosen Böses gegen alle,
die Gott die Treue halten.
13 Der Herr aber lacht über sie, weil er weiß:
der Tag der Abrechnung kommt!
14 Gewissenlose Leute zücken ihr Schwert
und spannen den Bogen.
Sie wollen die Unterdrückten und Wehrlosen töten
und alle beseitigen, die aufrichtig sind.
15 Doch ihr Schwert dringt ihnen ins eigene Herz,
und ihre Bogen zersplittern.

16 Lieber wenig besitzen und tun, was Gott will,
als in Saus und Braus leben und Gott verachten.
17 Denn der Herr läßt machtgierige Menschen scheitern,
aber er kümmert sich liebevoll um alle,
die ihm treu bleiben.
18 Tag für Tag sorgt er für sie;
das versprochene Land bleibt für immer ihr Besitz.
19 In Zeiten der Not werden sie nicht umkommen.
Sogar dann, wenn Hunger herrscht, macht der Herr sie satt.
20 Die Gottlosen jedoch gehen zugrunde.
Die Feinde des Herrn verschwinden so schnell,
wie Wiesenblumen verblühen;
wie Rauch werden sie vergehen.
21 Der Gewissenlose leiht sich Geld
und zahlt es nicht zurück.

Doch wer Gott gehorcht, ist freundlich und schenkt gerne.
22 Menschen, die Gott segnet, werden das Land besitzen;
ausrotten aber wird er alle, auf denen sein Fluch liegt.
23 Wenn ein Mensch seinen Weg zielstrebig gehen kann,
verdankt er das dem Herrn, der ihn liebt.
24 Und wenn er einmal fällt, bleibt er nicht am Boden liegen,
denn der Herr hilft ihm wieder auf.

25 Ich bin nun ein alter Mann;
doch in meinem langen Leben traf ich niemanden,
der Gott liebte und dennoch von ihm verlassen wurde.
Auch seine Kinder mußten nie um Brot betteln.
26 Im Gegenteil: Immer konnte er schenken und ausleihen,
und auch seine Kinder wurden von Gott gesegnet.

27 Geh dem Bösen aus dem Weg und tue Gutes,
dann werden deine Nachkommen für immer
im verheißenen Land wohnen.
28 Denn der Herr liebt Gerechtigkeit
und läßt keinen im Stich, der ihn ehrt.
Für alle Zeiten beschützt er ihn,
aber die Nachkommen der Gottlosen wird er vernichten.
29 Alle, die Gott vertrauen,
werden das Land besitzen und es für immer bewohnen.
30 Wer sich ganz auf Gott verläßt,
dessen Worte sind weise und gerecht.
31 Die Gebote seines Gottes trägt er in seinem Herzen,
darum kommt er nicht vom richtigen Weg ab.
32 Wer sich jedoch gegen Gott durchsetzen will,
der nutzt jede Gelegenheit,
um gerechte Menschen aus dem Weg zu räumen.
33 Aber der Herr läßt nicht zu,
daß sie in seine Hände fallen
und unschuldig verurteilt werden.
34 Hoffe auf den Herrn und tue, was er dir sagt!
Dann wirst du zu Ehren kommen,
und er wird dir das verheißene Land schenken.
Du wirst sehen, wie er die Gottlosen ausrottet.

35 Ich sah einen gottlosen Menschen, einen Tyrannen,
der war mächtig wie ein tief verwurzelter Baum,
der alles überragt.
36 Später kam ich wieder vorbei, und er war weg.
Ich suchte nach ihm, doch er war spurlos verschwunden.
37 Achte auf die Menschen, die aufrichtig und ehrlich sind!
Du wirst sehen: auch in Zukunft werden sie in Frieden leben.
38 Doch wer sich von Gott lossagt, der wird umkommen;

seine Zukunft ist der Tod.
39 Der Herr steht denen bei,
die sich nach seinem Willen richten.
Er tröstet und stärkt sie in Zeiten der Not.
40 Bei ihm finden sie Hilfe und Rettung;
ja, er rettet sie vor den Gottlosen
und steht ihnen zur Seite,
denn bei ihm haben sie Zuflucht gesucht.

Zermürbt von Krankheit und Schuld

38 Ein Lied Davids, beim Gedächtnisopfer zu singen.
2 Herr, du läßt mich deinen Zorn spüren.
Ich flehe dich an: Strafe mich nicht länger!
3 Deine Pfeile haben sich in mich hineingebohrt,
deine Hand drückt mich nieder.
4 Weil ich unter deinem Strafgericht leide,
habe ich keine heile Stelle mehr am Körper.
Weil mich die Sünde anklagt, sind alle meine Glieder krank.
5 Meine Schuld ist mir über den Kopf gewachsen.
Wie schwer ist diese Last! Ich breche unter ihr zusammen.
6 Wie dumm war ich, dich zu vergessen!
Das habe ich nun davon: meine Wunden eitern und stinken!
7 Gekrümmt und von Leid zermürbt
schleppe ich mich in tiefer Trauer durch den Tag.
8 Von Fieber bin ich geschüttelt,
die Haut ist mit Geschwüren übersät,
9 zerschlagen liege ich da, am Ende meiner Kraft.
Vor Verzweiflung kann ich nur noch stöhnen.

10 Herr, du kennst meine Sehnsucht, du hörst mein Seufzen!
11 Mein Herz rast, ich bin völlig erschöpft,
und meine Augen versagen mir den Dienst.
12 Meine Freunde und Nachbarn ekeln sich vor meinen Geschwüren.
Sogar meine Verwandten gehen mir aus dem Weg.
13 Meine Todfeinde stellen mir Fallen,
sie wollen mich verleumden und zugrunde richten.
Ja, sie bringen mich in Verruf, wann immer sie nur können.
14 Und ich? Ich tue so, als hätte ich nichts gehört;
ich schweige zu ihren Anklagen wie ein Stummer.
15 Ich stelle mich taub und gebe ihnen keine Antwort.

16 Denn auf dich, Herr, hoffe ich,
du wirst ihnen die passende Antwort geben,
mein Herr und mein Gott!
17 Laß nicht zu, daß sie über mich triumphieren

und sich über mein Unglück freuen!
18 Es fehlt nicht mehr viel, und ich liege am Boden,
ständig werde ich von Schmerzen gequält.
19 Ich bekenne dir meine Schuld,
denn meine Sünde macht mir schwer zu schaffen.
20 Übermächtig sind meine Feinde,
und es gibt viele, die mich ohne jeden Grund hassen.
21 Sie vergelten mir Gutes mit Bösem und feinden mich an,
weil ich das Gute tun will.

22 Herr, verlaß mich nicht!
Mein Gott, bleib nicht fern von mir!
23 Komm und hilf mir schnell!
Du bist doch mein Herr und mein Retter!

Viel Lärm um nichts!

39 Ein Lied Davids. Für Jedutun.[a]
2 Ich hatte mir vorgenommen,
vor bösen Menschen meine Zunge im Zaum zu halten;
ich wollte mich zusammennehmen und nichts sagen,
was man mir als Schuld anrechnen könnte.
3 Also verstummte ich und sagte kein Wort mehr.
Aber das half mir auch nicht weiter,
mein Schmerz wurde nur noch schlimmer.
4 Ich fraß den Kummer in mich hinein.
Je mehr ich darüber nachgrübelte,
desto tiefer geriet ich in Verzweiflung.
Ich konnte es nicht mehr länger aushalten – da schrie ich zu Gott:
5 «Herr, laß mich erkennen, wie kurz mein Leben ist
und wieviel Zeit ich noch habe;
wie vergänglich bin ich doch!
6 Wie begrenzt ist das Leben, das du mir gegeben hast!
Ein Nichts ist es in deinen Augen!
Jeder Mensch, selbst der stärkste,
ist nur ein Hauch, der vergeht –
7 schnell wie ein Schatten verschwindet er.
Sein Tun und Treiben ist viel Lärm um nichts!
Er häuft sich Reichtümer an und weiß nicht,
was einmal daraus wird.»

8 Auf was kann ich da noch hoffen?

a) Nach 1. Chronik 16,41 der Begründer einer Musikgruppe am Tempel zur Zeit des Königs David. Vgl. auch Psalm 62,1; 77,1

Herr, du allein bist meine Hoffnung!
[9] Vergib mir alle meine Sünden
und mach mich nicht zum Gespött dieser Narren!
[10] Ich will jetzt schweigen und nichts mehr sagen,
denn du, Herr, du läßt mich leiden!
[11] Befreie mich von den Qualen, die du mir zufügst!
Wenn du mich weiter plagst, komme ich um!
[12] Wenn du einen Menschen wegen seiner Schuld strafst,
dann vergeht das Wertvollste, was er hat – sein Leben.
Es zerfällt wie ein Kleid, das die Motten zerfressen.
Jeder Mensch ist nur ein Hauch, der vergeht.

[13] Höre mein Gebet, Herr, und achte auf meinen Hilfeschrei!
Schweige nicht, wenn du mein Weinen vernimmst!
Denn diese Welt wird nicht für immer meine Heimat sein;
schon meine Vorfahren sind hier nur Gäste und Fremde gewesen.
[14] Strafe mich nicht länger in deinem Zorn,
damit ich mich noch einmal freuen kann,
bevor ich sterben muß und nicht mehr bin!

Echter Gottesdienst

40 Ein Lied Davids.

[2] Voll Zuversicht hoffte ich auf den Herrn,
und er wandte sich mir zu und hörte meinen Hilfeschrei.
[3] Ich war in eine verzweifelte Lage geraten –
wie jemand, der bis zum Hals in einer Grube
voll Schlamm und Kot steckt!
Aber er hat mich herausgezogen
und auf festen Boden gestellt.
Jetzt haben meine Füße wieder sicheren Halt.
[4] Er gab mir ein neues Lied in meinen Mund,
einen Lobgesang für unseren Gott.
Das werden viele Leute hören,
sie werden den Herrn wieder achten und ihm vertrauen.
[5] Glücklich ist, wer sein Vertrauen auf den Herrn setzt
und sich nicht mit den Überheblichen und den Lügnern einläßt!
[6] Herr, mein Gott, du bist einzigartig!
Du hast so viele Wunder getan,
alles hast du sorgfältig geplant!
Wollte ich das schildern und beschreiben –
niemals käme ich zum Ende!

[7] Tieropfer und Speiseopfer allein
können dich nicht zufriedenstellen;
du verlangst nicht, daß man dir Tiere schlachtet

und zur Sühne auf dem Altar verbrennt,
aber offene Ohren hast du mir gegeben,
um auf dich zu hören und dir zu gehorchen.
8/9 Deshalb antworte ich:
«Herr, hier bin ich! Im Buch des Gesetzes steht alles,
was du mir zu sagen hast.
Ich will gerne tun, mein Gott, was du von mir erwartest.
Dein Gesetz ist mir ins Herz geschrieben.»
10 Vor der ganzen Gemeinde erzähle ich voll Freude,
daß auf deine Zusagen Verlaß ist.
Nichts kann mich abhalten, davon zu reden – das weißt du, Herr!
11 Nie will ich verschweigen, wie du uns befreit hast.
Vor der ganzen Gemeinde rede ich von deiner Treue und Hilfe;
ich erzähle, wie ich deine Liebe und Zuverlässigkeit erfahren habe.

12 Herr, du wirst mir auch in Zukunft dein Erbarmen nicht versagen,
deine Liebe und Treue werden mich stets bewahren.
13 Unlösbare Schwierigkeiten haben sich vor mir aufgetürmt,
sie nehmen kein Ende.
Meine Verfehlungen haben mich eingeholt,
und die Folgen sind nicht mehr zu überblicken.
Jeder Mut hat mich verlassen.
14 Herr, ich bitte dich:
Rette mich, komm mir schnell zu Hilfe!
15 Wer mir nach dem Leben trachtet,
der soll scheitern und öffentlich bloßgestellt werden.
Wer sich über mein Unglück hämisch freut,
den jage mit Schimpf und Schande davon!
16 Alle, die schadenfroh lästern:
«Haha, das geschieht dir recht!», sollen vor Schreck
erstarren über ihre selbstverschuldete Schande!

17 Aber alle, die sich dir anvertrauen,
werden vor Freude jubeln!
Wer dich als Retter kennt und liebt,
wird immer wieder rufen: «Groß ist der Herr!»
18 Ich bin hilflos und ganz auf dich angewiesen, Herr,
sorge für mich, denn du bist mein Helfer und Befreier.
Mein Gott, zögere nicht länger!

Vom Tod gezeichnet, von Freunden verlassen

41 Ein Lied Davids.
2 Glücklich ist, wer sich für die Schwachen einsetzt!
Wenn ihn ein Unglück trifft,
hilft der Herr ihm wieder heraus.

[3]Der Herr wird ihn beschützen und am Leben erhalten;
im ganzen Land wird man von seinem Glück erzählen.
Gott überläßt ihn nicht der Wut seiner Feinde.[a]
[4]Und wenn er auf dem Krankenbett liegt,
steht der Herr ihm zur Seite und hilft ihm wieder auf.

[5]Deshalb bete ich zu dir:
«Herr, ich habe gegen dich gesündigt,
aber sei mir gnädig und mach mich wieder gesund!»
[6]Meine Feinde wünschen mir Böses und fragen hämisch:
«Wann ist er endlich hinüber?
Niemand soll mehr an ihn denken!»
[7]Wenn mich einer von ihnen besucht, heuchelt er Mitgefühl.
In Wirklichkeit sucht er nur Stoff für seine Verleumdungen.
Kaum ist er fort, verbreitet er seine Gerüchte über mich.
[8]Alle, die mich hassen, tun sich zusammen
und tuscheln hinter meinem Rücken.
Sie planen Böses gegen mich und verfluchen mich.
[9]«Die Krankheit soll ihn auffressen!» sagen sie.
«Wer so daniederliegt, steht nicht wieder auf!»
[10]Sogar mein engster Freund, der oft an meinem Tisch saß
und dem ich vertraute, tritt mich mit Füßen.

[11]Du aber, Herr, sei mir gnädig und richte mich wieder auf,
damit ich mit meinen Feinden abrechnen kann!
[12]Laß sie nicht über meinen Tod jubeln,
damit ich erkenne, daß du mich liebst.
[13]Du hältst zu mir, weil ich unschuldig bin.
Für immer darf ich in deiner Nähe bleiben.

[14]Gepriesen sei der Herr, der Gott Israels,
von jetzt an bis in alle Ewigkeit! Amen, amen!

Sehnsucht nach Gott[b]

42 Von den Nachkommen Korahs, zum Nachdenken.
[2]Wie ein Hirsch nach frischem Wasser lechzt,
so sehne ich mich nach dir, o Gott!
[3]Ja, ich dürste nach Gott, nach dem lebendigen Gott.
Wann darf ich in seinen Tempel kommen?
Wann darf ich ihn anbeten?

a) So nach der griechischen Übersetzung. Der hebräische Text lautet: Überlaß ihn nicht der Wut seiner Feinde!

b) Der dreimal wiederkehrende Refrain (Psalm 42,6.12; 43,5) läßt vermuten, daß die Psalmen 42 und 43 ursprünglich zusammengehörten.

4 Tag und Nacht weine ich, Tränen sind meine einzige Speise,
denn ständig verspottet man mich und fragt:
«Wo bleibt er denn, dein Gott?»
5 Es bricht mir das Herz, wenn ich an früher denke:
Da ging ich dem großen Festzug voran
und führte ihn zum Haus Gottes.
Da konnte ich Gott zujubeln und ihm danken!

6 Warum nur bin ich so traurig?
Warum ist mein Herz so schwer?
Auf Gott will ich hoffen, denn ich weiß:
ich werde ihm wieder danken.
Er ist mein Gott, er wird mir beistehen!

7 Ich stehe auf dem Berg Misar im Hermongebirge.
Hier im Ostjordanland, fern von deinem Tempel,
denke ich voll Trauer an dich.
8 Von den Bergen stürzen Wildbäche tosend in die Tiefe.
Mir ist zumute, als würden die Fluten mich mitreißen
und fortspülen.
9 Tagsüber seufze ich:
«Herr, schenke mir doch wieder deine Gnade!»
Und nachts singe und bete ich zu Gott;
er allein kann mir das Leben wieder geben.
10 Gott, du bist doch mein einziger Halt!
Warum hast du mich vergessen?
Warum läßt du mich leiden unter der Gewalt meiner Feinde?
11 Ihr Hohn dringt mir ins Herz, wenn sie Tag für Tag fragen:
«Wo bleibt er denn, dein Gott?»

12 Warum nur bin ich so traurig?
Warum ist mein Herz so schwer?
Auf Gott will ich hoffen, denn ich weiß:
ich werde ihm wieder danken.
Er ist mein Gott, er wird mir beistehen!

43 O Gott, verschaffe mir Recht
und verteidige mich gegen die Menschen,
denen nichts heilig ist!
Befreie mich von diesen Lügnern und Betrügern!
2 Du bist doch mein Beschützer.
Warum läßt du mich jetzt fallen?
Warum muß ich leiden unter der Gewalt meiner Feinde?
3 Gib mir dein Licht und deine Wahrheit!
Sie sollen mich zurückführen zu deinem heiligen Berg,
zu dem Tempel, wo du wohnst!

[4] An deinem Altar will ich dich anbeten,
will mich über dich freuen und dir zujubeln.
Dankbar spiele ich dir auf der Zither, dir, meinem Gott!

[5] Warum nur bin ich so traurig?
Warum ist mein Herz so schwer?
Auf Gott will ich hoffen, denn ich weiß:
ich werde ihm wieder danken.
Er ist mein Gott, er wird mir beistehen!

Herr, hast du uns vergessen?

44 Von den Nachkommen Korahs, zum Nachdenken.
[2] Gott, mit unseren eigenen Ohren haben wir's gehört;
unsere Väter haben uns erzählt,
was für große Taten du zu ihrer Zeit vollbracht hast –
doch das liegt schon lange zurück!
[3] Du selbst hast fremde Völker aus dem Land vertrieben
und es unseren Vorfahren überlassen.
Die Völker, die dort wohnten, hast du zerschlagen,
damit unser Volk aufblühen und sich entfalten konnte.
[4] Unsere Vorväter haben das Land in Besitz genommen.
Aber nicht ihre Schwerter,
nicht ihre eigene Kraft verhalf ihnen zum Sieg.
Nein, du hast machtvoll eingegriffen und für sie gekämpft.
Du hast sie durch deine Gegenwart gestärkt
und ihnen deine Liebe gezeigt.
[5] Du bist mein Gott und mein König.
Auf deinen Befehl erringt Israel den Sieg.
[6] Mit deiner Hilfe unterwerfen wir die Feinde;
in deinem Namen bezwingen wir die Gegner.
[7] Ich verlasse mich nicht auf meinen Bogen,
mein Schwert garantiert mir nicht den Sieg.
[8] Du allein befreist uns aus der Gewalt unserer Feinde;
du läßt alle scheitern, die uns mit ihrem Haß verfolgen.
[9] Wir sind stolz auf unseren Gott.
Darum hören wir nicht auf, dir zu danken, Herr.

[10] Und dennoch hast du uns jetzt verstoßen:
Mit einer Niederlage hast du Schande über uns gebracht.
Als unsere Truppen zum Kampf ausrückten, zogst du nicht mit.
[11] Der Ansturm der Feinde war zu stark – wir mußten fliehen,
und in ihrem Haß haben sie uns ausgeplündert.
[12] Du hast uns ans Messer geliefert;
sie haben uns abgeschlachtet wie Schafe.
Wer mit dem Leben davonkam,

wurde unter fremde Völker zerstreut.
13 Du hast dein Volk zu einem Spottpreis verkauft,
und was hast du nun davon? Nichts!
14 Mit Hohn und Spott werden wir von unseren Nachbarn überschüttet;
alle lachen über uns.
15 Unter den fremden Völkern ist unsere Niederlage schon
sprichwörtlich, sie schütteln den Kopf über uns.
16 Täglich habe ich meine Schande vor Augen.
Die Schamröte steigt mir ins Gesicht,
17 wenn ich höre, wie uns die Feinde demütigen,
wie diese Rachgierigen über uns lästern.

18 Das Unglück ist über uns gekommen,
obwohl wir dich nicht vergessen haben,
nie haben wir deinen Bund mit uns gebrochen!
19 Niemals sind wir dir untreu geworden,
auch deine Gebote haben wir befolgt.
20 Und doch hast du uns zerschlagen,
wie Schakale hausen wir in Ruinen,
in tiefer Dunkelheit hältst du uns gefangen.
21 Hätten wir dich, unseren Gott, vergessen
und fremde Götter angebetet,
22 dann hättest du es ja sofort bemerkt.
Denn du kennst unsere geheimsten Gedanken!
23 Aber unser Unglück hat einen anderen Grund:[a]
Weil wir zu dir gehören, werden wir überall verfolgt und getötet –
wie Schafe werden wir geschlachtet!

24 Wach auf, Herr! Warum schläfst du?
Wach auf und verstoße uns nicht für immer!
25 Warum verbirgst du dich vor uns?
Hast du unsere Not und unser Elend vergessen?
26 Die Schande drückt uns zu Boden,
besiegt liegen wir im Staub.
27 Greif ein und komm uns zu Hilfe!
Erlöse uns, weil du uns liebst!

Zur Hochzeit des Königs

45 Von den Nachkommen Korahs, zum Nachdenken. Nach der Melodie «Lilie», ein Liebeslied.

2 Mein Herz ist von Freude erfüllt,
ein schönes Lied will ich für den König singen.

a) Sinngemäß eingefügt.

Wie ein Dichter seine Feder,
so gebrauche ich meine Zunge für ein kunstvolles Lied:

3 Du bist schön und stattlich wie kein anderer!
Freundlich und voller Güte sind deine Worte.
Jeder kann sehen, daß Gott dich für immer reich beschenkt hat.
4 Gürte dein Schwert um, du tapferer Held!
Zeige deine königliche Majestät und Pracht!
5 Sei stark und kämpfe für die Wahrheit;
regiere dein Volk umsichtig und gerecht!
Deine kühnen Taten sollen dir zum Sieg verhelfen.
6 Deine spitzen Pfeile durchbohren das Herz deiner Feinde.
Ja, du wirst die Völker unterwerfen!
7 Deine Herrschaft, o König, hat Gott dir übertragen;
darum bleibt sie für immer bestehen.[a]
In deinem Reich herrscht Gerechtigkeit,
8 du liebst das Recht und haßt die Bosheit.
Darum hat dich dein Gott als Herrscher eingesetzt
und mehr als alle anderen mit Freude beschenkt.
9 Alle deine Gewänder duften nach kostbarem Parfüm[b].
Aus Palästen, mit Elfenbein verziert, erklingt Musik,
um dich zu erfreuen.
10 Königstöchter sind unter deinen Geliebten,[c]
den Ehrenplatz zu deiner Rechten aber nimmt die Gemahlin[d] ein,
geschmückt mit feinstem Gold.

11 Höre, Königstochter, und nimm dir zu Herzen, was ich sage!
Vergiß dein Volk und deine Verwandten!
12 Du bist wunderschön, und der König begehrt dich!
Verneige dich vor ihm, denn er ist dein Herr und Gebieter!
13 Die Bewohner der Stadt Tyrus kommen mit Geschenken,
die Vornehmen und Reichen suchen deine Gunst.[e]
14 Seht, wie prachtvoll zieht die Königstochter in den Festsaal ein!
Ihr Kleid ist mit Gold durchwebt,
15 in ihrem farbenfrohen Gewand wird sie zum König geführt;
und Jungfrauen, ihre Freundinnen, begleiten sie.
16 Mit Freudenrufen und hellem Jubel
wird der feierliche Brautzug in den Palast geleitet.

a) Wörtlich: Gott, deine Herrschaft bleibt immer und ewig bestehen.
b) Wörtlich: nach Myrrhe, Aloe und Kassia.
c) Wörtlich: Königstöchter sind unter deinen Kostbarkeiten.
d) Möglicherweise auch die Mutter des Königs.
e) Oder: Tochter von Tyrus! Die Vornehmen und Reichen kommen mit Geschenken, sie suchen deine Gunst.

[17] O König! Du wirst viele Söhne haben;
auch sie werden regieren wie deine Vorfahren.
In allen Ländern wirst du sie zu Herrschern einsetzen.
[18] Mein Lied wird deinen Ruhm durch alle Generationen tragen,
darum werden die Völker dich allezeit preisen.

Er ist mit uns!

46 Von den Nachkommen Korahs. Ein Lied für hohe Frauenstimmen.

[2] Gott ist unsere Zuflucht und Stärke,
ein bewährter Helfer in Zeiten der Not.
[3] Darum fürchten wir uns nicht,
selbst wenn die Erde erbebt, wenn die Berge wanken
und in den Tiefen des Meeres versinken,
[4] wenn die Wogen tosen und schäumen
und die Berge erschüttert werden.

[5] Ein breiter, mächtiger Strom belebt die Stadt Gottes,
die Wohnung des Höchsten, den heiligen Ort.
[6] Gott ist in ihrer Mitte und beschützt sie schon früh am Morgen;
nie wird sie zerstört.
[7] Ringsum toben die Völker, aber ihre Macht wird erschüttert.
Denn Gott läßt seine mächtige Stimme erschallen,
und die Erde vergeht.

[8] Der Herr über Himmel und Erde ist mit uns!
Der Gott Jakobs ist unser Schutz.

[9] Kommt und seht, was der Herr Großes getan hat!
Seine Taten verbreiten Entsetzen.
[10] In aller Welt bereitet er den Kriegen ein Ende.
Die Kampfbogen bricht er entzwei,
er zersplittert die Speere und verbrennt die Kriegswagen.
[11] «Hört auf!» ruft er, «und erkennt, daß ich Gott bin!
Ich stehe über den Völkern; ich habe Macht über die ganze Welt.»

[12] Der Herr über Himmel und Erde ist mit uns!
Der Gott Jakobs ist unser Schutz!

Gott ist König!

47 Ein Psalm der Nachkommen Korahs.

[2] Freut euch und klatscht in die Hände, alle Völker!
Lobt Gott mit lauten Jubelrufen!
[3] Denn der Herr ist der Höchste,

ein großer König über die ganze Welt.
Alle müssen vor ihm erzittern!
4 Er gab uns den Sieg über fremde Völker,
und nun herrschen wir über sie.
5 Er wählte für uns das Land, in dem wir leben,
und wir sind stolz darauf.
Wir sind Gottes Volk, und er liebt uns.

6 Gott, der Herr, ist auf seinen Thron gestiegen,
begleitet von Trompeten und dem Jubelgeschrei seines Volkes.
7 Singt zu Gottes Ehre, singt! Singt zur Ehre unseres Königs!
Spielt auf allen Instrumenten!
8 Denn Gott ist König über die ganze Welt,
singt ihm ein neues Lied!
9 Ja, Gott ist König über alle Völker,
er sitzt auf seinem heiligen Thron.
10 Die Mächtigen der Erde versammeln sich mit dem Volk,
das sich zu dem Gott Abrahams bekennt.
Denn der Herr ist mächtiger als alle Könige,[a]
er allein ist hoch erhaben!

Gott liebt Jerusalem

48 Ein Psalm der Nachkommen Korahs.

2/3 Groß ist der Herr!
Lobt ihn in Jerusalem, der heiligen Stadt unseres Gottes!
Der Berg Zion[b] ragt in den Himmel –
voll Schönheit und Pracht.
Die Stadt des großen Königs erfreut die ganze Welt.
4 In den Palästen wissen es alle:
Gott selbst beschützt Jerusalem.
5 Feindliche Könige verbündeten sich
und zogen gegen Jerusalem.
6 Doch kaum erblickten sie die Stadt,
blieben sie erschreckt stehen;
in panischer Angst ergriffen sie die Flucht.
7 Ja, sie zitterten am ganzen Körper –
wie eine Frau, die in den Wehen liegt.
8 Wie stolze Schiffe, die im Sturm zerschellen,
so hast du sie vernichtet.

a) Wörtlich: Denn Gott gehören die Schilde der Erde. Vgl. Psalm 84,10; 89,19
b) Wörtlich: Der Berg Zion, die Höhenzüge des Berges Zaphon. Vgl. Jesaja 14,13; Hesekiel 28,14

9 Das alles haben wir nur gehört,
doch nun erleben wir es selbst:
Gott ist der Herr über Himmel und Erde,
an Jerusalem sehen wir, wie mächtig er ist.
Durch ihn wird die Stadt auf ewig bestehen.
10 In deinem Tempel, o Gott, denken wir über deine Güte nach.
11 In jedem Land kennt man deinen Namen,
dein Ruhm reicht bis ans Ende der Welt.
Du regierst gerecht,
12 darum herrscht Freude auf dem Berg Zion.
Du richtest gerecht,
darum jubeln die Menschen in den Städten Judas dir zu.

13 Wandert um den Berg Zion,
geht rings um die Stadt und zählt ihre Festungstürme!
14 Bestaunt die unbezwingbaren Mauern
und die schönen Paläste!
Dann könnt ihr der nächsten Generation erzählen:
15 «Wir haben einen mächtigen Gott!
Er ist unser Herr für immer und ewig;
allezeit wird er uns führen!»[a]

Das Leben ist nicht käuflich!

49 Ein Lied der Nachkommen Korahs.
2 Hört zu, all ihr Völker!
Horcht auf, ihr Bewohner der Erde!
3 Ob ihr einfache oder vornehme Leute seid,
ob arm oder reich –
4 ich habe euch Wichtiges zu sagen!
Meine Worte sind die Worte eines Weisen,
tiefe Einsicht spricht aus ihnen,
5 denn von Gott empfange ich Sprüche der Weisheit[b].
Wenn ich auf der Zither spiele,
will ich ihre Bedeutung enträtseln.

6 Warum sollte ich mich fürchten, wenn ein Unglück naht,
wenn ich umgeben bin von boshaften und hinterhältigen Menschen?
7 Sie verlassen sich auf ihren Reichtum,
mit Geld und Luxus protzen sie.
8 Doch niemand kann für das Leben seines Freundes bezahlen,

a) So mit vielen hebräischen Handschriften und der griechischen Übersetzung. Der hebräische Text lautet: bis zum Tode wird er uns führen.
b) Wörtlich: mein Ohr will ich zu einem Spruch neigen.

niemand kann ihn bei Gott vom Tod freikaufen.
[9] Denn ein Menschenleben kann man nicht mit Gold aufwiegen –
aller Reichtum dieser Welt wäre noch zu wenig!
[10] Keiner lebt hier ewig, niemand kann dem Grab entrinnen.
[11] Jeder kann es sehen:
Auch einsichtige und vernünftige Menschen werden vom Tod ereilt,
genauso wie Tagträumer und Dummköpfe.
Ihren Besitz müssen sie zurücklassen – für andere!
[12] Sie bilden sich ein, daß ihre Häuser für alle Ewigkeit gebaut sind
und alle Generationen überdauern.
Aber es hilft ihnen nichts, selbst wenn sie ganze Länder besessen
haben.[a]

[13] Reichtum und Ansehen erhalten keinen Menschen am Leben;
er verendet wie das Vieh.
[14] Dieses Schicksal trifft alle, die auf sich selbst vertrauen
und sich in ihrem überheblichen Gerede gefallen:
[15] Ahnungslos wie Schafe trotten sie in die Totenwelt;
ihr Hirte dort ist der Tod.
Ihr Körper verwest im Grab und ihre Villen zerfallen.
Aufrichtige Menschen werden an ihre Stelle treten –
und das schon am nächsten Tag.[b]
[16] Ich aber bin gewiß: Gott wird mich erlösen,
er wird mich den Klauen des Todes entreißen.

[17] Laß dich nicht einschüchtern, wenn einer steinreich wird
und sein Haus immer prachtvoller ausstattet!
[18] Nichts kann er davon mitnehmen, wenn er stirbt;
was er angehäuft hat, folgt ihm nicht ins Grab.
[19] Er preist sich selbst: «Ich bin meines Glückes Schmied!»,
und man schmeichelt ihm, weil er so erfolgreich ist.
[20] Und doch kommt auch er dorthin, wo seine Vorfahren sind,
die nie mehr das Licht sehen.

[21] Ein Mensch mag zu Reichtum und Ansehen kommen;
aber wenn er keine Einsicht erlangt,
verendet er wie das Vieh.

a) Oder nach der griechischen Übersetzung: Gräber sind auf ewig ihre Behausung, ihre Wohnung für alle Generationen, auch wenn sie ganze Länder besessen haben.
b) Der hebräische Text ist nur schwer zu deuten.

Frömmigkeit ohne Selbstbetrug

50 Ein Lied Asafs.
Gott, der Herr, der Mächtige, spricht;
er ruft die Welt vom Osten bis zum Westen.
2 Auf dem Zion, dem schönsten Berg,
erscheint Gott in strahlendem Glanz.
3 Ja, unser Gott kommt, er kann nicht länger schweigen.
Ein verheerendes Feuer lodert vor ihm her,
um ihn tobt ein schwerer Sturm.
4 Himmel und Erde ruft er zu Zeugen,
denn über sein Volk hält er Gericht:
5 «Versammelt alle, die zu mir gehören!» verkündet er,
«alle, die mit mir den Bund geschlossen haben!
Damals schworen sie mir Treue und Gehorsam
und bekräftigten es mit einem Opfer.»
6 Der Himmel ist Zeuge dafür,
daß Gott seinem Volk die Treue bewahrt hat.
Deshalb kann er es jetzt zur Rechenschaft ziehen:
7 «Höre, Israel, nun rede ich!
Mein Volk, ich klage dich an, ich, dein Gott!
8 Nicht wegen deiner Schlachtopfer weise ich dich zurecht,
auch deine Brandopfer bringst du mir regelmäßig.
9 Doch ich nehme deine Opfer nicht an –
weder die Stiere aus deinem Stall,
noch die Böcke von deiner Weide.
10 Denn alle Tiere gehören mir ohnehin:
das Wild in Wald und Feld,
die Tiere auf den Bergen und Hügeln.
11 Ich kenne jeden Vogel unter dem Himmel
und die vielen kleinen Tiere auf den Wiesen.
12 Selbst wenn ich Hunger hätte,
würde ich dich um nichts bitten;
denn die ganze Welt gehört mir und alles, was auf ihr lebt.
13 Denkst du wirklich, ich wollte Fleisch von Stieren essen
und Blut von Böcken trinken?
14 Dank ist das Opfer, das ich von dir erwarte;
erfülle die Versprechen, die du mir,
dem Höchsten, gegeben hast!
15 Wenn du keinen Ausweg mehr siehst,
dann rufe mich zu Hilfe!
Ich will dich retten, und du sollst mich preisen.»

16 Wer aber Gott die Treue bricht, zu dem sagt er:
«Was erlaubst du dir eigentlich?
Du sagst immer wieder meine Gebote auf

und berufst dich auf meinen Bund.
17 Doch sagen läßt du dir nichts von mir;
du tust, was du willst, und verwirfst meine Ordnungen.
18 Mit Dieben machst du gemeinsame Sache,
und mit Ehebrechern schließt du Freundschaft.
19 Gemeine Reden kommen dir leicht über die Lippen,
du betrügst schon, wenn du nur den Mund aufmachst!
20 Deine Mitmenschen bringst du in Verruf,
sogar deinen eigenen Bruder verleumdest du.

21 Bis jetzt habe ich zu deinem Treiben geschwiegen,
darum dachtest du, ich sei dir gleich.
Aber nun weise ich dich zurecht
und halte dir deine Untreue vor Augen.
22 Ihr habt mich vergessen, euren Gott.
Hört doch auf das, was ich sage;
sonst werde ich euch vernichten.
Dann kommt jede Rettung zu spät!

23 Wer mir dankt, der bringt ein Opfer, das mich ehrt.
Es gibt keinen anderen Weg, nur so kann ich ihn erretten!»

Herr, vergib mir!

51 Ein Lied Davids.
2 Er schrieb es, nachdem der Prophet Nathan ihn wegen seines Ehebruchs mit Batseba zurechtgewiesen hatte.[a]

3 Du großer, barmherziger Gott,
sei mir gnädig, hab Erbarmen mit mir!
Lösche meine Vergehen aus!
4 Meine schwere Schuld – wasche sie ab,
und reinige mich von meiner Sünde!
5 Denn ich erkenne mein Unrecht,
meine Schuld steht mir ständig vor Augen.
6 Gegen dich habe ich gesündigt – gegen dich allein!
Was du als böse ansiehst, das habe ich getan.
Darum bist du im Recht, wenn du mich verurteilst,
dein Urteil wird sich als wahr erweisen.

7 Seit mein Leben im Leib meiner Mutter begann,
liegt Schuld auf mir;
von Geburt an bestimmt die Sünde mein Leben.

a) 2. Samuel 12,1–14

[8] Du freust dich,
wenn ein Mensch von Herzen aufrichtig und ehrlich ist;
verhilf mir dazu, und laß mich weise handeln![a]
[9] Reinige mich von meiner Schuld,[b]
dann bin ich wirklich rein;
wasche meine Sünde ab,
und mein Gewissen ist wieder weiß wie Schnee!
[10] Du hast mich hart bestraft;
nun laß mich wieder Freude erfahren,
damit ich befreit aufatmen kann!
[11] Sieh nicht länger auf meine Schuld,
vergib mir alle meine Sünden!
[12] Erschaffe in mir ein reines Herz, o Gott;
erneuere mich und gib mir Beständigkeit!
[13] Stoße mich nicht von dir,
und nimm deinen heiligen Geist nicht von mir!
[14] Schenk mir Freude über deine Rettung,
und mach mich bereit, dir zu gehorchen!
[15] Dann will ich den Gottlosen deine Wege zeigen,
damit sie zu dir zurückfinden.

[16] Herr, ich habe das Blut eines Menschen vergossen –
befreie mich von dieser Schuld, Gott, mein Helfer!
Dann werde ich deine Gnade preisen und jubeln vor Freude.
[17] Herr, schenke mir die Worte, um deine Größe zu rühmen!
[18] Du willst kein Schlachtopfer,
sonst hätte ich es dir gebracht.
Dir gefällt nicht, daß man Tiere schlachtet und für dich verbrennt,
um von der Sünde freizukommen.
[19] Ich bin zerknirscht und verzweifelt
über meine schwere Schuld.
Solch ein Opfer gefällt dir, du wirst es nicht ablehnen.

[20] Zeige Zion deine Liebe, und festige die Mauern Jerusalems!
[21] Dann werden dir unsere Opfer wieder gefallen,
durch die wir bekennen: «Du bist unser Herr!»
Dann werden wir Stiere schlachten und auf dem Altar verbrennen.

a) Wörtlich: Du willst Wahrheit im Innersten, und im Verborgenen wirst du mir Weisheit kundtun.
b) Wörtlich: Entsündige mich mit Ysop.

Das hast du nun davon!

52 Von David, zum Nachdenken.
[2] Dieses Lied stammt aus der Zeit, als der Edomiter Doëg zu Saul
gekommen war und ihm verraten hatte: «David war bei Ahimelech!»[a]

[3] Warum läßt du dich als Held feiern
und gibst mit deiner Bosheit an?
Auch du bist nur von Gottes Güte abhängig!
[4] Mit deinen Worten verletzt du andere
wie mit einem scharfen Messer, du Lügner!
[5] Du liebst das Böse mehr als das Gute,
die Lüge mehr als die Wahrheit.
[6] Du redest, um zu zerstören,
und hast noch deinen Spaß daran, du Heuchler!
[7] Darum wird Gott auch dich für immer zerstören:
Er wird dich ergreifen und aus deinem Land verbannen;
er wird dich aus dem Leben reißen,
so wie man Unkraut ausreißt.

[8] Alle, die Gott vertrauen, werden es sehen und erschrecken.
Dann aber werden sie über dich lachen und sagen:
[9] «Schaut ihn an! Statt bei Gott Schutz zu suchen,
verließ er sich auf seinen großen Reichtum und glaubte,
seine Bosheit mache ihn stark!»

[10] Ich aber darf wachsen und gedeihen wie ein Ölbaum,
der im Schutz des Tempels grünt.
Für alle Zeiten weiß ich mich geborgen,
weil Gott mir gnädig ist.
[11] Herr, immer und ewig will ich dir danken für das,
was du getan hast;
vor allen, die dich lieben, will ich bezeugen,
wie gut du bist! Auf dich vertraue ich!

Es gibt keinen, der Gutes tut

53 Von David, zum Nachdenken.

[2] Menschen, die sich einreden:
«Gott gibt es überhaupt nicht!»,
leben an der Wirklichkeit vorbei.
Sie führen ein gottloses Leben, und alles,
was sie tun, ist abscheulich.
Es gibt keinen, der Gutes tut.

a) 1. Samuel 21,8; 22,9–10

3 Gott schaut vom Himmel auf die Menschen.
Er will sehen, ob es wenigstens einen gibt,
der einsichtig ist und nach seinem Willen fragt.
4 Aber alle haben sich von ihm abgewandt
und sind nun verdorben, einer wie der andere.
Es gibt wirklich keinen, der Gutes tut,
nicht einen einzigen!

5 Wissen denn diese Unheilstifter nicht, was sie tun?
Sie verschlingen mein Volk wie ein Stück Brot
und denken sich nichts dabei.
Mit Gott rechnen sie überhaupt nicht mehr.
6 Aber schon bald werden sie in Angst und Schrecken fallen,
wie sie es vorher noch nie erlebt haben[a].
Denn Gott wird die Feinde seines Volkes vollkommen vernichten,
und ihre Gebeine werden achtlos liegenbleiben.
Gott hat sie verworfen und wird sie darum scheitern lassen.

7 Ach käme Gott doch vom Berg Zion, um sein Volk zu befreien!
Israel wird jubeln vor Freude,
wenn der Herr das Schicksal seines Volkes wendet.

Nur du kannst helfen!

54 Von David, zum Nachdenken. Mit Saiteninstrumenten zu begleiten.
2 Dieses Lied stammt aus der Zeit, als die Sifiter zu Saul gekommen
waren, um ihm mitzuteilen: «David hält sich bei uns versteckt!»[b]

3 Gott, du bist ein mächtiger Gott!
Darum hilf mir und verschaffe mir Recht durch deine Stärke!
4 Erhöre mein Gebet, achte auf mein Schreien!
5 Menschen, die ich nicht kenne, fallen über mich her.
Selbst vor Gewalt schrecken sie nicht zurück,
ja, sie trachten mir nach dem Leben.
Du, Gott, bist ihnen völlig gleichgültig!

6 Ich weiß: Gott ist mein Helfer,
er setzt sich für mich ein.
7 Meine Feinde werden durch ihre eigene Bosheit zu Fall kommen.
Gott wird dafür sorgen.
Ja, Herr, beseitige sie! Du hast es doch versprochen!
8 Gern will ich dir Opfer bringen – fröhlich und ohne Zwang.

a) Wörtlich: ohne daß ein Schrecken da sein wird.
b) 1. Samuel 23,19; 26,1

Ich will dich preisen, Herr, denn du bist gut.
9 Aus jeder Not hast du mich errettet,
nur so konnte ich die Feinde besiegen.

Vom besten Freund verraten

55 Von David, zum Nachdenken. Mit Saiteninstrumenten zu begleiten.
2 Beachte mein Gebet, o Gott,
und wende dich nicht ab von meinem Flehen!
3 Höre doch und gib mir Antwort!
Meine Sorgen lassen mir keine Ruhe mehr.
Stöhnend irre ich umher
4 und höre, wie die Feinde mich anpöbeln.
Sie bedrängen mich und wollen mir schaden,
voller Haß feinden sie mich an.
5 Mein Herz krampft sich zusammen,
Todesangst überfällt mich.
6 Furcht und Zittern haben mich erfaßt,
und vor Schreck bin ich wie gelähmt.

7 Ach, hätte ich doch Flügel wie eine Taube,
dann würde ich an einen sicheren Ort fliegen!
8 Weit weg würde ich fliehen – bis in die Wüste.
9 Schnell fände ich eine Zuflucht vor dem Unwetter
und dem wütenden Sturm.

10 Herr, verwirre die Sprache meiner Feinde,
damit sie sich nicht mehr verständigen können!
In der Stadt habe ich gesehen,
daß Streit und rohe Gewalt überhandnehmen.
11 Tag und Nacht machen sie die Runde auf den Mauern.
Die Stadt ist erfüllt von Unrecht und Verderben.
12 In ihren Straßen herrschen Erpressung und Betrug,
und das Verbrechen scheint kein Ende zu nehmen.

13 Wäre es mein Feind, der mich verhöhnt,
dann könnte ich es noch ertragen.
Würde mein erbitterter Gegner sich über mich erheben,
wüßte ich ihm aus dem Weg zu gehen.
14 Aber du bist es, mein Vertrauter,
mein bester und engster Freund!
15 Wie schön war es, als wir noch unsere Gedanken austauschen konnten,
während wir mit den anderen Pilgern auf dem Weg zum Tempel waren!

16 Ohne Vorwarnung hole der Tod meine Feinde!
Mitten aus dem Leben sollen sie gerissen werden,

denn die Bosheit herrscht in ihren Herzen und Häusern.
17 Doch ich schreie zu Gott, und der Herr wird mir helfen.
18 Den ganzen Tag über klage und stöhne ich,
bis er mich hört.
19 Er rettet mich und gibt mir Sicherheit
vor den vielen Feinden, nichts können sie mir anhaben!
20 Gott, der seit Ewigkeiten herrscht, wird mich erhören.
Er bleibt ihnen die Antwort nicht schuldig.
Denn vor ihm haben sie keine Ehrfurcht,
und ändern wollen sie sich auch nicht.

21 Ach, mein ehemaliger Freund hat alle seine Freunde verraten
und seine Versprechen gebrochen!
22 Seine Worte sind honigsüß,
aber im Herzen ist er voller Haß.
Sein Gesicht ist freundlich,
aber seine Worte verwunden wie Messerstiche.

23 Überlaß alle deine Sorgen dem Herrn!
Er wird dich wieder aufrichten;
niemals läßt er den scheitern, der treu zu ihm steht.
24 Solche Mörder und Betrüger aber wirst du, Gott,
ins Grab stürzen;
mitten aus dem Leben wirst du sie reißen.
Ich aber vertraue dir, Herr!

Besiegte Angst

56 Ein Lied Davids, nach der Melodie «Die Taube verstummt in der Fremde». Es stammt aus der Zeit, als die Philister ihn in Gat festgenommen hatten.[a]

2 Gott, hab Erbarmen mit mir,
denn man will mich zur Strecke bringen!
Die Feinde verfolgen mich den ganzen Tag
und bedrängen mich hart.
3 Unaufhörlich greifen sie mich an,
viele bekämpfen mich in ihrem Hochmut.

4 Doch gerade dann, wenn ich Angst habe,
will ich mich dir anvertrauen.

5 Ich lobe Gott für das, was er versprochen hat;
ihm vertraue ich und fürchte mich nicht.
Was kann mir ein Mensch jetzt noch Böses tun?

a) 1. Samuel 21,10ff.

[6]Unablässig verdrehen sie, was ich sage, und überlegen,
wie sie mir schaden können.
[7]Überall muß ich mit einem Hinterhalt rechnen.
Sie beschatten mich und warten nur darauf, mich umzubringen.
[8]Gott, wirf diese Leute in deinem Zorn nieder!
Sollten sie bei so viel Bosheit ungeschoren davonkommen?
[9]Du siehst doch, wie lange ich schon umherirre!
Jede Träne hast du gezählt,
ja, alle sind in deinem Buch festgehalten.
[10]Sobald ich dich um Hilfe bitte,
werden meine Feinde kleinlaut den Rückzug antreten.
Denn das weiß ich: du, Gott, bist auf meiner Seite!

[11]Ich lobe Gott für das, was er versprochen hat,
ja, ich lobe die Zusage des Herrn.
[12]Ihm vertraue ich und fürchte mich nicht.
Was kann mir ein Mensch jetzt noch Böses tun?

[13]Herr, was ich dir versprochen habe,
will ich jetzt einlösen und dir aus Dank Opfer bringen.
[14]Denn du hast mich vor dem Tod gerettet,
vor dem Sturz in die Tiefe hast du mich bewahrt.
Ich darf weiterleben – in deiner Nähe.
Du hast mir das Leben neu geschenkt.

Ich bin geborgen

57 Ein Lied Davids, nach der Melodie «Richte nicht zugrunde». Es stammt aus der Zeit, als er sich auf der Flucht vor Saul in der Höhle aufhielt.[a]

[2]Erbarme dich über mich, o Gott, erbarme dich!
Bei dir suche ich Zuflucht,
bei dir bin ich geborgen wie ein Küken,
das sich unter die Flügel seiner Mutter flüchtet,
bis das Unwetter vorbeigezogen ist.
[3]Zu Gott, dem Höchsten, schreie ich,
zu ihm, der meine Not wendet
und alles zu einem guten Ende führt.
[4]Vom Himmel her wird er mir seine Hilfe schicken
und mich retten vor denen,
die mir nachstellen und mich gehässig verleumden.
Ja, Gott wird zu mir halten, er ist treu.
[5]Ich bin von Feinden umzingelt,

a) 1. Samuel 22,1–2; 24,1 ff.

wie Löwen lechzen sie nach Blut.
Ihre Zähne sind spitz wie Speere und Pfeile,
ihre Zungen sind scharf wie geschliffene Schwerter.

6 Gott, zeige deine Größe, die den Himmel überragt;
erweise deine Macht und Herrlichkeit auf der ganzen Welt!

7 Die Feinde hatten mir Fallen gestellt,
ich war völlig verzweifelt.
Mir hatten sie eine Grube gegraben,
doch nun sind sie selbst hineingestürzt!

8 Gott, jetzt habe ich neuen Mut gefaßt,
voller Vertrauen blicke ich in die Zukunft.
Darum will ich singen und dir danken, Herr.
9 Fasse neuen Mut, mein Herz! Wach auf!
Harfe und Zither, wacht auf!
Ich will den neuen Tag mit meinem Lied begrüßen.
10 Herr, ich will dir danken vor den Völkern,
vor allen Menschen will ich dir singen.
11 Groß ist deine Güte! Sie reicht bis an den Himmel!
Und wohin die Wolken auch ziehen: überall ist deine Treue!

12 Gott, zeige deine Größe, die den Himmel überragt;
erweise deine Macht und Herrlichkeit auf der ganzen Welt!

Wer das Recht bricht, wird selbst zerbrochen

58 Ein Lied Davids nach der Melodie «Richte nicht zugrunde».
2 Ihr Mächtigen,
trefft ihr wirklich gerechte Entscheidungen?
Gilt noch gleiches Recht für alle,
wenn ihr eure Urteile fällt?
3 Nein!
Schon eure Gedanken sind von Ungerechtigkeit verseucht,
mit Willkür und Gewalt versklavt ihr das Land.
4 Diese Rechtsbrecher sind von Geburt an
verlogen und verdorben.
5 Sie sind giftig wie Schlangen.
Doch wenn es darauf ankommt, sich etwas sagen zu lassen,
dann stellen sie sich taub
6 wie eine Schlange, bei der jede Kunst des Beschwörers versagt.

7 O Gott, schlage ihnen die Zähne ein!
Brich diesen Löwen das Gebiß aus, Herr!
8 Laß diese Mächtigen verschwinden wie Wasser,

das im Boden versickert!
Wenn sie ihre Waffen einsetzen wollen,
schlage sie ihnen aus der Hand![a]
9 Laß sie eingehen wie Schnecken in sengender Hitze!
Wie eine Fehlgeburt sollen sie das Licht der Sonne nicht sehen!
10 Weg mit ihnen!
Noch bevor sie ihre hinterhältigen Pläne verwirklichen,
soll der Herr sie davonjagen.[b]

11 Gott wird mit ihnen abrechnen!
Wer ihm die Treue hält, wird sich darüber freuen
und im Blut der Rechtsbrecher waten.
12 Dann werden die Menschen bekennen:
Wer Gott gehorcht, wird doch belohnt;
es gibt tatsächlich einen Gott,
der auf dieser Erde dem Recht zum Sieg verhilft!

Gott wird mit meinen Feinden fertig!

59 Ein Lied Davids nach der Melodie «Richte nicht zugrunde». Er verfaßte es, als Saul sein Haus überwachen ließ, um ihn zu töten.[c]

2 Befreie mich von meinen Feinden, o Gott!
Sie stellen sich mir überall in den Weg.
Laß mich ihnen entkommen!
3 Rette mich vor diesen böswilligen Menschen,
die vor keiner Bluttat zurückschrecken!
4 Siehst du nicht, wie sie mir auflauern, um mich zu töten?
Alles, was in ihrer Macht steht,
haben sie gegen mich aufgeboten.
Doch niemand kann mir vorwerfen, ich hätte treulos gehandelt
oder sonst ein Unrecht begangen, Herr.
5 Obwohl ich völlig unschuldig bin,
kommen sie angelaufen und umstellen mein Haus.
Steh auf, Herr! Sieh meine Not an und komm mir zu Hilfe!
6 Denn du bist Gott, der Herr über Himmel und Erde,
du bist Israels Gott! Greif ein!
Du richtest doch alle fremden Völker;
so strafe auch meine heimtückischen Verfolger erbarmungslos!

a) Wörtlich: Wenn sie ihre Pfeile schießen, dann seien diese wie abgeknickt.
b) Der hebräische Text ist nicht sicher zu deuten. Wörtlich: Noch bevor eure (Koch)töpfe (das Feuer vom) Dornstrauch verspüren – ob er frisch ist oder ob er schon hell brennt – er (Gott) wird ihn fortwirbeln.
c) 1. Samuel 19,11

[7] Sie gleichen wilden Hunden,
die am Abend kläffend die Stadt durchstreifen.
[8] Vor Gier läuft ihnen schon der Geifer aus dem Maul.
Jedes Wort, das über ihre Lippen kommt,
ist wie ein Dolchstoß.
Dabei denken sie: «Keiner hört, was wir hier planen!»

[9] Aber du, Herr, kannst über sie nur lachen.
Nichts als Spott hast du für diese Völker übrig.
[10] Du bist meine Stärke[a], an dich will ich mich klammern.
Du gibst mir Schutz wie eine Burg.
[11] Du kommst mir in Liebe entgegen
und läßt mich über meine Feinde triumphieren.

[12] Herr, töte sie nicht sofort,
sonst gerät alles rasch in Vergessenheit,
und mein Volk würde nichts daraus lernen.
Laß sie ruhelos umherirren und langsam zugrunde gehen!
Du bist mächtig genug, Herr, unser Beschützer!
[13] Mit jedem Wort laden sie nur noch mehr Schuld auf sich.
Durch ihre Überheblichkeit werden sie sich im Netz ihrer Lügen
und Lästerungen verstricken.
[14] Vertilge sie in deinem Zorn!
Rotte sie aus mit Stumpf und Stiel!
Dann wird die ganze Welt erkennen,
daß du, Gott, in Israel regierst.

[15] Sie gleichen wilden Hunden,
die am Abend die Stadt durchstreifen.
[16] Sie streunen umher auf der Suche nach Fraß,
und wenn sie nicht satt werden, knurren sie wütend[b].

[17] Ich aber singe von deiner Macht.
Früh am Morgen juble ich dir zu, weil du so gnädig bist.
Du bietest mir Schutz wie eine sichere Burg;
zu dir kann ich fliehen, wenn ich weder aus noch ein weiß.
[18] Ja, dir will ich singen und musizieren,
denn du bist meine Stärke.
Bei dir, Gott, weiß ich mich geborgen.
Ja, Herr, wie gut bist du zu mir!

a) So mit anderen hebräischen Handschriften und der griechischen Übersetzung; der hebräische Text lautet: seine Stärke.
b) So nach der griechischen Übersetzung; der hebräische Text lautet: und wenn sie nicht satt werden, bleiben sie über Nacht.

Besiegt, aber nicht mutlos

60 Ein Lied Davids zur Belehrung, nach der Melodie «Lilien als Zeugnis». 2 Es stammt aus der Zeit, als David mit den Aramäern von Mesopotamien und mit den Aramäern von Zoba im Krieg lag. Damals fügte Joab auf dem Rückweg den Edomitern im Salztal eine Niederlage zu, bei der zwölftausend von ihnen fielen.[a]

3 Gott, du hast uns aufgegeben:
unsere Truppen wurden zersprengt und aufgerieben.
Wir haben deinen Zorn zu spüren bekommen,
doch nun richte uns wieder auf!
4 Du hast das Land erschüttert und zerrissen;
heile seine Risse, daß es nicht zerbricht!
5 Du hast dein Volk hart geschlagen,
wie betrunken torkeln wir umher.[b]
6 All denen aber, die dir gehorchen,
hast du ein Warnzeichen gegeben.
So konnten sie fliehen
und den Pfeilen ihrer Verfolger entkommen.
7 Hilf uns und antworte! Rette uns!
Wir sind doch dein geliebtes Volk!

8 Darauf hat Gott in seinem Heiligtum geantwortet:
«Im Triumph will ich meinem Volk
die Gegend um Sichem geben;
das Tal von Sukkot will ich ihnen zuteilen.
9 Mir gehören die Gebiete von Gilead und Manasse,
Ephraim ist mein Helm auf dem Haupt,
Juda das Zepter in meiner Hand.
10 Das Land Moab dient mir als Waschbecken;
auf Edom werfe ich meinen Schuh als Zeichen dafür,
daß ich von ihm Besitz ergreife.
Und ihr Philister: Jubelt auch ihr mir zu!»

11 Wer gibt mir Gewalt über die befestigte Stadt?
Wer schenkt mir den Sieg über Edom?
12 Außer dir, Herr, kommt ja niemand in Frage!
Doch gerade du hast uns verstoßen.
Gerade du, Gott, ziehst nicht mehr mit uns in den Krieg.
13 Rette du uns vor den Feinden!

a) 2. Samuel 8,1–14; 1. Chronik 18,3–13. – Der Psalm wurde wahrscheinlich vor dem Sieg Joabs über die Edomiter gedichtet.
b) Wörtlich: Du hast uns einen Wein zu trinken gegeben, der uns zum Taumeln brachte.

Denn wer sich auf Menschen verläßt, der ist verlassen!
[14] Mit Gott werden wir große Taten vollbringen;
er wird unsere Feinde zertreten!

Herr, wo du wohnst, will auch ich sein

61 Von David, mit Instrumenten zu begleiten.
[2] Höre, Gott, meinen Hilfeschrei,
und achte auf mein Gebet!
[3] Aus dem fernen Land rufe ich zu dir,
denn ich bin am Ende meiner Kraft.
Ich selbst kann mich nicht mehr in Sicherheit bringen,
darum hilf du mir und rette mich[a]!

[4] Zu dir kann ich jederzeit fliehen;
du bist seit jeher meine Festung,
die kein Feind bezwingen kann.
[5] Wo du wohnst, möchte auch ich für immer bleiben –
dort, in deinem Heiligtum.
Bei dir suche ich Zuflucht
wie ein Küken unter den Flügeln seiner Mutter.

[6] Gott, du kennst die Versprechen, die ich dir gegeben habe.
Du beschenkst jeden reich, der dich in Ehrfurcht anruft.
Auch mir gibst du meinen Anteil.
[7] Gib dem König ein langes Leben,
gewähre ihm noch viele Jahre!
Viele Generationen sollen erleben, wie er regiert.
[8] Laß ihn stets in Verantwortung vor dir herrschen,
beschütze ihn durch deine Güte und Treue!
[9] Dann will ich dich allezeit besingen
und deinen Namen preisen.
Tag für Tag werde ich erfüllen,
was ich dir versprochen habe.

Bei Gott komme ich zur Ruhe

62 Ein Lied Davids, für Jedutun.
[2] Nur bei Gott komme ich zur Ruhe;
geduldig warte ich auf seine Hilfe.
[3] Nur er ist ein schützender Fels und eine sichere Burg.
Er steht mir bei, und niemand kann mir schaden.

a) Wörtlich: bringe mich zum Felsen, der mir zu hoch ist.

4 Wie lange noch wollt ihr alle über einen herfallen
und ihm den letzten Stoß versetzen wie einer Wand,
die sich schon bedrohlich neigt,
oder einer Mauer, die bereits einstürzt?
5 Ja, sie unternehmen alles,
um meinen guten Namen in den Dreck zu ziehen.
Es macht ihnen Freude, Lügen über mich zu verbreiten.
Wenn sie mit mir reden, sprechen sie Segenswünsche aus,
doch im Herzen verfluchen sie mich.

6 Nur bei Gott komme ich zur Ruhe;
er allein gibt mir Hoffnung.
7 Nur er ist ein schützender Fels und eine sichere Burg.
Er steht mir bei, und niemand kann mir schaden.

8 Gott rettet mich, er steht für meine Ehre ein.
Er schützt mich wie ein starker Fels,
bei ihm bin ich geborgen.
9 Ihr Menschen, vertraut ihm jederzeit,
und schüttet euer Herz bei ihm aus!
Gott ist unsere Zuflucht.

10 Die Menschen vergehen wie ein Hauch;
ob einfach oder vornehm – sie sind wie ein Trugbild,
das verschwindet.
Legt man sie auf die Waagschale,
dann schnellt sie nach oben,
als wären die Menschen nur Luft.
11 Verlaßt euch nicht auf erpreßtes Gut,
laßt euch nicht blenden von unrecht erworbenem Reichtum!
Wenn euer Wohlstand wächst,
dann hängt euer Herz nicht daran!
12 Mehr als einmal habe ich gehört, wie Gott gesagt hat:
«Ich allein habe alle Macht!»
13 Du, Herr, bist ein gnädiger Gott;
du vergiltst jedem, wie er es verdient.

Herr, ich brauche dich!

63 Ein Lied Davids. Es stammt aus der Zeit, als er in der
Wüste Juda war.

2 Gott! Du bist mein Gott!
Ich sehne mich nach dir, dich brauche ich!
Wie eine dürre Steppe nach Regen lechzt,
so dürste ich, o Gott, nach dir.
3 Ich suche dich in deinem Heiligtum,

um deine Macht und Herrlichkeit zu sehen.
4 Deine Liebe bedeutet mir mehr als mein Leben!
Darum will ich dich loben;
5 mein Leben lang werde ich dir danken
und meine Hände zum Gebet emporheben.
6 Ich juble dir zu und preise dich,
ich bin glücklich und zufrieden wie bei einem Festmahl.[a]
7 Wenn ich nachts in meinem Bett liege,
denke ich über dich nach,
meine Gedanken sind dann nur bei dir.
8 Denn du hast mir immer geholfen; ich preise dich,
unter deinem Schutz bin ich sicher und geborgen.
9 Ich klammere mich an dich,
und du hältst mich mit deiner starken Hand.

10 Die mir nach dem Leben trachten,
müssen alle selbst umkommen.
Der Tod erwartet sie schon.
11 Sie werden dem Schwert nicht entkommen –
ihre Leichen werden von Schakalen gefressen.

12 Der König aber freut sich, weil Gott ihm beisteht.
Wer sich beim Schwören auf Gott berufen kann,
der darf sich glücklich schätzen;
den Lügnern aber wird das Maul gestopft.

Bosheit zahlt sich nicht aus!

64 Ein Lied Davids.
2 Gott, ich bin in großer Not, höre auf mein Schreien!
Ich fürchte mich vor meinen Feinden – rette mein Leben!
3 Eine Bande von Verbrechern hat sich gegen mich verschworen
und plant einen Aufstand.
Wende die Gefahr von mir ab!
4 Ihre Zungen sind scharf geschliffene Schwerter,
und ihre bissigen Worte verletzen wie Pfeile.
5 Aus dem Hinterhalt schießen sie auf Unschuldige –
ohne Vorwarnung und skrupellos.
6 Sie stacheln sich gegenseitig zum Bösen an
und wollen heimlich Fallen legen.
Hämisch fragen sie: «Wer wird's schon merken?»
7 Sie brüten Gemeinheiten aus und prahlen:

a) Wörtlich: Wie von Mark und Fett wird meine Seele gesättigt werden, und mit jubelnden Lippen wird mein Mund dich preisen.

«Wir haben's! Unser Plan ist ausgezeichnet!»
Abgrundtief böse ist das Herz dieser Menschen.[a]

8 Doch jetzt schießt Gott seine Pfeile auf sie,
und plötzlich sind sie schwer verwundet.
9 Ihre eigenen Worte bringen sie nun zu Fall;[b]
wer sie am Boden liegen sieht, schüttelt nur noch den Kopf.
10 Da wird jeder von Furcht gepackt und erzählt:
«So handelt Gott! So machtvoll greift er ein!»

11 Wer aber dem Herrn treu bleibt,
wird sich über ihn freuen und bei ihm sicher sein.
Ja, jeder, der von Herzen aufrichtig ist,
darf sich glücklich schätzen!

Du überschüttest uns mit deinen Gaben

65 Ein Lied Davids.
2 Auf dem Berg Zion kann man dir, o Gott, begegnen:
wenn man dich still anbetet, dir Loblieder singt
und das einlöst, was man dir versprochen hat.
3 Weil du Gebete erhörst, kommen die Menschen zu dir.
4 Schwere Schuld drückt uns[c] zu Boden;
doch trotz unserer Untreue wirst du uns vergeben.
5 Glücklich ist jeder, den du erwählt hast
und der zu deinem Heiligtum kommen kann!
Dort, in deinem Tempel, segnest du uns mit allem Guten
und stillst unsere Sehnsucht.

6 Gott, du bist treu! Mit gewaltigen Taten antwortest du uns,
wenn wir deine Hilfe brauchen.
Du bist die Hoffnung aller Völker
bis in die fernsten Länder.
7 Mit deiner Kraft hast du die Berge gebildet,
deine Macht ist allen sichtbar.
8 Du besänftigst das Brausen der Meere,
die tosenden Wellen läßt du verstummen;
ja, auch die tobenden Völker bringst du zum Schweigen.
9 Alle Bewohner der Erde erschrecken vor deinen Taten,
vom Osten bis zum Westen jubeln die Menschen dir zu.

a) Wörtlich: Das Innere eines jeden und sein Herz ist unergründlich.
b) Wörtlich: Sie brachten ihn zum Straucheln, ihre Zunge kommt über sie.
c) So mit einigen hebräischen Handschriften und der griechischen Übersetzung. Der hebräische Text lautet: «mich».

[10] Du sorgst für das ganze Land,
machst es reich und fruchtbar.
Du schenkst Wasser im Überfluß,
deshalb wächst Getreide in Hülle und Fülle.
[11] Du feuchtest das gepflügte Land und tränkst es mit Regen.
Das ausgedörrte Erdreich weichst du auf,
und alle Pflanzen läßt du gedeihen.
[12] Du schenkst eine reiche und gute Ernte –
die Krönung des ganzen Jahres.
[13] Selbst die Steppe fängt an zu blühen,
von den Hügeln hört man Freudenrufe.
[14] Dicht an dicht drängen sich die Herden auf den Weiden,
mit wogendem Korn bedecken sich die Täler.
Alles ist erfüllt von Jubel und Gesang.

Kommt und seht, was Gott getan hat!

66 Ein Lied.
[2] Jubelt Gott zu, all ihr Menschen auf der Erde!
Singt und musiziert zu seiner Ehre,
stimmt ein Loblied an auf seine Größe und Pracht!
[3] Sprecht zu Gott: «Wie gewaltig sind deine Taten!
Vor deiner Macht müssen sogar deine Feinde sich beugen.
[4] Alle Völker der Erde werden dich anbeten
und deinen Namen besingen.»

[5] Kommt und seht, was Gott getan hat,
wie gewaltig sind seine Taten unter den Menschen!
[6] Er teilte das Meer und ließ sein Volk sicher hindurchgehen,
trockenen Fußes konnten sie den Jordan[a] durchqueren.
Darum freuen wir uns über Gott!
[7] Ja, er hat alle Macht und regiert für immer und ewig.
Er schaut auf die Völker – ihm entgeht nichts.
Wer kann schon gegen ihn bestehen?

[8] Ihr Völker, preist den Herrn!
Lobt ihn laut, daß alle es hören!
[9] Gott erhält uns am Leben,
er läßt uns nicht untergehen.

[10] Du, o Gott, hast uns geprüft,
du hast uns geläutert wie Silber im Schmelzofen.
[11] Wir waren gefangen, stöhnten und jammerten unter der Last,
die wir tragen mußten.

a) Wörtlich: den Fluß. – Vgl. Josua 3,9ff.

[12] Du hast andere Menschen auf uns herumtrampeln lassen,
durch viele Feuerproben mußten wir hindurch –
aber du hast uns aus der Gefahr befreit
und uns mehr gegeben, als wir brauchten.

[13] Ich komme jetzt mit Brandopfern in dein Heiligtum
und löse meine Versprechen ein,
[14] die ich in meiner Not herausgeschrien habe.
[15] Nun bringe ich dir die wertvollsten Opfertiere:
fette Widder, Rinder und Ziegenböcke.
Ihr Rauch soll aufsteigen zu dir.

[16] Kommt und hört mir zu, ihr, die ihr Gott ernst nehmt,
ich will euch erzählen, was er für mich getan hat.
[17] Als ich zu ihm um Hilfe schrie, wußte ich:
Gott wird mir helfen! Deshalb begann ich, ihn zu loben.
[18] Hätte ich Böses im Sinn gehabt,
dann hätte der Herr mich nicht erhört.
[19] Aber er hat mich erhört,
mein Gebet hat er angenommen.
[20] Ich preise den Herrn,
denn er hat meine Bitten nicht verachtet
und mir seine Liebe nicht entzogen.

Erntedank

67 Ein Lied. Mit Instrumenten zu begleiten.

[2] Gott, sei uns gnädig und segne uns!
Sieh uns an im Licht deiner Liebe!
[3] Dann wird man auf der ganzen Welt erkennen,
daß du uns führst.
Alle Völker werden sehen und verstehen:
du willst die Menschen retten.

[4] Die Völker sollen dir danken, Gott!
Ja, alle Völker sollen dich preisen!

[5] Alle Menschen sollen sich freuen und jubeln,
denn du bist ein gerechter Richter,
du regierst die ganze Welt.

[6] Die Völker sollen dir danken, Gott!
Ja, alle Völker sollen dich preisen!

[7] Das Land brachte eine gute Ernte hervor,
unser Gott hat uns reich beschenkt.

8 Er segne uns auch weiterhin!
Alle Völker der Erde sollen ihn anbeten!

Gott ist Sieger!

68 Ein Lied Davids.
2 Gott erhebt sich und zerstreut seine Feinde;
alle, die ihn hassen, ergreifen die Flucht.
3 Gott treibt sie auseinander wie Wind den Rauch.
Wie Wachs im Feuer zerschmilzt, so vergehen alle,
die Gott verachten, wenn er ihnen begegnet.
4 Alle aber, die Gott die Treue halten,
freuen sich, wenn er sich zeigt.
Sie jubeln ihm zu, überwältigt von Freude.

5 Singt für den Herrn, besingt seinen Namen!
Ebnet den Weg für den, der durch die Steppe reitet:
«Herr» ist sein Name. Jubelt ihm zu, wenn er erscheint!
6 Ein Anwalt der Witwen und ein Vater der Waisen
ist Gott in seinem Heiligtum.
7 Den Einsamen gibt er ein Zuhause,
den Gefangenen schenkt er Freiheit und Glück.
Wer jedoch gegen jede Ordnung verstößt,
führt ein trostloses Leben.

8 Gott, als du vor deinem Volk herzogst
und mit ihm die Wüste durchquertest,
9 da bebte die Erde;
vom Himmel strömte der Regen herab,
als du dich am Berg Sinai zeigtest, du Gott Israels.
10 Du ließest so viel Regen fallen, Herr,
daß das ausgedörrte Land wieder fruchtbar wurde.
Das Land, das du uns zum Erbe gegeben hattest,
11 wurde so zur Heimat für dein Volk, das keine Bleibe hatte.
Du hast für sie gesorgt, du gütiger Gott!

12 Der Herr gab den Befehl,
und viele Frauen verbreiteten die freudige Nachricht vom Sieg:
13/14 «Die feindlichen Könige jagen mit ihren Heeren
in heilloser Flucht davon!
Wir Frauen zu Hause teilen die Beute aus:
Silber und schimmerndes Gold –
alles glitzert und glänzt in herrlicher Pracht![a]

a) Wörtlich: Flügel der Taube, die mit Silber und deren Schwingen mit grünlichem Golde bedeckt sind. – Der hebräische Text ist nur schwer zu deuten.

Wollt ihr da noch bei den Herden sitzen bleiben?»
15 Als der allmächtige Gott die feindlichen Könige aus dem Land jagte,
da bedeckte die Beute den Boden wie Schnee den dunklen Berg[a].

16 Mächtig erhebt sich der Berg Baschan,
gewaltig ragen seine Kuppen empor.
17 Du zerklüfteter Berg,
warum blickst du neidisch auf den Berg Zion[b],
den Gott sich zu seinem Wohnsitz erwählt hat?
Ja, für immer wird der Herr dort wohnen.
18 Unzählige Kampfwagen besitzt Gott,
der Herr über die himmlischen Heere[c].
Vom Sinai her zieht er in sein Heiligtum ein.[d]
19 Du bist in die Höhe hinaufgestiegen
und hast Gefangene im Triumphzug mitgeführt.
Du hast den Menschen Tribut auferlegt;[e]
sogar die hartnäckigsten Feinde sind bereit,
sich dir zu unterwerfen.

20 Gepriesen sei der Herr!
Tag für Tag trägt er unsere Lasten. Gott ist unsere Hilfe.
21 Sind wir in Not, dann greift er ein;
er kann sogar vom Tod erretten.

22 Seinen Feinden aber wird er den Kopf zerschmettern,
denen, die sich von ihren Sünden nicht abbringen lassen.
23 Der Herr hat gesagt:
«Ich ziehe meine Feinde zur Rechenschaft,
ob sie sich im Baschangebirge verstecken
oder gar im tiefen Meer.
24 Dann wirst du mit deinen Füßen in ihrem Blut stehen,
und deine Hunde werden es auflecken.»

25 Gott, alle sind Zeugen deines Triumphzuges;
sie sehen, wie du ins Heiligtum einziehst,
du, mein Gott und König!
26 Die Sänger führen den Zug an,
ihnen folgen die Harfenspieler,
umringt von Mädchen, die das Tamburin schlagen:
27 «Preist Gott, ihr Chöre,
preist den Herrn, ihr Nachkommen Israels!»

a) Wörtlich: da fiel Schnee auf den Zalmon (= dunklen Berg).
b) Wörtlich: auf den Berg.
c) «Herr... Heere» ist sinngemäß eingefügt.
d) Oder: Der Herr ist unter ihnen, Sinai im Heiligtum.
e) Wörtlich: Du hast von Menschen Gaben empfangen.

28 Darauf folgt Benjamin, der kleinste unter den Stämmen,
nach ihm kommen die Fürsten von Juda mit ihrem Gefolge,
und schließlich die Fürsten von Sebulon und von Naftali.

29 Gott, zeige deine Macht,
die du schon früher an uns erwiesen hast![a]
30 Dein Tempel ragt hoch über Jerusalem.
Dorthin bringen dir Könige ihren Tribut.
31 Erschrecke die Großmacht Ägypten, das Ungeheuer am Nil!
Weise die Machthaber und ihre Völker zurecht!
Wirf die Nationen zu Boden, die nach Beute gieren
und den Krieg lieben![b]
32 Aus Ägypten werden Gesandte ankommen,
Äthiopien wird herbeieilen
und Gott reiche Geschenke bringen[c].

33 Singt zur Ehre Gottes,
spielt für ihn auf euren Instrumenten,
ihr Völker dieser Erde!
34 Er reitet durch den Himmel, der seit Urzeiten besteht.
Hört, wie gewaltig seine Stimme ertönt!
35 Verkündet Gottes Macht;
er regiert über Israel,
seiner Macht ist auch über den Wolken keine Grenze gesetzt!
36 Die Menschen erschrecken und staunen,
wenn er in seinem Heiligtum erscheint.
Der Gott Israels gibt seinem Volk Stärke und Macht.
Gelobt sei Gott!

In der Zerreißprobe

69 Von David. Nach der Melodie: «Lilien».
2 Rette mich, Gott,
das Wasser steht mir bis zum Hals!
3 Ich versinke im tiefen Schlamm;
meine Füße finden keinen Halt mehr.
Die Strudel ziehen mich nach unten,
und die Fluten schlagen schon über mir zusammen.
4 Ich habe mich heiser geschrien und bin völlig erschöpft,
der letzte Hoffnungsschimmer ist erloschen.

a) Oder: Es ist der Wille deines Gottes, daß du machtvoll auftrittst, (Volk) Israel!
b) Wörtlich: Bedrohe das Tier im Schilf, die Schar der Stiere samt den Völkerkälbern! Zerstampfe, die an Silber Gefallen haben, zerstreue die Völker, die Kriege lieben!
c) Oder: wird schnell seine Hände zu Gott ausstrecken.

Vergeblich halte ich Ausschau nach meinem Gott.
5 Wie viele hassen mich ohne jeden Grund!
Ich habe mehr Feinde als Haare auf dem Kopf.
Sie besitzen Macht und wollen mich auslöschen.
Ich soll zurückgeben, was ich nie gestohlen habe,
so fordern sie lauthals von mir.

6 Menschen können mir nichts vorwerfen,[a]
in deinen Augen jedoch bin ich nicht ohne Schuld;
du weißt besser als ich, wie blind ich war.
7 Herr, du gebietest über alle himmlischen Heere,
und du bist Herr und Gott in Israel:
Enttäusche nicht die Menschen, die dir vertrauen!
Denn wenn sie sehen, daß du mich im Stich läßt,
werden sie an dir verzweifeln!
8 Man verhöhnt mich, weil ich zu dir gehöre,
Schimpf und Schande muß ich über mich ergehen lassen.
9 Meine nächsten Verwandten wollen nichts mehr mit mir zu tun haben,
selbst meinen Brüdern bin ich fremd geworden.
10 Ich verzehre mich in rastlosem Eifer für deinen Tempel.
Daß andere Menschen dich beleidigen und verhöhnen,
trifft mich bis ins Mark.
11 Ich weinte über den Zustand deines Heiligtums[b]
und fastete, aber damit wurde ich erst recht zum Gespött der Leute.
12 Als ich ein grobes Bußgewand anzog,
kam ich noch mehr ins Gerede.
13 Auf dem Marktplatz zerreißen sie sich das Maul über mich;
und bei Zechgelagen grölen sie ihre Spottlieder.

14 Ich aber bete zu dir, Herr! Jetzt ist die Zeit gekommen,
in der du mich erhören wirst! Antworte mir!
Du hast so viel Gutes für mich bereit!
Ich rechne fest mit deiner Hilfe.
15 Ziehe mich aus dem Sumpf heraus, laß mich nicht versinken!
Rette mich vor denen, die mich hassen!
Zieh mich heraus aus dem reißenden Wasser,
16 sonst schlagen die Fluten über mir zusammen,
und der Strudel reißt mich in die Tiefe;
hol mich heraus, sonst verschlingt mich der Abgrund!
17 Antworte mir, Herr, denn deine Güte tröstet mich!
Wende dich mir zu in deinem großen Erbarmen.
18 Verbirg dich nicht länger vor mir, ich gehöre ja zu dir!
Ich weiß keinen Ausweg mehr, darum antworte mir schnell.
19 Komm und rette mich,
damit meine Feinde das Nachsehen haben!

a) Sinngemäß eingefügt.
b) «über... Heiligtums» ist sinngemäß eingefügt.

[20] Du kennst die Schmach, die man mir zufügt,
du weißt, wie man mich mit Hohn und Spott überschüttet.
Und du kennst jeden, der mich bedrängt.
[21] Die Schmach bricht mir das Herz, sie macht mich krank.
Ich hoffte auf Mitleid, aber nein!
Ich suchte Trost und fand ihn nicht!
[22] Sie mischten Gift in meine Speise;
und als ich Durst hatte, gaben sie mir Essig zu trinken.

[23] Zur Falle sollen ihre Festessen werden!
Laß sie ins Verderben stürzen![a]
[24] Laß sie blind werden, daß sie nichts mehr sehen,
und renke ihnen die Hüfte aus!
[25] Schütte deinen Zorn über sie aus,
überwältige sie in deinem Grimm!
[26] Ihr Wohnort soll verwüstet werden,
in ihren Zelten niemand mehr wohnen!
[27] Denn sie verfolgen noch den erbarmungslos,
den du schon gestraft hast.
Schadenfroh erzählen sie von seinen Schmerzen.
[28] Vergib ihnen nichts! Rechne ihnen jede einzelne Schuld an,
damit sie nicht vor dir bestehen können!
[29] Lösche ihre Namen aus dem Buch des Lebens,
damit sie nicht bei denen aufgeschrieben sind,
die nach deinem Willen leben!

[30] Ich aber bin elend und von Schmerzen gequält.
Beschütze mich, Gott, und hilf mir wieder auf!
[31] Dann will ich dich loben mit meinem Lied;
ich will deinen Namen rühmen und dir danken!
[32] Daran hast du mehr Freude als an Rindern,
die man dir opfert, oder an fetten Stieren.
[33] Wenn die Unterdrückten das sehen, werden sie froh.
Ihr, die ihr Gott vertraut, faßt neuen Mut!
[34] Denn der Herr hört das Rufen der Armen und Hilflosen.
Wer um seinetwillen ins Gefängnis geworfen wird,
den überläßt er nicht seinem Schicksal.

[35] Himmel und Erde sollen ihn loben,
die Meere und alles, was darin lebt!
[36] Denn der Herr wird den Berg Zion befreien
und die Städte in Juda wieder aufbauen.
Sein Volk wird sich darin niederlassen

a) So nach der griechischen Übersetzung. Der hebräische Text lautet: Möge ihr Tisch vor ihnen zur Schlinge und den Sicheren zum Fallstrick werden!

und das Land erneut in Besitz nehmen.
37 Die Nachkommen derer, die dem Herrn dienen,
werden es erben;
alle, die ihn lieben, werden darin wohnen.

Herr, hilf mir!

70 Ein Lied Davids, beim Gedächtnisopfer zu singen.
2 Herr, ich bitte dich:
Rette mich, komm mir schnell zu Hilfe!
3 Wer mir nach dem Leben trachtet,
der soll scheitern und öffentlich bloßgestellt werden.
Wer sich über mein Unglück hämisch freut,
den jage mit Schimpf und Schande davon!
4 Alle, die schadenfroh lästern:
«Haha, das geschieht dir recht!»,
sollen kleinlaut davonschleichen
wegen ihrer selbstverschuldeten Schande!
5 Aber alle, die sich dir anvertrauen,
werden vor Freude jubeln!
Wer dich als Retter kennt und liebt,
wird immer wieder rufen: «Groß ist der Herr!»
6 Ich bin hilflos und ganz auf dich angewiesen, Herr;
sorge für mich, denn du bist mein Helfer und Befreier!
Komm rasch zu mir! Mein Gott, zögere nicht länger!

Alt und schutzlos?

71 Bei dir, Herr, suche ich Schutz.
Laß nicht zu, daß meine Feinde mich zugrunde richten!
2 Du bist ein gerechter Gott, darum hilf mir und rette mich!
Höre mein Gebet! Hilf mir doch!
3 Schenke mir Geborgenheit,
wie ein Haus, in das ich jederzeit kommen kann!
Du hast doch beschlossen, mich zu retten!
Ja, du bietest mir Schutz, du bist meine Burg.

4 Mein Gott! Die Gottlosen haben mich in ihrer Gewalt.
Sie brechen die Gesetze
und schrecken vor keiner Gewalttat zurück.
Rette mich aus ihren Klauen!

5 Du bist meine Hoffnung, Herr,
dir vertraue ich von Kindheit an!
6 Ja, seit meiner Geburt bist du mein Halt.
Vom ersten Tag an hast du für mich gesorgt.

Darum will ich dich loben mein Leben lang.

7 Viele, die meine Not und mein Leiden sahen, mußten denken:
Gott hat ihn verworfen![a]
Aber du hast dich als ein machtvoller Beschützer erwiesen.
8 Darum will ich dich vor anderen loben,
Tag für Tag will ich dich rühmen.

9 Verstoße mich nicht, jetzt, wo ich alt geworden bin;
verlaß mich nicht, wenn meine Kräfte nun schwinden!
10 Meine Feinde wollen mich umbringen;
schon tun sie sich zusammen und planen einen Anschlag.
11 «Gott hat ihn aufgegeben», sagen sie. «Los, ihm nach!
Packt ihn! Jetzt hat er keinen mehr, der ihm beisteht!»

12 Gott, warum bist du so weit weg?
Mein Gott, komm mir schnell zu Hilfe!
13 Mit allen Mitteln kämpfen sie gegen mich –
laß sie scheitern und umkommen!
Nichts lassen sie unversucht,
um mich ins Unglück zu stürzen.
Bring Schimpf und Schande über sie!
14 Nie werde ich aufhören, auf dich zu hoffen –
loben will ich dich, je länger, je mehr.
15 Laut werde ich es sagen: Auf deine Zusagen ist Verlaß!
Jeden Tag will ich erzählen, wie du aus der Not befreist;
du tust viel mehr, als ich aufzählen kann!
16 Deine machtvollen Taten will ich rühmen, Herr, mein Gott!
Du hältst Wort – das allein werde ich weitersagen!

17 Von Jugend auf bist du mein Lehrer gewesen,
und bis heute erzähle ich von deinen Wundertaten.
18 Laß mich auch jetzt nicht im Stich, o Gott,
jetzt, wo ich alt und grau geworden bin!
Gib mir noch so viel Zeit,
daß ich auch meinen Kindern und Enkeln noch erzählen kann,
wie groß und mächtig du bist!

19 Gott, deine Treue umschließt Himmel und Erde.
Du hast große Dinge getan! Wer ist wie du?
20 Not und Elend hast du mir zwar nicht erspart,
aber du erhältst mich am Leben
und bewahrst mich vor dem sicheren Tod.
21 Du bringst mich wieder zu Ehren,

a) Wörtlich: Für viele bin ich wie ein Vorzeichen geworden.

ja, du schenkst mir größeres Ansehen als zuvor.
Das tröstet mich!
22 Darum will ich dir mit dem Spiel auf der Harfe danken.
Ich lobe deine Treue, du, mein Gott!
Zur Laute will ich dir singen,
dir, dem heiligen Gott Israels!
23 Ich juble vor Freude, wenn ich von dir singe,
denn du hast mich errettet.
24 Tag für Tag will ich davon reden,
daß du wirklich Wort hältst.
Alle, die mich ins Unglück stürzen wollten,
haben es nicht geschafft.
Mit Schimpf und Schande wurden sie überhäuft!

Der Friedenskönig

72 Von Salomo.

Gott, laß den König an deiner Stelle Recht sprechen!
Gib ihm deinen Sinn für Gerechtigkeit ins Herz!
2 Als oberster Richter soll er dein Volk unparteiisch regieren
und dem Rechtlosen zu seinem Recht verhelfen.
3 Durch seine Herrschaft werden im ganzen Land Frieden
und Wohlstand wachsen.[a]
4 Er wird für die Unterdrückten eintreten
und sich zum Anwalt der Armen machen;
die Unterdrücker aber wird er zum Tode verurteilen.
5 Er soll regieren, solange die Erde besteht
und solange es Menschen gibt.[b]
6 Seine Herrschaft sei wohltuend wie der Regen,
der auf die Wiesen niedergeht,
wie erfrischende Schauer, die trockene Felder bewässern.
7 Dann werden alle aufblühen, die Gott die Treue halten,
Gerechtigkeit und Wohlstand werden herrschen
bis ans Ende der Zeit.

8 Seine Macht reiche von einem Meer zum anderen,
vom Euphrat bis zum Ende der Erde!
9 Ihm sollen sich die Bewohner der Wüste unterwerfen,
und auch seine Feinde sollen im Staub vor ihm kriechen.
10 Die Könige von Tarsis[c] und von den fernen Inseln

a) Wörtlich: Mögen die Berge dem Volk Heil tragen, und die Hügel durch Gerechtigkeit!
b) Wörtlich: Er wird dauern so lange wie die Sonne und im Angesicht des Mondes von Geschlecht zu Geschlecht. – So mit der griechischen Übersetzung; der hebräische Text lautet: Sie werden dich (Gott) fürchten, solange …
c) Wahrscheinlich Südspanien.

werden ihm Geschenke bringen,
und auch die Herrscher von Saba und Seba[a]
werden ihm Abgaben entrichten.
11 Huldigen sollen ihm alle Könige,
und alle Völker ihm dienen!

12 Denn er rettet den Wehrlosen, der um Hilfe fleht;
den Schwachen, dem jeder andere seine Unterstützung versagt.
13 Am Schicksal der Hilflosen nimmt er Anteil
und bewahrt sie vor dem sicheren Tod.
14 Er befreit sie von Gewaltherrschaft,
ihrer Unterdrückung macht er ein Ende,
denn in seinen Augen ist ihr Leben wertvoll.

15 Lang lebe der König! Man bringe ihm Gold von Saba!
Man bete allezeit für ihn
und wünsche ihm Glück und Segen den ganzen Tag!
16 Im ganzen Land möge das Getreide wachsen im Überfluß,
sogar noch auf den Gipfeln der Berge soll es gedeihen –
so üppig wie die Wälder auf dem Libanon.
In den Städten möge reges Leben herrschen.[b]
17 Der Name des Königs soll nie vergessen werden;
sein Ruhm sei unsterblich, solange die Erde besteht![c]
Mögen alle Völker Gott bitten, sie so zu segnen,
wie er den König gesegnet hat!
Ihn, den König, sollen sie preisen!

18 Gelobt sei Gott, der Herr, der Gott Israels!
Er vollbringt Wunder, er allein!
19 Lobt seinen erhabenen Namen für alle Zeit!
Seine Macht und Hoheit erfülle die ganze Welt!
Amen!

20 Hier sind die Gebete Davids, des Sohnes Isais, zu Ende.

Handelt so ein gerechter Gott?

73 Ein Lied Asafs.

Gott ist gut zu Israel, zu allen, die ihm ganz vertrauen.
Das kann niemand bestreiten!
2 Ich aber hätte beinahe an ihm gezweifelt,

a) Saba ist wahrscheinlich Südarabien, Seba vielleicht Nordost-Afrika.
b) Wörtlich: Sie sollen hervorblühen aus der Stadt wie das Kraut der Erde.
c) Wörtlich: vor der Sonne soll aufsprossen sein Name.

fast hätte ich den Glauben aufgegeben.
[3]Denn ich beneidete die überheblichen Menschen:
Ihnen geht es gut,
obwohl Gott ihnen völlig gleichgültig ist.
[4]Ihr Leben lang haben sie keine Schmerzen,
sie strotzen vor Gesundheit und Kraft.
[5]Sie müssen sich nicht abplagen wie andere Menschen,
und die täglichen Sorgen sind ihnen ganz und gar fremd.
[6]Sie sind stolz auf ihren Stolz und tragen ihn zur Schau,
ja, sie prahlen sogar mit ihren Gewalttaten.
[7]In ihren feisten Gesichtern
spiegelt sich die Bosheit ihres Herzens wider.
[8]Mit Verachtung schauen sie auf andere herab
und verhöhnen sie,
mit zynischen Worten setzen sie jeden unter Druck.
[9]Sie tun, als kämen ihre Worte vom Himmel;
sie meinen, ihre Sprüche seien für die ganze Menschheit wichtig.
[10]Darum läuft sogar Gottes Volk ihnen nach,
es hängt an ihren Lippen und glaubt alles,
was man ihm vorsetzt.[a]
[11]Denn diese eingebildeten Leute sagen:
«Gott kümmert sich um nichts – wie sollte er auch?
Er thront so weit oben und weiß nicht,
was sich hier unten abspielt!»
[12]Selbstsicher und sorglos leben sie in den Tag hinein,
ihr Vermögen und ihre Macht werden immer größer.
[13]War es denn völlig umsonst,
daß ich mir ein reines Gewissen bewahrte
und mir nie etwas zuschulden kommen ließ?
[14]Jeder Tag wird mir zur Qual,
eine Strafe ist er schon am frühen Morgen!

[15]Hätte ich mir vorgenommen:
«Ich will genauso vermessen reden wie sie!»,
dann hätte ich dein ganzes Volk verraten.
[16]Also versuchte ich zu begreifen,
warum es dem Gottlosen gut und dem Frommen schlecht geht,
aber es war viel zu schwer für mich.

[17]Da ging ich in Gottes heiligen Tempel,
und dort wurde mir auf einmal klar:
entscheidend ist, wie ihr Leben endet!
[18]Du stellst sie auf schlüpfrigen Boden

a) Wörtlich: Darum wendet sich sein Volk ihnen zu. Wasser in Fülle wird bei ihnen ausgetrunken.

und wirst sie ins Verderben stürzen.
19 Ganz plötzlich wird sie das Entsetzen packen,
sie werden ein Ende mit Schrecken nehmen.
20 Wie ein Traum beim Erwachen verschwindet,
so vergehen sie, wenn du dich erhebst, o Herr.

21 Als ich verbittert war und mich vor Kummer verzehrte,
22 da war ich dumm wie ein Stück Vieh,
denn ich verstand dich nicht.
23 Jetzt aber bleibe ich immer bei dir,
und du hältst mich bei der Hand.
24 Du führst mich nach deinem Plan
und nimmst mich am Ende in Ehren auf.
25 Herr, wenn ich nur dich habe,
bedeuten Himmel und Erde mir nichts.
26 Selbst wenn alle meine Kräfte schwinden und ich umkomme,
so bist du doch, Gott, allezeit meine Stärke – ja, du bist alles, was ich habe!

27 Eines ist sicher: Wer dich ablehnt, wird zugrunde gehen;
du vernichtest jeden, der dir die Treue bricht.
28 Ich aber darf dir immer nahe sein, mein Herr und Gott;
das ist mein ganzes Glück!
Dir vertraue ich,
deine wunderbaren Taten will ich weitererzählen.

Gottes Tempel – ein Trümmerhaufen!

74 Von Asaf, zum Nachdenken.
Gott, warum hast du uns für immer verstoßen?
Warum läßt du deinen Zorn an uns aus?
Wir gehören doch zu dir wie die Schafe zum Hirten!
2 Erinnere dich daran, daß wir dein Volk sind!
Vor langer Zeit hast du uns angenommen
und uns aus der Gefangenschaft befreit.
Wir alle sind dein Eigentum!
Denke an den Berg Zion,
den du dir als Wohnsitz erwählt hast!
3 Geh über die Trümmer, die schon so lange dort liegen;
sieh doch: alles haben die Feinde im Tempel verwüstet!
4 Ihr lautes Siegesgeschrei entweihte die heilige Stätte,
ihre Fahnen haben sie als Zeichen des Sieges aufgestellt.
5 Im Tempel sieht es aus, als hätte man Kleinholz gehackt:
6 die kostbaren Schnitzereien
haben sie mit Äxten und Brechstangen zertrümmert.
7 Danach steckten sie dein Heiligtum in Brand,
sie entweihten den Ort, wo du angebetet wurdest.

[8] Sie wollten uns alle vernichtend schlagen,
im ganzen Land haben sie die Gotteshäuser niedergebrannt.
[9] Nichts mehr deutet darauf hin,
daß du noch Herr der Lage bist.[a]
Es gibt keinen Propheten mehr – niemand von uns weiß,
wie lange das noch so weitergehen soll.
[10] Wie lange, Gott, willst du dich von den Feinden verhöhnen lassen?
Sollen sie für immer deinen Namen in den Schmutz ziehen?
[11] Warum hältst du dich zurück? Warum greifst du nicht ein?
Zeige deine Macht und vernichte sie!

[12] Gott, seit uralter Zeit bist du unser König[b],
schon oft hast du unser Land gerettet.
[13] Du hast mit deiner Macht das Meer gespalten
und den Seedrachen die Schädel zerschmettert.
[14] Ja, du hast dem Seeungeheuer[c] die Köpfe abgehauen
und es den Wüstentieren zum Fraß vorgeworfen.
[15] Du ließest Quellen und Bäche hervorsprudeln
und brachtest große Ströme zum Versiegen.
[16] Dir gehört der Tag und auch die Nacht,
du hast die Sonne und den Mond geschaffen.
[17] Du hast alle Grenzen der Erde festgelegt,
hast Sommer und Winter gemacht.

[18] Denke daran, Herr, wie deine Feinde dich verhöhnen!
Dieses gewissenlose Pack zieht deinen Namen in den Schmutz!
[19] Liefere uns nicht diesen Raubtieren aus,[d]
du weißt doch, wie hilflos wir sind!
[20] Denke an deinen Bund mit uns!
Selbst in den Schlupfwinkeln des Landes
ist niemand mehr vor roher Gewalt sicher.
[21] Herr, laß nicht zu,
daß dein unterdrücktes Volk mit Schande überhäuft wird!
Wir sind arm und wehrlos.
Rette uns, damit wir dich loben können!
[22] Gott, greife endlich ein, denn ihr Angriff gilt dir!
Sorge dafür, daß du recht behältst!
Sieh auf diese Meute, die dich Tag für Tag verspottet!
[23] Ständig lärmen deine Feinde
und lehnen sich gegen dich auf.
Vergiß ihre Schmähungen nicht!

a) Wörtlich: Zeichen für uns sehen wir nicht.
b) So mit der griechischen Übersetzung. Der hebräische Text lautet: «mein König».
c) Wörtlich: dem Leviathan.
d) Wörtlich: Gib das Leben deiner Taube nicht den Tieren preis.

Schluß mit euren großen Worten!

75 Ein Lied Asafs, nach der Melodie «Richte nicht zugrunde».

2 Wir danken dir, o Gott, wir danken dir! Du bist uns nahe!
Wir erzählen von deinen wunderbaren Taten.

3 Gott spricht: «Wenn meine Zeit gekommen ist,
werde ich gerecht richten!
4 Mag auch die Erde beben,
und mögen ihre Bewohner vor Angst zittern –
ich selbst habe die Fundamente der Erde unverrückbar festgelegt.
5 So befehle ich nun den großmäuligen Angebern:
Schluß mit euren großen Worten!
Denen, die mich ablehnen, sage ich: Blast euch nicht so auf!
6 Ja, hört auf zu prahlen, und laßt ab von eurem Stolz![a]
Tragt eure Nase nicht so hoch!
7 Wahre Größe kann kein Mensch verleihen –
ganz gleich, woher er kommt!»[b]

8 Denn Gott allein ist Richter:
den einen läßt er fallen,
den anderen bringt er zu Ansehen und Macht.
9 Der Herr hat einen Becher in seiner Hand,
gefüllt mit starkem, betäubendem Trank.
Alle, die den Herrn verachten, müssen den Becher
bis zum letzten bitteren Tropfen austrinken.

10 Ich aber will immer von Gott erzählen,
für ihn, den Gott Jakobs, will ich musizieren.

11 Er spricht: «Ich werde die Macht der Gottlosen brechen;
doch alle, die mir die Treue halten,
bringe ich zu Ansehen und Macht[c].»

Gottes Zorn

76 Ein Lied Asafs, mit Saiteninstrumenten zu begleiten.

2 Gott ist in Juda jedem bekannt,
in ganz Israel wird sein Name geehrt.

a) Verse 5b.6a wörtlich: Denen, die mich ablehnen, sage ich: Erhebt nicht das Horn! Erhebt nicht zur Höhe euer Horn!
b) Wörtlich: Denn weder vom Osten noch vom Westen noch von der Wüste (= vom Süden) kommt Erhöhung.
c) Wörtlich: die Hörner der Treuen werden erhöht werden.

[3] In Jerusalem[a] wurde sein Heiligtum errichtet;
sein Tempel steht auf dem Berg Zion.
[4] Dort zerbrach er Pfeile, Schilde und Schwerter,
ja, alles Kriegsgerät!
[5] Du bist glanzvoller und mächtiger
als die Feinde in den Bergen,
die von dort aus ihre Raubzüge unternahmen.[b]

[6] Diese stolzen Krieger – nun sind sie ihrer Waffen beraubt!
Sie schlafen den Todesschlaf,
und niemals werden sie wieder zur Waffe greifen.
[7] Du, Gott Jakobs, brauchtest nur zu drohen,
und schon fielen Roß und Reiter.
[8] Furchterregend bist du, o Gott!
Wer kann vor dir bestehen, wenn dein Zorn losbricht?
[9] Die Menschen auf der Erde erstarrten vor Schreck
und wurden stumm, als dein Richterspruch vom Himmel ertönte,
[10] als du dich erhobst, um Gericht zu halten
und den Entrechteten im Land zu helfen.
[11] Das Wüten der Feinde vermehrt deinen Ruhm,
selbst ihr verzweifeltes Toben machst du dir zunutze[c]!

[12] Gebt Gott, dem Herrn, Versprechen und haltet sie!
Ihr Völker rings um Israel – bringt ihm eure Gaben,
denn groß und gewaltig ist er!
[13] Er bricht den Stolz der hochmütigen Herrscher,
die Mächtigen dieser Welt müssen ihn fürchten!

Gott, hast du uns für immer verstoßen?

77 Ein Lied Asafs, für Jedutun.
[2] Ich rufe zu Gott, ja, ich schreie immer wieder,
damit er mich endlich hört.
[3] Ich habe große Angst und sehe keinen Ausweg mehr.
Unaufhörlich bete ich zu Gott –
sogar in der Nacht strecke ich meine Hände nach ihm aus.
Ich bin untröstlich.

a) Wörtlich: In Salem. – Anstelle des vollen Namens ist hier der alte Name gewählt, um das Wort «Schalom» (Frieden) anklingen zu lassen.
b) Wörtlich: Glänzender bist du, mächtiger als die Berge des Raubes. – Gemeint sind wohl die Mächte, die vom Norden und Osten in Israel einfielen.
c) Wörtlich: auch noch mit dem Rest des Zornes wirst du dich gürten.

4 Wenn ich an Gott denke, fange ich an zu seufzen;
grüble ich über meine Lage nach, so verliere ich allen Mut.
5 Ich kann nicht schlafen, weil er mich wach hält;
die Unruhe treibt mich umher, ich finde keine Worte mehr.

6 Ich erinnere mich an frühere Zeiten,
an Jahre, die längst vergangen sind,
7 als ich beim Spiel auf der Harfe noch fröhlich sein konnte.
Jede Nacht grüble ich nach;
das Herz wird mir schwer,
weil meine Gedanken immer um die gleichen Fragen kreisen:
8 Hat der Herr uns für alle Zeiten verstoßen?
Wird er nie wieder freundlich zu uns sein?
9 Ist seine Gnade für immer zu Ende?
Gelten seine Zusagen nicht mehr?
10 Hat Gott vergessen, uns gnädig zu sein?
Warum verschließt er uns im Zorn sein Herz?
11 Das ist es, was mich am meisten schmerzt:
Gott, der Höchste, verhält sich jetzt anders als vorher –
er setzt sich nicht mehr für uns ein!

12 Ich erinnere mich an deine großen Taten, Herr,
und denke an die Wunder, die du einst vollbracht hast.
13 Ich führe mir vor Augen, was du getan hast,
immer wieder mache ich es mir bewußt.
14 O Gott, heilig ist alles, was du tust.
Kein anderer Gott ist so mächtig wie du!
15 Du allein bist der Gott, der Wunder vollbringt;
du hast die Völker deine Macht spüren lassen.
16 Mit starker Hand hast du dein Volk aus der Gefangenschaft
in Ägypten befreit,
die Nachkommen Jakobs und Josefs.
17 Als dich die Wasserfluten sahen, begannen sie zu brodeln,
sogar die Tiefen des Meeres erzitterten.
18 Aus den Wolken goß strömender Regen,
gewaltige Donnerschläge krachten,
und deine Blitze durchzuckten die Luft.
19 Ja, im Sturm donnerte deine Stimme;
grelle Blitze erhellten die Erde, sie zitterte und bebte.
20 Du bahntest dir einen Weg mitten durch das Meer.
Dein Pfad führte durch mächtige Fluten,
doch deine Spuren konnte niemand erkennen.
21 Durch Mose und Aaron, deine Diener,
hast du dein Volk wie ein Hirte geführt.

Israels Geschichte – Gott straft und rettet sein Volk

78 Von Asaf, zum Nachdenken.
Höre, mein Volk, auf meine Weisungen;
gib acht auf das, was ich dir sage!
2 Ich will euch die Geschichte unseres Volkes
vor Augen malen.
Ihre dunklen Rätsel will ich euch erklären.
3/4 Was wir gehört und erfahren haben,
was schon unsere Väter uns erzählten,
das wollen wir auch unseren Kindern nicht verschweigen.
Jede Generation soll von den mächtigen Taten Gottes hören,
von allen Wundern, die er vollbracht hat.
5 Er gab Israel sein Gesetz,
gab den Nachkommen Jakobs seine Gebote.
Unseren Vorfahren befahl er,
sie ihren Kindern bekannt zu machen.
6 So soll jede Generation seine Weisungen kennenlernen –
alle Kinder, die noch geboren werden.
Auch diese sollen sie ihren Nachkommen einprägen.
7 Sie alle sollen auf Gott ihr Vertrauen setzen
und seine Machttaten nicht vergessen.
Was er befohlen hat, sollen sie tun,
8 und nicht so handeln wie ihre Vorfahren,
die sich gegen Gott auflehnten und sich ihm widersetzten:
sie waren untreu und unbeständig.

9 Die Ephraemiten besaßen starke und gut ausgerüstete Bogenschützen.
Trotzdem flohen sie, als es zur Schlacht kam.
10 Sie hatten den Bund gebrochen,
den Gott mit ihnen geschlossen hatte,
und weigerten sich, nach seinem Gesetz zu leben.
11 Sie vergaßen seine großen Taten –
alle Wunder, die er sie mit eigenen Augen hatte sehen lassen.
12 Ja, schon ihre Vorfahren hatten seine Wunder erlebt,
damals in Ägypten im Gebiet von Zoan.
13 Er teilte das Meer und ließ sie hindurchziehen,
das Wasser türmte er auf wie einen Wall.
14 Am Tage führte er sie mit einer Wolke
und in der Nacht mit hellem Feuerschein.
15 In der Wüste spaltete er Felsen
und gab ihnen Wasser aus der Tiefe in Hülle und Fülle.
16 Ganze Bäche brachen aus den Felsspalten hervor
und stürzten herab wie ein Wasserfall.

17 Aber unsere Vorfahren sündigten weiter gegen Gott, den Höchsten,
dort in der Wüste lehnten sie sich gegen ihn auf.
18 Sie forderten Gott heraus
und verlangten von ihm die Speise,
auf die sie gerade Lust hatten.
19 Voller Mißtrauen fragten sie:
«Ist Gott denn überhaupt in der Lage,
uns hier in der Wüste den Tisch zu decken?
20 Den Felsen hat er zwar gespalten,
und das Wasser floß in Strömen heraus –
aber kann er auch Brot herbeischaffen,
kann er für sein Volk Fleisch auftreiben?»
21 Als der Herr das hörte, wurde er zornig;
sein Zorn entflammte über Israel wie ein zerstörendes Feuer.
22 Denn sie glaubten ihm nicht
und rechneten nicht mit seiner Hilfe.

23 Dennoch gab er den Wolken Anweisungen
und öffnete die Schleusen des Himmels.
24 Er ließ das Manna auf sie herabregnen,
Getreide vom Himmel gab er ihnen zu essen.
25 Sie aßen das Brot der Engel,
und Gott gab ihnen genug zum Sattwerden.
26 Dann ließ er den Ostwind losbrausen
und schickte auch den Südwind auf seine stürmische Reise.
27 Er ließ Fleisch auf sie regnen:
Vögel, so zahlreich wie Sand am Meer.
28 Mitten ins Lager seines Volkes ließ er sie fallen,
ihr Zeltplatz war mit ihnen bedeckt.
29 Sie aßen davon und wurden mehr als satt;
Gott gab ihnen alles, was sie verlangten.
30 Doch ihre Gier war immer noch nicht gestillt,
hemmungslos fraßen sie alles in sich hinein.
31 Da wurde Gott aufs neue zornig
und brachte ihre stärksten Männer um,
er vernichtete die jungen Krieger Israels.

32 Dennoch sündigten sie weiter und vertrauten ihm nicht,
obwohl er all diese Wunder vollbracht hatte.
33 Da ließ er ihr Leben ohne jeden Sinn verstreichen,
von Angst erfüllt gingen ihre Jahre dahin.
34 Immer wenn Gott einige von ihnen tötete,
fragten sie wieder nach ihm,
von Reue ergriffen suchten sie Gott.
35 Dann erinnerten sie sich, daß er ihr Beschützer war,
daß er, der Höchste, sie befreit hatte.
36 Aber ihre Reue war nicht echt:

jedes ihrer Worte war eine Lüge,
nichts von dem, was sie sagten, war ehrlich.
37 Ihr Vertrauen auf Gott war schwach und unbeständig;
sie standen nicht treu zu dem Bund,
den er mit ihnen geschlossen hatte.

38 Trotzdem blieb er barmherzig,
vergab ihre Schuld und tötete sie nicht.
Immer wieder hielt er seinen Zorn zurück,
anstatt ihm freien Lauf zu lassen.
39 Er wußte ja, wie vergänglich sie waren –
flüchtig wie ein Hauch, der verweht und nicht wiederkehrt.

40 Wie oft boten sie Gott die Stirn,
wie oft verletzten sie ihn tief, dort in der Wüste!
41 Immer wieder forderten sie ihn heraus,
sie beleidigten den heiligen Gott Israels.
42 Sie vergaßen seine Macht und den Tag,
an dem er sie von ihren Feinden befreit hatte.

43 Damals vollbrachte er viele Zeichen und Wunder
in dem Gebiet von Zoan im Land Ägypten.
44 Er verwandelte die Ströme und Bäche der Ägypter in Blut,
so daß niemand mehr daraus trinken konnte.
45 Er schickte ihnen Insektenschwärme, die sie plagten,
und Frösche, die ihnen Verderben brachten.
46 Ihre Ernte überließ er gefräßigen Heuschrecken,
die den Ertrag ihrer Arbeit vernichteten.
47 Ihre Weinstöcke zerschlug er durch Hagel,
ihre Feigenbäume wurden durch Eisstücke zerstört.
48 Auch das Vieh lieferte er dem Hagel aus,
ganze Herden kamen durch Seuchen[a] um.
49 Sein Zorn auf die Ägypter war grenzenlos,
darum quälte er sie und schickte Scharen von Unglücksengeln gegen sie.
50 Ja, er hielt seinen Zorn nicht länger zurück;
er verschonte sie nicht mehr vor dem Tod,
sondern ließ sie durch die Pest umkommen.
51 Jeden ältesten Sohn tötete er in den Familien der Ägypter,
der Nachkommen Hams.
52 Dann ließ er sein Volk aufbrechen
und führte es durch die Wüste wie ein Hirte seine Schafe.
53 Sie fürchteten sich nicht, so sicher führte er sie;
für ihre Feinde aber wurde das Meer zum Grab.
54 Bis ins heilige Land brachte er sein Volk,

a) Oder: durch Blitze.

bis zu dem Berg Zion, den er zu seinem Heiligtum erklärte.
55 Ganze Völker vertrieb er aus dem Land
und verteilte es unter die Stämme Israels.
Die Häuser der vertriebenen Völker waren nun ihre Wohnungen.

56 Doch erneut forderten sie Gott, den Höchsten, heraus
und lehnten sich gegen ihn auf.
Seine Gebote waren ihnen gleichgültig.
57 Sie wandten sich von ihm ab
und verließen ihn treulos wie schon ihre Vorfahren;
sie waren unzuverlässig wie ein Bogen, dessen Sehne reißt.
58 Sie erzürnten Gott, denn sie errichteten auf den Bergen
Heiligtümer für fremde Götter;
mit ihren Götzenbildern reizten sie ihn zum Zorn.
59 Ja, er geriet außer sich vor Zorn
und gab Israel völlig auf.
60 Er verließ sein Heiligtum in Silo –
das Zelt, in dem er den Menschen nahe gewesen war.
61 Die Bundeslade, das Zeichen seiner Macht und Ehre,
gab er in die Hände der Feinde.
62 Er war zornig über sein Volk
und ließ es durch das Schwert der Gegner umkommen.
63 Die jungen Männer fielen im Krieg,[a]
den Mädchen sang man kein Hochzeitslied mehr.
64 Die Priester wurden mit dem Schwert umgebracht,
ihre Witwen durften nicht einmal die Totenklage anstimmen.

65 Doch dann erhob sich der Herr,
als hätte er geschlafen;
er stand auf wie ein starker Krieger,
der aus seinem Rausch erwacht.
66 Er schlug seine Feinde in die Flucht
und machte sie für alle Zeiten zum Gespött.
67 Die Nachkommen Josefs ließ er fallen,
vom Stamm Ephraim wollte er nichts mehr wissen.
68 Den Stamm Juda jedoch wählte er aus,
den Berg Zion, dem seine Liebe gehört.
69 Dort errichtete er sein Heiligtum – hoch ragt es auf;
fest und unerschütterlich wie die Erde steht es da.
70 Er wählte David aus, ihm zu dienen;
von den Weiden holte er ihn weg,
71 wo er die Schafe hütete.
Gott machte ihn zum Hirten über Israel,

a) Wörtlich: Das Feuer fraß die jungen Männer.

über sein erwähltes Volk.
72 David regierte es mit aufrichtigem Herzen
und führte es mit kluger Hand.

Gott, es geht um deine Ehre!

79 Ein Lied Asafs.

Gott, fremde Völker sind in dein Land eingefallen,
das du uns anvertraut hast;
sie haben deinen heiligen Tempel entweiht
und Jerusalem in einen Trümmerhaufen verwandelt.
2 Sie haben alle umgebracht,
die dir dienten und dir treu waren.
Ihre Leichen wurden ein Fraß der Geier und der wilden Tiere.
3 Auch rings um Jerusalem richteten sie ein schreckliches Blutbad an,
und keiner war da, der die Toten begrub.
4 Unsere Nachbarvölker verhöhnen uns,
nur noch Spott haben sie für uns übrig.

5 Herr, wie lange willst du noch zornig auf uns sein?
Soll dein Zorn für immer so weiterbrennen wie ein Feuer?
6 Laß ihn doch an den Völkern aus, die dich nicht anbeten,
und an den Königreichen, die deinen Namen nicht anrufen!
7 Denn sie haben dein Volk umgebracht
und seine Wohnorte verwüstet.
8 Strafe uns doch nicht für die Sünden unserer Vorfahren!
Zögere nicht, erbarme dich über uns,
denn wir sind am Ende unserer Kraft!
9 Hilf uns, Gott, unser Retter!
Steh uns bei und vergib uns unsere Schuld!
Es geht doch um deine Ehre!
10 Warum sollen die fremden Völker spotten:
«Wo bleibt er denn, ihr Gott?»
Zeige ihnen, wie du das Blut deines Volkes
an den Feinden rächst!
Laß uns das noch erleben!
11 Laß das Stöhnen der Gefangenen zu dir dringen!
Du hast grenzenlose Macht;
darum rette die, denen man das Leben nehmen will!
12 Herr, unsere Nachbarvölker haben dich beleidigt
und verspottet.
Zahle es ihnen siebenfach zurück!
13 Wir aber sind dein Volk,
wir gehören zu dir wie Schafe zu ihrem Hirten.
Allezeit wollen wir dich loben
und jeder neuen Generation erzählen, wie groß du bist!

Der verbrannte Weinstock

80 Ein Lied Asafs, nach der Melodie «Lilien», ein Bekenntnislied.

2 Höre uns, Gott, du Hirte Israels,
der du dein Volk wie eine Herde hütest!
Der du über den Cherub-Engeln thronst –
erscheine in deinem strahlenden Glanz!
3 Zeige deine Macht den Stämmen Ephraim, Benjamin und Manasse!
Komm und hilf uns!

4 O Gott, richte uns, dein Volk, wieder auf!
Wende dich uns in Liebe zu, dann sind wir gerettet!

5 Herr, du Gott über Himmel und Erde,
wie lange willst du noch zornig auf uns sein,
obwohl wir zu dir beten?
6 Tränen sind unsere einzige Speise –
ganze Krüge könnten wir mit ihnen füllen!
7 Unsere Feinde spotten über unsere Ohnmacht,
sie streiten sich schon über unser Land.[a]

8 Herr, du Gott über Himmel und Erde – richte uns, dein Volk, wieder auf!
Wende dich uns in Liebe zu, dann sind wir gerettet!

9 In Ägypten grubst du den Weinstock Israel aus;
du pflanztest ihn ein in einem Land,
aus dem du fremde Völker verjagtest.
10 Für ihn hast du den Boden gerodet,
so daß er Wurzeln schlagen
und sich im ganzen Land ausbreiten konnte.
11 Mit seinem Schatten bedeckte er das Gebirge,
bis zu den gewaltigen Zedern im Norden[b] wuchsen seine Reben.
12 Seine Ranken erstreckten sich bis zum Mittelmeer,
und bis an den Euphrat gelangten seine Zweige.
13 Warum hast du nur die schützende Mauer niedergerissen?
Jetzt kann jeder, der vorüberkommt, ihn plündern!
14 Die Wildschweine aus dem Wald verwüsten ihn,
die wilden Tiere fressen ihn kahl.

15 Herr, du Gott über Himmel und Erde –
wende dich uns wieder zu!
Schau vom Himmel herab und rette dein Volk[c]!

a) Wörtlich: Du hast uns zum Zankapfel für unsere Nachbarn gemacht.
b) «im Norden» ist sinngemäß eingefügt.
c) Wörtlich: diesen Weinstock.

[16] Kümmere dich um den Weinstock,
den du selbst gepflanzt hast;
sorge für den jungen Sproß, der durch dich erst stark wurde!
[17] Unsere Feinde haben ihn abgehauen und ins Feuer geworfen;
doch wenn du ihnen entgegentrittst, kommen sie um.
[18] Beschütze dein Volk, das du erwählt hast
und das durch dich erst stark wurde![a]
[19] Dann wollen wir nie mehr von dir weichen.
Erhalte uns am Leben, dann wollen wir dich loben.

[20] Herr, du Gott über Himmel und Erde –
richte uns, dein Volk, wieder auf!
Wende dich uns in Liebe zu, dann sind wir gerettet!

Heilige Feste – nur noch Theater!

81 Von Asaf.

[2] Jubelt unserem Gott zu, stark und mächtig ist er!
Jubelt laut über Gott, den Gott Jakobs!
[3] Stimmt Lieder an und schlagt die Pauken!
Laßt die Saiten von Zither und Harfe erklingen!
[4] Stoßt in die Trompete zum jährlichen Fest;
blast zu Beginn und zum Abschluß des Festes –
bei Neumond und bei Vollmond!
[5] Dies ist für Israel eine bindende Ordnung,
ein Gesetz des Gottes Jakobs.
[6] Er gab es dem Volk Gottes, als er gegen die Ägypter kämpfte.

Da! Ich höre eine Stimme, die mir bisher unbekannt war:
[7] «Ich habe deine Schultern von der Last befreit,
den schweren Tragekorb habe ich dir abgenommen.
[8] Als du in der Not zu mir schriest, rettete ich dich.
Ich antwortete dir aus der Gewitterwolke,
in der ich mich verborgen hielt.
In Meriba prüfte ich dein Vertrauen zu mir,
als es dort in der Wüste kein Wasser mehr gab.
[9] Höre, mein Volk; laß dich warnen, Israel!
Wenn du doch auf mich hören würdest!
[10] Du sollst keine anderen Götter neben mir haben,
wie sie bei fremden Völkern verehrt werden – bete sie nicht an!
[11] Denn ich allein bin der Herr, dein Gott,

a) Wörtlich: Deine Hand sei über dem Mann deiner Rechten, über dem Menschensohn, den du dir hast stark werden lassen. – Der Vers könnte sich auch auf den König des Volkes beziehen.

ich habe dich aus Ägypten herausgebracht.
Nach mir sollst du verlangen, und ich werde dich sättigen,
ja, ich schenke dir Segen im Überfluß!»[a]

12 Aber mein Volk hat nicht auf mich gehört,
sie haben nicht mit sich reden lassen.
13 Da überließ ich sie ihrer Starrköpfigkeit,
und sie machten, was sie wollten.
14 Wenn doch mein Volk auf mich hören wollte!
Wenn doch Israel nach meinen Geboten lebte!
15 Dann würde ich seine Feinde sofort in die Knie zwingen
und denen, die Israel unterdrücken,
eine vernichtende Niederlage zufügen.
16 Ja, alle, die den Herrn hassen, müßten sich ihm ergeben,
und ihre Strafe hätte kein Ende.
17 Israel aber würde ich mit dem besten Weizen versorgen
und mit Honig aus den Bergen sättigen.

Gott rechnet mit den Göttern ab

82 Ein Psalm Asafs.
Gott steht auf inmitten der Götter,
in ihrer Versammlung erhebt er seine Anklage:
2 «Wie lange noch wollt ihr das Recht verdrehen,
wenn ihr eure Urteile sprecht?
Wie lange noch wollt ihr Partei ergreifen für Menschen,
die sich mir widersetzen?
3 Verhelft den Wehrlosen und Waisen zu ihrem Recht!
Behandelt die Armen und Bedürftigen, wie es ihnen zusteht!
4 Reißt sie aus den Klauen ihrer Unterdrücker!»

5 Aber sie handeln ohne Sinn und Verstand;
sie irren im Dunkeln umher und sehen nicht,
daß durch ihre Bosheit die Welt ins Wanken gerät.
6 Zwar hatte ich ihnen gesagt:
«Ihr seid Götter! Ihr alle seid Söhne des Höchsten!
7 Aber wie gewöhnliche Menschen müßt auch ihr sterben;
euer Leben wird genauso enden wie das eines jeden Herrschers!»

8 Erhebe dich, Gott, und richte die Welt,
denn dir gehören alle Völker!

a) Wörtlich: Mache deinen Mund weit auf, und ich will ihn füllen.

Aufstand der Völker

83 Ein Lied Asafs.
2 Gott, schweige nicht! Sieh nicht untätig zu!
3 Höre doch, wie deine Feinde rebellieren;
alle, die dich hassen, sind stolz und siegessicher.
4 Sie planen einen heimtückischen Anschlag auf dein Volk;
sie halten Kriegsrat gegen jene,
die du bisher beschützt hast.
5 «Kommt!» sagen sie, «wir wollen dieses Volk ausrotten!
Den Namen Israel soll niemand mehr kennen!»
6 Darin sind sie sich völlig einig,
alle haben sich gegen dich verschworen:
7 die Beduinen von Edom und die Ismaeliter,
die Moabiter und die Hagariter,
8 die von Byblos, Ammon und Amalek,
die Philister und die Bewohner von Tyrus;
9 sogar die Assyrer haben sich ihnen angeschlossen –
sie verbünden sich mit den Moabitern und den Ammonitern[a].

10 Herr, schlage sie in die Flucht wie damals die Midianiter!
Besiege sie wie den Kanaaniterkönig Jabin
mit seinem Heerführer Sisera am Flusse Kischon!
11 Bei En-Dor wurden sie vernichtet,
und ihre Leichen verrotteten auf dem Acker.
12 Töte ihre Fürsten wie Oreb und Seeb,
bestrafe ihre Machthaber wie Sebach und Zalmuna!
13 Sie alle hatten einst gesagt:
«Wir erobern das Land, das Gott gehört!»
14 Mein Gott! Wirble sie davon wie ausgedörrte Disteln,
wie dürres Laub[b], das der Wind verweht!
15 Wie ein Flächenbrand,
dessen Flammen Berge und Wälder fressen,
16 so verfolge sie durch ein Unwetter,
erschrecke sie mit einem Sturm!
17 Laß sie vor Scham erröten,
damit sie endlich nach dir, Herr, fragen!
18 Sie sollen scheitern und für immer verstummen,
ja, laß sie in ihrer Schande umkommen!
19 Denn sie müssen erkennen, daß du allein der Herr bist,
der Herrscher über die ganze Welt!

a) Wörtlich: mit den Söhnen Lots. – Vgl. 1. Mose 19,30–38
b) Wörtlich: wie Spreu.

Herr, ich liebe deinen Tempel!

84 Ein Lied der Korachiter.
2 Herr, du Gott über Himmel und Erde!
Wie sehr liebe ich deinen Tempel – den Ort, an dem du wohnst!
3 Ich kann es kaum noch erwarten, ja, ich sehne mich danach,
in die Vorhöfe deines Heiligtums zu kommen!
Mit Leib und Seele juble ich dir zu, du lebendiger Gott!
Herr, du Gott über Himmel und Erde,
du bist mein König und mein Gott!
4 Sogar die Vögel haben hier ein Nest gebaut,
die Schwalben sind hier zu Hause –
in der Nähe deiner Altäre ziehen sie ihre Jungen groß.

5 Glücklich sind alle, die in deinem Tempel wohnen dürfen!
Jederzeit können sie dich loben!
6 Glücklich sind alle, die ihre Stärke in dir suchen,
die gerne und voll Freude zu deinem Tempel ziehen[a].
7 Wenn sie durch ein dürres Tal gehen[b],
brechen dort Quellen hervor,
und ein erfrischender Regen bewässert das Land.
8 So wandern sie mit stets neuer Kraft,
bis sie vor Gott auf dem Berg Zion stehen.
9 Herr, du Gott über Himmel und Erde – höre mein Gebet!
Verachte es nicht, du Gott Jakobs!
10 Herr, hilf dem König, der uns beschützt![c]
Steh ihm bei, denn du hast ihn erwählt![d]

11 Herr, ein Tag in deinem Tempel
ist mehr wert als tausend andere!
Ich möchte lieber ein einfacher Türhüter sein
an der Schwelle deines Hauses,
als bei den Menschen zu wohnen, die dich mißachten!
12 Denn Gott, der Herr, ist die Sonne,
die uns Licht und Leben gibt, schützend steht er vor uns.
Niemand ist so gut zu uns wie er,
durch ihn gelangen wir zu hohem Ansehen.
Wer ihm rückhaltlos ergeben ist,
den läßt er nie zu kurz kommen.
13 Herr, du Gott über Himmel und Erde!
Glücklich ist jeder, der sich auf dich verläßt!

a) Wörtlich: in deren Herzen gebahnte Wege sind.
b) Wörtlich: durch das Bakatal.
c) Wörtlich: Sieh her, o Gott, auf unseren Schild. – Vgl. Psalm 47,10; 89,19
d) Wörtlich: Blicke auf das Antlitz deines Gesalbten!

Wenn Gott neues Leben schenkt

85 Ein Lied der Korachiter.
2 Herr, du bist deinem Land gnädig gewesen
und hast sein Geschick wieder zum Guten gewendet.
3 Die Schuld deines Volkes hast du vergeben
und alle seine Sünden zugedeckt.
4 Dein Zorn fand ein Ende, seine Glut ist verloschen.

5 So hilf uns auch jetzt, damit wir wieder stark werden.
Gib deinen Unwillen gegen uns auf!
6 Willst du für immer zornig auf uns sein –
ohne Ende, von einer Generation zur anderen?
7 Willst du uns nicht wieder neues Leben schenken,
damit wir uns über dich freuen können?
8 Herr, zeige doch, wie sehr du uns liebst!
Komm uns zu Hilfe!

9 Ich will hören, was Gott, der Herr, zu sagen hat:
Er verkündet Frieden seinem Volk – denen, die ihn lieben;
doch sollen sie nicht in ihre alten Fehler zurückfallen.
10 Eins ist sicher:
Er wird allen helfen, die ihm mit Ehrfurcht begegnen,
seine Macht und Hoheit wird wieder in unserem Lande wohnen.
11 Dann verbünden sich Güte und Treue,
dann küssen einander Gerechtigkeit und Frieden.
12 Treue wird aus der Erde sprießen
und Gerechtigkeit vom Himmel herabblicken.
13 Der Herr selbst wird uns mit vielen Gütern beschenken,
und unsere Felder werden reiche Ernte einbringen.
14 Ja, Gerechtigkeit wird dem Herrn vorausgehen
und ihm den Weg bahnen.

Gib mir ein Zeichen deiner Güte!

86 Ein Gebet Davids.
Höre mich, o Herr, und antworte mir,
denn ich bin niedergeschlagen und hilflos!
2 Rette mein Leben – ich gehöre doch zu dir!
Hilf mir, denn ich vertraue dir!
Du bist mein Gott, und ich diene dir.
3 Sei mir gnädig, Herr,
zu dir rufe ich den ganzen Tag.
4 Schenke mir wieder neue Freude,
nach dir sehne ich mich!

5 Du, Herr, bist gut und zum Vergeben bereit,
unermeßlich ist deine Gnade für alle, die zu dir beten.
6 Höre, Herr, mein Gebet, ich flehe zu dir!
7 Ich weiß weder aus noch ein.
Darum schreie ich zu dir, und du wirst mich erhören.

8 Kein anderer Gott ist wie du, Herr;
niemand kann tun, was du tust!
9 Du hast alle Völker geschaffen.
Sie werden zu dir kommen,
sich vor dir niederwerfen und dich verehren.
10 Denn du bist groß und mächtig, ein Gott, der Wunder tut;
nur du bist Gott, du allein!

11 Herr, zeige mir deinen Weg,
ich will dir treu sein und tun, was du sagst.
Gib mir nur dies eine Verlangen:
dich zu ehren und dir zu gehorchen!
12 Von ganzem Herzen will ich dir danken, Herr, mein Gott;
dich will ich preisen.
13 Denn deine Liebe zu mir ist grenzenlos!
Du hast mich dem sicheren Tod entrissen.

14 Hochmütige Menschen lehnen sich gegen mich auf!
Sie tun sich zusammen und schrecken vor keiner Gewalttat zurück.
Sie wollen mich umbringen!
Von dir, Herr, wollen sie überhaupt nichts wissen.
15 Aber du bist ein gnädiger und barmherziger Gott.
Deine Geduld ist groß,
deine Liebe und Treue kennen kein Ende.
16 Darum wende dich mir zu und hab Erbarmen! Hilf mir!
Gib mir deine Kraft! Dir bin ich treu ergeben.
17 Herr, gib mir ein sichtbares Zeichen deiner Güte!
Dann werden alle, die mich hassen, sich schämen,
weil du, Herr, mir geholfen und mich getröstet hast!

Zion, Gottes geliebte Stadt

87 Ein Lied der Korachiter.
Hoch auf dem heiligen Berg
hat Gott die Stadt Zion errichtet.
2 Er liebt Jerusalem mit seinen herrlichen Toren
mehr als alle anderen Orte in Israel.

[3] Du bist weltberühmt, du Stadt Gottes!
Denn der Herr sagt:[a]
[4] «In Ägypten und Babylon gibt es Menschen,
die mich kennen,
und auch bei den Philistern,
in Tyrus und Äthiopien werde ich angebetet.»[b]

[5] Aber von Jerusalem sagt man:
«Alle seine Einwohner kennen Gott!»[c]
Ja, er, der Höchste, hat Zion errichtet!

[6] Der Herr wird eine Liste aller Völker aufstellen
und bei jedem einen Vermerk machen,
der zu Jerusalem gehört.[d]
[7] Sie alle werden tanzen und fröhlich singen:
«Was wir haben, verdanken wir dieser Stadt!»

Am Rande des Todes – völlig allein!

88 Ein Lied der Korachiter. Der Esrachiter Heman verfaßte es zum Nachdenken.

[2] Herr, mein Gott, du allein kannst mir noch helfen!
Tag und Nacht schreie ich zu dir!
[3] Höre mein Gebet, vernimm mein Flehen!
[4] Schweres Leid drückt mich nieder,
ich bin dem Tod schon näher als dem Leben.
[5] Jeder rechnet damit, daß ich bald sterbe,
so schwach bin ich.
[6] Es geht mir wie den Toten,
wie den Erschlagenen in ihrem Grab,
die du vergessen hast, die von dir verlassen sind.
[7] Du hast mich in den tiefsten Abgrund gestoßen,
in unergründliche Finsternis.
[8] Dein schwerer Zorn lastet auf mir,
er wirft mich um wie hohe Brandungswellen.
[9] Meine Freunde haben sich von mir abgewandt.
Du hast erreicht, daß sie mich
voller Abscheu verlassen haben.

a) Sinngemäß eingefügt.
b) Wörtlich: Ich will Rahab und Babel zählen zu denen, die mich kennen; siehe, Philistäa und Tyrus samt Kusch. Dieser ist dort geboren. – Zu Rahab vgl. Jesaja 30,7
c) Wörtlich: Mann für Mann ist dort geboren.
d) Wörtlich: Der Herr wird schreiben beim Verzeichnen der Völker: Dieser ist dort geboren. – Vgl. Jesaja 56,5; Hesekiel 13,9

Ich bin gefangen und weiß keinen Ausweg mehr.
10 Meine Augen sind vom Weinen ganz verquollen.
Jeden Tag rufe ich zu dir, Herr,
im Gebet strecke ich die Hände nach dir aus.

11 Wirst du an den Toten noch ein Wunder tun?
Kommen sie etwa aus ihren Gräbern, um dich zu loben?
12 Erzählt man im Totenreich von deiner Gnade,
in der Gruft von deiner Treue?
13 Sind deine Wunder am Ort der Finsternis noch bekannt?
Denken die Toten, die man vergessen hat, noch daran,
daß du deine Versprechen hältst?

14 Herr, ich schreie zu dir um Hilfe.
Schon früh am Morgen klage ich dir mein Leid.
15 Warum hast du mich aufgegeben, Herr?
Warum verbirgst du dich vor mir?
16 Schon seit meiner Jugend bin ich schwerkrank
und dem Tode nah,
du hast mir diese schreckliche Last auferlegt –
und jetzt bin ich am Ende!
17 Dein strafender Zorn hat mich zu Boden geschmettert,
ich bin vernichtet!
18 Die Angst bedrängt mich von allen Seiten
wie todbringende Wasserwogen,
denen ich nicht mehr entrinnen kann.
19 Du hast erreicht, daß meine Freunde und Nachbarn
nichts mehr mit mir zu tun haben wollen!
Alle, die mich gekannt haben, kennen mich jetzt nicht mehr.

Hat Gott sein Wort gebrochen?

89 Von Etan, dem Esrachiter. Zum Nachdenken.
2 Herr, von deiner Gnade will ich singen ohne Ende;
allen kommenden Generationen will ich erzählen,
wie treu du bist.
3 Ich weiß: Deine Gnade gilt für alle Zeiten
und deine Treue, solange der Himmel besteht.
4 Du hast gesagt:[a] «Ich habe einen Bund geschlossen
mit dem Mann, den ich erwählte.
Ich schwor David, der mir von ganzem Herzen diente:
5 Für alle Zeiten sollen deine Nachkommen herrschen,
für immer wird dein Königshaus bestehen!»

a) Sinngemäß eingefügt.

[6]Herr, der Himmel lobt dich, denn du tust Wunder;
die Schar deiner heiligen Engel[a] preist deine Treue.
[7]Denn wer im Himmel ist dir gleich?
Kein himmlisches Wesen[b] ist so mächtig wie du!
[8]In der himmlischen Ratsversammlung fürchten sie Gott
mit heiliger Scheu;
ja, Ehrfurcht ergreift alle, die um ihn sind.
[9]Herr, du Gott über Himmel und Erde!
Niemand ist so mächtig wie du!
Was du auch tust: auf dich ist Verlaß!
[10]Du hast Gewalt über die Meere,
und wenn sich die Wellen auftürmen wie gewaltige Mauern,
bändigst du sie!
[11]Du hast das Meerungeheuer[c] besiegt und zermalmt;
machtvoll hast du deine Feinde in alle Winde zerstreut.
[12]Dir gehört der Himmel und dir gehört die Erde,
das weite Land und was darauf lebt:
du hast alles geschaffen.
[13]Norden und Süden legtest du fest;
der Berg Tabor und das Hermongebirge jubeln dir zu.
[14]Wie stark ist dein Arm, wie gewaltig deine Hand!
Du erhebst sie zum Zeichen deines Sieges!
[15]Gerechtigkeit und Recht sind die Säulen deiner Herrschaft;
alles, was du tust, zeigt deine Liebe und Treue.

[16]Herr, glücklich ist das Volk,
das dich jubelnd als König feiert!
Du selbst bist unter ihnen und bringst Licht in ihr Leben.
[17]Sie freuen sich jeden Tag über dich und sind fröhlich,
weil du deine Versprechen hältst.
[18]Du allein machst sie stark,
durch deine Liebe gelangen sie zu Ansehen und Macht.
[19]Herr, du Heiliger Israels,
dir gehört unser König, der uns beschützt.[d]

[20]Gott, vor langer Zeit hast du in einer Vision
zu denen geredet, die dir vertrauten.
Du sprachst: «Ich habe mir einen jungen Mann aus dem Volk ausgewählt,
den ich zu einem starken Helden machen will.
[21]David ist sein Name, ihn habe ich gefunden
und mit heiligem Öl zum König gesalbt.
[22]Ich werde ihn mit meiner Kraft begleiten,

a) Wörtlich: die Schar deiner Heiligen.
b) Wörtlich: Keiner von den Göttersöhnen.
c) Wörtlich: Rahab. – Vgl. Hiob 9,13; 26,12; Jesaja 51,9
d) Wörtlich: Dem Herrn gehört unser Schild, und dem Heiligen Israels unser König.

stark soll er werden, weil ich ihn stütze.
23 Kein Feind wird ihn jemals überwältigen,
und kein Aufstand kann ihn stürzen.
24 Vor seinen Augen werde ich seine Feinde niedermachen;
alle, die ihn hassen, will ich vernichtend schlagen.
25 Immer will ich treu zu ihm stehen;
und durch mich wird er mächtig werden[a].
26 Ich werde seine Herrschaft bis zum Meer ausdehnen –
ja, über die großen Ströme wird er gebieten.
27 Wenn er betet, wird er mir sagen:
‹Du bist mein Vater, mein Gott,
mein Fels, der mich schützt, mein starker Helfer!›
28 Und ich statte ihn mit allen Rechten
eines erstgeborenen Sohnes aus;
ich mache ihn zum größten aller Könige der Welt!
29 Für alle Zeiten darf er wissen: ich bin ihm gnädig,
mein Bund mit ihm wird für immer bestehen.
30 Nie wird sein Königsgeschlecht aussterben,
sein Thron wird bleiben, solange der Himmel besteht.
31 Wenn aber seine Nachkommen meinem Gesetz nicht gehorchen
und meine Weisungen in den Wind schlagen,
32 wenn sie meine Ordnungen mißachten
und meine Gebote nicht halten,
33 dann werde ich sie für ihre Treulosigkeit bestrafen
und ihnen ihre Schuld mit Schlägen heimzahlen.
34 Aber meine Gnade will ich David nie entziehen,
meine Zusagen werde ich halten.
35 Meinen Bund mit ihm werde ich niemals brechen,
versprochen ist versprochen!
36 Ein für allemal habe ich einen Eid geschworen,
ich, der Heilige: Nie werde ich David täuschen!
37/38 Seine Nachkommen werden für alle Zeiten
den Thron besitzen.
Ihre Herrschaft soll so beständig sein wie Sonne und Mond –
die treuen Zeugen in den Wolken!»

39 Nun aber hast du deinen König doch aufgegeben
und verstoßen,
dein Auserwählter bekommt deinen großen Zorn zu spüren.
40 Du hast deinem Diener den Bund aufgekündigt,
seine Krone in den Schmutz getreten und entweiht.
41 Die schützenden Mauern seiner Stadt hast du niedergerissen
und alle seine Festungen in Trümmer gelegt.
42 Jeder, der vorüberzog, hat ihn ausgeplündert,
und bei den Nachbarvölkern erntet er nur Hohn und Spott.

a) Wörtlich: und durch meinen Namen wird sein Horn erhöht werden.

43 Seinen Feinden hast du den Sieg ermöglicht,
ihre Schadenfreude ist groß.
44 Die starken Streitkräfte des Königs hast du zerschlagen,
im Kampf hast du ihn im Stich gelassen.
45 Seinen Glanz und sein Ansehen hast du zerstört
und seinen Thron zu Boden gestoßen.
46 Du hast ihn vorzeitig alt werden lassen;
ja, mit Schimpf und Schande hast du ihn bedeckt.

47 Herr, willst du dich für immer verbergen?
Wie lange soll dein Zorn noch brennen?
48 Bedenke doch, wie kurz mein Leben ist!
Nur für einen flüchtigen Augenblick
hast du uns Menschen geschaffen.
49 Welcher Mensch ist unsterblich?
Wer kann dem Tod entrinnen?
50 Herr, wo sind die Beweise deiner Liebe geblieben?
Du hast doch David deine Treue zugesichert
und einen Eid darauf geschworen!
51 Höre doch, wie deine Diener beschimpft werden!
Ich leide darunter, daß die Völker uns verachten!
52 Deine Feinde verspotten den König, den du erwählt hast;
sie verhöhnen ihn auf Schritt und Tritt.

53 Lobt den Herrn allezeit!
Amen, so soll es sein!

Ist denn alles vergeblich?

90 Ein Gebet von Mose, dem Mann Gottes.
Herr, solange es Menschen gibt, bist du unsere Zuflucht!
2 Ja, bevor die Berge geboren wurden,
noch bevor Erde und Weltall unter Wehen entstanden,
warst du, o Gott.
Du bist ohne Anfang und Ende.
3 Du läßt den Menschen wieder zu Staub werden,
«Kehr zurück!» sprichst du zu ihm.
4 Tausend Jahre sind für dich wie ein einziger Tag,
wie ein Tag, der im Flug vergangen ist,
wie eine Stunde Schlaf.
5 Du reißt die Menschen hinweg,
sie verschwinden so schnell wie ein Traum nach dem Erwachen.
Sie vergehen wie das Gras:
6 Morgens sprießt es und blüht auf,
doch schon am Abend welkt und verdorrt es
im heißen Wüstenwind.

7 Ja, durch deinen Zorn vergehen wir,
schnell geht es mit uns zu Ende!
8 Unsere Schuld liegt offen vor dir,
auch unsere geheimsten Verfehlungen bringst du ans Licht.
9 Dein Zorn läßt unser Leben verrinnen –
schnell wie ein kurzer Seufzer ist es vorbei!
10 Unser Leben dauert siebzig,
vielleicht sogar achtzig Jahre.
Doch worauf wir stolz sind, ist nur Mühe,
viel Lärm um nichts!
Wie schnell eilen die Jahre vorüber!
Wie rasch fliegen sie davon!

11 Doch wer kann begreifen, wie gewaltig dein Zorn ist?
Wer fürchtet sich schon davor?
12 Mach uns bewußt, wie kurz unser Leben ist,
damit wir endlich zur Besinnung kommen!

13 Herr, wende dich uns wieder zu!
Wie lange soll dein Zorn noch dauern?
Hab Erbarmen mit uns, wir gehören doch zu dir!
14 Herr, schenke uns deine Liebe jeden Morgen neu!
Dann können wir singen und uns freuen, solange wir leben!
15 So viele Jahre litten wir unter Not und Bedrückung;
laß uns nun ebenso viele Jahre Freude erleben!
16 Zeige uns, wie machtvoll du eingreifst;
auch unsere Kinder sollen deine mächtigen Taten sehen!
17 Herr, unser Gott! Zeige uns deine Güte!
Laß unsere Mühe nicht vergeblich sein!
Ja, laß unsere Arbeit Früchte tragen!

Unter Gottes Schutz

91 Wer unter dem Schutz des Höchsten wohnt,
der kann bei ihm, dem Allmächtigen, Ruhe finden.
2 Auch ich sage zu Gott, dem Herrn:
«Bei dir finde ich Zuflucht, du schützt mich wie eine Burg!
Mein Gott, dir vertraue ich!»

3 Er bewahrt dich vor versteckten Gefahren
und vor tödlicher Krankheit.
4 Er wird dich behüten wie eine Henne,
die ihre Küken unter die Flügel nimmt.
Seine Treue schützt dich wie ein starker Schild.
5 Du brauchst keine Angst zu haben vor den Gefahren der Nacht
oder den heimtückischen Angriffen bei Tag.
6 Selbst vor der Pest, die im Dunkeln zuschlägt, oder dem tödlichen

Fieber, das am hellen Tag die Menschen befällt, fürchtest du dich nicht.
7 Wenn tausend neben dir tot umfallen,
ja, wenn zehntausend in deiner Nähe sterben –
dich selbst trifft es nicht!
8 Mit eigenen Augen wirst du sehen,
wie Gott es denen heimzahlt, die ihn mißachten.
9 Du aber darfst sagen: «Beim Herrn bin ich geborgen!»
Ja, bei Gott, dem Höchsten, hast du Heimat gefunden.
10 Darum wird dir nichts Böses zustoßen,
kein Unglück wird dein Haus erreichen.

11 Denn Gott hat seine Engel ausgesandt,
damit sie dich schützen, wohin du auch gehst.
12 Sie werden dich auf Händen tragen,
und du wirst dich nicht einmal an einem Stein verletzen!
13 Löwen werden dir nichts anhaben,
auf Schlangen kannst du treten.
14 Gott sagt:[a] «Er liebt mich von ganzem Herzen,
darum will ich ihn retten.
Ich werde ihn schützen, weil er mich kennt und ehrt.
15 Wenn er zu mir ruft, antworte ich ihm.
Wenn er keinen Ausweg mehr weiß, bin ich bei ihm.
Ich will ihn befreien und zu Ehren bringen.
16 Bei mir findet er die Hilfe, die er braucht;
ich gebe ihm ein erfülltes und langes Leben!»

Wie gut ist es, dir, Herr, zu danken!

92 Ein Lied zum Sabbat.

2 Wie gut ist es, dir, Herr, zu danken
und dich, du höchster Gott, zu besingen,
3 schon früh am Morgen deine Gnade zu loben
und noch in der Nacht deine Treue zu preisen,
4 zum Klang der Laute,
zur Musik der Harfe und Leier!

5 Herr, was du tust, macht mich froh,
und ich juble über deine großen Taten.
6 Wie machtvoll sind deine Werke,
und wie tief deine Gedanken!
7 Nur ein unvernünftiger Mensch sieht das nicht ein,
nur ein Narr kann nichts damit anfangen.
8 Mag auch ein Gottloser Erfolg haben,
mag er emporwachsen und blühen –

a) Sinngemäß eingefügt.

er wird doch für immer vertilgt werden.
[9] Du aber, Herr,
bist groß und erhaben für immer und ewig!

[10] Eines ist sicher: Deine Feinde werden umkommen;
die, die Unrecht tun, werden in alle Winde zerstreut werden!

[11] Doch mir gibst du Kraft, wie ein wilder Stier sie hat;
du schenkst mir Freude und neuen Mut.[a]
[12] Ich werde noch miterleben, wie meine Feinde stürzen;
ich werde hören, wie sie um Gnade wimmern.

[13] Doch wer Gott liebt, gleicht einer immergrünen Palme,
er wird mächtig wie eine Zeder auf dem Libanongebirge.
[14] Er ist wie ein Baum, der im Vorhof des Tempels gepflanzt wurde
und dort gedeihen kann.
[15] Noch im hohen Alter wird er Frucht tragen,
immer ist er kraftvoll und frisch.
[16] Sein Leben ist ein Beweis dafür,
daß der Herr seine Versprechen hält.
Bei Gott bin ich sicher und geborgen;
was er tut, ist nie verkehrt!

Der ewige Gott

93 Der Herr allein ist König!
Hoheit bekleidet ihn wie ein Festgewand,
mit Macht ist er umgürtet.
Er hat die Fundamente der Erde gelegt,
sie wankt und weicht nicht.

[2] Herr, seit Urzeiten steht dein Thron fest,
vor Beginn aller Zeiten warst du schon da.
[3] Die Fluten der Meere toben und tosen,
sie brüllen ihr mächtiges Lied.
[4] Doch stärker als das Donnern gewaltiger Wasser,
größer als die Wogen des Meeres ist der Herr in der Höhe!

[5] Herr, dein Wort ist wahr und zuverlässig;
der Tempel ist der Ort deiner heiligen Gegenwart
für alle Zeit!

a) Wörtlich: Du erhöhst mein Horn wie das eines Büffels, mit frischem Öl hast du mich überschüttet.

Recht muß doch Recht bleiben!

94 O Gott, räche dich!
Herr, du Gott der Vergeltung,
erscheine in deinem strahlenden Glanz!
2 Erhebe dich, du Richter der ganzen Welt!
Gib den Hochmütigen, was sie verdient haben!
3 Wie lange noch sollen sie hämisch lachen,
wie lange noch schadenfroh spotten?

4 Einer versucht den anderen zu überbieten,
sie schwingen große Reden und prahlen mit ihren Verbrechen.
5 Herr, sie unterdrücken dein Volk!
Alle, die zu dir gehören, leiden unter ihrer Gewalt.
6 Brutal ermorden sie Witwen und Waisen,
Ausländer schlagen sie tot.
7 «Der Herr sieht es ja doch nicht!» höhnen sie,
«der Gott unserer Vorfahren[a] merkt nichts!»

8 Ihr Dummköpfe! Seid ihr wirklich so unverständig?
Wann kommt ihr Narren endlich zur Vernunft?
9 Gott, der den Menschen Ohren gegeben hat –
sollte er selbst nicht hören?
Er gab ihnen Augen – sollte er selbst nicht sehen?
10 Er, der fremde Völker zurechtweist,
sollte er nicht auch euch zur Verantwortung ziehen?
Gott allein kann die Menschen zur Vernunft bringen!
11 Er durchschaut ihre Gedanken und weiß:
sie sind oberflächlich und hohl.

12 Glücklich ist jeder Mensch, den du, Herr, zurechtweist
und in deinem Gesetz unterrichtest!
13 Denn du willst ihn bewahren,
wenn die Bösen ihr Unwesen treiben,
solange bis die Übeltäter endlich begraben sind.
14 Denn der Herr wird sein Volk nicht verstoßen;
er wird niemanden verlassen, der zu ihm gehört.
15 Die Richter werden wieder gerechte Urteile sprechen,
und die Aufrichtigen werden sie dabei unterstützen.

16 Wer steht mir bei gegen diese Verbrecher?
Wer beschützt mich vor diesen bösen Menschen?
17 Herr, wenn du mir nicht geholfen hättest,
dann wäre ich jetzt tot – verstummt für immer!

a) Wörtlich: der Gott Jakobs.

[18] Sooft ich dachte: «Jetzt ist alles aus!»,
halfst du mir in Liebe wieder auf.
[19] Als quälende Sorgen mir Angst machten,
hast du mich beruhigt und getröstet.

[20] Du würdest dich nie mit bestechlichen Richtern verbünden,
die Unheil anrichten, indem sie das Gesetz mißbrauchen.
[21] Sie aber tun sich zusammen gegen jeden, der Ungerechtigkeit haßt,
und sprechen ihn schuldig,
obwohl er ohne Schuld ist!
[22] Der Herr aber verteidigt mich, bei ihm finde ich Schutz.
Er steht auf meiner Seite.
[23] Die Richter müssen für ihre Untaten büßen,
Gott wird sie für ihre Verbrechen bestrafen.
Ja, der Herr, unser Gott, wird sie vernichten!

Lobt Gott und hört auf das, was er sagt!

95 Kommt, laßt uns dem Herrn zujubeln!
Wir wollen ihn laut preisen, ihn, unseren mächtigen Retter!
[2] Laßt uns dankbar zu ihm kommen
und ihn mit fröhlichen Liedern besingen!
[3] Denn der Herr ist ein gewaltiger Gott,
der große König über alle Götter!
[4] In seiner Hand liegen die Tiefen der Erde
und die Gipfel der hohen Berge.
[5] Ihm gehört das Meer, er hat es ja gemacht,
seine Hände haben das Festland geformt.
[6] Kommt, wir wollen ihn anbeten und uns vor ihm beugen;
laßt uns niederknien vor dem Herrn, unserem Schöpfer!
[7] Denn er ist unser Gott, und wir sind sein Volk.
Er kümmert sich um uns wie ein Hirte,
der seine Herde auf die Weide führt.

[8] Hört jetzt auf das, was er euch sagt:
«Verschließt eure Herzen nicht,
wie es eure Väter getan haben;
damals, als sie mir in der Wüste Vorwürfe machten
und sich erbittert gegen mich auflehnten[a].»
[9] Jeden Tag erlebten sie, daß ich sie führte.
Und trotzdem haben sie immer wieder neue Beweise
meiner Macht verlangt.
[10] Vierzig Jahre lang ekelte ich mich vor diesem Volk.
Schließlich sagte ich:

a) Vers 8b wörtlich: wie zu Meriba, wie am Tag von Massa in der Wüste. – Meriba bedeutet «Vorwurf», Massa «Herausforderung». 2. Mose 17,1–7

«Alles, was sie wünschen und wollen, ist verkehrt
und führt sie in die Irre.
Die Wege, die ich sie führen will, verstehen sie nicht!»
11 Darum habe ich in meinem Zorn geschworen:
«Niemals sollen sie in das verheißene Land kommen,
nie die Ruhe finden, die ich ihnen geben wollte!»

Alle sollen es wissen: Der Herr allein ist König!
(1. Chronik 16,23–33)

96 Singt dem Herrn ein neues Lied,
singt dem Herrn, alle Bewohner der Erde!
2 Singt dem Herrn und preist seinen Namen!
Verkündet jeden Tag: Gott ist ein Gott, der rettet!
3 Erzählt den Völkern von seiner Hoheit!
Macht den Menschen alle seine Wunder bekannt!
4 Denn groß ist der Herr! Jeder soll ihn rühmen!
Von allen Göttern soll man ihn allein fürchten.
5 Die Götter der Völker sind machtlose Figuren,
der Herr aber hat den Himmel geschaffen!
6 Majestät und Pracht gehen von ihm aus,
seine Stärke und Schönheit erfüllen den Tempel.
7 Hört, ihr Völker: Begegnet dem Herrn mit Ehrfurcht!
Unterwerft euch seiner Herrschaft!
8 Ehrt seinen großen Namen, kommt in seinen Tempel,
und bringt ihm Opfer dar!
9 Werft euch vor ihm nieder,
wenn er in seiner Größe und Macht erscheint!
Die ganze Welt soll vor ihm erzittern!
10 Sagt den Völkern: Der Herr allein ist König!
Er hat die Fundamente der Erde gelegt,
sie wankt und weicht nicht.
Allen Völkern wird er ein gerechter Richter sein!

11 Der Himmel soll sich freuen
und die Erde in Jubel ausbrechen!
Das Meer mit allem, was in ihm lebt, soll brausen und tosen!
12 Der Acker freue sich mit allem, was auf ihm wächst!
Auch die Bäume im Wald sollen jubeln,
13 wenn der Herr kommt. Ja, er kommt, um die Welt zu richten.
Sein Urteil über die Völker ist unbestechlich und gerecht.

Der Herr über die ganze Welt

97 Der Herr allein ist König!
Die ganze Welt soll in Jubel ausbrechen,
und die fernen Inseln sollen fröhlich sein!

2 Bedrohliche, dunkle Wolken umhüllen ihn,
Gerechtigkeit und Recht sind die Säulen seiner Herrschaft.
3 Feuer ist sein Vorbote,
es verzehrt seine Feinde ringsumher.
4 Seine Blitze tauchen die Erde in helles Licht,
die ganze Welt sieht es und erbebt.
5 Berge zerschmelzen vor ihm wie Wachs,
vor ihm, dem Herrn der ganzen Welt.
6 Der Himmel ist Zeuge dafür, daß er sein Versprechen hält,
und alle Völker sehen seine Hoheit und Macht.

7 Alle, die Götterbilder verehren und mit ihren Götzen prahlen,
werden im Erdboden versinken vor Scham.
Denn ihre Götter müssen sich dem Herrn unterwerfen.
8 Freude herrscht auf dem Berg Zion,
die Bewohner der Städte Judas jubeln dir zu.
Denn du, Herr, richtest gerecht.
9 Ja, Herr, du allein regierst die ganze Welt,
du bist mächtiger und größer als alle Götter!

10 Liebt ihr den Herrn? Dann verabscheut das Böse!
Gott beschützt alle, die ihm treu sind,
und rettet sie aus der Gewalt der Gottlosen.
11 Wer Gott gehorcht, der lebt im Licht,
und Freude erfüllt jeden, der aufrichtig ist.
12 Ja, freut euch über den Herrn und dankt ihm!
Erinnert euch, was der heilige Gott für euch getan hat!

Freut euch mit uns – Gott hat uns befreit!

98

Ein Lied.
Singt dem Herrn ein neues Lied, denn er hat Wunder getan!
Er, der heilige Gott, hat einen gewaltigen Sieg errungen.
2 Alle Völker wissen es jetzt: Der Herr hat Israel befreit;
er hat bewiesen, daß man sich auf ihn verlassen kann!
3 Er hat sein Versprechen gehalten,
seinem Volk gnädig und treu zu sein.
Bis in die fernsten Länder ist die Nachricht gedrungen:
Gott hat Israel gerettet!

4 Jubelt dem Herrn zu, ihr Menschen auf der Erde!
Preist ihn mit Liedern, singt und jubelt laut vor Freude!
5 Spielt ihm auf der Laute, laßt die Saiten erklingen
und erfreut den Herrn mit Gesang!
6 Trompeten und Hörner sollen erschallen;
lobt Gott, euren König!

7 Das Meer mit allem, was in ihm lebt,
soll zu seiner Ehre brausen und tosen!
Die ganze Welt soll in Jubel ausbrechen!
8 Ihr Flüsse, klatscht in die Hände;
ihr Berge, preist unseren Herrn,
9 denn er kommt, um die Welt zu richten.
Sein Urteil über die Völker ist unbestechlich und gerecht!

Betet den heiligen Gott an!

99 Der Herr allein ist König!
In Ehrfurcht erschauern die Völker.
Er thront über den Cherub-Engeln, darum erzittert die Erde.
2 Ja, der Herr regiert in Jerusalem[a],
er herrscht über alle Völker.
3 Ihn sollen sie preisen,
ihn, den großen und gewaltigen Gott! Heilig ist er!

4 Mächtiger König! Weil du das Recht liebst,
hast du Recht und Ordnung gegründet.
Deinem Volk gabst du das Gesetz
und sorgtest für Gerechtigkeit.
5 Betet den Herrn an, unseren Gott!
Fallt vor seinem Thron nieder, denn er ist der heilige Gott!

6 Schon Mose und Aaron gehörten zu seinen Priestern,
auch Samuel betete zum Herrn.
Sie alle riefen zu ihm, und er gab ihnen Antwort.
7 Gott sprach zu ihnen aus der Wolkensäule,
und sie gehorchten den Geboten und Ordnungen,
die er ihnen gab.
8 Herr, unser Gott! Du hast sie erhört.
Du hast deinem Volk die Schuld vergeben,
aber auch ihre Vergehen bestraft.
9 Betet den Herrn an, unseren Gott!
Auf seinem heiligen Berg Zion fallt vor ihm nieder,
denn er ist der heilige Gott, unser Herr!

Ein fröhliches Danklied

100 Ein Lied für den Dankgottesdienst.

Jubelt dem Herrn zu, ihr Völker der Erde!
Dient ihm voll Freude,
2 kommt zu ihm mit fröhlichen Liedern!

a) Wörtlich: in Zion.

[3]Erkennt, daß der Herr unser Gott ist!
Er hat uns zu seinem Volk gemacht, ihm gehören wir[a]!
Er sorgt für uns wie ein Hirte für seine Herde.

[4]Geht durch die Tempeltore ein mit Dank,
betretet den festlichen Vorhof mit lautem Lob!
Preist ihn! Rühmt ihn!
[5]Denn der Herr ist gut zu uns,
seine Gnade hört niemals auf,
für alle Zeiten hält er uns die Treue.

Wie der König regieren will

101 Ein Lied Davids.

Von Gnade und Recht will ich singen;
dich, Herr, will ich preisen.
[2]Ich möchte aufrichtig und weise regieren –
Herr, hilf mir dabei!
An meinem Hof soll nur geschehen,
was ich vor dir verantworten kann.
[3]Auf unnütze und schädliche Vorhaben
lasse ich mich niemals ein.
Ich hasse es, wenn sich Menschen bewußt
über Gottes Gebote hinwegsetzen.
Mir selbst soll das niemand nachsagen!
[4]Einen Heuchler will ich nicht bei mir dulden,
und mit einem Menschen, der nur Böses im Sinn hat,
will ich nichts zu tun haben.
[5]Wer seinen Mitmenschen heimlich verleumdet,
den werde ich für immer zum Schweigen bringen.
Hochmut und Stolz verbanne ich aus meiner Nähe.
[6]Wer aber glaubwürdig und zuverlässig ist,
nach dem halte ich Ausschau.
Solche Leute hole ich mir an den Hof,
Menschen mit einem guten Ruf nehme ich in meinen Dienst.
[7]Betrüger und Lügner aber haben nichts in meinem Palast zu suchen –
sie sollen mir nicht unter die Augen kommen!
[8]Jeden Morgen halte ich Gericht über die Verbrecher im Land.
Denn für Leute, die Unheil stiften,
ist kein Platz in der Stadt des Herrn.
Ich lasse sie hinrichten!

a) Oder: wir haben nichts dazu getan.

Herr, erbarme dich über Jerusalem!

102 Gebet eines Menschen, der allen Mut verloren hat und dem Herrn sein Leid klagt.

2 Höre mein Gebet, Herr,
und achte auf meinen Hilfeschrei!
3 Ich bin in großer Not – verbirg dich nicht vor mir!
Höre mir zu und antworte mir schnell!
4 Mein Leben verflüchtigt sich wie Rauch,
mein ganzer Körper glüht, von Fieber geschüttelt.
5 Meine Kraft vertrocknet wie abgemähtes Gras,
selbst der Hunger ist mir vergangen,
6 ich bin nur noch Haut und Knochen!
Laut stöhnend wälze ich mich auf meinem Lager hin und her.
7 Man hört mich klagen wie eine Eule in der Wüste,
wie ein Käuzchen in verlassenen Ruinen.
8 Ich kann nicht schlafen; ich bin verlassen
und fühle mich wie ein einsamer Vogel auf dem Dach.
9 Tag für Tag beschimpfen mich meine Feinde,
und wenn sie andere verfluchen, mißbrauchen sie meinen Namen
und sagen: «Gott strafe dich wie diesen da!»[a]
10 Ich esse Staub statt Brot,
und in meine Getränke mischen sich Tränen.
11 Denn dein furchtbarer Zorn hat mich getroffen.
Du hast mich hochgeworfen und zu Boden geschmettert!
12 Mein Leben gleicht einem Schatten am Abend,
der bald in der Dunkelheit verschwindet.
Ich bin wie Gras, das bald verdorrt.

13 Du aber, Herr, regierst für alle Zeiten;
immer wird man von dir erzählen.
14 Du wirst eingreifen und dich über die Stadt Zion erbarmen.
Denn die Zeit ist gekommen, sie zu begnadigen – die Stunde ist da!
15 Herr, dein Volk liebt die Mauern dieser Stadt
und trauert über ihre Trümmer.
16/17 Aber der Herr wird sie wieder aufbauen
und damit zeigen, wie mächtig er ist.
Dann werden die Völker ihn fürchten
und die Könige der Erde seine Macht anerkennen.
18 Ja, der Herr wird das Gebet der Hilflosen hören,
er wird ihr Flehen nicht verachten.

a) Vers 9b wörtlich: die mich verspotten, fluchen bei mir.

[19] Dies lasse ich für unsere Nachkommen aufschreiben,
damit sie es lesen und den Herrn loben:
[20] Der Herr blickte von seinem Heiligtum auf uns herab,
er schaute vom Himmel auf die Erde.
[21] Er hörte das Stöhnen der Gefangenen
und rettete sie vor dem sicheren Tod.
[22] Darum wird man den Herrn auf dem Berg Zion rühmen;
in ganz Jerusalem wird man ihn loben,
[23] wenn alle Völker und Königreiche sich versammeln,
um ihm zu dienen.

[24] Mitten im Leben[a] hat Gott meine Kraft gebrochen,
er hat mich vorzeitig alt werden lassen.
[25] Darum flehe ich ihn an:
Mein Gott, laß mich nicht so früh sterben!

Herr, dein Leben hat keinen Anfang und kein Ende.
[26] Vor langer Zeit hast du, Herr, alles geschaffen.
Die Erde und die Himmel, alles ist das Werk deiner Hände.
[27] Sie werden vergehen, du aber bleibst.
Wie alte Kleider werden sie zerfallen,
wie ein abgetragenes Gewand wechselst du sie
und schaffst sie neu.
[28] Du aber bleibst ein und derselbe,
du wirst immer und ewig leben.

[29] Die Nachkommen deines Volkes werden in Sicherheit wohnen,
unter deinem Schutz werden sie geborgen sein.

Lobt den Herrn!

103 Ich will den Herrn von ganzem Herzen loben,
alles in mir soll seinen heiligen Namen preisen!
[2] Ich will den Herrn loben und nie vergessen,
wieviel Gutes er mir getan hat.
[3] Ja, er vergibt mir meine ganze Schuld
und heilt mich von allen Krankheiten!
[4] Er bewahrt mich vor dem sicheren Tod
und schenkt mir das Leben neu.
Seine Liebe und Güte umgeben mich allezeit.[b]
[5] Mein Leben lang gibt er mir Gutes im Überfluß,
darum fühle ich mich jung und stark wie ein Adler.

a) Wörtlich: Auf dem Weg.
b) Wörtlich: Er krönt dein Leben mit Gnade und Erbarmen.

[6]Der Herr hält Wort!
Den Unterdrückten verhilft er zu ihrem Recht,
so wie er es versprochen hat.
[7]Er weihte Mose in seine Pläne ein
und zeigte allen Israeliten,
daß er gewaltige Taten vollbringen kann.
[8]Barmherzig und gnädig ist der Herr,
groß ist seine Geduld und grenzenlos seine Liebe!
[9]Er beschuldigt uns nicht endlos
und bleibt nicht immer zornig.
[10]Er bestraft uns nicht, wie wir es verdienen;
unsere Sünden und Verfehlungen zahlt er uns nicht heim.
[11]Denn so hoch, wie der Himmel über der Erde ist,
so groß ist seine Liebe zu allen,
die ihm mit Ehrfurcht begegnen.
[12]So fern, wie der Osten vom Westen liegt,
so weit wirft Gott unsere Schuld von uns fort!
[13]Wie ein Vater seine Kinder liebt,
so liebt der Herr alle, die ihn ehren.

[14]Denn er weiß, wie vergänglich wir sind;
er vergißt nicht, daß wir nur Staub sind.
[15]Der Mensch ist wie das Gras,
er blüht wie eine Blume auf dem Feld.
[16]Wenn der heiße Wüstenwind darüberfegt,
ist sie spurlos verschwunden,
und niemand weiß, wo sie geblüht hat.

[17]Die Güte des Herrn aber bleibt für immer und ewig;
sie gilt allen, die ihm gehorchen.
Auf seine Zusagen können sich auch alle kommenden
Generationen berufen,
[18]wenn sie sich an seinen Bund halten
und seine Gebote befolgen.

[19]Der Herr hat seinen Thron im Himmel errichtet,
als König herrscht er über die ganze Welt.
[20]Lobt den Herrn, ihr mächtigen Engel,
die ihr seinen Befehlen gehorcht und auf seine Worte hört!
[21]Lobt den Herrn, ihr mächtigen Wesen im Himmel,
die ihr ausführt, was er euch befohlen hat!
[22]Lobt den Herrn, alle seine Geschöpfe,
an allen Orten seiner Herrschaft!
Auch ich will den Herrn von ganzem Herzen loben!

Freude an Gottes Schöpfung

104 Ich will den Herrn von ganzem Herzen loben.
Herr, mein Gott, wie groß bist du!
Majestätische Pracht ist dein Festgewand,
2 helles Licht umhüllt dich wie ein Mantel.
Du spanntest den Himmel aus wie ein Zeltdach,
3 über den Wolken[a] hast du deine Wohnung errichtet.
Ja, die Wolken sind dein Wagen,
du fährst auf den Flügeln des Windes dahin.
4 Wind und Wetter sind deine Boten,
zuckende Blitze deine Diener.

5 Die Erde hast du auf ein festes Fundament gegründet,
damit sie für alle Zeiten nicht wankt.
6 Wie ein Kleid bedeckte die Urflut ihre Kontinente,
noch über den höchsten Bergen standen die Wassermassen.
7 Doch vor deinem lauten Ruf wichen sie zurück,
vor deinem Donnergrollen flohen sie.
8 Die Berge erhoben sich, und die Täler senkten sich
an den Ort, den du für sie bestimmt hattest.
9 Du hast dem Wasser eine Grenze gesetzt,
die es nicht überschreiten darf,
nie wieder soll es die ganze Erde überschwemmen.
10 Du läßt Quellen sprudeln
und als Bäche in die Täler fließen,
zwischen den Bergen finden sie ihren Weg.
11 Die Tiere der Steppe trinken davon,
Wildesel stillen ihren Durst.
12 An ihren Ufern nisten die Vögel,
in dichtem Laub singen sie ihre Lieder.
13 Vom Himmel läßt du Regen auf die Berge niedergehen,
die Erde saugt ihn auf und wird fruchtbar.
14 Du läßt Gras für das Vieh wachsen
und Pflanzen, die der Mensch anbaut.
Er pflügt das Land, sät und erntet;
15 so hat er Wein, der ihn erfreut,
Öl, das seinen Körper pflegt, und Brot, das ihn stärkt.
16 Du, Herr, hast die riesigen Zedern auf dem Libanongebirge gepflanzt
und gibst ihnen genügend Regen.
17 In ihren Zweigen bauen die Vögel ihre Nester,
und Störche haben in den Zypressen ihren Brutplatz.
18 In den hohen Bergen hat der Steinbock sein Revier,

a) Wörtlich: in den Wassern. – Vgl. 1. Mose 1,6–8

und das Murmeltier[a] findet in den Felsen Zuflucht.
19 Du hast den Mond gemacht, um die Monate zu bestimmen,
und die Sonne weiß, wann sie untergehen soll.
20 Du läßt die Dunkelheit hereinbrechen, und es wird Nacht –
dann regen sich die Tiere im Dickicht des Waldes.
21 Die jungen Löwen brüllen nach Beute;
von dir, o Gott, erwarten sie ihre Nahrung.
22 Sobald aber die Sonne aufgeht, schleichen sie zurück
und suchen in den Schlupfwinkeln ihr Lager auf.
23 Dann aber steht der Mensch auf und geht an seine Arbeit,
er hat zu tun, bis es wieder Abend wird.

24 O Herr, welch unermeßliche Vielfalt zeigen deine Werke!
Sie alle sind Zeugen deiner Weisheit,
die ganze Erde ist voll von deinen Geschöpfen.

25 Da ist das Meer – so unendlich groß und weit,
unzählbar sind die Tiere darin, große wie kleine.
26 Schiffe ziehen dort vorüber und auch die Seeungeheuer,
die du geschaffen hast, um damit zu spielen.
27 Alle deine Geschöpfe warten auf dich,
daß du ihnen rechtzeitig zu essen gibst.
28 Sie holen sich die Nahrung, die du ihnen zuteilst.
Du öffnest deine Hand, und sie werden reichlich satt.
29 Doch wenn du dich von ihnen abwendest,
ist es mit ihnen vorbei.
Ja, sie sterben und werden zu Staub,
wenn du ihnen den Lebensatem nimmst.
30 Doch wenn du deinen lebendigen Geist schickst,
dann werden sie geschaffen;
so schenkst du der Erde neues Leben.

31 Die Macht und Hoheit des Herrn möge für immer bleiben!
Er freue sich an dem, was er geschaffen hat!
32 Er braucht die Erde nur anzusehen – schon erbebt sie;
wenn er die Berge berührt, dann fangen sie an zu rauchen.
33 Singen will ich für den Herrn, solange ich lebe,
für meinen Gott will ich musizieren mein Leben lang.
34 Wie freue ich mich über den Herrn –
möge ihm mein Lied gefallen!
35 Doch wer sich ihm widersetzt, soll nicht mehr weiterleben,
sondern vom Erdboden verschwinden.
Ich will den Herrn von ganzem Herzen preisen.
Halleluja!

a) Wörtlich: der Klippdachs. – Der Klippdachs war ein murmeltierähnlicher Pflanzenfresser von gelb-brauner Farbe. 3. Mose 11,5; 5. Mose 14,7

Israels Geschichte zeigt: Gott hat Wort gehalten!
(Verse 1–15: 1. Chronik 16,8–22)

105 Preist den Herrn, und ruft seinen Namen aus,
verkündet seine großen Taten allen Völkern!
2 Singt und musiziert zu seiner Ehre,
macht alle seine Wunder bekannt!
3 Seid glücklich, daß ihr zu ihm, dem heiligen Gott, gehört!
Ja, alle, die den Herrn suchen, sollen sich freuen!
4 Fragt nach dem Herrn, und rechnet mit seiner Macht,
wendet euch immer wieder an ihn!
5/6 Ihr Nachkommen seines Dieners Abraham,
ihr Kinder und Enkel Jakobs, den er auserwählte,
erinnert euch an die Wunder, die er getan hat!
Denkt immer wieder an seine mächtigen Taten
und an die Urteile, die er fällte!

7 Er ist der Herr, unser Gott!
Auf der ganzen Welt hat er das letzte Wort.
8 Niemals vergißt er seinen Bund mit uns,
sein Versprechen, das er gab.
Es gilt auch allen Generationen nach uns,
selbst wenn es tausend sind.
9 Schon mit Abraham schloß er diesen Bund;
er schwor auch Isaak, sich daran zu halten.
10 An Jakob bestätigte er ihn als gültige Ordnung,
ja, als ewiges Bündnis für ganz Israel.
11 Er sprach: «Euch gebe ich das Land Kanaan,
ihr sollt es für immer besitzen.»

12 Als sie noch eine kleine Schar waren,
nur wenige, dazu noch fremd im Land,
13 als sie von Volk zu Volk wanderten,
von einem Land zum anderen,
14 da erlaubte der Herr keinem, sie zu unterdrücken.
Um sie zu schützen, warnte er die Könige der fremden Völker:
15 «Rührt mein Volk nicht an! Ich habe es erwählt!
Ich habe durch sie etwas Besonderes zu sagen – tut ihnen nichts Böses!»[a]

16 Der Herr ließ eine Hungersnot ins Land kommen,
und die Vorräte an Getreide und Brot gingen schnell zu Ende.
17 Aber Gott hatte ihnen schon einen Mann
nach Ägypten vorausgeschickt:
Josef, der als Sklave verkauft worden war.

a) Wörtlich: Rührt meinen Gesalbten nicht an, und tut meinem Propheten nichts Böses!

[18] Man band seine Füße mit Ketten
und zwängte seinen Hals in einen eisernen Ring.
[19] Dies änderte sich erst, als alles eintraf,
was er vorausgesagt hatte.
Es war das Wort, das Gott ihm gab,
und so stellte sich heraus, daß Josef unschuldig war.
[20] Da befahl der König, ihn von seinen Fesseln zu befreien;
der Mann, der über viele Völker herrschte, gab ihn frei!
[21] Er berief ihn an die höchste Stelle seiner Regierung
und machte ihn zum Verwalter seines Vermögens.
[22] Die hohen Beamten wurden ihm unterstellt,
und die Ratgeber des Königs sollten bei ihm lernen,
wie man weise entscheidet.

[23] Dann kamen Jakob und seine Familie nach Ägypten,
und sie lebten dort als Fremde.
[24] Der Herr ließ sein Volk rasch wachsen
und schließlich mächtiger als seine Unterdrücker werden.
[25] Er sorgte dafür, daß die Ägypter anfingen, sein Volk zu hassen.
Am Ende behandelten sie es heimtückisch und gemein.

[26] Dann sandte er seine Diener Mose und Aaron,
die er auserwählt hatte, zu ihnen.
[27] Sie vollbrachten in Ägypten die Zeichen und Wunder,
die der Herr vorher angedroht hatte:
[28] Er sandte pechschwarze Finsternis,
und dennoch widersetzten sich die Ägypter seinem Befehl.[a]
[29] Ihre Gewässer verwandelte er in Blut
und ließ die Fische darin umkommen.
[30] Im ganzen Land wimmelte es von Fröschen,
die auch vor dem Palast des Königs nicht haltmachten.
[31] Auf Gottes Weisung kam Ungeziefer,
ganze Schwärme von Stechmücken bedeckten das Land.
[32] Und als die Ägypter auf Regen warteten, sandte er Hagel;
Blitze flammten über das ganze Land und verursachten Brände.
[33] Er zerschlug ihre Weinstöcke und Feigenbäume
und zerbrach auch die anderen Bäume im Land.
[34] Auf seinen Befehl rückten Heuschrecken heran,
riesige Schwärme, die nicht zu zählen waren.
[35] Sie machten sich über alle Pflanzen im Lande her,
alles, was grünte und blühte, fraßen sie kahl.
[36] Schließlich tötete der Herr in jeder Familie der Ägypter
den ältesten Sohn – ihren ganzen Stolz.

a) So mit der griechischen Übersetzung. Der hebräische Text fügt ein «nicht» ein: (Mose und Aaron) – sie widersetzten sich nicht.

[37] Dann führte er sein Volk heraus, gesund und stark,
reich beladen mit Silber und Gold.
[38] Die Ägypter waren froh, sie endlich los zu sein,
so sehr hatte sie die Furcht vor ihnen gepackt.
[39] Der Herr gab seinem Volk Schutz hinter einer Wolke,
und in der Nacht erleuchtete ein Feuer ihnen den Weg.
[40] Sie verlangten nach Speise, da ließ er Wachteln in ihr Lager kommen,
und mit Brot vom Himmel machte er sie satt.
[41] Er öffnete einen Felsen:
Wasser floß heraus und strömte in die Wüste.

[42] Ja, Gott hat Wort gehalten!
Er löste sein heiliges Versprechen ein,
das er Abraham, seinem Diener, gegeben hatte.
[43] So führte er sein auserwähltes Volk heraus,
und sie sangen und jubelten vor Freude.
[44] Dann gab er ihnen das Land anderer Völker;
was diese erarbeitet hatten, wurde nun ihr Besitz.
[45] Diese Wunder ließ er sein Volk erleben,[a]
damit sie seinen Weisungen gehorchten
und seine Gebote hielten.
Halleluja!

Wir haben schwere Schuld auf uns geladen!

106 Halleluja!
Preist den Herrn, denn er ist gut,
und seine Gnade hört niemals auf!
[2] Wer könnte seine mächtigen Taten alle aufzählen?
Wer könnte ihn jemals genug loben?

[3] Glücklich sind alle, die sich an seine Ordnungen halten
und immer das tun, was in Gottes Augen recht ist!
[4] Herr, denke auch an mich, wenn du deinem Volk hilfst;
komm auch zu mir und rette mich!
[5] Laß mich mit eigenen Augen sehen,
wie du deinem auserwählten Volk Gutes tust!
Ich will mich gemeinsam mit ihnen freuen
und stolz darauf sein, daß ich zu denen gehöre,
die du zu deinem Eigentum gemacht hast.

[6] Wir haben schwere Schuld auf uns geladen
wie schon unsere Vorfahren.
Wir haben Unrecht begangen und dich mißachtet!

a) Sinngemäß eingefügt.

[7] Schon unsere Väter in Ägypten
wollten nicht aus deinen Wundern lernen.
Schnell vergaßen sie, wie oft du sie gerettet hattest.
Am Ufer des Schilfmeeres lehnte sich dein Volk gegen dich auf.

[8] Trotzdem befreite sie der Herr,
wie er es versprochen hatte.
So bewies er ihnen seine Macht.
[9] Er befahl dem Schilfmeer, sich zu teilen, und es geschah;
die Fluten türmten sich auf,
und er führte sein Volk wie auf Wüstenboden hindurch.
[10/11] Das Wasser schlug über ihren Verfolgern zusammen,
und nicht einer kam mit dem Leben davon.
So rettete er sie aus der Gewalt ihrer Feinde,
unter deren Haß sie so lange gelitten hatten.
[12] Da endlich glaubten sie seinen Worten
und lobten ihn mit ihren Liedern.

[13] Doch schon bald vergaßen sie, was er für sie getan hatte.
Sie wollten nicht auf das warten,
was nach seinem Plan geschehen sollte.
[14] In der Wüste forderten sie Gott heraus,
in ihrer Gier verlangten sie, Fleisch zu essen.
[15] Da gab er ihnen, wonach sie gierten,
aber gleich darauf plagte er sie mit einer schrecklichen Seuche.

[16] Im Lager wurden sie neidisch auf Mose und auf Aaron,
den der Herr zu seinem Diener erwählt hatte.
[17] Da öffnete sich auf einmal die Erde.
Sie verschlang die Aufrührer Datan und Abiram mit ihren Familien
und schloß sich wieder über ihnen.
[18] Dann brach ein Feuer aus unter denen, die zu ihnen hielten,
und verbrannte sie, weil sie Gott mißachteten.

[19] Am Berg Horeb goß sich das Volk Israel ein goldenes Kalb
und betete das Standbild an.
[20] Die Macht und Hoheit ihres Gottes tauschten sie ein
gegen das Abbild eines grasfressenden Stieres!
[21] Sie vergaßen Gott, ihren Retter,
der in Ägypten mächtige Taten und Wunder vollbracht hatte.
[22] Sie dachten nicht mehr daran, wie er den Ägyptern am Schilfmeer
Angst und Schrecken eingejagt hatte.
[23] Schon sprach Gott davon, sie alle zu vernichten,
doch Mose, sein Auserwählter, setzte sich für sie ein.
Er wandte Gottes Zorn von ihnen ab,
so daß sie nicht vernichtet wurden.

24 Dann verschmähten sie das schöne Land,
denn sie glaubten Gottes Zusagen nicht.
25 Sie blieben in ihren Zelten und schimpften über Gott;
längst nahmen sie seine Worte nicht mehr ernst.
26 Da hob er seine Hand zum Schwur und sagte:
«Ich werde sie in der Wüste umkommen lassen
27 und ihre Nachkommen unter die Völker zerstreuen,
damit sie dort untergehen!»

28 Sie gaben sich dazu her, Baal anzubeten,
den Gott vom Berg Peor,
und aßen das Fleisch von Opfertieren,
die man toten Götzen geweiht hatte.
29 Durch ihr gottloses Treiben reizten sie den Herrn zum Zorn,
da brach eine schreckliche Seuche unter ihnen aus.
30 Pinhas aber griff ein und hielt Gericht,
und die Seuche hörte auf.
31 So fand er Gottes Anerkennung,
er und seine Nachkommen für alle Zeit.

32 Auch bei der Felsenquelle von Meriba
forderte Israel Gottes Zorn heraus,
und über Mose brach ihretwegen das Verhängnis herein:
33 Sie hatten ihn so erbittert,
daß er sich zu unbedachten Worten hinreißen ließ.

34 Sie beachteten nicht den Befehl Gottes,
die anderen Völker zu vernichten.
35 Statt dessen vermischten sie sich mit ihnen
und übernahmen ihre schrecklichen Gebräuche:
36 sie beteten ihre Götter an,
die ihnen dann zum Verhängnis wurden.
37/38 Sie opferten ihre eigenen Söhne
und Töchter den Dämonen.
Sie vergossen unschuldiges Blut und entweihten das Land,
indem sie ihre Kinder zu Ehren der Götzen Kanaans schlachteten.
39 Durch ihre bösen Taten wurden sie unrein in Gottes Augen –
sie brachen ihm die Treue.

40 Da geriet Gott in Zorn über Israel
und verabscheute sein eigenes Volk.
41 Er gab sie in die Hand fremder Völker;
sie wurden beherrscht von denen, die sie haßten.
42 Ihre Feinde unterdrückten sie,
ihrer Gewalt mußte Israel sich beugen.
43 Immer wieder befreite sie der Herr,
aber sie dachten nicht im geringsten daran,

ihm zu gehorchen.
So sanken sie durch ihre Schuld immer tiefer ins Unglück.
44 Doch als Gott ihre verzweifelte Lage sah
und ihre Hilfeschreie hörte,
45 da dachte er an seinen Bund mit ihnen.
Ja, seine Liebe zu ihnen war stark, darum tat es ihm leid,
daß er sie ihren Feinden ausgeliefert hatte.
46 Er ließ sie Erbarmen finden
bei denen, die sie gefangen hielten.

47 Rette uns, Herr, unser Gott!
Führe uns heraus aus den Völkern, die dich nicht kennen,
und bring uns wieder zusammen!
Dann werden wir deinen heiligen Namen preisen
und stolz darauf sein, daß wir dich loben können.
48 Ja, gelobt sei der Herr, der Gott Israels,
jetzt und für alle Zeit!
Und das ganze Volk soll antworten:
Amen! Halleluja!

Herr, du hast uns gerettet!

107 Preist den Herrn, denn er ist gut,
und seine Gnade hört niemals auf!
2 Dies sollen alle bekennen, die der Herr gerettet hat.
Ja, er hat sie aus der Gewalt ihrer Unterdrücker befreit
3 und aus fernen Ländern wieder zurückgebracht –
aus Ost und West, aus Nord und Süd.

4 Viele irrten in der trostlosen Wüste umher
und konnten den Weg zu einer bewohnten Stadt nicht finden.
5 Vor Hunger und Durst waren sie am Ende ihrer Kraft
und verloren allen Mut.
6 In auswegloser Lage schrien sie zum Herrn,
und er rettete sie aus ihrer Not.
7 Er half ihnen, den richtigen Weg zu finden,
und führte sie zu einer Stadt, in der sie wohnen konnten.
8 Sie sollen den Herrn preisen für seine Gnade
und für seine Wunder, die er uns Menschen erleben läßt!
9 Denn fast wären sie verhungert und verdurstet,
doch er gab ihnen genug zu essen und zu trinken.

10 Andere lagen in finsteren Gefängnissen,
gequält und mit eisernen Ketten gefesselt.
11 Sie hatten mißachtet, was Gott ihnen sagte,
und seine Weisungen in den Wind geschlagen.
12 Darum zerbrach er ihren Stolz durch Zwangsarbeit;

sie lagen am Boden, und keiner half ihnen auf.
13 In auswegloser Lage schrien sie zum Herrn,
und er rettete sie aus ihrer Not.
14 Er holte sie aus den finsteren Gefängnissen
und riß ihre Fesseln entzwei.
15 Sie sollen den Herrn preisen für seine Gnade
und für seine Wunder, die er uns Menschen erleben läßt.
16 Denn er hat die gepanzerten Türen zerschmettert
und die eisernen Riegel aufgebrochen.

17 Andere litten unter den Folgen ihrer Sünden und Verfehlungen;
sie siechten dahin
18 und ekelten sich vor jeder Speise – vom Tod gezeichnet.
19 In auswegloser Lage schrien sie zum Herrn,
und er rettete sie aus ihrer Not.
20 Er sprach nur ein Wort, und sie wurden gesund.
So rettete er sie vor dem sicheren Tod.
21 Sie sollen den Herrn preisen für seine Gnade
und für seine Wunder, die er uns Menschen erleben läßt.
22 Aus Dank sollen sie ihm Opfergaben bringen
und voll Freude von seinen Taten erzählen!

23 Wieder andere fuhren mit ihren Schiffen aufs Meer hinaus,
um Handel zu treiben.
24 Dort erlebten sie Gottes Macht,
auf hoher See wurden sie Zeugen seiner wunderbaren Taten.
25 Nur ein Wort von ihm – und ein Sturm peitschte das Meer.
Wogen türmten sich auf,
26 warfen die Schiffe hoch in die Luft
und stießen sie sogleich wieder in gähnende Abgründe.
Da verloren sie jede Hoffnung.
27 Sie wirbelten durcheinander und taumelten wie Betrunkene,
mit ihrer Weisheit waren sie am Ende.
28 In auswegloser Lage schrien sie zum Herrn,
und er rettete sie aus ihrer Not.
29 Er bannte die tödliche Gefahr:
der Sturm legte sich, und die tobenden Wellen wurden ruhig.
30 Da freuten sie sich, daß es endlich still geworden war!
Gott brachte sie in den Hafen, an das ersehnte Ziel.
31 Sie sollen den Herrn preisen für seine Gnade
und für seine Wunder, die er uns Menschen erleben läßt.
32 Wenn sich das Volk versammelt,
sollen sie seine Größe rühmen und ihn vor dem Rat der Ältesten loben.

33 Der Herr verwandelt wasserreiches Land in dürre Wüste,
und wo vorher Quellen sprudelten,
entstehen trostlose Steppen.

34 Fruchtbare Gebiete macht er zur Salzwüste,
wenn die Bosheit der Bewohner überhand nimmt.
35 Doch er verwandelt auch dürres Land in eine Oase
und läßt mitten in der Steppe Quellen aufbrechen.
36 Hungernde Menschen siedeln sich dort an
und gründen Städte.
37 Sie bestellen die Felder, legen Weinberge an
und bringen Jahr für Jahr eine reiche Ernte ein.
38 Gott segnet sie mit vielen Kindern
und vergrößert ihre Viehherden immer mehr.
39 Wenn habgierige Machthaber sie unterdrücken
und sie immer weniger werden, gebeugt von Unglück und Leid,
40 dann macht Gott ihre Unterdrücker zum Gespött
und läßt sie in der Wüste umherirren.
41 Die Hilflosen aber rettet er aus ihrem Elend
und läßt ihre Familien wachsen wie große Herden.

42 Die aufrichtigen Menschen sehen es und freuen sich,
und alle niederträchtigen müssen verstummen.
43 Wer verständig ist, soll immer wieder daran denken.
Er wird erkennen, daß der Herr auf vielfache Weise zeigt,
wie gnädig er ist!

Gottes Antwort auf die Niederlage

108 Ein Lied Davids.
2 Voller Vertrauen blicke ich in die Zukunft, mein Gott;
darum will ich singen und dir danken, Herr!
Fasse neuen Mut, mein Herz! Wach auf!
3 Harfe und Zither, wacht auf!
Ich will den neuen Tag mit meinem Lied begrüßen.
4 Herr, ich will dir danken vor den Völkern,
vor allen Menschen will ich dir singen.
5 Groß ist deine Güte! Sie reicht über den Himmel hinaus!
Und wohin die Wolken auch ziehen: Überall ist deine Treue!
6 Gott, zeige deine Größe, die den Himmel überragt;
erweise deine Macht und Herrlichkeit auf der ganzen Welt!
7 Hilf uns und antworte! Rette uns!
Wir sind doch dein geliebtes Volk!

8 Darauf hat Gott in seinem Heiligtum geantwortet:
«Im Triumph will ich meinem Volk
die Gegend um Sichem geben;
das Tal von Sukkot will ich ihnen zuteilen.
9 Mir gehören die Gebiete von Gilead und Manasse,
Ephraim ist mein Helm auf dem Haupt,

Juda das Zepter in meiner Hand.
[10] Das Land Moab dient mir als Waschbecken;
auf Edom werfe ich meinen Schuh als Zeichen dafür,
daß ich von ihm Besitz ergreife.
Und über die Philister triumphiere ich als Sieger!»

[11] Wer gibt mir Gewalt über die befestigte Stadt?
Wer schenkt mir den Sieg über Edom?
[12] Außer dir, Herr, kommt ja niemand in Frage!
Doch gerade du hast uns verstoßen.
Gerade du, Gott, ziehst nicht mehr mit unseren Truppen in den Kampf.
[13] Rette uns vor den Feinden!
Denn wer sich auf Menschen verläßt, der ist verlassen!
[14] Mit Gott werden wir große Taten vollbringen,
er wird unsere Feinde zertreten!

Herr, bestrafe meine Feinde!

109 Ein Lied Davids.
Mein Gott, ich lobe dich und bitte: Schweige nicht!
[2] Rücksichtslos gehen gottlose Menschen gegen mich vor,
sie reißen ihren Mund auf und verleumden mich.
[3] Sie bedrängen und beschimpfen mich mit haßerfüllten Worten;
sie bekämpfen mich ohne jeden Grund.
[4] Meine Liebe zu ihnen beantworten sie mit Feindschaft,
ich aber bete weiter zu dir.
[5] Mit Bosheit zahlen sie mir heim, was ich ihnen Gutes tue;
meiner Liebe setzen sie nur Haß entgegen.

[6] O Herr, laß einen Ankläger gegen meinen Feind auftreten
und bestimme einen Richter, der sich nicht an deine Gesetze hält![a]
[7] Wenn das Urteil gefällt wird,
soll er schuldig gesprochen werden.
Selbst sein Gebet rechne ihm als Sünde an!
[8] Er soll nicht mehr lange leben,
und seine Stellung soll ein anderer bekommen.
[9] Seine Kinder sollen Waisen werden
und seine Frau eine Witwe.
[10] Ruhelos sollen seine Kinder umherirren und betteln,
ihr Elternhaus laß zu einer Ruine verfallen.
[11] Seine Gläubiger mögen seinen Besitz an sich reißen,
und Fremde sollen rauben, was er sich erworben hat.
[12] Niemand soll sein Andenken in Ehren halten

a) Möglicherweise zitiert der Beter in den Versen 6–19 die Verwünschungen seiner Gegner. Dann müßte der Abschnitt eingeleitet werden mit: «Sie sagen: Ein Ankläger soll gegen ihn auftreten ...»

und mit seinen verwaisten Kindern Mitleid haben.
13 Seine Nachkommen sollen ausgerottet werden,
schon in der nächsten Generation möge ihr Name erlöschen.
14 Der Herr soll meinem Feind das Unrecht seiner Vorfahren
nie vergessen,
und auch die Schuld seiner Mutter bleibe ungesühnt!
15 Die Sünden aller seiner Vorfahren
sollen dem Herrn stets vor Augen stehen,
doch an sie selbst soll niemand mehr denken!
16 Denn dieser Mensch dachte nicht daran,
anderen Gutes zu tun.
Die Armen und Hilflosen verfolgte er,
und die Niedergeschlagenen trieb er in den Tod.
17 Er liebte es, andere zu verfluchen –
nun soll der Fluch ihn selber treffen!
Er haßte es, andere zu segnen –
darum bleibe der Segen von ihm fern!
18 Das Fluchen wurde ihm zur Gewohnheit,
er hüllte sich darin ein wie in einen Mantel.
Aber nun wird sein Fluch gegen ihn selbst wirksam:
er dringt in ihn ein wie Wasser, das man trinkt,
und wie Öl, mit dem man sich einreibt.
19 Er soll ihn bedecken wie ein Gewand
und ihn für immer einschnüren wie ein enger Gürtel!

20 Ja, Herr, damit strafe alle meine Feinde,
alle, die mich verleumden!
21 Herr, mein Gott, tritt für mich ein,
es geht um deine Ehre!
Rette mich, denn auf deine Gnade ist Verlaß!
22 Ich bin niedergeschlagen und hilflos,
im Innersten verwundet.
23 Mein Leben gleicht einem Schatten am Abend,
der bald in der Dunkelheit verschwindet.
Ich bin wie eine Heuschrecke, die man vom Arm abschüttelt.
24 Vom vielen Fasten zittern mir die Knie,
ich bin nur noch Haut und Knochen.
25 Für meine Feinde bin ich zum Gespött geworden;
wenn sie mich sehen, schütteln sie den Kopf.
26 Hilf mir doch, Herr, mein Gott! Steh mir bei –
du bist doch ein Gott, der gerne rettet!
27 Laß meine Feinde erkennen,
daß du es bist, der alles so gefügt hat!
28 Mögen sie mich auch verwünschen – du wirst mich segnen!
Sie greifen mich an, aber sie werden dabei scheitern!
Zuletzt werde ich mich doch wieder freuen können.
29 Schimpf und Schande soll über meine Ankläger kommen,

soll sie einhüllen wie ein Mantel!

30 Mit lauter Stimme will ich dem Herrn danken,
vor der großen Menge will ich ihn loben.
31 Er steht dem Wehrlosen zur Seite;
er rettet ihn vor den Richtern,
die ihn zum Tode verurteilen wollen.

König und Priester in einer Person

110 Ein Lied Davids.
Gott, der Herr, sprach zu meinem Herrn:
«Setze dich auf den Ehrenplatz an meiner rechten Seite,
bis ich dir alle deine Feinde unterworfen habe,
bis du deinen Fuß auf ihren Nacken setzt!»
2 Vom Berg Zion aus wird der Herr deine königliche Macht ausweiten –
nun herrsche über alle deine Feinde!
3 Wenn du ein Heer zum Kampf aufstellst,
wird dir dein Volk begeistert folgen.
Feierlich geschmückt, voll jugendlicher Kraft,
stehen dir die jungen Krieger in großer Zahl zur Seite.[a]

4 Gott, der Herr, hat meinem Herrn geschworen:
«In alle Ewigkeit sollst du ein Priester sein,
so wie es Melchisedek war!»
Diesen Schwur wird er niemals brechen.
5 Der Herr wird dir zur Seite stehen;
am Tag des Gerichtes zerschmettert er Könige.
6 Wenn er über die Völker sein Urteil spricht,
wird das Schlachtfeld mit Leichen bedeckt sein.
Den Herrscher über ein großes Land wird er vernichten.
7 Auf seinem Feldzug wird der Herr nur kurz rasten
und aus dem Bach am Wege trinken.
So gestärkt erringt er den Sieg.

Was Gott tut, ist einzigartig!

111 Halleluja – lobt den Herrn!
Ich will dem Herrn von ganzem Herzen danken vor allen,
die ihm treu sind – ja, vor der ganzen Gemeinde!
2 Wie gewaltig ist alles, was der Herr vollbracht hat!
Wer sich über seine Taten freut,
denkt immer wieder darüber nach.

a) Vers 3 wörtlich: Dein Volk ist willig am Tag deiner Macht. Aus dem Schoß der Morgenröte kommt dir der Tau deiner Kindschaft. – Der Vers ist nicht sicher zu deuten.

3 Was der Herr tut, ist eindrucksvoll und einzigartig.
Für immer und ewig hält er, was er versprochen hat.
4 Er selbst hat alles dafür getan,
daß seine Wunder nicht in Vergessenheit geraten.
Gnädig und barmherzig ist der Herr!
5 Denen, die ihn ehrten und achteten,
gab er immer genug zu essen.
Niemals vergißt er den Bund,
den er mit Israel geschlossen hat.
6 Er bewies ihnen seine Macht:
Die Länder anderer Völker gab er ihnen zum Besitz.
7 Er ist zuverlässig und gerecht in allem, was er tut;
seinen Geboten kann man völlig vertrauen.
8 Niemals verlieren sie ihre Gültigkeit,
für alle Zeiten bleiben sie bestehen.
Er hat sie gegeben, um uns seine Treue und Wahrhaftigkeit
vor Augen zu führen.
9 Der Herr hat sein Volk erlöst
und mit ihnen einen Bund geschlossen für immer und ewig.
Heilig und furchterregend ist unser Gott!
10 Alle Weisheit fängt damit an, daß wir ihn ernst nehmen.
Wer sein Leben nach Gottes Geboten ausrichtet,
der allein gewinnt Einsicht.
Nie wird das Lob unseres Gottes verstummen!

Geben macht glücklicher als Nehmen!

112 Halleluja – lobt den Herrn!
Glücklich ist, wer dem Herrn in Ehrfurcht begegnet
und sich über seine Gebote freut!
2 Seine Nachkommen werden im ganzen Land
hohes Ansehen genießen,
denn Gottes Segen liegt auf jeder Generation,
die sich von ihm nicht abbringen läßt.
3 Bei einem solchen Menschen
sind Reichtum und Wohlstand zu Hause.
Unerschütterlich und treu hält er zu Gott.
4 Selbst in dunklen Stunden leuchtet ihm ein Licht,
er ist voll Erbarmen, großmütig und gerecht.

5 Gut geht es dem, der freundlich zu den Armen ist
und ihnen gerne Geld leiht,
der sich an das Recht hält bei allem, was er unternimmt!
6 Nichts wird ihn zu Fall bringen,
einen solchen Menschen vergißt man nicht!
7 Er fürchtet sich nicht vor schlechter Nachricht,
denn sein Glaube ist stark – er vertraut dem Herrn.

8 Er läßt sich nicht erschüttern und hat keine Angst,
denn er weiß, daß er über seine Feinde triumphieren wird.
9 Großzügig schenkt er den Bedürftigen, was sie brauchen;
auf seine barmherzige Liebe kann man immer zählen[a].
Darum ist er überall hoch angesehen.[b]
10 Alle, die Gott mißachten, sehen es und ärgern sich,
sie knirschen mit den Zähnen und vergehen vor Wut.
Denn was sie sich erträumt haben, zerrinnt in nichts.

Hoffnungslos im Elend?

113 Halleluja! Lobt den Herrn, ihr seine Diener!
Lobt seinen herrlichen Namen!
2 Ja, der Name des Herrn werde gepriesen –
jetzt und in alle Zukunft!
3 Von dort, wo die Sonne aufgeht,
bis dorthin, wo sie untergeht –
überall werde der Herr gelobt!
4 Er herrscht über alle Völker,
seine Macht und Hoheit überragt den Himmel!
5/6 Einzigartig ist der Herr!
Niemand im Himmel und auf der Erde ist ihm gleich.
Sein Thron steht hoch über allen Thronen,
und doch sieht er, was in der Tiefe vor sich geht.
7 Wer hoffnungslos im Elend sitzt, den holt er heraus;
wer erniedrigt wurde, den bringt er wieder zu Ehren
8 und gibt ihm einen Platz unter den Angesehenen,
die in seinem Volk Rang und Namen haben.
9 Auch die kinderlose Frau befreit er von ihrer Schmach
und macht sie zu einer glücklichen Mutter.
Halleluja!

Gott macht Geschichte

114 Als Israel aus Ägypten zog,
als die Nachkommen Jakobs das Volk verließen,
dessen Sprache sie nicht verstehen konnten,
2 da machte der Herr das Gebiet Juda zu seinem Heiligtum
und Israel zu seinem Herrschaftsbereich.
3 Das Rote Meer sah das Volk kommen und wich zurück,
auch der Jordan hörte auf zu fließen und staute sein Wasser.
4 Die Berge sprangen wie die Schafe,

a) Wörtlich genau wie Vers 3b: seine Gerechtigkeit bleibt für immer. – Jedoch gewinnt in diesem Zusammenhang das hebräische Wort für «Gerechtigkeit» den Sinn « Mildtätigkeit». Vgl. Matthäus 6,1

b) Wörtlich: Sein Horn ragt in Ehren auf.

und die Hügel hüpften wie die Lämmer.

5 Was ist mit dir geschehen, Meer?
Warum bist du so plötzlich zurückgewichen?
Jordan, warum hast du aufgehört zu fließen?
6 Ihr Berge, weshalb seid ihr gesprungen wie die Schafe,
und ihr Hügel, warum seid ihr wie die Lämmer gehüpft?
7 Erde, erbebe, wenn der Herr, der Gott Jakobs, erscheint!
8 Er verwandelte Felsen in Wasserteiche
und ließ Quellen sprudeln,
wo vorher nur harter Stein zu finden war!

Tote Götzen, aber ein lebendiger Herr

115 Nicht uns, Herr, nicht uns,
sondern dir allein steht Ehre zu!
Du allein bist gnädig und treu!
2 Warum dürfen die Völker höhnisch fragen:
«Wo bleibt er denn, ihr Gott?»
3 Unser Gott ist im Himmel,
und alles, was er will, das tut er auch!

4 Doch ihre Götter sind nur Figuren aus Silber und Gold,
von Menschenhänden gemacht.
5 Sie haben einen Mund, aber reden können sie nicht;
Augen haben sie, doch sie können nicht sehen.
6 Mit ihren Ohren hören sie nicht,
und mit ihren Nasen riechen sie nichts.
7 Ihre Hände können nicht greifen,
mit ihren Füßen gehen sie nicht.
Aus ihren Kehlen kommt kein einziger Laut!
8 Genauso starr und tot sollen alle werden,
die diese Götzen schufen,
und auch alle, die solchen Götzen vertrauen!

9 Ihr Israeliten, vertraut dem Herrn!
Er allein gibt euch Hilfe und Schutz.
10 Ihr Priester, vertraut dem Herrn!
Er allein gibt euch Hilfe und Schutz.
11 Ihr alle, die ihr den Herrn achtet – vertraut ihm!
Er allein gibt euch Hilfe und Schutz.

12 Der Herr denkt an uns und wird uns segnen.
Sein Segen gilt ganz Israel.
Sein Segen gilt den Priestern.
13 Sein Segen gilt allen, die ihn achten,
ganz gleich, ob unbedeutend oder einflußreich!

14 Der Herr gebe euch viele Kinder,
euch und euren Nachkommen!
15 Auf euch ruht der Segen des Herrn,
der Himmel und Erde geschaffen hat.
16 Der Himmel gehört dem Herrn allein,
die Erde aber hat er den Menschen anvertraut.
17 Die Toten können den Herrn nicht mehr loben,
denn dort, wo sie sind, schweigt man für immer.
18 Doch wir, wir loben und preisen unseren Gott,
jetzt und in Ewigkeit!
Halleluja!

Du hast mir das Leben neu geschenkt!

116 Ich liebe den Herrn, denn er hat mich erhört,
als ich zu ihm um Hilfe schrie.
2 Ja, er hat sich zu mir herabgeneigt;
mein Leben lang will ich zu ihm rufen!

3 Ich war schon gefangen in den Klauen des Todes,
Angst vor dem Grab überfiel mich,
ich war völlig verzweifelt.
4 Da schrie ich laut zum Herrn, ich flehte ihn an:
«O Herr, rette mein Leben!»
5 Wie gnädig ist der Herr!
Was er verspricht, das hält er auch.
Unser Gott ist voll Erbarmen!
6 Er beschützt alle, die sich selbst nicht helfen können.
Ich war in großer Gefahr,
doch der Herr hat mir herausgeholfen!
7 Nun sage ich mir: «Werde wieder ruhig!
Der Herr hat dir Gutes erwiesen!»
8 Ja, er hat mich vor dem sicheren Tod errettet.
Meine Tränen hat er getrocknet
und mich vor dem Untergang bewahrt.
9 Ich darf am Leben bleiben, in seiner Nähe.
10 Mein Vertrauen zu ihm blieb unerschüttert,
auch als ich zugeben mußte:
«Jetzt weiß ich nicht mehr aus noch ein!»,
11 auch als ich bestürzt ausrief:
«Keinem Menschen kann man vertrauen!»

12 Wie soll ich dem Herrn nun danken für all das Gute,
das er mir getan hat?
13 Beim Opfermahl will ich vor allen den Kelch erheben
als Zeichen meines Dankes.
Denn der Herr hat mich gerettet –

das allein will ich bekennen![a]
14 So will ich vor Gottes Volk erfüllen,
was ich dem Herrn versprochen habe.

15 Der Herr bewahrt alle, die ihn lieben,
denn in seinen Augen ist ihr Leben wertvoll[b].
16 Gott, du bist mein Herr, und ich diene dir,
wie meine Mutter es schon tat.
Du hast mich den Klauen des Todes entrissen.
17 Deshalb will ich dir ein Dankopfer bringen;
laut will ich bekennen, daß du mein Herr bist.
18/19 Vor deinem ganzen Volk –
auf dem Vorhof des Tempels mitten in Jerusalem –
will ich dir, Herr, meine Gelübde erfüllen.
Halleluja!

Lobt den Herrn, alle Völker!

117 Lobt den Herrn, alle Völker;
preist ihn, alle Nationen!
2 Denn seine Liebe zu uns ist stark und mächtig,
und seine Treue hört niemals auf!
Halleluja!

Ein Dankgottesdienst nach dem Sieg

118 Dankt dem Herrn, denn er ist gut,
und seine Gnade hört niemals auf!
2 Alle Israeliten sollen es sagen:
Seine Gnade hört niemals auf!
3 Die Priester sollen rufen:
Seine Gnade hört niemals auf!
4 Alle, die ihm in Ehrfurcht begegnen, sollen einstimmen:
Seine Gnade hört niemals auf!

5 In auswegloser Lage schrie ich zum Herrn: «Hilf mir!»
Er holte mich aus der Bedrängnis heraus
und schenkte mir Freiheit.
6 Der Herr ist auf meiner Seite,
und ich brauche mich vor nichts und niemandem zu fürchten.
Was kann mir ein Mensch schon antun?
7 Der Herr steht für mich ein und hilft mir;
ich werde noch die Niederlage meiner Feinde erleben.

a) Wörtlich: Ich will den Becher des Heils erheben und den Namen des Herrn anrufen.
b) Wörtlich: denn kostbar ist in den Augen des Herrn der Tod seiner Frommen.

[8] Es ist viel besser, bei dem Herrn Schutz zu suchen,
als sich auf Menschen zu verlassen.
[9] Es ist viel besser, bei dem Herrn Schutz zu suchen,
als mit denen zu rechnen, die mächtig und einflußreich sind.

[10] Ich war von feindlichen Völkern eingekreist,
aber mit der Hilfe des Herrn schlug ich sie in die Flucht.
[11] Sie hatten mich umzingelt,
aber mit der Hilfe des Herrn schlug ich sie in die Flucht.
[12] Sie fielen über mich her wie ein Bienenschwarm,
aber mit der Hilfe des Herrn schlug ich sie in die Flucht.
Wie ein Strohfeuer erlischt,
so schnell war es mit ihnen vorbei.
[13] Sie haben mich erbittert bekämpft,
um mich zu Fall zu bringen,
doch der Herr hat mir geholfen.
[14] Er hat mir Kraft gegeben und mich froh gemacht;
nun kann ich wieder singen. Er hat mir den Sieg geschenkt!

[15/16] Hört die Freudenrufe und Siegeslieder
in den Zelten der Menschen, die für Gott leben!
Sie singen: «Der mächtige Gott vollbringt gewaltige Taten!
Er hat die Hand erhoben zum Zeichen des Sieges –
ja, er vollbringt Gewaltiges!»

[17] Ich werde nicht sterben, sondern am Leben bleiben
und erzählen, was der Herr getan hat!
[18] Er hat mich hart gestraft, doch er ließ nicht zu,
daß ich umkam.

[19] Öffnet mir die Tore des Tempels[a]!
Ich will durch sie einziehen und dem Herrn danken.
[20] Ein Priester:[b]
«Hier ist das Tempeltor, der Zugang zum Herrn!
Wer Gott die Treue hält, darf hier hereinkommen!»

[21] Ich danke dir, Herr, denn du hast mich erhört!
Du selbst hast mich gerettet.
[22] Der Stein, den die Bauleute wegwarfen,
weil sie ihn für unbrauchbar hielten,
ist zum Grundstein des ganzen Hauses geworden!
[23] Was keiner für möglich gehalten hat,
das tut Gott vor unseren Augen!

a) Wörtlich: die Tore der Gerechtigkeit.
b) Sinngemäß eingefügt.

[24] Diesen Tag hat er zum Fest gemacht,
laßt uns fröhlich sein und jubeln!
[25] O Herr, hilf uns doch! Gib uns Gelingen!

[26] Ein Priester:[a]
«Willkommen ist, wer im Auftrag des Herrn kommt!
Wir versehen den Dienst am Tempel, darum segnen wir euch.
[27] Der Herr allein ist Gott, er sieht uns freundlich an.
Mit Zweigen in euren Händen beginnt den festlichen Reigen
um den Altar!»[b]

[28] Du bist mein Gott, dir will ich danken.
Mein Gott, dich allein will ich ehren!
[29] Dankt dem Herrn, denn er ist gut zu uns,
und seine Gnade hört niemals auf!

Gottes gute Ordnungen sind nicht zu überbieten![c]

119 I
Glücklich sind die Menschen,
denen man nichts Böses nachsagen kann,
die sich nach Gottes Gesetz richten.
[2] Glücklich sind alle,
die sich an seine Weisungen halten
und ihm von ganzem Herzen dienen.
[3] Sie tun kein Unrecht,
denn sie leben nach seinem Willen.
[4] Was du, Herr, angeordnet hast,
soll jeder genau beachten.
[5] Ich wünsche mir noch mehr Beständigkeit,
damit ich mich an deine Ordnungen halten kann.
[6] Deine Gebote verliere ich nicht mehr aus den Augen.
Darum brauche ich mich nicht zu schämen,
[7] sondern kann dich mit aufrichtigem Herzen loben.
Deine guten Gesetze lerne ich immer besser kennen;
[8] ich will mich an deine Ordnungen halten,
hilf mir dabei und laß mich nicht im Stich!

a) Sinngemäß eingefügt.
b) Oder: Bindet das Festopfer mit Stricken bis an die Hörner des Altars! – Der hebräische Text ist nicht sicher zu deuten.
c) Der Psalm besteht im Grundtext aus 22 Strophen zu je 8 Zeilen. Die Strophen folgen den 22 Buchstaben des hebräischen Alphabets. Innerhalb jeder Strophe beginnt jede Zeile mit demselben Buchstaben.

II

9 Herr, wie kann ein junger Mensch leben,
ohne schuldig zu werden?
Indem er sich nach deinen Geboten richtet.
10 Auch ich will dir treu sein;
laß mich nicht von dem Weg abkommen,
den du mir gezeigt hast!
11 Tief präge ich mir dein Wort ein,
damit ich nicht vor dir schuldig werde.
12 Ich will dir danken und dich preisen, Herr!
Lehre mich, deinen Ordnungen immer mehr zu gehorchen!
13 Alle deine Anweisungen sage ich mir immer wieder auf.
14 Ich freue mich über deine Gebote wie über großen Reichtum.
15 Ich denke über deine Vorschriften nach
und halte mich daran.
16 Deine Gesetze machen mich glücklich;
nie werde ich dein Wort vergessen.

III

17 Herr, ich bin dein Diener! Gib mir alles, was ich brauche;
nur so kann ich leben und dein Wort befolgen.
18 Öffne mir die Augen, damit ich die Wunder erkenne,
die dein Gesetz enthält!
19 Diese Welt wird nicht für immer meine Heimat sein.
Deshalb brauche ich deine Gebote,
die mir zeigen, was du für richtig hältst.
20 Ich sehne mich sehr danach,
deine Weisungen noch besser kennenzulernen.
21 Du strafst die Selbstgerechten und verfluchst alle,
die deine Gebote übertreten.
22 Weil ich mich nach dem richte, was du angeordnet hast,
werde ich mit Hohn und Spott überschüttet.
Mach dem ein Ende!
23 Die Herrschenden sitzen zusammen
und schmieden gemeine Pläne gegen mich;
ich aber will dir dienen
und denke über deine Ordnungen nach.
24 Über deine Gesetze freue ich mich sehr,
denn sie sind hervorragende Ratgeber.

IV

25 Herr, ich bin am Boden zerstört.
Schenke mir neue Kraft, wie du es versprochen hast!
26 Ich habe dir schon oft meine Not geklagt,
und du hast mir immer geholfen.
Zeige mir auch jetzt, was ich tun soll!
27 Hilf mir, deine Anordnungen zu verstehen,

damit ich über die Wunder nachdenken kann,
von denen dein Wort berichtet.
28 Vor Kummer weine ich hemmungslos.
Richte mich wieder auf, wie du es versprochen hast!
29 Wenn ich in Versuchung komme, unehrlich zu sein,
dann tritt mir in den Weg!
Steh mir gnädig bei und gib mir klare Anweisungen!
30 Ich habe mich entschlossen, dir treu zu bleiben.
Darum will ich mir immer vor Augen halten,
was du als göttliches Recht festgelegt hast.
31 Unbeirrbar halte ich an deinen Anordnungen fest.
Herr, laß nicht zu, daß ich deswegen ausgelacht werde!
32 Zielstrebig will ich den Weg gehen,
den deine Gebote mir weisen,
denn nur so kann ich froh der Zukunft entgegensehen[a].

V
33 Herr, zeige mir, was deine Ordnungen für uns bedeuten!
Ich will sie beachten, solange ich lebe.
34 Gib mir Einsicht, damit ich mich an dein Gesetz halte
und es entschieden befolge!
35 Hilf mir, deine Gebote zu erfüllen,
denn sie bereiten mir Freude.
36 Gib mir Liebe zu deinem Wort und laß nicht zu,
daß ich habgierig werde!
37 Ich will mich nicht mit dem abgeben,
was sinnlos und wertlos ist.
Hilf mir dabei und schenke mir Freude, deinen Willen zu tun!
38 Herr, löse deine Zusagen ein!
Sie gelten mir und allen, die dich achten und ehren.
39 Ich habe Angst, daß man mich verlacht und beschimpft.
Bewahre mich davor und verhilf mir zu meinem Recht[b]!
40 Ich sehne mich danach, deinen Befehlen zu gehorchen.
Wenn du dein Versprechen hältst, lebe ich wieder auf.

VI
41 Herr, zeige mir immer wieder, wie sehr du mich liebst,
und hilf mir, wie du es versprochen hast!
42 Dann kann ich denen die passende Antwort geben,
die mich jetzt noch verachten.
Ich vertraue darauf, daß du Wort hältst.
43 Auf dein Wort habe ich meine Hoffnung gesetzt.
Laß mich darum nicht schweigen,

a) Wörtlich: denn du machst das Herz mir weit.
b) Wörtlich: denn deine Rechtsentscheidungen sind gut.

wenn ich deine Treue rühmen soll!
44 Niemals will ich aufhören, dein Gesetz zu befolgen.
45 Du gewährst mir großen Freiraum für mein Leben,
weil ich deine Ordnungen beständig erforsche.
46 Sogar vor Königen will ich ohne Scheu bezeugen,
daß dein Wort unumstößlich gilt.
47 Ich befolge deine Gebote mit Freude,
denn ich liebe sie.
48 Ich sehne mich nach deinem Wort, denn es ist mir wertvoll;
über alles, was du angeordnet hast,
denke ich gründlich nach.

VII
49 Herr, für dich habe ich mich eingesetzt.
Mach dein Versprechen wahr, denn darauf hoffe ich!
50 Immer, wenn ich in Not war,
hat deine Zusage mich wieder aufgerichtet und belebt.
51 Selbstgefällige Leute reden gehässig über mich,
sooft sie nur können.
Trotzdem bin ich keinen Fingerbreit
von deinem Gesetz abgewichen.
52 Nie habe ich den Mut verloren,
denn ich erinnerte mich daran,
wie du schon früher für Recht gesorgt hast.
53 Wenn ich an die Menschen denke,
die sich von dir und deinem Gesetz losgesagt haben,
dann packt mich der Zorn.
54 Nur kurze Zeit lebe ich auf dieser Erde;
aber solange ich lebe, werde ich deine Ordnungen besingen.
55 Herr, sogar in den Nachtstunden denke ich an dich,
und deine Gebote werden mir zur festen Gewohnheit.
56 Immer wieder macht es mich glücklich,
unbeirrt nach deinen Leitlinien zu leben.

VIII
57 Das muß ich bekennen: Ich gehöre zu Gott!
Deshalb werde ich tun, was er sagt.
58 Von ganzem Herzen will ich dir gefallen;
sei mir gnädig, wie du es versprochen hast!
59 Ich gebe mir Rechenschaft über mein bisheriges Leben
und entschließe mich von neuem, deinen Geboten zu gehorchen.
60 Ich zögere nicht und will keine Zeit verlieren,
das zu tun, was du befohlen hast.
61 Die Leute, die sich dir widersetzen,
wollen mich zu Fall bringen,
doch ich vergesse dein Gesetz nicht.
62 Mitten in der Nacht stehe ich auf, um dir zu danken,

weil deine Urteile gerecht sind.
[63] Wer dich achtet und nach deinen Maßstäben lebt,
ist mein Freund.
[64] Herr, überall auf dieser Welt
können die Menschen deine Güte erleben.
Laß mich erkennen, was ich tun soll!

IX
[65] Herr, du bist gut zu mir,
wie du es versprochen hast.
[66] Schenke mir Urteilskraft und Verständnis,
denn ich vertraue deinem Wort.
[67] Ich bin viele Irrwege gegangen,
bis ich mir eingestehen mußte: «So geht es nicht weiter!»
Daher will ich mich jetzt nach deinem Willen richten.
[68] Gott, du bist gut!
Wieviel Gutes hast du mir schon erwiesen!
Laß mich verstehen, was ich tun soll!
[69] Unverfrorene Lügner ziehen meinen Namen in den Schmutz,
aber ich befolge deine Anordnungen von ganzem Herzen.
[70] Ihr Gewissen ist abgestumpft;
an ihnen prallt alles ab, was du sagst.
Ich aber freue mich über dein Gesetz.
[71] Für mich war es gut, daß ich erkennen mußte:
«So geht es nicht weiter!»
Denn da erst lernte ich, wie hilfreich deine Gebote sind.
[72] Ja, dein Gesetz läßt sich nicht mit Bergen von Gold aufwiegen!

X
[73] Herr, mein Schöpfer! Du hast mir das Leben gegeben.
Schenke mir nun auch die Einsicht, die ich brauche,
um nach deinen Geboten zu leben!
[74] Alle, die dich achten und ehren,
werden sich über mich freuen,
denn ich verlasse mich auf dein Wort.
[75] Herr, ich weiß, daß deine Entscheidungen richtig sind.
Selbst als du mich in unlösbare Schwierigkeiten brachtest,
meintest du es gut mit mir.[a]
[76] Laß mich deine Gnade erfahren und tröste mich,
wie du es mir versprochen hast!
[77] Dein Gesetz befolge ich gerne.
Erbarme dich über mich und hilf mir,
damit ich wieder Freude am Leben habe.
[78] Bring die unverschämten Lügner zu Fall,

a) Wörtlich: In Treue hast du mich gebeugt.

denn sie haben mich grundlos ins Elend gestürzt.
Ich aber denke über deine Ordnungen nach.
79 Ich wünsche mir, daß alle, die dich ehren
und deine Anweisungen befolgen, zu mir halten.
80 Ich will mich entschlossen nach deinen Geboten richten,
damit ich nicht zu Fall komme.

XI
81 Voller Sehnsucht warte ich auf deine Hilfe,
denn du hast sie mir fest versprochen.
82 Ich vergehe fast vor Ungeduld,
bis du deine Zusage erfüllst.
Wann endlich tröstest du mich?
83 Ich fühle mich nutzlos, alt und verbraucht;[a]
trotzdem werde ich nicht müde, deine Ordnungen zu befolgen.
84 Wie lange muß ich noch warten?
Wann gehst du endlich mit denen ins Gericht,
die es auf mich abgesehen haben?
85 Diese frechen, überheblichen Menschen
haben mir eine Grube gegraben;
dein Gesetz ist ihnen völlig gleichgültig.
86 Hilf mir, denn sie verfolgen mich ohne Grund!
Doch auf deine Gebote kann ich mich verlassen.
87 Ich weigere mich, gegen deine Anordnungen zu verstoßen,
obwohl die Feinde mich fast umgebracht hätten.
88 Sei mir gnädig und erhalte mein Leben!
Dann kann ich weiterhin deine Gebote befolgen!

XII
89 Herr, dein Wort bleibt für immer und ewig.
Schon als du den Himmel erschufst, war es gültig.
90 Deine Treue gilt für alle Zeiten.
Durch sie erhältst du die Erde,
seitdem du sie ins Dasein gerufen hast.
91 Himmel und Erde bestehen bis heute, weil du es so willst,
denn dir muß alles dienen.
92 Wenn ich nicht Freude an deinem Wort gehabt hätte,
dann wäre ich in meinem Elend umgekommen.
93 Nie will ich deine Befehle vergessen,
denn sie haben mich gestärkt.
94 Ich gehöre zu dir, Herr. Hilf mir,
denn ich habe mich immer nach deinen Geboten gerichtet!
95 Gewissenlose Menschen liegen auf der Lauer,
um mich zu beseitigen.

a) Wörtlich: Ich bin wie ein Weinschlauch im Rauch.

Doch ich achte um so mehr auf das, was du mir zu sagen hast.
[96]Ich sah, daß alles ein Ende findet,
auch wenn es noch so vollkommen ist.
Nur dein Wort bleibt für immer.

XIII
[97]Wie sehr liebe ich dein Gesetz;
den ganzen Tag denke ich darüber nach!
[98]Gerade weil es mir immer gegenwärtig ist,
bin ich meinen Feinden an Klugheit überlegen.
[99]Ich habe mehr begriffen als alle meine Lehrer,
denn ich mache mir ständig Gedanken über deine Ordnungen.
[100]Ich gewinne noch mehr Einsicht als alte Menschen
mit ihrer Lebenserfahrung,
denn ich habe mein Leben nach deinen Geboten ausgerichtet.
[101]Nie bin ich vorsätzlich krumme Wege gegangen,
denn stets befolge ich dein Wort.
[102]Ich habe deine Belehrungen gerne angenommen,
denn einen besseren Lehrer als dich gibt es nicht.
[103]Dein Wort ist meine Lieblingsspeise,
es ist süßer als der beste Honig.
[104]Dein Gesetz macht mich klug und einsichtig,
deshalb hasse ich jede Art von Falschheit.

XIV
[105]Dein Wort ist wie ein Licht in der Nacht,
das meinen Weg erleuchtet.
[106]Was du in deinem Wort festgelegt hast,
das will ich tun, gerechter Gott!
Ich habe einen Eid darauf geleistet, und dazu stehe ich.
[107]Doch jetzt bin ich völlig am Ende!
Herr, schenke mir neue Kraft, wie du es versprochen hast!
[108]Herr, nimm meinen Dank als ein Opfer an,
und laß mich erkennen, was du von mir willst!
[109]Mein Leben ist ständig in Gefahr,[a]
trotzdem vergesse ich dein Gesetz nicht.
[110]Die Gottlosen wollen mich in ihre Fallen locken.
Doch ich lasse mich nicht von deinen Geboten abbringen.
[111]Was uns als dein Wille überliefert wurde,
ist mein kostbarer Besitz für alle Zeit
und erfüllt mich mit Freude.
[112]Entschlossen will ich mich an deine Ordnungen halten,
solange ich lebe[b].

a) Wörtlich: Mein Leben halte ich ständig in der Hand.
b) Oder: für ewig ist mein Lohn.

XV
113 Herr, ich kann es nicht leiden,
wenn Menschen einmal «ja» und einmal «nein» zu dir sagen.
Aber dein Gesetz liebe ich mit ungeteiltem Herzen.
114 Bei dir allein bin ich geborgen,
bei dir finde ich Schutz.
Deine Zusage ist meine einzige Hoffnung.
115 Verschwindet, ihr Übeltäter!
Ich richte mich nach den Geboten meines Gottes.
Hindert mich nicht daran!
116 Herr, gib mir festen Halt, wie du es versprochen hast!
Dann lebe ich wieder auf.
Laß nicht zu, daß ich vergeblich hoffe und den Mut verliere!
117 Richte mich auf, Herr, dann ist mir geholfen!
Ich will mich stets mit deinen Anordnungen beschäftigen.
118 Wer deine Befehle ablehnt, den wirst auch du ablehnen,
und wer dich hinters Licht führen will,
der schadet sich selbst[a].
119 Wie Müll beseitigst du alle deine Verächter.
Darum liebe ich deine Ordnungen.
120 Wenn ich daran denke,
daß du mich als Richter verurteilen könntest,
läuft es mir kalt den Rücken herunter.

XVI
121 Herr, ich habe getan, was richtig und gut ist,
darum überlaß mich nicht der Willkür meiner Feinde!
122 Versprich mir, daß alles wieder gut wird,
und laß nicht zu, daß mich diese selbstherrlichen Menschen unterdrücken!
123 Gerechter Gott, ich sehne mich danach,
daß du mich befreist und das Versprechen erfüllst,
das du mir gegeben hast.
124 Herr, du hast mich lieb.
Bitte hilf mir und laß mich deine Ordnungen verstehen!
125 Ich stelle mich dir zur Verfügung;
nun schenke mir auch das Verständnis für die Überlieferungen,
in denen wir deinen Willen erkennen!
126 Es ist höchste Zeit, daß du eingreifst, Herr,
denn die Menschen mißachten deine Gesetze.
127 Ich aber liebe deine Gebote.
Sie bedeuten mir mehr als reines Gold.
128 Jede Art von Falschheit ist mir verhaßt.
Nur deine Gebote garantieren einen guten und geraden Weg.[b]

a) Vers 118b wörtlich: denn umsonst ist ihr Trug. Oder: denn Lüge ist ihr Trug.
b) Die griechische Übersetzung lautet: Darum halte ich alle deine Ordnungen für recht.

XVII
129 Herr, deine Gebote sind wunderbar,
deshalb befolge ich sie gern.
130 Im Leben eines Menschen wird es hell,
wenn er anfängt, dein Wort zu verstehen.
Wer bisher gedankenlos durchs Leben ging,
der wird jetzt klug.
131 Mein Verlangen nach deinen Geboten ist stärker als der Durst eines
Menschen, der in der Hitze nach Wasser lechzt.
132 Herr, wende dich mir zu und sei mir gnädig,
so wie du es allen versprochen hast, die dich lieben.
133 Beschütze mich und mach mich stark,
wie du es zugesagt hast!
Laß nicht zu, daß das Böse über mich Macht gewinnt!
134 Rette mich vor den Menschen,
die mich gewaltsam unterdrücken;
dann kann ich nach deinen Ordnungen leben!
135 Laß mich erleben, wie gut du es mit mir meinst,
und zeige mir, was ich nach deinem Willen tun soll!
136 Ich weine hemmungslos, wenn ich sehe,
wie andere dein Gesetz mißachten.

XVIII
137 Herr, auf dich kann man sich verlassen,
und alles, was du beschließt, ist richtig.
138 Deine Gebote beweisen:
Du bleibst dir selber treu und hältst an der Wahrheit fest.
139 Ich bin außer mir vor Zorn, weil ich sehe,
wie meine Feinde deine Worte übergehen.
140 Dein Wort ist zuverlässig[a],
darum liebe ich es.
141 Ich bin klein und verachtet;
trotzdem werde ich dein Wort nicht vergessen.
142 Deine Gerechtigkeit bleibt für immer bestehen;
dein Gesetz ist die reine Wahrheit.
143 Selbst wenn ich vor Angst keinen Ausweg mehr weiß,
freue ich mich über deine Gebote;
144 sie sind gerecht, und daran wird sich nie etwas ändern.
Hilf mir, sie besser zu verstehen, damit ich wieder auflebe.

XIX
145 Herr, ich flehe dich an: Antworte mir!
Entschlossen will ich mich an deine Ordnungen halten.
146 Ich bitte dich: Hilf mir;

a) Wörtlich: ganz durchläutert.

ich möchte doch deine Gebote befolgen!
147 Schon vor Tagesanbruch schreie ich zu dir um Hilfe,
ich setze alle meine Hoffnung auf dein Wort;
148 auch die ganze Nacht denke ich darüber nach.
149 Höre mich doch, Herr; ich vertraue ganz auf deine Gnade.
Schenke mir neuen Mut durch deine gerechten Gebote.
150 Böse Menschen machen sich an mich heran,
um mir zu schaden;
wie weit haben sie sich von deinem Gesetz entfernt!
151 Aber du, Herr, du bist mir nahe!
Auf alle deine Worte kann ich mich verlassen.
152 Ich habe mich in dein Gesetz vertieft und dabei erkannt:
Es gilt für alle Zeiten!

XX
153 Sieh doch, wie niedergeschlagen ich bin! Hilf mir,
denn ich habe dein Gesetz nie aus den Augen verloren!
154 In meinem Rechtsstreit vertrete du mich als mein Anwalt,
und sorge für meinen Freispruch!
Rette mich, wie du es mir versprochen hast!
155 Wer sich dir widersetzt, kann nicht damit rechnen,
daß du ihn rettest,
denn deine Ordnungen sind ihm gleichgültig.
156 Herr, schon oft hast du dein Erbarmen gezeigt;
nun gib auch mir wieder neuen Mut durch dein gerechtes Urteil!
157 Viele Feinde verfolgen und bedrängen mich,
trotzdem bin ich von deinen Geboten keinen Fingerbreit abgewichen.
158 Ich empfinde Abscheu und Ekel,
wenn ich mir die Menschen ansehe,
die dir untreu sind und sich über dein Wort hinwegsetzen.
159 Herr, ich liebe deine Befehle.
Zeige mir nun auch deine Liebe,
und schenke mir wieder Freude am Leben!
160 Jedes Wort, das du sagst, ist wahr.
Was du, gerechter Gott, entschieden hast,
gilt für immer und ewig.

XXI
161 Herr, die Mächtigen verfolgen mich ohne Grund.
Doch mich beeindruckt allein das, was du mir zu sagen hast.
162 Ich freue mich über dein Wort
wie jemand, der einen wertvollen Schatz findet.
163 Ich verabscheue gemeine Lügen,
dein Gesetz aber liebe ich.
164 Siebenmal am Tag lobe ich dich, Herr,
denn deine Entscheidungen sind gut und gerecht.
165 Wer dein Gesetz liebhat, lebt in Frieden

und wird niemals scheitern.
166 Herr, ich hoffe darauf, daß du mich rettest,
denn ich habe mich nach deinen Geboten gerichtet.
167 Deine Weisungen sind der Maßstab für mein Handeln;
ich habe sie fest ins Herz geschlossen.
168 Ja, alle deine Befehle und Mahnungen befolge ich aufrichtig,
denn du siehst alles, was ich tue.

XXII
169 Herr, ich flehe dich an: Erhöre mich!
Laß mich dein Wort immer besser verstehen!
170 Höre auf mein Schreien und rette mich,
wie du es versprochen hast!
171 Mein Herz ist erfüllt von deinem Lob.
Ich singe und juble,
denn du läßt mich deine Ordnungen erkennen.
172 Fröhlich besinge ich dein Wort,
denn alles, was du befiehlst, ist gut.
173 Greif ein und hilf mir!
Ich habe meine Wahl getroffen:
nur deine Gebote sind der Maßstab für mein Leben.
174 Sehnsüchtig warte ich auf deine Hilfe, Herr;
dein Gesetz ist meine größte Freude.
175 Schenke mir ein langes Leben,
damit ich dich immer mehr preisen kann,
und hilf mir durch deine Ordnungen!
176 Heimatlos irre ich umher wie ein Schaf,
das seine Herde verloren hat.
Suche doch nach mir, denn ich gehöre noch immer zu dir!
Ich habe nicht vergessen, was du befohlen hast.

Herr, rette mich vor den Lügnern

120 Ein Lied für die Festbesucher, die nach Jerusalem hinaufziehen.[a]

Ich schrie zum Herrn, als ich nicht mehr aus noch ein wußte,
und er half mir aus meiner Not.
2 Herr, rette mich auch jetzt vor diesen Lügnern
und Betrügern, die die Wahrheit verdrehen!
3 Ihr Lügner, glaubt ihr denn,
ihr könntet der Strafe Gottes entgehen?
Er wird es euch heimzahlen!

a) Wörtlich wie zu Beginn aller Psalmen von 120–134: « Lied der Hinaufgänge» oder «Lied der Stufen». Es sind Wallfahrtslieder für Festbesucher, die aus der Jordanebene zum hochgelegenen Jerusalem hinaufziehen oder im Tempelgebiet die Stufen zum Altar hinaufsteigen.

4 Er, der mächtige Gott, wird euch mit seinen Pfeilen treffen
und mit glühenden Kohlen versengen!
5 Bei euch zu leben ist schlimmer
als unter den gewalttätigen Völkern von Mesech und Kedar![a]
6 Viel zu lange wohne ich schon hier bei euch.
Ihr haßt den Frieden,
7 ich dagegen liebe ihn.
Aber sobald ich ein Gespräch beginne, fangt ihr Streit an!

Unterwegs unter Gottes Schutz

121 Ein Lied für Festbesucher, die nach Jerusalem hinaufziehen.
Ich schaue hinauf zu den Bergen – woher kann ich Hilfe erwarten?
2 Meine Hilfe kommt vom Herrn,
der Himmel und Erde gemacht hat!

3 Der Herr wird nicht zulassen, daß du fällst;
er, dein Beschützer, schläft nicht.
4 Ja, der Beschützer Israels schläft und schlummert nicht.
5 Der Herr gibt auf dich acht; er steht dir zur Seite
und bietet dir Schutz vor drohenden Gefahren[b].
6 Tagsüber wird dich die Sonnenglut nicht verbrennen,
und in der Nacht wird der Mond dir nicht schaden.
7 Der Herr schützt dich vor allem Unheil,
er bewahrt dein Leben.
8 Er gibt auf dich acht,
wenn du aus dem Hause gehst und wenn du wieder heimkehrst.
Jetzt und für immer steht er dir bei!

Frieden für Jerusalem!

122 Ein Lied Davids für Festbesucher, die nach Jerusalem hinaufziehen.

Wie sehr habe ich mich gefreut, als man zu mir sagte:
«Komm mit, wir gehen zum Tempel, zum Haus des Herrn!»
2 Nun sind wir am Ziel!
Wir haben die Stadttore durchschritten

a) Wörtlich: Wehe mir, daß ich ein Fremder bin in Mesech, daß ich wohne bei den Zelten Kedars. – Mesech war das Volk der Moscher im Gebiet zwischen dem Schwarzen und dem Kaspischen Meer (vgl. 1. Mose 10,2), Kedar war ein räuberischer Nomadenstamm in der syrisch-arabischen Wüste (vgl. 1. Mose 25,13). Beide Völker wurden zu Sinnbildern für «Heiden und Barbaren».

b) Wörtlich: der Herr ist ein Schatten über deiner rechten Hand.

und stehen in Jerusalem.
3 Jerusalem, du herrliche Stadt,
wie mächtig und schön bist du gebaut!
4 Zu dir ziehen alle Stämme Israels hinauf – das ganze Volk Gottes.
Dort preisen sie den Herrn, wie er es ihnen geboten hat.
5 Jerusalem, in dir regiert das Königshaus Davids,
in dir übt der König das höchste Richteramt aus.

6 Wünscht Jerusalem Frieden!
Alle, die dich lieben, sollen hier glücklich leben!
7 Hinter deinen festen Mauern soll Frieden herrschen
und Sicherheit in deinen Palästen!
8 Weil mir meine Brüder und Freunde am Herzen liegen,
wünsche ich dir, Jerusalem, Frieden.
9 Weil in dir der Tempel des Herrn, unseres Gottes, steht,
setze ich mich für dein Wohlergehen ein.

Das Maß ist voll!

123 Ein Lied für Festbesucher, die nach Jerusalem hinaufziehen.

Herr, ich richte meine Augen auf dich,
der du im Himmel wohnst.
2 Wie ein Knecht auf ein Handzeichen seines Herrn wartet
und eine Magd auf einen Wink ihrer Herrin achtet –
so blicken wir auf den Herrn, unseren Gott,
bis er uns ein Zeichen seiner Gnade gibt.
3 Hab Erbarmen mit uns, Herr, hilf uns!
Schon viel zu lange haben wir Verachtung erlitten!
4 Wir haben das Gespött dieser selbstsicheren
und überheblichen Gegner satt!
Wir können es nicht länger ertragen,
daß uns diese Hochmütigen verachten!

Frei!

124 Ein Lied Davids für Festbesucher, die nach Jerusalem hinaufziehen.

Israel soll bekennen:
Hätte der Herr uns nicht geholfen,
2 als die Feinde uns angriffen,
wäre er nicht für uns eingetreten,
3 dann hätten sie uns wutentbrannt bei lebendigem Leib verschlungen.
4 Dann hätten uns mächtige Wogen überschwemmt
und Wildbäche uns fortgerissen.
5 Wir alle wären in den tosenden Fluten versunken!

6 Laßt uns den Herrn loben!
Er hat nicht zugelassen, daß sie uns zerfleischten.
7 Wir sind ihnen entkommen
wie ein Vogel aus dem Netz des Fallenstellers.
Das Netz ist zerrissen, und wir sind frei!
8 Ja, unsere Hilfe kommt vom Herrn,
der Himmel und Erde erschaffen hat.

Auf Gottes Schutz ist Verlaß!

125 Ein Lied für Festbesucher, die nach Jerusalem hinaufziehen.
Wer dem Herrn vertraut, ist wie der Berg Zion;
er steht fest und unerschütterlich.
2 Berge erheben sich rings um Jerusalem –
genauso umgibt der Herr schützend sein Volk,
jetzt und für alle Zeit.
3 Nicht mehr lange werden gottlose Könige über unser Land herrschen,
das Gott den Gerechten zum Besitz gegeben hat.
Sonst könnte es noch so weit kommen,
daß auch die dem Unrecht verfallen,
die Gott bisher gehorcht haben.
4 Herr, tue denen Gutes, die Gutes tun,
denen, die nach deinem Willen leben!
5 Aber alle, die sich von dir abwenden und krumme Wege gehen,
wirst du verstoßen wie alle anderen Übeltäter!
Frieden komme über Israel!

Die Befreiung ist kein leerer Traum!

126 Ein Lied für Festbesucher, die nach Jerusalem hinaufziehen.
Als der Herr uns aus der Gefangenschaft
nach Jerusalem zurückbrachte,[a] wußten wir nicht,
ob wir wachen oder träumen.
2 Doch dann lachten und jubelten wir laut vor Freude.
Auch die anderen Völker mußten zugeben:
«Was der Herr für sie getan hat, ist groß und gewaltig!»
3 Ja, der Herr hat große Taten für uns vollbracht!
Wir waren außer uns vor Freude.

4 Herr, wende auch jetzt unser düsteres Geschick zum Guten[b],
so wie du ausgetrocknete Bäche wieder mit Wasser füllst!
5 Wer die Saat mit Tränen aussät,

a) Oder: Als der Herr das Geschick Zions (zum Guten) wendete.
b) Oder: Herr, bringe auch jetzt unsere Gefangenen zurück.

wird voller Freude die Ernte einbringen.
6 Weinend geht er hinaus und streut die Saat aufs Feld;
doch wenn er zurückkommt, jubelt er über die reiche Ernte.

An Gottes Segen ist alles gelegen!

127 Ein Lied Salomos für Festbesucher, die nach Jerusalem hinaufziehen.

Wenn der Herr nicht das Haus baut,
dann ist alle Mühe der Bauleute umsonst.
Wenn der Herr nicht die Stadt bewacht,
dann wachen die Wächter vergeblich.
2 Ihr steht frühmorgens auf
und gönnt euch erst spät am Abend Ruhe,
um das sauer verdiente Brot zu essen.
Doch ohne Gottes Segen ist alles umsonst!
Denn Gott gibt denen, die ihn lieben,
alles Nötige im Schlaf!

3 Auch Kinder sind ein Geschenk des Herrn;
wer sie bekommt, wird damit reich belohnt.
4 Die Söhne eines jungen Mannes
sind wie Pfeile in der Hand eines Kriegers.
5 Wer viele solcher Pfeile in seinem Köcher hat,
der ist glücklich zu nennen!
Seine Söhne werden ihm Recht verschaffen,
wenn seine Feinde ihn vor Gericht anklagen.

Eine glückliche Familie

128 Ein Lied für Festbesucher, die nach Jerusalem hinaufziehen.

Glücklich ist jeder, der dem Herrn gehorcht
und nach seinen Weisungen lebt!
2 Was du dir erarbeitet hast, wirst du auch genießen können.
Es geht dir gut, und das Glück ist auf deiner Seite.
3 Deine Frau gleicht einem fruchtbaren Weinstock,
der viele Reben trägt:
die Kinder um deinen Tisch sind so zahlreich
wie die jungen Triebe eines Ölbaums!
4 So segnet Gott einen Mann, der ihn achtet und ehrt.
5 Der Herr segne dich – er, der auf dem Berg Zion wohnt!
Dein Leben lang sollst du sehen, daß es Jerusalem gut geht.
6 Mögest du so lange leben,
daß du dich noch an deinen Enkeln erfreuen kannst!
Frieden komme über Israel!

Ständig verfolgt, aber nie vernichtet!

129 Ein Lied für Festbesucher, die nach Jerusalem hinaufziehen.

Das soll Israel bekennen: Solange wir zurückdenken können,
wurden wir ständig unterdrückt.
2 Ja, solange es uns Israeliten gibt, hat man uns verfolgt.
Und doch konnten sie uns nicht auslöschen!
3 Unseren Rücken haben sie bearbeitet wie einen Acker,
in den man tiefe Furchen pflügt.
4 Doch der Herr hat gezeigt, daß auf ihn Verlaß ist:
Er durchschnitt die Stricke,
mit denen uns die Unterdrücker gefangenhielten.

5 Alle, die Gottes Tempel auf dem Zionsberg hassen,
sollen beschämt zurückweichen!
6 Es soll ihnen ergehen wie dem Gras auf den Dächern,
das verdorrt, bevor es aufschießen kann!
7 Kein Schnitter kann es schneiden,
und niemand bindet es zu Bündeln zusammen.
8 Kein Wanderer ruft im Vorbeigehen den Schnittern zu:
«Der Herr segne euch!»
Wir aber segnen euch im Auftrag des Herrn!

Herr, ich bin völlig am Ende!

130 Ein Lied für Festbesucher, die nach Jerusalem hinaufziehen.

Herr, ich bin völlig am Ende.
Darum schreie ich zu dir!
2 Höre mich, Herr!
Ich flehe dich an, bitte höre mir zu!
3 Wenn du jedes Vergehen gnadenlos anrechnest,
wer kann dann vor dir bestehen?
4 Doch bei dir finden wir Vergebung.
Ja, du vergibst, damit wir dir in Ehrfurcht begegnen.

5 Ich setze meine ganze Hoffnung auf den Herrn;
voller Sehnsucht warte ich darauf, daß er zu mir spricht.
6 Ja, ich warte auf den Herrn,
mehr als die Wächter auf den Morgen!

7 Volk Israel, setze deine Hoffnung auf den Herrn!
Denn er allein ist gnädig, er erlöst ganz und gar!
8 Er wird Israel von aller Schuld befreien.

Das Geheimnis der Zufriedenheit

131 Ein Lied Davids für Festbesucher, die nach Jerusalem hinaufziehen.

Herr, ich bin nicht hochmütig
und schaue nicht auf andere herab.
Ich maße mir nicht an,
deine Geheimnisse und Wunder zu ergründen.
2 Ich bin zur Ruhe gekommen.
Mein Herz ist zufrieden und still.
Wie ein Kind in den Armen seiner Mutter,
so ruhig und geborgen bin ich bei dir!
3 Volk Israel, vertraue dem Herrn,
jetzt und für alle Zeiten!

Gottes Heiligtum und Davids Königshaus

132 Ein Lied für Festbesucher, die nach Jerusalem hinaufziehen.

Herr, erinnere dich doch,
welche Mühe David auf sich nahm!
2 Denke an den feierlichen Schwur, den er dir leistete,
dir, dem starken Gott Jakobs!
3 Er schwor: «Ich will mein Wohnzelt nicht mehr betreten
und mich nicht mehr zur Ruhe legen,
4 ich will mir keinen Schlaf gönnen
und mich nicht mehr ausruhen,
5 bis ich einen Platz gefunden habe, der dem Herrn,
dem starken Gott Jakobs, als Wohnstätte dienen kann!»

6 In Ephrata bekamen wir Nachricht über die Bundeslade;
wir fanden sie dann im Gebiet von Jaar.
7 Kommt, wir gehen zur Wohnung des Herrn!
Wir wollen uns zu seinen Füßen niederwerfen!

8 Herr, erhebe dich! Begleite die Bundeslade,
das Zeichen deiner großen Macht!
Laß dich im Heiligtum für immer nieder![a]
9 Die Priester, die dir dienen,
sollen sich treu an deinen Bund halten!
Jeder, der dich liebt, soll jubeln vor Freude!

10 Herr, denke daran,
was du David, deinem Diener, versprochen hast,

a) Wörtlich: Erhebe dich, Herr, zu deinem Ruheort, du und die Lade deiner Macht.

und weise auch jetzt den König nicht ab, den du erwähltest!
11 Ja, der Herr hat David einen Treueeid geschworen,
und diesen Schwur wird er niemals brechen! Er versprach ihm:
«Einen deiner Söhne mache ich zu deinem Thronfolger!
12 Wenn deine Nachkommen sich an meinen Bund
und an meine Gebote halten, die ich ihnen einprägen werde,
dann sollen auch ihre Nachkommen König sein für alle Zeit!»

13 Der Herr hat den Berg Zion ausgewählt,
denn dort wollte er wohnen.
14 Er sprach:
«An diesem Ort lasse ich mich für alle Zeiten nieder.
Hier soll mein Ruheplatz sein – so habe ich es gewollt!
15 Die ganze Stadt Jerusalem werde ich reich beschenken
mit allem, was sie braucht,
auch die Armen sollen genug zu essen haben!
16 Die Priester sollen dem Volk mein Heil bezeugen.[a]
Alle, die mich lieben, sollen laut jubeln vor Freude.
17 In dieser Stadt festige ich die Herrschaft der Nachkommen Davids,
ja, sein Königshaus wird für immer bestehen![b]
18 Schimpf und Schande komme über die Feinde des Königs,
aber der Ruhm seiner Krone soll immer heller erstrahlen!»

Bruderliebe – kein leeres Wort

133 Ein Lied Davids für Festbesucher, die nach Jerusalem hinaufziehen.

Wie schön und angenehm ist es,
wenn Brüder in Frieden zusammen leben!
2 Das ist so wohltuend wie duftendes Öl,
das auf den Kopf des Priesters Aaron gegossen wird
und nun herunterrinnt in seinen Bart,
bis zum Halssaum seines Gewandes.
3 Es ist so wohltuend wie frischer Tau,
der vom Berg Hermon auf die Berge Zions niederfällt.
Ja, dort schenkt der Herr seinen Segen
und Leben, das niemals aufhört.

a) Wörtlich: Ihre Priester werde ich mit Heil bekleiden.
b) Wörtlich: Dort will ich das Horn Davids wachsen lassen, meinem Gesalbten habe ich ein Licht bereitet.

Nächtliches Lob im Tempel

134 Ein Lied für Festbesucher, die nach Jerusalem hinaufziehen.
Kommt und lobt den Herrn, alle seine Diener,
die ihr nachts in seinem Tempel steht!
2 Streckt eure Hände in seinem Heiligtum anbetend empor
und preist den Herrn!
3 Der Herr segne dich, er, der auf dem Berg Zion wohnt!
Er hat Himmel und Erde geschaffen!

Der Herr ist mächtiger als alle Götter!

135 Halleluja – preist den Herrn, lobt den Namen des Herrn!
Lobt ihn, alle seine Diener,
2 die ihr in seinem Tempel steht,
in den Vorhöfen am Hause unseres Gottes!
3 Preist ihn, denn er ist gut zu uns;
musiziert zu seiner Ehre, denn er ist freundlich.
4 Er hat die Nachkommen Jakobs auserwählt
und ganz Israel zu seinem Eigentum erklärt.

5 Ja, ich habe erkannt: Groß ist der Herr!
Unser Herr ist mächtiger als alle Götter.
6 Was er will, das tut er auch –
sei es im Himmel oder auf der Erde,
im Meer oder in den tiefsten Tiefen.
7 Er läßt Wolken aufsteigen am Horizont
und sendet Regen und Blitze,
den Sturmwind holt er aus seiner Kammer
und schickt ihn auf die Reise.
8 In Ägypten tötete er alle Erstgeborenen
von Mensch und Vieh.
9 Er vollbrachte dort Zeichen und Wunder
am Pharao und allen seinen Dienern.

10 Er besiegte viele Völker
und tötete mächtige Könige:
11 Sihon, den König der Amoriter, Og, den König von Basan,
und die anderen Könige Kanaans.
12 Ihre Länder übergab er Israel,
so bekam sein Volk das ganze Gebiet zum bleibenden Besitz.

13 Herr, dein Name wird nie in Vergessenheit geraten;
an dich wird man denken, solange es Menschen gibt.
14 Du, Herr, wirst dafür sorgen,
daß deinem Volk kein Unrecht geschieht.

Du erbarmst dich über alle, die zu dir gehören.

15 Die Götter der anderen Völker sind nur Figuren
aus Silber und Gold, von Menschenhänden gemacht.
16 Sie haben einen Mund, aber reden können sie nicht;
Augen haben sie, doch sie können nicht sehen.
17 Mit ihren Ohren hören sie nicht,
auch können sie nicht atmen.
18 Genauso starr und tot werden einmal alle sein,
die diese Götzen schufen,
und auch alle, die solchen Götzen vertrauen!

19 Volk Israel, lobe den Herrn!
Ihr Priester, lobt den Herrn!
20 Ihr Leviten, lobt den Herrn!
Alle, die ihr dem Herrn in Ehrfurcht begegnet – lobt ihn!
21 Lobt den Herrn auf dem Berg Zion,
denn dort in Jerusalem steht sein Tempel.
Halleluja!

Seine Gnade hört niemals auf!

136 Dankt dem Herrn, denn er ist gut,
seine Gnade hört niemals auf!
2 Dankt ihm, dem Gott über alle Götter,
seine Gnade hört niemals auf!
3 Dankt ihm, dem Herrn über alle Herren,
seine Gnade hört niemals auf!
4 Er vollbringt große Wunder, er allein.
Seine Gnade hört niemals auf!
5 Mit Weisheit hat er den Himmel geschaffen,
seine Gnade hört niemals auf!
6 Die Fundamente der Erde legte er auf den Meeresgrund,
seine Gnade hört niemals auf!
7 Er hat die großen Lichter geschaffen;
seine Gnade hört niemals auf!
8 Die Sonne, um den Tag zu regieren –
seine Gnade hört niemals auf!
9 Mond und Sterne für die Nacht,
seine Gnade hört niemals auf!
10 In jeder Familie der Ägypter tötete er den ältesten Sohn.
Seine Gnade hört niemals auf!
11 Er führte sein Volk Israel aus Ägypten heraus.
Seine Gnade hört niemals auf!
12 Das alles vollbrachte er durch seine gewaltige Macht,
seine Gnade hört niemals auf!
13 Er teilte das Rote Meer –

seine Gnade hört niemals auf!
14 Sein Volk ließ er mitten hindurchziehen,
seine Gnade hört niemals auf!
15 Den Pharao und sein Heer aber
ließ er in die Fluten stürzen,
seine Gnade hört niemals auf!
16 Er führte sein Volk durch die Wüste,
seine Gnade hört niemals auf!
17 Er tötete mächtige Könige,
seine Gnade hört niemals auf!
18 Ja, gewaltige Herrscher brachte er um –
seine Gnade hört niemals auf!
19 Sihon, den König der Amoriter,
seine Gnade hört niemals auf!
20 Og, den König von Basan,
seine Gnade hört niemals auf!
21 Ihre Länder übergab er Israel,
seine Gnade hört niemals auf!
22 So bekam sein Volk, das ihm diente,
das ganze Gebiet zum bleibenden Besitz.
Seine Gnade hört niemals auf!
23 Er vergaß uns nicht, als wir unterdrückt wurden,
seine Gnade hört niemals auf!
24 Er befreite uns von unseren Feinden,
seine Gnade hört niemals auf!
25 Allen Geschöpfen gibt er zu essen,
seine Gnade hört niemals auf!
26 Ja, dankt ihm, dem Gott, der im Himmel regiert,
seine Gnade hört niemals auf!

Klagelied der Gefangenen

137 Wir saßen an den Flüssen Babylons und weinten,
wenn wir an Zion dachten.
2 Unsere Lauten hängten wir an die Zweige der Pappeln,
wir hatten aufgehört, auf ihnen zu spielen.[a]
3 Unsere Peiniger hielten uns gefangen
und wollten Lieder von uns hören;
sie verlangten von uns, daß wir Freudengesänge anstimmen.
Höhnisch forderten sie:
«Singt doch eins von euren Zionsliedern!»
4 Doch wie hätten wir im fremden Land
Lieder zur Ehre Gottes singen können?
5 Jerusalem, wenn ich dich jemals vergesse,

a) «wir … spielen» ist sinngemäß eingefügt.

dann soll meine rechte Hand lahm werden!
6 Die Zunge soll mir am Gaumen kleben bleiben,
wenn ich nicht mehr an dich denke,
wenn du, Jerusalem, nicht mehr meine größte Freude bist!

7 Herr, vergiß es den Edomitern nicht,
wie sie jubelten, als Jerusalem in die Hand der Feinde fiel!
Damals grölten sie: «Reißt sie nieder, diese Stadt!
Zerstört ihre Häuser bis auf die Grundmauern!»
8 Babylon, auch dich wird man niederreißen und verwüsten!
Glücklich ist, wer dir heimzahlt, was du uns angetan hast!
9 Glücklich ist, wer deine kleinen Kinder packt
und am Felsen zerschmettert!

Gott steht zu seinem Wort!

138 Von David.
Herr, von ganzem Herzen will ich dir danken!
Dir und keinem anderen Gott will ich singen.
2 Vor deinem heiligen Tempel werfe ich mich anbetend nieder,
ich preise dich, deine Liebe und Treue.
Ja, du hast deine Versprechen eingelöst
und alle meine Erwartungen übertroffen.
3 Als ich zu dir um Hilfe schrie,
hast du mich erhört und mir neue Kraft geschenkt.[a]

4 Herr, alle Herrscher dieser Welt werden dich preisen,
wenn sie erfahren, daß du zu deinem Wort stehst!
5 Sie werden besingen, was du, Herr, getan hast,
denn deine Macht und Hoheit ist unermeßlich.
6 Ja, du bist hoch erhaben –
trotzdem sorgst du für die, nach denen keiner mehr fragt,
und durchschaust die Stolzen schon von ferne!

7 Selbst wenn ich von allen Seiten bedrängt werde,
erhältst du mich am Leben!
Du stellst dich meinen zornigen Feinden entgegen
und rettest mich durch deine Macht.
8 Ja, Herr, du wirst dich auch in Zukunft um mich kümmern,
deine Gnade hört niemals auf!
Was du angefangen hast, das führe zu einem guten Ende!

a) So mit der griechischen Übersetzung. Der hebräische Text lautet: Du machtest mich unruhig, in meiner Seele war Kraft.

Herr, du durchschaust mich!

139 Ein Lied Davids.
Herr, du durchschaust mich,
du kennst mich durch und durch.
2 Ob ich sitze oder stehe – du weißt es,
aus der Ferne erkennst du, was ich denke.
3 Ob ich gehe oder liege – du siehst mich,
mein ganzes Leben ist dir vertraut.
4 Schon bevor ich rede, weißt du, was ich sagen will.
5 Von allen Seiten umgibst du mich
und hältst deine schützende Hand über mir.
6 Daß du mich so genau kennst – unbegreiflich ist das,
zu hoch, ein unergründliches Geheimnis!

7 Wie könnte ich mich dir entziehen;
wohin könnte ich fliehen, ohne daß du mich siehst?
8 Stiege ich in den Himmel hinauf – du bist da!
Wollte ich mich im Totenreich verbergen – auch dort bist du!
9 Eilte ich dorthin, wo die Sonne aufgeht,
oder versteckte ich mich im äußersten Westen,
wo sie untergeht,[a]
10 dann würdest du auch dort mich führen
und nicht mehr loslassen.
11 Wünschte ich mir: «Völlige Dunkelheit soll mich umhüllen,[b]
das Licht um mich her soll zur Nacht werden!» –
12 für dich ist auch das Dunkel nicht finster;
die Nacht scheint so hell wie der Tag
und die Finsternis so strahlend wie das Licht.

13 Du hast mich geschaffen – meinen Körper und meine Seele,
im Leib meiner Mutter hast du mich gebildet.
14 Herr, ich danke dir dafür,
daß du mich so wunderbar und einzigartig gemacht hast!
Großartig ist alles, was du geschaffen hast – das erkenne ich!
15 Schon als ich im Verborgenen Gestalt annahm,
unsichtbar noch, kunstvoll gebildet im Leib meiner Mutter[c],
da war ich dir dennoch nicht verborgen.
16 Als ich gerade erst entstand,
hast du mich schon gesehen.

a) Wörtlich: Erhöbe ich die Flügel des Morgenrots, ließe ich mich nieder am äußersten Ende des Meeres.
b) So mit der griechischen Übersetzung. Der hebräische Text lautet: Nur Finsternis möge mich zermalmen.
c) Wörtlich: in den Tiefen der Erde. – Hier wahrscheinlich als Bezeichnung für den Mutterleib.

Alle Tage meines Lebens hast du in dein Buch geschrieben –
noch bevor einer von ihnen begann!

17 Deine Gedanken sind zu schwer für mich, o Gott,
es sind so unfaßbar viele!
18 Sie sind zahlreicher als der Sand am Meer;
wollte ich sie alle zählen,
so käme ich doch nie an ein Ende[a]!

19 Mein Gott! Wie sehr wünsche ich, daß du alle tötest,
die sich dir widersetzen!
Ihr Mörder, an euren Händen klebt Blut!
Mit euch will ich nichts zu tun haben!
20 Herr, wenn diese Leute von dir reden,
tun sie es in böser Absicht, sie mißbrauchen deinen Namen.
21 Herr, wie hasse ich alle, die dich hassen!
Wie verabscheue ich alle, die dich bekämpfen!
22 Deine Feinde sind auch meine Feinde.
Ich hasse sie mit grenzenlosem Haß!

23 Durchforsche mich, o Gott, und sieh mir ins Herz,
prüfe meine Gedanken und Gefühle!
24 Sieh, ob ich in Gefahr bin, dir untreu zu werden,
dann hol mich zurück auf den Weg,
der zum ewigen Leben führt!

Hinterlistige Feinde

140 Ein Lied Davids.
2 Herr, rette mich vor bösen Menschen!
Beschütze mich vor denen,
die sich mit roher Gewalt durchsetzen!
3 Ständig brüten sie Gemeinheiten aus
und versuchen, Streit anzufangen.
4 Sie reden mit spitzer Zunge,
und was über ihre Lippen kommt,
ist bösartig und todbringend wie Schlangengift.
5/6 Es sind deine Feinde, Herr.
Laß nicht zu, daß ich in ihre Gewalt gerate!
Diesen überheblichen Leuten ist jedes Mittel recht,

a) So mit einigen alten Handschriften. Der hebräische Text lautet: ich erwache und bin noch bei dir.

mich zu Fall zu bringen. Verschone mich vor ihnen!
Heimlich haben sie mir Fallen gestellt.
Auf allen Wegen lauert die Gefahr.

7 Herr, du bist mein Gott!
Höre meinen Hilfeschrei!
8 Herr, mein Gott,
ich habe schon so oft deine Hilfe erfahren.
Im Kampf hast du mich beschützt,
und kein Haar wurde mir gekrümmt!
9/10 So hilf mir auch jetzt:
Durchkreuze die Pläne der Unheilstifter, die mich umringen,
damit sie nicht noch überheblicher werden!
Laß sie selbst von dem Leid überwältigt werden,
das sie mir zufügen wollten!
11 Sprich ihnen das Urteil:
Laß glühende Kohlen auf sie fallen, stürze sie ins Feuer, in tiefe Schluchten,
aus denen sie nicht mehr entkommen können!

12 Wer den guten Ruf eines anderen zerstört,
der soll in diesem Land kein Glück haben.
Und wer vor brutaler Gewalt nicht zurückschreckt,
der soll vom Unglück verfolgt werden.

13 Ich weiß, daß der Herr den Unterdrückten beisteht
und den Wehrlosen Recht verschafft.
14 Deshalb werden dich, Herr, alle preisen,
die dir treu ergeben sind.
Deine Nähe erfährt jeder,
der offen und ehrlich vor dir lebt.

Wenn es mich reizt, Böses zu tun

141 Ein Lied Davids.

Herr, höre mich an, wenn ich zu dir rufe!
Hilf mir schnell!
2 Ich hebe meine Hände zu dir empor im Gebet.
Nimm mein Flehen an, so wie du das Rauchopfer
und das Speiseopfer annimmst!

3 Herr, hilf mir, den Mund zu halten,
wenn ich schweigen soll!
4 Wenn es mich reizt, Böses zu tun,
dann bewahre mich und hilf mir,
daß ich mich von den Übeltätern nicht mitreißen lasse!
Ihre Schlemmereien sollen mir nicht den Mund wäßrig machen.

5 Wer Gott gehorcht, darf mich zurechtweisen,
wenn ich schuldig werde, denn er meint es gut mit mir.
Es ist eine große Hilfe, wenn er mir meine Fehler vorhält.
Ich wehre mich nicht gegen seinen Rat.

Die Übeltäter tun weiter viel Böses,
aber ich bete darum, daß Gott eingreift.[a]
6/7 Die Mächtigen werden bald selbst zum Tode verurteilt
und die Felswand hinabgestoßen werden.
Man läßt ihre[b] Knochen achtlos liegen.
Dann wird man wieder auf mich hören und erkennen,
daß meine Worte Hilfe und Orientierung geben.[c]

8 Mein Herr und Gott, dir vertraue ich.
Bei dir suche ich Schutz.
Laß nicht zu, daß sie mich umbringen,
9 und bewahre mich vor den tückischen Fallen,
die sie mir gelegt haben!
Rette mich vor den Verbrechern, die mir nachstellen!
10 Laß sie alle miteinander in die Gruben fallen,
die sie mir gegraben haben;
mich aber laß sicher vorbeigehen!

«Niemand will etwas von mir wissen!»

142 Ein Gebet Davids, zum Nachdenken. Er verfaßte es, als er sich auf der Flucht vor Saul in einer Höhle versteckte.[d]

2 Ich schreie zum Herrn, so laut ich kann,
und flehe um sein Erbarmen.
3 Ihm klage ich meine Not;
ihm sage ich, was mich bedrängt.
4 Wenn ich niedergeschlagen bin und nicht mehr weiter weiß,
kennst du noch einen Ausweg.
Wohin ich auch gehe:
überall will man mich ins Unglück stürzen.

a) Vers 5 wörtlich: Schlägt mich der Gerechte, (ist es) Güte, züchtigt er mich, ist es Öl für mein Haupt. Mein Haupt weigere sich dessen nicht. Denn noch ist mein Gebet bei ihren Bosheiten. – Der Text ist nicht sicher zu deuten.
b) So mit alten griechischen Übersetzungen. Der hebräische Text lautet «unsere».
c) Verse 6–7 wörtlich: Ihre Richter (= Machthaber) werden den Felsen hinabgestürzt; und nun hören sie meine Sprüche, daß sie lieblich sind. Wie ein Pflügender und Spaltender auf der Erde werden unsere Knochen ausgestreut an den Eingang des Totenreiches. – Der hebräische Text ist nicht sicher zu deuten.
d) 1. Samuel 22,1

5 Wohin ich auch sehe:
nirgendwo will man etwas von mir wissen.
Ich finde keine Hilfe mehr, und keiner kümmert sich um mich.

6 Deshalb schreie ich zu dir, Herr!
Du allein bist meine Zuflucht!
Du sorgst dafür, daß ich am Leben bleibe.
7 Höre auf meinen Hilfeschrei,
denn ich bin völlig verzweifelt!
Rette mich vor meinen Verfolgern,
denn ich bin ihnen hilflos ausgeliefert!
8 Hole mich aus dieser Höhle[a] heraus!
Dann will ich dir danken vor allen, die dir vertrauen.
Denn du hast eingegriffen und mir geholfen.

In die Enge getrieben

143 Ein Lied Davids.
Herr, erhöre mein Gebet!
Achte auf mein Flehen und antworte mir!
Auf dich kann ich mich verlassen, denn du hältst Wort.
2 Bring mich nicht vor dein Gericht,
denn vor dir ist kein Mensch unschuldig.
3 Der Feind verfolgt mich und treibt mich in die Enge.
Mein Leben ist aufs äußerste bedroht.[b]
4 Ich weiß nicht mehr weiter und bin vor Angst wie gelähmt.

5 Ich denke zurück an früher,
an das, was du damals getan hast,
und halte mir deine großen Taten vor Augen.
6 Zu dir strecke ich meine Hände empor im Gebet.
Wie ausgedörrtes Land auf Regen,
so warte ich sehnsüchtig auf dein Eingreifen.

7 Herr, antworte mir doch jetzt, denn ich bin völlig am Ende!
Laß mich nicht allein, sonst lebe ich nicht mehr lange!
8 Zeige mir schon früh am Morgen, daß du es gut mit mir meinst,
denn ich vertraue dir.
Ich brauche dich![c]
Zeige mir, wohin ich gehen soll,
9 und rette mich vor meinen Feinden!

a) Wörtlich: aus dem Gefängnis.
b) Wörtlich: Er läßt mich in Finsternissen wohnen wie die Toten auf Ewigkeit.
c) Wörtlich: Zu dir erhebe ich meine Seele.

Nur bei dir bin ich geborgen.
[10]Hilf mir, so zu leben, wie du es willst,
denn du bist mein Gott!
Führe mich durch deinen guten Geist!
Dann werde ich erleben,
wie du mir Hindernisse aus dem Weg räumst.
[11]Herr, stehe zu deinem Wort und hilf mir aus der Not!
Es wird deinem Namen Ehre machen,
wenn du mich am Leben erhältst.
[12]Laß meine Feinde umkommen und vernichte alle,
die mich in diese ausweglose Lage gebracht haben!
Ich verlasse mich ganz auf dich,
denn du bist mein Herr, und ich diene dir.

Der König betet

144 Von David.

Gepriesen sei der Herr!
Bei ihm bin ich geschützt wie hinter einem großen Felsen.
Er hat mir gezeigt, wie ich mich wehren kann
und wie ich im Kampf die Waffen gebrauchen muß.
[2]Wie gut ist Gott zu mir!
Er gewährt mir Zuflucht und Sicherheit.
Er ist mein Schild, der mich vor Bösem bewahrt.
Er hat mich zum Herrscher über sein Volk gemacht.[a]

[3]Herr, was ist schon der Mensch!
Warum schenkst du ihm überhaupt Beachtung?
Warum kümmerst du dich um ihn?
[4]Sein Leben ist vergänglich
und gleicht einem Schatten, der vorüberhuscht.

[5]Herr, komm vom Himmel herab;
berühre die Berge – und sie stoßen Rauch aus!
[6]Schleudere deine Blitze, schieße deine Pfeile
und jage die Feinde auf und davon!
[7]Strecke mir deine Hand von oben entgegen
und reiße mich aus den tosenden Fluten!

Rette mich vor der Macht der feindlichen Völker!
[8]Ihre Worte sind Lug und Trug.
Selbst wenn sie schwören, lügen sie.

a) Einige griechische Übersetzungen lauten: Er hat mich zum Herrscher über Völker gemacht.

[9] Gott, für dich will ich ein neues Lied singen
und es auf der Harfe[a] begleiten.
[10] Denn du gibst den Königen Sieg
und rettest auch David, deinen Diener, aus tödlicher Gefahr.

[11] Befreie mich,
rette mich vor der Macht der feindlichen Völker!
Ihre Worte sind Lug und Trug.
Selbst wenn sie schwören, lügen sie.

[12] Wenn du uns rettest,
können unsere Kinder ungestört aufwachsen.
Unsere Söhne werden stark und groß sein wie Bäume.
Unsere Töchter werden schön sein wie gemeißelte Statuen,
die prächtige Paläste zieren.
[13] Unsere Vorratskammern sind dann randvoll,
so daß wir mehr haben, als wir zum Leben brauchen.
Unsere Schafe und Ziegen auf den Weiden
werfen Tausende von Lämmern,
[14] und unsere Kühe bringen ihre Kälber
ohne Fehlgeburten zur Welt.
Dann muß niemand mehr auf unseren Märkten
klagen und jammern.
[15] Glücklich das Volk, das so etwas erlebt!
Glücklich das Volk, dessen Gott der Herr ist!

Gottes Liebe ist grenzenlos

145 Ein Loblied Davids.

Dich will ich ehren, mein Gott und König!
Dich will ich preisen für alle Zeit!
[2] Jeden Tag will ich dich loben
und deinen Namen überall bekannt machen.
[3] Groß ist der Herr! Jeder soll ihn rühmen!
Seine Größe kann niemand erfassen.
[4] Eine Generation soll der anderen von deinen großen Taten erzählen
und schildern, wie machtvoll du eingegriffen hast.
[5] Deine Hoheit und Macht wird in aller Munde sein,
und auch ich will stets über deine Wunder nachdenken.
[6] Immer wieder wird man davon sprechen,
wie dein Handeln den Menschen Ehrfurcht eingeflößt hat.
Auch ich will ihnen sagen, wie groß du bist.
[7] Wenn sie dann zurückdenken,

a) Wörtlich: auf der Harfe mit zehn Saiten.

werden sie deine unermeßliche Güte rühmen.
Weil du deine Versprechen gehalten hast,
werden sie dich laut loben:
8 «Der Herr ist gnädig und barmherzig;
seine Geduld hat kein Ende, und seine Liebe ist grenzenlos!
9 Der Herr ist gut zu allen und schließt niemanden von seinem
Erbarmen aus, denn er hat allen das Leben gegeben.»

10 Darum sollen dich alle deine Geschöpfe loben.
Jeder, der dich liebt, soll dich rühmen
11 und weitersagen, wie großartig deine Königsherrschaft ist!
Sie alle sollen erzählen von deiner Stärke,
12 damit die Menschen erfahren,
wie du deine Macht gezeigt hast
und wie prachtvoll und herrlich dein königliches Reich ist!
13 Deine Herrschaft hat kein Ende,
sie wird bestehen von einer Generation zur anderen.

Auf das Wort des Herrn kann man sich verlassen,
und was er tut, das tut er aus Liebe.[a]
14 Wer keinen Halt mehr hat, den hält der Herr;
und wer schon am Boden liegt, den richtet er wieder auf.
15 Alle schauen erwartungsvoll zu dir,
und du gibst ihnen zur rechten Zeit zu essen.
16 Du öffnest deine Hand und sättigst deine Geschöpfe;
allen gibst du, was sie brauchen.
17 Der Herr ist gerecht in allem, was er tut;
auf ihn ist Verlaß!
18 Der Herr ist denen nahe,
die zu ihm beten und es ehrlich meinen.
19 Er geht auf die Wünsche derer ein,
die voll Ehrfurcht zu ihm kommen.
Er hört ihren Hilfeschrei und rettet sie.
20 Gott bewahrt alle, die ihn lieben,
aber wer mit ihm nichts zu tun haben will,
den läßt er umkommen.

21 Ich will den Herrn loben,
und alles, was lebt, soll ihn allezeit rühmen.
Er ist der heilige Gott!

a) Vers 13b ist eine Ergänzung nach einer hebräischen Handschrift, nach der griechischen und der syrischen Übersetzung.

Gott schützt die Schwachen

146 Halleluja – lobt den Herrn!
Ich will den Herrn loben,
2 ich will ihn loben, solange ich lebe!
Zur Ehre Gottes will ich singen mein Leben lang.

3 Setzt euer Vertrauen nicht auf Männer,
die Einfluß haben und Macht ausüben!
Sie sind vergängliche Menschen wie ihr
und können euch nicht erretten.
4 Sie müssen sterben,
und mit ihnen vergehen ihre Pläne.

5 Glücklich aber ist der Mensch,
der seine Hilfe von dem Gott Jakobs erwartet!
Glücklich ist, wer seine Hoffnung auf den Herrn setzt!
6 Denn er hat Himmel und Erde geschaffen,
das Meer und alles, was darin lebt.
Niemals bricht er sein Wort!
7 Den Unterdrückten verschafft er Recht,
den Hungernden gibt er zu essen,
und die Gefangenen befreit er.
8/9 Der Herr macht die Blinden wieder sehend
und richtet die Niedergeschlagenen auf.
Er bietet den Ausländern Schutz
und versorgt die Witwen und Waisen.
Wer treu zu ihm steht, der erfährt seine Liebe,
aber wer ihn verachtet, den führt er in die Irre.

10 Der Herr regiert für immer und ewig.
Jerusalem[a], dein Gott wird herrschen für alle Zeiten!
Halleluja!

Der Herr baut Jerusalem wieder auf

147 Halleluja – lobt den Herrn!
Es ist gut, unserem Gott Loblieder zu singen;
es macht Freude, ihn zu loben.

2 Der Herr baut Jerusalem wieder auf.
Er bringt die Israeliten zurück,
die aus ihrem Land verschleppt wurden.
3 Er heilt den, der innerlich zerbrochen ist,

a) Wörtlich: Zion

und verbindet seine Wunden.
4 Er hat die Zahl der Sterne festgelegt
und jedem einen Namen gegeben.
5 Wie groß ist unser Herr und wie gewaltig seine Macht!
Unermeßlich ist seine Weisheit.
6 Der Herr richtet die Erniedrigten auf
und tritt alle, die sie unterdrückt haben, in den Staub.

7 Singt dem Herrn Danklieder!
Spielt für unseren Gott auf der Harfe!
8 Er überzieht den Himmel mit Wolken
und läßt es auf der Erde regnen.
Er sorgt dafür, daß Gras auf den Weiden wächst,
9 und gibt den Tieren Futter –
auch den jungen Raben, wenn sie danach krächzen.

10 Viele Menschen erwarten ihre Sicherheit
von starken Armeen und guten Soldaten.
Gott aber läßt sich davon nicht beeindrucken.[a]
11 Er freut sich über alle, die ihm in Ehrfurcht begegnen
und von seiner Gnade alles erwarten.

12 Jerusalem, lobe den Herrn!
Du Stadt auf dem Berg Zion, rühme deinen Gott!
13 Er gewährt dir Schutz in deinen Mauern
und segnet deine Kinder.
14 Er gibt deinem Land Frieden und Wohlstand
und schenkt dir bei jeder Ernte die besten Erträge.
15 Er sagt nur ein Wort zur Erde,
und was er befiehlt, geschieht sofort.
16 Er läßt es in dichten Flocken schneien
und überzieht alles mit Rauhreif.
17 Dicke Hagelkörner läßt er auf die Erde prasseln,
er schickt klirrende Kälte, die kaum zu ertragen ist.
18 Er gibt einen Befehl, und schon schmilzt der Schnee;
er läßt den Frühlingswind wehen, und schon taut das Eis.

19 Auch Israel hat er sein Wort verkündet,
damit sein Volk nach seinen Gesetzen und Ordnungen lebt.
20 An keinem anderen Volk hat Gott so gehandelt.
Kein anderes kennt seine Ordnungen.
Halleluja!

a) Wörtlich: Er hat nicht Lust an der Stärke des Rosses, er findet nicht Gefallen an den Schenkeln des Mannes.

Lobt Gott im Himmel und auf der Erde!

148 Halleluja – lobt den Herrn!
Lobt den Herrn im Himmel, lobt ihn dort in der Höhe!
2 Lobt ihn, alle seine Engel,
lobt ihn, ihr himmlischen Heere!
3 Lobt ihn, Sonne und Mond,
lobt ihn, ihr leuchtenden Sterne!
4 Lobt ihn auch im fernsten Weltall,[a]
lobt ihn, ihr Wassermassen über dem Himmel!

5 Sie alle sollen den Herrn loben!
Denn auf seinen Befehl wurden sie erschaffen.
6 Er wies ihnen für alle Zeiten ihren Platz im Weltall zu
und gab ihnen feste Gesetze,
denen sie für immer unterworfen sind.

7 Lobt den Herrn auf der Erde!
Lobt ihn, ihr Walfische und alle Meerestiefen!
8 Lobt ihn[b], Blitze, Hagel, Schnee und Nebel,
du Sturmwind, der du Gottes Befehle ausführst!
9 Lobt ihn, ihr Berge und Hügel,
ihr Obstbäume und Tannen!
10 Lobt ihn, ihr wilden und ihr zahmen Tiere,
ihr Vögel und alles Gewürm!
11 Lobt ihn, ihr Könige und alle Völker,
ihr Herrscher und Machthaber dieser Welt!
12 Lobt ihn, ihr jungen Männer und ihr Mädchen,
Alte und Junge miteinander!

13 Sie alle sollen den Herrn loben,
denn er allein ist hoch erhaben.
Seine Majestät erstreckt sich über Himmel und Erde!
14 Er hat seinem Volk wieder Kraft und Hoffnung geschenkt.[c]
Deshalb lobt ihn Israel.
Es ist das Volk, das ihm am nächsten steht
und treu zu ihm hält.
Halleluja!

a) Wörtlich: Lobt ihn, Himmel der Himmel.
b) Im hebräischen Grundtext fehlt von Vers 8–12 beim jeweiligen Versanfang der Ausruf: «Lobt ihn».
c) Wörtlich: Er hat das Horn seines Volkes erhöht.

Sieg und Vergeltung

149 Halleluja – lobt den Herrn!
Singt dem Herrn ein neues Lied!
Preist ihn, wenn ihr euch versammelt
mit allen, die ihn lieben!
2 Ganz Israel freue sich über seinen Schöpfer.
Jubelt ihm zu, ihr Einwohner Jerusalems!
Er ist euer König.
3 Tanzt zu seiner Ehre
und schlagt den Rhythmus auf dem Tamburin!
Spielt für ihn auf der Harfe!

4 Denn der Herr liebt sein Volk.
Er wird die Unterdrückten befreien.
5 Darüber sollen sie sich freuen und ihn rühmen,
selbst noch in der Nacht.
6 Sie sollen ihre Stimme erheben und Gott loben.
In ihren Händen halten sie scharfe Schwerter,
7 um an den gottlosen Völkern Vergeltung zu üben
und sein Strafgericht zu vollziehen.
8 Dann werden sie die Könige dieser Völker in Ketten legen
und ihre hohen Beamten in Handschellen abführen,
9 um Gottes Urteil zu vollstrecken.
So steht es in seinem Gesetz.
Für alle, die treu zu Gott halten,
ist dies ein Tag des Triumphes.
Halleluja!

Lobt den Herrn mit allen Instrumenten!

150 Halleluja – lobt den Herrn!
Lobt Gott in seinem Tempel!
Lobt ihn, den Mächtigen im Himmel!
2 Lobt ihn für seine gewaltigen Taten!
Lobt ihn, denn seine Größe ist unermeßlich!
3 Lobt ihn mit Posaunen,
lobt ihn mit Harfe und Zither!
4 Lobt ihn mit Tamburin und Tanz,
lobt ihn mit Saitenspiel und Flötenklang!
5 Lobt ihn mit Zimbelschall und Paukenschlag!
6 Alles, was lebt, lobe den Herrn!
Halleluja!

Notizen

Notizen

Barbara Jakob

Weibliches Selbstwertgefühl und der Glaube

Ist das Thema «Selbstwertgefühl» eigentlich noch aktuell? Wir Frauen haben doch in den letzten hundert Jahren in Sachen Gleichberechtigung so viel erreicht! Jeder Beruf, jede Karriere steht uns offen, wir können in Politik und Gesellschaft mitmischen und haben uns aus vielen alten Traditionen und Klischees befreit. Somit sollte ja unser Selbstbewußtsein genügend genährt und unser Selbstwertgefühl auch entsprechend gut sein ...

In vielen Gesprächen mit jüngeren und älteren Frauen stelle ich jedoch fest, daß äußere Faktoren fast nichts damit zu tun haben, ob ich ein gutes oder weniger gutes Selbstwertgefühl habe. So manches kann dazu beitragen, daß wir uns wertvoll und sicher fühlen: eine solide Berufsausbildung oder ein Studium, die Anerkennung im Beruf oder zu Hause, die Liebe eines Mannes, der Familie, guter Freundinnen und Freunde. Aber das Fundament für ein gesundes Wertgefühl kann das alles nicht sein. Denn: Eine Arbeit kann ich verlieren; zwischenmenschliche Beziehungen können zerbrechen; und die Lebensmitte mit ihren ganz spezifischen Problemen für uns Frauen kommt bestimmt! Was also hilft uns, ein gesundes Selbstwertgefühl zu entwickeln? Eines, das auch massiveren Erschütterungen standhält?

Äußere Faktoren haben wenig damit zu tun, ob mein Selbstwertgefühl wirklich gut ist.

Unser Selbstwertgefühl hängt eng mit den Erfahrungen unserer Vergangenheit zusammen. Bereits in der Kindheit entscheidet sich, ob ich später ein gesundes Selbstbild entwickeln kann. Wir alle haben als Kinder versucht, uns einen «Platz an der Sonne» zu ergattern. Wir haben Strategien entwickelt, mit deren Hilfe wir von den Eltern möglichst viel Zuwendung und Liebe bekamen, auf welche Art auch immer. Aber kein Mensch ist in einer perfekten Familie aufgewachsen, und entsprechend haben wir alle mehr oder weniger Schlagseite und damit kein perfektes Selbstwertgefühl. Wir alle haben in unserer Vergangenheit Annahme, aber auch Ablehnung und Zurückweisung erfahren. Wann und wie diese «Wurzel der Ablehnung» auch in uns zu wachsen beginnt: wenn wir sie nicht ausreißen, wird sie unsere Beziehungen zu anderen Menschen zwangsläufig immer wieder belasten.

Extreme: Frau Sicher und Frau Unsicher

Ich habe festgestellt, daß Frauen mit den Mängeln in ihrem Wertgefühl unterschiedlich umgehen. Da ist Frau Sicher, die sehr selbstbewußt und überzeugend auftritt. «Hier bin ich. Seht bloß, was ich alles schaffe! Hat irgend jemand etwas an mir auszusetzen?» Kommt man mit Frau Sicher in Berührung, befällt einen das mulmige Gefühl, man sei für sie ein Niemand. Und oft nimmt sie einen gar nicht wahr – sie gibt sich eben nur mit «wichtigen» Leuten ab. Sie managt alles: Partnerschaft, Haushalt, Beruf, Kindererziehung. Unglaublich ...

Frau Sicher verbirgt ihr wahres Selbst hinter der Fassade der Überlegenen. Sie beweist sich und der Welt täglich, wie gut sie ist. Schwächen kennt und hat sie keine, wie sie meint. Aber genau das ist ihr Problem. Menschen, die ihre Schwächen nicht wahrhaben wollen oder meinen, sie hätten keine, haben sich nicht wirklich angenommen. Das Wertgefühl von Frau Sicher hängt nur von ihren Stärken ab, von dem, was sie leistet, von ihrer Überlegenheit. Man kommt schlecht an sie heran, und es ist wahnsinnig schwierig, mit ihr eine tiefe, echte und von Liebe bestimmte Beziehung zu leben.

Frau Unsicher kann ihren Körper nicht ausstehen.

Frau Unsicher dagegen weiß um ihre Schwächen. Sie ist überzeugt davon, daß alle anderen besser sind und sie selbst nichts kann. Ständig hat sie Probleme, sie muß sich mit Menschen und Krankheiten herumschlagen, die ihr Dasein vermiesen. Ihr Leben ist ein Kampf. Oft fühlt sie sich niedergeschlagen und depressiv. Wenn sie sich dann noch im Spiegel anschaut, ist der Tag endgültig gelaufen. Sie kann ihren Körper nicht ausstehen. Alle anderen sehen ja doch immer besser aus!

Frau Unsicher hat die Gewohnheit, alle Fehler bei sich zu suchen. Wenn am Arbeitsplatz oder in der Familie etwas schiefläuft – immer meint sie, *sie* sei schuld. Stärken, so glaubt Frau Unsicher, hat sie keine. Sie konzentriert sich so sehr auf ihre negativen Seiten, daß sie alles Positive ihres Lebens gar nicht (mehr) sehen kann. Sie dreht sich um sich selbst, obwohl sie zeitweise schon mal versucht, von anderen Anerkennung zu bekommen, indem sie überall hilft, ob sie gefragt wird oder nicht. Das Zusammenleben mit ihr ist nicht einfach, weil sie sich so gut wie nie aufmuntern oder gar helfen läßt.

Frau Sicher verbirgt ihr wahres Selbst hinter der Fassade der Überlegenen.

Sie haben es bemerkt: Frau Sicher und Frau Unsicher sind zwei Extreme. Wir bewegen uns alle irgendwo dazwischen. Ein gesundes Selbstwertgefühl habe ich dann, wenn ich mich in der Mitte einpendeln kann. Das heißt, daß ich mich so annehmen lerne, wie ich bin, mit meinen guten *und* schlechten Seiten, mit meinen Stärken *und* Schwächen. Dabei ist es wichtig, daß ich weiß: Niemand ist nur gut oder nur schlecht. Wir haben alle unsere guten Seiten, aber auch unsere Schatten.

Ich konnte Bestätigungen und Komplimente nicht annehmen.

Lange Zeit bewegte ich mich nahe bei Frau Unsicher. Zwar überspielte ich meine mangelnde Selbstannahme, indem ich oft der «Mittelpunkt der Party» sein wollte. Aber kaum war ich allein, fühlte ich mich innerlich richtig elend. Das tiefe Empfinden des Abgelehntseins zeigte sich vor allem daran, daß ich Bestätigung und Komplimente nicht annehmen konnte. Ich dachte immer: «Ach, die Leute sagen das nur so – ich weiß schließlich gut genug, wie schlecht ich bin!» Ich war wie ein Faß ohne Boden: Weil ich mich selbst nicht annehmen konnte, brauchte ich ständig Bestätigung. Wenn ich sie aber erhielt, konnte ich sie nicht annehmen. Auch versuchte ich, durch Leistung Anerkennung zu bekommen. Aber regelmäßig erlebte ich dann schmerzlich, daß etwas in mir nicht stimmte und äußere Dinge dieses Problem nicht lösen konnten.

Liebe deinen Nächsten wie dich selbst

Auf meiner Suche nach Selbstannahme und Wertgefühl half mir der Glaube an Gott ganz entscheidend. «Liebe deinen Nächsten wie dich selbst», heißt das Gebot Jesu. Ich entdeckte, daß ich meine Mitmenschen nur dann in der richtigen Art und Weise lieben kann, wenn ich mich selbst endlich einmal zu lieben beginne! Und mich selbst lieben darf ich, weil Gott mich liebt – egal, wie ich aussehe; egal, wie ich bin; egal, was ich tue. Seine Annahme und seine Liebe sind zum Glück nicht ständigen Schwankungen unterworfen, wie dies bei Menschen der Fall ist.

Gottes Liebe zu mir ist keinen Schwankungen unterworfen.

Auf dem Weg zu einem gesunden Selbstwertgefühl ist es wichtig, daß wir beginnen, für unser Leben Verantwortung zu übernehmen. Ich denke da an einige Gespräche mit Menschen, die sich ungefähr so äußerten: «Ich habe in meiner Vergangenheit so viel Negatives erlebt, ich kann mich nicht annehmen und lieben. Wegen der Fehler der anderen habe ich heute so viele Schwierigkeiten.»

Eine solche Haltung blockiert uns. Vorwärtskommen und reifer werden können wir nur, wenn wir uns mit unserer Lebensgeschichte aussöhnen. Erst wenn wir sie annehmen mit all den Wunden, die mit jeder Geschichte verknüpft sind, werden wir frei von ungutem Ballast. Dabei spielt es keine Rolle, ob uns die Wunden von Eltern, Geschwistern, Lehrern, Part-

Wenn ich meine Wunden nicht heilen lasse, werde ich oft auch andere verletzen.

nern oder wem auch immer zugefügt worden sind. Wenn ich diese Wunden nicht heilen lasse, werde ich oft andere verletzen, zum Beispiel durch übertriebene Empfindlichkeit, durch mangelndes Vertrauen, aber auch durch Aggressionen und Ablehnung.

Leider ist es so, daß wir oft das «Unheile» in uns unbewußt auf andere Menschen übertragen. Die Psychologie spricht in diesen Fällen von Projektion. Wir bestrafen dann Personen, die es eigentlich gar nicht betrifft, mit unseren Verletzungen, weil uns innerlich etwas fehlt, was uns andere «schuldig geblieben» sind. Vor allem Ablehnung wird bewußt oder unbewußt weitergegeben, wenn wir in diesem Bereich keine Heilung erfahren.

Ablehnung kann sich zudem wie ein Bumerang gegen uns selbst wenden. Dies vor allem dann, wenn ich mir durch schmerzliche Ereignisse und Erfahrungen in der Vergangenheit Dinge geschworen habe wie: «Nie mehr werde ich jemandem vertrauen! – Nie mehr werde ich jemandem ein Geheimnis erzählen! – Nie mehr lasse ich jemanden so nahe an mich heran! – Nie mehr wird mich jemand so verletzen!» Und trotzdem mache ich alsbald die Erfahrung, daß ich immer wieder enttäuscht oder abgelehnt werde. Je mehr sich diese Erfahrungen häufen, desto überzeugter bin ich, daß ich die Verletzungen fast magisch anziehe. Wenn Ihnen solche «Schwüre» bewußt werden, ist es wichtig, daß Sie sie widerrufen, durchbrechen und für ungültig erklären. Dies läßt sich am besten mit einer Vertrauensperson tun, einer Freundin, einem Therapeuten oder Berater, damit diese Aussagen, die uns in negativer Weise gefangenhalten, gelöst werden können.

Dazu brauchen wir aber vor allem die Hilfe von Gott. Er allein kann uns das bleibende Fundament geben, auf dem wir unsere Identität, unser Selbstwertgefühl aufbauen können. Wenn ich merke, wie *sehr* Gott mich liebt, kann ich auch beginnen, mich mit *seinen* Augen zu sehen. Er schenkt mir eine Annahme, die immer bestehen bleibt; er schenkt mir eine Liebe, die nicht an Bedingungen geknüpft ist.

Genau dahin will Gott uns bringen! Aus dieser neuen Position heraus kann ich meine Vergangenheit hinter mir lassen und den Menschen, die mich abgelehnt oder verletzt haben, auch vergeben. Vergebung ist eine ganz zentrale Angelegenheit, wenn wir uns mit unserer Lebensgeschichte aussöhnen wollen. Ich möchte Ihnen nun einige praktische Schritte aufzeigen, die uns immer wieder helfen können, Vergebung zu schenken und Vergebung zu bekommen.

Praktische Schritte zur Vergebung

- *Schuld beim Namen nennen und Menschen aus dem Urteil entlassen*

Es ist wichtig, daß wir beim Namen nennen, in welcher Weise andere an uns schuldig geworden sind. Damit aber fällen wir Urteile, zum Beispiel: «Meine Eltern haben mich immer hin- und hergeschubst! – Meine Schwester war oft bodenlos gemein zu mir. – Er hat mich furchtbar verletzt, als er mich verlassen hat.»

Nach diesem ersten Schritt des Zugebens und Aussprechens ist es wichtig, daß ich schließlich bereit werde, die genannten Menschen aus meinem Urteil freizugeben. Das bedeutet, daß ich nicht länger daran festhalte, sondern sie entlasse und damit auch loslasse. Je nach Schwere der Schuld kann dieser Schritt recht schwierig sein und braucht unter Umständen noch über längere Zeit hinweg Gespräch und Begleitung.

Wenn ich jemandem vergebe, dann entlasse ich ihn aus meinem Urteil.

Jesus Christus kann uns hier jedoch Vorbild sein. Während seines Erdenlebens half er Tausenden von Menschen und tat nie etwas Falsches. Trotzdem wurde er von vielen abgelehnt, und einige wollten ihn schon früh umbringen. Er wurde verhöhnt, gefoltert, bespuckt und zum Schluß unter anderem aus Neid zum Tod verurteilt. Am Kreuz hängend, betete er für seine Verfolger die bekannten Worte: «Vater, vergib ihnen, denn sie wissen nicht, was sie tun!»

- *Wir sind alle(!) Opfer und Täter*

Viele Menschen wissen tatsächlich nicht, was sie anderen antun! Wir alle sind Opfer derer, die uns verletzt haben (oder noch immer verletzen). Aber wir sind eben auch Täter, weil auch *wir* anderen Menschen Dinge antun oder ihnen gegenüber falsch reagieren, und sei es auch ganz unabsichtlich. Ich denke da an eine Situation mit einer unserer Töchter, in der ich etwas Unbedachtes gesagt hatte, das sie ganz anders verstand, als es von mir gemeint war. Die Worte verletzten sie sehr. Der Schaden war angerichtet.

In solchen Momenten wird mir immer bewußt, daß ich selbst auch auf Vergebung angewiesen bin. Jesus wußte dies und lehrte uns deshalb im Vaterunser beten: «Vergib uns unsere Schuld, wie wir denen vergeben, die uns Unrecht getan haben!» (Matthäus 6,12; Seite 9). Vergebung ist von Gott her eine wechselseitige Angelegenheit: Wenn wir nicht vergeben, erhalten wir auch keine Vergebung. Vielleicht muß ich deshalb auch den Mut fassen, andere Menschen um Vergebung zu bitten; Menschen, denen ich weh getan oder die ich verletzt habe. Um Verzeihung zu bitten, sich zu entschuldigen, ist ein Zeichen für innere Reife und für ein gesundes Selbstwertgefühl. Dadurch lasse ich nämlich andere bewußt sehen, daß ich nicht fehlerlos bin, und öffne damit den Weg zu guten zwischenmenschlichen Beziehungen. Ich persönlich habe noch nie erlebt, daß meine Bitte um Vergebung abgelehnt worden wäre. Im Gegenteil, sie hat fast immer etwas Positives für die Beziehung ausgelöst.

▪ *Die Heilung der Gefühle erwarten*

Was aber soll ich tun, wenn ich die Dinge, die andere mir angetan haben, zwar beim Namen nennen und zugeben, aber vom Gefühl her nicht vergeben kann? Wenn es in mir schreit: «Nein, das kann ich nicht! Ich *kann* nicht vergessen, ich kann nicht vergeben!» In dieser Situation ist nun unser Wille gefragt. Auch wenn mein Gefühl sich dagegen sträubt, kann ich doch mit meinem Willen entscheiden: «Ja, ich will diesem Menschen seine Schuld vergeben.»

Ich persönlich habe es in schwierigen Vergebungssituationen als sehr wertvoll empfunden, mit Vertrauenspersonen über meine Wunden reden zu können. Der Zuspruch und das Gebet dieser Menschen hat mir immer sehr geholfen. Es fiel dann leichter, selbst zu sagen: «Vater im Himmel, ich entlasse XY aus meinem Urteil und vergebe ihm/ihr bewußt diese Schuld [möglichst genau nennen, was die Person mir angetan hat]. Mein Gefühlsleben spielt zwar immer noch verrückt, es ist noch nicht geheilt. Ich bitte dich aber, daß du meine Gefühle veränderst. Ich will wirklich loslassen und danke dir für deine Hilfe.»

Es gibt nichts Besseres als Versöhnung zwischen Menschen!

Ich möchte Sie herzlich ermutigen, diese Strategie des Vergebens auszuprobieren. Betrachten Sie es so, daß Sie diese Menschen mit dem persönlichen Geschenk Ihrer Vergebung entlassen. Manchmal dauert es seine Zeit, bis unsere Gefühle sich ändern. Aber Heilung kann erst einsetzen, wenn wir willentlich vergeben haben.

▪ *Vergebung und Versöhnung*

Hier möchte ich jedoch noch etwas deutlich machen: Vergebung und Versöhnung sind zwei unterschiedliche Dinge. Vergeben ist meine Aufgabe, wenn andere mich verletzt haben und an mir schuldig geworden sind. Ich wiederum kann Vergebung bekommen, wenn ich andere um Verzeihung bitte für die Dinge, die ich verkehrt gemacht habe.

Versöhnung jedoch geschieht dann, wenn der Mensch, der mir weh getan hat, sein Unrecht auch einsieht und mich um Verzeihung bittet – vielleicht erst dann, wenn ich ihm sage, daß er mich verletzt hat, ich aber zur Vergebung bereit bin. Es gibt nichts Besseres als Versöhnung zwischen Menschen! Die Heilung der Gefühle geschieht bei einer Versöhnung in der Regel ganz rasch, und oft werden Beziehungen noch tiefer, nachdem man sich versöhnt hat.

Leider aber gibt es sehr oft Situationen – gerade wenn Mißbrauch geschehen ist –, wo der oder die Schuldige das getane Unrecht überhaupt nicht einsehen wollen, geschweige denn ein Gespräch denkbar und möglich wäre. Auch da gibt uns die Bibel eine gute Hilfe: «Vergeltet niemals Unrecht mit neuem Unrecht. Seid darauf bedacht, allen Menschen Gutes zu tun. Soweit es irgend möglich ist und von euch abhängt, lebt mit allen Menschen in Frieden» (Römer 12,17–18; Seite 267).

Ganz praktisch heißt das für mich in meinen Beziehungen: Ich soll meine Verantwortung wahrnehmen und den Menschen, die mir weh getan haben, vergeben – dann aber loslassen und vielleicht auch Abstand suchen. Und manch eine Beziehung muß man auch einfach ruhen lassen, weil wir von uns aus nichts tun können, um die Situation zu ändern. Dieses Prinzip ist sehr befreiend, weil es unabhängig macht von Menschen, die an echtem Frieden und echter, tiefer Beziehung offensichtlich nicht interessiert sind.

Ich werde unabhängig von Menschen, die an echtem Frieden nicht interessiert sind.

▪ *Und wenn wir nicht vergeben?*

Was aber geschieht, wenn wir nicht vergeben? Wir sind und bleiben dann nachtragend. Das heißt, wir tragen unsere Vorwürfe und unsere Wunden hinter unseren Schuldigern her und bleiben so an sie gebunden. Wir können dadurch auch nicht unseren eigenen Weg gehen, weil wir anderen ja etwas nach-tragen, ihnen mit unserem Schmerz hinterherlaufen. In unserer Gefühlswelt werden sich unvergebene Dinge in Groll, Bitterkeit, Aggressionen, Haß und Feindseligkeit äußern, und diese negativen Empfindungen werden sich in unserem Herzen einnisten. Das Schlimme dabei ist, daß diese Gefühle *uns* auffressen – nicht den anderen. Deshalb ist Vergebung so wichtig, weil wir nur dadurch innerlich frei werden, unseren eigenen Weg zu gehen.

▪ *Mein Urteil Gott gegenüber loslassen*

Besonders dann, wenn Frauen sexuellen oder psychischen Mißbrauch erlebt haben, entsteht oft eine ohnmächtige Wut darüber, daß Gott diese entsetzliche Erfahrung nicht verhindert hat.

Eine mir bekannte Frau, die in ihrer Kindheit von ihrem Vater mißbraucht wurde, hält heute Seminare zum Thema Vergebung. Dabei erzählt sie, wie sie zunächst auf einem langen inneren Weg zu akzeptieren lernte, daß Gott den Mißbrauch zugelassen hat. Mit anderen Worten: Sie ließ ihr bisheriges Urteil Gott und seinem Handeln gegenüber los. Man könnte fast sagen, sie «vergab» Gott, daß sie nicht von ihm beschützt worden war.

Sie spürte, daß Gott den Mißbrauch gesehen und mit ihr gelitten hatte.

In der Folge spürte sie aber deutlich und sehr tröstlich, daß er alles gesehen und mit ihr gelitten hatte. Durch diesen Schritt des Annehmens wurde sie frei, auch ihrem Vater zu vergeben.

Wenn Sie Mißbrauch erlebt haben, dann wäre es für Sie ganz wichtig, seelsorgerliche Hilfe zu suchen. In den letzten Jahren ist über dieses Thema viel geschrieben worden, und es gibt spezielle Seminare, die sich mit der Heilung der Gefühle von Mißbrauchsopfern befassen.

- *Auch sich selbst vergeben*

Vielleicht ist es auch notwendig, daß Sie sich selbst vergeben. «Was ich getan habe, kann man nicht vergeben!» sagte eine Frau, die mit ihrer Schuld und Not zu mir kam. In der Bibel lesen wir jedoch: «Wenn wir aber unsere Sünden bereuen und sie bekennen, dann dürfen wir darauf vertrauen, daß Gott seine Zusage treu und gerecht erfüllt: Er wird unsere Sünden vergeben und uns von allem Bösen reinigen» (1. Johannes 1,9; Seite 422).

Wenn wir nun Gott um Vergebung bitten, was tut er dann? Er vergibt! Deshalb *müssen* wir uns selbst vergeben, weil wir sonst Gott zu einem Lügner stempeln. Beschweren Sie Ihr Leben also nicht zusätzlich mit einer Schuld, die Gott Ihnen wegnehmen will. Es wäre dann, wie wenn Sie diese Schuld wieder aus seinen Händen reißen und mit Macht bei sich behalten würden. Wenn Sie loslassen, können Sie mit Paulus sagen: «Eins steht fest, daß ich alles vergessen will, was hinter mir liegt. Ich konzentriere mich nur noch auf das vor mir liegende Ziel. Mit aller Kraft laufe ich darauf zu, um den Siegespreis zu gewinnen, das Leben in Gottes Herrlichkeit. Denn dazu hat uns Gott durch Jesus Christus berufen» (Philipper 3, 13–14; Seite 342).

Beschweren Sie Ihr Leben nicht mit einer Schuld, die Gott Ihnen wegnehmen will!

Gelingt mir in dieser Weise eine Versöhnung mit meiner Lebensgeschichte, kann Gott beginnen, mich mehr und mehr mit seiner Liebe zu füllen: «Diese Hoffnung wird uns nicht enttäuschen. Denn durch den Heiligen Geist, der uns geschenkt wurde, ist Gottes Liebe in uns» (Römer 5,5; Seite 253).

Ein Wort der Vorsicht muß ich hier noch beifügen: Vergeben, sich mit seiner Lebensgeschichte versöhnen, heißt nicht, daß ich mich nun plötzlich nicht mehr wehren darf und von Menschen, die mich immer wieder verletzen, alles einfach hinnehmen muß. Echte Vergebung hat gerade deshalb mit meinem Wert zu tun, weil ich dadurch auch lernen kann, mich von Menschen abzugrenzen und klar Stellung zu beziehen. Das sehen wir gerade am Beispiel von Jesus. Er hat sich nie von anderen manipulieren lassen, hat auch selbst nie Menschen manipuliert oder beherrscht. Er war immer abhängig von Gott allein.

Wenn ich all das zu begreifen lerne, kann ich beginnen, mich selbst zu sehen, wie Gott mich sieht: als sein wertvolles, einmaliges, wunderbares Kind, als seine Tochter, die er gewollt, geplant und ins Leben gerufen hat. Ich kann deshalb alles Wertvolle an mir entdecken und ohne Überheblichkeit dazu stehen lernen: zu meinen Gaben und Fähigkeiten, zu meiner Liebesfähigkeit, zu meiner Lernfähigkeit, zu meinen Empfindungen.

Wenn ich weiß, daß Gott mich bedingungslos liebt, brauche ich Wut, Trauer oder Frust nicht mehr zu verdrängen.

Wenn ich weiß, daß Gott mich bedingungslos liebt und mich sowieso durch und durch kennt, brauche ich außerdem keine Angst mehr zu haben, zu meinen Schattenseiten zu stehen. Ich kann meine Gefühle der Wut, Ohnmacht, Trauer und Frustration viel leichter bewältigen, ohne sie zu verdrängen, wenn ich mich geliebt weiß. Ich darf auch Dinge in meinem Leben, die ich momentan nicht bewältigen kann, einfach stehenlassen, weil ich weiß: Gott wird mir in allen Situationen beistehen und helfen. Auch da, wo ich mit mir selbst noch überhaupt nicht zurechtkomme.

Wenn ich mich mit einer anderen Frau vergleiche, bringt das nur *mir* Probleme.

Schluß mit der Vergleicherei!

Und: Ich kann das Vergleichen lassen. Vergleichen ist eine so schlimme Frauenkrankheit! Anstatt uns gegenseitig zu unterstützen und zu ermutigen, neigen wir dazu, einander zu taxieren und zu bewerten. Ein befreundeter Psychologe meinte einmal: «Es bereitet mir nichts so viel Vergnügen wie Frauen zu beobachten, die andere Frauen beobachten!» Beim Vergleichen stelle ich mich in Konkurrenz zu den anderen und muß mich immer besser taxieren, damit es mir gutgeht. Wenn ich mir schlechter vorkomme – etwa weniger hübsch, weniger erfolgreich, weniger schlank –, wird dies auf mein Gefühlsleben negative Auswirkungen haben: Ich werde deprimiert und niedergeschlagen. Das Schlimme beim Vergleichen ist folgendes: es bringt nur *mir* Probleme. Denn die andere Frau, mit der ich mich vergleiche, weiß ja gar nichts von ihrem «Glück»! Also können wir es doch einfach lassen. Je mehr wir uns selbst angenommen haben, desto freier werden wir andere ermutigen und aufbauen können und desto mehr Ermutigung werden wir selbst bekommen.

Viel Neues kann durch dieses Wertgefühl, das Gott uns schenkt, in unser Leben kommen: Wir werden sicherer, weil wir uns realistisch sehen lernen. Unser gesundes Selbstbild und das Bewußtsein, daß wir Geliebte sind, lassen uns klarer und bestimmter handeln und reagieren. Wir müssen uns selbst nicht mehr derart ernst nehmen und können sogar über uns selbst lachen lernen. Was für eine Befreiung!

In zwischenmenschlichen Beziehungen werden wir auch viel freier, weil wir von unseren Mitmenschen nicht mehr erwarten, daß sie alle unsere emotionalen Bedürfnisse befriedigen. Wir können jeden Tag bei Gott Liebe und Annahme auftanken, soviel wir wollen! Und gerade dies schenkt uns «göttliche Unabhängigkeit» von Menschen. Eva von Tiele-Winckler hat den Satz geprägt: «Sei kindlich abhängig von Gott und königlich unabhängig von den Menschen.»

Von Herzen wünsche ich Ihnen, daß Sie Ihren beinahe unglaublich großen Wert als Tochter Gottes erkennen und seine Quelle der Liebe anzapfen, damit Sie sich und Ihre Mitmenschen lieben können. «Wer an mich glaubt, wird erfahren, was die Heilige Schrift sagt: Wie ein Strom wird lebenschaffendes Wasser von ihm ausgehen», sagte Jesus (Johannes 7,38; Seite 164).

Können Sie sich vorstellen, was alles in Bewegung kommt, wenn dieses Lebenswasser in Ihnen wirklich zu fließen beginnt?

Fabiana Scapin

Mein Leben – eine verschlossene Kiste, ein elender Haufen Müll

Ich bin als jüngstes von vier Geschwistern aufgewachsen. Obwohl ich noch nicht sehr alt bin, ist meine Vergangenheit doch wie eine riesige Kiste voll mit negativen Erinnerungen, Gefühlen, Gedanken und Verletzungen. Lange hielt ich diese Kiste verschlossen.

Aufgrund ihrer konstanten Überforderung wurde meine Mutter depressiv.

Wir vier Geschwister waren alle nicht geplant. Unseren Vater kannten wir kaum. Wenn er mal da war, wirkte er sehr introvertiert und wohnte schließlich sogar in einer zweiten Wohnung. Aufgrund ihrer ständigen Überforderung und der kalten Atmosphäre bei uns in der Familie wurde meine Mutter zunehmend stark depressiv. Auch sie war oft abwesend und durch die konstante Überforderungssituation mit der Zeit unfähig geworden, das Leben noch zu meistern.

Irgendwann hatte Mutter angefangen zu resignieren. Sie mußte damals viel zuviel in unseren beiden Möbelgeschäften arbeiten. Und dazu hatte sie zu Hause ja noch die vier Kinder, die sie auch gebraucht hätten! So wurde ich morgens von einer mir fremden Person für den Kindergarten geweckt. Das war sehr hart, weil meine Mutter auch sonst fast nie Zeit für mich hatte. Später mußte ich allein aufstehen, schnell etwas essen – und dann ab in die Schule. Am Abend kam ich nach Hause und schloß mich in meinem Zimmer ein. Ich war wieder allein.

Dazu kam noch, daß wir in früheren Jahren beinahe jährlich unseren Wohnort wechselten, weil sich mein Vater von Ort zu Ort, von Kanton zu Kanton durchjobbte. Im Alter von 17 Jahren war er aus Italien in die Schweiz gekommen, um sich hier eine neue Existenz aufzubauen. Damals war es für einen Italiener sehr schwer, eine Wohnung und einen Job zu bekommen. Also mußte er nehmen, was gerade kam. Und so arbeitete er sich langsam nach oben. Als einfacher Verkäufer hatte er angefangen, und schließlich bekam er eine Kaderstelle in einer großen Firma. Er verfolgte sein Ziel geradlinig und hatte am Ende Erfolg.

Doch der häufige Wohnortwechsel hatte für mich zur Folge, daß ich alle meine soeben gewonnenen Freunde und alles kaum Vertraute immer wieder aufs Neue verlassen mußte. Es riß mir jedesmal ein weiteres Stück aus meinem Herzen. Wir Kinder litten alle, und so war es auch kein Wunder, daß meine beiden Brüder begannen, Drogen zu konsumieren. Es folgten Einbrüche und ähnliche Delikte. Meine Schwester haßte mich voll blinder Eifersucht. Ich denke, sie machte von Anfang an *mich* dafür verantwortlich, daß sie sich nicht gewollt und nicht geachtet fühlte. Sie gab sich große Mühe, mich klein zu machen. Ich durfte sie nie berühren, und kam es mal aus Versehen doch dazu, ließ sie mich ihre Ablehnung sehr deutlich spüren.

Ich erinnere mich an keine einzige Bestätigung, daß ich jemals erwünscht gewesen wäre.

Wenn ich jetzt zurückblicke, empfinde ich, daß ich wie in einer leeren Einöde aufgewachsen bin. Ich erinnere mich an keine einzige Bestätigung meiner Person. Ich vernahm kein anerkennendes Wort, daß ich jemals erwünscht gewesen wäre oder aus irgendwelchen positiven Beweggründen heraus hätte leben sollen. Da war keine Berührung, die mir sagte, daß ich gewollt war. Nie eine Aufmerksamkeit, die mir zeigte, daß ich geliebt war. Hinzu kam noch, daß ich schlimme Bekanntschaften mit Männern machen mußte, die ihre Moral und ihre Finger nicht unter Kontrolle hatten.

Als Teenager versuchte ich viermal, mir das Leben zu nehmen.

Mein Leben war gezeichnet. Ein elender Haufen Müll. Ich war völlig allein in dieser Situation, ja überhaupt in meinem ganzen Leben. Aus dieser Not und Isolation heraus versuchte ich im Teenageralter viermal, mir das Leben zu nehmen. Aber ohne Erfolg.

Inzwischen war meine Mutter Christin geworden, und weil ich nichts Besseres zu tun wußte, ging ich des öfteren mit ihr in verschiedene Gottesdienste. Zum ersten Mal hörte ich da von einem Gott und von Jesus Christus. Mein Leben war zu dieser Zeit derart hoffnungslos geworden, daß ich manchmal täglich tränenüberströmt auf den Knien zu diesem Gott flehte, doch bitte sterben zu dürfen. Aber Gott wollte, daß ich lebe!

Meine Eltern ließen sich dann scheiden, als ich vierzehn war. Bis ich siebzehn war, wohnte ich weiterhin zu Hause und kämpfte mich mit meiner «Ersatz-Familie», die sich in der Diskothek traf, so gut es ging durchs Leben. Doch in meinem Kopf konnte ich nicht aufhören, nach dem zu suchen, was mein riesiges Manko und meine Defizite füllen sollte. Irgendwie wollte ich an diesen Gott glauben, der anscheinend Interesse an meinem Leben hatte. Aber ich kannte niemanden, der auch noch an Gott glaubte, außer meiner Mutter.

Meine Eltern ließen sich scheiden, als ich vierzehn war.

So ging ich eines Abends in eine christliche Jugendgruppe. Was ich dort erlebte, war für mich ziemlich außergewöhnlich. Es war anders als alles, was ich bis dahin gekannt und erfahren hatte. Am Schluß beteten die Jugendlichen miteinander. Ich saß nur da. Ich hatte Angst, fühlte mich schrecklich hin- und hergerissen. Tief in meinem Inneren schrie ich zu Gott, aber in meinem Kopf wiederholte sich ständig dieser deprimierende Gedankengang, daß ich es zwar immer alleine hatte schaffen wollen, es aber sowieso niemals würde packen können. Ich war so hilflos!

Dann sprach auf einmal der Leiter in die Runde, um uns einen «Eindruck von Gott» weiterzugeben. Er sagte: «Ich sehe ein Rohr. Es ist sehr stark geknickt. Wenn du so weitermachst wie bis jetzt, wird es ganz abbrechen. Mach nicht alles alleine, denn du schaffst es nicht. Vertraue mir, ich werde dir alles geben, was du brauchst, und das Rohr wird wieder geradegemacht werden.»

Ich konnte nur noch weinen. Das waren doch exakt meine tiefsten Gedanken! Dieser Leiter hatte genau meinen Seelenzustand beschrieben, obwohl doch niemand in der Runde wissen konnte, was ich dachte und fühlte. In diesem Moment zeigte mir Gott so deutlich, daß er mein Schreien gehört hatte!

Gott zeigte mir deutlich, daß er mein Schreien gehört hatte!

Nach dieser Erfahrung hat sich mein ganzes Leben radikal neu entwickelt. Ein Prozeß der Seelsorge setzte ein. Auch fing ich an, in der Bibel zu lesen. Durch das Wort Gottes wurde mein Geist stark, meine Seele wurde mehr und mehr gesund. Ich konnte erkennen, daß ich gewollt und gebraucht und geliebt bin.

Was hat sich seither nicht alles verändert! Mein ganzes Umfeld scheint mir manchmal ein richtiges Wunder zu sein. Inzwischen kann meine Schwester mich lieben – und ich sie! Wir umarmen uns, sie vertraut mir. Meine beiden Brüder haben bereits einen ersten Schritt hin zum Weg des Glaubens an Jesus getan. Und mein Vater kann seine Augen nicht mehr vor seiner Tochter verschließen, die ihr eigenes Leben heute als ein Wunder erlebt.

Ich lese jeden Tag den Liebesbrief von Gott. Seine Worte bewegen mein Leben. Sie verändern mein ganzes Inneres. Ich möchte Jesus Christus einfach immer besser kennenlernen. Es ist eine spannende Beziehung zu ihm entstanden; Jesus ist mein bester Freund. Und wenn ich mich wieder einmal allein fühle, finde ich zu tiefem Frieden, wenn ich in der Bibel lese. Es erstaunt mich selbst immer wieder! Meine Augen fliegen nur so über ihre Zeilen; ja, ich verschlinge dieses Buch förmlich. Auch wenn nicht alle meine Probleme verschwunden sind und ich noch immer Tage habe, an denen es mir nicht so super geht, habe ich doch eine Liebe kennengelernt, die ich sonst nirgends so finden konnte und nirgends so finden kann.

Wenn ich mich doch wieder einmal allein fühle, lese ich in der Bibel.

Fabiana Scapin ist als PC-Supporterin im Informatik-Bereich tätig, arbeitet aktiv in einer christlichen Gemeinde mit und lebt in Zürich/ Schweiz.

Claudia Schempp

Ich hatte großes Selbstmitleid und fühlte mich als Opfer

Gerade mal siebzehn Jahre alt, dazu ledig, hat mich meine Mutter 1962 geboren. Von ihrem Freund und ihren Eltern verstoßen, lebten wir die ersten Jahre in verschiedenen Mutter-Kind-Heimen. Nach anfänglichen Kinderkrippenaufenthalten folgten später Hortbesuche, und so wurde ich seit meiner Geburt fast nur fremdbetreut. Meine Mutter mußte tagsüber für unseren Lebensunterhalt sorgen.

Als ich acht Jahre alt war, heiratete Mutter einen Ingenieur, mit dem sie darauf noch ein Kind bekam. Wir zogen nun in eine Wohnung im Schwäbischen, und kurze Zeit später baute mein Stiefvater ein Haus im Kreis Heilbronn. Nach außen hin stimmte nun alles: Ich sollte den Familiennamen des Stiefvaters annehmen, damit nur ja niemand mitbekäme, daß er nicht mein natürlicher Vater war.

Doch ich fühlte mich sehr ungeliebt, als Störfaktor im Leben meiner Mutter und in ihrer Ehe. Ich hatte mich still zu verhalten, bekam keine Anerkennung und kein

Lob, sondern nur Kritik; und meine Mutter hielt mich unmündig. Sobald ich versuchte, eine eigene Willensäußerung von mir zu geben, drohte sie damit, mich in ein Erziehungsheim zu stecken. Sie hatte bei diesen Konflikten sicherlich Angst, den Ehemann zu verlieren.

Der Mann meiner Mutter hatte wenig Geduld mit mir. Niemand interessierte sich für meine Bedürfnisse, die regelmäßig rüde unterdrückt wurden. Ich war allein mit meinem Kummer, mit meiner Trauer über die Situation, meinen Nöten und Ängsten. So konnte ich zwangsläufig kein Selbstwertgefühl entwikkeln – dafür aber um so größere Minderwertigkeitsgedanken. Auch kam ich mir schutzlos vor, unterlegen, ausgeliefert und ungerecht behandelt. Täglich weinte ich in mein Kissen hinein.

Von meinem leiblichen Vater durfte ich nichts wissen. Ich fühlte mich extrem einsam und unverstanden und zog mich immer mehr in mich selbst zurück. Im Alter von dreizehn Jahren wollte ich in meiner Verzweiflung meinem Leben ein Ende setzen. Doch irgend etwas hielt mich davor zurück, eine große Dummheit zu begehen. So blieb mir nur die Hoffnung, daß eines Tages alles besser werden könnte und ich die Liebe und die guten Seiten des Lebens kennenlernen dürfte.

Von meinem leiblichen Vater durfte ich nichts wissen.

Mit dieser vagen Hoffnung ertrug ich alle Demütigungen und den Psychoterror zu Hause. Zwischen meinem Stiefvater und mir fiel irgendwann kein einziges Wort mehr, obwohl wir unter demselben Dach lebten und am Tisch gemeinsam aßen ... Aber mein Schweigen bot immerhin keine weitere Angriffsfläche für ihn. Ich kapselte mich immer mehr ab, hatte großes Selbstmitleid und fühlte mich als Opfer der Umstände, des Schicksals und der Familie.

Mit einer vagen Hoffnung ertrug ich den Psychoterror zu Hause.

Mit siebzehn verließ ich mein Elternhaus, um eine Ausbildung zur Krankenschwester zu machen. Erleichtert, endlich der häuslichen Lieblosigkeit, der Mißachtung und Herabsetzung entkommen zu sein, ging ich verschiedene Beziehungen ein und suchte darin die menschliche Liebe und Wärme, die ich bis dahin noch nicht gekannt hatte. Doch meine tiefe Sehnsucht nach Geborgenheit und Annahme wurde nie gestillt.

Mein Weg führte mich nach München, wo ich eine kurze Sturm- und Drangzeit verlebte, um Versäumtes nachzuholen. Dann wollte ich ins Ausland, um dort das Glück zu suchen. Mit dem Ziel Südamerika blieb ich jedoch für ein Jahr auf den Kanarischen Inseln hängen, da ich mich dort in einen attraktiven Einheimischen verliebte. Aber auch hier erlitt ich eine herbe Enttäuschung: Ich wollte doch alles geben – meine Zeit, meine Liebe und Zuneigung. Doch ich erwartete immer zuviel! Schließlich kehrte ich traurig nach Deutschland zurück.

Immer noch in der irrigen Meinung, nur ein Mann könne meinen Liebeshunger stillen und mein Liebesdefizit auffüllen, scheiterte ich auch an zwei weiteren Beziehungen, aus denen diesmal aber ungeplant jeweils ein Kind hervorging. Nach den anfänglichen Jahren der intensiven Beschäftigung mit den Kindern kam ich endlich etwas zur Ruhe und zum Nachdenken, warum meine Bemühungen immer wieder in einer Sackgasse endeten. Nun begann ich eine Richtung einzuschlagen, die mich schließlich zur Begegnung mit Jesus Christus führte.

Ich war der irrigen Meinung, nur ein Mann könne meinen Liebeshunger stillen.

Ich erkannte, daß ich bis dahin nicht ganzheitlich gelebt hatte, und mir wurde klar, woran meine Suche nach Glück und nach Lebenserfüllung immer gescheitert war. Mir wurde bewußt, daß der Mensch aus Körper, Seele und Geist besteht – aber wo war mein Geist? Geistliche Werte waren mir nie vermittelt worden. In meiner Herkunftsfamilie glaubte niemand an Gottes Existenz. Ich wußte damit also nichts anzufangen, obwohl ich traditionsgemäß getauft und konfirmiert worden war.

So begab ich mich auf die Suche nach diesem Gott. Über die Presse verfolgte ich die Arbeit der «Frühstücks-Treffen für Frauen». 1993 meldete ich mich dann zu einem solchen Treffen an und war davon sehr angetan. Spontan dachte ich: «Wenn ich mal irgendwo mitarbeiten möchte, dann hier!» Und obwohl ich damals mit dem Glauben noch nicht viel anfangen konnte, meldete ich mich zu einem Einzelgespräch an. In der folgenden Zeit begann ich, Verantwortung für mein gegenwärtiges Leben, für meine inneren Einstellungen und Gedanken zu übernehmen. Mir wurde klar, daß ich doch nicht ewig meiner Mutter die Schuld an der Misere zuschieben konnte.

Ich konnte doch nicht ewig meiner Mutter die Schuld zuschieben!

Es folgte eine Zeit brennender Suche. Ich las viel christliche Literatur, sprach mit engagierten Christen und nahm an Freizeiten christlich geführter Häuser teil. Ich sah mir verschiedene christliche Gemeinden an und hörte Kassetten mit Predigten und geistlicher Musik. Schließlich nahm ich im Frühjahr 1994 an einer Tagung der «Frühstücks-Treffen für Frauen» teil. Dort wurde mir nach einem Referat über die bösen Mächte, über Okkultismus, Esoterik und New Age klar: Jetzt muß ich mich entscheiden! Will ich wie bisher aus mir selbst heraus leben und hadern? Oder vertraue ich auf Gottes Zusagen und seine Liebe?

Es war schwer für mich, Gott vertrauen zu lernen, weil ich in meinem bisherigen Leben und meinen bisherigen Beziehungen fast nur Enttäuschungen erlebt hatte. Deshalb war es für mich ein langes Ringen, den Schritt zum Glauben an Jesus Christus dann auch wirklich zu wagen.

Und es hat sich so sehr gelohnt! Nun konnte ich alle meine Nöte Gott vorbringen, meine Fehler eingestehen und ihn um Verzeihung bitten. Mein Leben bekam dadurch eine Wendung. Die Sinnfrage fand plötzlich eine Antwort, und meine inneren Blockaden lösten sich langsam. Ich durfte erfahren, wie Gott mich von der Bitterkeit gegenüber meiner Mutter heilte, wie er mir die Enttäuschung nahm über ihr Unvermögen, mich anzunehmen und zu lieben. Seither hat sich die Mutter-Tochter-Beziehung zunehmend entspannt. Durch Gottes Hilfe konnte ich ihr schließlich vergeben.

Gott? In meinen bisherigen Beziehungen hatte ich fast nur Enttäuschungen erlebt ...

Heute lebe ich im Vertrauen auf Gottes Führung. Das Leben mit ihm hat mir viele neue Möglichkeiten eröffnet, obwohl ich nach wie vor meine Kinder allein erziehe und natürlich auch berufstätig bin. Inzwischen leite ich eine Alleinerziehenden-Gruppe, wir treffen uns zu einem Bibel-Gesprächskreis bei uns. Und ich arbeite natürlich – wie ich mir das früher gewünscht hatte – bei den «Frühstücks-Treffen für Frauen» mit! Heute schenkt Gott mir die richtigen Werte und Maßstäbe. An ihm möchte ich mich orientieren, durch sein Wort, die Bibel. Und wenn ich im Alltag mal wieder Fehler mache, darf ich auch damit zu ihm gehen.

Gott heilte mich von der Bitterkeit gegenüber meiner Mutter.

Gott hat mich von der Vergangenheit geheilt. Ich kann bejahen, was passiert ist. Gott weiß, wozu es gut war. Er kann mich nun gebrauchen, um anderen Mut zu machen, die in einer ähnlichen Situation sind oder waren. Wenn ich zurückblicke, kann ich nur sagen: «Hab Dank, Herr, daß du mich liebst und mich nicht vergessen hast – und nie vergessen wirst!»

Claudia Schempp ist halbtags als Krankenschwester tätig und lebt mit ihren zwei Kindern in Heidelberg.

Christine Weisser

Was bringt dir eigentlich dein christlicher Glaube?

Dies war der provokative Satz meiner Freundin Evelyn in einem längeren Telefongespräch. Wegen unseres Urlaubs hatten wir uns länger nicht gesehen und tauschten uns nun über unsere momentane Situation aus. Sie – die erfolgreich berufstätige Frau – erzählte mir von ihren Problemen am Arbeitsplatz, von dem komplizierten und für sie oft auch so frustrierenden Umgang mit ihren Vorgesetzten.

Wie werde ich allen gerecht, ohne dabei selbst auf der Strecke zu bleiben?

Und ich berichtete ihr von meinem spannenden, manchmal auch angespannten Alltag mit unseren vier pubertierenden Kindern und der täglichen Auseinandersetzung mit der Schule ... Aber auch die Angespanntheit meines Mannes in seinem Beruf und mein Wunsch, ihn zu entlasten, ohne mir dabei alle Verantwortung für die Familie aufzuladen, kamen ins Gespräch. Und natürlich auch die immer wieder auftauchende Frage: Wie werde ich allem und allen gerecht, ohne dabei selbst auf der Strecke zu bleiben?

Dann kam plötzlich die Frage meiner Freundin: «Sag mal, was bringt dir nun eigentlich der Glaube für deinen Alltag?» Evelyn kennt mich und meine Situation recht gut und weiß, daß ich als bewußte Christin leben will. Zu meinem eigenen Erstaunen kam meine Antwort ohne langes Überlegen: «Weißt du, mein Glaube an Jesus Christus gibt mir den Mut und die Kraft, freudig weiterzuleben und nicht aufzugeben, auch wenn der Alltag manchmal mühsam und unerfreulich ist. Das

Wissen, daß Jesus als mein Schöpfer mich ganz kennt und liebt, gibt mir eine enorme Gelassenheit und Sicherheit.» Evelyn hörte interessiert zu, ohne meine Ausführungen zu kommentieren. Aber ich spürte, daß sie begann, ihre Situation zu reflektieren.

Das Wissen, daß Jesus mich liebt, gibt mir eine enorme Gelassenheit.

Im Nachdenken über die Frage meiner Freundin wurde mir neu wieder klar, wie sehr mir der Glaube und die Bibel zur Grundlage meines Frauseins geworden sind. Dabei haben zwei Verse besondere Bedeutung für mich gewonnen. Zum einen ein Satz von Jesus aus dem Matthäusevangelium (Kapitel 28, Vers 20): «Ihr dürft sicher sein: Ich bin immer und überall bei euch, bis an das Ende dieser Welt!» Zum andern ein Zitat aus einem Brief von Paulus (Philipper 1, Vers 6): «Deshalb bin ich auch ganz sicher, daß Gott sein Werk, das er bei euch durch den Glauben begonnen hat, zu Ende führen wird, bis zu dem Tag, an dem Jesus Christus wiederkommt.»

Dieses Wissen ist ein bewährtes und tragfähiges Fundament in meinem Leben geworden, trotz all seiner Höhen und Tiefen. Es gibt mir immer wieder neu eine tiefe Zuversicht und daraus resultierend oft auch: Lebensfreude pur!

Christine Weisser war Sekretärin und ist heute als «Familienfrau» tätig. Sie ist verheiratet, hat vier Kinder und lebt in Singen.

Barbara Jakob

Unsere tausend Ängste – und wie wir sie bewältigen können

Haben Sie auch manchmal Angst? Machen Ihnen reale oder unwirkliche Ängste zu schaffen? Leiden Sie darunter, oder haben Sie Ihre Angst «im Griff»?

Angst ist ein allgegenwärtiges Thema und nimmt epidemieartige Formen an.

Angst ist ein allgegenwärtiges Thema und nimmt in unserer Gesellschaft mehr und mehr fast epidemieartige Formen an. «In Deutschland leiden Millionen von Menschen unter Angstzuständen», war in der Ankündigung einer Fernsehsendung zu lesen, deren Titel lautete: «Die dunkle Nacht der Seele: Angst.»

Verdrängte Angst kann sich in Gefühlen von Ohnmacht äußern.

Angst gehört zu unserem Leben, das wissen wir alle. Es gibt niemanden, der sich nie fürchtet oder dem nie der Mut sinkt. Eigentlich hat Angst eine überaus wichtige Funktion: Sie will uns vor wirklich bedrohlichen Dingen und gefährlichen Situationen bewahren und damit unser Leben schützen. Menschen, die keine Angst kennen, leben demnach sehr gefährlich! Deshalb soll es auch gar nicht unser Ziel sein, diesen ungeliebten Zustand um jeden Preis loszuwerden. Wir sollten es vielmehr lernen, hilfreich und konstruktiv damit umzugehen.

Gleich nach der Angst um Familienangehörige folgt die Angst vor Arbeitslosigkeit.

Verdrängte Angst kann sich in Gefühlen von Ohnmacht, Überforderung, Frustration oder gar Depression äußern. Viele unserer Ängste (Psychologen sprechen von bis zu 90 Prozent) sind jedoch gewissermaßen irreal, also nicht der Wirklichkeit entsprechend, und spielen sich mehr in unserem Kopf und den Gefühlen ab als in der Realität. Deshalb müssen wir diese irrealen Ängste entlarven, auf die «gesunde» Angst hören lernen und sie in unser Leben integrieren.

Wenn wir in den unterschiedlichen Frauengesprächsgruppen, die ich bisher geleitet habe, über das Thema Angst sprachen, war es erstaunlich, was für verschiedene Formen dieses mehr oder weniger deutlichen Gefühls zum Vorschein kamen: Angst um Familienangehörige war fast immer an erster Stelle, dann kam Angst vor Arbeitslosigkeit, vor der Zukunft, Angst vor Mitmenschen, aber auch eine allgemeine Furcht vor Ablehnung und Verlusten. Vielen Frauen mit einer schwierigen Vergangenheit oder zerbrochenen Beziehungen ist vor allem bange davor, wieder verletzt zu werden, und deshalb verschließen sie sich gegenüber neuen Beziehungen.

Ein weiteres Frauenthema ist unser Zittern und Zagen, wenn es darum geht, ein Risiko einzugehen, etwas Neues zu wagen. Schmunzeln sollten wir eigentlich über unsere «Realängste» bezüglich Spinnen oder Mäusen. Etwas konkreter und schwieriger wird es hingegen bei Flugangst, Höhenangst oder der Angst vor Dunkelheit. Genauso, wie wir in den Gesprächsgruppen jeweils miteinander diskutierten, möchte ich jetzt mit Ihnen einige Fragen erörtern, die uns helfen können, unsere Angst überwinden zu lernen.

In meiner Kindheit versteckte ich mich, wenn ich etwas angestellt hatte ...

Woher kommt sie, diese Angst?

Wo liegen die Ursachen für unsere Ängste? Gehen wir zu unserem Ursprung zurück: Die Hauptursache all unserer Angst und ihrer Auswirkungen liegt in unserer Trennung von Gott. Die allerersten drei Kapitel des Alten Testaments geben darüber Aufschluß. Gott hatte den Menschen geschaffen, um mit ihm in ungebrochener Gemeinschaft zu leben. Aber der Mensch wählte seinen eigenen, unabhängigen Weg und verlor damit seine Sicherheit und Geborgenheit, die er in Gott gehabt hatte. Dies wird deutlich aus der Situation, in der Gott den Menschen im Paradies ruft: «Adam, wo bist du?» Und Adam antwortet ihm: «Ich hörte dich im Garten und hatte *Angst*, weil ich nackt bin. Darum habe ich mich versteckt» (1. Mose 3,9–10).

Zum ersten Mal lesen wir hier in der Bibel von *Angst* und von *verstecken*. Diese beiden Begriffe hängen fast immer zusammen. Wenn ich Angst habe, will ich mich verkriechen, will einen sicheren Winkel suchen, wo mich niemand finden kann. (Ich erinnere mich an Situationen in meiner Kindheit, wo ich mich aus Angst vor den Eltern versteckte, weil ich etwas angestellt hatte ...) Vor der Trennung von Gott war Angst unbekannt. Aber nun hatte der Feind Gottes ein «Anrecht» auf die Menschen gewonnen; sie hatten auf ihn, den Widersacher, gehört, anstatt Gott zu vertrauen. Und deshalb sind seither alle, wir inbegriffen, von Gott getrennt. Wir haben Angst und wollen uns immer wieder verstecken – voreinander, vor uns selbst und auch vor Gott.

Aber Gott hat in seiner Liebe und Güte den Menschen nun nicht einfach verworfen und «abgehakt». Nein, er hat uns durch Jesus Christus den Weg frei gemacht, damit wir wieder in Beziehung zu ihm treten können. Damit hat er auch die Möglichkeit geschaffen, daß wir unsere Angst überwinden können. Jesus

Christus hat ja auf dieser Welt wie unsereiner als Mensch gelebt und kennt darum die Angst genauso. In Lukas 22,44 (Seite 142) steht: «Jesus litt Todesängste und betete so eindringlich, daß sein Schweiß wie Blut auf die Erde tropfte.» Diese Angst muß unglaublich groß gewesen sein! Und vielleicht ist ja gerade *sie* unsere letzte und tiefste Angst: die Angst vor dem Tod. Immer wieder sind wir mit der Endlichkeit unseres Lebens konfrontiert, und nichts ist so sicher wie die Tatsache, daß wir alle eines Tages sterben werden.

Ich werde nie angstfrei leben – aber ich muß es auch gar nicht!

Eines tröstet mich: Jesus, der Sohn Gottes, hatte auch Angst. Doch er ist durch sie hindurchgegangen, hat sie durchgestanden und damit überwunden. «Als Jesus unter uns Menschen lebte, hat er Gott, der ihn allein vom Tod retten konnte, unter Tränen und voller Verzweiflung angefleht. Und Gott erhörte sein Gebet und *befreite ihn aus seiner Angst,* weil Jesus den Vater ehrte und ihm gehorsam war» (Hebräer 5,7; Seite 385–386).

Eines tröstet mich: Jesus, der Sohn Gottes, hatte auch Angst.

Wir wissen, daß Jesus *trotzdem* ans Kreuz genagelt wurde und sterben mußte – aber der Vater hat ihn aus der Angst befreit. Jesus mußte den schwierigen Weg *trotzdem* gehen, aber der Vater gab ihm Kraft dazu. Für mich bedeutet dies: Wenn es sogar für Jesus ein Kampf war, seine Angst durchzustehen, wird es auch für mich immer wieder Kampf bedeuten, meine Bangigkeit, Ängstlichkeit, meine Panik oder gar meine Phobien überwinden zu lernen.

Wahrscheinlich werde ich in dieser Welt nie angstfrei leben können – aber ich muß es auch nicht! «In der Welt habt ihr Angst; aber seid getrost, ich habe die Welt überwunden», sagt Jesus in Johannes 16,33 (Luther). Oder wie es in dieser vorliegenden Übersetzung heißt (Seite 183): «In der Welt werdet ihr von allen Seiten bedrängt, aber vertraut darauf: Ich habe die Welt besiegt.»

Wurzelbehandlung – aber wie?

Wenn wir also die Wurzel unserer Angst behandeln wollen, müssen wir bei der Beziehung zu Gott ansetzen. Wir müssen wieder in Beziehung treten mit ihm, der uns geschaffen hat zu einem nicht angstfreien, aber erfüllten Leben. «Gottes Liebe zu uns ist für alle sichtbar geworden, als er seinen einzigen Sohn in die Welt sandte, damit wir durch Christus ein neues und ewiges Leben bekommen. Das Einzigartige an dieser Liebe ist: Nicht wir haben Gott geliebt, sondern er hat uns seine Liebe geschenkt. Er gab uns seinen Sohn, der alle Schuld auf sich nahm, um uns von unserer Schuld freizusprechen. Wirkliche Liebe ist frei von Angst. Ja, die Liebe vertreibt sogar die Angst. Wer sich also fürchtet und vor der

Strafe zittert, der beweist damit nur, daß er wirkliche Liebe noch nicht kennt» (1. Johannes 4,9–18; Seite 426–427).

Wirkliche Liebe ist frei von Angst, ja, sie vertreibt die Angst.

Diese Bibelstelle sagt uns, daß Gottes Liebe, wenn wir sie für unser Leben annehmen, unsere Angst zu vertreiben vermag. Praktisch heißt dies: Ich fühle mich so sicher und geborgen in Gottes Liebe, daß ich mich eigentlich vor nichts mehr zu fürchten brauche, auch nicht vor dem Tod. Aber weil wir ja unvollkommene Menschen sind und nie vollkommen sein werden, solange wir hier leben, werden wir auch nie völlig angstfrei sein. Aber wir können viele Ängste loswerden! Dazu einige praktische Schritte:

Als erstes muß ich mir *eingestehen*, daß ich Beklemmung, Unruhe, Nervosität etc. tatsächlich empfinde. Ich brauche dies alles nicht mehr zu verdrängen. Ich kann es zulassen und Gott bitten, mich davon zu befreien.

Als zweites ist es wichtig, daß ich mich frage, *wovor* ich Angst habe. Es hilft, wenn wir in Worte fassen oder vielleicht sogar aufschreiben, *was* oder *wer* in uns das wohlbekannte Magendrücken, das innere und äußere Zittern hervorruft. Dies kann eine wichtige Hilfe sein im Überwinden der Angst. Denn vielleicht wird mir klar, daß mir zum Beispiel angesichts von ganz bestimmten Menschen immer wieder der Mut zerbröckelt oder daß mir die klare eigene Meinung im Hals steckenbleibt.

Vielleicht habe ich auch wegen erlebter Enttäuschungen die Befürchtung, erneut verletzt zu werden. Oder ich habe eine schier unüberwindbare Scheu davor, meine Fähigkeiten wirklich einzusetzen. «Ich kann das doch nicht! Ich habe Angst vor so etwas! Ich könnte ja Fehler machen, mich blamieren – und das will ich nicht!» Oder aber ich merke beim Aussprechen oder Notieren meiner Gefühle, daß so manches von dem, was mich schreckt und quält, im Grunde irreal ist und ich es deshalb loslassen kann.

Befreiende Hilfen aus der Bibel

Wenn wir unsere Angst auf diese Weise ent-decken, also auf-decken, können wir beginnen, die Hilfe anzunehmen, die Gott uns in der Bibel gibt. Wenn ich unruhig werde oder mich das vage Gefühl der Bedrohung überfällt, lese ich oft in den Psalmen Davids (Seite 463–629). Dieser Mann hatte in der Tat mit berechtigter Angst zu kämpfen. Oft war er von übermächtigen Feinden umgeben, wurde von Soldaten verfolgt, mußte sich vor ihnen verstecken oder dann wieder vor ihnen flüchten, um sein Leben zu retten. Er wurde auch von Freunden enttäuscht, die ihn verraten hatten (Psalm 55). Aber in größter Not fand er immer wieder Hilfe bei Gott.

So lesen wir von David in Psalm 27,1: «Der Herr ist mein Licht, er rettet mich. Vor wem sollte ich mich noch fürchten?

Bei ihm bin ich geborgen wie in einer Burg. Vor wem sollte ich noch zittern und zagen?»

Diesen Vers kann ich für mich persönlich nehmen, wenn ich mich in irgendeiner Weise von Menschen in die Enge getrieben fühle. Oder auch diesen: «Doch gerade dann, wenn ich Angst habe, will ich mich dir anvertrauen» (Psalm 56,4). Entdecken Sie die Psalmen für sich ganz persönlich. Entdecken Sie sie für Ihre Angstbewältigung. Sie werden auf diese Gebete nicht mehr verzichten wollen!

Entdecken Sie die Psalmen für Ihre Angstbewältigung!

Wenn Ängste sich trotzdem wieder melden wollen

Wenn jedoch Ängste immer wiederkehren, ist es wichtig, daß wir uns genauer mit ihnen befassen. Angst kann aus unverarbeiteten Erfahrungen herrühren, etwa aus schwierigen oder gar traumatischen Erlebnissen der Kindheit. Extreme Formen von Angst können beispielsweise mit einer problematischen Geburtserfahrung zusammenhängen. Auch gibt es Arten von Angst, die ganze Familien prägen und über Generationen hinweg weitergegeben werden. Wenn wir «Wurzelforschung» betreiben, stoßen wir vielleicht auf Ursachen und Erlebnisse, die wir mit jemandem besprechen sollten, zum Beispiel mit einer Freundin, dem Partner, einem Seelsorger oder einem Therapeuten.

Gerade in diesem Bereich wird deutlich, wie sehr sich der Feind Gottes bei uns Menschen einschleichen und uns durch Befürchtungen aller Schattierungen beherrschen, manipulieren und manchmal sogar terrorisieren will. Aber das müssen wir uns nicht bieten lassen! Wenn wir Kinder des lebendigen Gottes sind, lebt der in uns, der stärker ist als alle Angst. «Denn Gott hat uns seinen Heiligen Geist gegeben. Und das ist kein Geist der Furcht, sondern ein Geist, der uns mit Kraft, Liebe und Selbstüberwindung erfüllt» (2. Timotheus 1,7; Seite 369).

Aus diesem Bibelvers wird deutlich, daß Gott uns seinen Heiligen Geist gibt, wenn wir Jesus Christus in unser Leben bitten. Aber es ist hier von einem «Geist der Furcht» die Rede – und der stammt eben *nicht* von Gott! Wenn wir so einen Geist der Furcht in unserem Leben feststellen – zum Beispiel in Form von Ängsten, die wir nicht einordnen können, in Form von Panikattacken oder von Todessehnsüchten aller Art –, dann sollten wir diese Signale nicht einfach ignorieren. Wir sollten sie ernst nehmen und danach trachten, davon möglichst frei zu werden.

Gott hilft uns, Ängste zu entlarven und loszuwerden.

Das bedingt, daß wir als erstes Gott im Zwiegespräch bitten, uns zu zeigen, *woher* die Angst kommt. Er kann aufdecken, ob ein bestimmtes Ereignis oder möglicherweise auch die Familienatmosphäre die Ursache dafür sein könnten. Gott will ja, daß wir frei sind. Er wird uns helfen, unsere Ängste zu entlarven und loszuwerden – vorausgesetzt, wir wollen das von unserer Seite her ebenfalls.

Sobald wir wissen, welches die Ursache unserer Angst ist, können wir den nächsten Schritt tun. Oft entsteht Angst zum Beispiel durch die Scheidung der Eltern. Existenzängste können ihre Ursache darin haben, daß wir uns als Kind nicht angenommen oder alleingelassen gefühlt haben.

Wir können lernen, über die Angst zu herrschen.

Sind an der Ursache Ihrer Angst andere Menschen beteiligt (gewesen), ist es meist nötig, diesen Menschen bewußt zu vergeben, weil sie uns ja verletzt haben (siehe auch «Praktische Schritte zur Vergebung», Seite 56). Wenn wir nicht vergeben, behält der Böse ein Anrecht auf uns und kann uns weiterhin durch Ängste, Groll und Bitterkeit gefangenhalten. Das Schlimme dabei ist, daß diese Gefühle *uns* schaden, uns ganz allein, und gar nicht den Menschen, die daran tatsächlich schuld sind.

Oft entsteht Angst durch die Scheidung der Eltern.

Es kann aber sein, daß Sie trotz all der Schritte, die Sie unternehmen, Ihre Angst doch nicht loswerden. Sollte dies der Fall sein, würde ich Ihnen sehr empfehlen, Beratung bei erfahrenen Christen zu suchen, um die Ursache Ihrer Ängste herauszufinden und sie verstehen und überwinden zu lernen.

Das schwere Kleid der Angst ablegen

Der Grundtenor der Bibel ist klar: Wir können lernen, über die Angst zu herrschen. Zwar wird sie immer wieder bei uns auftauchen, aber wir können sie in ihre Schranken weisen. Gott will uns dazu das Rüstzeug geben, und das beginnt bei der Aufforderung, uns nicht zu sorgen.

Sorgen sind oft ein wichtiger Auslöser für unsere Angst. Angstbewältigung hat gerade im Bereich der Sorgen viel mit unserem Denken und Willen zu tun. Ein Psychologe sagte in einem Interview: «Wir können lernen, der Angst zu sagen: Du bist zwar da, aber du kannst mich nicht beherrschen. Du kannst mitkommen, aber ich gehe jetzt trotzdem (zum Beispiel zu einem schwierigen Gespräch oder in die Dunkelheit oder ins Flugzeug).»

Den gleichen Gedanken können wir anwenden, wenn uns beispielsweise Angst um unsere Kinder überfällt. Mir hilft es, in solchen und ähnlichen Situationen zu sagen: «Angst und Sorgen, ihr seid zwar hier, aber ihr habt nichts zu melden. Gott hat die Kontrolle, nicht ihr!» Eine Zeitlang hatte ich sogar einen «Sorgentopf», in den ich all meine Sorgen und Ängste, die ich auf Zettelchen schrieb, hineinwarf, um sie im wahrsten Sinne des Wortes loszuwerden. Wenn ich ein paar Wochen oder Monate später die

Zettel sortierte, war ich manchmal fast erschrocken über die beinahe lächerlichen Sorgen, die ich mir seinerzeit gemacht hatte. In den meisten Fällen hatte sich durch mein Sorgen überhaupt nichts an der Situation geändert. Dies sind eben die 90 Prozent jener besagten irrealen Ängste, die wir uns ersparen könnten. Diese Energie sollten wir für etwas Positiveres nutzen!

Wir können uns die Angst auch wie ein Kleid vorstellen, das wir im Gebet ausziehen können. Etwa mit folgenden Worten: «Jesus Christus, ich habe Angst. Du hast aber gesagt, daß du immer bei mir bist. Du hast uns aufgefordert, alle Sorgen auf dich zu werfen, und du hast die Angst am Kreuz besiegt. Deshalb lege ich Angst und Sorgen jetzt ganz bewußt ab und ziehe deinen Schutz und deine Kraft an. Du in mir bist stärker als meine Angst!» Weil sich die Angst ja meistens in meinen Gedanken und Gefühlen abspielt, sind das Wissen und die Überzeugung, daß ich sie beherrschen kann (und nicht umgekehrt), sehr wichtig.

Worte der Bibel bewußt gegen unsere Bangigkeit setzen.

Je besser wir die Bibel kennenlernen, desto leichter können wir ihre Worte gegen unsere Bangigkeit setzen. So können wir in Zeiten der Angst, wenn wir meinen, nicht genug zu haben oder irgendwo zu kurz zu kommen, sagen: «Der Herr ist mein Hirte. Nichts wird mir fehlen» (Psalm 23,1; Seite 484).

Wenn Zweifel auf mich einstürmen, so hilft mir der Vers: «Werft nun euer Vertrauen nicht weg! Es wird sich erfüllen, worauf ihr hofft. Aber ihr müßt standhaft bleiben und tun, was Gott von euch erwartet. Er wird euch alles geben, was er zugesagt hat» (Hebräer 10,35–36; Seite 394).

Wenn ich mir Sorgen mache, setze ich mein Vertrauen in folgenden Vers: «Überlaßt alle eure Sorgen Gott, denn er sorgt für euch» (1. Petrus 5,7; Seite 416).

Und wenn mich Angst vor Arbeitslosigkeit überfällt, so halte ich mich fest an folgender Aussage: «Denn die ganze Welt gehört mir und alles, was auf ihr lebt» (Psalm 50,12; Seite 515).

Sie werden noch viele andere Verse für Ihre ganz persönliche Angstbewältigung finden!

Ich habe einmal gehört, daß in der Bibel 365mal stehen soll: «Fürchte dich nicht» beziehungsweise «Hab keine Angst». Als ich dies das erste Mal vernahm, war mir eigentlich sofort klar: Gott will uns für jeden Tag des Jahres einmal den Zuspruch geben: «Ich bin hier, ich bin bei dir – du brauchst keine Angst zu haben.» In solcher Geborgenheit werden wir mit Sicherheit immer befreiter durch unser Leben gehen können.

Gebet in der Angst

HERR,
manchmal halte ich mühsam
mein Innerstes zusammen;
ich habe Angst,
nicht genug Kraft
und nicht genug Liebe zu haben –
ich fürchte mich,
den letzten Rest zu verlieren ...
Aber
indem ich mich verschließe,
werde ich undurchlässig
für DEINE Kraft.

Zur Entfaltung kann nur kommen,
was sich DIR ganz freigegeben hat.
DU kannst auch
aus dem letzten Rest
meiner preisgegebenen Schwachheit
Neues zur Entfaltung bringen.
Danke, HERR!

Martl Lang-Sommer

Iris Michel

... und dann schloß Nina die Augen für immer

Wir verloren unser erstes Kind vier Tage nach seiner Geburt. Es war ein sehr intensives Erleben, welches schon im siebten Monat der Schwangerschaft seinen Anfang nahm und unseren Glauben auf eine harte Probe stellte. Ein Ultraschallspezialist diagnostizierte eine chromosomale Unregelmäßigkeit, die jedoch keinem eindeutigen Mißbildungssyndrom zugeordnet werden konnte. Vermutet wurde, daß unsere Tochter voraussichtlich nicht lange leben würde. Der Arzt riet uns zur sofortigen Einleitung der Geburt, was aber den sicheren Tod des Kindes bedeutet hätte.

Wir standen fassungslos vor einem unüberwindbaren Hindernis.

Wir standen fassungslos vor einem für uns unüberwindbaren Hindernis und fielen bald in eine tiefe Lebens- und Glaubenskrise. Konnte unser liebevoller Gott so etwas zulassen?

In meiner ersten Rebellion stimmte ich dem Arzt zu: sofortiges Einleiten der Geburt, möglichst schnelles Entkommen aus dieser für uns so bedrückenden Situation. Mein Mann stand zudem kurz vor dem Staatsexamen für Medizin, und allein diese Tatsache schien uns schon Belastung genug. In dieser Krise sprach ein Vers aus der Bibel zu mir, der mir half, die Situation anzunehmen und den Verlauf der Schwangerschaft ganz Gottes Händen zu übergeben: «Keiner wird zuschanden, der auf dich harrt» (Psalm 25,3; Luther).

Konnte unser liebevoller Gott so etwas zulassen?

Das hatte ich zuvor schon oft gelesen, aber jetzt mußte ich lernen, daß dieses «Harren» eng verknüpft ist mit Geduld und Vertrauen. Vertrauen heißt nichts anderes, als daß ich jemand anderem erlaube, an meiner Statt zu handeln, ohne daß ich dabei Angst vor Mißbrauch habe. «Bewahre meine Seele und errette mich; laß mich nicht zuschanden werden, denn ich traue auf dich!» (Psalm 25,20; Luther).

Auch *meine* Seele brauchte in jener Zeit einen übernatürlichen Schutz, damit sie nicht verzweifelte. So betete ich dann auch immer wieder, sobald sich negative Gedanken und Hoffnungslosigkeit breitmachen wollten. Oft ließ ich auch meinen Tränen freien Lauf und spürte, daß «Gott bei denen wohnt, die traurig und bedrückt sind, und ihnen neuen Mut gibt und sie wieder mit Hoffnung erfüllt», wie es in Jesaja 57,15 steht. So erlebte ich ihn auf ganz konkrete Weise. «Alle, die ihre Hoffnung auf den Herrn setzen, bekommen neue Kraft» (Jesaja 40,31).

Meine Seele brauchte Schutz, damit ich nicht verzweifelte.

Unser Warten dehnte sich über den errechneten Geburtstermin hinweg scheinbar endlos aus. Immer wieder fühlten wir uns ohnmächtig, manchmal auch wütend. Wir spürten: Wir durften vor Gott total ehrlich sein. Und in diesem echten Ringen begann unsere Belastbarkeit zu wachsen. Wir erfuhren, daß wir getragen wurden, nicht zuletzt auch von vielen Freunden, die uns ihre innige Anteilnahme zeigten. So viele tiefe Gespräche wurden durch das intensive Erleben mit unserem ungeborenen Kind ausgelöst, daß wir nur noch staunen konnten.

Die Tage zogen sich in die Länge, zäh, schleppend, zermürbend. Im Kopf wußte ich schon lange, daß ich alles loslassen mußte: all diese eigenen Vorstellungen über das Wie, Wann, Warum usw. Aber der Weg, bis dieses Kopfwissen im Herzen ankam, der nahm doch noch viel Zeit in Anspruch.

Die Tage zogen sich in die Länge, zäh, schleppend, zermürbend.

Als Nina dann endlich geboren wurde, hatte sie alle befürchteten Mängel und Behinderungen. Einige Tage lebte sie, und als wir sie am Gründonnerstagabend in unseren Armen hielten und liebkosten, sah sie uns lange an – dann schloß sie ihre Augen für immer. Der Raum war von einem wunderbaren Frieden erfüllt. Ich hätte ewig darin verharren wollen. Wir spürten eine heilige Gegenwart Gottes. Er wußte, was es heißt, sein geliebtes Kind, einen Teil von sich selbst, zu verlieren. Er hatte es mit Jesus ja auch erlebt. Jede andere Lebensphilosophie, «Positives Denken» oder östliche Meditation – nichts davon hätte mich in diesem Moment getragen. Nur Einer, der den Tod besiegt hat, konnte in mir den Tod verhindern.

Nie werde ich die Atmosphäre bei der Beerdigung vergessen: das silbrig gleißende Frühlingslicht – vom Anblick eines kleinen Sarges durchschnitten. Die Vorstellung, Nina für immer dort eingeschlossen zu wissen, war für mich zum Verrücktwerden. In dieser Situation hörte ich plötzlich innerlich eine Stimme: «Warum sucht ihr den Lebenden bei den Toten?» (Lukas 24,5). «Schau hinauf – sie ist nicht dort unten!» Wollte ich dieser Stimme der Hoffnung glauben? Oder wollte ich der Verzweiflung Raum geben?

Die Verarbeitung der Trauer brauchte Zeit. Oft kam ich mir vor wie ein frisch durchpflügter Acker. Brach lag ich unter zeitweise sengender Sonne, die Erde wurde hart. Aber die Tränen der Trauer – es war so wichtig, sie zuzulassen –, sie weichten die harten Schollen mit der Zeit auf. Ich spürte, daß neue Saat neue Frucht bringen würde. Und wenn ich auch heute noch nicht alles verstehen und erklären kann, ist mir gleichwohl das «Dennoch» aus Psalm 73,23 groß geworden: «Dennoch bleibe ich stets an dir; denn du hältst mich bei meiner rechten Hand» (Luther).

Die Tränen der Trauer weichten die harten Schollen mit der Zeit auf.

Iris Michel war Chefsekretärin und in der christlichen Studentenarbeit tätig. Die verheiratete Mutter von zwei Kindern lebt in der Nähe von Schaffhausen/Schweiz.

Hildegard Becker

Unsere Gottesbilder loslassen, um Gott zu begegnen

In einer Zeit, in der ich mich intensiv mit verschiedenen Gottesbildern beschäftigte, besuchte ich eine Tagung mit dem Thema «Gott erleben». In deren Verlauf begegnete ich einem Gott, den ich so noch

nicht kannte und den ich zunächst auch nicht wahrhaben wollte. Dieses Gottesbild paßte so gar nicht in meine Vorstellung vom starken, kreativen, dynamischen Chef des Weltalls, der alles lenkt und bestimmt, der «allmächtig» ist. Hier war die Rede von einem «schwachen» Gott, der uns Menschen in Jesus begegnet. Von einem Gott, der ohne Macht und Stärke in die Welt kommt und auf alle hoheitlichen Ansprüche verzichtet hat. Von einem Gott, der um den Menschen wirbt, sich nach ihm sehnt und auf ihn wartet. Von einem Gott, der so arm dran ist, daß er nichts mehr in seinen Händen festhält und die Erwiderung seiner Liebe nur noch erhoffen kann. Im Wissen, daß seine Liebe tausendfach zurückgewiesen wird, macht er sich völlig verletzlich. Dieser erbarmungswürdige Zustand, in den Gott sich aus eigenem Antrieb begeben hat, berührte tief in mir eine verwundete Stelle, die immer weh getan hatte. Auch *meine* Liebe war mehrfach zurückgewiesen worden. Hier konnte ich mich wiederfinden.

Diese umwerfend neue Sicht Gottes, diese wirklich neueste Nachricht aus dem Himmel, wollen uns die Männer und Frauen, die im Neuen Testament von Jesus Bericht erstatten, weitergeben. Was ist daraus geworden?

Der erbarmungswürdige Zustand, in den Gott sich begeben hat, berührte in mir eine wunde Stelle.

Wechselbad der Gottesbilder

Uns Europäerinnen wurden ja im Lauf der Jahrhunderte, als die theologischen Strömungen und die aufeinanderfolgenden Gesellschaftsformen sich etablierten und wieder ablösten, die unterschiedlichsten Vorstellungen über Gott eingeprägt. Aus dem liebenden Vater, der die Trennung von den Menschen überwindet und sie aus Not und Einsamkeit herausretten will, wurde schon im frühen Mittelalter der Weltenrichter, der die Ungehorsamen bestraft. Einige Jahrhunderte später wandelte sich dieses Bild in die Sicht von einem Gott, der sich durch religiöse Leistung und Geschenke bestechen läßt. Der sogenannte Ablaßhandel blühte. Martin Luther entdeckte dann später im Brief des Paulus an die Gemeinde in Rom wieder den Gott, der den Menschen wohlgesinnt ist, der ihnen gerne und ohne Gegenleistung Schuld und Fehler vergibt und sich ihnen in selbstloser Liebe zuwendet.

Die bürgerlich-patriarchalische Gesellschaft des 16. Jahrhunderts machte aus dem Gott der Bibel ein weiteres Zerrbild. Gott wurde zur fernen, furchteinflößenden Größe, unerreichbar, ohne wirkliches Interesse am Wohlergehen des einzelnen. Er wurde als grausamer Herrscher dargestellt, der höchste Ansprüche stellt und vor dem man deshalb immer nur als Versager dasteht mit dem schrecklichen Empfinden, völlig wertlos zu sein. Er wurde zu einem Richter, der unberechenbar, ungerecht und menschenverachtend urteilt. Man stempelte ihn zum Zerrbild eines Polizisten, der nur darauf wartet, seine Strafzettel verteilen zu können.

Die Aufklärung schließlich fügte ein weiteres Trugbild hinzu, nämlich das vom außerhalb existierenden Gott, der das Universum sich selbst überlassen hat. Von dort aus war es dann nicht mehr weit bis zur «Gott ist tot»-Theologie unseres Jahrhunderts.

Oft hat unser Gottesbild damit zu tun, wie wir unseren Vater erlebt haben.

Vaterbild und Gottesbild

Zu diesen geschichtlich entstandenen Vorstellungen von Gott kommen unsere durch eigene Erfahrung gewonnenen Bilder hinzu, denn so wie wir unseren Vater oder eine entsprechende Autoritätsperson erlebt haben, so gestaltet sich sehr oft unser Gottesbild. Vielleicht hatten wir einen Vater, der uns nicht beschützt, sondern unterjocht hat, der uns kleingehalten und fertiggemacht hat, der uns mißhandelt und verletzt hat, den es nicht gab oder der in die innere Emigration flüchtete. Dieser Vater läßt in uns ein verzerrtes Gottesbild entstehen, das ihm selbst gleicht. Ich habe es persönlich erlebt, wie solche verzerrten Bilder unser Denken und Fühlen, unseren Selbstwert und sogar unser Lebensgefühl vergiften.

Gott wurde zur unerreichbaren Größe, ohne wirkliches Interesse am Wohlergehen des einzelnen.

Als Kleinkind hatte ich den Vater verloren, und später in der Pubertät wandelte sich mein bis dahin liebevoller und fürsorglicher Stiefvater in meinen Augen zu einem Mann, der mir das volle, pulsierende Leben der Jugend nicht gönnen wollte. Diese Vatererfahrungen hatte ich auf Gott übertragen. Er war demnach für mich ein Jemand, der mich allein läßt, wenn es schwierig und bedrohlich wird, und der mir die Freude am Leben, an Lust, Spaß und Freiheit vorenthält.

Daher ist es so entscheidend wichtig, daß wir in den biblischen Berichten selbst nachlesen, wie Jesus lebte und welche Aussagen er über seinen Vater machte. «Wer mich gesehen hat, der hat auch den Vater gesehen», sagt er (Johannes 14,9; Seite 179).

Ich möchte Sie ermutigen, im Buch des Johannes nach Sätzen und Zusammenhängen zu suchen, die von der liebenden Zuwendung Gottes zu den Menschen reden. Als einige Zuhörer Jesus fragten, was sie tun müßten, damit Gott mit ihnen zufrieden wäre, antwortete er sinngemäß, daß es nicht um das Tun geht, sondern um Vertrauen (Kapitel 6,28–29; Seite 160–161). Wer ist denn eigentlich ein Christ, werden Sie fragen, wenn man ihn nicht an seinem Tun identifizieren kann? Es gibt verschiedene moderne Meinungen darüber:

Wer ist denn eigentlich ein Christ?

«Ein Christ ist, wer sich dafür hält», sagt zum Beispiel der Philosoph Karl Jaspers. «Ein Christ ist ein getauftes Kirchenmitglied», das ist die Meinung vieler. Oder auch: «Ein Christ ist jemand, der glaubt, was die Kirche lehrt.» Oder: «Ein Christ ist, wer die Gebote hält, sich sozial engagiert, wer ständig nach Gott sucht und wer moralisch einwandfrei lebt.»

Die Aussage Jesu im Evangelium des Johannes (Kapitel 5,24; Seite 158) definiert es völlig anders: «Wer mein Wort hört und an den glaubt, der mich gesandt hat, der wird ewig leben. Ihn wird das Todesurteil Gottes nicht treffen, denn er hat die Grenze vom Tod zum Leben schon überschritten.» Eine andere moderne Übersetzung wählt statt «glauben» das Wort «vertrauen».

Wieder geht es in erster Linie um Glauben und Vertrauen und um das Leben, hier auf dieser Erde und in einer Zukunft, die über das irdische Leben hinausreicht. Gott ist am Leben der Menschen interessiert und sehnt sich nach einem vertrauensvollen Verhältnis zu ihnen.

Eine Geschichte, die mich persönlich immer wieder tief anspricht, steht im Lukasevangelium. Dort erzählt Jesus, wie Gott wirklich ist und wie er zu uns steht. Es ist die Geschichte eines Vaters und seiner zwei Kinder. Im Original ist zwar von Söhnen die Rede, aber wir als Töchter können uns natürlich genauso darin wiederfinden. Liest man dieses Beispiel unvoreingenommen, kann man nur noch Mitleid mit dem alternden Vater haben, der von dem jüngeren Sohn durch die Forderung nach dem Erbe für tot erklärt wird. Der ältere bleibt zwar zu Hause, aber ohne erkennbare innere Beziehung zu seinem Vater. Er hält ihn für einen Sklavenschinder und schuftet dementsprechend hart, ohne sich etwas zu gönnen. Als dann der Jüngere, nachdem er in eine Existenzkrise geraten ist, wieder zu Hause auftaucht, wendet sich sein Bruder voller Neid ab und macht dem Vater schwere Vorwürfe, weil er angeblich den Jüngeren vorzieht und ihn mehr liebt.

Der jüngere Sohn hingegen hat zwar erkannt, daß die Rückkehr zu seinem Vater das beste für ihn ist, aber er hat die Weitherzigkeit, die Sehnsucht, die Liebe und umfassende Vergebungsbereitschaft des Vaters nicht begriffen. Als kleiner Angestellter oder Arbeiter wollte er zurückkommen – als Sohn mit allen Rechten und Pflichten wird er vom Vater aufgenommen.

Die Sehnsucht nach freiwilliger Liebe

Im Bild des sehnsüchtig wartenden, mitleidenden Vaters, der dem Kind entgegenläuft, das ihn aus Freiheitsdrang und Auflehnung heraus verlassen und alles Geld durchgebracht hat, sehen wir Gott, der mit ausdauernder Liebe auf uns wartet. Er ist uns ein fürsorglicher Vater, der uns bis in unser innerstes Wesen hinein kennt, der unsere Begabungen fördert und einsetzt. Kein Wort des Vorwurfs darüber, was der Jüngste angestellt hat, nur riesige Freude, daß er zurückgekommen ist.

Im Bild des sehnsüchtig wartenden Vaters sehen wir Gott, der mit ausdauernder Liebe auf uns wartet.

Weil dieser Gott sich nach freiwilliger Liebe sehnt, hat er sich selbst beschränkt und wartet darauf, ob Menschen sein Angebot wahrnehmen und ohne Vorbedingungen eine Beziehung aufbauen, die von gegenseitiger Achtung und Vertrauen geprägt ist. Dies ist das Gottesbild, das uns Jesus vermittelt. In seinem Leben kann ich den Gott erkennen, der auf Macht verzichtet und den ich deshalb nicht fürchten muß. Diesen Gott kann ich in seiner mir zugewandten Schwachheit lieben, zu ihm kann ich Vertrauen fassen in der Überzeugung, daß er mir nichts aufzwingt, was ich nicht will. Er hat sich verpflichtet, meine Identität zu respektieren, er klopft bei mir an und wartet, bis ich meine Türe öffne. Er überfährt mich nie, sondern wartet auf meine Bereitschaft und Einwilligung.

Gott möchte, daß wir uns rundherum wertvoll und von ihm akzeptiert wissen und fühlen. Er will gerade meine Person in ihrer Einzigartigkeit fördern. Er möchte mich von innen heraus hell und schön machen, damit sein Licht durch mich hindurch in diese Welt strahlen kann. Deshalb hat er gerufen; und alle, die antworten, sind Gerufene.

Gott möchte mich von innen heraus hell und schön machen.

Als junge Frau antwortete ich auf diesen Anruf Gottes mit der Erklärung, daß ich es mit ihm ausprobieren wollte. Seither haben sich meine Vorstellungen von Gott laufend gewandelt, da er sich mir immer wieder von einer anderen Seite zeigte und ich unterschiedliche Erfahrungen machte.

Zunächst erlebte ich ihn als einen treuen Begleiter, etwas später als liebevollen und geduldigen Erzieher, der nicht meine Fehler zählt, sondern sich über meine guten Seiten freut. Dann gab er mir Aufträge, die mir Freude machten, und sorgte gleichzeitig dafür, daß ich Ruhepausen einhielt. In dieser Zeit entdeckte ich in den Psalmen, daß Gott nicht nur der Vater, sondern auch die Mutter ist. Einer der hebräischen Namen Gottes, «El Shaddai», beinhaltet in seiner Sprachwurzel den Begriff «Mutterbrust». Ich kann also an der Mutterbrust Gottes auch ausruhen, mich trösten und ermutigen lassen. Und dazwischen begegnete er mir wieder anders: als der souveräne Gott, als der ganz andere, der sich weder durch meine Leistungen noch durch irgendwelche religiösen Übungen von mir manipulieren läßt.

Ich freue mich darauf, immer noch neue Aspekte des Charakters von Gott zu entdecken. Ja, die Bibel schildert ihn sehr wohl *auch* als den starken, allmächtigen Gott, als den gerechten Gott, als den Weltenrichter, als den Gott, der Ehrfurcht erwartet und der auch Situationen zumutet, die mich Disziplin, Überwindung und sogar Tränen kosten. Aber wer den menschgewordenen, «schwachen» Gott, wer Jesus kennengelernt hat, dem offenbaren sich auch die anderen Seiten Gottes in ganz neuer Weise. Ich wünsche Ihnen den Mut, Ihre Gottesbilder loszulassen, die Evangelien aufzuschlagen – und Gott zu begegnen.

Hildegard Becker ist nach längerem Schuldienst heute als Referentin tätig. Die verheiratete Mutter von drei erwachsenen Kindern lebt in der Nähe von München.